Reichs-Marineamt

Die Forschungsreise S.M.S. „Gazelle“ in den Jahren 1874 bis 1876

5. Teil: Meteorologie

weitsuechtig

Reichs-Marineamt

Die Forschungsreise S.M.S. „Gazelle" in den Jahren 1874 bis 1876

5. Teil: Meteorologie

ISBN/EAN: 9783956560040

Auflage: 1

Erscheinungsjahr: 2013

Erscheinungsort: Bremen, Deutschland

weitsuechtig

Die

Forschungsreise S. M. S. „Gazelle“

in den Jahren 1874 bis 1876

unter Kommando des Kapitän zur See **Freiherrn von Schleinitz**

herausgegeben

von dem

Hydrographischen Amt des Reichs-Marine-Amts.

V. Theil.

Meteorologie.

Berlin 1890.

Ernst Siegfried Mittler und Sohn
Königliche Hofbuchhandlung und Hofbuchdruckerei
Berlin SW., Kochstrasse 68—70.

Inhalt des V. Theiles.

I. Die meteorologischen Beobachtungen an Bord S. M. S. „Gazelle"

während der Reise vom Juni 1874 bis April 1876.

In dem ersten Theile dieses Werkes wurde bereits dargelegt, in welcher Weise die meteorologischen Beobachtungen an Bord S. M. S. „Gazelle" während der Forschungsreise in den Jahren 1874 bis 1876 ausgeführt worden sind, sofern dabei die erhaltenen Instruktionen maassgebend waren. Auch hinsichtlich der benutzten Instrumente ist da, wo von der wissenschaftlichen Ausrüstung die Rede war, alles Erforderliche gesagt. Es erübrigt nur noch an dieser Stelle zu erwähnen, dass sowohl vor der Abreise, wie auch nach der Rückkehr S. M. S. „Gazelle" und, wann immer während der Reise sich Gelegenheit darbot, die Instrumente, Barometer und Thermometer, verglichen worden sind. Die auf diese Weise ermittelten Korrektionen sind durchweg an die Ablesungen der Instrumente angebracht worden, und kann daher ein Grund nicht bestehen, hier die Resultate dieser Vergleichungen im Einzelnen wiederzugeben. Es mag nur erwähnt werden, dass die Barometer S. M. S. „Gazelle"[1]) mit den Normal-Instrumenten des Observatoriums in der Kapstadt und Mauritius verglichen und wenig übereinstimmende Korrektionen ermittelt worden sind. Eine eingehende Prüfung aller Vergleichungen, wie solche in den Berichten der mit den Beobachtungen betrauten Offiziere enthalten sind, sowie ferner eine Diskussion längerer Reihen an Bord und in verschiedenen Gegenden der Erde ausgeführter Beobachtungen ergaben hinsichtlich der Uebereinstimmung ein so wenig befriedigendes Resultat der zur Reduktion auf einen Normalstand zur Verfügung stehenden Werthe, dass es bei den geringen Beträgen der Korrektionen zweckmässiger erschien, dieselben zu vernachlässigen, zumal dadurch am meisten den durch das Normal-Instrument des Hydrographischen Bureaus erzielten Korrektionen entsprochen wurde. Die Zeit um 1874 bis 1876 war noch wenig geeignet, volle Uebereinstimmung der Barometerangaben, die sich auf verschiedene Centralstellen beziehen mussten, zu erzielen. Heute — nach 15 Jahren — liegen die Dinge freilich anders — ungleich günstiger dank dem internationalen Zusammenwirken.

Während des Zeitraumes vom 24. Juni 1874 bis 24. Juli 1875 wurde ein Barometer „Greiner 206" und, als dieses Instrument durch die mit dem Dichten des Batteriedecks verbundenen Erschütterungen zerbrochen worden war, von da ab bis zum 19. April 1876 das Barometer 15 abgelesen.

Die Barometer erwiesen sich während der Reise als gut und zweckmässig konstruirt.

Die regelmässigen Beobachtungen wurden strenge im Einklang mit den hierfür erlassenen Instruktionen durchgeführt. Die Beobachtungstermine waren täglich Morgens um 2^h, 6^h und 10 Uhr

[1]) Es ist an einer anderen Stelle dieses Werkes erwähnt, dass das Hydrographische Bureau ein Normal-Barometer von Kew (Adie — London) bezogen hatte, mit welchem die Barometer der Expedition verglichen wurden.

und zu denselben Stunden des Nachmittags. Nur, wenn es galt, einzelne Beobachtungsreihen ausführlicher zu gestalten oder einzelne Phänomene genauer zu verfolgen, wurden die Beobachtungen in kürzeren Zwischenräumen, oft stündlich und noch häufiger, angestellt. Letzteres bezieht sich namentlich auf die Notirungen von Windrichtung und Windstärke, aräometrischen Messungen und Beobachtungen über das spezifische Gewicht des Meerwassers.

Die geographischen Ortsbestimmungen wurden den regelmässigen Positionsbestimmungen des Schiffsjournals entlehnt. Die Länge und Breite ist nach dem nächstliegenden observirten Bestecke gekoppelt und wurde die Variation für diesen Zweck aus dem Schiffsjournal entnommen. Es wird später die Rede davon sein, in welcher Weise Schiffskurs und Windrichtung für Deviation und Abweichung des Kompasses korrigirt worden sind. Bei den einzelnen Beobachtungsstunden mussten, wie schon aus Obigem hervorgeht, die Schiffspositionen in den meisten Fällen, wo absolute Bestimmungen nicht vorlagen, interpolirt werden — natürlich unter Benutzung des jeweilig gesteuerten Kurses und der gelaufenen Distanz. Es enthalten das Meteorologische Journal und die Auszüge auch deshalb die erforderlichen Reduktions-Elemente.

Die Variation (Deklination) des Kompasses ist für die Zwecke der Navigirung sowohl, als wie für die Ableitung der roheren Windrichtung etc. in der Regel aus den an Bord ausgeführten magnetischen Beobachtungen hergeleitet worden. Darunter sind nicht immer strenge magnetische Beobachtungen im engeren Sinne zu verstehen, sondern auch die einfachen für die Navigation erforderlichen. In Fällen, in welchen solche Deklinationsangaben aus den Beobachtungen an Bord nicht hergeleitet werden konnten, wie dies namentlich im Anfange der Reise der Fall war, sind die Werthe der magnetischen Deklinationen den Magnetischen Karten der Britischen Admiralität entnommen worden.

Besondere Sorgfalt ist den Beobachtungen des Luftdruckes gewidmet worden, und sind die Ablesungen des Barometers unmittelbar nach der Beobachtung auf 0° reduzirt und für Indexfehler, soweit derselbe definitiv festgestellt werden konnte, verbessert worden. Ein Gleiches gilt von den Thermometer-, bezw. Psychrometer-Beobachtungen. Die Spannkraft der Wasserdämpfe wurde nach den Jelinekschen Tafeln berechnet und meistens auch der Thaupunkt abgeleitet. Mit Rücksicht auf diesen letzten Punkt ist zu vermerken, dass sich an Bord ein Regnaultsches Hygrometer befand, welches jedoch, da sich das vergoldete Gefäss rasch abnutzte, nicht regelmässig und auch nur auf eine kurze Zeit beobachtet werden konnte.

Wolken. Gattung, Zug, Richtung und Grad der Bewölkung sind nach der üblichen Weise und anscheinend mit erheblicher Sorgfalt notirt worden. Dasselbe gilt von der Notirung der Niederschläge, die im weiteren Verlaufe der Reise auch gemessen worden sind.

Zustand des Meeres, Temperatur desselben und das spezifische Gewicht des Meerwassers wurden mit grosser Sorgfalt beobachtet und in dem Journale verzeichnet.

Eine erhebliche Sorgfalt ist den Bemerkungen über Wind, Luft, Zustand der See u. s. w. gewidmet worden, und erhellt daraus schon zur Genüge der Grad der Sorgfalt, mit welcher im Allgemeinen die meteorologischen Aufzeichnungen ausgeführt sind.

Die Einzelheiten der Beobachtungsmethoden, der Behandlung der Instrumente u. s. w. ergeben sich zur vollen Genüge aus der für die Führung des meteorologischen Journals sowohl in der Kaiserlichen Marine, als auch für die Deutsche Seewarte erlassenen Instruktion, so dass ein näheres Eingehen auf die darin behandelten Gegenstände kaum einen Zweck haben könnte. Da, wo in den Instruktionen für einzelne Gattungen von Beobachtungen Anweisungen nicht aufgestellt sind, wie etwa für anemometrische Messungen, für Beobachtungen über spezifisches Gewicht und Thaupunkt, über Messungen des Regens u. s. w. wird bei der Behandlung auf die zum Verständniss erforderlichen Angaben zurückgekommen werden.

Die Anfertigung der Auszüge aus dem meteorologischen Tagebuche.

Man musste sich, als es sich darum handelte, die meteorologischen Beobachtungen an Bord S. M. S. „Gazelle“ zu verwerthen, die Frage vorlegen, in welcher Weise diese Verwerthung am zweckmässigsten zu geschehen habe. Mit Bezug darauf erachtete man es als wünschenswerth, dass so viel als möglich von den Beobachtungen reduzirt, diskutirt und in gedrängter Form wiedergegeben werde. Von einer Veröffentlichung der Beobachtungen *in extenso* nach dem Vorbilde wissenschaftlicher Expeditionen, wie jene der Kaiserlich Königlichen Fregatte „Novara“ und I. B. M. S. „Challenger“, glaubte man der ganz enormen, damit verknüpften Kosten wegen, Abstand nehmen zu müssen, und zwar um so mehr, als, da alljährlich Hunderte von vorzüglichen Journalen von jenen Gegenden, welche S. M. S. „Gazelle“ berührte, bei der Seewarte eingehen, die Veröffentlichung eines einzelnen *in extenso* einen Zweck nicht haben kann. Zu konkreten Untersuchungen, d. h. zur Beleuchtung bestimmter meteorologischer Fragen wird man stets auf das Original-Journal zurückzugreifen haben, um die Angaben desselben mit jenen anderen Journalen vergleichen und zur betreffenden Untersuchung ausbeuten zu können.

Bei dem Entwerfen der meteorologischen Extrakte wurde darauf Bedacht genommen, nicht nur die Mittelwerthe zu geben, sondern auch die Schwankungen der verschiedenen meteorologischen Elemente zum Ausdrucke zu bringen, damit alle Züge, welche in klimatischer Hinsicht, sowie rücksichtlich des Charakters der Witterung bezeichnend waren, erhalten blieben. In Nachfolgendem werden wir die zum Verständnisse dieser Auszüge erforderlichen Einzelheiten darlegen.

1. Die Position des Schiffes ist — wie schon bemerkt — aus den regelmässigen Schiffs-Positions-Bestimmungen abgeleitet worden, und sind die extremen Werthe der geographischen Breite und Länge aufgenommen worden, so dass man gewissermaassen das Gebiet, in welchem sich das Schiff während eines bestimmten Tages befand, und wofür also die meteorologischen und sonstigen Angaben gelten, genau bezeichnet hat. Die Längen sind durchweg von Greenwich gerechnet.

2. Schiffsbewegung. Der Kurs des Schiffes ist in der Weise angegeben, dass man daraus ersehen kann, innerhalb welcher Zeit des Tages ein bestimmter Kurs gesteuert wurde, ob ein Aendern desselben vorkam oder nicht. Der Schiffskurs ist durch den Winkel von Norden über Osten bis zu 360° bezeichnet und ist jederzeit rechtweisend zu verstehen. Die im meteorologischen Journale enthaltenen missweisenden Kursangaben sind nach den an Bord ausgeführten Beobachtungen für Deviation und magnetische Deklination verbessert. Die durch diese Reduktion bedingten, in Graden nach der oben angegebenen Weise ausgedrückten Richtungen sind in den folgenden Auszügen unverändert erhalten worden; es wurde von einer Umwandlung derselben in die übliche Bezeichnungsweise abgesehen, indem es Denjenigen, welche diese Angaben in der gewöhnlichen Weise verwenden wollen, überlassen wird, die einfache Umwandlung auszuführen.

Die Fahrt des Schiffes ist in Knoten angegeben, und zwar, wenn Aenderungen innerhalb eines Tages vorkommen, unter Hinzufügen der Theile des Tages, auf welche sich die veränderten Fahrgeschwindigkeiten beziehen. Die extremen Beträge der Fahrgeschwindigkeit sind in den meisten Fällen angegeben.

3. Wind. Die Richtung des Windes ist für jeden Tag aus allen zur Verfügung stehenden Beobachtungen abgeleitet worden als mittlere Windrichtung nach der Lambertschen Formel. Dabei werden, wie bei dem Kurse erwähnt, die Winkel von Nord über Ost bis zu 360° gerechnet. Bezeichnet

man die Windrichtungen während eines Tages mit $\varphi^1, \varphi^2, \varphi^3, \varphi^4, \varphi^5, \varphi^6$, die dazu gehörigen Windstärken mit $k^1, k^2, k^3, k^4, k^5, k^6$ und die Zeitdauer derselben durch $t^1, t^2, t^3, t^4, t^5, t^6$, so erhält man die Richtung des Windes (φ) und die Stärke (k) unter der Voraussetzung, dass t^1, t^2, t^3 etc. in gleichen Intervallen (4 Stunden) sind: $\operatorname{tg} \varphi = \frac{k^1 \sin \varphi^1 + k^2 \sin \varphi^2 + k^3 \sin \varphi^3 + \cdots}{k^1 \cos \varphi^1 + k^2 \cos \varphi^2 + k^3 \cos \varphi^3 + \cdots}$

Die mittlere Windstärke (R) wurde abgeleitet aus $R = \sqrt{(P_0^2 + Q_0^2)}$, wobei $Q_0 = \Sigma (k \sin \varphi)$ und $P_0 = \Sigma (k \cos \varphi)$ ist, d. h. es wird die Resultante in den Auszügen gegeben und nicht die einfachen Mittelwerthe aus den 6 einzelnen Beobachtungen des Tages.

Da im Anfange der Aufnahme der Arbeit weder die exakten Beträge der Deviation, noch jene der Missweisung bekannt waren, also ein Korrigiren der beobachteten einzelnen Windrichtungen nach dem Kompasse auf die wahren sich nicht thunlich erwies, so musste die Berechnung der missweisenden Windrichtung zuerst vorgenommen werden. Dabei ist zu erwähnen, dass die Beträge der Deviation an Bord der „Gazelle" durchweg nur geringe waren, daher das Vernachlässigen der Reduktion einer jeden einzelnen Beobachtung für den jeweiligen Kurs für naheliegende Kurse einen unerheblichen Einfluss äusserte und andererseits weit auseinanderliegende Kurse an ein und demselben Tage (wie etwa beim Kreuzen) nur selten vorkommen; so schien es zulässig, die Gesammt-Missweisung (Deviation und Deklination), wie sie für einen bestimmten Tag ermittelt war, als Korrektion an die berechnete mittlere Windrichtung anzubringen. In Fällen erheblicher (weit auseinanderliegender) Kursrichtungen an ein und demselben Tage wurde von dem Anbringen einer Deviations-Korrektion Abstand genommen und lediglich die ermittelte Missweisung angebracht. Für jene Zeitabschnitte, während welcher Deklinations-Bestimmungen nicht ausgeführt worden sind, wurde die magnetische Deklination für eine recente Epoche aus den Karten entnommen und als Korrektion an die berechnete mittlere Windrichtung angebracht.

Die in den meteorologischen Auszügen in Graden angegebenen Windrichtungen und Kurse können sonach bezw. als wahre Kurse und Windrichtungen angesehen werden.

Die Stärke des Windes I. im Mittelwerthe ist — wie oben schon bemerkt — als die Resultante, wie sie sich aus der Lambertschen Formel ergiebt, anzusehen, während die Extreme nach der Beaufortschen Skala angegeben sind.[1])

Die Barometer-Angaben wurden sämmtlich für Instrumentalfehler und auf 0° C. reduzirt. Eine Korrektion für Schwere und auf das Niveau des Meeres[2]) wurde in keinem Falle angebracht. Die gegebenen Mittelwerthe repräsentiren die rohen Mittel aus je 6 Beobachtungen während des Tages. Die Luftdruck-Extreme nebst Angabe der Zeiten sind für einen jeden Tag angegeben, sowie auch die rapiden Aenderungen im Luftdrucke und die Zeiten ihres Vorkommens Aufnahme gefunden haben.

Es bedarf wohl kaum der Erwähnung, dass das Barometer sorgfältigst gegen direkte Strahlung und rasche Temperaturänderung geschützt montirt war. Es wurde beständig darauf geachtet, dass dasselbe frei schwingen konnte und zu allen Zeiten eine vertikale Lage einnahm.

Die Temperatur der Luft II. wurde an Thermometern beobachtet, welche in einem Jalousiekästchen etwa ein Meter über Deck und an einem dafür unter der Kommandobrücke festgestellten Stative frei schwingen konnten. Diese Aufstellung, welche unzweifelhafte Vortheile bietet, wurde im Laufe der Reise verlassen und das Thermometer-Jalousiekästchen gleichfalls unter der Kommandobrücke

[1]) Ueber die anemometrischen Messungen an Bord wird an anderer Stelle berichtet werden.

[2]) Das Barometer befand sich ungefähr 5 m über mittlerem Wasserstand.

etwas höher über Deck und fest aufgehangen. Es ist allgemein bekannt, dass Temperatur-Beobachtungen der Luft an Bord sehr schwer auszuführen sind. An Bord S. M. S. „Gazelle" hat man aber an dem Grundsatze festgehalten, die Beobachtungen an ein und demselben Platze auszuführen, wodurch diese Beobachtungen besonders zuverlässig erscheinen. Die Angaben sind durchweg in Celsiusgraden, die gegebenen Mittelwerthe repräsentiren die rohen Mittel aus den 6 Beobachtungsstunden. Die extremen Werthe der Temperatur nebst den Zeiten, an welchen sie vorkamen, fanden gleichfalls Aufnahme in den nachfolgenden Auszügen. Dass die einzelnen Temperaturablesungen vor Allem von den Indexfehlern der Instrumente befreit wurden, bedarf wohl nicht erst der Erwähnung.

Die Temperatur des feuchten Thermometers, welches unter sonst gleichen Verhältnissen wie das Thermometer für die Lufttemperatur ausgestellt war, wurde in der Weise beobachtet, dass einige Zeit vor der Beobachtung die mit reinem Musselin überdeckte Kugel mit reinem Wasser befeuchtet und der niedrigste Stand der Temperatur beobachtet wurde. Eine Kapillar-Vorrichtung zur Benetzung der Kugel mittelst eines Baumwollfadens wurde nicht angewendet.

Die Spannkraft der Dünste wurde aus den Angaben des trockenen und nassen Thermometers mittelst der Psychrometertafeln Jelincks berechnet.[1]) Aus den so abgeleiteten Werthen der Spannung der Dünste wurden die rohen Mittel für den Tag berechnet und mit den extremen Werthen unter Angabe der Zeit ihres Vorkommens in die nachfolgenden Auszüge aus dem meteorologischen Tagebuche aufgenommen.

Mittelst eines in dem Thermometer-Jalousiekästchen befestigten Kondensations-Hygrometers [III.] mit Aspirator wurde nahezu während der ganzen Reise der Thaupunkt unmittelbar bestimmt und in das meteorologische Tagebuch eingetragen. Eine Verwerthung dieser Bestimmungen fand nicht statt, weil aus einer Prüfung hervorzugehen scheint, dass der Apparat nicht zur vollen Zufriedenheit funktionirte, was zum Theile auf die Schwierigkeiten der Behandlung desselben in der feuchten Luft auf See, zum Theile auch auf mangelhafte Vergoldung des Kondensationsnäpfchens zurückgeführt werden muss. Auch ein Haarhygrometer war an Bord. [IV.]

Der Zustand des Himmels und der Bewölkung wurde in der allgemein üblichen Weise verzeichnet, und zwar zu verschiedenen Zeiten während des Tages. Die Bezeichnung der Wolken war die durch die Instruktionen für Führung des meteorologischen Journals an Bord der Schiffe der Kriegsmarine vorgeschriebene; eine besondere Sorgfalt scheint ebenso wenig auf die Charakterisirung der Bewölkung, wie auf deren Grad und die Zugrichtung verwendet worden zu sein. Nur selten finden sich Angaben über Zugrichtung der Wolken in verschiedenen Schichten, die ja in der That an Bord auch recht schwierig zu erlangen sind.

Der Niederschlag [V.] wurde mittelst eines in kardanischer Aufhängung zu luvward an der Kommandobrücke angebrachten Regenmessers gemessen. Die Ablesung erfolgte meistentheils um 9^h a. m., und gilt der Betrag für die voraufgegangenen 24 Stunden. Auch die Verdunstung wurde gemessen, nahezu die ganze Reise hindurch; da aber die näheren Angaben über die Weise der Beobachtung derselben, wie sie in den Berichten enthalten sind, kaum genügen, um die Verdunstungsbeträge genau festzustellen, wodurch die Vergleichbarkeit derselben beeinträchtigt wird, so wurde von einer Verwerthung dieser an und für sich verdienstvollen Beobachtungen Abstand genommen. [VI.]

Der Ozonbetrag wurde vermittelst der von der Firma Krebs in Berlin gelieferten Papiere beobachtet. Es wurden dieselben in einem Blechgefässe, das freie Luftcirkulation zuliess, aber vor

---

[1]) Jelinek, Anleitung zur Anstellung meteorologischer Beobachtungen und Sammlung von Hülfstafeln. Wien 1876, Seite 78 ff.

Regen schützte, exponirt. Die Zeit der Exposition war fast durchweg 24 Stunden, und zwar erfolgte die Ablesung bezw. das Ersetzen des Papieres durch frisches meistentheils des Morgens um 9 Uhr.

Der Zustand der See, besonders deren Temperatur an der Oberfläche, wurde in der allgemein üblichen Weise aufgezeichnet, bezw. beobachtet. Von einer Aufnahme der beobachteten Meeresströmungen wurde an dieser Stelle Abstand genommen, weil dieselben in einem anderen Abschnitte dieses Werkes eingehendere Besprechung finden.

Der für das Mittel der Temperatur des Wassers an der Oberfläche gegebene Werth ist das rohe Mittel aus 6 Beobachtungen, zu welchem die extremen Beträge für den Tag hinzugefügt sind.

Das spezifische Gewicht VII. ist mittelst zweier Aräometer, das eine von Steeger-Kiel, das andere von Greiner-Berlin,[1]) beobachtet und sind der Mittelwerth für alle zur Verfügung stehenden Beobachtungen während eines Tages, sowie die extremen Werthe aufgenommen worden. Es sind die Aräometerangaben auf die Temperatur von 17,5° C. reduzirt. Die Reduktion wurde nach Karsten's Tafeln zur Reduktion des spezifischen Gewichts der See ausgeführt. An einer anderen Stelle sind die Beobachtungen des spezifischen Gewichts des Meerwassers *in extenso* publizirt worden, und sind dort noch einige die Beobachtungen betreffende Einzelheiten mitgetheilt worden. Hier sei nur erwähnt, dass das Normal-Aräometer von Greiner in der Regel bei geringerem spezifischen Gewicht gebraucht worden ist.

Unter den allgemeinen Bemerkungen hat alles das, was sich auf besondere meteorologische und hydrographische Vorkommnisse bezieht während eines Tages, Aufnahme gefunden, und verdient hier erwähnt zu werden, dass diesem Theile der Führung des meteorologischen Tagebuches eine nicht unerhebliche Sorgfalt zugewendet worden ist. Wenn in den nachfolgenden Auszügen diese Bemerkungen einen nur spärlichen Raum einnehmen, so findet dies darin seine Erklärung, dass ein grosser Theil der Beobachtungen schon bei der Besprechung der einzelnen Elemente Verwendung gefunden hat oder auch in den einzelnen, Beobachtungen *in extenso* enthaltenden Abschnitten zum Abdrucke gelangte.

Anmerkungen zu den vorstehenden Bemerkungen und Erläuterungen.

I. Das Anemometer hat sich im Allgemeinen gut bewährt, nur musste schon nach kurzem Gebrauche durch Zwischenlegen eines Lederringes zwischen die aufeinander geschraubten Theile der Hülse die Spindel etwas erhöht werden, da eine Reibung und Klemmung der Spindelspitze in ihrer Büchse stattfand; der Grund derselben konnte nicht ermittelt werden. Das Instrument wurde auf der Kommandobrücke oder dem Luv-Kutter dem Winde ausgesetzt, im Allgemeinen in bestimmten Zwischenräumen, bei ungleichmässigem Winde jedoch bei verschiedenen Stärken desselben. In dem Journal ist auf dem rechten Rande jeder Seite die Maximal- und Minimal-Windgeschwindigkeit für die vier Stunden einer Beobachtungs-Periode angegeben, während in der Rubrik „Wind“ die Stärke nach wie vor nach der Beaufortschen Skala verzeichnet ist.

Da die Anzahl der Umdrehungen des Anemometers natürlich sehr von der Lage des Schiffes zum Winde und der Fahrt abhängt, welche im Journal in der Rubrik „Schiffsbewegung“ vermerkt sind, so sind nur die Windgeschwindigkeiten verzeichnet, welche auf den angeführten Kurs und die Fahrt Bezug haben, falls einer dieser Faktoren bedeutend geändert ist, z. B. durch Mitdampfen, Beidrehen u. dergl.

Die Windgeschwindigkeiten, welche „in Metern in der Sekunde“ angegeben sind, wurden aus den gemessenen Umdrehungen nach „Jelinek, Anleitung zur Anstellung von meteorologischen Beobachtungen“ mit der Formel $\frac{2\,R\,\pi\,.\,3}{1000\,.\,60} = 0{,}0455^{m} \times n$ berechnet, worin $2\,R = 290$ mm und n die gemessenen Umdrehungen bei einer Minute Aussetzung des Instrumentes.

---

[1]) Ein Normal-Aräometer.

Folgende Angaben sind das Resultat einer Zusammenstellung einer grossen Anzahl von Messungen „bei dem Winde".

Windstärke nach Beaufort	Umdrehungen in 1 Minute	Geschwindigkeit in Metern in der Sekunde	Windstärke nach Beaufort	Umdrehungen in 1 Minute	Geschwindigkeit in Metern in der Sekunde
1	0— 24	0— 1,13	6	200—260	9,11—11,86
2	24— 40	1,13— 1,82	7	250—300	11,39—13,66
2—3	40— 70	1,82— 3,19	8	300—400	13,66—18,22
3	70—120	3,19— 5,47	9	400—500	18,22—22,78
3—4	100—140	4,55— 6,38	10	500—600	22,87—27,55
4	130—180	5,92— 8,20	11	über 600	über 27,55
5	170—230	7,73—10,46	12	nicht gemessen	

Wenn diese Angaben unter sich nicht streng abgeschieden sind, so hat dies seinen Grund zum Theil darin, dass der Zustand der See und das Höher- oder Voller-Steuern durch ihren Einfluss auf die Fahrt des Schiffes etc. auf die Anzahl der Umdrehungen einwirken.

II. Die Thermometer haben bei mehreren Vergleichen im Laufe der Reise dieselben Differenzen ergeben. Als Normal-Thermometer wurden die in dem Stativ angebrachten Normal-Thermometer von Greiner, welche zu den Psychrometer-Beobachtungen verwendet wurden, angenommen. Das in dem festen Glase des Regnaultschen Hygrometers angebrachte Thermometer hatte danach einen Index von — 0,16° C., das in der vergoldeten Kapsel von — 0,24° C. Sämmtliche Beobachtungen, auch die der Thermometer am Barometer, sind auf das Normal-Thermometer reduzirt; bei dem Hygrometer, wenn nöthig, mit Einschaltung des Thermometers im festen Glase. Von dem Hygrometer ist noch anzuführen, dass sich das Gold auf der Kapsel sehr schlecht hält und im Auslande nicht überall erneuert werden kann. Es müsste demnach eine Reservekapsel mitgegeben werden, wenn es sich nicht empfehlen sollte, dieselbe überhaupt aus polirtem Silberblech herzustellen. Auf einem grossen Theile der Reise war gar kein Gold mehr auf der Kapsel, und war nach Ansicht der Beobachter der Beschlag jetzt besser zu erkennen, als vordem. Besonders in der Zeit, wo das Gold anfängt sich zu verlieren, nach etwa drei Monaten, ist der Beschlag schwer wahrzunehmen. Des Nachts, im Allgemeinen, und bei schlechtem Wetter ist die Beobachtung sehr schwierig und unsicher, welchem Uebelstande im ersten Falle vielleicht durch Einführung einer kleinen, zweckmässig konstruirten Laterne, die auch bei den übrigen Ablesungen von grossem Nutzen sein würde, in etwas abgeholfen werden könnte. Das Stativ für die Thermometer hat sich sehr gut bewährt. Es schützt dieselben gegen Sonne, Regen und Zug, und ist keines derselben zerbrochen, nur der Querschnitt im Gestell, in dem das Kästchen schlingert, muss grösser sein. Von dem Hygrometer ist endlich noch die Glasröhre, auf welche die Kapsel geschoben wird, zerbrochen und musste, da sie nicht zu ersetzen war, von Metall angefertigt werden.

III. Im Monat Oktober und November 1874 sind die Beobachtungen des Hygrometers mehrere Male auf einige Tage unterbrochen, da damals gerade die Glasröhre, auf welche die Kapsel geschoben wird, zerbrochen war. Mit verschiedenen anderen Glasröhren wurde der Versuch gemacht, bis endlich die Metallröhre angefertigt wurde, welche auch dem Zwecke entsprach. Im September und Anfang Oktober 1875 traten einige Unterbrechungen wegen Mangels an Schwefeläther ein. Im November 1875 endlich wurde die Kapsel mehrere Tage zum Vergolden in Auckland an Land gegeben.

IV. Vom 10. August bis zum 4. Oktober sind in einigen leerstehenden Spalten Beobachtungen des mitgegebenen Haarhygrometers eingetragen. Das Instrument war an der Rückwand des meteorologischen Häuschens angeschraubt. Obgleich dasselbe hier gegen unmittelbare Nässe, und durch den Schirm gegen Staub hätte geschützt sein müssen, kam es jedoch bald hauptsächlich durch Verunreinigung in Unordnung, so dass die Beobachtungen mit demselben wieder eingestellt wurden.

V. Von den Apparaten zum Auffangen und Messen des Regens ist anzuführen, dass für eine zweijährige Periode zwei Messgläser nicht ausreichen, da dieselben — von dünnem Glase gefertigt — leicht zerbrechen, wenn sie am oberen Rande beschädigt sind, und sich im Auslande nicht ersetzen lassen.

VI. Zum Messen der Verdunstung wurde an Bord ein flaches, eben so bedecktes Gefäss, dass der Luftzug freien Zutritt hatte, angefertigt. Es hatte dieses genau die Oberfläche, wie die Auffangefläche des Regenmessers. Ein bestimmtes

Quantum süssen Wassers, auf 24 Stunden hineingegossen, wurde wieder gemessen und die Differenz als Verdunstung im Journal notirt.

Die Ozon-Papiere wurden, wo es im Journal nicht anders angegeben ist, auf 24 Stunden in dem Blechkasten der Luft ausgesetzt.

VII. Zum Messen des spezifischen Gewichtes des Seewassers wurden die Steeger-Küchlerschen Aräometer benutzt, nur wenn das Wasser zu leicht, die in dem Greinerschen Aräometerkasten befindlichen Normal-Aräometer, gegen welche jedoch die Steegerschen um 0,0005 bis 0,0006 zu niedrig zeigen. Dieser Abweichung wegen ist im Journal stets angegeben, wenn eine andere Art zur Verwendung gelangt ist. Beim Schlingern des Schiffes lehnt sich das Aräometer gegen die Wände des Glasgefässes, welchem Nachtheile durch einen grösseren Durchmesser des Gefässes oder durch einen Deckel, in dessen Centrum sich ein Loch für den oberen dünnen Stiel des Aräometers befindet, abgeholfen werden müsste; am besten würde jedoch ein genau gearbeitetes Schlingertischchen von etwa 1 m Höhe dem Zwecke entsprechen, in dem wohl auch das Aräometer selbst untergebracht werden könnte, um so das häufige Zerbrechen beim Hin- und Hertragen zu verhüten.

---

1. Meteorologisches Tagebuch S. M. S. „Gazelle".

Wenn in der nachfolgenden Zusammenstellung die Richtung in Strichen gegeben, ist sie missweisend zu verstehen, da sie in solchen Fällen nur als näherungsweise zu erachten ist.

Das arithmetische Mittel der Windstärke ist durchweg nicht berechnet.

(A = Nebel. B = Regen. C = Schnee. D = Thau.)

1874, den 24. Juni.

Position: 55° 26'—53° 55' N-Br., 5° 19'—3° 25' O-Lg.
Schiffsbewegung: Kurs des Schiffes in der Nacht N 223° E, ändert sich wenig im Laufe des Tages, Nachmittags anhaltend N209°E.
Fahrt: Nachts und Vormittags 8—7, Nachmittags 6—5.
Wind: Richtung. Mittel N 179°E; hin und herschwankend zwischen N175°E und N198°E, einmal N153°E um 10^h a. m.
Barometer: Mittel 759,99 mm; max. 762,17 mm um 2^h a. m., fällt dann bis zum min. 758,90 mm um 2^h p. m., steigt wieder bis 759,48 mm um 10^h p. m.
Temperatur der Luft: Mittel 13,0°, max. 14,0° um 6^h p. m., min. 11,8° um 6^h a. m.
Spannkraft der Dünste: Mittel 10,6 mm, beginnt mit 10,0 mm um 2^h a. m., steigt bis 10,9 mm um 2^h p. m., fällt wieder, aber wenig, bis 10,7 mm um 10^h p. m.
Wolken: Gattung und Betrag. cu str. 10 um 2^h a. m., ni 10 um 6^h, cu ni 10 um 10^h a. m., cu ni 10 um 2^h p. m., cu 2 in NE um 6^h nur am Horizont, str. 1 um 10^h p. m.
Richtung. Mit dem Winde mit geringer Abweichung.
Niederschlag: Nachts und Vormittags leichter A, Nachmittags bis 2^h 30' p. m. $1^3/_4$ Stunden B und Abends D.
Zustand der See: —
Allgemeine Bemerkungen: Himmel bedeckt bis etwas nach 2^h p. m., anfangs leichter Nebel, dann $1^3/_4$ St. Regen; später Himmel klar.
2^h a. m. Der Himmel leicht bedeckt; leichter Nebel.
6^h a. m. Himmel bedeckt; leichter Nebel.
10^h a. m. Himmel bedeckt; Regen $1^1/_2$ Stunde.
2^h p. m. Himmel bedeckt; Regen $^1/_2$ Stunde.
6^h p. m. Himmel klar; nur Wolken in NE am Horizont.

1874, den 25. Juni.

Position: 53° 36'—52° 18,4' N-Br., 3° 8'—1° 59,5 O-Lg.
Schiffsbew.: Kurs stets N207°E.
Fahrt. Begann mit 4,5, verminderte sich bis 2,3 um 2^h p. m., war jedoch um 6^h wieder 5,5 und um 10^h 4,5.
Wind: Richtung. Mittel N198°E zwischen N179°E und N207°E.
Stärke. Mittel 3,6; max. 5, min. 2.
Barom.: Mittel 758,71 mm; max. 759,95 mm um 6^h a. m.; min. 757,50 mm um 2^h p. m., steigt wieder bis 758,0 mm um 10^h.
Temp. d. Luft: Mittel 14,2°; max. 15,3° um 6^h p. m., min. 13,4° um 2^h p. m.
Spannkr. d. Dünste: Mittel 10,3 mm; max. 10,9 mm um 10^h a. m., min. 8,9 mm um 10^h p. m.
Wolken: Gattung und Betrag. cu str. 3; um 6^h a. m. cu 2, von 10^h a. m. bis 10^h p. m. cu ni (dazu von 10^h a. m.) 9—10; jedoch war der Himmel um 6^h p. m. nur halb bedeckt.
Richtung. Um 10^h a. m. und 2^h p. m. aus NE, aber von 6^h p. m. an aus SW.
Niederschl.: D um 2^h a. m.; B von 2^h p. m. bis 10^h p. m.
Zustand d. See: —
Allg. Bemerk.: Nachts Himmel klar mit Wolken, gegen Morgen auch diesig. Um 4^h 30' p. m. Gewitterböen mit Regen. Von $6^1/_2{}^h$ bis $7^1/_2{}^h$ p. m. starke Gewitterböen mit Regen und Hagel. Zickzackblitze. Von 8^h bis 8^h 30' Zickzackblitze.
2^h a. m. Himmel klar; Horizont mit Wolken.
6^h a. m. Himmel klar; Horizont mit Wolken und diesig.

1874, den 26. Juni.

Position: 52° 3'—50° 37' N-Br.; 1° 50'—0° 31' O-Lg.
Schiffsbewegung: Kurs um 2^h a. m. N207°E, um 6^h a. m. N173°E, geht dann über nach N241°E.
Fahrt. Mittel 6,2; max. 7,0; min. 5,0.
Wind: Richtung. Mittel N192°E. Um 2^h a. m. N213°E, um 6^h N117°E, um 10^h N168°E und von da schwankend durch N230°E, N185°E nach N263°E.
Stärke. Mittel 1,7; zwischen 3 und 2.
Barometer: Mittel 754,36 mm; max. 756,35 mm um 2^h a. m.; min. 752,80 mm um 6^h p. m.
Temperatur der Luft: Mittel 14,8°; max. 15,8° um 2^h p. m.; min. 13,6° um 10^h p. m.
Spannkraft der Dünste: Mittel 11,3 mm; max. 11,8 mm um 6^h p. m.; min. 10,80 mm um 10^h a. m.

Wolken: Gattung und Betrag. cu ni 9—10 von 2h a. m. bis 6h p. m. ni um 10h p. m. ebenfalls 9—10.
Richtung. Mit dem Winde ziehend.
Niederschlag: D um 2h a. m.; leichter B um 6h a. m.; leichter A und B um 10h a. m.; 1 Stunde B um 6h p. m.; B um 10h p. m.
Zustand der See: —
Allg. Bemerk.: Der Himmel war bezogen. Leichte Regenschauer, zuweilen etwas dicht; Horizont diesig. Von 8—9h starker Nebel, dann etwas mehr Wind. Von Zeit zu Zeit leichter Regen. Um 9h a. m. zeigte der Regenmesser 1,5 mm.

1874, den 27. Juni.

Position: 50° 30′—50° 15,5′ N-Br.; 0° 0′—3° 3′ W-Lg.
Schiffsbew.: Kurs. Mittel N262°E, bald 1/2 Strich minus, bald plus abweichend.
Fahrt. 5,6—6,0.
Wind: Richtung. N240°E von 2h a. m. bis 10h a. m., N94°E von 2h p. m. bis 6h p. m.; N307°E um 10h p. m. Mittel N236°E.
Stärke. Mittel 0,4; anfangs 3, dann ganz still, später von 10h a. m. an flau 1—2, um 2h p. m. nur 0,5.
Barom.: Mittel 753,14 mm; max. 753,73 mm um 2h p. m.; min. 752,85 mm um 6h a. m.
Temp. d. Luft: Mittel 14,6°; max. 15,2° um 10h a. m. und um 10h p. m.; min. 13,6° um 2h a. m. und 14,6° um 6h p. m.
Spannkr. der Dünste: Mittel 11,6 mm; max. 12,0 mm um 10h p. m., min. 11,3 mm um 2h a. m.
Wolken: Gattung und Betrag. Fast den ganzen Tag ni 10; nur um 2h p. m. str. 7 und um 6h p. m. cu ni 10.
Richtung. Aus SSW, SW, WzS, EzS zuletzt W.
Niederschl.: Nachts B; ebenfalls um 10h p. m. B.
Zustand der See: —
Allg. Bemerk.: Der Regenmesser zeigte um 9h a. m. 4,1 mm.

1874, den 28. Juni.

Von 2h a. m. bis 10h a. m.

Position: 50° 10′—50° 5′ N-Br.; 3° 41′—4° 12′ W-Lg.
Schiffsbew.: Kurs. N296°E, dann N302°E.
Fahrt 3, dann 5.
Wind: Richtung. Mittel N7°E, erst N341°E, dann N15°E.
Stärke. Mittel 3,1; Nachts 1,5, dann 5.
Barom.: Mittel 754,02 mm; 753,70 mm um 2h a. m., 754,35 mm um 6h a. m.
Temp. d. Luft: 14,2° um 2h a. m., 14,5° um 6h a. m.
Spannkr. d. Dünste: 10,4 mm bis 10,1 mm.
Wolken: Gattung und Betrag. cu ni 8; ni 8.
Richtung. Aus N.
Niederschl.: Nachts B.
Allg. Bemerk.: Um 9h a. m. zeigte der Regenmesser 2,1 mm. Vom 28. Juni 10h a. m. bis zum 3. Juli im Hafen von Plymouth met. Tagebuch nicht geführt.

1874, den 4. Juli.

Position: 50° 7′—48° 52′ N-Br., 4° 11′—5° 47′ W-Lg.
Schiffsbew.: Kurs. N216°E mit geringen Abweichungen. Fahrt beginnend mit 4,2, dann schwächer 3,3; von 10h a. m. an 5,5—6,0.
Wind: Richtung. Mittel N244°E; N273°E geht zurück nach N228°E; um 10h p. m. wieder N261°E.
Stärke. Mittel 4,3. Beginnt mit 6—7, wird schwächer bis 4, wieder etwas frischer um Mittag, nimmt dann wieder ab bis 3.
Barom.: Mittel 767,50 mm; max. 769,35 mm um 6h p. m.; min. 764,6 mm um 2h a. m.
Temp. d. Luft: Mittel 15,5°; max. 16,8° um 10h a. m.; min. 14,6° um 2h p. m.; steigt von 2h a. m. bis 10h a. m. und hält sich dann ungefähr auf 15,0°.
Spannkr. d. Dünste: Mittel 11,3 mm; nimmt zu von 11,2 mm um 2h a. m. bis zum max. 11,9 mm um 10h a. m.; fällt rasch bis 10,9 mm um 2h p. m.; steigt wieder ein wenig und erreicht dann das min. 10,8 mm um 10h p. m.
Wolken: Gattung und Betrag. cu 2; cu str. und ci str. 4; dann cu und cu ni 8—9 von 10h a. m. bis 2h p. m.; ci 5 um 6h p. m., ci cu 7 um 10h p. m.
Richtung. Anfangs aus W; dann WSW um 6h p. m.
Niederschl.: Leichte Regenschauer um 2h p. m.
Zustand der See: —
Allg. Bemerk.: Bezogener Himmel um 2h p. m.; Böen aus NW. Um 3h klärte es auf im NW, bis der Betrag der Wolken = 0. Dann leichte ci cu.

1874, den 5. Juli.

Position: 48° 31′—47° 12′ N-Br.; 6° 0′—7° 26′ W-Lg.
Schiffsbew.: Kurs. Zwischen N214°E und N226°E.
Fahrt. 5—6 bis Mittag, dann 7,0.
Wind: Richtung. Mittel N268°E; bis Mittag N248°E, N316°E und N259°E; Nachmittags N113°E, N46°E, N57°E.
Stärke. Mittel 0,9; der westlichen Winde 2—3, der östlichen 0—1.
Barom.: Mittel 771,7 mm; max. 772,90 mm um 2h p. m.; min. 770,75 mm um 2h a. m., steigt Vormittags um 1,3 mm, fällt Nachmittags um 1,0 mm.
Temp. d. Luft: Mittel 16,2°; steigt von 14,7° bis 17,2° um 2h p. m., fällt dann wieder bis 16,6°.
Spannkr. d. Dünste: Mittel 11,8 mm; fällt von 12,3 mm um 2h a. m. bis 11,1 mm um 10h a. m., steigt wenig bis 11,7 mm um 6h p. m. und fällt zuletzt bis 10,9 mm um 10h p. m.
Wolken: Gattung und Betrag. ni 9—10; um 10h a. m. erscheinen ci str. 2—4 und wurden gesehen bis 6h p. m.; um 10h p. m. ganz klar.
Richtung. Die ni aus W, um 10h a. m. aus SW, Nachmittags aus E.
Niederschl.: D um 2h a. m.
Zustand d. See: Temperatur 15,2° um 2h p. m., 17,0° um 6h p. m., 16,0° um 10h p. m.
Allg. Bemerk.: Himmel bezogen, im NW klar.
9h a. m. zeigte der Regenmesser: —
Um 10h a. m. klärte der Himmel auf. Der Horizont während des Tages besetzt mit str.; oben klar mit ci.

1874, den 6. Juli.

Position: 46° 52′—45° 24′ N-Br.; 7° 58′—10° 12′ W-Lg.
Schiffsbew.: Kurs. N226°E.
Fahrt. 8,0; um 10h a. m. langsamer 6,5; später wieder 7 und 7,4.
Wind: Richtung. Mittel N52°E; schwankend zwischen N68°E und N34°E.
Stärke. Mittel 3,6; zunehmend von 2—3 bis 4—5 um 10h a. m.; dann etwas schwächer 3—4; zuletzt 4—5 um 10h p. m.
Barom.: Mittel 768,58 mm; beginnt mit dem max. 769,80 mm um 2h a. m. und fällt bis 766,80 mm um 10h p. m.
Temp. d. Luft: Mittel 16,7°; steigt rasch von 15,6° um 2h a. m. bis 17,2° um 6h a. m. und schwankt dann zwischen 16,9° und 16,6°.
Spannkr. d. Dünste: Mittel 11,8 mm; steigt von 10,9 mm um 2h a. m. bis 12,2 mm um 10h p. m. hauptsächlich Nachmittags.
Wolken: Gattung und Betrag. str. am Horizont, oben klar mit leichten ci und cu; um 2h p. m. vermehrten sich die cu und str., so dass sie zuletzt den ganzen Himmel bedeckten, und gingen um 10h p. m. über in schwache ni.
Richtung. Oestlich.
Niederschl.: —
Zustand d. See: Temperatur. Mittel 16,1°; zwischen 15,6° und 16,4°.
Spezifisches Gewicht. Mittel 1,0245; max. 1,0261 (nach Steegers Aräometer), min. 1,0236.
Bemerk.: Der Horizont besetzt mit str., oben klar mit leichten cu und ci.
Um 10h p. m.: Der Himmel ganz, aber nur schwach bezogen.

1874, den 7. Juli.

Position: 45° 2'—44° 1' N-Br.; 10° 43'—12° 23' W-Lg.
Schiffsbew.: Kurs. N226°E von 2^h a. m. bis 10^h a. m., später N349°E (lagen gestoppt zum Lothen); um 6^h p. m. wieder N226°E.
Fahrt. 7,0—7,5 von 2^h a. m. bis 6^h p. m.; um 10^h p. m. 4,0.
Wind: Richtung. Mittel N23°E. Anfangs N34°E; N23°E von 6^h a. m. bis 6^h p. m., dann N1°E.
Stärke. 3,6 im Mittel. Nachts 4—5, von 6^h a. m. an stets 3—4.
Barom.: Mittel 767,00 mm; steigt von 766,20 mm um 2^h a. m. bis 768,10 mm um 10^h p. m.
Temp. d. Luft: Mittel 17,6°; 16,6° um 2^h a. m., 16,5° um 6^h a. m., steigt dann bis zu 18,0° um 10^h a. m., bis zu 19,1° um 6^h p. m. und fällt wieder bis auf 17,0°.
Spannkr. d. Dünste: Mittel 12,7 mm; beginnt um 2^h a. m. mit 12,3 mm, steigt bis 12,6 und fällt dann wieder bis 12,1 mm um 10^h a. m., erreicht das max. 13,4 mm um 2^h p. m., fällt wieder bis auf 12,5 mm.
Wolken: Gattung und Betrag. ni 10; cu str. 9; ci str. 0,5 um 10^h a. m.; klar um 2^h p. m.; zuletzt cu str. 0—1.
Richtung. Mit dem Winde.
Niederschl.: D um 10^h p. m.
Zustand d. See: Temperatur. Mittel 17,2°; min. 16,5°, max. 18,1°.
Spezif. Gewicht. Mittel 1,0255; schwankt zwischen 1,0240 und 1,0268.
Allg. Bemerk.: Um 6^h a. m. Wolken am westlichen Himmel.

1874, den 8. Juli.

Position: 43° 51'—42° 52.5' N-Br.; 12° 37'—14° 0' W-Lg.
Schiffsbew.: Kurs. N226°E, von 2^h p. m. an N214°E.
Fahrt. Mässig 3-5; um 6^h p. m. 9,6, später 5,0.
Wind: Richtung. Mittel N347°E; N1°E bis Mittag, dann N327°E, N338°E und N316°E.
Stärke. Mittel 2,5; beginnt mit 3—4, flaut ab bis 2.
Barom.: Mittel 768,28 mm; sehr geringe Schwankung zwischen max. 768,45 mm um 2^h a. m. und min. 768,20 mm um 10^h a. m.
Temp. d. Luft: Mittel 18,8°; min. 17,0° um 2^h a. m., steigt sehr langsam bis 6^h, dann rascher bis 19,0° um 10^h a. m.; erreicht als max. 20,4° um 6^h p. m. und sinkt dann bis 19,0° um 10^h p. m.
Spannkr. d. Dünste: Mittel 12,8 mm; beginnt mit 13,0 mm, fällt bis 12,4 mm um 10^h a. m. und steigt abermals bis 13,0 mm.
Wolken: Gattung und Betrag. Klar um 2^h a. m.; cu den ganzen Tag; str. von 6^h a. m. bis 2^h p. m., von 6 bis 10^h a. m. 2, um 2^h p. m. 6, um 6^h p. m. 2, um 10^h 4.
Richtung. Mit dem Winde.
Niederschl.: D Morgens.
Zustand d. See: Temperatur. Mittel 18,4°; bewegt sich zwischen 17,6° und 18,9°.
Spezif. Gewicht. Mittel 1,0268; max. 1,0271, min. 1,0264.
Allg. Bemerk.: 2^h a. m.: Sternschnuppen fielen vereinzelt
Nachmittags oben am Himmel ganz schwache cu ci. Am Westhimmel am Horizont str., dann klar oben und cu str. am N- und W-Himmel. Raaen waren 3½ Strich über BB gebrasst.

1874, den 9. Juli.

Position: 42° 27'—41° 38' N-Br.; 14° 19,8'—15° 15,2' W-Lg.
Schiffsbew.: Kurs. Morgens N217°E, dann gestoppt um 6^h a. m., N46°E, Nachmittags N209°E.
Fahrt. 7,0 bis Mittag, später 5—6.
Wind: Richtung. Mittel N341°E; beginnt mit N327°E, zurück nach N316°E, dann um 10^h a. m. nach N338°E und dreht sich erst um 10^h p. m. nach N23°E.
Stärke. Mittel 2,8. Anfangs 3,5, wird schwächer 2,5 um 6^h a. m., und frischt ein wenig auf bis 3,5 um 6^h p. m.
Barom.: Mittel 770,44 mm; steigt beständig von 768,33 mm um 2^h a. m. bis 773,30 mm um 10^h p. m.
Temp. d. Luft: Mittel 19,1°; 18,2° um 2^h a. m., sinkt ein wenig bis 18,1°, erreicht das max. 20,7° um 10^h a. m. und fällt bis 18,6° um 10^h p. m.
Spannkr. d. Dünste: Mittel 14,3 mm; vermehrt sich von 14,00 mm bis 14,37 mm um 6^h a. m., vermindert sich bis 13,84 mm um 10^h a. m., ist 15,62 mm um 2^h p. m. und sinkt dann bis 13,4 mm.
Wolken: Gattung und Betrag. Zwischen 2^h und 6^h a. m. cu ni 8—9, aus N und NE; cu str. 6 aus N; cu ni 9 zwischen 2^h p. m. und 6^h p. m. aus N; zuletzt cu 7 aus NE.
Richtung. Aus N und NE.
Niederschl.: —
Zustand d. See: Temperatur. Mittel 19,0°; max. 19,6°, min. 18,1°.
Spezif. Gewicht. Mittel 1,0271; max. 1,0275, min. 1,0266.
Allg. Bemerk.: Oben ganz leichte cu. Von NW tiefschwarze cu ni aufsteigend, die schnell den ganzen Himmel bezogen und nach Aufklaren am östlichen Horizont blieben.
Um 12^h Mittags Flasche mit Besteck mit Sand gefüllt über Bord gesetzt.
6^h p. m. Oben leichte cu so dünn, dass der blaue Himmel durchschien.

1874, den 10. Juli.

Position: 41° 6'—39° 37,5' N-Br.; 15° 32,2'—16° 52,2' W-Lg.
Schiffsbew.: Kurs. N211°E.
Fahrt. Morgens 6—7, Nachmittags 4—5.
Wind: Richtung. Mittel N22°E; N1°E um 2^h a. m, N23°E von 6^h a. m. bis 6^h p. m.; N34°E um 10^h p. m.
Stärke. Mittel 3,4; beginnt mit 2,5, steigt dann bis 4 um 10^h a. m., Nachmittags 3—4.
Barom.: Mittel 773,28 mm; steigt bis 2^h p. m. von 772,10 mm bis 774,10 mm und fällt wieder bis 773,70 mm um 10^h p. m.
Temp. d. Luft: Mittel 19,3°; steigt von 18,4° bis 20,0° um 6^h p. m., fällt bis 19,0° um 10^h p. m.
Spannkr. d. Dünste: Mittel 11,8 mm; max. 14,37 mm, min. 10,47 mm; fällt und steigt 3mal an diesem Tage.
Wolken: Gattung und Betrag. cu, dann cu str. Vormittags 4—6; Nachmittags cu 9; dann cu 1 und später cu 5.
Richtung. Mit dem Winde.
Niederschl.: D um 10^h p. m.
Zustand d. See: Temperatur. Mittel 19,0°; max. 20,1°, min. 19,1°.
Spezif. Gewicht. Mittel 1,0269; max. 1,0274, min. 1,0264.
Allg. Bemerk.: Um 2^h a. m. am Horizont cu, sonst klar.
12^h. Flasche mit Besteck mit Sand gefüllt über Bord gesetzt.

1874, den 11. Juli.

Position: 39° 24,2'—38° 25,1' N-Br.; 17° 3,7'—17° 37,1' W-Lg.
Schiffsbew.: Kurs. N211°E; von 10^h a. m. bis 2^h p. m. stoppten zum Lothen; dann N211°E und zuletzt N183°E.
Fahrt. 3,5—5; Abends 4,0.
Wind: Richtung. Mittel N15°E; springt von N34°E nach N349°E und bleibt dann in N23°E stehen.
Stärke. Mittel 2,8; zwischen 2,5 und 3.
Barom.: Mittel 772,13 mm; fällt und steigt 3mal an diesem Tage; max. 772,63 mm um 10^h a. m, min. 771,55 mm um 2^h p. m.
Temp. d. Luft: Mittel 19,7°; steigt beständig von 18,4° um 2^h a. m. bis 20,8° um 2^h p. m.; fällt dann etwas bis 19,9° und steigt abermals bis 20,1°.
Spannkr. d. Dünste: Mittel 12,8 mm; mehrt sich beständig von 11,4 mm bis 14,2 mm.
Wolken: Gattung und Betrag. cu 7—8 von 2^h a. m. bis 10^h a. m., dann str. 1, später str. 4 um 2^h p. m.; cu ni 5 um 6^h p. m.; ni 10 um 10^h p. m.
Richtung. Mit dem Winde.
Niederschl.: —
Zustand d. See: Temperatur. Mittel 19,7°; max. 20,6°, min. 18,6°.
Spezif. Gewicht. Mittel 1,0271; max. 1,0276, min. 1,0261.
Allg. Bemerk.: Himmel leicht bezogen, am Horizonte cu, klarte gegen Morgen auf, der obere Himmel völlig klar, über dem Horizont wenig str., wie im Passat.
12^h Mittags. Flasche mit Sand gefüllt mit Besteck über Bord gesetzt.
Um 2^h p. m. Der Horizont bedeckt, oben klar.
10^h p. m. Himmel ganz bezogen.

1874, den 12. Juli.

Position: 37° 51,2′—36° 45′ N-Br.; 17° 54,2′—18° 4,3′ W-Lg.
Schiffsbew.: Kurs. Grossentheils N193 6°E, gegen Abend N171°E.
Fahrt. 4—3.
Wind: Richtung. N16°E im Mittel; Vormittags N22°E, Nachmittags von N348°E zu N33°E und zurück zu Nord.
Stärke. Mittel 2,7; beständig 3, nur 1—2 um 10ʰ p. m.
Barom.: Mittel 770,33 mm; steigt von 770,4 mm bis 771,2 mm um 6ʰ a. m.; steht um 10ʰ a. m. auf 770,05 mm, erreicht dann das max. 771,15 mm um 6ʰ p. m. und fällt wieder bis 768,95 mm um 10ʰ p. m.
Temp. d. Luft: Mittel 20,7°; steigt und fällt abwechselnd; max. 21,8° um 10ʰ a. m., min. 19,9° um 6ʰ a. m.
Spannkr. d. Dünste: Mittel 14,5 mm; Vormittags zwischen 12,6 mm und 14,8 mm; Nachmittags zwischen 15,7 mm und 14,2 mm.
Wolken: Gattung und Betrag. ni 9—10; cu 9; cu 1 um 10ʰ a. m.; ni 9—10 um 2ʰ p. m.; cu ni 5—10.
Richtung. Mit dem Winde.
Niederschl.: D um 2ʰ a. m.; feiner B um 6ʰ a. m. und ebenfalls um 2ʰ p. m.
Zustand d. See: Temperatur. Mittel 20,6°; max. 21,1°, min. 20,2°.
Spezif. Gewicht. Mittel 1,0260; max. 1,0267, min. 1,0246.
Allg. Bemerk.: Um 6ʰ a. m. in kleinen Zeiträumen ganz feiner Regen.
12ʰ Mittags. Flasche mit Besteck mit Sand gefüllt über Bord.
6ʰ p. m. Horizont bedeckt. Ganz wenig feiner Regen, am östlichen Himmel ein schwacher Regenbogen.

1874, den 13. Juli.

Position: 36° 17′—35° 11,5′ N-Br., 17° 56′—17° 45,5′ W-Lg.
Schiffsbew.: Kurs N172°E (gestoppt zum Lothen zwischen 10ʰ a. m. und 6ʰ p. m.), dann derselbe Kurs wie vorher.
Fahrt. Früh 7,5, am Abend 5,7—6.
Wind: Richtung. Mittel N7°E; von N349°E nach N12°E zurück nach N1°E und N349°E, zuletzt N34°E.
Stärke. Mittel 2,4; zwischen 2 und 3 schwankend.
Barom.: Mittel 768,55 mm; steigt von 767,95 mm um 2ʰ a. m. ununterbrochen bis 768,80 mm um 10ʰ a. m., fällt bis 768,45 mm um 2ʰ p. m. und steigt wieder bis 769,20 mm um 10ʰ p. m., so dass 2 max. um 10ʰ a. m. und um 10ʰ p. m. und 2 min. um 2ʰ a. m. resp. 2ʰ p. m. deutlich zu erkennen sind.
Temp. d. Luft: Mittel 21,1°; steigt von 20,5° bis 22,5° um 2ʰ p. m. und fällt wieder bis 20,4°.
Spannkr. d. Dünste: Mittel 15,2 mm; max. 16,7 mm, min. 14,1 mm.
Wolken: Gattung und Betrag. cu ni 9—10 von 2ʰ a. m. bis 6ʰ a. m.; um 10ʰ str. 3, um 2ʰ p. m. ci, str. 7—6 bis 6ʰ p. m.; um 10ʰ p. m. cu 3.
Richtung. Mit dem Winde.
Niederschl.: —
Zustand d. See: Temp. Mittel 20,4°; max. 21,0°, min. 19,6°.
Spezif. Gewicht. Mittel 1,0268; max. 1,0276, min. 1,0260.
Allg. Bemerk.: Himmel gleichmässig grau bedeckt mit einzelnen dunklen cu ni; Luft feucht; der Regen war zu gering gewesen, um im Regenmesser gemessen zu werden.
12ʰ Mittags. Flasche (mit Sand) mit Besteck über Bord.
2ʰ p. m. Am Horizonte str., ebenso am nördlichen Himmel weisse zerrissene str.
Die See war ruhig.
6ʰ p. m. Der Himmel oben mit ci str., am Horizonte cu str.

1874, den 14. Juli.

Position: 34° 53′—33° 21′ N-Br.; 17° 42′—17° 25′ W-Lg.
Schiffsbew.: Kurs. N175°E Vormittags;um 2ʰ p. m. gestoppt; N164°E um 6ʰ p. m.; gestoppt um 10ʰ p. m. zum Lothen.
Fahrt. 5—6.
Wind: Richtung. Mittel N62°E; N46°E geht über um 10ʰ a. m. in N79°E; um 2ʰ p. m. wieder N46°E durch N68°E nach N91°E.
Stärke. Mittel 2,1; zwischen 2 und 2,5.
Barom.: Mittel 769,49 mm; 2 max. 771,26 mm um 10ʰ a. m und 770,80 mm um 10ʰ p. m., 2 min. 768,28 mm um 2ʰ a. m. und 769,65 mm um 2ʰ p. m.
Temp. d. Luft: Mittel 21,4°; nimmt zu von 20,2° bis 22,6° um 10ʰ a. m., dann ab bis 21,1° um 10ʰ p. m.
Spannkr. d. Dünste: Mittel 15,1 mm; max. 17,0 mm um 10ʰ p. m., min. 13,5 mm um 2ʰ p. m.
Wolken: Gattung und Betrag. Früh cu und cu str. nehmen zu von 1—3; cu 10 um 10ʰ a m.; am Nachmittage von 2ʰ—6ʰ cu und cu str. 1—3; zuletzt klar um 10ʰ p. m.
Richtung. Früh aus NE und N, von 10ʰ an aus E.
Niederschl.: D um 10ʰ p. m.
Zustand d. See: Temp. Mittel 21,1°; max. 21,6°, min. 20,4°.
Spezif. Gewicht. Mittel 1,0272; max. 1,0278, min. 1,0261.
Allg. Bemerk.: Um 2ʰ a. m. Himmel klar, am Horizont cu; 10ʰ leicht bezogen und cu. 12ʰ Flasche mit Besteck (Sand) über Bord, am Horizont cu, sonst klar. 6ʰ p. m. cu str. am Horizont.

1874, den 15. Juli.

Position: 33° 10′—32° 56′ N-Br.; 17° 21′—17° 16′ W-Lg. Um 10ʰ a. m. N226°E Küste von Madeira. Um 6ʰ p. m. Rhede von Funchal.
Schiffsbew.: Kurs beginnt mit N164°E und schwankt dann zwischen N206°E und N110°E.
Fahrt. 2,2 um 2ʰ a. m.; dann 4 um 6ʰ a. m.; später am Nachmittage 6 und 5,5.
Wind: Richtung. Mittel N78°E, N79°E, dann N68°E um 6ʰ a. m.; springt über nach N259°E um 10ʰ a. m., dann nach N136°E und wieder nach N259°E um 6ʰ p. m.; um 10ʰ p. m. still.
Stärke. Mittel 0,6; der östl. Wind früh 4—5, der N259°E 2—3; N136°E nur 1; um 10ʰ p. m. still.
Barom.: Mittel 768,74 mm; sehr geringe Schwankung max. 768,95 mm, min. 768,45 mm.
Temp. d. Luft: Mittel 22,0°; steigt ununterbrochen von 20,4° bis 24,1° um 2ʰ p. m. und fällt bis 21,0° um 10ʰ p. m.
Spannkr. d. Dünste: Mittel 15,7 mm; max. 17,2 mm um 6ʰ p. m., min. 14,2 mm um 10ʰ a. m.
Wolken: Gattung und Betrag. cu str., dann cu 4—3, oben ci; cu 9 um 10ʰ a. m.; Nachmittags cu ni 7, cu 1 und cu ni 3.
Richtung. Um 10ʰ aus SE, um 6ʰ p. m. aus W.
Niederschl.: D um 2ʰ a. m.
Zustand d. See: Temp. Mittel 21,6°; max. 22,8°, min. 20,2°.
Spezif. Gewicht. Mittel 1,0272; max. 1,0276, min. 1,0262.
Allg. Bemerk.: Um 2ʰ a. m. Horizont besetzt, oben klar. Um 6ʰ a. m. Horizont besetzt, oben ci. Um 10ʰ a. m. Horizont klar, oben mit leichter weisser cu bezogen.
Um 6ʰ p. m. nördliche Dünung.
Um 10ʰ p. m. Horizont besetzt.

1874, den 16. Juli.

Position: Rhede von Funchal; um 10ʰ p. m. 32° 36,6′ N-Br., 16° 58′ W-Lg.
Schiffsbew.: Kurs. N248°E um 10ʰ p. m.
Fahrt. 8,0 um 10ʰ p m.
Wind: Richtung. Mittel N258°E. Morgens N169°E, dann stille; N271°E von 10ʰ a. m. bis nach 6ʰ p. m.; zuletzt N102°E.
Stärke. Mittel 0,8; Vormittags früh 0,5—0, von 10ʰ a. m. bis 2ʰ p. m. 3—4, um 6ʰ flau 1,5, dann 3 um 10ʰ p. m.
Barom.: Mittel 768,77 mm; 2 max. 769,00 mm um 10ʰ a. m. und 769,45 mm um 10ʰ p. m.; 2 min. 767,55 mm um 2ʰ a. m. und 768,60 mm um 2ʰ p. m.
Temp. d. Luft: Mittel 22,9°; max. 24,9° um 2ʰ p. m., min. 21,6° um 2ʰ a. m.
Spannkr. d. Dünste: Mittel 15,1 mm; max. 15,5 mm, min. 14,1 mm; von 6ʰ an nur schwankend hin und her zwischen 15,0 mm und 15,5 mm.
Wolken: Gattung und Betrag. Vormittags cu ni 3; Nachmittags cu str. 2, dann 1 und zuletzt 3.
Richtung. Um 2ʰ a. m. aus S, von 6ʰ a. m. bis 6ʰ p. m. aus W, zuletzt aus S.
Niederschl.: —

Zustand d. See: Temp. Mittel 21,9°; max. 22,1°, min. 21,1°.
Spezif. Gewicht. Mittel 1,0269; max. 1,0277, min. 1,0264.
Allg. Bemerk.: Morgens früh leicht bezogen, später der Horizont besetzt; oben klar.
Um 10h a. m. leichte Dünung aus NW.

1874, den 17. Juli.

Position: 32° 25,5′ — 31° 49,5′ N-Br.; 17° 25,8 — 19° 11,9′ W-Lg.
Schiffsbew.: Kurs. Morgens N248°E, Nachmittags N242°E.
Fahrt. 4 — 6,5.
Wind: Richtung. Mittel N78°E; von N136°E um 2h a. m. nach N338°E um 2h p. m.; dann wieder N136°E um 6h p. m. und N1°E um 10h p. m.
Stärke. Mittel 1,1; 4,5 um 2h a. m., dann am Vormittag 3; Nachmittags beginnend mit 0,5, frischt allmählich auf bis 3.
Barom.: Mittel 768,52 mm; fällt von 768,90 mm um 2h a. m. bis 768,16 mm um 2h p. m., steigt dann wieder bis 768,45 mm um 10h p. m.
Temp. d. Luft: Mittel 21,5°; max. 22,5° um 2h p. m.; min. 20,8° um 6h a. m.
Spannkr. d. Dünste: Mittel 15,6 mm; max. 16,3 mm um 10h p. m.; min. 15,0 mm um 2h p. m.
Wolken: Gattung und Betrag. cu str. 3 am Horizont; um 6h a. m. ni 10, cu 5, str. 6; später um 6h p. m. cu str. 5 und zuletzt 1.
Richtung. Anfangs aus Osten, überhaupt mit dem Winde sich ändernd.
Niederschl.: —
Zustand d. See: Temperatur. Mittel 21,4°; max. 22,1°: min. 20,6°.
Spezif. Gewicht. Mittel 1,0267; max. 1,0272, min. 1,0261.
Allg. Bemerk.: Um 2h a. m. Horizont besetzt, der übrige Himmel klar, bis auf die kurze Zeit um 6h a. m., wo der ganze Himmel leicht bezogen war.
Um 5h p. m. sprang der Wind plötzlich nach S um und ging dann langsam auf NE.

1874, den 18. Juli.

Position: 31° 39,3′ — 31° 2,1′ N-Br.; 19° 34,4′ — 20° 48,6′ W-Lg.
Schiffsbew.: Kurs. Vormittags N242°E, Nachmittags gestoppt zum Lothen, um 10h p. m. N211°E.
Fahrt. Vormittags 5—6,5, um 10h p. m. 5,2.
Wind: Richtung. Mittel N35°E, zwischen N23°E und N46°E.
Stärke. Mittel 3,9, zwischen 3 und 5.
Barom.: Mittel 769,37 mm; steigt beständig von 767,80 mm um 2h a. m. bis 770,45 mm um 10h p. m., jedoch von 10h a. m. an sehr langsam nur um 0,7 mm.
Temp. d. Luft: Mittel 21,7; steigt von 21,0° bis 23,2° um 2h p. m.; fällt wieder bis 21,4° um 10h p. m.
Spannkr. d. Dünste: Mittel 15,9 mm; max. 17,0 mm um 10h p. m.; 15,1 mm um 6h a. m.
Wolken: Gattung und Betrag. Um 2h am cu str. 1 am Horizont, verschwinden um Mittag; um 2h p. m. cu 5; nehmen ab bis 1 — 2 um 6h p. m; cu ni 8 — 9 um 10h p. m.
Richtung mit dem Winde.
Niederschlag: —
Zustand d. See: Temperatur. Mittel 21,6°; max. 23,4° um 2h p. m., min. 20,7° um 6h p. m.
Spezif. Gewicht. Mittel 1,0263; max. 1,0266, min. 1,0255.
Allg. Bemerk.: Himmel klar um 2h a. m., Wolken über dem Horizont.
12h Flasche mit Sand gefüllt, mit Besteck über Bord.
2h p. m. leichte Dünung aus NE.
6h p. m. Himmel wie am Vormittag, gegen Abend mehr bezogen.

1874, den 19. Juli.

Position: 30° 44,0′ — 29° 7,9′ N-Br.; 20° 56,5′ — 22° 2,8′ W-Lg.
Schiffsbew.: Kurs. N211°E.
Fahrt. Zwischen 5,3 — 6,0 Vormittags, abnehmend bis 5,7 um 10h p. m.
Wind: Richtung. Mittel N34°E; beständig N34°E.
Stärke. Mittel 4,1; 4 um 2h a. m., abnehmend bis 3 um 6h a. m., dann beständig 4 — 5.
Barom.: Mittel 770,65 mm; 2 max. 771,63 mm um 10h a. m. und 770,92 mm um 10h p. m., 2 min. 770,05 mm um 2h a. m. und 769,85 mm um 2h p. m.
Temp. d. Luft: Mittel 22,2°; zunehmend von 21,4° um 2h a. m. bis 23,2° um 2h p. m, dann abnehmend bis 22,0° um 10h p. m.
Spannkr. d. Dünste: Mittel 15,9 mm; 3mal steigend und abnehmend; max. 16,8 mm, min. 14,8 mm.
Wolken: Gattung und Betrag. cu ni 3 cu str. 3; um 10h a. m. cu str. 6, um Mittag nur cu 1, Abends cu 4, zuletzt cu str. 3 um 10h.
Richtung mit dem Winde.
Niederschlag: D um 10h p. m.
Zustand d. See: Temperatur. Mittel 21,5°; max. 22,2°, min. 21,1°.
Spezif. Gewicht. Mittel 1,0266; max. 1,0279, min. 1,0258.
Allg. Bemerk.: Wolken am Horizont, leichte NE-liche Dünung.
12h Mittags Flasche mit Sand gefüllt, mit Besteck über Bord.

1874, den 20. Juli.

Position: 28° 42,9′ — 27° 40,9′ N-Br.; 22° 50,6′ — 23° 16,6′ W-Lg.
Schiffsbew.: Kurs. Vormittags N206°E, dann gestoppt zum Lothen; um 10h p. m. N197°E.
Fahrt. Zunehmend von 5,5 — 6,5, 7,0 um 10h p. m.
Wind: Richtung. Mittel N35°E; dreht langsam von N29°E nach N23°E, dann nach N46°E, Nachmittags beständig N34°E, zuletzt N46°E um 10h p. m.
Stärke zwischen 3,5 und 4,5, Mittel 4,0.
Barom.: Mittel 769,40 mm: steigt von 769,56 mm um 2h a. m. bis zum max. 770,29 mm um 10h a. m., um dann abzunehmen bis 768,73 mm um 10h p. m.
Temp. d. Luft: Mittel 22,3°; zunehmend von 21,6° um 2h a. m. bis 23,2° um 2h p. m.; abnehmend bis 21,0° um 10h p. m.
Spannkr. d. Dünste: Mittel 16,7 mm; max. 17,2 mm um 6h p. m., min. 16,0 mm um 6h a. m.
Wolken: Gattung und Betrag. cu str. am Horizont 2—3, dann cu 2—3; cu 4 um 10h a. m., verschwinden bis 2h p. m. cu 1; vermehren sich bis 3 um 6h p. m., während sie 10h p. m. nur 1—2 betragen.
Richtung mit dem Winde.
Niederschl.: D um 2h a. m. und noch 6h a. m.
Zustand d. See: Temperatur. Mittel 21,7°; max. 22,1°, min. 21,4°.
Spezif. Gewicht. Mittel 1,0279; max. 1,0283, min. 1,0263.
Allg. Bemerk.: Um 2h a. m. Himmel war klar, am Horizont Wolken.
Um 6h a. m. leichte Dünung aus NE. See sonst ruhig.
12h setzten Flasche mit Sand über Bord mit dem Besteck.

1874, den 21. Juli.

Position: 27° 15′1′—25° 1,6′ N-Br.; 23° 27,6′—24° 19,4′ W-Lg.
Schiffsbew.: Kurs N198°E.
Fahrt. Abnehmend von 7,0—4,6 um 10h a. m.; zunehmend bis 7,0 um 10h p. m.; beständig N47°E.
Wind: Richtung. Mittel N47°E.
Stärke. Mittel 4,3; grossentheils 4—5, jedoch 2—3 um 10h a. m.
Barom.: Mittel 767,45 mm; regelmässig von 767,96 mm um 2h a. m. zunehmend bis 768,01 mm um 10h a. m.; dann zweites min. 766,75 mm um 2h p. m., wieder zunehmend bis 767,45 mm um 10h p. m.
Temp. d. Luft: Mittel 22,7°; langsam zunehmend von 22,1° bis 23,6° um 2h p. m.; dann abnehmend bis 22,6° um 10h p. m.
Spannkr. d. Dünste: Mittel 16,1 mm; Morgens beständig 15,7 mm bis 6h a. m.; dann 16,9 mm bis 16,3 mm von 10h a. m. bis 2h p. m.; von 6h p. m. an wieder beständig 15,5 mm.

Wolken: Gattung und Betrag. cu ni 8 um 2^h a. m.; dann abnehmend bis 3—4 um 6^h a. m.; um 10^h a. m. cu 9; Nachmittags bis 6^h gering 1—2, stärker 6 um 10^h p. m.
Richtung. Mit dem Winde.
Niederschl.: D um 10^h p. m.
Zustand d. See: Temperatur. Mittel 22,0°; max. 22,6°; min. 21,1°.
Spezif. Gewicht. Mittel 1,0282; max. 1,0284; min. 1,0280.
Allg. Bemerk.: Auf der ersten Hälfte der Mittelwache zogen schwere cu ni von E nach W über den Himmel, ohne dass es regnete. Dann wieder cu str. am Horizont, so den ganzen Tag, zuweilen Himmel mit leichten, weissen Wolken bezogen.
12^h setzten Flasche mit Sand mit dem Besteck über Bord.

1874, den 22. Juli.

Position: 24° 36′—23° 9′ N-Br.; 24° 27′—25° 19′ W-Lg.
Schiffsbew.: Kurs. N199°E; 2^h p. m. bis 6^h p. m. gestoppt zum Lothen; um 10^h p. m. N154°E.
Fahrt. Morgens 6,8—7,7; um 10^h p. m. 7,6.
Wind: Richtung. Mittel N41°E; mit sehr geringen Abweichungen plus oder minus.
Stärke. Mittel 5,0; anfangs 3—4, später stets 5—6.
Barom.: Mittel 766,52 mm; regelmässig zunehmend von 766,10 mm um 2^h a. m. bis 767,00 mm um 10^h a. m.; und ebenfalls von 765,95 mm um 2^h p. m. bis 767,08 mm um 10^h p. m.
Temp. d. Luft: Mittel 22,8°; von 2^h a. m. bis 6^h a. m. etwas abnehmend, dann steigend von 21,9° um 6^h a. m. bis 23,6° um 2^h p. m.; Nachmittags fallend bis 22,4°.
Spannkr. d. Dünste: Mittel 15,2 mm; max. 15,7 mm um 2^h a. m.; min. 14,2 mm um 6^h a. m.
Wolken: Gattung und Betrag. cu ni 10—9 den ganzen Tag hindurch.
Richtung. Mit dem Winde.
Niederschl.: D um 2^h a. m. und 10^h p. m.
Zustand d. See: Temp. Mittel 21,7°; max. 22,4°; min. 21,1°.
Spezif. Gewicht. Mittel 1,0280; max. 1,0283, min. 1,0276.
Allg. Bemerk.: Himmel ganz bezogen. Dünung und leichte See aus NE.
12^h Flasche mit Sand gefüllt mit Besteck über Bord.

1874, den 23. Juli.

Position: 22° 34′—19° 31′ N-Br.; 25° 12′—24° 26′ W-Lg.
Schiffsbew.: Kurs. N155°E; von 6^h p. m. an N161°E.
Fahrt. Zwischen 9,0 und 10,6.
Wind: Richtung. N57°E im Mittel; N37°E um 2^h a. m., geht über nach N65°E, zurück nach N49°E um 6^h p. m. und um 10^h p. m. N71°E.
Stärke. Mittel 5,6; zwischen 5,5 und 6.
Barom.: Mittel 766,49 mm; fast unverändert am Vormittage zwischen 2^h a. m. und 10^h a. m.; dann sinkend bis 6^h p. m. um 2,00 mm und um eben so viel steigend bis 10^h p. m.
Temp. d. Luft: Mittel 23,5°; steigt von 22,7° um 2^h a. m. bis 24,6° um 2^h p. m.; fällt wieder bis 22,9° um 10^h p. m.
Spannkr. d. Dünste: Mittel 17,3 mm; steigt beständig von 16,2 mm um 2^h a. m. bis 18,4 mm um 10^h p. m.
Wolken: Gattung und Betrag. Bedeckt bis nach 6^h a. m. mit cu ni; um 10^h a. m noch cu 7—8, Nachmittags von 2^h bis 6^h cu 5, um 10^h p. m. cu 10.
Richtung. Aus NE, um 10^h p. m. aus E.
Niederschl.: D um 2^h a. m. und 6^h a. m.; ganz leichter B um 10^h p. m.
Zustand d. See: Temp. Mittel 22,6°; max. 23,2°, min. 21,7°.
Spezif. Gewicht. Mittel 1,0278; max. 1,0280, min. 1,0276.
Allg. Bemerk.: 1^h 30′ Nachts. Starkes Wetterleuchten im E. Himmel ganz mit cu ni bezogen, später der Himmel zum grössten Theil mit leichten, weissen cu bedeckt. Dünung und See aus NE.
Um 12^h Flasche mit Sand über Bord mit Besteck.
Um 10^h p. m. Schrale Böen aus EzS bis ESE kamen ein. Schwaches Meeresleuchten, einzelne Punkte.

1874, den 24. Juli.

Position: 18° 56′—17° 16,4′ N-Br.; 24° 14′—23° 41′ W-Lg.
Schiffsbew.: Kurs. Vormittags N161°E, um 2^h p. m. N138°E, dann gestoppt zum Lothen; um 10^h p. m. N139°E.
Wind: Richtung. Mittel N79°E; grossentheils N71°E, zwischen N60°E und N94°E.
Stärke. Mittel 3,5; Vormittags zwischen 4—5, später 2—3.
Barom.: Mittel 765,48 mm; 2 max. und 2 min.; steigt von 765,15 mm um 2^h a. m. bis 766,00 mm um 10^h a. m., und ebenfalls von 765,06 mm um 2^h p. m. bis 766,10 mm um 10^h p. m.
Temp. d. Luft: Mittel 23,6°; steigt anfangs sehr langsam, dann rascher von 22,2° um 2^h a. m. bis 24,7° um 2^h p. m. und fällt wieder bis 23,8° um 10^h p. m.
Spannkr. d. Dünste: Mittel 18,3 mm; fast den ganzen Tag 18,5 mm, nur um 2^h p. m. 17,8 mm.
Wolken: Gattung und Betrag. Vormittags ni 10—8, Nachmittags cu ni 9—10.
Richtung. Oestlich, wie der Wind.
Niederschl.: D um 2^h a. m., etwas Regen, nicht messbar; feuchte Luft von 10^h a. m. bis 10^h p. m.
Zustand d. See: Temp. Mittel 22,8°; max. um 2^h p. m. 24,0°, min. 21,6°; Vormittags bis 2^h p. m. zunehmend, dann abnehmend.
Spezif. Gewicht. Mittel 1,02773; max. 1,0279, min. 1,0274.
Allg. Bemerk.: Himmel ganz bezogen, feuchte Luft. Nachts zuweilen etwas ganz feiner Regen, der aber nicht messbar war; wenig Dünung aus ENE.
12^h setzten Flasche mit Sand gefüllt mit dem Besteck über Bord
p. m. wie a. m.

1874, den 25. Juli.

Position: 16° 56′—15° 51,1′ N-Br.; 23° 39,2′—23° 16′ W-Lg.
Schiffsbew.: Kurs. Vormittags N139°E, um 10^h a. m. N152°E; Nachmittags um 2^h N200°E, später gestoppt zum Lothen; N251°E um 10^h p. m.
Fahrt. Beginnt 4,5—5,5, von 10^h a. m. an 7,5—8,0, nachdem Lothen; 4,4 um 10^h p. m.
Wind: Richtung. Mittel N3°E; dreht sich von N60°E im Laufe des Vormittags mit einigem Schwanken, bald zurück, bald vorwärts, nach N319°E um 2^h p. m., dann nach N352°E um 10^h p. m.
Stärke. Mittel 2,9; Vormittags von 3 bis 1 abnehmend, Nachmittags zwischen 2 und 3.
Barom.: Mittel 764,52 mm; 2 max. und 2 min., jedoch Vormittags nicht ganz regelmässig zunehmend bis 10^h a. m.; Nachmittags aber deutlich vom zweiten min. 763,50 mm um 2^h p. m. bis zum zweiten max. 764,55 mm um 10^h p. m.
Temp. d. Luft: Mittel 24,2°; steigt von 23,5° um 2^h a. m. bis 24,8° um 2^h p. m. und fällt bis 24,1° um 10^h p. m.
Spannkr. d. Dünste: Mittel 18,3 mm; von 18,2 mm bis 18,5 mm variirend, nur um 10^h a. m. 17,5 mm.
Wolken: Gattung und Betrag. cu ni 10 bis 6^h a. m., dann klar; von 6^h p. m. an wieder cu ni 10.
Richtung. Mit dem Winde.
Niederschl.: D um 2^h a. m. und um 10^h p. m.
Zustand d. See: Temp. Mittel 23,7°; max. 24,9°, min. 22,4°.
Spezif. Gewicht. Mittel 1,02755; max. 1,0280, min. 1,0273.
Allg. Bemerk.: Himmel bezogen, feuchte Luft, klarte gegen Morgen ganz auf und bezog sich Abends wieder. Die See war ruhig, ganz geringe NE-Dünung. Die Farbe des Wassers änderte sich zwischen 9 und 10^h a. m. von blau in grün.
12^h. Warfen Flasche mit Besteck (mit Sand gefüllt) über Bord. — Meeresleuchten in zahlreichen kleinen Punkten.

1874, den 26. Juli.

Position: 15° 49′—15° 21′ N-Br.; 23° 25′—23° 26′ W-Lg.
Schiffsbew.: Kurs. Um 2^h a. m. und um 10^h a. m. trieb das Schiff geraume Zeit vor dem Schleppnetz, gegen 6^h p. m. lag es gestoppt zum Lothen.
Um 6^h a. m. war der Kurs N105°E, um 2^h p. m. N251°E, um 10^h p. m. wieder N155°E.
Fahrt. Früh 4,0; 2^h p. m. 5, dann 3.

Wind: Richtung. Mittel N341°E; Nachmittags schwankend zwischen N319°E und N4°E.
Stärke. Mittel 2,3; Vormittags 2—3, nur um 10^h a. m. 1—2; später wieder 2—3.
Barom.: Mittel 763,27 mm; 2 max. und 2 min., das erste max. zwischen 6^h a. m. und 10^h a. m., das zweite um 10^h p. m.; die min. beide um 2^h a. m. resp. um 2^h p. m.
Temp. d. Luft: Mittel 24,4°; min. 23,6° um 6^h a. m.; max. um 10^h a. m. 25,3°.
Spannkr. d. Dünste: Mittel 17,4 mm; max. 18,0 mm um 6^h p. m., min. 15,8 mm um 6^h a. m., sonst zwischen 17,5 mm und 17,7 mm.
Wolken: Gattung und Betrag. Früh cu ni 10, minderten sich bis auf 6 um 10^h a. m.; von 2^h p. m. an wieder 10.
Richtung. Nördlich.
Niederschl.: D um 10^h p. m.
Zustand d. See: Temp. Mittel 23,8°; max. 24,6°, min. 22,4°.
Spezif. Gewicht. Mittel 1,02765; max. 1,0281, min. 1,0274.
Allg. Bemerk.: Himmel den Tag über leicht bezogen.
Abends leuchtete das Meer etwas in kleinen Punkten.

1874, den 27. Juli.

Position: 15° 4,4'—14° 55,5' N-Br.; 23° 18'—23° 25' W-Lg. Um 2^h p. m. Rhede von Porto Praya auf St. Jago.
Schiffsbew.: Kurs. Um 2^h a. m. lag das Schiff gestoppt zum Lothen. Um 6^h a. m. N229°E; später wurden Kreise beschrieben; dann N209°E gegen 2^h p. m.
Fahrt. Um 6^h a. m. 2,6; um 2^h p. m. 7,8.
Wind: Richtung. Mittel N11°E; Vormittags von N4°E nach N341°E und wieder nach N49°E; Nachmittags N274°E, dann N26°E.
Stärke. Mittel 1,2; nur der ENE 3, sonst 1—2.
Barom.: Mittel 763,58 mm; wieder 2 max. 763,40 mm um 10^h a. m. und 765,50 mm um 10^h p. m.; 2 min. 762,85 mm um 6^h a. m. und 762,90 mm um 2^h p. m.
Temp. d. Luft: Mittel 25,3°; steigt von 24,0°—27,2° um 2^h p. m., fällt wieder bis 25,0° um 10 p. m.
Spannkr. d. Dünste: Mittel 17,0 mm; max. 18,6 mm um 10^h p. m.; min. 12,9 mm um 2^h p. m.
Wolken: Gattung und Betrag. Morgens und Abends 10 theils ni, theils cu ni; von 10^h a. m. — 2^h p. m. cu 3 — 4,5; um 6^h p. m. ci str. 6—7.
Richtung. N und nordöstlich.
Niederschl.: D um 2^h a. m. und 10^h p. m.
Zustand d. See: Temp. Mittel 24,2°; max. 25,0°, min. 23,6°.
Spezif. Gewicht: Mittel 1,02762; max. 1,0280, min. 1,0274.
Allg. Bemerk.: Himmel bezogen, klarte über Mittag auf, bezog sich dann Abends wieder. Um 10^h a. m. Dünung östlich.

1874, den 28. Juli.

Position: Vormittags Rhede von Porto Praya auf St. Jago. Von 2^h p. m. an 14° 37,5'—14° 17,1' N-Br.; 23° 57,7' bis 22° 58,2' W-Lg.
Schiffsbew.: Kurs. Von 2^h p. m. an N161°E, dann N124°E.
Fahrt. Anfangs 5,5, dann 3,5.
Wind: Richtung. Mittel N28°E, N26°E bis 2^h p. m., dann N49°E und zurück nach N37°E.
Stärke. Mittel 2,0; zwischen 2 und 3, nur um 6^h a. m. 1.
Barom.: Mittel 765,45 mm; steigt beständig von 764,60 mm um 2^h a. m. bis 766,75 mm um 10^h p. m.
Temp. d. Luft: Mittel 24,9°; max. 26,0° um 10^h a. m., min. 23,8° um 6^h a. m.
Spannkr. d. Dünste: Mittel 18,9 mm; max. 19,6 mm um 2^h a. m., min. 18,4 mm um 6^h p. m.
Wolken: Gattung u. Betrag. cu ni 10 Morgens zwischen 2^h und 6^h und Abends zwischen 6^h und 10^h; um 10^h a. m. cu ni 8, um 2^h p. m. cu str. 4.
Richtung. Nordöstlich.
Niederschl.: D um 2^h a. m. und um 10^h p. m.
Zustand d. See: Temp. Mittel 24,4°; max. 26,1° um 2^h p. m., min. 23,2° um 6^h a. m.
Spezif. Gewicht. Mittel 1,02765; max. 1,0279, min. 1,0275.
Allg. Bemerk.: Himmel grau bezogen mit cu ni, nur über Mittag etwas klar.
Kein Meeresleuchten.

1874, den 29. Juli.

Position: 14° 9'—13° 4,3' N-Br.; 22° 49'—21° 13' W-Lg.
Schiffsbew.: Kurs. N123°E.
Fahrt. 2^h a. m. 3,5; später am Vormittage 7,7—8,0. Nachmittags 6,5, bisweilen 5.
Wind: Richtung. Mittel N10°E; hin- und herschwankend zwischen N353°E und N38°E.
Stärke. Mittel 2,8; um 2^h a. m. sehr schwach 1—2; Vormittags von 6^h an 4—5; Nachmittags 2—3.
Barom.: Mittel 765,47 mm; 765,70 mm um 2^h a. m.; 766,30 mm um 6^h a. m., fällt dann bis 764,15 mm um 6^h p. m. und steigt dann bis 766,25 mm um 10^h p. m.
Temp. d. Luft: Mittel 25,5°; steigt regelmässig von 25,0° um 2^h a. m. bis 26,1° um 2^h p. m., fällt bis 25,6° um 6^h p. m. und behauptet diesen Stand bis 10^h p. m.
Spannkr. d. Dünste: Mittel 19,6 mm; max. 21,1 mm um 10^h p. m., min. 18,5 mm um 10^h a. m.; Vormittags abnehmend von 19,2 mm bis 18,5 mm, Nachmittags zunehmend von 19,2 mm bis 21,1 mm.
Wolken: Gattung u. Betrag. ni 10 von 2^h—6^h a. m.; um 10^h a. m. ni 1; Nachmittags cu ni 6; oben ci str. um 6^h p. m., um 10^h p. m. cu ni 10.
Richtung. Nordöstlich.
Niederschl.: D um 2^h und 6^h a. m.; zweimal nicht messbarer B zwischen 2^h und 6^h p. m.
Zustand d. See: Temp. Mittel 25,3°; max. 26,0°, min. 24,1°.
Spezif. Gewicht. Mittel 1,02742; max. 1,0277, min. 1,0269.
Allg. Bemerk.: Himmel in der Nacht bedeckt, bei Tage klarer. Zweimal Nachmittags ganz wenig Regen. Dünung südlich, mehr und mehr verlaufend. See ruhig.
12^h Flasche mit Sand gefüllt mit Besteck über Bord.
Meeresleuchten nicht beobachtet.

1874, den 30. Juli.

Position: 12° 51'—12° 14,7' N-Br.; 20° 51,5'—19° 56,2' W-Lg.
Schiffsbew.: Kurs. Vormittags N122°E; Nachmittags gestoppt zum Lothen; N130°E um 10^h p. m.
Fahrt: Vormittags 4,5—5; um 10^h p. m. 7,6.
Wind: Richtung. Mittel N9°E; Vormittags N26°E, geht Nachmittags nach N341°E, um 6^h p. m. nach N229°E, dann nach N206°E.
Stärke. 0,1; Vormittags 2; um 2^h p. m. fast still, auch der WSW nur 1,5, jedoch 10^h p. m. frischer bis 4.
Barom.: Mittel 763,81 mm; 2 max. und 2 min.; erstere um 10^h a. m. und um 10^h p. m.; letztere um 6^h a. m. und um 2^h p. m.; Vormittags steigt das Barometer noch um 1,0 mm, Nachmittags jedoch nur um 0,2 mm.
Temp. d. Luft: Mittel 25,7°; max. 27,2° um 10^h a. m., min. 25,2° um 2^h p. m.
Spannkr. d. Dünste: Mittel 21,7 mm; max. 22,2 mm, min. 20,8 mm.
Wolken: Gattung u. Betrag. Den ganzen Tag cu ni 8—10; oben ci um 6^h a. m.
Richtung. Mit dem Winde.
Niederschl.: D um 2^h a. m. und um 10^h p. m.; B um Mittag.
Zustand d. See: Temp. Mittel 25,6°; max. 26,5°, min. 25,1°.
Spezif. Gewicht. Mittel 1,02673; max. 1,0269, min. 1,0266.
Allg. Bemerk.: Himmel bezogen, kurze Zeit klarer, dann leicht grau bezogen. Starke Regenböen.
12^h Flasche mit Sand gefüllt mit Besteck über Bord.
Zwischen 4^h und 6^h p. m. setzte südwestlicher Wind ein, der um 8^h stärker wurde, und mit ihm kam SW-Dünung auf. Himmel leicht bezogen; bis 10^h zogen schwere ni von SW nach E, ohne dass es regnete. Meeresleuchten schwach bis zum Aufgang des Mondes.

1874, den 31. Juli.

Position: 11° 59,6'—10° 41,9' N-Br.; 19° 15'—17° 48' W-Lg.
Schiffsbew.: Kurs bis 6^h p. m. N130°E, dann N141°E.
Fahrt. Beginnt mit 8,4, wird dann langsamer bis 4,6 um 10^h a. m; Nachmittags 6—7.
Wind: Richtung. Mittel N249°E. Den ganzen Tag über N251°E, nur einmal N240°E um 10^h a. m.

Stärke. Mittel 3,5; beginnt mit 3,5, wird flauer bis 2—3, Nachmittags frischer bis 5 um 6h p. m., jedoch um 10h wieder 3—4.
Barom.: Mittel 762,76 mm; Vormittags steigend von 762,50 mm um 2h a. m. bis 763,90 mm um 10h a. m.; Nachmittags jedoch fallend bis 761,70 mm um 6h p. m., 762,75 mm um 10h p. m.
Temp. d. Luft: Mittel 25,9°; max. 26,3° um 10h a. m., min. 25,4° um 6h a. m.
Spannkr. d. Dünste: Mittel 21,7 mm; max. 22,9 mm, min. 21,2 mm.
Wolken: Gattung u. Betrag. Den ganzen Vormittag cu ni 10, ausgenommen cu ci 6 um 10h a. m.; Nachmittags cu str. 10.
Richtung. Westlich.
Niederschl.: —
Zustand d. See: Temp. Mittel 25,5°; max. 26,0°, min. 24,3°.
Spezif. Gewicht. Mittel 1,02650; max. 1,0267; min. 1,0263.
Allg. Bemerk.: Himmel bezogen.
Um 7h a. m. bei trockenem Deck 23,2° C. = 9,33''' Spannkraft der Dünste. — 9h zeigte der Regenmesser 16,7 mm. 12h Flasche mit Sand gefüllt mit Besteck über Bord. Abends der Himmel leicht bezogen: am Horizont cu str. Leichte W-Dünung. Die Farbe des Seewassers änderte sich in Grün.

1874, den 1. August.

Position: 10° 25,7'—9° 50,4' N-Br.; 17° 35'—16° 40,7' W-Lg.
Schiffsbew.: Kurs. N140°E um 2h a. m.; gestoppt zum Lothen, N93°E um 2h p. m.; wieder gestoppt; N140°E um 10h p. m.
Fahrt. 5,3, zuletzt 4,7 um 10h p. m.
Wind: Richtung. Mittel N266°E; dreht sich im Laufe des Vormittags von N250°E zu N340°E, geht Nachmittags zurück nach N295°E und ist um 10h p. m. N171°E.
Stärke. Mittel 2,9; Vormittags frisch 5—6, Nachmittags nachlassend von 3 bis 1.
Barom.: Mittel 761,85 mm; steigend am Vormittage von 761,33 mm um 2h a. m. bis 761,95 mm um 10h a. m.; ebenfalls steigend am Nachmittage von 761,90 mm um 2h p. m. bis 762,27 mm um 10 p. m., also 2 max. und 2 min., nicht sehr deutlich.
Temp. d. Luft: Mittel 25,1°; max. 26,2° um 2h a. m., min. 24,0° um 10h p. m.
Spannkr. d. Dünste: Mittel 21,2 mm; max. 22,1 mm um 6h a. m., min. 19,9 mm um 10h p. m.
Wolken: Gattung u. Betrag. cu str. 9—10, um 2h a. m., dann ni 10 die übrige Tageszeit; zuweilen zeigten sich auch cu.
Richtung. Mit dem Winde.
Niederschl.: D um 2h a. m., von 4h a. m. an fortdauernder B den ganzen Tag über.
Zustand d. See: Temp. Mittel 24,9°; max. 25,6°, min. 24,3°.
Spezif. Gewicht. Mittel 1,02639; max. 1,0265, min. 1,0262.
Allg. Bemerk.: Um 4h a. m. Gewitter, Zickzackblitze, später fortdauernder Regen. 9h zeigte der Regenmesser 7,4 mm. 10h a. m. Himmel bezogen, zuweilen cu. Von Zeit zu Zeit feiner Regen. Um 2h p. m. südwestliche Dünung. 6h p. m. fortdauernder Regen, Himmel gleichmässig bezogen. Meeresleuchten in zahlreichen kleinen Punkten.

1874, den 2. August.

Position: 9° 29'—8° 10,4' N-Br.; 16° 31'—14° 59' W-Lg.
Schiffsbew.: Kurs. Vormittags N141°E, Nachmittags von N153°E übergehend nach N167°E.
Fahrt. Beginnt mit 8,0 um 2h a. m.; von 6h a. m. an zwischen 4,4 und 6,0.
Wind: Richtung. Mittel N215°E; dreht sich Vormittags von N240°E nach N195°E, Nachmittags durch N200°E nach N229°E.
Stärke. Mittel 4,5; Vormittags 4,5—3, Nachmittags 5—6.
Barom.: Mittel 762,46 mm; Vormittags steigend von 760,90 mm um 2h a. m. bis 763,50 mm um 10h a. m.; Nachmittags abnehmend bis 762,40 mm um 6h p. m., dann 763,60 mm um 10h p. m.
Temp. d. Luft: Mittel 23,9°; abnehmend am Vormittage von 24,1° bis 22,2° um 10h a. m.; zunehmend am Nachmittage bis 25,0° um 10h p. m.
Spannkr. d. Dünste: Mittel 20,1 mm; max. 21,0 mm um 2h a. m., min 18,9 mm um 10h a. m.
Wolken: Gattung u. Betrag. ni 10; um 6h p. m. auch cu.
Richtung. Bis 2h p. m. nordwestlich; um 6h p. m. aus SE, um 10h p. m. aus NW.
Niederschl.: Beständiger B; von 6h p. m. an B-Böen.
Zustand d. See: Temp. Mittel 24,0°; max. 24,6°, min. 23,8°.
Spezif. Gewicht. Mittel 1,02622; max. 1,0264, min 1,0260.
Allg. Bemerk.: Regen und gleichmässig bezogener Himmel. Dünung aus SW. — Um 9h zeigte der Regenmesser 18,4 mm. — Der Ozongehalt betrug 9—10 nach Dr. Senders Ozonoskop. Der Streifen war 24 Stunden der Luft ausgesetzt.
p. m. Dünung und See aus SW. — Regenböen. Ganz niedrig mit grosser Schnelligkeit fliegende cu ni in der Richtung des Windes. — Starkes funkelndes Meeresleuchten.

1874, den 3. August.

Position: 7° 56'—6° 50,6' N-Br.; 14° 43'—12° 48,7' W-Lg.
Schiffsbew.: Kurs. N144°E, nur zweimal eine kleine Abweichung, N150°E.
Fahrt. 6,6—5.
Wind: Richtung. Mittel N189°E, Vormittags N206°E, Nachmittags N172°E.
Stärke. Mittel 4,7; Vormittags 5—6, Nachmittags 3—5.
Barom.: Mittel 764,29 mm; 2 max. 765,38 mm um 10h a. m. und 766,38 mm um 10h p. m., 2 min. 761,70 mm um 6h a. m. und 764,23 mm um 2h p. m.
Temp. d. Luft: Mittel 24,7°; max. 25,5° um 10h a. m., min. 24,1° um 2h a. m.
Spannkr. d. Dünste: Mittel 19,2 mm; max. 19,8 mm um 2h a. m., min. 18,8 mm um 6h p. m.
Wolken: Gattung u. Betrag. Von 2h a. m. bis gegen 10h a. m. beständig ni 10, darunter cu ni; cu str. 6; Nachmittags von 2h an wieder bedeckt mit cu ni 10, gegen 6h etwas klarer cu 5, um 10h p. m. cu ni 9.
Richtung. Mit dem Winde; jedoch gegen 10 Uhr str. oben und cu unten zogen aus ENE.
Niederschl.: Um 10h p. m. ganz leichter B.
Zustand d. See: Temp. Mittel 24,1°; max. 24,4°, min. 23,4°.
Spezif. Gewicht. Mittel 1,02658; max. 1,0268, min. 1,0263.
Allg. Bemerk.: Himmel mit ni bezogen, darunter zogen cu ni in der Windrichtung. Gegen 10h a. m. klarte es auf; str. oben, darunter cu nach WNW. — 9h a. m. Ozonpapier nach 24h 9—10. Regenmesser = 4,7 mm.
10h a. m. grosser Hof um die klare Sonne, Abstand des Sonnenrandes vom inneren Rande 21° 43', vom äusseren 22° 13', zeigte Regenbogenfarben, Roth nach innen.
12h Flasche mit Sand mit Besteck über Bord.
Um 2h p. m. Wetter wie am Vormittage, Dünung aus SW. Wasser grün. — Meeresleuchten ganz gering in einzelnen kleinen Punkten. Beobachtungszeit des Regenmessers und des Ozonpapiers durch das ganze Journal stets 9h a. m.

1874, den 4. August.

Position: 6° 51,3'—6° 28' N-Br., 12° 29,5'—11° 20' W-Lg. von 2h a. m. bis 2h p. m. Um 6h p. m. Rhede von Monrovia.
Schiffsbew.: Kurs N110°E.
Fahrt. 6—7.
Wind: Richtung. Mittel N214°E; zwischen 2h und 6h a. m. dreht sich der Wind von N172°E nach N206°E und bleibt da bis gegen 6h p. m.; auf der Rhede N229°E, dann N251°E.
Stärke. Mittel 3,6; Vormittags 3—4, Nachmittags frischer 4—5.
Barom.: Mittel 766,02 mm; fällt sehr wenig von 765,75 mm um 2h a. m. bis 765,50 mm um 6h a. m., steigt dann beständig bis 767,34 mm um 10h p. m.
Temp. d. Luft: Mittel 25,1°; max. 25,4° um 2h p. m., min, 24,8° um 6h a. m.

Spannkr. d. Dünste: Mittel 19,1 mm; max. 19,3 mm um 2h a. m., min. 18,8 mm um 10h a. m.
Wolken: Gattung u. Betrag. cu ni 10, jedoch um 6h a. m. ausnahmsweise klarer cu ni 6.
Richtung die des Windes.
Niederschl.: 10h p. m. leichter B.
Zustand d. See: Temp. Mittel 23,8°; max. 24,7°, min. 23,1°.
Spezif. Gewicht. Mittel 1,02407; max. 1,0266, min. 1,0200. Dieses min. ist nicht, wie die übrigen Beobachtungen mit Steegers Aräometer, sondern mit einem Aräometer von Greiner gemessen worden.
Allg. Bemerk.: Himmel gleichmässig grau bezogen. cu ni aus der Windrichtung ziehend. Dünung aus SW.
9h a. m. Ozongehalt nach 24h = 9.
Das Wasser nahm eine dunkelgrüne Farbe an. Meeresleuchten sehr gering.

1874, den 5. August.

Position: Rhede von Monrovia.
Schiffsbew.: Kurs. —
Fahrt. —
Wind: Richtung. Mittel N237°E; anfangs N151°E, dann über N240°E nach N229°E, hält sich daselbst bis gegen 10h p. m. und geht dann wieder nach N240°E.
Stärke. Mittel 3,9; beginnt mit 4, wird schwächer bis 2—3 um 10h a. m., und Nachmittags wieder frischer bis 5.
Barom.: Mittel 766,40 mm; 2 max. 767,14 mm um 10h a m. und 767,35 mm um 10h p. m., 2 min. 766,15 mm um 2h a. m. und 764,95 mm um 2h p. m.
Temp. d. Luft: Mittel 24,8°; max. 25,5° um 10h a. m., min. 24,4° um 2h a. m.
Spannkr. d. Dünste: Mittel 19,4 mm; max. 20,1 mm um 10h a. m., min. 18,4° um 2h a. m.
Wolken: Gattung u. Betrag. cu ni 10.
Richtung die des Windes.
Niederschl.: —
Zustand d. See: Temp. Mittel 23,7°; max. 24,3°, min. 22,7°.
Spezif. Gewicht. —
Allg. Bemerk.: Wetter wie am 4. August.
9h a. m. Ozongehalt nach 24h = 9 an der dunkelsten Stelle; Durchschnittsfarbe 6. — Regenmenge = 0,5 mm. p. m. Gleichmässige Dünung aus W. Meeresleuchten fast = 0.

1874, den 6. August.

Position: Von 2h a. m. bis 2h p. m. Rhede von Monrovia.
Von 6h p. m. bis 10h p. m. 6° 18,6' — 6° 4,0' N-Br.; 10° 55' — 10° 42' W-Lg.
Schiffsbew.: Kurs. N274°E, dann N155°E.
Fahrt. 4,5—5,5.
Wind: Richtung. Mittel N216°E; zuerst N229°E, von 10h a. m. an N206°E.
Stärke. Mittel 5,0; zwischen 4 und 5,5.
Barom.: Mittel 764,93 mm; max. 767,05 um 6h p. m., min. 763,75 mm um 2h p. m.
Temp. d. Luft: Mittel 24,9°; max. 25,4° um 10h a. m., min. 24,4° um 2h a. m.
Spannkr. d. Dünste: Mittel 18,8 mm; max. 19,5 mm, min. 17,7 mm um 10h a. m.
Wolken: Gattung und Betrag. cu ni 10.
Richtung die des Windes.
Niederschl.: Leichter B um 2h p. m.
Zustand d. See: Temperatur. Mittel 23,7°; max. 24,1, min. 23,1°.
Spezif. Gewicht. Mittel 1,0201; max. 1,0232, min. 1,0155. (Greiners Aräometer ist heute benutzt worden.)
Allg. Bemerk.: Himmel ganz gleichmässig grau bezogen, cu ni aus der Windrichtung ziehend.
9h a. m. Ozongehalt nach 24h = 8 — 9.
Dünung aus SW. — Meeresleuchten schwach in einzelnen kleinen Punkten.

1874, den 7. August.

Position: 5° 48' — 4° 32' N-Br.; 10° 31' — 9° 39' W-Lg.
Schiffsbew.: Kurs, früh N146°E, dann N149°E von 6h a. m. bis 2h p. m.; um 6h p. m. gestoppt zum Lothen; 10h p. m. N259°E.
Fahrt grossentheils 5, Nachmittags 2h p. m. 7,0.
Wind: Richtung. Mittel N198°E; um 2h a. m. N167°E, von 6h a. m. an N202°E, mit kleinen Schwankungen bald nach W, bald nach S.
Stärke. Mittel 4,1; sonst 4—5, nur um 2h p. m 3.
Barom.: Mittel 765,19 mm; max. 768,50 mm um 10h p. m., min. 763,30 mm um 2h p. m.
Temp. d. Luft: Mittel 24,9°; max. 25,3° um 10h a. m., min. 24,4° um 6h a. m.
Spannkr. d. Dünste: Mittel 18,3 mm; max. 19,4 mm um 2h a. m., min. 18,0 mm um 10h a. m.
Wolken: Gattung und Betrag. cu ni 9—10, nur um 6h p. m. etwas klarer 7—8.
Richtung. Die Wolken ziehen mit dem Winde.
Niederschl.: Um 6h a. m. leichter B, um 10h p. m. wenig B.
Zustand d. See: Temperatur. Mittel 24,1°; max. 24,4°, min. 23 6°.
Spezif. Gewicht. Mittel 1,02653; max. 1 0281, min. 1,0260 (nach Steegers Aräom.).
Allg. Bemerk.: Himmel gleichmässig grau bezogen, cu ni aus der Windrichtung.
9h a. m. Ozongehalt nach 24h = 9 an der dunkelsten Stelle; Durchschnittsfarbe 6. — Regenmenge 0,8 mm. — Das Wetter klarte Nachmittags auf. — Das Wasser fing an blau zu werden um 4h p. m. — Meerleuchten in zahlreichen kleinen Punkten.

1874, den 8. August.

Position: 4° 31' — 4° 11,8 N-Br., 9° 47' — 10° 27,4' W-Lg.
Schiffsbew.: Kurs. Nachts N264°E; von 10h a. m. — 2h p. m. N247°E und N239°E, dann gestoppt zum Lothen.
Fahrt. Vormittags 4,3—6,3; um 2h p. m. nur noch 3,3.
Wind: Richtung. Mittel N183°E; N202°E bis 10h a. m., N180°E bis 6h p. m., dann N157°E, N135°E um 10h p. m.
Stärke. Mittel 3,3; bis 2h p. m. 4—5; später 2.
Barom.: Mittel 767,49 mm; von 766,90 mm um 2h a. m. steigend bis 769,60 mm um 10h a. m, dann fallend bis 766,40 mm um 10h p. m.
Temp. d. Luft: Mittel 24,8; max. 25,1° um 2h p. m., min. 24,2° um 6h a. m.
Spannkr. d. Dünste: Mittel 18,2 mm; max. 18,9 mm um 10h a. m. und um 2h a. m., min. 17,6 mm um 2h p. m.; Gang unregelmässig.
Wolken: Gattung und Betrag. Um 2h a. m. cu ni 10, klarte vor 6h a. m. auf, einige str. 3 — 1 am Vormittage, dann um 2h p. m. cu 3—4, von 6h an ganz klar.
Richtung die des Windes.
Niederschl.: Um 2h a. m. sehr wenig B.
Zustand d. See: Temperatur. Mittel 23,8°; max. 24,6° um 2h p. m., min. 23,1° um 10h a. m.
Spezif. Gewicht. Mittel 1,02650; max. 1,0267, min. 1,0263.
Allg. Bemerk.: Klarte in der Nacht auf, nur str. am Horizont. Ganz schwache Dünung aus SW.
Um 9h a. m. Ozongehalt nach 24h = 6.
12h Flasche mit Sand und Besteck über Bord.
Himmel gegen Abend ganz sternenklar.
Sehr starkes Meeresleuchten. — Einige Sternschnuppen fielen im E, eine horizontale von NE nach SW.

1874, den 9. August.

Position: 4° 6,6'—3° 35,8' N-Br., 10° 31,8'—11° 2,7' W-Lg.
Schiffsbew.: Kurs. N214°E; Nachmittags gestoppt zum Lothen; N45°E um 10h p. m.
Fahrt. Vormittags 4—5, um 10h p. m. 5,7.
Wind: Richtung. Mittel N133°E; N146°E den ganzen Tag, ausgenommen um 2h p. m. N112°E.
Stärke. Mittel 3 0; zwischen 2,5 und 3 5.
Barom.: Mittel 765,74 mm; steigt bis zum max. 767,80 mm um 10h a. m., fällt dann bis zum min. 763,80 um 6h p. m. und steigt noch wieder bis 765,15 mm um 10h p. m.
Temp. d. Luft: Mittel 25,2°; steigt bis 26,0° um 10h a. m. und fällt wieder bis 24,8° um 10h p. m.; min. 24,2° um 2h a. m.
Spannkr. d. Dünste: Mittel 18,6 mm; max. 19,7 mm um 2h p. m., min. 17,6 mm um 2h a. m.

Wolken: Gattung und Betrag. Himmel meist ganz klar, Nachmittags erscheinen einige cu 2—5.
Richtung mit dem Winde.
Niederschl.: —
Zustand d. See: Temp. Mittel 24,6°; max. 25,2°, min. 23,8°.
Spezif. Gewicht. Mittel 1,02682; max. 1,0269, min. 1,0267.
Allg. Bemerk.: Wetter sehr schön. Himmel meist ganz klar, zuweilen etwas cu am Horizont. Dünung aus S.
9h a. m. Ozongehalt nach 24h = 3—4.
12h Flasche mit Sand und mit Besteck über Bord.
Dünung aus SE. Wasser tiefblau. Meeresleuchten ganz unbedeutend in kleinen Punkten. — Viele Sternschnuppen fielen am W-Himmel, horizontale von S nach W. Himmel sternklar, zuweilen dunkle cu ni aus der Windrichtung bis zu 3—4 am 10. August.

1874, den 10. August.

Position: 3° 26' — 3° 14' N-Br., 10° 44' — 11° 1' W-Lg.
Schiffsbew.: Kurs. N76°E, dann gestoppt zum Lothen; um 10h a. m. N48°E; von 2h p. m. an beständig N217°E.
Fahrt. 5—6.
Wind: Richtung. Mittel N143°E; beginnt aus N135°E, dreht dann nach N112°E und wird von 2h p. m. an N167°E.
Stärke. Mittel 3,0; Nachts 3, am Vormittage der SE recht schwach 1—2, um 2h p. m. frischer 3—4 und wird gegen Abend immer schwächer 2—3.
Barom.: Mittel 764,58 mm; Gang sehr unregelmässig; max. 765,70 mm um 10h p. m., min. 763,70 mm um 2h a. m.
Temp. d. Luft: Mittel 25,5°; steigt von 24,5° um 2h a. m. bis 26,3° um 10h a. m. und bleibt Nachmittags fast beständig auf 25,5°.
Spannkr. d. Dünste: Mittel 18,8 mm; max. 19,9 mm, min. 18,0 mm.
Wolken: Gattung und Betrag. Himmel meist klar; am Horizont cu 2 um 6h a. m. und 6h p. m; auch weisse cu 4 um 2h p. m.
Richtung die des Windes.
Niederschl.: —
Zustand d. See: Temp. Mittel 25,1°; max. 25,6°, min. 23,9°.
Spezif. Gewicht. Mittel 1,02663; max. 1,0268, min. 1,0264.
Allg. Bemerk.: Horizont etwas cu, sonst klar. Meeresleuchten und Sternschnuppen wie am 9. Abends.
Ganz leichte Dünung aus S.
9h a. m. Ozongehalt nach 24h = 4 — 5.
Nachts bis 3h klarer Sternenhimmel, zuweilen vorüberziehende dunkle cu ni aus der Windrichtung. Meeresleuchten fast 0. Sternschnuppen bis 3 Uhr beobachtet.

1874, den 11. August.

Position: 2° 58'—1° 44,3' N-Br., 11° 20'—12° 24' W-Lg.
Schiffsbew.: Kurs. N216°E, ausgenommen um 2h p.m. N121°E.
Fahrt. Vormittags 5,4—4,8, Nachmittags zunehmend von 4 bis 6,0.
Wind: Richtung. Mittel N161°E; fast beständig N154°E, nur um Mittag einige Stunden N171°E.
Stärke. Mittel 3,1; grossentheils 3, um 10h p. m. 4.
Barom.: Mittel 765,67 mm; regelmässig 2 max. 767,05 mm um 10h a. m. und 767,30 mm um 10h p. m., 2 min. 764,72 mm um 2h a. m. und 763,10 mm um 2h p. m.
Temp. d. Luft: Mittel 24,5°; max. 25,0° um 2h p. m., min. 24,0° um 10h p. m.
Spannkr. d. Dünste: Mittel 17,6 mm; max. 17,9 mm, min. 17,0 mm.
Wolken: Richtung und Betrag. Um 3h p. m cu ni 9—10, Himmel klarer gegen 10h a. m. cu 5, ebenso um 2h p. m; um 6h p. m. nur einige str. 3, um 10h p. m. cu 7.
Richtung, die des Windes.
Niederschl.: —
Zustand d. See: Temp. Mittel 24,5°; max. 24,7°, min. 24,2°.
Spezif. Gewicht. Mittel 1,02693; max. 1,0271, min. 1,0268.
Allg. Bemerk.: Um 3h a. m. bezog sich der ganze Himmel leicht, darunter cu ni. Nachmittags klarte es mehr auf. Horizont besetzt mit str., zuweilen cu am südlichen Himmel.
9h Ozongehalt nach 24h = 4—5. — 12h Flasche mit Sand und mit Besteck über Bord. — Meeresleuchten schwach.

1874, den 12. August.

Position: 1° 26'—0° 4' N-Br.; 12° 36'—13° 50' W-Lg.
Schiffsbew.: Kurs. N208°E, nur um 2h p. m. N199°E.
Fahrt. Vormittags zunehmend von 5—7, Nachmittags langsamer werdend von 6—5.
Wind: Richtung. Mittel N150°E; Vormittags nach N160°E herum, erst N154°E, dann N171°E; Nachmittags N137°E, N149°E, zurück nach N126°E.
Stärke. Mittel 4,1; sich allmählich auffrischend von 3—5.
Barom.: Mittel 766,55 mm; 2 max. und 2 min.; erstere 769,60 mm um 10h a. m., und 766,55 mm um 10h p. m.; letztere 765,15 mm um 2h a. m. und 765,40 mm um 2h p. m.
Temp. d. Luft: Mittel 23,1°; max. 23,7° um 2h p. m., min. 22,1° um 10h p. m.
Spannkr. d. Dünste: Mittel 16,6 mm; max. 16,9 mm um 2h a. m. und min. 15,8 mm um 10h p. m.
Wolken: Gattung u. Betrag. Himmel klar, cu 3—2 am Horizont; gegen Abend cu 6—8 aus der Windrichtung.
Richtung. Die des Windes.
Niederschl.: —
Zustand d. See: Temp. Mittel 23,6°; max. 24,1°, min. 22,3°.
Spezif. Gewicht. Mittel 1,02695; max. 1,0274, min. 1,0265.
Allg. Bemerk.: Himmel klar, cu am Horizont. Leichte südliche Dünung. Gegen Abend cu aus der Windrichtung.
Ozongehalt nach 24h = 7—8.
Leichtes Meeresleuchten.

1874, den 13. August.

Position: 0° 20'—1° 42' S-Br.; 14° 3'—14° 37' W-Lg.
Schiffsbew.: Kurs. N177°E um 2h a. m., dreht sich nach N227°E um 6h a. m.; gestoppt zum Lothen; Nachmittags N194°E und N182°E.
Fahrt. Vormittags 4,4; Nachmittags 5,5.
Wind: Richtung. Mittel N133°E; Vormittags N126°E, dreht Nachmittags nach N149°E und kehrt Abends über N137°E nach N126°E zurück.
Stärke. Mittel 3,0; sonst 3—4, nur um 6h und 10h a. m. 2—3.
Barom.: Mittel 765,76 mm; steigt von 2h a. m. bis 2h p. m., fällt ein wenig und erreicht um 10h p. m. das max. 766,60 mm; min. 764,85 mm um 2h a. m.
Temp. d. Luft: Mittel 21,9°; max. 23,1° um 10h a. m., min. 21,2° um 6h a. m.
Spannkr. d. Dünste: Mittel 15,9 mm; max. 16,0 mm um 6h a. m., min. 15,6 mm um 2h p. m.
Wolken: Gattung u. Betrag. Himmel meistens klar, nur bei Tagesanbruch und um 10h a. m. einige cu und auch einige str. am Horizont.
Richtung. Mit dem Winde ziehend.
Niederschl.: D um 10h p. m.
Zustand d. See: Temp. Mittel 21,3°; max. 21,5°, min. 20,8°.
Spezif. Gewicht. Mittel 1,02737; max. 1,0272, min. 1,0267.
Allg. Bemerk.: Klar. Horizont mit cu besetzt. Dünung leicht aus SE. Um 4h 45' a. m. wurde ein Zodiakallicht beobachtet am E-Himmel, kegelförmig deutlich erkennbar, aber ohne scharfe Grenzen; es verschwand nach 15' beim Eintritt der Dämmerung.
Ozongehalt nach 24h = 9—10.
Beim Hellwerden wurde bemerkt, dass das Wasser eine hellgrüne Farbe angenommen hatte.
12h Flasche mit Sand und Besteck über Bord.
p. m. das Wasser war nicht mehr so hellgrün, doch immer noch mehr grün als blau. Himmel klar, zuweilen wenig cu aus der Windrichtung. — Meeresleuchten fast = 0.

1874, den 14. August.

Position: 2° 0'—3° 38' S-Br.; 14° 38,5'—14° 57' W-Lg.
Schiffsbew.: Kurs. Um 2h a. m. N180°E, von 6h a. m. an beständig N185°E.
Fahrt. 4,4—5,3.
Wind: Richtung. Mittel N129°E. Um 2h a. m. N137°E, geht um 6h a. m. über in N126°E und bleibt da den Tag über.
Stärke. Mittel 3,7; Morgens und Abends 4, um Mittag flauer 3.

Barom.: Mittel 765,94 mm; mit erkennbarer Tagesperiode; 2 max. 767,10 mm und 765,90 mm um 10^h a. m. und 10^h p. m. 2 min., 765,65 mm um 2^h a. m. und 765,63 mm um 2^h p. m.
Temp. d. Luft: Mittel 22,1°; max. 22,6° um 2^h p. m., min. 21,6° um 2^h a. m.
Spannkr. d. Dünste: Mittel 15,9 mm; max. 16,4 mm um 10^h p. m., min. 15,6 mm um 6^h a. m.
Wolken: Gattung u. Betrag. Himmel Nachts und Abends klar. Bei Tage einige cu 3—5.
Richtung. cu ziehen mit dem Winde.
Niederschl.: Kleine Regenböe um 4^h 30′ a. m. D um 10^h p. m.
Zustand d. See: Temp. Mittel 21,5°; max. 21,8°, min. 21,1°.
Spezif. Gewicht. Mittel 1,02710; max. 1,0274, min. 1,0268.
Allg. Bemerk.: Leichte Dünung aus SE. Wetter wie am 13. p. m. Farbe des Wassers hellgrün.
Ozongehalt nach 24^h = 5—6, an einzelnen kleinen Stellen 9.
Das Wasser wurde wieder blau um 10^h a. m.
12^h Flasche mit Sand und Besteck über Bord. p. m. Himmel klar mit cu am Horizont oder aus der Windrichtung ziehend bis zu 5.
Meeresleuchten schwach.

1874, den 15. August.

Position: 3° 50,7′—5° 53,8′ S-Br.; 15° 3′—15° 5,7′ W-Lg.
Schiffsbew.: Kurs. Geringe Schwankung zwischen N174°E und N163°E; gestoppt zum Lothen um Mittag.
Fahrt. Vormittags 3,5—4, Nachmittags 4—5,2.
Wind: Richtung. Mittel N116°E; Vormittags N115°E; um Mittag N126°E; Abends N104°E.
Stärke. Mittel 3,6, schwankend zwischen 3 und 4.
Barom.: Mittel 764,88 mm, fällt bis 10^h a. m., steigt dann bis 10^h p. m.; max. 765,85 mm um 10^h p. m., min. 763,85 mm um 10^h a. m.
Temp. d. Luft: Mittel 22,3°; max. 23,0° um 2^h p. m., min. 21,8° um 6^h a. m.
Spannkr. d. Dünste: Mittel 16,1 mm; max. 16,6 mm um 10^h a. m., min. 15,8 mm um 6^h a. m.
Wolken: Gattung u. Betrag. Himmel klar; cu 2—6, sich vermehrend zwischen 2^h a. m. und 6^h a. m.; cu 1—3 zwischen 10^h a. m. und 2^h p. m.; str. 1 um 2^h p. m.
Richtung. Aus SE mit dem Winde.
Niederschl.: Um 1^h a. m. eine kleine Regenböe. D um 2^h a. m.
Zustand d. See: Temp. Mittel 21,5°; max. 21,8°, min. 21,4°.
Spezif. Gewicht. Mittel 1,02735; max. 1,0278, min. 1,0269.
Allg. Bemerk.: Wetter wie am 14. Leichte Dünung aus SE.
Ozongehalt nach 24^h = 8—9.
12^h Flasche mit Sand und Besteck über Bord.
p. m. Himmel klar, zuweilen unbedeutende str. in NW am Horizont. Zunehmende Dünung aus SSE. Meeresleuchten, wie gewöhnlich, in kleinen Blitzen, ausserdem Leuchtscheiben von der Grösse einer Handfläche.

1874, den 16. August.

Position: 5° 27,7′—6° 57,5′ S-Br.; 15° 2,3′—15° 17′ W-Lg.
Schiffsbew.: Kurs. N166°E, gegen Abend N154°E.
Fahrt. Vormittags 5,5—4,8, Nachmittags 3,5—4,3.
Wind: Richtung. N104°E, meist N109°E, zuweilen N115°E.
Stärke. Mittel 3,1; bisweilen 3,5, meist 3,0.
Barom.: Mittel 765,62 mm; 2 max. 767,20 mm um 10^h a. m. und 766,00 mm um 10^h p. m.; 2 min. 764,95 mm um 2^h a. m. und 765,30 mm um 2^h p. m.
Temp. d. Luft: Mittel 22,8°; max. 23,4° um 2^h p. m., min. 22,4° um 6^h a. m.
Spannkr. d. Dünste: Mittel 14,8 mm; max. 15,5 mm um 2^h a. m., min. 14,3 mm um 2^h p. m.
Wolken: Gattung und Betrag. Himmel klar; cu ci 2 um 10^h a. m.
Richtung. Aus SE.
Niederschl.: —
Zustand d. See: Temp. Mittel 22,0°; max. 22,6° um 2^h p. m., min. 21,4° um 6^h a. m.
Spezif. Gewicht. Mittel 1,02712; max. 1,0272, min. 1,0270.
Allg. Bemerk.: Himmel klar. Dünung aus SE. Von 3^h 30′ bis 5^h 10′ a. m. wurde ein Zodiakallicht beobachtet, gegen 4^h 45′ war dasselbe am hellsten. Vor Sonnenaufgang lebhafte cu aus der Windrichtung bis zu 7—8, dann ganz klar.
Ozongehalt nach 24^h = 9—10.
Um 2^h p. m. Himmel klar, zuweilen leichte cu am Horizont, Dünung aus SE.
Meeresleuchten schwach.

1874, den 17. August.

Position: 7° 17,7′—7° 44,6′ S-Br.; 15° 14′—14° 41′ W-Lg.
Schiffsbew.: Kurs. N154°E; um 2^h p. m. gestoppt zum Lothen.
Fahrt. 3—4.
Wind: Richtung. Mittel N110°E; N109°E nur um 2^h a. m., N92°E und N115°E um 2^h p. m.
Stärke. Mittel 3,0; meist 3—4, Nachmittags und Abends etwas nachlassend 2.
Barom.: Mittel 764,45 mm; max. 766,20 mm schon um 2^h a. m., min. 762,80 mm um 6^h a. m.
Temp. d. Luft: Mittel 23,2°; max. 24,4° um 10^h a. m., min. 22,4° um 2^h a. m.
Spannkr. d. Dünste: Mittel 15,3 mm; max. 15,7 mm um 6^h p. m., min. 14,7 mm um 10^h a. m.
Wolken, Gattung und Betrag. Himmel meist klar cu 1—3; Nachmittags bezog sich der Himmel cu ni 9—10 um 2^h p. m., klarte um 6^h p. m. wieder auf.
Richtung. SE.
Niederschl.: —
Zustand d. See: Temp. Mittel 22,5°; max. 22,8°, min. 22,1°.
Spezif. Gewicht. Mittel 1,02712; max. 1,0272, min. 1,0270.
Allg. Bemerk.: Wetter und See wie am 16., Dünung zunehmend. Ozonometer nach 24^h = 5—6.
Nachmittags bezog sich der Himmel mit cu ni, klarte auf der Abendwache auf. Dünung aus SE.
Meeresleuchten schwach in kleinen Punkten, tiefer kleine leuchtende Scheiben.

1874, den 18. August.

Position: 7° 46′—7° 49′ S-Br.; 14° 37′—14° 30′ W-Lg. von 2^h a. m. bis 6^h a. m.; Rhede von Ascencion von 10^h a. m. bis 10^h p. m.
Schiffsbew.: Kurs. N104°E.
Fahrt. 1.
Wind: Richtung. Mittel N127°E; von N115°E am Morgen nach N149°E, Nachmittags zurück bis N104°E.
Stärke. Mittel 3,9; Vormittags 4—5, Nachmittags schwächer 4—2,5.
Barom.: Mittel 764,37 mm; 2 max. und 2 min.; erstere 765,20 mm um 10^h a. m. und 764,35 mm um 6^h p. m., letztere 764,05 mm um 2^h a. m. und 764,20 mm um 2^h p. m.
Temp. d. Luft: Mittel 22,7°; max. 23,1° um 2^h p. m., min. 22,0° um 10^h p. m.
Spannkr. d. Dünste: Mittel 15,8 mm; max. 16,2 mm um 2^h a. m. und ebenfalls um 10^h a. m., min. 15,3 mm um 10^h p. m.
Wolken: Gattung und Betrag. Himmel meist bedeckt mit cu ni 9—8 von 6^h a. m. bis 6^h p. m., vorher cu 3—4, nach 6^h p. m. cu ni 6.
Richtung. Aus SE.
Niederschl.: Um Mittag hin und wieder etwas B nicht messbar; D um 10^h p. m.
Zustand d. See: Temp. Mittel 22,1°; max. 22,2°, min. 21,5°.
Spezif. Gewicht. Mittel 1,02702; max. 1,0271, min. 1,0268.
Allg. Bemerk.: a. m. Der Himmel bezogen mit cu ni. Am Nachmittage regnete es einige Male, jedoch ganz unbedeutend. Dünung SE, nachher unter Ascension liegend, glatteres Wasser.
Abends flaute der Wind ab, und die See wurde ganz still.

1874, den 19. August.

Position: Rhede von Ascension.
Schiffsbew.: Kurs. Zwischen 6^h und 10^h p. m. unter Dampf gestoppt zum Schleppen.
Fahrt. —
Wind: Richtung. Mittel N141°E; N138°E um 2^h a. m., springt zurück nach N126°E, ist um 10^h a. m. wieder N138°E und geht Nachmittags über nach N149°E von 2^h p. m. bis 10^h p. m.

Stärke. Mittel 2,1; meist 2, um 6^h p. m. 1–2, und 10^h p. m. etwas frischer 3.
Barom.: Mittel 764,44 mm; Gang unregelmässig, max. 765,20 mm um 6^h p. m., min. 763,71 mm um 10^h p. m.
Temp. d. Luft: Mittel 22,8°; max. 23,6° um 2^h p. m.; min. 21,9° um 2^h a. m.
Spannkr. d. Dünste: Mittel 15,6 mm; max. 16,0 mm, min. 14,9 mm.
Wolken: Gattung und Betrag. Nachts Himmel ziemlich klar, bewölkte sich bei Tage wieder; von 2^h bis 6^h a. m. 3—4, von 10^h a. m. bis 6^h p. m. cu ni 7—8; ni 10 um 10^h p. m.
Richtung. Aus SE.
Niederschl.: D um 10^h p. m.
Zustand d. See: Temp. Mittel 21,8°; max. 22,3°, min. 20,1°.
Spezif. Gewicht. Mittel 1,02715; max. 1,0273, min. 1,0271.
Allg. Bemerk.: Der Himmel klarte auf, bezog sich bei Tage jedoch wieder. Ozongehalt nach 48^h = 9.
Nachmittags cu ni am E-Himmel, bezog sich bei Nacht ganz mit ni. Dünung aus SE. Meeresleuchten fast = 0.

1874, den 20. August.

Position: 7° 39,2'—7° 10,6' S-Br.; 14° 6,2'–12° 42' W-Lg.
Schiffsbew.: Kurs. Vormittags N 87°E, Nachmittags von N81°E nach N48°E.
Fahrt. Vormittags beginnend mit 5,8 und abnehmend bis 3,3, Nachmittags schneller von 4—5,6.
Wind: Richtung. Mittel N129°E; N138°E bis 2^h p. m., dann N109°E um 10^h p. m.
Stärke. Mittel 3,7; meist 4, um Mittag nur 3—4.
Barom.: Mittel 763,08 mm; 2 max. 763,60 mm um 10^h a. m., 764,05 mm um 10^h p. m.; 2 min. 763,20 mm um 6^h a. m. und 761,85 mm um 2^h p. m.
Temp. d. Luft: Mittel 22,7°; max. 23,0° um 2^h p. m. und um 10^h p. m., min. 22,1° um 2^h a. m.
Spannkr. d. Dünste: Mittel 15,9 mm; max. um 2^h a. m. 16,1 mm, min. 15,8 mm um 10^h a. m.
Wolken: Gattung und Betrag. Nachts 2^h a. m. und Abends 10^h p. m. ganz bedeckt ni 10; um 6^h a. m. und 6^h p. m. cu ni 4 und cu str. 6, von 10^h a. m. bis gegen 6^h p. m. klar.
Richtung. Aus SE.
Niederschl.: —
Zustand d. See: Temp. Mittel 21,9°; max. 22,1°, min 21,6°.
Spezif. Gewicht. Mittel 1,02708; max. 1,0273, min. 1,0269.
Allg. Bemerk.: Himmel klarte am Vormittag auf. Dünung aus SE.
Ozongehalt nach 24^h = 8—9.
Nachmittags fing der Himmel an sich zu beziehen. Horizont bedeckt mit str., oben cu; zuletzt ganz mit ni bezogen. SE-Dünung schwächer werdend.
Meeresleuchten ganz gering.

1874, den 21. August.

Position: 6° 54,3'—6° 11,1 S-Br.; 12° 26'–11° 47,3' W-Lg.
Schiffsbew.: Kurs. Vormittags N48°E und N64°E, um 2^h p. m. wurde gelothet; Abends N50°E und zuletzt N104°E.
Wind: Richtung. Mittel N95°E; N115°E allmählich übergehend durch N93°E und N70°E nach N53E.
Stärke. Mittel 2,7; anfangs 4—5, dann 3—2.
Barom.: Mittel 763,84 mm; 2 max. 764,20 mm und 764,20 mm resp. um 10^h a. m. und 10^h p. m.; 2 min. 763,47 mm um 2^h a. m. und 763,35 mm um 6^h p. m.
Temp. d. Luft: Mittel 22,7°; max. 23,6° um 10^h a. m., min. 22,2° um 6^h a. m.
Spannkr. d. Dünste: Mittel 16,2 mm; max. 16,8 mm um 10^h p. m., min. 15,7 mm um 10^h a. m.
Wolken: Gattung und Betrag. Himmel bezogen; cu ni 10, Nachmittags cu 10, um 10^h p. m. cu 4.
Richtung. Aus SE.
Niederschl.: D um 10^h p. m.
Zustand d. See: Temp. Mittel 22,2°; max. 22,4°, min. 22,1°.
Spezif. Gewicht. Mittel 1,02717; max. 1,0273, min. 1,0270.
Allg. Bemerk.: Himmel bezogen.
Ozongehalt nach 24^h durchschnittlich = 8, eine kleine Stelle = 10—11.

12^h Flasche mit Besteck über Bord. Nachmittags Himmel bezogen, klarte in der Nacht auf.
Meeresleuchten = 0, leichte Dünung aus SE, See ganz glatt.

1874, den 22. August.

Position: 6° 1,5'—5° 7,2' S-Br.; 11° 34'—10° 18' W-Lg.
Schiffsbew.: Kurs. Um 2^h a. m. N118°E, dann wieder N36°E; Nachmittags meist N49°E, zuletzt N70°E.
Fahrt. Vormittags abnehmend von 5,6—4,5, Nachmittags schneller von 4,5—7,5.
Wind: Richtung. Mittel N110°E; zwischen N70°E und N126°E mehrmals hin- und herschwankend.
Stärke. Mittel 2,1; bis um 2^h p. m. flau 1—2, von 6^h p. m. an 4.
Barom.: Mittel 763,85 mm; 2 max. 765,20 mm und 764.05 mm resp. um 10^h a. m. und 10^h p. m., 2 min. 763,55 mm um 2^h a. m. und das andere spät 762,35 mm erst um 6^h p. m.
Temp. d. Luft: Mittel 22,8°; max. 23,8° um 2^h p. m., min. 22,2° um 6^h a. m.
Spannkr. d. Dünste: Mittel 16,8 mm; max. 17,6 mm um 2^h a. m., min. 15,8 mm um 6^h p. m.
Wolken: Gattung u. Betrag. Himmel ziemlich klar; cu ni 4 um 2^h a. m., namentlich sehr starke cu vor der aufgehenden Sonne am Horizont; von 6^h a. m. bis 2^h p. m. 2, dann 3—4; um 6^h p. m. cu und oben am Horizont str. 6; später sternklar.
Richtung. Aus SE.
Niederschl.: D um 10^h p. m.
Zustand d. See: Temp. Mittel 22,2°; max. 23,6°, min. 21,3°.
Spezif. Gewicht: Mittel 1,02712; max. 1,0273, min. 1,0267.
Allg. Bemerk.: Klar; cu am Horizont, namentlich sehr starke vor der aufgehenden Sonne. Gegen 8^h a. m. bezogen 5, nachher wieder klar bis auf den Horizont.
Ozongehalt nach 24^h durchgehend 9—10.
Um 2^h p. m. See glatt. cu am Horizont, oben str.; Abends sternklar.
Meeresleuchten nur in einzelnem Aufblitzen.

1874, den 23. August.

Position: 5° 5,7'—4° 45,8' S-Br.; 9° 40,4'—7° 50,1' W-Lg.
Schiffsbew.: Kurs. Beständig N97°E, nur um 10^h a. m. davon abweichend N86°E.
Fahrt. Um 2^h a. m. 8; dann 5—6,8.
Wind: Richtung. Mittel N165°E; früh N182°E, um 10^h a. m. nach N148°E, Abends von 6^h p. m. an N159°E.
Stärke. Mittel 3,4; um 2^h a. m. 5, später flauer, meist 3—4, um 2^h p. m. 2—3.
Barom.: Mittel 764,29 mm; 2 max. 765,0 mm um 10^h a. m. und 765,05 mm um 10^h p. m., 2 min. 763,60 mm um 2^h a. m. und 763,80 mm um 6^h p. m.
Temp. d. Luft: Mittel 22,5°; max. 23,0° um 2^h p. m.; min. 22,2° um 10^h p. m.
Spannkr. d. Dünste: Mittel 16,8 mm; max. 17,3 mm um 10^h a. m., min. 16,4 mm um 10^h p. m.
Wolken: Gattung u. Betrag. cu 7—8 um 2^h a. m. und um 6^h a. m., dann etwas klarer um 10^h a. m. und um 2^h p. m. cu 5—6; 6^h Abends nur str. 2; um 10^h p. m. ganz klar.
Richtung. Die des Windes; anfangs aus SW, dann aus S.
Niederschl.: D um 2^h a. m.
Zustand d. See: Temp. Mittel 21,8°; max. 22,0°, min. 21,6°.
Spezif. Gewicht. Mittel 1,02690; max. 1,0271, min. 1,0268.
Allg. Bemerk.: Himmel anfangs klar, bezog sich später bis gegen 10^h a. m., wo es aufklarte; cu am Horizont, str. oben; leichte See, leichte Dünung aus SSE.
Ozongehalt nach 24^h = 9.
Das Wasser veränderte seine Farbe von dunkelblau in blaugrün.
12^h Besteckflasche mit Sand über Bord.
Klarte im Laufe des Nachmittags auf. Auf der Abendwache sternklar, von Zeit zu Zeit schnell aufsteigende cu etwas raumer 3—4. Um 12^h der Himmel von SW—NE mit cu bedeckt.
Leichte Dünung aus SE. Meerleuchten = 0.

1874, den 24. August.

Position: 4° 44,2′—4° 19,4′ S-Br.; 7° 38,1′—6° 9′ W-Lg.
Schiffsbew.: Kurs. Von 2^h—6^h a. m. N97°E; um 10^h a. m. gelothet; Nachmittags N86°E und um 10^h p. m. N80°E.
Fahrt. Morgens 3,7—4,4; Nachmittags 5—6,4.
Wind: Richtung. Mittel N134°E; bis Mittag N159°E; um 2^h p m. N148°E, später zurück nach N92°E und zuletzt N137°E.
Stärke. Mittel 1,9; Nachts fast windstill; um 10^h a. m. 2 und Nachmittags frischer werdend bis zu 4.
Barom.: Mittel 764,11 mm; 2 max. 765,83 mm um 10^h a. m. und 764,55 mm um 10^h p. m., 2 min. 764,35 mm um 2^h a. m. und 762,60 mm um 2^h p. m.
Temp. d. Luft: Mittel 22,2°; max. 23,2° um 2^h p. m., min. 21,8° um 6^h a. m.
Spannkr. d. Dünste: Mittel 16,0 mm; max. 16,6 mm um 6^h a. m., min. 14,7 mm um 2^h p. m.
Wolken: Gattung u. Betrag. Himmel anfangs klar, cu ni 2 um 2^h a. m.; später bald cu ni 10, bald cu 10.
Richtung. Aus S.
Niederschl.: Um 2^h a. m. D; etwas später leichter feiner A.
Zustand d. See: Temp. Mittel 21,9°; max. 22,1°, min. 21,6°.
Spezif. Gewicht. Mittel 1,02702; max. 1,0272, min. 1,0268.
Allg. Bemerk.: Nachts um 2^h a. m. vereinzeltes Meerleuchten in grösseren Scheiben. Himmel anfangs klar bis in S und bezog sich von dort aus vollständig mit cu. Eine Art leichten Nebels erschien. See ganz still.
9^h a. m. Ozongehalt nach 24^h = 9—10.
Himmel ganz mit cu ni bezogen wie beim Landregen.
12^h Besteckflasche mit Sand über Bord.
See blau, leicht bewegt, ganz geringe Dünung aus SE.
Himmel ganz mit leichten weissen cu bezogen, die den blauen Himmel durchscheinen liessen, später dichter.
Meeresleuchten gleich 0.

1874, den 25. August.

Position: 4° 11,3′—3° 34,9′ S-Br.; 5° 48′—4° 21,9′ W-Lg.
Schiffsbew.: Kurs. Meist N83°E, doch Nachmittags sich ein wenig ändernd N72°E und N89°E.
Fahrt. 5,5—4,0; um 10^h p. m. wieder 5,3.
Wind: Richtung. Mittel N138°E; meist N140°E, einmal N106°E um 6^h a. m., und Abends gegen 10^h p. m. in N151°E übergehend.
Stärke. Mittel 3,6; beginnt mit 4—5, um Mittag flauer, Nachmittags 3.
Barom.: Mittel 763,72 mm; 2 max. 764,95 mm um 10^h a. m. und 764,10 mm um 10^h p. m., 2 min. 763,30 mm um 2^h a. m. und 763,00 mm um 2^h p. m.
Temp. d. Luft: Mittel 22,3°; max. 23,3° um 2^h p. m., min. 21,8° um 6^h a. m.
Spannkr. d. Dünste: Mittel 16,2 mm; max. 16,7 mm um 2^h p. m., min. 15,9 mm um 6^h p. m.
Wolken: Gattung u. Betrag. Vormittags Himmel ganz grau bezogen mit dunkleren cu aus der Windrichtung cu ni 10; Nachmittags Himmel bedeckt mit weissen cu, str. am Horizont. Abends bezog sich der Himmel ganz von N aus, darunter tiefer ziehende cu aus der Windrichtung; um 6^h p. m. cu str. 7; um 10^h cu ni 10.
Richtung. Die des Windes, ausgenommen die oberen Wolken zwischen 6^h p. m. und 10^h p. m aus N.
Niederschl.: D um 2^h a. m. und um 10^h p. m.
Zustand d. See: Temp. Mittel 21,6°; max. 22,3°, min. 21,3°.
Spezif. Gewicht. Mittel 1,02690; max. 1,0270, min. 1,0268.
Allg. Bemerk.: Himmel ganz grau bezogen mit dunkleren cu aus der Windrichtung. Nachmittags Himmel bedeckt mit weissen cu str., am Horizont gleichmässig grau bezogen. Abends bezog sich der Himmel ganz von N aus, darunter tiefer ziehende cu aus der Windrichtung. Vormittags See leicht bewegt, ganz schwache Dünung aus SE. Wasser hellblau gefärbt.
Ozongehalt nach 24^h = 9.
12^h Besteckflasche mit Sand über Bord.
Nachmittags ganz geringe Windwellen.
Meeresleuchten nicht beobachtet.

1874, den 26. August.

Position: 3° 33,4′—3° 8,6′ S-Br.; 4° 0′—2° 11,5′ W-Lg.
Schiffsbew.: Kurs. Anfangs N94°E, dann N71°E; Nachmittags wieder N116°E mit geringen Abweichungen.
Fahrt. 6—8, nur um 6^h a. m. eine Zeit lang 3,6.
Wind: Richtung. Mittel N162°E; Vormittags um N139°E herum, Nachmittags N184°E, zuletzt N155°E um 10^h p. m.
Stärke. Mittel 3,5; Vormittags 2—3, Nachmittags meist 5.
Barom.: Mittel 763,40 mm; 2 max. 764,75 mm um 10^h a. m. und 764,60 mm um 10^h p. m., 2 min. 762,70 mm um 2^h a. m. und 762,15 mm um 2^h p. m.
Temp. d. Luft: Mittel 22,3°; max. 23,3° um 2^h p. m., min. 21,6° um 10^h p. m.
Spannkr. d. Dünste: Mittel 16,4 mm; max. 17,2 mm um 10^h a. m., min. 15,6 mm um 2^h p. m.
Wolken: Gattung u. Betrag. Von 2^h—6^h cu ni 10; str. am SW-Horizont um 10^h a. m. 1; gegen Abend und später ni und cu 3—6.
Richtung. Mit dem Winde.
Niederschl.: D um 2^h a. m.
Zustand d. See: Temp. Mittel 21,5°; max. 22,2° um 2^h p. m., min. 21,1° um 10^h p. m.
Spezif. Gewicht. Mittel 1,02679; max. 1,0268, min. 1,0267.
Allg. Bemerk.: Morgens Himmel fast ganz bezogen. Schnell ziehende cu in der Windrichtung. Dicke Bänke am SW-Horizont. — See ganz glatt, ganz leichte Windwellen. Wasser dunkelgrün.
9^h a. m. Ozongehalt nach 24^h = 8—9.
12^h Besteckflasche mit Sand über Bord.
Himmel klar, am SE-Horizont wenig str., zuweilen sehr hoch geringe str. in der Windrichtung. Später von SW nach NE schnell ziehende dünne ni bis zu 7—8. Wasser ruhig, ganz geringe Windwellen.
Kein Meeresleuchten.

1874, den 27. August.

Position: 3° 4′—2° 43,5′ S-Br., 1° 44,3′—0° 7,1′ W-Lg.
Schiffsbew.: Kurs. Meist um N96°E herum, einmal N51°E um 10^h a. m.
Fahrt. Sehr früh und sehr spät 7,4, um Mittag 5.
Wind: Richtung. Mittel N153°E; um 2^h a. m. N186°E, dann zwischen N163°E und N197°E, N208°E um 10^h p. m.
Stärke. Mittel 3,1; sehr früh und spät 5, sonst etwa 2—3.
Barom.: Mittel 763 25 mm; 2 max. 764,65 mm um 10^h a. m. und 764,47 mm um 10^h p. m., 2 min. 762,50 mm um 2^h a. m. und 762.35 mm um 2^h p. m.
Temp. d. Luft: Mittel 22.0°; max. 23.0° um 2^h p. m., min. 21,6° um 6^h a. m.
Spannkr. d. Dünste: Mittel 16,3 mm; max. 16,6 mm um 2^h p. m., min. 15,9 mm um 2^h a. m.
Wolken: Gattung u. Betrag. Anfangs klar, dann cu 4—6, um 10^h a. m. fast ganz klar cu str. 0—1, um 2^h p. m. wieder bezogen cu ni 9; klarte wieder auf und zuletzt oben klar, doch cu 2—6.
Richtung. Wolken ziehen mit dem Winde aus S.
Niederschl.: D um 2^h a. m. und um 6^h a. m.
Zustand d. See: Temperatur. Mittel 21,3°; max. 21,9°, min. 21,0°.
Spezif. Gewicht. Mittel 1,02673; max. 1,0269, min. 1,0265.
Allg. Bemerk.: Himmel früh klar. Einzelne cu str. aus der Windrichtung. Gegen 7 Uhr mehr bezogen aus der Windrichtung, eine obere Schicht cu 4 langsam ziehend, darunter cu 2 mit mässiger Geschwindigkeit, dann ganz klar, diesig cu, str. ganz schwach und dünn am Horizont. See wie gestern, grün.
Ozongehalt nach 24^h = 8—9.
Nachmittag bezog sich der Himmel fast ganz, klarte jedoch bald auf. Himmel ganz klar, am ganzen E Horizont undeutlich gezeichnete cu und Horizont diesig wie in Deutschland beim E-Winde. Selten einzelne cu, mässig schnell, etwas raumer ziehend. Von $10^1/_2{}^h$ p. m. an schnell und niedrig ziehende weisse cu bis zu 6. Dazwischen wieder klar.

1874, den 28. August.

Position: 2° 49,4′ — 3° 3,4′ S-Br., 0° 20,3′ — 2° 32′ O-Lg.
Schiffsbew.: Kurs. Wenig verändert; anfangs N 112° E, um 10h a. m. N 101° E, Nachmittags N 107° E, zuletzt wieder N 112° E.
Fahrt. 6,5—5,5 bis 6h p. m., später 8,6—9,5.
Wind: Richtung. Mittel N 181° E; meist N 174° E, um 10h a. m. nach N 163° E und um 6h p. m. nach N 208° E übergehend und zuletzt N 186° E um 10h p. m.
Stärke: Mittel 4,1; 4—5 nur der S Wind um 10h a. m. 3—4.
Barom.: Mittel 764,38 mm; 2 max. 765,15 mm um 10h a. m. und 765,80 mm um 10h p. m., 2 min. 763,80 mm um 2h und 763,38 mm um 2h p. m.
Temp. d. Luft: Mittel 21,6°; max. 22,1° um 2h p. m., min. 21,2° um 6h a. m.
Spannkr. d. Dünste: Mittel 15,5 mm; max. 15,6 mm, min. 15,4 mm.
Wolken: Gattung u. Betrag. Himmel meist bedeckt, cu ni 8—10, um 6h a. m. einige str.
Richtung. Wolken meist mit dem Winde ziehend.
Niederschl.: —
Zustand d. See: Temperatur. Mittel 21,0°; max. 21,1°, min. 20,6°.
Specif. Gewicht. Mittel 1,02677; max. 1,0270, min. 1,0265.
Allg. Bemerk.: Kein Meerleuchten. Leichte See aus S. Wetter wie zu Ende der Abendwache. Um 1h a. m. wurde eine obere Wolkenschicht bemerkbar ci, sehr hoch, langsam, nicht aus SSW wie die unteren, sondern aus SE ziehend. Gegen 6h 30′ der Himmel ganz bezogen ni. — Wasser schmutzig grün.
Ozongehalt nach 18h = 8 — 9, gleichmässig.
12h Flasche mit Besteck und mit Sand gefüllt über Bord.
See leicht bewegt aus S, schwärzlich grün. Himmel ganz grau um 2h p. m. bezogen. Darunter cu str. hoch aus der Windrichtung. Um 6h p. m. ungefähr frischte der Wind lebhaft auf. Am Himmel obere Schicht ci cu aus NW nach SE ziehend, langsam in grosser Höhe, blau der Himmel durchschimmernd = 5—6; untere cu aus der Windrichtung 7.

1874, den 29. August.

Position: 3° 8,6′ — 3° 35,4′ S-Br., 3° 9,3′ — 5° 16,1′ O-Lg.
Schiffsbew.: Kurs. Anfangs N 111° E, dann N 117° E, um Mittag N 123° E und Abends N 128° E.
Fahrt. Anfangs 8,3; später abwechselnd bald 5—6, bald 7—8.
Wind: Richtung. Mittel N 175° E; Vormittags N 173° E, N 185° E, Nachmittags N 101° E.
Stärke. Mittel 3,7; Vormittags 5, 3—4, Nachmittags um 2h p. m. flau 2—3, dann frischer bis zu 5.
Barom.: Mittel 764,60 mm; Gang am Vormittage unregelmässig, am Nachmittage dagegen regelmässig steigend; von 763,15 mm um 2h p. m. bis 765,18 mm um 10h p. m.; max. 765,24 mm um 2h a. m., min. 763,15 mm um 2h p. m.
Temp. d. Luft: Mittel 21,5°; max. 22,5° um 2h p. m., min. 21,0° um 6h a. m.
Spannkr. d. Dünste: Mittel 15,6 mm; max. 17,0 mm um 6h p. m., min. 14,7 mm um 2h p. m.
Wolken: Gattung u. Betrag. Meist ni und cu ni 10; um 2h p. m. cu str. 8; um 2h a. m. und 6h p. m. cu 1—2. Nachts und um Mittag oben ci.
Richtung aus Süd.
Niederschl., D um 10h p. m.
Zustand d. See: Temperatur. Mittel 21,0°; max. 21,1°, min. 20,7°.
Spezif. Gewicht. Mittel 1,02660: max. 1,0268, min. 1,0265.
Allg. Bemerk.: Obere Schicht cu ci aus N nach S, darunter cu sehr schnell aus der Windrichtung, die sich später vermehrten, dazu ni, bis gegen 4h a. m. der ganze Himmel bezogen war. Leichte See aus der Windrichtung. — Ozongehalt nach 42h: Zettel war verblasst.
12h Sandflasche mit Besteck über Bord.
Vormittags Himmel grau bezogen, darunter tiefer cu aus der Windrichtung. 1h aufklarend, Horizont besetzt mit cu str., aus E eine hohe Schicht cu ci, etwa 3—4, die zuletzt in ganz leichte ci übergingen und in S verschwanden. Von 5h ab leichte niedrig ziehende cu in der Windrichtung bis zum Betrage 2. Auf der Abendwache bezog sich der Himmel von WNW, nachher NNW aus in mittlerer Höhe. Ausserdem niedere cu aus der Windrichtung. — Meeresleuchten sehr selten und sehr schwach.

1874, den 30. August.

Position: 3° 46,8′ — 4° 48,5′ S-Br.; 5° 43,3′ — 7° 45,3′ O-Lg.
Schiffsbew.: Kurs. Meist N 124° E, einmal N 118° E, Abends N 129° E.
Fahrt. Früh 7—6; um 10h a. m. 4,7; Nachmittags 7—9.
Wind: Richtung. Mittel N 201° E; meist N 202° E; um 2h und 6h a. m. N 197° E.
Stärke. Mittel 4,2; zwischen 4 und 5, um 10h a. m. 2—3.
Barom.: Mittel 764,85 mm; 2 max. 765,95 mm um 10h a. m. und 765,95 mm um 10h p. m., 2 min. 763,55 mm um 2h a. m. und 763,90 mm um 2h p. m.
Temp. d. Luft: Mittel 21,6°; max. 22,3° um 2h p. m., min. 21,0° um 6h a. m.
Spannkr. d. Dünste: Mittel 15,1 mm; max. 15,6 mm um 10h a. m., min. 14,9 mm um 6h a. m.
Wolken: Gattung u. Betrag. Vormittags cu ni 10—8; um 10h a. m. ni 8—9; Nachmittags ziemlich klar ci, dann cu 2—3.
Richtung. Anfangs aus NNW, von 10h a. m. aus SW.
Niederschl.: D um 10h p. m.
Zustand d. See: Temperatur. Mittel 21,1°; max. 21,6°, min. 20,9°.
Spezif. Gewicht. Mittel 1,02645; max. 1,0267, min. 1,0263.
Allg. Bemerk.: cu ni aus NNW in mittlerer Höhe mit mässiger Geschwindigkeit. Anfangs 10, dann blauer Himmel durchschimmernd. Darüber wurden um 4h a. m. leichte cu ohne Bewegung bemerkt.
Unbedeutende Dünung und leichte See aus der Windrichtung.
Ozongehalt nach 20h = 8.
12h Sandflasche mit Besteck über Bord.
Wasser dunkelgrün.
Um 2h p. m. Obere Wolken cu ci von E nach W langsam in grosser Höhe ziehend, darunter niedere cu aus der Windrichtung. Horizont gleichmässig besetzt.
Leichtes Meerleuchten.

1874, den 31. August.

Position: 4° 56,4′ — 5° 29′ S-Br.; 8° 4,9′ — 9° 46,6 O-Lg.
Schiffsbew.: Kurs. Anfangs N 116° E und N 108° E; von 10h a. m. beständig N 127° E.
Fahrt. Um 2h a. m. 7,5, 4,7—3,6 von 6h a. m. bis 2h p. m., später 7.
Wind: Richtung. Mittel N 189° E; anfangs N 175° E, N 170° E, von 10h a. m. ab N 203° E und zuletzt N 198° E.
Stärke. Mittel 2,9; sonst 2—3, nur um 2h a. m. 5.
Barom.: Mittel 763,97 mm; 2 max. 765,22 mm um 10h a. m. und 764,15 mm um 10 p. m., auch 2 min. 764,50 mm um 2h a. m. und 762,20 mm um 6h p. m. Das min. am Nachmittage bedeutend kleiner und verspätet.
Temp. d. Luft: Mittel 21,4°; max. 21,7° um 2h p. m., min. 21,1° um 2h a. m.
Spannkr. d. Dünste: Mittel 14,5 mm; max. 15,3 mm um 10h a. m., min. 14,1 mm um 6h p. m.
Wolken: Gattung u. Betrag. cu ni 9—10, nur nach 10h p. m. cu 3—4, um 6h p. m. auch einige ci.
Richtung. Aus SW, von 6h p. m. aus NNE.
Niederschl.: —
Zustand d. See: Temperatur. Mittel 21,7°; max. 22,4° um 6h a. m., min. 20,9° um 2h a. m.
Spezif. Gewicht: Mittel 1,02582; max. 1,0265, min. 1,0253.
Allg. Bemerk.: Oben ni, in der Windrichtung cu. Von 1h 30′ a. m. ab ganz hoch ci von E nach W. Diese verschwinden gegen 3h, dann bezieht sich der Himmel mehr und mehr mit cu ni.
See leicht aus SW, schmutzig grün.
Ozongehalt nach 24h = 9.
12h Sandflasche mit Besteck über Bord.
2h p. m. Wolken ci cu von NNE nach SSW ziemlich hoch. Abends Himmel sternenklar und langgestreckte cu in derselben Richtung, zuletzt der Himmel ganz bezogen.
See ruhig. Meerleuchten in einzelnen kleinen Punkten.

1874, den 1. September.

Position: 5° 44,7′ — 6° 23,5′ S-Br.; 10° 11,0′—11° 51,1′ O-Lg.
Schiffsbew.: Kurs. Vormittags N125°E und N130°E; ebenso Abends und Nachts N102°E; nur einmal N97°E um 2h p. m.
Fahrt. Von 6,5 — 5,6.
Wind: Richtung. Mittel N199°E; früh Morgens N198°E und N192°E; dann ganz still von 10h a. m. bis gegen 6h p. m.; später N29°E und N209°E.
Stärke. Mittel 0,6; sehr flau Morgens 1—2, spät Abends NE kaum zu spüren, SW 1—2.
Barom.: Mittel 763,36 mm; 2 max. 764,60 mm um 10h a. m. und 763,10 mm um 10h p. m.; 2 min. 763,75 mm um 2h a. m. und 762,21 mm um 2h p. m.
Temp. d. Luft: Mittel 22,3°; max. 23,8° um 2h p. m.; min. 21,2° um 2h a. m.
Spannkr. d. Dünste: Mittel 15,7 mm; max. 16,2 mm um 6h p. m.; min. 15,0 mm um 2h a. m.
Wolken: Gattung und Betrag. ni 10 bis gegen 10h a. m., dann klar; cu 4 um 2h p. m. und um 6h p. m., später klar.
Richtung. Früh aus SE; Nachmittags um 2h aus E bei ganz stillem Winde, dann mit dem Winde aus NE.
Niederschl.: —
Zustand d. See: Temperatur. Mittel 21,8°; max. 24,3° um 2h a. m.; min. 20,4° um 6h a. m.
Spezif. Gewicht. Mittel 1,02640; max. 1,0266; min. 1,0261.
Allg. Bemerk.: Himmel gleichmässig bezogen aus der Windrichtung. Bei Tage aufklarend, sehr diesiger Horizont, namentlich im E.
Ozongehalt nach 28h = 8.
Nachmittags See dunkelgrün, ganz glatt, geringe Dünung aus SW. cu ganz langsam von E nach W ziehend in grosser Höhe. NW bis E Horizont gleichmässig besetzt. Die oberen Wolken gehen später nach SW und schneller. Um 10h p. m. Himmel klar, Horizont diesig. Meerleuchten in einzelnen kleinen Punkten.

1874, den 2. September.

Position: 6° 24,9′ — 6° 12,2′ S-Br.; 12° 1,0′ — 12° 9,7′ O-Lg. Rhede von Banana von 2h a. m. ab.
Schiffsbew.: Kurs. N108°E; um 10h a. m. N18°E.
Fahrt. Anfangs 1—2, dann 4—6.
Wind: Richtung. Mittel N 231° E; umlaufende Winde von N187°E nach N108°E, Nachmittags über N254°E nach N277°E und weiter nach N299°E.
Stärke. Mittel 0,5; 1—2; nur um 6h p. m. 2—3.
Barom.: Mittel 764,09 mm; 2 max. 765,42 mm um 10h a. m. und 765,60 mm um 10h p. m.; 2 min. 763,23 mm um 2h a. m. und 762,62 mm um 2h p. m.
Temp. d. Luft: Mittel 22,5°; max. 24,9° um 2h p. m., min. 20,7° um 6h a. m.
Spannkr. d. Dünste: Mittel 17,2 mm; max. 18,6 mm um 10h p. m., min. 16,3 mm um 10h a. m.
Wolken: Gattung u. Betrag. 2h a. m. klar, um 3h bezog sich der Himmel und blieb so den Vormittag; Nachmittags mit einzelnen ni und cu 2; um 10h p. m. ni 10.
Richtung. Anfangs gegen den Wind aus NE, dann mit dem Winde.
Niederschl.: D von 2h a. m. bis 6h a. m und Abends wieder um 10h p. m.
Zustand d. See: Temp. Mittel 21,7°; max. 23,6°; min. 20,1°.
Spezif. Gewicht. —
Allg. Bemerk.: Anfangs Himmel klar, dann einzelne cu von NE nach SW, gegen 2½h a. m. cu ni, bis der ganze Himmel bezogen. — See glatt, leichte Dünung aus SW.
Ozongehalt nach 20h = 11.
2h p. m. Himmel klar, sehr diesig. Der N-Horizont mit einer grauen Bank besetzt, später leichte cu aus der Windrichtung. Himmel später ganz bezogen.

1874, den 3. September.

Position: Rhede von Banana. Banana Creek von 10h a. m. ab.
Schiffsbew.: Kurs. —
Fahrt. —
Wind: Richtung. Mittel N200°E. Um 2h a. m. N198°E, dann N164°E, stirbt um 10h a. m. fast ab und Nachmittags um 2h N232°E, später wieder N198°E, wie früh am Morgen.
Stärke. Mittel 1,6. Vormittags 1—2, um 10h a. m. 0,5; Nachmittags 2 bis 2—3.
Barom.: Mittel 765,36 mm; min. 764,45 mm um 2h a. m., steigt bis zum max. 766,00 mm um 6h a. m. und fällt dann beständig.
Temp. d. Luft: Mittel 23,4°; max. 25,3° um 2h p. m., min. 21,8° um 6h a. m.
Spannkr. d. Dünste: Mittel 17,4 mm; max. 18,0 mm um 2h p. m. min. 16,9 mm um 6h a. m.
Wolken: Gattung u. Betrag. ni 10.
Richtung. cu aus der Windrichtung.
Niederschl.: D Morgens und Abends.
Zustand d. See: Temp. Mittel 22,1°; max. 22,8°; min. 21,2°.
Spezif. Gewicht.
Bemerk.: Ganz bezogen, darunter sehr tiefziehende cu in der Windrichtung.
Ozongehalt nach 20h = 8—9.
Der Wind sprang um 2½h p. m. plötzlich um nach N74°E 5—6, mit Wetterleuchten. Um 3h ganz still; dann N232°E 5 und aufklarend, immer mit Wetterleuchten; im NNW ganz unbedeutender Regen. Wolken immer aus der Windrichtung unter dem ganz bezogenen Himmel.

1874, den 4. September.

Position: Banana Creek.
Schiffsbew.: Kurs. —
Fahrt. —
Wind: Richtung. Mittel N209°E, beginnt mit N209°E um 2h a.m., dreht sich um 8h a m. einen Strich weiter nach S und geht nach Mittag über nach N220°E, dann zurück nach N209°E.
Stärke. Mittel 2,4; zwischen 2 und 3.
Barom.: Mittel 764,39 mm; Gang sehr unregelmässig; max. 765,45 mm um 6h a. m.; min. 763,20 mm um 2h p. m.
Temp. d. Luft: Mittel 22,5°; max. 25,4° um 2h p. m.; min. 21,2° um 6h a. m.
Spannkr. d. Dünste: Mittel 16,8 mm; max. 17,9 mm um 2h a. m.; min. 16,1 mm um 2h p. m.
Wolken: Gattung u. Betrag. Morgens ni 10; cu ni 5 um 2h p. m.; dann klar und nur sehr spät noch einige cu ni 1—2.
Richtung. Aus der Windrichtung.
Niederschl.: D um 2h a. m. und 10h p. m.
Zustand d. See: Temp. Mittel 22,5°; max. 23,6°; min. 21,5°.
Spezif. Gewicht.
Bemerk.: Himmel ganz bezogen, darunter cu aus der Windrichtung.
Ozongehalt nach 24h = 9.
Klarte gegen Mittag auf, oben str., darunter cu ni mit dem Winde ziehend. Gegen 6h p. m. ganz klar, am Abend nach und nach aus der Windrichtung mehr bezogen.

1874, den 5. September.

Position: Von 2h a. m. bis 6h a. m. Banana Creek, um 10h a. m. im Kongofluss, um 6h p. m. Punto do Lenha.
Schiffsbew.: Kurs. —
Fahrt. —
Wind: Richtung. Mittel N208°E; um 2h a. m. N198°E, um 6h a. m. etwas südlicher N187°E, um 10h nach N109°E und von 6h p. m. ab N254°E.
Stärke. Mittel 1,8; Morgens anfangs 2—3 und 3 um 6h a. m.; flaut ab, um 10h a. m. nur noch 1—2; frischt wieder ein wenig auf um 2h p. m. 2—3, und wird immer stiller bis 10h p. m. 0—1.
Barom.: Mittel 764,38 mm; 2 max. 764,65 mm um 6h a. m 764,90 mm um 10h p. m.; 2 min. 763,25 mm um 2h a. m., 764,45 mm um 2h p. m.
Temp. d. Luft: Mittel 21,5°; max. 23,2° um 10h a. m., min. 20,7° um 2h a. m. Gang sehr unregelmässig.
Spannkr. d. Dünste: Mittel 16,2 mm; max. 17,0 mm um 2h p. m., min. 15,4 mm um 10h a. m.

Wolken: Gattung u. Betrag. Um 2^h a. m. cu ni 5: dann bezogen zuerst mit cu ni, später mit ni 10, Abends zwischen 10^h und 12^h ziemlich klar.
  Richtung. Mit dem Winde.
Niederschl.: D um 2^h a. m. und um 10^h p. m.
Zustand d. See: Temp. Mittel 22.6°.
  Spezif. Gewicht. —
Allg. Bemerk.: Oben ni 5, darunter zahlreiche in der Windrichtung ziehende cu, erstere um 5^h a. m. ganz verschwunden, um 6^h a. m. wieder ni, bis der Himmel ganz bezogen.
  Ozongehalt nach 24^h = 9.
  Nachmittag Himmel ganz grau mit ni bezogen, darunter tiefer ziehende cu aus der Windrichtung.
  Abends zwischen 10^h und 12^h ziemlich klar.

1874, den 6. September.

Position: Punto do Lenha.
Schiffsbew.: Kurs. —
  Fahrt. —
Wind: Richtung. Mittel N246°E; um 2^h a. m. N254°E, um Mittag N220°E, Abends N277°E.
  Stärke. Mittel 0.9; Morgens bis 6^h a. m. kaum bemerkbar, später 1—2.
Barom.: Mittel 764.55 mm; Morgens bald ein wenig steigend, bald fallend, Nachmittags von 2^h p. m. ab steigend; max. 765.10 mm um 2^h a. m., min. 763,60 mm um 2^h p. m.
Temp. d. Luft: Mittel 22,4°; max. 24,0° um 2^h p. m., min. 21,0° um 6^h a. m.
Spannkr. d. Dünste: Mittel 16,0 mm; max. 16,5 mm um 10^h p. m., min. 15,6 mm um 2^h p. m.
Wolken: Gattung u. Betrag. Himmel den ganzen Tag bezogen mit ni 10, zuweilen tiefer ziehende cu aus der Windrichtung.
  Richtung. Mit dem Winde.
Niederschl.: D früh Morgens und spät Abends.
Zustand d. See: Temp. — } Im Kongoflusse.
  Spezif. Gewicht. — }
Allg. Bemerk.: Ozongehalt nach 24^h = 10.
  Wetter wie am 5.

1874, den 7. September.

Position: Bis 6^h a. m. Punto do Lenha, im Kongoflusse; um 10^h a. m. geankert in der Kongomündung, von 2^h p. m. ab 6° 5'—6° 20,4' S-Br., 12° 17'—11° 43,4' O-Lg.
Schiffsbew.: Kurs. Um 2^h p. m. N248°E, um 6^h p. m. N203°E.
  Fahrt. 4,7, dann 5.
Wind: Richtung. Mittel N228°E: früh fast still, um 6^h a. m. N220°E, wird bis 6^h p. m. etwas weiter südlich N213°E., um 10^h p. m. N277°E.
  Stärke. Mittel 1,3; über Mittag 2, sonst 1—2.
Barom.: Mittel 764.65 mm; max. 766,10 mm um 6^h p. m., min. 763,98 mm um 10^h a. m.
Temp. d. Luft: Mittel 22,3°; max. 24,1° um 10^h a. m., min. 21,4° um 6^h a. m.
Spannkr. d. Dünste: Mittel 16,4 mm; max. 17,2 mm um 6^h p. m., min. 15,9 mm um 10^h a. m.
Wolken: Gattung u. Betrag. ni 10; um 10^h a. m. cu ni 10.
  Richtung. Mit dem Winde ziehend.
Niederschl.: D um 2^h a. m. und um 10^h p. m.
Zustand d. See: Temp. Mittel 21,8°; max. 25,2° um 2^h p. m., min. 20,7° um 10^h p. m.
  Spezif. Gewicht. —
Allg. Bemerk.: Anfangs frischer Wind aus N164°E, später etwas frischer aus N187°E. Morgens Himmel grau bezogen, ziemlich hoch, zuweilen niedere cu aus der Windrichtung.
  Ozongehalt nach 24^h = 8—9.
  Nachmittags Himmel wie am Vormittag. Im Laufe des Nachmittags änderte sich die Farbe des Wassers aus gelbbraun in gelbgrün.
  Etwas Meerleuchten, das auf der Mittelwache lebhafter wurde.

1874, den 8. September.

Position: 6° 39.5'—7° 58,9' S-Br., 11° 35,5'—11° 8,0' O-Lg.
Schiffsbew.: Kurs. N203°E, jedoch um 10^h a. m. N170°E.
  Fahrt. Mittel 5: Vormittags etwas schneller und Nachmittags etwas langsamer.
Wind: Richtung. Mittel N190°E: um 2^h a. m. N187°E, wird N164°E um 6^h a. m., wieder N109°E von 10^h a. m. bis 6^h p. m., um 10^h p. m. N181°E.
  Stärke. Mittel 1,9: um 2^h a. m. 1, sonst 2—3.
Barom.: Mittel 765,05 mm; 2 max. 765,85 mm um 10^h a. m. und 764.74 mm um 10^h p. m.: 2 min. 764,75 mm um 2^h a. m. und 763,60 mm um 6^h p. m.
Temp. d. Luft: Mittel 22,0°; max. 22,5° um 10^h a. m., min. 21,6° um 6^h a. m.
Spannkr. d. Dünste: Mittel 16,1 mm; max. 16,8 mm um 6^h a. m., min. 15,8 mm um 10^h p. m.
Wolken: Gattung u. Betrag. ni 10, zuweilen cu darunter aus der Windrichtung.
  Richtung. Wolken ziehen mit dem Winde.
Niederschl.: D um 2^h a. m. und 10^h p. m.
Zustand d. See: Temp. Mittel 21,5°; max. 21,8°, min. 21,0°.
  Spezif. Gewicht. Mittel 1,02645; max. 1,0267, min. 1,0263.
Allg. Bemerk.: Nachts etwas Meerleuchten, das auf der Mittelwache lebhfater wurde. See glatt. Himmel grau bezogen, darunter cu aus der Windrichtung.
  Ozongehalt nach 24^h = 9, sehr gleichmässig.
  Wasser grün, ganz leichte See aus der Windrichtung. Wetter wie oben. Am Südhimmel stand eine dunkle Bank.
  Nachmittags. Himmel grau bezogen, selten ein wenig durchbrochen. Horizont besetzt, cu aus der Windrichtung ganz langsam ziehend. Geringe See aus der Windrichtung.
  Schwaches Meerleuchten in einzelnen kleinen Punkten.

1874, den 9. September.

Position: 8° 15,6'—9° 55,0' S-Br.; 11° 1'—10° 44' O-Lg.
Schiffsbew.: Kurs. N203°E; von 10^h a. m. bis 2^h p. m. N215°E.
  Fahrt. Von 4,7 um 2^h a. m. bis 5,8 um 2^h p. m.
Wind: Richtung. Mittel N227°E; um 2^h a. m. N220°E, dann fast N164°E, von 10^h a. m. wieder westlicher N232°E bis 6^h p. m., zuletzt ganz N254°E um 10^h p. m.
  Stärke. Mittel 2,5; sonst 2—3, der WSW 3.
Barom.: Mittel 763,16 mm; 2 max. 763,45 mm um 10^h a. m., 764,45 mm um 10^h p. m.; 2 min. 763,05 mm um 6^h a. m, 761,78 mm um 2^h p. m.
Temp. d. Luft: Mittel 20,6°; max. 21,1° um 2^h p. m., min. 20,1° um 6^h a. m.
Spannkr. d. Dünste: Mittel 14,9 mm; max. 15,8 mm um 10^h a. m., min. 13,8 mm um 10^h p. m.
Wolken: Gattung und Betrag. ni 10.
  Richtung. Wie der Wind ziehend.
Niederschl.: D bis 6^h a. m.
Zustand d. See: Temp. Mittel 20,6°; max. 20,8°, min. 20,2°.
  Spezif. Gewicht. Mittel 1,02710; max. 1,0273, min. 1,0269.
Allg. Bemerk.: Morgens verstärktes Meerleuchten. Himmel grau bezogen, Luft sehr feucht, so dass zuweilen leichter, nicht messbarer Regen fiel.
  Ozon nach 24^h = 11—12, sehr gleichmässig.
  12^h Flasche mit Sand mit dem Besteck über Bord. Nachmittags Himmel ganz bezogen, darunter tiefere cu, und ebenso geringe See, beide aus der Windrichtung. Wasser blaugrün. Gegen Abend zweimal ganz feiner leichter, nicht messbarer Regen.
  Meerleuchten in kleinen hellen Funken.

1874, den 10. September.

Position: 10° 16,5'—11° 34,9' S-Br.; 10° 41,4'—10° 23,3' O-Lg.
Schiffsbew.: Kurs. N199°E, von 10^h a. m. ab N216°E.
  Fahrt. Mittel 4—5; um 10^h a. m. beigedreht zum Lothen.
Wind: Richtung. Mittel N210°E; beginnt mit N230°E, wird südlicher bis N183°E, Mittags wieder westlicher bis N216°E.
  Stärke. Mittel 1,3; zwischen 1 und 2.

Barom.: Mittel 764,16 mm; 2 max. 765,40 mm um 10ʰ a. m., 765,30 mm um 10ʰ p. m.; 2 min. 762,94 mm um 2ʰ a. m. und 763,34 mm um 6ʰ a. m.
Temp. d. Luft: Mittel 20,1°; max. 20,9° um 2ʰ p. m., min. 19,4° um 6ʰ a. m.
Spannkr. d. Dünste: Mittel 13,8 mm; max. 14,5 mm um 10ʰ p. m., min. 12,3 mm um 2ʰ a. m.
Wolken: Gattung und Betrag Nachts klar, 6ʰ a. m. cu ni 5, aber um 10ʰ a. m. cu ni 10, um 2ʰ p. m. cu ni 5, später 8—10 und zuletzt 7.
Richtung. Aus SW.
Niederschl.: D um 10ʰ p. m.
Zustand d. See: Temp. Mittel 19,9°; max. 20,3°, min. 19,7°.
Spezif. Gewicht. Mittel 1,02732; max. 1,0275, min. 1,0271.
Allg. Bemerk.: Nach Mitternacht klarte es auf, gegen 2ʰ a. m. sternenklar, selten einige niedrige cu aus der Windrichtung. Horizont diesig. Gegen 4ʰ bildete sich am Süd-Himmel eine schwere dunkle Bank, die ziemlich niedrig in der Windrichtung zog. Gegen Morgen der Himmel ganz mit cu ni bezogen.
Etwas Dünung aus der Windrichtung. Wasserfarbe wird blauer.
Ozongehalt nach 24ʰ = 12—13.
12ʰ Sandflasche mit Besteck über Bord.
Nachmittags oben cu, SW-lich ziehend, darunter cu in der Richtung des Windes, letztere nahmen zu, bis die ganze Bedeckung 8—10 wurde.
Leichte südliche Dünung. Wasser blau.
Auf der Abendwache ziehen die oberen Wolken aus SE; um 10½ʰ war der Himmel völlig klar. Horizont diesig. Die ganze Nacht sehr starkes Meerleuchten in leuchtenden Scheiben bis zur Tellergrösse.

1874, den 11. September.

Position: 11° 54,0′—13° 16,9′ S-Br.; 10° 18,1′—9° 12,5′ O-Lg.
Schiffsbew.: Kurs. N197°E; von 10ʰ a. m. an N214°E, um 10ʰ p. m. N231°E.
Fahrt. 4—5,5, nur um 10ʰ a. m. 7,1.
Wind: Richtung. Mittel N181°E; anfangs fast still, N226°E um 6ʰ a. m., um 10ʰ a. m. schon N158°E; wird wieder westlicher bis N181°E um 10ʰ p. m.
Stärke. Mittel 2,6; anfangs schwach 1—2, frischer um Mittag 3-4, flaut um 6ʰ p. m. ab bis 2—3; 5 um 10ʰ p. m.
Barom.: Mittel 765,74 mm: 2 max. 767,40 mm um 10ʰ a. m., 767,40 mm um 10ʰ p. m.; 2 min. 764,40 mm um 2ʰ a. m., 764,35 mm um 6ʰ p. m.
Temp. d. Luft: Mittel 19,0°; max. 19,9° um 6ʰ p. m., min. 17,6° um 10ʰ p. m.
Spannkr. d. Dünste: Mittel 14,6 mm; max. 15,5 mm um 10ʰ a. m., min. 13,4 mm um 10ʰ p. m.
Wolken: Gattung und Betrag. Um 2ʰ a. m. klar, von 6ʰ a. m. an cu ni 9—10.
Richtung. Um 6ʰ a. m. Wolken aus SSE, bei N226°E Wind, später aus S.
Niederschl.: D bis 6ʰ a. m., um 6ʰ 30′ ganz leichter B, um 10ʰ p. m. D.
Zustand d. See: Temp. Mittel 18,9°; max. 19,5°, min. 17,6°.
Spezif. Gewicht. Mittel 1,02750; max. 1,0277, min. 1,0272.
Allg. Bemerk.: Von 1½ʰ a. m. an cu ni in der Richtung des Windes, um 4ʰ etwa 9. Es bildete sich am Süd-Himmel eine grosse, sehr dunkle Bank, die bald in der Richtung von SSE nach NNW den ganzen Himmel mit cu ni bezog. Der Wind sprang plötzlich nach N152°E um 6¼ʰ. See und Dünung aus derselben Richtung.
Ozongehalt nach 24ʰ = 12. Das Wasser hellblau.
Von 12ʰ bis 4ʰ p. m. zuweilen aufklarend bis zu cu ni 6. Sonst ganz bezogen mit cu aus der Windrichtung. Schönes Meerleuchten in der Nacht, gegen 11ʰ ebenso stark, wie in der vorhergehenden Nacht.

1874, den 12. September.

Position: 13° 28,5′—14° 51,1′ S-Br.: 8° 48,0′—7° 15,7′ O-Lg.
Schiffsbew.: Kurs. Anfangs N241°E, dann fast N213°E, nur um 6ʰ p. m. N225°E.
Fahrt. Zwischen 5,6 und 7,0.
Wind: Richtung. Mittel N161°E; um 2ʰ a. m. N180°E, dann um 6ʰ p. m. N135°E, und wieder hin nach N157°E am Nachmittage.
Stärke. Mittel 3,6; um 2ʰ a. m. 4—5, um 6ʰ a. m. 2—3, dann auffrischend bis 4.
Barom.: Mittel 768,29 mm; 2 max. 770,26 mm um 10ʰ p. m., 769,88 mm um 10ʰ p. m.; 2 min. 767,75 mm um 2ʰ a. m., 766,60 mm um 2ʰ p. m.
Temp. d. Luft: Mittel 16,2°; max. 16,8° um 2ʰ a. m., min. 15,5° um 6ʰ p. m.
Spannkr. d. Dünste: Mittel 12,4 mm; max. 12,5 mm um 6ʰ a. m., min. 12,1 mm um 10ʰ a. m.
Wolken: Gattung und Betrag. ni 10, jedoch um 10ʰ a. m. cu ni 9—10.
Richtung. Aus Süd.
Niederschl.: D um 2ʰ a. m.; 4ʰ a. m. schwacher Regen nicht messbar, zuweilen B-Böen, Nachmittags um 6ʰ Regenböen mit sehr wenig B.
Zustand d. See: Temp. Mittel 16,8°; max. 17,5°, min. 16,1°.
Spezif. Gewicht. Mittel 1,02747; max. 1,0278, min. 1,0271.
Allg. Bemerk.: Himmel früh grau bezogen, ganz leichter, feiner Regen, zuweilen wenige niedere cu aus der Windrichtung. Schönes Meerleuchten wie am Tage zuvor. Von 8ʰ a. m. etwas aufklarend, zuweilen bis zu 5, zuweilen bis zu 10 mit cu ni aus der Windrichtung bezogen. Regen nicht messbar.
Ozon nach 24ʰ = 10—11 sehr gleichmässig. Leichte See und Dünung aus S. Wasser hellblau.
12ʰ Sandflasche mit Besteck über Bord.
Nachmittags Himmel bezogen, cu aus der Windrichtung. Der Wind wehte unregelmässig aus N168°E bis N151°E mit leichten Regenböen, zuweilen bis N177°E, Regen nicht messbar.
Meerleuchten in grossen Scheiben.

1874, den 13. September.

Position: 15° 6,6′—16° 3,7′ S Br.; 7° 0,7′—5° 44′ O-Lg.
Schiffsbew.: Kurs. Vormittags N209°E, Nachmittags N220°E. um 10ʰ a. m. gestoppt zum Lothen.
Fahrt. Vormittags 4,5—6,6, Nachmittags 6,3—7,0.
Wind: Richtung. Mittel N156°E; um 2ʰ a. m. N147°E, nachher beständig N158°E.
Stärke. Mittel 4,6; wachsend bis 6ʰ a. m. von 4—5, um 10ʰ a. m. 3—4, von da zunehmend bis 5—6 um 10ʰ p. m.
Barom.: Mittel 768,23 mm; 2 max. 769,05 mm um 6ʰ a. m., 770,20 mm um 10ʰ p. m.; 2 min. 767,60 mm um 2ʰ a. m., 765,97 mm um 10ʰ a. m.
Temp. d. Luft: Mittel 16,4°; max. 17,0° um 10ʰ a. m., min. 15,9° um 6ʰ a. m.
Spannkr. d. Dünste: Mittel 12,2 mm; max. 13,2 mm um 2ʰ a. m., min. 11,6 mm um 6ʰ a. m.
Wolken: Gattung und Betrag. Himmel bezogen ni 10, zuweilen cu.
Richtung. Aus S.
Niederschl.: D um 10ʰ p. m.
Zustand d. See: Temp. Mittel 16,6°; max. 16,8°, min. 16,5°.
Spezif. Gewicht. Mittel 1,02758; max. 1,0277, min. 1,0274.
Allg. Bemerk.: Wetter genau so wie am vorigen Tage, der Wind wurde beständiger, die Böen kamen seltener, auch weniger cu aus der Windrichtung. See und Dünung aus S zunehmend. Wasser blau.
Ozongehalt nach 24ʰ = 10, eine kleine Stelle 12.
12ʰ Sandflasche mit Besteck über Bord.
Nachmittags Wetter wie am Vormittag. Wind beständig und zunehmend.
Etwas Meerleuchten in einzelnen mittelgrossen Punkten.

1874, den 14. September.

Position: 16° 24,6′—18° 17,5′ S-Br.; 5° 20,3′—3° 26,2′ O-Lg.
Schiffsbew.: Kurs. N190°E, zuweilen ein wenig südlicher.
Fahrt. 7—8, nur 6ʰ p. m. 5,0.
Wind: Richtung. Mittel N149°E; anfangs N156°E, von 10ʰ a. m. an östlicher bis N139°E.
Stärke. Mittel 5,2; 5—6 und 6. nur um 6ʰ p. m. 4.

Barom.: Mittel 770,88 mm; 2 max. 771,90 mm um 10^h a. m., 771,75 mm um 10^h p. m.; 2 min. 769,42 mm um 2^h a. m., 770,80 mm um 2^h p. m.
Temp. d. Luft: Mittel 16,3°; max. 17,1° um 2^h p. m., min. 15,7° um 6^h a. m.
Spannkr. d. Dünste: Mittel 12,1 mm; max. 12,6 mm um 6^h a. m., min. 11,7 mm um 10^h p. m.
Wolken: Gattung und Betrag. ni 10; von 6^h p. m. an ni 9—10.
Richtung. Aus S.
Niederschl.: D bis 6^h a. m.; später feuchte Luft.
Zustand d. See: Temp. Mittel 16,4°; max. 16,6°, min. 16,1°.
Spezif. Gewicht: Mittel 1,02743; max. 1,0277, min. 1,0271.
Allg. Bemerk.: Wetter genau wie am Nachmittage vorher, zunehmende See und Dünung aus S.
Ozongehalt nach 24^h = 9.
12^h Sandflasche mit Besteck über Bord.
Himmel grau bezogen, später schimmerte am Nachmittage etwas blau hindurch. Wind ziemlich gleichmässig stark 5—6, zuweilen auf 1/4 bis 1/2 Stunde abflauend auf 3—4. See und Dünung aus S; Farbe hellblau. Schwaches, gewöhnliches Meerleuchten.

1874, den 15. September.

Position: 18° 46′—20° 56,5′ S-Br., 3° 2,7′—1° 21,1′ O-Lg.
Schiffsbew.: Kurs. Zwischen N202°E und N219°E wenig veränderlich.
Fahrt. Vormittags 9,3—8,0, dann 9,0—7,5.
Wind: Richtung. Mittel N144°E; Anfangs N137°E, dann südlicher bis zu N154°E um 10^h a. m., Nachmittags beständig N143°E.
Stärke. Mittel 5,3; Anfangs 5, von 10^h a. m. an 5—6.
Barom.: Mittel 773,04 mm; 771,70 mm um 2^h a. m.; dann vom min. 770,78 mm um 6^h a. m. beständig steigend bis zum max. 774,20 mm um 10^h p. m.
Temp. d. Luft: Mittel 17,1°; max. 17,4° um 2^h p. m. und um 10^h p. m., min. 16,4° um 6^h a. m.
Spannkr. d. Dünste: Mittel 11,0 mm; max. 12,0 mm um 2^h a. m., min. 10,50 mm um 10^h p. m.
Wolken: Gattung u. Betrag. cu ni 10, bisweilen 9—10.
Richtung. Aus der Windecke
Niederschl.: D um 10^h p. m.
Zustand d. See: Temp. Mittel 16,5°; max. 17,0°, min. 16,1°.
Spezif. Gewicht. Mittel 1,02732; max. 1,0274, min. 1,0272.
Allg. Bemerk.: Wetter wie an dem vorhergehenden Nachmittage.
Ozongehalt nach 24^h = 8, jedoch nur an wenigen Stellen, im Allgemeinen war der Zettel gar nicht verfärbt.
12^h Sandflasche mit Besteck über Bord.
Nachmittags Himmel grau bezogen, cu aus der Windrichtung, zuweilen schimmerte der blaue Himmel durch. Gegen Abend wurde es wieder sehr böig. Die Böen kamen raumer. Feuchte Luft. See und Dünung aus der Windrichtung. Farbe hellblau.
Etwas Meerleuchten.

1874, den 16. September.

Position: 21° 20,5′—23° 54,1′ S-Br., 1° 1,6′—0° 19,2′ O-Lg.
Schiffsbew.: Kurs. Beginnt mit N200°E und N191°E; Nachmittags noch südlicher bis N169°E.
Fahrt. Vormittags 8,8—7,5, Nachmittags 7,8—6,0.
Wind: Richtung. Mittel N119°E; N133°E um 2^h a. m., N121°E bis 2^h p. m., später ein wenig östlicher.
Stärke. Mittel 5,1; zwischen 5 und 6; nur um 6^h a. m. flauer 4.
Barom.: Mittel 773,24 mm; steigt bis zum max. 775,02 mm um 10^h a. m., fällt dann bis zum min. 771,60 mm um 6^h p. m. und steigt dann wieder ein wenig.
Temp. d. Luft: Mittel 17,4°; max. 17,9° um 2^h p. m., min. 17,0° um 6^h a. m.
Spannkr. d. Dünste: Mittel 10,4 mm; max. 10,6 mm um 2^h p. m., min. 10,2 mm um 6^h a. m.
Wolken: Gattung u. Betrag. ni 10.
Richtung. Aus SE.
Niederschl.: D bis zu 6^h a. m.
Zustand d. See: Temp. Mittel 16,08°; max. 17,2°, min. 16,4°.
Spezif. Gewicht. Mittel 1,02743; max. 1,0276, min. 1,0273.
Allg. Bemerk.: Wetter wie am Tage vorher. Zwischen 1^h und 2^h a. m. war einmal der halbe Himmel sternenklar, jedoch nur für kurze Zeit. Der Wind ging ganz langsam östlicher, von Zeit zu Zeit 1—2 Strich zurückschralend.
Ozongehalt nach 24^h = 7—8.
12^h Sandflasche mit Besteck über Bord.
Nachmittags grau bezogen, darunter schnell ziehende cu aus der Windrichtung. Der Wind etwas flauer 3—4, doch häufige Böen 5—6. Sehr selten der Himmel etwas durchbrochen. Einzelne Meeres-Leuchtscheiben.

1874, den 17. September.

Position: 24° 13,9′—25° 20,6′ S-Br., 0° 16,8′ O-Lg.—0° 5,8′ W-Lg.
Schiffsbew.: Kurs. Um 2^h a. m. N154°E, um 6^h gestoppt zum Lothen; Nachmittags 2^h N185°E, später N187°E und zuletzt N219°E.
Fahrt. Um 2^h a. m. 1,3; Nachmittags 6,0, doch 4,5 um 6^h p. m.
Wind: Richtung. Mittel N117°E; 2^h a. m. N64°E, um 6^h a. m. schon N109°E und Nachmittags von 6^h p. m. an N143°E.
Stärke. Mittel 2,4; um 2^h a. m. sehr schwach 0—1, sonst der Regel nach 3, einmal um 6^h p. m. 2—3.
Barom.: Mittel 769,83 mm; 2 max. 770,15 mm um 10^h a. m., 771,60 mm um 10^h p. m., 2 min. 768,60 mm um 2^h a. m., 769,40 mm um 2^h p. m.
Temp. d. Luft: Mittel 16,7°; max. 17,8° um 10^h a. m., min. 15,7° um 6^h a. m.
Spannkr. d. Dünste: Mittel 11,2 mm; max. 12,3 mm um 6^h a. m., min. 9,9 mm.
Wolken: Gattung u. Betrag. Früh ni 10; um 10^h a. m. nur cu ni 8; Nachmittags ziemlich klar cu str. und cu ni von 2—6 zunehmend.
Richtung. Windrichtung.
Niederschl.: D um 2^h a. m. und 10^h p. m., B von 8^h—8^h 45′ a. m.; Nachmittags feuchte Luft.
Zustand d. See: Temp. Mittel 17,0°; max. 17,6°, min. 16,5°.
Spezif. Gewicht. Mittel 1,02730; max. 1,0275, min. 1,0271.
Allg. Bemerk.: Wind wurde ganz flau, ging bis zu N19°E, gegen 6^h a. m. wieder auf N109°E 2—3; Himmel ganz bezogen. Regen. See und Dünung sehr abnehmend. Regenmesser = 2,7 mm.
Ozongehalt nach 24^h = 10—11.
12^h Sandflasche mit Besteck über Bord.
Vormittags gegen 9^h fing es an aufzuklaren, so dass hauptsächlich nur der Horizont besetzt war und von Zeit zu Zeit einzelne cu ni aus der Windrichtung, etwas südlicher, zogen. Dünung und See südsüdöstlich bei dem abflauenden Winde schwächer werdend.

1874, den 18. September.

Position: 25° 43,7′—28° 24,9′ S-Br., 0° 26,5′—1° 24,7′ W-Lg.
Schiffsbew.: Kurs. N192°E, nur um 6^h a. m. 2 Strich westlicher, und 10^h p. m. N178°E.
Fahrt. Um 2^h a. m. 7,5, schneller werdend bis 9,5 um 2^h p. m., dann langsamer bis 7,6.
Wind: Richtung. Mittel N125°E; beständig N131°E, nur um 10^h a. m. N119°E, um 10^h p. m. N108°E.
Stärke. Mittel 5,5; zwischen 5—6.
Barom.: Mittel 774,84 mm; steigt beständig vom min. 773,20 mm um 2^h a. m. bis zum max. 777,20 mm um 10^h p. m.
Temp. d. Luft: Mittel 16,6°; max. 17,5° um 2^h p. m., min. 15,8° um 2^h a. m.
Spannkr. d. Dünste: Mittel 10,6 mm; max. 11,0 mm um 6^h a. m., min. 10,2 mm um 6^h p. m.
Wolken: Gattung u. Betrag. ni und cu ni 3—4 und 4—5, um 10^h p. m. ni 10.
Richtung. Mit dem Winde ziehend, doch mit Ausnahme einer höheren Schicht.
Niederschl.: D früh am Morgen; B-Böen um 6^h p. m.
Zustand d. See: Temp. Mittel 17,1°; max. 17,6°, min. 16,4°.
Spezif. Gewicht. Mittel 1,02735; max. 1,0276, min. 1,0270.

Allg. Bemerk.: Um 12h, 1h, 1h 45' und 3h 30' a. m. starke Böen 6—7 aus N97°E, Himmel dabei schnell bis 10 bezogen; nach denselben Wind N131°E 2—3; dann Himmel schnell aufklarend 3—4, Horizont besetzt und cu ni aus der Windrichtung. Später zwei Schichten, eine höhere cu aus NE, darunter niedere cu ni aus der Windrichtung mit Böen. Dünung und See gering.

Ozongehalt nach 24h: Zettel im Allgemeinen sehr schwach gefärbt 2—3, an einer Stelle jedoch 8.

12h Besteckflasche mit Sand über Bord.

Nachmittags Himmel im Durchschnitt cu ni 4 - 6, Horizont besetzt. Bei den Böen stets bis 10 bezogen, doch nachher schnell aufklarend. See gering, Dünung ziemlich bedeutend aus der Windrichtung. Meerleuchten nicht bemerkt.

1874, den 19. September.

Position: 28° 54,7'—31° 6,2' S-Br.; 1° 34,9'—2° 5' W-Lg.

Schiffsbew.: Kurs. Morgens zwischen N178°E und N206°E; Mittags beigedreht; Abends N173°E—N176°E.

Wind: Richtung. Mittel N119°E; abwechselnd N119°E und N108°E, einmal N142°E um 6h a. m.

Stärke. Mittel 4,3; beginnt mit 5, flaut dann ab bis 3—4.

Barom.: Mittel 775,40 mm; 2 max. 776,80 mm um 10h a. m., 776,90 mm um 10h p. m.; 2 min. 775,60 mm um 2h a. m., 772,95 mm um 2h p. m.

Temp. d. Luft: Mittel 16,2°; max. 16,9° um 10h a. m, min. 15,4° um 10h p. m.

Spannkr. der Dünste: Mittel 10,3 mm; max. 10,9 mm um 10h p. m., min. 9,4 mm um 2h a. m.

Wolken: Gattung u. Betrag. Morgens cu ni 5—3; Nachmittags stärker bewölkt 5—8.

Richtung. Mit dem Winde ziehend.

Niederschl.: um 2h a. m. unbedeutende B; um 4h 10' und 7h 30' a. m. Böen mit schwachem B; um 10h a. m. vorübergehend leichter B.

Zustand d. See: Temp. Mittel 16,6°; max. 17,1°, min. 16,2°.

Spezif. Gewicht. Mittel 1,02732; max. 1,0275, min. 1,0271.

Allg. Bemerk.: Horizont besetzt und Wolken aus der Windrichtung cu ni, zuweilen mit str. Später zuweilen ganz bezogen, aber immer wieder aufklarend, einzelne Böen 6. Von 5¾h a. m. an aufkommende Dünung aus WSW, sehr lang, mehr zunehmend. Schwache Dünung und See aus der Windrichtung.

Ozongehalt nach 24h = 3—4, eine Stelle = 8—9.

Vorübergehende leichte Regenschauer. Um 8h a. m. wurde ein Regenbogen beobachtet.

12h Besteckflasche mit Sand über Bord.

Nachmittags Horizont besetzt, cu ni, zuweilen str. aus der Windrichtung. — Wind oft auf N131°E springend. Häufige leichte Böen mit feinem Regen aus der Windrichtung, stärkere um 1h 30', 3h 30' und 6h. Feuchte Luft. Hohe Dünung aus WSW bis W; dagegen anlaufende Dünung aus SE; leichte See aus SE. Wasserfarbe hellblau.

Meerleuchten nicht beobachtet.

1874, den 20. September.

Position: 31° 26,0'—33° 13,2' S-Br.; 2° 1,6'—1° 32' W-Lg.

Schiffsbew.: Kurs. Vormittags N144°E, dann N99°E; um 10h a. m. gestoppt zum Lothen; Nachmittags wieder N143°E.

Fahrt. Anfangs 5,0—7,0, dann 5,6—3,5 um 10h p. m.

Wind: Richtung. Mittel N92°E; um 2h a. m. N76°E, dann N110°E, zurück über N99°E nach N88°E.

Stärke. Mittel 2,4; Morgens 3—4, Nachmittags 2.

Barom.: Mittel 772,20 mm; max. 774,85 mm um 10h a. m., min. 771,60 mm um 6h p. m.

Temp. d. Luft: Mittel 15,2°; max. 15,8° um 2h p. m., min. 14,8° um 10h p. m.

Spannkr. d. Dünste: Mittel 10,7 mm; max. 11,3 mm um 10h a. m., min. 10,1 mm um 10h p. m.

Wolken: Gattung u. Betrag. Morgens cu ni 8—6, Nachmittags weniger, 4—5 und 1—2.

Richtung. Aus SE.

Niederschl.: Um 8h p. m. ganz schwacher B, nicht messbar.

Zustand d. See: Temp. Mittel 15,8°; max. 16,6°, min. 15,1°

Spezif. Gewicht. Mittel 1,02727; max. 1,0274, min. 1,0271.

Allg. Bemerk.: Wetter im Allgemeinen wie oben. Böen (7) um 1h 15', 2h, 2h 30', ausserdem leichtere, alle mit leichtem Regen; bei den Böen der Himmel ganz bezogen; schnell bis 5—7 aufklarend. Wind unbeständig zwischen N76°E und N88°E. Starke Dünung aus WSW, schwache aus SE, leichte See aus ESE.

Ozongehalt nach 24h = 8, gleichmässig.

Regenmesser nach 24h = 0,8 mm.

12h Besteckflasche mit Sand über Bord.

Nachmittags cu ni aus der Windrichtung, später klar, nur der Horizont dicht mit cu besetzt. Um 8h Himmel ganz bezogen, feiner Regen, dann schnell aufklarend, hohe cu aus W, tiefere aus SE. Horizont mit cu besetzt, am stärksten im W.

1874, den 21. September.

Position: 33° 24,6'—34° 2' S-Br.; 1° 23,5'—0° 33,9' W-Lg.

Schiffsbew.: Kurs. Morgens N144°E und N99°E, dann gestoppt zum Lothen um 10h a. m.; Nachmittags N135°E.

Fahrt. Um 2h a. m. sehr langsam 1,0, dann 6h a. m. 3,5 zunehmend bis 4,5 um 10h p. m.

Wind: Richtung. Mittel N158°E; Morgens noch N88°E, dann N155°E; Nachmittags schon übergehend nach N200°E.

Stärke. Mittel 0,4; fast still.

Barom.: Mittel 768,87 mm; fällt vom max. 770,55 mm um 2h a. m. bis zum min. 767,35 mm um 6h p. m., steigt dann wieder, aber sehr wenig.

Temp. d. Luft: Mittel 15,7°; max. 17,1° um 2h p. m., min. 14,8° um 2h a. m.

Spannkr. d. Dünste: Mittel 8,6 mm; max. 10,6 mm um 10h p. m., min. 5,8 mm um 2h a. m.

Wolken: Gattung u. Betrag. Morgens um 2h ni und cu ni 10, dann weniger bis 7—8; Nachmittags ci cu 6, später cu ni 3—4, str. 2.

Richtung. Morgens sehr früh aus SSW, später aus der Windrichtung.

Niederschl.: Um 5h p. m. ganz schwacher B.

Zustand d. See: Temp. Mittel 15,5°; max. 17,1°, min. 15,0°.

Spezif. Gewicht. Mittel 1,02712; max. 1,0273, min. 1,0270.

Allg. Bemerk.: Himmel mit cu ni ganz bezogen, nördlich ziehend. Wind abflauend, zuweilen ein Luftzug aus N110°E bis N155°E, aufklarend bis zu 7. See glatt. Dünung, westlich und südöstlich zusammenlaufend.

Ozongehalt nach 24h = 8—9 gleichmässig.

12h Besteckflasche mit Sand über Bord.

Nachmittags Horizont meist mit str. besetzt, die übrigen Wolken anfangs aus S, später aus NW ziehend. Verlaufende hohe Dünung aus W.

5h Regenbogen am NE-Himmel.

Vereinzeltes Meerleuchten in Scheiben.

1874, den 22. September.

Position: 34° 10'—34° 41,6' S-Br.; 0° 20,9' W-Lg.—2° 58,1' O-Lg.

Schiffsbew.: Kurs. Von N144°E über N110°E in N93°E übergehend.

Fahrt. 7,5—9,0; nur einmal 6,3 um 6h a. m.

Wind: Richtung. Mittel N355°E; Vormittags von N290°E springend nach N358°E, zurück nach N335°E; Nachmittags beständig N9°E.

Stärke. Mittel 3,3; auffrischend von 2—4,5.

Barom.: Mittel 764,75 mm; max. 765,85 mm um 10h a. m., min. 762,40 mm um 10h p. m.

Temp. d. Luft: Mittel 14,9°; max. 16,1° um 2h p. m., min. 14,0° um 6h a. m.

Spannkr. d. Dünste: Mittel 10,5 mm; max. 12,4 mm um 2h a. m., min. 8,8 mm um 10h p. m.

Wolken: Gattung u. Betrag. Vormittags cu und cu str. 4; Nachmittags cu str. und cu 1—3; um 10h p. m. ni 10.

Richtung. Aus der Windgegend.

Niederschl.: —

Zustand d. See: Temp. Mittel 14,8°; max. 15,6°, min. 13,2°.

Spezif. Gewicht. Mittel 1,02711; max. 1,0273, min. 1,0270.

Allg. Bemerk.: Nachts Horizont besetzt mit cu und cu str.; der höhere Wolkenzug sehr veränderlich. Hauptzug in der Windrichtung nach SE.
Ozongehalt nach 24h = 9.
12h Besteckflasche mit Sand über Bord.
Nachmittags Horizont mit str. besetzt, ci str. sehr hoch aus NW ziehend; gegen 2h cu aus der Windrichtung und wieder aufklarend. Gegen Abend Himmel ganz grau mit ni bezogen. Dünung zusammenlaufend aus E und W. Unbedeutende See aus der Windrichtung.
Kein Meerleuchten.

1874, den 23. September.

Position: 34° 44,7'—34° 54,5' S-Br.; 3° 42,7'—7° 39,6' O-Lg.
Schiffsbew.: Kurs. N94°E.
Fahrt. 8,3—10.
Wind: Richtung. Mittel N3°E; Vormittags geht der Wind zurück von N356°E nach N344°E; Nachmittags N7°E.
Stärke. Mittel 4,8; sonst 4—5; um 10h p. m. 6—7.
Barom.: Mittel 759,88 mm; steigt ein wenig bis zum max. 761,20 mm um 6h a. m., fällt dann bis zum min. 757,55 mm um 10h a. m. und steigt zuletzt fortwährend bis 760,90 mm um 10h p. m.
Temp. d. Luft: Mittel 14,9°; max. 15,6° um 10h a. m., min. 14,2° um 2h a. m.
Spannkr. d. Dünste: Mittel 10,0 mm; max. 10,7 mm um 10h p. m., min. 9,2 mm um 2h a. m.
Wolken: Gattung u. Betrag. Vormittags ni 10; Nachmittags cu str. 7 und ni bis zu 9.
Richtung. Aus der Windrichtung.
Niederschl.: 6h a. m. zuweilen ganz unbedeutender B. Regenböen gegen 10h a. m. und um 10h p. m.
Zustand d. See: Temp. Mittel 14,1°; max. 14,8°, min. 13,3°.
Spezif. Gewicht. Mittel 1,02707; max. 1,0274, min. 1,0269.
Allg. Bem.: Himmel grau bezogen; cu ni langsam aus NE ziehend, zuweilen wenig Regen. — Nach 9h a. m. häufige Regenböen.
Ozongehalt nach 24h = 6, gleichmässig.
12h Besteckflasche mit Sand über Bord.
Wasserfarbe grünblau.
Himmel bezogen mit cu str. aus der Windrichtung, wechselnder Betrag 2—4 und 7—8—9; sehr böig. Wolken in mittlerer Höhe sehr schnell ziehend. Dünung und See leicht aus der Windrichtung.
Kein Meerleuchten.

1874, den 24. September.

Position: 34° 53,5' — 34° 49,2' S-Br., 8° 32,7' — 12° 13,1' O-Lg.
Schiffsbew.: Kurs. N87°E, nur um 10h p. m. N85°E.
Fahrt. 10—9,0, um 10h a. m. 7.
Wind: Richtung. Mittel Nord; abwechselnd N6°E und N355°E.
Stärke. Mittel 4,3: sonst 5—6, nur um 10h a. m. und 10h p. m. schwächer 4—5.
Barom.: Mittel 761,40 mm; max. 763,25 mm um 2h p. m., min. 760,80 mm um 2h a. m.
Temp. d. Luft: Mittel 15,7°; max. 16,5° um 2h p. m., min. 14,8° um 2h a. m.
Spannkr. d. Dünste: Mittel 11,7 mm; max. 13,3 mm um 10h p. m., min. 10,9 mm um 2h a. m.
Wolken: Gattung u. Betrag. Vormittags cu 6, dann cu str. und cu ci 1—2; Nachmittags cu ni 6, später cu str. 9 cu ni 10.
Richtung. Niedrige Wolken aus der Windrichtung, höhere aus NNW.
Niederschl.: B von 6° 50' bis 8h 15' a. m. Abends feuchte Luft.
Zustand d. See: Temp. Mittel 14,6°; max. 16,1°, min. 13,3°.
Spezif. Gewicht. Mittel 1,02707; max. 1,0272, min. 1,0270.
Allg. Bemerk.: Zu den cu aus der Windrichtung trat ein höherer Wolkenzug aus NNW, um 6h 50' a. m. sprang der Wind auf N310°E mit Regen bis gegen 8h 30', dann wieder N6°E, sehr heftige Böen.
9h Regenmesser zeigte nach 24h = 1,2 mm.
Ozongehalt = 8 — 9.
12h Besteckflasche mit Sand über Bord.
Nachmittags Horizont besetzt mit ni, hohe und schnell ziehende cu str. aus NE ziehend, darunter hin und wieder cu aus NNE, die kurz vor Sonnenuntergang den ganzen Himmel bezogen. Dünung aus NNW. Geringe See aus der Windrichtung. Farbe hell blaugrün.

1874, den 25. September.

Position: 34° 46,8' — 34° 15,6' S-Br., 12° 49,3' — 16° 13' O-Lg.
Schiffsbew.: Kurs N85°E.
Fahrt. Beginnt um 2h a. m. 7,2, wird schneller bis zu 10,8 um 10h p. m.
Wind: Richtung. Mittel N334°E; Vormittags noch östlich N355°E und N343°E, Nachmittags N298°E und so über N321°E nach N338°E.
Stärke. Mittel 4,3; anfangs 4, immer frischer werdend bis 6.
Barom.: Mittel 761,35 mm; fällt bis zum min. 758,30 mm um 2h p. m., steigt dann bis zum max. 762,80 mm.
Temp. d. Luft: Mittel 15,4°; max. 15,8° um 10h a. m., min. 14,7° um 2h p. m.
Spannkr. d. Dünste: Mittel 11,0 mm; max. 12,2 mm um 2h a. m., min. 10,1 mm um 2h p. m.
Wolken: Gattung u. Betrag. Vormittags cu ni 10 bis 2h p. m., dann nur ni und cu 3—6.
Richtung. Mit dem Winde.
Niederschl.: Schwacher B von 2h und 6h a. m., ebenso um 2h und 7h p. m.
Zustand d. See: Temp. Mittel 15,4°; max. 16,1°, min. 14,7°.
Spezif. Gewicht. Mittel 1,02697; max. 1,0271, min. 1,0269.
Allg. Bemerk.: Himmel cu ni ganz bezogen, zeitweise schwacher Regen. Von 6h 15' bis etwas nach 8h Wind aus N310°E bis N332°E, dann wieder N343°E.
See und Dünung aus NNW bis NW.
Ozongehalt nach 24h = 9, sehr gleichmässig.
12h Besteckflasche mit Sand über Bord.
Nachmittags im Anfange ganz bezogen, später aufklarend, nur der Horizont mit ni besetzt. Abends böig. Wasserfarbe grüngrau.
See und Dünung aus NW. Etwas nach 7h ein sehr schöner Mondregenbogen.

1874, den 26. September.

Position: 34° 7,2' — 33° 55,0' S-Br., 17° 5' — 18° 10' O-Lg. bis 10h a. m.
Capstadt von 2h p. m. an.
Schiffsbew.: Kurs. N76°E; um 10h a. m. trieb das Schiff vor dem Schleppnetz.
Fahrt. 10—9.
Wind: Richtung. Mittel N350°E; Vormittags von N343°E bis N6°E, Nachmittags fast immer N332E, nur einmal N326°E um 2h p. m.
Stärke. Mittel 3,3; Vormittags 6—7, abflauend bis 5, Nachmittags nur 2—3.
Barom.: Mittel 761,58 mm; max. 763,15 mm um 6h a. m., min. 760,50 mm um 2h p. m.
Temp. d. Luft: Mittel 14,6°; max. 16,2° um 2h a. m., min. 13,8° um 10h a. m.
Spannkr. d. Dünste: Mittel 10,1 mm; max. 10,7 mm um 6h a. m., min. 9,6 mm um 2h p. m.
Wolken: Gattung u. Betrag. Vormittags cu ni 5—8, Nachmittags cu ni 10.
Richtung. Mit dem Winde ziehend.
Niederschl.: —
Zustand d. See: Temp. Mittel 12,9°; max. 14,8°, min. 11,8°.
Spezif. Gewicht. Mittel 1,02682; max. 1,0271, min. 1,0266.
Allg. Bemerk.: Schnell ziehende cu ni aus der Windrichtung im Betrage von 3—8. See und Dünung aus NW.
Ozongehalt nach 24h = 7 — 8.
Nachmittags Himmel bezogen. Nachts gegen 12h etwas aufklarend. See und Dünung aus N. Wasserfarbe grün.

1874, den 27. September.

Position: Rhede von Capstadt.
Schiffsbew.: Kurs. } Vor Anker.
Fahrt. }

Wind: Richtung. Mittel N323°E; Vormittags von N332°E nach N343°E, Nachmittags von N310°E nach N287°E.
Stärke. Mittel 1,4; meist 2, spät Abends fast still 0,5.
Barom.: Mittel 762,44 mm; steigt beständig von min. 760,70 mm um 2^h a. m. bis zum max. 766,10 mm um 10^h p. m., mit Ausnahme einer ganz kleinen Depression um Mittag.
Temp. d. Luft: Mittel 13,8°; max. 14,9° um 10^h a. m., min. 13,0° um 2^h a. m.
Spannkr. d. Dünste: Mittel 10,4 mm; max. 11,0 mm um 10^h a. m., min. 9,9 mm um 6^h a. m.
Wolken: Gattung u. Betrag. Vormittags cu ni 8—6—9, Nachmittags cu ni 10.
Richtung. Mit dem Winde.
Niederschl.: 2^h a. m. starker D, um 10^h a. m. schwacher B, auch von 2^h p. m. an bis zum Abend.
Zustand d. See: Temperatur. Mittel 12,7°; max. 13,0°, min. 12,2°.
Spezif. Gewicht. Mittel 1,02656; max. 1,0267, min. 1,0264.
Allg. Bemerk.: Horizont stark besetzt, oberer Himmel klar, später ganz bezogen; starker Thau. Von 10^h ab ganz schwacher Regen. Die cu, welche den Tafelberg etc. einhüllen, ganz ausserordentlich niedrig cu ca. 800'. See glatt, hellgrün.
Ozongehalt nach 24^h = 11 sehr gleichmässig.
Nachmittags Himmel ganz bezogen. Von 2^h p. m. fast immer Regen. Von 6^h ab Tafelberg und anliegende Höhen bis zum Fuss in Nebel gehüllt. Ziemlich starkes Meerleuchten.

1874, den 28. September.

Position: Rhede von Kapstadt.
Schiffsbew.: Kurs. Fahrt. } Vor Anker.
Wind: Richtung. Mittel N152°E; beständig N152°E.
Stärke. Mittel 4,2; Vormittags vor 2^h a. m. still, allmählich frischer bis zu 5—7 um 10^h a. m., Nachmittags etwas abflauend bis 3—4.
Barom.: Mittel 769,87 mm; steigt beständig vom min. 766,50 mm um 2^h a. m. bis zum max. 771,70 mm um 10^h p. m. mit einer geringen Depression um Mittag.
Temp. d. Luft: Mittel 14,0°; max. 15,1° um 10^h a. m. und 2^h p. m., min. 12,9° um 2^h a. m.
Spannkr. d. Dünste: Mittel 7,8 mm; max. 10,3 mm um 2^h a. m. min. 6,8 mm von 10^h a. m. bis 2^h p. m.
Wolken: Gattung u. Betrag. Vormittags um 2^h a. m. cu ni 10, dann cu 4—6, Nachmittags Himmel klar, cu 4 um 10^h p. m.
Richtung. Aus S.
Niederschl.: B um 2^h a. m. schwach.
Zustand d. See: Temperatur. Mittel 12,4°; max. 12,8°, min. 12,1°.
Spezif. Gewicht. Mittel 1,02652; max. 1,0267, min. 1,0264.
Allg. Bemerk.: Anfangs wie am Tage vorher. Bis 2^h a. m. Wind still, dann N152°E zunehmend und von 6^h an aufklarend, nur dicke cu um den Tafelberg. — Wasser hellgrün.
9^h a. m. Ozongehalt nach 24^h = 11 sehr gleichmässig.
9^h a. m. Regenmesser nach 24^h = 6,8 mm.
Nachmittags Horizont mit cu besetzt. Himmel klar. Böen. Abends der Tafelberg mit Wolken besetzt. Harte Böen.

1874, den 29. September.

Position: Rhede von Kapstadt.
Schiffsbew.: Kurs. Fahrt. } Vor Anker.
Wind: Richtung. Mittel N268°E; Vormittags um 2^h a. m. still, dann von N265°E nach N310°E, Nachmittags um 2^h p. m. N242°E, dann still.
Stärke. Mittel 0,4; max. 1—2 um 6^h a. m. als WNW.
Barom.: Mittel 770,49 mm; 2 max. 771,90 mm um 10^h a. m., 769,85 mm um 10^h p. m.; 2 min. 771,50 mm um 2^h a. m. und 768,90 mm um 6^h p. m.
Temp. d. Luft: Mittel 15,3°; max. 18,8° um 2^h p. m., min. 12,4° um 2^h a. m.
Spannkr. d. Dünste: Mittel 9,1 mm; max. 10,3 mm um 6^h p. m., min. 8,2 um 2^h a. m.
Wolken: Gattung u. Betrag. Abwechselnd cu und cu str. 2—3, und klar.
Richtung. Aus W.
Niederschl. —
Zustand d. See: Temp. Mittel 12,6°; max. 13,3°, min. 12,1°.
Spezif. Gewicht. Mittel 1,02656; max. 1,0269, min. 1,0264.
Allg. Bemerk.: Wolken vor dem Tafelberg verzogen sich gegen 2^h a. m., dann klar, der Horizont zuweilen mit cu besetzt. See glatt, hellgrün.
9^h a. m. Ozongehalt = 8.

1874, den 30. September.

Position: Rhede von Kapstadt.
Schiffsbew.: Kurs. Fahrt. } Vor Anker.
Wind: Richtung. Mittel N142°E; Vormittags N265°E, dann N310°E, Nachmittags N107°E.
Stärke. Mittel 0,1; max. 1—2 um 2^h p. m., sonst 0,5.
Barom.: Mittel 767,02 mm; nur 3 Beobachtungen gemacht, 2^h a. m., 6^h a. m. und 10^h p. m.; Nachmittags Barometer an Land zum Vergleiche.
Temp. d. Luft: Mittel 15,2°; max. 18,4° um 2^h p. m., min. 11,5°.
Spannkr. d. Dünste: Mittel 10,3 mm; max. 11,8 mm um 2^h p. m., min. 8,6 mm um 6^h a. m.
Wolken: Gattung u. Betrag. Sonst klar, nur gegen und nach Mittag cu 1—2.
Richtung. Mit dem Winde.
Niederschl. —
Zustand d. See: Temp. Mittel 13,7°; max. 15,7°, min. 12,4°.
Spezif. Gewicht. Mittel 1,02673; max. 1,0270, min. 1,0265.
Allg. Bemerk.: Wetter wie am 29.
9^h a. m. Ozongehalt nach 24^h = 10.

1874, den 1. Oktober.

Position: Rhede von Kapstadt.
Schiffsbew.: Kurs. Fahrt. } Vor Anker.
Wind: Richtung. Mittel N305°E; Vormittags bis gegen 10^h still; dann beständig N287°E, nur einmal eine Zeit lang N73°E um 6^h p. m.
Stärke. Mittel 0,3; max. 1.
Barom.: Mittel 764,08 mm; fällt beständig vom max. 766,40 mm um 2^h a. m. bis zum min. 761,80 mm um 10^h p. m.
Temp. d. Luft: Mittel 16,1°; max. 19,6° um 2^h p. m., min. 13,2° um 2^h a. m.
Spannkr. d. Dünste: Mittel 10,6 mm; max. 12,1 mm um 2^h p. m., min. 8,8 mm um 6^h a. m.
Wolken: Gattung u. Betrag. Himmel ganz klar.
Richtung. —
Niederschl.: D um 10^h p. m.
Zustand d. See: Temp. Mittel 13,2°; max. 14,7° um 2^h p. m., min. 12,5° um 2^h a. m.
Spezif. Gewicht. Mittel 1,02670; max. 1,0269, min. 1,0265.
Allg. Bemerk.: Wetter sehr schön und klar. See glatt, hellgrün, Wind sehr schwach, oft ganz still, meist N287°E.
Ozongehalt nach 24^h = 10.

1874, den 2. Oktober.

Position: Rhede von Kapstadt.
Schiffsbew.: Kurs. —
Fahrt. —
Wind: Richtung. Mittel N281°W; Vormittags N287°E, Nachmittags still oder N265°E.
Stärke. Mittel 0,3; max. 1 um 2^h a. m.
Barom.: Mittel 760,95 mm; 2 max. 761,80 mm um 10^h a. m., 762,35 mm um 10^h p. m., 2 min. 760,05 mm um 6^h a. m., 760,45 mm um 2^h p. m.
Temp. d. Luft: Mittel 16,2°; max. 19,2° um 2^h p. m., min. 14,2° um 2^h a. m.
Spannkr. d. Dünste: Mittel 11,3 mm; max. 11,7 mm um 10^h a. m., min. 10,6 mm um 2^h a. m.

Wolken: Gattung u. Betrag. Vormittags um 2^h klar, dann cu str. bis 2; Nachmittags ni und cu str. 4, später cu 8—9 um 10^h p. m.
Richtung. Mit dem Winde.
Niederschl.: D früh und auch spät Abends sehr stark.
Zustand d. See: Temp. Mittel 13,6°; max. 14,2° um 10^h a. m., min. 13,0° um 2^h a. m.
Spezif. Gewicht. Mittel 1,02687; max. 1,0269, min. 1,0267.
Allg. Bemerk.: Bei ganz leichtem N287°E-Winde anfangs klar, nachher cu am Horizont. Um 4^h a. m. ganz kurze Zeit Wind aus N62°E 1—2.
Ozongehalt = 10.
Gegen Mittag mehr bezogen, zur Nacht ganz bezogen. See ruhig. Starker Thau während der Nacht.

1874, den 3. Oktober.

Position: Rhede von Kapstadt. Um 10^h p. m. Green Point Feuer N175°E $3^3/_4{}^m$ ab.
Schiffsbew.: Kurs. N265°E um 10^h p. m.
Fahrt. 4,4.
Wind: Richtung. Mittel N309°E; Vormittags um 2^h still, dann über N287°E nach N343°E, Nachmittags N310°E, zuletzt N276°E.
Stärke. Mittel 0,5; max. 1 um 6^h p. m.
Barom.: Mittel 763,00 mm; steigt beständig vom min. 761,60 mm um 2^h a. m. bis zum max. 764,30 mm um 10^h p. m.
Temp. d. Luft: Mittel 15,1°; max. 17,3° um 2^h p. m., min. 14,1° um 2^h a. m.
Spannkr. d. Dünste: Mittel 10,6 mm; max. 11,0 mm um 6^h a. m., min. 9,9 mm um 6^h p. m.
Wolken: Gattung u. Betrag. Vormittags cu ni 10, Nachmittags cu ni, anfangs 9—10, 6, bis 3.
Richtung. Mit dem Winde.
Niederschl.: D früh bis 6^h a. m. und spät um 10^h p. m.
Zustand d. See: Temp. Mittel 12,9°; max. 13,4° um 10^h a. m., min. 12,2° um 6^h p. m.
Spezif. Gewicht. Mittel 1,02668; max. 1,0268, min. 1,0265.
Allg. Bemerk.: Ganz bezogen.
Ozongehalt nach 24^h = 11, sehr gleichmässig.
Nachmittags aufklarend. Horizont besetzt. Dünung aus NW. Starkes Meerleuchten.

1874, den 4. Oktober.

Position: 33° 58,1'—34° 34,8' S-Br., 18° 2,2'—17° 3,6' O-Lg.
Schiffsbew.: Kurs. Vormittags um 2^h N175°E, dann unter Dampf gelothet; Nachmittags N231°E, zuletzt N206°E um 10^h p. m.
Fahrt. Um 2^h a. m. 5,0; Nachmittags 4—5.
Wind: Richtung. Mittel N170°E; um 2^h a. m. N296°E, von 6^h a. m. an beständig N173°E, nur um 10^h p. m. N161°E bis N150°E.
Stärke. Mittel 4,9; um 2^h a. m. 1, von 6^h a. m. an beständig von 5—6—7 zunehmend.
Barom.: Mittel 764,95 mm; 2 max. 765,45 mm um 10^h a. m., 765,30 mm um 6^h p. m., 2 min. 764,21 mm um 2^h a. m., 765,05 mm um 2^h p. m.; fällt ein wenig noch nach dem 2. max.
Temp. d. Luft: Mittel 13,4°; max. 14,7° um 2^h a. m., min. 9,7° um 10^h p. m.
Spannkr. d. Dünste: Mittel 9,6 mm; max. 10,5 mm um 6^h a. m., min. 7,7 mm um 10^h p. m.
Wolken: Gattung u. Betrag. Vormittags cu ni zunehmend von 8—10, Nachmittags cu ni 10.
Richtung. Mit dem Winde.
Niederschl.: Um 6^h a. m Nebel, nacher schwacher B; von 6^h p. m. ab zuweilen ganz schwacher B, nicht messbar.
Zustand d. See: Temp. Mittel 14,5°; max. 14,7° um 10^h p. m., min. 14,1° um 6^h a. m.
Spezif. Gewicht. Mittel 1,02697; max. 1,0270, min. 1,0269.
Allg. Bemerk.: Bis 1^h a. m. etwa bis zu 6 bezogen, dann bezog sich der Himmel immer mehr mit str. ni, es wurde diesig. Um 3^h a. m. wurde der Wind N240°E und N195°E auffrischend. Es wurde dick mit leichtem Regen.
Ozongehalt nach 24^h = 10.
Regenmesser zeigt 0,2 mm. Seegang aus S. Farbe dunkelblau.
Nachmittags oben cu ni ohne bemerkbare Bewegung, unten niedere schnell ziehende cu ni aus der Windrichtung, zuweilen auf kurze Zeit der Himmel durchbrochen. Abendwind zunehmend, zu 9^h aufklarend bis zu 2—4. Obere Wolken zogen aus SSE. Starke Böen. Gegen 11^h Wind N139°E. Meerleuchten in kleinen Punkten und handgrossen Scheiben.

1874, den 5. Oktober.

Position: 34° 46,6'—35° 36' S-Br., 16° 46,1'—15° 45,0' O-Lg.
Schiffsbew.: Kurs. Vormittags N206°E, Nachmittags N184°E bis N91°E.
Fahrt. Vormittags 3—6; Nachmittags anfangs 5,5, dann 2,9.
Wind: Richtung. Mittel N161°E. Vormittags N139°E und N150°E, Nachmittags anfangs N139°E, dann N116°E, zuletzt N156°E.
Stärke. Mittel 5,6; Vormittags stark 8, dann 6,7, Nachmittags abflauend bis zu 2 um 10^h p. m.
Barom: Mittel 768,12 mm; steigt vom min. 765,10 mm um 2^h a. m. bis zu 768,95 mm um 10^h a. m., fällt dann wieder bis 768,60 mm um 6^h p. m., und steht im max. auf 769,85 mm um 10^h p. m.
Temp. d. Luft: Mittel 14,0°; max. 14,6° um 2^h p. m., min. 13,3° um 6^h a. m.
Spannkr. d. Dünste: Mittel 8,9 mm; max. 9,8 mm um 6^h a. m., min. 8,1 mm um 2^h p. m.
Wolken: Gattung u. Betrag. Vormittags cu ni 10—9, Nachmittags klar, cu ni 3, um 10^h p. m. 6.
Richtung. Mit dem Winde.
Niederschl.: Zuweilen sehr schwacher B.
Zustand d. See: Temp. Mittel 14,4°; max. 14,7° um 2^h p. m., min. 13,9° um 6^h a. m.
Spezif. Gewicht. Mittel 1,02699; max. 1,0271, min. 1,0269.
Allg. Bemerk.: Wieder bezogen, zuweilen durchbrochen. Böen mit schwachem Regen. Wetterleuchten. Hohe See aus S. Wasser hellblau. cu ni aus der Windrichtung ziehend. Nach 10^h aufklarend bis zu 4, sehr hoch; einzelne cu niedriger aus NW ziehend.
12^h Flasche mit Bestock mit Sand gefüllt über Bord.
Nachmittags cu ni 3 aus der Windrichtung. Horizont besetzt. Gegen 10^h p. m. bezog sich der Himmel mehr und mehr aus der Windrichtung mit cu ni.
Hohe Dünung aus der Windrichtung.

1874, den 6. Oktober.

Position: 35° 33,3'—35° 57,0' S-Br., 16° 1,4'—16° 26,2' O-Lg.
Schiffsbew.: Kurs. Vormittags N85°E, dann N40°E um 10^h a. m., Nachmittags N175°E, endlich N163°E um 10^h p. m.
Fahrt. Vormittags 3,7 bis 3,0, Nachmittags 1,3, später 4—5.
Wind: Richtung. Mittel N192°E; Vormittags N152°E, dann N107°E. Nachmittags N96°E bis N85°E.
Stärke. Mittel 2,2; Vormittags 3, bisweilen 1—2, Nachmittags 1, später 3—4.
Barom.: Mittel 769,19 mm; steigt ein wenig bis zum max. 769,70 mm um 6^h a. m. und fällt dann ununterbrochen bis zum min. 768,65 mm um 10^h a. m.
Temp. d. Luft: Mittel 14,8°; max. 15,8° um 2^h p. m., min. 14,3° um 6^h a. m.
Spannkr. d. Dünste: Mittel 7,7 mm; max. 8,1 mm um 6^h a. m., min. 7,3 mm um 2^h p. m.
Wolken: Gattung u. Betrag. Vormittags klar um 2^h a. m., cu str. bis 2, um 10^h a. m. cu ni 9, Nachmittags geringe Bewölkung str., ci str., cu 1—2.
Richtung. Aus der Windrichtung, sehr hohe cu aus NW.
Zustand d. See: Temp. Mittel 14,6°; max. 15,0° um 2^h p. m., min. 14,3° um 6^h a. m.
Spezif. Gewicht. Mittel 1,02703; max. 1,0271 um 6^h p. m., min. 1,0270.
Allg. Bemerk.: Horizont besetzt, sonst klar. See abnehmend. Dünung aus SE und NW. Später hoch ziehende cu aus der Windrichtung mehr und mehr beziehend bis zu 7—9. Wasser hellblau, scheinbar dunkler werdend.
Ozongehalt nach 24^h = 8, dunkle Stellen = 10.

12h Besteckflasche mit Sand über Bord.

Nachmittags Himmel klar, NW-Horizont besetzt mit cu str. Von Zeit zu Zeit wenige cu aus der Windrichtung. Sehr hohe cu aus NW. Geringe See. Dünung aus SE. Um 9h 40' fiel eine grosse klare Feuerkugel von α bis η navis.

1874, den 7. Oktober.

Position: 36° 19' — 38° 15,9' S-Br., 16° 41,0' — 19° 6,5' O-Lg.
Schiffsbew.: Kurs. Vormittags N156°E bis N141°E, Nachmittags N130°E, dann N113°E.
Fahrt. Vormittags 6,5—8, Nachmittags 9,8—9.
Wind: Richtung. Mittel N57°E; Vormittags N83°E, dann N71°E, Nachmittags N66°E, dann N38°E.
Stärke. Mittel 4,8; Morgens 3—4—5, Nachmittags 6—5.
Barom.: Mittel 764,60 mm; fällt vom max. 766,60 mm um 2h a. m. bis 763,25 mm um 2h p. m., erreicht dann fast das max. 766,45 mm um 6° p. m. und fällt dann wieder bis zum min. 760,10 mm.
Temp. d. Luft: Mittel 16,1°; max. 17,6° um 10h p. m., min. 14,8° um 6h a. m.
Spannkr. d. Dünste: Mittel 10,6 mm; max. 13,2 mm um 10h p. m., min 8,6 mm um 6h a. m.
Wolken: Gattung u. Betrag. Vormittags ni cu 3—4, dann cu ni 5, Nachmittags cu str. 4, dann cu ni 3.
Richtung. Vormittag aus SE, Nachmittags aus E.
Niederschl.: —
Zustand d. See: Temp. Mittel 9,5°; max. 12,3° um 6h a. m., min. 5,8° um 10h p. m.
Spezif. Gewicht. Mittel 1,02650; max. 1,0268, min. 1,0261.
Allg. Bemerk.: Meerleuchten. Himmel klar. Von Zeit zu Zeit cu ni aus der Windrichtung bis zu 3, die, wenn sie den oberen Himmel erreichten, nicht mehr gut zu sehen waren. Später sehr hoch ziehende str. von NW nach SE. Wenig See aus der Windrichtung. Starke SE-Dünung.
Ozongehalt nach 24h = 5.
12h Besteckflasche mit Sand über Bord.
Nachmittags oben cu str., darunter schnell ziehende cu aus der Windrichtung. Wasser anfangs hellblau, um 5h dunkelgrün. Aufkommende Dünung aus WSW. Abends Himmel klar, Horizont besetzt. Meerleuchten in kleinen Punkten.

1874, den 8. Oktober.

Position: 38° 36' — 39° 38,5' S-Br., 19° 48' — 22° 23,7' O-Lg.
Schiffsbew.: Kurs. Beständig N109°E.
Fahrt. Vormittags 9,0, um 10h a. m. 4,5, Nachmittags 4—5.
Wind: Richtung. Mittel N354°E; Vormittags von N39°E bis N331°E, Nachmittags N309°E nach N264°E, zurück nach N275°E.
Stärke. Mittel 2,1; beginnt 5—6, um 10h a. m. nur noch 2—3, um 6h p. m. kurze Zeit 1—2.
Barom.: Mittel 755,47 mm; fällt vom max. 757,50 mm um 2h a. m. bis zum min. 754,00 mm um 2h p. m., steigt dann wieder bis 755,30 mm um 10h p. m.
Temp. d. Luft: Mittel 18,4°; max. 19,6° um 2h p. m., min. 17,4° um 10h p. m.
Spannkr. d. Dünste: Mittel 12,8 mm; max. 14,4 mm um 10h a. m., min. 11,0 mm um 10h p. m.
Wolken: Gattung u. Betrag. Um 2h a. m. klar, dann um 6h a. m. feine cu str. 9, cu ni 8 bis Mittag, Nachmittags anfangs klar cu ni 2, um 6h p. m. jedoch cu ni 7 und um 10h p. m. cu ni 10.
Richtung. Mit dem Winde, ausgenommen einige cu ni.
Niederschl.: Wenig B um 6h p. m.
Zustand d. See: Temp. Mittel 5,5°; max. 6,2° um 2h a. m., min. 5,0° um 10h p. m.
Spezif. Gewicht. Mittel 1,02597; max. 1,0261, min. 1,0259.
Allg. Bemerk.: Mittelwache klar, selten sehr hohe feine cu str. aus der Windrichtung, womit auf der Morgenwache der Himmel ganz dünn bezogen war, ohne erkennbare Richtung. Wind dann abflauend und zwischen N331°E und N16°E schwankend. cu ni hoch aus NNE, darunter cu ni aus SW Horizont besetzt und diesig. Dünung unregelmässig aus SE und NE hoch, aber abnehmend. Wasserfarbe dunkelblau, aber entfärbt.
Ozongehalt = 8.
12h Flasche mit Besteck über Bord.
Bis $5^1/_2$h p. m. Himmel klar und nur der Horizont besetzt, selten leichte cu aus der Windrichtung, dann Himmel von W aus nach und nach ganz bezogen. Die E-Dünung abnehmend, aufkommende See und Dünung aus der Windrichtung. Gegen $4^1/_2$h Wasserfarbe grün. Meerleuchten in kleinen Punkten.

1874, den 9. Oktober.

Position: 39° 50,7' — 40° 52,2' S-Br., 23° 1,4' — 26° 57,5' O-Lg.
Schiffsbew.: Kurs. N111°E.
Fahrt. Anfangs 6,4 und um 10h a. m. 7, sonst 9 bis 9,8.
Wind: Richtung. Mittel N276°E; gewöhnlich N285°E, nur um 6h a. m. N263°E.
Stärke. Mittel 4,9; meist 4—5, Nachmittags zuweilen 5—6 und 6—7 um 10h p. m.
Barom.: Mittel 758,45 mm; max. 760,80 mm um 2h a. m. und auch um 10h p. m., min. 756,45 mm um 2h p. m.
Temp. d. Luft: Mittel 14,0°; max. 15,4° um 2h a. m., min. 12,6° um 10h p. m.
Spannkr. d. Dünste: Mittel 8,3 mm; max. 9,4 mm um 2h a. m., min. 7,5 mm um 10h p. m.
Wolken: Gattung u. Betrag. Vormittag cu ni 8—9. Nachmittags um 6h aufklarend cu ni 6, später nur 3.
Richtung. Mit dem Winde.
Niederschl.: Morgens früh leichte B-Böen, 7h a. m. etwas feiner B, Nachmittags um 2h leichte B-Böen, die sich später wiederholten.
Zustand d. See: Temp. Mittel 5,2°; max. 5,8° um 10h a. m., min. 4,1° um 10h p. m.
Spezif. Gewicht. Mittel 1,02592; max. 1,0260, min. 1,0258.
Allg. Bemerk.: Früh cu ni aus der Windrichtung, kleine Regenbögen; beim Hellwerden Wasser hellgrün.
9h Regenmesser nach 24h = 0,8 mm.
Ozongehalt nach 24h = 10, nicht sehr gleichmässig.
12h Besteckflasche über Bord.
Wasser dunkelblau. Himmel ganz bedeckt mit ni aus der Windrichtung, zuweilen bis 8 aufklarend, um 3h bis 5 aufklarend, im Zenith sehr hohe, nach W ziehende cu, später 5h luward aufklarend, bis es Abends ganz klar; zuweilen ci cu aus der Windrichtung.
Hohe WNW-liche Dünung.
Meerleuchten in Scheiben bis zur Tellergrösse und in Punkten.

1874, den 10. Oktober.

Position: 41° 1,4' — 41° 41,2' S-Br., 27° 47,3' — 31° 11,4' O-Lg.
Schiffsbew.: Kurs. N111°E.
Fahrt. Vormittags anfangs 9,7, um 10h a. m. nur 5,5, Nachmittags etwas schneller 6,7—7,6.
Wind: Richtung. Mittel N293°E; Vormittags N285°E, Nachmittags um 2h N308°E, dann N285°E und zuletzt übergehend nach N330°E.
Stärke. Mittel 4,2; bis gegen 10h a. m. 6—7, dann abflauend 3—4.
Barom.: Mittel 763,80 mm; fast immer steigend vom min. 761,0 mm um 2h a. m. bis zum max. 764,85 mm um 10h p. m.
Temp. d. Luft: Mittel 12,6°; max. 13,2° um 10h p. m., min. 12,0° um 6h a. m.
Spannkr. d. Dünste: Mittel 8,7 mm; max. 10,0 mm um 10h p. m., min. 7,6 mm um 2h a. m.
Wolken: Gattung u. Betrag. Vormittags cu ci 1—3, jedoch um 10h a. m. klar, Nachmittags anfangs klar, von 6h an cu str. 2, dann cu ni 7—8 um 10h p. m.
Richtung. Aus W, um 10h p. m. aus NW.
Niederschl.: D um 10h p. m.
Zustand d. See: Temp. Mittel 4,9°; max. 5,1° um 10h a. m., min. 4,1° um 10h p. m.
Spezif. Gewicht. Mittel 1,02595; max. 1,0261, min. 1,0259.
Allg. Bemerk.: Früh schönes klares Wetter, selten ci cu aus der Windrichtung.
Wasserfarbe hellgrün. NW-Dünung.
Ozongehalt nach 24h = durchschnittlich 5, dunkle Stellen 8.

Regenmesser nach 24h = 0,08 mm.
12h Besteckflasche über Bord.
Nachmittags Wetter klar, Horizont sehr diesig. Obere Wolkenschicht ci str. sehr hoch aus E ziehend, untere aus WzN. Luft feucht. Abends cu ni aus W ziehend, nach und nach bis zu 10. Wasserfarbe dunkelblau. Geringes Meerleuchten.
See ruhig, Dünung abnehmend.

1874, den 11. Oktober.

Position: 41° 51,0′ — 42° 19,8′ S-Br., 31° 54,4′ — 34° 17,9′ O-Lg.
Schiffsbew.: Kurs. Beständig N111°E, nur sehr spät um 10h p. m. um 1 Strich weiter nach E.
Fahrt. Vormittags abnehmend von 9 bis 7,2, Nachmittags noch langsamer von 5 bis 3,5, um 10h p. m. wieder 6,5.
Wind: Richtung. Mittel N318°E; Morgens N341°E, dann N330°E, Nachmittags veränderlich N308°E, N240°E und N173°E.
Stärke. Mittel 1,5; Vormittags 4, dann 2 und wieder 3—4, Nachmittags flauer 1—3.
Barom.: Mittel 764,62 mm; Vormittags beständig fallend, Nachmittags steigend, max. 766,20 mm um 10h p. m., min. 764,10 mm um 10h a. m.
Temp. d. Luft: Mittel 11,9°; max. 13,0° um 2h a. m., min. 9,0° um 10 p. m.
Spannkr. d. Dünste: Mittel 8,9 mm; max. 9,60 mm um 2h p. m. und 2h a. m., min. 8,1 mm um 10h p. m.
Wolken: Gattung u. Betrag. Vormittags bezogen cu ni 9—10, um 10h a. m. aufklarend cu str. 3, Nachmittags bezogen ni 10, cu ci 9—10 um 6h p. m.
Richtung. Veränderlich Morgens aus NE, um 10h aus W. Nachmittags mit dem Winde.
Niederschl.: D um 2h a. m., Abends starker Nebel, sehr feucht.
Zustand d. See: Temp. Mittel 3,8°; max. 4,0° um 10h a. m., min. 3,5° um 10h p. m.
Spezif. Gewicht. Mittel 1,02570; max. 1,0259, min. 1,0254.
Allg. Bemerk.: Früh Himmel ganz bezogen, jedoch so dünn, dass die Sterne zu sehen waren, oft ganz durchbrochen, einzelne cu aus der Windrichtung. Gegen 4h im SW eine dunkle Bank, die aber als cu ci über den Himmel zog. Aufklarend einzelne cu str. aus W.
See ruhig. Dünung SW.
Ozongehalt nach 24h = durchnittlich 8, dunklere Stellen 11.
12h Besteckflasche über Bord.
Himmel bezog sich seit 12h 30′ mehr und mehr aus der Windrichtung, anfangs mit leichten dünnen cu ci, später dichter mit ni. Abends starker Nebel und sehr feuchte Luft. Wasser bis 2h blaugrün, dann ausgesprochen blau. Dünung verlaufend.

1874, den 12. Oktober.

Position: 42° 7,1′—43° 30,7′ S-Br., 34° 40,0′—36° 18,5′ O-Lg.
Schiffsbew.: Kurs. Vormittags N60°E, zurück nach N38°E, dann N150°E; Nachmittags N150°E.
Fahrt. Vormittags schneller werdend von 4,2 bis 10,0; Nachmittags langsamer von 8,5—4,5.
Wind: Richtung. Mittel N82°E; anfangs N105°E, dann N83°E, zuletzt N71°E.
Stärke. Mittel 5,9; immer stärker von 3 bis 9.
Barom.: Mittel 762,88 mm; max. 766,15 mm um 10h a. m., min. 757,75 mm um 10h p. m.
Temp. d. Luft: Mittel 9,0°; max. 10,4° um 2h a. m., min. 6,0° um 10h p. m.
Spannkr. d. Dünste: Mittel 7,5 mm; max. 8,8 mm um 2h a. m., min. 5,4 mm um 2h p. m.
Wolken: Gattung u. Betrag. Meist ni 10, nur 6h p. m. cu str. 7.
Richtung. Vormittags aus SE, Nachmittags aus E.
Niederschl.: A und D, sehr feucht am Morgen; Abends B.
Zustand d. See: Temp. Mittel 3,2°; max. 3,5° um 2h p. m., min. 2,5° um 10h p. m.
Spezif. Gewicht. Mittel 1,02582; max. 1,0259, min. 1,0257.
Allg. Bemerk.: Früh Himmel ganz mit ni bezogen, darunter zuweilen cu str. aus der Windrichtung, im Ganzen wenig Bewegung der Wolken zu bemerken. See aufkommend aus SE. Dünung verlaufend. Wasserfarbe blau.
Ozongehalt nach 24h = 11—12, sehr gleichmässig.
12h Besteckflasche über Bord.
Nachmittags Himmel meist ganz bezogen, darunter cu str. aus der Windrichtung. Wind mehr und mehr auffrischend, starke Böen. Abends Regen. See und Dünung aufkommend aus E.

1874, den 13. Oktober.

Position: 43° 46,9′—44° 2,5′ S-Br., 36° 19,5′—37° 1,1′ O-Lg.
Schiffsbew.: Kurs. Vormittags veränderlich N140°E, dann N173°E, um 10h N95°E, Nachmittags beständig wie um 10h a. m.
Fahrt. 2—3; nur um 2h p. m. 4.
Wind: Richtung. N62°E, Vormittags N69°E und N58°E, jedoch um 10h a. m. N328°E, und von 6h p. m. an N283°E.
Stärke. Mittel 2,7; früh stark 10—8, von 10h k.m. ab 1—2.
Barom.: Mittel 751,44 mm; fiel in der Nacht fast um 6 mm; max. 752,90 mm um 2h a. m., min. 750,25 mm um 10h a. m.
Temp. d. Luft: Mittel 7,5°; max. 8,6° um 10h a. m., min. 6,6° um 2h a. m. und um 10h p. m.
Spannkr. d. Dünste: Mittel 7,4 mm; max. 7,9 mm um 10h a. m., min. 6,7 mm um 10h p. m.
Wolken: Gattung u. Betrag. cu ni oder allein ni 10 und 9—10.
Richtung. Mit dem Winde ziehend.
Niederschl.: B früh bis 4h 30′ a. m.; B um 6h p. m.; D um 10h p. m.
Zustand d. See: Temp. Mittel 3,0°; max. 3,3° um 2h p. m. min. 2,6° um 6h a. m.
Spezif. Gewicht. Mittel 1,02585; max. 1,0260, min. 1,0258
Allg. Bemerk.: Früh wie am Nachmittag vorher. Regen bis 4h 30′. Von 7h an Wind abflauend und nach N328°E gehend. Wasser tiefblau. Hohe See aus E.
Ozonpapier fortgeflogen, ebenso Regenmesser in der Nacht unbrauchbar geworden.
12h Besteckflasche über Bord.
Nachmittags Himmel grau bezogen, am Horizont dichter als oben. — Regen. — Gegen 10h p. m. oben aufklarend. Wolken aus NW ziehend. Oestliche Dünung langsam verlaufend. Wasserfarbe blau.

1874, den 14. Oktober.

Position: 44° 1,0′—44° 8,8′ S-Br., 37° 12,1′—39° 43,1′ O-Lg.
Schiffsbew.: Kurs N100°E.
Fahrt. Vormittags rascher werdend von 4,0 bis 7,0, Nachmittags wieder abnehmend von 6,6 bis 4,0.
Wind: Richtung. Mittel N234°E; Vormittags N227°E, um 6h p. m. mehr nördlich N261°E und um 10h p. m. N283°E.
Stärke. Mittel 2,1; auffrischend von 1 bis 3—4 um 10h p. m., Nachmittags abflauend von 3—4 bis 1 um 10h p. m.
Barom.: Mittel 756,91 mm; steigt von 753,40 mm um 2h a. m. bis 759,50 mm um 10h p. m.
Temp. d. Luft: Mittel 5,4°; max. 6,1° um 10h a. m., min. 4,8° um 10h p. m.
Spannkr. d. Dünste: Mittel 6,5 mm; max. 6,9 mm um 10h a. m., min. 6,2 mm um 10h p. m.
Wolken: Gattung u. Betrag. ni um 2h a. m. 7, später 10.
Richtung. Mit dem Winde ziehend.
Niederschl.: D um 2h a. m.; von 5h 30′ a. m. ab fast fort während starker A, Abends feiner B.
Zustand d. See: Temp. Mittel 2,5°; max. 3,0° um 10h a. m., min. 2,0° um 10h p. m.
Spezif. Gewicht. Mittel 1,02577; max. 1,0258, min. 1,0257.
Allg. Bemerk.: Früh Himmel ganz bezogen, zuweilen so dünn, dass die Sterne durchschienen. Der Wind ging durch N238°E bis N193°E, blieb dann N227°E. Gegen 4h 30′ obere Himmel klar, gegen 5h aus W ganz bezogen, am SE-Himmel eine dunkle Bank. 5h 30′ plötzlicher starker Nebel. Von 10h 15′—10h 45′ hob er sich etwas, trat jedoch dann wieder ein. Dünung abnehmend. Wasserfarbe blau.

9h Ozongehalt nach 24h = 11—12, sehr gleichmässig. — Regenmesser nach 24h — 1,4 mm.
12h Besteckflasche über Bord.
Starker Nebel mit zeitweise schwachem Regen und zeitweise etwas aufklarend. Wasser blau.

1874, den 15. Oktober.

Position: 44° 9,6′—44° 50,7′ S-Br., 40° 3,6′—41° 10,9′ O-Lg.
Schiffsbew.: Kurs. Vormittags, wie vorher, N99°E, Nachmittags N195°E, zuletzt N150°E.
Fahrt. Vormittags zunehmend 2—4,5, Nachmittags von 2—3 bis 8,0.
Wind: Richtung. Mittel N106°E; Vormittags westlich, erst N285°E, dann N195°E, Nachmittags östlich, erst N128°E, dann N38°E.
Stärke. 1,3; Vormittags flau 1, Nachmittags auffrischend 2 bis 4 um 10h p. m.
Barom.: Mittel 757,61 mm; steigt Vormittags bei westlichen Winden und fällt Nachmittags mit östlichen Winden; max. 759,80 mm um 10h a. m., min. 754,60 mm um 10h p. m.
Temp. d. Luft: Mittel 5,2°; max. 6,1° um 10h a. m.; min. 4,4° um 10h p. m.
Spannkr. d. Dünste: Mittel 6,1 mm; max. 6,7 mm um 10h a. m., min. 5.4 mm um 10h p. m.
Wolken: Gattung u. Betrag. ni 10: von 6h a. m. bis gegen 6h p. m. cu ni 5; später wieder cu ni 10.
Richtung. Mit dem Winde.
Zustand d. See: Temp. Mittel 3,1°; max. 3,6° um 2h p. m., min. 2,1° um 2h a. m.
Spezif. Gewicht. Mittel 1,02590; max. 1,0260, min. 1,0258.
Niederschl.: Luft sehr feucht. Abends B.
Allg. Bemerk.: Vormittags früh noch ganz bezogen mit Nebel und feinem Regen; um 5h a. m. aufklarend, Nebel verschwindet. Horizont besetzt und cu ci aus SW. Von 9½—11h wieder etwas Nebel. See und Dünung nicht bemerkbar. Wasser hellblau.
Ozongehalt nach 24h = 11—12, sehr gleichmässig. Regenmesser nach 24h = 2 mm.
12h Besteckflasche über Bord.
Nachmittags cu ni aus der Windrichtung, gegen 4h der Himmel ganz bezogen. Abends Regen. Dünung aus SE und NW aufkommend. See aus SE.

1874, den 16. Oktober.

Position: 45° 12,3′—44° 56,0′ S-Br., 41° 30,1′—43° 3,8′ O-Lg.
Schiffsbew.: Kurs. Vormittags N147°E, dann N80°E und N68°E; Nachmittags N91°E und N102°E.
Fahrt. Vormittags von 6,5 bis 5,0 und 4,0 abnehmend, Nachmittags um 2h p. m. 8,0, später abnehmend bis 5,0.
Wind: Mittel N157°E; dreht sich von N80°E über N147°E nach N192°E, also entgegengesetzt wie am 13. bei dem starken Fallen des Barometers.
Stärke. Mittel 7,3; anfangs 6—7, immer zunehmend 8 bis 10 um 3h 30′, dann abnehmend bis 8.
Barom.: Mittel 743,65 mm; noch stärker fallend als am 13. Oktober, min. 737,10 mm um 3h 30′, max. 756,35 mm um 2h am.
Temp. d. Luft: Mittel 3,5°; max. 4,2° um 2h a. m., min. 3,0° um 6h a. m.
Spannkr. d. Dünste: Mittel 5,3 mm; max. 5,6 mm um 10h a. m., min. 4,7 mm um 10h p. m.
Wolken: Gattung u. Betrag. ni 10.
Niederschl.: B am Vormittage und am Nachmittage bis gegen 8h p. m., mit zeitweiliger Unterbrechung.
Zustand der See: Temp. Mittel 3,3°; max. 3,8° um 2h a. m., min. 2,8° um 10h p. m.
Spezif. Gewicht. Mittel 1,02582; max. 1,0260, min. 1,0257.
Allg. Bemerk.: Vormittags Himmel bezogen mit Regen. Kurze See aus SSE. 9h Regenmesser nach 24h = 4,7 mm.
Ozongehalt sehr gleichmässig = 11.
Nachmittags ganz bezogen, starker Regen bis gegen 8h, Dünung und See aus der Windrichtung.

1874, den 17. Oktober.

Position: 44° 55,5′ — 45° 14,4′ S-Br., 43° 18,9′ — 46° 33,6′ O-Lg.
Schiffsbew.: Kurs N105°E und N102°E.
Fahrt. Anfangs 4,5, um 6h a. m. schon 6, dann zwischen 7,3 und 6,5.
Wind: Richtung. Mittel N200°E; N192°E um 6h p. m. übergehend nach N215°E und um 10h p. m. schon N282°E.
Stärke. Mittel 6,4; um 2h a. m. 10, dann schwächer bis 7—8 um 10h a. m., am Nachmittag abflauend bis 3—4.
Barom.: Mittel 752.84 mm; max. 755,55 mm um 6h p. m., min. 749,79 mm um 2h p. m., nicht viel höher 750,30 mm um 2h a. m.
Temp. d. Luft: Mittel 3,2°; max. 3,6° um 2h p. m. und um 10h p. m., min. 2,7° um 6h a. m.
Spannkr. d. Dünste: Mittel 4.4 mm; max. 5,1 mm um 10h p. m., min. 4,0 mm um 6h p. m.
Wolken: Gattung u. Betrag. Vormittags bis 6h a. m. ni 10, dann cu 8, Nachmittags klarer cu und cu ni 6 — 5 um 10h p. m. wieder bezogen cu 9—10.
Richtung. Mit dem Winde.
Niederschl.: Um 10½h etwas B.
Zustand d. See: Temp. Mittel 3,2°; max. 3,5° um Mittag, min. 2,5° um 10h p. m.
Spezif. Gewicht. Mittel 1,02592; max. 1,0260, min. 1,0258.
Allg. Bemerk.: Ganz bezogen bis gegen 9h, dann aufklarend cu aus der Windrichtung. — Hohe Dünung und See aus SW. Wasser blau.
Regenmesser nach 24h = 34,6 mm. Es kann etwas Seewasser der Spritzer darunter sein, dem Geschmacke nach aber sehr wenig.
Ozonpapier fortgeflogen.
12h Besteck über Bord.
Nachmittags cu aus der Windrichtung. Abends ganz bezogen, gegen 10½h ganz wenig Regen.
Dünung schnell abnehmend.
Von 1h bis 5h Farbe dunkelgrün, nachher wieder blau. — Sehr schwaches Meerleuchten.

1874, den 18. Oktober.

Position: 45° 19,8′ — 46° 17,2′ S-Br., 47° 15,7′ — 50° 39,2′ O-Lg.
Schiffsbew.: Kurs. Vormittags N105°E, um 10h N150°E, Nachmittags N102°E, um 10h p. m. gelothet.
Fahrt. Sonst 8,5 bis 9,5, aber um 6h a. m. 11,0.
Wind: Richtung. Mittel N297°E; Vormittags von N327°E nach N305°E und zurück nach N316°E, Nachmittags weiter nach N237°E und dann wieder nach N282°E.
Stärke. Mittel 5,7; anfangs 5—6, von 10h a. m. stets 7—8.
Barom.: Mittel 749,20 mm, fällt am Vormittag um 6 mm, steigt wieder am Nachmittage um 2,3 mm; max. 752,65 mm um 2h a. m., min. 746,73 mm um 10h a. m.
Temp. d. Luft: Mittel 4,0°; max. 4,7° um 2h p. m., min. 3,7° um 10h p. m.
Spannkr. d. Dünste: Mittel 5,2 mm; max. 5,9 mm um 10h a. m., min. 4,9 mm um 10h p. m.
Wolken: Gattung u. Betrag. Vormittags cu ni 9—10, Nachmittags zuerst klar, um 6h cu ni 3—4, um 10h ni 9—10.
Richtung. Aus N und um 10h p. m. aus NW.
Niederschl.: Von 4h bis 10h 30′ a. m. leichter B.
Zustand d. See: Temp. Mittel 3,0°; max. 3,4° um 6h a. m., min. 2,7° um 10 p. m.
Spezif. Gewicht. Mittel 1,02598; max. 1,0261, min. 1,0259.
Allg. Bemerk.: Früh Himmel ganz bezogen, feuchte Luft. Von 4h bis 10h 30′ andauernder Regen.
Ozongehalt nach 24h = 10 sehr gleichmässig.
Wind ging gegen 10h von NNE bis nach WzN, langsam aufklarend. Wasser hellblau.
Nachmittags Himmel klar und schön, gegen 6h cu ni 3—4 am Horizont, Abends ganz bezogen.
Dünung und See aus NW.
Wasserfarbe wurde dunkelgrün.

1874, den 19. Oktober.

Position: 46° 16,8′ — 46° 15,0′ S-Br., 50° 36,2′ — 53° 21,2′ O-Lg.
Schiffsbew.: Kurs. Vormittags erst N215°E, dann N35°E und N57°E, Nachmittags N136°E, von 6h an N99°E.
Fahrt. Um 2h a. m. sehr mässig 1,5, dann von 6h a. m. ab zwischen 7,5 und 8,0.
Wind: Richtung. Mittel N292°E; Vormittags von N316°E übergehend über N305°E nach N282°E, Nachmittags beständig N282°E.
Stärke. Mittel 7,6; Vormittags 9 – 8, Nachmittags etwas flauer 7.
Barom.: Mittel 749,97 mm; 2 max. 750,55 mm um 10h a. m., 752,15 mm um 10h p. m., 2 min. 747,70 mm um 2h a. m., 749,85 mm um 2h p. m.
Temp. d. Luft: Mittel 3,7°; max. 4,8° um 2h p. m., min. 2,7° um 10h p. m.
Spannkr. d. Dünste: Mittel 5,0 mm; max. 5,5 mm um 10h a. m., min. 4,5 mm um 10h p. m.
Wolken: Gattung u. Betrag. Vormittags um 2h ni 9—10, dann aufklarend cu 6—3 aus der Windrichtung. Nachmittags ganz bezogen mit ni 10, Abends aufklarend cu 3.
Richtung. Mit dem Winde.
Niederschl.: Um 2h p. m. A, gegen 6h p. m. Regen und Hagel, später Schnee, auch später noch Regenböen.
Zustand d. See: Temp. Mittel 2,5°; max. 3,0° um 10h a. m., min. 2,0° um 10h p. m.
Spezif. Gewicht. Mittel 1,02593; max. 1,0260, min. 1,0259.
Allg. Bemerk.: Ganz bezogen bis 2h a. m., dann aufklarend, cu aus der Windrichtung 3—6.
See und Dünung aus NW. Wasserfarbe schwarzgrün.
Ozongehalt = 8. Regenmesser = 3,4 mm.
Nachmittags Himmel ganz bezogen und Nebel, später Schnee-, Hagel- und Regenböen.
Hoher Seegang aus NW, nach Augenschätzung 6 m hoch.
Meerleuchten sehr schwach.

1874, den 20. Oktober.

Position: 46° 18,4′ — 46° 51,7′ S-Br., 54° 7,4′ — 59° 3,0′ O-Lg.
Schiffsbew.: Kurs. Vormittags N99°E, Nachmittags N105°E.
Fahrt. 9—10,8.
Wind: Richtung. Mittel N260°E; Vormittags N271°E, dann N260°E, Nachmittag anfangs noch N260°E, dann N249°E.
Stärke. Mittel 7,4; zwischen 7 und 8.
Barom.: Mittel 755,21 mm; steigt langsam, Abends rascher mit kurzer Unterbrechung max. 758,22 mm, min. 754,00 mm.
Temp. d. Luft: Mittel 3,2°; max. 3,8° um 10h p. m., min 2,6° um 2h a. m.
Spannkr. d. Dünste: Mittel 4,2 mm; max. 4,7 mm um 2h a. m., min. 3,9 mm um 2h p. m.
Wolken: Gattung u. Betrag. Vormittags oben klar, Horizont besetzt mit cu ni aus der Windrichtung 3—7, Nachmittags cu ni 4—5, Abends Himmel ganz bezogen cu ni 10.
Richtung. Mit dem Winde ziehend.
Niederschl.: Vor- und Nachmittags kurze Hagel- und Schneeböen.
Zustand d. See: Temp. Mittel 3,1; max. 3,6° um 6h p. m., min. 2,1° um 2h a. m.
Spezif. Gewicht. Mittel 1,02602; max. 1.0261, min. 1,0260.
Allg. Bemerk.: cu ni aus der Windrichtung 3—7 mit kurzen Hagel- und Schneeböen. Vormittags oben klar, Horizont besetzt.
9h Ozongehalt nach 24h = 10 sehr regelmässig.
Regenmesser = 2 mm. Seegang aus NW 7,6—8,2 m hoch. Farbe dunkelgrün.
12h Besteckflasche über Bord.
Nachmittags Wolken cu ni in der Windrichtung mit einigen sehr schralen Hagel- und Schneeböen. Abends ganz bezogen.
Hohe See und Dünung aus NW. Meerleuchten = 0.

1874, den 21. Oktober.

Position: 47° 0,0′—47° 32,1′ S-Br., 59° 57,7′—64° 10,0′ O-Lg.
Schiffsbew.: Kurs. N106°E.
Fahrt. Vormittags 8, dann 6, Nachmittags 10,4, dann 9,0.
Wind: Richtung. Mittel N294°E; Vormittags von N238°E über N261°E nach N306°E, Nachmittags von N351°E nach N294°E und zuletzt nach N306°E übergehend.
Stärke. Mittel 4,6; Vormittags abflauend von 6 bis 4, Nachmittags auffrischend bis 7—8 um 6h, später um 10h p. m. nur 6.
Barom.: Mittel 756,98 mm; Vormittags ein wenig steigend, Nachmittags stark fallend; max. 760,40 mm um 10h a. m., min 752,30 mm um 10h p. m.
Temp. d. Luft: Mittel 4,6°; max. 6,1° um 10h p. m., min. 3,3° um 2h a. m.
Spannkr. d. Dünste: Mittel 5,2 mm; max. 6,8 mm um 10h p. m., min. 3,8 mm um 6h a. m.
Wolken: Gattung u. Betrag. Um 2h a. m. cu ni 8, später cu ni 10, dann ni 10.
Richtung. Mit dem Winde ziehend.
Niederschl.: Nachmittags B und etwas Hagel und A.
Zustand d. See: Temp. Mittel 3,4°; max. 3,8° um 2h a. m., min. 2,8° um 10h p. m.
Spezif. Gewicht. Mittel 1,02590; max. 1,0261. min. 1,0258.
Allg. Bemerk.: Himmel bezogen. See und Dünung NW. Wasser dunkelgrün, hatte das schwärzliche Ansehen verloren.
Ozongehalt = 9 — 10. Regenmesser = 1 mm.
12h Besteckflasche über Bord.
Böig. Dünung aus der Windrichtung. See abnehmend. Himmel ganz bezogen. Regen, etwas Hagel. Nebel.

1874, den 22. Oktober.

Position: 47° 39,0′—48° 2,0′ S-Br., 64° 58,4′—68° 13,4′ O-Lg.
Schiffsbew.: Kurs. Vormittags N104°E, Nachmittags um 6h p. m. N56°E, später N34°E.
Fahrt. Vormittags 8, Nachmittags 11,8, um 6h p. m. nur 1,5, später 2,0.
Wind: Richtung. Mittel N333°E; Vormittags N304°E, dann N349°E, Nachmittags von N11°E zurück nach N349°E, Abends N315°E.
Stärke. Mittel 6,5; Vormittags 6, Nachmittags auffrischend bis 8—9.
Barom.: Mittel 746,03 mm; fällt fast um 12 mm vom max. 751,60 mm um 2h a. m. bis zum min. 739,85 mm um 6h p. m.
Temp. d. Luft: Mittel 5,5°; max. 6,2° um 2h a. m., min. 4,2° um 10h p. m.
Spannkr. d. Dünste: Mittel 6,5 mm; max. 6,9 mm um 6h p. m., min. 5,1 mm um 10h p. m.
Wolken: Gattung und Betrag. ni 10, nur Abends um 10h aufklarend cu ni 5.
Richtung. Mit dem Winde ziehend.
Niederschl.: Vormittags B und A, Nachmittags etwas B und sehr feuchte Luft.
Zustand d. See: Temp. Mittel 2,5°; max. 2,7° um 2h p. m., min. 2,0° um 10h p. m.
Spezif. Gewicht. Mittel 1,02575; max. 1,0259, min. 1,0257.
Allg. Bemerk.: Himmel ganz bezogen. Regen und Nebel.
Dünung NW-lich. See sehr gering.
Ozongehalt = 10 – 11. Regenmesser = 7,8 mm.
Nachmittags ganz bezogen, gegen Abend aufklarend.
Dünung und See aus NNW zunehmend. Farbe dunkelblau.
Meerleuchten sehr schwach.

1874, den 23. Oktober.

Position: 48° 1,2′ — 47° 40,3 S-Br., 68° 22,6′ — 69° 18,2′ O-Lg.
Schiffsbew.: Kurs. N2°E, N251°E und wieder N2°E, Nachmittags anfangs N2°E, um 6h N13°E und um 10h N216°E.
Fahrt. max. 3,3, min. 1,5.
Wind: Richtung. Mittel N291°E; N283°E, dann N306°E, später N283°E.
Stärke. Mittel 8,8; zwischen 8 und 10.
Barom.: Mittel 745,03 mm; steigt vom min. 742,85 mm um 2h a. m. bis zum max. 746,95 mm um 6h p. m., fällt Abends ein wenig wieder.
Temp. d. Luft: Mittel 3,5°; max. 3,8° um 2h p. m., min. 3,2° um 10h p. m.
Spannkr. d. Dünste: Mittel 4,7 mm; max. 5,1 mm um 6h p. m., min. 4,3 mm um 10h a. m.

Wolken: Gattung u. Betrag. Oberer Himmel meist klar, Vormittags cu str. 4—5, dann cu ni am Horizont und aus der Windrichtung bis 7 zuweilen 3, Nachmittags cu str. und cu ni 5—6.
Richtung. Aus der Windrichtung.
Niederschl.: —
Zustand d. See: Temp. Mittel 1,9°; max. 2,2° um 2h p. m., min. 1,8° um 10h p. m.
Spezif. Gewicht. Mittel 1,02580; max. 1,0259, min. 1,0257.
Allg. Bemerk.: Vormittags See und Dünung sehr hoch aus der Windrichtung. Farbe hellblau.
Ozongehalt = 10 — 11.
Nachmittags Böen mit Stärke 9—10. Hohe See und Dünung aus der Windrichtung.
Vormittags oberer Himmel meist klar, cu ni am Horizont und aus der Windrichtung. Böen mit ni.
Nachmittags cu am Horizont und von Zeit zu Zeit aus der Windrichtung.

1874, den 24. Oktober.

Position: 47° 51,3' — 48° 52,2' S-Br., 69° 9,4' — 70° 10,2' O-Lg.
Schiffsbew.: Kurs. Vormittags N238°E, dann N351°E, N182°E, Nachmittags N145°E, N182°E, N227°E.
Fahrt. Vormittags 3—1,5, Nachmittags 9—7, Abends 1,0.
Wind: Richtung. Mittel N278°E; Vormittags N306°E, von 6h a. m. an N282°E, Nachmittags N261°E, jedoch um 10h p. m. wieder N306°E.
Stärke. Mittel 6,8; am stärksten um 6h a. m. 9—10, sonst 8—9, um 6h p. m. 6—7, dann ganz abflauend bis 1—2.
Barom.: Mittel 742,01 mm; Vormittags steigend bis zum max. 744,00 mm um 10h a. m., Nachmittags fallend bis zum min. 739,22 um 10h p. m.
Temp. d. Luft: Mittel 2,5°; max. 3,2° um 2h a. m., min. 1,2° um 10° p. m.
Spannkr. d. Dünste: Mittel 4,5 mm; max. 5,0 mm um 10h p. m., min. 4,3 mm um 2h p. m.
Wolken: Gattung u. Betrag. Vormitags cu ni 10, um 6h a. m. cu ni 7—8, später 5—6, Nachmittags ganz bezogen.
Richtung. Mit dem Winde ziehend, sehr hoch.
Niederschl.: Um 6h a. m. einzelne Schneeböen von der Stärke 9—10, Nachmittags Schnee und Regen.
Zustand d. See: Temp. Mittel 1,7°; max. 1,9° um 2h a. m., min. 1,2° um 10h p. m.
Spezif. Gewicht. Mittel 1,02580; max. 1,0259, min. 1,0257.
Allg. Bemerk.: Vormittags cu ni manchmal 10, meist aufklarend bis zu 5—6 hoch aus der Windrichtung. Schneeböen von Stärke 9—10.
Hohe Dünung aus NW, ebenso die See, die etwas abzunehmen schien.
Ozongehalt = 9 — 10.
Nachmittags Himmel ganz bezogen mit Schnee und Regen.
Auf der Abendwache flaute der Wind ab und ging durch N nach NE. Etwas Dünung aus NW. See ganz glatt.

1874, den 25. Oktober.

Position: 48° 53,4' — 49° 0,9' S-Br., 70° 21,0' — 70° 19,5' O-Lg. bis 10h a. m.
Kreuzten vor der Accessible Bay von 2h p. m. ab.
Schiffsbew.: Kurs. Um 2h a. m. N81°E, dann N103°E und N261°E um 10h a. m., Nachmittags N331°E, N201°E und N216°E.
Fahrt: Anfangs 4,5, dann trieb das Schiff um 6h a. m. später 2, Abends 4.
Wind: Richtung. Mittel N278°E; um 2h a. m N36°E, dann N294°E und N283°E, Nachmittags N249°E über N261°E nach N294°E.
Stärke. Mittel 4,2; anfangs flau 1—2, gegen 10h a. m. auffrischend 6—7, Nachmittags 5—7.
Barom.: Mittel 731,66 mm; Vormittags fallend bis zum min. 725,90 mm, Nachmittags steigend bis zum max. 734,55 mm.
Temp. d. Luft: Mittel 2,3°; max. 2,8° um 2h p. m., min. 1,4° um 2h a. m.
Spannkr. d. Dünste: Mittel 5,0 mm; max. 5,5 mm um 6h a. m., min. 4,7 mm um 2h a. m.
Wolken: Gattung u. Betrag. Vormittags ni 10, Nachmittags ni 10, jedoch um 6h p. m. cu ni 7, später ni 9.
Richtung. Wolken zogen mit dem Winde.
Niederschl.: Vormittags bis 2h p. m. A, beständig Regen oder Schnee.
Zustand d. See: Temp. Mittel 1,6°; max. 1,6°, min. 1,5°.
Spezif. Gewicht. Mittel 1,02567; max. 1,0258, min. 1,0255.
Allg. Bemerk.: Vormittags Himmel bezogen mit beständigem Regen oder Schnee, dabei sehr nebelig.
Der Wind ging zurück auf NW und fast bis W, er frischte auf. Es kam wieder See aus NW auf.
Ozongehalt = 10 — 11. Regenmesser = 6,8 mm.
Nachmittags bezogen und Regen bis 2h p. m.
Um 2h fing es zu Luvard an aufzuklaren, ni str. bis 8.

1874, den 26. Oktober.

Position: Kreuzten vor der Accessible Bay bis 10h a. m.
In Betsy Cove vor Anker von 2h p. m. an.
Schiffsbew.: Kurs. Um 2h a. m N350°E, dann N203°E und N181°E.
Fahrt. 2,6, um 10h a. m. jedoch 8,0.
Wind: Richtung. Mittel N268°E; Vormittags N282°E, zuweilen N271°E, Nachmittags N237°E, dann N248°E.
Stärke. Mittel 3,9; um 2h a. m. recht frisch 6—7, dann abflauend bis 2—3 am Nachmittage und Abends. Von 3—10 p. m. leichte Böen.
Barom.: Mittel 734,15 mm; max. 735,60 mm um 6h a. m., min. 732,95 mm um 6h p. m.
Temp. d. Luft: Mittel 2,8°; max. 5,0° um 2h p. m., min. 0,7° um 10h p. m.
Spannkr. d. Dünste: Mittel 4,2 mm; max. 4,7 mm um 6h a. m., min. 3,5 mm um 6h p. m.
Wolken: Gattung u. Betrag. Anfangs Himmel bezogen cu ni 9, dann klar um 6h a. m. cu 2—3 im Horizont. Von 10h a. m. bis nach 2h p. m. cu und cu ni 6—7, gegen Abend wieder klar cu ni 3—4.
Richtung. Aus der Windrichtung, gegen Abend jedoch bedeutend südlicher.
Niederschl.: —
Zustand d. See: Temp. Mittel 1,7°; max. 2,2° um 2h p. m., min. 1,3° um 2h a. m.
Spezif. Gewicht. Mittel 1,02559; max. 1,0257, min. 1,0253.
Allg. Bemerk.: Vormittags Himmel zwischen 7h und 9h a. m. cu ni aus der Windrichtung bezogen. Gegen 2h aufklarend bis zu 2. See ruhig werdend.
Ozongehalt = 11.
Im Hafen Wasser dunkelgrün.
Nachmittags Himmel klar, cu und cu ni aus der Windrichtung, gegen Abend jedoch bedeutend südlicher.
Von 8h bis 10h p. m. leichte Böen.

1874, den 27. Oktober.

Position: 49° 8,5' S-Br., 70° 10,3' O-Lg. Betsy Cove.
Schiffsbew.: Kurs. } Vor Anker.
Fahrt. }
Wind: Richtung. Mittel N313°E; um 2h a. m. N226°E, dann zwischen N282°E und N276°E, meist N316°E.
Stärke. Mittel 2,1; früh fast still, allmälig auffrischend, um 10h p. m. 3—4.
Barom.: Mittel 733,60 mm; beständig fallend; max. 734,45 mm um 2h a. m., min. 732,55 mm um 10h p. m.
Temp. d. Luft: Mittel 3,0°; max. 4,8° um 10h a. m., min. 0,7° um 2h a. m.
Spannkr. d. Dünste: Mittel 4,3 mm; max. 4,9 mm um 6h p. m., min. 3,8 um 2h p. m.
Wolken: Gattung u. Betrag. Himmel klar, cu ci 3—4, um 6h a. m. 5—6.
Richtung. Mit dem Winde, Nachmittags der Horizont besetzt.
Niederschl.: Böen gegen Abend um 6h p. m. mit C. D um 10h p. m.
Zustand d. See: Temp. Mittel 2,0°; max. 2,7° um 2h p. m., min. 1,5° um 2h a. m.
Spezif. Gewicht. Mittel 1,02555; max. 1,0257, min. 1,0254.

Allg. Bemerk.: Früh um den Mond ein Hof.
Wetter schön; cu ni aus NW nach SE. Wind nördlich, Morgens leicht, mehr und mehr zunehmend.
Ozongehalt = 8—9, sehr gleichmässig.
Nachmittags schönes klares Wetter, Horizont mit cu besetzt, gegen Abend cu ni aus der Windrichtung schnell ziehend in mittlerer Höhe und Böen mit Schnee.

1874, den 28. Oktober.

Position: Betsy Cove.
Schiffsbew.: Kurs. } Vor Anker.
Fahrt.
Wind: Richtung. Mittel N296°E; meist N305°E, um 6h a. m. N282°E, um 6h p. m. N277°E.
Stärke. Mittel 3,4; meist 3—4, nur um 10h p. m. 2—3.
Barom.: Mittel 735,74 mm; beständig steigend; max. 738,53 mm um 10h p. m., min. 733,22 mm um 2h a. m.
Temp. d. Luft: Mittel 2,3°; max. 3,7° um 2h p. m., min. 1,2° um 6h a. m.
Spannkr. d. Dünste: Mittel 4,3 mm; max. 4,7 mm um 10h a.m., min. 4,1 mm um 6h a. m.
Wolken: Gattung u. Betrag. Meist cu 3—4, zuweilen cu 4—6, um 10h p. m. ganz klar.
Richtung. Aus der Windrichtung.
Niederschl.: Von 6h bis gegen 9h leichte C-Böen.
Zustand d. See: Temp. Mittel 2,1°; max. 2,5° um 2h p. m., min. 1,6° um 6h a. m.
Spezif. Gewicht. Mittel 1,02563; max. 1,0258, min. 1,0255.
Allg. Bemerk.: Wie am Abend. Schnee auf der Morgenwache. Bis 3h a. m. wurde um den Mond ein Hof gesehen. Wenn keine Böen, war der Horizont stark besetzt.
Ozongehalt nach 24h = 10 gleichmässig.
Regenmesser = 0,5 mm.
Von 2h 30′ bis 3h 30′ p. m. bezogen bis 8—9 mit Schneewolken, nachher wieder aufklarend. Abends ganz klar. Bis gegen 9h p. m. leichte Schneeböen.

1874, den 29. Oktober.

Position: Betsy Cove.
Schiffsbew.: Kurs. } Vor Anker.
Fahrt.
Wind: Richtung. Mittel N283°E; veränderlich von N248°E bis N310°E.
Stärke. Mittel 2,1; meist 2—3, jedoch um 2h p.m. nur 1—2.
Barom.: Mittel 740,82 mm; beständig steigend vom min. 738,90 mm um 2h a. m. bis zum max. 744,13 mm um 10h p. m.
Temp. d. Luft: Mittel 2,6°; max. 4,8° um 2h p. m., min. 1,1° um 2h a. m.
Spannkr. d. Dünste: Mittel 3,8 mm; max. 4,3 mm um 2h a.m., min. 3,4 mm um 10h a. m.
Wolken: Gattung u. Betrag. cu 2—3; um 10 p.m. Himmel klar.
Richtung. Aus der Windrichtung, bisweilen am Horizont.
Niederschl.: Früh bis 6h a. m. C-Böen.
Zustand d. See: Temp. Mittel 2,4°; max. 3,1° um 2h p. m., min. 1,9° um 10h p. m.
Spezif. Gewicht. Mittel 1,02562; max. 1,0258, min. 1,0254.
Allg. Bemerk.: Klar und schön. Gegen Morgen der Horizont mit cu besetzt, zuweilen wenige cu aus der Windrichtung. Wind böig.
Ozongehalt nach 24h = 9—10. Regenmesser 1,0 mm
Nachmittags klar und schön. cu aus der Windrichtung in mittlerer Höhe und langsam ziehend. Abends ganz klar.

1874, den 30. Oktober.

Position: Betsy Cove.
Schiffsbew.: Kurs. —
Fahrt. —
Wind: Richtung. Mittel N291°E; zwischen N282°E und N316°E, jedoch um 10h p. m. N102°E.
Stärke. Mittel 1,5; anfangs noch 3, dann mehr und mehr abflauend bis 0—1; der SE 1.
Barom.: Mittel 748,09 mm; Vormittags steigend, Nachmittags fallend, max. 749,15 mm um 2h p. m., min. 746,05 mm um 2h a. m.
Temp. d. Luft: Mittel 1,9°; max. 4,1° um 2h p. m., min. 0,8° um 2h a. m.
Spannkr. d. Dünste: Mittel 3,8 mm; max. 4,4 mm um 6h p.m., min. 3,1 mm um 10h a. m.
Wolken: Gattung u. Betrag. Bis gegen 9h a. m. klar, nur wenige cu ni 2—3, theils auf den Bergen, theils langsam ziehend, später stärker bezogen cu ni 7—8, Nachmittags cu ni 9—10.
Richtung. Mit dem Winde ziehend.
Niederschl.: —
Zustand d. See: Temp. Mittel 2,2°; max. 2,6° von 2h p. m. bis 10h p. m., min. 1,6° um 6h a. m.
Spezif. Gewicht. Mittel 1,02562; max. 1,0259, min. 1,0254.
Allg. Bemerk.: Vormittags: Wie am Nachmittage zuvor, gegen 9h a m. stärker bezogen langsam aus der Windrichtung.
Ozongehalt = 8—9, sehr gleichmässig.
Nachmittags Himmel grau mit ni bezogen, der Horizont mit cu besetzt. Der Wind wurde ganz flau und sprang um 7 Uhr p. m. plötzlich nach SE um.

1874, den 31. Oktober.

Position: Betsy Cove.
Schiffsbew.: Kurs. —
Fahrt. —
Wind: Richtung. Mittel N116°E; anfangs N141°E, hat sich bis 10h a m. nach N102°E gedreht und geht dann wieder über nach N113°E, um 10h p. m. sogar nach N153°E.
Stärke. Mittel 0,9; Morgens und Abends fast still, Nachmittags 1—2.
Barom.: Mittel 746,57 mm; max. 748,15 mm um 10h p. m., min. 746,00 mm um 2h p. m., Vormittags bald fallend, bald steigend, Nachmittags deutlich steigend.
Temp. d. Luft: Mittel 2,0°; max. 3,2° um 2h p. m., min. 1,2° um 2h a. m.
Spannkr. d. Dünste: Mittel 4,4 mm; max. 4,9 mm um 6h p.m., min. 4,1 mm um 6h a. m.
Wolken: Gattung u. Betrag. Vormittags ganz bezogen cu ni, dann ni 10; Nachmittags etwas heller, cu ni 7—8 um 6h p. m.; Abends cu 3—4.
Richtung. Mit dem Winde.
Niederschl.: Wenig C um 10h a. m. und um 6h p. m., dann C von 10h 45′ bis 11h 0′.
Zustand d. See: Temp. Mittel 2,6°; max. 3,0° um 2h p. m., min. 2,2° um 6h a. m.
Spezif. Gewicht. Mittel 1,02535; max. 1,0255, min. 1,0252.
Allg. Bemerk.: Wetter Morgens wie am Abend vorher.
Ozongehalt nach 24h = 9—10.
Nachmittags cu ni in der Windrichtung. Abends gegen 8h ging der Wind nach S. Horizont mit cu besetzt. Gegen 10h dunkle Bank in S, die gegen 10h 45′ schnell den ganzen Himmel bezog mit Schnee, dann ging der Wind wieder SE.

1874, den 1. November.

Position: Betsy Cove.
Schiffsbew.: Kurs. —
Fahrt. —
Wind: Richtung. Mittel N265°E; um 2h a. m. noch N102°E, um 6h a. m. schon N192°E, von 10h a. m. ab zwischen N282°E und N248°E, meist nahe an N282°E.
Stärke. Mittel 1,2; die südlichen Winde Morgens fast still, um 10h a. m. der NW 3—4, flaute dann ab bis 0—1.
Barom.: Mittel 752,58 mm; steigt beständig vom min. 748,15 mm um 2h a. m. bis zum max. 756,05 um 10h p. m.
Temp. d. Luft: Mittel 2,9°; max. 5,6° um 2h p. m., min. 0,6° um 6h a. m.
Spannkr. d. Dünste: Mittel 4,1 mm; max. 4,6 mm um 10h p. m., min. 3,7 mm um 2h p. m.
Wolken: Gattung u. Betrag. Morgens um 2h a. m. ni 10, bei Tage cu und cu ni 3—4 am Horizont, Abends cu ni 4—5 ziehend über den oberen Himmel.
Richtung. Mit dem Winde.
Niederschl.: Um 2h a. m. wenig C.
Zustand d. See: Temp. Mittel 2,6°; max. 2,8° um 10h a. m., min. 2,1° um 10h p. m.
Spezif. Gewicht. Mittel 1,02543; max. 1,0257, min. 1,0251.

Allg. Bemerk.: Früh der Himmel ganz mit ni bezogen, als der Wind südlich ging, aufklarend. Beim westlichen Winde schön und klar, nur der Horizont mit cu besetzt.
Ozongehalt = 9 Regenmesser 0,2 mm.
Wasserfarbe dunkelgrün.
Nachmittags der obere Himmel klar, der Horizont besetzt. Abends zogen einzelne cu ni über den oberen Himmel.

1874, den 2. November.

Position: Betsy Cove.
Schiffsbew.: Kurs. —
Fahrt. —
Wind: Richtung. Mittel N300°E; zuerst N282°E, von 10h a.m. ab N305°E, nur um 6h p. m. N327°E.
Stärke. Mittel 2,9; sehr ungleich, bald 1,2, bald 3,4, nur Abends um 10h p. m. 6—7.
Barom.: Mittel 756,24 mm; vom max. 757,55 mm um 6h a. m. an beständig fallend bis zum min. 753,55 mm um 10h p. m.
Temp. d. Luft: Mittel 4,0°; max. 4,6° um 2h p. m., min. 2,9° um 2h a. m.
Spannkr. d. Dünste: Mittel 4,8 mm; max. 5,6 mm um 10h p. m., min. 3,8 mm um 10h a. m.
Wolken: Gattung u. Betrag. Um 2h a. m. ganz bezogen mit cu ni 10, gegen Morgen cu str. 5, dann von 10h a. m an cu str. 8—10, später cu ni 10.
Richtung. Mit dem Winde, nur um 6h p. m. aus E.
Niederschl.: Wenig B um 10h p. m.
Zustand d. See: Temp. Mittel 2,2°; max. 2,6° um 2h p. m., min. 1,8° um 2h a. m.
Spezif. Gewicht. Mittel 1,02577; max. 1,0259, min. 1,0256.
Allg. Bemerk.: Anfangs klar, nur cu über den Bergen, dann ganz bezogen, gegen Morgen wieder aufklarend, cu str. aus der Windrichtung.
Ozongehalt 8—9.
Nachmittags Himmel bezogen mit ni, die während des Nordwindes um 6h p. m. von N57°E nach N237°E zogen mit nur geringer Bewegung. Abends ging der Wind wieder nach N282°E und frischte sehr auf mit Böen.

1874, den 3. November.

Position: Betsy Cove.
Schiffsbew.: Kurs. —
Fahrt. —
Wind: Richtung. Mittel N300°E; meist N305°E, zwischen N316°E und N282°E.
Stärke. Mittel 3,7; um 2h a. m. recht frisch 6—7, dann abflauend von 6h a. m. an nur noch 3—4, Abends 2—3.
Barom.: Mittel 750,75 mm; Vormittags fallend und Nachmittags steigend, max. 752,75 mm um 10h p. m., min. 748,95 mm um 10h a. m.
Temp. d. Luft: Mittel 5,8°; max. 9,4° um 2h p. m., min. 3,6° um 10h p. m.
Spannkr. d. Dünste: Mittel 5,6 mm; max. 6,5 mm um 10h a. m., min. 4,5 mm um 10h p. m.
Wolken: Gattung u. Betrag. Vormittags früh ni 10, dann cu ni 9—10, Nachmittags aufklarend cu str. 4—5 am Horizont, nach 6h p. m. ganz klar.
Richtung. Um 2h p. m. aus NNW bei NW-Wind.
Niederschl.: B von 12h bis 4h a. m., um 6h a. m diesig, Berge mit A.
Zustand d. See: Temp. Mittel 3,3°; max. 5,1° um 6h p. m., min. 2,4° um 2h a. m.
Spezif. Gewicht. Mittel 1,02593; max. 1,0260, min. 1,0259.
Allg. Bemerk.: Von 12h bis 4h a. m. ganz bezogen, heftige Böen mit Regen. Gegen Morgen abflauend und aufklarend, am Süd-Horizont eine dunkle Bank, ausserdem 2 Schichten aus NNW ziehend, eine hoch, dicht, mit mässiger Geschwindigkeit, eine niedere, leichtere, sehr schnell ziehend. Berge mit Nebel.
Ozongehalt = 10. Regenmesser 1,4 mm.
Nachmittags Himmel von Luvard aus aufklarend. Gegen 6h noch str. 1—2 am SE-Horizont, dann ganz sternenklar.

1874, den 4. November.

Position: Betsy Cove.
Schiffsbew.: Kurs. —
Fahrt. —
Wind: Richtung. Mittel N301°E; bis gegen 10h a. m. N282°E, dann beständig N305°E.
Stärke. Mittel 3,5; bis gegen 10h a. m. 1—2, dann auffrischend bis 4—5.
Barom.: Mittel 752,25 mm; fiel fortwährend vom max. 753,35 mm um 6h a. m. bis zum min. 751,70 mm um 10h p. m.
Temp. d. Luft: Mittel 4,6°; max. 7,0° um 2h p. m.; min. 2,4° um 2h a. m.
Spannkr. d. Dünste: Mittel 4,9 mm; max. 5,4 mm um 6h p. m., min. 4,3 mm um 2h a m.
Wolken: Gattung u. Betrag. Vormittags klar, um 6h cu str. 6 und später cu ni 5—6, Nachmittags oben ci cu 7, dann oben klar und Horizont mit cu ni 8 besetzt, Abends ni oben 6.
Richtung. Mit dem Winde ziehend.
Niederschl.: —
Zustand d. See: Temp. Mittel 2,8°; max. 3,1° um 2h p. m., min. 2,4° um 6h a. m.
Spezif. Gewicht. Mittel 1,02590; max. 1,02595, min. 1,02585.
Allg. Bemerk.: Früh Himmel klar. Wind böig. Himmel bezog sich aus der Windrichtung am Horizont mit str. cu.
Ozongehalt = 8—9, sehr gleichmässig.
Nachmittags am oberen Himmel ci cu langsam ziehend, später der obere Himmel klar, der Horizont stark besetzt. Wolken ziehen in der Windrichtung.

1874, den 5. November.

Position: Betsy Cove.
Schiffsbew.: Kurs. —
Fahrt. —
Wind: Richtung. Mittel N282°E; anfangs N305°E, von 6h a.m. an N282°E.
Stärke 3,5; anfangs 2—3, von 6h a. m. auffrischend 4—5, Nachmittags abflauend von 6h p. m. an 2—3.
Barom.: Mittel 752,28 mm; um 2h a. m. 750,45 mm, von 6h a. m. an steigend von 748,25 mm bis zum max. 755,05 mm um 10h p. m.
Temp. d. Luft: Mittel 5,5°; max. 6,7° um 10h a. m., min. 3,5° um 10h p. m.
Spannkr. d. Dünste: Mittel 4,6 mm; max. 5,8 mm um 6h a. m., min. 3,8 mm um 10h p. m.
Wolken: Gattung u. Betrag. Bis 5h a. m. ganz bezogen mit ni str. 10, dann aufklarend cu ni 5—6 aus NW, str. 3—4, Nachmittags cu str. am Horizont, gegen Abend nach und nach wieder ganz bezogen, erst cu ni 5—6, dann cu ni 9—10.
Richtung. Mit dem Winde ziehend.
Niederschl.: B bis 5h a. m.
Zustand d. See: Temp. Mittel 3,4°; max. 4,2° um 2h p. m., min. 2,8° um 2h a. m.
Spezif. Gewicht. Mittel 1,02597; max. 1,0260, min. 1,0259.
Allg. Bemerk.: Bis 5h a. m. der Himmel ganz bezogen und Regen, dann aufklarend, Vormittags und Nachmittags fast nur der Horizont besetzt, gegen Abend nach und nach wieder ganz bezogen.
9h a. m. Ozongehalt 8—9. Regenmesser 2,2 mm.

1874, den 6. November.

Position: Betsy Cove.
Schiffsbew.: Kurs. —
Fahrt. —
Wind: Richtung. Mittel N295°E; anfangs sehr schwach N350°E ging um 6h a. m. über N327°E nach N305°E um 10h a. m.; Nachmittags blieb der Wind zwischen N305°E und N260°E.
Stärke. Mittel 2,5; anfangs flau, frischte auf um 10h a. m. und war von da an 3—5.
Barom.: Mittel 742,23 mm; fiel vom max. 750,45 mm um 2h a. m. bis zum min. 734,90 mm um 6h p. m., und stieg dann wieder bis 739,35 mm um 10h p. m.

Temp. d. Luft: Mittel 4,0°; max. 6,3° um 2h p. m.; min. 1,4° um 2h a. m.
Spannkr. d. Dünste: Mittel 5,5 mm; max. 6,6 mm um 2h p. m., min. 4,0 mm um 10h p. m.
Wolken: Gattung u. Betrag. ni 10, nur um 10h p. m. cu 4—5.
Richtung. Mit dem Winde.
Niederschl.: Während der Mittelwache feiner B und C, später den ganzen Tag B.
Zustand d. See: Temp. Mittel 3,1°; max. 3,6° um 10h a. m., min. 2,6° um 10h p. m.
Spezif. Gewicht. Mittel 1,02573; max. 1,0259, min. 1,0254.
Allg. Bemerk.: Himmel ganz bezogen. Während der Mittelwache feiner Schnee und Regen, später den ganzen Tag Regen. — Gegen Abend frischte der Wind auf, sehr unregelmässig, durchschnittlich 4-5, jedoch sehr häufig starke Böen von 8—9. Gegen 8h klar, zu Luvard in N260°E zogen dunkle Bänke auf, die sich theilten und zu beiden Seiten des Himmels als cu wegzogen, oben klar.
9h a. m. Ozongehalt 9—10. Regenmesser 4,7 mm.
9h 30′ p. m. ein Polarlicht, hellste Stelle in N170°E, 2 bis 4 helle Streifen in N198°E. Es zeigte durch das Spektroskop eine grüngelbe Linie.

1874, den 7. November.

Position: Betsy Cove.
Schiffsbew.: Kurs. —
Fahrt. —
Wind: Richtung. Mittel N256°E; veränderlich zwischen N271°E und N248°E.
Stärke. Mittel 3,3; anfangs 4, dann 3—4, am Abend 1—2.
Barom.: Mittel 749,44 mm; stieg beständig vom min. 742,60 mm um 2h a. m. bis zum max. 755,50 mm um 10h p. m.
Temp. d. Luft: Mittel 1,8°; max. 4,7° um 2h p. m., min. —0,4° um 10h p. m.
Spannkr. d. Dünste: Mittel 3,8 mm; max. 4,5 mm um 10h p. m., min. 3,1 mm um 2h p. m.
Wolken: Gattung u. Betrag. Vormittags ni 10; nur von 6h bis 8h a. m. aufklarend cu ni 3, Nachmittags Himmel oben klar, nur am Horizont cu ni 4-6, spät am Abend cu 2.
Richtung. Mit dem Winde.
Niederschl.: Vormittags fast beständig G, jedoch zwischen 6h und 10h a. m. nur vorübergehende C-Böen; Nachmittags wieder C-Böen von 6h p. m. an.
Zustand d. See: Temp. Mittel 2,4°; max. 2,7° um 6h p. m., min. 2,1° um 10h p. m.
Spezif. Gewicht. Mittel 1,02587; max. 1,0260, min. 1,0257.
Allg. Bemerk.: Mittelwache abflauend und bezogen. Auf der Morgenwache wieder aufklarend, von 8h—10h bezogen, dann aufklarend. Schneeböen.
Ozongehalt 10-11. Regenmesser 9.2 mm.
Um 3h p. m. ging der Wind nach N102°E 2—3, jedoch bald wieder auf N237°E. Himmel oben klar, am Horizont cu ni in der Windrichtung. Schneeböen.
Um 10h 45′ p. m. erschien ein Polarlicht in N147°E—N192°E, wie am Tage vorher, zwischen 11h bis 11h 30′ war es am hellsten, und namentlich in N192°E scharf begrenzt, es verschwand gegen 12h.

1874, den 8. November.

Position: Betsy Cove.
Schiffsbew.: Kurs. —
Fahrt. —
Wind: Richtung. Mittel N290°E; veränderlich zwischen N271°E und N305°E.
Stärke. Mittel 4,6; max. 7—8 um 2h p. m. als N305°E, den Tag über sehr böig, meist 3.
Barom.: Mittel 758,18 mm; 2 max. 758,60 mm um 10h a. m., 759,70 mm um 10h p. m., 2 min. 757,05 mm um 2h a. m., 757,65 mm um 2h p. m.
Temp. d. Luft: Mittel 3,2°; max. 4,7° um 2h p. m., min. 0,1° um 2h a. m.
Spannkr. d. Dünste: Mittel 4,0 mm; max. 4,5 mm um 2h p. m., min. 3,4 mm um 6h a. m.
Wolken: Gattung u. Betrag. Vormittags cu 2—4, um 10h a. m. cu ni 6—7. Nachmittags weniger bezogen, anfangs cu 5—7, dann aufklarend cu 2—3.
Richtung. Mit dem Winde, jedoch wurde am Vormittage eine Wolkenschicht bemerkt, die sehr hoch nach NE zog.
Niederschl.: Wenig C gegen 10h a. m.
Zustand d. See: Temp. Mittel 2,3°; max. 2,6° um 2h p. m., min. 1,9° um 2h a. m.
Spezif. Gewicht. Mittel 1,02587; max. 1,0260, min. 1,0258.
Allg. Bemerk.: Vormittags cu aus der Windrichtung ziehend, die den oberen Himmel meist klar liessen. Am Vormittag war eine Wolkenschicht zu bemerken, die sehr hoch nordöstlich zog.
9h a. m. Ozongehalt = 9. Regenmesser = 0,3 mm.
Gegen 3h p. m. sprang der Wind von N237°E in wenigen Minuten nach N338°E, wieder auf N337°E und 3h 30′ wieder auf N282°E. Abends sehr böig.

1874, den 9. November.

Position: Betsy Cove.
Schiffsbew.: Kurs. —
Fahrt. —
Wind: Richtung. Mittel N292°E; den Tag über bald N282°E, bald N305°E, Abends N327°E.
Stärke. Mittel 3,4; Vormittags 5—7, max. 7 als N305°E um 6h a. m.; Nachmittags bedeutend flauer 1—2, Abends fast still.
Barom.: Mittel 756,12 mm; Vormittags veränderlich, von 10h a. m. ab beständig fallend, max. 758,90 mm um 2h a. m., min. 751,95 mm um 10h p. m.
Temp. d. Luft: Mittel 3,6°; max. 6.0° um 2h p. m., min. 1,7° um 10h p. m.
Spannkr. d. Dünste: Mittel 4,4 mm; max. 4,9 mm um 6h p. m., min. 4,0 mm um 10h a. m.
Wolken: Gattung u. Betrag. Um 2h a. m. cu ni 2—3, die den oberen Himmel klar liessen. Gegen Morgen mehr und mehr bezogen, cu 7—9. Nachmittags Himmel bezogen cu ni 9—10, zuletzt ni 10.
Richtung. Mit dem Winde.
Niederschl.: Zeitweise ganz feiner B von 6h p. m. bis gegen 10h.
Zustand d. See: Temp. Mittel 2,3°; max. 2,7° um 2h p. m., min. 1,6° um 2h a. m.
Spezif. Gewicht. Mittel 1,02593; max. 1,0260, min. 1,0259.
Allg. Bemerk.: Früh cu aus der Windrichtung, die den oberen Himmel klar liessen. Gegen Morgen mehr und mehr bezogen. Der Wind war namentlich bis 4h a. m. sehr böig, dann stetiger.
Ozongehalt 8.
Nachmittags Himmel bezogen. Wind abflauend. Berge in Wolken eingehüllt.

1874, den 10. November.

Position: Betsy Cove.
Schiffsbew.: Kurs. —
Fahrt. —
Wind: Richtung. Mittel N168°E; Vormittags N192°E, dann nach N147°E und Abends N125°E.
Stärke. Mittel 2,5; anfangs ganz flau, aber häufige Böen, gegen Morgen die Böen schwächer werdend, dann Wind gleichmässig 2—3, Abends 2, um 2h p. m. einige Böen.
Barom.: Mittel 758,02 mm; stieg beständig vom min. 752,15 mm um 2h a. m. bis zum max. 761,60 mm um 10h p. m.
Temp. d. Luft: Mittel 3,1°; max. 5,2° um 2h p. m., min. 1,5° um 2h a. m.
Spannkr. d. Dünste: Mittel 3,6 mm; max. 3,7 mm um 6h p. m., min. 3,5 mm um 6h a. m.
Wolken: Gattung u. Betrag. Morgens bezogen ni 9—10; um 10h a. m. aufklarend cu 6—7; Nachmittags str. ni 7—8, dann wieder von 6h p. m. an ni 10.
Richtung. Mit dem Winde, jedoch um 2h p. m. zogen die Wolken aus NW.
Niederschl.: —
Zustand d. See: Temp. Mittel 2,8°; max. 3.5° um 2h p. m., min. 2,0° um 6h a. m.
Spezif. Gewicht. Mittel 1,02582; max. 1,0259, min. 1,0257.

Allg. Bemerk.: Himmel bezogen. Wind ganz flau, aber häufige Böen. Gegen Morgen die Böen schwächer werdend. Am Vormittag aufklarend. Himmel oben klar. Wind gleichmässig.

Ozongehalt = 10. Regenmesser 1,3 mm.

Wolken zogen von NW nach SE, später Himmel ganz bezogen. Einige Böen.

1874, den 11. November.

Position: Betsy Cove.
Schiffsbew.: Kurs. —
Fahrt. —
Wind: Richtung. Mittel N91°E; Vormittags zwischen N68°E und N91°E, Nachmittags von N102°E durch N113°E nach N136°E.
Stärke. Mittel 3,2; Vormittags veränderlich von 2—3 bis 4—5, Nachmittags um 2^h p. m. sehr auffrischend 7—8, von 6^h p. m. an sehr flau, Abends um 10^h 0—1.
Barom.: Mittel 751,28 mm; fiel beständig von 761,70 mm um 2^h a. m., bis 741,90 mm um 10^h p. m.
Temp. d. Luft: Mittel 2,1°; max. 2,9° um 10^h p. m., min 1,3° um 2^h a. m.
Spannkr. d. Dünste: Mittel 4,9 mm; max. 5,7 mm um 10^h p. m., min. 4,2 mm um 2^h a. m.
Wolken: Gattung und Betrag. ni 10.
Richtung. Mit dem Winde.
Niederschl.: Von 6^h 30′ a. m. an Schnee bis Mittag, von 2^h p. m. an leichter B.
Zustand d. See: Temp. Mittel 2,5°; max. 2,6° um 10^h a. m., min. 2,2° um 10^h p. m.
Spezif. Gewicht. Mittel 1,02548; max. 1,0258, min. 1,0250.
Allg. Bemerk.: 9^h a. m. Ozongehalt = 9. Regenmesser = 0.
Himmel den ganzen Tag bezogen mit vorübergehendem leichten Schnee und Regen. Der Wind flaute Abends sehr ab.

1874, den 12. November.

Position: Betsy Cove.
Schiffsbew.: Kurs. —
Fahrt. —
Wind: Richtung. Mittel N269°E; sehr unbeständig, um 2^h a. m. N293°E, um 8^h N327°E, 9^h N57°E, 11^h N12°E, 12^h 30′ N215°E, 2^h 15′ N260°E.
Stärke. Mittel 0,5; sehr flau, max. 1—2.
Barom.: Mittel 741,60 mm; anfangs 741,40 mm, dann vom min. 740,70 mm um 6^h a. m. steigend bis zum max. 743,60 mm um 10^h p. m.
Temp. d. Luft: Mittel 5,5°; max. 8,8° um 2^h p. m., min. 3,4° um 2^h a. m.
Spannkr. d. Dünste: Mittel 5,3 mm; max. 6,1 mm um 10^h a. m., min. 5,0 mm um 2^h p. m.
Wolken: Gattung u. Betrag. Vormittags um 2^h a. m. cu 2—3 am Horizont, um 10^h cu 5—6, Nachmittags mehr bezogen cu 8—9, Abends cu ni 6.
Richtung. Meist mit dem Winde.
Niederschl.: —
Zustand d. See: Temp. Mittel 3,8°; max. 4,8° um 2^h p. m., min. 2,3° um 2^h a. m.
Spezif. Gewicht. Mittel 1,02548; max. 1,0257, min. 1,0252.
Allg. Bemerk.: Ozongehalt nach 24^h = 10—11. Regenmesser 11,4 mm.
Auf der Mittelwache aufklarend. Wind sehr schwach.
Nachmittags Wind unbeständig um 8^h N327°E, 9^h N68°E, 11^h N12°E, 12^h 30′ N215°E, 2^h 15′ N260°E.
Nachts fast still.

1874, den 13. November.

Position: Betsy Cove.
Schiffsbew.: Kurs. —
Fahrt. —
Wind: Richtung. Mittel N29°E; anfangs N226°E ging der Wind über N327°E nach N12°E, wurde Nachmittags zuerst N35°E, dann N57°E.
Stärke. Mittel 0,8; sehr früh fast still, bei Tage 1—2, Abends flau.
Barom.: Mittel 745,91 mm; Vormittags steigend, Nachmittags fallend, max. 747,25 mm um 10^h a. m., min. 744,40 mm um 10^h p. m.
Temp. d. Luft: Mittel 3,8°; max. 5,2° um 2^h p. m., min. 2,6° um 2^h a. m.
Spannkr. d. Dünste: Mittel 5,0 mm; max. 5,4 mm um 6^h p. m., min. 4,0 mm um 2^h a. m.
Wolken: Gattung u. Betrag. Himmel bezogen cu 10, auf der Morgenwache etwas aufklarend ni 7—8, später ganz bezogen ni 10.
Richtung. Beständig aus NE ziehend.
Niederschl.: Leichter B um 10^h a. m., Nachmittags von 6^h an häufiger leichter B.
Zustand d. See: Temp. Mittel 3,5°; max. 4,6° um 2^h p. m., min. 2,5° um 2^h a. m.
Spezif. Gewicht. Mittel 1,02535; max. 1,0255, min. 1,0251.
Allg. Bemerk.: Früh Himmel bezogen, auf der Morgenwache etwas aufklarend. Später ganz bezogen.
9^h a. m. Ozongehalt = 10. Regenmesser = 0.
Nachmittags häufiger leichter Regen, sehr dicht bezogen über den Bergen. Abends ganz flau.

1874, den 14. November.

Position: Betsy Cove.
Schiffsbew.: Kurs. —
Fahrt. —
Wind: Richtung. Mittel N248°E; anfangs still, um 10^h N12°E, Nachmittags unbestimmt aus N57°E, dann N282°E und um 10^h p. m. N237°E, bisweilen N215°E.
Stärke. Mittel 0,7; anfangs still, bis 10^h Abends ganz flau, dann auffrischend, zwischen 11^h und 12^h heftige Böen.
Barom.: Mittel 740,61 mm; 740,85 mm um 2^h a. m., stieg dann beständig vom min. 739,50 mm um 6^h a. m. bis zum max. 742,90 mm um 10^h p. m.
Temp. d. Luft: Mittel 5,6°; max. 6,8° um 10^h a. m., min. 3,8° um 2^h a. m.
Spannkr. d. Dünste: Mittel 6,0 mm; max. 7,0 mm um 10^h a. m., min. 4,9 mm um 10^h p. m.
Wolken: Gattung u. Betrag. Um 1^h a. m. aufklarend cu ni 2—3 am Horizont, gegen $6\frac{1}{2}^h$ a. m. wieder bezogen cu ni 10, meist nur ni 10.
Richtung. Geringe Bewegung der Wolken, scheinbar aus SW, gegen 10^h p. m. mit dem auffrischenden Winde deutlich aus SW.
Niederschl.: Bis 1^h a. m. leichter B, von 6^h 30′ a. m. ab zeitweilig leichter B und leichter A bis gegen 10^h p. m.
Zustand d. See: Temp. Mittel 3,9°; max. 4,7° um 6^h p. m., min. 3,0° um 2^h a. m.
Spezif. Gewicht. Mittel 1,02535; max. 1,0255, min. 1,0252.
Allg. Bemerk.: Um 9^h a. m. Ozongehalt 8—9. Regenmesser 2,0 mm.
Um 1^h a. m. aufklarend. Gegen $6\frac{1}{2}^h$ wieder bezogen und leichter Regen, Wind ganz flau.
Bis Abends 10^h ganz flau, oft still, sehr feuchte Luft mit zeitweiligem schwachen Regen. Geringe Bewegung der Wolken, scheinbar von SW nach NE.
Gegen 10^h p. m. Wind N237°E, zuweilen N215°E auffrischend, zwischen 11^h und 12^h heftige Böen. Wolken ziehen deutlich aus N192°E.

1874, den 15. November.

Position: Betsy Cove.
Schiffsbew.: Kurs. —
Fahrt. —
Wind: Richtung. Mittel N209°E; anfangs noch N192°E, von 10^h a. m. ab beständig N215°E.
Stärke. Mittel 4,0; anfangs 4—5, dann etwas flauer 3, um 10^h a. m. wieder auffrischend 5—6, jedoch Nachmittags wieder abflauend bis 2—3 um 10^h p. m. Wind war Vormittags sehr böig, Nachmittags nahmen die Böen ab und hörten Abends ganz auf.
Barom.: Mittel 752,70 mm; stieg beständig vom min. 745,50 mm um 2^h a. m. bis zum max. 759,55 mm um 10^h p. m.
Temp. d. Luft: Mittel 3,6°; max. 5,1° um 2^h p. m., min. 2,1° um 10^h p. m.

Spannkr. d. Dünste: Mittel 4,4 mm; max. 5,0 mm um 6^h a. m., min. 3,7 mm um 10^h p. m.
Wolken: Gattung und Betrag. Himmel fast ganz bezogen cu ni 10, nur gegen Abend etwas aufklarend cu ni 8—9, um 10^h p. m. 7—8.
Richtung. Aus SW, um 10^h p. m. aus W.
Zustand d. See: Temp. Mittel 2,6°; max. 3,0° um 2^h a. m., min. 2,0° um 6^h a. m.
Spezif. Gewicht. Mittel 1,02568; max. 1,0259, min. 1,0255.
Allg. Bemerk.: Ozongehalt nach 24^h 10—11.
Regenmesser 1,5 mm.
Himmel fast ganz bezogen. Wind sehr böig.
Nachmittags Himmel bezogen, gegen Abend aufklarend. Böen abnehmend, gegen Abend ganz aufhörend.

1874, den 16. November.

Position: Betsy Cove bis 2^h p. m. Unter Dampf von 2^h p. m. bis 6^h p. m. Foundery Branch 49° 18,3′ S-Br; 69° 41′ O-Lg.
Schiffsbew.: Kurs. N271°E um 2^h p. m., dann N211°E.
Fahrt. 5,6 bis 5.
Wind: Richtung. Mittel N249°E; Vormittags N237°E um 10^h nach N305°E, Nachmittags über N282°E zurück nach N248°E.
Stärke. Mittel 1,5; anfangs fast still, dann 1—2, nur um 6^h p. m. 4—5; um 10^h p. m. wieder 1.
Barom.: Mittel 763,17 mm; stieg beständig von 760,35 mm um 2^h a. m. bis 766,40 mm um 10^h p. m.
Temp. d. Luft: Mittel 4,8°; max. 7,0° um 2^h p. m., min. 2,0° um 2^h a. m.
Spannkr. d. Dünste: Mittel 4,5 mm; max. 5,8 mm um 2^h p. m., min. 3,6 mm um 2^h a. m.
Wolken: Gattung u. Betrag. Oberer Himmel meist klar, Vormittags cu ni 5—6, Nachmittags ni str. 3—4, später cu str. 3—5 am Horizont.
Richtung. Meist mit dem Winde, jedoch um 6^h a. m. aus SW, bei W-Wind.
Niederschl.: —
Zustand d. See: Temp. Mittel 3,1°; max. 3,9° um 6^h p. m., min. 2,1° um 2^h a. m.
Spezif. Gewicht. Mittel 1,02583; max. 1,0259, min. 1,0256.
Allg. Bemerk.: Vormittags Wind ganz flau. Oberer Himmel meist klar.
Ozongehalt = 7—8. Regenmesser 0,1 mm.
Nachmittags Wetter schön. Wind auf See etwas stärker, binnen Lands ganz flau. Oberer Himmel meist klar.

1874, den 17. November.

Position: 49^h 18,3′ S-Br.; 69° 41′ O-Lg. Foundery Branch.
Schiffsbew.: Kurs. } Fahrt. } Vor Anker.
Wind: Richtung. Mittel N70°E; anfangs N237°E, dann ganz still; um 10^h a. m. N68°E übergehend über N80°E um 6^h p. m. nach N57°E um 10^h p. m.
Stärke. Mittel 0,8; ganz flau, nur etwas auffrischend um 2^h p. m. bis 3.
Barom.: Mittel 768,99 mm; fast beständig steigend vom min. 767,40 mm um 2^h a. m. bis zum max. 769,95 mm um 10^h p. m.
Temp. d. Luft: Mittel 5,2°; max. 7,2° um 2^h p. m., min. 2,1° um 2^h a. m.
Spannkr. d. Dünste: Mittel 5,2 mm; max. 6,2 mm um 6^h p. m., min. 4,4 mm um 2^h a. m.
Wolken: Gattung u. Betrag. Himmel meist klar, bald cu ni, cu ci und Abends cu str. 3—5, jedoch um 6^h a. m. cu ci 7—8 und um 10^h p. m. fast ganz bezogen, cu ni 8—9.
Richtung. Bewegung der Wolken sehr gering, meist mit dem Winde.
Niederschl.: —
Zustand d. See: Temp. Mittel 4,1°; max. 4,6° um 2^h p. m., min. 3,4° um 6^h a. m.
Spezif. Gewicht. Mittel 1,02543; max. 1,0257, min. 1,0253.
Allg. Bemerk.: Nachts früh und Morgens fast ganz still, während des Tages wieder binnenlands schwach südöstlich, Abends ganz flau und etwas bezogen.
Ozongehalt = 8.
Bewegung der Wolken sehr gering.

1874, den 18. November.

Position: Foundery Branch — Betsy Cove.
Schiffsbew.: Kurs. Vormittags vor Anker, um 10^h a. m. unter Dampf, N35°E-Kurs; Nachmittags um 2^h vor Anker, dann um 6^h unter Dampf. N68°E und N102°E steuernd.
Fahrt. Vormittags 6,2, Nachmittags 3—5.
Wind: Richtung. Mittel N; zwischen N350°E und N23°E, nur einmal unterbrochen von N68°E; Abends um 10^h auf See. N327°E.
Stärke. Mittel 1,3; Vormittags früh fast ganz still, von Zeit zu Zeit ein leichter Hauch, später etwas stärker; Nachmittags schwach, doch um 10^h p. m. auffrischend bis 4.
Barom.: Mittel 768,64 mm; stieg Vormittags bis zum max. 770,40 mm und fiel dann bis zum min. 766,65 mm um 10^h p. m.
Temp. d. Luft: Mittel 6,2°; max. 7,8° um 2^h p. m., min. 3,5° um 10^h p. m.
Spannkr. d. Dünste: Mittel 6,1 mm; max. 6,7 mm um 2^h a. m., min. 5,3 mm um 10^h p. m.
Wolken: Gattung u. Betrag. Oberer Himmel klar; Vormittags cu, dann cu str., abnehmend von 6 bis zu 3—4; Nachmittags bezogen, ni bis zu 10.
Richtung. Aus NW.
Niederschl.: Nachmittags A auf den Bergen, später um 3^h auf See sehr dichter A, der bis in die Nacht fiel.
Zustand d. See: Temp. Mittel 4,3°; max. 5,4° um 2^h a. m., min. 2,3° um 10^h p. m.
Spezif. Gewicht. Mittel 1,02550; max. 1,0260, min. 1,0251.
Allg. Bemerk.: Ozongehalt = 10.
Wetter schön, der obere Himmel klar. Wind fast ganz still, von Zeit zu Zeit ein leichter Hauch. Am Vormittag etwas stärker.
Nachmittags: In Betsy Cove fiel Nebel auf den Bergen. Wind schwach. Gegen 3^h p. m. auf See fiel schnell sehr dichter Nebel, der bis in die Nacht anhielt.

1874, den 19. November.

Position: Betsy Cove — Royal Sound Three Islands Harbour.
Schiffsbew.: Kurs. Vormittags N192°E, um 10^h a. m. N282°E; von 2^h p. m. vor Anker.
Fahrt. 5—6.
Wind: Richtung. Mittel N299°E; Vormittags von N327°E zurück nach N304°E und wieder nach N338°E; von N282°E nach N237°E und dann abermals nach N282°E.
Stärke. Mittel 3,4; Vormittags auffrischend von 3—6, Nachmittags wieder abflauend von 5—3.
Barom.: Mittel 757,83 mm; fiel vom max. 764,10 mm um 2^h a. m. bis zum min. 753,60 mm um 2^h p. m., stieg dann wieder bis 756,50 mm um 10^h p. m.
Temp. d. Luft: Mittel 6,0°; max. 9,0° um 2^h p. m., min. 3,6° um 2^h a. m.
Spannkr. d. Dünste: Mittel 5,6 mm; max. 6,6 mm um 2^h p. m., min. 4,3 mm um 10^h p. m.
Wolken: Gattung u. Betrag. Vormittags ni 10, um 10^h a. m. cu ni 8—9; Nachmittags anfangs ni 10, später 6—9.
Richtung. Mit dem Winde.
Niederschl.: Nachts A, der auf der Morgenwache zeitweise aufklarte und von 8^h a. m. ab ganz verschwand.
Zustand d. See: Temp. Mittel 3,6°; max. 4,4° um 2^h p. m., min. 2,4° um 2^h a. m.
Spezif. Gewicht. Mittel 1,02592; max. 1,0261, min. 1,0256.
Allg. Bemerk.: Ozongehalt = 11.
Nachts Nebel, der auf der Morgenwache zeitweise aufklarte und von 8^h ab ganz verschwand. Wind auffrischend.
Nachmittags bezogen. Wind böig.

1874, den 20. November.

Position: 49° 27,8' S-Br.; 70° 3,8' O-Lg. Three Islands Harbour bis 10h a. m. 49° 21,1' S-Br.; 70° 7,1' O-Lg. Amerikanisches Observatorium von 2h p. m. ab.
Schiffsbew.: Kurs. N338°E um 10h a. m.
Fahrt. 5.
Wind: Richtung. Mittel N288°E; N282°E und N293°E.
Stärke. Mittel 5,9; max. 8 um 2h p. m., min. 3—4 um 6h a. m.
Barom.: Mittel 755,83 mm; fiel beständig von 758,75 mm um 2h a. m. bis 753,40 mm um 10h p. m.
Temp. d. Luft: Mittel 5,9°; max. 8,3° um 6h p. m., min. 3,2° um 2h a. m.
Spannkr. d. Dünste: Mittel 4,6 mm; max. 5,2 mm um 2h p. m., min. 4,0 mm um 2h a. m.
Wolken: Gattung u. Betrag. Auf der Mittelwache der obere Himmel fast klar, cu ni 5—6; Morgens wieder bezogen, cu ni 10; erst Abends wieder mehr aufklarend bis cu ni 4—5 um 10h p. m.
Niederschl.: —
Zustand d. See: Temp. Mittel 3,4°; max. 3,9° um 2h p. m., min. 2,9° um 6h a. m.
Spezif. Gewicht. Mittel 1,02580; max. 1,0259, min. 1,0257.
Allg. Bemerk.: Ozongehalt = 7—8. Regenmesser 0.
Mittelwache klarer, namentlich der obere Himmel. Morgens wieder bezogen. Sehr starke Böen kamen durch.
Nachmittags bezogen und Abends mehr aufklarend, sehr böig.

1874, den 21. November.

Position: 49° 21,1' S-Br, 70° 7,1' O-Lg. Royal Sound.
Schiffsbew.: Kurs. } Vor Anker.
Fahrt. }
Wind: Richtung. Mittel N244°E; Vormittags anfangs N260°E durch N248°E nach N237°E, Nachmittags wieder von N260°E durch N237°E nach N226°E.
Stärke. Mittel 7,0; von 5 um 2h a. m. auffrischend mehr und mehr bis zu 8 um 6h p. m., später 6, begleitet von Böen bis zu 10, die gegen Abend etwas nachliessen.
Barom.: Mittel 756,64 mm; stieg fortwährend von 753,25 mm um 2h a. m. bis zu 759,80 mm um 10h p. m.
Temp. d. Luft: Mittel 3,6°; max. 5,4° um 2h a. m., min. 2,2° um 10h p. m.
Spannkr. d. Dünste: Mittel 3,5 mm; max. 4,1 mm., min. 3,0 mm um 10h a. m.
Wolken: Gattung u. Betrag. Vormittags cu ni 6—8, Nachmittags cu ni 6—7, jedoch um 10h p. m. ganz bezogen cu ni 10.
Richtung. Mit grosser Geschwindigkeit in der Windrichtung ziehend.
Niederschl.: Von 6h a. m. ab kurze Schneeböen, welche bis zur Nacht anhielten.
Zustand d. See: Temp. Mittel 2,9°; max. 3,1° um 6h p. m., min. 2,6° um 6h a. m.
Spezif. Gewicht. Mittel 1,02572; max. 1,0259, min. 1,0256.
Allg. Bemerk.: cu ni mit grosser Geschwindigkeit in der Windrichtung ziehend. Böen bis zu 10. Kurze Böen mit Schnee, der jedoch nicht liegen blieb.
Ozongehalt = 9, Nachmittags wie am Vormittag.
Nach 11h Abends flaute der Wind etwas ab, es kamen nicht so harte Böen mehr durch.

1874, den 22. November.

Position: Royal Sound bis 10h a. m. Englisches Observatorium von 2h p. m. an.
Schiffsbew.: Kurs. N231°E um 10h a. m.
Fahrt. 5,6.
Wind: Richtung. Mittel N283°E; Vormittags lange N237°E, dann kurze Zeit N271°E, Nachmittags kurze Zeit N305°E, dann N327°E, zuletzt sogar 1/2 Strich östlich, also N333°E.
Stärke. Mittel 5,3; max. 7—8 um 6h p. m., min. 5 um 10h a. m.; böig.
Barom.: Mittel 759,24 mm; 761,30 mm um 2h a. m.; max. 761,90 mm um 6h a. m., von da ab fiel es bis zum min. 753,30 mm um 10h p. m.
Temp. d. Luft: Mittel 4,9°; max. 7,8° um 2h p. m., min. 2,0° um 2h a. m.
Spannkr. d. Dünste: Mittel 4,2 mm; max. 4,6 mm um 10h p.m., min. 3,4 mm um 6h p. m.
Wolken: Gattung u. Betrag. Himmel auf der Mittelwache bezogen cu ni 6—8, später mehr aufklarend, namentlich am Nachmittage cu, und ci str. 4—5, Abends wieder ganz bezogen, ni 10.
Richtung. Mit dem Winde ziehend.
Niederschl: Bis 6h a. m. noch immer kurze Schneeböen, wie am Tage vorher, ohne dass der Schnee liegen blieb.
Zustand d. See: Temp. Mittel 2,9°; max. 3,4° um 10h a. m., min. 2,7° um 2h a. m., auch um 2h p. m.
Spezif. Gewicht. Mittel 1,02575; max. 1,0259, min. 1,0256.
Allg. Bemerk.: Ozongehalt = 9.
Himmel auf der Mittelwache bezogen, später mehr aufklarend, böig namentlich Nachmittags. Abends wieder ganz bezogen.

1874, den 23. November.

Position: Englisches Observatorium bis 10h a. m.; 49° 16,5' S-Br., 70° 13,5' O-Lg. um 12h Mittags; Mount Peeper N288°E, äusserste Ende von Prinz of Wales Land N221°E um 7h p. m.
Schiffsbew.: Kurs. Von 2h p. m. N49°E, dann N1°E von 6h p. m. an.
Fahrt. 5 bis 6.
Wind: Richtung. Mittel N280°E; ging am Vormittage von N260°E nach N305°E und zurück sogar bis zu N248°E, am Nachmittage von N293°E nach N305°E und wieder zurück nach N293°E.
Stärke. Mittel 5,1; Morgens 5—6, Nachmittags etwas flauer 3—4, Abends auffrischend 6—7. Wind am Vormittage in heftigen Stössen von den Bergen kommend. Nachmittags Wind auf See nicht so stark, gegen Abend gleichmässig zunehmend.
Barom.: Mittel 754,43 mm; 2 max. 754,90 mm um 10h a. m., 755,25 mm um 10h p. m., 2 min. 752,90 mm um 2h a. m., 754,75 mm um 2h p. m.
Temp. d. Luft: Mittel 4,3°; max. 5,1° um 2h p. m., min. 2,9° um 10h p. m.
Spannkr. d. Dünste: Mittel 3,9 mm; max. 4,4 mm um 10h p. m., min. 3,3 mm um 10h a. m.
Wolken: Gattung u. Betrag. Vormittags bald cu ni, bald cu str. 3—5, Nachmittags ni 4—5, später cu 1—3 am Horizont.
Richtung. Vormittags schnell, Nachmittags langsamer in der Windrichtung ziehend.
Niederschl.: —
Zustand d. See: Temp. Mittel 2,7°; max. 3,0° um 2h p. m., min. 2,1° um 10h p. m.
Spezif. Gewicht. Mittel 1,02578; max. 1,0260, min. 1,0256.
Allg. Bemerk.: Ozongehalt = 8.
Wolken in der Windrichtung ziehend mit grosser Ge- Geschwindigkeit. Wind in heftigen Stössen von den Bergen herunterkommend. Nachmittags Wind auf See nicht so stark, gegen Abend gleichmässig zunehmend. Himmel klar, oft nur der Horizont besetzt, Wolken mit mässiger Geschwindigkeit ziehend.

1874, den 24. November.

Position: Um 12h Mittags 49° 5,8' S-Br., 70° 11,9° O-Lg. Betsy Cove.
Schiffsbew.: Kurs. Um 2h a. m. N1°E, um 6h a. m. N243°E.
Fahrt. 4—6.
Wind: Richtung. Mittel 303°E; zwischen N282°E und N316°E am Vormittage, Nachmittags fast still.
Stärke. Mittel 2,0; Vormittags 4 bis 6, Nachmittags bis gegen 12h Nachts ganz still, dann N305°E 2—3.
Barom.: Mittel 743,32 mm; fiel vom max. 754,10 mm um 2h a. m. bis zum min. 735,90 mm um 10h p. m.
Temp. d. Luft: Mittel 4,5°; max. 5,9° um 6h p. m., min. 2,6° um 2h a. m.
Spannkr. d. Dünste: Mittel 5,7 mm; max. 6,7 mm um 2h p. m., min. 3,8 mm um 6h a. m.

Wolken: Gattung u. Betrag. Fast den ganzen Tag ni 10, jedoch früh und Abends etwas klarer cu 5—6 und cu ni 7.
Niederschl.: Gegen 8h a. m. sehr starker A, mit beständigem starkem Niederschlag bis gegen 4h p. m.
Zustand d. See: Temp. Mittel 3,1°; max. 4,1° um 6h p. m., min. 1,9° um 2h a. m.
Spezif. Gewicht. Mittel 1,02582; max. 1,0259, min. 1,0256.
Allg. Bemerk.: Himmel klar mit Wolken am Horizont. Gegen 1h a. m. mit einer starken Böe und mit grosser Geschwindigkeit fast ganz bezogen. Gegen 2h a. m. wieder aufklarend. Gegen 4h ungemein starkes Morgenroth. Auf der Morgenwache ganz bezogen.
9h a. m. Ozongehalt = 8—9.
Gegen 8h a. m. sehr starker Nebel mit beständigem starken Niederschlag bis gegen 4h Nachmittags. Wind bis gegen 12h Nachts ganz still, dann N305°E 2—3.

1874, den 25. November.

Position: Betsy Cove 49° 5′ S-Br., 70° 11,9′ O-Lg.
Schiffsbew.: Kurs. / Fahrt. } Vor Anker.
Wind: Richtung. Mittel N267°E; Vormittags drehte sich der Wind von N305°E nach N282°E, Nachmittags anfangs N237°E und nach und nach wieder N282°E.
Stärke. Mittel 3,1; meist 3—4, Abends etwas flauer.
Barom.: Mittel 742,20 mm; stieg von 734,70 mm bis 750,40 mm.
Temp. d. Luft: Mittel 4,3°; max. 5,4° um 2h a. m., min. 2,3° um 10h p. m.
Spannkr. d. Dünste: Mittel 4,2 mm; max. 6,3 mm um 2h a. m., min. 3,2 mm um 10h p. m.
Wolken: Gattung u. Betrag. Auf der Mittelwache ganz bezogen cu ni 10, später aufklarend cu und cu ni 4—5, gegen Abend wieder mehr bezogen cu ni 6—7.
Richtung. Mit dem Winde ziehend.
Niederschl.: Einzelne Schnee- und Hagelböen während der Zeit von 10h a. m. bis 6h p. m.
Zustand d. See: Temp. Mittel 3,2°; max. 3,7° um 2h a. m., min. 2,3° um 10h p. m.
Spezif. Gewicht. Mittel 1,02585; max. 1,0259, min. 1,0258.
Allg. Bemerk.: Ozongehalt = 10. Regenmesser 5,6 mm.
9h p. m. wurde ein ganz schwaches Polarlicht in SW bemerkt.
Auf der Mittelwache ganz bezogen, später aufklarend. Einzelne Schnee- und Hagelböen.

1874, den 26. November.

Position: Betsy Cove.
Schiffsbew.: Kurs. / Fahrt. } Vor Anker.
Wind: Richtung. Mittel N286°E; Vormittags von N260°E über N282°E nach N305°E und gegen Abend um 10h p. m. zurück N282°E.
Stärke. Mittel 1,8; Wind schwach, gegen Abend auffrischend.
Barom.: Mittel 757,23 mm; stieg fortwährend von 753,00 mm um 2h a. m. bis 761,40 mm um 10h p. m.
Temp. d. Luft: Mittel 5,7°; max. 8,5° um 2h p. m., min 2,3° um 2h a. m.
Spannkr. d. Dünste: Mittel 4,6 mm; max. 5,3 mm um 10h p. m., min. 4,1 mm um 2h a. m.
Wolken: Gattung u. Betrag. Nachts bezogen, später aufklarend, Vormittags cu ni 8—10, Nachmittags cu ni 3—4, zuweilen cu str. 1—2.
Richtung. Mit dem Winde ziehend.
Niederschl.: —
Zustand d. See: Temp. Mittel 3,2°; max. 4,3° um 6h p. m., min. 2,1° um 6h a. m.
Spezif. Gewicht: Mittel 1,02593; max. 1,0260, min. 1,0258.
Allg. Bemerk.: Ozongehalt 8. Regenmesser 0,4 mm.
Nachts bezogen, später aufklarend. Wind schwach, gegen Abend auffrischend.

1874, den 27. November.

Position: Betsy Cove.
Schiffsbew.: Kurs. / Fahrt. } Vor Anker.
Wind: Richtung. Mittel N314°E; meist zwischen N316°E und N282°E, jedoch um 6h a. m. N35°E und Abends 10h unbestimmt N12°E und N102°E.
Stärke. Mittel 2,7; Vormittags nahm der Wind bedeutend zu von 2—7, Abends flaute es ganz ab, er wurde unbeständig, max. N282°E 7 um 10h a. m.
Barom.: Mittel 760,31 mm; fiel von 761,40 mm um 2h a. m. bis 759,15 mm um 2h p. m., stieg dann bis zum max. 761,90 mm um 10h p. m.
Temp. d. Luft: Mittel 6,3°; max. 7,7° um 6h p. m., min. 4,4° um 2h a. m.
Spannkr. d. Dünste: Mittel 5,3 mm; max. 5,8 mm um 10h p. m., min. 4,9 mm 2h a. m.
Wolken: Gattung u. Betrag. Vormittags cu str. 6—8 zogen langsam über den Himmel, Nachmittags um 2h cu ni 10, Abends cu 6—7.
Richtung. Bis 6h p. m. aus N, um 10h p. m. keine Bewegung bemerkbar.
Niederschl.: —
Zustand d. See: Temp. Mittel 3,3°; max. 3,9° um 6h p. m., min. 2,4° um 2h a. m.
Spezif. Gewicht. Mittel 1,02593; max. 1,0260, min. 1,0259.
Allg. Bemerk.: Ozongehalt nach 12h = 6, nach 24h = 8.
Nachts cu str. langsam über den Himmel ziehend. Vormittags nahm der Wind bedeutend zu, und bezog sich der Himmel mehr. Abends flaute es ganz ab, wurde unbeständig.

1874, den 28. November.

Position: Betsy Cove bis 10h a. m.
Successful Bay von 2h p. m. an.
Schiffsbew.: Kurs N299°E. / Fahrt 7,0 } Von 10h a. m. bis 2h p. m. unter Dampf.
Wind: Richtung. Mittel N293°E; anfangs ganz still, dann erhob sich ein schwacher Hauch von N147°E, erst um 10h a. m. frischte es ein wenig auf bei N327°E-Wind, um 6h p. m. wurde der Wind N260°E und zuletzt immer flauer als N260°E.
Stärke. Mittel 1,2; max. 4—5 um 6h p. m.
Barom.: Mittel 757,82 mm; fiel vom max. 762,40 mm um 2h a. m. bis zum min. 752,80 mm um 6h p. m. und stieg nachher wieder ein wenig.
Temp. d. Luft: Mittel 6,1°; max. 9,2° um 6h p. m., min. 3,4° um 2h a. m.
Spannkr. d. Dünste: Mittel 5,9 mm; max. 7,4 mm um 2h p. m., min. 5,1 mm um 6h a. m.
Wolken: Gattung u. Betrag. Nachts ni str. 6—7, dann ganz bezogen ni 10, Nachmittag klarte es mehr und mehr auf cu ni 6—7, Abends ni 2—3.
Richtung. Mit dem Winde ziehend.
Niederschl.: Gegen Morgen stellte sich A ein, der gegen 9h sehr dick wurde und bis zum Abend anhielt mit beständigem Niederschlag.
Zustand d. See: Temp. Mittel 3,5°; max. 4,1° um 6h p. m., min. 3,0° um 10h a. m.
Spezif. Gewicht. Mittel 1,02589; max. 1,0259, min. 1,0258.
Allg. Bemerk.: Ozongehalt nach 24h = 9—10.
Gegen Morgen stellte sich Nebel ein, der gegen 9h sehr dick wurde und bis zum Abend anhielt mit beständigem Niederschlag.

1874, den 29. November.

Position: Successful Bay.
Schiffsbew.: Kurs. —
Fahrt. —
Wind: Richtung. Mittel N52°E; ging von N80°E nach N57°E herum und wurde 10h p. m. N338°E.
Stärke. Mittel 0,8; zwischen 0 und 2.
Barom.: Mittel 755,88 mm; stieg von 755,90 mm bis zum max. 758,65 mm um 10h a. m. und fiel wieder bis zum min. 751,40 mm um 10h p. m.
Temp. d. Luft: Mittel 5,4°; max. 7,7° um 10h p. m., min. 3,7° um 6h a. m.
Spannkr. d. Dünste: Mittel 6,1 mm; max. 7,5 mm um 10h p. m., min. 4,7 mm um 6h a. m.

Wolken: Gattung und Betrag. Fortwährend ganz bezogen ni 10.
Richtung. —
Niederschl.: Um 2h starker A mit beständigem Niederschlag, der bis zum Abend anhielt und in starken B überging.
Zustand d. See: Temp. Mittel 3,9°; max. 4,2° um 2h a. m., min. 3,6° um 10h a. m.
Spezif. Gewicht. Mittel 1,02597; max. 1,0260, min. 1,0259.
Allg. Bemerk.: Bis 2h a. m. ganz still, dann kam leichter östlicher Wind auf mit starkem Nebel und beständigem Niederschlag. Abends auf der Abendwache sehr starker Regen und starke, stossweise Böen von den Bergen herab, zwischen welchen es oft ganz still war.
9h a. m. Ozongehalt = 9—10. Regenmesser 1,0 mm.

1874, den 30. November.

Position: Succesful Bay.
Schiffsbew.: Kurs. —
Fahrt. —
Wind: Richtung. Mittel N0°E; ging von N316°E nach N260°E um 2h p. m., Abends wieder N316°E.
Stärke. Mittel 4,6; der Wind wurde immer stärker, von 2 um 2h a. m. bis zu 6 um 6h p. m., flaute dann etwas ab.
Barom.: Mittel 747,34 mm; fiel von 747,95 mm um 2h a. m. bis zu 742,45 mm um 10h a. m. und stieg dann bis 750,68 mm um 10h p. m.
Temp. d. Luft: Mittel 6,6°; max. 8,2° um 6h a. m., min. 4,8° um 10h p. m.
Spannkr. d. Dünste: Mittel 6,2 mm; max. 7,8 mm um 2h a. m., min. 4,1 mm um 6h p. m.
Wolken: Gattung u. Betrag. Vormittags ni 10, gegen Mittag klarte es auf cu 3, cu ni 3—4, jedoch um 10h p. m. wieder ni 10.
Richtung. Aus NW.
Niederschl.: Starker A und B, ausgenommen Nachmittags.
Zustand d. See: Temp. Mittel 4,0°; max. 5,0° um 10h a. m., min. 3,4° um 6h p. m.
Spezif. Gewicht. Mittel 1,02555; max. 1,0260, min. 1,0237.
Allg. Bemerk.: Früh bezogen, starker Nebel und Regen. Die Böen wie am Abend vorher. Nach 10h a. m wurden die Böen viel stärker und der Wind gleichmässig stärker, das Wetter klarte auf. Gegen Abend wurde es flauer und bezog wieder ganz mit Regen und Nebel. Nach 10h p. m. wieder stossartige starke Böen. Gegen 12h p. m. etwas aufklarend 7—8.
9h a. m. Ozongehalt = 11. Regenmesser 25,6 mm.
Das min. 1,0237 des spezifischen Gewichts des Seewassers um 10h a. m. wurde wahrscheinlich verursacht durch das viele schnell von den Bergen herabströmende Regenwasser.

1874, den 1. Dezember.

Position: Successful Bay.
Schiffsbew.: Kurs. —
Fahrt. —
Wind: Richtung. Mittel N259°E; fast immer N260°E, jedoch um 6h a. m. N271°E und um 10h p. m. N248°E.
Stärke. Mittel 7,3; Wind stark, mit heftigen Böen, namentlich sehr stark nach 10h p. m.
Barom.: Mittel 752,46 mm; stieg mit kurzer Unterbrechung von 750,25 mm um 2h a. m. bis 756,45 mm um 10h p. m.
Temp. d. Luft: Mittel 5,1°; max. 6,8° um 10h a. m., min. 3,5° um 10h p. m.
Spannkr. d. Dünste: Mittel 4,0 mm; max. 4,6 mm um 2h a. m., min. 3,4 mm um 10h p. m.
Wolken: Gattung u. Betrag. Himmel fast ganz bezogen, cu ni 8—10, jedoch um 10h a. m. etwas klarer, cu 6—7.
Richtung. Mit dem Winde ziehend.
Niederschl.: Nachmittags und Abends einige kurze Hagelböen.
Zustand d. See: Temp. Mittel 3,0°; max. 3,4° um 2h p. m., min. 2,4° um 10h p. m.
Spezif. Gewicht. Mittel 1,02582; max. 1,0259, min. 1,0258.
Allg. Bemerk.: 9h a. m. Ozongehalt nach 24h = 8—9.
9h a. m. Regenmesser 3,3 mm.
9h p. m. Ozongehalt nach 12h = 6.
Himmel fast ganz bezogen. Vormittags etwas klarer. Wind stark, mit heftigen Böen. Nachmittags und Abends einige kurze Hagelböen. Wind namentlich stark nach 10h Abends.

1874, den 2. Dezember.

Position: Successful Bay bis 10h a. m. 48° 55,5° S-Br.; 69° 24,8′ O-Lg. um 12h Mittags. Rhode's Bay von 2h p. m. an.
Schiffsbew.: Kurs. N276°E um 10h a. m. unter Dampf.
Fahrt. 4,4.
Wind: Richtung. Mittel N272°E. Vormittags von N248°E über N260°E nach N282°E; Nachmittags anfangs N271°E, später N293°E.
Stärke. Mittel 5,3; um 2h a. m. 8, gegen 4h a. m. abflauend, um 7h von der Stärke 3; gegen 11h 30′ a. m. nahm der Wind bedeutend zu und blieb Nachmittags 5—7.
Barom.: Mittel 760,86 mm; max. 763,65 mm um 10h a. m., min. 759,0 mm um 10h p. m.
Temp. d. Luft: Mittel 4,8°; max. 5,8° um 10h a. m., min. 3,2° um 6h a. m.
Spannkr. d. Dünste: Mittel 4,2 mm; max. 4,9 mm um 10h p. m., min. 3,6 mm um 2h a. m.
Wolken: Gattung u. Betrag. Vormittag cu ni 7—8, um 10h a. m. aufklarend bis 3—4; Nachmittags um 2h wie am Vormittag cu ni 7—8, von 5h an ganz bezogen ni 10.
Richtung. Anfangs WNW, von 10h a. m. an NW.
Niederschl.: Morgens C-Böen; auf der Abendwache vorübergehende Regenschauer.
Zustand d. See: Temp. Mittel 3,0°; max. 3,2° um 2h a. m., min. 2,7° um 10h p. m.
Spezif. Gewicht. Mittel 1,02581; max. 1,0259, min. 1,0258.
Allg. Bemerk.: 9h a. m. Ozongehalt nach 24h = 8.
Wind gegen 4h a. m. abflauend. 7h Stärke 3; Himmel aufklarend. Gegen 11h 30′ a. m. nahm der Wind bedeutend zu. Der Himmel bezog sich mehr, gegen 5h p. m ganz bezogen. Auf der Abendwache vorübergehende Regenschauer.

1874, den 3. Dezember.

Position: Rhodes Bay.
Schiffsbew.: Kurs. —
Fahrt. —
Wind: Richtung. Mittel N275°E; drehte sich von N293°E nach N260°E, ging Nachmittags wieder hin nach N293°E.
Stärke. 7,7; fast gleichmässig stark, am stärksten auf der Morgen- und der Vormittagswache bis zu 9. Nachmittags heftige Böen.
Barom.: Mittel 753,82 mm; max. 757,50 mm um 10h p. m., min. 750,85 mm um 6h a. m.
Temp. d. Luft: Mittel 4,8°; max. 5,7° um 6h a. m., min. 4,0° um 10h p. m.
Spannkr. d. Dünste: Mittel 5,1 mm; max. 5,5 mm um 6h a. m., min. 4,5 mm um 2h p. m.
Wolken: Gattung u. Betrag. Anfangs ni 10, dann um 6h a. m. etwas klarer cu ni 7—8; Nachmittags wieder bezogen cu ni 10, später mehr und mehr aufklarend cu ni 6—7; von 10h bis 11h 30′ p. m. aufklarend, aber immer dunkle Bänke zu luvard, dann wieder bezogen.
Richtung. Mit dem Winde ziehend.
Niederschl.: Fast den ganzen Tag leichte B-Böen.
Zustand d. See: Temp. Mittel 2,9°; max. 3,3° um 2h p. m., min. 2,5° um 6h a. m.
Spezif. Gewicht. Mittel 1,02574; max. 1,0258, min. 1,0256.
Allg. Bemerk.: Ozongehalt = 8—9. Regen = 6 mm.
Himmel bezogen. Wind gleichmässig stark, am stärksten auf der Morgen- und Vormittagswache, auf welchen es auch etwas klarer wurde. Nachmittags bezogen bis Abends 10h, mit leichten Regenschauern. Heftige Böen. Von 10h bis 11h 30′ aufklarend, aber immer dunkle Bänke zu luvard. Dann wieder bezogen.

1874, den 4. Dezember.

Position: Rhodes Bay.
Schiffsbew.: Kurs. —
Fahrt. —
Wind: Richtung. Mittel N275°E; N271°E bis 2h p. m., dann nach N305°E und über N260°E zurück nach N271°E.
Stärke. Mittel 7,2; flaute Nachmittags etwas ab.
Barom.: Mittel 759,63 mm; stieg von 758,60 mm um 2h a. m. bis 761,65 mm um 10h p. m.

Temp. d. Luft: Mittel 6,1°; max. 8,4° um 6h p. m., min. 4,0° um 2h a. m.
Spannkr. d. Dünste: Mittel 5,1 mm; max. 5,3 mm um 10h a. m., min. 5,0 mm um 2h a. m.
Wolken: Gattung u. Betrag. Vormittags cu ni 6—8, Nachmittags cu ni 6—7, um 10h p. m. ganz bezogen ni 10.
Richtung. Meist mit dem Winde.
Niederschl.: Morgens und Abends feiner B.
Zustand d. See: Temp. Mittel 3,2°; max. 3,6° um 2h p. m., min. 2,6° um 2h a. m.
Spezif. Gewicht. Mittel 1,02572; max. 1,0258, min. 1,0256.
Allg. Bemerk.: Bezogen. Regenböen. Zu luvard immer starke dunkle Bänke. Vormittags wehte es gleichmässig sehr stark und klarte auf dabei.
Regen = 2 mm. Ozongehalt nach 24h = 8.
Nachmittags flaute es ab. Zwischen 4h und 5h ging der Wind auf kurze Zeit nach N102°E, um 5h wieder auf N282°E, 5h 10′ nach N192°E, 5h 15′ wieder auf N260°E. Zwei Wolkenschichten, die obere eine leichte weisse von W nach S ziehend, die untere cu ni dunkel von luvard auf nach SE ziehend. Abends Regen.

1874, den 5. Dezember.

Position: Rhodes Bay.
Schiffsbew.: Kurs. —
Fahrt. —
Wind: Richtung. Mittel N276°E; N260°E bis 10h a. m., dann N282°E.
Stärke. Mittel 6,9; Wind böig. Vormittags 3—8, Nachmittags wurde er stärker, Abends gegen 10h max. bis zu 11.
Barom.: Mittel 755,43 mm; fiel beständig von 761,45 mm um 2h a. m. bis zu 747,95 mm um 10h p. m.
Temp. d. Luft: Mittel 10,8°; max. 12,8° um 2h p. m., min. 8,3° um 2h a. m.
Spannkr. d. Dünste: Mittel 7,7 mm; max. 9,2 mm um 2h p. m., min. 6,7 mm um 10h p. m.
Wolken: Gattung u. Betrag. Ganz bezogen ni 10, jedoch um 10h a. m. ni 7; Berge stark in Nebel gehüllt.
Richtung. Aus NW.
Niederschl.: Leichter B bis zum Abend.
Zustand d. See: Temp. Mittel 3,6°; max. 3,8° um 2h p. m., min. 3,4° um 6h a. m.
Spezif. Gewicht. Mittel 1,02553; max. 1,0258, min. 1,0254.
Allg. Bemerk.: 9h a. m. Ozongehalt nach 36h = 10—11.
9h a. m. Regen = 0,55 mm.
Wind N282°E, N260°E, böig. Stärke 3—8. Himmel ganz bezogen mit leichtem Regen. Berge stark in Nebel gehüllt.
Nachmittag wie am Vormittag. Wind nahm zu, Abends gegen 10h am stärksten bis zu 11. Nach 10h wieder schwächer werdend.

1874, den 6. Dezember.

Position: Rhodes Bay bis 2h p. m. / Unter Dampf gegen 6h p. m. / Christmas Harbour um 10h p. m.
Schiffsbew.: Kurs. Um 2h p. m. gestoppt, um 6h p. m. N340°E.
Fahrt. 5,5.
Wind: Richtung. Mittel N265°E; Vormittags N282°E und N260°E, Nachmittags sehr veränderlich, von 12h—1h 30′ W-lich 1—3, 2h N282°E 1—2, 3h N215°E 0—1, 4h N192°E 2—3, 4h 30′ N147°E 2-3, 5h 35′ durch N57°E nach N350°E 1—2, 6h—8h N260°E 1—2, dann N226°E bis 9h 30′, als wir hinter einer steilen Felswand im Aussenhafen ankerten Hier war es meistens still, nur kamen plötzliche Windstösse von den Seiten der Wand in N170°E und N260°E.
Stärke. Mittel 2,4; um 2h a. m. noch 7—9, dann rasch abflauend, Nachmittags fast still.
Barom.: Mittel 747,13 mm; vom max. 750,10 mm um 6h a. m., fiel es bis zum min. 742,25 mm um 2h p. m. und stieg dann wieder bis 746,70 mm um 10h p. m.
Temp. d. Luft: Mittel 3,7°; max. 4,8° um 2h p. m., min. 2,5° um 10h p. m.
Spannkr. d. Dünste: Mittel 4,2 mm; max. 4,9 mm um 2h a. m., min. 3,8 mm um 6h a. m.
Wolken: Gattung u. Betrag. cu ni 9—10, nur um 6h a. m. cu ni 6—7.
Richtung. Aus NW, nur 10h p. m. aus SW.
Niederschl.: Feiner B bis 3h a. m.
Zustand d. See: Temp. Mittel 3,2°; max. 3,5° um 6h p. m., min. 2,7° um 10h p. m.
Spezif. Gewicht. Mittel 1,02537; max. 1,0258, min. 1,0249.
Allg. Bemerk.: Ozongehalt nach 24h = 6.
Regenmesser = 6,9 mm.
Gegen 2h a. m. flaute es ab. Himmel bezogen mit feinem Regen bis 3h a. m., dann etwas aufklarend. Wind Vormittags NW-lich.
Nachmittags Himmel bezogen.

1874, den 7. Dezember.

Position: Christmas Harbour bis 10h p. m. / Unter Segel von 10h p. m. an.
Schiffsbew.: Kurs N51°E um 10h p. m.
Fahrt. 5,5.
Wind: Richtung. Mittel N305°E; N260°E bis zu N293°E um 12h a. m. gehend, Nachmittags weiter nach N gehend bis zu N338°E.
Stärke. Mittel 3,4; stets zunehmend von 1—7. Vormittags etwas böig.
Barom.: Mittel 751,77 mm; stieg Vormittags bis zu 753,40 mm um 10h a. m., fiel dann bis 750,20 mm um 10h p. m.
Temp. d. Luft: Mittel 3,5°; max. 4,8° um 2h p. m., min. 2,1° um 2h a. m.
Spannkr. d. Dünste: Mittel 4,4 mm; max. 5,1 mm um 6h p. m., min. 3,7 mm um 6h a. m.
Wolken: Gattung u. Betrag. Himmel grossentheils bezogen, nur um 2h a. m. und um 2h p. m. etwas weniger cu ni 6.
Richtung. Mit dem Winde ziehend.
Niederschl.: Von 6h p. m. ab leichter B und A, vorher gegen 4h p. m. die Spitzen der Berge in Nebel.
Zustand d. See: Temp. Mittel 2,6°; max. 3,0° um 2h p. m., min. 2,1° um 2h a. m.
Spezif. Gewicht. Mittel 1,02578; max. 1,0259, min. 1,0257.
Allg. Bemerk.: Ozongehalt nach 24h = 9.
Himmel meist fast ganz bezogen.
Wind N260°E bis zu N293°E 12h a. m. gehend, zunehmend und etwas böig. Wolken ziehen östlich, später südöstlich.
Nachmittags Wind nördlicher gehend bis zu N338°E und zunehmend. Gegen 4h ganz bezogen, die Spitzen der Berge in Nebel, der mehr und mehr tiefer kam. Von 6h ab leichter Regen und Nebel.

1874, den 8. Dezember.

Position: Von 2h p. m. ab Betsy Cove.
Schiffsbew.: Kurs. N153°E um 10h a. m. N161°E; vor dem Winde.
Fahrt. 5,0, dann 4,3.
Wind: Richtung. Mittel N325°E; fast beständig N327°E, nur um 2h p. m. N282°E, Abends still.
Stärke. Mittel 3,8; Vormittags um 2h a. m. 7, dann abflauend bis zu 4, Nachmittags noch mehr, bis zur Windstille.
Barom.: Mittel 742,70 mm; fiel beständig von 748,30 mm um 2h a. m. bis zu 738,30 mm um 10h p. m.
Temp. d. Luft: Mittel 5,1°; max. 6,8° um 6h p. m., min. 3,9° um 10h p m.
Spannkr. d. Dünste: Mittel 5,8 mm; max. 6,4 mm um 2h p. m., min. 5,1 mm um 6h p. m.
Wolken: Gattung u. Betrag. Vormittags ni 10, Nachmittags aufklarend, bis nur noch Wolken am Horizont um 6h p. m., dann ging der Wind nach N327°E, und es bezog sich wieder mehr und mehr cu ni 7—8 um 10h p. m., ganz klar um 12h.
Richtung. Mit dem Winde, um 10h p. m. bei Windstille aus W.
Niederschl.: Feiner A und B bis 11h a. m.

Zustand d. See: Temp. Mittel 3,6°; max. 4,6° um 6h p. m., min. 2,6° um 2h a. m.
Spezif. Gewicht. Mittel 1,02580; max. 1,0259, min. 1,0257.
Allg. Bemerk.: 9h a. m. Ozongehalt nach 24h = 11.
Regenmesser nach 24h = 6 mm.
Himmel bezogen mit feinem Regen bis 11h a. m., dann mit eintretendem Westwinde aufklarend.
Nachmittags aufklarend, bis nur noch Wolken am Horizont. Wind nach Nord gehend und wieder mehr bezogen. Gegen 10h still, Himmel aufklarend. Um 12h ganz klar.

1874, den 9. Dezember.

Position: Betsy Cove.
Schiffsbew.: Kurs. —
Fahrt. —
Wind: Richtung. Mittel N234°E; Wind ging von N282°E um 2h a. m. nach N328°E um 2h p. m., dann nach N147°E, N158°E.
Stärke. Mittel 0,5; Vormittags etwas auffrischend bis zu 2, Nachmittags anfangs flauer 1, der N147°E wieder 3.
Barom.: Mittel 738,48 mm; max. 739,30 mm um 10h a. m., min. 737,75 mm um 6h p. m.
Temp. d. Luft: Mittel 4,3°; max. 6,4° um 10h a. m., min. 2,6° um 2h a. m.
Spannkr. d. Dünste: Mittel 4,8 mm; max. 5,5 mm um 2h p. m., min. 4,4 mm um 2h a. m.
Wolken: Gattung u. Betrag. Hinter den Bergen zu Luvard dunkele Bänke um 2h a. m., von denen aber nur einige cu str. über den Horizont weiter zogen, oberer Himmel den Vormittag über oft ganz klar, zuweilen mit ganz weissen leichten cu str. bezogen. Nachmittags leichte cu ni 4—5, Abends mehr und mehr bezogen bei S-Wind.
Richtung. Mit dem Winde.
Niederschl.: —
Zustand d. See: Temp. Mittel 4,4°; max. 5,1° um 2h p. m., min. 3,9° um 2h a. m.
Spezif. Gewicht. Mittel 1,02575; max. 1,0258, min. 1,0257.
Allg. Bemerk.: Ozongehalt nach 24h = 8.
Regenmesser nach 24h = 5,5 mm.
Vorübergang der Venus vor der Sonnenscheibe.

1874, den 10. Dezember.

Position: Betsy Cove.
Schiffsbew.: Kurs. —
Fahrt. —
Wind: Richtung. Mittel N263°E; Vormittags von N170°E über N215°E nach N248°E, Nachmittags N282°E.
Stärke. Mittel 2,7; Vormittags 3 und dann etwas abflauend bis 1, Nachmittags bedeutend auffrischend bis zu 6, zuweilen 9.
Barom.: Mittel 746,00 mm; stieg von 740,20 mm um 2h a. m. bis zu 750,00 mm um 10h p. m.
Temp. d. Luft: Mittel 4,5°; max. 6,6° um 2h p. m., min. 2,8° um 2h a. m.
Spannkr. d. Dünste: Mittel 4,1 mm; max. 4,5 mm um 6h p. m., min. 3,7 mm um 6h a. m.
Wolken: Gattung u. Betrag. Himmel meist ganz bezogen cu ni 10, Morgens um 2h a. m. jedoch ni 7—8, auch Nachmittags von 2h bis 5h ziemlich klar cu str. 4—5.
Richtung. Mit dem Winde ziehend.
Niederschl.: —
Zustand d. See: Temp. Mittel 3,7°; max. 4,3° um 2h p. m., min. 3,2° um 10h p. m.
Spezif. Gewicht. Mittel 1,02581; max. 1,0259, min. 1,0258.
Allg. Bemerk.: Ozongehalt nach 24h = 9.
Ein schwaches Polarlicht war Abends zu sehen.
Himmel meist ganz bezogen. Gegen 11h a. m. etwas aufklarend. Nachmittags ziemlich klar, von 5h ab wieder ganz bezogen. Abends wurde der Wind sehr stark.

1874, den 11. Dezember.

Position: Betsy Cove.
Schiffsbew.: Kurs. —
Fahrt. —
Wind: Richtung. Mittel N296°E; meist N305°E, erst gegen Abend N282°E.
Stärke. Mittel 6,7; zwischen 5 und 8, Abends von 10h bis 12h p. m. sehr starker Wind bis zu 10.
Barom.: Mittel 746,43 mm; fiel von 748,95 mm um 2h a. m. bis 745,30 mm um 2h p. m. und stieg dann wieder bis 746,30 mm um 10h p. m.
Temp. d. Luft: Mittel 5,7°; max. 7,7° um 2h p. m., min. 4,6° um 2h a. m.
Spannkr. d. Dünste: Mittel 5,0 mm; max. 6,4 mm um 10h a. m., min. 4,3 mm um 10h a. m.
Wolken: Gattung u. Betrag. Vormittags Himmel ganz bezogen ni 10, Nachmittags etwas klarer cu ni 5—6 um 6h p. m., von 8h bis 10h wieder bezogen, dann klarte es wieder auf.
Richtung. Mit dem Winde ziehend.
Niederschl.: Vormittags von 6h a. m. an leichter A und B, von 10h bis 11h a. m. starker Niederschlag, zuweilen leichter Regen.
Zustand d. See: Temp. Mittel 3,3°; max. 3,6° um 2h p. m., min. 2,9° um 6h a. m.
Spezif. Gewicht. Mittel 1,02592; max. 1,0261, min. 1,0257.
Allg. Bemerk.: Ozongehalt = 9. Regenmenge = 0,55 mm.
Himmel ganz bezogen, von 6h bis 11h a. m. starker Niederschlag, zuweilen leichter Regen. Nach 11h aufklarend.
Nachmittags klarer bis auf eine kurze Zeit von 1h bis 1h 30', wo ganz wenig Regen fiel. Von 8h bis 10h bezogen, dann aufklarend. Von 10h bis 12h sehr starker Wind.

1874, den 12. Dezember.

Position: Betsy Cove.
Schiffsbew.: Kurs. —
Fahrt. —
Wind: Richtung. Mittel N282°E; fast ununterbrochen N282°E, nur um 2h a. m. kurze Zeit N260°E.
Stärke. Mittel 3,0; Vormittags abflauend von 3—4 auf etwa 2—3, Abends fast ganz still.
Barom.: Mittel 751,33 mm; stieg von 747,80 mm um 2h a. m. bis 754,30 mm um 6h p. m., um 8h p. m. Barometer an Land zum Vergleich bis 11h a. m. am 15. Dezember 1874.
Temp. d. Luft: Mittel 5,5°; max. 7,5° um 2h p. m., min. 3,6° um 10h p. m.
Spannkr. d. Dünste: Mittel 4,3 mm; max. 4,5 mm um 6h p. m., min. 4,1 mm um 2h a. m.
Wolken: Gattung u. Betrag. Vormittags cu, und zuweilen cu ni 4—5, zu Luvard hinter den Bergen starke Bänke, die aber nur über dem Horizont weiter zogen, Nachmittags Himmel klar, leichte cu 2—3, bisweilen cu ni 3—4 am Horizont, um 10h p. m. cu 1.
Richtung. Aus NW.
Niederschl.: —
Zustand d. See: Temp. Mittel 3,4°; max. 4,0° um 2h p. m., min. 3,0° um 2h a. m.
Spezif. Gewicht. Mittel 1,02600; max. 1,0262, min. 1,0259.
Allg. Bemerk.: Ozongehalt = 7—8.
Wind abflauend von 3h bis 4h etwa 2—3.
Nachmittags Himmel klar, leichte Wolken am Horizont. Abends fast ganz still.

1874, den 13. Dezember.

Position: Betsy Cove.
Schiffsbew.: Kurs. —
Fahrt. —
Wind: Richtung. Mittel N326°E; Vormittags von N282°E über N305°E nach N327°E, Nachmittags bald N327°E, bald N338°E.
Stärke. Mittel 1,8; früh Morgens und Abends um 6h fast still, in der Zwischenzeit 2—3, und um 10h p. m. wieder 1—3.
Barom.: — An Land zum Vergleich.
Temp. d. Luft: Mittel 5,3°; max. 6,6° um 2h p. m., min. 3,0° um 2h a. m.
Spannkr. d. Dünste: Mittel 5,3 mm; max. 6,0 mm um 6h p. m., min. 4,3 mm um 2h a. m.

Wolken: Gattung u. Betrag. Vormittags Himmel ziemlich klar, Bewölkung zunehmend von cu ni 2 bis cu 6, Nachmittags cu ni 10, Himmel mit ni bezogen, über dem Horizont dunklere cu ni. Berge zu Luvard im Nebel. Um 10h p. m. ni 7—8.
Richtung. Aus der Windrichtung ziehend.
Niederschl.: Von 6h p. m. ab feiner B
Zustand d. See: Temp. Mittel 4,2°; max. 5,3° um 2h p. m., min. 3,1° um 2h a. m.
Spezif. Gewicht. Mittel 1,02605; max. 1,0261, min. 1,0259.
Allg. Bemerk.: Ozongehalt = 7—8.
Himmel ziemlich klar, sehr leichter Wind. Nachmittags Himmel mit ni bezogen, über dem Horizont dunklere cu ni. Berge zu Luvard in Nebel. Von 6h p. m. ab feiner Regen.

1874, den 14. Dezember.

Position: Betsy Cove.
Schiffsbew.: Kurs. —
Fahrt. —
Wind: Richtung. Mittel N314°E; von N316°E über N305°E nach N327°E am Vormittage und ebenso am Nachmittage.
Stärke. Mittel 2,0; anfangs 6, dann immer mehr abflauend, um 6h a. m. 2—3, bis es Abends ganz still wurde.
Barom.: — An Land zum Vergleich.
Temp. d. Luft: Mittel 6,4°; max. 6,8° um 2h a. m., min. 5,8° um 6h p. m.
Spannkr. d. Dünste: Mittel 6,9 mm; max. 7,1 mm um 2h a. m., min. 6,7 mm um 6h p. m.
Wolken: Gattung u. Betrag. Himmel ganz bezogen ni 10.
Richtung. Aus N.
Niederschl.: Ununterbrochen A und B, welcher letztere von 9h 30' bis 11h a. m. besonders stark war.
Zustand d. See: Temp. Mittel 4,6°; max. 4,7° um 6h p. m., min. 4,3° um 6h a. m.
Spezif. Gewicht. Mittel 1,02560; max. 1,0260, min. 1,0253.
Allg. Bemerk.: 9h a. m. Ozongehalt nach 24h = 10. 9h a. m. Regenmenge nach 24h = 7,25 mm.
Ganz bezogen mit Regen und Nebel. Von 2h bis 4h Wind stärker. 9h 30' bis 11h stärkerer Regen. Nachmittags Wetter wie am Vormittag. Wind Abends still.

1874, den 15. Dezember.

Position: Betsy Cove.
Schiffsbew.: Kurs. —
Fahrt. —
Wind: Richtung. Mittel N285°E; Vormittags N12°E, dann still, und später N305°E, Nachmittags theils N271°E, theils N282°E.
Stärke. Mittel 3,6; Nachmittags auffrischend von 2 bis zu 8.
Barom.: Mittel 743,05 mm; nur 3 Nachmittagsbeobachtungen vorhanden.
Temp. d. Luft: Mittel 4,9°; max. 6,6° um 10h a. m., min. 2,3° um 10h p. m.
Spannkr. d. Dünste: Mittel 5,4 mm; max. 6,9 mm um 10h a. m., min. 3,8 mm um 6h p. m.
Wolken: Gattung u. Betrag. Im Allgemeinen ni 10, nur Abends etwas klarer cu ni 8—6.
Richtung. Mit dem Winde.
Niederschl.: Fast den ganzen Tag A und leichter B, um 2h p. m. zuweilen etwas C.
Zustand d. See: Temp. Mittel 4,2°; max. 4,8° um 10h a. m., min. 3,5° um 6h p. m.
Spezif. Gewicht. Mittel 1,02545; max. 1,0259, min. 1,0252.
Allg. Bemerk.: Still bis 2h a. m. Himmel bezogen mit Nebel und ganz leichtem Regen. Um 5h still. 8h bis 10h N316°E, 10h bis 12h N305°E, dann N282°E. Um 9h a. m. kurze Zeit aufklarend, um 11h im N aufklarend. 12h cu ni 8.
9h a. m. Ozongehalt = 10. Regenmenge = 15,2 mm.
1h p. m. Wind N271°E zunehmend mit Böen mit wenig Schnee. Abends der Wind ziemlich gleichmässig stark. Zu Luvard dunkle Bänke, von denen zuweilen Schneeböen herüber kamen.

1874, den 16. Dezember.

Position: Betsy Cove.
Schiffsbew.: Kurs. —
Fahrt. —
Wind: Richtung. Mittel N292°E; Vormittags meist N282°E, dann N305°E; Nachmittags ebenso.
Stärke. Mittel 7,3; Vormittags 6—7, dann etwas abflauend; Nachmittags 8—10.
Barom.: Mittel 748,88 mm; max. 750,30 mm um 6h a. m., min. 747,50 mm um 6h p. m.
Temp. d. Luft: Mittel 5,4°; max. 8,0° um 2h p. m., min. 2,6° um 2h a. m.
Spannkr. d. Dünste: Mittel 5,6 mm; max. 6,7 mm um 6h p. m., min. 4,3 mm um 2h a. m.
Wolken: Gattung u. Betrag. Um 2h a. m. cu ni 2—4, dann Vormittags cu ni 10; Nachmittags cu ni anfangs 6, später wieder 10, Abends 7—8.
Richtung. Mit dem Winde ziehend.
Niederschl.: Um 2h a. m. zu Luvard eine dunkle Bank, von der aus Schnee- und Hagelböen über den Himmel zogen. Um 10h a. m. und 6h p. m. leichter B.
Zustand d. See: Temp. Mittel 3,6°; max. 4,4° um 2h p. m., min. 2,9° um 6h a. m.
Spezif. Gewicht. Mittel 1,02584; max. 1,0260, min. 1,0257.
Allg. Bemerk.: 9h a. m. Ozongehalt nach 24h = 10. 9h a. m. Regenmenge nach 24h = 0,6 mm.
Früh zu Luvard eine dunkle Bank, von der Schnee- und Hagelböen über den Himmel zogen. Morgens abflauend und ganz bezogen.
Wind zunehmend, namentlich Nachmittags etwas aufklarend, später der Himmel ganz mit einer dünnen weissen Wolkenschicht bezogen, darunter dunklere cu ni, schnell ziehend.

1874, den 17. Dezember.

Position: Betsy Cove.
Schiffsbew.: Kurs. —
Fahrt. —
Wind: Richtung. Mittel N298°E; fast immer N305°E, nur Nachmittags zuweilen N282°E.
Stärke. Mittel 4,9; Vormittags 3—6; Nachmittags erst auffrischend bis 8, dann immer flauer bis 3.
Barom.: Mittel 749,40 mm; fiel von 749,15 mm um 2h a. m. bis zum min. 747,20 mm um 10h a. m., stieg dann bis zum max. 752,40 mm um 10h p. m.
Temp. d. Luft: Mittel 6,8°; max. 7,6° um 2h p. m., min. 4,8° um 10h p. m.
Spannkr. d. Dünste: Mittel 6,2 mm; max. 7,3 mm um 6h a. m., min. 5,0 mm um 10h p. m.
Wolken: Gattung u. Betrag. Vormittags ni 10, Nachmittags etwas aufklarend cu ni 7, eine dunkle Bank in W, die Abends sich verzog, cu 4.
Richtung. Mit dem Winde.
Niederschl.: Vormittags B und A.
Zustand d. See: Temp. Mittel 4,4°; max. 4,9° um 6h a. m., min. 3,8° um 2h a. m.
Spezif. Gewicht. Mittel 1,02583; max. 1,0259, min. 1,0258.
Allg. Bemerk.: 9h a. m. Ozongehalt nach 24h = 10—11. 9h a. m. Regen = 6,8 mm.
Bezogen mit Regen und Nebel.
Nachmittags aufklarend, eine dunkle Bank in W, die Abends sich verzog. Wind wurde immer flauer.

1874, den 18. Dezember.

Position: Betsy Cove.
Schiffsbew.: Kurs. —
Fahrt. —
Wind: Richtung. Mittel N294°E; Wind ganz still, gegen 3h a. m. wenig N102°E, dann N327°E und später fast beständig N282°E.
Stärke. Mittel 3,3; Vormittags flau, Nachmittags immer mehr auffrischend, bisweilen bis zu 8.

Barom.: Mittel 751,52 mm; fiel vom max. 753,40 mm um 2h a. m. fortwährend bis zum min. 749,0 mm um 6h p. m. und stieg dann wieder bis zu 752,05 mm um 10h p. m.
Temp. d. Luft: Mittel 5,3°; max. 6,6° um 2h p. m., min. 3,8° um 2h a. m.
Spannkr. d. Dünste: Mittel 5,3 mm; max. 6,1 mm um 10h a. m., min. 4,2 mm um 10h p. m.
Wolken: Gattung u. Betrag. Anfangs Himmel schön und klar, wenig Wolken cu 2—3, gegen 10h a. m. bezog sich der Himmel ni 10, als der Wind nach N282°E ging. Nach 1h 30' p. m. klarte der obere Himmel auf, über dem Horizont cu ni 4—5 in mässiger Geschwindigkeit in der Windrichtung ziehend.
Richtung. Mit dem Winde.
Niederschl.: Nach 8h a. m. starker A, um 1h 15' p. m. wenig B, um 6h p. m. Hagel und Schnee, jedoch selten.
Zustand d. See: Temp. Mittel 4,4°; max. 4,7° um 6h p. m., min. 4,1° um 2h a. m. und um 10h p. m.
Spezif. Gewicht. Mittel 1,02515; max. 1,0256, min. 1,0248.
Allg. Bemerk.: 9h a. m. Ozongehalt nach 24h = 7—8. 9h a. m. Regen = 0,2 mm.
Wind ganz still, gegen 3h a. m. wenig N102°E. Himmel schön und klar, wenig Wolken am Horizont. Gegen Morgen ging der Wind nach N282°E, und der Himmel bezog von W. Nach 8h starker Nebel.
Nach 1h 30' p. m. aufklarend, der obere Himmel ganz klar, über dem Horizont cu ni in mässiger Geschwindigkeit ziehend in der Windrichtung.

1874, den 19. Dezember.

Position: Betsy Cove.
Schiffsbew.: Kurs. —
Fahrt. —
Wind: Richtung. Mittel N319°E; ging von N282°E gegen 10h nach N327°E und Nachmittags nach N350°E über, war jedoch Abends um 10h wieder N327°E.
Stärke. Mittel 3,5; nur um 2h a. m. 6—7 und um 6h p. m. der N350°E 5—6, sonst 2—3.
Barom.: Mittel 751,94 mm: max. 755,15 mm um 6h a. m., min. 747,80 mm um 10h p. m.
Temp. d. Luft: Mittel 5,5°; max. 6,4° um 10h p. m., min. 4,4° um 2h a. m.
Spannkr. d. Dünste: Mittel 5,7 mm; max. 6,5 mm um 10h p. m., min. 4,2 mm um 2h a. m.
Wolken: Gattung u. Betrag. Anfangs Himmel oben klar, cu ni 2—3, zwischen 5h und 7h a. m. mehr bezogen, gegen 10h a. m. bezogen cu ni 9—10, später ni 10.
Richtung. Mit dem Winde.
Niederschl.: Um 7h 30' p. m. fing es an zu regnen, um 9h starker Nebel und Niederschlag; von 11h p. m. ab starker Regen.
Zustand d. See: Temp. Mittel 4,7°; max. 5,3° um 6h p. m., min. 4,1° um 2h a. m.
Spezif. Gewicht. Mittel 1,02545; max. 1,0257, min. 1,0252.
Allg. Bemerk.: 9h a. m. Ozongehalt = 9. Regen = 0,3 mm.
Anfangs Himmel oben klar; zwischen 5h und 7h mehr bezogen, dann wieder aufklarend. Nach 8h Wind N327°E, mehr und mehr bezogen.
Nachmittags ging der Wind nordöstlich, ni; gegen 7h 30' fing es an zu regnen. Um 9h p. m. starker Nebel und Niederschl., von 11h ab starker Regen.

1874, den 20. Dezember.

Position: Betsy Cove.
Schiffsbew.: Kurs. —
Fahrt. —
Wind: Richtung. Mittel N312°E; Vormittags von N305°E bis N1°E, Nachmittags zwischen N316°E und N270°E.
Stärke. Mittel 1,8; Morgens 2—3, Nachmittags 1—3.
Barom.: Mittel 740,75 mm; fiel vom max. 745,15 mm um 2h a. m. bis zum min. 736,80 mm um 6h p. m. und stieg dann bis 739,35 mm um 10h p. m.
Temp. d. Luft: Mittel 7,0°; max. 7,5° um 6h p. m., min. 4,8° um 10h p. m.; bis 6h p. m. wenig veränderlich zwischen 7,2° und 7,5°, dann rasch abnehmend.
Spannkr. d. Dünste: Mittel 6,9 mm; max. 7,4 mm um 2h p. m., min. 4,6 mm um 10h p. m.; Vormittags und Nachmittags fast beständig 7,3 mm bis 7,4 mm.
Wolken: Gattung u. Betrag. ni 10; um 4h 30' p. m. aufklarend, nach 8h obere Himmel klar, cu 2—3 am Horizont.
Richtung. Mit dem Winde.
Niederschl.: Von 2h—7h a. m. starker Regen, der von 6h ab zuweilen schwächer wurde; nach 7h noch immer Regen und Nebel bis 4h 30' p. m.
Zustand d. See: Temp. Mittel 5,0°; max. 5,6° um 6h p. m., min. 4,6° um 10h p. m.
Spezif. Gewicht. Mittel 1,02535; max. 1,0259, min. 1,0250.
Allg. Bemerk.: 9h a. m. Ozongehalt nach 24h = 11. 9h a. m. Regen nach 24h = 22,1 mm.
2h bis 7h a. m. N305°E, Wind, starker Regen. Von 6h ab zuweilen schwächerer Regen, doch immer andauernd. Um 7h ging der Wind nach N350°E, immer Regen und Nebel.
7h 30' aufklarend, nach 8h oberer Himmel klar, cu am Horizont.

1874, den 21. Dezember.

Position: Betsy Cove.
Schiffsbew.: Kurs. —
Fahrt. —
Wind: Richtung. Mittel N302°E; Vormittags von N293°E nach N327°E, Nachmittags zurück nach N282°E bis 9h p. m. 2—3, 9h—10h N192°E ganz schwach, 10h—12h wieder ganz schwacher N282°E.
Stärke: Mittel 2,4; frischte auf von 1 bis 4 um 6h p. m., dann 0—1.
Barom.: Mittel 743,90 mm; stieg mit wenig Unterbrechung vom min. 742,55 mm um 2h a. m. bis zum max. 746,95 mm um 10h p. m.
Temp. d. Luft: Mittel 4,9°; sonst 5,0° bis 5,8°, nur 2h a. m. 3,5° und ebenso um 10h p. m.
Spannkr. d. Dünste: Mittel 4,5 mm; max. 5,4 mm um 10h a. m., min. 3,8 mm um 6h p. m.
Wolken: Gattung u. Betrag. Vormittags um 2h a. m. etwas bezogen cu ni 7—8, später nur noch am Horizont cu ni 2—3, aber um 10h a. m. cu 5—6, Nachmittags fast klar cu ni 3—4, dann mehr abnehmend 1—2.
Richtung. Mit dem Winde.
Niederschl.: Nachmittags 4h wenig B.
Zustand d. See: Temp. Mittel 4,8°; max. 5,1° um 2h p. m., min. 4,1° um 6h a. m.
Spezif. Gewicht. Mittel 1,02516; max. 1,0254, min. 1,0250.
Allg. Bemerk.: Starke Dünung aus NE.
9h a. m. Ozongehalt nach 24h = 8. Regenmenge = 7,8 mm.
Anfangs etwas bezogen, später nur noch am Horizont.
Nachmittags 4h ganz wenig Regen, bis 9h NW-licher Wind 2—3, von 9h—10h N192°E ganz schwach, 10h—12h ganz schwacher N282°E.

1874, den 22. Dezember.

Position: Betsy Cove.
Schiffsbew.: Kurs. —
Fahrt. —
Wind: Richtung. Mittel N232°E; anfangs N237°E, dann N192°E, Abends N282°E.
Stärke. Mittel 0,8; um 2h a. m. und um 10h p. m. still oder fast still, sonst 1—2.
Barom.: Mittel 755,35 mm; stieg beständig von 749,40 mm um 2h a. m. bis 761,30 mm um 10h p. m.
Temp. d. Luft: Mittel 4,4°; max. 6,0° um 10h a. m., min. 2,0° um 2h a. m.
Spannkr. d. Dünste: Mittel 3,8 mm; max. 4,5 mm um 10h p. m., min. 3,3 mm um 10h a. m.
Wolken: Gattung u. Betrag. Vormittags Himmel klar, wenig cu am Horizont, die sich jedoch mehrten von 1—5, Nachmittag oberer Himmel leicht weiss bezogen, darunter cu ni in der Windrichtung ziehend, ni 10, später cu ni abnehmend von 8 bis 5.
Richtung. Mit dem Winde.
Niederschl.: Um 2h p. m. sehr wenig C.

Zustand d. See: Temp. Mittel 4,3°; max. 4,7° um 2h p. m., min. 3,8° um 6h a. m.
Spezif. Gewicht. Mittel 1,02545; max. 1,0257, min. 1,0252.
Allg. Bemerk.: 9h a. m. Ozongehalt nach 24h = 7.
Anfangs windstill. Himmel klar, am Horizont wenig cu. Um 4h a. m. schwacher N237°E, 7hN271°E 1—2, gegen 9h N231°E 1—2, dann N203°E.
Nachmittags oberer Himmel ganz leicht weiss bezogen, darunter cu ni nach SE ziehend. Wind ganz schwach.

1874, den 23. Dezember.

Position: Betsy Cove bis 2h p. m.
49° 7,5'—48° 44,4' S-Br., 70° 10,5'—70° 52,5' O-Lg. von 2h p. m bis 10h p. m.
Schiffsbew.: Kurs. N23°E, später N35°E und zuletzt N54°E.
Fahrt. 5,5 bis 6,5.
Wind: Richtung. Mittel N319°E; Vormittags erst N282°E, dann N327°E, Nachmittags von N305°E über N316°E nach N350°E.
Stärke. Mittel 2,5; Vormittags schwach 0—1, Nachmittags frischte der Wind auf 6—3.
Barom.: Mittel 762,88 mm; wenig veränderlich, max. 763,35 mm um 2h p. m., min. 762,15 mm um 2h a. m.
Temp. d. Luft: Mittel 4,9°; max. 6,3° um 10h a. m., min. 3,4° um 2h a. m.
Spannkr. d. Dünste: Mittel 4,6 mm; max. 4,9 mm um 10h p. m., min. 4,1 mm um 2h a. m.
Wolken: Gattung u. Betrag. Mittelwache etwas bezogen cu ni 7, gegen Morgen ganz klar cu str. 1—2 am Horizont, gegen 5½h p. m. bezog sich der Himmel mit einer leichten Wolkenschicht, die zuweilen den klaren Himmel durchscheinen liess, cu ni erst 6—8, später 9—10.
Richtung. Mit dem Winde ziehend.
Niederschl.: —
Zustand d. See: Temp. Mittel 4,1°; max. 4,6° um 10h a. m., min. 3,6° um 10h p. m.
Spezif. Gewicht. Mittel 1,02590; max. 1,0262, min. 1,0257.
Allg. Bemerk.: 9h a. m. Ozongehalt nach 24h = 8.
Mittelwache etwas bezogen, gegen Morgen ganz klar, cu str. am Horizont ziehend; ganz schwacher Wind bis gegen 11h.

1874, den 24. Dezember.

Position: 48° 37,4'—47° 33' S-Br., 70° 50,2'—70° 22,0' O-Lg.
Schiffsbew.: Kurs. Vormittags N316°E und N338°E, dann N237°E, Nachmittags N57°E, später N12°E.
Fahrt. Vormittags anfangs 5, dann 7, Nachmittags bald 3, bald 5.
Wind: Richtung. Mittel N354°E; Vormittags N12°E, N35°E, dann N327°E, Nachmittags N327°E, nur 10h p. m. N305°E.
Stärke. Mittel 3,8; Vormittags 4—5 im Anfange, von 4h a. m. an nahm der Wind beständig zu bis zu 11, von 11h an flaute er wieder ab von 5 bis zu 2 um 10h p. m.
Barom.: Mittel 753,78 mm; max. 760,00 mm um 2h a. m., min. 750,60 mm um 2h p. m.
Temp. d. Luft: Mittel 5,7°; max. 6,4° um 6h p. m., min. 4,6° um 2h a. m.
Spannkr. d. Dünste: Mittel 5,7 mm; max. 6,6 mm um 10h a. m., min. 4,7 mm um 2h a. m.
Wolken: Gattung u. Betrag. Vormittags ni 10, Nachmittags bis 9h 30' p. m. ganz klar oder wenig str., 1—2, am Horizont, 9h 30' leichte cu und cu str. 7—8, 10h 30' ganz klar, 11h 30' wie 9h 30'.
Richtung. Mit dem Winde ziehend.
Niederschl.: Vormittags Luft feucht. Von 7¾h a. m. an bis 9¾h a. m. starker Regen, gemessen = 5,4 mm; diesig um dieselbe Zeit, Nachmittags kein Niederschlag.
Zustand d. See: Temp. Mittel 4,1°; max. 4,5° um 6h p. m., min. 3,5° um 2h a. m.
Spezif. Gewicht. Mittel 1,02601; max. 1,0261, min. 1,0259.
Allg. Bemerk.: Ozongehalt nach 24h = 11.
Nachts ganz mit ni bezogen. 4h a. m. Wind beständig zunehmend, 3 Stunden starker Regen = 5,4 mm.
Gegen 11h a. m. abflauend und schnell aufklarend. See und Dünung aus N.

1874, den 25. Dezember.

Position: 47° 19,0'—46° 13' S-Br., 70° 36'—72° 10' O-Lg.
Schiffsbew.: Kurs. Vormittags meist N12°E, später N35°E, Nachmittags wieder N12°E.
Fahrt. 4—6.
Wind: Richtung. Mittel N311°E; bald N305°E, bald N327°E, jedoch um 6h p. m. eine Zeitlang N293°E.
Stärke. Mittel 4,8; meist 4—6, um 10h p. m. nur 3—4.
Barom.: Mittel 755,35 mm; stieg fast immer vom min. 754,40 mm um 2h a. m. bis zum max. 756,75 mm um 10h p. m.
Temp. d. Luft: Mittel 7,2°; max. 8,6° um 10h p. m., min. 5,4° um 2h a. m, stieg beständig vom min. zum max.
Spannkr. d. Dünste: Mittel 7,1 mm; stieg auch vom min. 5,9 mm um 2h a. m. bis zum max. 8,1 mm um 10h p. m.
Wolken: Gattung u. Betrag. Wetter bis gegen 4h a. m. wie am Abend vorher cu str. 2—3, dann nach und nach bezogen ni 10, diesig, um 7h 15' p. m. aufklarend cu ni 5—6, um 11h wieder ganz bezogen.
Richtung. Mit dem Winde ziehend.
Niederschl.: Von 1h 30' a. m. bis 2h p. m. feiner B, diesig, von 6h—7h 15' feiner B.
Zustand d. See: Temp. Mittel 5,1°; zunehmend vom min. 4,1° um 2h a. m. bis zum max. 6,7° um 10h p. m.
Spezif. Gewicht. Mittel 1,02595; max. 1,0262, min. 1,0258.
Allg. Bemerk.: 9h a. m. Ozongehalt nach 24h = 10—11. Regen = 1,3 mm.
Starke N-Dünung.

1874, den 26. Dezember.

Position: 46° 0,0'—45° 56,0' S-Br.; 72° 27'—71° 33' O-Lg.
Schiffsbew.: Kurs. Vormittags N23°E, dann N282°E und N305°E; Nachmittags N282°E, dann N35°E.
Fahrt. Vormittags erst 2,5, dann 5—6; Nachmittags 2,5 bis 3,0.
Wind: Richtung. Mittel N347°E; Vormittags N327°E und N12°E, Nachmittags N350°E, Abends N327°E.
Stärke. Mittel 7,7; um 2h a. m. 3, durch NE auffrischend von 6—10, blieb 9—10 den ganzen Tag über. Um 11h 55' p. m. eine Bö von Stärke 10—11, in welcher der Wind von N327°E auf N305°E sprang.
Barom.: Mittel 746,40 mm; fiel von 755,70 mm um 2h a. m. bis 738,20 mm um 10h p. m.
Temp. d. Luft: Mittel 10,7°; max. 12,0° um 2h p. m., min. 9,2° um 2h a. m.
Spannkr. d. Dünste: Mittel 9,2 mm; max. 10,2 mm um 2h p. m., min. 8,0 mm um 6h a. m.
Wolken: Gattung u. Betrag. ni 10. Nachts Himmel leicht bezogen, zuweilen aufklarend bis zu 6—7. Nach 4h a. m. dicht bezogen. Gegen 10h p. m. zuweilen aufklarend bis 7; diesig.
Richtung. Mit dem Winde ziehend.
Niederschl.: B von 5h a. m. ab; diesig.
Zustand d. See: Temp. Mittel 8,3°; max. 10,1° um 10h p. m., min. 6,8° um 2h a. m.
Spezif. Gewicht. Mittel 1,02607; max. 1,0263, min. 1,0259.
Allg. Bemerk.: 9h a. m. Ozongehalt nach 24h = 10. 9h a. m. Regenmenge nach 24h = 11,9 mm.
Starke Dünung und See aus N.
Nachts Himmel leicht bezogen, zuweilen aufklarend bis zu 6—7.
Nach 4h a. m. dicht bezogen, von 5h ab Regen. Wind nach N12°E, auffrischend; diesig.
p. m. Himmel ganz bezogen mit Regen und diesig. Gegen 10h zuweilen aufklarend bis 7. Um 10h 55' eine Bö von Stärke 10—11, in welcher der Wind von N327°E auf N305°E sprang.
Ganz vereinzeltes Meeresleuchten.

1874, den 27. Dezember.

Position: 45° 52,0'—45° 16,3' S-Br.; 71° 44'—72° 45,1' O-Lg.
Schiffsbew.: Kurs. Vormittags N12°E, dann N338°E; Nachmittags N350°E, später N12°E.
Fahrt. Vormittags 2,1, Nachmittags 3,4—3,8.
Wind: Richtung. Mittel N290°E; von N305°E nach N282°E, gegen 6h p. m. zeitweilig N316°E, dann wieder N282°E.

Stärke. Mittel 7,9; bis 6^h p. m. stets 8—9, dann eine Zeit lang 6—7; von 9^h p. m. an nahm der Wind wieder zu bis zu 9, heftige Böen.
Barom.: Mittel 746,03 mm; stieg unaufhörlich von 738,70 mm um 2^h a. m. bis 749,65 mm um 10^h p. m.
Temp. d. Luft: Mittel 9,6°; max. 11,3° um 10^h p. m., min. 8,4° um 6^h a. m.
Spannkr. d. Dünste: Mittel 7,2 mm; max. 8,4 mm um 10^h p. m., min. 6,5 mm um 2^h p. m.
Wolken: Gattung u. Betrag. Bis 1^h a. m. bezogen, dann aufklarend, oft ganz sternenklar, cu 3—4; von 4^h—8^h etwas mehr bezogen, cu ni 7—8; Vormittags aufklarend, cu 4 bis 5; Nachmittags klar, cu str. 3—4; Abends mehr bezogen cu ni 10, später ni 10. Von 10^h 30' an aufklarend.
Richtung. Zogen mit dem Winde.
Niederschl.: B bis 1^h a. m., dann einige schnell vorüberziehende Regenböen bis gegen 6^h a. m.; ebenfalls einige Regenböen am Abend.
Zustand d. See: Temp. Mittel 7,8°; max. 8,6° um 2^h a. m., min. 7,0° um 6^h a. m.
Spezif. Gewicht. Mittel 1,02602; max. 1,0261, min. 1,0259.
Allg. Bemerk.: 9^h a. m. Ozongehalt nach 24^h = 10—11. Regenmenge nach 24^h = 18,9 mm.
Starker Seegang und Dünung aus NW.

1874, den 28. Dezember.

Position: 45° 5,2'—44° 14,0' S-Br.; 73° 12,1'—74° 5,8' O-Lg.
Schiffsbew.: Kurs. N327°E. Abends von 6^h ab N12°E.
Fahrt. Vormittags 2, von 10^h ab 4,2; Nachmittags 3,0, von 6^h p. m. ab 5,0.
Wind: Richtung. Mittel N278°E; Vormittags N305°E, von 10^h an N271°E; Nachmittags N282°E, dann N305°E und um 10^h p. m. N316°E.
Stärke. Mittel 5,5; Vormittags anfangs 9—8, von 10^h ab abflauend bis 3; Abends wieder auffrischend bis 6.
Barom.: Mittel 758,49 mm; stieg vom min. 752,60 mm um 2^h a. m. anfangs rasch, dann langsam bis zum max. 761,35 mm um 6^h p. m. und fiel dann ein wenig wieder.
Temp. d. Luft: Mittel 11,4°; max. 13,0° um 6^h p. m., min. 9,5° um 6^h a. m.
Spannkr. d. Dünste: Mittel 8,0 mm; max. 9,4 mm um 10^h p. m., min. 6,8 mm um 6^h a. m.
Wolken: Gattung u. Betrag. Vormittags cu ni 5—7, schnell ziehend, bisweilen noch mehr aufklarend, oft nur str. am Horizont, von Zeit zu Zeit cu aus der Windrichtung. Nachmittags obere Wolkenschicht leichte weisse cu, zogen von E nach W, darunter cu ni in der Windrichtung in mässiger Geschwindigkeit. Abends ganz bezogen ni 10, zuweilen diesig.
Richtung. Meist mit dem Winde, eine obere Schicht von E nach W.
Niederschl.: Nachts bis 1^h a. m. kleine Regenböen. Abends 10^h p. m. zuweilen diesig.
Zustand d. See: Temp. Mittel 10,5°; max. 12,4° um 6^h p. m., min. 8,8° um 2^h a. m.
Spezif. Gewicht. Mittel 1,02643; max. 1,0268, min. 1,0261.
Allg. Bemerk.: 9^h a. m. Ozongehalt nach 24^h = 9. Regenmesser in Unordnung gerathen.
Nordwestliche See und Dünung etwas abnehmend. Mittelwache Wind gleichmässig stark, auf der Morgenwache abflauend. cu ni 5—7 schnell ziehend. Vormittags noch mehr aufklarend, oft nur str. am Horizont; von Zeit zu Zeit cu aus der Windrichtung.

1874, den 29. Dezember.

Position: 44° 2,0'—43° 24,8' S-Br.; 74° 18,5'—74° 30,0' O-Lg.
Schiffsbew.: Kurs. Vormittags N11°E, um 10^h a. m. N34°E; Nachmittags N270°E.
Fahrt. Vormittags 5,3—4,3; Nachmittags 3,5, aber um 6^h p. m. 2,5.
Wind: Richtung. Mittel N326°E; Vormittags von N304°E auf N326°E; Nachmittags N337°E; 6^h p. m. N304°E, um 8^h wieder N337°E.
Stärke. Mittel 3,8; Vormittags etwas abflauend von 5—3; Nachmittags 2—3, um 10^h wieder 5.
Barom.: Mittel 758,88 mm; max. 760,84 mm um 6^h a. m., min. 756,80 mm um 10^h p. m.
Temp. d. Luft: Mittel 12,6°; max. 13,4° um 2^h p. m., min. 12,2° um 2^h a. m. und um 10^h p. m.
Spannkr. d. Dünste: Mittel 10,2 mm; max. 10,7 mm um 2^h p. m., min. 9,8 mm um 2^h a. m.
Wolken: Gattung u. Betrag. Nachts ganz bezogen cu ni 10, gegen Morgen etwas aufklarend cu 9, gegen 11^h a. m. oberer Himmel klar cu 6—7; Nachmittags ganz bezogen cu ni 10, gegen 4^h etwas aufklarend, die obere Wolkenschicht starke weisse cu, darunter ni in der Windrichtung mit grosser Geschwindigkeit ziehend. 9^h p. m. ganz klar, 11^h wenig leichte str., auch eine dunkle Bank in E.
Richtung. Meist mit dem Winde.
Niederschl.: Um 2^h p. m. wenig B und diesig.
Zustand d. See: Temp. Mittel 10,7°; max. 11,4° um 2^h p. m., min. 10,1° um 10^h a. m.
Spezif. Gewicht. Mittel 1,02650; max. 1,0266, min. 1,0264.
Allg. Bemerk.: 9^h Ozongehalt nach 24^h = 9—10.
Um 6^h p. m. sprang der Wind nach N302°E; gegen 8^h wieder N335°E. 9^h ganz klar. 11^h wenig leichte str. bis 12^h 30'. Es stand dunkle Bank in E.

1874, den 30. Dezember.

Position: 43° 24,2'—43° 14,4' S-Br.; 74° 8,0'—73° 5,9' O-Lg.
Schiffsbew.: Kurs. Vormittags N281°E, dann N259°E und abermals N281°E; Nachmittags N281°E, später N304°E.
Fahrt. Vormittags 2—3, um 10^h 5,8; Nachmittags sonst 2—3, aber um 6^h 6,0.
Wind: Richtung. Mittel N300°E; N349°E bis 5^h 45' p. m., nur einmal unterbrochen von N337°E um 6^h a. m.; um 5^h 45' p. m. ging der Wind auf N214°E.
Stärke. Mittel 1,6; zwischen 2 und 4, aber 6 um 10^h a. m. und 7 um 6^h p. m.
Barom.: Mittel 748,85 mm; fiel vom max. 753,37 mm um 2^h a. m. bis zum min. 744,70 mm um 2^h p. m. und stieg wieder bis 749,10 mm um 10^h p. m.
Temp. d. Luft: Mittel 11,9°; max. 12,7° um 2^h p. m., min. 10,2° um 6^h p. m.
Spannkr. d Dünste: Mittel 9,8 mm; max. 10,8 mm um 2^h p. m., min. 7,9 mm um 10^h p. m.
Wolken: Gattung u. Betrag. Bis 12^h 30' a. m. dunkle Bank in E, dann leichte ni sehr schnell aus der Windrichtung; um 1^h dicht bezogen, ni 10; 4^h—5^h p. m. etwas aufklarend, dann wieder bezogen, ni 10; die oberen cu zogen gegen den Wind von S nach N, welche gegen 9^h verschwanden; dann zogen schwere cu ni von SW und WSW nach NE, indem der Wind mehr und mehr abflaute und der Himmel aufklarte, cu ni 6.
Richtung. Oben gegen den Wind, unten mit dem Winde.
Niederschl.: B und diesig bis gegen 10^h p. m.
Zustand d. See: Temp. Mittel 11,0°; max. 11,6° um 6^h a. m., min. 10,3° um 2^h a. m.
Spezif. Gewicht. Mittel 1,02660; max. 1,0274, min. 1,0263.
Allg. Bemerk.: 9^h a. m. Ozongehalt nach 24^h = 10—11. 9^h a. m. Regenmenge nach 24^h = 10,8 mm.
Es stand dunkle Bank in E.
12^h 30' a. m. erst leichte ni mit grosser Geschwindigkeit aus der Windrichtung. Um 1^h dicht bezogen, Regen und diesig bis Mittags.
Nachmittags bezogen und Regen. Von 4^h—5^h p. m. etwas aufklarend, dann wieder bezogen.
5^h 45' Wind sprang auf N218°E.
Die untere Wolkenschicht ni zog von S nach N, die obere cu gegen den Wind.
Gegen 9^h verschwand die obere Schicht, schwere cu ni zogen von SW und WSW nach NE. Wind mehr und mehr abflauend und Himmel aufklarend.

1874, den 31. Dezember.

Position: 43° 12,9'—41° 39,3' S-Br., 73° 3,4'—73° 0,5' O-Lg.
Schiffsbew.: Kurs. Vormittags N356°E, N29°E, N344°E, Nachmittags erst N344°E, dann N322°E.
Fahrt. Vormittags anfangs sehr langsam 0—2, um 10^h 6,5, Nachmittags 7,0, von 6^h ab 3—4.

Wind: Richtung. Mittel N274°E; Vormittags N299°E und N277°E, von 6h p. m. an N243°E.
Stärke. 3,9; früh flau, nahm zu bis 8 um 10h a. m., flaute dann wieder ab bis 3—4.
Barom.: Mittel 754,43 mm; stieg beständig von 750,10 mm um 2h a. m. bis 759,10 mm um 10h p. m.
Temp. d. Luft: Mittel 11,8°; max. 13,5° um 2h p. m., min. 10,5° um 2h a. m.
Spannkr. d. Dünste: Mittel 8,0 mm; max. 8,4 mm um 2h p. m., min. 7,0 mm um 2h a. m.
Wolken: Gattung u. Betrag. Um 2h a. m. cu 1—2, von 3h a. m. leichte cu aus NW. Gegen 4h bezog es sich mehr und mehr, zuletzt ganz cu ni 10: nach 8h klarte es wieder auf, Wind ging nach N288°E, Horizont mit cu besetzt, leichte weisse cu in der Windrichtung cu 5—6. Nachmittags oberer Himmel klar, der Horizont mit str. besetzt, von Zeit zu Zeit cu ni 5—6 aus der Windrichtung, zuletzt ni 3—4.
Richtung. Mit dem Winde.
Niederschl.: Um 6h a. m. feiner B, ebenfalls zwischen 6h p. m. und 10h p. m. kleine schwache Regenböen.
Zustand d. See: Mittel 11,9°; max. 12,6° um 2h p. m., min. 11,1° um 2h a. m.
Spezif. Gewicht. Mittel 1,02658; max. 1,0267, min. 1,0264.
Allg. Bemerk.: 9h a. m. Ozongehalt nach 24h = 10. 9h a. m. Regenmenge nach 24h = 16,0 mm.
12h Besteckflasche über Bord.
Wind ganz flau; in SE am Horizont stehen cu; von 3h a. m. leichte cu von NW nach SE. Wind ging nordwestlich, dann nördlich. Gegen 4h bezog es sich mehr, zuletzt ganz, nach 8h wieder aufklarend.

1875, den 1. Januar.

Position: 41° 28,4′—40° 13,0′ S-Br., 72° 56,5′—72° 32,5′ O-Lg.
Schiffsbew.: Kurs. N335°E, dann N358°E, Nachmittags N335°E, dann N279°E.
Fahrt. Vormittags zunehmend von 3 bis 6,5, Nachmittags erst 5,9, um 6h 3,2, und später 5,5.
Wind: Richtung. Mittel N262°E; Vormittags N245°E, dann N290°E, Nachmittags N245°E, dann N200°E.
Stärke. Mittel 3,8; Vormittags auffrischend von 2 bis 8, Nachmittags abflauend von 7 bis 3, jedoch um 10h p. m. 5—6.
Barom.: Mittel 760,62 mm; stieg fast immer von 759,50 mm um 2h a. m. bis 763,30 mm um 10h p. m.
Temp. d. Luft: Mittel 12,8°; max. 13,9° um 2h p. m., min. 11,8° um 10h p. m.
Spannkr. d. Dünste: Mittel 9,1 mm; max. 10,5 mm um 10h a. m., min. 8,0 mm um 6h a. m.
Wolken: Gattung u. Betrag. Bis 3h a. m. der obere Himmel klar, am Horizont cu 3—4, nach 3h mehr bezogen cu ni 7—8, klarte nach 10h p. m. mehr auf, oberer Himmel oft sternenklar.
Richtung. Zogen mit dem Winde.
Niederschl.: Von 6h a. m bis 5h p. m. kleine B-Böen.
Zustand d. See: Temp. Mittel 12,9°; max. 14,1° um 10h p. m., min. 11,6° um 2h a. m.
Spezif. Gewicht. Mittel 1,02688; max. 1,0271, min. 1,0266.
Allg. Bemerk.: 9h a. m. nach 24h: Ozongehalt = 8—9, Regen = 2,9 mm, verdunstet = 3,0 mm.
Verdunstung ist die Differenz einer mit dem Messgefäss des Regenmessers in ein flaches oben gegen Regen geschütztes Gefäss von genau der Oberfläche, wie die Auffangfläche des Regenmessers, gefüllten Quantität frischen Wassers nach 24h wieder gemessen, in derselben Art angegeben, wie die Regenmenge. Beobachtungszeit wie beim Regen und Ozon stets 9h a. m.
Wasser veränderte seine blaue Farbe in grünlich, war am andern Morgen wieder blau.
Bis 3h a. m. der obere Himmel klar, am Horizont cu, 3h mehr bezogen, von 6h ab kleine Regenböen.
12h Mittags Flasche mit Besteck über Bord.
Nachmittags bezogen aus der Windrichtung, bis 5h kleine Regenböen. Nach 10h Abends mehr aufklarend, oberer Himmel oft sternklar.

1875, den 2. Januar.

Position: 40° 8,0′—39° 58,5′ S-Br., 72° 30,0′—72° 6,7′ O-Lg.
Schiffsbew.: Kurs. Anfangs N111°E, von 6h a. m. bis 10h p. m. N291°E, dann N161°E.
Fahrt. Anfangs 1,5 bis 2,5, von 10h a. m. ab 4,0 bis 5,0.
Wind: Richtung. Mittel N223°E; N201°E, um 10h a. m. N246°E, von 2h p. m. ab N224°E.
Stärke. Mittel 2,9; ziemlich gleichmässig Vormittags 3—4, Nachmittags 2—3, aber um 10h p. m. wieder 3—4.
Barom.: Mittel 765,07 mm; stieg fortwährend von 764,15 mm um 2h a. m. bis 766,38 mm um 10h p. m.
Temp. d. Luft: Mittel 13,1°; max. 14,5° um 6h p. m., min. 11,7° um 2h a. m.
Spannkr. d. Dünste: Mittel 7,7 mm; max. 8,1 mm um 10h p. m., min. 7,6 mm um 6h a. m.
Wolken: Gattung u. Betrag. Vormittags cu ni 4—6 langsam aus der Windrichtung ziehend, der obere Himmel klar; Nachmittags Himmel leicht bezogen, darunter cu ni, von 4—11h oberer Himmel meist klar, 11h ganzer Himmel bezogen.
Richtung. Mit dem Winde ziehend.
Niederschl.: 11h p. m. einige Tropfen B.
Zustand d. See: Temp. Mittel 14,1°; max. 14,6° um 2h p. m., min. 13,6° um 2h a. m.
Spezif. Gewicht. Mittel 1,0271; max. 1,0272, min. 1,0270.
Allg. Bemerk.: Ozongehalt = 8. Regenmesser zeigte 0,2 mm. Verdunstet = 2,2 mm.
12h Besteckflasche über Bord.
Abends etwas Meeresleuchten.

1875, den 3. Januar.

Position: 40° 10,6′—41° 18,4′ S-Br., 72° 15,6′—72° 3,7′ O-Lg.
Schiffsbew.: Kurs. Vormittags anfangs N163°E, dann N202°E, Nachmittags 2h gelothet, von 6h ab N202°E.
Fahrt. Vormittags von 3,6 bis 4,8, Nachmittags 4,4 bis 3,0.
Wind: Richtung. Mittel N270°E; anfangs N247°E, von 6h a. m. ab stets N270°E, gegen 10h p. m. nach N303°E—N315°E.
Stärke. Mittel 3,3; ziemlich gleichmässig 3—5.
Barom.: Mittel 766,48 mm; stieg vom min. 765,85 mm um 2h a. m. bis zum max. 767,20 mm um 2h p. m., und fiel wieder bis 766,20 mm um 10h p. m.
Temp d. Luft: Mittel 13,7°; max. 14,6° um 2h p. m., min. 12,6° um 2h a. m.
Spannkr. d. Dünste: Mittel 8,8 mm; max. 9,5 mm um 10h p. m., min. 7,9 mm um 2h a. m.
Wolken: Gattung u. Betrag. Um 2h a. m. cu ni 6—8, mit dem WNW cu ni 10, Nachmittags etwas aufklarend, dann leicht mit weissen cu bezogen. Abends ganz mit ni.
Richtung. Mit dem Winde.
Niederschl.: Um 10h p. m. ganz wenig B.
Zustand d. See: Temp. Mittel 13,7°; max. 14,2° um 6h a. m., min. 13,1° um 10h p. m.
Spezif. Gewicht. Mittel 1,02703; max. 1,0272, min. 1,0267.
Allg. Bemerk.: Ozongehalt = 8 nach 24h. Verdunstung = 4,1 mm nach 24h.
12h Besteckflasche über Bord.
a. m. Wind ging westlich aufklarend, später WNW. Himmel wieder ganz bezogen.
p. m. Nachmittags aufklarend, dann leicht mit weissen cu bezogen, Abends ganz mit ni. Gegen 10h ging der Wind auf N303°E bis N315°E.

1875, den 4. Januar.

Position: 41° 33,9′—42° 55,9′ S-Br., 71° 55,3′—71° 9,5′ O-Lg.
Schiffsbew.: Kurs. Vormittags N205°E, um 10h gebrasst; Nachmittags wieder N210°E, um 10h p. m. N222°E.
Fahrt. Vormittags 5,5, um 6h 2,6; Nachmittags von 5,7 bis 8,0 zunehmend.
Wind: Richtung. Mittel N318°E; anfangs N300°E, von 6h a. m. ab N312°E, um 10h p. m. N345°E.
Stärke. Mittel 3,8; Vormittags erst 3—5, von 6h ab 2—3, Nachmittags zunehmend 4—5, um 10h p. m. 6.

Barom.: Mittel 762,95 mm; fiel von 765,60 mm um 2h a. m. bis 758,85 mm um 10h p. m.
Temp. d. Luft: Mittel 13,6°; max. 15,0° um 2h p. m., min. 12,6° um 6h a. m.
Spannkr. d. Dünste: Mittel 10,2 mm; max. 10,6 mm um 6h p. m., min. 9,9 mm um 10h a. m.
Wolken: Gattung u. Betrag. cu ni um 2h a. m. 7—8, von 6h a. m. an cu ni 9—10.
Richtung. Beständig aus SW, um 10h p. m. wieder aus N.
Niederschl.: Von 11h 30' p. m. diesig und leichter B.
Zustand d. See: Temp. Mittel 12,4°; max. 13,2° um 10h a. m., min. 11,6° um 2h a. m.
Spezif. Gewicht. Mittel 1,02670; max. 1,0268, min. 1,0265.
Allg. Bemerk.: a. m. Wie am Abend vorher, es zogen einige Böen vor dem Schiffe durch, wenige von der Stärke 6, trafen das Schiff vordwars, sie waren schlecht zu messen, da überall der Wind von Segeln und Schiff zurückstiess, sonst klar zu Luvard. Von 7h a. m. ab war der Wind gleichmässig stark.
Ozongehalt = 9—10. Regenmenge nicht messbar. Verdunstung = 3,9 mm.
12h Besteckflasche über Bord.
p. m. bezogen, Böen, die vor dem Schiff vorbeizogen. Wind ging bis N357°E. Von 11h 30' an Regen. Gegen Abend dicht mit ni bezogen.

1875, den 5. Januar.

Position: 43° 29,1'—45° 17,7' S-Br., 70° 38,0'—70° 23,7' O-Lg.
Schiffsbew.: Kurs. Morgens N220°E, von 10h a. m. an N191°E, dann um 6h p. m. N163°E und N180°E.
Fahrt. Vormittags abnehmend von 8 bis 5,2, Nachmittags von 8 bis 2.
Wind: Richtung. Mittel N272°E; Vormittags N143°E, N287°E und N265°E, Nachmittags fast N242°E, zwischen N253°E und N231°E schwankend.
Stärke. Mittel 5,1; Vormittags gleichmässig 7—8, Nachmittags auch 6—7, um 6h p. m. abflauend bis zu 1, 2—3 um 10h p. m.
Barom.: Mittel 754,75 mm; min. 751,00 mm um 6h a. m., max. 758,30 mm um 10h p. m., unaufhörlich steigend vom min. bis zum max.
Temp. d. Luft: Mittel 9,3°; max. 12,4° um 2h a. m., min. 6,8° um 10h p. m.
Spannkr. d. Dünste: Mittel 7,9 mm; max. 10,1 mm um 2h a. m., min. 5,8 mm um 6h p. m.
Wolken: Gattung u. Betrag. Vormittags ni 10, um 6h p. m. etwas aufklarend cu ni 7—8, Abends später sternenklar cu 4.
Richtung. Meist mit dem Winde.
Niederschl.: Sehr früh leichter B, welcher bis gegen Mittag anhielt, diesig.
Zustand d. See: Temp. Mittel 10,4°; max. 12,0° um 2h a. m., min. 8,6° um 10h p. m.
Spezif. Gewicht. Mittel 1,02633; max. 1,0265, min. 1,0262.
Allg. Bemerk.: a. m. wie am Abend mit zunehmendem Winde. Um 4h a. m. ging der Wind auf NW angebrasst, daher die höhere Umdrehungszahl bei den Anemometer-Messungen; Böen mit leichtem Regen. Vormittags zuweilen auf kurze Zeit aufklarend.
Ozongehalt 10—11. Regen 1,2 mm. Verdunstung 1,1 mm.
12h Besteckflasche über Bord.
Nachmittags ging der Wind bis auf N242°E, Himmel gleichmässig weissgrau bezogen, dann aufklarend. Der Wind flaute ab, Abends sternenklar mit einzelnen cu aus der Windrichtung.

1875, den 6. Januar.

Position: 45° 23,0'—46° 19,2' S-Br., 70° 30,2'—69° 58,2' O-Lg.
Schiffsbew.: Kurs. Vormittags N199°E, von 6h ab N216°E, Nachmittags N235°E.
Fahrt. Vormittags 3—2, Nachmittags zunehmend von 4—8.
Wind: Richtung. Mittel N307°E; Vormittags von N261°E über N283°E auf N306°E, Nachmittags N328°E.
Stärke. Mittel 2,6; Vormittags 3—2, Nachmittags auffrischend von 2 bis 5.
Barom.: Mittel 759,42 mm; stieg bis zum max. 760,50 mm um 10h a. m. und fiel dann beständig bis 758,50 mm um 10h p. m.
Temp. d. Luft: Mittel 8,2°; max. 10,2° um 2h p. m., min. 6,3° um 2h a. m.
Spannkr. d. Dünste: Mittel 7,0 mm; max. 7,6 mm um 2h p. m., min. 6 2 mm um 2h a. m.
Wolken: Gattung u. Betrag. Mittelwache klar, leichte cu 1—2 am Horizont. Gegen Morgen bezogen ni 10; um 10h a.m. wieder aufklarend cu str. 7—8; Nachmittags klar und schön, leichte cu ci 3—4, Abends cu und später cu str. 6.
Richtung. Anfangs aus NW, von 10h a. m. ab aus N.
Niederschl.: Nach 6h a. m. wenig B.
Zustand d. See: Temp. Mittel 6,5°; max. 7,4° um 2h p. m., min. 5,7° um 6h a. m.
Spezif. Gewicht. Mittel 1,02597; max. 1,0261, min. 1,0259.
Allg. Bemerk.: Ozongehalt nach 24h = 8.
Regenmenge = 0,2 mm. Verdunstung = 1,5 mm.
12h Besteckflasche über Bord.
Mittelwache klar, leichte cu am Horizont. Gegen Morgen bezogen, Vormittags wieder aufklarend, ganz leicht be zogen. Darunter einige cu.
p. m. klar und schön, leichte cu ci.

1875, den 7. Januar.

Position: 46° 39,0'—47° 54,0' S-Br., 69° 27,6'—66° 25,3' O-Lg.
Schiffsbew.: Kurs. Vormittags N235°E; Nachmittags anfangs back gebrasst, von 6h p. m. ab N249°E.
Fahrt. Sehr gleichmässig 8—9, aber um 10h p. m. 4,2.
Wind: Richtung. Mittel N339°E; Vormittags N351°E, Nachmittags N328°E bis N339°E, um 11h N282°E von der Stärke 9—10.
Stärke. Mittel 6,7; gleichmässig 6—8.
Barom.: Mittel 744,75 mm; fiel stark von 755,65 mm um 2h a. m. bis 726,45 mm um 10h p. m.
Temp. d. Luft: Mittel 7,8°; max. 8,1° um 6h p. m., min. 7,6° um 6h a. m.
Spannkr. d. Dünste: Mittel 7,6 mm; max. 7,7 mm um 6h p. m., min. 7,2 mm um 2h a. m.
Wolken: Gattung u. Betrag. ni 10, selten auf eine halbe Stunde aufklarend.
Richtung. Aus N, um 10h p. m aus NE.
Niederschl.: Von 2h 30' an starker A mit B, nur zuweilen etwas aufklarend.
Zustand d. See: Temp. Mittel 5,3°; max. 5,6° um 2h a. m., min. 4,9° um 10h p. m.
Spezif. Gewicht. Mittel 1,02588; max. 1,0260, min. 1,0258.
Allg. Bemerk.: Ozongehalt = 10—11. Regenmenge = 0,2 mm. Verdunstung = 1,2 mm.
12h Besteck über Bord.
Mitternacht leicht bezogen, von 2h 30' an starker Nebel mit Regen, selten auf etwa eine halbe Stunde etwas aufklarend.
p. m. Wie am Vormittag, Wind nahm zu und ging von 11h auf NW, Stärke 9—10.
Meerleuchten.

1875, den 8. Januar.

Position: 48° 3,4'—47° 30,3' S-Br., 66° 10,3'—66° 35,4' O-Lg.
Schiffsbew.: Kurs Anfangs N193°E, von 6h a. m. ab N328°E, von 6h p. m. an N103°E.
Fahrt. 3, von 6h p. m. ab 6—7.
Wind: Richtung. Mittel N268°E; anfangs N272°E, von 6h a. m. an N261°E, um 10h p. m. N306°E.
Stärke. Mittel 8,2; der Wind nahm Nachts rasch zu von 8—10 und blieb Vormittags so, Nachmittags nahm er wieder ab von 9 bis 7. Um 6h a. m. heftige Böen 10—11.
Barom.: Mittel 744,00 mm; stieg beständig und rasch von 729,70 mm um 2h a. m. bis 752,20 mm um 10h p. m.
Temp. d. Luft: Mittel 5,0°; max. 5,6° um 6h p. m., min. 4,2° um 6h a. m.
Spannkr. d. Dünste: Mittel 5,2 mm; max. 5,7 mm um 10h p. m., min. 4,4 mm um 6h a. m.

Wolken: Gattung und Betrag. Anfangs ganz bezogen ni 10, auf der Morgenwache aufklarend cu ni 5—6; Nachmittags im Allgemeinen cu ni 4—6, zu Luvard am Horizont eine Bank, Abends einige Male der Himmel schwach bezogen, immer schnell wieder klar.
Richtung Aus NE.
Niederschl.: Auf der Morgenwache einige Hagelböen.
Zustand d. See: Temp. Mittel 4,1°; max. 4,6° um 6h p. m., min. 3,4° um 6h a. m.
Spezif. Gewicht. Mittel 1,02593; max. 1,0260, min. 1,0259.
Allg. Bemerk.: Ozongehalt = 11. Regen- und Verdunstungsmesser waren beim heftigen Schlingern in Unordnung gerathen.
12h Besteckflasche über Bord.
a. m. ganz bezogen, Wind nahm sehr zu, es kam schnell See auf aus NW. Morgenwache aufklarend. Heftige Böen 10—11.
p. m. ziemlich klar, Wind flaute ab, zu Luvard am Horizont eine Bank. Abends einige Male der ganze Himmel schwach bezogen, immer wieder schnell klar.

1875, den 9. Januar.

Position: 47° 37,9′—48° 35,4′ S-Br., 67° 17,2′—70° 6,6′ O-Lg.
Schiffsbew.: Kurs. Vormittags N103°E, Nachmittags N148°E, jedoch um 10h p. m. N345°E.
Wind: Richtung. Mittel N319°E; Vormittags N13°E, dann um 10h N351°E. Nachmittags N261°E, von 6h an N283°E.
Stärke. Mittel 5,6; ziemlich gleichmässig 7—9.
Barom.: Mittel 744,09 mm; fiel beständig von 749,55 mm um 2h a. m. bis 739,25 mm um 10h p. m.
Temp. d. Luft: Mittel 5,9°; max. 7,4° um 10h a. m., min. 4,6° um 10h p. m.
Spannkr. d. Dünste: Mittel 6,0 mm; max. 7,0 mm um 10h a. m., min. 4,7 mm um 10h p. m.
Wolken: Gattung u. Betrag. Oberer Himmel klar cu ni 6—7 von 2h a. m. an bezogen ni 10; Nachmittags von 2h an mehr und mehr aufklarend cu ni von 8 bis 3, Nachts ganz klar.
Richtung. Mit dem Winde ziehend.
Niederschl.: Von 6h a. m. bis 2h p. m. A mit etwas B.
Zustand d. See: Temp. Mittel 4,1°; max. 4,5° um 2h a. m., min. 3,5° um 10h p. m.
Spez. Gewicht. Mittel 1,02603; max. 1,0261, min. 1,0260.
Allg. Bemerk.: Ozongehalt = 8. Regen nicht messbar; Verdunstung = 2,1 mm.
12h Besteckflasche über Bord.
See und Dünung aus NW.

1875, den 10. Januar.

Position: 48° 39,6′—48° 55,1′ S-Br.; 70° 4,5′—69° 55,5′O-Lg. bis 6h a. m. 48° 54,5′ S-Br., 70° 9,0′ O-Lg. um 12h Mittags. Insel-Hafen um 10h p. m.
Schiffsbew.: Kurs. Zwischen N216°E und N238°E.
Fahrt. Vormittags 3—5; Nachmittags 6,6, dann 5.
Wind: Richtung. Mittel N290°E; fast immer N283°E oder N294°E; um 9h 30′ p. m. ging der Wind nach N24°E, sehr schwach.
Stärke. Mittel 6,3; Vormittags gleichmässig abnehmend von 9—7; Nachmittags 7—6; der N24°E 1—2.
Barom.: Mittel 749,3 mm; stieg von 747,30 mm um 2h a. m. bis zu 751,30 mm um 10h p. m.
Temp. d. Luft: Mittel 4,7°; max. 5,2° um 2h p. m., min. 4,1° um 10h a. m.
Spannkr. d. Dünste: Mittel 5,0 mm; max. 5,8 mm um 6h a. m., min. 4,7 mm um 2h p. m.
Wolken: Gattung u. Betrag. Anfangs Himmel klar und vereinzelte cu 2—3 aus der Windrichtung. Von 10h—12h a. m. etwas stärker mit cu 5—6 bezogen; Nachmittags cu 2—5, zuletzt um 10h p. m. nur am Horizont bewölkt.
Niederschl.: Von 3h a. m. ab bis 2h p. m. Böen mit wenig B oder Hagel.
Zustand d. See: Temp. Mittel 3,7°; max. 4,1° um 2h p. m., min. 3,4° um 6h a. m.
Spezif. Gewicht. Mittel 1,02609; max. 1,0262, min. 1,0260.
Allg. Bemerk.: Von 3h a. m. ab kamen einige nördlichere Böen mit wenig Regen oder Hagel.
Ozongehalt = 9—10; Regen 2,9 mm; Verdunstung 2,0 mm.
a. m. Himmel klar, nur vereinzelte cu aus der Windrichtung. Von 10h bis 12h a. m. etwas stärker mit cu bezogen.
p. m. Wie am Vormittage, etwas mehr bezogen; der Wind nahm ab in kleinen Böen auf der Abendwache, Stärke 4—5. Um 9h 30′ ging derselbe auf N24°E, sehr schwach.

1875, den 11. Januar.

Position: Winter-Harbour.
Schiffsbew.: Kurs. —
Fahrt. —
Wind: Richtung. Mittel N319°E; anfangs N351°E, dann N13°E. um 6h p. m. still; um 10h N261°E.
Stärke. Mittel 1,1; zwischen 0 und 2—3; aber um 10h p. m. 4—6; auf der Abendwache böig.
Barom.: Mittel 742,25 mm; fiel vom max. 749,10 mm um 2h a. m. bis zum min. 738,10 mm um 6h p. m.; stieg dann wieder bis 742,05 mm.
Temp. d. Luft: Mittel 5,2°; max. 6,8° um 10h a. m., min. 3,4° um 10h p. m.
Spannkr. d. Dünste: Mittel 5,8 mm; max. 6,6 mm um 6h p. m., min. 4,0 mm um 10h p. m.
Wolken: Gattung u. Betrag. Obere Himmel anfangs klar. Horizont besetzt mit cu 4—5; gegen Morgen ganz bezogen ni 10; Vormittags etwas aufklarend cu ni 8; Nachmittags ni 10; es klarte auf auf der Abendwache cu 2—3.
Richtung. Mit dem Winde ziehend.
Niederschl.: B zwischen 6h und 10h a. m.; vorübergehender B von 10h a. m. bis 2h p. m.; von da bis 7h p. m. B.
Zustand d. See: Temp. Mittel 3,7°; max. 4,0° um 2h p. m., min. 3,6° um 10h p. m.
Spezif. Gewicht: Mittel 1,02575; max. 1,0261, min. 1,0253.
Allg. Bemerk.: Ozongehalt 8—9; Regen 1,1 mm; Verdunstung 1,5 mm.
a. m. Obere Himmel klar, Horizont besetzt. Gegen Morgen ganz bezogen und Regen. Vormittags etwas aufklarend mit vorübergehendem Regen.
Nachmittags bezogen mit Regen, der Wind ging nach NW, aufklarend auf der Abendwache. Böig.

1875, den 12. Januar.

Position: Winter-Harbour.
Schiffsbew.: Kurs. —
Fahrt. —
Wind: Richtung. Mittel N281°E; Vormittags von N261°E über N306°E zurück nach N283°E; Nachmittags blieb er sehr nahe N283°E.
Stärke. Mittel 3,0; Vormittags 2—3, von 10h an fast still; Nachmittags 7—5, jedoch um 10h p. m. wieder flau 1—2.
Barom.: Mittel 740,17 mm; ziemlich ungleichmässig, am Vormittag rasch steigend, dann wieder eben so stark fallend; Nachmittags fast gleichmässig hoch; max. 744,10 mm um 6h a. m., min. 738,75 mm um 10h p. m.
Temp. d. Luft: Mittel 4,7°; max. 6,2° um 2h p. m., min. 3,2° um 2h a. m.
Spannkr. d. Dünste: Mittel 5,0 mm; max. 5,6 mm um 10h a. m., min. 4,0 mm um 2h a. m.
Wolken: Gattung u. Betrag. Obere Himmel klar, cu 3—4; gegen Morgen mehr bezogen ni 9—10; Nachmittags ebenfalls ni 9—10.
Richtung. Aus NW.
Niederschl.: C-Böen auf der Mittelwache und Morgenwache. B vorübergehend von 6h a. m. an.
Zustand d. See: Temp. Mittel 3,5°; max. 3,9° um 6h p. m., min. 3,0° um 6h a. m.
Spezif. Gewicht. Mittel 1,02562; max. 1,0259, min. 1,0253.
Allg. Bemerk.: Ozongehalt = 10—11; Regen 5,7 mm; Verdunstung 0,8 mm.
a. m. Wie am Abend. Die Böen mit Schnee und Regen.
p. m. Bezogen mit feinem vorübergehenden Regen.

1875, den 13. Januar.

Position: Winter-Harbour.
Schiffsbew.: Kurs. —
Fahrt. —
Wind: Richtung. Mittel N274°E; anfangs N283°E, um 10h a. m. N261°E; Nachmittags N272°E, dann N249°E.
Stärke. Mittel 1,7; um 2h a. m. und 2h p. m 2—4; sonst flau, Abends fast still.
Barom.: Mittel 739,78 mm; 2 max. 740,25 mm um 10h a. m. und 740,20 mm um 10h p. m.; 2 min. 738,70 mm um 2h a. m. und 739,90 mm um 6h p. m.
Temp. d. Luft: Mittel 5,8°; max. 7,4° um 2h p. m., min. 4,4° um 10h p. m.
Spannkr. d. Dünste: Mittel 5,1 mm; max. 6,0 mm um 10h a. m., min. 4,3 mm um 6h p. m.
Wolken: Gattung u. Betrag. Anfangs cu ni 9—10, zuweilen aufklarend bis cu 4—5. Morgenwache klar bis 7h, dann wieder mehr bezogen; Nachmittags anfangs cu 7—8, um 10h p. m. cu 5.
Richtung. Mit dem Winde ziehend.
Niederschl.: Den ganzen Tag vorübergehender Regen, um 10h leichte C-Böen.
Zustand d. See: Temp. Mittel 3,8°; max. 4,2° um 10h a. m., min. 3,5° um 2h a. m.
Spezif. Gewicht. Mittel 1,02578; max. 1,0259, min. 1,0256.
Allg. Bemerk.: Ozongehalt = 8; Regen 3,8 mm; Verdunstung 2,7 mm.
a. m. Wie am Abend vorher, zuweilen aufklarend bis 4—5. Morgenwache klar bis 7h, dann wieder mehr bezogen mit vorübergehendem Regen; ebenso am Vormittag meist klar, zuweilen Regen. Wind 1h N261°E, sonst N283°E.
p. m. cu aus der Windrichtung. Von 8h—10h 30′ still, von 10h 30′ bis 11h N249°E, 11h—12h N284°E.

1875, den 14. Januar.

Position: Winter-Harbour.
Schiffsbew.: Kurs. —
Fahrt: —
Wind: Richtung. Mittel N262°E; fast immer N261°E, jedoch um 6h a. m. N272°E.
Stärke. Mittel 3,3; Vormittags auffrischend von 1—8, Nachmittags abflauend 3—1.
Barom.: Mittel 745,33 mm; stieg fortwährend von 740,75 mm um 2h a. m. bis 750,45 mm um 10h p. m.
Temp. d. Luft: Mittel 3,9°; max. 5,0° um 2h p. m., min. 3,0° um 2h a. m.
Spannkr. d. Dünste: Mittel 4,1 mm; max. 4,7 mm um 2h p. m., min. 3,6 mm um 10h a. m.
Wolken: Gattung u. Betrag. Anfangs leicht bezogen, dann cu 2—3; um 10h a. m. ganz bezogen; Nachmittags etwas aufklarend, cu ni 6—7; gegen Abend Himmel wieder ganz bezogen.
Richtung. —
Niederschl.: Schneeböen um 6h a. m. und um 6h p. m.
Zustand d. See: Temp. Mittel 3,3°; max. 3,4° um 2h p. m., min. 3,1° um 6h a. m.
Spezif. Gewicht. Mittel 1,02577; max. 1,0259, min. 1,0257.
Allg. Bemerk.: Ozongehalt = 6; Regen 0,2 mm; Verdunstung 2,9 mm (?).
a. m. Anfangs leicht ganz bezogen, dann aufklarend, zuweilen Schneeböen. Wind auffrischend.
p. m. cu ni aus der Windrichtung, kleine Schneeböen; gegen Abend der Himmel ganz weiss bezogen, darunter cu ni.

1875, den 15. Januar.

Position: Winter-Harbour.
Schiffsbew.: Kurs. —
Fahrt. —
Wind: Richtung. Mittel N253°E; Vormittags N261°E, Nachmittags N227°E bis N261°E.
Stärke. Mittel 1,7; meist 1—2, aber um Mittag 2—3.
Barom.: Mittel 753,77 mm; stieg beständig von 751,70 mm bis 757,10 mm.
Temp. d. Luft: Mittel 4,4°; max. 5,9° um 2h p. m., min. 3,0° um 2h a. m.
Spannkr. d. Dünste: Mittel 4,4 mm; max. 4,7 mm um 10h p. m.; min. 4,1 mm um 2h a. m.
Wolken: Gattung u. Betrag. cu ni 6—10.
Richtung. Mit dem Winde ziehend.
Niederschl.: Zuweilen ganz leichter nicht messbarer Schnee, sowohl am Vormittage, als am Nachmittage.
Zustand d. See: Temp. Mittel 3,3°; max. 3,6° um 10h p. m., min. 3,0° um 2h a. m.
Spezif. Gewicht. Mittel 1,02583; max. 1,0260, min. 1,0257.
Allg. Bemerk.: Ozongehalt 8—9; Verdunstung 2,0 mm.
a. m. cu ni aus der Windrichtung, zwischen 6—10 betragend; zuweilen ganz leichter nicht messbarer Schnee.
p. m. Wind ging um 3h = N249°E, 2h = N227°E. Wetter wie am Vormittag.

1875, den 16. Januar.

Position: Kleine Whalebay um 2h p. m.
Schiffsbew.: Kurs. —
Fahrt. —
Wind: Richtung. N284°E: Vormittags N261°E und um 10h N272°E, Nachmittags N306°E und um 6h N283°E.
Stärke. Mittel 3,9; Vormittags 1—2, um 10h a. m. auffrischend bis 6, Nachmittags böig und ungleichmässig 3—6.
Barom.: Mittel 755.89 mm; max. 757,45 mm um 6h a. m., von da ab fallend bis zum min. 754,10 mm um 10h p. m.
Temp. d. Luft: Mittel 5,6°; max. 7,2° um 2h p. m., min. 3,7° um 2h a. m.
Spannkr. d. Dünste: Mittel 5,1 mm; max. 5,8 mm um 2h p. m., min. 4,4 mm um 2h a. m.
Wolken: Gattung u. Betrag. Anfangs bezogen, gegen 3h a. m. aufklarend cu str. 4—5, Nachmittags bezogen cu ni 7—10 bis 10h p. m., dann mitunter aufklarend.
Richtung. Mit dem Winde.
Niederschl.: Nachmittags leichter B von 2h bis 10h.
Zustand d. See: Temp. Mittel 3,4°; max. 3,6° um 2h p. m., min. 3,1° um 2h a. m.
Spezif. Gewicht. Mittel 1,02583; max. 1,0260, min. 1,0257.
Allg. Bemerk.: Ozongehalt 8; Verdunstung 1,8 mm.
a. m. 12h—4h Wind N261°E. Himmel gegen 3h aufklarend. Von 4h—6h Wind N283°E, von 6h—8h wieder N261°E, von 8h—12h N272°E, zwischen 11h und 12h zunehmend.
p. m Wind von 12h—2h N306°E, 2h—3h N272°E, 3h—5h N283°E, 5h—6h N272°E, 6h—8h N283°E auffrischend, 8h—12h N294°E. Bezogen mit leichtem Regen bis 10h dann mitunter aufklarend, böig.

1875, den 17. Januar.

Position: Kleine Whalebay.
Schiffsbew.: Kurs. —
Fahrt. —
Wind: Richtung. Mittel N272°E; meist N283°E, von 4h p. m. an N261°E. Der Wind sprang gegen Abend mehrere Male auf N283°E, aber immer bald wieder zurück.
Stärke. Mittel 5,0; Vormittags 3—5, Nachmittags auffrischend bis zu 8, von 9h—12h abflauend von 5 bis 1.
Barom.: Mittel 752,99 mm; fiel vom max. 754,40 mm um 2h a. m. bis zum min. 751,70 mm um 6h p. m. und stieg wieder bis zu 753,05 mm um 10h p. m.
Temp. d. Luft: Mittel 7,0°; max. 8,2° um 6h p. m., min. 5,5° um 2h a. m.
Spannkr. d. Dünste: Mittel 6,1 mm; max. 6,8 mm um 2h p. m., min. 4,9 mm 2h a. m.
Wolken: Gattung u. Betrag. Himmel bezogen, zuweilen durchbrochen, cu ni 7—9, von 8h a. m. an ganz bezogen cu ni 10.
Richtung. Mit dem Winde ziehend.
Niederschl.: Von 8h ab feiner B den ganzen Tag.
Zustand d. See: Temp. Mittel 3,4°; max. 3,8° um 10h p. m., min. 3,0° um 2h a. m.
Spezif. Gewicht. Mittel 1,02583; max. 1,0259, min. 1,0258.

Allg. Bemerk.: Ozongehalt 7—8, Regen 0,2 mm, Verdunstung (?)
a. m. Wind 12^h—1^h N294°E, 1^h—3^h N283°E, 3^h—5^h N272°E, 5^h—12^h N283°E. Himmel bezogen, zuweilen durchbrochen, 8^h—12^h ganz bezogen mit Regen.
p. m. Wind 12^h—2^h N283°E 3—4, 2^h—4^h N261°E 0—1, 4^h—8^h N261°E 7—8, 8^h—9^h N272°E 5—7, 9^h—12^h N261°E 5—1 abflauend. Himmel bezogen, Regen. Der Wind sprang gegen Abend mehrere Male auf N283°E, aber immer bald wieder zurück.

1875, den 18. Januar.

Position: Kleine Whalebay
Schiffsbew.: Kurs. —
Fahrt. —
Wind: Richtung. Mittel N272°E; bis 5^h p. m. um N283°E bis N261°E, von da an N81°E.
Stärke. Mittel 1,2; anfangs flau, um 2^h a. m. auffrischend bis 6, darauf von 6^h a. m. an wieder abflauend bis zu 1, von 5^h p. m. an 2—1.
Barom.: Mittel 753,33 mm; max. 754,80 mm um 10^h p. m., min. 752,50 mm um 10^h a. m.
Temp. d. Luft: Mittel 7,9°; max. 10,5° um 2^h p. m., min. 5,0° um 10^h p. m.
Spannkr. d. Dünste: Mittel 6,6 mm; max. 4.8 mm um 2^h p. m., min. 5,6 mm um 10^h p. m.
Wolken: Gattung u. Betrag. Anfangs bezogen ni 10, gegen 9^h aufklarend, cu ni 6—7 bis 7^h p. m., von da ab bezogen ni 9—10.
Richtung. Mit dem Winde.
Niederschl.: Von 9^h ab Regenschauer bis Mittag; von 7^h p. m. ab diesig, Nebel und Regen.
Zustand d. See: Temp. Mittel 3,8°; max. 4,2° um 6^h p. m., min. 3,6° um 2^h a. m.
Spezif. Gewicht. Mittel 1,02588; max. 1,0260, min. 1,0258.
Allg. Bemerk.: Ozongehalt 8, Regen 1,5 mm, Verdunstung 1,0 mm.
a. m. 12^h—4^h Wind N261°E, von 2^h ab auffrischend. 4^h—7^h N272°E, 7^h—11^h N283°E, 11^h—12^h N272°E.
Bis 9^h bezogen mit leichtem Regen, gegen 9^h aufklarend mit Regenschauern.
p. m. 12^h—2^h Wind N272°E, 2^h—5^h N261°E, 5^h—6^h N81°E, 11^h—12^h N69°E.
Wetter wie von 9^h ab bis 7^h, dann bezogen, diesig und Regen.

1875, den 19. Januar.

Position: Grosse Whalebay.
Schiffsbew.: Kurs. —
Fahrt. —
Wind: Richtung. Mittel N60°E; anfangs N58°E, dann N81°E bis 5^h p. m., dann N238°E und N283°E, von 9^h p. m. ab still.
Stärke. Mittel 0,3; flau 0—1.
Barom.: Mittel 753,49 mm; stieg ein wenig bis zum max. 755,00 mm um 6^h p. m., und fiel dann beständig bis zum min. 751,65 mm um 10^h p. m.
Temp. d. Luft: Mittel 5,9°; max. 7,0° um 6^h p. m., min. 4,9° um 6^h a. m.
Spannkr. d. Dünste: Mittel 6,5 mm; max. 6,9 mm um 10^h p. m., min. 6,1 mm um 6^h a. m.
Wolken: Gattung und Betrag. Fortwährend bezogen ni 10.
Richtung. Aus E.
Niederschl.: Vormittags feiner B, diesig und A. Nachmittags vorübergehender B und diesig.
Zustand d. See: Temp. Mittel 4,7°; max. 6,5° um 6^h p. m., min. 3,6° um 2^h a. m.
Spezif. Gewicht. Mittel 1,02507; max. 1,0259; min. 1,0238.
Allg. Bemerk.: Ozongehalt = 9, Regen = 1,9 mm, Verdunstung 1,1 mm.
a. m. 12^h—4^h N58°E, 4^h—5^h N69°E, 5^h—12^h N81°E; ni mit Regen, diesig und Nebel.
p. m. 12^h—2^h N81°E, 2^h—3^h still, 3^h—5^h N81°E, 5^h—9^h N238°E und N283°E, 9^h—12^h still. ni bezogen, diesig mit vorübergehendem Regen.

1875, den 20. Januar.

Position: Grosse Whalebay.
Schiffsbew.: Kurs. —
Fahrt. —
Wind: Richtung. Mittel N201°E; bis 2^h a. m. N283°E, bis 9^h still, dann bis 5^h p. m. N283°E und später zwischen N261°E und N328°E.
Stärke. Mittel 0,8; 0—2.
Barom.: Mittel 749,97 mm; fiel vom max. 750,60 mm um 2^h a. m. bis zum min. 749,40 mm um 2^h p. m. und stieg wieder bis 750,20 mm um 10^h p. m.
Temp. d. Luft: Mittel 8,4°; max. 11,2° um 2^h p. m., min. 5,5° um 2^h a. m.
Spannkr. d. Dünste: Mittel 6,5 mm; max. 7,3 mm um 2^h p. m., min. 4,8 mm um 10^h p. m.
Wolken: Gattung u. Betrag. Bezogen cu ni 8—10 bis 7^h p. m., dann aufklarend; Abendwache fast ganz sternenklar, cu 2.
Richtung. Mit dem Winde.
Niederschl.: Diesig, von 10^h a. m. bis 7^h p. m. feiner B.
Zustand d. See: Temp. Mittel 5,8°; max. 6,2° um 10^h p. m., min. 5,1° um 6^h a. m.
Spezif. Gewicht. Mittel 1,02382; max. 1,0251, min. 1,0209.
Allg. Bemerk.: Ozongehalt = 7—8; Regen 0,3 mm; Verdunstung 0,15 mm.
a. m. 12^h—2^h N283°E, 2^h—9^h still, 9^h—12^h nördlich. — ni bezogen, diesig.
p. m. 12^h—2^h N328°E, 2^h—5^h N283°E, 5^h—8^h N261°E 8^h—9^h N328°E, 9^h—10^h N283°E, 10^h—12^h N272°E. — Bezogen mit Regen bis 7^h, dann aufklarend; Abendwache fast ganz sternklar.

1875, den 21. Januar.

Position: Grosse Whalebay bis 10^h a. m. Unter Dampf von 10^h a. m. bis 2^h p. m. Fissar Harbour von 2^h p. m. ab.
Schiffsbew.: Kurs. N64°E.
Fahrt. 5,6.
Wind: Richtung. Mittel N326°E; anfangs N306°E, ging dann über N328°E herum bis auf N13°E; Nachmittags beständig N328°E.
Stärke. Mittel 2,3; frischte gegen Mittag auf von 2—5, flaute aber um 6^h p. m. wieder ab bis 2.
Barom.: Mittel 745,98 mm; fiel beständig von 750,55 mm um 2^h a. m. bis 740,10 mm um 10^h p. m.
Temp. d. Luft: Mittel 7,6°; max. 10,6° um 2^h p. m., min. 5,4° um 6^h a. m.
Spannkr. d. Dünste: Mittel 6,4 mm; max. 7,9 mm um 2^h p. m., min. 4,3 mm um 2^h a. m.
Wolken: Gattung u. Betrag. Bis 3^h a. m. klar, nur am Horizont cu ni 2—3, dann bezogen cu ni 10, später von 2^h p. m. ab weniger bezogen cu ni 7—8; um 10^h p. m. der obere Himmel wieder klar, jedoch noch cu ni 6—7.
Richtung. Aus N.
Niederschl.: Von 11^h 30′ an Nebel und diesig, auch vorübergehender B bis 10^h p. m.
Zustand d. See: Temp.. Mittel 5,1°; max. 5,8° um 2^h a. m., min. 4,7° um 6^h a. m.
Spezif. Gewicht. Mittel 1,02552; max. 1,0258, min. 1,0252.
Allg. Bemerk.: Ozongehalt = 8—9; Regen nicht messbar; Verdunstung 1,4 mm.
a. m. 12^h—4^h N306°E, 4^h—6^h 40′ N328°E, 6^h 40′—7^h N351°E, 7^h—8^h N317°E, 8^h—9^h N13°E, 9^h—10^h N2°E, 10^h—12^h N328°E.
Bis 3^h klar bis auf den Horizont, dann bezogen; von 11^h 30′ an Nebel und diesig.
p. m. Von 12^h—10^h p. m. N328°E 2—5, 10^h—12^h N306°E 7. Bis 10^h bezogen, diesig mit Regen, dann der obere Himmel klar, sonst cu ni 6—7.

1875, den 22. Januar.

Position: Betsy Cove von 2^h p. m. ab.
Schiffsbew.: Kurs. —
Fahrt. —

Wind: Richtung. Mittel N297°E. Vormittags theils N294°E; theils N272°E; Nachmittags beständig N306°E.
Stärke. Mittel 5,8. Vormittags böig, anfangs 7—8, bis 6h a. m.; später 4—6, um 10h p. m. wieder 7.
Barom.: Mittel 742,49 mm; stieg fortwährend von 738,85 mm um 2h a. m. bis 744,65 mm um 10h p. m.
Temp. d. Luft: Mittel 7,2°; max. 8,4° um 2h a. m., min. 5,6° um 10h p. m.
Spannkr. d. Dünste: Mittel 5,6 mm; max. von 6,2 mm um 2h a. m., min. 4,6 mm um 10h a. m.
Wolken: Gattung u. Betrag. Der obere Himmel klar, Horizont bewölkt cu 2—4; um 10h a. m. mehr bezogen cu ni 7—8; Nachmittags obere Himmel klar, cu 2—5, nach 10h p. m. etwas mehr bezogen.
Richtung. Mit dem Winde.
Niederschl.: Nachmittags um 2h kurze Zeit diesig.
Zustand d. See: Temp. Mittel 4,8°; max. 5,2° um 2h p. m., min. 4,3° um 6h a. m.
Spezif. Gewicht. Mittel 1,02582; max. 1,0259, min. 1,0258.
Allg. Bemerk.: Ozongehalt = 9—10; Regen 1,1 mm; Verdunstung 1,7 mm.
a. m. Wind 12h—3h N294°E 7—8, 3h—4h N283°E, 4h bis 6h N272°E, 6h—12h N294°E.
Obere Himmel klar, Horizont bewölkt, böig. Vormittags mehr bezogen, abflauend.
p. m. 12h—11h N306°E.
Obere Himmel klar, 10h—12h mehr bezogen.

1875, den 23. Januar.

Position: Betsy Cove.
Schiffsbew.: Kurs. —
Fahrt. —
Wind: Richtung. Mittel N309°E; meist N306°E, kurze Zeit um Mittag N317°E.
Stärke. Mittel 3,7. Vormittags gleichmässig 3; Nachmittags auffrischend bis 7; Abends flauer bis 2.
Barom.: Mittel 747,53 mm; stieg beständig von 745,65 mm um 2h a. m. bis 748,65 mm um 10h p. m.
Temp. d. Luft: Mittel 6,1°; max. 7,3° um 2h p. m., min. 5,0° um 10h p. m.
Spannkr. d. Dünste: Mittel 5,4 mm; max. 6,0 mm um 10h a. m., min. 4,9 mm um 10h p. m.
Wolken: Gattung u. Betrag. Grossentheils obere Himmel klar, cu 5—6, zuweilen cu str. 3—4 und cu ni 6—7. Abends um 10h klar, cu 2.
Richtung. Meist mit dem Winde, jedoch die oberen etwas westlicher ziehend als die übrigen Wolken.
Niederschl.: Von 2h 30′ bis 3h 30′ a. m. A, später kleine Böen mit wenig B und diesig bis 10h a. m.; Nachmittags von 6h—7h ganz wenig B.
Zustand d. See: Temp. Mittel 5,3°; max. 5,6° um 6h p. m., min. 5,0° um 2h a. m.
Spezif. Gewicht. Mittel 1,02586; max. 1,0260, min. 1,0257.
Allg. Bemerk.: Ozongehalt = 10; Regen 0,2 mm; Verdunstung 2,2 mm.
a. m. Wind 12h—9h N306°E, 9h—12h N317°E. Oberer Himmel klar, leichte Böen.
p. m. Wind 12h—4h N317°E, 4h—12h N306°E. Grossentheils oberer Himmel klar; 5h—7h und 10h 30′ bis 11h 30′ stärker bezogen, etwa 6—7, etwas westlicher aus NW ziehend als die übrigen Wolken.

1875, den 24. Januar.

Position: Betsy Cove.
Schiffsbew.: Kurs. —
Fahrt. —
Wind: Richtung. Mittel N294°E; Vormittags N306°E, Nachmittags N294°E.
Stärke. Mittel 6,3; meist gleichmässig 6—8; gegen 10h p. m. abflauend 3—4.
Barom.: Mittel 748,09 mm; fiel von 748,65 mm um 2h a. m. bis zum min. 746,50 mm um 10h a. m. und stieg wieder bis zum max. 751,10 mm um 10h p. m.
Temp. d. Luft: Mittel 5,5°; max. 7,1° um 2h p. m., min. 4,1° um 2h a. m.
Spannkr. d. Dünste: Mittel 5,0 mm; max. 5,4 mm um 10h a. m., min. 4,8 mm um 10h p. m.
Wolken: Gattung u. Betrag. Anfangs klar, mit kurzen Unterbrechungen cu ni 5—6, von 5h—11h 30′ a. m. meist ganz bezogen cu ni 9—10; Nachmittags wie am Vormittag.
Richtung. Mit dem Winde.
Niederschl.: Zuweilen ganz wenig B, etwa um 2h a. m. und um 2h p. m.
Zustand d. See: Temp. Mittel 5,0°; max. 5,3° um 2h p. m., min. 4 7° um 2h a. m.
Spezif. Gewicht. Mittel 1,02579; max. 1,0258, min. 1,0257.
Allg. Bemerk.: Ozongehalt = 8; Regen = 0; Verdunstung 1,8 mm.
a. m. 12h—2h Wind N306°E. Anfangs klar, mit kurzen Unterbrechungen; 5h—11h 30′ meist ganz bezogen; 11h 30′ cu ni 6.
p. m. 12h—4h N294°E, 4h—12h N272°E abflauend.

1875, den 25. Januar.

Position: Betsy Cove bis 10h a. m.
49° 8,8′—49° 45,0′ S-Br., 70° 46,2′—70° 42,8′ O-Lg. von 2h p. m. ab.
Schiffsbew.: Kurs. Anfangs N103°E, dann N171°E und N193°E.
Fahrt. Anfangs 7,0, Nachmittags 3,3, um 10h p. m. 7,0.
Wind: Richtung. Mittel N295°E; Vormittags N261°E, N238°E, dann N283°E, Nachmittags N283°E und N306°E, um 8h p. m. sprang der Wind auf N13°E.
Stärke. Mittel 2,3. Vormittags 3—5, Nachmittags 6.
Barom.: Mittel 753,83 mm; stieg von 752,50 mm um 2h a. m. bis zum max. 756,85 mm um 10h a. m. und fiel dann bis zum min. 747,95 mm um 10h p. m.
Temp. d. Luft: Mittel 5,1°; max. 6,0° um 6h a. m., min. 4,4° um 10h p. m.
Spannkr. d. Dünste: Mittel 5,4 mm; max. 6,1 mm um 10h p. m., min. 5,0 mm um 2h a. m.
Wolken: Gattung u. Betrag. Vormittags anfangs cu ni, dann cu, dann cu str. 4—6, Nachmittags ganz bezogen cu ni 10, dann ni 10.
Richtung. Zogen mit dem Winde.
Niederschl.: Von 2h p. m. bis 7h vorübergehender Regen, von 7h ab fortwährender Regen.
Zustand d. See: Temp. Mittel 4,1°; max. 4,8° um 6h a. m., min. 3,1° um 10h p. m.
Spezif. Gewicht. Mittel 1,02598; max. 1,0261, min. 1,0258.
Allg. Bemerk.: Ozongehalt = 9—10. Regenmenge 0,1 mm. Verdunstung 2,1 mm.
a. m. 12h—1h N272°E, 1h—2h N261°E, 2h—3h N249°E, 3h—6h N238°E, 6h—7h N261°E, 7h—8h N283°E, 8h bis 9h N328°E, 9h—10h N272°E, 10h—12h N283°E.
cu und cu str.
p. m. 12h—2h 30′ N283°E—N261°E, 2h 30′—3h 30′ still, 3h 30′—5h N272°E, 5h—8h N306°E, 8h—9h N2°E, 9h bis 10h N13°E, 10h—11h N2°E, 11h—12h N351°E.
Bezogen mit Regen.

1875, den 26. Januar.

Position: 50° 3,1′—51° 31,2′ S-Br., 70° 41,1′—70° 1,9′ O-Lg.
Schiffsbew.: Kurs. Vormittags N204°E, Nachmittags N216°E und dann N227°E.
Fahrt. Vormittags 5,5 bis 7,0, Nachmittags 4,9, kurze Zeit 6,2.
Wind: Richtung. Mittel N293°E; Vormittags meist N283°E, von 10h a. m. bis 4h p. m. N294°E, dann N306°E.
Stärke. Mittel 8,1; fast gleichmässig 8—9, nur um 6h a. m. kurze Zeit 7—8.
Barom.: Mittel 742,91 mm: fiel von 746,50 mm bis 736,60 mm.
Temp. d. Luft: Mittel 4,8°; max. 5,3° um 2h a. m., min. 4,3° um 10h p. m.
Spannkr. d. Dünste: Mittel 5,6 mm; max. 5,7 mm um 2h a. m., min. 5,3 mm um 6h p. m.

Wolken: Gattung u. Betrag. Den ganzen Tag ganz bezogen cu ni oder ni 10, nur von 2^h—4^h p. m. etwas aufklarend bis zu 5—6; Nachmittags später leicht bezogen, so dass die Sterne oft durchschimmern.
Richtung. Aus NW.
Niederschl.: Um 2^h a. m. etwas B, 8—9^h B, um 6^h p. m. etwas C und später öftere Regenböen, den Tag über ziemlich diesig.
Zustand d. See: Temp. Mittel 3,3; max. 3,9° um 6^h a. m., min. 3,0° um 10^h p. m.
Spezif. Gewicht. Mittel 1,02605; max. 1,0262, min. 1,0260.
Allg. Bemerk.: Ozongehalt 11. Regenmenge 9,0 mm. Verdunstung 1,2 mm.
Schwere Dünung und See aus NNW.
a. m. 12^h—1^h N306°E 5, 1^h—9^h N283°E 8—9, 9^h—12^h N249°E 8—9.
Ganz bezogen und diesig, böig.
p. m. 12^h—6^h N294°E 8—9, 6^h—12^h N306°E 8—9.
2^h—4^h etwas aufklarend, sonst ganz bezogen mit Schnee- und Regenböen.

1875, den 27. Januar.

Position: 50° 40,5'—50° 43,6' S-Br., 69° 49,9'—70° 7,6' O Lg.
Schiffsbew.: Kurs. N244°E, von 10^h a. m. ab N13°E, jedoch um 10^h p. m. N351°E.
Fahrt. 3—4,8.
Wind: Richtung. Mittel N293°E; N306°E, auch zeitweilig N294°E und Abends N272°E.
Stärke. Mittel 7,6; ziemlich gleichmässig 7—9.
Barom.: Mittel 734,08 mm; fiel von 733,20 mm um 2^h a. m. bis zum min. 731,15 mm um 10^h a. m. und stieg dann bis zum max. 741,25 mm.
Temp. d. Luft: Mittel 3,5°; max. 4,0° um 2^h p. m., min. 2,5° um 10^h p. m.
Spannkr. d. Dünste: Mittel 5,2 mm; max. 5,5 mm um 2^h p. m., min. 5,0 mm um 10^h p. m.
Wolken: Gattung u. Betrag. Bis 1^h a. m. bezogen, 1^h—4^h aufklarend cu ni 5—6, dann fast ganz bezogen bis 10^h p. m., ausser von 7^h—8^h schönes Abendroth, von 10^h—12^h aufklarend cu ni 7—8.
Richtung. Mit dem Winde ziehend.
Niederschl.: Von 5^h—8^h a. m. vorübergehend B, C und Hagel, von 11^h a. m. bis 2^h p. m. vorübergehend B, von 7^h—8^h B, von 8^h—10 B und C-Böen.
Zustand d. See: Temp. Mittel 2,8°; max. 3,0° um 2^h p. m., min. 2,6° um 6^h a. m.
Spezif. Gewicht. Mittel 1,02608; max. 1,0263, min. 1,0260.
Allg. Bemerk.: a. m. 12^h—5^h N306°E 8—9, 5^h—8^h N272°E 8—9, 10^h—12^h N272°E 7.
Bis 1^h a. m. bezogen, 1^h—4^h aufklarend, dann fast ganz bezogen.
9^h a. m. nach 24^h Ozon = 10—11, Regen = 2,4 mm, Verdunstung = 1,7 mm.
p. m. 12^h—3^h N306°E 7, 3^h—5^h N283°E 7, 5^h—12^h N272°E 8—9.
Bis 10^h fast ganz bezogen, ausser 7^h—8^h.

1875, den 28. Januar.

Position: 50° 20,4' S-Br., 70° 13,5' O-Lg. — Betsy Cove.
Schiffsbew.: Kurs. Vormittags N351°E, dann N47°E und N36°E, Nachmittags N13°E und N261°E.
Fahrt. Vormittags anfangs 4,5, dann 7—8, Nachmittags 6, dann 4.
Wind: Richtung. Mittel N288°E; N261°E bis 10^h a. m., N272°E bis 1^h p. m., dann bis 2^h still, von 2^h—6^h N317°E, 6^h—10^h N328°E, zuletzt N351°E und N13°E.
Stärke. Mittel 4,8; am stärksten 8—10 bis 10^h a. m., dann abflauend, meist 4—5.
Barom.: Mittel 753,84 mm; stieg von 746,65 mm um 2^h a. m. bis zum max. 757,90 mm um 6^h p. m und fiel dann bis 754,45 mm um 10^h p. m.
Temp. d. Luft: Mittel 4,3°; max. 5,2° am 2^h p. m., min. 3,3° um 2^h a. m.
Spannkr. d. Dünste: Mittel 5,1 mm; max. 5,6 mm um 10^h p. m., min. 4,7 mm um 6^h a. m.
Wolken: Gattung u. Betrag. Vormittags oberer Himmel klar cu 3—4, cu ni 4—6; Nachmittag cu, cu str. und ni 7—10, zuweilen leicht bezogen, um 7^h ganz bezogen.
Richtung. Aus NW, Nachmittags aus N.
Niederschl.: Von 8^h bis 10^h a. m. wenig B, von 11—12^h p. m. schwerer Regen.
Zustand d. See: Temp. Mittel 3,7°; max. 4,6° um 10^h p. m., min. 2,6° um 2^h a. m.
Spezif. Gewicht. Mittel 1,02597; max. 1,0261, min. 1,0258.
Allg. Bemerk.: Ozongehalt 9—10. Regen —. Verdunstung 2,0 mm.
a. m. 12^h—10^h N261E, Stärke 2 Stunden 9, 2 Stunden 9—10, 4 Stunden 8—9, 2 Stunden 6—4; 10^h—12^h N272°E 5—3.
Mittel- und Morgenwache oberer Himmel klar, später etwas mehr bezogen.
p. m. 12^h—1^h N272°E, 1^h—2^h still, 2^h—6^h N317°E 5, 6^h bis 10^h N328°E, 10^h—11^h N351°E, 11^h—12^h N13°E 5—6.

1875, den 29. Januar.

Position: Betsy Cove.
Schiffsbew.: Kurs. —
Fahrt. —
Wind: Richtung. Mittel N335°E; Vormittags bis 7^h a. m. N13°E, N294°E 6—9^h a. m., dann N317°E und N328°E bis 9^h p. m., von da ab still.
Stärke. Mittel 4,1; Vormittags 7—9, Nachmittags abflauend von 4—0.
Barom.: Mittel 742,89 mm; fiel von 749,00 mm um 2^h a. m. bis 738,45 mm um 2^h p. m., um diese Zeit 2^h p. m. wurde das Barometer an Land gebracht zum Vergleich.
Temp. d. Luft: Mittel 5,6°; max. 6,5° um 2^h p. m., min. 4,0° um 10^h p. m.
Spannkr. d. Dünste: Mittel 5,3 mm; max. 6,8 mm um 6^h a. m., min. 4,4 mm um 6^h p. m.
Wolken: Gattung u. Betrag. Bis 7^h a. m. bezogen ni 10, dann aufklarend schön bis 2^h p. m. cu 2—4, dann bezog es sich ni 8—10, um 8^h p. m. schnell aufklarend schön cu 2.
Richtung. Mit dem Winde.
Niederschl.: Feiner B bis 7^h a. m., ebenfalls wenig B von 6^h p. m. bis 8^h p. m.
Zustand d. See: Temp. Mittel 5,3°; max. 5,9° um 2^h p. m., min. 4,5° um 2^h a. m.
Spezif. Gewicht. Mittel 1,02590; max. 1,0260, min. 1,0258.
Allg. Bemerk.: Ozongehalt 11, Regen 4,6 mm, Verdunstung 1,7 mm.
a. m. 12^h—4^h N24°E 7, 4^h—7^h N13°E 7—8, 7^h—11^h N294°E 6—9.
Bis 7^h bezogen, dann aufklarend schön.
p. m. 12^h—6^h N317°E 5—2, 6^h—9^h N328°E 2—0, 9^h—11^h still, 11^h—12^h N262°E 3—4.
Bis 2^h schön, dann bezog es sich mit zeitweiligem leichten Regen.

1875, den 30. Januar.

Position: Betsy Cove.
Schiffsbew.: Kurs. —
Fahrt. —
Wind: Richtung. Mittel N276°E; anfangs N283°E, sprang um 5^h a. m. auf N228°E, dann wieder N283°E und um 5^h N328°E, holte aber um 8^h nach N306°E.
Stärke. Mittel 3,6; anfangs 2—3, frischte um 5^h a. m. etwas auf und blieb dann 4—6.
Barom.: Mittel 747,43 mm; stieg vom min. 742,30 mm um 2^h a. m. bis zum max. 750,30 mm um 2^h p. m. und fiel wieder bis 748,30 mm um 10^h p. m.
Temp. d. Luft: Mittel 6,1°; max. 8,1° um 10^h a. m., min. 4,0° um 2^h a. m.
Spannkr. d. Dünste: Mittel 5,2 mm; max. 6,8 mm um 10^h p. m., min. 4,0 mm um 6^h a. m.

Wolken: Gattung u. Betrag. Vormittags obere Himmel klar; cu str. gesehen um 2^h und um 10^h a. m. 5—7; um 6^h zeigten sich nur cu 4—5; Nachmittags etwas mehr bewölkt, cu str. 7—8, dann gegen Abend cu ni 8—10.
Richtung. Mit dem Winde ziehend.
Niederschl.: Von 3^h 30′—4^h p. m., und von 7^h—8^h p. m. wenig B, dann bis 12^h fortwährend B.
Zustand d. See: Temp. Mittel 5,1°; max. 5,4° um 10^h a. m., min. 4,6° um 6^h a. m.
Spezif. Gewicht. Mittel 1,02588; max. 1,0260; min. 1,0258.
Allg. Bemerk.: Ozongehalt 8—9, Regen —, Verdunstung 2,1 mm.
a. m. 2 Stunden N294°E 4—3, 1 Stunde N261°E 2—3, 5 Stunden N228°E 3—7.
p. m. 2 Stunden N272°E 3—4, 1 Stunde N283°E 2—3, 2 Stunden N294°E 2—3, 3 Stunden N328°E 3—5, 4 Stunden N306°E 4—5.

1875, den 31. Januar.

Position: Betsy Cove.
Schiffsbew.: Kurs. —
Fahrt. —
Wind: Richtung. Mittel N337°E; N306°E, von 2^h a. m. bis 4^h p. m. fast N328°E, dann N13°E.
Stärke. Mittel 2,8; anfangs 3, von 9^h a. m. bis 12^h a. m. flauer 1—2; Nachmittags 3—5.
Barom.: Mittel 746,46 mm; stieg von 747,60 mm um 2^h a. m. bis zum max. 748,45 mm, fiel dann bis zum min. 739,38 mm um 10^h p. m.
Temp. d. Luft: Mittel 7,0°; max. 7,8° um 6^h p. m., min. 6,0° um 6^h a. m.
Spannkr. d. Dünste: Mittel 7,2 mm; max. 7,7 mm um 6^h p. m., min. 6,8 mm um 2^h a. m.
Wolken: Gattung u. Betrag. Bis 4^h a. m. klar und schön cu ni 2—3, von da ab bezogen, erst cu ni 10, von 10^h a. m. an nur ni 10.
Richtung. Mit dem Winde ziehend.
Niederschl.: Von 4^h a. m. ab A und von 8^h a. m. ab auch B.
Zustand d. See: Temp. Mittel 5,5°; max. 5,6° von 10^h a. m. bis 10^h p. m., min. 4,9° um 2^h a. m.
Spezif. Gewicht. Mittel 1,02590; max. 1,0260, min. 1,0256.
Allg. Bemerk.: 9^h a. m. Ozongehalt 10—11, Regen 0,9 mm, Verdunstung 0,9 mm.
a. m. 12^h—2^h N306°E 4, 2^h—9^h N328°E 2—3, 9^h—12^h N317°E.
Bis 4^h klar und schön, 4^h bezogen und Nebel, von 10^h ab Regen.
p. m. bezogen, Regen und Nebel. 12^h—3^h N317°E 3—4, 3^h—4^h N328°E 3—4, 4^h—6^h N2°E 3—5, 6^h—10^h N18°E 2, 10^h—12^h N24°E 4—5.

1875, den 1. Februar.

Position: Betsy Cove.
Schiffsbew.: Kurs. —
Fahrt. —
Wind: Richtung. Mittel N316°E; Vormittags anfangs still, von 2^h—4^h a. m. fast den ganzen Tag N328°E und N317°E, nur von 8^h—12^h a. m. N306°E.
Stärke. Mittel 6,3. Der Wind wurde an diesem Tage immer stärker von 4 bis 10.
Barom.: Mittel 735,54 mm; min. 737,85 mm um 2^h a. m., fiel bis 6^h a. m. auf 733,30 mm, stieg dann bis zu 737,40 mm um 2^h p. m., fiel wieder bis zum min. 732,50 mm um 10^h p. m.
Temp. d. Luft: Mittel 6,8°; max. 8,5° um 2^h a. m., min. 5,0° um 10^h p. m.
Spannkr. d. Dünste: Mittel 6,4 mm; max. 7,7 mm um 2^h a. m., min. 5,8 mm um 10^h p. m.
Wolken: Gattung u. Betrag. Fast den ganzen Tag bezogen ni und cu ni 10, nur von 2^h bis 3^h p. m. etwas klarer cu ni 5—6, auch um 10^h p. m. cu ni 7—8.
Richtung. Mit dem Winde ziehend.
Niederschl.: Von 6^h bis 8^h a. m. A und von 12^h—5^h a. m. B, um 10^h a. m. diesig, 6^h—7^h p. m. B-Böen, ebenfalls nach 10^h p. m.
Zustand d. See: Temp. Mittel 5,7°; max. 6,0° um 6^h a. m., min. 5,2° um 10^h a. m.
Spezif. Gewicht. Mittel 1,02568; max. 1,0259, min. 1,0255.
Allg. Bemerk.: 12^h—1^h a. m. N24°E 2—3, 1^h—4^h still, 4^h—8^h N317°E 5, 8^h—12^h N306°E 6; p. m. 12^h—2^h N317°E 6, 2^h—4^h N328°E 6—7, 4^h—8^h N328°E 7—8, 8^h—10^h N317°E 9—10, 10^h—11^h N294°E 9—10.
Ozongehalt 10—11, Regen 26,9 mm, Verdunstung 0,3 mm.
4^h a. m. ni B, 6^h—7^h aufklarend, 10^h bezogen diesig, um 2^h p. m. etwas klarer, 2^h—4^h cu ni 5—7, von 4^h—8^h bezogen mit vorübergehendem leichten Regen, um 10^h cu ni 7—8. Regenböen.

1875, den 2. Februar.

Position: Betsy Cove.
Schiffsbew.: Kurs. —
Fahrt. —
Wind: Richtung. Mittel N257°E, Vormittags erst bis 2^h a m. 2 Stunden N294°E, dann 2 Stunden N306°E und abermals 2 Stunden N306°E, holte dann noch weiter westlich mit sehr starken Böen, war Nachmittags endlich N238°E und zuweilen sogar N227°E.
Stärke. Mittel 7,0; Vormittags noch ziemlich gleichmässig 9, zuweilen etwas abflauend 8 aber die Böen bei N261°E 11, Nachmittags flaute er ab von 9—6.
Barom.: Mittel 738,92 mm; sank noch bis zum min. 731,15 mm 6^h a. m. und stieg wieder bis 750,45 mm um 10^h p. m.
Temp. d. Luft: Mittel 4,3°; max. 5,9° um 2^h p. m., min. 3,3° um 6^h a. m.
Spannkr. d. Dünste: Mittel 4,7 mm; max. 5,4 mm um 2^h p. m.; min. 4,0 mm um 10^h p. m.
Wolken: Gattung u. Betrag. Ganz bezogen ni 10; um 6^h p. m. cu ni 10, nur um 10^h p. m. cu ni 6—7.
Richtung. Mit dem Winde ziehend.
Niederschl.: Vormittags Regen, anfangs vorübergehend, dann beständig, zuweilen auch Schnee. Nachmittags Regen- und Hagelböen zeitweilig bis 6^h p. m.
Zustand d. See: Temp. Mittel 4,8°; max. 5,1° um 2^h a. m., min. 4,6° um 10^h p. m.
Spezif. Gewicht. Mittel 1,02560; max. 1,0257, min. 1,0255.
Allg. Bemerk.: a. m. 12^h—2^h N294°E 8, 2^h—4^h N306°E 9; bezogen mit vorübergehendem Regen; 4^h—6^h N294°E 8—9, 6^h—8^h N261°E 8—9, eine Böe = 11, ni, Regen und Schnee, 8^h—12^h N261°E. 2 Stunden 9—10 Böen 11, 2 Stunden 7—8.
p. m. Regen, 2 Stunden N249°E, 2 Stunden N238°E. cu ni böig, 2 Stunden N249°E 8—9, 2 Stunden N227°E 8, 3 Stunden N238°E 6—7; 1 Stunde N249°E 8.
9^h a. m. nach 24^h: Ozon = 10—11, Regen — 1,0 mm, Verdunstung = 1,6 mm.

1875, den 3. Februar.

Position: Betsy Cove bis 6^h p. m. Unter Dampf von 6^h p. m. ab.
Schiffsbew.: Kurs. N334°E, N339°E.
Fahrt. 5,2 und 4,7.
Wind: Richtung. Mittel N275°E; erst N283°E, dann N261°E, von 9^h a. m. bis 5^h p. m. N272°E, dann wieder N283°E.
Stärke. Mittel 4,4; flaute bedeutend ab von 5—2, frischte indess um 9^h a. m. wieder auf bis zu 8 um 5^h p. m., von da ab minderte sich die Stärke bis zu 5.
Barom.: Mittel 758,40 mm; stieg beständig von 753,65 mm um 2^h a. m bis 764,00 mm um 10^h p. m.
Temp. d. Luft: Mittel 5,9°; max. 8,4° um 2^h p. m., min. 3,9° um 2^h a. m.
Spannkr. d. Dünste: Mittel 4,8 mm; max. 5,2 mm um 6^h p. m., min. 4,5 mm um 10^h p. m.
Wolken: Gattung u. Betrag. cu ni anfangs 3—4, dann etwas mehr bewölkt, cu ni 6—7 um Mittag, Nachmittags mehr und mehr aufklarend, von 10^h p. m. ab fast ganz klar.
Richtung. Mit dem Winde ziehend.
Niederschl.: —

Zustand d. See: Temp. Mittel 4,6°; max. 5,1° um 10° a. m., min. 4,1° um 10h p. m.
Spezif. Gewicht. Mittel 1,02563; max. 1,0258, min. 1,0256.
Allg. Bemerk.: Ozongehalt 5—6, Regen 1,0 mm, Verdunstung 6,4(?)
a. m. 6 Stunden N261°E, 3 Stunden N283°E, 3 Stunden N272°E. — cu ni böig.
p. m. 5 Stunden N272°E, 7 Stunden N283°E, böig; von 10h Abends fast ganz klar.

1875, den 4. Februar.

Position: 48° 47,3' S-Br.; 69° 43,0' O-Lg. um 12h Mittags. Port Palliser von 2h p. m. ab.
Schiffsbew.: Kurs. Anfangs N334°E, dann von 6h a. m. ab N182°E.
Fahrt. Anfangs 2, dann 4.6 bis 7,0.
Wind: Richtung. Mittel N276°E; Vormittags 8 Stunden N261°E, dann N272°E; Nachmittags 7 Stunden N283°E, dann N328°E.
Stärke. Mittel 5,8; anfangs von der Stärke 9, flaute dann mehr und mehr ab bis zur Stärke 4, frischte um 5h p. m. etwas auf, war aber um 10h p. m. nur noch 2—3.
Barom.: Mittel 766,33 mm; stieg von 766,05 mm um 2h a. m. bis zum max. 769,95 mm um 10h a. m. und fiel dann bis 763,80 mm um 10h p. m.
Temp. d. Luft: Mittel 5,4°; max. 7,1° um 2h p. m., min. 4,0° um 6h a. m.
Spannkr. d. Dünste: Mittel 5,2 mm; max. 6,2 mm um 10h p. m., min. 4,3 mm um 2h a. m.
Wolken: Gattung u. Betrag. Anfangs klar, cu 2—3, nach und nach bezogen bis cu ni 8—10 um 12h Mittags; Nachmittags ebenfalls anfangs klar, nach und nach bezogen bis ni 10.
Richtung. Mit dem Winde ziehend.
Niederschl.: Um 6h a. m. Regen, welcher eine Stunde anhielt; spät um 10h p. m. etwas Schnee.
Zustand d. See: Temp. Mittel 4,0; max. 4,1° von 10h a. m. bis 10h p. m., min. 3,6° um 2h a. m.
Spezif. Gewicht. Mittel 1,02588; max. 1,0260, min. 1,0257.
Allg. Bemerk.: Ozongehalt = 10; Verdunstung 2,8 mm.
a. m. 8 Stunden N261°E, 4 Stunden N272°E. Anfangs klar, nach und nach bezogen.
p. m. 4 Stunden N283°E 4—5, 3 Stunden N283°E, 3 Stunden N328°E 2-3, 2 Stunden N306°E 3—4.

1875, den 5. Februar.

Position: Port Palliser bis 10h p. m. 48° 29,6' S-Br.; 69° 35,0' O-Lg.
Schiffsbew.: Kurs. N19°E } um 10h p. m.
Fahrt. 9,7 }
Wind: Richtung. Mittel N296°E; Vormittags beständig N306°E, Nachmittags N294°E bis N272°E.
Stärke. Mittel 5,8; Vormittags ziemlich gleichmässig 4—6, Nachmittags flauer 2—3, gegen Abend auffrischend bis zur Stärke 8.
Barom.: Mittel 759,18 mm; fiel von 760,40 mm um 2h a. m. bis zum min. 757,85 mm um 6h a. m., stieg dann bis zum max. 761,30 mm um 10h p. m.
Temp. d. Luft: Mittel 7,2°; max. 9,1° um 10h a. m., min. 4,7° um 6h a. m.
Spannkr. d. Dünste: Mittel 6,0 mm; max. 7,5 mm um 2h a. m., min. 5,7 mm um 6h p. m.
Wolken: Gattung u. Betrag. Bezogen mit ni 10 bis 5h a. m., dann aufklarend, schön und klar; um 10h a. m. nur noch cu 1—2 am Horizont; Nachmittags etwas mehr bezogen cu 3—4 und cu str. 3—4; Abends dünn mit leichten ni 10 bezogen.
Richtung. Mit dem Winde ziehend.
Niederschl.: Regen und diesig bis 5h a. m.
Zustand d. See: Temp. Mittel 4,5°; max. 5,1° um 2h p. m., min. 4,0° um 2h a. m.
Spezif. Gewicht. Mittel 1,02593; max. 1,0260, min. 1,0259.
Allg. Bemerk.: 9h a. m. nach 24 Stunden Ozon = 9—10; Regen = 1,4 mm; Verdunstung = 2,1 mm.
a. m. 12 Stunden N306°E, p. m. 2 Stunden N272°E, 4 Stunden N294°E, 6 Stunden N283°E.

1875, den 6. Februar.

Position: 48° 0,7'—46° 24,0' S-Br.; 69° 43,0'—70° 48' O-Lg.
Schiffsbew.: Kurs. Vormittags beständig N351°E, Nachmittags anfangs N13°E, dann N36°E und N64°E.
Fahrt. 5,5—7,0.
Wind: Richtung. Mittel N294°E; Vormittags beständig N294°E, Nachmittags holte der Wind über N306°E weiter nach N328°E und wurde zuletzt N351°E.
Stärke. Mittel 3,8; anfangs 7—8, flaute aber immer mehr ab bis 2 um 2h p. m. und frischte dann etwas wieder auf bis 4 um 10h p. m.
Barom.: Mittel 764,82 mm; stieg beständig von 763,25 mm bis 766,40 mm.
Temp. d. Luft: Mittel 5,8°; max. 7,0° um 2h p. m., min. 4,4° um 6h a. m.
Spannkr. d. Dünste: Mittel 5,8 mm; max. 6.5 mm um 6h p. m., min. 4,8 mm um 6h a. m.
Wolken: Gattung u. Betrag. Anfangs leicht bezogen cu ni 9—10, dass die Sterne durchschienen, gegen Morgen dichter; um 10h a. m. klarte es etwas auf, cu ni 6—7; Nachmittags wieder bezogen cu ni 9—10, später ni 10.
Richtung. Mit dem Winde ziehend.
Niederschl.: Von 9h p. m. bis 12h leichter Regen.
Zustand d. See: Temp. Mittel 5,1°; max. 5,9° um 6h p. m., min. 3,9° um 2h a. m.
Spezif. Gewicht. Mittel 1,02592; max. 1,0260, min. 1,0258.
Allg. Bemerk.: Ozongehalt = 9—10; Verdunstung 2,5 mm.
a. m. Leicht bezogen, so dass oft die Sterne durchschienen. Gegen Morgen dichter.

1875, den 7. Februar.

Position: 46° 14,5'—44° 51,5' S-Br.; 71° 16,0'—73° 58,5' O-Lg.
Schiffsbew.: Kurs. Fast immer N37°E, nur um 10h a. m. N335°E.
Fahrt. Vormittags 5,6—6,5, Nachmittags abnehmend von 8—6.
Wind: Richtung. Mittel N335°E; zwischen N318°E und N352°E hin- und herschwankend.
Stärke. Mittel 4,8; stets 4—5, nur Abends um 10h p. m. stärker als N 6—7.
Barom.: Mittel 766,74 mm; stieg von 765,00 mm um 6h a. m. bis zu 769,40 mm um 10h p. m. ohne Unterbrechung.
Temp. d. Luft: Mittel 11,1°; max. 13,2° um 6h p. m., min. 8,2° um 2h a. m.
Spannkr. d. Dünste: Mittel 9,2 mm; max. 11,0 mm um 6h p. m., min. 7,9 mm um 2h a. m.
Wolken: Gattung u. Betrag. Anfangs ni 10, durchsichtig bezogen, der obere Himmel war scheinbar klar auch während des Nebels; um 10h a. m. waren nur noch cu str. 2—3 am Horizont; Nachmittags bezog es sich wieder nach und nach und war von 6h ab ganz bezogen, ni 10.
Richtung. Aus N.
Niederschl.: Um 4h a. m. starker Nebel; um 6h p. m. ganz wenig Regen und Abends um 10h wieder Nebel.
Zustand d. See: Temp. Mittel 9,3°; max. 12,1° um 6h p. m., min. 6,2° um 6h a. m.
Spezif. Gewicht. Mittel 1,02638; max. 1,0268, min. 1,0259.
Allg. Bemerk.: Ozongehalt = 11; Regen 0,3 mm; Verdunstung 0,6 mm.
12h Besteckflasche über Bord.
a. m. Durchsichtig bezogen. Morgenwache starker Nebel; der Himmel oben klar; cu str. 2—3 am Horizont.

1875, den 8. Februar.

Position: 44° 32,0'—42° 40,0' S-Br.; 74° 40,0'—77° 20,5' O-Lg.
Schiffsbew.: Kurs. Vormittags N340°E, von 6h a. m. ab N37°E; Nachmittags fast N14°E.
Fahrt. Vormittags 7,5—8,2; Nachmittags abnehmend 8—6.
Wind: Richtung. Mittel N327°E; Vormittags beständig N340°E, Nachmittags anfangs N318°E, dann N307°E.
Stärke. Mittel 5,8; gleichmässig 6—7 bis 6h p. m., dann etwas abflauend bis 4.
Barom.: Mittel 769,88 mm; stieg fortwährend von 768,85 mm bis 772,65 mm.

Temp. d. Luft: Mittel 13,4°; max. 14,8° um 2^h p. m., min. 12,0° um 6^h a. m.
Spannkr. d. Dünste: Mittel 10,9 mm; max. 11,6 mm um 10^h p. m., min. 9,9 mm um 6^h a. m.
Wolken: Gattung u. Betrag. Den ganzen Tag bezogen, ni 10. Richtung. Mit dem Winde ziehend.
Niederschl.: Vormittags Regen, der mitunter 2 Stunden anhielt; von 6^h p. m. ab ebenfalls anhaltender Regen und von 10^h a. m. fast beständiger Nebel.
Zustand d. See: Temp. Mittel 11,9°; max. 13,2° um 10^h a. m., min. 10,7° um 2^h a. m.
Spezif. Gewicht. Mittel 1,02662; max. 1,0268, min. 1,0264.
Allg. Bemerk.: a. m. Meeresleuchten in kleinen Punkten.
Ozongehalt = 10—11; Regen 0,1 mm; Verdunstung 1,2 mm p. m. Bezogen, Nebel und Regen.

1875, den 9. Februar.

Position: 42° 15,0'—40° 36,0' S-Br., 77° 34,0'—78° 9.0' O-Lg.
Schiffsbew.: Kurs. N3°E bis 10^h a. m, dann 8 Stunden hindurch N352°E, und von 6^h p. m. ab wieder N14°E.
Fahrt. Vormittags 6, Nachmittags 4—6.
Wind: Richtung. Mittel N293°E; anfangs N307°E, holte um 6^h a. m. auf N384°E und wurde 10^h p. m. N318°E.
Stärke: Mittel 3,2; Vormittags fast gleichmässig 4, Nachmittags flauer 2—3.
Barom.: Mittel 772,53 mm; stieg vom min. 771,50 mm um 2^h a. m. bis zum max. 773,00 mm um 2^h p. m., fiel dann bis 772,60 mm um 10^h p. m.
Temp. d. Luft: Mittel 14,6°; max. 15,7° um 2^h p. m., min. 13,6° um 2^h a. m.
Spannkr. d. Dünste: Mittel 12,0 mm; max. 12,6 mm um 10^h a. m., min. 11,5 mm um 2^h a. m.
Wolken: Gattung u. Betrag. Vormittags beständig ni 10, Nachmittags war der Himmel klar, cu 2—3.
Richtung. Mit dem Winde ziehend.
Niederschl.: Vormittags früh 3 Stunden Regen von 4^h bis 7^h a. m. und eine Stunde Nebel, um 10^h a. m. diesig, Nachmittags ebenfalls 9 Stunden hindurch Nebel, um 6^h sogar bei ganz klarem Himmel.
Zustand d. See: Temp. Mittel 13,9°; max. 14,9 um 6^h p. m., min. 12,5° um 2^h a. m.
Spezif. Gewicht. Mittel 1.02678; max. 1,0269, min. 1,0266.
Allg. Bemerk.: Vormittags bezogen, Nebel und Regen. Nachmittags Himmel klar, wenn der Nebel fiel.
Ozongehalt 11, Regen 0,5 mm, Verdunstung 0,5 mm.
12^h Besteckflasche über Bord.

1875, den 10. Februar.

Position: 40° 21,0'—39° 54' S-Br., 78° 18'—78° 3,5' O-Lg.
Schiffsbew.: Kurs Vormittags N10°E und N359°E, dann beigedreht; Nachmittags N330°E, zuletzt N291°E.
Fahrt. Vormittags langsam 1,0, Nachmittags mittelmässig 4,8—3,3.
Wind: Richtung. Mittel N11°E; anfangs N302°E, holte bald nördlicher und ging nach N21°E, bald N10°E, bald N32°E.
Stärke. Mittel 1,7; anfangs fast still, dann 1—2 und erst um 6^h p. m. etwas auffrischend von 2—4.
Barom.: Mittel 772,17 mm; 2 max. 773,30 mm um 10^h a. m. und 771,50 mm um 10^h p. m., 2 min. 772,65 mm um 6^h a. m. und 770,55 mm um 6^h p. m.
Temp. d. Luft: Mittel 16,6°; max. 18,1° um 2^h p. m., min. 15,0° um 2^h a. m.
Spannkr. d. Dünste: Mittel 13,2 mm; max. 13,9 mm um 10^h a. m., min. 12,4 mm um 10^h p. m.
Wolken: Gattung u. Betrag. Vormittag cu 3—5, Nachmittags anfangs cu 4—5. dann cu str. 3—4, um 10^h p. m. Himmel ganz klar.
Richtung. Mit dem Winde ziehend.
Niederschl.: Früh Morgens um 6^h 2 Stunden hindurch Nebel.
Zustand d. See: Temp. Mittel 16,1°; max. 17,2° um 2^h p. m., min. 14,6° um 2^h a. m.
Spezif. Gewicht. Mittel 1,02687; max. 1,0271, min. 1,0265.
Allg. Bemerk.: Himmel klar bis 3^h a. m., dann bezogen, 4^h bis 5^h A, dann fast klar, zuweilen ganz dünn bezogen, später wieder klar.
Ozongehalt 10, Regen 0,9 mm, Verdunstung 1,8 mm.
12^h Besteckflasche über Bord.
a. m. 1 Stunde N314°E, 3 Stunden N302°E, 5 Stunden N336°E, 3 Stunden N28°E.
p. m. 2 Stunden N10°E 1—2, 4 Stunden N32°E 2—3, 2 Stunden N22°E 3, 8^h—10^h N22°E 4, 10^h—12^h N11°E 5.

1875, den 11. Februar.

Position: 39° 45,5'—39° 22.5' S-Br., 77° 40,5'—76° 31,5' O-Lg.
Schiffsbew.: Kurs. Vormittags N292°E, Nachmittags erst N292°E, von 6^h ab N22°E.
Fahrt. 4,3—5,5, von 6^h ab 2,5.
Wind: Richtung. Mittel N354°E; bis 4^h p. m. Nord, dann wurde der Wind N337°E und um 6^h p. m. N315°E, um 9^h N292°E.
Stärke. Mittel 5,6; begann mit der Stärke 5, nahm indess beständig an Stärke zu bis 8, flaute aber von 4^h p. m., als er westlicher wurde, immer mehr ab, bis zur gänzlichen Windstille.
Barom.: Mittel 766,48 mm; max. 769,50 mm um 6^h a. m., dann fiel es beständig bis zum min. 762,50 mm um 6^h p. m.
Temp. d. Luft: Mittel 17,4°; max. 18,2° um 6^h p. m., min. 17,0° um 2^h a. m.
Spannkr. d. Dünste: Mittel 14,2 mm; max. 14,6 mm um 6^h p. m., min. 13,7 mm um 6^h a. m.
Wolken: Gattung u. Betrag. Um 2^h a. m. war der Himmel ganz klar, bezog sich aber mehr und mehr, cu str. 2—3, cu ni 6—7, Nachmittags um 2^h ganz bezogen ni 10, klarte aber später wieder auf bis cu ni 6.
Richtung. Mit dem Winde ziehend.
Niederschl.: Von 2^h p. m. an regnete es 1¾ Stunden.
Zustand d. See: Temp. Mittel 16,5°; max. 17,1° um 6^h p. m., min. 16,0° um 6^h a. m.
Spezif. Gewicht. Mittel 1,02712; max. 1,0273, min, 1,0269.
Allg Bemerk.: Ozongehalt 10—11. Regen = 0. Verdunstung 1,8 mm.
a. m. 4 Stunden Nord 5, 2 Stunden N11°E 5—6, 2 Stunden N11°E 6—7, 2 Stunden N11°E 6—7, 2 Stunden Nord 7.
p. m. 4 Stunden Nord 7—8, 2 Stunden N337°E 6—7, 2 Stunden N315°E 3—4, 8^h—9^h N315°E 3—4, 9^h—12^h N292°E 0—1.

1875, den 12. Februar.

Position: 39° 13,5'—38° 30,0' S-Br., 76° 38,0'—77° 32,0' O-Lg.
Schiffsbew: Kurs. Vormittags N1°E, dann N69°E, Nachmittags anfangs N47°E, dann N16°E.
Fahrt. Vormittags zunehmend von 3 bis 5, Nachmittags anfangs 5,0, dann 2,5 von 6^h p. m. an.
Wind: Richtung. Mittel N307°E; anfangs N283°E, wurde aber immer mehr westlich bis N328°E um 2^h p. m., lief dann wieder zurück auf N305°E.
Stärke. Mittel 2,6; bis 3^h p. m. von der Stärke 3, dann schwächer 1—2.
Barom.: Mittel 776,01 mm; stieg beständig von 764,80 mm bis 767,35 mm.
Temp. d. Luft: Mittel 18,0°; max. 19,2° um 2^h p. m., min. 17,0° um 2^h a. m.
Spannkr. d. Dünste: Mittel 14,2 mm; max. 14,8 mm um 2^h p. m., min. 13,5 mm um 2^h a. m.
Wolken: Gattung u. Betrag. Anfangs leicht bezogen, oft durchbrochen, gegen Morgen etwas dichter ni 10, dann aufklarend um 6^h a. m. cu ni 8, um 10^h cu ni 3—4, Nachmittags Himmel meistens klar, nur um 6^h cu 2—3 im W.
Richtung. Mit dem Winde ziehend.
Niederschl.: —
Zustand d. See: Temp. Mittel 17,0°; max. 17,3° um 2^h p. m., min. 16,8° um 2^h a. m.
Spezif. Gewicht. Mittel 1,02708; max. 1,0273, min. 1,0269.
Allg. Bemerk.: Ozongehalt 11. Regen 2.8 mm. Verdunstung(?)
a. m. 12^h—1^h N294°E 4—5, 1^h—4^h N283°E 3.
Anfangs leicht bezogen, oft durchbrochen, gegen Morgen etwas dichter, Vormittags aufklarend.
4^h—8^h N294°E 3—1, 8^h—12^h N317°E 3.
p. m. 12^h—3^h N328°E 3, 3^h—4^h N317°E 2, 4^h—8^h N317°E 1—2, 8^h—12^h N305°E 2—3 und 1—2.

1875, den 13. Februar.

Position: 38° 19,0′—37° 53,0′ S-Br., 77° 37,0′—78° 0,0′ O-Lg.
Schiffsbew.: Kurs. Früh N19°E, dann back gebrasst, Nachmittags N284°E, dann N59°E.
Fahrt. Früh 2,6; Nachmittags abnehmend 5—3.
Wind: Richtung. Mittel N342°E; Vormittags nordwestlich, Nachmittags nordöstlich.
Stärke. Mittel 2,0; anfangs 1, frischte etwas auf bis zu 3 um 2^h p. m. und flaute wieder ab bis 2.
Barom.: Mittel 768,06 mm; stieg vom min. 766,35 mm um 2^h a. m. bis zum max. 768,90 mm um 10^h p. m., fiel dann wieder bis 768,40 mm um 10^h p. m.
Temp. d. Luft: Mittel 18,5°; max. 19,9° um 2^h p. m., min. 17,6° um 2^h a. m.
Spannkr. d. Dünste: Mittel 14,9 mm; max. 15,8 mm um 10^h p. m., min. 14,4 mm um 2^h a. m.
Wolken: Gattung u. Betrag. Schön und klar, um 2^h a. m. einige cu 1—2 am Horizont, dann cu ni und cu str. bis zu 3, Nachmittags nahm die Bewölkung zu bis zu 6—7.
Richtung. Anfangs aus NW, später bei nordöstlichen Winden aus N.
Niederschl.: —
Zustand d. See: Temp. Mittel 17,7°; max. 18,6° um 2^h p. m., min. 16,7° um 6^h a. m.
Spezif. Gewicht. Mittel 1,02698; max. 1,0271, min. 1,0269.
Allg. Bemerk.: Ozongehalt 9. Verdunstung 1,3 mm.
a. m. Schön und klar. 12^h—4^h N318°E 1—2, 4^h—8^h N318°E 1—2, 8^h—12^h N329°E 2.
p. m. 1 Stunde N351°E 2—3, 3 Stunden N340°E 3, 1 Stunde N340°E 2—3, 2^h N3°E 2, 1 Stunde N14°E 2, 1 Stunde N14°E 2—3, 3 Stunden N351°E 1—2.

1875, den 14. Februar.

Position: 37° 43,5′—36° 27,0′ S-Br.; 78° 17,0′—80° 14,5′ O-Lg.
Schiffsbew.: Kurs. Anfangs N31°E, von 6^h a. m. ab stets N52°E.
Fahrt 5,4—6,8.
Wind: Richtung. Mittel N339°E; anfangs N351°E, um 6^h N329°E, von 7^h ab stets N340°E.
Stärke. Mittel 3,1; als N351°E 2, später 3—4.
Barom.: Mittel 768,49 mm; max. 769,00 mm um 10^h p. m., min. 767,50 mm um 10^h a. m. Gang Vormittags fallend, nach dem min. steigend.
Temp. d. Luft: Mittel 19,9°; max. 20,8° um 2^h p. m., min. 18,6° um 2^h a. m.
Spannkr. d. Dünste: Mittel 15,6 mm; max. 15,9 mm um 6^h a. m., min. 15,1 mm um 2^h a. m.
Wolken: Gattung u. Betrag. Bis 5^h a. m. bezogen cu ni 9, dann aufklarend; von 7^h a. m. ganz klar, selten kleinere Wolken am Horizont.
Richtung. Aus N.
Niederschl.: —
Zustand d. See: Temp. Mittel 18,8°; max. 20,0° um 2^h p. m., min. 17,0° um 2^h a. m.
Spezif. Gewicht: Mittel 1,02682; max. 1,0269, min. 1,0267.
Allg. Bemerk.: Ozongehalt = 11; Verdunstung 2,1 mm.
a. m. Bis 5^h bezogen, dann aufklarend; von 7^h ganz klar, selten kleinere Wolken am Horizont. 12^h—4^h N351°E, 4^h—8^h N329°E, 8^h—12^h N340°E.
p. m. 12^h—12^h N340°E. Einige Sternschnuppen fielen in N. Meeresleuchten in einzelnen Punkten.

1875, den 15. Februar.

Position: 36° 9,5′—34° 44,5′ S-Br.; 81° 48,5′—81° 37,9′ O-Lg.
Schiffsbew.: Kurs. Früh N51°E, um 6^h a. m. N28°E; Nachmittags anfangs back gebrasst, dann beständig N342°E.
Fahrt. Vormittags 7—6, Nachmittags immer langsamer, 3—1.
Wind: Richtung. Mittel N308°E; anfangs N343°E, der immer westlicher wurde, von 4^h p. m. ab N253°E, endlich still.
Stärke. Mittel 2—3; anfangs als N343°E 4, dann flaute er immer mehr ab, je weiter er nach N253°E herumging.
Barom.: Mittel 768,48 mm; stieg bis zum max. 769,40 mm um 10^h a. m., fiel wieder bis zum min. 767,00 mm um 6^h p. m. und stieg abermals bis 769,30 mm um 10^h p. m.
Temp. d. Luft: Mittel 20,8°; max. 22,5° um 6^h p. m., min. 20,0° um 2^h a. m.
Spannkr. d. Dünste: Mittel 15,2 mm; max. 16,8 mm um 2^h p. m., min. 14,4 mm um 6^h a. m.
Wolken: Gattung u. Betrag. Himmel klar und schön, selten leichte cu am Horizont, cu 3—4 um 6^h a. m. und cu 1—2 um 10^h p. m.
Richtung. Um 6^h a. m. aus der Windrichtung, um 10^h p. m. windstill, Wolken am Horizont unbeweglich.
Niederschl.: —
Zustand d. See: Temp. Mittel 20,3°; max. 21,1° um 6^h p. m., min. 19,4° um 2^h a. m.
Spezif. Gewicht. Mittel 1,02703; max. 1,0271, min. 1,0269.
Allg. Bemerk.: Ozongehalt = 8; Verdunstung 2,8 mm.
Klar und schön, selten leichte cu am Horizont.
a. m. 4 Stunden N343°E, 4 Stunden N321°E, 4 Stunden N298°E.
p. m. 1 Stunde N298°E, 3 Stunden N276°E, 4 Stunden N253°E, 2 Stunden N253°E, 2 Stunden still.

1875, den 16. Februar.

Position: 34° 39,5′—32° 25,5′ S-Br.; 81° 37,0′—80° 40,5′ O-Lg.
Schiffsbew.: Kurs. Beständig N345°E.
Fahrt. Anfangs nur 3,5 während der Windstille, dann von 6^h a. m. ab 7—8,5.
Wind: Richtung. Mittel N138°E; anfangs still, um 2^h a. m. N255°E; seit 4^h a. m. N165°E, welcher plötzlich gegen 6^h a. m. nach N120°E sprang und fortwährend südöstlich blieb.
Stärke. Mittel 3,7; anfangs still, als N255°E flau, frischte auf als N165°E und noch mehr als N120°E von 3—6.
Barom.: Mittel 769,81 mm; 2 max. 770,50 mm um 10^h a. m., 770,40 mm um 10^h p. m.; 2 min. 769,10 mm um 2^h a. m., 769,70 mm um 6^h p. m.
Temp. d. Luft: Mittel 19,7°; max. 20,6° um 2^h a. m., min. 18,3° um 6^h a. m.
Spannkr. d. Dünste: Mittel 15,3 mm; max. 16,0 mm um 2^h a. m., min. 14,7 mm um 2^h p. m.
Wolken: Gattung u. Betrag. Um 2^h a. m. fing es an, sich zu beziehen; um 6^h a. m. cu ni 6—8, um 10^h ganz bezogen cu ni 10; Nachmittags klarte es auf, cu str. 5—6, um 10^h p. m. cu 6.
Richtung. Aus SE.
Niederschl.: Von 4^h a. m. bis 9^h a. m. Regen.
Zustand d. See: Temp. Mittel 21,0°; max. 21,4° um 10^h p. m., min. 20,3° um 2^h a. m.
Spezif. Gewicht. Mittel 1,02703; max. 1,0271, min. 1,0270.
Allg. Bemerk.: Um 2^h a. m. bezog es sich, und es kam plötzlich um 6^h SE-Wind.
Ozongehalt = 8—9; Regen 23,2 mm; Verdunstung 1,8 mm. Abends schwaches Meeresleuchten.

1875, den 17. Februar.

Position: 31° 56,5′—30° 0,3′ S-Br.; 80° 30,0′—79° 48,5′ O-Lg.
Schiffsbew.: Kurs. Beständig N345°E.
Fahrt. Vormittags 7, nur um 6^h a. m. eine Zeit lang 3; Nachmittags 6,0 und um 6^h p. m. zeitweilig 4,5.
Wind: Richtung. Mittel N138°E; meist N120°E, jedoch von 10^h p. m. ab N75°E.
Stärke. Mittel 3,2; meist 3—4, jedoch flauer um 6^h a. m. und stärker, 5,6, um 10^h p. m. als N75°E.
Barom.: Mittel 768,66 mm; max. 769,55 mm um 2^h a. m., min. 767,80 mm um 6^h p. m.; Gang ziemlich unregelmässig.
Temp. d. Luft: Mittel 21,6°; max. 22,8° um 2^h p. m., min. 20,0° um 6^h a. m.
Spannkr. d. Dünste: Mittel 16,3 mm; max. 17,3 mm um 2^h a. m., min. 15,6 mm um 6^h a. m.
Wolken: Gattung u. Betrag. Bis 1^h a. m. bezogen, dann aufklarend, cu 1—2 um 2^h a. m., später cu ni 5—6; Nachmittags cu, dann cu str. 3—5, zuletzt cu 6—7.
Richtung. Aus SE.
Niederschl.: Um 5^h a. m. Regen, ebenfalls um 2^h p. m. ein wenig Regen.

Zustand d. See: Temp. Mittel 22,3°; max. 23,5° um 2h p. m., min. 21,5° um 2h a. m.
Spezif. Gewicht. Mittel 1,02747; max. 1,0276, min. 1,0272.
Allg. Bemerk.: Ozongehalt = 10; Regen 1,3 mm; Verdunstung 1,6 mm.
a. m. Bis 1h bezogen, dann aufklarend. 4 Stunden N131°E 4—5, 4h—5h N131°E 4—5, 5h—6h N75°E 2, 6h—8h N120°E 3—4, 8h—10h N120°E 2—3, 10h—11h N75°E 2—3, 11h—12h N143°E.
p. m. 12h—1h N98°E 2—3, 1h—2h N109°E, 2h—4h N120°E, 4h—5h N120°E, 5h—8h N109°E. — Abendroth. — 8h bis 10h N109°E 5—6, 10h—12h N75°E 5—6.

1875, den 18. Februar.

Position: 29° 30,5′—27° 11,5′ S-Br.; 79° 39,0′—77° 49,5′ O-Lg.
Schiffsbew.: Kurs. Vormittags N348°E, Nachmittags N309°E.
Fahrt. 7,5—9,5.
Wind: Richtung. Mittel N78°E; meist N78°E, früh kurze Zeit N67°E und ebenfalls Nachmittags kurze Zeit N89°E.
Stärke. 6,5; fast immer 6—7; um 2h a. m. bei N67°E einige Böen.
Barom.: Mittel 768,57 mm; 2 max. 770,90 mm um 10h a. m., 768,30 mm um 10h p. m.; 2 min. 768,20 mm um 2h a. m. und 767,45 mm um 2h p. m.
Temp. d. Luft: Mittel 22,8°; max. 23,7° um 10h a. m., min. 21,9° um 2h a. m.
Spannkr. d. Dünste: Mittel 15,8 mm; max. 16,1 mm um 6h a. m., min. 15,3 mm um 2h p. m.
Wolken: Gattung u. Betrag. Anfangs ganz bezogen cu ni 10, dann mehr und mehr aufklarend bis cu 2—3 um 10h a. m.; Nachmittags immer cu 5—7.
Richtung. Aus E.
Niederschl.: Um 2h a. m. Regenböen, auch von 1h—2h p. m. leichter Regen.
Zustand d. See: Temp. Mittel 23,0°; max. 23,5° um 10h a. m., min. 22,5° um 2h a. m.
Spezif. Gewicht. Mittel 1,02760; max. 1,0278, min. 1,0275.
Allg. Bemerk.: Ozongehalt = 8; Regen 0,3 mm; Verdunstung 4,4 mm (?)
a. m. 4 Stunden N67°E 6, 3 Stunden N67°E 6—7, wovon 1 Stunde N78°E 8, 4 Stunden N78°E 7, 1 Stunde 8.
p. m. 2 Stunden N78°E 6—7, 2 Stunden N89°E 7, 4 Stunden N89°E 6—7, 4 Stunden N78°E 6—7, zuweilen etwas nördlicher.

1875, den 19. Februar.

Position: 26° 47,5′—25° 13,0′ S-Br., 77° 14,5′—74° 34,0′ O-Lg.
Schiffsbew.: Kurs. Bis Mittag N309°E, dann N314°E.
Fahrt. Bis Mittag 9,0; dann 8,0—7,0.
Wind: Richtung. Mittel N84°E; abwechselnd N78°E und N89°E.
Stärke. Mittel 6,3; bis Mittags 7, dann etwas abflauend bis zu 5.
Barom.: Mittel 766,16 mm; max. 766,20 mm um 6h a. m., min. 764,65 mm um 6h p. m.
Temp. d. Luft: Mittel 23,7°; max. 24,6° um 10h a. m.; min. 21,6° um 2h a. m.
Spannkr. d. Dünste: Mittel 15,5 mm; max. 17,0 mm um 10h p. m., min. 14,9 mm um 2h a. m.
Wolken: Gattung und Betrag. Mittelwache ni 10, auf der Morgenwache aufklarend und schön, zeitweilig cu str. 4—5, gewöhnlich cu 2—3 am Horizont.
Richtung. Aus E.
Niederschl.: Mittelwache 1½ Stunde Regen.
Zustand d. See: Temp. Mittel 22,9°; max. 24,6° um 2h p. m., min. 23,1° um 2h a. m.
Spezif. Gewicht. Mittel 1,02738; max. 1,0277, min. 1,0271.
Allg. Bemerk.: Auf der Mittelwache Regen, auf der Morgenwache aufklarend, klar und schön den ganzen Tag.
Ozongehalt 5—6, Regen 0,5 mm, Verdunstung 5,3 mm. (?)
a. m. 4 Stunden N78°E 7, 4 Stunden N89°E 7, 4 Stunden N78°E 7.
p. m. 4 Stunden N89°E 6—7, 2 Stunden N89°E 5, 2 Stunden N78°E 5, 4 Stunden N89°E 5.

1875, den 20. Februar.

Position: 25° 20,0′—24° 14,5′ S-Br.; 74° 2,0′—71° 49,5′ O-Lg.
Schiffsbew.: Kurs. N293°E, jedoch um 6h p. m. Back.
Fahrt. 7 bei N79°E und 6 bei N57°E, Abends spät 8,0.
Wind: Richtung. Mittel N68°E; anfangs N68°E, um 2h a. m., N57°E, von 8h a. m. ab N79°E, aber von 9h p. m. ab N34°E und böig.
Stärke. Mittel 3,9; anfangs 4—5, dann 3—4, von 9h p. m. ab eine kurze Zeit 5—6 mit Böen.
Barom.: Mittel 765,03 mm; 2 max. 765,45 mm um 10h a. m., 766,00 mm um 10h p. m.; 2 min. 765,10 mm um 6h a. m. und 764,54 mm um 6h p. m.
Temp. d. Luft: Mittel 25,0°; max. 26,0° um 10h a. m., min. 24,2° um 6h a. m.
Spannkr. d. Dünste: Mittel 18,2 mm; max. 19,0 mm um 2h p. m., min. 17,4 mm um 2h a. m.
Wolken: Gattung u. Betrag. Wetter schön, abwechselnd cu 1—3, und cu 3—4.
Richtung. Aus E.
Niederschl.: 10h p. m. eine leichte Regenböe.
Zustand d. See: Temp. Mittel 24,9°; max. 25,7° um 2h p. m., min 24,0° um 2h a. m.
Spezif. Gewicht. Mittel 1,02717; max. 1,0273, min. 1,0271.
Allg. Bemerk.: Ozongehalt 5—6, Regen 0,0, Verdunstung 5,3 mm (?) 9h 50′ p. m. schralte der Wind 2 Strich in einer leichten Regenböe. Sonst Wetter schön.
a. m. 12h—2h N68°E 4—5, 2h—4h N57°E 4, 4h—8h N57°E 3—4, 8h—12h N79°E 3—4.
p. m. 12h—4h N79°E 4—5, 4h—8h N79°E 4, 8h—9h N79°E 4—5, 9h—10h N34°E 5—6, 10—12h N45°E 3—4.

1875, den 21. Februar.

Position: 24° 5,5′—23° 9,5 S-Br.; 71° 25,0′ 68° 41,5′ O-Lg.
Schiffsbew.: Kurs. N292°E.
Fahrt. Um 2h a. m. 6,0, dann 7,5—8,5.
Wind: Richtung. Mittel N76°E; meist N79°E, um 10h p. m. N23°E.
Stärke. Mittel 4,4, beständig 4—5.
Barom: Mittel 765,53 mm; 2 max. 766,45 mm um 10h a. m. und 766,30 mm um 10h p. m.; 2 min. 765,25 mm um 6h a. m. und 764,80 mm um 6h p. m.
Temp. d. Luft: Mittel 25,8°; max. 26,8° um 10h a. m., min. 24,8° um 2h a. m.
Spannkr. d. Dünste: Mittel 19,0 mm; max. 19,4 mm um 2h a. m., min. 18,2 mm um 10h p. m.
Wolken: Gattung u. Betrag. Klar und schön; anfangs cu 5—6, dann nur cu 2—4, jedoch um 10h p. m. cu ni 5—6.
Richtung. Mit dem Winde ziehend.
Niederschl.: Um 10h p. m. und 11h p. m. einige ganz leichte Regenböen.
Zustand d. See: Temp. Mittel 25,6°; max. 26,0° um 10h a. m., min. 24,8° um 2h a. m.
Spezif. Gewicht. Mittel 1,02722; max. 1,0274, min. 1,0271.
Allg. Bemerk.: Sonst klar und schön, nur um 10h p. m. zuweilen einige ganz leichte Regenböen. Von 8h p. m. ab änderte der Wind seine Richtung rasch hintereinander N57°E, N23°E, dann wieder N78°E.
Ozongehalt 5, Verdunstung 6,1 mm.
a. m. 4 Stunden N79°E 4, 4 Stunden N79°E 4—5, 4 Stunden N79°E 5.
p. m. 4 Stunden N79°E 5; 4 Stunden N68°E 4, 8h—9h N57°E, 9h—10h N23°E, 10h—12h N79°E 4—5.

1875, den 22. Februar.

Position: 20° 50,0′—20° 18,0′ S-Br.; 62° 38,5′—60° 20,5′ O-Lg.
Schiffsbew.: Kurs. N288°E.
Fahrt. Bis 2h p. m. 7,0—5,7, dann 8,0.
Wind: Richtung. Mittel N106°E; abwechselnd N114°E und N103°E, jedoch Abends von 8h ab Wind sehr unbeständig, zwar meist N103°E, aber von N136°E bis N58°E; einige Böen.
Stärke. Mittel 3,7; meist 4 oder 3—4.
Barom.: Mittel 764,75 mm; max. 765,70 mm um 2h a. m., min. 763,45 mm um 2h p. m.

Temp. d. Luft: Mittel 25,9°; max. 26,5° um 10^h a. m., min. 25,2° um 6^h a. m.
Spannkr. d. Dünste: Mittel 18,2 mm; max. 18,8 mm um 10^h a. m., min. 17,5 mm um 2^h p. m.
Wolken: Gattung u. Betrag. Klar und schön, meist cu 2—3, um 6^h a. m. cu str. 2—3; zeitweilig gegen Mittag und Abends 10^h cu 4—5 am Horizont.
Richtung. Mit dem Winde ziehend.
Niederschl.: 12^h und 4^h a. m. Regenböen, ebenfalls 10^h 50′ p. m. und 11^h 45′ p. m.
Zustand d. See: Temp. Mittel 25,5°; max. 25,9° um 10^h a. m., min. 25,0° um 10^h p. m.
Spezif. Gewicht: Mittel 1,02720; max. 1,0273, min. 1,0271.
Allg. Bemerk.: Ozongehalt 4, Verdunstung 4,4 mm. Klar und schön.
a. m. 12^h—1^h N80°E, 1^h—4^h N114°E 4, 4^h—8^h N103°E 3—4, 8^h—12^h N103°E 3—4.
p. m. 12^h—2^h N114°E, 2^h—4^h N103°E 3—4, 4^h—8^h N114°E 4, 8^h—12^h N103°E bis N58°E 4.
Wind sehr unbeständig von N114°E bis N58°E, meist jedoch N103°E, einige Böen.

1875, den 23. Februar.

Position: 21° 26,5′—21° 0,0′ S-Br.; 65° 28,0′—63° 4,5′ O-Lg.
Schiffsbew.: Kurs. N288°E.
Fahrt. 5—0 bis 7,6.
Wind: Richtung. Mittel N102°E; Vormittags N125°E, N103°E, N80°E; Nachmittags N80°E, N125°E, N103°E.
Stärke. Mittel 4,2; anfangs 3—4, allmählich auffrischend bis 5.
Barom.: Mittel 763,37 mm; 2 max. 764,10 mm um 10^h a. m. und 764,40 mm um 10^h p. m., 2 min. 763,40 mm um 2^h a. m. und 762,30 mm um 2^h p. m.
Temp. d. Luft: Mittel 26,0°; max. 27,2° um 10^h a. m.; min. 24,8° um 2^h a. m.
Spannkr. d. Dünste: Mittel 17,9 mm; max. 19,1 mm um 6^h a. m., min. 15,8 mm um 10^h p. m.
Wolken: Gattung u. Betrag. Nachts und Morgens bezogen cu 8—9, zuweilen cu ni 8—9, später aufklarend cu 4—5, Nachmittags anfangs cu 6, später schön und klar.
Richtung. Mit dem Winde ziehend.
Niederschl.: —
Zustand d. See: Temp. Mittel 25,7°; max. 26,2° um 2^h p. m., min. 25,5° um 2^h a. m.
Spezif. Gewicht. Mittel 1,02710; max. 1,0273, min. 1,0269.
Allg. Bemerk.: Ozongehalt 6, Regen 3,0 mm, Verdunstung 4,5 mm.
a. m. Nachts und Morgens bezogen, später aufklarend.
p. m. Nachmittags schön und klar.
a. m. 3 Stunden N125°E, 1 Stunde N103°E, 4 Stunden N103°E, 3 Stunden N80°E, 1 Stunde N91°E.
p. m. 4 Stunden N91°E, 4 Stunden N136°E, 4 Stunden N103°E.

1875, den 24. Februar.

Position: 20° 50′—20° 18,0′ S-Br., 62° 38,5′—60° 20,5′ O-Lg.
Schiffsbew.: Kurs. N287°E.
Fahrt. Vormittags 7—6, Nachmittags 6—8.
Wind: Richtung. Mittel N116°E; den ganzen Tag N124°E, nur zu Anfang N102°E.
Stärke. Mittel 4,1; ziemlich gleichmässig.
Barom.: Mittel 762,33 mm; 2 max. 762,55 mm um 10^h a. m. und 763,05 mm um 10^h p. m., 2 min. 761,80 mm um 6^h a. m. und 761,70 mm um 2^h p. m.
Temp. d. Luft: Mittel 26,2°; max. 26,7° um 10^h a. m., min. 25,6° um 6^h a. m.
Spannkr. d. Dünste: Mittel 17,4 mm; max. 18,2 mm um 6^h a. m., min. 16,1 mm um 2^h a. m.
Wolken: Gattung u. Betrag. Schön und klar cu meist 1—2, nur um 2^h p. m. cu 5—6.
Richtung. Um 2^h a. m. und 6^h p. m. am Horizont, sonst aus SE.
Niederschl.: —
Zustand d. See: Temp. Mittel 26,1°; max. 26,4° um 10^h a. m., min. 25,9° um 2^h a. m.
Spezif. Gewicht. Mittel 1,02703; max. 1,0273, min. 1,0269.
Allg. Bemerk.: Ozongehalt 4—5, Verdunstung 7,0 mm.
Wetter schön und klar.
a. m. 4 Stunden N101°E bis N112°E, 4 Stunden N102°E bis N112°E, 4 Stunden N135°E bis N102°E.
p. m. 4 Stunden N113°E, 4 Stunden N124°E bis N135°E, 4 Stunden N135°E bis N112°E.

1875, den 25. Februar.

Position: 20° 8,0′—19° 43,5′ S-Br., 59° 49,0′—58° 18,7′ O-Lg.
Schiffsbew.: Kurs. N287°E, um 6^h p. m. Back, um 10^h p. m. N68°E.
Fahrt. Meist 4—6, jedoch um 10^h p. m. 1,0.
Wind: Richtung. Mittel N117°E: meist N113°E, nur um 6^h p. m. N147°E und von 10^h—12^h a. m. N102°E.
Stärke. Mittel 3,8; von 3 bis 5.
Barom.: Mittel 762,15 mm; 2 max. 762,95 mm um 10^h a. m. und 762,55 mm um 10^h p. m., 2 min. 762,10 mm um 2^h a. m. und 761,20 mm um 2^h p. m.
Temp. d. Luft: Mittel 26,8°; max. 28,0° um 10^h a. m., min. 26,0° um 6^h a. m.
Spannkr. d. Dünste: Mittel 19,4 mm; max. 20,8 mm um 6^h p. m., min. 18,0 mm um 2^h a. m.
Wolken: Gattung u. Betrag. Vormittags schön und klar, cu 1 am Horizont, um 10^h a. m. jedoch leicht bezogen cu 7—8, Nachmittags wieder aufklarend cu 4—5, um 10^h p. m. nur cu 2 am Horizont.
Richtung. Anfangs aus SE, von 6^h p. m. ab aus S bei N147°E-Wind.
Niederschl.: —
Zustand d. See: Temp.: Mittel 26,4°; max. 27,0° um 2^h p. m., min. 25,9° um 6^h a. m.
Spezif. Gewicht. Mittel 1,02693; max. 1,0271, min. 1,0267.
Allg. Bemerk.: Ozongehalt 5, Verdunstung 5,9 mm.
Bis 10^h a. m. schön und klar, um 10^h a. m. leicht bezogen.
a. m. 4 Stunden N113°E, 4 Stunden N113°E 3—4, 2 Stunden N113°E, 2 Stunden N102°E 4.
p. m. 4 Stunden N113°E, 1 Stunde N113°E, 3 Stunden N146°E, 4 Stunden N135°E.

1875, den 26. Februar.

Position: 19° 41,8′ S-Br., 58° 22,1′ O-Lg. um 2^h a. m. bis Mauritius. Port Louis.
Schiffsbew: Kurs. N58°E, dann N193°E und zuletzt N271°E, 2^h p. m. zu Anker
Fahrt. Anfangs 1,0, dann 8,0.
Wind: Richtung, Mittel N131°E; Vormittags N136°E oder N125°E.
Stärke. Mittel 1,3; anfangs 3—4, gegen Mittag abflauend und Nachmittags fast still.
Barom.: Mittel 761,98 mm; 2 max. 762,20 mm um 10^h a. m., 763,49 mm um 10^h p. m., 2 min. 761,70 mm um 6^h a. m. und 761,10 mm um 6^h p. m.
Temp. d. Luft: Mittel 27,3°; max. 29,0° um 2^h p. m., min. 26,0° um 6^h a. m.
Spannkr. d. Dünste: Mittel 20,2 mm; max. 21,7 mm um 6^h a. m., min. 19,6 mm um 10^h a. m.
Wolken: Gattung u. Betrag. Vormittags um 2^h klar, nur cu str. 2—3 am Horizont, dann cu str. 5 aus der Windrichtung, Nachmittags nur cu 1—2 am Horizont, um 10^h ganz klar.
Richtung. Mit dem Winde ziehend.
Niederschl.: —
Zustand d. See: Temp. Mittel 26,8°; max. 27,6° um 2^h p. m., min. 26,1° um 2^h a. m.
Spezif. Gewicht. Mittel 1,02687; max. 1,0270, min. 1,0268.
Allg. Bemerk.: Ozongehalt 6. Verdunstung 5,2 mm.
Nachmittags war der Wind fast still, er war um 12^h Mittags 2 Stunden westlich 2—3 und drehte sich durch N nach E.
a. m. 3 Stunden N114°E 3—4, 1 Stunde N136°E 3—4, 2 Stunden N103°E, 2 Stunden N148°E 3, 4 Stunden N136°E 2—3.
p. m. 2 Stunden westlich 2—3 durch N nach E. 4^h—8^h 2 Stunden E-lich, 8^h—12^h still.

1875, den 27. Februar.

Position: Port Louis auf Mauritius.
Schiffsbew.: Kurs. —
Fahrt. —
Wind: Richtung. Mittel N107°E; anfangs bis 4h a. m. still, dann schwach und veränderlich, bis 7h a. m. N35°E, dann bis Mittag N103°E, bis 3h 30′ p. m. N260°E, N125°E, N80°E und N103°E.
Stärke. Mittel 0,3; Vormittags und Abends leicht 0—1, nur von 2h—6h p. m. 1—2.
Barom.: Mittel 761,19 mm: 2 max. 762,00 mm um 10h a. m. und 762,80 mm um 10h p. m., 2 min. 760,80 mm um 6h a. m. und 760,65 mm um 2h p. m.
Temp. d. Luft: Mittel 27,3°; max. 29,2° um 10h a. m., min. 25,8° um 6h a. m.
Spannkr. d. Dünste: Mittel 19,5 mm; max. 20,9 mm um 2h p. m., min. 18,4 mm um 6h a. m.
Wolken: Gattung u. Betrag. Anfangs ganz klar, um 6h a. m. zeigten sich cu 1—2 am Horizont, um 10h a. m. cu str. 5—6, Nachmittags erst cu 6—7, dann cu ni 6—7, aber um 10h p. m. ganz klar.
Richtung. Aus E.
Niederschl.: —
Zustand d. See: Temp. Mittel 27,0°; max. 27,3° um 6h p. m., min. 26,7° um 6h a. m.
Spezif. Gewicht. Mittel 1,02688; max. 1,0271, min. 1,0267.
Allg. Bemerk.: Ozongehalt 5. Verdunstung 5,6 mm.
a. m. 4 Stunden still, 4h—8h leichter N35°E, um 7h E-lich, 8h—12h N103°E 0—1.
p. m. bis 3h 30′ N260°E, dann wieder N125°E, bis 6h N125°E, dann N80°E, bis 9h N80°E, dann N103°E.

1875, den 28. Februar.

Position: Port Louis auf Mauritius.
Schiffsbew.: Kurs. —
Fahrt: —
Wind: Richtung. Mittel N99°E; anfangs N80°E bis 1h a. m., N103°E bis 4h, N80°E bis 8h, von 8h—12h schwankend zwischen N91°E und N103°E, endlich bis 10h p. m. N103°E, von da ab N80°E.
Stärke: Mittel 1,5; leichte Winde bis zu 2.
Barom.: Mittel 761,76 mm; 2 max. 762,53 mm um 10h a. m., 762,35 mm um 10h p. m., 2 min. 761,70 mm um 6h a. m., 760,95 mm um 2h p. m.
Temp. d. Luft: Mittel 27,7°; max. 29,8° um 2h p. m., min. 25,8° um 6h a. m.
Spannkr. d. Dünste: Mittel 19,0 mm; max. 20,2 mm um 10h a. m., min. 18,4 mm um 2h a. m.
Wolken: Gattung u. Betrag. Anfangs klar cu 1—2, dann mehr bezogen cu bis 5—6 am Horizont; Nachmittags aufklarend cu 2—3.
Richtung. Vormittags aus E, Nachmittags aus SE.
Niederschl.: Zeitweilig kurze Regenböen von 10h a. m. bis 10h p. m.
Zustand d. See: Temp. Mittel 27,0°; max. 27,6° um 2h p. m., min. 26,6° um 2h a. m.
Spezif. Gewicht. Mittel 1,02668; max. 1,0271, min. 1,0267.
Allg. Bemerk.: Ozongehalt 5,2. Verdunstung 6,2 mm.
3 Mal plötzlich bezogen mit ziemlich starkem Regen auf ganz kurze Zeit.
a. m. 1 Stunde N80°E, 3 Stunden N103°E 1—2, 4 Stunden N80°E 0—1, 4 Stunden N91°E bis N103°E 1—2.
p. m. 4 Stunden N103°E 1—2, 4 Stunden N103°E 2, 2 Stunden N103°E, 2h N80°E.

1875, den 1. März.

Position: Port Louis.
Schiffsbew.: Kurs. —
Fahrt. —
Wind: Richtung. Mittel N108°E; der Wind ging allmälig von N125°E durch N114°E nach N103°E.
Stärke. Mittel 0,5; Vormittags 0—1, Nachmittags kurze Zeit 1—2, dann ganz still: gegen Mittag Böen 4.
Barom.: Mittel 761,76 mm; max. 763,95 mm um 2h p. m., min. 760,48 mm um 6h p. m.
Temp. d. Luft: Mittel 27,3°; max. 29,5° um 2h p. m, min. 25,8° um 10h p. m.
Spannkr. d. Dünste: Mittel 19,1 mm; max. 19,5 mm um 10h a. m., min. 18,8 mm um 2h p. m.
Wolken: Gattung u. Betrag. Meist klar, cu am Horizont 1—2; nur um 6h a. m. cu 3—4 am Horizont; um 10h p. m. ganz klar.
Richtung. Mit dem Winde ziehend.
Niederschl.: —
Zustand d. See: Temp. Mittel 27,2°; max. 27,7° um 2h p. m., min. 26,9° um 6h a. m.
Spezif. Gewicht. Mittel 1,02695; max. 1,0271, min. 1,0269.
Allg. Bemerk.: Ozongehalt = 6; Regen 2,1 mm; Verdunstung 5,2 mm.
a. m. 4 Stunden N125°E 0—1, 2 Stunden N114°E, 2 Stunden N103°E, 1 Stunde N114°E, 3 Stunden N103°E 0—1, in einzelnen Böen 4.
p. m. 4 Stunden N103°E 1—2, 4 Stunden N103°E 0—1, 4 Stunden still.

1875, den 2. März.

Position: Port Louis.
Schiffsbew.: Kurs. —
Fahrt. —
Wind: Richtung. Mittel N84°E; Vormittags N103°E, Nachmittags anfangs N80°E, dann westlich; dann wieder N80°E und N103°E.
Stärke. Mittel 1,1; meist leichte Winde 0—1, nur Nachmittags etwas stärker, 2—3, auf kurze Zeit.
Barom.: Mittel 760,57 mm; 2 max. 760,85 mm um 10h a. m. und 762,15 mm um 10h p. m.; 2 min. 760,60 mm um 6h a. m. und 759.40 mm um 2h p. m.
Temp. d. Luft: Mittel 27,8°; max. 30,4° um 2h p. m., min. 25,5° um 2h a. m.
Spannkr. d. Dünste: Mittel 18,6 mm; max. 19,6 mm um 10h p. m., min. 17,5 mm um 2h p. m.
Wolken: Gattung u. Betrag. Vormittags cu 1—3, Nachmittags mehr bewölkt cu ni 5—7, Abends ganz klar.
Richtung. Mit dem Winde ziehend.
Niederschl.: —
Zustand d. See: Temp. Mittel 26,8°; max. 27,1° um 2h p. m., min. 26,4° um 6h a. m.
Spezif. Gewicht. Mittel 1,02688; max. 1,0270, min. 1,0267.
Allg. Bemerk.: Ozongehalt = 6—7; Verdunstung 5,3 mm.
a. m. 4 Stunden N103°E 0—1, 4 Stunden N103°E 0—1, 4 Stunden N80°E 0—1.
p. m. 3 Stunden N80°E 2—3, 1 Stunde N270°E 3, 1/2 Stunde N270°E, 3 1/2 Stunden N80°E 0—1, 4 Stunden N103°E 0—1.

1875, den 3. März.

Position: Port Louis.
Schiffsbew.: Kurs. —
Fahrt. —
Wind: Richtung. Mittel N184°E; anfangs still, dann Vormittags östliche und südöstliche leichte Winde; Nachmittags N238°E und N215°E, dann still und spät von 9h—12h p. m. wieder N103°E.
Stärke. Mittel 0,2; meist 0—1, nur der N238°E gleich nach Mittag 1—2.
Barom.: Mittel 760,65 mm; 2 max. 761,15 mm um 10h a. m., 761,80 mm um 10h p. m.; 2 min. 759,90 mm um 6h a. m., 759,75 mm um 2h p. m.
Temp. d. Luft: Mittel 27,6°; max. 29,5° um 2h p. m., min. 26,0° um 6h a. m.
Spannkr. d. Dünste: Mittel 19,1 mm; max. 19,7 mm um 6h p. m., min. 18,2 mm um 2h p. m.
Wolken: Gattung u. Betrag. Um 2h a. m. und 10h p. m. ganz klar, von 6h a. m. bis 6h p. m. cu 2—4.
Richtung. Morgens aus E, Nachmittags aus SW.
Niederschl.: Um 3h 30′ p. m. ganz wenig Regen.
Zustand d. See: Temp. Mittel 26,8°; max. 27,1° um 2h p. m., min. 26,4° um 6h a. m.
Spezif. Gewicht. Mittel 1,02692; max. 1,0270, min. 1,0268.

Allg. Bemerk.: Ozongehalt = 7—8; Verdunstung 6,8 mm.
a. m. 1 Stunde N103°E 0—1, 3 Stunden still, 4 Stunden N80°E 0—1, 4 Stunden N114°E 0—1.
p. m. 1 Stunde N103°E, 3 Stunden N238°E 1—2, 4 Stunden N215°E, 1 Stunde still, 3 Stunden N103°E 0—1.

1875, den 4. März.

Position: Port Louis.
Schiffsbew. Kurs. —
Fahrt. —
Wind: Richtung. N103°E; am ganzen Tage N103°E.
Stärke. 1—2.
Barom.: Mittel 760,49 mm; fiel von 761,20 mm bis zum min. 759,50 mm um 2^h p. m., und stieg wieder bis zum max. 761,55 mm um 10^h p. m.
Temp. d. Luft: Mittel 27,7°; max. 29,6° um 2^h p. m., min. 26,1° um 6^h a. m.
Spannkr. d. Dünste: Mittel 18,6 mm; max. 19,0 mm um 6^h a. m., min. 18,1 mm um 2^h p. m.
Wolken: Gattung u. Betrag. Anfangs ganz klar, dann am Vormittag cu 2—3, Nachmittags wieder klar, zuweilen cu 0—1 am Horizont.
Richtung. Vormittags aus ESE.
Niederschl.: —
Zustand d. See: Temp. Mittel 26,8°; max. 27,2° um 6^h p. m., min. 26,1° um 2^h a. m.
Spezif. Gewicht. Mittel 1,02695; max. 1,0271, min. 1,0268.
Allg. Bemerk.: Ozongehalt = 8; Verdunstung 6,3 mm.
Wind am ganzen Tage N103°E.

1875, den 5. März.

Position: Port Louis.
Schiffsbew.: Kurs. —
Fahrt. —
Wind: Richtung. Mittel N77°E; anfangs N103°E bis 4^h a. m., dann ging der Wind auf N91°E bis 6^h und von 6^h bis 8^h a. m. war er wieder N103°E, später fast beständig N80°E, nur um 2^h p. m. N68°E.
Stärke. Mittel 1,9; anfangs fast still, 0—1; von 10^h a. m. etwas mehr auffrischend als N103°E 3, dann N68°E 4—5; um 4^h p. m. wieder abflauend bis zu 0—1.
Barom.: Mittel 760,55 mm; 2 max. 761,45 mm um 10^h a. m, 760,60 mm um 10^h p. m.; 2 min. 760,45 mm um 6^h a. m., 759,85 mm um 2^h p. m.
Temp. d. Luft: Mittel 27,8°; max. 30,0° um 2^h p. m., min. 25,8° um 6^h a. m.
Spannkr. d. Dünste: Mittel 18,2 mm; max. 18,6 mm um 6^h a. m., min. 17,5 mm um 10^h a. m.
Wolken: Gattung u. Betrag. Anfangs ganz klar, um 6^h a. m. cu str. 1—2 am Horizont, von 10^h bis 2^h p. m. etwas mehr bewölkt cu 3—5, dann cu ni 4—6: Abends 6^h nur cu ni 2—3 am Horizont, um 10^h ganz klar.
Richtung. —
Niederschl.: Um 2^h p. m. eine Regenbö.
Zustand d. See: Temp. Mittel 26,9°; max. 27,4° um 2^h p. m., min. 26,2° um 6^h a. m.
Spezif. Gewicht. Mittel 1,02707; max. 1,0272, min. 1,0268.
Allg. Bemerk.: Ozongehalt = 7; Verdunstung 5,6 mm.
a. m. 4 Stunden N103°E 0—1, 2 Stunden N91°E 0—1, 2 Stunden N103°E 0—1, 2 Stunden N80°E 1—2, zuweilen N58°E 3, 10^h—12^h N103°E 3—4.
p. m. 4 Stunden N69°E 4—5, 4 Stunden N80°E 2, 2 Stunden N80°E 0—1, dann 1—2.

1875, den 6. März.

Position: Port Louis. Mauritius.
Schiffsbew.: Kurs. —
Fahrt. —
Wind: Richtung. Mittel N86°E; meist N80°E, von $4^h 15'$ p. m. bis $6^h 50'$ N215°E, dann N103°E, von 10^h—12^h p. m. still.
Stärke: Mittel 1,0; meist 0—1, nur von 8^h a. m. bis 4^h p. m. 2—3.
Barom.: Mittel 760,95 mm; 2 max. 761,60 mm um 10^h a. m. und 762,70 mm um 10^h p. m., 2 min. 760,25 mm um 6^h a. m. und 760,05 mm um 2^h p. m.
Temp. d. Luft: Mittel 27,2°; max. 29,3° um 2^h p. m., min. 25,8° um 6^h a. m.
Spannkr. d. Dünste: Mittel 18,8 mm; max. 20,5 mm um 6^h p. m., min. 17,6 mm um 2^h a. m.
Wolken: Gattung u. Betrag. Wie am vorigen Tage anfangs klar, dann cu str. 2—3 am Horizont, cu 4—5, Nachmittags cu ni 4—5, um 4^h p. m. aufklarend bis cu 1—2 am Horizont.
Richtung. —
Niederschl.: Zwischen 4^h und 7^h vorübergehender Regen.
Zustand d. See: Temp. Mittel 26,8°; max. 27,4° um 6^h p. m., min. 26,1° um 6^h a. m.
Specif. Gewicht. Mittel 1,02700; max. 1,0271, min. 1,0268.
Allg. Bemerk.: Ozongehalt 7—8, Verdunstung 5,8 mm.
Um $4^h 15'$ p. m. sprang der Wind nach N215°E, $6^h 50'$ zurück nach N103°E; während des N215°E-Windes vorübergehender Regen.

1875, den 7. März.

Position: Port Louis. Mauritius.
Schiffsbew.: Kurs. —
Fahrt. —
Wind: Richtung. Mittel N148°E; Vormittags N80°E, von 12^h bis 4^h a. m. böig, um 1^h p. m. ging der Wind durch N170°E nach N215°E, 4^h—6^h N260°E, 6^h—8^h still, $8^h 30'$—10^h 0, dann still.
Stärke. Mittel 0,4; meist 0—1, und 12^h—4^h a. m. 1—3 und 4^h—6^h p. m. 2—3.
Barom.: Mittel 762,09 mm; 2 max. 762,60 mm um 10^h a. m., 762,85 mm um 10^h p. m.; min. 761,90 mm um 6^h a. m., 760,80 mm um 2^h p. m.
Temp. d. Luft: Mittel 26,9°; max. 29,5° um 2^h p. m., min. 25,0° um 2^h a. m.
Spannkr. d. Dünste: Mittel 19,2 mm; max. 20,2 mm um 6^h p. m., min. 18,2 mm um 10^h a. m.
Wolken: Gattung u. Betrag. Anfangs cu ni 4—5, Bewölkung nahm ab bis cu 1—2 am Horizont gegen Mittag; Nachmittags anfangs wieder stärker bewölkt cu 5—6, nahm dann ab bis cu 1—2 am Horizont.
Richtung. Vormittags aus E, Nachmittags ebenfalls aus der Windrichtung.
Niederschl.: Regenböen um 2^h a. m. und um 2^h p. m.
Zustand d. See: Temp. Mittel 27,0°; max. 27,4° um 2^h p. m., min. 26,6° um 6^h a. m.
Spezif. Gewicht. Mittel 1,02697: max. 1,0271, min. 1,0269.
Allg. Bemerk.: Ozongehalt 6, Regen 0,2 mm, Verdunstung 5,8 mm.
a. m. 12^h—4^h böig.
p. m. Um 1^h ging der Wind durch N170°E nach N215°E, 4^h—6^h N260°E 1, 6^h—$8^h 30'$ still, $8^h 30'$—10^h N80°E 0—1, dann still.

1875, den 8. März.

Position: Port Louis.
Schiffsbew.: Kurs. —
Fahrt. —
Wind: Richtung. Mittel N80°E; Vormittags still, dann N80°E.
Stärke. Mittel 0,1; max. 1.
Barom.: Mittel 761,31 mm; max. 762,8 mm um 2^h a. m., min. 760,35 mm um 2^h p. m.
Temp. d. Luft: Mittel 26,7°; max. 28,1° um 10^h a. m., min. 24,6° um 6^h a. m.
Spannkr. d. Dünste: Mittel 19,1 mm; max. 20,7 mm um 6^h p. m., min. 18,0 mm um 2^h a. m.
Wolken: Gattung u. Betrag. Anfangs ganz klar, um 6^h a. m. cu str. 1—2 am Horizont, dann mehr bezogen ohne Bewegung im W bis cu ni 6—8; Abends um 10^h wieder klar.
Richtung. Ohne Bewegung am Horizont im W.
Niederschl.: —
Zustand d. See: Temp. Mittel 27,0°; max. 27,4° um 2^h p. m., min. 26,5° um 6^h a. m.
Spezif. Gewicht. Mittel 1,02695; max. 1,0271, min. 1,0269.

Allg. Bemerk.: Ozongehalt 5—6, Regen 1,0 mm, Verdunstung 5,1 mm.
p. m. Um 1h 15' sprang der Wind auf N260°E 1, 4h 45' auf N215°E 0—1, 5h still, zuweilen ein Hauch aus N80°E, 5h 50' N260°E 1, 6h 40' N80°E.

1875, den 9. März.

Position: Port Louis.
Schiffsbew.: Kurs. —
Fahrt. —
Wind: Richtung. Mittel N214°E; Nachmittags N103°.
Stärke. Mittel 0,3; meist 0—1, nur der N260°E am Nachmittage 3.
Barom.: Mittel 760,94 mm; max. 761,80 mm um 6h a. m., fiel dann bis zum min. 759,90 mm um 2h p. m., und stieg wieder bis 761,40 mm um 10h p. m.
Temp. d. Luft: Mittel 27,3°; max. 30,0° um 2h p. m., min. 25,6° um 6h a. m.
Spannkr. d. Dünste: Mittel 18,4 mm; max. 21,2 mm um 6h p. m., min. 16,3 mm um 2h p. m.
Wolken: Gattung u. Betrag. Vormittags klar, nur cu 1—3 am Horizont. Nachmittags mehr bewölkt 4—7, anfangs aus S, dann aus W ziehend; Abends um 10h cu 1—2 am Horizont.
Richtung. Nachmittags aus S, dann aus W.
Niederschl.: Um 6h p. m. Regenböen.
Zustand d. See: Temp. Mittel 27,0°; max. 27,6° um 2h p. m., min. 26,5° um 6h a. m.
Spezif. Gewicht: Mittel 1,02690; max. 1,0270, min. 1,0269.
Allg. Bemerk.: Ozongehalt 6—7, Verdunstung 5,5 mm.
a. m. von N103°E über N80°E zurück nach N114°E.
p. m. 2h 15' Wind sprang auf N260°E 2—3, kurze Zeit N305°E, 7h—10h still, 10h—12h N80°E 0—1.

1875, den 10. März.

Position: Port Louis.
Schiffsbew.: Kurs. —
Fahrt. —
Wind: Richtung. Mittel N147°E; Vormittags östliche Winde, N80°E und N114°E, Nachmittags N260°E.
Stärke. Mittel 0,4; meist 0—1, nur Nachmittags als N260°E 1—2, und Abends N125°E 0—1.
Barom.: Mittel aus 3 Beobachtungen 762,35 mm; von 10h a. m. bis 6h p. m. zum Vergleich an Land.
Temp. d. Luft: Mittel 25,3°; max. 26,4° um 10h a. m., min. 24,8° um 6h a. m. und um 6h p. m.
Spannkr. d. Dünste: Mittel 18,8 mm; max. 20,0 mm um 6h p. m., min. 17,3 mm um 2h a. m.
Wolken: Gattung u. Betrag. Anfangs ganz klar, nach und nach mehr bezogen bis zu cu ni 6—7 um 2h p. m., später aufklarend bis cu ni 2—3 am Horizont um 10h p. m.
Richtung. Mit dem Winde ziehend.
Niederschl.: Regenböen um 10h a. m., bis 3h p. m. anhaltender Regen.
Zustand d. See: Temp. Mittel 26,8°; max. 27,4° um 2h p. m., min. 25,9° um 10h p. m.
Spezif. Gewicht. Mittel 1,02683, max. 1,0271, min. 1,0263.
Allg. Bemerk.: Ozongehalt 5—6, Regen 0,5 mm, Verdunstung 5,4 mm.
Von 11h 5' a. m. an N260°E bis 7h p. m.
a. m. Von 11h 5' N260°E 0—1.
p. m. N260°E, zuweilen N215°E-Böen, 7h still bis 9h, dann N125°E 0—1, böig bis zu 3.

1875, den 11. März.

Position: Port Louis.
Schiffsbew.: Kurs. —
Fahrt. —
Wind: Richtung. Mittel N116°E; Vormittags N114°E, dann N125°E, Nachmittags N103°E, dann N125°E.
Stärke: Mittel 2,1; meist 2—3, nur von 10h a. m. bis 1h p. m. böig bis 5, und um 6h p. m. zeitweilig 0—1.
Barom.: Mittel 764,15 mm; 764,50 mm um 6h a. m., fiel dann bis zum min. 763,45 mm um 2h p. m., stieg wieder bis zum max. 765,50 mm um 10h p. m.
Temp. d. Luft: Mittel 26,6°; max. 29,6° um 2h p. m., min. 24,8° um 6h a. m.
Spannkr. d. Dünste: Mittel 18,2 mm; max. 19,4 mm um 6h a. m., min. 17,2 mm um 2h p. m.
Wolken: Gattung u. Betrag. Anfangs ganz klar, von 10h a. m. bis 2h p. m. bezogen, cu ni 7—10, dann aufklarend cu 2—3 am Horizont, zuletzt nur cu ni 1—2.
Richtung. Aus SE.
Niederschl.: Einige Regenböen um 10h a. m., ganz wenig Regen um 9h p. m.
Zustand d. See: Temp. Mittel 26,2°; max. 27,0° um 2h p. m. min. 25,6° um 6h a. m.
Spezif. Gewicht. Mittel 1,02688; max. 1,0271, min. 1,0264.
Allg. Bemerk.: Ozongehalt 5—6. Regen 10,0 mm. Verdunstung 4,7 mm.
Vormittags böig bis 1h p. m.

1875, den 12. März.

Position: Port Louis.
Schiffsbew.: Kurs. —
Fahrt. —
Wind: Richtung. Mittel N115°E; abwechselnd N103°E und N125°E.
Stärke. Mittel 0,7; beständig 0—1.
Barom.: Mittel 763,78 mm; max. 765,05 mm um 10h a. m., min. 762,60 mm um 10h p. m.
Temp. d. Luft: Mittel 26,9°; max. 28,5° um 2h p. m., min. 25,7° um 6h a. m.
Spannkr. d. Dünste: Mittel 18,7 mm; max. 19,4 mm um 6h p. m., min. 17,2 mm um 10h p. m.
Wolken: Gattung u. Betrag. Klar, meist nur cu 1-3 am Horizont, jedoch cu ni 4—5 um 10h a. m.
Richtung. Aus SE.
Niederschl.: —
Zustand d. See: Temp. Mittel 26,4°; max. 26,7° um 2h p. m., min. 25,9° um 6h a. m.
Spezif. Gewicht. Mittel 1,02712; max. 1,0273, min. 1,0270.
Allg. Bemerk.: Ozongehalt 5. Regen 0,5 mm. Verdunstung 4,7 mm.
Gegen 7h a. m. bis 8h a. m. leicht bezogen.

1875, den 13. März.

Position: Port Louis.
Schiffsbew.: Kurs. —
Fahrt. —
Wind: Richtung. Mittel N86°E; meist N80°E, zeitweilig N125°E.
Stärke. Mittel 0,6; leichte Winde 0—1, von 8h—9h p. m. still.
Barom.: Mittel 762,47 mm; 2 max. 763,04 mm um 10h a. m., 763,30 mm um 10h p. m., 2 min. 762,65 mm um 6h a. m., 761,45 mm um 6h p. m.
Temp. d. Luft: Mittel 27,1°; max. 29,0° um 2h p. m., min. 25,1° um 10h p. m.
Spannkr. d. Dünste: Mittel 18,9 mm; max. 20,4 mm um 6h a. m., min. 17,4 mm um 10h a. m.
Wolken: Gattung u. Betrag. Vormittags ziemlich klar cu 2 bis 4, Nachmittags cu ni 5—6, cu str. 2—3, dann cu 8.
Richtung. Beständig mit dem Winde ziehend.
Niederschl.: Regen um 10h p. m.
Zustand d. See: Temp. Mittel 26,5°; max. 27,1° um 6h p. m., min. 25,9° um 6h a. m.
Spezif. Gewicht. Mittel 1,02707; max. 1,0272, min. 1,0269.
Allg. Bemerk.: Ozongehalt 5,6. Regen 0,2 mm. Verdunstung 5,2 mm.
a. m. — p. m. 8h—9h still.

1875, den 14. März.

Position: Port Louis.
Schiffsbew.: Kurs. —
Fahrt. —

Wind: Richtung. Mittel N113°E; Vormittags N80°E, N125°E, N80°E, Nachmittags N80°E, dann N103°E.
Stärke. Mittel 0,9; anfangs 1, dann auffrischend bis 4, um 2^h p. m., von da ab wieder abflauend bis 0—1.
Barom.: Mittel 761,92 mm; 762,60 mm um 2^h a. m., fiel bis zum min. 760,90 mm um 2^h p. m. und stieg bis zum max. 762,70 mm um 10^h p. m.
Temp. d. Luft: Mittel 26,6°; max. 28,6° um 2^h p. m., min. 24,4° um 6^h a. m.
Spannkr. d. Dünste: Mittel 17,6 mm; max. 18,4 mm um 6^h a. m., min. 16,1 mm um 2^h p. m.
Wolken: Gattung u. Betrag. Morgens bezogen, anfangs cu 6—8, dann cu ni 9—10, um 10^h a. m. wieder aufklarend cu ni 3—4; Nachmittags auch ziemlich klar cu 4—5, zeitweilig cu 2 am Horizont.
Richtung. Mit dem Winde ziehend.
Niederschl.: Um 2^h a. m. etwas Regen.
Zustand d. See: Temp. Mittel 26,4°; max. 26,9° um 2^h p. m., min. 25,8° um 6^h a. m.
Spezif. Gewicht. Mittel 1,02718; max. 1,0274, min. 1,0269.
Allg. Bemerk.: Ozongehalt 9. Regen 0,8 mm. Verdunstung 5,3 mm.

1875, den 15. März.

Position: Port Louis, jedoch um 10^h p. m. unter Dampf und Segel.
Schiffsbew.: Kurs. N226°E um 10^h p. m.
Fahrt. 3,5.
Wind: Richtung. Beständig N103°E.
Stärke. Mittel 2,8; meist 3—4, aber 6^h a. m. und 10^h p. m. 0—1.
Barom.: Mittel 762,40 mm; 2 max. 762,75 mm um 10^h a. m., 763,25 mm um 10^h p. m., 2 min. 762,30 mm um 6^h a. m., 761,60 mm um 6^h p. m.
Temp. d. Luft: Mittel 26,9°; max. 28,9° um 2^h p. m., min. 25,0° um 2^h a. m.
Spannkr. d. Dünste: Mittel 17,9 mm; max. 19,3 mm um 6^h a. m., min. 16,4 mm um 6^h p. m.
Wolken: Gattung u. Betrag. Anfangs ganz bezogen ni 10, um 6^h a. m. klar, cu 1—2 am Horizont, dann cu ni 4—7 und um 6^h p. m. cu 3—4 am Horizont, ganz klar um 10^h p. m.
Niederschl.: Regen um 2^h a. m. und auch um 10^h a. m.
Zustand d. See: Temp. Mittel 26,3°; max. 26,6° um 2^h p. m., min. 26,1° um 6^h a. m. und 6^h p. m.
Spezif. Gewicht. Mittel 1,02715; max. 1,0272, min. 1,0270.
Allg. Bemerk.: Ozongehalt 5—6. Regen 1,2 mm. Verdunstung 7,3 mm.
Um 10^h a. m. ganz kleiner Regenschauer, nicht messbar.
p. m. 10^h—12^h Wind N125°E.

1875, den 16. März.

Position: 20° 28,2'—21° 11,8' S-Br.; 57° 3,0'—57° 36,0' O-Lg.
Schiffsbew.: Kurs. Morgens N203°E, N163°E, N34°E; Nachmittags N163°E und N152°E.
Fahrt. Anfangs 5,4. dann 2,4, 6,0; Nachmittags 6 - 3.
Wind: Richtung. Mittel N102°E; zwischen N79°E und N124°E.
Stärke. Mittel 3,2; auffrischend von 2—5 um 2^h p. m., dann etwas abflauend bis zur Stärke 3.
Barom.: Mittel 763,18 mm; 2 max. 763,75 mm um 10^h a. m., 764,60 mm um 10^h p. m.; 2 min. 762,80 mm um 2^h a. m., 761,60 mm um 2^h p. m.
Temp. d. Luft: Mittel 26,8°; max. 27,2° um 2^h p. m., min. 26,2° um 2^h a. m.
Spannkr. d. Dünste: Mittel 20,3 mm; max. 21,7 mm um 10^h p. m., min. 19,4 mm um 6^h a. m.
Wolken: Gattung u. Betrag. Klar, cu 1—2 am Horizont; nur um 10^h p. m. cu ni 4—5; 5^h 30' p. m. cu ni 5—6.
Richtung. Aus E um 10^h p. m.
Niederschl.: Um 6^h Regenbö.
Zustand d. See: Temp. Mittel 26,6°; max. 27,1° um 10^h a. m., min. 26,3° um 2^h a. m.
Spezif. Gewicht. Mittel 1,02705; max. 1,0272, min. 1,0269.
Allg. Bemerk.: Von 12^h—2^h a. m. Wetterleuchten.
Ozongehalt = 5—6. Verdunstung 7,1 mm.
Um 6^h a. m. schwaches Wetterleuchten. Wasserfarbe blau. Wind gleichmässig, N90°E durchschnittlich.
Um 6^h p. m. cu ni 5—6; kurze heftige Dünung aus SE.
Um 10^h p. m. von N124°E bis N169°E Wetterleuchten. Wind N90°E.

1875, den 17. März.

Position: 21° 30,2'—22° 31,9' S-Br.; 57° 46,8' 58° 12,2' O-Lg.
Schiffsbew.: Kurs. Vormittags N157°E, dann N146°E; Nachmittags anfangs Back, dann N162°E, N159°E.
Fahrt. 4—5.
Wind: Richtung. Mittel N86°E; meist N89°E, nur von 10^h a. m. bis 2^h p. m. N78°E.
Stärke. Mittel 3,5; beständig 3—4, nur um 10^h p. m. bisweilen 5.
Barom.: Mittel 764,43 mm; 2 max. 765,65 mm um 10^h a. m., 765,60 mm um 10^h p. m.; 2 min. 762,70 mm um 2^h a. m., 763,85 mm um 2^h p. m.
Temp. d. Luft: Mittel 26,9°; max. 27,8° um 2^h p. m., min. 26,2° um 2^h a. m.
Spannkr. d. Dünste: Mittel 20,7 mm; max. 21,6 mm um 6^h a. m., min. 18,7 mm um 10^h p. m.
Wolken: Gattung u. Betrag. Anfangs cu ni 5—6, Nachmittags aufklarend, cu 1—2, um 10^h p. m. cu 4 aus E.
Richtung. Aus E.
Niederschl.: Um 3^h 30' a. m. eine Regenbö, auch Regen zwischen 8^h und 9^h a. m.
Zustand d. See: Temp. Mittel 26,3°; max. 26,5° um 10^h a. m., min. 26,1° um 6^h p. m.
Spezif. Gewicht. Mittel 1,02720; max. 1,0273, min. 1,0271.
Allg. Bemerk.: Um 2^h a. m. starkes Wetterleuchten vorzüglich von SE bis S, starkes hohes Morgenroth.
Ozongehalt = 4—5; Regen 0,8 mm; Verdunstung 6,5 mm.
12^h Besteckflasche über Bord.
Nachmittags Wind sehr gleichmässig.

1875, den 18. März.

Position: 22° 55,1'—24° 3,4' S-Br.; 58° 15,1'—57° 48,6' O-Lg.
Schiffsbew.: Kurs. Vormittags N157°E, Nachmittags N213°E.
Fahrt. Vormittags 5, dann 3; Nachmittags anfangs 2, dann 5—6.
Wind: Richtung. Mittel N114°E; Vormittags N89°E, Nachmittags von N146°E bis N168°E.
Stärke. Mittel 3; Vormittags abflauend von 4—2, Nachmittags auffrischend von 1—6,
Barom.: Mittel 764,61 mm: 2 max. 765,15 mm um 10^h a. m. und 765,70 mm um 10^h p. m.; 2 min. 763,90 mm um 6^h a. m. und 764,15 mm um 2^h p. m.
Temp. d. Luft: Mittel 26,4°; max. 27,6° um 10^h a. m., min. 25,7° um 6^h p. m.
Spannkr. d. Dünste: Mittel 19,2 mm; max. 20,1 mm um 2^h a. m., min. 18,8 mm um 2^h p. m.
Wolken: Gattung u. Betrag. cu 3—5 bis 2^h p. m., dann mehr bezogen cu str. 8 um 6^h; später um 8^h cu 8 aus W; später cu ni 5—6 aus der Windrichtung.
Richtung. Abends bei S-Wind, cu aus W, später wieder cu ni aus S.
Niederschl.: Gegen 10^h p. m. eine Stunde Regen.
Zustand d. See: Temp. Mittel 26,1°; max. 26,9° um 10^h a. m., min. 25,5° um 10^h p. m.
Spezif. Gewicht. Mittel 1,02725; max. 1,0274, min. 1,0271.
Allg. Bemerk.: Um 2^h a. m. Wetterleuchten in SW.
Ozongehalt = 5; Verdunstung 7,5 mm.
12^h Besteckflasche über Bord. Der Wind ging südlich, Abends wieder Wetterleuchten, der Himmel mit weissen leichten cu bezogen, die aus W zogen, darunter cu ni aus SE; 10^h 30' zog ein Gewitter von S auf über E vorbei, starke Kugelblitze, nachher starkes Wetterleuchten, meist in Kugelform; während des Gewitters Wind von N168°E nach N78°E springend.

1875, den 19. März.

Position: 24° 16,1'—24° 46,8' S-Br.; 57° 38,4'—57° 43,9' O-Lg.
Schiffsbew.: Kurs. Vormittags N212°E, um 10^h N77°E; Nachmittags N122°E, dann beigedreht und wieder N122°E.
Fahrt. Vormittags 4—6, Nachmittags 4,3, jedoch um 10^h nur 1,4.
Wind: Richtung. Mittel N146°E; Vormittags N145°E, dann N156°E und zurück nach N133°E; Nachmittags N145°E, N178°E, dann ging der Wind über nach N77°E.
Stärke. Mittel 2,7; Vormittags 3—5, Nachmittags abflauend, anfangs 2—3, zuletzt 1,0.
Barom.: Mittel 763,10 mm; max. 763,95 mm um 10^h a. m., fiel dann bis zum min. 762,40 mm um 10^h p. m.
Temp. d. Luft: Mittel 24,8°; max. 25,9° um 2^h p. m., min. 24,1° um 10^h p. m.
Spannkr. d. Dünste: Mittel 16,7 mm; max. 18,1 mm um 6^h a. m., min. 15,2 mm um 2^h p. m.
Wolken: Gattung u. Betrag. Bis 1^h a. m. bezogen, dann aufklarend, nach 6^h a. m. wieder bezogen bis zu cu ni 9; Nachmittags anfangs klar, cu 4—5, dann cu str. 4—5, und um 10^h cu ni 6—7.
Richtung. Mit dem Winde ziehend.
Niederschl.: Um 7^h a. m. Regen beim Gewitter, und nachher einige Regenböen.
Zustand d. See: Temp. Mittel 25,5°; max. 26,1° um 2^h p. m., min. 25,1° um 2^h a. m.
Spezif. Gewicht. Mittel 1,02700; max. 1,0272, min. 1,0269.
Allg. Bemerk.: Bis 1^h a. m. bezogen, dann aufklarend; starkes Wetterleuchten in SSE.
Um 7^h a. m. in SW doppelter Regenbogen. Gegen 8^h a. m. Gewitter mit Regen. 11^h 30' a. m. bis 1^h a. m. Windstille.
Ozongehalt = 5; Regen 1,3 mm; Verdunstung 6,3 mm.

1875, den 20. März.

Position: 24° 51,1'—25° 20,4' S Br.; 57° 45,0'—58° 43,3' O-Lg.
Schiffsbew.: Kurs. Vormittags N122°E und kurze Zeit N156°E, Nachmittags N32°E, N100°E und N156°E.
Fahrt. Anfangs langsam, 1,5, dann 4—5,5.
Wind: Richtung. Mittel N60°E; Vormittags N77°E und N66°E.; Nachmittags ging der Wind von N55°E nach N32°E, dann wieder zurück nach N66°E.
Stärke. Mittel 2,8; anfangs 2—3, frischte indess auf um 10^h a. m. bis zu 5, schrale Böen sogar 6—7; Nachmittags um 2^h sehr leicht, dann um 6^h auffrischend 3—4.
Barom.: Mittel 762,51 mm; 2 max. 763,60 mm um 10^h a. m., 763,25 mm um 10^h p. m.; 2 min. 761,90 mm um 6^h a. m., 761,90 mm um 6^h p. m.
Temp. d. Luft: Mittel 24,9°; max. 26,0° um 6^h p. m., min. 24,6° um 10^h a. m.
Spannkr. d. Dünste: Mittel 18,1 mm; max. 20,4 mm um 6^h p. m., min. 15,4 mm um 10^h a. m.
Wolken: Gattung u. Betrag. Anfangs ziemlich klar, cu 4—6, gegen Mittag mehr bezogen cu ni 6—8, um 6^h p. m. aufklarend, cu 2—3, aber um 10^h cu str. 6.
Richtung. Bis 2^h p. m. aus E, dann aus NE und zuletzt wieder aus E, also im Allgemeinen mit dem Winde ziehend.
Niederschl.: Um 10^h a. m. starke Regenböen, um 2^h p. m. vorübergehende Regenschauer.
Zustand d. See: Temp. Mittel 25,3°; max. 25,6° um 10^h p. m., min. 24,9° um 2^h a. m.
Spezif. Gewicht. Mittel 1,02692; max. 1,0272, min. 1,0267.
Allg. Bemerk.: Um 2^h a. m. starkes Wetterleuchten in S. Leichte Dünung aus E.
Ozongehalt = 6; Verdunstung 7,2 mm.
10^h a. m. schrale Böen 6—7 mit starkem Regen. 2^h p. m. vorübergehende Regenschauer, Abends aufklarend.
Starkes Wetterleuchten.

1875, den 21. März.

Position: 25° 38,4'—27° 4,1' S-Br.; 58° 50,0'—59° 17,0' O-Lg.
Schiffsbew.: Kurs. Beständig N155°E; nur um 2^h p. m. N172°E.
Fahrt. Vormittags 3—5, Nachmittags anfangs langsamer 2,5, dann immer an Schnelligkeit zunehmend bis zu 6,9.
Wind: Richtung. Mittel N62°E; Vormittags nordöstlich, Nachmittags südöstlich.
Stärke. Mittel 3,2; Vormittags 3—5, Nachmittags anfangs flauer 1—2, dann auffrischend bis zu 5.
Barom.: Mittel 762,82 mm; 2 max. 763,65 mm um 10^h a. m. und 763,65 mm um 10^h p. m., 2 min. 761,80 mm um 2^h a. m. und 762,55 mm um 2^h p. m.
Temp. d. Luft: Mittel 25,1°; max. 26,4° um 10^h a. m., min. 22,5° um 6^h a. m.
Spannkr. d. Dünste: Mittel 19,7 mm; max. 20,8 mm um 2^h p. m., min. 18,8 mm um 10^h a. m.
Wolken: Gattung u. Betrag. Anfangs bezogen cu ni 8—10, um 9^h a. m. aufklarend, gegen 5^h p. m. etwas mehr bezogen cu ni 3—4, um 10^h cu 5.
Richtung. Morgens aus ENE, Nachmittags aus E.
Niederschl.: Um 2^h a. m. leichtes Gewitter im E mit Regenböen, von 5^h bis 7^h a m. starker Regen, ebenfalls von 5^h bis 6^h p. m. feiner Regen.
Zustand d. See: Temp. Mittel 25,6°; max. 26,2° um 2^h p. m., min. 24,7° um 10^h p. m.
Spezif. Gewicht. Mittel 1,02715; max. 1,0272, min. 1,0271.
Allg. Bemerk.: Starkes Wetterleuchten, leichtes Gewitter in E mit Regenböen bis gegen 2^h a. m., dann aufklarend.
5^h—7^h a. m. starker Regen, dann aufklarend. Gegen 5^h p. m. etwas mehr bezogen mit feinem Regen. See ruhig, ganz leicht aus SE.
Ozongehalt 8—9, Regen 11,5 mm, Verdunstung 4,8 mm.

1875, den 22. März.

Position: 27° 22,2'—28° 54,3' S-Br.; 59° 23,4'—59° 32,1' O-Lg
Schiffsbew.: Kurs. Abwechselnd N154°E und N165°E.
Fahrt. Meist 3—4, jedoch um 10^h p. m. erheblich schneller 7,5.
Wind: Richtung. Mittel N97°E; anfangs N75°E, dann N98°E von 6^h a. m. bis 6^h p. m., dann N109°E.
Stärke. Mittel 3,1; anfangs schwach 1—2, dann meist 3—4, aber um 10^h p. m. auffrischend bis zur Stärke von 6.
Barom.: Mittel 763,61 mm; anfangs 763,45 mm, fiel bis zum min. 762,86 mm um 6^h a. m. und stieg dann unaufhörlich bis zum max. 764,05 mm um 10^h p. m.
Temp. d. Luft: Mittel 24,8°; max. 26,0° um 10^h a. m., min. 24,4° um 10^h p. m.,
Spannkr. d. Dünste: Mittel 18,7 mm; max. 20,2 mm um 10^h a. m., min. 16,0 mm um 10^h p. m.
Wolken: Gattung u. Betrag. Vormittags klar, anfangs cu 1—2, nur um 6^h a. m. cu 5—6, Nachmittags wenig bewölkt cu ni 3—4, zuweilen 1—2, nur um 10^h mehr bezogen cu ni 5—7.
Richtung. Mit dem Winde ziehend.
Niederschl.: Um 2^h p. m. einige leichte Regenböen, ebenfalls Regen um 10^h p. m.
Zustand d. See: Temp. Mittel 24,9°; max. 25,2° um 10^h a.m., min. 24,4° um 10^h p. m.
Spezif. Gewicht. Mittel 1,02718; max. 1,0272, min. 1,0271.
Allg. Bemerk.: Ozongehalt 6—7, Regen 0,2 mm, Verdunstung 4,3 mm.
Um 10^h a. m. wurde ein Regenbogen gesehen. Schwache Dünung aus SE.

1875, den 23. März.

Position: 29° 19,4'—31° 1,6' S-Br.; 59° 35,9'—59° 36,1' O-Lg.
Schiffsbew.: Kurs. Beständig N163°E; bald N160°E, bald S169°E.
Fahrt. Ziemlich gleichmässig 3,6—6.0, meist 4,5.
Wind: Richtung. Mittel N103°E; bald N107°E, bald N96°E.
Stärke. Mittel 4,8; meist 4—5, jedoch um 2^h p. m. ein wenig stärker.
Barom.: Mittel 767,07 mm; 2 max. 768,60 mm um 10^h a. m. und 767,95 mm um 10^h p. m., 2 min. 764,95 mm um 2^h a. m. und 766,80 mm um 2^h p. m.
Temp. d. Luft: Mittel 22,7°; max. 24,3° um 2^h a. m., min. 22,0° um 10^h p. m.
Spannkr. d. Dünste: Mittel 15,4 mm; max. 16,8 mm um 6^h a. m., min. 13,5 mm um 10^h p. m.

Wolken: Gattung u. Betrag. Vormittags etwas bezogen cu ni 5—8, Nachmittags sich mehr und mehr aufklarend bis zu cu 1—2 um 10h p. m.
Richtung. Aus SE.
Niederschl.: Vormittags zeitweilig Regen und um 10h a. m. auch Regenböen. Von 6h—8h p. m. klar, aber diesig.
Zustand d. See: Temp. Mittel 23,2°; max. 24,0° um 2h a. m., min. 22,6° um 10h p. m.
Spezif. Gewicht. Mittel 1,02747; max. 1,0277, min. 1,0270.
Allg. Bemerk.: Ozongehalt 7—8, Regen 3,3 mm, Verdunstung 5,4 mm.
Nachmittags leichte südöstliche Dünung. Von 6h—8h p. m. klar, aber diesig.

1875, den 24. März.

Position: 31° 21,4′—32° 43,0′ S-Br., 59° 37,4′—59° 56,5′ O-Lg.
Schiffsbew.: Kurs. Zwischen N151°E und N168°E.
Fahrt. Vormittags 3—4, Nachmittags 4,3—5,4.
Wind: Richtung. Mittel N95°E; zwischen N83°E und N106°E, meist N95°E.
Stärke. Mittel 4,1; meist 4, um 10h p. m. als N83°E 5—6.
Barom.: Mittel 769,20 mm; 2 max. 769,45 mm um 10h a. m. und 770,55 mm um 10h p. m., 2 min. 767,45 mm um 6h a. m. und 769,30 mm um 2h a. m.
Temp. d. Luft: Mittel 22,2°; max. 23,2° um 10h a. m., min. 21,4° um 10h p. m.
Spannkr. d. Dünste: Mittel 15,3 mm; max. 16,5 mm um 10h p. m., min. 13,8 mm um 10h a. m.
Wolken: Gattung u. Betrag. Der Mond hatte einen grossen Hof, sonst ganz klar bis auf den leicht besetzten Horizont, um 2h a. m. cu 2—3, um 6h cu ci 2—4; Nachmittags klar cu 1—2, von 7h an mehr bezogen bis cu ni 7.
Richtung. Mit dem Winde ziehend.
Niederschl.: Von 7h p. m. bis 8h wenig Regen; von 10h bis 11h Regenböen.
Zustand d. See: Temp. Mittel 22,0°; max. 22,2° um 10h p. m., min. 21,7° um 6h a. m.
Spezif. Gewicht. Mittel 1,02740; max. 1,0276, min. 1,0273.
Allg. Bemerk.: a. m. Ozongehalt 4—5, Regen 0,5 mm, Verdunstung 6,4 mm.
Um 10h a. m. ging der Wind östlicher von N106°E nach N95°E. Schwache östliche Dünung. Von 7h p. m. an mehr bezogen mit Regenböen.

1875, den 25. März.

Position: 33° 2,7′—34° 14,6′ S-Br., 60° 12,0′—61° 37,8′ O-Lg.
Schiffsbew.: Kurs. N104°E und N138°E.
Fahrt. Von 4,5 bis 6,5.
Wind: Richtung. Mittel N61°E; Vormittags N70°E, gegen Mittag ging er nördlicher nach N48°E, Nachmittags beständig N60°E.
Stärke. Mittel 4,4; anfangs 5—6, meist 4—5.
Barom.: Mittel 770,41 mm; 2 max. 771,80 mm um 10h a. m. und 771,20 mm um 10h p. m., 2 min. 769,50 mm um 6h a. m. und 769,55 mm um 6h p. m.
Temp. d. Luft: Mittel 21,1°, max. 21,6° um 2h p. m., min. 20,8° um 6h a. m.
Spannkr. d. Dünste: Mittel 15,9 mm; max. 17,4 mm um 10h p. m., min. 13,8 mm um 10h a. m.
Wolken: Gattung u. Betrag. Vormittags fast ganz bezogen, anfangs mit cu ni 7—8, dann mit cu str. 8—10; Nachmittags anfangs cu ni 9—10, dann ni 10.
Richtung. Mit dem Winde ziehend.
Niederschl.: Gegen Mittag Regenböen, auch nach Mittag um 2h p. m. etwas Regen.
Zustand d. See: Temp. Mittel 20,4°; max. 20,6° um 2h a. m., min. 20,1° um 6h p. m.
Spezif. Gewicht. Mittel 1,02740; max. 1,0276, min. 1,0273.
Allg. Bemerk.: Fast ganz bezogen aus der Windrichtung.
Ozongehalt 5—6, Regen 0,1 mm.
Um 10h a. m. Böen mit Regen und schralendem Winde. Um 2h p. m. schwache ESE-Dünung. Gegen 11h p. m. aufklarend.

1875, den 26. März.

Position: 34° 24,4′—34° 40,2′ S-Br.; 62° 1,3′—64° 1,1′ O-Lg.
Schiffsbew.: Kurs. Beständig N92°E.
Fahrt. Von 5—6, nur um 6h p. m. 3,0.
Wind: Richtung. Mittel N20°E; beständig N24°E, nur von 10h a. m. bis 2h p. m. etwas nördlicher N13°E.
Stärke. Mittel 4,1, fast immer 4—5, nur um 6h p. m. 3.
Barom.: Mittel 769,71 mm; 2 max. 770,20 mm um 10h a. m. und 770,10 mm um 10h p. m., 2 min. 768,80 mm um 6h a. m. und 769,35 mm um 6h p. m.
Temp. d. Luft: Mittel 21,9°; max. 23,0° um 2h p. m., min. 21,2° um 6h a. m.
Spannkr. d. Dünste: Mittel 16,1 mm; max. 16,7 mm um 6h a. m., min. 15,2 mm um 6h p. m.
Wolken: Gattung u. Betrag: Bezogen bis 7h a. m. mit cu ni 9, dann aufklarend cu str. 3, Nachmittags ganz klar, cu und cu str. 1; um 9h p. m aus der Windrichtung bezogen mit dunklen cu ni, um 10h 30′ wieder ganz klar.
Richtung. Mit dem Winde ziehend.
Niederschl.: Um 10h p. m. ganz wenig Regen.
Zustand d. See: Temp. Mittel 20,9°; max. 21,1° um 10h p. m., min. 20,4° um 2h a. m.
Spezif. Gewicht. Mittel 1,02743; max. 1,0277, min. 1,0272.
Allg. Bemerk.: Bezogen bis 7h a. m., dann aufklarend.
Ozongehalt = 8; Verdunstung 3,9 mm.
Um 10h a. m. nordöstliche Dünung mässig.

1875, den 27. März.

Position: 34° 42,4′—35° 2,0′ S-Br.; 64° 26,0′—66° 7,4′ O-Lg.
Schiffsbew.: Kurs. N93°E.
Fahrt. 4—5; um 2h p. m. beigedreht zum Lothen.
Wind: Richtung. N25°E.
Stärke. Mittel 4,3; sehr gleichmässig 4—5.
Barom.: Mittel 768,38 mm; max. 769,40 mm um 6h a. m., fiel dann beständig bis zum min. 767,70 mm um 10h p. m.
Temp. d. Luft: Mittel 21,1°; max. 22,5° um 2h p. m., min. 20,4° um 10h p. m. und um 2h a. m.
Spannkr. d. Dünste: Mittel 16,0 mm; max. 16,6 mm um 2h a. m., min. 15,5 mm um 10h p. m.
Wolken: Gattung u. Betrag. Klar und schön, cu 1—3, bis auf eine kurze Zeit um 6h a. m. cu 5—6; um 10h p. m. ganz klar.
Richtung. Aus NE.
Niederschl.: Abends Thau, sehr feuchte Luft.
Zustand d. See: Temp. Mittel 20,1°; max. 20,8° um 2h p. m., min. 19,3° um 10h p. m.
Spezif. Gewicht. Mittel 1,02725; max. 1,0276, min. 1,0271.
Allg. Bemerk.: Klar und schön.
Ozongehalt = 6—7; Verdunstung 5,1 mm.
Um 10h a. m. leichte NE-See. Sehr feuchte Luft um 6h p. m.

1875, den 28. März.

Position: 35° 6,0′—35° 17,5′ S-Br.; 66° 33,5′—67° 53,0′ O-Lg.
Schiffsbew.: Kurs. Vormittags N93°E, Nachmittags N104°E, N93°E und dann N115°E.
Fahrt. Vormittags 3—5, Nachmittags sehr ungleich, 1—6.
Wind: Richtung. N18°E, meist N25°E und N, jedoch um 10h p. m. N48°E.
Stärke. Mittel 1,9; anfangs 4, dann abflauend 2-3 von 6h a. m. bis 2h p. m.; von 6h ab sehr leicht, 0—1.
Barom.: Mittel 767,25 mm; 2 max. 767,40 mm um 10h a. m. und 768,66 mm um 10h p. m., 2 min. 766,50 mm um 6h a. m. und 766,25 mm um 2h p. m.
Temp. d. Luft: Mittel 20,8°; max. 22,0° um 2h p. m., min. 20,2° um 2h a. m.
Spannkr. d. Dünste: Mittel 16,2 mm; max. 16,7 mm um 6h p. m., min. 15,6 mm um 2h a. m.
Wolken: Gattung u. Betrag. Oberer Himmel ganz dünn bezogen, so dass früh Morgens die Sterne zum Theil durchschienen; ci waren sichtbar bis 2h p. m., sonst cu str. 5—6, jedoch um 10h p. m. nur noch cu 2—3.
Richtung. Aus NE.

Niederschl.: Morgens und Abends fiel Thau.
Zustand d. See: Temp. Mittel 19,9°; max. 20,6° um 2h p. m., min. 19,2° um 2h a. m.
Spezif. Gewicht. Mittel 1,02703; max. 1,0271, min. 1,0270.
Allg. Bemerk.: Sehr feuchte Luft.
Ozongehalt = 8; Verdunstung 3,4 mm.
Ruhige See.
Abends vereinzeltes Meeresleuchten in grossen Scheiben.

1875, den 29. März.

Position: 35° 21,5'—35° 35,0' S-Br.; 68° 0,2'—69° 8,6' O-Lg.
Schiffsbew.: Kurs. N103°E; um 10h a. m. beigedreht zum Lothen; Nachmittags N86°E.
Fahrt. Vormittags ungleichmässig 2—5, Nachmittags bald 3—4, bald 2—3.
Wind: Richtung. N25°E; meist N24°E, jedoch zuweilen etwas östlicher N35°E, zuweilen etwas nördlicher N13°E.
Stärke. Mittel 1,4; meist schwach 1—2, aber um 10h p. m. etwas stärker, 2—3.
Barom.: Mittel 770,1 mm; 2 max. 771,05 mm um 10h a. m. und 771,20 mm um 10h p. m., 2 min. 767,95 mm um 2h a. m. und 770,10 mm um 2h p. m.
Temp. d. Luft: Mittel 21,4°; max. 23,4° um 2h p. m., min. 20,4° um 2h a. m.
Spannkr. d. Dünste: Mittel 16,3 mm; max. 17,0 mm um 6h a. m., min. 15,3 mm um 10h p. m.
Wolken: Gattung u. Betrag. Schön und klar, nur cu 1—2 oder cu str. 2—3 sichtbar am Horizont, jedoch 10h p. m. zeigten sich cu 5—6 aus der Windrichtung.
Richtung. Mit dem Winde ziehend.
Niederschl.: Der Thau fiel früh bis 6h a. m.
Zustand d. See: Temp. Mittel 20,5°; max. 21,2° um 2h p. m., min. 20,1° um 2h a. m.
Spezif. Gewicht. Mittel 1,02705; max. 1,0271, min. 1,0270.
Allg. Bemerk.: Schön und klar.
Ozongehalt = 8—9; Verdunstung 3,5 mm.
Um 10h a. m. lange Dünung aus SW.
Um 7h 45' p. m. und um 8h 30' fiel in SE eine grosse Feuerkugel senkrecht zum Horizont, grösser als Sterne erster Grösse, einen langen Lichtstreif hinter sich lassend.

1875, den 30. März.

Position: 35° 35,8'—35° 34,4' S-Br.; 69° 30,1'—71° 15,4' O-Lg.
Schiffsbew.: Kurs. Vormittags N81°E, Nachmittags anfangs N93°E, dann wieder von 6h ab N81°E.
Fahrt. 3—4.
Wind: Richtung. Mittel N12°E; N14°E bis 6h p. m., dann N3°E, und um 10h p. m. wieder N14°E.
Stärke. Mittel 2,6; gleichmässig zwischen 2 und 3.
Barom.: Mittel 769,91 mm; 2 max. 771,0 mm um 10h a. m. und 770,28 mm um 6h p. m., 2 min. 768,0 mm um 2h a. m. und 769,95 mm um 2h p. m.
Temp. d. Luft: Mittel 21,0°; max. 22,0° um 2h p. m., min. 20,4° um 6h a. m.
Spannkr. d. Dünste: Mittel 14,8 mm; max. 15,0 mm um 2h p. m., min. 14,4 mm um 10h p. m.
Wolken: Gattung u. Betrag. Anfangs cu 6—7, dann leichte weisse cu ci am oberen Himmel, am Horizont cu str. 3—4; um 10h a. m. cu ni 2—3, leicht und schnell aus der Windrichtung ziehend; um 2h p. m. oberer Himmel mit leichten ci besetzt, unten cu 4—5, dann um 6h mehr bezogen cu 8; um 10h cu ni 5—6, schnell über den Himmel ziehend, darauf klar und schön, nur cu 1 am Horizont.
Richtung. Mit dem Winde ziehend.
Niederschl.: —
Zustand d. See: Temp. Mittel 20,6°; max. 21,6° um 2h p. m., min. 20,2° um 6h a. m.
Spezif. Gewicht. Mittel 1,02722; max. 1,0275, min. 1,0271.
Allg. Bemerk.: Ozongehalt = 6—7; Verdunstung 3,1 mm.
2h p. m. leichte südwestliche Dünung.

1875, den 31. März.

Position: 35° 32,8'—35° 31,8' S-Br., 71° 38,9'—73° 4,8' O-Lg.
Schiffsbew.: Kurs. Fast immer N81°E, nur um 2h p. m. beigedreht zum Lothen, und um 10h p. m. N84°E.
Fahrt. Meist 5,0; jedoch um 6h a. m. langsamer bis zu 3.
Wind: Richtung. Beständig N14°E.
Stärke. Mittel 2,6; sonst 2—3, aber von 6h p. m. ab auffrischend bis zu 6.
Barom.: Mittel 768,87 mm; max. 770,29 mm um 2h a. m., fiel dann beständig bis zum min. 767,49 um 10h p. m.
Temp. d. Luft: Mittel 20,7°; max. 21,8° um 2h p. m., min. 19,7° um 6h a. m.
Spannkr. d. Dünste: Mittel 15,0 mm; max. 15,7 mm um 10h p. m., min. 14,0 mm um 6h a. m.
Wolken: Gattung u. Betrag. Anfangs cu ni 7—8, gegen 3h a. m. aufklarend, von 4h—6h wieder bezogen, dann klar bis 4h p. m., nur mit wenigen cu 1—3 am Horizont besetzt, von 4h—8h p. m. wieder bezogen cu ni 6—7, von 8h—11h wieder klar bis auf einige cu 2—3 am Horizont.
Richtung. Aus NE.
Niederschl.: Wenig Regen um 2h a. m.
Zustand d. See: Temp. Mittel 19,6°; max. 20,0° um 2h p. m., min. 19,0° um 6h a. m.
Spezif. Gewicht. Mittel 1,02713; max. 1,0272, min. 1,0271.
Allg. Bemerk.: Ozongehalt 6—7. Verdunstung 3,9 mm.
Um 10h a. m. leichte Dünung SW.
a. m. cu ni 7—8 mit wenig Regen, gegen 3h a. m. aufklarend. 4h—6h wieder bezogen.
p. m. 4h—8h bezogen, 8h—11h klar, dann bildete sich eine dunkle Bank zu luvard.

1875, den 1. April.

Position: 35° 32,8'—35° 25,7' S-Br., 74° 1,6'—76° 44,9' O-Lg.
Schiffsbew.: Kurs. N85°E.
Fahrt. 7—9, nur um 10h p. m. 3,5.
Wind: Richtung. Bis 2h p. m. nordöstlich, anfangs N15°E, dann N152°E, von da ab wurde der Wind westlicher, um 6h p. m. N330°E.
Stärke. Mittel 2,8; die nördlichen Winde 4—6, der südliche Wind um 10h p. m. 8—9, die Böen bis 10.
Barom.: Mittel 767,06 mm; max. 768,05 mm um 6h a. m., fiel dann bis zum min. 765,89 mm um 6h p. m., stieg dann wieder bis 767,68 mm.
Temp. d. Luft: Mittel 19,8°; max. 21,6° um 2h p. m., min. 17,0° um 10h p. m.
Spannkr. d. Dünste: Mittel 14,4 mm; max. 15,4 mm um 2h a. m., min. 12,9 mm um 10h p. m.
Wolken: Gattung u. Betrag. Anfangs klar bis auf eine Bank zu luvard, die um 3h a. m. als cu 6—7 über den Himmel zog, dann wieder klar, aber von 5h—7h a. m. bezogen cu ni 10, ebenfalls bezogen um 2h p. m. und um 10h p. m., dagegen um 10h a. m. und 6h p. m. nur cu 3—4.
Richtung. Mit dem Winde ziehend.
Niederschl.: Um 6h a. m. Regenböen, um 6h p. m. wenig Regen, um 10h p. m. ebenfalls Regenböen.
Zustand d. See: Temp. Mittel 19,6°; max. 19,8° um 2h p. m., min. 19,1° um 2h a. m.
Spezif. Gewicht. Mittel 1,02707; max. 1,0271, min. 1,0269.
Allg. Bemerk.: Ozongehalt 8—9. Verdunstung 3,2 mm.
a. m. Klar, bis auf eine Bank zu luvard, die bis zu 6—7 um 1h über den Himmel zog, dann wieder klar, 5h—7h bezogen, Regenböen.
p. m. Um 8h sprang der Wind plötzlich durch N251°E auf N206°E und ging dann, immer stärker werdend, auf N161°E bis N116°E, in Böen bis 9—10.

1875, den 2. April.

Position: 35° 20,6'—34° 37,8' S-Br., 77° 6,5'—78° 22,0' O-Lg.
Schiffsbew.: Kurs. Meist N71°E, um 10h a. m. beigedreht zum Lothen.
Fahrt. Vormittags 4,5, Nachmittags 3—5.

Wind: Richtung. Mittel N135°E, zwischen N150°E und N127°E.
Stärke. Mittel 7,3; sehr gleichmässig stark 7—8.
Barom.: Mittel 771,46 mm; stieg beständig von 768,85 mm um 2h a. m. bis 774,48 mm um 10h p. m.
Temp. d. Luft: Mittel 16,4°; max. 16,8° um 10h p. m., min. 16,0° um 2h a. m.
Spannkr. d. Dünste: Mittel 12,8 mm; max. 13,3 mm um 10h a. m., min. 12,4 mm um 2h p. m.
Wolken: Gattung u. Betrag. Den ganzen Tag bezogen ni 10, nur um 10h p. m ni 8—10.
Richtung. Sonst mit dem Winde ziehend, nur um 10h p. m. aus SSW, als der Wind N127°E war.
Niederschl.: Den ganzen Tag feiner Regen, der erst gegen 10h p. m. aufhörte.
Zustand d. See: Temp. Mittel 18,7°; max. 19,1° um 2h a. m., min. 18,1° um 10h p. m.
Spezif. Gewicht. Mittel 1,02695; max. 1,0271, min. 1,0268.
Allg. Bemerk.: Ozongehalt 9—10. Regen 15,0 mm. Verdunstung 4,5 mm.
Um 10h a. m. SE-licher Seegang.
a. m. Bezogen mit feinem Regen.

1875, den 3. April.

Position: 34° 26,2'—33° 14,5' S-Br., 78° 37,5'—79° 33,0' O-Lg.
Schiffsbew.: Kurs. Zwischen N31°E—N51°E.
Fahrt. 3,5—6.
Wind: Richtung. N115°E, sonst N118°E, nur um 10h p. m. N96°E.
Stärke 6,4, anfangs 7, etwas abflauend bis 6.
Barom.: Mittel 773,56 mm; fiel anfangs von 772,85 mm um 2h a. m. bis zum min. 772,50 mm um 6h a. m., stieg dann beständig bis zum max. 775,35 mm um 10h p. m.
Temp. d. Luft: Mittel 17,9°; max. 18,6° um 10h p. m., min. 17,4° um 2h a. m.
Spannkr. d. Dünste: Mittel 13,0 mm; max. 13,2 mm um 6h a. m., min. 12,8 mm um 6h p. m.
Wolken: Gattung u. Betrag. Bis 6h p. m. bezogen ni 10, nur zuweilen etwas aufklarend ni 8—9, von da ab aufklarend bis cu 3—4.
Richtung. Stets mit dem Winde ziehend.
Niederschl.: Böig mit feinem Regen, nur zuweilen unterbrochen, bis zu 6h p. m.
Zustand d. See: Temp. Mittel 19,3°; max. 19,8° um 6h p. m., min. 18,2° um 2h a. m.
Spezif. Gewicht. Mittel 1,02710; max. 1,0272, min. 1,0269.
Allg. Bemerk.: a. m. Böig mit feinem Regen, zuweilen etwas aufklarend.
Ozongehalt 9—10. Regen 3,6 mm. Verdunstung 3,1 mm.
Um 6h p. m. aufklarend und trocken.

1875, den 4. April.

Position: 33° 7,0'—33° 54,7' S-Br., 79° 41,8'—79° 27,0' O-Lg.
Schiffsbew.: Kurs. Vormittags N165°E, um 10h a. m. beigedreht zum Lothen; Nachmittags zwischen N193°E und N202°E.
Fahrt. 3,9—2,5, abnehmend.
Wind: Richtung. Mittel N118°E; N98°E, ging um 10h a. m. über nach N143°E, war Nachmittags aber N131°E.
Stärke. Mittel 2,8; anfangs noch 5—6, flaute aber um 6h a. m. schon ab bis zu 2—3, frischte um 10h a. m. auf bis 4, wurde Nachmittags wieder flauer bis 1—2.
Barom.: Mittel 771,86 mm; max. 772,60 mm um 2h a. m., min. 771,30 mm um 2h p. m., Gang sehr unregelmässig.
Temp. d. Luft: Mittel 18,2°; max. 19,4° um 10h a. m., min. 17,0° um 10h p. m.
Spannkr. d. Dünste: Mittel 11,9 mm; max. 14,4 mm um 2h p. m., min. 9,5 mm um 10h p. m.
Wolken: Gattung u. Betrag. Aufangs hoch weisse cu 4—5, darunter später cu ni 8 ziehend, gegen Mittag aufklarend cu 2—3, um 2h p. m. cu str. 1—2, dann wieder mehr bezogen, um 6h p. m. cu 6—7, um 10h cu 8—9.
Richtung. Mit dem Winde ziehend.
Niederschl.: —
Zustand d. See: Temp. Mittel 19,7°; max. 20,1° um 10h a. m., min. 19,1° um 10h p. m.
Spezif. Gewicht. Mittel 1,02720; max. 1,0273, min. 1,0271.
Allg. Bemerk.: Ozongehalt(?) Regen 0,4 mm. Verdunstung(?) Um 10h a. m. hohe Dünung aus SW.
a. m. Hohe weisse cu, darunter später cu ni aus der Windrichtung ziehend, gegen Mittag aufklarend.
p. m. 6h durchbrochen, leicht bezogen.

1875, den 5. April.

Position: 34° 5,9'—34° 39,7' S-Br., 79° 24,0'—79° 18,6' O-Lg.
Schiffsbew.: Kurs. Anfangs N76°E, dann N98°E und um 10h a. m. N53°E; Nachmittags N165°E.
Fahrt. Anfangs sehr langsam 0,8—1,7, dann gleichmässig von 10h a. m. ab 2,5—3,5.
Wind: Richtung. Mittel N125°E; meist N120°E, jedoch um 6h a. m. und 10h p. m. N143°E.
Stärke. Mittel 1,6; ziemlich schwach, der N143E 0—2, der N120°E 1—2, nur um 6h p. m. 2—3.
Barom.: Mittel 771,82 mm; 2 max. 772,35 mm um 10h a. m. und 772,55 mm um 10h p. m., 2 min. 771,80 mm um 6h a. m. und 769,90 mm um 2h p. m.
Temp. d. Luft: Mittel 16,9°; max. 17,6° um 2h p. m., min. 16,5° um 10h p. m.
Spannkr. d. Dünste: Mittel 9,1 mm; max. 9,9 mm um 10h a. m., min. 8,1 mm um 6h p. m.
Wolken: Gattung u. Betrag. Den ganzen Tag leicht mit cu 8—9, um 6h a. m. mit cu 6—7 bezogen, später mit cu ni 8—9, oft durchbrochen.
Richtung. Aus der Windrichtung ziehend.
Niederschl.: —
Zustand d. See: Temp. Mittel 19,0°; max. 19,3° um 10h a. m., min. 18,6° um 10h p. m.
Spezif. Gewicht. Mittel 1,02722; max. 1,0274, min. 1,0271.
Allg. Bemerk.: Ozongehalt 7—8, Verdunstung 5,3 mm.
Abends 10h südsüdwestliche Dünung, bei N143°E-Wind.
a. m. Himmel leicht mit cu bezogen.
p. m. cu ni langsam aus der Windrichtung, oft durchbrochen.

1875, den 6. April.

Position: 34° 54,1'—35° 35,3' S-Br.; 79° 24,6'—80° 4,9' O-Lg.
Schiffsbew.: Kurs. Vormittags N150°E, Nachmittags um 2h beigedreht zum Lothen, dann N116°E.
Fahrt. Vormittags 2,8—3,8, Nachmittags 4,0—4,6.
Wind: Richtung. Mittel N177°E; fast immer N184°E, nur um 6h a. m. und um 10h p. m. N172°E.
Stärke. Mittel 1,2; um 10h a. m. am schwächsten 0—1, um 6h p. m. am stärksten 2.
Barom.: Mittel 770,85 mm; 2 max. 771,60 mm um 10h a. m. und 771,25 mm um 10h p. m., 2 min. 770,95 mm um 6h a. m. und 769,50 mm um 6h p. m.
Temp. d. Luft: Mittel 16,4°; max. 17,0° um 10h a. m., min. 16,0° um 6h a. m.
Spannkr. d. Dünste: Mittel 8,9 mm; max. 9,1 mm um 10h a. m., min. 8,8 mm um 10h p. m.
Wolken: Gattung u. Betrag. Leicht und durchbrochen bezogen, meist cu ni 8—10, zuweilen auch cu ni 7—8 um 6h a. m.; um 6h p. m. Horizont stark besetzt.
Richtung. Aus S, jedoch um 6h p. m. aus W.
Niederschl.: —
Zustand d. See: Temp. Mittel 18,8°; max. 19,3° um 6h p. m., min. 18,2° um 6h a. m.
Spezif. Gewicht. Mittel 1,02715; max. 1,0274, min. 1,0269.
Allg. Bemerk.: Um 6h a. m. Dünung aus SW, kein Seegang.
Ozongehalt 8—9; Verdunstung 5,1 mm.
a. m. Leicht und durchbrochen bezogen.
p. m. 4h—5h etwas aufgeklart.

1875, den 7. April.

Position: 35° 41,4'—36° 22,0' S-Br., 80° 27,9'—81° 49,3' O-Lg.
Schiffsbew.: Kurs. N117°E, bisweilen 1 Strich östlicher, oder ½ Strich südlicher.
Fahrt. Vormittags 3—4, Nachmittags 3,5—5,5.
Wind: Richtung. Mittel N53°E; Vormittags N117°E, von 10ʰ an N72°E, Nachmittags N27°E—N50°E.
Stärke. Mittel 1,5; Vormittags schwach 0—1, Nachmittags auffrischend bis 4.
Barom.: Mittel 770,80 mm; 2 max. 771,30 mm um 10ʰ a. m. und 771,15 mm um 6ʰ p. m., 2 min. 770,35 mm um 6ʰ a. m. und 770.10 mm um 2ʰ p. m.
Temp. d. Luft: Mittel 16,9°; max. 18,2° um 2ʰ p. m., min. 15,8° um 2ʰ a. m.
Spannkr. d. Dünste: Mittel 9.0 mm; max. 11,1 mm um 10ʰ a. m., min. 8,0 mm um 10ʰ a. m.
Wolken: Gattung u. Betrag. Himmel leicht bezogen, darunter cu ni; gegen 11ʰ a. m. aufklarend, Nachmittags schön und klar, nur am Horizont einige cu str. 3—4, später cu 1—2; um 10ʰ wieder leicht bezogen cu ni 8—9.
Richtung. Von 6ʰ a. m. an bei SE und E-Wind aus N ziehend; Nachmittags zogen die Wolken aus der Windrichtung.
Niederschl.: —
Zustand d. See: Temp. Mittel 17,9°; max. 18,6° um 2ʰ a. m., min. 17,1° um 10ʰ p. m.
Spezif. Gewicht. Mittel 1,02715; max. 1,0274, min. 1,0270.
Allg. Bemerk.: Ozongehalt 8—9; Verdunstung 6,0 mm. Abends Meeresleuchten in grossen Scheiben.
a. m. Himmel leicht bezogen, darunter cu ni, gegen 11ʰ aufklarend.
p. m. Schön und klar, nur Horizont besetzt bis 10ʰ, dann leicht bezogen.

1875, den 8. April.

Position: 36° 35,7'—37° 24,8' S-Br., 82° 15,3'—84° 10,8' O-Lg.
Schiffsbew.: Kurs. Meist N116°E, nur 10ʰ p. m. N94°E.
Fahrt. 4,5—6,0, nur 10ʰ p. m. 7.
Wind: Richtung. Mittel N38°E; N49°E von 10ʰ a. m. ab, N37°E bis 6ʰ p. m., dann N26°E.
Stärke. Mittel 3,2; max. 4—5 um 6ʰ a. m., min. 2—3 um 2ʰ p. m.
Barom.: Mittel 770,34 mm; 771,40 mm um 2ʰ a. m., stieg bis zum max. 771,65 mm um 6ʰ a. m., fiel dann beständig bis 769,15 mm um 10ʰ p. m.
Temp. d. Luft: Mittel 17,0°; max. 17,8° um 2ʰ p. m., min. 16,2° um 10ʰ p. m.
Spannkr. d. Dünste: Mittel 11,9 mm; max. 12,3 mm um 6ʰ p. m., min. 11,2 mm um 10ʰ a. m.
Wolken: Gattung u. Betrag. Morgens bis 10ʰ a. m. nur Wolken am Horizont cu str. 3—5; dann ganz leicht bezogen ci cu 7, hohe stillstehende Wolkenschicht, darunter cu 6—7 um 2ʰ p. m., um 4ʰ p. m. aufklarend und schön cu 3—1.
Richtung. Aus NE, um 6ʰ p. m. bei NE-Wind aus S.
Niederschl.: Abends 10ʰ sehr starker Thau.
Zustand d. See: Temp. Mittel 16,3°; max. 17,6° um 2ʰ a. m., min. 15,1° um 10ʰ p. m.
Spezif. Gewicht. Mittel 1,02690; max. 1,0270, min. 1,0268.
Allg. Bemerk.: Um 2ʰ a. m. südwestliche Dünung.
Ozongehalt 6—7; Verdunstung 4,9 mm.
a. m. Nur Wolken am Horizont, später ganz leicht bezogen.

1875, den 9. April.

Position: 37° 25,9'—37° 31,0' S-Br., 84° 50,4'—86° 44,3' O-Lg.
Schiffsbew.: Kurs. N91°E; um 2ʰ p. m. beigedreht zum Lothen.
Fahrt. Vormittags 4,2—6,5; Nachmittags 6,0—6,5.
Wind: Richtung. Mittel N2°E; zwischen N341°E und N16°E.
Stärke. Mittel 2,9; meist gleichförmig 3, jedoch um 2ʰ p. m. 2—3, und um 10ʰ p. m. 4.
Barom.: Mittel 769,35 mm; 2 max. 769,55 mm um 10ʰ a. m. und 769,98 mm um 10ʰ p. m., 2 min. 769,40 mm um 2ʰ a. m. und 768,45 mm um 2ʰ p. m.
Temp. d. Luft: Mittel 17,2°, max. 18,4° um 2ʰ p. m., min. 16,2° um 2ʰ a. m.
Spannkr. d. Dünste: Mittel 13,0 mm; max. 13,5 mm um 10ʰ p. m., min. 12,5 mm um 2ʰ p. m.
Wolken: Gattung u. Betrag. Klar und schön; gegen 6ʰ a. m. leicht und dünn bezogen cu 9—10, dann wieder klar; cu str. 1—2, cu ci 1—2, zuletzt cu 2—3 am Horizont.
Richtung. Mit dem Winde.
Niederschl.: Vor Tagesanbruch und auch Nachmittags von 4ʰ p. m. an sehr starker Thau.
Zustand d. See: Temp. Mittel 15,8°; max. 16,8° um 10ʰ p. m., min. 15,0° um 2ʰ a. m.
Spezif. Gewicht. Mittel 1,02688; max. 1,0270, min. 1,0267.
Allg. Bemerk.: Ozongehalt 9; Verdunstung 2,2 mm. Abends starkes Meeresleuchten in Scheiben.
a. m. Klar und schön; gegen Morgen leicht und dünn bezogen.

1875, den 10. April.

Position: 37° 32,7'—37° 34,9' S-Br., 87° 18,4'—90° 21,9' O-Lg.
Schiffsbew.: Kurs. N95°E, aber um 10ʰ p. m. N83°E.
Fahrt. 6—8.
Wind: Richtung. Mittel N343°E; anfangs N353°E, dann N342°E und Abends N331°E.
Stärke. Mittel 4,2; beständig 4—5.
Barom.: Mittel 769,38 mm; 2 max. 770,20 mm um 10ʰ a. m. und 770,10 mm um 10ʰ p. m., 2 min. 768,75 mm um 2ʰ a. m. und 768.95 mm um 6ʰ p. m.
Temp. d. Luft: Mittel 17,6°; max. 18,2° um 2ʰ p. m., min. 17,0° um 10ʰ p. m.
Spannkr. d. Dünste: Mittel 13,8 mm; max. 14,0 mm um 2ʰ p. m., min. 13.5 mm um 10ʰ p. m.
Wolken: Gattung u. Betrag. Anfangs cu 2—4, dann cu str. 5—6, von 10ʰ a. m. ab weiss, bezogen cu str. 8—9, auch cu ci, darunter cu ni 8—9.
Richtung. Aus der Windrichtung ziehend.
Niederschl.: Früh Morgens sehr starker Thau, am Tage sehr feuchte Luft und Abends etwas Regen.
Zustand d. See: Temp. Mittel 16,4°; max. 17,1° um 2ʰ a. m., min. 15,6° um 10ʰ p. m.
Spezif. Gewicht. Mittel 1,02690; max. 1,0270, min. 1,0268.
Allg. Bemerk.: a. m. Sehr starker Thau.
Wind sehr gleichmässig, im Laufe des Tages allmählich auffrischend und raumend. Himmel während des Tages hoch weiss bezogen, darunter sehr schnell ziehende Wolken aus Windrichtung. Kein Seegang, leichte Dünung aufkommend aus NW. Sehr feuchte Luft. Sehr starkes Meeresleuchten.

1875, den 11. April.

Position: 37° 31,7'—37° 14,2' S-Br., 90° 56,1'—92° 51,6' O-Lg.
Schiffsbew.: Kurs. Vormittags N85°E, Nachmittags anfangs beigedreht zum Lothen, dann N74°E.
Fahrt. Vormittags 4—6, Nachmittags 6—7.
Wind: Richtung. Mittel N292°E; beständig N299°E, jedoch 10ʰ p. m. N254°E.
Stärke. Mittel 3,6; max. 4—5, min. 2—3 um 6ʰ a. m.
Barom.: Mittel 768,22 mm; 2 max. 769,05 mm um 10ʰ a. m. und 767,90 mm um 10ʰ p. m., 2 min. 768,40 mm um 6ʰ a. m. und 767,40 mm um 6ʰ p. m.
Temp. d. Luft: Mittel 17,3°; max. 17,7° um 2ʰ p. m., min. 16,6° um 10ʰ p. m.
Spannkr. d. Dünste: Mittel 13,9 mm; max. 14,6 mm um 6ʰ a. m., min. 12,7 mm um 10ʰ p. m.
Wolken: Gattung u. Betrag. cu ni 10, abwechselnd ni 10.
Richtung. Mit dem Winde ziehend.
Niederschl.: Luft sehr feucht, den ganzen Tag vorübergehender Regen.
Zustand d. See: Temp. Mittel 16,5°; max. 17,1° um 10ʰ a. m., min. 16,1° um 2ʰ a. m.
Spezif. Gewicht. Mittel 1,02697; max. 1,0270, min. 1,0268.

Allgem. Bemerk.: a. m. Bezogen, sehr feucht, vorübergehender Regen.
Ozongehalt 9 Regen 13,7 mm. Verdunstung 1,2 mm.
Um 10h a. m. starke Dünung aus SW, leichter Seegang aus NW. Nachmittags das Wetter wie am Vormittage.
Abends starkes Meeresleuchten (Walzen).

1875, den 12. April.

Position: 37° 7,3'—36° 28,7' S-Br., 93° 20,3'—96° 12,3' O-Lg.
Schiffsbew.: Kurs. N76°E.
Fahrt. Vormittags 8, Nachmittags etwas langsamer 6—7,5.
Wind: Richtung. Mittel N153°E; Vormittags N155°E, Nachmittags N144°E—N166°E.
Stärke. Mittel 5,8; Vormittags auffrischend 5—7, Nachmittags etwas abflauend 6—5.
Barom.: Mittel 769,22 mm; 2 max. 770,25 mm um 6h a. m. und 769,70 mm um 6h p. m., 2 min. 769,20 mm um 2h a. m. und 768,25 mm um 2h p. m.
Temp. d. Luft: Mittel 14,6°; max. 16,3° um 2h a. m., min. 13,8° um 6h a. m.
Spannkr. d. Dünste: Mittel 10,6 mm; max. 12,9 mm um 2h a. m., min. 9,2 mm um 6h p. m.
Wolken: Gattung u. Betrag. Bezogen Vormittags cu ni 7—10, Nachmittags leicht bezogen, darunter cu ni 7—10.
Richtung. Aus S.
Niederschl.: Vormittags Regen.
Zustand d. See: Temp. Mittel 16,0°; max. 16,3° um 2h a. m., min. 15,7° um 2h p. m.
Spezif. Gewicht. Mittel 1,02695; max. 1,0271, min. 1,0268.
Allg. Bemerk.: Um 1h 25' a. m. sprang der Wind von N256°E auf N155°E. Um 6h a. m. bezogen mit Regen.
Ozongehalt 11,0. Regen 9,0 mm. Verdunstung 1,5 mm.
Um 10h a. m. Dünung aus SW, See von S.

1875, den 13. April.

Position: 36° 12,7'—35° 45,6' S-Br., 96° 43,0'—98° 9,5' O-Lg.
Schiffsbew.: Kurs. Vormittags N77°E, um 10h wurde gelothet; Nachmittags 1/2 bis 1 Strich nördlicher.
Fahrt. Ziemlich gleichmässig 4,3—5,8.
Wind: Richtung. Mittel N180°E; anfangs N145°E, ging um 6h a. m. weiter westlich, N178°E—N212°E.
Stärke. Mittel 2,9; als N145°E noch 4—5, sowie der Wind westlich wurde, flaute er ab bis zu 3.
Barom.: Mittel 770,00 mm; 2 max. 770,25 mm um 10h a. m. und 770,55 mm um 10h p. m., 2 min. 769,90 mm um 2h a. m. und 769,50 mm um 2h p. m.
Temp. d. Luft: Mittel 15,3°; max. 16,2° um 10h a. m., min. 14,4° um 2h a. m.
Spannkr. d. Dünste: Mittel 9,6 mm; max. 10,8 mm um 2h p. m., min. 7,6 mm um 6h a. m.
Wolken: Gattung und Betrag. Vormittags leicht mit weissen cu bezogen, darunter cu ni aus der Windrichtung, cu ni 8—10, dann aufklarend, um 10h a. m. cu 4—5, Nachmittags wieder leicht bezogen, darunter cu ni; anfangs 10, Abends um 10h p. m. nur 7—8.
Richtung. Mit dem Winde ziehend.
Niederschl.: Nachmittags zu Anfang und gegen Mitternacht wenig Regen.
Zustand d. See: Temp. Mittel 16,5°; max. 16,8° um 6h a. m., min. 16,1° um 6h p. m.
Spezif. Gewicht. Mittel 1,02715; max. 1,0273, min. 1,0271.
Allg. Bemerk.: Ozongehalt 9—10. Regen 0,3 mm. Verdunstung 5,0 mm.

1875, den 14. April.

Position: 35° 37,3'—34° 49,4' S-Br., 98° 29,6'—99° 59,3' O-Lg.
Schiffsbew.: Kurs. Vormittags N67°E, Nachmittags weiter nördlich, anfangs N44°E, dann N56°E.
Fahrt. 3,6—4,7.
Wind: Richtung. Mittel N135°E, anfangs noch N179°E, dann östlicher werdend von N146°E—N101°E, Abends N123°E.
Stärke. Mittel 2,5; durchaus gleichmässig 2—3.
Barom.: Mittel 771,54 mm; 2 max. 771,95 mm um 10h a. m. und 772,55 mm um 10h p. m., 2 min. 770,40 mm um 2h a. m. und 771,50 mm um 6h p. m.
Temp. d. Luft: Mittel 15,4°; max. 16,1° um 10h a. m., min. 14,7° um 10h p. m.
Spannkr. d. Dünste: Mittel 11,0 mm; max. 12,2 mm um 10h a. m., min. 10,3 mm um 6h a. m.
Wolken: Gattung u. Betrag. Anfangs oben klar, Horizont besetzt mit cu ni 3—4, die langsam mit wenig Regen herauf kamen, bis zu cu str. 8—9 um 6h a. m., später cu ni 5—6.
Richtung. Mit dem Winde ziehend.
Niederschl.: Wenig Regen früh, Regenböen um 2h p. m., dann feucht, um 6h p. m. Regenböen, Abends aufklarend mit Thau.
Zustand d. See: Temp. Mittel 16,6°; max. 17,3° um 2h p. m., min. 16,4° um 2h a. m.
Spezif. Gewicht. Mittel 1,02717; max. 1,0273, min. 1,0271.
Allg. Bemerk.: Ozongehalt 8—9. Regen 1,0 mm. Verdunstung 4,5 mm.
SSW-Dünung.

1875, den 15. April.

Position: 34° 36,7'—34° 45,4' S-Br., 100° 9,9'—100° 42,8' O-Lg.
Schiffsbew.: Kurs. Vormittags 2h N34°E, 6h trieb das Schiff, 10h N73°E; Nachmittags 2h wurde gelothet, dann N102°E und zuletzt N147°E.
Fahrt. 2,0—2,7.
Wind: Richtung. Mittel N72°E; anfangs südöstlich, um 6h a. m. fast still, dann nordöstlich N68°E und N57°E.
Stärke 1,4; anfangs 2, dann fast still, frischte um 10h a. m. ein, wenig auf bis zu 2, wurde Abends 10h wieder flauer bis zu 1.
Barom.: Mittel 769,12 mm; max. 771,25 mm um 2h a. m., min. 767,03 mm um 10h p. m.; Gang etwas unregelmässig.
Temp. d. Luft: Mittel 17,2°; max. 19,6° um 2h p. m., min. 15,2° um 6h a. m.
Spannkr. d. Dünste: Mittel 11,5 mm; max. 12,0 mm um 10h p. m., min. 10,6 mm um 2h a. m.
Wolken: Gattung u. Betrag. Bis 6h a. m. bezogen mit cu ni 10, dann aufklarend leichte cu 7—6 aus der Windrichtung, darunter gegen 11h a. m. schnell ziehende ni. Nachmittags oft klar, hohe ci und leichte weisse cu 4—8, die langsam von N nach S zogen.
Niederschl.: Bis 6h a. m. Regen, Abends 10h p. m. Thau.
Zustand d. See: Temp. Mittel 16,9°; max. 17,3° um 6h p. m., min. 16,4° um 2h a. m.
Spezif. Gewicht. Mittel 1,02717; max. 1,0274, min. 1,0271.
Allg. Bemerk.: Ozongehalt 7—8; Regen 0,1 mm, Verdunstung 5,1 mm. Um 10h a. m. Dünung S, See glatt.
a. m. Bis 6h bezogen mit Regen, dann aufklarend, leichte cu aus der Windrichtung, darunter gegen 11h schnell ziehende ni.
p. m. und Abends oft klar, hohe ci und leichte weisse cu, die langsam von N nach S zogen. Thau.

1875, den 16. April.

Position: 34° 53,0'—34° 28,0' S-Br., 100° 49,0'—102° 47,5' O-Lg.
Schiffsbew.: Kurs. Anfangs N136°E, von 6h a. m. ab N74°E, um 10h p. m. N69°E.
Fahrt. Anfangs nur 1, dann beständig schneller werdend von 4 bis 8.
Wind: Richtung. Mittel N323°E; anfangs N13°E, um 6h N350°E und von 10h a. m. ab N316°E.
Stärke. Mittel 3,2; als N13°E 1, beim Uebergange nach N316°E bedeutend auffrischend bis zu 5.
Barom.: Mittel 763,13 mm; stieg ein wenig von 765,45 mm um 2h a. m. bis zum max. 765,90 mm um 6h a. m. und fiel dann beständig bis zum min. 760,51 mm 10h p. m.

Temp. d. Luft: Mittel 18,4°; max. 19,8° um 10h a. m., min. 17,3° um 6h a. m.

Spannkr. d. Dünste: Mittel 12,9 mm; max. 13,5 mm um 10h p. m., min. 12,2 mm um 6h a. m.

Wolken: Anfangs bezogen ni 8—9, gegen 2h a. m. aufklarend bis zu cu str. 2—3 um 10h a. m. Nachmittags Himmel leicht bezogen mit ci und cu, darunter cu ni, die nach 11h p. m. ganz unregelmässig zogen.

Richtung. Vormittags aus N, Nachmittags aus NW, jedoch gegen Mitternacht ganz unregelmässig ziehend.

Niederschl.: Früh Morgens fiel Thau; Abends war die Luft sehr feucht.

Zustand d. See: Temp. Mittel 17,6°; max. 18,1° um 2° p. m., min. 17,1° um 2h a. m.

Spezif. Gewicht. Mittel 1,02738; max. 1,0275, min. 1,0272.

Allg. Bemerk.: Früh Morgens Meeresleuchten nach Untergang des Mondes. Gegen 2h a. m. aufklarend.

Ozongehalt 8; Verdunstung 3,1 mm.

1875, den 17. April.

Position: 34° 17,6'—33° 36,4' S-Br., 103° 20,4'—105° 44,4' O-Lg.

Schiffsbew.: Kurs. Meist N70°E, von 6h p. m. ab N64°E; um 10h a. m. wurde gelothet.

Fahrt. 7,5—8,5.

Wind: Richtung. Mittel N190°E; N205°E bis 6h p. m., jedoch unterbrochen von 1h 30' bis 4h von N182°E, von 6h p. m. ab N171°E.

Stärke. Mittel 5,8; meist 6, frischte aber um 2h a. m. als N182°E bedeutend auf bis zu 7—8, und flaute dann wieder ab bis 6, und noch mehr gegen Mitternacht bis auf 5.

Barom.: Mittel 763,86 mm; stieg fortwährend von 761,35 mm um 2h a. m. bis 767,07 mm um 10h p. m.

Temp. d. Luft: Mittel 16,0°; max. 17,0° um 10h a. m., min. 15,4° um 6h p. m.

Spannkr. d. Dünste: Mittel 9,5 mm; max. 12,0 mm um 2h a. m., min. 8,3 mm um 2h p. m.

Wolken: Gattung u. Betrag. Bezogen mit cu ni 10—9, gegen 1h a. m. dunkle Bank am Horizont von NW bis SW, von 10h a. m. ab mehr und mehr aufklarend bis zu cu 3—4, um 10h p. m. bezog es sich wieder, cu 7.

Richtung. Mit dem Winde ziehend.

Niederschl.: Um 2h p. m. Böe mit wenig Regen.

Zustand d. See: Temp. Mittel 18,1°; max. 18,3° um 6h a. m., min. 18,0° um 10h p. m.

Spezif. Gewicht. Mittel 1,02753; max. 1,0277, min. 1,0274.

Allg. Bemerk.: Ozongehalt 7—8; Verdunstung 3,0 mm.

Um 10h a. m. Seegang und Dünung aus SW. Um 2h p. m. sehr hohe Dünung aus SW. Um 6h p. m. Wolken ziehen sehr hoch. Um 10h p. m. bezog sich.

1875, den 18. April.

Position: 33° 19,9'—32° 1,1' S-Br., 106° 15,4'—108° 33,8' O-Lg.

Schiffsbew.: Kurs N60°E.

Fahrt. 7,4—8,4, jedoch 6,5 um 10h p. m.

Wind: Richtung. Mittel N146°E; N150°E, von 6h p. m. ab N138°E.

Stärke. Mittel 5,5; beständig 5—6.

Barom.: Mittel 768,33 mm; 2 max. 769,10 mm um 10h a. m. und 770,30 mm um 10h p. m., 2 min. 766,20 mm um 2h a. m. und 768,33 mm um 2h p. m.

Temp. d. Luft: Mittel 16,2°; max. 17,1° um 10h p. m., min. 15,5° um 2h a. m.

Spannkr. d. Dünste: Mittel 8,9 mm; max. 9,6 mm um 10h p. m., min. 8,0 mm um 2h p. m.

Wolken: Gattung u. Betrag. Bis 1h a. m. leicht bezogen, dann aufklarend, die oberen hohen Wolken ci ziehen langsam östlich, die unteren cu aus der Windrichtung. Nachmittags 2h klar cu 2, jedoch Abends um 10h wieder bezogen cu ni 7—8.

Richtung. Sonst aus der Windrichtung ziehend, jedoch um 10h a. m. die ci östlich ziehend, bei N150°E-Wind.

Niederschl.: Sehr wenig Regen um 12h a. m., und etwas Regen ebenfalls um 10h p. m.

Zustand d. See: Temp. Mittel 17,8°; max. 18,1° um 6h p. m., min. 17,6° um 2h a. m.

Spezif. Gewicht. Mittel 1,02745; max. 1,0275, min. 1,0274.

Allg. Bemerk.: Ozongehalt 8—9; Verdunstung 5,5 mm.

Meeresleuchten früh nach Untergang des Mondes. Um 10h a. m. hohe SW-Dünung.

1875, den 19. April.

Position: 31° 45,6'—30° 47,2' S-Br., 109° 0,4'—110° 15,4' O-Lg.

Schiffsbew.: Kurs. Vormittags anfangs N58°E, dann N61°E, um 10h a. m. wurde gelothet, Nachmittags wieder N61°E, um 10h 1/2 Strich nördlicher.

Fahrt. Morgens 8,0, dann 6,0, Nachmittags 5,5—5,0.

Wind: Richtung. Mittel N119°E; N128°E, von 6h a. m. ab N117°E.

Stärke. Mittel 6,5; Abends frischte der Wind auf mit Böen bis zu 8, sonst 6—7.

Barom.: Mittel 769,02 mm; fiel beständig von 771,15 mm um 2h a. m. bis zu 766,90 mm um 10h a. m.

Temp. d. Luft: Mittel 18,2°; max. 19,4° um 10h p. m., min. 17,3° um 2h a. m.

Spannkr. d. Dünste: Mittel 11,9 mm; max. 13,5 mm um 6h p. m., min. 10,1 mm um 2h a. m.

Wolken: Gattung u. Betrag. Den ganzen Tag bezogen. cu ni 7—10 bis 2h p. m., dann cu ni 10.

Richtung. Aus SE.

Niederschl.: Abends feiner Regen.

Zustand d. See: Temp. Mittel 18,9°; max. 19,2° um 6h a. m., min. 18,8° um 2h a. m. und 6h p. m.

Spezif. Gewicht. Mittel 1,02760; max. 1,0277, min. 1,0275.

Allg. Bemerk.: Ozongehalt 6—7; Verdunstung 8,5 mm (?)

Um 10h a. m. starke S-Dünung.

a. m. Bezogen. p. m. Bezogen mit feinem Regen. Abends frischte es auf. Böen.

1875, den 20. April.

Position: 30° 33,1'—29° 18,7' S-Br., 110° 30'—111° 35,7' O-Lg.

Schiffsbew.: Kurs. Zwischen N355°E und N63°E.

Fahrt. Vormittags 4—5; Nachmittags anfangs 7, dann 3—5.

Wind: Richtung. Mittel N100°E; anfangs N119°E, wird dann N85°E, von 6h p. m. aber N63°E zurück nach N141°E.

Stärke. Mittel 5,6; bis 6h p. m. 8—6, von da an abflauend, unbeständig in Stärke und Richtung 7—4, gegen 11h p. m. wieder östlich.

Barom.: Mittel 762,33 mm; fiel fortwährend von 766,50 mm um 2h a. m. bis 757,55 mm um 10h p. m.

Temp. d. Luft: Mittel 20,6°; max. 22,2° um 2h p. m., min. 19,0° um 2h a. m.

Spannkr. d. Dünste: Mittel 16,1 mm; max. 17,3 mm um 6h p. m., min. 15,2 mm um 6h a. m.

Wolken: Gattung u. Betrag. Vormittags ni 10, um 10h a. m. cu ni 8—9, Nachmittags wie am Vormittage, nur um 2h p. m. zeigten sich 3 Wolkenschichten, die oberen weissen cu ohne Bewegung, darunter cu ni 6—7 von NW, noch tiefer cu ni 7—8 aus der Windrichtung aus E, später mehr und mehr Wolken aus NW; im S starkes Wetterleuchten.

Richtung. Sonst mit dem Winde ziehend, nur um 2h p. m. zogen die mittleren Wolken aus NW bei N85°E-Wind.

Niederschl.: Fast immer Regen, mit kurzer Unterbrechung um 10h a. m.

Zustand d. See: Temp. Mittel 21,2°; max. 22,4° um 6h p. m., min. 19,6° um 2h a. m.

Spezif. Gewicht. Mittel 1,02730; max. 1,0276, min. 1,0269.

Allg. Bemerk.: SW-Dünung verlaufend um 2h a. m.

Ozongehalt 8—9; Regen 5,5 mm; Verdunstung 5,5 mm.

a. m. Bezogen. Regen.

p. m. See aus SE.

1875, den 21. April.

Postion: 29° 6,2'—27° 26,2' S-Br., 111° 39,3'—112° 15,9' O-Lg.
Schiffsbew.: Kurs. Anfangs N346°E, dann N65°E; um 10^h a. m. gelothet. Nachmittags N8°E.
Fahrt. Vormittags anfangs 1,0, dann 7,0; Nachmittags anfangs 10,7, um 10^h p. m. nur noch 6,7.
Wind: Richtung. Mittel N266°E; anfangs noch N65°E, dann von 6^h a. m. ab über N357°E nach N267°E, zuletzt N222°E.
Stärke. Mittel 3,7; frischte bedeutend auf von 2 bis zur Stärke von 7 um 10^h a. m., flaute dann ab bis zu 6.
Barom.: Mittel 759,53 mm; fiel von 758,75 mm um 2^h a. m. bis zum min. 758,35 mm um 10^h a. m., stieg wieder bis zum max. 762,55 mm um 10^h p. m.
Temp. d. Luft: Mittel 21,4°; max. 22,0° um 6^h a. m., min. 20,6° um 6^h p. m.
Spannkr. d. Dünste: Mittel 14,7 mm; max. 16,7 mm um 2^h a. m., min. 12,9 mm um 10^h p. m.
Wolken: Gattung u. Betrag. Anfangs leichte cu 4—5 aus N, sonst schön; Nachmittags mehr bezogen, um 2^h lebhaft ziehende cu, darunter anfangs eine Schicht aus Lee ziehend, oft fast ganz klar; von 6^h p. m. ab cu ni 7—10.
Richtung. Sonst aus der Windrichtung, jedoch um 2^h p. m. zog die obere Schicht aus ENE bei westlichem Winde.
Niederschl.: Wenig Regen um 2^h p. m.
Zustand d. See: Temp. Mittel 22,5°; max. 23,7° um 10^h p. m., min. 21,6° um 2^h p. m.
Spezif. Gewicht. Mittel 1,02710; max. 1,0273, min. 1,0269.
Allg. Bemerk.: Ozongehalt 9—10; Regen und Verdunstung (?) Um 10^h p. m. hohe kurze SW-Dünung und See. Abends Mondregenbogen.
a. m. Anfangs cu ni aus N. Wind ging langsam flau werdend nach N357°E, gegen 3^h N355°E 3—4; leichte cu von N, sonst schön, Wind ging N267°E.

1875, den 22. April.

Position: 27° 3,3'—25° 43,8' S-Br., 112° 17,9'—112 32,5' O-Lg.
Schiffsbew.: Kurs. N357°E bis 10^h a. m., dann N8°E bis 6^h p. m.; back gebrasst; um 10^h N222°E.
Fahrt. Bis 10^h a. m. 5—6,6; 8,4—9 bis 6^h p. m., um 10^h p. m. 2—5.
Wind: Richtung. Mittel N172°E; bis 10^h N222°E, dann N132°E.
Stärke. Mittel 5,5; meist 5—6, von 6^h p. m. ab frischer werdend 7—8.
Barom.: Mittel 764,78 mm; 2 max. 767,00 mm um 10^h a. m. und 766,15 mm um 10^h p. m., 2 min. 762,40 mm 2^h a. m. und 763,90 mm um 6^h p. m.
Temp. d. Luft: Mittel 21,7°; max. 22,6° um 2^h p. m., min. 20,4° um 2^h a. m.
Spannkr. d. Dünste: Mittel 12,6 mm; max. 14,8 mm um 6^h p. m., min. 11,0 mm um 6^h a. m.
Wolken: Gattung u. Betrag. Vormittags cu ni 3—5, Nachmittags cu und cu ni 2—5, Horizont besetzt, oberer Himmel oft klar.
Richtung. Lebhaft ziehend aus der Windrichtung.
Niederschl.: Von 10^h a. m. bis 8^h p. m. von Zeit zu Zeit leichte Regenböen.
Zustand d. See: Temp. Mittel 23,6°; max. 24,1° um 6^h p. m., min. 23,1° um 2^h a. m.
Spezif. Gewicht. Mittel 1,02687; max. 1,0271, min. 1,0268.
Allg. Bemerk.: Ozongehalt 7—8; Verdunstung 5,7 mm (?)
a. m. Wie am Abend vorher. Böen mit leichtem Regen. Wind ging südlicher und östlicher.

1875, den 23. April.

Position: 25° 46,2'—25° 19,7' S-Br., 112° 25,3'—112° 41,7' O-Lg.
Schiffsbew.: Kurs. N189°E; um 10^h p. m. N324°E.
Fahrt. Anfangs 1—2, um 10^h a. m. 5,5, um 10^h p. m. 8,0.
Wind: Richtung. Mittel N134°E; ziemlich veränderlich zwischen N111°E und N156°E.
Stärke. Mittel 5,6; anfangs um 2^h a. m. 7—8, dann nach und nach abflauend bis zu 3—4, aber um 10^h p. m. wieder lebhaft auffrischend bis zu 7—8.
Barom.: Mittel 765,42 mm; 2 max. 767,15 mm um 10^h a. m. und 765,70 mm um 10^h p. m., 2 min. 765,40 mm um 2^h a. m. und 764,40 mm um 6^h p. m.
Temp. d. Luft: Mittel 21,9°; max. 22,8° um 2^h a. m., min. 21,5° um 6^h a. m.
Spannkr. d. Dünste: Mittel 13,1 mm; max. 17,5 mm um 6^h a. m., min. 9,6 mm um 2^h p. m.
Wolken: Gattung u. Betrag. Schön und klar; anfangs cu 4—5 aus der Windrichtung, um 6^h a. m. cu 2, 10^h a. m. str. 1 am Horizont; Nachmittags fast immer ganz klar, nur 6^h p. m. ci 1.
Richtung. Mit dem Winde ziehend.
Niederschl.: —
Zustand d. See: Temp. Mittel 23,9°; max. 24,6° um 2^h a. m., min. 23,1° um 10^h a. m.
Spezif. Gewicht. Mittel 1,02680; max. 1,0270, min. 1,0265.
Allg. Bemerk.: Schön und klar. Ozongehalt 7—8.

1875, den 24. April.

Position: 24° 47,4'—22° 7,1' S-Br., 112° 34,3'—112° 53,3' O-Lg.
Schiffsbew.: Kurs. Vormittags N358°E, Nachmittags weiter östlich N18°E, um 10^h p. m. N32°E.
Fahrt. Vormittags 9—10, Nachmittags 8,7, um 10^h p. m. nur 7.
Wind: Richtung. Mittel N154°E; fast immer N156°E, nur um 6^h a. m. N144°E und um 10^h p. m. N178°E.
Stärke. Mittel 7,1; Vormittags gleichmässig 7—8; Nachmittags anfangs auch 7—8, um 6^h p. m. etwas abflauend 6—7, aber um 10^h p. m. wieder auffrischend 8—9.
Barom.: Mittel 764,64 mm; stieg von 766,30 mm bis zum max. 766,95 mm um 6^h a. m., und fiel dann bis zum min. 763,10 mm
Temp. d. Luft: Mittel 23,9°; max. 25,7° um 10^h p. m., min. 22,2° um 2^h a. m.
Spannkr. d. Dünste: Mittel 13,8 mm; max. 14,9 mm um 6^h a. m. und um 10^h p. m., min. 11,8 mm um 2^h p. m.
Wolken: Gattung u. Betrag. Völlig klar.
Richtung. —
Niederschl.: —
Zustand d. See: Temp. Mittel 25,0°; max. 25,6° um 10^h p. m., min. 24,6° um 2^h a. m. und um 2^h p. m.
Spezif. Gewicht. Mittel 1,02672; max. 1,0269, min. 1,0266.
Allg. Bemerk.: Ozongehalt 6—7.
Um 10^h a. m. südöstliche Dünung und See.

1875, den 25. April.

Position: 21° 45,5'—20° 32,7' S-Br., 113° 9,0'—114° 22,6' O-Lg.
Schiffsbew.: Kurs. N38°E—N46°E; Nachmittags von 2^h—6^h gelothet.
Fahrt. 5—6, jedoch um 10^h a. m. 8,8.
Wind: Richtung. Mittel N152°E; Vormittags N159°E, um 10^h a. m. N125°E, Nachmittags ging der Wind immer südlicher von N147°E—N170°E.
Stärke. Mittel 5,3; anfangs noch 8—9, flaute aber im Laufe des Tages allmählig ab bis 3—4.
Barom.: Mittel 763,35 mm; stieg rasch von 762,55 mm um 2^h a. m. bis zum max. 767,45 mm um 10^h a. m. und fiel eben so rasch bis zum min. 761,20 mm, stieg dann wieder ein wenig bis 763,26 mm um 10^h p. m.
Temp. d. Luft: Mittel 26,5°; max. 28,6° um 2^h p. m., min. 24,2° um 6^h a. m.
Spannkr. d. Dünste: Mittel 16,1 mm; max. 18,9 mm um 10^h p. m., min. 13,8 mm um 6^h a. m.
Wolken: Gattung u. Betrag. Sonst klar, nur um 6^h a. m. wurden str. 1 am Horizont gesehen.
Richtung. —
Niederschl.: Nachmittags um 2^h und um 6^h diesig.
Zustand d. See: Temp. Mittel 25,8°; max. 26,7° um 10^h p. m., min. 24,7° um 6^h a. m.

Spezif. Gewicht. Mittel 1,02645; max. 1,0266, min. 1,0263.
Allg. Bemerk.: Ozongehalt 7.
Um 2^h p. m. SE liche Dünung.
Klar am ganzen Tage.

1875, den 26. April.

Position: 20° 25,4'—20° 15,8' S-Br., 114° 44,3'—115° 41,9' O-Lg.
Schiffsbew.: Kurs. N68°E um 2^h a. m., N23°E und N45°E, Nachmittags N11°E, dann N146°E und um 10^h p. m. N79°E.
Fahrt. Früh Morgens und spät Abends 5—6, sonst 4—5; um 10^h p. m. unter Dampf.
Wind: Richtung. Mittel N99°E; Vormittags anfangs N158°E, dann östlicher über N135°E nach N113°E, Nachmittags N90°E, dann nördlicher N79°E nach N45°E.
Stärke. Mittel 3,9; anfangs um 2^h a. m. noch 5—6, flaute ganz ab bis gegen 9^h, frischte aber dann wieder auf 6—7, flaute dann gegen Abend wieder ab bis zu 3—4 um 10^h p. m.
Barom.: Mittel 761,54 mm; stieg von 759,85 mm um 2^h a. m. bis zum max. 764,60 mm um 2^h p. m., fiel dann rasch bis min. 759,30 mm um 6^h p. m. und stand um 10^h p. m. ein wenig höher.
Temp. d. Luft: Mittel 27,1°; max. 27,6° um 2^h a. m., min. 26,5° um 6^h a. m.
Spannkraft d. Dünste: Mittel 17,5 mm; max. 20,5 mm um 10^h a. m., min. 16,2 mm um 2^h a. m.
Wolken: Gattung u. Betrag. Vormittags ci 1, dann ci str. 0—1 am Horizont, sonst klar, Nachmittags völlig klar.
Richtung. —
Niederschl.: Von 10^h a. m. ab bis 6^h p. m. diesig.
Zustand d. See: Temp. Mittel 26,2°; max. 26,6° um 10^h a. m., min. 25,9° um 2^h p. m.
Spezif. Gewicht. Mittel 1,02653; max. 1,0268, min. 1,0264.
Allg. Bemerk.: Ozongehalt 5—6
Um 10^h a. m. Wasserfarbe grünlich.
a. m. Gegen Morgen ganz abflauend bis gegen 9^h.
p. m. Abends abflauend.

1875, den 27. April.

Position: 20° 11,1'—20° 37,0' S-Br., 116° 2,0'—116° 38,8' O-Lg.
Schiffsbew.: Kurs N79°E, von 10^h a. m. ab N124°E, um 6^h p. m. zu Anker (Mermaid Strait).
Fahrt. Unter Dampf um 2^h a. m. und 2^h p. m. 5, von 6^h bis 10^h a. m. nur 2—3.
Wind: Richtung. Mittel N85°E; anfangs um 2^h a. m. N68°E, dann bis gegen 6^h p. m. beständig N90°E, Abends durch N68°E nach N45°E.
Stärke. Mittel 4,3; anfangs 3, dann um 6^h a. m. auffrischend bis zu 6—8 als N90°E, Abends abflauend und zuletzt um 10 ^{h}p. m. still.
Barom.: Mittel 761,20 mm; 2 max. 762,00 mm um 10^h a. m. und 761,90 mm um 10^h p. m., 2 min. 760,35 mm um 6^h a. m. und 760,80 mm um 6^h p. m.
Temp. d. Luft: Mittel 26,0°; max. 27,1° um 2^h a. m., min. 24,7° um 10^h a. m.
Spannkr. d. Dünste: Mittel 16,1 mm; max. 18,9 mm um 2^h a. m., min. 10,5 mm um 2^h p. m.
Wolken: Gattung und Betrag. Vormittags klar, nur ci 1—2 am Horizont, Nachmittags etwas mehr bewölkt ci 2—3, dann cu str. 4 und um 10^h p. m. noch cu ci 3.
Richtung. Aus E.
Niederschl.: —
Zustand d. See: Temp. Mittel 25,8°; max. 26,4° um 2^h a. m., min. 25,3 mm um 10^h p. m.
Spezif. Gewicht. Mittel 1,02663; max. 1,0271, min. 1,0263.
Allg. Bemerk.: Ozongehalt 6.
Vormittags Wind auffrischend, kurze See aus E.
Gegen Abend Wetterleuchten im W bei stillem Winde.

1875, den 28. April.

Position: 20° 37,0' S-Br., 116° 38,8' O-Lg. I. Ankerplatz Mermaid Strait.
Schiffsbew.; Kurs. —
Fahrt. —
Wind: Richtung. Mittel N79°E; Vormittags beständig N90°E, Nachmittags N45°E, N23°E, dann still.
Stärke. Mittel 1,6; Vormittags etwas auffrischend 2—4, Nachmittags wieder abflauend.
Barom.: Mittel 761,68 mm; 2 max. 762,35 mm um 6^h a. m. und 762,40 mm um 10^h p. m., 2 min. 761,70 mm um 2^h a. m. und 760,40 mm um 2^h p. m.
Temp. d. Luft: Mittel 25,5°; max. 27,8° um 2^h p. m., min. 23,0° um 6^h a. m.
Spannkr. d. Dünste: Mittel 10,5 mm; max. 15,2 mm um 10^h p. m., min. 8,1 mm um 10^h a. m.
Wolken: Gattung u. Betrag. Vormittags meist klar, nur str. ci 2—3 abnehmend bis ci 1 am Horizont; Nachmittags anfangs ci 2—3 am Horizont, dann nahm die Bewölkung zu cu str. 6—7, zuletzt cu 7—8.
Richtung. Aus E.
Niederschl.: —
Zustand d. See: Temp. Mittel 25,1°; max. 25,6° um 2^h p. m., min. 24,6° um 6^h a. m.
Spezif. Gewicht. Mittel 1,02702; max. 1,0274, min. 1,0263.
Allg. Bemerk.: Ozongehalt 6.

1875, den 29. April.

Position: I. Ankerplatz in Mermaid Strait unter 20° 37' S-Br., 116° 38,8' O-Lg.
Schiffsbew.: Kurs. —
Fahrt. —
Wind: Richtung. Mittel N97°E; anfangs still, dann über N90°E nach N113°E, Nachmittags N68°E, dann still.
Stärke. Mittel 1,2; still bis gegen 9^h a. m., dann auffrischend bis zu 5 um 10^h a. m. und ebenso schnell abflauend bis zu 2—3 um 2^h p. m., später ganz still.
Barom.: Mittel 761,93 mm; 2 max. 762,45 mm um 10^h a. m. und 762,70 mm um 10^h p. m., 2 min. 762,25 mm um 6^h a. m. und 760,55 mm um 2^h p. m.
Temp. d. Luft: Mittel 26,2°; max. 30,4° um 2^h p. m., min. 22,3° um 6^h a. m.
Spannkr. d. Dünste: Mittel 12,9 mm; max. 16,4 mm um 6^h p. m., min. 10,6 mm um 10^h a. m.
Wolken: Gattung u. Betrag. Himmel fast klar, nur Vormittags ci str. 2—3, kurz vor Mittag nur str. 1, beide am Horizont; Nachmittags anfangs cu ci 2—3 aus E ziehend, dann völlig klar.
Richtung. Nachmittags aus E.
Niederschl.: Abends um 10^h Thau.
Zustand d. See: Temp. Mittel 24,9°; max. 25,3° um 6^h p. m., min. 24,3° um 6^h a. m.
Spezif. Gewicht. Mittel 1,02712; max. 1,0273, min. 1,0263.
Allg. Bemerk.: Ozongehalt 5—6. Verdunstung 10,0 mm (?)

1875, den 30. April.

Position: I. Ankerplatz Mermaid Strait 20° 37' S-Br., 116° 38,8' O-Lg. bis 6^h p. m.
II. Ankerplatz 20° 30,6' S-Br., 116° 39,7' O-Lg. um 10^h p. m.
Schiffsbew.: Kurs. —
Fahrt. —
Wind: Richtung. Mittel N67°E; anfangs ganz still, erst um 5^h a. m. kam der N90°E-Wind auf von der Stärke 1, frischte dann auf bis zu 4 um 8^h a. m. und drehte sich dann weiter nach N, gegen Abend war der Wind N45°E und N34°E.
Stärke. Mittel 2,8; anfangs still, frischte dann auf bis zu 5 um 10^h a. m., flaute wieder ab bis zu 2 um 2^h p. m. und wurde Abends etwas stärker 3—4.
Barom.: Mittel 761,80 mm; 2 max. 763,15 um 10^h a. m. und 761,70 mm um 10^h p. m., 2 min. 761,80 mm um 2^h a. m. und 760,70 mm um 2^h p. m.
Temp. d. Luft: Mittel 26,0°; max. 28,2° um 2^h p. m., min. 23,1° um 2^h a. m.
Spannkr. d. Dünste: Mittel 14,4 mm; max. 19,9 mm um 10^h p. m., min. 10,9 mm um 10^h a. m.

Wolken: Gattung u. Betrag. Völlig klar.
Richtung. —
Niederschl.: Um 2h a. m. Thau.
Zustand d. See: Temp. Mittel 25,0°; max. 25,6° um 10h p. m. min. 24,5° um 6h a. m.
Spezif. Gewicht. Mittel 1,02713; max. 1,0272, min. 1,0270.
Allg. Bemerk.: Ozongehalt 6—7. Verdunstung 9,3 mm.
a. m. Wind 5h—6h N90°E 1, 6h—7h N90°E 2—3, 7h—8h N90°E 3—4.

1875, den 1. Mai.

Position: 20° 30,6′ S-Br., 116° 39,7′ O-Lg. bis Mittag vor Anker. 19° 47,9′ S-Br., 116° 46,8′ O-Lg. um 10h p. m.
Schiffsbew.: Kurs. Von 2h p. m. unter Segel. Anfangs N353°E, dann N337°E und um 10h p. m. N106°E.
Fahrt. Bis 10h p. m. 5,6, dann um 10h 2,8.
Wind: Richtung. Mittel N64°E; um 6h a. m. kam N67°E auf und ging Nachmittags über nach N44°E.
Stärke. Mittel 2,9; anfangs ganz still, frischte der Wind immer mehr auf bis zu 6 um Mittag und flaute Nachmittags wieder ab bis zu 1 um 10h p. m. Abends zuweilen leichte Böen.
Barom.: Mittel 761,99 mm; 2 max. 763,40 mm um 10h a. m. und 763,25 mm um 6h p. m., 2 min. 761,30 mm um 2h a. m. und 761,05 mm um 2h p. m.
Temp. d. Luft: Mittel 26,0°; max. 27,1° um 2h p. m., min. 25,4° um 6h a. m.
Spannkr. d. Dünste: Mittel 18,0 mm; max. 19,2 mm um 6h p. m., min. 16,2 mm um 10h a. m.
Wolken: Gattung u. Betrag. Anfangs klar, gegen 6h a. m. fing es an, sich mehr zu beziehen, erst mit cu str. 2—3, dann mit cu ni 7—8, Nachmittags zeigten sich cu str. 5—7.
Richtung. Meist mit dem Winde ziehend.
Niederschl.: —
Zustand d. See: Temp. Mittel 25,9°; max. 26,3° um 2h p. m., min. 25,6° um 6h a. m.
Spezif. Gewicht. Mittel 1,02692; max. 1,0272, min. 1,0267.
Allg. Bemerk.: Ozongehalt 5—6.
Nachmittags leichte See aus NE, gegen 6h p. m. fing das Wasser an blau zu werden. Die Wolken zogen unmerklich. Südlicher Himmel stark besetzt, zuweilen leichte Bewegung einzelner Wolken aus Lee.

1875, den 2. Mai.

Position: 19° 52,4′—19° 7,9′ S-Br., 116° 51,8′—116° 46,0′ O-Lg.
Schiffsbew.: Kurs. Anfangs N113°E, dann mehr nördlich N23°E und N11°E, von 6h p. m. ab N354°E und zuletzt N338°E.
Fahrt. Im Allgemeinen 1—2, nur von 2h p. m. bis 6h p. m. 5.
Wind: Richtung. Mittel N71°E; anfangs N56°E, gegen 4h nach einer Stille von 1/2 Stunde nach N135°E und dann über N90°E Nachmittags nach N68°E und N45°E.
Stärke. Mittel 1,5; meist 1—2, nur von 2h—6h p. m. 2—4.
Barom.: Mittel 761,97 mm; max. 763,60 mm um 2h p. m., min. 761,10 mm um 10h p. m.
Temp. d. Luft: Mittel 26,7°; max. 27,6° um 10h a. m., min. 26,0° um 6h a. m.
Spannkr. d. Dünste: Mittel 18,0 mm; max. 19,8 mm um 6h a. m., min. 16,4 mm um 10h p. m.
Wolken: Gattung u. Betrag. Sonst cu str. 7—8, jedoch um 6h p. m. klarte es auf bis cu str. 3—4 und um 10h p. m. zeigten sich nur zuweilen cu str. 1 am Horizont.
Richtung. Mit dem Winde ziehend.
Niederschl.: Um 3h p. m. eine leichte Regenböe.
Zustand d. See: Temp. Mittel 26,3°; max. 26,6° um 2h p. m., min. 26,1° um 10h p. m.
Spezif. Gewicht. Mittel 1,02668; max. 1,0268, min. 1,0265.
Allg. Bemerk.: Vor Sonnenaufgang und nach Sonnenuntergang schwaches Meeresleuchten in kleinen Punkten.
Gegen 4h a. m. ging der Wind, nach vorhergangener Stille von 1/2 Stunde, auf N135°E, 6h—8h a. m. fast still.
Ozongehalt 6—7.
2h p. m. Wasserfarbe blau, ruhiges Wasser, leichte Böen.

1875, den 3. Mai.

Position: 19° 4,7′—18° 16,6′ S-Br., 116° 42,0′—116° 41,8′ O-Lg.
Schiffsbew.: Kurs. Vormittags N347°E, N350°E, N37°E, Nachmittags N12°E.
Fahrt. Vormittags 1,0 bis 10h, dann 6, Nachmittags anfangs 7,0, von 4h ab 5—4.
Wind: Richtung. Mittel N79°E; Vormittags N46°E über N69°E nach N114°E, Nachmittags N69°E, um 10h N80°E.
Stärke. Mittel 2,4; Vormittags anfangs schwach, fast still 0—1, von 10h a. m. ab aber 3—4.
Barom.: Mittel 762,19 mm; 2 max. 762,40 mm um 10h a. m. und 764,25 mm um 10h p. m., 2 min. 761,35 mm um 2h a. m. und 761,10 mm um 2h p. m.
Temp. d. Luft: Mittel 26,4°; max. 72,2° um 2h p. m., min. 25,4° um 6h a. m.
Spannkr. d. Dünste: Mittel 16,5 mm; max. 17,3 mm um 10h p. m., min. 16,1 mm um 2h a. m.
Wolken: Gattung u. Betrag. Vormittags klar, nur einige str. 0—1 im NE; Nachmittags anfangs ci 1, dann cu str. 1—2, um 10h ganz klar.
Richtung. Aus NE.
Niederschl.: —
Zustand d. See: Temp. Mittel 26,3°; max. 26,7° um 10h a. m., 25,9° um 6h p. m.
Spezif. Gewicht. Mittel 1,02660; max. 1,0268, min. 1,0265.
Allg. Bemerk.: Ozongehalt 7—8.
Wind frischte gegen 10h a. m. auf, 3—4, vorher schwach 0—1. See ruhig. Abends schwaches Meeresleuchten.

1875, den 4. Mai.

Position: 17° 59,8′—17° 6,2′ S-Br., 116° 39,9′—116° 57,7′ O-Lg.
Schiffsbew.: Kurs. Vormittags anfangs fast N2°E, um 10h N24°E, Nachmittags beigedreht, von 6h an N24°E, dann N39°E.
Fahrt. Vormittags 3—4, aber 1,5 um 6h a. m, Nachmittags 5.
Wind: Richtung. Mittel N97°E, Vormittags N58°E, dann N103°E, Nachmittags N69°E.
Stärke. Mittel 2,5; Vormittags anfangs 1—2, frischte gegen 10h a. m. auf bis zu 3 und wurde Nachmittags noch stärker bis zu 4.
Barom.: Mittel 762,48 mm; 2 max. 763,60 mm um 10h a. m. und 763,55 mm um 10h p. m., 2 min. 761,30 mm um 6h a. m. und 761,30 mm um 6h p. m.
Temp. d. Luft: Mittel 26,6°; max. 27,4° um 10h a. m., min. 25,5° um 6h a. m.
Spannkr. d. Dünste: Mittel 17,9 mm; max. 21,6 mm um 6h a. m., min. 15,5 mm um 2h p. m.
Wolken: Gattung u. Betrag. Vormittags sonst ganz klar, nur str. 1—2 rings am Horizont, Nachmittags klar, jedoch um 6h p. m. str. 0—1 am W-Horizont und um 10h cu 0—1 am SW-Horizont.
Richtung. —
Niederschl.: —
Zustand d. See: Temp. Mittel 26,5°; max. 26,7° um 10h a. m., min. 26,2° um 6h a. m.
Spezif. Gewicht. Mittel 1,02675; max. 1,0269, min. 1,0266.
Allg. Bemerk.: Ozongehalt 8—9.
Nachmittags 2h leichte Dünung aus ENE.

1875, den 5. Mai.

Position: 16° 54,0′—16° 2,7′ S-Br., 117° 6,0′—117° 37,1′ O-Lg.
Schiffsbew.: Kurs. Vormittags N46°E, um 10h a. m. N24°E; Nachmittags N35°E, jedoch um 6h beigedreht.
Fahrt. Vormittags 3—4; Nachmittags 4—5,5.
Wind: Richtung. Mittel N105°E; N114°E, von 10h a. m. ab N103°E.
Stärke. Mittel 3,6; stets 3—4.
Barom.: Mittel 761,93 mm; 2 max. 762,90 mm um 10h a. m. und 763,45 mm um 10h p. m., 2 min. 761,1 mm um 6h a. m. 760,4 mm um 6h p. m.
Temp. d. Luft: Mittel 27,2°; max. 28,0° um 10h a. m., min. 26,4° um 2h a. m.

Spannkr. d. Dünste: Mittel 16,6 mm; max. 17,9 mm um 2h p. m., min. 15,2 mm um 6h p. m.
Wolken: Gattung u. Betrag. Vormittags sonst ganz klar, jedoch von 6h ab str. 3 am E-Horizont; Nachmittags ebenfalls klar, aber um 2h cu 1—2 am E-Horizont und um 6h str. ci 1—2 am W-Horizont, um 10h wieder ganz klar.
Richtung. —
Niederschl.: —
Zustand d. See: Temp. Mittel 26,7°; max. 27,1° um 2h p. m., min. 26,4° um 2h a. m.
Spezif. Gewicht. Mittel 1,02658; max. 1,0267, min. 1,0265
Allg. Bemerk.: Mit Sonnenaufgang leichte str.
Ozongehalt 6—7.
Nachmittag cu 1—2 am E-Horizont und dann str. ci am W-Horizont, Abends jedoch ganz klar.
See ruhig, Farbe dunkelblau.

1875, den 6. Mai.

Position: 15° 47,0′—14° 23,7′ S-Br., 117° 46,0′—118° 16,3′ O-Lg.
Schiffsbew.: Kurs. Sonst stets N32°E, jedoch um Mittag von 10h a. m. bis 2h p. m. N21°E.
Fahrt. 4—5. Unter Segel.
Wind: Richtung. Mittel N96°E; N102°E, jedoch um 10h a. m. und 2h p. m. N91°E.
Stärke. Mittel 3,7; Vormittags 4—5; Nachmittags 3—4.
Barom.: Mittel 762,01 mm; max. 763,45 mm um 2h a. m., fiel dann bis zum min. 761,00 mm um 2h p. m., erhob sich dann ein wenig bis zu 761,25 mm um 10h p. m.
Temp. d. Luft: Mittel 27,4°; max. 28,2° um 10h a. m., min. 26,7° um 6h a. m.
Spannkr. d. Dünste: Mittel 17,0 mm; max. 18,0 mm um 10h a. m., min. 16,3 mm um 2h p. m.
Wolken: Gattung u. Betrag. Sonst klar, jedoch von 6h a. m. bis 2h p. m. ci str., theils am Horizont, theils in der Windrichtung; 6h p. m. cu str. 3—4, und 10h p. m. cu ci 1—2.
Richtung. Mit dem Winde ziehend.
Niederschl.: —
Zustand d. See: Temp. Mittel 26,7°; max. 26,9° um 10h a. m., min. 26,6° um 2h a. m. und um 6h p. m.
Spezif. Gewicht. Mittel 1,02658; max. 1,0267, min. 1,0265.
Allg. Bemerk.: Früh Sternschnuppen am NNE-Himmel, in der Stunde 12—15. Vormittags leichte Wolken am Horizont und in der Windrichtung.
Ozongehalt 8; Verdunstung 6,3 mm.
Nachmittags Horizont leicht mit str. besetzt, hoch am Himmel langsam ziehende ci, darunter schneller ziehende cu, beide von E nach W.

1875, den 7. Mai.

Position: 14° 4,8′—13° 1,6′ S-Br., 118° 19,5′—118° 44,4′ O-Lg.
Schiffsbew.: Kurs. N10°E, von 10h a. m. ab N36°E; zweimal gelothet um 2h p. m. und um 10h p. m.
Fahrt. 4,4—6,0.
Wind: Richtung. Mittel N100°E; N81°E, von 10h a. m. ab N115°E.
Stärke. Mittel 3,5; Vormittags 3—4, Nachmittags anfangs 2—3, dann auffrischend 4—5.
Barom.: Mittel 761,99 mm; 2 max. 763,40 mm um 10h a. m. und 762,35 mm um 10h p. m., 2 min. 761,10 mm um 2h a. m. und 760,12 mm um 2h p. m.
Temp. d. Luft: Mittel 27,4°; max. 28,4° um 2h p. m., min. 26,4° um 6h a. m.
Spannkr. d. Dünste: Mittel 16,6 mm; max. 18,1 mm um 6h p. m., min. 15,7 mm um 6h a. m.
Wolken: Gattung u. Betrag. Anfangs fast klar, nur leichte cu str. 1—2 am Horizont, um 6h stärker bewölkt, cu str. 5—7, dann etwas aufklarend cu str. 3—4, jedoch um 6h p. m. mehr bezogen cu ni 7—8, aber um 10h p. m. nur cu 2—3.
Richtung. Mit dem Winde ziehend.
Niederschl.: —
Zustand d. See: Temp. Mittel 27,0°; max. 27,5° um 2h p. m., min. 26,4° um 10h p. m.
Spezif. Gewicht. Mittel 1,02650; max. 1,0266, min. 1,0264.
Allg. Bemerk.: Mit Sonnenaufgang leicht bezogen.
Ozongehalt 8—9; Verdunstung 6,7 mm.
Um 10h a. m. schwache Dünung aus SW.
p. m. Zwischen 5h und 7h mehr bezogen, Wind auffrischend. Abends schwaches Meeresleuchten.

1875, den 8. Mai.

Position: 13° 13,7′—12° 11,0′ S-Br., 118° 47,5′—119° 3,9′ O-Lg.
Schiffsbew.: Kurs. Vormittags N160°E; dann N25°E, Nachmittags anfangs gelothet, dann N10°E.
Fahrt. 3,5—5,0.
Wind: Richtung. Mittel N85°E; Vormittags fast immer N92°E, Nachmittags N92°E, dann von 6h ab N70°E.
Stärke. Mittel 4,1; beständig 4—5, nur um 6h a. m. als N103°E 3—4.
Barom.: Mittel 760,57 mm; 2 max. 762,90 mm um 10h a. m. und 761,30 mm um 10h p. m., 2 min. 759,30 mm um 2h a. m. und 759,25 mm um 2h p. m.
Temp. d. Luft: Mittel 27,1°; max. 27,6° um 2h p. m., min. 26,7° um 10h p. m.
Spannkr. d. Dünste: Mittel 17,1 mm; max. 18,1 mm um 2h p. m., min. 13,1 mm um 6h a. m.
Wolken: Gattung u. Betrag. Vormittags fast klar, nur leichte cu ci 2—4, gegen Mittag mehr aufklarend cu 1—2, Nachmittags mehr bezogen um 6h cu str. 5—6, um 10h wieder ganz klar.
Richtung. Mit dem Winde ziehend.
Niederschl.: Um 10h p. m. diesig.
Zustand d. See: Temp. Mittel 26,8°; max. 27,1° um 6h a. m., min. 26,6° um 6h p. m.
Spezif. Gewicht. Mittel 1,02600; max. 1,0265, min. 1,0255.
Allg. Bemerk.: Vormittags leichte Wolken aus der Windrichtung meistens nur 2—3, zuweilen, aber nur ganz kurze Zeit, 4—5.
Ozongehalt 7—8; Verdunstung 9,0 mm.
Um 10h a. m. leichte SW-Dünung, Seegang ganz unbedeutend. Abends schwaches Meeresleuchten nach dem Untergange des Mondes.

1875, den 9. Mai.

Position: 11° 58,8′ — 11° 24,0′ S-Br., 119° 3,0′—119° 39,2′ O-Lg.
Schiffsbew.: Kurs. Vormittags fast immer N2°E, bald etwas westlich, bald ein wenig östlich; Nachmittags N78°E.
Fahrt. Vormittags zunehmend von 2,5—4,2; Nachmittags abnehmend von 5,5—4,6.
Wind: Richtung. Mittel N70°E; stets N70°E.
Stärke. Mittel 2,1; Vormittags etwas auffrischend von 2 bis 3; Nachmittags wieder abflauend von 2 bis 1.
Barom.: Mittel 759,84 mm; 2 max. 761,00 mm um 10h a. m., 760,70 mm um 10h p. m., 2 min. 759,29 mm um 6h a. m., 758,90 mm um 6h p. m.
Temp. d. Luft: Mittel 27,3°; max. 28,3° um 10h a. m., min. 26,4° um 2h . m.
Spannkr. d. Dünste: Mittel 19,7 mm; max. 20,1 mm um 6h a. m., min. 18,8 mm um 2h p. m.
Wolken: Gattung u. Betrag. Himmel sonst klar, Wetter schön, cu und str. 1—2, jedoch um 6h a. m. cu 7.
Richtung. Theils am Horizont, theils aus der Windrichtung ziehend.
Niederschl.: —
Zustand d. See: Temp. Mittel 27,1°; max. 27,4° um 6h p. m., min. 26,6° um 2h a. m.
Spezif. Gewicht. Mittel 1,02570; max. 1,0258, min. 1,0255.
Allg. Bemerk.: Um 6h 40′ a. m. wurden ungefähr in dem Augenblicke, als zwei in entgegengesetzter Richtung ziehende Wolken zusammentrafen, zwei Wasserhosen in einer Entfernung von 2 Seemeilen bemerkt. Beide waren aufsteigende Luftströme, deren Dünste nur in der oberen

Hälfte bis zur Sichtbarkeit verdichtet waren. Bei einer geschätzten Höhe von 500 m mag der Durchmesser 5—6 m gewesen sein. Die fortschreitende Bewegung war von E nach W, die drehende rechts. Unter beiden aus den Wolken hängenden Schläuchen bemerkte man ca. 30 m grosse Kreise stark wirbelnden Wassers, das, zum Theil 2—3 m emporgerissen, dann wahrscheinlich durch Centrifugalkraft aus dem Bereiche des Wirbels gekommen, in weitem Bogen zurückfiel. Die fortschreitende Bewegung war ca. 7 Seemeilen p. h., die aufsteigende (das Drehen war im sichtbaren Theile des Schlauches nur sehr schwach) etwa 4—5 m in der Sekunde. Das Wetter war ruhig, die See durch eine lange SW-Dünung bewegt. Die betheiligten Wolken waren cumuli von keiner besonders grossen Dichtigkeit. Das Quecksilberbarometer zeigte keine Veränderung. Die Erscheinung dauerte etwa 30 Minuten. — Wetter schön.

Ozongehalt 6—7; Verdunstung 9,2 mm.
Nachmittags See glatt, Dünung lang aus SW.
Abends ganz schwaches Meeresleuchten in kleinen Punkten.

1875, den 10. Mai.

Position: 11° 21,1'—10° 57,4' S-Br., 119° 54,4'—120° 37,9' O-Lg.
Schiffsbew.: Kurs. Vormittags N76°E, dann gelothet: Nachmittags N67°E, Dampf und Segel.
Fahrt 5—4,5.
Wind: Richtung. Mittel N99°E: fast N93°E, um 6h p. m. etwas südlich N104°E, zuletzt um 10h N116° E.
Stärke. Mittel 1,7; Anfangs fast still 0—1, von 6h a. m. ab auffrischend bis zu 2.
Barom.: Mittel 759,76 mm; 2 max. 760,25 mm um 6h a. m. und 759,95 mm um 10h p. m., 2 min. 759,10 um 2h a. m. und 758,90 mm um 2h p. m.
Temp. d. Luft: Mittel 27,3°; max. 27,9° um 2h p. m., min. 26,5° um 6h a. m.
Spannkr. d. Dünste: Mittel 20,1 mm; max. 20,7 mm um 10h p. m., min. 19,3 mm um 2h p. m.
Wolken: Gattung u. Betrag. Himmel meist klar, cu ci, Abends cu str., beide 1—3, jedoch um 6h a. m. cu 5—6 aus der Windrichtung.
Richtung. Mit dem Winde ziehend, um 2h a. m. und um 2h p. m. am Horizont.
Niederschl.: —
Zustand d. See: Temp. Mittel 27,0; max. 27,4° um 2h p. m, min. 26,2° um 6h a. m.
Spezif. Gewicht. Mittel 1,02543; max. 1,0257, min. 1,0249.
Allg. Bemerk.: Himmel meist klar, nur leichte Wolken am Horizont, theils aus der Windrichtung 1—3, jedoch etwas mehr bezogen bis zu 5—6 um 6h a. m. Wind anfangs schwach, frischte gegen 6h a. m. auf bis zu 2, und blieb so den Tag über.
Ozongehalt 7—8; Verdunstung 8,7 mm.
Dünung aus SSW: Wasser glatt, Farbe blau.
Abends Leuchten in kleinen Punkten und in Scheiben unter der Oberfläche.

1875, den 11. Mai.

Position: 10° 49,7'—10° 24,0' S-Br., 120° 49,8'—121° 30,0' O-Lg.
Schiffsbew.: Kurs. Vormittags N70°E, um 10h N138°E.; Nachmittags anfangs zu Anker, nachher um 10h N3°E.
Wind: Richtung. Mittel N95°E; fast immer N93°E, nur um 10h p. m. N104°E.
Stärke. Mittel 2,7; anfangs 2, um 10h etwas auffrischend bis zu 3—4 um 10h p. m.
Barom.: Mittel 759,91 mm; max. 760,95 mm um 10h a. m. und 759,90 mm um 10h p. m., 2 min. 760,35 mm um 2h a. m. und 758,45 mm um 2h p. m.
Temp. d. Luft: Mittel 27,3°; max. 28,6° um 2h p. m., min. 26,5° um 6h a. m.
Spannkr. d. Dünste: Mittel 20,1 mm; max. 20,7 mm um 2h p. m., min. 19,1 mm um 6h p. m.
Wolken: Gattung u. Betrag. Klar, nur Wolken am Horizont cu str. 2—3, jedoch um 6h a. m. cu 4—5 aus der Windrichtung.
Richtung. Sonst am Horizont, jedoch um 6h a. m. aus E.
Niederschl.: —.
Zustand d. See: Temp. Mittel 26,8°; max. 27,2° um 2h p. m., min. 26,2° um 6h a. m.
Spezif. Gewicht. Mittel 1,02558; max. 1,0257, min. 1,0254.
Allg. Bemerk.: a. m. klar, nur Wolken am Horizont, zur Zeit des Sonnenaufgangs leichte cu; jedoch um 6h a. m. cu 4—5 aus der Windrichtung. Wind beständig N93°E 2, Nachmittags frischer 3—4.
Ozongehalt 7—8; Verdunstung 6,9 mm.
See ruhig. Abends schwaches Meeresleuchten.

1875, den 12. Mai.

Position: 10° 8,9'—10° 0,6' S-Br., 121° 31,7'—122° 8,6 O-Lg.
Schiffsbew.: Kurs. Vormittags N58°E, um 10h N71°E.; Nachmittags gelothet, dann N93°E.
Fahrt. Vormittags (nur Segel) anfangs 5, dann von 6h an 2—3; Nachmittags (Dampf und Segel) 5—6.
Wind: Richtung. Mittel N135°E; Vormittags N116°E, dann N138°E, Nachmittags N161°E, dann N138°E.
Stärke. Mittel 2,0; anfangs 3, um 6h a. m. abflauend bis zu 0,5 um 2h p. m.; dann auffrischend bis zu 3 um 10h p. m.
Barom.: Mittel 759,73 mm; 2 max. 760,70 mm um 10h a. m. und 761,45 mm um 10h p. m.; 2 min. 758,90 mm um 2h a. m. und 758,75 mm um 6h p. m.
Temp. d. Luft: Mittel 26,9°; max. 28,8° um 2h p. m., min. 26,2° um 6h a. m.
Spannkr. d. Dünste: Mittel 18,4 mm; max. 19,9 mm um 2h a.m., min. 17,5 mm um 6h p. m.
Wolken: Gattung u. Betrag. Sonst klar und schön, jedoch cu 2—4 aus ESE bis gegen 8h a. m.; von 10h a. m. nur noch Wolken am Horizont cu 1—2.
Richtung. Bis gegen 10h a. m. aus ESE.
Niederschl.: —.
Zustand d. See: Temp. Mittel 27,2°; max. 28,1° um 2h p. m., min. 26,6° um 6h p. m.
Spezif. Gewicht. Mittel 1,02563; max. 1,0257, min. 1,0256.
Allg. Bemerk.: Klar und schön, leichte Wolken zur Zeit des Sonnenaufgangs. Vor 10h a. m. Wolken cu 2—4 aus ESE, nachher cu 1—2 am Horizont, um 2h p. m. ganz klar.
Ozongehalt 6—7; Verdunstung 7,8 mm.
See glatt.

1875, den 13. Mai.

Position: 9° 59,4'—9° 47,2' S-Br, 122° 25,1'—123° 19,7' O-Lg.
Schiffsbew.: Kurs. Vormittags N82°E, Nachmittags anfangs gelothet, dann N82°E.
Fahrt. Vormittags (unter Dampf und Segel) 4—5, Nachmittags (unter Segel) um 6h 6,5, dann 4.
Wind: Richtung. Mittel N125°E; N116°E, von 6h p. m. ab N138°E.
Stärke. Mittel 3,6; anfangs 2—3, jedoch gegen 10h a. m. mehr und mehr auffrischend bis 5 um 6h p. m., dann wieder etwas abflauend bis 4 um 10h p. m.
Barom.: Mittel 760,81 mm; 2 max. 762,25 mm um 10h a. m. und 761,45 mm um 10h p. m., 2 min. 760,20 mm um 6h a. m. und 759,40 mm um 2h p. m.
Temp. d. Luft: Mittel 27,1°; max. 27,6° um 2h p. m., min. 26,5° um 6h a. m.
Spannkr. der Dünste: Mittel 19,6 mm; max. 20,2 mm um 10h p. m., min. 18,6 mm um 2h a. m.
Wolken: Gattung u. Betrag. Anfangs ganz klar, von 6h bis Mittag cu 3—4, Nachmittags mehr aufklarend cu 1—2, um 10h str. 2—3.
Richtung. Mit dem Winde ziehend, jedoch um 6h p. m. nur am Horizont.
Niederschl.: Von 10h p. m. ab feuchte Luft.
Zustand d. See: Temp. Mittel 27,4°; max. 28,0° um 2h p. m., min. 26,7° um 6h a. m.
Spezif. Gewicht. Mittel 1,02518; max. 1,0256, min. 1,0250.

Allg. Bemerk.: Den Tag über meist klar cu 1—2, nur von 6^h—10^h a. m. cu 3—4 und 10^h p. m. str. 2—3. Wind war anfangs von der Stärke 2—3, frischte gegen 10^h a. m. mehr auf bis zu 5 um 6^h p. m.

Ozongehalt 5—6. Verdunstung 7,0 mm.

See ruhig um 2^h p. m.

Um 6^h p. m. kurze See aus der Windrichtung.

1875, den 14. Mai.

Position: 9° 46,8′—9° 58,6′ S-Br., 123° 22,6′—123° 27,0′ O-Lg. von 2^h a. m. bis 10^h a. m.

Rhede von Koepang um 2^h p. m.

Schiffsbew.: Kurs. Vormittags anfangs back gebrasst, dann N48°E und um 10^h a. m. N138°E, Nachmittags zu Anker.

Fahrt. 3,5—5 (unter Dampf).

Wind: Richtung. Mittel N120°E; Vormittags anfangs N127°E, von 10^h ab N116°E, Nachmittags um 2^h N104°E, dann still.

Stärke. Mittel 1,5; anfangs 2—3, von 10^h a. m. ab abflauend 1—2, von 6^h p. m. an ganz still.

Barom.: Mittel 760,50 mm; 2 max. 761,90 mm um 10^h a. m. und 761,20 mm um 10^h p. m., 2 min. 760,70 mm um 2^h a. m., 758,85 mm um 2^h p. m.

Temp. d. Luft: Mittel 27,7°; max. 31,5° um 2^h p. m., min. 26,0° um 10^h p. m.

Spannkr. d. Dünste: Mittel 18,5 mm; max. 21,4 mm um 2^h a. m. min. 15,7 mm um 2^h p. m.

Wolken: Gattung u. Betrag. Himmel fast klar, jedoch einige cu und cu str. 1—2 am Horizont, ausgenommen um 6^h a. m. ci cu 3 am Horizont, ganz klar um 10^h p. m.

Richtung. —

Niederschl.: Bis gegen 3^h a. m. feuchte Luft.

Zustand d. See: Temp. Mittel 27,1°; max. 27,5° um 2^h p. m., min. 26,4° um 2^h a. m.

Spezif. Gewicht. Mittel 1,02508; max. 1,0252, min. 1,0250.

Allg. Bemerk.: Früh schwaches Meeresleuchten nach Untergang des Mondes. Himmel klar und schön, einige cu str. 1—2 am Horizont, nur um 6^h cu ci 3 ebenfalls am Horizont. Wind bis 6^h a. m. 3, dann immer mehr abflauend, bis es endlich um 6^h p. m. ganz still wurde.

Ozongehalt 4—5. Verdunstung 6,5 mm.

Um 6^h p. m. über Land diesig.

Um 10^h p. m. ganz klar.

1875, den 15. Mai.

Position: Koepang.

Schiffsbew.: Kurs. —

Fahrt. —

Wind: Richtung. Mittel N101°E; anfangs still, gegen 8^h a. m. N26°E, gegen 10^h N273°E, dann N318°E, nach 12^h N116°E, Abends wieder still.

Stärke. Mittel 0,6; sonst 0—1, jedoch um 2^h p. m. 2—3.

Barom.: Mittel 759,96 mm; 2 max. 760,70 mm um 10^h a. m. und 760,20 mm um 10^h p. m., 2 min. 760,40 mm um 2^h a. m. und 758,65 mm um 2^h p. m.

Temp. d. Luft: Mittel 27,3°; max. 30,5° um 2^h p. m., min. 25,6° um 6^h a. m.

Spannkr. d. Dünste: Mittel 19,8 mm; max. 21,2 mm um 10^h a. m., min. 17,4 mm um 2^h p. m.

Wolken: Gattung u. Betrag. Anfangs klar, dann cu 1—2 am Horizont, aber 10^h p. m. cu ni 4.

Richtung. Sonst am Horizont, jedoch um 10^h p. m. aus SE.

Niederschl.: —

Zustand d. See: Temp. Mittel 27,0°; max. 27,3° um 2^h p. m., min. 26,6° um 2^h a. m.

Spezif. Gewicht. Mittel 1,02502; max. 1,0252, min. 1,0249.

Allg. Bemerk.: Himmel anfangs ganz klar, dann den Tag über klar, nur einige cu 1—2 am Horizont, um 10^h p. m. etwas mehr bewölkt cu ni 4 aus der Windrichtung aus N135°E. Wind anfangs still, dann schwach und umlaufend; Nachmittags etwas auffrischend 2—3, jedoch Abends meist still oder schwach östlich.

Ozongehalt 5. Verdunstung 6,1 mm.

Wind gegen 8^h a. m. N26°E 0—1, gegen 10^h N273°E. dann N318°E, nach 12^h N116°. Abends still werdend.

1875, den 16. Mai.

Position: Koepang.

Schiffsbew.: Kurs. —

Fahrt. —

Wind: Richtung. Mittel N91°E; Vormittags anfangs N104°E, dann N82°E und um 10^h N93°E; Nachmittags N93°E, aber um 10^h p. m. wieder N82°E.

Stärke. Mittel 2,7; Vormittags immer mehr auffrischend von 1 bis zu 5, Nachmittags wieder abflauend von 4 bis zu 1.

Barom.: Mittel 758,36 mm; 2 max. 759,00 mm um 10^h a. m. und 758,90 mm um 10^h p. m., 2 min. 758,20 mm um 2^h a. m. und 757,50 mm um 2^h p. m.

Temp. d. Luft: Mittel 27,0°; max. 28,6° um 2^h p. m., min. 25,8° um 2^h a. m.

Spannkr. d. Dünste: Mittel 19,5 mm; max. 20,9 mm um 2^h a. m., min. 18,6 mm um 2^h p. m.

Wolken: Gattung u. Betrag. Um 2^h a. m. cu 3—4, dann immer bezogen bis zu cu ni 10 um 2^h p. m.. jedoch klarte es Abends wieder auf bis zu cu 2 am Horizont.

Richtung. Aus E.

Niederschl.: —

Zustand d. See: Temp. Mittel 26,5°; max. 26,6° um 2^h p. m., min. 26,1° um 6^h a. m.

Spezif. Gewicht. Mittel 1,02500; max. 1,0252, min. 1,0249.

Allg. Bemerk.: Vormittags cu ni aus der Windrichtung, die sich so sehr häuften, dass der Himmel um 2^h p. m. ganz bezogen war, Abends klarte es wieder auf.

Gegen 5^h a. m. fielen einige leichte Regentropfen. Der Wind war anfangs schwach, frischte aber auf bis zur frischen Briese und flaute Nachmittags allmählich wieder ab.

Ozongehalt 6—7. Verdunstung 6,0 mm.

1875, den 17. Mai.

Position: Koepang.

Schiffsbew.: Kurs. —

Fahrt. —

Wind: Richtung. Mittel N94°E; den ganzen Tag N93°E, nur um 6^h p. m. eine Zeitlang N104°E.

Stärke. Mittel 1,7; früh 1—2, dann etwas auffrischend bis zu 3 um 2^h p. m., Abends wieder abflauend bis zu 0.

Barom.: Mittel 759,92 mm; 2 max. 760,85 mm um 10^h a. m. und 760,85 mm um 10^h p. m., 2 min. 759,25 mm um 6^h a. m. und 759,25 mm um 2^h p. m.

Temp. d. Luft: Mittel 27,1°; max. 29,3° um 2^h p. m., min. 25,4° um 2^h a. m.

Spannkr. d. Dünste: Mittel 18,3 mm; max. 18,5 mm um 6^h p. m., min. 18,1 mm um 10^h a. m.

Wolken: Gattung u. Betrag. Früh ganz klar, von 6^h a. m. ab mehr bezogen, bald ci cu 4—5, cu str. 3—7, bald cu 4—7.

Richtung. Aus E.

Niederschl.: —

Zustand d. See: Temp. Mittel 26,5°; max. 26,8° um 2^h p. m., min. 26,2° um 2^h a. m.

Spezif. Gewicht. Mittel 1,02495; max. 1,0251, min. 1,0246.

Allg. Bemerk.: Um 2^h a. m. klar, dann von 6^h a. m. ab zeigten sich Wolken, anfangs ci cu, dann abwechselnd cu str. und cu von 3^h p. m. bis zu 7 aus der Windrichtung.

Ozongehalt 8—9. Verdunstung 4,9 mm.

1875, den 18. Mai.

Position: Koepang.

Schiffsbew.: Kurs. —

Fahrt. —

Wind: Richtung. Mittel N99°E; N93°E und N104°E.

Stärke. Mittel 0,6; früh war der Wind ganz still, erst um 10^h a. m. erhob sich ein schwacher Luftzug, Abends wurde es wieder ganz still.

Barom.: Mittel 760,03 mm; 2 max. 760,65 mm um 10^h a. m. 760,60 mm um 10^h p. m., 2 min. 759,70 mm um 6^h a. m. und 758,80 mm um 2^h p. m.

Temp. d. Luft: Mittel 27,6°; max. 30,3° um 2^h p. m., min. 25,7° um 2^h a. m.

Spannkr. d. Dünste: Mittel 19,4 mm; max. 20,3 mm um 6^h p. m., min. 18,7 mm um 10^h p. m.

Wolken: Gattung u. Betrag. Vormittags ziemlich klar, jedoch zeigten sich abwechselnd cu ni 4—5 und cu str. 2—3; Nachmittags anfangs klar nur cu str. am Horizont, jedoch um 10h p. m. cu 10.
Richtung. Aus E.
Niederschl.: —
Zustand d. See: Temp. Mittel 26,6°; max. 27,1° um 2h p. m.; min. 26,2° um 6h a. m.
Spezif. Gewicht. Mittel 1,02498; max. 1,0251, min. 1,0249.
Allg. Bemerk.: Himmel ziemlich klar; Vormittags zogen einige cu ni und cu str. aus der Windrichtung; Nachmittags wurde es ganz klar, nur zeigten sich cu str. am Horizont; Abends ganz dünn mit leichten cu bezogen.
Ozongehalt 7—8; Verdunstung 5,1 mm.

1875, den 19. Mai.

Position: Koepang.
Schiffsbew.: Kurs. —
Fahrt. —
Wind: Richtung. Mittel N97°E; Vormittags meist still; Nachmittags schwacher N116°E, dann still, und 10h p. m. N71°E.
Stärke. Mittel 0,9; der N116°E 2; der N71°E 1—2.
Barom.: Mittel 760,33 mm; 2 max. 761,20 mm um 10h a. m. und 760,20 mm um 10h p. m.; 2 min. 759,86 mm um 6h a. m. und 579,85 mm um 6h p. m.
Temp. d. Luft: Mittel 27,3°; max. 29,6° um 2h p. m., min. 25,4° um 6h a. m.
Spannkr. d. Dünste: Mittel 19,7 mm; max. 20,9 mm um 6h a. m., min. 18,5 mm um 6h p. m.
Wolken: Gattung u. Betrag. Um 2h a. m. klar, jedoch cu 1—2 am Horizont, dann leichte cu und cu str. 4—7 aus der Windrichtung ziehend; um 10h p. m. wieder klar, nur cu 2—3 am Horizont.
Richtung. Aus E.
Niederschl.: —
Zustand d. See: Temp. Mittel 26,8°; max. 27,2° um 2h p. m.; min. 26,0° um 2h a. m.
Spezif. Gewicht. Mittel 1,02513; max. 1,0253, min. 1,0248.
Allg. Bemerk.: Vormittags fast Windstille; Nachmittags schwach südöstlicher und nordöstlicher Wind, abwechselnd mit Windstille.
Mittelwache klar, dann den Tag über leichte cu langsam aus der Windrichtung ziehend. Abends spät wieder klar.
Ozongehalt 4—5; Verdunstung 5,0 mm.

1875, den 20. Mai.

Position: Koepang.
Schiffsbew.: Kurs. —
Fahrt. —
Wind: Richtung. Mittel N96°E; Vormittags früh N116°E.; von 10h a. m. ab N93°E um 10h p. m. N104°E.
Stärke. Mittel 2,0; ziemlich gleichmässig 1—3.
Barom.: Mittel 760,07 mm; 2 max. 761,20 mm um 10h a. m. und 760,75 mm um 10h p. m.; 2 min. 760,20 mm um 6h a. m. und 758,80 mm um 2h p. m.
Temp. d. Luft: Mittel 27,2°; max. 31,1° um 2h p. m., min. 25,2° um 6h a. m.
Spannkr. d. Dünste: Mittel 19,1 mm; max. 20,4 mm um 10h a. m., min. 17,7 mm um 10h p. m.
Wolken: Gattung und Betrag. Schön und klar, nur cu str. 1—2 am Horizont, um 10h p. m. ganz klar.
Richtung. —
Niederschlag: —
Zustand d. See: Temp. Mittel 26,8°; max. 27,2° um 2h p. m.; min. 26,3° um 6h a. m.
Spezif. Gewicht. Mittel 1,02522; max. 1,0254, min. 1,0252.
Allg. Bemerk.: Schön und klar, nur einige cu 1—2 am Horizont; schwacher südöstlicher Wind, ziemlich gleichmässig, abwechselnd 1—2 und 2—3.
Ozongehalt 8—9; Verdunstung 5,8 mm.

1875, den 21. Mai.

Position: Koepang.
Schiffsbew.: Kurs. —
Fahrt. —
Wind: Richtung. Mittel N90°E; anfangs N93°E, dann N71°E um 6h p. m. N116°E und später still.
Stärke. Mittel 1,9; sonst 2, spät Abends eine Zeit lang still.
Barom.: Mittel 760,65 mm; 2 max. 761,85 mm um 10h a. m. und 761,55 mm um 10h p. m.; 2 min. 759,70 mm um 6h a. m. und 760,15 mm um 6h p. m.
Temp. d. Luft: Mittel 26,6°; max. 30,4° um 2h p. m.; min. 24,5° um 6h a. m.
Spannkr. d. Dünste: Mittel 17,5 mm; max. 20,2 mm um 10h a. m., min. 15,9 mm um 2h p. m.
Wolken: Gattung u. Betrag. Klar und schön, nur kurz vor Mittag und gleich nach Mittag einige cu str. 2—3 am Horizont.
Richtung. —
Niederschl.: —
Zustand d. See: Temp. Mittel 26,8°; max. 27,1° um 2h p. m.; min. 26,2° um 6h a. m.
Spezif. Gewicht. Mittel 1,02517; max. 1,0253, min. 1,0250.
Allg Bemerk.: Klar und schön, nur um Mittag einige cu str. am Horizont; Wind anfangs N93°E, um Mittag N71°E, und Abends N116°E gleichmässig schwach; spät ganz still.
Ozongehalt 7—8; Verdunstung 4,0 mm.

1875, den 22. Mai.

Position: Koepang.
Schiffsbew.: Kurs. —
Fahrt. —
Wind: Richtung. Mittel N102°E; früh still, dann N93°E und N116°E, Nachmittags N104°E und N82°E, dann still.
Stärke. Mittel 1,3; schwach, erst um 10h a. m. auffrischend bis zu 3 und um 2h p. m. wieder abflauend.
Barom.: Mittel 760,16 mm; 2 max. 760,95 mm um 10h a. m. und 760,35 mm um 10h p. m., 2 min. 760,20 mm um 2h a. m. und 759,25 mm um 2h p. m.
Temp. d. Luft: Mittel 26,0°; max. 28,8° um 2h p. m., min. 23,3° um 6h a. m.
Spannkr. d. Dünste: Mittel 16,4 mm; max. 17,9 mm um 10h p. m., min. 13,8 mm um 2h a. m.
Wolken: Gattung u. Betrag. Klar und schön, nur von 6h a. m. bis 6h p. m. einige cu str. 1—2 am Horizont.
Richtung. —
Niederschl.: Thau um 10h p. m.
Zustand d. See: Temp. Mittel 26,7°; max. 27,0° um 2h p. m., min. 26,3° um 6h a. m.
Spezif. Gewicht. Mittel 1,02512; max. 1,0253, min. 1,0250.
Allg. Bemerk.: Klar und schön. Früh Morgens und Abends still, nur gegen Mittag kam Wind auf bis zu 3 und flaute Nachmittags wieder ab.
Ozongehalt 8—9. Verdunstung 3,9 mm.
Bis gegen 7h p. m. ein Zodiakallicht, dessen Spitze scheinbar im Regulus, Grenzen ungenau.

1875, den 23. Mai.

Position: Koepang.
Schiffsbew.: Kurs. —
Fahrt. —
Wind: Richtung. Mittel N118°E; südöstlich, bis 6h a. m. kaum zu spüren, frischte dann auf als N138°E bis zu 5 um 2h p. m. und flaute Abends wieder ab bis zu 1.
Stärke. Mittel 1,7; um 10h a. m. 2—3, um 2h p. m. 4—5, Abends 1.
Barom.: Mittel 759,89 mm; 2 max. 760,25 mm um 10h a. m. und 760,70 mm um 10h p. m., 2 min. 759,65 mm um 6h a. m. und 759,10 mm um 2h p. m.
Temp. d. Luft: Mittel 26,3°; max. 29,3° um 2h p. m., min. 23,0° um 2h a. m.
Spannkr. d. Dünste: Mittel 18,7 mm; max. 20,1 mm um 10h a. m., min. 17,7 mm um 2h p. m.

Wolken: Gattung u. Betrag. Bis 10^h a. m. ganz klar, dann cu str. 3—4, um 6^h p. m. klar, nur cu 1—3 am Horizont.
Richtung. Mit dem Winde ziehend.
Niederschl.: Früh Morgens Thau.
Zustand d. See: Temp. Mittel 27,1°; max. 27,4° um 6^h p. m., min. 26,8° um 2^h a. m.
Spezif. Gewicht. Mittel 1,02508; max. 1,0252, min. 1,0250.
Allg. Bemerk.: Anfangs klar und still, um 6^h erhob sich östlicher Wind, der zuerst als N116°E, dann als N138°E immer stärker wurde bis zu 5 und Abends wieder ganz abflaute. Um 10^h a. m. wurden auch schnell ziehende cu bemerkt aus der Windrichtung; um 2^h p. m. klarte es immer mehr auf, und es wurde Abends ganz klar, bis auf einige cu am Horizont. Von 7^h—8^h p. m. still.
Ozongehalt 7—8. Verdunstung 4,0 mm.

1875, den 24. Mai.

Position: Koepang.
Schiffsbew.: Kurs. —
Fahrt. —
Wind: Richtung. Mittel N113°E; früh Morgens N93°E, von 10^h a. m. bis 6^h p. m. N116°E, dann wieder N93°E.
Stärke. Mittel 2,5; bis gegen 10^h a. m. fast still, dann frische Briese 5, welche bis 6^h p. m. anhielt, um 10^h p. m. wieder fast still.
Barom.: Mittel 759,85 mm; 2 max. 760,80 mm um 10^h a. m. und 760,30 mm um 10^h p. m., 2 min. 759,50 mm um 2^h a. m. und 758,80 mm um 2^h p. m.
Temp. d. Luft: Mittel 27,3°; max. 29,4° um 10^h a. m., min. 25,5° um 10^h p. m.
Spannkr. d. Dünste: Mittel 17,6 mm; max. 20,6 mm um 6^h a. m., min. 15,6 mm um 10^h a. m.
Wolken: Gattung u. Betrag. Sonst klar bis auf einige cu 1—2 am Horizont, nur um 2^h a. m. und um 2^h p. m. zeigten sich cu und cu ni 3—6 aus der Windrichtung ziehend. Um 10^h p. m. ganz klar.
Richtung. Aus E.
Niederschl.: Thau um 10^h p. m., auch war es diesig.
Zustand d. See: Temp. Mittel 26,9°; max. 27,1° um 2^h p. m., min. 26,6° um 2^h a. m.
Spezif. Gewicht. Mittel 1,02510; max. 1,0252, min. 1,0250.
Allg. Bemerk.: Den Tag über klar und schön, sehr wenig cu am Horizont, nur 2^h a. m. cu 3—4 und 2^h cu ni 5—6 aus der Windrichtung ziehend. Wind früh und spät Abends fast still, von 8^h a. m. bis 5^h p. m. lebhafte Briese.
Ozongehalt 7—8. Verdunstung 4,1 mm.
Abends diesig. Zodiakallicht.

1875, den 25. Mai.

Position: Koepang.
Schiffsbew.: Kurs. —
Fahrt. —
Wind: Richtung. Mittel N113°E; Vormittags N93°E, Nachmittags erst N138°E, dann von 6^h ab N116°E.
Stärke. Mittel 1,3; anfangs fast still, um Mittag 2—3, Abends wieder schwach 1.
Barom.: Mittel 760,09 mm; 2 max. 760,50 mm um 10^h a. m. und 760,75 mm um 10^h p. m., 2 min. 760,00 mm um 6^h a. m. und 759,60 mm um 2^h p. m.
Temp. d. Luft: Mittel 26,2°; max. 30,0° um 2^h p. m., min. 24,4° um 2^h a. m.
Spannkr. d. Dünste: Mittel 16,1 mm; max. 18,5 mm um 2^h a. m., min. 14,7 mm um 6^h p. m.
Wolken: Gattung u. Betrag. Klar und schön, von 6^h a. m. bis 6^h p. m. cu 1—3 am Horizont.
Richtung. —
Niederschl.: Um 2^h a. m. Thau.
Zustand d. See: Temp. Mittel 26,7°; max. 27,0° um 2^h p. m., min. 26,6° um 2^h a. m.
Spezif. Gewicht. Mittel 1,02507; max. 1,0251, min. 1,0250.
Allg. Bemerk.: Wie die vorigen Tage klar und schön, wenig cu am Horizont; Wind ebenfalls Morgens und Abends fast still, um Mittag etwas stärker bis zu 2—3.
Ozongehalt 8—9. Verdunstung 5,3 mm.
Bis gegen 9^h p. m. ein Zodiakallicht ohne sehr genaue Grenzen.

1875, den 26. Mai.

Position: Koepang bis 2^h p. m.
9° 54,0'—9° 23,2' S-Br., 123° 28,3'—123° 21,0' O-Lg. von 6^h—10^h p. m.
Schiffsbew.: Kurs. N3°E.
Fahrt. 8—6.
Wind: Richtung. Mittel N123°E; Vormittags anfangs N104°E, dann N116°E, Nachmittags N138°E und abwechselnd N116°E.
Stärke. Mittel 2,0; Vormittags 1—2, um 6^h p. m. frischte es auf bis zu 3—4.
Barom.: Mittel 760,14 mm; 2 max. 760,75 mm um 10^h a. m. und 761,05 mm um 10^h p. m., 2 min. 759,70 mm um 2^h a. m. und 758,95 mm um 2^h p. m.
Temp. d. Luft: Mittel 26,3°; max. 30,0° um 2^h p. m., min. 23,8° um 6^h a. m.
Spannkr. d. Dünste: Mittel 17,1 mm; max. 17,5 mm um 6^h a. m., min. 16,1 mm um 6^h p. m.
Wolken: Gattung u. Betrag. Vormittags klar, cu 1 am Horizont, Nachmittags klar, jedoch cu 2—4 aus SE ziehend.
Richtung. Aus SE.
Niederschl.: Morgens und Abends Thau. Um 10^h a. m. diesig.
Zustand d. See: Temp. Mittel 26,4°; max. 26,9° um 2^h p. m., min. 26,0° um 2^h a. m.
Spezif. Gewicht. Mittel 1,02527; max. 1,0254, min. 1,0251.
Allg. Bemerk.: Morgens und Abends ganz klar, von 6^h a. m. bis Mittag einige cu am Horizont und Nachmittags bis 6^h einige cu aus der Windrichtung ziehend. Der Wind, welcher bis gegen 4^h p. m. schwach war, frischte dann etwas auf bis zu 3—4.
Ozongehalt 6—7. Verdunstung 5,2 mm.

1875, den 27. Mai.

Position: 9° 43,0' — 8° 59,0' S-Br., 123° 21,4'—124° 15,9' O-Lg.
Schiffsbew.: Kurs. Anfangs N58°E, dann stets N92°E; um 6^h p. m. wurde gelothet.
Fahrt. Vormittags 7—6; Nachmittags vor dem Lothen 5 dann 3,5.
Wind: Richtung. Mittel N197°E; Vormittags N148°E: Nachmittags veränderlich N103°E, N317°E und N227°E.
Stärke. Mittel 1,0; sonst schwach 1—2, Abends 10^h als N227°E 4—5.
Barom.: Mittel 759,70 mm; 2 max. 760,80 mm um 10^h a. m. und 760,65 mm um 10^h p. m.; 2 min. 759,40 mm um 2^h a. m. und 758,50 mm um 2^h p. m.
Temp. d. Luft: Mittel 26,9°; max. 29,4° um 2^h p. m., min. 25,6° um 6^h a. m.
Spannkr. d. Dünste: Mittel 16,7 mm; max. 18,3 mm um 10^h p. m., min. 15,2 mm um 10^h a. m.
Wolken: Gattung u. Betrag. Morgens ganz klar, dann einige cu und cu str. 1—2 am Horizont; um 10^h a. m. zogen str. 4 aus der Windrichtung.
Richtung. Um 10^h a. m. aus SE.
Niederschl.: —
Zustand d. See: Temp. Mittel 26,2°; max. 26,6° um 10^h p. m., min. 26,0° um 2^h a. m.
Spezif. Gewicht: Mittel 1,02547; max. 1,0255, min. 1,0254.
Allg. Bemerk.: Klar, wenig cu 1—2 am Horizont, nur um 10^h a. m. str. 4 aus der Windrichtung. Der Wind, der Vormittags beständig N148°E war, ging Nachmittags 2^h nach N317°E und nach 6^h nach N227°E, frischte gegen Abend auf.
Ozongehalt 7—8; Verdunstung 5,2 mm
Abends schwaches Zodiakallicht, diesig. Schwaches Meeresleuchten.

1875, den 28. Mai.

Position: 8° 57,0' S-Br., 124° 21,7' O-Lg. um 2^h a. m.; 8° 58,0 S-Br., 124° 46,8 O-Lg. um 10^h a. m. Rhede von Atapupu auf Timor von 2^h p. m. ab.
Schiffsbew.: Kurs. Vormittags N82°E, N71°E und N82°E.
Fahrt. Vormittags 4,5; von 2^h p. m. ab zu Anker.
Wind: Richtung. Mittel N175°E; veränderlich N183°E, N149°E, N26°E; Nachmittags N296°E, N228°E und N161°E.

Stärke. Mittel 2,2; anfangs 4—5, flaut immer mehr ab bis der Wind Mittags 12h fast still wird. Frischt Abends wieder sehr auf bis zu 6 um 10h p. m.
Barom.: Mittel 759,28 mm; 2 max. 760,40 um 10h a. m. und 759,50 mm um 10h p. m.; 2 min. 759,16 mm um 2h a. m. und 758,15 mm um 2h p. m.
Temp. d. Luft: Mittel 26,9°; max. 29,0° um 2h p. m.; min. 25,7° um 6h a. m.
Spannkr. d. Dünste: Mittel 18,2 mm; max. 19,7 mm um 2h p. m.; min. 17,4 mm um 10h a. m.
Wolken: Gattung u. Betrag. Oberer Himmel klar, nur cu str. 1—3 am Horizont, Nachmittags cu 1 am Horizont.
Richtung. —
Niederschl.: —
Zustand d. See: Temperatur. Mittel 26,6°; max. 27,1° um 2h p. m.; min. 26,1° um 2h a. m.
Spezif. Gewicht. Mittel 1,02523; max. 1,0254, min. 1,0250.
Allg. Bemerk.: Wind anfangs N183°E 4—5, flaute aber im Laufe des Vormittags immer mehr ab, gegen 10h am N26°E, gegen 11h N341°E, um 2h p. m. N296°E und fast ganz still. Nach 6h frischte derselbe sehr auf, indem er über N228°E nach N161°E überging.
Ozongehalt 6—7; Verdunstung 5,2 mm.
Abends schwaches Zodiakallicht.

1875, den 29. Mai.

Position: Atapupu auf Timor bis gegen 6h p. m. 7° 59,9'—8° 24,6' S-Br.; 124° 52,1'—124° 56,2' O-Lg. von 6h p. m. ab.
Schiffsbew.: Kurs. N26°E.
Fahrt. 8,2 (unter Dampf).
Wind: Richtung. Mittel N321°E; Vormittags fast still, Nachmittags veränderlich von N26°E durch N138°E nach N318° E.
Stärke. Mittel 1,9; Vormittags meist still, Nachmittags anfangs still, frischte allmählich auf bis zu 5.
Barom.: Mittel 759,03 mm; fiel vom max. 760,10 mm um 2h a. m. bis zum min. 757,00 mm um 2h p. m., und stieg wieder bis 759,50 mm um 10h p. m.
Temp. d. Luft: Mittel 26,8°; max. 29,3° um 2h p. m., min. 24,8° um 6h a. m.
Spannkr. d. Dünste: Mittel 19,4 mm; max. 21,3 mm um 2h p. m., min. 17,7 mm um 6h p. m.
Wolken: Gattung u. Betrag. Klar und schön, einige cu str. 1—2 oder cu 1 zeigten sich am Horizont, aber um 10h p. m. cu 3 aus NE.
Richtung. Um 10h aus NE bei NW-Wind.
Niederschl.: Um 6h p. m. diesig.
Zustand d. See: Temp. Mittel 26,9°; max. 27,2° um 6h p. m., min. 26,3° um 2h a. m.
Spezif. Gewicht. Mittel 1,02533; max. 1,0255, min. 1,0252.
Allg. Bemerk.: Wind war den ganzen Vormittag fast still, Nachmittags anfangs sehr schwach aus N26°E, frischte dann immer mehr auf bis zu 5 um 10h p. m., während die Richtung wechselte um 4h p. m. N183°E, 7h 30' N71°E, 10h 20' N318°E.
Ozongehalt 7; Verdunstung 6,0 mm.

1875, den 30. Mai.

Position: 8° 27,6'—7° 22,6' S-Br, 125° 3,8'—125° 30,3' O-Lg.
Schiffsbew.: Kurs. Fast beständig N47°E, zuweilen etwas östlicher, zuweilen etwas nördlicher.
Fahrt. Anfangs 5,9 (unter Segel), dann (Segel und Dampf) bis zu 9,6; Nachmittags 5 (Segel); um 6h p. m. wurde gelothet.
Wind: Richtung. Mittel N110°E; anfangs N317°E und N295°E 4—2, um 10h a. m. frische Briese aus N115°E, die aber Nachmittags abflaute bis 3, um 10h nur noch schwach N92°E.
Stärke. Mittel 1,2; Vormittags abnehmend 4—2; um 10h a. m. jedoch 5; abnehmend bis 1 um 10h p. m.
Barom.: Mittel 759,18 mm; 2 max. 760,20 mm um 10h a. m. und 758,90 mm um 10h p. m., 2 min. 759,25 um 2h a. m. und 758,35 mm um 2h p. m.
Temp. d. Luft: Mittel 27,6°; max. 28,4° um 6h p. m., min. 26,2° um 6h a. m.
Spannkr. d. Dünste: Mittel 20,7 mm; max. 21,5 mm um 2h p. m.; min. 20,2 mm um 2h a. m.
Wolken: Gattung u. Betrag. Oberer Himmel klar, jedoch cu str. 1—2 am Horizont, jedoch um 10h a. m. zogen cu 5—6 vorüber aus der Windrichtung.
Richtung. Um 10h a. m. aus SE.
Niederschl.: Um 6h a. m. und von 2h p. m. ab diesig.
Zustand d. See: Temp. Mittel 27,2°; max. 27,3° um 6h p. m., min. 27,1° den ganzen Vormittag.
Spezif. Gewicht. Mittel 1,02547; max. 1,0256, min. 1,0253.
Allg. Bemerk.: Von 7h—9h a. m. ging der Wind langsam durch N272°E und N182°E auf N137°E, wobei er bis zu 5 auffrischte. Nachmittags flaute der N137°E und N92°E bis zu 1 ab. Oberer Himmel klar den ganzen Tag, einige cu str. 1—3 am Horizont, um 10h a. m. vorübergehend etwas bezogen.
Ozongehalt 6—7; Verdunstung 5,9 mm.

1875, den 31. Mai.

Position: 7° 10,4'—6° 12,3' S-Br.; 125° 50,4'—126° 43,2 O-Lg.
Schiffsbew.: Kurs. Vormittags meist N49°E, dann N72°E; Nachmittags anfangs N252°E, dann wieder N49°E.
Fahrt. 5—7.
Wind: Richtung. N128°E; anfangs N117°E, von 6h a. m. bis 6h p. m. N139°E, dann wieder N117°E.
Stärke. Mittel 5,1. Um 2h a. m. 3, von 6h a. m. ab stets 5—6.
Barom.: Mittel 759,90 mm; 2 max. 762,80 mm um 6h a. m. und 760,34 mm um 10h p. m., 2 min. 758,85 um 2h a. m. und 756,30 mm um 2h p. m.
Temp. d. Luft: Mittel 27,5°; max. 27,8° um 2h p. m., min. 27,2° um 10h a. m.
Spannkr. d. Dünste: Mittel 21,7 mm; max. 23,5 mm um 6h p.m., min. 20,3 mm um 2h a. m.
Wolken: Gattung u. Betrag. Um 2h a. m. war der obere Himmel ganz klar, nur cu str. 1 am Horizont; von 6h a. m. an bezog es sich bald mehr, bald weniger. Vormittags mit cu 6—4; Nachmittags anfangs mit cu str. 4, sodann aber mit dunklen ni, die sich gegen Abend vermehrten cu ni 2—7.
Richtung. Mit dem Winde ziehend.
Niederschl.: —
Zustand d. See: Temp. Mittel 26,7°; max. 27,1° um 6h a. m., min. 26,2° um 6h p. m.
Spezif. Gewicht. Mittel 1,02535; max. 1,0254, min. 1,0252.
Allg. Bemerk.: Als der Wind von 2h a. m. bis 6h a. m. von N117°E nach N139°E überging, bezog sich der Himmel bis zu 5—6 mit cu und cu str.; Nachmittags beim Uebergange desselben von N139°E nach N117°E zeigten sich dunkle ni, die sich gegen Abend bis zu 7 vermehrten.
Ozongehalt 7—8; Verdunstung 6,2 mm.
Kurze See aus SE um 2h p. m.

1875, den 1. Juni.

Position: 5° 55,1'—4° 55,6' S Br., 126° 49,5'—127° 41,0' O-Lg.
Schiffsbew.: Kurs. Anfangs N38°E, dann N83°E; Nachmittags um 2h trieb das Schiff, dann N27°E.
Fahrt. Vormittags gleichmässig 5—6; Nachmittags fast 7.
Wind: Richtung. Mittel N149°E; Vormittags N117°E, von 6h ab N139°E und N150°E; Nachmittags N162°E, um 10h wieder N128°E.
Stärke. Mittel 3,8; Vormittags 4—5, Nachmittags 3—4.
Barom.: Mittel 758,56 mm; 2 max. 759,95 mm um 10h a. m. und 759,85 mm um 10h p. m., 2 min. 757,70 mm um 2h a. m. und 757,70 mm um 2h p. m.
Temp. d. Luft: Mittel 27,2°; max. 27,6° um 2h a. m. und 6h p. m., min. 26,6° um 10h a. m.
Spannkr. d. Dünste: Mittel 22,1 mm; max. 23,6 mm um 6h a. m., min. 21,4 mm um 6h p. m.

Wolken: Gattung u. Betrag. Vormittags bezogen cu ni 10—9. Nachmittags immer aufklarend, von cu 8 bis cu 4.
Richtung. Aus ESE bis 6h a. m., von 10h a. m. ab aus SE.
Niederschl.: Um 2h a. m. sehr dunstig, am Vormittage von 6h ab zuweilen leichte Regenböen.
Zustand d. See: Temp. Mittel 26,5°; max. 27,0° um 2h p. m., min. 26,3° um 2h a. m. und um 10h p. m.
Spezif. Gewicht. Mittel 1,02537; max. 1,0257, min. 1,0251.
Allg. Bemerk.: Vormittags bezogen, zuweilen leichte Regenböen gegen Morgen.
Ozongehalt 7—8; Verdunstung 5,6 mm.
Nachmittags aufklarend bis zu cu 4. Abends Meeresleuchten; um 10h p. m. Wetterleuchten.

1875, den 2. Juni.

Position: 4° 32,2′—3° 54,6′ S-Br., 127° 49,7′—128° 0,5′ O-Lg. bis 10h a. m. Hafen von Amboina von 2h p. m. ab zu Anker.
Schiffsbew.: Kurs. Meist N27°E, dann N4°E.
Fahrt. Meist 6—7, dann 3,5.
Wind: Richtung. Mittel N136°E; Vormittags N117°E, dann N173°E, Nachmittags N60°E, von 6h ab still.
Stärke. Mittel 1,3; 3—4 bis 6h a. m., von 10h a. m. ab schwach 1—2, nachher um 6h p. m. ganz still.
Barom.: Mittel 758,09 mm; 2 max. 759,35 mm um 10h a. m. und 759,25 mm um 10h p. m., 2 min. 757,05 mm um 6h a. m. und 757,25 mm um 2h p. m.
Temp. d. Luft: Mittel 25,8; max. 27,2° um 2h a. m., min. 24,8° um 2h p. m. und um 10h p. m.
Spannkr. d. Dünste: Mittel 21,8 mm; max. 22,7 mm um 6h a. m., min. 20,8 mm um 2h p. m.
Wolken: Gattung u. Betrag. Den ganzen Tag über bezogen cu ni 10, um 2h a. m. und um 6h p. m. etwas weniger cu ni 7—8.
Richtung. Vormittags aus SE, Nachmittags ohne Bewegung.
Niederschl.: Von 2h ab Regen in Schauern, jedoch mit Ausnahme von 3h p. m. bis 9h p. m.
Zustand d. See: Temp. Mittel 25,7°; max. 26,1° um 2h a. m., min. 25,1° um 2h p. m.
Spezif. Gewicht. Mittel 1,01770; max. 1,0256 um 2h a. m., min. 1,0071 im Hafen.
Allg. Bemerk.: Den Tag über bezogen, von 2h a. m. bis 2h p. m. Regen in Schauern, von 3h p. m. bis 9h p. m. sehr feuchte Luft und sehr schwül, um 10h p. m. wieder Regen, um 10h a. m. war namentlich der Horizont sehr dick.
Ozongehalt 7—8; Regen 1,0 mm; Verdunstung 6,3 mm.

1875, den 3. Juni.

Position: Hafen von Amboina.
Schiffsbew.: Kurs. —
Fahrt. —
Wind: Richtung. Mittel N103°E; Vormittags still, um 10h a. m. leichter Hauch aus N49°E, Nachmittags sehr schwach aus N117°E und N139°E, um 10h wieder ganz still.
Stärke. Mittel 0,2; max. 1.
Barom.: Mittel 758,18 mm; 2 max. 759,30 mm um 10h a. m. und 758,95 mm um 10h p. m., 2 min. 757,98 mm um 2h a. m. und 756,73 mm um 2h p. m.
Temp. d. Luft: Mittel 26,2°; max. 28,0° um 2h p. m., min. 24,6° um 6h a. m.
Spannkr. d. Dünste: Mittel 21,9 mm; max. 23,5 mm um 6h p. m., min. 20,6 mm um 2h a. m.
Wolken: Gattung u. Betrag. Vormittags ganz bezogen mit cu ni 10, um 10h aufklarend ci cu 5—6 aus der Windrichtung; Nachmittags wieder mehr bezogen cu str. 7, dann cu str. 8—9, um 10h aber nur cu str. 5.
Richtung. Mit dem Winde ziehend.
Niederschl.: Starker Regen bis gegen 10h a. m.
Zustand d. See: Temp. Mittel 26,2°; max. 26,5° um 2h p. m., min. 25,8° um 2h a. m.
Spezif. Gewicht. Mittel 1,02290; max. 1,0267, min. 1,0146.
Allg. Bemerk.: Bis 10h a. m. Wind still und starker Regen, von da ab bis 6h sehr schwacher Wind, anfangs N49°E, zuletzt N139°E, dann still.
Ozongehalt 9—10; Regen 13,3 mm; Verdunstung 1,0 mm.
Um 10h a. m. aufklarend.
p. m. bezog sich wieder mit cu str. und cu ci bis zu 8—9 aus NW, Abends etwas aufklarend.

1875, den 4. Juni.

Position: Hafen von Amboina.
Schiffsbew.: Kurs. —
Fahrt. —
Wind: Richtung. Mittel N117°E; von 10h a. m. bis 2h p. m. N252°E, sonst still.
Stärke. Mittel 0,3, max. 1.
Barom.: Mittel 757,98 mm; 2 max. 758,45 mm um 10h a. m. und 758,50 mm um 10h p. m., 2 min. 757,45 mm um 2h a. m. und 757,20 mm um 2h p. m.
Temp. d. Luft: Mittel 26,7°; max. 28,9° um 2h p. m., min. 24,2° um 6h a. m.
Spannkr. d. Dünste: Mittel 22,7 mm; max. 23,6 mm um 2h p. m., min. 21,3 mm um 6h a. m.
Wolken: Gattung u. Betrag. Anfangs klar, mit cu 1 am Horizont; von 6h a. m. ab bezog es sich mehr und mehr mit cu ni, bis sie um 10h p. m. den ganzen Himmel bedeckten.
Richtung. Ohne Bewegung.
Niederschl.: Von 2h p. m. ab zeitweilig Regenböen, und von 8h 30′ bis 12h starker Regen.
Zustand d. See: Temp. Mittel 26,0°; max. 27,0° um 6h p. m., min. 25,1° um 6h a. m.
Spezif. Gewicht. Mittel 1,02292; max. 1,0260, min. 1,0172.
Allg. Bemerk.: Bei fast gänzlicher Windstille und anfangs klarem Himmel bezog es sich von 6h a. m. ab bald mehr, bald weniger mit cu ni, bis um 10h p. m. der ganze Himmel mit ni 10 besetzt war.
Von 8h 30′ ab sehr starker Regen, von 10¾h bis 11½h etwas schwächer.
Ozongehalt 7—8; Verdunstung 2,0 mm.

1875, den 5. Juni.

Position: Hafen von Amboina.
Schiffsbew.: Kurs. —
Fahrt. —
Wind: Richtung. Mittel N280°E; kurz vor und nach Mittag schwacher Hauch aus N274°E, sonst still.
Stärke. Mittel 0,2; zwischen 0 und 1.
Barom.: Mittel 758,39 mm; fiel vom max. 759,30 mm um 2h a. m. bis zum min. 756,90 mm um 2h p. m. und stieg wieder bis zu 758,95 mm um 10h p. m.
Temp. d. Luft: Mittel 26,6°; max. 28,8° um 2h p. m., min. 23,8° um 6h a. m.
Spannkr. d. Dünste: Mittel 22,2 mm; max. 23,6 mm um 6h p. m., min. 20,4 mm um 6h a. m.
Wolken: Gattung u. Betrag. Himmel ganz bezogen mit ni und cu ni 10 bis 6h a. m., dann aufklarend von 10h a. m. bis 6h p. m. cu ni 5—3; um 10h p. m. oberer Himmel wieder ganz klar, nur cu 1—3 am Horizont.
Richtung. Aus W, sonst ohne Bewegung.
Niederschl.: Starker Regen bis 6h a. m.
Zustand d. See: Temp. Mittel 26,3°; max. 27,7° um 6h p. m., min. 24,6° um 2h a. m.
Spezif. Gewicht. Mittel 1,02080; max. 1,0237, min. 1,0158.
Allg. Bemerk.: Bis 6h a. m. Himmel ganz bezogen, starker Regen; dann aufklarend bei fast gänzlicher Windstille.
Ozongehalt 8—9; Regen 107,4 mm; Verdunstung 1,9 mm.
Um 10h p. m. ganz klar bis auf wenige cu ni am Horizont.

1875, den 6. Juni.

Position: Hafen von Amboina.
Schiffsbew.: Kurs. —
Fahrt. —
Wind: Richtung. Um 2h p. m. N4°E, sonst still.
Stärke. Mittel 0,2; max. 1.
Barom.: Mittel 758,58 mm; 2 max. 759,50 mm um 10h a. m. und 759,10 mm um 10h p. m., 2 min. 758,35 mm um 2h a. m. und 757,80 mm um 6h p. m.

Temp. d. Luft: Mittel 27,1°; max. 29,4° um 2h p. m., min. 25,0° um 6h a. m.
Spannkr. d. Dünste: Mittel 22,4 mm; max. 23,0 mm um 10h a. m., min. 21,4 mm um 2h a. m.
Wolken: Gattung u. Betrag. Schön, cu ni 3—4 nur am Horizont. 10h Abends bezogen.
Richtung. —
Niederschl.: 6h a. m. Thau; 10h p. m. einige Regenböen.
Zustand d. See: Temp. Mittel 26,3°; max. 26,6° um 2h p. m., min. 25,9° um 6h a. m.
Spezif. Gewicht. Mittel 1,02420; max. 1,0254, min. 1,0228.
Allg. Bemerk.: Fast den ganzen Tag schön, cu ni nur am Horizont, 10h p. m. mehr bezogen cu ni 7—8 mit zeitweiligen Regenböen. Wind still, nur um 2h p. m. schwacher N4°E.
Ozongehalt 7—8; Verdunstung 2,0 mm.

1875, den 7. Juni.

Position: Hafen von Amboina.
Schiffsbew.: Kurs. —
Fahrt. —
Wind: Richtung. Mittel N220°E; nur Nachmittags von 2h—6h schwacher N228°E und N194°E, sonst still.
Stärke. Mittel 0,3; max. 1.
Barom.: Mittel 759,41 mm; 2 max. 760,35 mm um 10h a. m. und 759,65 mm um 10h p. m., 2 min 759,25 mm um 6h a. m. und 758,95 mm um 2h p. m.
Temp. d. Luft: Mittel 25,9°; max. 26,5° um 2h p. m., min. 25,2° um 6h a. m.
Spannkr. d. Dünste: Mittel 22,6 mm; max. 22,9 mm um 10h a. m. und um 6h p. m., min. 22,1 mm um 2h a. m.
Wolken: Gattung u. Betrag. Fast den ganzen Tag bezogen mit cu ni 10, ausgenommen von 6h—8h a. m. cu ni 5—6.
Richtung. —
Niederschl.: Früh bis 6h a. m. Regen, von 9h—10h starker Regen, den ganzen Nachmittag bis 10h hin zeitweilige Regenschauer.
Zustand d. See: Temp. Mittel 26,0°; max. 26,9° um 10h p. m., min. 25,4° um 2h a. m.
Spezif. Gewicht. Mittel 1,02530; max. 1,0287, min. 1,0231.
Allg. Bemerk.: Vormittags Windstille, Nachmittags sehr schwacher südwestlicher Wind, um 10h wieder still. Himmel fortwährend bezogen, früh bis 6h Regenschauer, gegen 6h etwas aufklarend, gegen 8h wieder bezogen.
Ozon 7—8; Regen 17,5 mm; Verdunstung 0,9 mm.

1875, den 8. Juni.

Position: Hafen von Amboina.
Schiffsbew.: Kurs. —
Fahrt. —
Wind: Richtung. Mittel N138°E; um 6h schwacher N273°E, von 10h—6h p. m. sehr schwacher N138°E, sonst still.
Stärke. Mittel 0,2; max. 1.
Barom.: Mittel 758,70 mm; 2 max. 759,90 mm um 10h a. m. und 758,55 mm um 10h p. m., 2 min. 758,80 mm um 6h a. m. und 757,45 mm um 2h p. m.
Temp. d. Luft: Mittel 26,3°; max. 27,0° um 2h p. m., min. 25,6° um 2h a. m.
Spannkr. d. Dünste: Mittel 21,9 mm; max. 23,5 mm um 10h p. m., min. 22,7 mm um 2h p. m.
Wolken: Gattung u. Betrag. Vormittags bezogen anfangs ni 10, dann cu ni 8—10 aus der Windrichtung; Nachmittags 2h ni 10, um 6h aufklarend und schön, um 10h nur cu ni 3 am Horizont.
Richtung. Mit dem Winde ziehend.
Niederschl.: Von 2h—6h a. m. starker Regen, dann bis 6h p. m. leichter Regen.
Zustand d. See: Temp. Mittel 26,2°; max. 26,6° um 2h a. m., min. 25,9° um 10h a. m.
Spezif. Gewicht. Mittel 1,02373; max. 1,0250, min. 1,0228 um 6h p. m.
Allg. Bemerk.: Den Tag über war es fast windstill, von 6h a. m. bis 6h p. m. sehr schwacher Wind anfangs N273°E, dann N138°E. Von 2h—6h a. m. starker Regen, von 4h 5h 15′ a. m. Gewitter mit heftigen Blitzen, von 6h a. m. bis 6h p. m. leichter Regen, und bis dahin auch bezogen, dann aufklarend und schön.
Ozongehalt 7; Regen 41,3 mm; Verdunstung 0,3 mm.

1875, den 9. Juni.

Position: Hafen von Amboina.
Schiffsbew.: Kurs. —
Fahrt. —
Wind: Richtung. Mittel N105°E; sonst still, nur 10h a. m. N318°E, 2h p. m. N116°E.
Stärke. Mittel 0,2; N318°Eh 0—1, N116°E 1—2.
Barom.: Mittel 757,90 mm; 2 max. 758,60 mm um 10h a. m. und 758,35 mm um 10h p. m., 2 min. 758,10 mm um 2h a. m. und 756,50 mm um 2h p. m.
Temp. d. Luft: Mittel 26,4°; max. 28,6° um 2h p. m., min. 25,0° um 2h a. m.
Spannkr. d. Dünste: Mittel 23,3 mm; max. 24,1 mm um 2h p. m., min. 22,0 mm um 6h a. m.
Wolken: Gattung u. Betrag. Vormittags klar bis gegen 9h nur cu ni 3, dann cu 2—3 am Horizont, nach 9h a. m. bezogen ni 10, jedoch um 2h p. m. cu ni 7—8.
Richtung. Um 2h p. m. mit dem Winde ziehend.
Niederschl.: Regen von 11h 30′—11h 35′ a. m., Abends ebenfalls vorübergehender Regen.
Zustand d. See: Temp. Mittel 26,2°; max. 26,7° um 2h p. m., min. 25,3° um 10h a. m.
Spezif. Gewicht. Mittel 1,02467; max. 1,0253, min. 1,0238.
Allg. Bemerk.: Den ganzen Tag fast Windstille, nur von 10h a. m. bis 2h p. m. erst schwacher N318°E, dann schwacher N138°E. Himmel oben anfangs klar bis gegen 9h a. m. dann bezogen und etwas Regen um 11½h a. m.
Nachmittags anfangs etwas weniger bezogen, Abends wieder ganz bezogen mit vorübergehendem Regen.
Ozongehalt 6—7. Verdunstung 1,0 mm. Regen 2,8 mm.

1875, den 10. Juni.

Position: Hafen von Amboina.
Schiffsbew.: Kurs. —
Fahrt. —
Wind: Richtung. Mittel N133°E; meist still, um 6h a. m. N93°E, um 2h p. m. N138°E und um 6h p. m. N161°E.
Stärke. Mittel 0,3; max. 1.
Barom.: Mittel 757,53 mm; 2 max. 759,15 mm um 10h a. m. und 756,90 mm um 10h p. m., 2 min. 757,60 mm um 6h a. m. und 756,45 mm um 2h p. m.
Temp. d. Luft: Mittel 26,3°; max. 29,1° um 2h p. m., min. 24,7° um 6h a. m.
Spannkr. d. Dünste: Mittel 23,1 mm; max. 23,6 mm um 6h p. m., min. 22,1 mm um 6h a. m.
Wolken: Gattung u. Betrag. Um 2h a. m. ganz bezogen bis gegen 5h, dann klarte es auf, dann cu str. 5—7 bis nach 6h p. m., um 10h nur noch cu 2—3.
Richtung. Aus der Windrichtung.
Niederschl.: Früh Morgens Regen bis 4h 30′, ganz wenig Regen gegen 9h Abends.
Zustand d. See: Temp. Mittel 26,5°; max. 26,9° um 2h p. m., min. 25,8° um 10h p. m.
Spezif. Gewicht. Mittel 1,02423; max. 1,0250, min. 1,0225.
Allg. Bemerk.: Den Tag über fast still, Vormittags kurze Zeit schwacher N93°E und Nachmittags schwacher N138°E und N161°E. Himmel anfangs bezogen mit Regen bis 4h 30′, dann aufklarend. Nachmittags nur cu str. und cu ni 5—6 aus der Windrichtung und über dem Lande, sonst klar.
Ozongehalt 5—6. Verdunstung 1,2 mm. Regen 22,2 mm.

1875, den 11. Juni.

Position: Hafen von Amboina bis gegen 10h p. m. 3° 50,8′ S-Br., 128° 2,9′ O-Lg. um 10h p. m.
Schiffsbew.: Kurs. N273°E um 10h p. m.
Fahrt. 5,4 (unter Dampf und Segel).
Wind: Richtung. Mittel N138°E; Vormittags still, dann N48°E um 10h, Nachmittags meist N138°E, dann N228°E.
Stärke. Mittel 0,2; stets schwach 0—1.
Barom.: Mittel 757,48 mm; 2 max. 758,60 mm um 10h a. m. und 758,50 mm um 10h p. m., 2 min. 756,95 mm um 2h a. m. und 756,75 mm um 2h p. m.
Temp. d. Luft: Mittel 27,9°; max. 30,6° um 2h p. m., min. 25,4° um 2h a. m.
Spannkr. d. Dünste: Mittel 22,3 mm; max. 23,3 mm um 2h a. m., min. 21,7 mm um 2h p. m.
Wolken: Gattung u. Betrag. Vormittags um 2h bezogen ni 10, nach 6h klarte es auf, so dass nur noch Wolken am Horizont waren, gegen Abend bezog es sich wieder mehr bis zu cu ni 7—8.
Richtung. Um 6h a. m. aus S, 6h p. m. aus S und um 10h aus SW.
Niederschl.: Regen bis 6h 30′ a. m., Abends wenig Regen um 10h 30′.
Zustand d. See: Temp. Mittel 26,7°; max. 27,4° um 2h p. m., min. 25,9° um 2h a. m.
Spezif. Gewicht. Mittel 1,02450; max. 1,0250, min. 1,0240.
Allg. Bemerk.: Himmel anfangs ganz bezogen, Wind still, Regen bis 4h 15′, 6h 30′ klarte es auf, der Wind, der von 8h—10h a. m. schwach aus N48°E wehte, ging durch N183°E nach N138°E. Abends ging der Wind nach N273°E und dann wieder nach N228°E. Der Himmel bezog sich gegen 10h p. m. wieder mehr bis zu cu ni 7—8 aus der Windrichtung.
Ozongehalt 4—5. Regen 3,1 mm. Verdunstung 0,8 mm.

1875, den 12. Juni.

Position: 3° 43,0′—2° 45,5′ S-Br., 127° 50,0′—128° 11,1′ O-Lg.
Schiffsbew.: Kurs. Vormittags N318°E und N352°E, Nachmittags N48°E, dann N71°E.
Fahrt (Segel). Vormittags anfangs 2, dann 5, Nachmittags 7—5, dann 10 um 10h p. m.
Wind: Richtung. Mittel N171°E, N183°E und N228°E, von 10h a. m. ab stets N161°E.
Stärke. Mittel 2,6; anfangs schwach, frischte um 10h a. m. als N161°E immer mehr auf von 3 bis zu 6 um 2h p. m., flaute dann ab bis zu 1 um 6h p. m. und wurde stärker um 10h p. m. bis zu 4.
Barom.: Mittel 758,50 mm; 2 max. 759,60 mm um 10h a. m. und 760,35 mm um 10h p. m., 2 min. 757,55 mm um 2h a. m. und 757,35 mm um 6h p. m.
Temp. d. Luft: Mittel 27,4°; max. 28,1° um 2h p. m., min. 26,8° um 6h p. m.
Spannkr. d. Dünste: Mittel 22,5 mm; max. 23,1 mm um 2h p. m., min. 21,8 mm um 6h p. m.
Wolken: Gattung u. Betrag. Vormittags oben klar, cu str. 4—5 am Horizont, Nachmittags fast ganz bezogen cu str., dann cu ni, zuletzt ni 8—10 aus der Windrichtung.
Richtung. Mit dem Winde ziehend.
Niederschl.: Vormittags nach 6h a. m. zuweilen Regenböen aus SSW, ebenfalls um 10h a. m., Nachmittags gegen 6h eine Zeit lang regnerisch.
Zustand d. See: Temp. Mittel 27,3°; max. 27,6° um 10h p. m., min. 26,9° um 2h a. m.
Spezif. Gewicht. Mittel 1,02635; max. 1,0264, min. 1,0261.
Allg. Bemerk.: Vormittags klar, nur anfangs cu ni 2—3, später cu str. 4—5, aus der Windrichtung. Regenböe aus N206°E. Südlicher Seegang. Nachmittags mehr bezogen 8—10, und als der Wind abflaute um 6h p. m. bis zu 1 regnerisch.
Abends Meeresleuchten.
Ozongehalt 7—8. Verdunstung 2,4 mm.

1875, den 13. Juni.

Position: 2° 40,0′—2° 39,6′ S-Br., 128° 25,0′—129° 36,2′ O-Lg.
Schiffsbew.: Kurs. N72°E, von 10h a. m. ab stets N94°E.
Fahrt. 4—6.
Wind: Richtung. Mittel N59°E; veränderlich und umlaufend von N207°E am Vormittage nach N27°E, Nachmittags N105°E und dann N49°E.
Stärke. Mittel 0,2; max. 1.
Barom.: Mittel 759,55 mm; 2 max. 760,40 mm um 10h a. m. und 760,20 mm um 10h p. m., 2 min. 759,10 mm um 6h a. m. und 758,75 mm um 6h p. m.
Temp. d. Luft: Mittel 27,5°; max. 28,1° um 2h p. m., min. 27,0° um 10h p. m.
Spannkr. d. Dünste: Mittel 23,0 mm; max. 24,0 mm um 10h p. m., min. 22,0 mm um 6h a. m.
Wolken: Gattung u. Betrag. Vormittags erst cu str., dann cu ni, dann cu ci alle 4—6, Nachmittags anfangs ganz bezogen cu ni 10, gegen Abend etwas weniger.
Richtung. Vormittags um 2h aus SSE, von 6h a. m. ab aus NE und Nachmittags von 6h p. m. ab aus SE.
Niederschl.: Nachmittags von Zeit zu Zeit Regenböen.
Zustand d. See: Temp. Mittel 27,7°; max. 28,0° um 2h p. m., min. 27,3° um 10h p. m.
Spezif. Gewicht. Mittel 1,02603; max. 1,0264, min. 1,0251.
Allg. Bemerk.: Wind bis 2h S-lich, 2h—4h N228°E, 4h—5h N184°E, 5h—7h N138°E, dann N48°E-lich.
Wetterleuchten im NW. Horizont stark mit ni im NE besetzt, sont zogen die Wolken mit dem Winde. Nachmittags über dem Lande (Ceram) in S stark bezogen, von da mit dem Winde ziehende Regenböen, die in Lee den Horizont besetzten. Horizont oft klar. Wind bis 7h NE-lich, dann bis 9h SE-lich, 9h—11h still, 11h—12h S-lich.
Ozongehalt 7—8. Regen 7,4 mm. Verdunstung 2,2 mm.

1874, den 14. Juni.

Position: 2° 39,5′ — 2° 47,7′ S-Br., 129° 53,3′ — 131° 7,2′ O-Lg.
Schiffsbew.: Kurs. Vormittags N93°E, Nachmittags N104°E, dann N107°E.
Fahrt. Anfangs 5,0 (Dampf und Segel), dann 2—3 (Segel) bis Mittag, Nachmittags 4—5.
Wind: Richtung. Mittel N221°E; Vormittags N172°E, N273°E; dann N228°E bis 2h p. m.; dann N172°E von 6h p. m.
Stärke. Mittel 1,3; sonst 1—2, nur der N273°E um 6h a. m. 3—4.
Barom.: Mittel 759,43 mm; 2 max. 760,20 mm um 10h a. m. und 759,30 mm um 10h p. m., 2 min. 759,80 mm um 6h a. m. und 758,40 mm um 2h p. m.
Temp. d. Luft: Mittel 25,9°; max. 27,6° um 10h p. m., min. 23,4° um 2h a. m.
Spannkr. d. Dünste: Mittel 21,5 mm; max. 22,3 mm um 10h a. m. und 10h p. m.; min. 20,7 mm um 2h a. m.
Wolken: Gattung u. Betrag. Meist ganz bezogen ni 10, nur vorübergehend etwas aufklarend, namentlich um 6h a. m. und 6h p. m.
Richtung. Mit dem Winde ziehend.
Niederschl.: Bis 3h starker Regen; 4h—5h a. m. vorübergehender Regen; 8h—10h a. m. ebenfalls Regen.
Zustand d. See: Temp. Mittel 27,5°; max. 27,9° um 10h a. m.; min. 27,1° um 2h a. m.
Spezif. Gewicht. Mittel 1,02565; max. 1,0258, min. 1,0251.
Allg. Bemerk.: Früh schwaches Meerleuchten in Funken. Den Tag über schwache südliche Winde, nur um 6h a. m. N273°E etwas stärker 3—4; meist bezogen, nur vorübergehend etwas aufklarend, 6h a. m. cu ni 7—8; 6h p. m. cu str. 5—6.
Bis 3h a. m. starker anhaltender Regen; 4h—5h a. m. vorübergehender Regen und Wetterleuchten; 8h—10h Regen, dann aufklarend.
Nachmittags leichte weisse cu in der Windrichtung langsam ziehend, Abends dunkler bezogen, lebhaftes Wetterleuchten zwischen NE und SE.
Ozongehalt 9,0; Regen 54,0 mm; Verdunstung 2,5 mm.

1875, den 15. Juni.

Position: 2° 50′—2° 40,9′ S-Br., 131° 15,7′—132° 24,3′ O-Lg.
Schiffsbew.: Kurs. Vormittags N116°E, N93°E und N171°E; N59°E um 2h p. m.; von 6h ab zu Anker in Segaar-Bay.
Fahrt. 4—6.
Wind: Richtung. Mittel N168°E; Vormittags N205°E, dann N138°E; p. m. N183°E und N104°E.
Stärke. Mittel 1,5; a. m. 3—4 bis gegen 10h, dann 1—2; um 10h p. m. ganz still.
Barom.: Mittel 759,17 mm; 2 max. 760,55 mm um 10h a. m. und 759,25 mm um 10h p. m.; 2 min. 758,80 mm um 2h a. m. und 757,35 mm um 2h p. m.
Temp. d. Luft: Mittel 27,1°; max. 28,2° um 2h p. m., min. 26,0° um 6h a. m.
Spannkr. d. Dünste: Mittel 23,0 mm; max. 24,1 mm um 2h p. m., min. 21,6 mm um 6h a. m.
Wolken: Gattung u. Betrag. a. m. cu ni, cu str., beide 7—8; p. m. cu, cu ci, beide 7—8.
Richtung. Mit dem Winde ziehend.
Niederschl.: a. m. Regenböen bis 5h; p. m. einzelne Regenböen um 2h.
Zustand d. See: Temp. Mittel 27,7°; max. 28,7° um 2h p. m., min. 27,2° um 2h a. m.
Spezif. Gewicht. Mittel 1,02472; max. 1,0260, min. 1,0237.
Allg. Bemerk.: a. m. Wind erst N206°E, dann N138°E von der Stärke 3—4; p. m. N104°E schwach, gegen Abend still. Himmel den Tag über bezogen 7—8; a. m. früh dunkle Bänke zu luvard, von wo sich Regenböen loslösten; von 3h—5h dicht bezogen, dann etwas aufklarend; — Wetterleuchten. p. m. zogen die Wolken langsam aus der Windrichtung, auch vereinzelte Regenböen bald nach Mittag. Abends 10h Wetterleuchten.
Wasser schmutzig grün.
Ozongehalt 9—10; Regen 11,9 mm; Verdunstung 1,8 mm.

1875, den 16. Juni.

Position: Segaar Bay.
Schiffsbew.: Kurs. —
Fahrt. —
Wind: Richtung. Mittel N157°E; umlaufende Winde; a. m. N138°E, dann still; p. m. anfangs N296°E, dann still, zuletzt N138°E.
Stärke. 0,2; max. 1.
Barom.: Mittel 759,40 mm; 2 max. 759,85 mm um 10h a. m. und 761,30 mm um 10h p. m; 2 min. 759,25 mm um 6h a. m. und 758,15 um 2h p. m.
Temp. d. Luft: Mittel 26,9°; max. 29,3° um 10h a. m., min. 24,8° um 6h a. m.
Spannkr. d. Dünste: Mittel 22,5 mm; max. 23,1 mm um 10h a. m., min. 21,3 mm um 6h a. m.
Wolken: Gattung u. Betrag. a. m. anfangs bezogen cu ni 7—8, dann aufklarend ci 5, aber cu ni 2—3; p. m. bis 2h mehr bezogen, dann cu ci und cu ni 3—6.
Richtung. Mit dem Winde ziehend; um 6h p. m. bei Windstille am Horizont.
Niederschl.: a. m. Thau; p. m. bis 2h vorübergehender Regen.
Zustand d. See: Temp. Mittel 27,8°; max. 28,3° um 10h a. m., min. 27,1° um 6h a. m.
Spezif. Gewicht. Mittel 1,02455; max. 1,0248. min. 1,0243.
Allg. Bemerk.: Wind meist still und umlaufend schwach N138°E, N296°E, N138°E. a. m. anfangs bezogen, gegen Morgen aufklarend und schön; p. m. 1h 30′—2h mehr bezogen und vorübergehender leichter Regen, dann wieder aufklarend.
Abends Wetterleuchten im NE um 6h p. m.
Ozongehalt 6—7; Regen 0,1 mm; Verdunstung 1,7 mm.

1875, den 17. Juni.

Position: Segaar-Bay.
Schiffsbew.: Kurs. —
Fahrt. —
Wind: Richtung. Mittel N116°E.
Stärke 0,1; sonst still, und um 10h a. m. ein schwacher Hauch aus N116°E.
Barom.: Mittel 759,59 mm; Gang unregelmässig, max. 761,30 mm um 2h a. m., min. 757,85 mm um 6h p. m.
Temp. d. Luft: Mittel 27,5°; max. 29,7° um 2h p. m., min. 25,2° um 6h a. m.
Spannkr. d. Dünste: Mittel 22,1 mm; max. 23,9 mm um 6h p. m., min. 20,1 mm um 10h p. m.
Wolken: Gattung u. Betrag. a. m. anfangs leicht bezogen cu ni 7—8; um 6h aufklarend bis cu 2—3 am Horizont; von 10h a. m. bis 6h p. m. etwas bewölkter bis cu ni 5—6, dann aufklarend und um 10h p. m. cu ni 8.
Richtung. Die Wolken zogen anfangs aus S, dann aus SE; Abends keine Bewegung bemerkbar.
Niederschl.: Um 2h a. m. vorübergehender Regen.
Zustand d. See: Temp. Mittel 27,7°; max. 28,0° um 2h p. m., min. 27,3° um 6h a. m.
Spezif. Gewicht. Mittel 1,02442; max. 1,0249, min. 1,0242.
Allg. Bemerk.: Meist still, anfangs leicht bezogen mit vorübergehendem Regen, dann aufklarend. Abends von 10h ab wieder leicht bezogen. 6h p. m. Wetterleuchten von NE bis E.
Ozongehalt 5—6; Regen 1,0 mm; Verdunstung 1,5 mm.

1875, den 18. Juni.

Position: Segaar-Bay.
Schiffsbew.: Kurs. —
Fahrt. —
Wind: Richtung. Mittel N26°E; meist still, um 10h a. m. N26°E, um 2h p. m. N318°E, dann still, zuletzt N138°E.
Stärke. Mittel 0,1; max. 1.
Barom.: Mittel 759,08 mm; max. 760,60 mm um 2h a. m.; min. 756,75 mm um 6h p. m.
Temp. d. Luft: Mittel 27,6°; max. 29,6° um 2h p. m., min. 25,4° um 6h a. m.
Spannkr. d. Dünste: Mittel 21,9 mm; max. 22,8 mm um 10h a. m., min. 21,3 mm um 2h a. m.
Wolken: Gattung und Betrag; a. m. ganz bezogen cu ni 10, um 10h etwas aufklarend bis ci cu 5—6; p. m. wieder mehr bezogen cu ni 7—8.
Richtung. Mit dem Winde ziehend.
Niederschlag: Früh bis gegen 6h wenig Regen.
Zustand d. See: Temp. Mittel 27,9°; max. 28,3° um 2h p. m.; min. 27,3° um 6h a. m.
Spezif. Gewicht. Mittel 1,02415; max. 1,0244, min. 1,0234.
Allg. Bemerk.: a. m. bezogen, schwaches Gewitter, Wind meist still, nur selten schwache Luftzüge aus den angegebenen Richtungen, ebenso p. m., jedoch etwas weniger bezogen. Abends starkes Wetterleuchten von NE bis SE.
Ozongehalt 5; Regen 3,1 mm; Verdunstung 1,3 mm.

1875, den 19. Juni.

Position: Segaar-Bay.
Schiffsbew.: Kurs. —
Fahrt. —
Wind: Richtung. Mittel N318°E.
Stärke. 0,1; meist still, sehr schwach N318°E um 2h und 10h a. m., N138°E um 2h p. m.
Barom.: Mittel 758,93 mm; 2 max. 760,10 mm um 10h a. m. und 759,35 mm um 10h p. m., 2 min. 758,45 mm um 2h a. m. und 758,45 mm um 2h p. m.
Temp. d. Luft: Mittel 26,3°; max. 28,8° um 2h p. m., min. 25,0° um 6h a. m.
Spannkr. d. Dünste: Mittel 22,1 mm; max. 22,8 mm um 6h p. m., min. 21,2 mm um 6h a. m.
Wolken: Gattung u. Betrag. Anfangs ganz bezogen, aufklarend gegen 10h a. m. bis zu cu 5—7; p. m. wieder mehr bezogen cu ni 6—9, Abends 10h etwas klarer.
Richtung. Mit dem Winde ziehend.
Niederschl.: Starker Regen am Morgen.
Zustand d. See: Temp. Mittel 27,5°; max. 27,6° um 2h p. m., min. 27,3° um 6h a. m.
Spezif. Gewicht. Mittel 1,02440; max. 1,0245, min. 1,0243.
Allg. Bemerk.: Wind, wie am Tage zuvor, sehr schwach und meist still. Früh ganz bezogen mit starkem Regen; um Mittag aufklarend. Abends starkes Wetterleuchten im N.
Ozongehalt 5—6; Regen 11,1 mm; Verdunstung 1,7 mm.

1875, den 20. Juni.

Position: Segaar-Bay bis gegen 10h p. m.
2° 30,9′ S-Br., 132° 11,6° O-Lg um 10h p. m.
Schiffsbew.: Kurs. N307°E } um 10h p. m.
Fahrt. 4,7 }
Wind: Richtung. Mittel N308°E; meist still, gegen Mittag schwacher N48°E, dann schwacher N318°E um 10h p. m. N273°E.
Stärke. Mittel 0,2; max. 1.
Barom.: Mittel 758,58 mm; 2 max. 759,80 mm um 10h a. m., 758,85 mm um 10h p. m.; 2 min. 758,70 mm um 6h a. m. und 757,55 mm um 6h p. m.
Temp. d. Luft: Mittel 27,2°; max. 29,5° um 2h p. m., min. 24,1° um 2h a. m.
Spannkr. d. Dünste: Mittel 22,1 mm; max. 24,3 mm um 6h p. m., min. 20,2 mm um 2h a. m.
Wolken: Gattung u. Betrag. a. m. cu 4—5; von 10h a. m. ab nur cu 2—3 am Horizont, jedoch 4h p. m. ganz leicht bezogen.
Richtung. —
Niederschl.: Von 4h—4h 30′ ganz wenig Regen.
Zustand d. See: Temp. Mittel 27,8°; max. 28,7° um 2h p. m., min. 27,3° um 10h p. m.
Spezif. Gewicht. Mittel 1,02435; max. 1,0247, min. 1,0240.
Allg. Bemerk.: Wind am ganzen Tage fast still, nur selten ein schwacher Hauch aus den angegebenen Richtungen. Himmel klar und schön, wenig cu am Horizont. Von 4h p. m. bis 4h 30′ p. m. leicht bezogen mit ganz wenig Regen.
Ozongehalt 3—4; Regen 0; Verdunstung 1,4 mm.

1875, den 21. Juni.

Position: 2° 22,3′—1° 46,0′ S-Br; 131° 55,7′—131° 5,0′ O-Lg.
Schiffsbew.: Kurs. a. m N303°E; p. m. N329°E.
Fahrt. 4,6—5,7; von 6h p. m. an zu Anker.
Wind: Richtung. Mittel N227°E a. m. N317°E p. m. N227°E.
Stärke. Mittel 0,3; sonst 0—2, gegen Abend zuweilen 3.
Barom.: Mittel 758,38 mm; 2 max. 758,65 mm um 10h a. m. und 758,75 mm um 10h p. m.; 2 min. 757,95 mm 6h a. m. und 758,10 mm um 6h p. m.
Temp. d. Luft: Mittel 28,4°; max. 29,4° um 10h a. m., min. 27,6° um 2h a. m.
Spannkr. d. Dünste: Mittel 23,3 mm; max. 24,5 mm um 6h a. m., min. 22,8 mm um 2h a. m.
Wolken: Gattung u. Betrag. a. m. klar, nur str. 1—2, cu 1—2; p. m. anfangs cu, cu str., beide 4—5, dann gegen Abend ni 8—10.
Richtung. a. m. am Horizont; p. m. aus der Windrichtung.
Niederschl.: —
Zustand d. See: Temp. Mittel 27,6°; max. 28,7° um 2h p. m., min. 27,1° um 6h a. m.
Spezif. Gewicht. Mittel 1,02517; max. 1,0257, min. 1,0244.
Allg. Bemerk.: Vormittags klar und schön, schwache N317°E-Winde, Nachmittags cu ganz langsam aus der Windrichtung ziehend, Abends dünn bezogen, N227°E-Winde.
Wasserfarbe schmutzig blaugrün.
Abends Wetterleuchten.
Ozongehalt 5; Regen 0; Verdunstung 2,1 mm.

1875, den 22. Juni.

Position: Insel Pinang. Zu Anker.
1° 32,9′ S-Br, 130° 55,6′ O-Lg um 10h a. m. Galewo-Strasse. Zu Anker.
Schiffsbew.: Kurs. N351°E um 10h a. m., N47°E um 2h p. m.
Fahrt. 4,5—3, zu Anker um 6h p. m.
Wind: Richtung. Mittel N49°E; anfangs N70°E, dann N13°E und N2°E, von 6h p. m. ab still.
Stärke. Mittel 1,0; anfangs 3, dann 1—2, gegen Abend still.
Barom.: Mittel 758,69 mm; 2 max. 759,70 mm um 10h a. m. und 759,20 mm um 10h p. m., 2 min. 758,30 mm um 2h a. m. und 757,55 mm um 2h p. m.
Temp. d. Luft: Mittel 26,6°; max. 28,0° um 2h a. m., min. 24,8° um 10h p. m.
Spannkr. d. Dünste: Mittel 22,4 mm; max. 24,2 mm um 2h a. m., min. 21,3 mm um 10h p. m.
Wolken: Gattung u. Betrag. Anfangs bezogen cu ni. 8—9, dann aufklarend bis zu cu ni 3—4, von 10h a. m. ab wieder ganz bezogen cu ni 10, um 10h p. m. nur noch cu ni 5—6.
Richtung. Mit dem Winde ziehend.
Niederschl.: Um 6h a. m. kurze Zeit Regen, 3h 20′ p. m. Gewitterregen, von 4h—6h p. m. starker Regen.
Zustand d. See: Temp. Mittel 27,8°; max. 28,3° um 2h p. m., min. 27,3° um 6h a. m.
Spezif. Gewicht. Mittel 1,02565; max. 1,0260, min. 1,0237.
Allg. Bemerk.: Anfangs bezogen, gegen 3h a. m. in S ein Gewitter, dann aufklarend, Wetterleuchten. Wind bis 2h a. m. N137°E, dann N70°E und N92°E und N47°E, p. m. Wind bis gegen 4h N2°E, dann N160°E, von 5h ab still. 3h 20′ p. m. Gewitterregen, 4h—6h starker Regen. Abends aufklarend.
Wasserfarbe schmutzig hellgrün.
Ozongehalt 8—9, Regen (?), Verdunstung 3,0 mm.

1875, den 23. Juni.

Position: Galewo-Strasse.
Schiffsbew.: Kurs. } Zu Anker.
Fahrt. }
Wind: Richtung. Mittel N182°E; meist still, nur um Mittag N182°E.
Stärke. Mittel 0,7; max. 2—3.
Barom.: Mittel 758,43 mm; 2 max. 758,95 mm um 10h a. m. und 758,60 mm um 10h p. m., 2 mm 758,60 mm um 2h a. m. und 757,25 mm um 6h p. m.
Temp. d. Luft: Mittel 26,4°; max. 28,8° um 2h p. m., min. 24,5° um 6h a. m.
Spannkr. d. Dünste: Mittel 23,2 mm; max. 25,4 mm um 6h p. m., min. 21,7 mm um 6h a. m.
Wolken: Gattung u. Betrag. a. m. leicht bewölkt cu 9, gegen Morgen aufklarend cu ci 2—3 am Horizont, bis 9h schön, dann wieder leicht bezogen bis 5h 30′ p. m., dann aufklarend bis cu ni 3—4, im SE am Horizont.
Richtung. Mit dem Winde ziehend, aus S von 9h a. m. bis 6h p. m., um 2h a. m. bei Windstille aus E.
Niederschl.: Vormittags sehr feuchte Luft, Nachmittags bis 5h 30′ vorübergehender Regen.
Zustand d. See: Temp. Mittel 27,6°; max. 28,1° um 2h p. m., min. 27,1° um 2h a. m.
Spezif. Gewicht. Mittel 1,0236; max. 1,0281, min. 1,0143.
Allg. Bemerk.: Wind meist still, nur von 10h a. m. bis 2h p. m. N182°E 2—3. Himmel anfangs leicht bewölkt, Luft sehr feucht, gegen Morgen aufklarend, bis 9h a. m. schön, dann wieder leicht bezogen, cu ni 10 aus der Windrichtung mit vorübergehendem Regen bis 5h 30′ p. m., dann aufklarend bis zu cu ni 3—4 am Horizont in SE, Luft sehr feucht.
Ozongehalt 4—5, Regen 13,6 mm, Verdunstung 1,1 mm.

1875, den 24. Juni.

Position: Galewo-Strasse.
Schiffsbew.: Kurs. —
Fahrt. —
Wind: Richtung. Mittel N147°E, anfangs still, dann N115°E und N137°E, Nachmittags N160°E und N171°E um 10h p. m. still.
Stärke. Mittel 1,0; meist schwach 0—1, nur von 10h a. m. bis 2h p. m. 2—4.
Barom.: Mittel 757,42 mm; 2 max. 758,65 mm um 10h a. m. und 757,80 mm um 10h p. m., 2 min. 757,15 mm um 2h a. m. und 756,60 mm um 2h p. m.
Temp. d. Luft: Mittel 27,1°; max. 28,6° um 2h p. m., min. 25,8° um 6h a. m.
Spannkr. d. Dünste: Mittel 22,8 mm; max. 24,6 mm um 10h a. m., min. 21,8 mm um 2h a. m.
Wolken: Gattung u. Betrag. Anfangs klar cu ni 5—6, von 4h—6h a. m. ni 9, 6½h a. m. aufklarend bis zu 5—6, von 9h a. m. ab wieder bezogen, Nachmittags anfangs ci cu 6—7, dann wieder mehr bezogen bis zu cu ni 10.

Niederschl.: Vormittags von 6^h 30' an vorübergehender Regen, etwas Regen gegen Abend.
Zustand d. See: Temp. Mittel 27,8°; max. 28,1° um 6^h p. m., min. 27,4° um 2^h a. m.
Spezif. Gewicht. Mittel 1,02598; max. 1,0263, min. 1,0252.
Allg. Bemerk.: Wind meist still, nur von 10^h a. m. bis 2^h p. m. südöstliche Winde 2—4. Himmel anfangs oben klar, nur cu ni 5—6 am Horizont, von 4^h—6^h a. m. ni 9 aus SE ziemlich schnell ziehend, darüber cu ci langsam aus NNW, um $6^1/_2{}^h$ a. m. klarte es auf bis zu cu ni 5—6, um $6^1/_2{}^h$ fiel auch etwas Regen, um 9^h bezog sich der Himmel wieder, mit vorübergehendem Regen. Nachmittags klarte es wieder auf bis zu cu 6—7, Abends wieder ganz bezogen mit etwas Regen.
Ozongehalt 7, Verdunstung 1,5 mm, Regen 1,5 mm.

1875, den 25. Juni.

Position: Galewo-Strasse bis 10^h a. m.
0° 39,3'—0° 23,3' S-Br., 131° 3,7'—131° 53,8' O-Lg. von 2^h p. m. bis 12^h p. m.
Schiffsbew.: Kurs. Nachmittags N81°E, N70°E und N58°E.
Fahrt. 7—7,8.
Wind: Richtung. Mittel N174°E; anfangs still, um 10^h a. m. N227°E, Nachmittags N160°E und N137°E, dann N182°E.
Stärke. Mittel 2,4; der N227°E 3—4, Nachmittags die SE-lichen Winde 4—5.
Barom.: Mittel 757,70 mm; max. 759,35 mm um 2^h p. m., min. 756,70 mm um 6^h p. m.
Temp. d. Luft: Mittel 27,1°; max. 28,2° um 10^h p. m., min. 25,6° um 2^h a. m.
Spannkr. d. Dünste: Mittel 22,1 mm; max. 22,9 mm um 2^h p. m., min. 21,2 mm um 10^h p. m.
Wolken: Gattung u. Betrag. Vormittags anfangs ganz bezogen, von 1^h an aufklarend bis zu cu ni 4—5, Nachmittags ganz bezogen, dann gegen 4^h aufklarend bis zu cu ni 5—6.
Richtung. Mit dem Winde ziehend.
Niederschl.: Regen bis 1^h a. m., um 10^h a. m. sehr wenig Regen.
Zustand d. See: Temp. Mittel 27,6°; max. 27,7° um 6^h p. m., min. 27,5° um 10^h a. m.
Spezif. Gewicht. Mittel 1,02645; max. 1,0267, min. 1,0262.
Allg. Bemerk.: Himmel anfangs ganz bezogen ni 10 mit Regen, von 1^h a. m. an aufklarend bis zu cu ni 4—5. Bis 7^h a. m. war der Wind still, dann kam N227°E auf 3—4. Nachmittags wieder ganz bezogen bei N160°E 4—5, als dann der Wind nach N137°E überging, klarte es auf bis zu cu ni 5—6. Um 10^h p. m. sprang der Wind von N137°E auf N227° und um 11^h 50' nach N182°E.
Ozongehalt 6—7. Regen 4,3 mm. Verdunstung 2,2 mm.

1875, den 26. Juni.

Position: 0° 13,2'—0° 2,1' S-Br., 132° 15,5'—132° 53,5' O-Lg.
Schiffsbew.: Kurs. Vormittags N71°E, N82°E und N48°E, Nachmittags N82°E.
Fahrt. Anfangs 4—5, dann 2, Nachmittags 4—5, dann 2,0.
Wind: Richtung. Mittel N160°E; meist südöstliche Winde, nur 10^h p. m. N318°E.
Stärke. Mittel 1,2; anfangs 2—3, dann meist 1.
Barom.: Mittel 757,05 mm; 2 max. 757,90 mm um 10^h a. m. und 757,90 mm um 10^h p. m., 2 min. 756,60 mm um 2^h a. m. und 756,15 mm um 2^h p. m.
Temp. d. Luft: Mittel 28,0°; max. 28,4° um 2^h p. m., min. 27,8° um 6^h p. m.
Spannkr. d. Dünste: Mittel 22,3 mm; max. 23,2 mm um 10^h a. m., min. 20,5 mm um 2^h a. m.
Wolken: Gattung u. Betrag. Den Tag über cu ni 8—10.
Richtung. Anfangs aus NE, dann E und SE bei südöstlichen Winden.
Niederschl.: —
Zustand d. See: Temp. Mittel 27,5°; max. 28,1° um 10^h a. m., min. 26,6° um 2^h a. m.
Spezif. Gewicht. Mittel 1,02627; max. 1,0266, min. 1,0259.
Allg. Bemerk.: Um 2^h a. m. zogen die Wolken bei N161°E-Wing ganz langsam aus NEzE, in derselben Richtung starkes Wetterleuchten. Wind zuweilen N228°E. Bei schwachen südöstlichen Winden war der Himmel den Tag über meist ganz bezogen.
Leichter Seegang aus der Windrichtung. Um 5^h p. m. ging der Wind nach N273°E und drehte sich bis 10^h allmählich nach N318°E, dann wurde er wieder N138°E.
Ozongehalt 8—9. Regen 0. Verdunstung 3,0 mm.

1875, den 27. Juni.

Position: 0° 3,1'—0° 28,8' N-Br., 132° 58,4'—133° 33,1' O-Lg.
Schiffsbew.: Kurs. Vormittags meist N55°E, dann N88°E; Nachmittags trieb das Schiff um, 2^h dann N94°E.
Fahrt. Vormittags 3—1, dann 4, Nachmittags um 6^h 6,5, dann 3—1.
Wind: Richtung. Mittel N229°E; Vormittags anfangs fast still, dann E-lich 2—3, Nachmittags anfangs wieder ganz still, dann umspringend von N4°E über N49°E nach N94°E, sodann nach N274°E, nach N184°E und wieder auf N285°E.
Stärke. Mittel 0,7; Vormittags erst still, dann 2—3, Nachmittags anfangs still, dann 6, und spät Abends wieder abflauend bis zu 1.
Barom.: Mittel 758,27 mm; 2 max. 758,75 mm um 10^h a. m. und 760,30 mm um 10^h p. m., 2 min. 756,40 mm um 2^h a. m. und 757,00 mm um 2^h p. m.
Temp. d. Luft: Mittel 26,7°; max. 29,0° um 10^h a. m., min. 23,2° um 6^h p. m.
Spannkr. d. Dünste: Mittel 22,3 mm; max. 23,3 mm um 2^h p. m., min. 21,0 mm um 6^h p. m.
Wolken: Gattung u. Betrag. Meist ganz bezogen cu ni 9—10, nur um 6^h a. m. cu str. 7—8.
Richtung. Mit dem Winde ziehend.
Niederschl.: Nachmittags sehr starker, anhaltender Regen.
Zustand d. See: Temp. Mittel 27,6°; max. 27,7° um 2^h p. m., min. 27,1° um 2^h a. m.
Spezif. Gewicht. Mittel 1,02637; max. 1,0266, min. 1,0262.
Allg. Bemerk.: Vormittags ganz dünn bezogen, die Wolken zogen bei schwachen SE-lichen Winden kaum merklich aus der Windrichtung; in Lee dunkle Bänke. SW-Dünung.
Nachmittags Wind sehr umspringend zwischen N4°E, N49°E und N94°E. Himmel ganz bezogen. Um 5^h sprang der Wind um nach N274°E, wobei er sehr auffrischte bis 6, mit sehr starkem, anhaltenden Regen. Starkes Wetterleuchten im E. Um 10^h sprang der Wind auf N184°E, 11^h wieder auf N285°E, immer mehr abflauend bis zu 1.
Ozongehalt 7. Regen 0. Verdunstung 2,4 mm.

1875, den 28. Juni.

Position: 0° 29,6'—0° 44,0' N-Br., 133° 35,3'—134° 29,5' O-Lg.
Schiffsbew.: Kurs. Vormittags N94°E, Nachmittags von 6^h ab N72°E.
Fahrt. Anfangs 2, von 10^h a. m. ab 5—7.
Wind: Richtung. Mittel N152°E; anfangs N318°E, von 10^h a. m. ab N139°E.
Stärke. Mittel 1,8; Vormittags schwach, gegen Mittag auffrischend bis zu 6.
Barom.: Mittel 758,98 mm; 2 max. 760,50 mm um 10^h a. m. und 759,25 mm um 10^h p. m., 2 min. 758,45 mm um 2^h a. m. und 757,65 mm um 2^h p. m.
Temp. d. Luft: Mittel 26,4°; max. 27,8° um 10^h p. m., min. 25,0° um 2^h a. m.
Spannkr. d. Dünste: Mittel 21,5 mm; max. 22,0 mm um 2^h a. m., min. 20,8 mm um 6^h p. m.
Wolken: Gattung u. Betrag. Den ganzen Tag über meist ni und cu ni beide 10, nur selten 8—9.
Richtung. Mit dem Winde ziehend.
Niederschl.: Von Zeit zu Zeit ganz leichter Regen.
Zustand d. See: Temp. Mittel 27,4°; max. 27,6° um 2^h p. m. und um 10^h p. m., min 27,2° um 2^h a. m.
Spezif. Gewicht. Mittel 1,02640; max. 1,0266, min. 1,0261.
Allg. Bemerk.: Vormittags schwacher Wind und abflauend N318°E bis N273°E, Himmel bezogen. NW-liche Dünung. Zeitweilig leichter Regen. Gegen Mittag N162°E aufkommend und Nachmittags immer mehr auffrischend bis zu 5—6 als N139°E. Von 12^h—1^h p. m. abermals leichter Regen, ebenfalls gegen Abend. SE-licher Seegang.
Ozongehalt 9—10. Regen 142,8 mm. Verdunstung 1,4 mm.

1874, den 29. Juni.

Position: 0° 56,3'—1° 4,5' N-Br., 134° 45,6'—136° 3,6' O-Lg.
Schiffsbew.: Kurs. N71°E. von 10^h a. m. ab N93°E.
Fahrt. Vormittags 6—7, Nachmittags 3—6.
Wind: Richtung. Mittel N146°E; Vormittags N138°E, dann N172°E, Nachmittags N172°E, dann still und Abends N161°E.
Stärke. Mittel 2,5; Vormittags 5—4, Nachmittags abflauend 2—0.
Barom.: Mittel 758,21 mm; anfangs 758,85 mm um 2^h a. m., fiel dann bis zum min. 756,90 mm um 2^h p. m. und stieg bis zum max. 759,20 mm um 10^h p. m.
Temp. d. Luft: Mittel 28,1°; max. 29,2° um 2^h p. m., min. 27,2° um 2^h a. m.
Spannkr. d. Dünste: Mittel 21,2 mm; max. 21,8 mm um 2^h a. m., min. 20,9 mm um 6^h p. m.
Wolken: Gattung u. Betrag. Anfangs cu ni dünn und leicht bezogen, um 1^h a. m. aufklarend bis cu ci 5—6 und cu str. 5—6 um 10^h a. m.; Nachmittags schön und klar, es zeigten sich anfangs nur str. 2—3 am Horizont, dann cu ci 3—4 und Abends cu str. 1—2 ebenfalls am Horizont.
Richtung. Vormittags aus der Windrichtung, Nachmittags am Horizont.
Niederschl.: Abends 10^h diesig.
Zustand d. See: Temp. Mittel 27,8°; max. 28,3° um 2^h p. m., min. 27,1° um 2^h a. m.
Spezif. Gewicht. Mittel 1,02658; max. 1,0267, min. 1,0264.
Allg. Bemerk.: Vormittags frische Briese aus N127°E und N138°E, welche Nachmittags ganz abflaute. Mit cu ni leicht und dünn bezogen bis 1^h a. m., dann aufklarend cu ni in E am Horizont und aus der Windrichtung.
Nachmittags schön und klar, diesig gegen Abend. Wasser glatt. Wind meist still.
Ozongehalt 7—8. Regen 0,8 mm. Verdunstung 3,5 mm.

1875, den 30. Juni.

Position: 1° 3,0' — 0° 51,7' N-Br.; 136° 22,9' — 137° 48,1' O-Lg.
Schiffsbew.: Kurs. N94°E.
Fahrt. 3—5, nur um 6^h p. m. 1,6.
Wind: Richtung. Mittel N11°E; Vormittags meist still, um 10^h a. m. N72°E, Nachmittags N4°E.
Stärke. Mittel 0,6; Vormittags fast still, Nachmittags ein wenig auffrischend bis zu 2 um 10^h p. m.
Barom.: Mittel 758,18 mm; 2 max. 758,90 mm um 10^h a. m. und 758,60 mm um 10^h p. m., 2 min. 757,85 mm um 6^h a. m. und 757,40 mm um 2^h p. m.
Temp. d. Luft: Mittel 28,3°; max. 29,2° um 2^h p. m., min. 27,8° um 2^h a. m.
Spannkr. d. Dünste: Mittel 22,0 mm; max. 23,1 mm um 6^h p. m., min. 21,0 mm um 2^h a. m.
Wolken: Gattung u. Betrag. Den Tag über leicht und dünn bezogen, cu ni 8—10.
Richtung. Mit dem Winde ziehend.
Niederschl.: Früh 2^h a. m. bis 10^h a. m. diesig.
Zustand d. See: Temp. Mittel 27,6°; max. 28,1° um 10^h a. m., min. 26,7° um 10^h p. m.
Spezif. Gewicht. Mittel 1,02643; max. 1,0266, min. 1,0260.
Allg. Bemerk.: Vormittags früh windstill, erst um 10^h erhob sich ein sehr schwacher N72°E. Wetterleuchten im West. Himmel leicht und dünn bezogen. See glatt.
Nachmittags Wind N4°E, gegen Abend etwas stärker werdend bis zu 2. Himmel ganz dünn bezogen, so dass Abends die Sterne durchschimmerten. Schwaches Meeresleuchten im Kielwasser.
Ozongehalt 7. Verdunstung 3,6 mm.

1875, den 1. Juli.

Position: 0° 48,7' — 0° 22,3' N-Br; 137° 59,7' — 138° 46,4' O-Lg.
Schiffsbew.: Kurs. N88°E bis gegen 6^h p. m., dann trieb das Schiff, N99°E um 10^h p. m.
Fahrt. Meist 3—4, nur von 6^h—10^h a. m. 1.
Wind: Richtung. Mittel N70°E; Vormittags N4°E, dann N162°E, Nachmittags N207°E, still und Abends N72°E.
Stärke. Mittel 0,3, Vormittags 0—1, Nachmittags 2—3.
Barom.: Mittel 758,19 mm; 2 max. 759,30 mm um 10^h a. m. und 758,95 mm um 10^h p. m., 2 min. 757,60 mm um 6^h a. m. und 757,60 mm um 6^h p. m.
Temp. d. Luft: Mittel 26,9°; max. 27,8° um 2^h a. m., min. 25,4° um 10^h a. m.
Spannkr. d. Dünste: Mittel 21,7 mm; max. 22,5 mm um 10^h p. m., min. 20,3 mm um 6^h p. m.
Wolken: Gattung u. Betrag. Den ganzen Tag dünn bezogen, darunter leichte ni aus der Windrichtung cu ni 8—10, jedoch gegen Abend aufklarend bis zu str. 3—4 am Horizont.
Niederschl.: Früh ein 10 Minuten anhaltender leichter Regen, gegen 10^h und von 3^h 30'—4^h abermals leichter Regen.
Zustand d. See: Temp. Mittel 27,5°; max. 28,0° um 2^h p. m., min. 27,3° um 2^h a. m.
Spezif. Gewicht. Mittel 1,02647; max. 1,0266, min. 1,0263.
Allg. Bemerk.: Vormittags N4°E 1—2, abflauend, zuletzt N162°E sehr schwach. Himmel ganz dünn bezogen, darunter leichte ni aus der Windrichtung, zuweilen aufklarend bis zu 4. Gegen Morgen mehr bezogen. See glatt.
Nachmittags ganz bezogen cu ni 10, nach dem Regen um 4^h aufklarend, str. am Horizont, oben leichte ni, doch bald oben ganz klar.
Ozongehalt 8—9. Regen 10,7 mm, Verdunstung 2,2 mm.

1875, den 2. Juli.

Position: 0° 15,0' — 0° 7,8' N-Br; 138° 52,7' — 140° 3,6' O-Lg.
Schiffsbew.: Kurs. Um 2^h a. m. trieb das Schiff, dann N86°E Nachmittags N75°E.
Fahrt. 3—5.
Wind: Richtung. Mittel N265°E; Vormittags fast still, um 10^h N73°E, Nachmittags anfangs N298°E, dann N253°E.
Stärke. Mittel 1,1; Vormittags 0—1, Nachmittags meist 2, um 6^h p. m. 3—4.
Barom.: Mittel 759,22 mm; 2 max. 760,70 mm um 10^h a. m. und 760,90 mm um 10^h p. m., 2 min. 757,70 mm um 2^h a. m. und 758,20 mm um 2^h p. m.
Temp. d. Luft: Mittel 27,1°; max. 27,6° um 10^h a. m., min. 26,6° um 6^h p. m.
Spannkr. d. Dünste: Mittel 21,5 mm; max. 22,8 mm um 10^h a.m., min. 20,6 mm um 6^h p. m.
Wolken: Gattung u. Betrag. Um 2^h leicht bezogen cu 9—10, um 6^h cu ci 6—7, um 10^h wieder vollständig bezogen cu ni 10, Nachmittags mehr aufklarend bis zu 5 um 10^h p. m.
Richtung. Morgens erst von S, dann von SE, Nachmittags aus W ziehend.
Niederschl.: Von 10^h—10^h 35' a. m. Regen.
Zustand d. See: Temp. Mittel 27,7°; max. 27,9° um 6^h a. m., min. 27,6° um 10^h p. m.
Spezif. Gewicht. Mittel 1,02657; max. 1,0268, min. 1,0264.
Allg. Bemerk.: Bei gänzlicher Windstille um 1^h 30' a. m. aus N leicht bezogen. Morgens hohe ci, darunter leichte ni von SE nach NW ziehend. Um 10^h schwacher Hauch aus N73°E, ganz bezogen cu ni 10 aus SE mit Regen, der reichlich ½ Stunde anhielt.
Nachmittags mehr und mehr aufklarend, sehr hohe ci, darunter cu ni aus der Windrichtung, die sich zu Lee am Horizont aufthürmten, oberer Himmel oft klar. Wind N275°E bis zu 3—4 um 6^h p. m. auffrischend, jedoch Abends abflauend bis zu 2.
Ozongehalt 8. Regen 7,5 mm, Verdunstung 2,0 mm.

1875, den 3. Juli.

Position: 0° 7,1' N-Br.—0° 2,1' S-Br.; 140° 16,4'—141° 3,6 O-Lg.
Schiffsbew.: Kurs. Vormittags N75°E, von 10^h ab N84°E, Nachmittags N73°E.
Fahrt. Meist 2—3, um 10^h a. m. und 10^h p. m. 5.
Wind: Richtung. Mittel N277°E; Vormittags meist N253°E, Nachmittags meist N275°E, Abends still.

Stärke. Mittel 1,5; Vormittags 2—3, Nachmittags flauer 1—2, Abends still.
Barom.: Mittel 760,07 mm; 2 max. 761,80 mm um 10h a. m. und 761,15 mm um 10h p. m., 2 min. 759,20 mm um 2h a. m. und 758,60 mm um 6h p. m.
Temp. d. Luft: Mittel 27,9°; max. 28,6° um 2h p. m., min. 27,4° um 2h a. m.
Spannkr. d. Dünste: Mittel 21,5 mm; max. 22,1 mm um 10h p. m., min. 20,5 mm um 2h a. m.
Wolken: Gattung u. Betrag. Vormittags klar cu ci 4—5, um 10h etwas bezogen cu ni 7, Nachmittags aufklarend anfangs cu ni 5—6, dann nur ci und cu str. 1—2, letztere am Horizont.
Niederschl.: Um 10h a. m. Regenböen, ebenfalls 5h 30′ p. m. etwas Regen.
Zustand d. See: Temp. Mittel 27,7°; max. 28,0° um 2h p. m., min. 27,3° um 2h a. m.
Spezif. Gewicht. Mittel 1,02663; max. 1,0268, min. 1,0265.
Allg. Bemerk.: Vormittags Wind N253°E 2—3, Himmel klar, leichte cu und ci, leichte Regenböen aus der Windrichtung. Um 9h 30′ ging der Wind aus N253°E nach N320°E und 11h in einer Regenböe wieder auf N253°E. Obere Wolken zogen aus NNW.
Nachmittags aufklarend. Wind N275°E abflauend, gegen 8h still, selten ein Hauch aus N320°E. Westliche Dünung. cu str. 1—2 am Horizont, oben zuweilen leichte ci.
Ozongehalt 7—8. Regen 0,5 mm, Verdunstung 2,7 mm.

1875, den 4. Juli.

Position: 0° 0,6′ S-Br. — 0° 2,3′ N-Br.; 141° 27,8′ — 142° 21,5′ O-Lg.
Schiffsbew.: Kurs. N74°E, von 6h p. m. ab N51°E und N62°E.
Fahrt. 4—4,5, von 6h p. m. ab 1,5.
Wind: Richtung. Mittel N49°E; Vormittags meist still, nur um 6h kurze Zeit N6°E, Nachmittags N51°E nach N107°E, Abends N6°E.
Stärke. Mittel 0,6; um 10h a. m. und 6h p. m. 2, sonst 0—1.
Barom.: Mittel 759,71 mm; 2 max. 760,65 mm um 10h a. m., 760,05 mm um 10h p. m., 2 min. 759,50 mm um 2h a. m. und 758,95 mm um 2h p. m.
Temp. d. Luft: Mittel 28,3°; max. 30,7° um 2h p. m., min. 27,0° um 6h a. m.
Spannkr. d. Dünste: Mittel 22,1 mm; max. 23,1 mm um 2h p. m., min. 20,3 mm um 6h a. m.
Wolken: Gattung u. Betrag. Um 2h klar, nur ni 4 am Horizont, um 6h a. m. leicht mit cu 9 bezogen, um 10h a. m. cu ci 6 bis gegen 6h p. m., dann wieder mehr bezogen bis zu cu ni 8, Abends aufklarend bis zu cu ni 4 um 10h p. m.
Richtung. Aus N, Abends aus NW ziehend.
Zustand d. See: Temp. Mittel 28,2°; max. 29,1° um 2h p. m., min. 27,6° um 2h a. m.
Spezif. Gewicht. Mittel 1,02658; max. 1,0268, min. 1,0264.
Allg. Bemerk.: Vormittags Wind anfangs still, um 6h N6°E bis zu 2, dann wieder still. Oberer Himmel klar, in N am Horizont eine dunkle Bank um 5h, von da ab leicht mit cu bezogen bis zu 9.
Nachmittags schwache N51°E-Winde, Himmel sonst klar, Horizont besetzt mit cu, oben leichte ci, zuweilen ni vom Horizont heraufziehend in der Windrichtung.
Ozongehalt 7—8. Regen 0,6 mm, Verdunstung 2,8 mm.

1875, den 5. Juli.

Position: 0° 6,6′—0° 13,6′ N-Br.; 142° 33,4′—143° 30,3′ O-Lg.
Schiffsbew.: Kurs. Vormittags stets N61°E; Nachmittags N95°E.
Fahrt. 3—4.
Wind: Richtung. Mittel N64°E; Vormittags N5°E- und N50°E-Winde, Nachmittags N50°E und N95°E.
Stärke. Mittel 0,7; meist 0—1; max. 2 um 10h p. m.
Barom.: Mittel 759,44 mm; 2 max. 761,00 mm um 10h a. m. und 760,30 mm um 10h p. m.; 2 min. 759,84 mm um 2h a. m. und 758,10 mm um 2h p. m.
Temp. d. Luft: Mittel 28,5°; max. 29,8° um 2h p. m., min. 27,6° um 6h a. m.
Spannkr. d. Dünste: Mittel 23,0 mm; max. 25,5 mm um 10h p. m, min. 21,8 mm um 2h p. m.
Wolken: Gattung u. Betrag. Vormittags klar, nur cu, cu str., cu ci abwechselnd 2—4; Nachmittags anfangs klar, um 6h bezogen, oben cu ci, unten cu ni 8—9; Abends ganz klar.
Richtung. Mit dem Winde ziehend.
Niederschl.: Um 6h p. m. Regen während einer halben Stunde, Abends diesig.
Zustand d. See: Temp. Mittel 28,3°; max. 28,6° um 10h a. m., min. 27,8° um 10h p. m.
Spezif. Gewicht. Mittel 1,02653; max. 1,0268, min. 1,0263.
Allg. Bemerk.: Vormittags war der Wind schwach, anfangs N5°E, dann N50°E, Nachmittags ebenfalls schwach N50°E, Abends N84°E und etwas stärker bis zu 2.
Anfangs klar, str. 0—1 am N-Horizont, dann cu 2—3 nach S; von 3h—4h klar, später cu str. in NE 4—5; von 10h a. m. bis 4h p. m. klar, nur cu ci 3—4; gegen 6h bezogen hohe cu ci, darunter cu ni 8—9 mit halbstündigem Regen, Abends ganz aufklarend und etwas diesig.
Ozongehalt 5; Verdunstung 2,6 mm.
Meeresleuchten in kleinen Punkten und plötzliches Aufblitzen.

1875, den 6. Juli.

Position: 0° 11,6′ N-Br. bis 0° 7,4′ S-Br.; 143° 43,5′ bis 144° 41,6′ O-Lg.
Schiffsbew.: Kurs. Vormittags N95°E, Nachmittags N119°E, dann N103°E.
Fahrt. 3—4.
Wind: Richtung. Mittel N92°E; Vormittags anfangs N84°E, dann N50°E; Nachmittags N95°E, N118°E, Abends N129°E.
Stärke. Mittel 1,1; meist 1—2; um 6h p. m. kurze Zeit etwas frischer bis zu 3.
Barometer: Mittel 760,16 mm; 2 max. 761,15 mm um 10h a. m. und 761,35 mm um 10h p. m.; 2 min. 759,45 mm um 2h a. m. und 759,30 mm um 6h p. m.
Temp. d. Luft: Mittel 28,8°; max. 29,9° um 2h p. m.; min. 27,9° um 6h a. m.
Spannkr. d. Dünste: Mittel 21,4 mm; max. 22,2 mm um 10h p. m., min. 20,5 mm um 6h p. m.
Wolken: Gattung und Betrag. Wetter den Tag über schön, cu und cu ci abwechselnd 2—4, jedoch um 10h a. m. leicht bezogen cu 8.
Richtung. Anfangs am Horizont, dann aus der Windrichtung ziehend.
Niederschl.: Um 2h a. m. diesig.
Zustand d. See: Temp. Mittel 28,0°; max. 28,3° um 2h p. m., min. 27,4° um 2h a. m.
Spezif. Gewicht. Mittel 1,02662; max. 1,0267, min. 1,0264.
Allg. Bemerk.: Vormittags schwache N95°E- und N50°E-Winde, Nachmittags schwache erst N95°E-, dann N140°E-Winde, meist 1—2. Wetter schön, cu und cu ci 2—4 theils am Horizont, theils aus der Windrichtung, nur kurze Zeit um 10h a. m. leicht bezogen.
See ruhig und blau.
Nach Sonnenuntergang von W nach E rothe Streifen über den ganzen Himmel, deren Ausgangspunkt genau dem Untergangspunkt der Sonne diametral gegenüber lag. Wetterleuchten in S. Einzelne Sternschnuppen.
Ozongehalt = 4. Regen = 0,4 mm. Verdunstung = 3,1 mm.

1875, den 7. Juli.

Position: 0° 10,8′ bis 0° 25,2′ S-Br.; 144° 52,1′ bis 145° 22,3′ O-Lg.
Schiffsbew.: Kurs. Vormittags N106°E, N118°E und N151°E; Nachmittags anfangs N61°E, dann N79°E, zuletzt N196°E.
Fahrt. Vormittags 3—4; Nachmittags meist 4—5,5 nur um 6h p. m 1,9.
Wind: Richtung. Mittel N98°E; anfangs N95°E, dann N73°E und N84°E; Nachmittags anfangs N95°E, dann N140°E.

Stärke. Mittel 2,7; Vormittags anfangs nur 2, dann auffrischend bis zur Stärke 5 und böig, Nachmittags wieder etwas abflauend bis zu 2.
Barom.: Mittel 760,03 mm; 2 max. 760,70 mm um 10h a. m. und 760,45 mm um 10h p. m., 2 min. 759,35 mm um 2h a. m. und 759,35 mm um 6h p. m.
Temp. d. Luft: Mittel 27,4°; max. 28,2° um 2h a. m., min. 26,5° um 10h a. m.
Spannkr. d. Dünste: Mittel 22,4 mm, max. 25,5 mm um 6h p.m., min. 21,6 mm um 2h a. m.
Wolken: Gattung u. Betrag. Anfangs schön, nur cu 1—2 am Horizont, von 5h a. m. ab sich immer mehr bewölkend bis zu cu ni 9 um 10h a. m.; Nachmittags Bewölkung sich vermindernd, Abends ganz aufklarend bis zu cu ni 2—3.
Richtung. Mit dem Winde ziehend.
Niederschl.: Von 6h—8h a. m. leichte Regenböen, 2h p. m. feiner Regen während 1/2 Stunde.
Zustand d. See: Temp. Mittel 27,8°; max. 28,3° um 6h a. m., min. 27,7° um 2h a. m. und um 10h p. m.
Allg. Bemerk.: Bis 5h schön, dann Wind auffrischend, böig bis zur Stärke 5. Von 8h—10h Wind umspringend von N50°E—N140E—N95°E; gegen 11h 15' wieder N140°E 2—3, Böen 4—5.
See tiefblau. Seegang aus E, mässig.
Abends ganz aufklarend, einige Regenböen zogen vor dem Schiffe vorüber.
Wetterleuchten im S.
Ozongehalt 4—5; Regen 0,3 mm; Verdunstung 3,5 mm.

1875, den 8. Juli.

Position: 0° 26,9'—0° 45,1' S-Br.; 145° 23,3'—145° 40,2' O-Lg.
Schiffsbew.: Kurs. Vormittags N50°E, N174°E, N163°E; Nachmittags N151°E und spät N53°E; um 6h p. m. trieb das Schiff.
Fahrt 3—4,6; nur um 2h p. m. 1,0.
Wind: Richtung. Mittel N113°E; abwechselnd N95°E und N118°E.
Stärke. Mittel 3,6; Vormittags 2—3, Nachmittags auffrischend 4, und Abends bis zu 5—6.
Barom.: Mittel 758,85 mm; 2 max. 759,65 mm um 10h a. m. und 758,80 mm um 10h p. m.; 2 min. 759,00 mm um 6h a. m. und 757,95 mm um 2h p. m.
Temp. d. Luft: Mittel 28,4°; max. 29,3° um 6h p. m., min. 27,0° um 2h a. m.
Spannkr. d. Dünste: Mittel 21,6 mm; max. 22,7 mm um 10h a.m., min. 20,1 mm um 6h p. m.
Wolken: Gattung u. Betrag. Wetter schön und klar, nur cu ni und cu str. 3; Nachmittags klar und schön, leichte cu aus der Windrichtung 2—5, Abends cu 1.
Richtung. Mit dem Winde ziehend.
Niederschl.: Um 12h 10' a. m. etwas Regen.
Zustand d. See: Temp. Mittel 27,9°; max. 28,1° um 2h p. m., min. 27,6° um 2h a. m.
Spezif. Gewicht. Mittel 1,02678; max. 1,0269, min. 1,0267.
Allg. Bemerk.: Klar und schön, wie am Abend vorher, einige cu ni 2—3, bisweilen auch cu str. 3 aus der Windrichtung; Nachmittags nur leichte cu aus der Windrichtung 3—6, sonst klar und schön. Wind fast gleichmässig 3—4, doch mehr auffrischend Abends bis zu 6.
See ruhig, hellblau.
Schwaches Meeresleuchten in einzelnen Punkten und Aufblitzen aus der Tiefe.
Ozongehalt 7; Regen 1,1 mm, Verdunstung 2,9 mm.

1875, den 9. Juli.

Position: 0° 33,1 S-Br.—0° 1,1' N-Br, 145° 45,2'—146° 2,3' O-Lg.
Schiffsbew.: Kurs. Anfangs N179°E, dann N53°E.
Fahrt. Anfangs 3—3,5, dann 5—6,4.
Wind: Richtung. Stets N118°E.
Stärke. Mittel 4,2; zwischen 3,5 und 5, allmählich zunehmend.
Barom.: Mittel 759,60 mm; 2 max. 760,00 mm um 6h a. m. und 761,35 mm um 10h p. m.; 2 min. 758,70 mm um 2h a. m. und 757,95 um 2h p. m.
Temp. d. Luft: Mittel 28,7°; max. 29,2° um 2h p. m., min. 28,4° um 2h a. m.
Spannkr. d. Dünste: Mittel 21,2 mm; max. 21,7 mm um 10h a. m., min. 20,5 mm um 2h a. m. und um 6h p. m.
Wolken: Gattung u. Betrag. Schön und klar, leichte cu 1—2 aus der Windrichtung, um Mittag cu ci und cu str. 2, Abends ganz klar.
Richtung. Mit dem Winde ziehend.
Niederschl.: —
Zustand d. See: Temp. Mittel 27,7°; max. 28,0° um 2h p. m., min. 27,5° um 2h a. m.
Spezif. Gewicht. Mittel 1,02675; max. 1,0269, min. 1,0266.
Allg. Bemerk.: Himmel ganz klar, nur wenige leichte cu aus der Windrichtung, vorübergehend auch wenige ci und str.; Abends ganz klar. Wind frisch 3—4, an Stärke allmählich zunehmend bis zu 5.
Morgens früh vereinzeltes Wetterleuchten. Wasserfarbe hellblau.
Bei Sonnenuntergang dieselbe Erscheinung wie am 7.
Ozongehalt 6—7; Verdunstung 5,0 mm.

1875, den 10. Juli.

Position: 0° 20,8'—1° 47,4' N-Br., 146° 14,3'—146° 53,0' O-Lg.
Schiffsbew.: Kurs. Vormittags meist N44°E und N25°E, Nachmittags N36°E.
Fahrt. 4—6.
Wind: Richtung. Mittel N99°E, meist N95°E, bisweilen N106°E.
Stärke. Mittel 3,7; Vormittags 5, dann Nachmittags abflauend bis zu 2, Abends 10h wieder 4.
Barom.: Mittel 759,62 mm; 2 max. 761,40 mm um 10h a. m. und 760,35 mm um 10h p. m., 2 min. 759,35 um 2h a. m. und 757,75 um 6h p. m.
Temp. d. Luft: Mittel 28,7°; max. 29,2° um 10h a. m., min. 28,3° um 6h a. m.
Spannkr. d. Dünste: Mittel 21,1 mm; max. 21,5 mm um 2h a. m., min. 20,6 mm um 2h p. m.
Wolken: Gattung und Betrag. Schön und klar, cu 1—2.
Richtung. Mit dem Winde ziehend.
Niederschl.: —
Zustand d. See: Temp. Mittel 27,8°; max. 28,2° um 2h p. m., min. 27,6° um 2h a. m. und um 10h p. m.
Spezif. Gewicht. Mittel 1,02680; max. 1,0271, min. 1,0267.
Allg. Bemerk.: Schön und klar den ganzen Tag mit leichten cu 1—2, bei frischem N95°E Wind.
Leichte See und Dünung aus West. Farbe dunkelblau.
Ozongehalt 5, Verdunstung 6,3 mm.

1875, den 11. Juli.

Position: 2° 7,7' — 2° 23,8' N-Br., 147° 5,7' — 147° 37,1' O-Lg.
Schiffsbew.: Kurs. Vormittags meist N49°E, dann N117°E, Nachmittags meist N139°E, dann N27°E.
Fahrt. Vormittags 6—4, Nachmittags anfangs 2,8, dann 1,0.
Wind: Richtung. Mittel N94°E; anfangs N117°E, dann N72°E.
Stärke. Mittel 2,3. Vormittags anfangs 4—5, abflauend bis zu 2—3. Nachmittags immer mehr abflauend bis zu 0—1.
Barom.: Mittel 759,43 mm; 2 max. 760,10 mm um 10h a. m. und 760,35 mm um 6h p. m.; 2 min. 758,90 mm um 6h a. m. und 758,15 mm um 2h p. m.
Temp. d. Luft: Mittel 28,6°; max. 29,4° um 2h p. m., min. 28,2° um 6h a. m. und um 10h p. m.
Spannkr. d. Dünste: Mittel 21,5 mm; max. 22,1 mm um 10h a. m., min. 21,2 mm um 6h a. m.
Wolken: Gattung u. Betrag. Anfangs schön und klar, cu 1 - 2, dann sich mehr beziehend cu ni 5 von 6h a. m. bis 2h p. m., Abends aufklarend bis cu 1—2.
Richtung. Mit dem Winde ziehend.
Niederschl.: —
Zustand d. See: Temp. Mittel 28,2°; max. 28,6° um 2h p. m., min. 27,6° um 10h p. m.
Spezif. Gewicht. Mittel 1,02678; max. 1,0270, min. 1,0265.
Allg. Bemerk.: Schön und klar mit Sonnenaufgang, anfangs cu 1—2, bei frischem N117°E, dann Bewölkung zu-

nehmend bis cu ni 5, während der Wind drehte nach N72°E und zu gleicher Zeit immer mehr abflaute. Abends aufklarend bis zu cu 1—2, Wind N94°E fast still.
Ozongehalt 5; Verdunstung 5,0 mm.
See ruhig, blau.

1875, den 12. Juli.

Position: 2° 27,2′—2° 34,6′ N-Br.; 147° 39,3′—148° 26,9′ O-Lg.
Schiffsbew.: Kurs. Vormittags N62°E, N107°E, dann trieb das Schiff; Nachmittags N96°E, N51°E, N96°E.
Fahrt. Vormittags 0,5—1,6, Nachmittags meist 4, zuletzt 2,3.
Wind: Richtung. Mittel N196°E; Vormittags fast still südöstlich. Nachmittags schwach N74°E, dann N254°E, letzterer bis zum max. 2.
Stärke. Mittel 0,4; Vormittags 0—1, Nachmittags 1—2.
Barom.: Mittel 757,86 mm; max. 758,50 mm um 2h a. m., min. 756,80 mm um 2h p. m. Ganz unregelmässig.
Temp. d. Luft: Mittel 28,6°; max. 31,0° um 10h a. m., min. 27,0° um 10h p. m.
Spannkr. d. Dünste: Mittel 22,7 mm; max. 23,6 mm um 10h a. m., min. 21,9 mm um 2h p. m.
Wolken: Gattung u. Betrag. Vormittag anfangs ganz klar und schön, später leichtere cu 1—2 am Horizont, die sich aber häuften bis 5 um 10h a. m.; Nachmittags bezogen cu ni 7—8.
Richtung. Mit dem Winde ziehend.
Niederschl.: Vormittags früh diesig, Nachmittags 6h etwas Regen.
Zustand d. See: Temp. Mittel 28,4°; max. 29,5° um 2h p. m., min. 27,6° um 10h p. m.
Spezif. Gewicht. Mittel 1,02670; max. 1,0269, min. 1,0264.
Allg. Bemerk.: Schön und klar, später leichte cu; Wind meist still.
Nachmittags bezogen cu ni 7—8; zahlreiche Regenböen am Horizont, später dicke Bänke in N. Wind Abends umspringend 8h—9h N231°E, 9h—10h N186°E, von 10h N254°E, etwas auffrischend bis zu 2.
Ozongehalt 6—7; Verdunstung 3,2 mm.

1875, den 13. Juli.

Position: 2° 35,7′—2° 33,2′ N-Br., 148° 39,4′—149° 47,4′ O-Lg.
Schiffsbew.: Kurs. Vormittags N96°E, Nachmittags meist N113°E, zuletzt N85°E.
Fahrt. Vormittags 4—5, Nachmittags meist 2—3, zuletzt 4,7.
Wind: Richtung. Mittel N185°E, meist N186°E, von 6h p. m. ab N206°E, dann N164°E.
Stärke. Mittel 2,0; bald 1—2, bald 2—3.
Barom.: Mittel 758,05 mm; 2 max. 759,30 mm um 10h a. m. und 758,00 mm um 10h p. m., 2 min. 758,30 mm um 6h a. m. und 756,70 mm um 2h p. m.
Temp. d. Luft: Mittel 26,0°; max. 27,5° um 10h p. m., min. 24,2° um 2h a. m.
Spannkr. d. Dünste: Mittel 21,2 mm; max. 21,7 mm um 2h a. m., min. 20,8 mm um 6h a. m.
Wolken: Gattung u. Betrag. Vormittags ganz bezogen ni 10, Nachmittags etwas aufklarend bis zu cu ci 6—7, Abends dichter bezogen cu str. 7—8, dann cu 8—9.
Richtung. Vormittags keine Richtung bemerkar, Nachmittags etwas abweichend von der Richtung des Windes.
Niederschl.: Von 1h 5′—6h 30′ a. m. Regen; um 10h a. m. etwas Regen.
Zustand d. See: Temp. Mittel 27,7°; max. 28,1° um 2h p. m., min. 27,3° um 10h a. m.
Spezif. Gewicht. Stets 1,02640.
Allg. Bemerk.: Himmel Vormittags ganz bezogen, Regenböen in S am Horizont, 1h 30′ ging der Wind auf N186°E; starker Regen; auf der Morgenwache wurde der Wind sehr flau bis zu 1.
SEliche Dünung, dunkelblau.
Nachmittags etwas aufklarend, hohe str., ci ohne Bewegung, darunter dunklere cu aus SW, gegen Abend dichter bezogen.
Ozongehalt 7—8; Regen 76,7 mm; Verdunstung 1,8 mm.

1875, den 14. Juli.

Position: 2° 28,7′—1° 47,8′ N-Br.; 150° 7,6′—150° 35,6′ O-Lg.
Schiffsbew.: Kurs. Vormittags N120°E, dann N187°E und N176°E; Nachmittags N176°E, dann N142°E.
Fahrt. —
Wind: Richtung. Mittel N91°E; meist N142°E, gegen Abend N30°E.
Stärke: Mittel 1,1; schwach 1—2.
Barom.: Mittel 757,37 mm; 2 max. 758,90 mm um 10h a. m. und 758,50 mm um 10h p. m., 2 min. 756,35 mm um 2h a. m. und 756,50 mm um 6h p. m.
Temp. d. Luft: Mittel 28,0°; max. 29,0° um 10h a. m., min. 27,3° um 6h a. m.
Spannkr. d. Dünste: Mittel 20,5 mm; max. 20,7 mm um 2h a. m., min. 19,2 mm um 2h p. m.
Wolken: Gattung u. Betrag. Vormittags klar; anfangs nur der Horizont besetzt mit cu str. 3, dann auch cu 5—6 aus der Windrichtung; Nachmittags cu ci und cu ni 8—9.
Richtung. Aus E.
Niederschl.: —
Zustand d. See: Temp. Mittel 27,8°; max. 28,3° um 10h a. m., min. 26,9° um 6h a. m.
Spezif. Gewicht. Mittel 1,02660; max. 1,0269, min. 1,0263.
Allg. Bemerk.: Wind schwach, meist N142°E, gegen Abend N30°E, gleichmässig 1—2. Vormittags Himmel klar, nur der Horizont besetzt, kurz vor Mittag und den ganzen Nachmittag hoch ganz dünn und durchsichtig bezogen, manchmal klar, darunter cu 5—6 langsam aus der Windrichtung ziehend.
Dünung von ESE.
Ozongehalt 6; Regen 1,0 mm; Verdunstung 2,7 mm.

1875, den 15. Juli.

Position: 1° 42,8′—0° 46,0′ N-B.; 150° 40,8′—151° 4,0′ O-Lg.
Schiffsbew.: Kurs. Vormittags N142°E, Nachmittags N176°E und N187°E.
Fahrt. 2—4.
Wind: Richtung. Mittel N12°E; Vormittags N52°E, Nachmittags N322°E und N7°E.
Stärke. Mittel 1,7; anfangs schwach, bis 2h p. m. auffrischend bis zu 3, dann wieder abflauend bis 1—2.
Barom.: Mittel 756,76 mm; 2 max. 757,25 mm um 10h a. m. und 758,25 mm um 10h p. m., 2 min. 756,15 mm um 6h a. m. und 756,15 mm um 6h p. m.
Temp. d. Luft: Mittel 28,3°; max. 29,4° um 10h a. m., min. 27,8° um 2h a. m.
Spannkr. d. Dünste: Mittel 21,3 mm; max. 21,9 mm um 6h p. m., min. 20,4 mm um 6h a. m.
Wolken: Gattung u. Betrag. Vormittags klar, nur cu ni bald 4—5, bald 2; Nachmittags mehr bezogen cu ni 7—8, bisweilen ci str. oben und cu am Horizont 7, doch bisweilen nur 4.
Richtung. —
Niederschl.: Von 2h—2h 25′ p. m. feiner Regen.
Zustand d. See: Temp. Mittel 28,2°; max. 28,6° um 2h p. m., min. 27,7° um 10h p. m.
Spezif. Gewicht. Mittel 1,02667; max. 1,0272, min. 1,0264.
Allg. Bemerk.: a. m. N52°E-, p. m. N322°E- und N7°E-Wind, gleichmässig schwach, nur um 2h p. m. etwas auffrischend; Himmel Vormittags klar, cu aus N ziehend, ni am N-Horizont mit Regenböen. Um 12h eine Regenbö und von 2h—2h 25′ p. m. feiner Regen. Nachmittags mehr bezogen, anfangs cu ni 7—8, dann etwas aufklarend, am Horizont cu, oben ci str., gegen Abend sich wieder mehr beziehend.
Morgens ESE-Dünung. See dunkelblau. Abends ENE-Dünung.
Ozongehalt 6; Verdunstung 3,6 mm.

1875, den 16. Juli.

Position: 0° 32,5′ N-Br.—0° 0,1′ S-Br.; 151° 4,3′—150° 55,3′ O-Lg.
Schiffsbew.: Kurs. a. m. beständig N187°E, p. m. anfangs trieb das Schiff, dann N198°E.
Fahrt. 1,5—2,5.

Wind: Richtung. Mittel N76°E; a. m. N52°E, p. m. N142°E.
Stärke. Mittel 1,0; meist 1—2, um Mittag still.
Barom.: Mittel 756,68 mm; max. 757,40 mm um 10h p. m., min. 755,70 mm um 2h p. m.
Temp. d. Luft: Mittel 28,7°; max. 30,8° um 10h a. m., min. 27,4° um 2h a. m.
Spannkr. d. Dünste: Mittel 21,6 mm; max. 23,1 mm um 10h a. m., min. 21,0 mm um 6h a. m.
Wolken: Gattung u. Betrag. Himmel klar, anfangs cu 4—5 und cu str. 4—5 aus N, dann cu 2—3 am Horizont; Nachmittags erst ci cu 2—3, dann cu str. 4—5 und ci cu 4.
Richtung. Mit dem Winde ziehend.
Niederschl.: —
Zustand d. See: Temp. Mittel 28,3°; max. 28,9° um 10h a. m., min. 27,6° um 2h a. m.
Spezif. Gewicht. Mittel 1,02682; max. 1,0270, min. 1,0267.
Allg. Bemerk.: Schön und klar, cu und cu str. 4—5 aus N, als der Wind N7°E und N30°E war, dann cu 2—3 am Horizont, Nachmittags ci cu fast unbeweglich am Horizont stehend 2—3, später cu str. und ci cu 4—5 aus der Windrichtung.
Oestliche Dünung.
Ozongehalt 6; Regen 0,4 mm; Verdunstung 3,0 mm.

1875, den 17. Juli.

Position: 0° 11,2'—1° 46,9' S-Br.; 150° 50,0'—150° 22,5' O-Lg.
Schiffsbew.: Kurs. Vormittags N198°E, Nachmittags meist N193°E, dann N165°E.
Fahrt. Anfangs 2—3, von 10h a. m. ab 6—7, Abends langsamer.
Wind: Richtung. Mittel N113°E; anfangs N142°E, von 10h a. m. ab N120°E, Abends um 10h N75°E.
Stärke. Mittel 3,5; anfangs 2, von 10h p. m. auffrischend 4—5.
Barom.: Mittel 757,59 mm; 2 max. 758,25 mm um 10h a. m. und 759,15 mm um 10h p. m., 2 min. 756,85 mm um 2h a. m. und 756,50 mm um 2h p. m.
Temp. d. Luft: Mittel 28,5°; max. 29,0° um 10h a. m., min. 27,4° um 6h a. m.
Spannkr. d. Dünste: Mittel 21,5 mm; max. 23,1 mm um 10h p. m., min. 20,3 mm um 2h p. m.
Wolken: Gattung u. Betrag. Schön und klar den ganzen Tag, meist nur am Horizont bewölkt, bisweilen cu 5—6, bisweilen cu str. unten und ci str. oben 2—3.
Richtung. Aus ESE, um 10h p. m. aus ENE.
Niederschl.: Eine Regenbö gegen Abend.
Zustand d. See: Temp. Mittel 28,0°; max. 28,6° um 2h p. m., min. 27,6° um 2h a. m.
Spezif. Gewicht. Mittel 1,02693; max. 1,0273, min. 1,0268.
Allg. Bemerk.: Wind anfangs N142°E und schwach, frischte von 10h a. m. auf als N120°E bis zu 4—5 und ging Abends 10h auf N75°E.
Himmel schön und klar, meist nur am Horizont bewölkt, Abends leicht bezogen, darunter cu ni aus der Windrichtung. Eine Regenbö.
Ozongehalt 6—7; Verdunstung 3,6 mm.

1875, den 18. Juli.

Position: 2° 5,0'—2° 26,3' S-Br.; 150° 24,0'—149° 54,6' O-Lg.
Schiffsbew.: Kurs. Vormittags N164°E, dann N209°E und N231°E, Nachmittags zu Anker in Neu-Hannover.
Fahrt. 4,8—5,5.
Wind: Richtung. Mittel N67°E; Vormittags N74°E, Nachmittags N51°E, Abends still.
Stärke. Mittel 2,8; anfangs 4—5, von 10h ab abflauend bis zu 2 um 6h p. m., dann still.
Barom.: Mittel 758,18 mm; 2 max. 759,00 mm um 10h a. m. und 758,90 mm um 10h p. m., 2 min. 757,70 mm um 2h a. m. und 757,20 mm um 2h p. m.
Temp. d. Luft: Mittel 29,1°; max. 31,0° um 2h p. m., min. 28,0° um 6h a. m.
Spannkr. d. Dünste: Mittel 22,8 mm; max. 23,2 mm um 10h p. m., min. 22,3 mm um 10h a. m.
Wolken: Gattung u. Betrag. Anfangs leicht bezogen str. cu 7—8, von 7h a. m. immer mehr aufklarend cu ni und cu str. 4—5, gegen Abend nur 1—3.
Richtung. Meist aus ENE, Abends 10h am Horizont.
Niederschl.: Um 6h a. m. eine Regenbö.
Zustand d. See: Temp. Mittel 27,9°; max. 28,2° um 2h p. m., min. 27,6° um 10h a. m.
Spezif. Gewicht. Mittel 1,02698; max. 1,0273, min. 1,0267.
Allg. Bemerk.: Vormittags frischer N74°E, der von 10h a. m. abflaute, dann auf N51°E p. m. überging und gegen Abend ganz still wurde.
Himmel anfangs leicht bezogen, darunter str. cu aus der Windrichtung; gegen 7h a. m. wieder schön mit cu str. 4—5; Abends oben ganz klar, nur cu 2—3 am Horizont.
Ozongehalt 6—7; Regen 0,6 mm; Verdunstung 5,2 mm.

1875, den 19. Juli.

Position: Neu-Hannover.
Schiffsbew.: Kurs. —
Fahrt. —
Wind: Richtung. Mittel N23°E; meist still, nur um Mittag ein schwacher Luftzug aus N51°E, dann aus N355°E.
Stärke. Mittel 0,1.
Barom.: Mittel 759,06 mm; 2 max. 760,00 mm 10h a. m. und 759,60 mm um 10h p. m., 2 min. 758,35 mm um 6h a. m. und 758,15 mm um 6h p. m.
Temp. d. Luft: Mittel 28,2°; max. 30,2° um 2h p. m., min. 26,8° um 6h a. m.
Spannkr. d. Dünste: Mittel 23,3 mm; max. 23,8 mm um 6h p. m., min. 22,8 mm um 10h a. m.
Wolken: Gattung u. Betrag. Vormittag Himmel oben klar, nur cu 2—3 am Horizont; p. m. sich beziehend cu ni 7—8 aus S, Abends wieder klar cu 1—2 am Horizont.
Richtung. Aus der Windrichtung.
Niederschl.: Nachmittags 2h starke Regenschauer.
Zustand d. See: Temp. Mittel 27,7°; max. 28,0° um 6h p. m., min. 27,2° um 2h p. m.
Spezif. Gewicht. Mittel 1,02670; max. 1,0268, min. 1,0266.
Allg. Bemerk.: Wind meist still, nur um Mittag ein schwacher Lufthauch erst aus N51°E, dann aus N355°E.
Wetter schön, oben der Himmel klar, nur am Horizont bewölkt, Nachmittags sich aus N beziehend mit starken Regenböen; von 7h an wieder klar.
Ozongehalt 2; Verdunstung 2,9 mm.

1875, den 20. Juli.

Position: Neu-Hannover.
Schiffsbew.: Kurs. —
Fahrt. —
Wind: Richtung. Mittel N157°E; meist still, um Mittag erst N141°E, dann N164°E.
Stärke. Mittel 0,8; der N141°E schwach, N164°E aber 3, flaute dann gänzlich ab.
Barom.: Mittel 759,13 mm; 2 max. 759,64 mm um 6h a. m. und 758,85 mm um 10h p. m., min. 757,65 mm um 6h p. m.
Temp. d. Luft: Mittel 28,1°; max. 29,6° um 10h a. m., min. 25,8° um 6h a. m.
Spannkr. d. Dünste: Mittel 22,7 mm; max. 24,1 mm um 10h a. m., min. 21,9 mm um 6h a. m.
Wolken: Gattung u. Betrag. Himmel klar, anfangs nur am Horizont bewölkt cu 3—4, dann cu ni 5—6 langsam aus SE ziehend; um 6h p. m. fast ganz bezogen ci oben und cu unten bis zu 9, dann wieder ganz klar, nur str. 1 am Horizont.
Richtung. —
Niederschl.: —
Zustand d. See: Temp. Mittel 28,1°; max. 28,4° um 2h p. m., min. 27,9° um 2h a. m.
Spezif. Gewicht. Mittel 1,02672; max. 1,0268, min. 1,0266.
Allg. Bemerk.: Wind meist still; gegen Mittag anfangs N141°E, dann N164°E bis zu 3; dann wieder gänzlich abflauend.
Himmel meist klar, nur schwacher Wolkenzug aus SE.
Ozongehalt 3; Regen (?); Verdunstung 1,8 mm.

1875, den 21. Juli.

Position: Neu-Hannover. Zu Anker. Von 2h p. m. ab wurde gesteuert an der Küste von Neu-Hannover.
Schiffsbew.: Kurs. N119°E um 2h p. m., dann gestoppt, um 10h p. m. N164°E.
Fahrt. Um 2h p. m. 3,9; um 10h p. m. 1,0.
Wind: Richtung. Mittel N145°E; Vormittags still, Nachmittags N186°E, dann N51°E.
Stärke. Mittel 0,5; Nachmittags 2—3, dann ganz abflauend.
Barom.: Mittel 758,33 mm; 2 max. 758,80 mm um 10h a. m. und 758,75 mm um 10h p. m., min. 757,05 mm um 2h p. m.
Temp. d. Luft: Mittel 28,5°; max. 30,4° um 2h p. m., min. 27,0° um 6h a. m.
Spannkr. d. Dünste: Mittel 23,3 mm; max. 24,5 mm um 10h a. m., min. 22,1 mm um 6h a. m.
Wolken: Gattung u. Betrag. Anfangs leicht bezogen cu str. 9—10, um 10h aufklarend bis zu cu 5—6; Nachmittags cu ni 6—7, dann aufklarend bis zu cu ni und cu str. 3—4.
Richtung. Morgens ohne Bewegung, Nachmittags aus SE.
Niederschl.: —
Zustand d. See: Temp. Mittel 28,3°; max. 29,6° um 2h p. m., min. 27,7° um 6h a. m.
Spezif. Gewicht: Mittel 1,02667; max. 1,0269, min. 1,0263.
Allg. Bemerk.: Wind Vormittags still, Nachmittags N276°E 0—1, N186°E 2—3, dann abflauend N96°E und N51°E bis zur Windstille.
Himmel Vormittags ganz leicht und durchsichtig bezogen, Nachmittags immer mehr aufklarend bis zu cu ni 3 aus SE ziehend. See hellblau.
Schwaches Meeresleuchten in einzelnen Punkten und Aufblitzen an der Oberfläche.
Ozongehalt 6; Verdunstung 2,5 mm.

1875, den 22. Juli.

Position: Es wurde gesteuert längs der Küste von Neu-Hannover bis 10h a. m. 2° 33,7′ S-Br., 150° 4,9′ O-Lg. Zu Anker um 2h p. m.
Schiffsbew.: Kurs. N119°E, dann N96°E.
Fahrt. Erst 0,8, dann 2,5.
Wind: Richtung. Mittel N86°E; Vormittags anfangs N51°E und N6°E, um 10h N186°E, Nachmittags kurze Zeit N96°E, dann still.
Stärke. Mittel 0,2; Vormittags schwach 1—2, Nachmittags meist ganz still.
Barom.: Mittel 758,00 mm; 2 max. 758,65 mm um 10h a. m. und 759,20 mm um 10h p. m., 2 min. 758,35 mm um 2h a. m. und 757,70 mm 2h p. m.
Temp. d. Luft: Mittel 26,1°; max. 29,8° um 10h a. m., min. 23,4° um 10h p. m.
Spannkr. d. Dünste: Mittel 21,8 mm; max. 23,1 mm um 6h a.m., min. 20,1 mm um 10h p. m.
Wolken: Gattung u. Betrag. Vormittags leicht bezogen, ci 5 oben und cu str. 4—5 am Horizont, dann cu str. 7 aus der Windrichtung; Nachmittags ganz bezogen mit ni 10, dann etwas weniger mit cu ni 7—8.
Richtung. Mit dem Winde ziehend.
Niederschl.: Von 10h a. m. bis 2h p. m. Regen, dann feuchte Luft.
Zustand d. See: Temp. Mittel 27,1°; max. 28,3° um 10h a. m., min. 25,1° um 6h p. m.
Spezif. Gewicht. Mittel 1,02487; max. 1,0269, min. 1,0229 um 6h p. m. in einer kleinen Bucht, in die ein Bach mündet.
Allg. Bemerk.: Morgens schwacher N51°E, gegen Mittag schwache N141°E-Winde, gegen Abend ganz still. Vormittags leicht bezogen, gegen Mittag sich mehr und mehr beziehend anfangs mit cu str., dann mit ni und anhaltendem Regen, Abends weniger bezogen und feuchte Luft.
Ozongehalt 6—7; Verdunstung 2,5 mm.
Temperatur des Regenwassers 27,8° um 11h 50′ a. m. und 23,5° um 12h 30′ p. m.

1875, den 23. Juli.

Position: 2° 33,7′ S-Br., 150° 4,9′ O-Lg. Küste von Neu-Hannover.
Schiffsbew.: Kurs. —
Fahrt. —
Wind: Richtung. Mittel N255°E; Vormittags N231°E, Nachmittags meist N321°E Winde, zuletzt N96°E.
Stärke. Mittel 0,8; Vormittags um 6h 2—3, sonst meist nur 1.
Barom.: Mittel 758,73 mm; 2 max. 760,80 mm um 10h a. m. und 758,90 mm um 10h p. m., 2 min. 757,80 mm um 6h a. m. und 758,80 mm um 2h p. m.
Temp. d. Luft: Mittel 25,7°; max. 27,8° um 2h p. m., min. 24,2° um 10h p. m.
Spannkr. d. Dünste: Mittel 21,9 mm; max. 23,3 mm um 10h a. m., min. 20,7 mm um 2h a. m.
Wolken: Gattung u. Betrag. Den ganzen Tag bezogen ni 10—9.
Richtung. Mit dem Winde ziehend.
Niederschl.: Vormittags unterbrochener Regen, Nachmittags anfangs anhaltender Regen, dann unterbrochen bis 6h p.m.
Zustand d. See: Temp. Mittel 27,5°; max. 27,7° um 10h p.m., min. 27,1° um 2h a. m.
Spezif. Gewicht. Mittel 1,02623; max. 1,0276, min. 1,0249.
Allg. Bemerk.: Vormittags bezogen, regnerisch bei schwachen N231°E-Winden. Temperatur des Regenwassers 24,0°.
Nachmittags bezogen mit Regen bei schwachem N321°E-Wind, der gegen Abend ganz still wurde.
Ozongehalt 4—5; Regen 19,0 mm; Verdunstung 1,5 mm.

1875, den 24. Juli.

Position: 2° 33,3′ S-Br. 150° 4,9′ O-Lg. Küste von Neu-Hannover.
Schiffsbew.: Kurs —.
Fahrt —.
Wind: Richtung. Mittel N24°E; Vormittags N51°E, N321°E dann ganz still, Nachmittags meist still, nur um 6h kurze Zeit N51°E.
Stärke. Mittel 0,2; sehr flau, meist still.
Barom.: Mittel 760,04 mm; 2 max. 761,50 mm um 10h a. m. und 760,80 mm um 10h p. m., 2 min. 758,95 mm um 2h a. m. und 759,10 mm um 2h p. m. — Von 10h a. m. ist das Barometer Greiner No. 15 abgelesen worden.
Temp. d. Luft: Mittel 25,8°; max. 28,6° um 2h p. m., min. 23,6° um 6h a. m.
Spannkr. d. Dünste: Mittel 21,1 mm; max. 22,6 mm um 6h p. m., min. 19,8 mm um 6h a. m.
Wolken: Gattung u. Betrag. Anfangs bezogen ni und cu ci 7, um 12h 30′ a. m. aufklarend, schön und cu str. und cu am Horizont bis zu 3; Nachmittags ebenfalls klar und schön ci cu 3 am Horizont, nur kurze Zeit cu ni 6—7 aus der Windrichtung. Spät Abends ganz klar.
Richtung. Meist am Horizont.
Niederschl.: Regen eine halbe Stunde von 12h—12h 30′ a. m.
Zustand d. See: Temp. Mittel 27,9°; max. 29,3° um 2h p. m., min. 27,2° um 10h a. m.
Spezif. Gewicht. Mittel 1,02560; max. 1,0281 um 2h a. m.; min. 1,0232 um 6h p. m.
Allg. Bemerk.: Wind ganz flau, nur Regen bis 12h 30′ a. m., sonst den Tag über schön und klar, meist nur der Horizont besetzt.
Ozongehalt 5,0; Regen 3,2 mm; Verdunstung 1,2 mm.

1875, den 25. Juli.

Position: Bucht von Neu Hannover.
Schiffsbew.: Kurs —.
Fahrt —.
Wind: Richtung. Mittel N24°E; meist still, schwache N51°E, früh Morgens und spät Abends, gegen Mittag ganz flauer N321°E.
Stärke. Mittel 0,2; sehr flau oder still.
Barom.: Mittel 760,55 mm; 2 max. 761,00 mm um 2h p. m. und 761,80 mm um 10h p. m., 2 min. 760,00 mm um 6h a. m. und 759,60 mm um 6h p. m

Temp. d. Luft: Mittel 25,5°; max. 28,2° um 10h a. m., min. 23,4° um 6h a. m.

Spannkr. d. Dünste: Mittel 20,5 mm; max. 21,6 mm um 10h a. m., min. 19,3 mm um 6h a. m.

Wolken: Gattung u. Betrag. Anfangs cu 1—2 am Horizont, dann ganz klar, von 10h a. m. bis 6h p. m. mehr bezogen cu, dann cu ni, dann cu str. 6—7 meist nur am Horizont, zuletzt auch aus NE.

Richtung. Meist am Horizont, sonst aus der Windrichtung.

Niederschl.: Um 12h 10′ p. m. eine Regenböe.

Zustand d. See: Temp. Mittel 27,0°; max. 27,7° um 10h a. m., min. 26,1° um 6h p. m.

Spezif. Gewicht. Mittel 1,02065; max. 1,0276 um 6h a. m., min. 1,0111 um 6h p. m.

Allg. Bemerk.: Klar und schön, Wind sehr flau, gegen Mittag leicht mit cu bezogen bis zu 6—7, Nachmittag auch ni auf den Bergen, um 12h 10′ p. m. eine Regenböe, Abends wieder ganz klar.

Sehr spät starkes Wetterleuchten in E.

Ozongehalt 5—6; Verdunstung 1,7 mm.

1875, den 26. Juli.

Position: Bucht von Neu-Hannover.

Schiffsbew.: Kurs —.

Fahrt —.

Wind: Richtung. Mittel N157°E; meist, still, gegen Mittag N321°E und N186°E und Abends 10h N96°E.

Stärke. Mittel 0,2; flau.

Barom.: Mittel 760,73 mm; 2 max. 761,75 mm um 10h a. m. und 761,70 mm um 10h p. m., 2 min. 759,70 mm um 6h a. m. und 759,70 mm um 2h a. m.

Temp. d. Luft: Mittel 25,9°; max. 28,2° um 2h p. m., min. 23,2° um 6h a. m.

Spannkr. d. Dünste: Mittel 21,7 mm; max. 23,9 mm um 6h p. m., min. 19,5 mm um 6h a. m.

Wolken: Gattung u. Betrag. Vormittags klar und schön, nur cu str. anfangs 3, dann 1 und zuletzt cu 2—3 am Horizont; Nachmittags anfangs etwas bezogen cu ni 6—7, dann wieder klar, nur noch cu ni 3—4 am Horizont.

Richtung. Meist am Horizont, nur um 2h p. m. aus der Windrichtung aus S.

Niederschl.: Um 2h 15′ p. m. eine starke Regenböe, dann leichter vorübergehender Regen.

Zustand d. See: Temp. Mittel 27,2°; max. 28,0° um 2h p. m., min. 26,4° um 6h a. m.

Spezif. Gewicht. Mittel 1,02257; max. 1,0248, min. 1,0187.

Allg. Bemerk.: Wind meist still oder flau; Vormittags Wetter klar und schön, nur am Horizont ein wenig bewölkt; Nachmittags anfangs etwas mehr bezogen mit einer starken Regenböe und leichtem vorübergehenden Regen, dann oben wieder ganz klar.

Ozongehalt 3; Verdunstung 0,7 mm; Regen 0,2 mm.

1875, den 27. Juli.

Position: 2° 38,2′—2° 46,2′ S-Br; 150° 2,6′—150° 9,4′ O-Lg.

Schiffsbew.: Kurs. Vormittags anfangs N186°E, dann N141°E, Nachmittags anfangs N51°E, dann N96°E.

Fahrt. Vormittags 1—2, Nachmittags 1,4—3.

Wind: Richtung. Mittel N60°E; Vormittags N51°E, Nachmittags sehr veränderlich N119°E, N276°E, dann wieder N51°E.

Stärke. Mittel 0,6; zwischen 1 und 3.

Barom.: Mittel 760,74 mm; 2 max. 761,15 mm um 10h a. m. und 761,73 mm um 10h p. m., 2 min. 760,40 mm um 6h a. m. und 759,70 mm um 2h p. m.

Temp. d. Luft: Mittel 27,9°; max. 29,4° um 2h p. m., min. 27,0° um 2h a. m.

Spannkr. d. Dünste: Mittel 21,6 mm; max. 22,2 mm um 6h p. m., min. 21,2 mm um 10h p. m.

Wolken: Gattung u. Betrag. Bis 3h p. m. klar und diesig, nur cu str. 2—4 am Horizont, dann mehr bezogen cu ni 6—8, Abends ganz klar.

Richtung. Vormittags nur am Horizont, gegen Mittag und Nachmittags aus der Windrichtung ziehend.

Niederschl.: Diesig und von 3h—4h p. m. Regen.

Zustand d. See: Temp. Mittel 29,0°; max. 29,6° um 2h p. m., min. 28,5° um 6h a. m.

Spezif. Gewicht. Mittel 1,02648; max. 1,0268, min. 1,0253 um 2h a. m.

Allg. Bemerk.: Wind flau und sehr veränderlich. Himmel klar und diesig, nur cu str. 3—4 am Horizont, um 3h p. m. mehr bezogen, mit Regen, der 1 Stunde anhielt, Abends ganz klar und diesig.

Ozongehalt 5. Regen 11,4 mm, Verdunstung 1,8 mm.

1875, den 28. Juli.

Position: 2° 50,3′—2° 57,9′ S-Br.; 150° 16,2′—150° 30,5′ O-Lg.

Schiffsbew.: Kurs. Vormittags N187°E, N52°E, N165°E, Nachmittags N63°E, N165°E, dann N30°E.

Fahrt. Vormittags 3—4,5, Nachmittags 1,5—3,0.

Wind: Richtung. Mittel N112°E; Vormittags N75°E, Nachmittags N142°E.

Stärke. Mittel 1,7; meist 2—3, nur um 2h p. m. eine Zeit lang nur 1.

Barom.: Mittel 760,99 mm; 2 max. 761,80 mm um 6h a. m. und 761,70 mm um 10h p. m., 2 min. 760,70 mm um 2h a. m. und 760,05 mm um 6h p. m.

Temp. d. Luft: Mittel 28,5°; max. 29,8° um 10h a. m., 27,4° um 6h a. m.

Spannkr. d. Dünste: Mittel 19,8 mm; max. 20,8 mm um 10h a. m., min. 18,8 mm um 2h p. m.

Wolken: Gattung u. Betrag. Klar und schön, nur abwechselnd cu str. und cu am Horizont.

Richtung. —

Niederschl.: —

Zustand d. See: Temp. Mittel 29,1°; max. 29,6° um 10h a. m., min. 28,6° um 2h a. m.

Spezif. Gewicht. Mittel 1,02643; max. 1,0268, min. 1,0263.

Allg. Bemerk.: Vormittags N75°E, Nachmittags N142°E-Wind 2—3. Himmel klar und schön, nur sehr wenige cu oder cu str. am Horizont, Vormittags etwas diesig. See glatt und blau. Abends Wetterleuchten.

Ozongehalt 7—8. Regen 7,5 mm, Verdunstung 3,1 mm.

1875, den 29. Juli.

Position: 2° 58,0′—2° 44,7′ S-Br.; 150° 32,6′—150° 40,7′ O-Lg. bis 10h a. m., gekreuzt zwischen Sandwich-Insel und Neu-Irland von 2h p. m. ab.

Schiffsbew.: Kurs. Vormittags anfangs N187°E, dann N52°E und N165°E, Nachmittags N63°E, N165°E, N30°E.

Fahrt. a. m. zunehmend von 2—4, p. m. abnehmend bis zu 1,5.

Wind: Richtung. Mittel N115°E, Vormittags meist N120°E, von 10h ab N97°E, N115°E, Nachmittags N142°E, dann N97°E, zuletzt wieder N120°E.

Stärke. Mittel 2,7; anfangs 2—3, frischte dann auf bis zu 4, flaute Mittags wieder bis zu 1, und erlangte Abends wieder die Stärke von 2—3.

Barom.: Mittel 760,14 mm; 2 max. 761,40 mm um 10h a. m. und 760,80 mm um 10h p. m., 2 min. 760,20 mm um 2h a. m. und 758,40 mm um 6h p. m.

Temp. d. Luft: Mittel 28,8°; max. 29,7° um 10h a. m., min. 28,2° um 2h a. m. und um 10h p. m

Spannkr. d. Dünste: Mittel 21,0 mm, max. 22,6 mm um 10h p. m., min. 19,7 mm um 2h p. m.

Wolken: Gattung u. Betrag. Den ganzen Tag klar und schön, nur wenige cu theils aus der Windrichtung, theils am Horizont, meist nur 1—2.

Richtung. Vormittags mit dem Winde ziehend, von 10h a. m. ab aber nur am Horizont.

Niederschl.: —

Zustand d. See: Temp. Mittel 28,6°; max. 29,0° um 10h a. m., min. 28,0° um 2h a. m.

Spezif. Gewicht. Mittel 1,02655; max. 1,0267, min. 1,0263.

Allg. Bemerk.: Schön und klar, um 6h a. m. frischte der Wind auf, nur cu 1—2 meist nur am Horizont. Um 11h 30′ a. m. flaute der Wind ab und ging auf N142°E. Abends mehrere Sternschnuppen im SE.

Ozongehalt 6—7. Verdunstung 3,6 mm.

1875, den 30. Juli.

Position: Anfangs wurde noch gekreuzt; jedoch um 10h a. m. in 2° 47,5' S-Br. und 150° 57,6' O-Lg. zu Anker.
Schiffsbew.: Kurs. Anfangs N143°E, dann N31°E.
Fahrt. 2—3.
Wind: Richtung. Mittel N102°E; anfangs N87°E, dann N165°E. Nachmittags meist still, erst gegen Abend schwacher Hauch aus N8°E.
Stärke. Mittel 0,9; Vormittags bis gegen 10h 2—3, dann schwach und ganz still.
Barom.: Mittel 760,08 mm; max. 761,80 mm um 2h p. m., min. 758,80 mm um 6h a. m.
Temp. d. Luft: Mittel 28,6°; max. 31,0° um 2h p. m., min. 27,0° um 6h a. m.
Spannkr. d. Dünste: Mittel 22,3 mm; max. 24,2 mm um 2h p.m., min. 20,2 mm um 6h p. m.
Wolken: Gattung u. Betrag. Vormittags klar und schön, nur cu 2—3, zuletzt cu str. 1—2, Nachmittags leicht bezogen cu ni 9, Abends aufklarend bis zu cu ni 3—4.
Richtung. Vormittags am Horizont, Abends spät aus N mit dem Winde.
Niederschl.: Thau am Abend.
Zustand d. See: Temp. Mittel 28,6°; max. 29,2° um 2h p. m., min. 28,0° um 6h a. m.
Spezif. Gewicht. Mittel 1,02607; max. 1,0267, min. 1,0255.
Allg. Bemerk.: Der Wind war anfangs fast N98°E 2—3, ging gegen 10h a. m. auf N165°E und flaute ab bis zu 1, war dann still, und erst um 10h p. m. erhob sich ein sehr schwacher Hauch aus N8°E. Himmel Vormittags schön und klar mit sehr wenigen cu am Horizont, Nachmittags aber leicht bezogen bis zu cu ni 9, und klarte Abends wieder auf. E-liche Dünung. Wasser schmutzig grün.
Ozongehalt 6. Verdunstung 4,0 mm.

1875, den 31. Juli.

Position: 2° 47,5' S-Br.; 150° 57,6' O-Lg. in Neu-Irland.
Schiffsbew.: Kurs. —
Fahrt. —
Wind: Richtung. Mittel N106°E; Morgens still, um Mittag schwacher N143°E, dann N53°E und N8°E.
Stärke. Mittel 0,2; max. 1.
Barom.: Mittel 759,79 mm; 2 max. 760,90 mm um 10h a. m. und 760,38 mm um 10 p. m., 2 min. 759,05 mm um 2h a. m. und 759,10 mm um 6h p. m.
Temp. d. Luft: Mittel 27,7°; max. 29,4° um 2h p. m., min. 26,4° um 6h a. m.
Spannkr. d. Dünste: Mittel 23,4 mm; max. 24,0 mm um 6h p.m., min. 22,8 mm um 10h a. m.
Wolken: Gattung u. Betrag. Anfangs klar, nur cu 3 am Horizont, auf der Morgenwache ganz bezogen mit ni 10, schon um 10h a. m. wieder aufklarend bis zu cu ni 5—6, und cu str. 4—5 um 2h p. m., jedoch um 6h p. m. wieder mehr bezogen cu ni 7—8 und Abends ganz klar.
Richtung. Beständig aus der Windrichtung.
Niederschl.: Regen auf der Morgenwache; eine Regenböe um 4h p. m. und Abends Thau.
Zustand d. See: Temp. Mittel 28,7°; max. 29,4° um 2h p. m., min. 28,0° um 10h p. m.
Spezif. Gewicht. Mittel 1,02573; max. 1,0268, min. 1,0248.
Allg. Bemerk.: Wind anfangs ganz still, Himmel klar, nur cu 3 am Horizont Wetterleuchten, auf der Morgenwache bei stillem Winde ganz bezogen mit Regen. Gegen 7h a. m. aufklarend, um Mittag cu str. 4—5 und oben ci, bei schwachem N143°E um 4h p. m. ein Regenschauer, Seegang SE-lich. Gegen 6h ging der Wind auf N53°E, war sehr flau. Kein Seegang.
Ozongehalt 4—5. Regen 4,0 mm, Verdunstung 1,9 mm.

1875, den 1. August.

Position: Neu-Irland.
Schiffsbew.: Kurs. —
Fahrt. —
Wind: Richtung. Mittel N121°E; anfangs still, von 10h a. m. N143°E und von 6h p. m. ab N53°E und N8°E.
Stärke. Mittel 0,4; nur der N143°E eine kurze Zeit 2 um 10h a. m., sonst meist still.
Barom.: Mittel 759,83 mm; 2 max. 760,64 mm um 10h a. m. und 759,79 mm um 10h p. m., 2 min. 759,94 mm um 6h a. m. und 758,80 mm um 2h p. m.
Temp. d. Luft: Mittel 27,2°; max. 29,4° um 2h p. m., min. 25,6° um 2h a. m.
Spannkr. d. Dünste: Mittel 22,8 mm; max. 23,9 mm um 10h a. m., min. 20,9 mm um 6h p. m.
Wolken: Gattung u. Betrag. Klar und schön bis gegen Mittag, einige cu 1—3 am Horizont, dann bis 6h p. m. bezogen cu ni 8—9, Abends wieder ganz klar.
Richtung. Von 12h—6h p. m. mit dem Winde ziehend, sonst am Horizont.
Niederschl.: Thau am Morgen und am Abend.
Zustand d. See: Temp. Mittel 28,7°; max. 29,5° um 2h p. m., min. 28,1° um 2h a. m.
Spezif. Gewicht. Mittel 1,02653; max. 1,0279, min. 1,0252.
Allg. Bemerk.: Wind wie am Tage vorher. Wetter anfangs klar und schön, erst gegen 6h a. m. zeigten sich einige cu am Horizont. Seegang SE-lich. Von Mittag bis gegen 6h p. m. bezogen. Regenbogen, dann aufklarend. Wind abflauend. Kein Seegang.
Ozongehalt 5. Verdunstung 1,8 mm.

1875, den 2. August.

Position: Neu-Irland bis zu 2h p. m.; 2° 59,0 S-Br., 151° 7,7' O-Lg. um 10h p. m.
Schiffsbew.: Kurs. Zu Anker, jedoch von 6h p. m. ab N136°E.
Fahrt. 2,5—1,5.
Wind: Richtung. Mittel N103°E; schwache umlaufende Winde oder still.
Stärke. Mittel 0,3; Vormittags 0—1, Nachmittags beständig 1.
Barom.: Mittel 759,95 mm; 2 max. 760,75 mm um 10h a. m. und 760,60 mm um 10h p. m., 2 min. 760,20 mm um 2h a. m. und 758,90 mm um 2h p. m.
Temp. d. Luft: Mittel 27,8°; max. 30,2h um 2h p. m., min. 24,6° um 6h a. m.
Spannkr. d. Dünste: Mittel 21,9 mm; max. 22,6 mm um 2h p. m., min. 20,8 mm um 6h a. m.
Wolken: Gattung u. Betrag. Den Tag über schön und klar, anfangs ganz klar, von 6h a. m. ab einige cu str. 4—5 oder cu ni 4—5, Abends wieder ganz klar.
Richtung. Mit dem Winde ziehend oder nur am Horizont.
Niederschl.: Morgens Thau.
Zustand d. See: Temp. Mittel 28,7°; max. 29,5° um 6h p. m., min. 28,1° um 2h a. m.
Spezif. Gewicht. Mittel 1,02672; max. 1,0271, min. 1,0263.
Allg. Bemerk.: Schwache umlaufende Winde von N8°E nach N143°E und N233°E, dann wieder über N98°E nach N53°E. Vormittags oben ganz klar, nur cu str. oder cu am Horizont, um 10h a. m. jedoch auch oben wenige ci; Nachmittags leicht bewölkt cu ni 4—5, auch cu str. 4—5 aus der Windrichtung, diesig am Horizont, Abends wieder ganz klar und diesig. See glatt.
Ozongehalt 3—4. Verdunstung 2,8 mm.

1875, den 3. August.

Position: 3° 3,0'—3° 6,3' S-Br., 151° 10,5'—151° 21,0' O-Lg.
Schiffsbew.: Kurs. Anfangs trieb das Schiff, von 10h a. m. ab N76°E, von 6h p. m. an N188°E und N143°E.
Fahrt. 1,5—2,0.
Wind: Richtung. Mittel N119°E; anfangs still, von 10h ab N143°E, von 6h p. m. ab N121°E, zuletzt N76°E.
Stärke. Mittel 0,9; gegen Mittag etwas auffrischend bis zu 2.
Barom.: Mittel 758,76 mm; 2 max. 760,50 mm um 10h a. m. und 758,70 mm um 10h p. m., 2 min. 758,25 mm um 6h a. m. und 758,00 mm um 6h p. m.
Temp. d. Luft: Mittel 28,2°; max. 29,2° um 10h a. m., min. 27,2° um 6h a. m.
Spannkr. d. Dünste: Mittel 21,9 mm; max. 23,1 mm um 10h p. m., min. 21,0 mm um 2h a. m.
Wolken: Gattung u. Betrag. Vormittags ganz klar, von 6h ab cu str. 3 am SW-Horizont, dann cu 2—3 ebenfalls am

Horizont; Nachmittags anfangs bezogen cu str. oben und cu unten 7—8, gegen Abend etwas aufklarend bis zu ni 4—5.
Richtung. Aus ESE und SE.
Niederschl.: Um 6h p. m. eine halbe Stunde Regen und Abends einige leichte Regenböen.
Zustand d. See: Temp. Mittel 28,8°; max. 29,3° um 10h a. m., min. 28,2° um 10h p. m.
Spezif. Gewicht. Mittel 1,02690; max. 1,0273, min. 1,0265.
Allg. Bemerk.: Wind war anfangs ganz still, wehte dann ganz schwach aus SE, wurde gegen Mittag etwas frischer bis zu 2, ging Abends über ESE auf ENE.
Himmel anfangs ganz klar und schön, Sternschnuppen von NE nach NW, um 6h a. m. zeigten sich einige cu str. im SW-Horizont; Nachmittags mehr bezogen, am Horizont cu, oben leichte cu str., Abends einzelne ni, halbstündiger Regen und leichte Regenböen. Wetterleuchten in S. (Kugelblitze).
Ozongehalt 5—6. Verdunstung 2,6 mm.

1875, den 4. August.

Position: 3° 13,4'—3° 11,5' S-Br., 151° 22,8'—151° 39,3' OLg.
Schiffsbew.: Kurs. Vormittags anfangs N188°E, dann N121°E und N64°E, Nachmittags N199°E, aber von 6h p. m. an zu Anker.
Fahrt. 1,6—3.
Wind: Richtung. Mittel N133°E, meist N143°E-Winde, nur 10h p. m. N76°E.
Stärke. Mittel 1,5; schwach, um Mittag etwas frischer 2—3.
Barom.: Mittel 758,51; max. 759,00 mm um 10h p. m., min. 757,80 mm um 6h p. m. Gang unregelmässig.
Temp. d. Luft: Mittel 27,4°; max. 29,4° um 2h p. m., min. 25,4° um 10h p. m.
Spannkr. d. Dünste: Mittel 21,8 mm; max. 22,5 mm um 6h p. m., min. 20,7 mm um 10h p. m.
Wolken: Gattung u. Betrag. Sehr schön und klar, selten cu str. 4—5 oder cu 5 am Horizont, meist nur cu 2 am Horizont oder wie um 10h p. m. ganz klar.
Richtung. Nicht angebbar, am Horizont.
Niederschl.: —
Zustand d. See: Temp. Mittel 28,8°; max. 29,5° um 2h p. m., min. 28,3° um 2h a. m.
Spezif. Gewicht. Mittel 1,02668; max. 1,0270, min. 1,0262.
Allg. Bemerk.: Wind meist N143°E, nur Abends 10h N76°E schwach, erst um Mittag etwas frischer 2—3. Himmel klar, unbewölkt früh Morgens und spät Abends, sonst cu 2 am Horizont, selten cu str. 3—4 oder cu 5.
Gegen Abend Wetterleuchten lebhaft in SW, später in SE.
Ozongehalt 6—7. Regen 4,3 mm. Verdunstung 2,2 mm.

1875, den 5. August.

Position: Neu-Irland, 3° 11,5' S-Br., 151° 39,3' O-Lg.
Schiffsbew.: Kurs. —
Fahrt. —
Wind: Richtung. Mittel N113°E; bis 10h a. m. N76°E, von da ab N143°E und N98°E, zuletzt N53°E.
Stärke. Mittel 0,8; Vormittags 1—2, Nachmittags sehr flau.
Barom.: Mittel 758,48 mm; 2 max. 759,05 mm um 10h a. m. und 759,25 mm um 10h p. m., 2 min. 758,30 mm um 2h a. m. und 757,80 mm um 2h p. m.
Temp. d. Luft: Mittel 26,3°; max. 30,1° um 10h a. m., min. 23,8° um 6h a. m.
Spannkr. d. Dünste: Mittel 21,4 mm; max. 22,9 mm um 10h a. m., min. 20,0 mm um 6h a. m.
Wolken: Gattung u. Betrag. Vormittags ganz klar, erst gegen Mittag cu 1—2 am Horizont; Nachmittags bezogen bis zu cu ni 10, nach 6h aufklarend bis zu cu 3 am Horizont.
Richtung. Aus der Windrichtung.
Niederschl.: Um 6h a. m. Thau, Regen p. m. von 12° 30' bis 1h, von 2h 40'—3h 45' und von 4h—5h.
Zustand d. See: Temp. Mittel 28,0°; max. 28,6° um 10h a. m., min. 27,3° um 10h p. m.
Spezif. Gewicht. Mittel 1,02588; max. 1,0270, min. 1,0235.
Allg. Bemerk.: Wetterleuchten früh in N166°E. Vormittags schön und klar, Nachmittags bezogen, starke Gewitterregen, nach 6h aufklarend, schön. In den Böen war der Wind bis zu 3—4, sonst sehr schwach 0—1. Abends starkes Wetterleuchten in SE und NE.
Ozongehalt 5. Verdunstung 2,0 mm.

1875, den 6. August.

Position: Neu Irland bis 2h p. m. zu Anker. 3° 22,7' S-Br., 151° 42,4' O-Lg. um 10h p. m.
Schiffsbew.: Kurs. N157°E um 6h p. m., N132°E um 10h p. m.
Fahrt. 2,4—0,7.
Wind: Richtung. Mittel N100°E, sehr veränderlich, anfangs N121°E, N76°E, N98°E, spät am Abend N278°E.
Stärke. Mittel 0,6; meist sehr schwach, selten um 6h p. m. 2.
Barom.: Mittel 759,59 mm; 2 max. 760,40 mm um 10h a. m., und 760,60 mm um 10h p. m.; 2 min. 758,90 mm um 2h a. m. und 758,75 mm um 6h p. m.
Temp. d. Luft: Mittel 26,2°; max. 27,5° um 6h p. m., min. 24,6° um 10h a. m.
Spannkr. d. Dünste: Mittel 21,1 mm; max. 22,1 mm um 2h p. m., min. 19,9 mm um 10h a. m.
Wolken: Gattung u. Betrag. Anfangs ganz klar, gegen 6h a. m. sich beziehend, cu ni 8—9 heraufziehend aus SW bei N76°E Wind, und dann von 10h a. m. bis 2h p. m. den ganzen Himmel bedeckend cu ni 10; um 6h wieder klar cu str. 5, und um 10h nur str. 0—1 im W.
Richtung. Um 6h a. m. aus SW gegen N76°E Wind.
Niederschl.: Um 7h a. m. etwas Regen; ebenfalls ununterbrochener Regen von 8h 50' a. m. bis 2h 55' p. m.
Zustand d. See: Temp. Mittel 28,3°; max. 28,6° um 6h p. m., min. 28,0° um 10h p. m.
Spezif. Gewicht. Mittel 1,02687; max. 1,0271, min. 1,0266.
Allg. Bemerk.: Starkes Wetterleuchten in S, nach 4h a m. von E nach NE sich ziehend, anfangs klar, dann von 6h an bezogen und regnerisch, cu ni heraufziehend aus SW gegen N76°E Wind. Von 8h 50'—2h 5' fast ununterbrochener Regen, dann aufklarend. Von 4h—6h N98°E Wind 2, dann flau und unbeständig N8°E, N278°E und N8°E. Abends klar aber diesig. See glatt. Schwaches Meerleuchten.
Ozongehalt 4—5; Regen 17,0 mm; Verdunstung 2,0 mm.

1875, den 7. August.

Position: 3° 23,8'—3° 34,4' S-Br.; 151° 43,4'—152° 3,3' O-Lg.
Schiffsbew.: Kurs. Vormittags meist N120°E, dann N75°E; Nachmittags meist N97°E, dann N131°E.
Fahrt. a. m. 0,8—1,6; p. m. 3—4.
Wind: Richtung. Mittel N35°E; Vormittags unbeständig N52°E, N345°E und N142°E; Nachmittags N7°E bis N52°E.
Stärke. Mittel 1,1; Vormittags schwach 0—1; Nachmittags meist 2—3, nur um 6h schwächer.
Barom.: Mittel 759,39 mm; 2 max. 759,80 mm um 10h a. m. und 761,00 mm um 10h p. m; 2 min 759,05 mm um 2h a. m und 758,50 mm um 6h p. m.
Temp. d. Luft: Mittel 27,2°; max. 28,4° um 2h p. m., min. 25,2° um 10h p. m.
Spannkr. d. Dünste: Mittel 22,1 mm; max. 23,7 mm um 10h a. m., min. 20,9 mm um 10h p. m.
Wolken: Gattung u. Betrag. Anfangs klar, dann dünn bezogen cu ni 9—10; von 10h ab nur cu ni 5—6; aber um 10h wieder mehr bezogen cu ni 7—8.
Richtung. Mit dem Winde ziehend.
Niederschl.: Um 6h 10' p. m. Regen; ebenfalls von 8h 30' p. m. bis 11h.
Zustand d. See: Temp. Mittel 28,5°; max. 29,0° um 2h a. m. und um 2h p. m.; min. 27,9° um 10h p. m.
Spezif. Gewicht. Mittel 1,02680; max. 1,0271, min. 1,0265.
Allg. Bemerk.: Anfangs leichte cu 0—1 am Horizont, dann scheinbar der ganze Himmel ganz dünn bezogen oder diesig. Wind flau bis gegen 7h a. m. N18°E 2—3, nach 8h wieder abflauend; von 8h—9h a. m. Wind umspringend

erst N7°E 2—3, kurze Zeit N255°E 0—1, dann N153°E 1. Nachmittags über Land in N Regenböen, um 1^h 50′ sprang der Wind auf N52°E. Um 8^h 45′ sprang der Wind auf N165°E, ging dann langsam wieder auf N52°E abflauend und aufklarend.
Ozongehalt = 5—6; Regen = 4,4 mm; Verdunstung = 1,5 mm.

1875, den 8. August.

Position: 3° 38,8′—3° 37,9′ S-Br., 152° 4,5′—152° 12,3′ O-Lg.
Schiffsbew.: Kurs. N130°E, dann trieb das Schiff, um 10^h a. m. N164°E, Nachmittags N186°E, N141°E und N51°E.
Fahrt. Anfangs 1, dann 3—5 von 10^h a. m. bis 6^h p. m., dann 1,6.
Wind: Richtung. Mittel N88°E; anfangs fast still N6°E, um 10^h a. m. N96°E, dann N119°E, N74°E und N96°E.
Stärke. Mittel 1,8; Vormittags meist still, erst von 10^h a. m. bis 6^h p. m. 3—4, Abends wieder abflauend bis zu 1.
Barom.: Mittel 759,20 mm; 2 max. 759,35 mm um 10^h a. m., und 759,95 mm um 10^h p. m.; 2 min. 758,40 mm um 6^h a. m. und 758,10 mm um 2^h p. m.
Temp. d. Luft: Mittel 27,4°; max. 28,8° um 2^h p. m., min. 25,5° um 2^h a. m.
Spannkr. d. Dünste: Mittel 21,9 mm; max. 22,9 mm um 2^h p. m., min. 21,0 mm um 10^h p. m.
Wolken: Gattung u. Betrag. Von 1^h—2^h a. m. bezogen ni 8, dann aufklarend bis zu cu ni 2—4, um Mittag cu str. 2—3, um 6^h p. m. wieder etwas mehr bezogen cu ni 5, Abends spät klar cu 2—3.
Richtung. Mit dem Winde ziehend.
Niederschl.: Um 6^h p. m. Regenböen.
Zustand d. See: Temp. Mittel 28,2°; max. 28,9° um 2^h p. m., min. 27,8° um 2^h a. m.
Spezif. Gewicht. Mittel 1,02658; max. 1,0269, min. 1,0261.
Allg. Bemerk.: Wind anfangs N6°E; von 1^h—2^h a. m. Himmel bezogen; von 4^h—7^h still, dann N119°E und aufklarend. Nachmittags N141°E, Wind 2—3 von 4^h—5^h 30′, dann N74°E auffrischend bis 4, mit Regenböen; gegen 7^h N141°E 3 bis 9^h 30′, dann N51°E flau, von 7^h an klar.
Ozongehalt 7—8; Regen 6,5 mm; Verdunstung 1,6 mm.

1875, den 9. August.

Position: 3° 38,9′—3° 36,2′ S-Br., 152° 9,6′—152° 27,0′ O-Lg.
Schiffsbew.: Kurs. Anfangs trieb das Schiff, dann N141°E, N51°E; p. m. N197°E und N175°E.
Fahrt. 2—4.
Wind: Richtung. Mittel N119°E; anfangs N141°E, um 6^h a. m. N51°E, von 10^h a. m. ab N141°E, Abends 10^h N96°E.
Stärke. Mittel 1,7; anfangs fast still, von 10^h a. m. an 2—3.
Barom.: Mittel 759,65 mm; 2 max. 760,39 mm um 10^h a. m. und 759,90 mm um 6^h p. m.; 2 min. 759,70 mm um 2^h a. m. und 758,55 mm um 2^h p. m.
Temp. d. Luft: Mittel 28,3°; max. 29,0° um 2^h p. m., min. 27,4° um 6^h a. m.
Spannkr. d. Dünste: Mittel 21,8 mm; max. 24,3 mm um 2^h a. m., min. 20,8 mm um 10^h a. m.
Wolken: Gattung u. Betrag. Den Tag über schön und klar, cu 1—2; nur kurze Zeit um 2^h p. m. cu ci 3—4.
Richtung. Um 2^h a. m. oben aus der Windrichtung, sonst am Horizont.
Niederschl.: —
Zustand d. See: Temp. Mittel 28,4°; max. 28,9° um 2^h p. m., min. 28,0° um 2^h a. m.
Spezif. Gewicht. Mittel 1,02680; max 1,0271, min. 1,0266.
Allg. Bemerk.; Wind Morgens früh fast still und veränderlich, um 7^h a. m. N141°E und auffrischend bis 2—3; Himmel schön und klar, sehr wenige cu am Horizont. Nachmittags Wind auch N141°E 2—3, von 7^h—9^h p. m. N51°E, dann N96°E; Himmel wie am Vormittage.
Wetterleuchten.
Ozongehalt 6—7; Regen 0,2 mm; Verdunstung 3,7 mm.

1875, den 10. August.

Position: 3° 38,2′—3° 50,9 S-Br., 152° 11,0′—152° 11,6′ O-Lg.
Schiffsbew.: Kurs. Vormittags N175°E, N130°E, dann N25°E; Nachmittags meist N197°E, dann N90°E.
Fahrt. Vormittags 1,3—2,0, Nachmittags meist 4—5, Abends 10^h 2,5.
Wind: Richtung. Mittel N120°E; a. m. N51°E, p. m. N142°E.
Stärke. Mittel 2,0; a. m. 1—2; p. m. meist 3.
Barom.: Mittel 760,04 mm; 2 max. 761,10 mm um 10^h a. m. und 761,00 mm um 10^h p. m., 2 min. 759,55 mm um 2^h a. m. und 759,30 mm um 2^h p. m.
Temp. d. Luft: Mittel 28,0°; max. 29,0° um 10^h a. m., min. 27,2° um 6^h p. m.
Spannkr. d. Dünste: Mittel 22,6 mm; max 23,7 mm um 10^h p. m., min. 21,7 mm um 6^h a. m.
Wolken: Gattung u. Betrag. a. m. schön und klar, nur cu 2—4, selten cu str. 2—3; p. m. anfangs ebenso, um 6^h mehr bezogen cu ni 7, von 7^h—11^h schön.
Richtung Anfangs am Horizont, um 10^h a. m. aus der Windrichtung aus E, Nachmittags auch aus E, als der Wind schon N141°E war, erst um 10^h p. m. aus der Windrichtung, aus SE.
Niederschl.: p. m. nach 3^h einige Regenböen.
Zustand d. See: Temp. Mittel 28,3°; max. 28,7° um 10^h a. m., min. 28,0° um 2^h a. m und um 10^h p. m.
Specif. Gewicht. Mittel 1,02672; max. 1,0269, min. 1,0266.
Allg. Bemerk.: a. m. schön und klar, bis 3^h Wind N96°E, dann bis 8^h N51°E; p. m. schön bis gegen 3^h, einige Regenböen, cu ni bis zum Abend. 7^h—11^h schön. Wetterleuchten in N und S.
Ozongehalt 5,6; Verdunstung 3,8 mm.

1875, den 11. August.

Position: 3° 51,4′—3° 56,0′ S-Br.; 152° 12,1′—151° 48,9′ O-Lg. bis 10^h a. m. Gekreuzt vor der Blanche Bai von 2^h p. m. ab.
Schiffsbew.: Kurs a. m. N192°E, N74°E, N175°E, p. m. N74°E, N151°E und N119°E.
Fahrt. a. m. 1—3; p. m. 2—5.
Wind: Richtung. Mittel N123°E; N141°E bis 2^h p. m., dann um 6^h N74°E und wieder N164°E.
Stärke. Mittel 2,0 a. m. anfangs 2—3, dann 1; p. m. auffrischend bis zu 4, dann Abends abflauend bis zu 2.
Barom.: Mittel 759,98 mm; 2 max. 761,20 mm um 10^h a. m. und 761,80 mm um 10^h p. m., 2 min. 759,20 mm um 6^h a. m. und 759,00 mm um 2^h p. m.
Temp. d. Luft: Mittel 27,9°; max. 29,3° um 10^h a. m., min. 27,1° um 2^h a. m.
Spannkr. d. Dünste: Mittel 23,1 mm; max. 23,5 mm um 10^h p. m., min. 22,7 mm um 6^h p. m.
Wolken: Gattung u. Betrag. Bis 1^h cu ni 3—6, dann ganz bezogen mit ni 10, gegen 6^h a. m. aufklarend bis zu cu ni 5—6; ebenso p. m. stets cu ni 5—6.
Richtung. Meist mit dem Winde ziehend, nur 2^h a. m. und 6^h p. m. schräge auf gegen den Wind.
Niederschl.: 2^h a. m. und 4^h 50′ einige Regenböen.
Zustand d. See: Temp. Mittel 28,1°; max. 28,6° um 10^h a. m., min. 27,6° um 10^h p. m.
Spezif. Gewicht. Mittel 1,02678; max. 1,0270, min. 1,0266.
Allg. Bemerk.: Vormittags N51°E-Wind, anfangs 2—3, dann abflauend bis 1, Nachmittags allmählich auffrischend und um 6^h auf N74°E übergehend bis zu 4, Abends N164°E 2—3. Bis 1^h a. m. klar, nur cu ni 3—6, dann bezogen mit ni und Regen. Wetterleuchten. Morgens aufklarend. Nachmittags klar. gegen Abend diesig.
Ozongehalt 5—6; Regen 5,9 mm; Verdunstung 3,8 mm.

1875, den 12. August.

Position: 4° 13,3′ S-Br.; 152° 10,3′ O-Lg. Greet-Harbour, Neu-Britannien, um 10^h a. m. zu Anker.
Schiffsbew.: Kurs. N209°E um 2^h a. m., N164°E um 6^h a. m.
Fahrt. Anfangs 1,5, dann 3,5.
Wind: Richtung. Mittel N140°E; Morgens N164°E und N96°E, ebenso Nachmittags, Abends fast still N96°E.

Stärke. Mittel 1,1; meist schwach, nur 2h a. m. und 2h p. m. 2—3.
Barom.: Mittel 759,87 mm, 2 max. 760,80 mm um 10h a. m. und 760,90 mm um 10h p. m., 2 min. 759,60 mm um 6h a. m. und 758,60 mm um 2h p. m.
Temp. d. Luft: Mittel 28,9°; max. 31,2° um 2h p. m., min. 27,5° um 2h a. m.
Spannkr. d. Dünste: Mittel 22,4 mm; max. 23,0 mm um 6h p. m.; min. 21,8 mm um 2h p. m.
Wolken: Gattung u. Betrag. Den Tag über schön und klar, nur cu ni 3—4, oder cu str. 3—5, Abends ganz klar.
Richtung. Aus der Windrichtung.
Niederschl.: —.
Zustand d. See: Temp. Mittel 28,5°; max. 28,9° um 10h a. m., min. 27,7° um 6h a. m.
Spezif. Gewicht. Mittel 1,02675; max. 1,0269, min. 1,0266.
Allg. Bemerk.: Wind schwach N141°E und N96°E, nur um 2h p. m. etwas frischer 3, Abends sehr schwach. Himmel klar, nur wenige cu ni oder cu str. sichtbar.
Ozongehalt 5—6; Verdunstung 3,1 mm.

1875, den 13. August.

Position: Greet-Harbour, Neu-Britannien.
Schiffsbew.: Kurs —.
Fahrt —.
Wind: Richtung. Mittel N118°E; a. m. N121°E, p. m. N98°E bis N143°E.
Stärke. Mittel 1,4; anfangs fast still, von 10h a. m. bis 6h p. m. 2—3, dann 1.
Barom.: Mittel 759,18 mm; 2 max. 760,00 mm um 10h a. m. und 759,70 mm um 10h p. m.; 2 min. 759,40 mm um 6h a. m. und 757,80 mm um 2h p. m.
Temp. d. Luft: Mittel 28,7°; max. 31,5° um 2h a. m., min. 26,4° um 6h a. m.
Spannkr. d. Dünste: Mittel 21,7 mm; max. 22,9 mm um 10h a. m., min. 21,0 mm um 2h p. m.
Wolken: Gattung u. Betrag. Schön und klar, nur cu 3—4, nach 6h p. m. bezogen anfangs mit cu ni 7, dann mit cu str. 8—9.
Richtung. Am Horizont bis 6h p. m., dann mit dem Winde ziehend.
Niederschl.: —.
Zustand d. See: Temp. Mittel 28,4°: max. 28,6° um 2h a. m., min. 27,9° um 6h a. m.
Spezif. Gewicht. Mittel 1,02675, max. 1,0269, min. 1,0264.
Allg. Bemerk.: Den ganzen Tag schön und klar bis 6h p. m., dann etwas bezogen aus der Windrichtung. Von 10h a. m. bis 6h p. m. frischer Wind, vorher meist still, und nachher 1.
Abends starkes Wetterleuchten in N.
Ozongehalt 3—4; Verdunstung 3,9 mm.

1875, den 14. August.

Position: Greet-Harbour.
Schiffsbew.: Kurs —.
Fahrt —.
Wind: Richtung. Mittel N134°E: a. m. anfangs N143°E, dann still und wieder N143°E, p. m. meist N137°E, dann N98°E.
Stärke. Mittel 1,2; nur von 10h a. m. bis 2h p. m. 2—3; sonst 1 oder still.
Barom.: Mittel 760,12 mm; 2 max. 760,80 mm um 10h a. m. und 761,60 mm um 10h p. m., 2 min. 758,90 mm um 2h a. m. und 759,90 mm um 2h p. m.
Temp. d. Luft: Mittel 28,1°; max. 29,8° um 2h p. m., min. 26,6° um 6h a. m.
Spannkr. d. Dünste: Mittel 21,7 mm; max. 22,5 mm um 10h a. m., min. 20,6 mm um 2h p. m.
Wolken: Gattung u. Betrag. a. m. anfangs klar, cu 3—4, um 6h ci cu 4—5, um 10h bezogen cu ni 8—10, p. m. klar, ci cu str. 3—4.
Richtung. Mit dem Winde ziehend, nur 10h p. m. am Horizont.
Niederschl.: Um 10h a. m. ganz wenig Regen.
Zustand d. See: Temp. Mittel 28,4°, max. 29,0° um 2h p. m., min. 28,0° um 2h a. m.
Spezif. Gewicht. Mittel 1,02683; max. 1,0271, min. 1,0267.
Allg. Bemerk.: Um 2h a. m. aufklarend, am Horizont cu, oben leichte ci, um 10h a. m. bezogen; p. m. leichte Wolken aus der Windrichtung, Abends nur am Horizont. Wind nur von 10h—2h p. m. frisch 2—3, sonst still oder schwach.
Ozongehalt 3—4; Verdunstung 3,1 mm.

1875, den 15. August.

Position: Greet-Harbour.
Schiffsbew.: Kurs —.
Fahrt —.
Wind: Richtung. Mittel N112°E; N98°E und N143°E bis 6h p. m., Abends N76°E.
Stärke. Mittel 1,1; a. m. sehr schwach, p. m. 2—3, jedoch um 6h fast still.
Barom.: Mittel 759,75 mm; 2 max. 760,60 mm um 6h a. m. und 760,60 mm um 10h p. m., 2 min. 759,20 mm um 2h a. m. und 758,80 mm um 2h p. m.
Temp. d. Luft: Mittel 28,2°; max. 30,1° um 2h a. m., min. 26,7° um 6h a. m.
Spannkr. d. Dünste: Mittel 22,4 mm; max. 23,0 mm um 10h p. m.. min. 21,0 mm um 2h a. m.
Wolken: Gattung u. Betrag. a. m. klar, anfangs nur der Horizont besetzt mit cu str. 1—2, um 10h cu str. 3—4 aus der Windrichtung; p. m. klar, cu 2—3, um 6h cu str. 3—4, jedoch gegen 10h bezogen mit cu ni 8—9.
Richtung. Meist am Horizont, aber von 10h—2h p. m. aus der Windrichtung und Abends 8h aus ENE bei N98°E-Wind, der erst gegen 9h auf N76°E ging.
Niederschl.: Früh etwas Thau; um 9h 30′ p. m. Regen, der 10 Minuten lang anhielt.
Zustand d. See: Temp. Mittel 28,5°; max. 29,1° um 2h p. m., min. 28,1° um 2h a. m.
Spezif. Gewicht. Mittel 1,02682; max. 1,0269, min. 1,0267.
Allg. Bemerk.: a. m. Wind sehr schwach N98°E, zuletzt um 10h N143°E, Himmel klar. am Horizont cu str. 1—2, um 10h cu str. 3—4 aus der Windrichtung; p. m. um 2h und Abends 10h frischer Wind, um 6h fast still gegen 8½h ging der Wind von N143°E nach N76°E, nachdem schon seit 8h leichte cu ni von ENE zogen und den Himmel dann fast ganz bedeckten.
Ozongehalt 2—3; Verdunstung 2,2 mm.

1875, den 16. August.

Position: Greet Harbour.
Schiffsbew.: Kurs. —
Fahrt. —
Wind: Richtung. Mittel N136°E; anfangs N121°E und N98°E, dann N143°E von 10h a. m. bis 6h p. m.; spät wieder N121°E.
Stärke. Mittel 2,0; anfangs 3, um 6h a. m. fast still, um 10h auffrischend bis zu 3—4; um 6h p. m. wieder abflauend.
Barom.: Mittel 759,63 mm; 2 max. 761,50 mm um 6h a. m. und 760,50 mm um 10h p. m., 2 min. 760,60 mm um 2h a. m. und 757,50 mm um 6h p. m.
Temp. d. Luft: Mittel 28,0°; max. 30,0° um 2h p. m., min. 26,6° um 2h a. m.
Spannkr. d. Dünste: Mittel 22,1 mm; max. 22,8 mm um 2h a. m., min. 21,0 mm um 10h p. m.
Wolken: Gattung u. Betrag. Anfangs cu ni 10, dann gegen 6h etwas aufklarend bis cu str. 6—7, dann wechselten ab bis 6h p. m. ci cu, cu und ci str. aber immer 6—7; um 10h p. m. klar, nur cu str. 2—3 am Horizont.
Richtung. Mit dem Winde ziehend, um 10h p. m. am Horizont.
Niederschl.: Von 5h—9h a. m. vorübergehender leichter Regen.
Zustand d. See: Temp. Mittel 28,3°; max. 28,6° um 2h p. m., min. 28,0° um 2h a. m.
Spezif. Gewicht. Mittel 1,02688; max. 1,0270, min. 1,0267.

Allg. Bemerk.: a. m. früh leicht bezogen, mit vorübergehendem leichten Regen und abflauendem Winde. Um 1 h p. m. frischte der Wind auf bis gegen 6h. Abends nur der Horizont besetzt.
Ozongehalt 2; Regen 1,0 mm; Verdunstung 3,2 mm.

1875, den 17. August.

Position: { Greet Harbour bis 2h p. m. Es wurde gekreuzt durch den St. Georg-Kanal von 6h p. m. an.
Schiffsbew.: Kurs. N106°E um 6h p. m.; N98°E um 10h.
Fahrt. 5—6.
Wind: Richtung. Mittel N144°E, N98°E bis 10h a. m., von da ab N143°E, nur einmal unterbrochen von N166°E um 6h p. m.
Stärke. Mittel 2,0; a. m. schwach; von 3h p. m. auffrischend bis 5 und gegen 11h abflauend bis 2.
Barometer: Mittel 760,03 mm; 2 max. 761,90 mm um 10h a. m. und 760,30 mm um 6h p. m.; 2 min. 759,20 mm um 2h a. m. und 758,80 mm um 2h p. m.
Temp. d. Luft: Mittel 28,6°; max. 31,3° um 2h p. m., min. 26,8° um 6h a. m.
Spannkr. d. Dünste: Mittel 21,7 mm; max. 23,0 mm um 10h a. m., min. 20,9 mm um 2h p. m.
Wolken: Gattung und Betrag. Anfangs klar, nur der Horizont besetzt mit cu str. 2—3, dann ci cu 6—8 und cu ni 6—7 aus SE; p. m. anfangs ci cu 6—7 aus E, dann mehr bezogen bis zu ci str. und cu ni 8—9 aus SE.
Richtung. Aus den angegebenen Richtungen.
Niederschl.: —
Zustand d. See: Temp. Mittel 28,1°; max. 28,7° um 2h p. m., min. 27,8° um 10h p. m.
Spezif. Gewicht. Mittel 1,02675; max. 1,0268, min. 1,0266.
Allg. Bemerk.: a. m. Wind schwach, zuweilen still, anfangs oben ganz klar, um 6h jedoch mehr bezogen mit ci cu und cu str.; p. m. gegen 3h Wind auffrischend, dann der Himmel mehr bezogen bis zu cu ni 8; gegen 11h abflauend.
Seegang Abends aus SSE.
Ozongehalt 3; Regen 0,5 mm; Verdunstung 2,7 mm.

1875, den 18. August.

Position: Kreuzten durch den St. Georg-Kanal.
Schiffsbew.: Kurs. a. m. erst N104°E, dann N211°E, zuletzt N199°E um 6h p. m. zu Anker.
Fahrt. 3—5.
Wind: Richtung. Mittel N138°E; um 2h a. m. N121°E, dann N143°E und von 6h p. m. ab N98°E.
Stärke. Mittel 2,5; anfangs 2—3, als N143°E mehr und mehr auffrischend bis zu 4, einzelne Böen bis zu 6; Abends von 6h ab fast still.
Barom.: Mittel 759,14 mm; max. 760,00 mm um 6h a. m.; dann fiel es bis zum min. 758,35 mm um 2h p. m.; Abends etwas steigend und fallend.
Temp. d. Luft: Mittel 27,1°; max. 29,2° um 10h a. m., min. 25,0° um 2h a. m.
Spannkr. d. Dünste: Mittel 20,5 mm; max. 22,4 mm um 10h a. m., min. 17,8 mm um 2h a. m.
Wolken: Gattung u. Betrag. a. m. ganz bezogen mit cu ni 8—10; p. m. ebenfalls cu ni 7—9, um 10h p. m. etwas aufklarend bis zu cu ni 5—6.
Richtung. Aus SE bis 6h p. m., dann aus E.
Niederschl.: Von 10h a. m. bis 12h Regen, dann heftige Regenböen bis 10h p. m.
Zustand d. See: Temp. Mittel 28,0°; max. 28,7° um 10h a. m., min. 27,7° um 10h p. m.
Spezif. Gewicht. Mittel 1,02672; max. 1,0268, min. 1,0265.
Allg. Bemerk.: Wetterleuchten in S; Himmel bezogen, regnerisch, namentlich von 10h—12h beständiger Regen; p. m. ebenfalls bezogen mit heftigen Regenböen bis zur Stärke von 6.
Lebhafte Dünung und See aus ESE.
Ozongehalt 5—6; Verdunstung 4,3 mm.

1875, den 19. August.

Position: 4° 43,5' S-Br.; 152° 44,6' O-Lg. Sulfur-Harbour, Neu-Irland.
Schiffsbew.: Kurs —
Fahrt. —
Wind: Richtung. Mittel N123°E; a. m. N132°E; p. m. veränderlich N53°E, N98°E, N132°E.
Stärke. Mittel 1,3; a. m. 1—3 böig; p. m. 1, zuletzt fast still.
Barom.: Mittel 758,53 mm; 2 max. 759,00 mm um 10h a. m. und 760,10 mm um 10h p. m.; 2 min. 757,20 mm um 6h a. m. und 758,00 mm um 2h p. m.
Temp. d. Luft: Mittel 25,5°; max. 26,4° um 6h a. m.; min. 24,8° um 10h p. m.
Spannkr. d. Dünste: Mittel 21,5 mm; max. 21,9 mm um 2h p. m., min. 20,9 mm um 6h p. m.
Wolken: Gattung und Betrag. Anfangs cu ni 6—7, von 6h a. m. ab beständig ni 10.
Richtung. a. m. aus SE; p. m. unbestimmt.
Niederschl.: Regenböen den ganzen Tag.
Zustand d. See: Temp. Mittel 27,2°; max. 27,8° um 10h a. m.; min. 26,7° um 2h a. m.
Spezif. Gewicht. Mittel 1,02602; max. 1,0269, min. 1,0243.
Allg. Bemerk.: Vormittags N143°E, böig bis zur Stärke 6, und regnerisch, den ganzen Tag meist bezogen mit ni 10; p. m. ebenfalls bezogen, bis 8h heftiger Regen, gegen 11h aufklarend.
Ozongehalt 6; Regen 9,1 mm; Verdunstung 2,9 mm.

1875, den 20. August.

Position: Sulfur Harbour.
Schiffsbew.: Kurs. —
Fahrt. —
Wind: Richtung. Mittel N135°E; a. m. meist N142°E, dann N277°E; p. m. N322°E, N120°E und N142°E.
Stärke. Mittel 0,4; meist schwach 0—1, jedoch um 6h p. m. 1—2.
Barom.: Mittel 760,12 mm; 2 max. 760,90 mm um 10h a. m. und 760,60 mm um 10h p. m.; 2 min. 759,80 mm um 6h a. m. und 759,60 mm um 2h p. m.
Temp. d. Luft: Mittel 25,9°; max. 27,7° um 2h p. m., min. 23,6° um 6h a. m.
Spannkr. d. Dünste: Mittel 21,8 mm; max. 23,7 mm um 10h a. m., min. 19,8 mm um 2h a. m.
Wolken; Gattung und Betrag. Anfangs ni 10, um 6h a. m. aufklarend bis zu cu ni und cu str. 6—7; p. m. immer mehr aufklarend bis zu cu 3—4.
Richtung. Meist mit dem Winde ziehend.
Niederschl.: Um 1h a. m. Regen; dann Regenböen bis Mittag.
Zustand d. See: Temp. Mittel 27,2°; max. 27,7° um 2h p. m., min. 26,3° um 6h a. m.
Spezif. Gewicht. Mittel 1,02637; max. 1,0267, min. 1,0256.
Allg. Bemerk.: Winde schwach und unbeständig, meist 0—1, Vormittags böig, ganz bezogen und um 1h a. m. Regen, um 6h aufklarend, aber Regenböen. Nachmittags noch mehr aufklarend bis zu cu 3—4 aus der Windrichtung.
Ozongehalt 5—6; Regen 38,0 mm; Verdunstung 0,5 mm.

1875, den 21. August.

Position: Sulfur-Harbour bis 2h p. m. 4° 57,9' S-Br.; 152° 39,4' O-Lg. um 10h p. m.
Schiffsbew.: Kurs. N198°E.
Fahrt. 2.
Wind: Richtung. Mittel N131°E; a. m. schwache N142°E- bis N97°E-Winde; p. m. N75°E, dann von 6h p. m. ab N142°E.
Stärke. Mittel 1,3; a. m. 0—1, p. m. 2—3.
Barom.: Mittel 759,77 mm: 2 max. 760,50 mm um 10h a. m. und 760,80 mm um 10h p. m., 2 min. 759,0 mm um 2h a. m. und 758,90 mm um 6h p. m.
Temp. d. Luft: Mittel 26,9°; max. 27,8° um 10h a. m., min. 25,6° um 2h a. m.
Spannkr. d. Dünste: Mittel 22,5 mm; max. 23,3 mm um 10h a. m., min. 22,2 mm um 2h p. m.

Wolken: Gattung u. Betrag. Anfangs klar, cu ci 3—4, um 3h a. m. sich mehr und mehr beziehend bis zu cu ni 9—10, Nachmittags leicht bezogen cu str. 7—8, bis zu cu ni 9 um 10h p. m.
Richtung. Aus SE.
Niederschl.: Um 10h 40' a. m. wenig Regen.
Zustand d. See: Temp. Mittel 27,8°; max. 28,0° um 10h a. m., min. 27,2° um 10h p. m.
Spezif. Gewicht. Mittel 1,02673; max. 1,0268, min. 1,0267.
Allg. Bemerk.: a. m. N142°E bis N97°E, sehr schwache Winde, anfangs klar, nur cu ci 3—4 aus der Windrichtung, nach 3h sich immer mehr beziehend bis zu cu ni 10, mit wenig Regen um 10h 40'; p. m. Wind frischer N142°E bis zu 3, leicht bezogen cu str. 6—7, ohne Regen, auf dem Lande cu, Abends cu ni 9.
Südliche Dünung.
Ozongehalt 4—5; Regen 1,3 mm; Verdunstung 1,1 mm.

1875, den 22. August.

Position: 5° 1,7'—5° 21,6' S-Br.; 152° 33,5'—153° 4,2'O' O-Lg.
Schiffsbew.: Kurs. Vormittags anfangs N210°E, dann N131°E von 6h an, Nachmittags N108°E, dann von 6h ab N120°E.
Fahrt. a. m. 1—2,6, p. m. 2—3,4.
Wind: Richtung. Mittel N171°E; a. m. N142°E über N187°E nach N232°E, p. m. N166°E. N187°E auf N153°E.
Stärke. Mittel 2,1; meist 2—3, jedoch um 6h a. m. schwächer, 1—2, und ebenso 10h p. m.
Barom.: Mittel 759,29 mm; 2 max. 759,80 mm um 10h a. m. und 759,90 mm um 10h p. m., 2 min. 758,59 mm um 2h a. m. und 758,60 mm um 2h p. m.
Temp. d. Luft: Mittel 27,6°; max. 28,9° um 2h p. m., min. 26,5° um 2h a. m.
Spannkr. d. Dünste: Mittel 23,3 mm; max. 23,6 mm um 2h p. m., min. 22,8 mm um 6h a. m.
Wolken: Gattung u. Betrag. a. m. meist cu ni oder cu str. 6—7, jedoch gegen 6h fast ganz bezogen ci cu 9—10; p. m. anfangs cu str., dann ci cu 6—8, Abends aufklarend bis zu ni 3—4.
Richtung. a. m. aus S, p. m. aus SE, jedoch die ni um 10h am W-Horizont hinziehend.
Niederschl.: —
Zustand d. See: Temp. Mittel 28,0°; max. 28,7° um 6h p. m., min. 27,6° um 2h a. m. und um 10h p. m.
Spezif. Gewicht. Mittel 1,02683; max. 1,0271, min. 1,0267.
Allg. Bemerk.: Von 1h—2h a. m. der Wind auffrischend bis zu 3 und gegen 6h wieder abflauend bis zu 1, leicht und durchsichtig bezogen, auf dem Lande cu. Südsüdöstliche leichte Dünung. Wasser blau. Am Nachmittage wie am Vormittage, Abends klar, in W am Horizont ni ziehend. Nach 11h p. m. ganz still bis 2h 30' des folgenden Tages.
Ozongehalt 7—8; Regen 1,4 mm; Verdunstung 2,1 mm.

1875, den 23. August.

Position: 5° 25,8'—6° 3,7' S-Br.; 153° 2,3'—153° 19,3' O-Lg.
Schiffsbew.: Kurs. N166°E, dann N131°E; um 10h a. m. gelothet; p. m. 120°E.
Fahrt. 2—3 a. m., p. m. 3—4.
Wind: Richtung. Mittel N73°E; a. m. N86°E und N7°E, dann still; p. m. N7°E und N30°E.
Stärke. Mittel 0,8; anfangs still, dann auffrischend bis zu 3, von 3h 18' abflauend bis zur Windstille, p. m. sehr schwach oder still.
Barom.: Mittel 759,59 mm; 2 max. 759,90 mm um 10h a. m. und 761,38 mm um 10h p. m., 2 min. 758,85 mm um 2h a. m. und 758,75 mm um 2h p. m.
Temp. d. Luft: Mittel 28,2°; max. 29,7° um 2h p. m., min. 27,0° um 6h a. m.
Spannkr. d. Dünste: Mittel 22,3 mm; max. 23,2 mm um 2h a. m., min. 21,1 mm um 6h a. m.
Wolken: Gattung u. Betrag. Anfangs bezogen cu ni 7, um 3h 15' aufklarend, nur cu und cu str. am Horizont 4—2; p. m. dünn und durchsichtig bezogen ci cu 7—8, gegen Abend der obere Himmel wieder klar bis zu cu str. 4—5.
Richtung. Mit dem Winde ziehend.
Niederschl.: Um 2h 30' a. m. Regen, der 10 Minuten anhielt.
Zustand d. See: Temp. Mittel 28,2°; max. 29,0° um 2h p. m., min. 27,6° um 2h a. m.
Spezif. Gewicht. Mittel 1,02688; max. 1,0270, min. 1,0266.
Allg. Bemerk.: Bis 2h 30' a. m. still, dann N86°E auffrischend bis zu 3 mit einer Regenbö, um 3h 15' a. m. abflauend und aufklarend.
Schwache SE-Dünung.
p. m. Dünn und durchsichtig bezogen, bei sehr schwachen N7°E- und N30°E-Winden, gegen Abend der obere Himmel wieder klar. Schwaches Meerleuchten. Schwaches Wetterleuchten in E und W.
Ozongehalt 5—6; Regen 0,0; Verdunstung 1,6 mm.

1875, den 24. August.

Position: 6° 9,4'—6° 34,6' S-Br.; 153° 32,1'—154° 36,4' O-Lg.
Schiffsbew.: Kurs. a. m. N108°E, p. m. N120°E und N153°E.
Fahrt. 3—4,6.
Wind: Richtung. Mittel N111°E; a. m. anfangs N7°E, dann still und von 10h an N187°E; p. m. N165°E, dann N75°E und N108°E.
Stärke. Mittel 1,5; a. m. 2—3 oder still, p. m. auffrischend bis zu 4—5.
Barom.: Mittel 760,74 mm; 2 max. 761,60 mm um 10h a. m. und 762,24 mm um 10h p. m., 2 min. 759,80 mm um 2h a. m. und 759,80 mm um 6h p. m.
Temp. d. Luft: Mittel 27,9°; max. 28,8° um 2h p. m., min. 27,2° um 6h p. m.
Spannkr. d. Dünste: Mittel 22,7 mm; max. 23,4 mm um 10h p. m., min. 22,0 mm um 2h a. m.
Wolken: Gattung u. Betrag. Den Tag über schön und klar, nur cu, ci cu oder cu str. 3—5, Abends cu ni 1—2.
Richtung. a. m. anfangs aus NE und dann bei der Windstille aus ESE, um 10h aus E; p. m. nur am Horizont.
Niederschl.: 4h 50' p. m. eine Regenbö.
Zustand d. See: Temp. Mittel 28,2°; max. 28,3° um 2h p. m., min 28,0° um 6h p. m.
Spezif. Gewicht. Mittel 1,02690; max. 1,0270, min. 1,0265.
Allg. Bemerk.: Schön und klar, bis 5h N7°E-Wind 2—3, von 5h—8h a. m. still, dann N187°E auffrischend. See glatt, ganz leichte südliche Dünung.
p. m. Um 5h ging der Wind N97°E, nur Horizont besetzt. Leichte E-Dünung aufkommend.
Ozongehalt 6—7; Regen 0,5 mm; Verdunstung 2,6 mm.

1875, den 25. August.

Position: 6° 45,8'—6° 30,3' S-Br.; 154° 38,6'—155° 8,9' O-Lg.
Schiffsbew.: Kurs. a. m. anfangs N187°E, dann N52°E, dann N232°E; p. m. N181°E und um 6h p. m. zu Anker in Bougainville Insel.
Fahrt. Anfangs 3, zunehmend bis 6, um 10h a. m. nur 1,5; p. m. 3,0, dann zu Anker.
Wind: Richtung. Mittel N123°E, N108°E, dann N165°E bis 2h p. m., Abends still.
Stärke. Mittel 1,6; 3—5, von 10h a. m. ab nur 1—2, von 6h p. m. an still.
Barom.: Mittel 759,82 mm; 2 max. 760,90 mm um 10h a. m. und 760,80 mm um 10h p. m., 2 min. 759,86 mm um 2h a. m. und 758,87 mm um 2h p. m.
Temp. d. Luft: Mittel 27,5°; max. 29,6° um 2h p. m., min. 25,1° um 10h p. m.
Spannkr. d. Dünste: Mittel 22,0 mm; max. 23,6 mm um 2h p. m., min. 19,8 mm um 10h p. m.
Wolken: Gattung u. Betrag. a. m. klar und schön, nur cu 2—3, dann ci cu 3—4; p. m. etwas mehr bezogen, um 6h ganz bezogen bis zu cu ni 9—10, gegen Abend aufklarend bis zu cu 1—2 am Horizont.
Richtung. Aus der Windrichtung oder am Horizont.
Niederschl.: 4h—5h p. m. 1 Stunde Regen.
Zustand d. See: Temp. Mittel 28,2°; max. 28,9° um 10h a. m., min. 27,9° um 2h a. m. und um 10h p. m.
Spezif. Gewicht. Mittel 1,02652; max. 1,0267, min. 1,0261.

Allg. Bemerk.: a. m. klar und schön, vor Sonnenaufgang etwa 1 Stunde leicht aus der Windrichtung bezogen, dann wieder klar.
In ENE Regenböen, die gegen 4h p. m. heraufkamen, und allmälig ganz bezogen. Abends aufklarend.
Ozongehalt 6—7; Verdunstung 3,0 mm.

1875, den 26. August.

Position: 6° 30,3′ S-Br., 155° 8,9′ O-Lg. Bougainville Insel.
Schiffsbew.: Kurs. —
Fahrt. —
Wind: Richtung. Mittel N30°E; meist still, um Mittag schwacher Hauch aus N53°E und N8°E.
Stärke. Mittel 0,2; meist still.
Barom.: Mittel 759,65 mm; 2 max. 759,70 mm um 10h a. m. und 760,10 mm um 10h p. m., 2 min. 759,30 mm um 6h a. m. und 758,28 mm um 2h p. m; eine Ausnahme bildet der Stand 761,00 mm um 2h a. m.
Temp. d. Luft: Mittel 26,8°; max. 28,7° um 6h p. m., min. 24,2° um 6h a. m.
Spannkr. d. Dünste: Mittel 22,3 mm; max. 23,9 mm um 10h p. m., min. 21,3 mm um 6h a. m.
Wolken: Gattung u. Betrag. Anfangs klar, nur cu ni 3—4, allmählich mehr bezogen bis zu cu str. 9—10, Abends wieder aufklarend bis zu cu ni 1.
Richtung. Anfangs am Horizont, um 10h a. m. aus E, dann unbemerkbar, Abends 10h aus SE bei Windstille.
Niederschl.: —
Zustand d. See: Temp. Mittel 28,2°; max. 28,5° um 2h p. m., min. 27,7° um 6h a. m.
Spezif. Gewicht. Mittel 1,02640; max. 1,0267, min. 1,0262.
Allg. Bemerk.: a. m. klar, 6h ganz leicht bezogen, um 10h dichter bezogen; p. m. anfangs ganz bezogen, Abends wieder aufklarend. Wetterleuchten in E.
Ozongehalt 6—7; Regen 5,1 mm; Verdunstung 1,6 mm

1875, den 27. August.

Position: Bougainville Insel, Gazelle Hafen.
Schiffsbew.: Kurs. —
Fahrt. —
Wind: Richtung. Mittel N137°E; sonst still, von 10h a. m. an N143°E, dann N188°E und um 6h p. m. N121°E, Abends still.
Stärke. Mittel 0,3; meist still oder 1, nur der N121°E um 6h p. m. bisweilen 2.
Barom.: Mittel 760,27 mm; 2 max. 761,13 mm um 10h a. m. und 761,53 mm um 10h p. m., 2 min. 759,19 mm um 2h a. m. und 759,00 mm um 2h p. m.
Temp. d. Luft: Mittel 27,1°; max. 31,2° um 2h p. m, min. 24,6° um 6h a. m.
Spannkr. d. Dünste: Mittel 22,3 mm; max. 23,9 mm um 2h p. m., min. 20,7 mm um 10h a. m.
Wolken: Gattung u. Betrag. a. m. klar und schön, nur cu str. 1—2 über dem Lande; p. m. anfangs klar, gegen 4h bezogen bis zu cu ni 10, Abends aufklarend bis zu cu ni 2—3 über dem Lande.
Richtung. Um 6h p. m. aus der Windrichtung, aus N121°E.
Niederschl.: Von 6¼h—7¼h p. m. eine Stunde Regen.
Zustand d. See: Temp. Mittel 28,1°; max. 29,0° um 2h p.m., min. 27,5° um 2h a. m.
Spezif. Gewicht. Mittel 1,02623; max. 1,0265, min. 1,0259.
Allg. Bemerk.: a. m. Windstill; klar und schön, nur leichte auf dem Lande liegende cu; p. m. anfangs klar bei schwachem S-Wind, gegen 4h bezogen, von 6¼h—7¼h starker Gewitterregen, dann aufklarend und still Wetterleuchten im W.
Ozongehalt 4—5; Regen 0,0; Verdunstung 1,4 mm.

1875, den 28. August.

Position: Bougainville Insel, Gazelle Hafen.
Schiffsbew.: Kurs. —
Fahrt. —
Wind: Richtung. Mittel N111°E; a. m. anfangs N121°E, dann still, um 10h wieder N121°E; p. m. N143°E, dann N346°E. und Abends still.
Stärke. Mittel 0,5; a. m. anfangs sehr schwach, um 10h auffrischend bis zu 2; Nachmittags abflauend bis zu 0.
Barom.: Mittel 759,84 mm; 2 max. 761,18 mm um 10h a. m. und 760,93 mm um 10h p. m., 2 min. 758,59 mm um 2h a. m. und 758,89 mm um 2h p. m.
Temp. d. Luft: Mittel 28,1°; max. 30,6° um 2h a. m., min. 25,0° um 6h a. m.
Spannkr. d. Dünste: Mittel 22,4 mm; max. 24,7 mm um 6h p. m., min. 21,3 mm um 10h a. m.
Wolken: Gattung u. Betrag. a. m. anfangs klar bis gegen 5½h, cu ni 3—4, dann bis 7h ganz dünn bezogen cu str. 8, nach 7h wieder klar, bis ci cu 3—4; p. m. anfangs cu str. 6—7, dann aufklarend bis zu cu 2—3 am Horizont.
Richtung. Mit dem Winde ziehend, oder über dem Lande oder am Horizont.
Niederschl.: —
Zustand d. See: Temp. Mittel 28,3°; max. 29,3° um 6h p. m., min. 27,7° um 6h a. m.
Spezif. Gewicht. Mittel 1,02645; max. 1,0266, min. 1,0259.
Allg. Bemerk.: a. m. anfangs klar und schön, nur cu ni über dem Lande, von 5½h—7h ganz dünn bezogen, dann wieder klar. Wind anfangs fast still N121°E, dann still, erst gegen 10h auffrischend bis zu 2; p. m. anfangs bezogen, Wind abflauend bis 6h N143°E, bis 8h N346°E. dann still und aufklarend. Wetterleuchten in S.
Ozongehalt 2; Regen 8,9 mm; Verdunstung 1,8 mm.

1875, den 29. August.

Position: Gazelle Hafen bis gegen 10h a. m. 6° 40,0′—7° 3,3′ S-Br.; 155° 2,9′—154° 59,1′ O-Lg. von 10h a. m. ab.
Schiffsbew.: Kurs. N233°E und N211°E, dann N166°E und N256°E.
Fahrt. Meist 3—4,4; um 10h p. m. nur 0,8.
Wind: Richtung. Mittel N199°E; a. m. N143°E und N98°E. p. m. N278°E und N233°E, zuletzt N188°E.
Stärke. Mittel 0,6, sonst 0—1; nur der N233°E gegen Abend 2—3.
Barom.: Mittel 759,33 mm; 2 max. 759,78 mm um 6h a. m. und 760,00 mm um 6h p. m., 2 min. 759,60 mm um 2h a. m. und 758,80 mm um 10h a. m.
Temp. d. Luft: Mittel 27,6°; max. 30,0° um 2h p. m., min. 25,4° um 6h a. m.
Spannkr. d. Dünste: Mittel 22,5 mm; max. 23,8 mm um 2h p. m., min. 20,5 mm um 6h a. m.
Wolken: Gattung u. Betrag. Anfangs ganz klar, später in NE einige ci cu und cu ni über dem Lande; p. m. anfangs klar, dann immer mehr sich beziehend bis zu cu ni 8—9.
Richtung. a. m. am Horizont; p. m. aus der Windrichtung.
Niederschl.: 7h—9h p. m. 2 Stunden starker Gewitterregen.
Zustand d. See: Temp. Mittel 28,5°; max. 29,2° um 10h a.m., min. 27,7° um 6h a. m.
Spezif. Gewicht. Mittel 1,02657; max. 1,0268, min. 1,0264.
Allg. Bemerk.: a. m. Anfangs ganz klar, später in NE über dem Lande cu ni mit Regenböen, schwacher N143°E-Wind; leichte SE-See.
p. m. wie am Vormittag klar, gegen 6h 30′ Gewitter in NE, Wind umspringend von N323°E auf N53°E mit starkem Regen, um 7h ging der Wind auf N8°E, um 9h N188°E-Wind abflauend und aufklarend. Wetterleuchten in S.
Ozongehalt 4—5; Verdunstung 1,9 mm.

1875, den 30. August.

Position: 7° 11,0′—7° 37,3′ S-Br., 155° 0,4′ -155° 6,1′ O-Lg.
Schiffsbew.: Kurs. Anfangs trieb das Schiff, dann N166°E und N121°E, p. m. N166°E, N233°E und N98°E.
Fahrt. a. m. 1,6; p. m. anfangs 3,6, dann langsamer bis zu 1,5.
Wind: Richtung. Mittel N171°E; a. m. N233°E, dann N188°E, p. m. N143°E, N166°E, N154°E.
Stärke. Mittel 1,6; anfangs 0—1, dann allmählich auffrischend bis zu 4 um 2h p. m., von da ab abflauend bis zu 1.

Barom.: Mittel 760,63 mm; 2 max. 762,04 mm um 10^h a. m. und 762,14 mm um 10^h p. m., 2 min. 760,30 mm um 2^h a. m. und 759,29 mm um 2^h p. m.
Temp. d. Luft: Mittel 27,2°; max. 28,2° um 10^h a. m., min. 25,9° um 2^h p. m.
Spannkr. d. Dünste: Mittel 22,7 mm; max. 23,2 mm um 10^h a. m., min. 21,5 mm um 6^h p. m.
Wolken: Gattung u. Betrag. a. m. cu ni 6—8, p. m. ganz bezogen cu ni 10, gegen Abend aufklarend bis cu str. und cu ni 6.
Richtung. a. m. aus SW, p. m. aus SE.
Niederschl.: 7^h 10′—7^h 20′ a. m. ein Regenschauer, p. m. um 2^h etwas Regen.
Zustand d. See: Temp. Mittel 28,0°; max. 28.2° um 10^h p. m., min. 27,7° um 2^h a. m.
Spezif. Gewicht. Mittel 1,02652; max. 1,0267, min. 1,0264.
Allg. Bemerk.: a. m. schwacher N233°E, cu ni 6—8 aus der Windrichtung im NE sich anstauend, dort Regenböen. 7^h 10′ ein Regenschauer aus Lee ohne Wind. Wind flau, oft ganz still. p. m. Wind auffrischend aus N143°E 3—4, ganz bezogen mit etwas Regen, gegen Abend aufklarend bis zu cu ni 6 aus der Windrichtung. Hohe SE-Dünung. Wind abflauend und schwankend von N143°E, N166°E und zurück N154°E.
Ozongehalt 8—9. Regen 25,7 mm. Verdunstung 2,2 mm.

1875, den 31. August.

Position: 7° 40,6′ - 8° 34,6′ S-Br., 155° 7,1′—154° 47,8′ O-Lg.
Schiffsbew.: Kurs. Bis 10^h a. m. trieb das Schiff, dann N153°E, p. m. N181°E und N193°E.
Fahrt. 2—3 bis 2^h p. m., dann 5,8—6,5.
Wind: Richtung. Mittel N125°E; stille bis 10^h a. m., dann N97°E, p. m. N120°E, von 6^h ab N131°E.
Stärke. Mittel 2,1; a. m. meist still, dann 1—2, p. m. immer mehr auffrischend bis zu 5.
Barom.: Mittel 759,89 mm; 2 max. 761,50 mm um 10^h a. m. und 760,00 mm um 10^h p. m., 2 min. 759,60 mm um 6^h a. m. und 758,54 mm um 2^h p. m.
Temp. d. Luft: Mittel 27,1°; max. 28,4° um 10^h a. m., min. 25,0° um 6^h a. m.
Spannkr. d. Dünste: Mittel 21,0 mm; max. 22,2 mm um 10^h p. m., min. 19,3 mm um 6^h a. m.
Wolken: Gattung u. Betrag. Anfangs cu ni 6—7, dann aufklarend bis zu cu str. 4, um 10^h bezogen bis zu cu ni str. 8—9, gegen Abend klarer cu ni 3—4,
Richtung. Mit dem Winde ziehend.
Niederschl.: Um 2^h a. m. etwas Regen, ebenfalls von 9^h bis 10^h p. m. Regenböen.
Zustand d. See: Temp. Mittel 27,8°; max. 28,1° um 2^h p. m., min. 27,2° um 10^h p. m.
Spezif. Gewicht. Mittel 1,02652; max. 1,0268, min. 1,0262.
Allg. Bemerk.: a. m. Wind flau, meist N142°E, von 4^h—6^h W-licher, oft still, 8^h N97°E-Wind gegen 10^h auffrischend und etwas S-lich gehend. Hohe SE-Dünung. p. m. Oben ci, unten cu str. bis zu 8—9, um 5^h Wind auffrischend bis zu 4 und um 7^h bis 5; klar, leichte cu, von 9^h—10^h schnell vorüberziehende leichte Regenböen, zunehmende SE-See. Meeresleuchten in vereinzelten Scheiben.
Ozongehalt 7—8. Regen 5,4 mm. Verdunstung 2,0 mm.

1875, den 1. September.

Position: 8° 55,0′—9° 16,4′ S-Br., 154° 40,4′—154° 58,7′ O-Lg.
Schiffsbew.: Kurs. a. m. meist N187°E., von 10^h a. m. bis 10^h p. m. N63°E, dann N181°E.
Fahrt. 6,6 - 4,6, von 10^h p. m. an 2—6.
Wind: Richtung. Mittel N130°E, anfangs N120°E, dann beständig N131°E, um 10^h p. m. wieder N120°E.
Stärke. Mittel 4,4; a. m. 5, p. m. 4, von 10^h ab 2—3.
Barom.: Mittel 758,85 mm; 2 max. 759,70 mm um 10^h a. m. und 759,65 mm um 10^h p. m., 2 min. 758,69 mm um 2^h a. m. und 757,65 mm um 2^h p. m.
Temp. d. Luft: Mittel 27,0°; max. 27,8° um 2^h p. m., min. 25,6° um 2^h a. m.
Spannkr. d. Dünste: Mittel 21,3 mm; max. 22,0 mm um 2^h a. m., min. 20,7 mm um 10^h p. m.
Wolken: Gattung u. Betrag. a. m. cu ni abnehmend von 8—6, p. m. anfangs aufklarend bis cu str. 3—4, um 6^h sich beziehend bis cu str. 8—9, später klar, nur cu 2—3 am Horizont.
Richtung. Aus der Windrichtung.
Niederschl.: Um 2^h a. m. einige Regenböen.
Zustand d. See: Temp. Mittel 27,3°; max. 27,9° um 10^h a. m., min. 27,1° um 6^h a. m.
Spezif. Gewicht. Mittel 1,02657; max. 1,0268, min. 1,0263.
Allg. Bemerk.: a. m. Wind frisch N142°E, gleichmässig 5, cu ni 6—8 aus der Windrichtung, früh um 2^h einige Regenböen; p. m. Wind ebenfalls N142°E 4, um 6^h bezogen cu str. 8—9, später abflauend bis zu 2 und aufklarend, nur am Horizont einige cu bemerkbar. Dünung abnehmend.
Ozongehalt 8—9. Regen 1,4 mm. Verdunstung 3,2 mm.

1875, den 2. September.

Position: 9° 16,7′—9° 44,4′ S-Br., 155° 5,0′—155° 43,3′ O-Lg.
Schiffsbew.: Kurs. a. m. anfangs zwischen N75°E und N63°E, dann N120°E; p. m. zwischen N142°E und N193°E.
Fahrt. a. m. zunehmend 3,8—5,0, p. m. abnehmend 4,5—3,2.
Wind: Richtung. Mittel N105°E; N142°E über N120°E nach N52°E, p. m. wieder zurück von N75°E über N120°E nach N142°E.
Stärke. Mittel 2,7; a. m. gleichmässig 3—4, p. m. abflauend bis zu 2.
Barom.: Mittel 759,78 mm; 2 max. 761,48 mm um 10^h a. m. und 760,50 mm um 10^h p. m., 2 min. 757,85 mm um 2^h a. m. und 759,65 mm um 6^h p. m.
Temp. d. Luft: Mittel 26,6°; max. 27,4° um 6^h a. m., min. 25,4° um 2^h p. m.
Spannkr. d. Dünste: Mittel 21,5 mm; max. 22,2 mm um 10^h a. m., min. 21,1 mm um 6^h a. m.
Wolken: Gattung u. Betrag. a. m. ganz leicht bezogen cu ni 8—10, oft fast klar, p. m. cu str. 5—6 und oben ci, Abends aufklarend bis zu cu 3 am Horizont.
Richtung. Mit dem Winde ziehend.
Niederschl.: Um 1^h Regenböen.
Zustand d. See: Temp. Mittel 27,3°; max. 27,6° um 6^h a. m., min. 27,0° um 10^h p. m.
Spezif. Gewicht. Mittel 1,02660; max. 1,0268, min. 1,0265.
Allg. Bemerk.: a. m. ganz leicht bezogen, oft ganz klar, gegen Morgen nach Regen aussehend mit dem um 6^h aufkommenden N52°E. Um 11^h sprang der Wind auf N120°E, um 12^h 30′ auf N52°E; p. m cu str. unten und oben ci 5—6, mit einigen Regenböen, gegen Abend aufklarend, als der Wind nach N142°E ging und abflaute.
Ozongehalt 5. Verdunstung 4,3 mm.

1875, den 3. September.

Position: 9° 45,7′—9° 34,0′ S-Br., 155° 51,8′—156 35,2′ O-Lg.
Schiffsbew.: Kurs. a. m. N87°E, N199°E und N121°E, p. m. N76°E.
Fahrt. 3,4—5,4.
Wind: Richtung. Mittel N145°E; a. m. N132°E und N188°E, p. m. N132°E und von 6^h ab N143°E.
Stärke. Mittel 3,3; gleichmässig 3—4.
Barom.: Mittel 760,44 mm; 2 max. 760,70 mm um 10^h a. m. und 761,99 mm um 10^h p. m., 2 min. 759,14 mm um 2^h a. m. und 760,11 um 6^h p. m.
Temp. d. Luft: Mittel 27,5°; max. 28,6° um 2^h p. m., min. 26,8° um 6^h a. m.
Spannkr. d. Dünste: Mittel 20,9 mm; max. 21,7 mm um 10^h p. m., min. 19,8 mm um 6^h a. m.
Wolken: Gattung u. Betrag. a. m. klar und schön, nur cu str. 1—2 am Horizont, erst um 10^h cu str. 4—5; p. m. anfangs klar cu 2—3, um 6^h etwas mehr bewölkt bis zu cu 6, Abends ganz klar.
Richtung. Meist nur am Horizont, sonst mit dem Winde ziehend.
Niederschl.: —
Zustand d. See: Temp. Mittel 27,3°; max. 28,1° um 2^h p. m., min. 26,9° um 2^h a. m.
Spezif. Gewicht. Mittel 1,02670; max. 1,0268, min. 1,0266.

Allg. Bemerk.: Wind gleichmässig frisch N143°E, Himmel klar, meist nur wenige cu am Horizont, selten am oberen Himmel 4—6 aus der Windrichtung.
Leichte Dünung aus SE.
Ozongehalt 7—8. Regen 0,2 mm. Verdunstung 3,5 mm.
Wetterleuchten am Abend in E.

1875, den 4. September.

Position: 9° 31,0' — 9° 31,6' S-Br.; 156° 39,0' — 158° 3,1' O-Lg.
Schiffsbew.: Kurs. a. m. N87°E; p. m. N121°E.
Fahrt. a. m. zunehmend 2—5; p. m. 5,0—5,8.
Wind: Richtung. Mittel N167°E; a. m. N154°E, von 6h ab N143°E, p. m. N188°E oder N177°E.
Stärke. Mittel 3,5; anfangs 2, aber immer mehr auffrischend um 10h a. m. 4, p. m. meist 4, jedoch spät Abends noch stärker bis zu 6.
Barom.: Mittel 761,70 mm; 2 max. 763,25 mm um 10h a. m. und 762,50 mm um 10h p. m., 2 min. 760,85 mm um 6h a. m. und 760,82 mm um 6 p. m.
Temp. d. Luft: Mittel 26,5°; max. 27,8° um 10h a. m., min. 25,0° um 2h p. m.
Spannkr. d. Dünste: Mittel 21,7 mm; max. 22,2 mm um 2h p. m., min. 21,3 mm um 6h p. m.
Wolken: Gattung u. Betrag. a. m. anfangs ganz dünne ni 2, sonst schön und klar, um 10h etwas mehr bezogen ci oben und cu ni unten 6—7, p. m. ganz bezogen cu ni 10, jedoch um 6h etwas weniger cu str. 7—8.
Richtung. Mit dem Winde ziehend.
Niederschl.: Von 12h—4h 10' Regenböen; Abends gegen 10h starker Regen, welcher 3/4 Stunden anhielt.
Zustand d. See: Temp. Mittel 27,3°; max. 27,7° um 2h p. m., min. 26,9° um 6h p. m.
Spezif. Gewicht. Mittel 1,02643; max. 1,0268, min. 1,0261.
Allg. Bemerk.: a. m. Wind N143°E, auffrischend von 2—4, anfangs ganz dünne ni, sonst schön und klar, gegen 10h etwas mehr bezogen aus der Windrichtung, Regenböen am Horizont. Wind N166°E—N143°E, ging bis N188°E und 12h in einer starken Regenböe zurück auf N143°E, dann wieder südlich, regnerisch; gegen 5h aufklarend. Abends frischte der Wind noch mehr auf bis zu 6, 9h 40' ganz bezogen mit starkem anhaltenden Regen.
Ozongehalt 5—6; Regen 0,0; Verdunstung 3,2 mm.

1875, den 5. September.

Position: 9° 37,3' — 10° 26,4' S-Br.; 158° 3,5' — 157° 27,5' O-Lg.
Schiffsbew.: Kurs. a. m. meist N199°E, dann N92°E, p. m. fast N188°E.
Fahrt. 4,0—5,5.
Wind: Richtung. Mittel N138°E; a. m. N166°E, N143°E, N166°E, p. m. zwischen N132°E und N109°E.
Stärke. Mittel 5,9; a. m. stets 6, p. m. noch stärker 6—7, und Abends 7.
Barom.: Mittel 761,78 mm; 2 max. 761,99 mm um 6h a. m. und 762,22 mm um 6h p. m., 2 min. 761,71 mm um 2h a. m. und 761,23 mm um 10h a. m.
Temp. d. Luft: Mittel 26,2°; max. 26,8° um 2h a. m., min. 25,2° um 2h p. m.
Spannkr. d. Dünste: Mittel 21,4 mm; max. 22,1 mm um 10h a. m., min. 20,2 mm um 6h a. m.
Wolken: Gattung u. Betrag. a. m. anfangs ni 4—5, aber um 10h ganz bezogen; p. m. cu ni oder ni 10.
Richtung. a. m. aus S; p. m. aus SE.
Niederschl.: a. m. Regenböen; p. m. gleichfalls bis 9h 40'.
Zustand d. See: Temp. Mittel 27,0°; max. 27,4° um 10h a. m., min. 26,3° um 10h p. m.
Spezif. Gewicht. Mittel 1,02620; max. 1,0264, min. 1,0259.
Allg. Bemerk.: Wind sehr frisch, a. m. 6, p. m. bis zu 7, ging zuerst von N166°E auf N143°E und wieder zurück um 10h a. m. und drehte p. m. von N132°E allmählich nach N109°E.
a. m. schnell ziehende ni aus der Windrichtung, ziemlich niedrig, allmählich den ganzen Himmel überziehend, sehr böig mit Regen. Hohe SE-See und Dünung: p. m. ganz bezogen cu ni mit Regenböen schnell und niedrig aus der Windrichtung.
Ozongehalt 9—10. Regen 7,0 mm; Verdunstung 3,2 mm.

1875, den 6. September.

Position: 10° 33,6'—10° 7,1' S-Br.; 157° 18,9'—158° 15,7' O-Lg.
Schiffsbew.: Kurs. a. m. N92°E bis N87°E; p. m. N83°E.
Fahrt. 4—5,4.
Wind: Richtung. Mittel N147°E; meist N143°E, von 6h p. m. an N154°E.
Stärke. Beständig 7.
Barom.: Mittel 761,14 mm; 2 max. 762,85 mm um 10h a. m. und 761,73 mm um 10h p. m., 2 min. 760,80 mm um 6h a. m. und 759,65 mm um 2h p. m.
Temp. d. Luft: Mittel 26,2°; max. 26,8° um 2h a. m., min. 25,4° um 6h a. m.
Spannkr. d. Dünste: Mittel 20,7 mm; max. 21,5 mm um 10h a. m., min. 20,0 mm um 2h a. m.
Wolken: Gattung u. Betrag. a. m. ganz bezogen cu ni 10; p. m. gegen 3h etwas aufklarend, oben ci, darunter cu ni 6, später wieder mehr bezogen cu ni 8.
Richtung. Aus SE.
Niederschl.: Regenböen von 6h a. m. bis 3h p. m.
Zustand d. See: Temp. Mittel 27,1°; max. 27,5° um 2h p. m., min. 26,4° um 2h a. m.
Spezif. Gewicht. Mittel 1,02638; max. 1,0267, min. 1,0259.
Allg. Bemerk.: Wind N143°E, gegen Abend N154°E, gleichmässig von der Stärke 7, a. m. ganz bezogen mit cu ni, um 10h zuweilen etwas aufklarend. Hohe SE-Dünung und See. p. m. anfangs wieder bezogen, gegen 3h aufklarend, hohe langsam ziehende ci cu, darunter tiefe schnell ziehende ni, Regenböen von 6h a. m. bis 3h p. m.
Ozongehalt 8—9. Regen (?); Verdunstung 2,8 mm.

1875, den 7. September.

Position: 10° 3,1'—9° 54,9' S-Br.; 158° 28,8'—159° 8,1' O-Lg.
Schiffsbew.: Kurs. a. m. N87°E, p. m. N76°E, dann von 6h an N166°E.
Fahrt. a. m. 3,5—4,6; p. m. 2,6—3,4.
Wind: Richtung. Mittel N136°E; anfangs N143°E, von 6h a. m. ab N154°E, dann von 6h p. m. ab N109°E.
Stärke. Mittel 6,1; anfangs 7—8, von 6h a. m. ab beständig 6—7.
Barom.: Mittel 759,90 mm; 2 max. 761,23 mm um 10h a. m. und 760,21 mm, 2 min. 759,75 mm um 2h a. m. und 758,66 mm um 6 p. m.
Temp. d. Luft: Mittel 26,8°; max. 27,6° um 2h p. m., min. 25,2° um 6h p. m.
Spannkr. d. Dünste: Mittel 21,2 mm; max. 22,0 mm um 10h p. m., min. 20,3 mm um 2h a. m.
Wolken: Gattung u. Betrag. Meist cu ni 10, nur um 2h a. m. und 10h a. m. eine Zeit lang weniger bezogen.
Richtung. Aus SE.
Niederschl.: Den ganzen Tag über Regenböen.
Zustand d. See: Temp. Mittel 27,1°; max. 27,7° um 10h a. m., min. 26,8° um 10h p. m.
Spezif. Gewicht. Mittel 1,02648; max. 1,0267, min. 1,0262.
Allg. Bemerk.: Wind anfangs N143°E 7—8, den Tag über N154°E bis gegen 6h p. m., dann N109°E und N98°E von der Stärke 6—7; den ganzen Tag bezogen cu ni 10, nur zuweilen 6—8 während des Vormittags, hohe cu aus der Windrichtung, darunter schnell ziehende ni mit Regen aus der Windrichtung. See und Dünung etwas abnehmend.
Ozongehalt 3,0. Regen 0,6 mm; Verdunstung 3,0 mm.

1875, den 8. September.

Position: 10° 0,0'—10° 35,0' S-Br.; 159° 8,7'—158° 45,4' O-Lg.
Schiffsbew.: Kurs. N64°E, von 10h a. m. an N199°E.
Fahrt 4,0—5,5, ausgenommen um 6h a. m. 2,7.
Wind: Richtung. Mittel N135°E; N143°E, von 10h a. m. an N132°E.
Stärke. Mittel 6,0; meist 6, in Böen bis zu 8.

Barom.: Mittel 760,02 mm; 2 max. 760,90 mm um 10^h a. m. und 760,95 mm um 10^h, 2 min. 758,89 mm um 2^h a. m. und 759,65 mm um 2^h p. m.

Temp. d. Luft: Mittel 26,5°; max. 27,2° um 2^h p. m., 25,2° um 2^h a. m.

Spannkr. d. Dünste: Mittel 20,8 mm; max. 22,2 mm um 2^h a. m., min. 19,7 mm um 6^h p. m.

Wolken: Gattung u. Betrag. Den Tag über bezogen, ni 10, cu ni 7—8 um 10^h p. m.

Richtung. Aus SE.

Niederschl.: Starker Regen und später Regenböen bis gegen Mittag, um 9^h p. m. einige Regenböen.

Zustand d. See: Temp. Mittel 27,0°; max. 27,2° um 2^h p. m., min. 26,5° um 2^h a. m.

Spezif. Gewicht. Mittel 1,02648; max. 1,0267, min. 1,0262.

Allg. Bemerk.: a. m. ganz bezogen, starker Regen, Gewitterböen, in den Böen 7—8, sonst 6, gegen 9^h etwas aufklarend, weniger Regen, nur noch Regenböen.

p. m. leicht bezogen, Böen selten, Dünung abnehmend, Wind beständig N132°E.

Ozongehalt 8—9. Regen 58,5 mm; Verdunstung 3,5 mm.

1875, den 9. September.

Position: 10°47,9′—11°56,8′ S-Br., 158°33,9′—157°47,7′ O-Lg.

Schiffsbew.: Kurs. Fast beständig N199°E.

Wind: Richtung. Mittel N130°E; beständig N132°E, erst um 10^h p. m. N121°E.

Stärke. Mittel 5,0; anfangs 6, dann allmählich etwas abflauend bis zu 4.

Barom.: Mittel 759,80 mm; 2 max. 760,85 mm um 10^h a. m. und 760,06 mm um 10^h p. m., 2 min. 759,68 mm um 2^h a. m. und 759,20 um 2^h p. m.

Temp. d. Luft: Mittel 26,7°; max. 27,4° um 10^h p. m., min. 26,1° um 6^h a. m.

Spannkr. d. Dünste: Mittel 18,6 mm; max. 18,9 mm um 2^h a. m., min 18,2 mm um 10^h p. m.

Wolken: Gattung u. Betrag. a. m. schön und klar, nur cu ni 2—4 am Horizont; p. m. im Allgemeinen cu 2—3, jedoch um 6^h cu ni 7—8.

Richtung. a. m. am Horizont, p. m. aus SE.

Niederschl.: —.

Zustand d. See: Temp. Mittel 26,9°; max. 27,3° um 2^h p. m., min. 26,3° um 10^h p. m.

Spezif. Gewicht. Mittel 1,02659; max. 1,0268, min. 1,0264.

Allg. Bemerk.: Wind fast bestänig N121°E 5—6, klar und schön, nur wenige cu am Horizont, gegen Abend sich etwas beziehend cu ni 7—8, dann aufklarend; Wind flaute etwas ab.

Ozongehalt 5—6; Regen 0,2 mm; Verdunstung 6,4 mm.

1875, den 10. September.

Position: 12° 2,5′—13° 3,2′ S-Br., 157° 36,6′—156° 39,6′ O-Lg.

Schiffsbew.: Kurs. N199°E und N211°E, p. m. aufangs N199°E später N87°E.

Wind: Richtung. Mittel N150°E; N143°E, von 10^h a. m. an N154°E.

Stärke. Mittel 3,3; meist 4, spät Abends 3.

Barom.: Mittel 760,47 mm; 2 max. 761,08 mm um 10^h a. m. und 762,19 mm um 10^h p. m., 2 min. 759,35 mm um 2^h a. m. und 759,29 mm um 2^h p. m.

Temp. d. Luft: Mittel 25,8°; max. 26,6° um 10^h a. m., min. 25,5° um 10^h p. m.

Spannkr. d. Dünste: Mittel 17,3 mm; max. 18,8 mm um 2^h a. m., min. 15,9 mm um 2^h p. m.

Wolken: Gattung u. Betrag. Den Tag über klar und schön, meist nur cu 1—2, selten cu 4—5 um 6^h a. m.

Richtung. a. m. aus SE; p. m. am Horizont.

Niederschl.: —.

Zustand d. See: Temp. Mittel 26,3°; max. 27,1° um 10^h a. m., min. 25,5° um 10^h p. m.

Spezif. Gewicht. Mittel 1,02663; max. 1,0268, min. 1,0265.

Allg. Bemerk.: Wind gleichmässig frisch 4—5, anfangs N143°E, von 10^h a. m. ab N154°E; den ganzen Tag klar und schön. Leichte SE-See. Wasser hellblau.

Ozongehalt 4—5; Verdunstung 5,9 mm.

1875, den 11. September.

Position: 13° 0,3′—13° 45,1′ S-Br., 156° 56,6′—156° 42,8′ O-Lg.

Schiffsbew.: Kurs. a. m. N99°E um 10^h N212°E, um 6^h p. m. N200°E.

Fahrt. Meist 4,4—5,8; jedoch um 6^h a. m. 2,7.

Wind: Richtung. Mittel N151°E; abwechselnd N133°E und N144°E.

Stärke. Mittel 3,8; a. m. meist 3—4, um 6^h a. m. 2—3, p. m. 5—4.

Barom.: Mittel 761,14 mm; 2 max. 762,34 mm um 10^h a. m. und 762,44 mm um 10^h p. m., 2 min. 760,79 mm um 2^h a. m. und 759,65 mm um 6^h p. m.

Temp. d. Luft: Mittel 25,6°; max. 26,5° um 10^h a. m., min. 25,0° um 10^h p. m.

Spannkr. d. Dünste: Mittel 16,2 mm; max. 17,0 mm um 2^h a. m., min. 15,1 mm um 10^h a. m.

Wolken: Gattung u. Betrag. Den ganzen Tag schön und klar, cu 4.

Richtung. Aus SE.

Niederschl.: —.

Zustand d. See: Temp. Mittel 26,0°; max. 26,5° um 10^h a. m., min. 25,2° um 10^h p. m.

Spezif. Gewicht. Mittel 1,02663; max. 1,0270, min. 1,0265.

Allg. Bemerk.: Wind theils N155°E, theils N144°E, schön und klar, cu 4 aus der Windrichtung. Leichte SE-See und Dünung.

Ozongehalt 5, Verdunstung 5,6 mm.

1875, den 12. September.

Position: 14° 0,4′—14° 54,5′ S-Br., 156° 36,7′—156° 19,2′ O-Lg.

Schiffsbew.: Kurs. Zwischen N177°E und N199°E.

Fahrt. 4—5; p. m. 1,4—2,6.

Wind: Richtung. Mittel N126°E; meist N121°E, nur N132°E, um 6^h a. m. und N143°E um 10^h p. m.

Stärke. Mittel 2,6; a. m. 3—4, p. m. flauer meist 2, selten 1.

Barom.: Mittel 761,01 mm: 2 max. 762,65 mm um 10^h a. m. und 761,90 mm um 10^h p. m., 2 min. 760,54 mm um 6^h a. m. und 760,41 mm um 2^h p. m.

Temp. d. Luft: Mittel 25,4°; max. 26,2° um 10^h a. m., min. 24,8° um 10^h p. m.

Spannkr. d. Dünste: Mittel 16,1 mm; max. 17,0 mm um 10^h a. m., min. 15,3 mm um 2^h a. m.

Wolken: Gattung u. Betrag. Schön und klar, den ganzen Tag meist cu 1—3, nur gegen Sonnenaufgang etwas stärker bewölkt bis zu cu 6.

Richtung. Aus SE.

Niederschl.: —.

Zustand d. See: Temp. Mittel 25,4°; max. 26,2° um 2^h p. m., min. 24,9° um 10^h p. m.

Spezif. Gewicht. Mittel 1,02678; max. 1,0270, min. 1,0266.

Allg. Bemerk.: Wind meist N121°E 3—4, gegen Abend flauer 1—2; den ganzen Tag schön und klar, cu 1—3 aus der Windrichtung, während des Sonnenaufgangs etwas stärker bewölkt.

Um 9^h p. m. zogen einzelne Wolken von SSW, die oberen von SE, Betrag 4, bald darauf alle von SE nach NW, fast klar. Um 11^h still.

Ozongehalt 4—5, Verdunstung 6,3 mm.

1875, den 13. September.

Position: 14° 55,0′—15° 40,0′ S-Br., 156° 17,5′—156° 23,5′ O-Lg.

Schiffsbew.; Kurs. Das Schiff trieb bis gegen 10^h, dann meist N166°E.

Fahrt. Meist 4,2.

Wind: Richtung. Mittel N237°E; a. m. fast still, um 6^h N143°E; p. m. N256°E, von 6^h an N233°E.

Stärke. Mittel 1,2; a. m. 0—1, p m. anfangs 1—2, von 6^h an auffrischend bis zu 3.

Barom.: Mittel 760,32 mm; 2 max. 760,87 mm um 10^h a. m. und 760,64 mm um 10^h p. m.; 2 min. 760,29 mm um 6^h a. m. und 759,70 mm um 2^h p. m.

Temp. d. Luft: Mittel 25,1°; max. 26,7° um 10^{h} a. m., min. 24,0° um 6^{h} a. m.
Spannkr. d. Dünste: Mittel 15,5 mm; max. 16,6 mm um 6^{h} a. m., min. 14,4 mm um 10^{h} p. m.
Wolken: Gattung u. Betrag. a. m. meist ganz klar, nur um 6^{h} cu 2—3 am Horizont; p. m. anfangs klar cu 1—2, gegen Abend etwas mehr bewölkt cu 3—4.
Richtung. a. m. am Horizont, p. m. aus der Windrichtung.
Niederschl.: —
Zustand d. See: Temp. Mittel 25,4°; max. 26,2° um 10^{h} a. m., min. 24,9° um 10^{h} p. m.
Spezif. Gewicht. Mittel 1,02678; max. 1,0270, min. 1,0267.
Allg. Bemerk.: a. m. klar und still, selten ein Luftzug südöstlich. See glatt.
Gegen 12^{h} kam leichter N233°E-Wind auf, der gegen 2^{h} die Stärke 3 hatte, leichte cu aus der Windrichtung.
Ozongehalt 5—6, Verdunstung 3,5 mm.

1875, den 14. September.

Position: 15° 50,4′—16° 38,0′ S-Br. 156° 27,1′—157° 8,3′ O-Lg.
Schiffsbew.: Kurs. a. m. N166°E, um 10^{h} gelothet, p. m. N132°E.
Fahrt. Meist 4,7, nur um 6^{h} a. m. 2,5.
Wind: Richtung. Mittel N209°E; a. m N233°E, p. m. N188°E, dann N199°E.
Stärke. 3,1; a. m. anfangs 3—4, dann abflauend, p. m. beständig 4—5.
Barom.: Mittel 760,34 mm; 2 max. 761,68 mm um 10^{h} a. m. und 762,39 mm um 10^{h} p. m., 2 min. 759,90 mm um 6^{h} a. m. und 758,20 mm um 6^{h} p. m.
Temp. d. Luft: Mittel 24,1°; max. 25,0° um 10^{h} a. m., min. 23,1° um 10^{h} p. m.
Spannkr. d. Dünste: Mittel 15,4 mm; max. 17,5 mm um 2^{h} p. m., min. 13,0 mm um 10^{h} p. m.
Wolken: Gattung und Betrag. a. m. schön und klar, cu 1—2 am Horizont, um 10^{h} jedoch cu 3, p. m. bezogen mit cu ni 8—10, dann gegen Abend immer mehr aufklarend bis zu cu 3—4.
Richtung Aus der Windrichtung.
Niederschl.: Von 12^{h}—1^{h} p. m. Regenböen.
Zustand d. See: Temp. Mittel 25,4°; max. 25,8° um 10^{h} a. m., min. 25,0° um 10^{h} p. m.
Spezif. Gewicht. Mittel 1,02678; max. 1,0268, min. 1,0267.
Allg. Bemerk.: Schön und klar bis Mittag. Wind N233°E, um 4^{h} abflauend. Um 12^{h} von N188°E Regenböen mit auffrischendem Wind bis zu 4. Leichte See aus N188°E kam auf. Gegen Abend aufklarend.
Ozongehalt 7—8; Regen 0 mm; Verdunstung (?).

1875, den 15. September.

Position: 16° 44,3′—17° 41,2′ S-Br., 157° 22,4′—158° 4,4′ O-Lg.
Schiffsbew.: Kurs. Anfangs N132°E, von 10^{h} a. m. an fast N166°E.
Fahrt. Meist 5—6, selten 2—4.
Wind: Richtung. Mittel N222°E; anfangs N188°E, und N199°E, von 10^{h} a. m. ab N211°E.
Stärke. Mittel 3,6; a. m. 3—4, gegen Mittag abflauend 2; p. m. wieder auffrischend 4 bis zu 6.
Barom.: Mittel 761,83 mm; 2 max. 762,77 mm um 10^{h} a. m. und 762,87 mm um 10^{h} p. m., 2 min. 760,46 mm um 2^{h} a. m. und 761,47 mm um 6^{h} p. m.
Temp. d. Luft: Mittel 23,1°; max. 24,3° um 10^{h} a. m., min. 22,3° um 10^{h} p. m.
Spannkr. d. Dünste: Mittel 11,1 mm; max. 11,7 mm um 2^{h} a. m., min. 10,0 mm um 6^{h} a. m.
Wolken: Gattung u. Betrag. Klar und schön; meist nur cu 2—3, selten 4.
Richtung. Mit dem Winde ziehend.
Niederschl.: —
Zustand d. See: Temp. 24,5°; max. 24,8° um 10^{h} a. m., und um 2^{h} p. m., min. 23,8° um 10^{h} p. m.
Spezif. Gewicht. Mittel 1,02650; max. 1.0268, min. 1,0261.
Allg. Bemerk.: a. m. N233°E-Wind, der gegen Mittag abflaute, schön und klar anfangs cu 4, dann mehr aufklarend bis zu 2, leichter Seegang aus S.
p. m. Wind N233°E 4, schön und klar, Böen bei klarem Wetter bis zur Stärke 6.
Ozongehalt 8—9; Regen 0,7 mm; Verdunstung 3,0 mm.

1875, den 16. September.

Position: 17° 54,5′—18° 45,7′ S-Br.: 158° 11,0′—157° 54,7′ O-Lg.
Schiffsbew.: Kurs. a. m. N167°E und N178°E. p. m. N234°E bis N200°E.
Fahrt. 4—5.
Wind: Richtung. Mittel N190°E; a. m N234°E, p. m. N200°E bis N144°E.
Stärke. Mittel 3,8; a. m. meist 4—5, um 6^{h} etwas flauer, p. m. 5—6.
Barom.: Mittel 763,23 mm; 2 max. 763,90 mm um 10^{h} a. m. und 764,70 mm um 10^{h} p. m., 2 min. 762,38 mm um 6^{h} a. m. und762,33 mm um 2^{h} p. m.
Temp. d. Luft: Mittel 21,9°; max. 22,2° um 10^{h} p. m., min. 21,5 mm um 6^{h} a. m.
Spannkr. d. Dünste: Mittel 12,2 mm; max. 13,2 mm um 2^{h} p. m., min. 11,0 mm um 2^{h} a. m.
Wolken: Gattung u. Betrag. a. m. schön und klar cu 2, p. m. gleichfalls, aber cu 4—6.
Richtung. Mit dem Winde ziehend.
Niederschl.: —
Zustand d. See: Temp. Mittel 23,6°; max. 23,8° um 10^{h} a. m., min. 23,2° um 6^{h} a. m.
Spezif. Gewicht. Mittel 1,02693; max. 1.0270, min. 1.0268.
Allg. Bemerk.: a. m. klar und schön, Wind nach N234°E bis zur Stärke 5, cu 2.
p. m. gleichfalls schön und klar, Wind N144°E und sehr böig 5—6; hohe SSE-Dünung.
Ozongehalt 5—6; Regen 6,4 mm.

1875, den 17. September.

Position: 18° 57,6′—20° 14,6′ S-Br., 157° 46,8′—157° 2,0′ O-Lg.
Schiffsbew.: Kurs. N195°E, um 10^{h} p. m. N216°E.
Fahrt. a. m. 5—6, p. m. 6,5—7,0.
Wind: Richtung. Beständig N133°E.
Stärke. Mittel 6,3; a. m. 6—7, p. m. 6.
Barom.: Mittel 765,21 mm; 2 max. 765,84 mm um 6^{h} a. m. und 766,02 mm um 10^{h} p. m., 2 min. 764,10 mm um 2^{h} a. m. und 764,30 mm um 2^{h} p. m.
Temp. d. Luft: Mittel 21,3°; max. 22,2° um 10^{h} a. m., min. 20,4° um 6^{h} a. m.
Spannkr. d. Dünste: Mittel 11,7 mm; max. 13,1 mm um 6^{h} a. m., min. 10,8 mm um 10^{h} a. m.
Wolken: Gattung u. Betrag. a. m. meist cu, und ci cu 3—5, aber von 5^{h}—9^{h} etwas mehr bezogen. p. m. cu ni bis 7.
Niederschl.: Um 5^{h} 45′ a. m. eine Regenböe.
Zustand d. See: Temp. Mittel 22,3°; max. 22,9° um 2^{h} a. m., min. 21,4° um 10^{h} p. m.
Spezif. Gewicht: Mittel 1,02698; max. 1,0275, min. 1,0265.
Allg. Bemerk.: a. m. N133°E, böig bis zu 7, sonst klar, cu 3—5, jedoch von 5^{h}—9^{h} etwas mehr bezogen, mit einer Regenböe um 5^{h} 45′.
p. m. Wind ebenfalls N133°E 6, mit abnehmender Dünung, aber zunehmender Bewölkung bis zu cu ni 6—7, Abends spät böig bis zu 7.
Ozongehalt 4—5; Regen 0,3 mm; Verdunstung 5,5 mm.

1875, den 18. September.

Position: 20° 25,1′—21° 42,6′ S-Br., 156° 49,1′—155° 9,3′ O-Lg.
Schiffsbew.: Kurs. a. m. N212°E, dann N234°E; p. m. wie a. m.
Fahrt. a. m. zunehmend von 5,5—10,8; p. m. abnehmend von 9,5—4,0.
Wind: Richtung. Mittel N129°E; a. m. N122°E, von 10^{h} ab N144°E, p. m. N133°E, N155°E. um 10^{h} p. m. N122°E.

Stärke. Mittel 4,5; anfangs 5—6, von 10^h a. m. ab 4—5, und von 6^h p. m. nur 3—4.
Barom.: Mittel 766,22 mm; 2 max. 767,05 mm um 10^h a. m. und 766,85 mm um 10^h p. m., 2 min. 765,90 mm um 6^h a. m. und 764.62 mm um 2^h p. m.
Temp. d. Luft: Mittel 20,8°; max. 21,9° um 10^h a. m., min. 20,2° um 6^h a. m. und um 6^h p. m.
Spannkr. d. Dünste: Mittel 10,1 mm; max. 11,2 mm um 2^h a. m., min. 9,0 mm um 10^h p. m.
Wolken: Gattung u. Betrag. a. m. klar, nur ci cu 2—3, von 10^h ab ganz klar; p. m. anfangs klar cu 2—3; von 5^h an bezogen bis zu cu ni 8, gegen Abend meist ganz klar.
Richtung. Aus SE, oder am Horizont.
Niederschl.: Von 5^h—6^h p. m. einige Regenböen.
Zustand d. See: Temp. Mittel 22,1°; max. 22,4° um 10^h a. m., min. 21,8° um 2^h a. m. und 6^h p. m.
Spezif. Gewicht. Mittel 1,02708; max. 1,0273, min. 1,0270.
Allg. Bemerk.: a. m. schön und klar, aber böig, Wind N122°E 5—6, von 10^h an flauer, 4—5.
p. m. Wind anfangs N144°E 4—5, und bis 5^h klar, dann schrale Regenböen bis zur Stärke 6, der Wind flaute ab bis zu 1; um 6^h setzte der N144°E-Wind wieder ein mit 3—4, und der Himmel war meistens ganz klar.
Ozongehalt 5—6; Regen 0,2 mm; Verdunstung 5,2 mm.

1875, den 19. September.

Position: 21° 55,0′—22° 47,3′ S-Br.; 154° 47,1′—153° 46,0′ O-Lg.
Schiffsbew.: Kurs. a. m. N223°E; p. m. anfangs trieb das Schiff, dann N223°E und N212°E.
Fahrt. Anfangs 8,2, von 6^h a. m. an 4,5—5,5.
Wind: Richtung. Mittel N146°E; a. m. N144°E, von 10^h ab N122°E; p. m. N167°E, um 10^h p. m. N132°E.
Stärke. Mittel 3,2; anfangs 5, von 4^h—6^h a. m. flau, dann wieder auffrischend 10^h, von 11^h—3^h p. m. 0—1, gegen Abend auffrischend bis 4.
Barom.: Mittel 765,71 mm; 2 max. 765,95 mm um 6^h a. m. und 767,31 mm um 10^h p. m.; 2 min. 765,84 mm um 2^h a. m. und 764.37 mm um 2^h p. m.
Temp. d. Luft: Mittel 21,3°; max 22,8° um 2^h p. m., min. 19,8° um 6^h a. m.
Spannkr. d. Dünste: Mittel 9,1 mm; max. 10,5 mm um 2^h a. m., min. 7,2 mm um 2^h p. m.
Wolken: Gattung u. Betrag. Anfangs cu 4, dann um 6^h a. m. cu str. 1 und von 10^h a. m. ab ganz klar.
Richtung. Um 2^h a. m. aus der Windrichtung und um 6^h a. m. nur am Horizont.
Niederschl.: —
Zustand d. See: Temp. Mittel 22,3°; max. 22,9° um 6^h p. m., min. 21,5° um 2^h a. m.,
Spezif. Gewicht. Mittel 1,02730; max. 1,0274, min. 1,0271.
Allg. Bemerk.: a. m. Wind N144°E, böig, von der Stärke 5; Schön und klar, von 4^h—6^h flau 2—3, dann wieder auffrischend bis 10^h, von 11^h—3^h ganz flau 0—1.
p. m. Himmel ganz klar, Wind N144°E, auffrischend bis 4.
Ozongehalt 8—9; Verdunstung 5,0 mm.

1875, den 20. September.

Position: 23° 0,8′—23° 44,5′ S-Br.; 153° 38,0′—153° 11,6′ O-Lg.
Schiffsbew.: Kurs. Beständig N212°E.
Fahrt: Anfangs 3—4, von 10^h a. m. ab 2—1, um 10^h p. m. 4.
Wind: Richtung. Mittel N69°E; a. m. N77°E, p. m. meist N54°E, um 10^h N65°E.
Stärke. Mittel 1,5; schwach 1—2.
Barom.: Mittel 768,17 mm; 2 max. 769,20 mm um 10^h a. m. und 769,75 mm um 10^h p. m., 2 min. 767,26 mm um 2^h a. m. und 767,47 mm um 2^h p. m.
Temp. d. Luft: Mittel 22,0°; max. 22,8° um 2^h p. m., min. 21,0° um 2^h a. m.
Spannkr. d. Dünste: Mittel 10,4 mm; max. 11,0 mm um 10^h p. m., min. 9,8 mm um 2^h a. m.
Wolken: Gattung u. Betrag. Den ganzen Tag ganz klar.
Richtung. —
Niederschl.: —
Zustand d. See: Temp. Mittel 22,2°; max. 22,5° um 6^h p. m., min. 21,7° um 10^h p. m.
Spezif. Gewicht. Mittel 1,02715; max. 1,0272, min. 1,0271.
Allg. Bemerk.: Wasserfarbe hellblau. Abends spärliches Meerleuchten.
Ozongehalt 7—8; Verdunstung 6,1 mm.

1875, den 21. September.

Position: 23° 55,7′—23° 49,7′ S-Br.; 153° 0,1′—151° 39,5′ O-Lg. bis 6^h p. m., dann zu Anker vor Facing-Island.
Schiffsbew.: Kurs. Anfangs N223°E, von 6^h a. m. ab N279°E und um 6^h p. m. N296°E.
Fahrt. 5,3—8,0.
Wind: Richtung. Mittel N8°E; anfangs N32°E, dann N9°E, von 10^h a. m. ab N347°E, dann wieder spät Abends N32°E.
Stärke. Mittel 1,5; 2—3 bis gegen 3^h, dann meist still.
Barom.: Mittel 768,34 mm; 2 max. 769,35 mm um 10^h a. m. und 767,92 mm um 10^h p. m., 2 min. 768,33 mm um 2^h a. m. und 767,47 mm um 6^h p. m.
Temp. d. Luft: Mittel 21,8°; max. 23,4° um 2^h p. m., min. 20,7° um 10^h a. m.
Spannkr. d. Dünste: Mittel 12,4 mm; max. 13,6 mm um 6^h p. m.; min. 10,4 mm um 2^h a. m.
Wolken: Gattung u. Betrag. Den Tag über meist ganz klar, nur kurze Zeit gleich nach Mittag cu 1.
Richtung. Aus der Windrichtung.
Niederschl.: —
Zustand d. See: Temp. Mittel 21,3°; max. 21,7° um 2^h a. m., min. 20,0° um 10^h p. m.
Spezif. Gewicht. Mittel 1,02698; max. 1,0271, min. 1,0268.
Allg. Bemerk.: Himmel ganz klar. Wind 2—3, erst N54°E, dann N323°E, von 2^h 30′ ab ganz still.
Ozongehalt 8; Verdunstung 3,6 mm.

1875, den 22. September.

Position: Vor Facing-Island zu Anker.
Schiffsbew.: Kurs. —
Fahrt. —
Wind: Richtung. Mittel N87°E; a. m. N54°E, von 6^h ab N189°E; p. m. N77°E.
Stärke. Mittel 0,9; meist 1—2 oder still, nur um 6^h p. m. etwas auffrischend bis zu 3.
Barom.: Mittel 766,87 mm; max. 767,85 mm um 2^h a. m., fiel fast ununterbrochen bis zum min. 765,79 mm um 10^h p. m.
Temp. d. Luft: Mittel 21,5°; max. 24,2° um 2^h p. m., min. 19,2° um 6^h a. m.
Spannkr. d. Dünste: Mittel 12,2 mm; max. 13,7 mm um 10^h p. m., min. 9,5 mm um 2^h a. m.
Wolken: Gattung u. Betrag. a. m. klar und schön, anfangs cu 1, dann um 6^h str. ni 3—4, um 10^h ganz klar. p. m. anfangs cu 2—3, dann ganz klar.
Richtung. Mit dem Winde ziehend.
Niederschl.: —
Zustand d. See: Temp. Mittel 20,3°; max. 20,5° um 2^h p. m., min. 20,0° um 2^h a. m.
Spezif. Gewicht. Mittel 1,02705; max. 1,0274, min. 1,0268.
Allg. Bemerk.: a. m. Wind sehr schwach, zuweilen still, anfangs N54°E, von 6^h an N189°E, Himmel klar, etwas bezogen während des Sonnenaufgangs.
p. m. Wind N77°E, gegen Abend auffrischend bis zu 3, dann still, Himmel klar, nur im Anfang cu 2—3 aus der Windrichtung. SE-Seegang schnell aufkommend.
Ozongehalt 9—10; Verdunstung 3,7 mm.

1875, den 23. September.

Position: Facing-Island bis 10^h a. m., dann 23° 51,8′—24° 4,8′ S-Br.; 151° 51,0′—151° 56,3′ O-Lg.
Schiffsbew.: Kurs. Anfangs fast N99°E, dann beinahe N189°E und um 10^h p. m. wieder beinahe N99°E.
Fahrt. 4,2—5,8.
Wind: Richtung. Mittel N153°E; N144°E bis 10^h p. m., dann N178°E.

Stärke. Mittel 4,3; a. m. auffrischend von 2 bis 5—6; p. m. 4—5, spät Abends noch stärker bis 7.
Barom.: Mittel 766,87 mm; 2 max. 767,31 mm um 10h a. m. und 767,81 mm um 10h p. m., 2 min. 766,30 mm um 6h a. m. und 766,34 mm um 2h a. m.
Temp. d. Luft: Mittel 19,3°; max. 20,5° um 2h p. m., min. 18,2° um 10h p. m.
Spannkr. d. Dünste: Mittel 13,0 mm; max. 14,2 mm um 2h a. m., min. 12,3 mm um 6h a. m.
Wolken: Gattung u. Betrag. Anfangs klar, nur cu 2—4 am Horizont, nach 6h a. m. bezogen bis cu ni 10, um 11h klarte es wieder auf bis auf wenige cu str. am Horizont.
Richtung. Aus SE.
Niederschl.: Um 5h 20′ a. m. eine Regenbö und ebenfalls etwas Regen um 10h a. m.
Zustand d. See: Temp. Mittel 20,4°; max. 21,0° um 2h p. m., min. 19,9° um 6h a. m.
Spezif. Gewicht. Mittel 1,02710; max. 1,0272, min. 1,0269.
Allg. Bemerk.: Wind N144°E, frischte immer mehr auf bis zu 5, ging 10h p. m. auf N178°E von der Stärke 6—7. Himmel anfangs klar bis nach 6h a. m., dann ganz bezogen, mit einigen Regenböen, um 11h a. m. klarte es auf und blieb den Nachmittag klar, auf kurze Zeit zwischen 12h bis 1h p. m., bezogen und unsichtig.
Ozongehalt 10—11; Regen 0,2 mm; Verdunstung 2,2 mm.
Abends spät Wetterleuchten in NE. Sternschnuppen.

1875, den 24. September.

Position: 24° 4,1′—24° 14,7′ S-Br., 152° 3,3′—152° 43,4′ O Lg.
Schiffsbew.: Kurs. a. m. anfangs N223°E, dann N122°E und N99°E, p. m. N43°E, von 6h ab fast N200°E.
Fahrt. 4—6.
Wind: Richtung. Mittel N152°E; a. m. schwankend erst N167°E, dann N178°E und zurück nach N155°E, p. m. anfangs N144°E, dann von 6h ab N133°E.
Stärke. Mittel 5,6; im Allgemeinen gleichmässig 5—6, die Böen bis zu 7.
Barom.: Mittel 768,36 mm; 2 max. 769,20 mm um 10h a. m. und 770,10 mm um 10h p. m., min. 767,25 mm um 6h a. m. und 767,84 mm um 2h p. m.
Temp. d. Luft: Mittel 19,2°; max. 21,0° um 6h p. m., min. 17,2° um 6h a. m.
Spannkr. d. Dünste: Mittel 12,8 mm; max. 13,7 mm um 10h p. m., min. 12,1 mm um 2h a. m.
Wolken: Gattung u. Betrag. a. m. klar, nur cu 2—4, selten 5, p. m. gegen Mittag bezogen, von 2h—5h klar, dann sich wieder beziehend bis zu cu ni 8.
Richtung. Aus der Windrichtung.
Niederschl.: Von Mittag bis 2h feiner Regen, und später einige Regenböen.
Zustand d. See: Temp. Mittel 21,2°; max. 22,3° um 6h p. m. min. 20,1° um 6h a. m.
Spezif. Gewicht. Mittel 1,02707; max. 1,0273, min. 1,0268.
Allg. Bemerk.: Wind den Tag über ziemlich gleichmässig 5—6, a. m. klar, nur wenige cu aus der Windrichtung, p. m. um Mittag bezogen, Regenböen und unsichtig, 2h—5h klar. Abends umspringender Wind von N122°E nach N144°E mit Regenböen.
Ozongehalt 7—8. Verdunstung 3,0 mm.

1875, den 25. September.

Position: 24° 2,5′—23° 51,4′ S-Br; 153° 0,5′—153° 35,5′ O-Lg.
Schiffsbew.: Kurs. a. m. N65°E, dann N77°E und N167°E, p. m. anfangs N178°E, dann N54°E.
Fahrt. a. m. 4—5, p. m. 5,3—6,4.
Wind: Richtung. Mittel N122°E; a. m. beinahe beständig.
Stärke. Mittel 5,6; a. m. etwas abflauend von 6—7 bis zu 5, p. m. wieder auffrischend bis zu 7.
Barom.: Mittel 768,36 mm; 2 max. 769,55 mm um 10h a. m. und 769.01 mm um 10h p. m., 2 min. 767,61 mm um 2h a. m. und 767,14 mm um 6h p. m.
Temp. d. Luft: Mittel 20,9°; max. 21,8° um 10h a. m., min. 20,2° um 2h a. m.
Spannkr. d. Dünste: Mittel 13,0 mm; max. 13,4 mm um 10h a. m., min. 11,9 mm um 10h p. m.
Wolken: Gattung u. Betrag. a. m. anfangs bezogen bis zu cu ni 8, dann etwas aufklarend cu 5, und gegen 10h allmählich ganz bezogen, p. m. meist klar, cu ni 4—5, nur um 6h kurze Zeit wieder bezogen bis zu cu ni 8.
Richtung. Mit dem Winde ziehend.
Niederschl.: Um 10h a. m. Regenböen.
Zustand d. See: Temp. Mittel 21,4°; max. 21,9° um 2h p. m., min. 21,1° um 10h p. m.
Spezif. Gewicht. Mittel 1,02698; max. 1,0271, min. 1,0268.
Allg. Bemerk.: Himmel wie am Abend vorher bezogen bis zu cu ni 8. Wind N133°E 6—7, um 8h ging er auf N99°E, flaute etwas ab, frischte aber um 10h a. m. wieder auf, um 6h a. m. klarte es ein wenig auf, bezog sich aber schon um 10h bis zu cu ni 10.
p. m. aufklarend, Wind N122°E, von 2h—3h N99°E, dann N144°E und ging um 4h wieder langsam auf N122°E, wobei der Himmel sich auf kurze Zeit wieder bezog.
Ozongehalt 5—6. Regen 1,0 mm, Verdunstung 3,2 mm.

1875, den 26. September.

Position: 23° 40,1′—25° 18,5′ S-Br., 153° 46,6′—153° 48,3′ O-Lg.
Schiffsbew.: Kurs. a. m. N161°E, p. m. fast immer N178°E.
Fahrt. a. m. 4,5—5,0, p. m. 3,6—4,0.
Wind: Richtung. Mittel N93°E; a. m. anfangs N110°E, dann N88°E und N99°E, p. m. N54°E, N88°E und N99°E.
Stärke. Mittel 3,9; a. m. 6—4, p. m. abflauend bis zu 3.
Barom.: Mittel 769,07 mm; 2 max. 770,31 mm um 10h a. m. und 770,15 mm um 10h p. m., 2 min. 768,05 mm um 2h a. m. und 768,15 mm um 2h p. m.
Temp. d. Luft: Mittel 20,4°; max. 20,6° am 2h a. m., min. 19,8° um 6h p. m.
Spannkr. d. Dünste: Mittel 11,4 mm; max. 12,4 mm um 2h p. m., min. 10,2 mm um 10h p. m.
Wolken: Gattung u. Betrag. a. m. schön und klar, nur cu ni bis zu 1—3, selten bis zu 4, p. m. bezogen, anfangs mit cu ni 7—8, dann bis 10, gegen Abend aufklarend bis cu str. 1—2 am Horizont.
Richtung. Mit dem Winde ziehend.
Niederschl.: p. m. einige Regenböen bis 6h.
Zustand d. See: Temp. Mittel 21,9°; max. 22,1° um 10h a. m., min. 21,7° um 10h p. m.
Spezif. Gewicht. Mittel 1,02697; max. 1.0271, min. 1,0269.
Allg. Bemerk.: a. m. schön und klar, wenig cu oder ci cu aus der Windrichtung, Wind N99°E recht frisch 5—6, Wasser hellblau.
p. m. Wind N54°E abflauend, Himmel bezogen mit Regenböen, 6h still, 6h 10′ Wind N234°E, 7h wieder N99°E, aufklarend.
Meeresleuchten. Sternschnuppen.
Ozongehalt 5—6. Regen 0,7 mm, Verdunstung 4,6 mm.

1875, den 27. September.

Position: 25° 37,7′—26° 59,6′ S-Br; 153° 46,0′—153° 39,7′ O-Lg.
Schiffsbew.: Kurs. a. m. N178°E, N212°E und N223°E, p. m. N183°E, um 6h trieb das Schiff, dann N99°E.
Fahrt. a. m. anfangs 6, dann nur 2—3, p. m. 4—5.
Wind: Richtung. Mittel N29°E; a. m. N77°E und N54°E, dann N279°E, p. m. N9°E und 10h N32°E.
Stärke. Mittel 2,8; a. m. anfangs 4, dann abflauend bis zu 1 um 6h, p. m. allmählich wieder auffrischend bis zu 6.
Barom.: Mittel 767,29 mm; max. 769,01 mm um 6h a. m., fiel bis zum min. 764,72 mm um 6h p. m.
Temp. d. Luft: Mittel 20,8°; max. 21,8° um 2h p. m., min. 19,9° um 2h a. m.
Spannkr. d. Dünste: Mittel 11,8 mm; max. 12,7 mm um 10h p. m., min. 10,6 mm um 6h a. m.
Wolken: Gattung u. Betrag Klar und schön, meist nur cu 1—2 am Horizont, um 10h a. m. kurze Zeit cu str. 5—6.
Richtung. Mit dem Winde ziehend.
Niederschl.: —

Zustand d. See: Temp. Mittel 21,8°; max. 22,3° um 2h p. m., min. 21,3° um 10h p. m.

Spezif. Gewicht. Mittel 1,02705; max. 1,0272, min. 1,0268.

Allg. Bemerk.: a. m. klar und schön, Wind anfangs N77°E4, ging N9°E und flaute bedeutend ab, von 7h—9h N324°E, dann N279°E, um 10h N234°E, 12h N347°E, p. m. klar und schön, Wind schwach um 2h N9°E, um 6h frischte er bedeutend auf bis zu 5, um 10h N32°E, cu am Horizont, oben ganz klar, nur zwischen 9h und 10h aus SW eine Bank, 7—8 über den Himmel ziehend.

Ozongehalt 5—8. Regen 3,0 mm, Verdunstung 3,6 mm.

1875, den 28. September.

Position: 27° 10,4'—26° 34,0' S-Br., 153° 46,4'—153° 43,5' O-Lg. bis zu 2h p. m. Um 10h p. m. zu Anker in Moreton Bay.

Schiffsbew.: Kurs. a. m. fast N9°E, p. m. N313°E, dann N189°E.

Fahrt. Anfangs 1,3, von 6h ab 4,4—7,0.

Wind: Richtung. Mittel N314°E; anfangs N324°E, von 6h a. m. ab N302°E, um 6h p. m. N358°E, später still.

Stärke. Mittel 3,5; anfangs 6—7, gegen 11h a. m. abflauend bis zu 3 um 6h p. m., dann fast still.

Barom.: Mittel 765,47 mm; max. 766,60 mm um 2h a. m., min. 763,86 mm um 6h p. m. Gang sehr unregelmässig.

Temp. d. Luft: Mittel 21,2°; max. 22,2° um 2h p. m., min. 20,2° um 6h a. m.

Spannkr. d. Dünste: Mittel 14,9 mm; max. 16,6 mm um 10h p. m., min. 13,8 mm um 2h a. m.

Wolken: Gattung u. Betrag. a. m. anfangs fast ganz klar, mit Sonnenaufgang leichte cu 4, um Mittag ci cu 1, p. m. nur cu 0—1 am Horizont, Abends ganz klar.

Richtung. Meist unbestimmt am Horizont, sonst mit dem Winde ziehend.

Niederschl.: Sehr starker Thau am Abend.

Zustand d. See: Temp. Mittel 21,4°; max. 22,1° um 2h p. m., min. 20,3° um 10h p. m.

Spezif. Gewicht. Mittel 1,02702; max. 1,0271, min. 1,0269.

Allg. Bemerk.: a. m. Wind N324°E, dann N302°E, anfangs 6—7, gegen 11h abflauend bis zu 3, Himmel klar, nur einige cu aus der Windrichtung, Seegang aus WNW, Wasser hellblau.

p. m. Wind ging um 6h auf N358°E, dann auf N279°E und wurde zuletzt fast still. Himmel meist ganz klar, selten cu 1 am Horizont.

Ozongehalt 7—8. Verdunstung 4,4 mm. Meeresleuchten.

1875, den 29. September.

Position: Rhede von Brisbane.

Schiffsbew.: Kurs. —

Fahrt. —

Wind: Richtung. Mittel N113°E; a. m. anfangs N54°E, dann N122°E und N189°E; p. m. N65°E, dann N9°E.

Stärke. Mittel 0,4; anfangs fast still, um 10h a. m. auffrischend bis 2—3, p. m. abflauend 2—0.

Barom.: Mittel 765,04 mm; 2max. 766,40 mm um 10h a. m. und 764,72 mm um 10h p. m., 2 min. 765,40 mm um 2h a. m. und 763,76 mm um 6h p. m.

Temp. d. Luft: Mittel 21,7°; max. 23,6° um 2h p. m., min. 20,8° um 2h a. m.

Spannkr. d. Dünste: Mittel 16,8 mm; max. 18,6 mm um 2h p. m., min. 15,2 mm um 6h a. m.

Wolken: Gattung u. Betrag. Anfangs ganz klar, mit Sonnenaufgang leichte ci cu allmählich bis zu 6 zunehmend bis Mittag; p. m. klar, anfangs cu 2—4, gegen Abend ganz klar.

Richtung. —

Niederschl.: Morgens und Abends sehr starker Thau.

Zustand d. See: Temp. Mittel 20,3°; max. 20,7° um 2h p. m., min. 19,5° um 10h a. m.

Spezif. Gewicht. Mittel 1,02587; max. 1,0270, min. 1,0251.

Allg. Bemerk.: a. m. klar und schön, mit Sonnenaufgang leichte ci cu, die bis Mittag zunahmen bis zu 6; Wind veränderlich N54°E, dann N144°E sehr schwach, um 10h auffrischender N189°E bis zu 3.

p. m. klar und schön. Horizont diesig. Wind N54°E, dann N9°E flau.

Ozongehalt 9—10; Verdunstung 2,2 mm.

1875, den 30. September.

Position: Rhede von Brisbane.

Schiffsbew.: Kurs. —

Fahrt. —

Wind: Richtung. Mittel N43°E; a. m. still, dann N234°E, p. m. N32°E, dann N54°E.

Stärke. Mittel 0,3; schwach meist 1, anfangs ganz still.

Barom.: Mittel 763,57 mm; 2 max. 764,72 mm um 10h a. m. und 763,60 mm um 10h p. m., 2 min. 764,29 mm um 6h a. m. und 762,08 mm um 6h p. m.

Temp. d. Luft: Mittel 20,8°; max. 23,0° um 6h p. m., min. 18,4° um 6h a. m.

Spannkr. d. Dünste: Mittel 15,6 mm; max. 16,4 mm um 6h p. m., min. 14,8 mm um 6h a. m.

Wolken: Gattung u. Betrag. Himmel anfangs klar, dann Nebel; p. m. anfangs einige cu 1—2 am Horizont, dann ganz klar, aber diesig.

Richtung. Am Horizont.

Niederschl.: Früh sehr starker Thau und von Zeit zu Zeit Nebel bis 10h 30' a. m.; p. m. diesig, und dann starker Thau.

Zustand d. See: Temp. Mittel 20,2°; max. 20,7° um 6h p. m., min. 19,7° um 2h a. m.

Spezif. Gewicht. Mittel 1,02522; max. 1,0253; min. 1,0250.

Allg. Bemerk.: a. m. früh sehr starker Thau, von Zeit zu Zeit Nebel, der gegen Morgen bis 10h 30' stand, dann aufklarend, Wind anfangs still, dann schwacher N234°E 1.

p. m. klar und diesig, Abends Thau, Wind N54°E, schwach.

Ozongehalt 9—10; Verdunstung 1,2 mm.

1875, den 1. Oktober.

Position: Rhede von Brisbane.

Schiffsbew.: Kurs. —

Fahrt. —

Wind: Richtung. Mittel N15°E; a. m. sehr veränderlich N279°E, N189°E, N9°E; p. m. N32°E, dann N9°E.

Stärke. Mittel 1,4; a. m. meist still, gegen Mittag 1—2; p. m. auffrischend bis zu 4. Abends spät wieder fast still.

Barom.: Mittel 762,35 mm; 2 max. 763,76 mm um 10h a. m. und 761,50 mm um 10h p. m.; 2 min. 763,48 mm um 2h a. m. und 760,20 mm um 6h p. m.

Temp. d. Luft: Mittel 21,2°; max. 22,8° um 6h p. m., min. 19,0° um 6h a. m.

Spannkr. d. Dünste: Mittel 15,6 mm; max. 17,2 mm um 6h p. m., min. 13,8 mm um 10h a. m.

Wolken: Gattung u. Betrag. Den Tag über meist klar, nur zeitweilig cu bis zu 3—4.

Richtung. Mit dem Winde ziehend.

Niederschl.: Thau früh Morgens und spät Abends.

Zustand d. See: Temp. Mittel 20,2°; max. 20,4° um 2h p. m., min. 19,9° um 6h a. m.

Spezif. Gewicht. Mittel 1,02508; max. 1,0252, min. 1,0249.

Allg. Bemerk.: a. m. Himmel ganz klar, selten einige cu gegen Mittag aus der Windrichtung, Wind fast still, anfangs N279°E, um 5h N189°E, um 10h N9°E.

p. m. frische Brise von N32°E, dann von N9°E nach 7h ganz abflauend. Himmel von 6h an ganz klar.

Ozongehalt 9—10; Verdunstung 1,5 mm.

1875, den 2. Oktober.

Position: Rhede von Brisbane.

Schiffsbew.: Kurs. —

Fahrt. —

Wind: Richtung. Mittel N6°E; a. m. N324°E, N189°E, still, p. m. N9°E.

Stärke. Mittel 1,2; a. m. fast still; p. m. auffrischend bis 4, Abends wieder fast still.

Barom.: Mittel 760,25 mm; max. 760,91 mm um 6h a. m., min. 759,85 mm.

Temp. d. Luft: Mittel 22,0°; max. 24,0° um 6h p. m., min. 19,6° um 2h a. m.

Spannkr. d. Dünste: Mittel 15,1 mm; max. 17,4 mm um 2h p. m., min. 13,0 mm um 6h a. m.
Wolken: Gattung u. Betrag. Den ganzen Tag ganz klar, nur 6h p. m. cu str. 1.
Richtung. Unbestimmt am Horizont.
Niederschl.: Früh Morgens und spät Abends starker Thau.
Zustand d. See: Temp. Mittel 21,0°; max. 21,5° um 6h p. m., min. 20,0° um 2h a. m.
Spezif. Gewicht. Mittel 1,02512; max. 1,0253, min. 1,0250.
Allg. Bemerk.: a. m. Himmel ganz klar, Wind fast still, anfangs N324°E, um 3h N189°E, nach 9h ganz still, um 11h N54°E 1.
p. m. Himmel gleichfalls ganz klar, sehr geringe cu str. um 6h bis 1, frische Brise, nach 7h abflauend.
Ozongehalt 9; Verdunstung 1,5 mm.

1875, den 3. Oktober.

Position: Rhede von Brisbane.
Schiffsbew.: Kurs. —
Fahrt. —
Wind: Richtung. Mittel N8°E; anfangs N324°E von 4h—6h a. m. N279°E, dann N9°E.
Stärke. Mittel 2,4; a. m. ziemlich flau; p. m. um 3h auffrischend bis zu 4.
Barom.: Mittel 761,37 mm; max. 762,54 mm um 10h a. m., min. 760,76 mm um 10h p. m.
Temp. d. Luft: Mittel 23,2°; max. 25,4° um 2h p. m., min. 20,9° um 6h a. m.
Spannkr. d. Dünste: Mittel 16,7 mm; max. 17,3 mm um 10h a. m., min. 14,9 mm um 10h p. m.
Wolken: Gattung u. Betrag. Ganz klar.
Richtung. —
Niederschl.: Früh Morgens und spät Abends starker Thau.
Zustand d. See: Temp. Mittel 21,3°; max. 21,8° um 6h p. m., min. 20,5° um 2h a. m.
Spezif. Gewicht. Mittel 1,02505; max. 1,0252, min. 1,0249.
Allg. Bemerk.: Den Tag über ganz klar; Wind anfangs N324°E, von 4h—6h a. m. N279°E, dann N9°E, am Vormittage ziemlich flau, aber um 3h p. m. auffrischend.
Ozongehalt 8—9; Verdunstung 1,7 mm.

1875, den 4. Oktober.

Position: Rhede von Brisbane.
Schiffsbew.: Kurs. —
Fahrt. —
Wind: Richtung. Mittel N38°E: a. m. beständig N9°E, p. m. ging der Wind auf N43°E, dann über N99°E nach N122°E.
Stärke. Mittel 1,7; a. m. frischer Wind 3—4, gegen Mittag flau; p. m. wieder auffrischend, 2—3, bisweilen 1.
Barom.: Mittel 763,04 mm; 2 max. 763,50 mm um 10h a. m. und 764,27 mm um 10h p. m., 2 min. 760,96 mm um 2h a. m. und 763,30 mm um 2h p. m.
Temp. d. Luft: Mittel 22,1°; max. 23,7° um 2h p. m., min. 20,8° um 6h a. m.
Spannkr. d. Dünste: Mittel 14,9 mm; max. 16,5 mm um 2h p. m., min. 12,5 mm um 10h a. m.
Wolken: Gattung u. Betrag. a. m. meist ganz klar, nur um 6h cu 3—4 auf kurze Zeit; p. m. anfangs klar, allmählich sich beziehend und um 7h ganz bezogen.
Richtung. Mit dem Winde ziehend.
Niederschl.: Morgens Thau.
Zustand d. See: Temp. Mittel 21,6°; max. 22,0° um 2h p. m., min. 20,8° um 10h a. m.
Spezif. Gewicht. Mittel 1,02522; max. 1,0253, min. 1,0252.
Allg. Bemerk.: Bis 8h a. m. frischer N9°E, dann abflauend, Himmel klar bis 6h p. m., nur zuweilen cu 3—4 aus der Windrichtung; p. m. ging der Wind N99°E, dann N144°E und frischte etwas auf, um 6h fing es an sich zu beziehen und war um 7h ganz bezogen.
Wetterleuchten aus allen Richtungen.
Ozongehalt 8—9. Verdunstung 3,7 mm.

1875, den 5. Oktober.

Position: Rhede von Brisbane.
Schiffsbew.: Kurs. —
Fahrt. —
Wind: Richtung. Mittel N189°E; anfangs N99°E, ging um 3h nach N189°E und 10h a. m. auf N234°E.; p. m. anfangs N189°E, ging dann auf N144°E.
Stärke. Mittel 0,8; früh Morgens und gegen Abend fast still, um 6h a. m. auffrischend bis zu 5, aber von 10h a. m. wieder abflauend.
Barom.: Mittel 764,01 mm; anfangs 764,17 mm, stieg bis zum max. 765,74 mm um 10h a. m., und fiel wieder bis zum min. 762,94 mm um 10h p. m.
Temp. d. Luft: Mittel 19,9°; max. 22,0° um 2h a. m., min. 18,8° um 10h a. m.
Spannkr. d. Dünste: Mittel 14,6 mm; max. 15,8 mm um 2h a. m., min. 14,1 mm um 6h p. m.
Wolken: Gattung u. Betrag. Den Tag über meist ganz bezogen cu ni 10, erst um 5h p. m. aufklarend bis zu cu str. 3—5 am Horizont, Abends ganz klar.
Niederschl.: Um 3h a. m. und um 10h a. m. leichter vorübergehender Regen; Abends Thau.
Zustand d. See: Temp. Mittel 21,1°; max. 21,5° um 2h a. m., min. 20,5° um 10h p. m.
Spezif. Gewicht. Mittel 1,02512; max. 1,0253, min. 1,0250.
Allg. Bemerk.: a. m. Himmel war ganz bezogen, der Wind anfangs sehr schwach N99°E, ging um 3h auf N189°E und frischte auf bis 5, um 10h ging der Wind auf N234°E und flaute wieder ab, bei jeder Drehung fiel leichter vorübergehender Regen; p. m. ging der Wind wieder auf N189°E, der Himmel war noch immer bezogen, mit schwachem Gewitter; nach 5h, als der Wind auf N144°E ging und zuletzt ganz still wurde, klarte es allmählich ganz auf.
Ozongehalt 9—10, Regen 1,2 mm, Verdunstung 1,7 mm.

1875, den 6. Oktober.

Position: Rhede von Brisbane.
Schiffsbew.: Kurs. —
Fahrt. —
Wind: Richtung. Mittel N153°E; der Wind war bis 10h a. m. N234°E, und von da ab N144°E.
Stärke. Mittel 3,0; a. m. anfangs schwach, dann auffrischend bis zu 5; um 10h p. m. wieder abflauend bis zu 2.
Barom.: Mittel 765,85 mm; 2 max. 766,24 mm um 10h a. m. und 767,31 mm um 10h p. m., 2 min. 765,17 mm um 2h a. m und 765,33 mm um 2h p. m.
Temp. d. Luft: Mittel 20,1°; max. 21,6° um 2h p. m., min. 16,7° um 6h a. m.
Spannkr. d. Dünste: Mittel 13,4 mm; max. 15,6 mm um 2h a. m., min. 11,1 mm um 10h p. m.
Wolken: Gattung u. Betrag. a. m. klar und schön, nur von 6h an cu str. 2—3 oder cu 3—4 am Horizont; p. m. von 3h an bezogen bis 8h cu ni 8—9, dann klar, nur cu 1—2 am Horizont.
Richtung. Meist am Horizont, nur p. m. von 3h—8h aus der Windrichtung.
Niederschl.: Früh Morgens Thau; von 6h—7h 15′ p. m. leichter Regen.
Zustand d. See: Temp. Mittel 20,2°; max. 21,3° um 2h a. m., min. 19,7° um 10h p. m.
Spezif. Gewicht. Mittel 1,02532; max. 1,0254, min. 1,0250.
Allg. Bemerk.: Der Himmel war anfangs ganz klar, der Wind schwach N234°E, es blieb klar und schön bis 3h p. m., der Wind ging um 10h a. m. auf N144°E und frischte um Mittag bedeutend auf bis zu 5, es zeigten sich von 6h a. m. einige cu str. am Horizont, von 3h p. m. ab bezog es sich immer mehr bis zu cu ni 8—9 aus der Windrichtung, von 6h—7h 15′ leichter Gewitterregen, das Gewitter stand in SW, um 10h p. m. Wind flauer 2—3.
Ozongehalt 10. Regen 1,3 mm. Verdunstung 1,8 mm.

1875, den 7. Oktober.

Position: { Rhede von Brisbane bis 10h a. m. / Quarantaine-Station (Peel-Island).
Schiffsbew.: Kurs. —
Fahrt. —
Wind: Richtung. Mittel N167°E; anfangs N189°E, dann N144°E und N167°E.
Stärke. Mittel 2,9; bis 2h p. m. 4—5, dann 1—2 und zuletzt still.
Barom.: Mittel 765,56 mm; a. m. stieg es von 766,44 mm fast ohne Unterbrechung bis zum max. 767,51 mm um 10h a. m., fiel dann bis zum min. 764,06 mm um 10h p. m.
Temp. d. Luft: Mittel 19,0°; max. 20,3° um 2h a. m., min. 17,0° um 6h a. m.
Spannkr. d. Dünste: Mittel 12,1 mm; max. 13,3 mm um 10h a. m., min. 10,4 mm um 2h a. m.
Wolken: Gattung u. Betrag. Den Tag über klar und schön, nur cu bis zu 2, Abends von 6h ab ganz klar.
Richtung. Am Horizont.
Niederschl.: Früh Morgens und spät Abends Thau.
Zustand d. See: Temp. Mittel 20,2°; max. 21,1° um 6h p. m., min. 19,5° um 2h a. m.
Spezif. Gewicht. Mittel 1,02560; max. 1,0258, min. 1,0254.
Allg. Bemerk.: a. m. Der Himmel war klar, nur wenige cu am Horizont, man sah früh Wetterleuchten in SE, der Wind war sehr frisch 4—5, anfangs N189°E, dann N144°E p. m. Wind und Wetter, wie am Vormittag, nach 6h flaute es ab und der Himmel wurde ganz klar.
Ozongehalt 7—8. Regenmenge 1,2. Verdunstung 5,0 mm.

1875, den 8. Oktober.

Position: Quarantaine-Station Brisbane.
Schiffsbew.: Kurs. —
Fahrt. —
Wind: Richtung. Mittel N39°E; anfangs N234°E, dann N324°E, p. m. N9°E und N54°E, dann still.
Stärke. Mittel 0,4; anfangs fast still, um Mittag 2, Abends flau, dann wieder still.
Barom.: Mittel 761,16 mm; fiel vom max. 763,40 mm um 2h a. m. fast ohne Unterbrechung bis zum min. 759,19 mm um 10h p. m.
Temp. d. Luft: Mittel 20,6°; max. 23,2° um 2h p. m., min. 17,2° um 6h a. m.
Spannkr. d. Dünste: Mittel 12,4 mm; max. 14,8 mm um 2h p. m., min. 10,4 mm um 2h a. m.
Wolken: Gattung u. Betrag. a. m. ganz klar; p. m. cu oder str. 1—2 am Horizont, Abends wieder ganz klar.
Richtung. —
Niederschl.: Thau bis 6h a. m.
Zustand d. See: Temp. Mittel 20,8°; max. 21,5° um 2h p. m., min. 19,9° um 6h a. m.
Spezif. Gewicht. Mittel 1,02587; max. 1,0262, min, 1,0256.
Allg. Bemerk.: a. m. Der Himmel war ganz klar, der Wind schwach, anfangs N234°E, dann N324°E, und frischte gegen Mittag etwas auf; p. m. war der Himmel klar, sehr wenige Wolken am Horizont, der Wind wurde N9°E, dann um 4h N54°E und flaute ab, einige cu zeigten sich am Horizont, Abends wieder ganz still, und der Himmel ganz klar, leichter Hauch bisweilen aus N347°E.
Ozongehalt 7—8. Verdunstung 3,6 mm.

1875, den 9. Oktober.

Position: Quarantaine-Station Brisbane.
Schiffsbew.: Kurs. —
Fahrt. —
Wind: Richtung. Mittel N32°E; a. m. meist still, um 6h ein Hauch aus N189°E, p. m. auffrischend N32°E, dann N43°E, zuletzt fast N9°E.
Stärke. Mittel 2,0; a. m. fast still, p. m. 3—5.
Barom.: Mittel 760,50 mm; max. 762,08 mm um 10h a. m., von da beständig fallend bis zum min. 759,19 mm um 10h p. m.
Temp. d. Luft: Mittel 21,9°; max. 25,2° um 2h p. m., min. 17,8° um 2h a. m.
Spannkr. d. Dünste: Mittel 12,9 mm; max. 15,2 mm um 10h p. m., min. 10,6 mm um 2h a. m.
Wolken: Gattung u. Betrag. a. m. ganz klar, p. m. anfangs cu str. 5—6, dann cu 7, später ganz klar, aber diesig.
Richtung. Mit dem Winde ziehend.
Niederschl.: Früh Morgens und spät Abends starker Thau.
Zustand d. See: Temp. Mittel 21,4°; max. 22,9° um 2h p. m., min. 20,1° um 2h a. m.
Spezif. Gewicht. Mittel 1,02593; max. 1,0262, min. 1,0256.
Allg. Bemerk.: a. m. fast windstill, nur um 6h—8h ein schwacher Hauch aus N189°E, Himmel ganz klar; p. m. Wind auffrischend N54°E von 3 bis zu 5, cu str. und cu 5—7 aus der Windrichtung, dann wieder ganz klar, bei beständig fallendem Barometer.
Ozongehalt 8—9. Verdunstung 2,2 mm.

1875, den 10. Oktober.

Position: Quarantaine-Station Brisbane.
Schiffsbew.: Kurs. —
Fahrt. —
Wind: Richtung. Mittel N352°E; a. m. N347°E bis zu N9°E, p. m. N20°E, dann N257°E, endlich N9°E.
Stärke. Mittel 4,0; a. m. 4—5, p. m. 5—6.
Barom.: Mittel 758,95 mm; Gang unregelmässig; max. 759 54 mm um 6h a. m. und um 2h p. m., min. 756,95 mm um 6h p. m.
Temp. d Luft: Mittel 21,6°; max. 24,2° um 2h p. m., min. 19,3° um 10h p. m.
Spannkr. d. Dünste: Mittel 15,0 mm; max. 16,4 mm um 2h p. m., min. 14,0 mm um 6h p. m.
Wolken: Gattung u. Betrag. a. m. anfangs ganz klar, um 3h sich beziehend bis zu cu ni 10, dann um 10h wieder aufklarend cu str. 5—6; p. m. anfangs cu ni 3—4, dann ganz bezogen cu ni 10.
Richtung. Mit dem Winde ziehend.
Niederschl.: Von 4h a. m. an vorübergehender Gewitterregen, p. m. 6h starke Regenböen, Abends von 8h—9h 25′ Regen.
Zustand d. See: Temp. Mittel 21,3°; max. 22,0° um 2h p. m., min. 20,6° um 6h a. m.
Spezif. Gewicht. Mittel 1,02583; max. 1,0261, min. 1,0256.
Allg. Bemerk.: a. m. Wind N54°E etwas abflauend von 5 bis 4, Barometer fast auf derselben Höhe, anfangs ganz klar, von 3h ab bezogen aus N, nach 4h vorübergehender Gewitterregen, gegen 10h wieder aufklarend.
p. m. anfangs Wind N20°E, um 3h auffrischend bis 6, leichte Regenschauer, 6h Gewitter aus SW mit starken Regenböen und Zickzackblitzen, Wind N257°E, Barometer fallend, Himmel ganz bezogen, um 8h Wind wieder N9°E, 9h 15′ hörte der Regen auf. Sehr starkes Wetterleuchten.
Ozongehalt 7—8. Regen 0,1 mm. Verdunstung 3,3 mm.

1875, den 11. Oktober.

Position: Quarantaine-Station Brisbane.
Schiffsbew.: Kurs. —
Fahrt —
Wind: Richtung. Mittel N3°E; a. m. N324°E, meist N347°E, p. m. N99°E, meist N32°E, Abends N167°E.
Stärke. Mittel 2,3; a. m. 3—4, in den Böen bis 6; p. m. anfangs 3—4, gegen 6h auffrischend bis 5, dann Abends abflauend bis zu 0.
Barom.: Mittel 759,05 mm; 2 max. 759,99 mm um 10h a. m. und 760,20 mm um 10h p. m., 2 min. 759,39 mm um 6h a. m. und 757,25 mm um 6h p. m.
Temp. d. Luft: Mittel 21,1°; max. 24,3° um 2h p. m., min. 19,2° um 2h a. m.
Spannkr. d. Dünste: Mittel 14,4 mm; max. 16,7 mm um 6h p. m., min. 11,8 mm um 10h p. m.
Wolken: Gattung u. Betrag. Himmel ganz bezogen cu ni 10, gegen 8h a. m. aufklarend bis zu ci cu 3—4; p. m. anfangs cu ni 4—5 am Horizont, später sich mehr und mehr beziehend aus 8 bis zu cu ni 10.
Niederschl.: a. m. Böige Regenschauer bis gegen 8h; p. m. nach 6h starker Gewitterregen.
Zustand d. See: Temp. Mittel 21,4°; max. 22,0° um 10h p. m., min. 20,5° um 6h a. m.
Spezif. Gewicht. Mittel 1,02585; max. 1,0260, min. 1,0256.

Allg. Bemerk.: a. m. N326°E-Wind 3—4, anfangs böig bis 6, Himmel ganz bezogen cu ni 10, Wetterleuchten, dann Regenschauer, gegen 8h Wind nicht mehr böig N347°E, Himmel aufklarend bis zu ci cu 3—4 aus der Windrichtung. p. m. Wind ging auf N32°E 3—4, Himmel anfangs nur am Horizont besetzt, von 5h cu ni aus S, starkes Wetterleuchten, Wind böig, dann um 6h Wind N189°E, Gewitter mit starkem Regen, Himmel ganz bezogen, Wind zuletzt ganz flau.
Ozongehalt 9—10. Regen 15,4 mm. Verdunstung 3,6 mm.

1875, den 12. Oktober.

Position: Quarantaine-Station Brisbane.
Schiffsbew.: Kurs. —
Fahrt. —
Wind: Richtung. Mittel N172°E; umlaufende Winde, a. m. N324°E, N212°E, N32°E; p. m. N324°E, N144°E, N212°E.
Stärke. Mittel 1,0; sehr veränderlich, a. m. meist sehr schwach, jedoch um 6h 2—3; p. m. sonst meist 2—3, aber um 6h 6—7.
Barom.: Mittel 759,68 mm; Gang unregelmässig; stieg fast beständig bis zu 760,30 mm um 2h p. m., fiel dann wieder bis zu 758,92 mm und erreichte um 10h p. m. das max. 760,55 mm, min. 758,88 mm um 6h a. m.
Temp. d. Luft: Mittel 19,5°; max. 22,6° um 10h a. m., min. 17,6° um 10h p. m.
Spannkr. d. Dünste: Mittel 13,2 mm; max. 14,5 mm um 10h a. m., min. 11,9 mm um 10h p. m.
Wolken: Gattung u. Betrag. a. m. anfangs klar, cu 4—5, dann bezogen bis zu cu str. 7—8, um 10h dagegen nur noch cu str. 2—3 am Horizont; p. m. ganz bezogen ni 10, Abends wieder ganz klar bis auf cu 1—2 am Horizont.
Richtung. Aus der Windrichtung oder am Horizont.
Zustand d. See: Temp. Mittel 21,2°; max. 21,7° um 6h p. m., min. 20,7° um 2h a. m.
Spezif. Gewicht. Mittel 1,02578; max. 1,0259, min. 1,0256.
Allg. Bemerk.: a. m. 12h—1h still, aufklarend, dann Wind N324°E 0—1, von 4h—6h Wind N212°E 3—2, mehr bezogen cu str. 8—9, 6h—7h N347°E 1—2, 7h—8h N189°E 3, ging durch N99°E auf N32°E 0—2, aufklarend cu 2—3 am Horizont, regelmässiger Gang des Barometers.
p. m. Gang des Barometers unregelmässig, um 2h ungemein hoch, Temperatur niedriger als am Vormittag, Wind bis 3h umspringend, dann bis 7h N144°E 6—7 mit Gewitter, von 7h—9h still, dann schwacher N212°E.
Ozongehalt 10—11. Regen 12,4 mm. Verdunstung 2,3 mm.

1875, den 13. Oktober.

Position: Quarantaine-Station Brisbane.
Schiffsbew.: Kurs. —
Fahrt. —
Wind: Richtung. Mittel N358°E; a. m. schwach umlaufend N212°E, N122°E, dann still; p. m. N-lich, erst N347°E, N20°E, dann N357°E.
Stärke. Mittel 1,1; a. m. fast still, p. m. anfangs 2, dann auffrischend bis zu 5, von 6h an abflauend.
Barom.: Mittel 760,85 mm; 2 max. 762,53 mm um 10h a. m. und 760,66 mm um 10h p. m., 2 min. 760,25 mm um 2h a. m. und 759,89 mm um 6h p. m.
Temp. d. Luft: Mittel 20,1°; max. 23,0° um 2h p. m., min. 17,0° um 6h a. m.
Spannkr. d. Dünste: Mittel 12,1 mm; max. 16,4 mm um 10h p. m., min. 11,1 mm um 2h a. m.
Wolken: Gattung u. Betrag. a. m. Himmel klar, nur cu str. 5 aus S, von 10h an nur cu 1—3 oder cu str. 2 3, Abends ganz klar.
Richtung. Mit dem Winde ziehend.
Niederschl.: Abends Thau.
Zustand d. See: Temp. Mittel 21,3°; max. 21,7° um 6h p. m, min. 20,9° um 2h a. m.
Spezif. Gewicht. Mittel 1,02582; max. 1,0260, min. 1,0257.
Allg. Bemerk.: a. m. Schwache anfangs N234°E, dann noch schwächere N144°E-Winde, von 6h—10h still, Himmel klar, nur cu str. 3 aus der Windrichtung, von 10h ab N347°E 1, fast ganz aufklarend bis zu cu 1—2 am Horizont; p. m. N9°E-Wind auffrischend bis zu 5, gegen Abend wieder abflauend, aber Himmel klar bis auf einige cu und cu str. aus der Windrichtung, Abends ganz klar.
Ozongehalt 8—9. Regen 0,6 mm. Verdunstung 2,1 mm.

1875, den 14. Oktober.

Position: Quarantaine-Station Brisbane.
Schiffsbew.: Kurs. —
Fahrt. —
Wind: Richtung. Mittel beständig N9°E.
Stärke. Mittel 2,2; a. m. anfangs still, dann schwach bis 2; p. m. auffrischend bis zu 5, Abends wieder etwas abflauend.
Barom.: Mittel 760,77 mm; stieg bis zum max. 762,29 mm um 10h a. m., fiel dann bis zum min. 759,49 mm um 10h p. m.
Temp. d. Luft: Mittel 23,1°; max. 24,6° um 10h a. m., min. 21,2° um 6h a. m.
Spannkr. d. Dünste: Mittel 17,5 mm; max. 19,9 mm um 10h p. m., min. 15,2 mm um 6h a. m.
Wolken: Gattung u. Betrag. a. m. anfangs ganz klar, dann einige cu 3—4 am Horizont; p. m. ebenfalls Himmel klar, einige cu str. 3, oder str. ci 2—3 aus der Windrichtung ziehend, Abends ganz klar.
Richtung. Mit dem Winde ziehend.
Niederschl.: Thau früh am Morgen und Abends.
Zustand d. See: Temp. Mittel 21,6°; max. 22,3° um 10h p. m., min. 20,9° um 6h a. m.
Spezif. Gewicht. Mittel 1,02590; max. 1,0260, min. 1,0258.
Allg. Bemerk.: a. m. Wind war anfangs still, dann schwach N9°E, Himmel anfangs ganz klar, mit Sonnenaufgang zeigten sich einige cu 3—4 am Horizont; p. m. blieb der Wind N9°E, das Barometer fiel, während der Wind auffrischte, der Himmel war klar, anfangs mit cu str. 3 am Horizont, dann mit str. ci 2—3 aus der Windrichtung, Abends ganz klar.
Ozongehalt 9—10; Regen 0; Verdunstung 1,8 mm.

1875, den 15. Oktober.

Position: Quarantaine-Station Brisbane.
Schiffsbew.: Kurs. —
Fahrt. —
Wind: Richtung. Mittel N3°E; a. m. N324°E, p. m. anfangs N358°E, dann N20°E und zuletzt N347°E.
Stärke. Mittel 3,9; a. m. 3—5, p. m. meist 5—6, Abends ganz still.
Barom.: Mittel 760,31 mm; 2 max. 761,43 mm um 10h a. m. und 761,27 mm um 10h p. m., 2 min. 760,86 mm um 2h a. m. und 758,02 mm um 6h p. m.
Temp. d. Luft: Mittel 23,7°; max. 25,9° um 2h p. m., min. 21,8° um 2h a. m.
Spannkr. d. Dünste: Mittel 18,1 mm; max. 20,0 mm um 6h p. m., min. 14,8 mm um 2h a. m.
Wolken: Gattung u. Betrag. a. m. anfangs ganz klar, dann cu 1—3 am Horizont; p. m. anfangs ci cu 3—4, von 4h 30′ bezogen bis zu ni 10.
Richtung. Mit dem Winde ziehend.
Niederschl.: Morgens Thau; von 6h p. m. ab fast beständiger Regen.
Zustand d. See: Temp. Mittel 22,6°; max. 23,0° um 2h p. m., min. 22,0° um 6h a. m.
Spezif. Gewicht. Mittel 1,02592; max. 1,0261, min. 1,0259.
Allg. Bemerk.: a. m. anfangs ganz klar und schön, dann einige cu 1—3 am Horizont, Wind frisch N9°E auch N347°E 4—5; p. m. anfangs wie am Vormittage klar, nur cu ci 3—4 aus der Windrichtung; um 4h 30′ bezog sich der Himmel, um 6h sprang der Wind nach N279°E und N347°E, mit Gewitter und starkem Regen, indem der Wind stärker wurde bis zu 6; zahlreiche Blitze. Dann flaute der Wind ganz ab, ohne dass der Regen aufhörte.
Ozongehalt 10; Verdunstung 1,7 mm.

1875, den 16. Oktober.

Position: Quarantaine-Station Brisbane.
Schiffsbew.: Kurs. —
Fahrt. —
Wind: Richtung. Mittel N345°E; a. m. N347°E, N9°E, N290°E; p. m. N9°E, dann N347°E, zuletzt N335°E.
Stärke. Mittel 3,6; a. m. anfangs still, dann 4—5, zuletzt nur 2; p. m. 5—4.
Barom.: Mittel 761,18 mm; 2 max. 762,13 mm um 10^h a. m. und 761,22 mm um 10^h p. m.; 2 min. 760,76 mm um 6^h a. m. und 760,61 mm um 6^h p. m.
Temp. d. Luft: Mittel 22,6°; max. 23,4° um 2^h p. m., min. 22,1° um 2^h a. m.
Spannkr. d. Dünste: Mittel 16,3 mm; max. 17,7 mm um 10^h a. m., min. 15,1 mm um 10^h a. m.
Wolken: Gattung u. Betrag. a. m. Himmel bezogen cu ni 7—8, dann bis 10; p. m. anfangs bezogen cu ni 9—10, gegen Abend ganz klar.
Richtung. Mit dem Winde ziehend.
Niederschl.: Um Mittag 3 Stunden leichter Regen; Abends Thau.
Zustand d. See: Temp. Mittel 22,4°; max. 22,6° um 6^h a. m., min. 22,2° um 10^h p. m.
Spezif. Gewicht. Mittel 1,02597; max. 1,0260, min. 1,0259.
Allg. Bemerk.: a. m. Himmel bezogen anfangs mit cu ni 7—8, dann bis zu cu ni 10 aus der Windrichtung, Wind von 12^h—1^h still, dann N347°E 0—1, um 2^h auffrischend bis zu 4, gegen 8^h N279°E, gegen Mittag leichter Regen, welcher 3 Stunden anhielt; p. m. Wind N9°E 5, gegen Abend westlicher, etwas flauer bis zu 4, immer mehr aufklarend, bis Abends der Himmel ganz unbewölkt war.
Ozongehalt 10—11; Regen 3,4 mm; Verdunstung 2,1 mm.

1875, den 17. Oktober.

Position: Quarantaine-Station Brisbane.
Schiffsbew.: Kurs. —
Fahrt. —
Wind: Richtung. Mittel N359°E; a. m. meist N347°E oder N9°E, p. m. N32°E, N335°E, N9°E.
Stärke. Mittel 3,8; a. m. 3—4, p. m. meist 4, zuweilen 6.
Barom: Mittel 759,85 mm; Gang unregelmässig, max. 760,9 mm um 6^h p. m.; min. 758,1 mm um 2^h p. m.
Temp. d. Luft: Mittel 22,7°; max. 24,8° um 2^h p. m., min. 21,8° um 6^h a. m.
Spannkr. d. Dünste: Mittel 17,3 mm; max. 18,7 mm um 2^h p. m., min. 15,9 mm um 6^h p. m.
Wolken: Gattung u. Betrag. Klar und schön, anfangs ci cu 2—3, dann ganz klar; p. m. anfangs klar cu str. 3—4, dann ganz bezogen ni 10, auf der Abendwache aufklarend bis zu cu ni 7—8.
Richtung. Mit dem Winde ziehend.
Niederschl.: Früh starker Thau; p. m. 4^h 10′—6^h 50′ Regen.
Zustand d. See: Temp. Mittel 22,5°; max. 22,8° um 2^h p. m., min. 22,2° um 10^h p. m.
Spezif. Gewicht. Mittel 1,02593; max. 1,0260, min. 1,0259.
Allg. Bemerk.: a. m. Wind frisch 3—4 von N347°E bis N9°E, anfangs ci cu 2—3 am Horizont, dann der Himmel ganz klar und das Wetter schön; p. m. frischte der Wind noch mehr auf, war anfangs N32°E bis 4^h, dann böig N435°E bis 7^h, Himmel, der anfangs klar war, bis auf einige cu str. aus der Windrichtung, bezog sich immer mehr bis zu ni 10, es regnete von 4^h 10′—6^h 50′, Abends klarte es wieder ein wenig auf, und der Wind ging auf N9°E und flaute etwas ab.
Ozongehalt 9, Regen 0, Verdunstung (?).

1875, den 18. Oktober.

Position: Quarantaine-Station Brisbane.
Schiffsbew. Kurs. —
Fahrt. —
Wind: Richtung. Mittel N152°E; a. m. N279°E, N212°E, dann N144°E, p. m. beständig N144°E.
Stärke. Mittel 2,2; a. m. anfangs schwach 1—2, gegen 9^h auffrischend N144°E 5, p. m., um 4^h abflauend bis zu 3—1.
Barom.: Mittel 762,89 mm; 2 max. 763,86 mm um 10^h a. m. und 764,77 mm um 10^h p. m.; 2 min. 760,40 mm um 2^h a. m. und 763,40 mm um 6^h p. m.
Temp. d. Luft: Mittel 21,9°; max. 23,4° um 2^h p. m., min. 20,6° um 2^h a. m.
Spannkr. d. Dünste: Mittel 14,8 mm; max. 15,5 mm um 6^h a. m., min. 14,1 mm um 2^h a. m.
Wolken: Gattung u. Betrag. a. m. ganz bezogen cu ni 10, erst um 11^h etwas aufklarend; p. m. Himmel klar, nur cu oder ci cu 1—3 am Horizont.
Richtung. Aus der Windrichtung.
Niederschl.: Abends Thau.
Zustand d. See: Temp. Mittel 22,2°; max. 22,5° um 2^h p. m., min. 21,7° um 6^h a. m.
Spezif. Gewicht. Mittel 1,02580; max. 1,0259, min. 1,0256.
Allg. Bemerk.: Bis 4^h war der Wind schwach aus N279°E, der Himmel leicht und dünn bezogen, von 4^h—5^h N324°E 0—1, dann von N234°E über N189°E und gegen 9^h N144°E auffrischend bis zu 5, aber erst um 11^h aufklarend; p. m. Wind frisch N144°E 5, Himmel oben klar, nur einige cu oder ci cu am Horizont, gegen 4^h flaute der Wind wieder ab, der obere Himmel blieb aber klar.
Ozongehalt 8—9. Regen 1,8 mm, Verdunstung 2,3 mm.

1875, den 19. Oktober.

Position: Quarantaine-Station Brisbane.
Schiffsbew: Kurs. —
Fahrt. —
Wind: Richtung. Mittel N62°E; a. m. meist N144°E, dann N99°E, p. m. anfangs N43°E, dann N20°E und N32°E.
Stärke. Mittel 2,2; a. m. anfangs 3, dann abflauend; p. m. 4—5.
Barom.: Mittel 765,49 mm; a. m. steigend bis zum max. 766,96 mm um 10^h a. m.; p. m. fallend bis zum min. 764,27 mm um 6^h p. m.
Temp. d. Luft: Mittel 22,7°; max. 25,4° um 2^h p. m., min. 20,6° um 2^h a. m.
Spannkr. d. Dünste: Mittel 15,2 mm; max. 15,8 mm um 2^h p. m., min. 14,3 mm um 6^h p. m.
Wolken: Gattung u. Betrag. a. m. anfangs ganz klar, um 6^h sich allmählich beziehend bis zu cu 8—9 aus S bei N99°E-Wind; p. m. Himmel klar bis auf cu 2—3 aus N, Abends ganz klar.
Richtung. Wie oben angegeben.
Niederschl.: Morgens und Abends Thau.
Zustand d. See: Temp. Mittel 22,3°; max. 22,6° um 2^h p. m., min. 22,2° um 2^h a. m.
Spezif. Gewicht. Mittel 1,02597; max. 1,0261, min. 1,0258.
Allg. Bemerk.: a. m. bis gegen 6^h N144°E 3, Himmel ganz klar, dann wurde der Wind N99°E, flaute ab, der Himmel bezog sich immer mehr bis zu cu 8—9 aus S bei N77°E-Wind; p. m. Wind frischte wieder auf bis 4—5, anfangs N43°E, um 3^h N20°E, der obere Himmel war klar, nur am Horizont sah man wenige cu, Abends ward der Himmel ganz klar.
Ozongehalt 7. Verdunstung 2,4 mm.

1875, den 20. Oktober.

Position: { Quarantaine-Station Brisbane bis 10^h a. m. / 27° 17,2′ S-Br., 153° 57,1′ O-Lg. um 10^h p. m.
Schiffsbew.: Kurs. p. m. N105°E, dann N122°E.
Fahrt. Anfangs 9, dann 4.
Wind: Richtung. Mittel N3°E; anfangs N9°E, von 6^h a. m. bis 6^h p. m. N358°E, nachher wieder N9°E.
Stärke: Mittel 5,0; a. m. anfangs 3—4, um 9^h sehr auffrischend bis zu 7, Abends etwas abflauend.
Barom.: Mittel 759,95 mm; vom max. 763,50 mm um 2^h a. m. fallend bis zum min. 757,05 mm um 6^h p. m., dann ein wenig steigend bis zu 758,27 mm.
Temp. d. Luft: Mittel 22,8°; max. 23,5° um 2^h p. m., min. 21,0° um 10^h p. m.
Spannkr. d. Dünste: Mittel 16,5 mm; max. 17,5 mm um 2^h p. m., min. 15,6 mm um 2^h a. m.

Wolken: Gattung u. Betrag. a. m. anfangs ganz klar, gegen 9h sich immer mehr beziehend, anfangs nur am Horizont, dann bis zu cu 7, p. m. bezogen ci cu 7—8, Abends ganz bezogen ni 10.

Richtung. Mit dem Winde ziehend.

Niederschl.: Morgens Thau, Abends etwas Regen.

Zustand d. See: Temp. Mittel 22,0°; max. 22,3° um 10h a. m., min. 21,6° um 10h p. m.

Spezif. Gewicht. Mittel 1,02613; max. 1,0264, min. 1,0258.

Allg. Bemerk.: a. m. Wind anfangs N9°E 3—4, um 6h N358°E, Himmel anfangs ganz klar, um 6h nur noch cu 3—4 am Horizont, 9h frischte der Wind sehr auf bis zu 7, und der Himmel bezog sich mehr und mehr aus der Windrichtung bis zu cu 6—7 bei fallendem Barometer. p. m. starker Wind aus N358°E, dann aus N9°E 6—7, Himmel bezogen 7—8, Barometer fallend, N-liche See aufkommend. Am südlichen Himmel bildeten sich Bänke. Wetterleuchten in derselben Richtung. Abends ganz bezogen bei etwas abflauendem Winde.

Ozongehalt 7—8, Verdunstung 3,6 mm.

1875, den 21. Oktober.

Position: 27° 33,9′—29° 0,9′ S-Br., 154° 26,2′—156°42,2′ O-Lg.

Schiffsbew.: Kurs. a. m. N122°E; p. m. anfangs beigedreht, dann N133°E.

Fahrt. a. m. 8,3—10,0, p. m. 10, Abends 4,5.

Wind: Richtung. N228°E; anfangs N212°E, dann N234°E bis N223°E.

Stärke. Mittel 9,3; a. m. starker Wind 6—7, p. m. noch zunehmend, harte Böen bis zu 10—11.

Barom.: Mittel 756,67 mm; 2 max. 757,20 mm um 10h a. m. und 757,15 mm um 10h p. m., 2 min. 756,10 mm um 6h a. m. und 756,54 mm um 2h p. m.

Temp. d. Luft: Mittel 19,2°; max. 19,6° um 2h a. m. und um 10h a. m., min. 18,2° um 10h p. m.

Spannkr. d. Dünste: Mittel 11,0 mm; max. 12,2 mm um 10h p. m., min. 9,9 mm um 10h a. m.

Wolken: Gattung u. Betrag. Anfangs ganz bezogen ni 10, gegen 6h a. m. aufklarend, blieb den Tag über cu str. oder cu ci 5—6, p. m. cu ni 5—6.

Richtung. Aus SW.

Niederschl.: Um 12h 5′ eine starke Regenböe, um 2h gleichfalls eine starke Regenböe.

Zustand d. See: Temp. Mittel 21,5°; max. 22,4° um 6h a. m., min. 20,2° um 10h p. m.

Spezif. Gewicht. Mittel 1,02672; max. 1,0269, min. 1,0263.

Allg. Bemerk.: a. m. Wind stark 6—7 von N212°E—N234°E, sprang um 12h 5′ in einer starken Regenbö auf N234°E, und ging dann zurück auf SSW, Himmel anfangs ganz bezogen, gegen 6h aufklarend bis zu cu str. oder cu ci 5—6, aufkommender Seegang aus SW, p. m. Wind zunehmend bis zu 10—11, Abends harte Böen, cu ni 5—6 aus der Windrichtung, Seegang und Dünung hoch aus SW.

Ozongehalt 9—10; Regen 29,2 mm; Verdunstung 3,5 mm.

1875, den 22. Oktober.

Position: 29° 7,9′—30° 11,2′ S-Br., 156° 54,4′—158° 17,3′ O-Lg.

Schiffsbew.: Kurs. a. m. N167°E, N144°E, p. m. N144°E bis N150°E.

Fahrt. a. m. meist 2—3, dann 5; p. m. 7,7—6,0.

Wind: Richtung. Mittel N223°E, N234°E, dann N212°E und von 10h a. m. ab N223°E.

Stärke. Mittel 7,3; a. m. anfangs 8, Böen bis 10, etwas abflauend bis zu 6—7, p. m. wieder sehr böig 5, in den Böen bis 8, gegen Abend etwas abnehmend.

Barom.: Mittel 758,24 mm; 2 max. 759,10 mm um 10h a. m. und 760,40 mm um 10h p. m., 2 min. 756,99 mm um 2h a. m. und 757,75 mm um 2h p. m.

Temp. d. Luft: Mittel 17,4°; max. 18,8° um 10h p. m.; min. 15,2° um 10h p. m.

Spannkr. d. Dünste: Mittel 9,8 mm; max. 11,6 mm um 2h a. m., min. 8,8 mm um 6h a. m.

Wolken: Gattung und Betrag. a. m. anfangs Bewölkung, sehr veränderlich cu ni 5—9, dann um 6h cu 4, aber um 10h wieder mehr bezogen cu ni 7—8, p. m. cu ni 4—6.

Richtung. Aus SW.

Niederschl.: a. m. um 6h einige Regenböen, p. m. wiederholte Regenböen.

Zustand d. See: Temp. Mittel 19,8°; max. 20,7° um 2h p. m., min. 18,0° um 10h p. m.

Spezif. Gewicht. Mittel 1,02690; max. 1,0271, min. 1,0266.

Allg. Bemerk.: Der Wind stark 8, in Böen bis 10, anfangs N234°E, dann N212°E und von 10h a. m. ab beständig N223°E, etwas abflauend, Bewölkung anfangs sehr veränderlich, schnell fliegende cu ni aus der Windrichtung, häufige Bänke in SW, hohe Dünung und Seegang aus SW, im Laufe des Tages etwas abnehmend. p. m. anfangs bezogen cu ni 6—7, später etwas weniger, sehr böig, Wind 5, die Böen bis 8, Abends namentlich Regenböen. Wetterleuchten im SW.

Ozongehalt 9—10, Regen 2,0 mm, Verdunstung 6,3 mm.

1875, den 23. Oktober.

Position: 30° 25,6′—31° 37,5′ S-Br., 158° 35,1′—161° 15,4′ O-Lg.

Schiffsbew.: Kurs. Anfangs N144°E, von 6h a. m. ab N122°E.

Fahrt. a. m. 7,5—10,4, p. m. 10,6—9,5.

Wind: Richtung. Mittel N227°E; a. m. anfangs N223°E, von 6h ab N234°E; p. m. beständig N223°E.

Stärke. Mittel 5,7; a. m. 7—6, p. m. meist 5—6, aber von 6h—7h sehr flau.

Barom.: Mittel 759,65 mm; 2 max. 760,65 mm um 10h a. m. und 760,29 mm um 2h p. m., 2 min. 757,78 mm um 2h a. m. und 759,38 mm um 6h p. m.

Temp. d. Luft: Mittel 17,0°; max. 17,4° um 2h p. m., min. 16,5° um 6h a. m.

Spannkr. d. Dünste: Mittel 8,8 mm; max. 9,9 mm um 2h p. m., min. 7,7 mm um 2h a. m.

Wolken: Gattung u. Betrag. a. m. klar, zuweilen schnell ziehende ni mit etwas Regen, anfangs ni 1—2, um Mittag cu ni 5—6.

p. m. anfangs cu ni 5, dann immer mehr aufklarend bis zu cu ni 2—3.

Richtung. Aus SW.

Niederschl.: Um 2h a. m. vorübergehender leichter Regen, p. m. öftere Regenböen.

Zustand d. See: Temp. Mittel 18,3°; max. 19,2° um 2h p. m., min 17,6° um 2h a. m.

Spezif. Gewicht. Mittel 1,02693; max. 1,0272, min. 1,0267.

Allg. Bemerk.: Wind meist N223°E oder N234°E, anfangs hart von der Stärke 7, ganz allmählich abflauend bis zu 5—6, böig, klar, zuweilen schnell ziehende cu ni mit etwas Regen. SW-Dünung und Seegang. Zwischen 6h und 7h p. m. wurde der Wind sehr flau, frischte aber nach 7h wieder auf. Wiederholte Regenböen.

Ozongehalt 7—8. Regen 4,2 mm. Verdunstung 4,5 mm. (?)

1875, den 24. Oktober.

Position: 31° 51,7′—33° 12,5′ S-Br.; 161° 44,8′—164° 55,7′ O-Lg

Schiffsbew.: Kurs. N122°E.

Fahrt. a. m. 8,5—11,3, p. m. 7,2—9,4.

Wind: Richtung. Mittel N207°E; a. m. N223°E, von 6h a. m. N212°E; p. m. meist N189°E, Abends N212°E.

Stärke. 5,5; a. m. 5—6, in den Böen bis 8; p. m. etwas abflauend 5—4.

Barom.: Mittel 760,10 mm; 2 max. 761,06 mm um 10h a. m. und 761,92 mm um 10h p. m., 2 min. 758,87 mm um 6h a. m. und 759,02 mm um 2h p. m.

Temp. d. Luft: Mittel 16,9°; max. 18,0° um 2h p. m., min. 15,8° um 10h p. m.

Spannkr. d. Dünste: Mittel 9,9 mm; max. 10,6 mm um 2h p. m., min. 8,7 mm um 10h p. m.

Wolken: Gattung u. Betrag. a. m. meist klar, cu ni 6; p. m. anfangs cu 8, später klarer bis zu cu ni 2—3.

Richtung. Mit dem Winde ziehend.

Niederschl.: a. m. öfter Regenböen, p. m. um 9h leichte Regenbö.

Zustand d. See: Temp. Mittel 18,0°; max. 18,3° um 2^h p. m., min. 17,5° um 2^h a. m. und um 10^h p. m.

Spezif. Gewicht. Mittel 1,02710; max. 1,0272, min. 1,0270.

Allg. Bemerk.: a. m. Wind N234°E recht frisch, meist 5—6, in Böen bis zu 8, meist klar mit cu ni 6 aus der Windrichtung, doch öfter Regenböen aus der Windrichtung ohne bedeutenden Wind. Hohe See aus SSW.

p. m. anfangs etwas mehr bezogen cu 8 aus der Windrichtung, Wind N189°E etwas abflauend, Böen seltener, allmählich mehr aufklarend. Abnehmende Dünung und See.

Ozongehalt 6—7; Regen 2,5 mm; Verdunstung 3,6 mm.

1875, den 25. Oktober.

Position: 33° 21,4′—33° 57,0′ S-Br.; 165° 22,8′—167° 32,0′ O-Lg.

Schiffsbew.: Kurs. a. m. N123°E, p. m. meist N111°E, dann N94°E.

Fahrt. a. m. 5—3, aber um 10^h 8,0; p. m. 8,2—7,6 (mit Dampf und Segel von 10^h a. m. ab).

Wind: Richtung. Mittel N209°E; a. m. N224°E, dann N213°E; p. m. N224°E, dann N190°E.

Stärke. 2,7; a. m. anfangs 3—4, dann 2—3; p. m. 3—4, gegen Abend 2.

Barom.: Mittel 762,18 mm; 2 max 762,78 mm um 10^h a. m. und 763,67 mm um 10^h p. m., 2 min. 761,00 mm um 2^h a. m. und 761,76 mm um 6^h p. m.

Temp. d. Luft: Mittel 15,8°; max. 16,8° um 2^h p. m., min. 15,0° um 10^h p. m.

Spannkr. d. Dünste: Mittel 9,1 mm; max. 9,7 mm um 6^h a. m., min. 8,0 mm um 2^h a. m.

Wolken: Gattung u. Betrag. a. m. klar und schön, cu 2—3 aus der Windrichtung, jedoch während des Sonnenaufganges mehr bewölkt cu str. 7; p. m. klar und schön, anfangs cu ci 6—7, dann aufklarend bis zu cu 2—3.

Richtung. Mit dem Winde ziehend.

Niederschl.: —

Zustand d. See: Temp. Mittel 17,2°; max. 18,2° um 6^h a. m., min. 14,9° um 10^h p. m.

Spezif. Gewicht. Mittel 1,02720; max. 1,0274, min. 1,0269.

Allg. Bemerk.: a. m. Wind N235°E, anfangs 3—4, dann abflauend bis zu 2, Himmel klar, wenige cu aus der Windrichtung, jedoch während des Sonnenaufgangs mehr bewölkt. Dünung und See sehr abnehmend.

p. m. Wind anfangs N224°E, dann N190°E 3—4, Abends abflauend, Himmel anfangs besetzt mit cu ci 6—7, dann mehr aufklarend bis zu cu 2—3.

Schwaches Meeresleuchten (Walzen).

Ozongehalt 8; Regen 0,2 mm; Verdunstung 4,5 mm (?).

1875, den 26. Oktober.

Position: 33° 58,1′—34° 6,2′ S-Br.; 168° 6,3′—170° 39,2′ O-Lg.

Schiffsbew.: Kurs. N95°E.

Fahrt. 6—8.

Wind: Richtung. Mittel N234°E; anfangs N225°E, von 6^h ab N236°E, um 10^h p. m. aber N214°E.

Stärke. Mittel 3,5; fast den ganzen Tag 3—4, jedoch um 6^h p. m. etwas frischer.

Barom.: Mittel 763,47 mm; 2 max. 764,15 mm um 10^h a. m. und 764,45 mm um 10^h p. m.; 2 min. 763,13 mm um 6^h a. m. und 762,53 mm um 2^h p. m.

Temp. d. Luft: Mittel 15,4°; max. 16,1° um 2^h p. m., min. 15,0° um 2^h a. m. und um 10^h p. m.

Spannkr. d. Dünste: Mittel 7,8 mm; max. 8,9 mm um 2^h p. m., min. 6,7 mm um 6^h a. m.

Wolken: Gattung u. Betrag. a. m. klar und schön, anfangs cu 1—2, die Bewölkung etwas zunehmend bis zu cu str. 5—6; p. m. anfangs ci cu 2—3, dann mehr bezogen, Abends cu ni 9—10.

Richtung. Mit dem Winde ziehend.

Niederschl.: —

Zustand d. See: Temp. Mittel 15,7°; max. 16,0° um 2^h p. m., min. 15,3° um 6^h p. m.

Spezif. Gewicht. Mittel 1,02715; max. 1,0273, min. 1,0270.

Allg. Bemerk.: a. m. Wind anfangs N225°E, dann N236°E 3—4, Himmel fast klar, cu 1—2 aus SW, gegen Mittag etwas mehr bewölkt cu str. 5—6, See gering, Dünung südwestlich. Wasserfarbe tiefblau.

p. m. Wind N236°E bis zu 4—5, Abends N214°E 3—4, Himmel anfangs klar, nur ci cu 2—3 aus der Windrichtung, Abends aber, als der Wind etwas abflaute und auf N214°E ging, ganz bezogen, ohne Regen.

Schwaches Meeresleuchten.

Ozongehalt 3—4; Regen 0 mm; Verdunstung 3,8 mm.

1875, den 27. Oktober.

Position: 34° 4,4′ - 34° 26,3′ S-Br.; 171° 5,4′—173° 28,2′ O-Lg.

Schiffsbew.: Kurs. a. m. anfangs N80°E, dann beigedreht und darauf N91°E; p. m. N91°E, dann N108°E.

Fahrt. a. m. 6,0, dann 0 und um 10^h 7,7; p. m 6,6—8,1.

Wind: Richtung. Mittel N235°E; a. m. N248°E, p. m. N226°E, dann N203°E, später ganz still.

Stärke. Mittel 2,3; a. m. meist 3—4, gegen Mittag flauer 2; p. m. 2—3, Abends ganz still.

Barom.: Mittel 764,38 mm; vom min. 763,90 mm um 2^h a. m. fast beständig steigend bis zum max. 764,96 mm um 10^h p. m.

Temp. d. Luft: Mittel 15,7°; max. 17,0° um 2^h p. m., min. 14,8° um 2^h a. m.

Spannkr. d. Dünste: Mittel 8,2 mm; max. 8,8 mm um 10^h a. m., min. 7,2 mm um 6^h a. m.

Wolken: Gattung u. Betrag. a. m. leicht bewölkt cu ni 8—9, gegen Mittag ganz klar; p. m. fast ganz klar, nur cu str. 1—2 am Horizont, Abends wieder klar.

Richtung. a. m. aus NNE, p. m. nur am Horizont.

Niederschl.: —

Zustand d. See: Temp. Mittel 15,5°; max. 16,0° um 6^h p. m., min. 14,8° um 10^h a. m.

Spezif. Gewicht. Mittel 1,02717; max. 1,0273, min. 1,0270.

Allg. Bemerk.: a. m. Wind N248°E frisch 3—4, Himmel leicht bewölkt bis zu cu ni 8—9, gegen 10^h flaute der Wind ab, und der Himmel wurde ganz klar. See glatt, leichte Dünung aus SSW.

p. m. ging der Wind allmählich nach N203°E 2—3, Himmel ganz klar, nur sehr wenige cu str. am Horizont, Wind ward von 9^h—11^h ganz still, dann N57°E 0—1.

Ozongehalt 7—8; Verdunstung 3,5 mm.

1875, den 28. Oktober.

Position: 34° 42,0′—36° 25,8′ S-Br.; 173° 59,6′—173° 55,3′ O-Lg.

Schiffsbew.: Kurs. a. m. anfangs N113°E, dann N136°E und N153°E; p. m. N141°E, um 10^h zu Anker bei der Wang-Poaa-Insel.

Fahrt. (Dampf und Segel.) a. m. 8—9, p. m. 14,6, dann 10,5.

Wind: Richtung. Mittel N345°E; a. m. anfangs N350°E, dann N12°E, darauf N327°E; p. m. abwechselnd N350°E und N327°E.

Stärke. Mittel 3,4; a. m. anfangs schwach 1—2, auffrischend bis zu 4—5; p. m. anfangs sehr frisch 5—6, um 6^h p. m. flauer 2—3, aber Abends wieder auffrischend.

Barom.: Mittel 761,83 mm; vom max. 763,70 mm um 2^h a. m. beständig fallend bis zum min. 759,38 mm um 10^h p. m.

Temp. d. Luft: Mittel 16,1°; max. 16,7° um 2^h p. m., min. 15,0° um 2^h a. m.

Spannkr. d. Dünste: Mittel 10,1 mm; max. 12,5 mm um 2^h p. m., min. 8,2 mm um 6^h p. m.

Wolken: Gattung u. Betrag. Den ganzen Tag schön und klar, Bewölkung meist 3—4, theils cu, theils cu ci, dann str., gegen Abend etwas mehr bewölkt bis zu cu str. 5—6.

Richtung. Meist aus SE.

Niederschl.: Abends Thau.

Zustand d. See: Temp. Mittel 15,6°; max. 16,0° um 2^h a. m., min. 15,4° um 10^h a. m.

Spezif. Gewicht. Mittel 1,02678; max. 1,0272, min. 1,0264.

Allg. Bemerk.: Wind war den Tag über N327°E bis N12°E anfangs schwach, jedoch immer mehr auffrischend bis zu 5—6, aber um 6^h p. m. wieder eine kurze Zeit flauer, 2—3, später 4—5. Himmel klar, Wetter schön den ganzen Tag wenige Wolken aus der Windrichtung, am meisten gegen Abend.

Ozongehalt 8—9; Verdunstung 3,9 mm.

Wasserfarbe dunkelgrün. Barometer fiel den Tag über um reichlich 4 mm.

1875, den 29. Oktober.

Position: Auckland, Neu-Seeland.
Schiffsbew.: Kurs. —
Fahrt. —
Wind: Richtung. Mittel N302°E; anfangs N350°E, von 10^h a. m. ab N237°E.
Stärke. Mittel 1,7; anfangs 5, von 10^h a. m. ab abflauend, Abends ganz still.
Barom.: Mittel 758,78 mm, bald fallend, bald steigend; max. 759,12 mm um 10^h p. m., min. 758,11 mm um 6^h p. m.
Temp. d. Luft: Mittel 15,3°; max. 16,5° um 2^h p. m., min. 12,4° um 10^h p. m.
Spannkr. d. Dünste: Mittel 10,5 mm; max. 11,2 mm um 10^h a. m., min. 9,8 mm um 10^h p. m.
Wolken: Gattung u. Betrag. Anfangs cu ni 6—7, von 3^h 30′ a. m. ganz bezogen mit ni 10; um 4^h p. m. aufklarend, Abends ganz klar.
Richtung. Mit dem Winde ziehend.
Niederschl.: Regen und Nebel von 3^h 30′ bis 10^h 18′ a. m.; Abends Thau.
Zustand d. See: Temp. Mittel 15,4°; max. 16,4° um 6^h p. m., min. 14,9° um 6^h a. m. und 10^h p. m.
Spezif. Gewicht: Mittel 1,02530; max. 1,0260, min. 1,0248.
Allg. Bemerk.: Der Wind war anfangs N350°E und recht frisch, 5, der Himmel ziemlich klar mit cu ni 6—7 aus der Windrichtung, um 3^h 30′ a. m. fing der Himmel an sich allmählich ganz zu beziehen, mit Nebel und Regen, welcher bis 10^h 18′ dauerte, um 7^h ging der Wind nach N282°E, um 8^h auf N237°E, um 11^h auf N271°E.
p. m. Wind N237°E abflauend, um 4^h klarte es auf, war um 9^h ganz klar, und von 8^h an still.
Ozongehalt 7—8, Regen 1,1 mm, Verdunstung 2,9 mm.

1875, den 30. Oktober.

Position: Auckland.
Schiffsbew.: Kurs. —
Fahrt. —
Wind: Richtung. Mittel N106°E; a. m. anfangs still, dann N147°E, darauf N125°E von 10^h a. m. ab bis 6^h p. m., Abends N35°E.
Stärke. Mittel 1,2; meist 1—2, Abends 3.
Barom.: Mittel 756,78 mm; fiel beständig vom max. 759,58 mm um 2^h a. m. bis zum min. 752,87 mm um 10^h p. m.
Temp. d. Luft: Mittel 14,1°; max. 15,8° um 2^h a. m., min. 12,2° um 10^h a. m.
Spannkr. d. Dünste: Mittel 10,1 mm; max. 12,1 mm um 10^h p. m., min. 7,6 mm um 6^h a. m.
Wolken: Gattung u. Betrag. Anfangs cu 3—4, gegen Morgen bezog es sich und blieb so den ganzen Tag ni 10.
Richtung. Aus SE, Abends spät aus N.
Niederschl.: Regen von 5^h 35′ a. m. ab den ganzen Tag fast ohne Unterbrechung.
Zustand d. See: Temp. Mittel 15,1°; max. 15,5° um 2^h p. m., min. 14,6° um 2^h a. m.
Spezif. Gewicht. Mittel 1,02487, max. 1,0255, min. 1,0243.
Allg. Bemerk.: Das Barometer fiel beständig, im Ganzen um 7 mm, der Wind war anfangs still, dann schwach N147°E, erst Abends zwischen 7^h und 8^h N57°E etwas auffrischend, der Himmel war anfangs nur mit cu 3—4 besetzt, von 5^h 35′ an aber ganz bezogen mit ni 10, und von da ab fast ununterbrochen Regen.
Ozongehalt 9—10, Regen 9,8 mm, Verdunstung 1,1 mm.

1875, den 31. Oktober.

Position: Auckland.
Schiffsbew.: Kurs. —
Fahrt. —
Wind: Richtung. Mittel N278°E; a. m. N12°E und N35°E, aber von 10^h ab N282°E und p. m. N237°E.
Stärke. Mittel 2,4; anfangs 3—4, dann auffrischend bis zu 5.
Barom.: Mittel 747,29 mm; max. 749,32 mm um 2^h a. m., fiel dann bis zum min. 745,92 mm um 10^h a. m., stieg dann wieder bis zu 748,66 mm um 10^h p. m.
Temp. d. Luft: Mittel 14,4°; max. 16,2° um 10^h a. m., min. 10,8° um 10^h p. m.
Spannkr. d. Dünste: Mittel 10,5 mm; max. 12,6 mm um 2^h a. m., min. 8,7 mm um 10^h p. m.
Wolken: Gattung u. Betrag. Anfangs cu ni 10, um 6^h 35′ aufklarend bis zu cu 4—5; p. m. etwas mehr bezogen cu ni 6—7.
Richtung. Mit dem Winde ziehend.
Niederschl.: Regen bis 6^h 35′ a. m., Regenböe um 8^h 30′; Abends von 6^h an vorübergehender Regen.
Zustand d. See: Temp. Mittel 15,0°; max. 15,2° um 2^h p. m., min. 14,7° um 6^h a. m. und um 10^h p. m.
Spezif. Gewicht. Mittel 1,02493; max. 1,0252, min. 1,0245.
Allg. Bemerk.: Der Wind war N12°E und N57°E, von 9^h a. m. ab N282°E, auffrischend bis zu 5, der Himmel ganz bezogen und regnerisch bis 6^h 35′, dann klarte es auf bis zu cu 4—5 aus der Windrichtung aus N282°E, das Barometer fiel auch noch fortwährend bis 10^h a. m.
p. m. das Barometer stieg, der Wind war N260°E bis N237°E, bei fallender Temperatur war der Himmel ziemlich klar, cu ni 6—7, mit vorübergehenden Regenböen.
Ozongehalt 11—12; Regen 56,5 mm; Verdunstung 1,0 mm.

1875, den 1. November.

Position: Auckland.
Schiffsbew.: Kurs. —
Fahrt. —
Wind: Richtung. Mittel N251°E; N237°E bis N260°E.
Stärke. Mittel 4,4; anfangs 4—5, um 6^h a. m. etwas abflauend, aber um 10^h a. m. wieder auffrischend böig bis zu 7, gegen 9^h p. m. abflauend und von 10^h—12^h ganz still.
Barom.: Mittel 750,44 mm; stieg beständig vom min. 748,41 mm um 2^h a. m. bis zum max. 752,97 mm um 10^h p. m.
Temp. d. Luft: Mittel 12,7°; max. 14,5° um 2^h p. m., min. 11,2° um 2^h a. m.
Spannkr. d. Dünste: Mittel 8,2 mm; max. 8,7 mm um 10^h p. m., min. 7,2 mm um 2^h p. m.
Wolken: Gattung u. Betrag. Anfangs ganz bezogen 10, gegen Morgen aufklarend bis zu cu ni 4—5; p. m. wieder etwas mehr bezogen cu ni 6—7, aber Abends ganz klar.
Richtung. Aus SW.
Niederschl.: Anfangs anhaltender, später vorübergehender Regen bis Mittag.
Zustand d. See: Temp. Mittel 14,8°; max. 15,3° um 2^h p. m., min. 14,3° um 6^h a. m.
Spezif. Gewicht. Mittel 1,02475; max. 1,0250, min. 1,0244.
Allg. Bemerk.: Der Wind war den Tag über N237°E bis N260°E, anfangs 4—5, frischte aber noch mehr auf, mit heftigen Böen am Nachmittage bis zu 7, der Himmel war anfangs ganz bezogen, klarte aber immer mehr auf schon von 6^h a. m. ab, und wurde gegen 9^h p. m. ganz klar, während das Barometer und die Temperatur stiegen. Um 9^h p. m. flaute der Wind ab und ward von 10^h—12^h ganz still.
Ozongehalt 8—9; Regen 2,6 mm; Verdunstung 1,6 mm.

1875, den 2. November.

Position: Auckland.
Schiffsbew.: Kurs. —
Fahrt. —
Wind: Richtung. Mittel N54°E; a. m. N12°E bis N57°E; p. m. N80°E, dann N91°E und später N316°E.
Stärke. Mittel 2,6; anfangs still, gegen 8^h kam N12°E auf bis zu 3, dann N57°E mit heftigen Böen bis zu 7, um 7^h p. m. plötzlich wieder fast still, dann N316°E mit starken Böen 5—6.
Barom.: Mittel 748,28 mm; fiel beständig vom max. 752,67 mm um 2^h a. m. bis zum min. 743,98 mm um 6^h p. m., und stieg dann bis 744,24 mm um 10^h p. m.
Temp. d. Luft: Mittel 12,5°; max. 14,0° um 10^h a. m., min. 10,4° um 2^h a. m.
Spannkr. d. Dünste: Mittel 9,1 mm; max. 10,2 mm um 10^h p. m., min. 8,1 mm um 2^h a. m.

Wolken: Gattung u. Betrag. Anfangs ganz klar, von 5h a. m. an ganz bezogen mit ni 10.
Richtung. Aus der Windrichtung.
Niederschl.: Morgens Thau, von 10h a. m. ab heftige Böen mit starkem Regen; von 8h—9h p. m. leichter anhaltender Regen.
Zustand d. See: Temp. Mittel 14,6°; max. 14,7° um 6h p. m., min. 14,4° um 2h a. m. und um 10h p. m.
Spezif. Gewicht. Mittel 1,02477; max. 1,0254, min. 1,0244.
Allg. Bemerk.: Das Barometer fiel beständig etwas über 8 mm. Die Temperatur erreichte ihr max. bereits um 10h a. m.; der Himmel war anfangs ganz klar, der Wind still, von 3h a. m. ab aber schwach und sehr veränderlich bis 8h a. m. N305°E, N237°E, N12°E; von 8h a. m. an frischer N57°E, sehr böig, Himmel ganz bezogen mit starken Regenschauern; p. m. war der Wind N80°E bis N102°E mit sehr heftigen Böen bis zu 7 und starkem Regen, um 7h flaute der Wind plötzlich ab und wurde fast ganz still, um 8h erhob sich N327°E — Wind mit heftigen Böen 5—6, der Himmel war dünn bezogen, aber man sah eine dunkle Bank in NW, auch Wetterleuchten, jedoch nur selten.
Ozongehalt 10; Regen 0; Verdunstung 2,8 mm.

1875, den 3. November.

Position: Auckland.
Schiffsbew.: Kurs. —
Fahrt. —
Wind: Richtung. Mittel N289°E; N293°E bis N282°E.
Stärke. Mittel 6,6; a. m. sehr stark 7 in Böen bis zu 9; p. m. gegen Abend etwas abflauend bis zu 5.
Barom.: Mittel 745,32 mm; stieg fast ununterbrochen vom min. 742,15 mm um 2h a. m. bis zum max. 747,44 mm.
Temp. d. Luft: Mittel 15,6°; max. 18,3° um 2h p. m., min. 14,2° um 2h a. m.
Spannkr. d. Dünste: Mittel 10,3 mm; max. 10,8 mm um 2h a. m., min. 9,9 mm um 10h p. m.
Wolken: Gattung u. Betrag. a. m. anfangs ganz bezogen mit cu ni 10, gegen 10h aufklarend bis zu cu ni 4—5, p. m. sich mehr beziehend, um 2h cu ni 7—8, um 5h ganz bezogen, aber Abends fast klar cu 1—2.
Richtung. Aus W.
Niederschl.: Starke Regenböen bis gegen 9h a. m., nach 5h p. m. einige Regenböen.
Zustand d. See: Temp. Mittel 14,7°; max. 14,9° um 2h p. m., min. 14,5° um 6h a. m.
Spezif. Gewicht. Mittel 1,02468; max. 1,0252, min. 1,0244.
Allg. Bemerk.: Das Barometer stieg fast ununterbrochen über 5 mm, die Temperatur nahm gleichfalls zu bei starkem N282°E-Wind von der Stärke 7, in Böen bis zu 9, der Himmel war ganz bezogen mit starken Regenschauern bis gegen 9h a. m., dann klarte es auf bis zu cu ni 4—5.
p. m. war der Wind N293°E fast von derselben Stärke 6—7, gegen 5h bezog sich der Himmel wieder mit starken Regenböen, klarte jedoch Abends wieder auf bis zu cu 1—2. Wetterleuchten in SW.
Ozongehalt 12. Regen 9,4 mm; Verdunstung 2,0 mm.

1875, den 4. November.

Position: Auckland.
Schiffsbew.: Kurs. —
Fahrt. —
Wind: Richtung. Mittel N284°E; meist N282°E, um 6h p. m. N293°E.
Stärke: Mittel 6,1; a. m. 6 in Böen bis zu 8; p. m. 5—6, in Böen bis zu 7, aber um 9h abflauend.
Barom.: Mittel 752,39 mm; beständig steigend vom min. 748,30 mm um 2h a. m. bis zum max. 756,70 mm um 10h p. m.
Temp. d. Luft: Mittel 15,2°; max. 17,0° um 2h p. m., min. 14,0° um 10h p. m.
Spannkr. d. Dünste: Mittel 9,0 mm; max. 10,1 mm um 10h a. m., min. 6,6 mm um 6h p. m.
Wolken: Gattung u. Betrag. Anfangs ganz klar, später cu ni 6—8 schnell aus W ziehend, gegen 10h a. m. zuweilen ganz klar.
Richtung. Aus W.
Niederschl.: Früh Morgens Thau, gegen 6h a. m. Regenböen bis Mittag.
Zustand d. See: Temp. Mittel 14,7°; max. 14,9° um 10h a. m. und um 6h p. m., min. 14,4° um 6h a. m.
Specif. Gewicht. Mittel 1,02470; max. 1,0252, min. 1,0241.
Allg. Bemerk.: Das Barometer stieg beständig um ca. 9 mm, der Wind war fast den ganzen Tag N282°E, nur um 6h p. m. N293°E, stark meist 6, in Böen bis zu 8, und flaute erst um 9h p. m. ab bis zu 3, der Himmel war anfangs ganz klar, später zogen cu ni 6—8 schnell aus der Windrichtung vorüber, jedoch war es Vormittags zuweilen wieder ganz klar.
Ozongehalt 8—9. Regen 0,2 mm, Verdunstung 4,6 mm.

1875, den 5. November.

Position: Auckland.
Schiffsbew.: Kurs. —
Fahrt. —
Wind: Richtung. Mittel N278°E; a. m. N23°E, N327°E, N282°E; p. m. N271°E, N260°E, N248°E.
Stärke. Mittel 4,3; a. m. anfangs 1, dann auffrischend bis zu 7, in Böen bis zu 9; p. m. wieder abflauend bis zu 4—5.
Barom.: Mittel 757,71 mm; fast immer steigend vom min. 755,67 mm um 6h a. m. bis zum max. 760,59 mm um 10h p. m.
Temp. d. Luft: Mittel 14,9°; max. 16,6° um 10h a. m., min. 13,8° um 10h p. m.
Spannkr. d. Dünste: Mittel 9,3 mm; max. 10,6 mm um 6h a. m., min. 8,2 mm um 6h p. m.
Wolken: Gattung u. Betrag. Anfangs klar, dann leichte cu 5—6, gegen Mittag sich mehrend bis zu cu ni 7—8; p. m wie am Vormittag, Abends aufklarend bis zu cu 4—5.
Richtung. Aus W.
Niederschl.: Von 6h a. m. bis 2h p. m. vorübergehender Regen.
Zustand d. See: Temp. Mittel 14,7°; max. 15,2° um 2h p. m., min. 14,4° um 6h a. m.
Spezif. Gewicht. Mittel 1,02435; max. 1,0248, min. 1,0239.
Allg. Bemerk.: Der Wind wehte anfangs schwach aus N23°E, das Barometer fiel ein wenig, der Himmel war klar, dann ging der Wind durch Nord nach N327°E stark auffrischend bei steigendem Barometer und vorübergehendem Regen, während der Himmel sich bezog bis zu cu ni 7—8 aus W, die Böen von der Stärke 9; p. m. stieg das Barometer noch immer, aber der Wind ging mehr südlich und flaute etwas ab, auch klarte der Himmel mehr auf.
Ozongehalt 8; Regen 0; Verdunstung 4,4 mm.

1875, den 6. November.

Position: Auckland.
Schiffsbew.: Kurs. —
Fahrt. —
Wind: Richtung. Mittel N235°E; a. m. N283°E bis N237°E, p. m. N215°E bis N237°E.
Stärke. Mittel 4,0; anfangs 3—5, gegen Mittag 7, Nachmittags wieder abflauend, Abends 1.
Barom.: Mittel 765,09 mm; beständig steigend vom min. 762,12 mm um 2h a. m. bis zum max. 766,59 mm um 10h p. m.
Temp. d. Luft: Mittel 14,6°; max. 16,2° um 2h p. m., min. 12,9° um 10h p. m.
Spannkr. d. Dünste: Mittel 8,7 mm; max. 9,6 mm um 10h a. m., min. 8,1 mm um 2h p. m.
Wolken: Gattung u. Betrag. Meist klar, cu 3—4, jedoch von 2h—4h a. m. bezogen, und Abends ganz klar.
Richtung. Aus der Windrichtung.
Niederschl.: Von 2h—4h a. m. vorübergehender Regen.
Zustand d. See: Temp. Mittel 14,7°; max. 15,1° um 2h p. m., min. 14,4° um 2h a. m.
Spezif. Gewicht. Mittel 1,02453; max. 1,0254, min. 1,0239.

Allg. Bemerk.: Der Wind war anfangs kurze Zeit N271°E 3—5, wurde von 6^h a. m. ab N237°E, erreichte um Mittag die Stärke 7, flaute Nachmittags aber wieder ab bis zu 1, das Barometer stieg beständig während des Tages und der Himmel war meist klar, nur mit cu 3—4 besetzt und Abends, als der Wind fast ganz abflaute, ganz klar: nur beim Uebergange des Windes von N282°E nach N237°E von 2^h—4^h stellte sich vorübergehender Regen ein.

Ozongehalt 9; Regen 0; Verdunstung 3,5 mm.

1875, den 7. November.

Position: Auckland.
Schiffsbew.: Kurs —
Fahrt. —
Wind: Richtung. Mittel N261°E; anfangs still, von 6^h a. m. bis 8^h p. m. abwechselnd N260°E und N248°E, später N12°E.
Stärke. Mittel 1,3; meist 2—3, Abends 1; bis 6^h a. m. und um 10^h kurze Zeit ganz still.
Barom.: Mittel 766,01 mm; 2 max. 766,34 mm um 10^h a. m. und 767,35 mm um 10^h p. m., 2 min. 766,23 um 6^h a. m. und 764,46 um 6^h p. m.
Temp. d. Luft: Mittel 14,9°; max. 17,7° um 10^h a. m., min, 12,6° um 6^h a. m.
Spannkr. d. Dünste: Mittel 9,0 mm: max. 9,8 mm um 10^h p. m., min. 8,4 mm um 2^h p. m.
Wolken: Gattung und Betrag. Anfangs klar und schön, nur cu ci 1—2, allmählich mehr bezogen, um Mittag bis cu str. 10, p. m. wieder etwas aufklarend bis zu cu 6—7.
Richtung. Aus W.
Niederschl.: —
Zustand d. See: Temp. Mittel 15,0°; max. 15,6° um 6^h p. m., min. 14,4° um 6^h a. m.
Spezif. Gewicht. Mittel 1,02467; max. 1,0254, min. 1,0241.
Allg. Bemerk.: Der Wind war anfangs still, dann zwischen N260°E und N248°E und von Stärke bald sehr schwach. dann wieder eine Zeit lang bis zu 3, namentlich um Mittag, Abends von 9^h an N12°E und schwach, der Himmel war Anfangs klar und schön, später leicht bezogen, namentlich gleich nach Mittag bis zu cu str. 10 aus westlicher Richtung, p. m. klarte es wieder auf bis zu cu 6 bis 7.
Ozongehalt 8—9; Verdunstung 2,6 mm.

1875, den 8. November.

Position: Auckland.
Schiffsbew.: Kurs. —
Fahrt. —
Wind: Richtung. Mittel N287°E; a. m. N12°E, p. m. N282°E, dann N260°E.
Stärke. Mittel 3,1; a. m. Anfangs fast still, auffrischend bis zu 5; p. m. starke Böen 8—9, gegen Abend etwas abflauend bis zu 5.
Barom.: Mittel 758,53 mm; max. 762,02 mm um 2^h a. m., dann fallend bis zum min. 756,08 mm um 2^h p. m., und endlich wieder steigend bis zu 756,94 mm um 10^h p. m.
Temp. d. Luft: Mittel 14,8°; max. 17,2° um 2^h p. m., min. 13,2° um 2^h a. m.
Spannkr. d. Dünste: Mittel 8,9 mm; max. 11,3 mm um 10^h a. m., min. 8,9 mm um 6^h p. m.
Wolken: Gattung und Betrag. Anfangs klar, von 6^h a. m. ab ganz dünn bezogen cu ci oder cu ni 7—10; p. m. ganz bezogen cu ni 10, erst Abends aufklarend bis zu cu 6.
Richtung. Meist mit dem Winde ziehend, jedoch 10^h a. m. aus W. als der Wind noch nördlich war.
Niederschl.: Früh Morgens Thau; um 11^h a. m. wenig Regen, ebenfalls um 2^h p. m. und Abends etwas Regen.
Zustand d. See: Temp. Mittel 14,9°; max. 15,2° um 2^h p. m., min. 14,6° um 2^h a. m.
Spezif. Gewicht. Mittel 1,02533; max. 1,0255, min. 1,0251.
Allg. Bemerk.: Das Barometer fiel bei schwachem aber immer mehr auffrischendem N12°E bis zu 2^h p. m., fiel aber wieder bei N282°E und N260°E, der Anfangs sehr stark einsetzte bis zu 9, dann aber wieder abflaute bis zu 5; der Himmel war anfangs klar, später ganz bezogen und klarte erst Abends wieder etwas auf bis zu cu 6; um 11^h und auch gegen 2^h p. m. fiel etwas Regen, gleichfalls Abends spät.
Der N282°E-Wind war sehr böig.
Ozongehalt 9—10; Verdunstung 2,7 mm.

1875, den 9. November.

Position: Auckland.
Schiffsbew.: Kurs. —
Fahrt. —
Wind: Richtung. Mittel N246°E; meist N237°E, Abends spät N327°E.
Stärke. Mittel 4,1; Anfangs 5—2, um 10^h a. m. auffrischend als N237°E bis zu 7, Abends gegen 10^h wieder flauer 2—3.
Barom.: Mittel 759,70 mm; 2 max. 760,59 um 10^h a. m. und 761,00 mm um 10^h p. m.; 2 min. 757,55 mm um 2^h a. m. und 759,99 mm um 2^h p. m.
Temp. d. Luft: Mittel 14,1°; max. 15,5° um 2^h p. m., min. 12,6° um 10^h p. m.
Spannkr. d. Dünste: Mittel 7,5 mm; max. 8,2 mm um 6^h a. m., min. 6,7 mm um 6^h p. m.
Wolken: Gattung und Betrag. a. m. Nachts klar, dann bezogen cu ni 7—8; p. m. ziemlich klar, nur cu ni 5—6, Abends klar, nur cu 2.
Richtung. Aus SW.
Niederschl.: Früh Morgens und spät Abends Thau.
Zustand d. See: Temp. Mittel 14,4°; max. 14,8° um 2^h p. m., min. 14,0° um 2^h a. m.
Spezif. Gewicht. Mittel 1,02523; max. 1,0254, min. 1,0248.
Allg. Bemerk.: Der Wind war den Tag über meist N237°E, gleich anfangs ziemlich frisch und frischte noch immer mehr auf bis zu 7, ging jedoch Abends auf N250°E und flaute dann ab bis zu 2, das Barometer war im Allgemeinen etwas steigend, der Himmel war a. m. Nachts klar, dann bezogen bis zu cu ni 7—8; p. m. klarte er auf und war Abends fast ganz klar.
Ozongehalt 9; Regen 2,6 mm; Verdunstung 2,5 mm.

1875, den 10. November.

Position: Auckland.
Schiffsbew.: Kurs: —
Fahrt. —
Wind: Richtung. Mittel N242°E, Anfangs N282°E, von 6^h a. m. ab beständig N237°E.
Stärke. 4,0. Anfangs 4, flaute um 4^h a. m. ab bis zu 2 und frischte wieder auf bis zu 6, Abends 4—2; im Allgemeinen sehr böig.
Barom.: Mittel 760,71 mm; 2 max. 761,00 mm um 10^h a. m. 761,16 mm um 10^h p. m., 2 min. 760,59 mm um 6^h a. m. und 760,24 mm um 2^h p. m.
Temp. d. Luft: Mittel 14,6°; max. 16,6° um 10^h a. m., min. 12,8° um 10^h p. m.
Spannkr. d. Dünste: Mittel 8,4 mm; max. 9,4 mm um 6^h p. m., min. 8,0 mm um 2^h p. m.
Wolken: Gattung und Betrag. Meist cu ni 6—8, nur Abends ganz klar, nur cu 1 am Horizont.
Richtung. Aus SW.
Niederschl.: Mittags einige leichte Regenböen; Abends Thau.
Zustand d. See: Temp. Mittel 14,6°; max. 15,0° um 10^h a. m., min. 14,2° um 6^h a. m.
Spezif. Gewicht. Mittel 1,02527; max. 1,0254, min. 1,0248.
Allg. Bemerk.: Das Barometer war im Allgemeinen steigend, der Wind anfangs N282°E, von 6^h a. m. ab beständig N237°E, sehr böig, ungleich stark, bald 2 und gleich darauf 5, Mittags und Nachmittags gleichmässiger 4—6, Abends wieder 4—2, der Himmel war meist mit cu ni 7 bis 8 aus der Windrichtung bezogen, nur Abends fast klar bis auf cu 1 am Horizont; gegen Mittag einige leichte Regenböen.
Ozongehalt 9—10; Verdunstung 5,0 mm.

1875, den 11. November.

Position: Auckland zu Anker bis 36° 24,7′ S-Br.; 175° 2,1′ O-Lg. um 10h p. m.
Schiffsbew.: Kurs. N23°E um 10h p. m.
Fahrt. 7,2 um 10h p. m.
Wind: Richtung. Mittel N235°E; a. m. N237°E bis N282°E bis N237°E; p. m. N203°E, N237°E, N260°E.
Stärke: Mittel 1,8; sehr ungleich, a. m. 0—3; p. m. etwas gleichmässiger 3—4, dann wieder abflauend bis zu 1—2.
Barom.: Mittel 762,57 mm; 2 max. 763,54 mm um 10h a. m. und 763,03 mm um 10h p. m., 2 min. 761,61 mm um 6h a. m. und 762,43 mm um 2h p. m.
Temp. d. Luft: Mittel 15,2°; max. 18,1° um 2h p. m., min. 12,2° um 2h a. m.
Spannkr. d. Dünste: Mittel 8,6 mm; max. 9,6 mm um 10h p. m., min. 7,6 mm um 2h a. m.
Wolken: Gattung und Betrag. a. m. klar und schön, meist nur cu oder cu ci 2—3 am Horizont; p. m. ganz klar, nur Abends einige cu ci 2 am Horizont.
Richtung. Meist am Horizont, nur um 6h a. m. einige cu str. 4—5 aus der Windrichtung.
Niederschl.: Früh Morgens Thau.
Zustand d. See: Temp. Mittel 14,9°; max. 15,7° um 2h p. m., min. 14,2° um 2h a. m.
Spezif. Gewicht: Mittel 1,02582; max. 1,0260, min. 1,0253.
Allg. Bemerk.: Das Barometer stand durchschnittlich wieder um 2 mm höher, als am vorigen Tage; der Wind war N237°E, böig, bald still, bald 3, p. m. etwas gleichmässiger 3—4, flaute dann ab bis 1—2; das Wetter war schön, der Himmel meist klar, bis auf einige Wolken am Horizont, Nachmittags sogar ganz klar.
Ozongehalt 9; Verdunstung 4,5 mm.

1875, den 12. November.

Position: 36° 38,0′—34° 32,2′ S-Br.; 175° 17,7′—176° 3,3′ O-Lg.
Schiffsbew.: Kurs. N16°E.
Fahrt. 7—8.
Wind: Richtung. Mittel N39°E. a. m. zuweilen ein schwacher Luftzug aus N100°E, sonst still; p. m. sehr schwach N10°E und N55°E, Abends N348°E.
Stärke: Mittel 0,3; meist 0—1.
Barom.: Mittel 765,04 mm; 2 max. 765,83 mm um 10h a. m. und 766,54 mm um 10h p. m., 2 min. 763,13 mm um 2h a. m. und 764,92 mm um 6h p. m.
Temp. d. Luft: Mittel 17,0°; max. 18,8° um 2h p. m., min. 14,4° um 2h a. m.
Spannkr. d. Dünste: Mittel 10,6 mm; max. 11,4 mm um 10h a. m., min. 9,3 mm um 6h p. m.
Wolken: Gattung und Betrag. a. m. meist ganz klar, selten cu str. 2; p. m. klar und schön, nur einige cu str. 4—5, selten 2.
Richtung. Meist unmerklich.
Niederschl.: Früh Morgens Thau.
Zustand d. See: Temp. Mittel 17,1°; max. 19,2° um 2h p. m., min. 14,5° um 2h a. m.
Spezif. Gewicht. Mittel 1,02713; max. 1,0274, min. 1,0268.
Allg. Bemerk.: Der Wind war den Tag über meist still oder sehr schwach, meist N10°E oder N55°E, Abends spät N348°E, der Himmel a. m. meist ganz klar, p. m. ebenfalls klar mit wenigen leichten cu str. ci ohne merkliche Bewegung.
Leichte Dünung a. m. aus SSW, Wasser glatt und blaugrün.
Ozongehalt 8—9; Verdunstung 3,4 mm.

1875, den 13. November.

Position: 34° 0,3′—32° 26,5′ S-Br.; 176° 9,9′—176° 36,7′ O-Lg.
Schiffsbew.: Kurs. N16°E.
Fahrt. 6,4—6,9.
Wind: Richtung. Mittel N59°E; a. m. still, von 10h ab N58°E, p. m. meist N58°E.
Stärke. Mittel 0,9; a. m. meist still, p. m. meist 1—2.
Barom.: Mittel 766,02 mm; 2 max. 766,14 mm um 10h a. m. und 765,96 mm um 10h p. m.; 2 min. 765,75 mm um 6h a. m. und 765,73 mm um 6h p. m.
Temp. d. Luft: Mittel 16,9°; max. 18,4° um 2h p. m., min. 16,3° um 2h a. m.
Spannkr. d. Dünste: Mittel 10,5 mm; max. 11,6 mm um 10h a. m., min. 9,3 mm um 10h p. m.
Wolken: Gattung u. Betrag. Klar, meist ci cu 3—5, doch um 6h a. m. und 6h p. m. etwas mehr bezogen cu ni oder cu str. 6—8; Abends fast ganz klar und cu 1—2.
Richtung. Meist aus der Windrichtung, aber früh bis 8h a. m. zog die obere Schicht aus W und die untere aus E, bei gänzlicher Windstille.
Niederschl.: —
Zustand d. See: Temp. Mittel 17,8°; max. 19,3° um 2h p. m., min. 16,7° um 10h p. m.
Spezif. Gewicht. Mittel 1,02732; max. 1,0275, min. 1,0272.
Allg. Bemerk.: a. m. war der Wind meist still, dann schwach N58°E; p. m. anfangs wieder still, dann ebenfalls schwach N58°E; der Himmel war meist klar, nur mit ci cu bis 4 besetzt, zuweilen auch etwas mehr aber dünn bezogen bis zu cu ci oder cu str. 7—8 um 6h a. m. und um 6h p. m.; a. m. zeigte sich ESE Dünung, Wasser war glatt und blau.
Ozongehalt 8—9; Verdunstung 3,4 mm.

1875, den 14. November.

Position: 32° 1,7′—30° 35,2′ S-Br., 176° 42,2′—176° 11,5′ O-Lg.
Schiffsbew.: Kurs. a. m. meist N17°E, dann N326°E; p. m. N349°E.
Fahrt. Anfangs 7,8, dann 3,4—4,6; von 6h p. m. ab 5—6.
Wind: Richtung. Mittel N54°E; a. m. meist N79°E, um 10h N34°E; p. m. N56°E, dann um 10h N45°E.
Stärke. Mittel 2,9; a. m. 1—3, p. m. auffrischend 2—5.
Barom.: Mittel 764,54 mm; max. 765,07 mm um 2h a. m., fiel dann bis zum min. 764,16 mm um 6h p. m. und stieg wieder ein wenig bis zu 764,47 mm um 10h p. m.
Temp. d. Luft: Mittel 18,9°; max. 20,0° um 10h a. m., min. 17,0° um 2h a. m.
Spannkr. d. Dünste: Mittel 10,6 mm; max. 12,2 mm um 10h p. m., min. 8,9 mm um 2h a. m.
Wolken: Gattung u. Betrag. Meist ganz aber dünn bezogen cu ni oder cu str. 9—10, Abends etwas aufklarend bis zu cu ni 6.
Richtung. Aus NE.
Niederschl.: —
Zustand d. See: Temp. Mittel 18,8°; max. 19,4° um 10h a. m., min. 17,8° um 2h a. m.
Spezif. Gewicht. Mittel 1,02732; max. 1,0274, min. 1,0272.
Allg. Bemerk.: Der Wind war an diesem Tage a. m. meist N79°E, schwach bis zu 3, p. m. meist N56°E allmählich auffrischend von 2 bis zu 5. Wir hatten leichte Dünung aus ESE, und leichten Seegang aus der Windrichtung. Die Farbe des Wassers war dunkelblau.
Ozongehalt 7—8; Verdunstung 2,7 mm.

1875, den 15. November.

Position: 30° 30,7′—30° 21,4′ S-Br.; 176° 18,7′—176° 48,7′ O-Lg.
Schiffsbew.: Kurs. a. m. N102°E, von 10h a. m. bis 4h p. m. gelothet; p. m. N327°E, dann N102°E.
Fahrt. 5,8—6,8.
Wind: Richtung. Mittel N36°E, a. m. N35°E, um 10h N46°E, p. m. N23°E bis N46°E.
Stärke. Mittel 4,8; meist 5.
Barom.: Mittel 763,88 mm; 2 max. 764,16 mm um 10h a. m. und 763,80 mm um 10h p. m., 2 min. 763,90 mm um 6h a. m. und 763,55 mm um 2h p. m.
Temp. d. Luft: Mittel 19,9°; max 20,8° um 2h p. m., min. 19,2° um 6h a. m.
Spannkr. der Dünste: Mittel 13,6 mm; max. 14,3 mm um 10h p. m., min 12,3 mm um 6h a. m.

Wolken: Gattung und Betrag. a. m. cu ni 7—8, dann sich bald ganz beziehend bis 2h p. m., später aufklarend bis zu str. 2 am Horizont.
Richtung. Anfangs aus N, von 10h an aus NNE.
Niederschl.: Thau am Abend.
Zustand d. See: Temp. Mittel 18,9°; max. 19,0° um 2h p. m., min. 18,5° um 10h p. m.
Spezif. Gewicht. Mittel 1,02728; max. 1,0274, min. 1,0272.
Allg. Bemerk.: Der Wind war fast gleichmässig frisch, meist 5; Anfangs N35°E; von 10h a. m. an N46°E bis N23°E bis 2h a. m. ci cu aus der Windrichtung, dann raumer cu ni 7—8, dann ganz, aber dünn bezogen, später am Abend aufklarend. Dünung, Seegang und Wasserfarbe wie am Tage zuvor. Wir passirten hellgrüne Wasserstellen (Ketten der salpa democratica).
Ozongehalt 5—6; Verdunstung 2,9 mm.

1875, den 16. November.

Position: 30° 33,9'—30° 58,6' S-Br.; 177° 20,7'—178° 56,6' O-Lg.
Schiffsbew.: Kurs. a. m. N103°E; p. m. meist N103°E, Abends N328°E.
Fahrt. a. m. 5,6—7,8; p. m. 5,0—5,3.
Wind: Richtung. Beständig N36°E.
Stärke. Mittel 4,0; Anfangs 5—6; von 6h a. m. 3—4.
Barom.: Mittel 762,09 mm; 2 max. 762,53 mm um 10h a. m. und 762,16 mm um 10h p. m., 2 min. 762,03 mm um 2h a. m. und 761,26 mm um 6h p. m.
Temp. d. Luft: Mittel 20,2°; max. 21,0° um 10h a. m., min. 19,6° um 6h a. m.
Spannkr. d. Dünste: Mittel 15,0 mm; max. 15,6 mm um 2h p. m., min. 13,7 mm um 6h a. m.
Wolken: Gattung und Betrag. Anfangs cu ni 8, dann meist klar cu oder cu str. cu ni 3—5; von 7h—9h p. m. bezogen, dann wieder klar.
Richtung. Anfangs obere Wolken aus W, später cu aus der Windrichtung.
Niederschl.: —
Zustand d. See: Temp. Mittel 19,3°; max. 19,8° um 2h p. m., min. 18,5° um 10h p. m.
Spezif. Gewicht. Mittel 1,02737; max. 1,0274, min. 1,0273.
Allg. Bemerk.: Der Wind war beständig N36°E, meist 4, das Barometer fiel ein wenig, die Temperatur stieg. Der Himmel war um 2h a. m. und von 7h—9h p. m. bezogen, zuletzt von einer Bank in NW, sonst klar. Leichte See aus der Windrichtung, keine Dünung.
Ozongehalt 7—8; Verdunstung 2,6 mm.

1875, den 17. November.

Position. 30° 45,3'—30° 10,6' S-Br., 178° 45,0'—179° 3,7' O-Lg.
Schiffsbew.: Kurs. a. m. N327°E, p. m. N74°E.
Fahrt. Meist 4—5.
Wind: Richtung. Mittel N27°E; meist N35°E, Abends N12°E.
Stärke. Mittel 2,9, 2—4.
Barom.: Mittel 760,07 mm; max. 760,76 mm um 2h a. m., min. 759,84 mm um 6h a. m.
Temp. d. Luft: Mittel 20,9°; max. 21,8° um 2h p. m., min. 19,9° um 6h a. m.
Spannkr. d. Dünste: Mittel 17,0 mm; max. 17,6 mm um 10h p. m., min. 16,1 mm um 6h a. m.
Wolken: Gattung und Betrag. Meist bezogen cu oder cu ni 9—10, nur um 10h a. m. cu ci 5.
Richtung. a. m. meist oben aus NW oder WNW, p. m. aus der Windrichtung.
Niederschl.: Morgens und Abends starker Thau; sehr feuchte Luft.
Zustand d. See: Temp. Mittel 19,8°; max. 20,2° um 6h a. m., min. 19,0° um 10h p. m.
Spezif. Gewicht: Mittel 1,02743; max. 1,0275, min. 1,0273.
Allgem. Bemerk.: Der Wind war bis 6h p. m. N35°E, von da an N12°E, meist frisch 3—4; Abends zuweilen abflauend; der Himmel war meist bedeckt, obere Wolken zogen aus NW, später darunter tiefer ziehende aus der Windrichtung; nur um 10h a. m. klarte es auf kurze Zeit auf bis zu cu ci aus WSW. Leichte See aus der Windrichtung; p. m. leichte N-Dünung. Abends Meeresleuchten in kleinen Punkten.
Ozongehalt 9—10; Verdunstung 3,5 mm.

1875, den 18. November.

Position: 30° 8,9'—29° 15,4' S-Br., 179° 24,5'—179° 47,4' O-Lg.
Schiffsbew.: Kurs. a. m. meist N66°E, um 10h N10°E, p. m. N359°E.
Fahrt. 4,5—5,0.
Wind: Richtung. Mittel N11°E; a. m. N359°E, um 10h N21°E, p. m. N10°E, dann um 10h N33°E.
Stärke. Mittel 1,7; meist 2—3, jedoch von 6h a. m. bis Mittag 1—2.
Barom.: Mittel 760,20 mm; stieg fast ununterbrochen vom min. 759,64 mm um 2h a. m. bis zum max. 761,06 mm um 10h p. m.
Temp. d. Luft: Mittel 22,1°; max. 23,1° um 2h p. m., min. 21,1° um 6h a. m.
Spannkr. d. Dünste: Mittel 18,5 mm; max. 19,1 mm um 2h p. m., min. 17,9 mm um 6h a. m.
Wolken: Gattung u. Betrag. Anfangs dünn bezogen cu 10, dann aufklarend bis zu cu 4—5, von 10h a. m. ab meist ganz klar, nur um 2h p. m. kurze Zeit cu 5.
Richtung. Aus N.
Niederschl.: Morgens und Abends Thau; feuchte Luft.
Zustand d. See: Temp. Mittel 20,8°; max. 21,2° um 10h a. m., min. 20,0° um 2h a. m.
Spezif. Gewicht. Mittel 1,02728; max. 1,0275, min. 1,0271.
Allg. Bemerk.: Der Wind war anfangs N359°E, dann N21°E und N10°E, Abends N33°E, meist 2—3, jedoch von 6h a. m. bis zu Mittag etwas flauer; der Himmel war anfangs ganz, aber dünn bezogen aus der Windrichtung, durchscheinend, um 6h aufklarend bis zu cu 4—5, von 10h a. m. ab fast beständig ganz klar, nur um 2h p. m. auf kurze Zeit cu 5 aus der Windrichtung, zuweilen auch Abends noch leichte Wolken am Horizont. Zunehmende Dünung aus NNE.
Ozongehalt 9—10; Verdunstung 1,0 mm.

1875, den 19. November.

Position: 29° 0,6'—28° 16,2' S-Br., 179° 44,3'—179° 38,6' O-Lg.
Schiffsbew.: Kurs. Anfangs N349°E, von 6h ab Nord, p. m. anfangs gelothet, um 10h N349°E.
Fahrt. a. m. 4,8, p. m. 3,8.
Wind: Richtung. Mittel N19°E, a. m. N34°E, von 6h ab N11°E, p. m. Nord, N11°E und N45°E.
Stärke. Mittel 1,5; anfangs 2—3, von 6h a. m. ab abflauend, p. m. zuweilen ganz still.
Barom.: Mittel 760,07 mm; 2 max. 760,26 mm um 10h a. m. und 760,46 mm um 10h p. m., 2 min. 759,67 mm um 2h a. m. und 759,85 mm um 2h p. m.
Temp. d. Luft: Mittel 22,7°; max. 24,0° um 10h a. m., min. 21,8° um 2h a. m.
Spannkr. d. Dünste: Mittel 18,5 mm; max. 19,0 mm um 10h a. m., min. 18,2 mm um 10h p. m.
Wolken: Gattung u. Betrag. Anfangs klar, dann cu oder ci cu bis zu 7, Abends nur str. 3 am Horizont.
Richtung. a. m. cu ci hoch aus SW, darunter cu schnell aus der Windrichtung; p. m. aus der Windrichtung, zuweilen oben ci cu ohne Bewegung.
Niederschl.: Morgens und Abends Thau.
Zustand d. See: Temp. Mittel 21,6°; max. 22,1° um 2h p. m., min. 20,8° um 2h a. m.
Spezif. Gewicht. Mittel 1,02722; max. 1,0275; min. 1,0270.
Allg. Bemerk.: Der Wind war anfangs N34°E, ging dann auf N11°E ziemlich frisch 2—3, flaute aber von 10h a. m. an ab, war p. m. N11°E und N45°E schwach und sogar bisweilen ganz still, der Himmel war anfangs klar, dann

zeigten sich cu ci hoch langsam von SW nach NE ziehend, darunter schnell ziehende cu aus der Windrichtung bis zu 7; p. m. gegen 4^h cu ci ohne Bewegung 4—5, in SW eine Bank, von der cu zogen. Abends klar, nur str. 3 am Horizont. N-Dünung. Feuchte Luft.

Ozongehalt 8—9; Verdunstung 2,3 mm.

1875, den 20. November.

Position: 28° 3,9'—27° 3,9' S-Br., 179° 32,6'—179° 27,1' O-Lg.

Schiffsbew.: Kurs. a. m. N350°E, dann N1°E; p. m. N1°E.
Fahrt. a. m. 3,6; p. m. 2,5—4,7.

Wind: Richtung. Mittel N227°E; a. m. N57°E, p. m. N305°E, dann N237°E.
Stärke. Mittel 0,6; a. m. sehr schwach 0—1, p. m. auffrischend bis zu 3.

Barom.: Mittel 759,89 mm; 2 max. 760,49 mm um 10^h a. m. und 760,86 mm um 10^h p. m.; 2 min. 759,06 mm um 2^h a. m. und 759,49 mm um 2^h p. m.

Temp. d. Luft: Mittel 22,9°; max. 25,2° um 2^h p. m., min. 22,0° um 6^h a. m.

Spannkr. d. Dünste: Mittel 17,9 mm; max. 18,8 mm um 6^h a. m., min. 17,1 mm um 10^h a. m.

Wolken: Gattung und Betrag. a. m. meist klar, nur ci oder cu 1—2, selten ci 8; p. m. klar, cu ci 5—6. Abends nur noch cu 2—3.
Richtung. a. m. ci aus SW, bei N57°E-Wind; p. m. mit dem Winde ziehend.

Niederschl.: Abends Thau.

Zustand d. See: Temp. Mittel 22,7°; max. 24,5° um 2^h p. m., 21,6° um 2^h a. m.
Spezif. Gewicht. Mittel 1,02727; max. 1,0275, min. 1,0270.

Allg. Bemerk.: Der Wind war a. m. N57°E, sehr flau; p. m. anfangs ganz still, dann von 3^h bis 5^h N327°E, Abends N237°E und N192°E, etwas auffrischend bis zu 3. Der Himmel war anfangs klar, dann zeigten sich ci bis zu 8, später nur bis zu 2 aus NW, von 10^h a. m. ab nur cu 1—2 am Horizont; p. m. war der Himmel besetzt mit cu 5—6 aus der Windrichtung, Abends klar bis auf cu 2—3. See glatt, aber lange Dünung aus NzE.
Ozongehalt 8—9; Verdunstung 2,1 mm.

1875, den 21. November.

Position: 26° 56,4'—24° 26,8' S-Br.; 179° 27,6'—179° 22,5' O-Lg.

Schiffsbew.: Kurs. N1°E.
Fahrt. a. m. meist 4—5, um 10^h 8,0; p. m. 7,5—9,5.

Wind: Richtung. Mittel N166°E; a. m. N192°E, N203°E, von 10^h N170°E; p. m. N158°E, Abends N136°E.
Stärke. Mittel 4,4; a. m. anfangs nur 2, frischte auf bis zu 5; p. m. 5—6.

Barom.: Mittel 761,24 mm; 2 max. 761,68 mm um 10^h a. m. und 762,02 mm um 10^h p. m.; 2 min. 760,20 mm um 2^h a. m. und 761,12 mm um 2^h p. m.

Temp. d. Luft: Mittel 22,5°; max. 23,0° um 2^h p. m., min. 22,1° um 2^h a. m.

Spannkr. d. Dünste: Mittel 17,1 mm; max. 18,4 mm um 10^h p. m., min. 16,2 mm um 2^h p. m.

Wolken: Gattung und Betrag. a. m. cu 5—6, die Bewölkung um Mittag zunehmend bis zu cu ni 7—8, Abends wieder etwas aufklarend bis zu cu ni 4.
Richtung: Mit dem Winde ziehend.

Niederschl.: Morgens Thau.

Zustand d. See: Temp. Mittel 22,7°; max. 23,2° um 10^h a. m., min. 22,3° um 2^h a. m.
Spezif. Gewicht. Mittel 1,02718; max. 1,0274, min. 1,0271.

Allg. Bemerk.: Der Wind war a. m. anfangs N192°E und N203°E und schwach, frischte aber bis 10^h auf bis zu 5; p. m. war er N147°E 5—6; der Himmel war a. m. anfangs klar, cu ni 5—6 zogen schnell aus der Windrichtung, und Regenböen auch beim Schiff vorüber, von 10^h an mehr bezogen bis zu cu ni 7—8; p. m. anfangs noch cu ni 7—8, Abends klarte es mehr auf bis zu cu ni 4 aus der Windrichtung schnell ziehend, auch war der Horizont meist besetzt.
Morgens und Abends schwaches Meeresleuchten in einzelnen Punkten.
Ozongehalt 7; Verdunstung 1,4 mm.

1875, den 22. November.

Position: 23° 53,6'—21° 39,8' S-Br., 179° 21,7'—179° 15,2' O-Lg.

Schiffsbew.: Kurs N5°E, } um 6^h a. m. gelothet.
Fahrt. 7,7—10, }

Wind: Richtung. Mittel N127°E; N135°E, von 10^h a. m. ab N124°E.
Stärke. Mittel 5,2; a. m. meist 5, p. m. meist 5 - 6.

Barom.: Mittel 761,09 mm; 2 max. 761,91 mm um 10^h a. m. und 761,15 mm um 6^h p. m.; 2 min. 760,49 mm um 2^h a. m. und 761,05 mm um 2^h p. m.

Temp. d. Luft: Mittel 24,0°; max. 24,8° um 10^h a. m., min. 23,0° um 2^h a. m.

Spannkr. d. Dünste: Mittel 17,7 mm; max. 18,2 mm um 6^h p. m., min. 16,5 mm um 10^h p. m.

Wolken: Gattung und Betrag. Meist schön und klar, leichte cu am Horizont meist cu 2—3, zuweilen cu 5—6.
Richtung. Mit dem Winde ziehend.

Niederschl.: —

Zustand d. See: Temp. Mittel 23,7°; max. 24,2° um 6^h a. m., min. 22,7° um 2^h a. m.
Spezif. Gewicht. Mittel 1,02728; max. 1,0275, min. 1,0271.

Allg. Bemerk.: Der Wind war N146°E, gleichmässig frisch 5—6, der Himmel klar und das Wetter schön, leichte cu am Horizont, zuweilen leichte cu aus der Windrichtung, von 3^h a. m. ab etwas mehr bewölkt bis zu cu 6; p. m. klar, leichte cu bis zu 6 aus der Windrichtung schnell ziehend, Abends wieder fast ganz klar.
Seegang aus SE.
Ozongehalt 3—4; Verdunstung 1,7 mm.

1875, den 23. November.

Position: 20° 54,9'—19° 9,7' S-Br.; 179° 13,2'—179° 43,4' O-Lg.
Um 6^h p. m. zu Anker auf der Insel Matuku.

Schiffsbew.: Kurs. a. m. N5°E; um 2^h p. m. N56°E.
Fahrt. 8,4—9,0.

Wind: Richtung. Mittel N135°E; a. m. N124°E, p. m. N146°E.
Stärke. Mittel 5,4; meist 5—6, Abends zuweilen 4.

Barom.: Mittel 759,87 mm; 2 max. 761,17 mm um 10^h a. m. und 760,16 mm um 10^h p. m.; 2 min. 759,62 mm um 2^h a. m. und 758,89 mm um 6^h p. m.

Temp. d. Luft: Mittel 24,6°; max. 25,5° um 2^h p. m., min. 24,1° um 6^h a. m.

Spannkr. d. Dünste: Mittel 18,0 mm; max. 19,0 mm um 6^h p. m., min. 15,8 mm um 2^h a. m.

Wolken: Gattung u. Betrag. a. m. klar und schön, cu 2—4; p. m. anfangs klar bis auf cu 6—7, dann fast ganz bezogen bis zu cu ni 9—10.
Richtung. Aus ESE.

Niederschl.: Von 6^h p. m. ab Regenböen.

Zustand d. See: Temp. Mittel 24,3°; max. 24,9° um 6^h p. m., min. 23,3° um 2^h a. m.
Spezif. Gewicht. Mittel 1,02707; max. 1,0273, min. 1,0268.

Allg. Bemerk.: Der Wind war a. m. N124°E, gleichmässig stark 5—6; p. m. N146°E, meist 6 und gegen Abend böig mit Regenschauern, a. m. schön und klar, leichte cu bis zu 4 aus der Windrichtung; p. m. anfangs wie am Vormittage, jedoch unter Land mehr bezogen, später ganz bedeckt mit cu ni 9—10, begleitet von Regenschauern.
SE-Dünung abnehmend.
Ozongehalt 6; Verdunstung 3,4 mm.

1875, den 24. November.

Position: Insel Matuku (91° 9,7' S-Br., 179° 43,4' O-Lg.).

Schiffsbew.: Kurs. —
Fahrt. —

Wind: Richtung. Mittel N153°E; a. m. N157°E, von 6^h ab N146°E; p. m. N169°E., dann wieder N146°E.
Stärke. Mittel 2,6; a. m. 2—4, sehr böig, in den Böen bis 6; p. m. 1—3, ebenfalls böig, aber schwächere Böen.

Barom.: Mittel 759,59 mm; 2 max. 759,90 mm um 10^h a. m. und 759,65 mm um 10^h p. m.; 2 min. 759,75 mm um 6^h a. m. und 758,63 mm um 2^h p. m.
Temp. d. Luft: Mittel 24,5°; max. 25,7° um 2^h p. m., min. 23,5° um 6^h a. m.
Spannkr. d. Dünste: Mittel 18,1 mm; max. 19,0 mm um 10^h a. m., min. 16,5 mm um 10^h p. m.
Wolken: Gattung u. Betrag. a. m. anfangs cu ni 5—6, sich aber immer mehr beziehend bis zu cu ni 8—9; p. m. aufklarend, cu 4—5, später nur cu 1—2.
Richtung. Aus ESE.
Niederschl.: a. m. Regenböen.
Zustand d. See: Temp. Mittel 24,6°; max. 25,3° um 2^h p. m., min. 24,3° um 10^h p. m.
Spezif. Gewicht. Mittel 1,02697; max. 1,0271, min. 1,0268.
Allg. Bemerk.: Der Wind war im Allgemeinen N146°E nur von der Stärke 2—3, jedoch sehr böig und in Böen bis zu 6 und dann stets begleitet von Regenschauern; p. m. waren die Böen schwächer und ohne Regen; der Himmel war anfangs besetzt mit cu ni 5–6 aus der Windrichtung, bezog sich aber immer mehr bis zum Mittag; p. m. klarte es auf bis zu cu 1—2.
Ozongehalt 8; Regen 6,5 mm, Verdunstung 2,3 mm.

1875, den 25. November.

Position: Insel Matuku bis 10^h a. m. Fidji Archipel von 2^h p. m. an.
Schiffsbew.: Kurs. Um 2^h p. m. trieb das Schiff, dann N315°E.
Fahrt. 4—5.
Wind: Richtung. Mittel N164°E. N146°E, von 10^h a. m. ab N169°E.
Stärke. Mittel 3,0 a. m. sehr ungleich; anfangs 1—4, um 6^h fast still, von 10^h a. m. ab wieder auffrischend, etwas böig bis 5, dann 3—4.
Barom.: Mittel 759,32 mm; 2 max. 759,65 mm um 10^h a. m. und 760,39 mm um 10^h p. m., 2 min. 758,99 mm um 6^h a. m. und 758,76 mm um 2^h p. m.
Temp. d. Luft: Mittel 24,8°; max. 26,0° um 2^h p. m., min. 23,6° um 2^h a. m.
Spannkr. d. Dünste: Mittel 16,2 mm; max. 16,9 mm um 2^h a. m, min. 15,4 mm um 10^h p. m.
Wolken: Gattung und Betrag. Klar und schön, cu 1—2, selten cu 3—4, Abends ganz klar.
Richtung. Mit dem Winde ziehend.
Niederschl.: —
Zustand d. See: Temp. Mittel 24,6°; max. 25,0° um 2^h p. m., min. 24,5° um 2^h a. m.
Spezif. Gewicht. Mittel 1,02702; max. 1,0272, min. 1,0268.
Allg. Bemerk.: Der Wind war anfangs N146°E frischte bedeutend auf, von 1—4, und flaute eben so rasch wieder ab, von 6^h a. m. an war der Wind N169°E anfangs schwach, frischte auch rasch auf bis zu 5, aber ohne Böen, wurde aber gegen Abend etwas flauer; der Himmel war klar, das Wetter schön, selten cu 3—4, Abends ganz klar.
Schwaches Meeresleuchten in einzelnen Punkten und vereinzelten Aufblitzen.
Ozongehalt 7; Regen 0,5 mm; Verdunstung 2,3 mm.

1875, den 26. November.

Position: Fidji Archipel bis Mittag. Rhede von Levuka (Ovalau). Zu Anker von 2^h p. m. ab.
Schiffsbew.: Kurs a. m. N337°E, dann N343°E.
Fahrt a. m. anfangs 3,6, dann 6—7.
Wind: Richtung. Mittel N181°E; a. m. anfangs N169°E, dann N191°E und N236°E; p. m. N169°E und N191°E.
Stärke. Mittel 1,4; a. m. anfangs noch 3, flaute aber bald ab bis zu 1 und wurde Abends fast ganz still.
Barom.: Mittel 759,42 mm; 2 max. 760,16 mm um 10^h a. m. und 759,86 mm um 10^h p. m., 2 min. 759,24 mm um 6^h a. m. und 758,79 mm um 6^h p. m.
Temp. d. Luft: Mittel 25,4°; max. 27,2° um 2^h p. m, min. 24,0° um 6^h a. m.
Spannkr. d. Dünste: Mittel 16,7 mm; max. 17,6 mm um 10^h p. m., min. 14,7 mm um 2^h a. m.
Wolken: Gattung und Betrag. Anfangs recht klar, nur cu 1 am Horizont, mit Sonnenaufgang bezogen bis zu cu ni 7—8, gegen Mittag wieder ganz klar, und ebenso ganz klar p. m.
Richtung. Mit dem Winde ziehend.
Niederschl.: —
Zustand d. See: Temp. Mittel 25,9°; max. 26,6° um 2^h p. m., min. 24,9° um 2^h a. m.
Spezif. Gewicht. 1,02707; max. 1,0271, min. 1,0270.
Allg. Bemerk.: a. m. war der Wind ziemlich frisch N169°E und N191°E, flaute dann ab und ging auf N214°E; p. m. schwach N169°E und N191°E, zuletzt fast still, klar und schön, nur beim Sonnenaufgang bezogen; p. m. wieder ganz klar.
Ozongehalt 6—7; Verdunstung 4,8 mm.

1875, den 27. November.

Position: Rhede von Levuka.
Schiffsbew.: Kurs. —
Fahrt. —
Wind: Richtung. Mittel N155°E; a. m. meist still, dann N191°E; p. m. N169°E, dann still.
Stärke. Mittel 0,2; sehr schwach oder still.
Barom.: Mittel 759,11 mm; 2 max. 759,93 mm um 10^h a. m. und 760,06 mm um 10^h p. m, 2 min. 758,49 mm um 2^h a. m. und 758,28 mm um 6^h p. m.
Temp. d. Luft: Mittel 25,5°: max. 28,2° um 2^h p. m., min. 23,7° um 2^h a. m.
Spannkr. d. Dünste: Mittel 17,8 mm: max. 18,8 mm um 2^h p. m., min. 16,7 mm um 2^h a. m.
Wolken: Gattung und Betrag. a. m. während des Sonnenaufgangs bezogen, sonst ganz klar; p. m. meist klar cu 2–3, nur um 5^h etwas mehr bezogen cu 6—7.
Richtung. Mit dem Winde ziehend, oder am Horizont.
Niederschl.: Sehr wenig Regen um 5^h p. m.
Zustand d. See: Temp. Mittel 26,1°; max. 26,8° um 2^h p. m., min, 25,5° um 2^h a. m.
Spezif. Gewicht. Mittel 1,02712; max. 1,0274, min. 1,0269.
Allg. Bemerk.: a. m. meist still, gegen Mittag schwacher Hauch aus N191°E; p. m. schwach N101°E und N169°E, Abends wieder still; den Tag über klar und schön, nur während des Sonnenaufgangs bezogen cu 7—8, und um 5^h p. m. ebenfalls mit wenig Regen.
Ozongehalt 7—8; Verdunstung 4,5 mm.

1875, den 28. November.

Position: Rhede von Levuka.
Schiffsbew.: Kurs. —
Fahrt: —
Wind: Richtung. Mittel N166°E: a. m. N191°E und N169°E; p. m. N101°E, dann still.
Stärke. Mittel 0,2; a. m. sehr schwach, p. m. meist still.
Barom.: Mittel 759,08 mm; 2 max. 759,80 mm um 10^h a. m. und 759,29 mm um 10^h p. m., 2 min 759,27 mm um 2^h a. m. und 758,18 mm um 6^h p. m.
Temp. d. Luft: Mittel 26,5°; max. 28,8° um 2^h p. m.. min. 24,4° um 2^h a. m.
Spannkr. d. Dünste: Mittel 17,0 mm; max. 18,6 mm um 10^h a. m., min. 15,3 mm um 6^h p. m.
Wolken: Gattung und Betrag. Klar und schön a. m. noch einige cu oder cu str. 2—3 am Horizont, Abends völlig klar.
Richtung am Horizont.
Niederschl.: —
Zustand d. See: Temp. Mittel 26,2°: max. 26,7° um 2^h p. m., min. 25,9° um 6^h a. m.
Spezif. Gewicht. Mittel 1,02707; max. 1,0272, min. 1,0268.
Allgem. Bemerk.: Der Wind war Tags über sehr schwach. erst N191°E, N169°E, dann N101°E, Abends ganz still: es war klar und schön, einige cu oder cu str. am Horizont bis zu 3, Abends völlig klar.
Ozongehalt 8; Verdunstung 5,0 mm.

1875, den 29. November.

Position: Rhede von Levuka.
Schiffsbew.: Kurs. —
Fahrt. —
Wind: Richtung. Mittel N135°E; a. m. meist still, selten Hauch aus N191°E, p. m. N79°E, dann still.
Stärke. Mittel 0,1; sehr schwach oder still.
Barom.: Mittel 760,54 mm; 2 max. 760,95 mm um 10^h a. m. und 761,58 mm um 10^h p. m., 2 min. 759,65 mm um 6^h a. m. und 760,31 mm um 6^h p. m.
Temp. d. Luft: Mittel 26,2°; max. 29,0° um 10^h a. m., min. 24,8° um 2^h a. m.
Spannkr. d. Dünste: Mittel 18,6 mm; max. 20,3 mm um 10^h a. m., min. 16,8 mm um 6^h a. m.
Wolken: Gattung u. Betrag. a. m. klar und schön, anfangs ganz klar, dann cu str. 3—4 am Horizont, von 10^h an etwas bezogen; p. m. leicht bewölkt cu ni 7—8.
Richtung. Aus NE.
Niederschl.: Um 11^h 40' a. m. eine vereinzelte Regenböe; Abends Regen.
Zustand d. See: Temp. Mittel 26,2°; max. 26,8° um 2^h p. m., min. 25,6° um 6^h a. m.
Spezif. Gewicht. Mittel 1,02708; max. 1,0273, min. 1,0269.
Allg. Bemerk.: Der Wind war a. m. meist ganz still, gegen 6^h schwacher Hauch aus N191°E; p. m. kam ein schwacher Hauch aus N79°E, Abends wurde es wieder ganz still.
Ozongehalt 7—8; Verdunstung 4,7 mm.

1875, den 30. November.

Position: Rhede von Levuka.
Schiffsbew.: Kurs. —
Fahrt. —
Wind: Richtung. N203°E; a. m. still, dann N214°E und N191°E, p. m. N191°E, N169°E, Abends 236°E.
Stärke. Mittel 1,0; meist 1, jedoch Abends auffrischend bis zu 3.
Barom.: Mittel 761,43 mm; fiel von 761,41 mm um 2^h a. m. bis zum min. 761,20 mm um 6^h p. m. und stieg bis zum max. 761,99 mm um 10^h p. m.
Temp. d. Luft: Mittel 26,4°; max. 28,8° um 2^h p. m., min. 24,7° um 2^h a. m.
Spannkr. d. Dünste: Mittel 19,8 mm; max. 21,4 mm um 6^h p. m., min. 18,5 mm um 10^h p. m.
Wolken: Gattung u. Betrag. Anfangs klar cu ni 3—4 aus S, dann mehr und leicht bezogen bis zu cu ni oder cu str. 7—8; p. m. anfangs völlig klar, dann cu 2—3 am Horizont, Abends nach 9^h ganz bezogen ni 10 aus SW.
Richtung. Mit dem Winde ziehend.
Niederschl.: Von 9^h p. m. ab starker Regen.
Zustand d. See: Temp. Mittel 26,3°; max. 26,9° um 2^h p. m., min. 25,7° um 2^h a. m.
Spezif. Gewicht. Mittel 1,02720; max. 1,0274; min. 1,0270
Allg. Bemerk.: Der Wind war anfangs still, dann schwach N236°E und N191°E; p. m. schwacher N191°E und N169°E, Abends auffrischender N236°E; der Himmel war anfangs klar, nur einige cu ni 3—4 aus Süd, dann fing es an, sich leicht zu beziehen bis zu cu ni oder cu str. 7 bis 8; p. m. klarte es völlig auf, war aber von 4^h an wieder bezogen und nach 9^h fiel sogar starker Regen mit dem auffrischenden N236°E.
Ozongehalt 6—8; Regen 4,8 mm; Verdunstung 3,8 mm.

1875, den 1. Dezember.

Position: Rhede von Levuka.
Schiffsbew.: Kurs. —
Fahrt. —
Wind: Richtung. Mittel N163°E; a. m. anfangs N236°E über N191°E auf N169°E, p. m. N146°E und N169°E.
Stärke. Mittel 1,9; a. m. anfangs schwach, frischte um 8^h auf bis zu 3 und flaute um Mittag wieder ab; p. m. ebenso wie a. m., aber Abends 3—4.
Barom.: Mittel 762,96 mm; 2 max. 763,36 mm um 10^h a. m. und 763,87 mm um 10^h p. m., 2 min. 762,24 um 2^h a. m. und 762,60 mm um 6^h p. m.
Temp. d. Luft: Mittel 25,0°; max. 26,0° um 10^h a. m.; min. 24,4° um 2^h a. m.
Spannkr. d. Dünste: Mittel 19,3 mm; max. 21,3 mm um 10^h a. m., min. 17,6 mm um 2^h p. m.
Wolken: Gattung u. Betrag. Den ganzen Tag bezogen mit ni oder cu ni 9—10; 9^h 30' p. m. aufklarend bis zu cu 3—4.
Richtung. Mit dem Winde ziehend.
Niederschl.: Regen bis 5^h a. m.; p. m. von 5^h—7^h sehr starker und von 7^h—9^h vorübergehender Regen.
Zustand d. See: Temp. Mittel 25,9°; max. 26,3° um 2^h a. m., min. 25,2° um 10^h p. m.
Spezif. Gewicht. Mittel 1,02680; max. 1,0272, min. 1,0266.
Allg. Bemerk.: Den ganzen Tag bezogen mit ni oder cu ni 9—10, bis 5^h a. m. Regen bei schwachem N236°E- und N191°E-Wind; alsdann frischte der N191°E auf und ging auf N169°E, flaute aber gegen Mittag wieder ab; p. m. frischer N146°E 3, flaute aber bald wieder ab und ging auf N169°E, von 5^h—7^h sehr starker Regen, von 7^h—9^h nur vorübergehender Regen; um 9^h 30' klarte es auf bei auffrischendem N146°E bis zu cu 3—4.
Ozongehalt 8—9; Regen 81,9 mm; Verdunstung 2,2 mm.

1875, den 2. Dezember.

Position: Rhede von Levuka.
Schiffsbew.: Kurs. —
Fahrt. —
Wind: Richtung. Mittel N147°E; a. m. N169°E, N124°E und N146°E, p. m. N146°E.
Stärke. 1,4; a. m. 2—3, p. m. 0—1.
Barom.: Mittel 762,58 mm; 2 max. 763,61 mm um 10^h a. m. und 762,85 mm um 10^h p. m, 2 min. 761,93 mm um 6^h a. m. und 762,34 mm um 6^h p. m.
Temp. d. Luft: Mittel 25,5°; max. 26,4° um 10^h a. m., min. 24,9° um 2^h a. m.
Spannkr. d. Dünste: Mittel 19,0 mm; max. 19,7 mm um 10^h a. m., min. 17,5 mm um 2^h a. m.
Wolken: Gattung und Betrag. a. m. fast ganz, aber leicht bezogen cu ni 8—10, gegen Mittag 6—7; p. m. ebenfalls bezogen cu ni 7—8, Abends etwas weniger.
Richtung. Aus SE.
Niederschl.: —
Zustand d. See: Temp. Mittel 25,6°; max. 26,3° um 2^h p. m., min. 25,2° um 10^h p. m.
Spezif. Gewicht. Mittel 1,02680; max. 1,0269, min. 1,0267.
Allg. Bemerk.: a. m. war der Wind anfangs N169°E 2—3, ging dann nach N124°E und blieb zuletzt N146°E; p. m. flaute der N146°E ab fast bis zur Windstille; der Himmel war den Tag über bezogen, a. m. am meisten bis zu cu ni 8—10, p. m. etwas weniger, aber immer aus der Windrichtung.
Ozongehalt: 1—2; Regen 19,8 mm; Verdunstung 1,6 mm.

1875, den 3. Dezember.

Position: Rhede von Levuka bis 4^h p. m, dann weiter nach 17°38,2' S-Br. 179° 24,6° O-Lg. um 10^h p. m.
Schiffsbew.: Kurs. N79°E um 6^h p. m.; N62°E um 10^h p. m.
Fahrt 4,0—4,5.
Wind: Richtung. N123°E a. m. N146°E, von 6^h ab N124°E; p. m. N124°E und Abends N112°E.
Stärke. Mittel 3,1; meist 3—4, Abends etwas frischer.
Barom.: Mittel 761,42 mm; fiel vom max. 762,34 mm um 2^h a. m. bis zum min. 760,41 mm um 10^h p. m.
Temp. d. Luft: Mittel 25,3°; max. 26,4° um 10^h a. m., min. 24,7° um 2^h a. m.
Spannkr. d. Dünste: Mittel 17,6 mm; max. 18,6 mm um 10^h p. m., min. 16,7 mm um 10^h p. m.
Wolken: Gattung und Betrag. Anfangs ganz bezogen, gegen Morgen aufklarend bis zu cu ni oder cu 4; p. m. wieder

etwas mehr bezogen cu ni 6—7, dann schön und aufklarend bis zu cu 3.
Richtung. Mit dem Winde ziehend.
Niederschl.: Sehr früh etwas feiner Regen; um 2^h p. m. eine Regenböe.
Zustand d. See: Temp. Mittel 25,6°; max. 26,2° um 2^h p. m.; min. 25,0° um 10^h p. m.
Spezif. Gewicht. Mittel 1,02697; max. 1,0271, min. 1,0267.
Allg. Bemerk.: Der Wind war meist von der Stärke 3, selten 4, anfangs N146°E, dann östlicher bis N112°E; der Himmel war anfangs ganz bezogen mit cu ni 10 mit etwas feinem Regen, klarte gegen Morgen auf und blieb dann klar, bis zu cu 3—5 aus der Windrichtung, nur um 2^h p. m. etwas mehr bezogen cu ni 6—7 mit einer Regenböe. Die See war glatt. Abends schwaches Meeresleuchten.
Ozongehalt 2; Regen 0; Verdunstung 2,1 mm.

1875, den 4. Dezember.

Position: 17° 28,1′—16° 26,6′ S-Br.; 179° 38,5′ O-Lg. bis 178° 58,3′ W-Lg.
Schiffsbew.: Kurs. Meist N67°E.
Fahrt a. m. 4,5—6,2; p. m. 4,2—5,0.
Wind. Richtung. Mittel N133°E; a. m. N135°E, um 10^h N124°E; p. m. N135°E.
Stärke. Mittel 3,3; anfangs 4—5, um Mittag flauer 2—3, Abends wieder 3—4.
Barom.: Mittel 761,39 mm; 2 max. 761,83 mm um 10^h a. m. und 762,09 mm um 10^h p. m., 2 min. 761,53 mm um 2^h a. m. und 760,16 mm um 6^h p. m.
Temp. d. Luft: Mittel 25,3°; max. 25,8° um 2^h p. m., min. 24,5° um 2^h a. m.
Spannkr. d. Dünste: Mittel 16,7 mm; max. 18,9 mm um 6^h p. m., min. 15,1 mm um 2^h a. m.
Wolken: Gattung und Betrag. Klar und schön, nur cu 2—3, selten 4, um Mittag kurze Zeit völlig klar, und Abends nur cu str. 1—2.
Richtung. Aus SE.
Niederschl.: —
Zustand d. See: Temp. Mittel 25,6°; max. 26,2° um 2^h p. m., min. 25,2° um 10^h p. m.
Spezif. Gewicht. Mittel 1,02710; max. 1,0272, min. 1,0270.
Allg. Bemerk.: Der Wind war meist N135°E, ziemlich frisch 4—5, nur um Mittag etwas flauer, der Himmel den ganzen Tag klar, um Mittag sogar völlig klar, nur wenige cu, meist 2—3, aus der Windrichtung. Leichte Dünung aus SE. Abends in NE schwaches Wetterleuchten. Leichtes Auffrischen des Windes.
Ozongehalt 9—10; Verdunstung 3,1 mm.

1875, den 5. Dezember.

Position: 16° 16,7′—15° 47,8′ S-Br.; 178° 45,3′—178° 0,8′ W-Lg.
Schiffsbew.; Kurs. a. m. meist N67°E, um 10^h N79°E; p. m. anfangs gelothet, um 10^h N67°E.
Fahrt. a. m. 3—6; um 10^h p. m. 5,2.
Wind: Richtung. Mittel N137°E meist N157°E, jedoch kurze Zeit gegen Mittag hin N146°E.
Stärke. Mittel 3,5; meist 3—4.
Barom.: Mittel 760,53 mm; 2 max. 761,10 mm um 10^h a. m. und 761,33 mm um 10^h p. m., 2 min. 759,90 mm um 2^h a. m. und 759,80 mm um 6^h p. m.
Temp. d. Luft: Mittel 26,3°; max. 27,3° um 2^h p. m., min. 25,3° um 2^h a. m.
Spannkr. d. Dünste: Mittel 18,6 mm; max. 19,4 mm um 6^h a. m., min. 17,6 mm um 10^h p. m.
Wolken: Gattung und Betrag. a. m. meist ganz klar, nur während der Morgenwache mehr bewölkt cu 6—7, p. m. oft völlig klar, zuweilen leichte Wolken cu str oder cu ni 3—4.
Richtung. Am Horizont oder aus SE.
Niederschl.: —
Zustand d. See: Temp. Mittel 25,8°; max. 26,4° um 2^h p. m., min. 24,8° um 2^h a. m.
Spezif. Gewicht. Mittel 1,02720; max. 1,0273, min. 1,0270.
Allg. Bemerk.: Der Wind war den Tag über meist N135°E und von gleichmässiger Stärke 3—4, der Himmel war a. m. meist klar, nur während der Morgenwache mehr bewölkt bis zu cu 6—7 aus SE; p. m. oft ganz klar, zuweilen leichte Wolken aus der Windrichtung cu str. oder cu ci bis zu 3—4.
Leichte Dünung aus SE.
Abends in NE schwaches Wetterleuchten.
Ozongehalt 7—8; Verdunstung 3,3 mm.

1875, den 6. Dezember.

Position: 15° 36,0′—14° 33,6′ S-Br.; 177° 45,9′—176° 46,4′ W-Lg.
Schiffsbew.: Kurs. Meist N56°E, bald etwas N-licher, bald E-licher.
Fahrt. 4—5.
Wind: Richtung. Mittel N125°E a. m. N124°E; p. m. anfangs N135°E, von 6^h ab wieder N124°E.
Stärke. Mittel 3,4; gleichmässig 3 - 4.
Barom.: Mittel 760,12 mm; 2 max. 760,95 mm um 6^h a. m. und 760,72 mm um 10^h p. m., 2 min. 759,93 mm um 2^h a. m. und 759,19 mm um 2^h p. m.
Temp. d. Luft: Mittel 26,6°; max. 27,4° um 10^h a. m., min. 25,6° um 10^h p. m.
Spannkr. d. Dünste: Mittel 20,5 mm; max. 20,9 mm um 2^h p. m., min. 19,0 mm um 6^h p. m.
Wolken: Gattung u. Betrag. a. m. anfangs ganz klar, dann cu bis zu 4; p. m. klar. nur cu 2—3, aber um 9^h 45′ bezog es plötzlich bis zu cu ni 9, klarte aber um 10^h 40′ wieder auf.
Richtung. Aus SE.
Niederschl.: Um 3^h 45′ p. m. eine Regenböe, welche 1/4 Stunde dauerte; ebenfalls Regen von 9^h 45′—10^h 40′ p. m.
Zustand d. See: Temp. Mittel 26,2°; max. 26,8° um 10^h a. m., min. 25,8° um 10^h p. m.
Spezif. Gewicht. Mittel 1,02715; max. 1,0273, min. 1,0269.
Allg. Bemerk.: Der Wind war meist N124°E, selten N135°E, gleichmässig stark 3—4, der Himmel anfangs ganz klar, dann zeigten sich auch nur wenige cu 2—4 aus der Windrichtung, aber um 3^h 45′ p. m. stellte sich eine Regenböe ein und gegen Abend Regen von 9^h 45′—10^h 40′; nachher klarte es wieder auf.
a. m. Wasserfarbe hellblau; p. m. dunkelblaue Wasserfarbe und leichte Dünung aus ESE.
Ozongehalt 7—8; Verdunstung 3,5 mm.

1875, den 7. Dezember.

Position: 17° 29,5′—17° 9,0′ S-Br., 176° 44,0′—176° 17,0′ W-Lg.
Schiffsbew.: Kurs. a. m. N200°E, N20°E und N167°E; p. m. N65°E und N38°E.
Fahrt. 3,4—5,8.
Wind: Richtung. Mittel N108°E; a. m. N122°E, N88°E und N99°E; p. m. meist N122°E und Abends N99°E.
Stärke. Mittel 3,7; meist 3 - 4; Abends etwas frischer.
Barom.: Mittel 759,89 mm; max. 761,07 mm um 8^h a. m., min. 758,36 mm um 6^h p. m.
Temp. d. Luft: Mittel 26,7°; max. 27,4° um 2^h p. m., min. 25,5° um 6^h a. m.
Spannkr. d. Dünste: Mittel 20,4 mm; max. 21,1 mm um 6^h p. m., min. 19,0 mm um 6^h a. m.
Wolken: Gattung u. Betrag. a. m. klar, nur wenige cu oder cu str. meist 3—4, selten 5—6; p. m. ebenfalls klar, obere Wolken aus W, darunter andere aus der Windrichtung ziehend cu 3—4.
Richtung. Mit dem Winde ziehend.
Niederschl.: —
Zustand d. See: Temp. Mittel 26,5°; max. 27,1° um 10^h p. m., min. 26,0° um 2^h a. m.
Spezif. Gewicht. Mittel 1,02723; max. 1,0275, min. 1,0271.

Allg. Bemerk.: Der Wind ging im Laufe des Tages von N122°E nach N88°E und wieder auf N122°E, später wieder auf N99°E mit leichten E-lichen Böen; der Himmel war a. m. klar, nur einige cu meist 3—4, selten cu str. 5—6 aus der Windrichtung; p. m. obere Wolken cu, zogen langsam aus W, darunter zuweilen leichte schnelle cu aus ESE.

a. m. Leichtes Wetterleuchten in SE. Schwaches Meeresleuchten in kleinen Punkten. Leichte Dünung und See aus ESE; Farbe tiefblau.

p. m. Leichtere östliche Böen. See zunehmend. In Lee am Horizont Regenböen.

Ozongehalt 8—9; Regen 13,5 mm; Verdunstung 3,0 mm.

1875, den 8. Dezember.

Position: 13° 56,2'—14° 18,6' S-Br., 176° 7,3'—175° 42,4' W-Lg.

Schiffsbew.: Kurs. a. m. N168°E, um 10h N61°E; p. m. N168°E und N56°E.

Fahrt. a. m. 3—4, um 10h 7,6; p. m. 3 6—4.2.

Wind: Richtung. Mittel N104°E; a. m. N100°E, dann um 10h N134°E; p. m. N100°E, N111°E und Abends N78°E.

Stärke. Mittel 4,1; a. m. meist 3—4, aber um 10h 7—8; p. m. abflauend anfangs noch 5, dann 3—4.

Barom.: Mittel 759,11 mm; 2 max. 760,10 mm um 6h a. m. und 760,19 mm um 10h p. m.; 2 min. 758,18 mm um 2h a. m. und 758,02 mm um 2h p. m.

Temp. d. Luft: Mittel 26,1°; max. 27,0° um 2h a. m., min. 25,1° um 6h p. m.

Spannkr. d. Dünste: Mittel 20,4 mm; max. 21,7 mm um 6h a. m., min. 19,4 mm um 6h p. m.

Wolken: Gattung u. Betrag. Anfangs klar, dann sehr bald bezogen cu ni 10; p. m. ebenfalls bezogen, gegen 4h aufklarend, 6h bezogen, 8h bis 10h cu 2—3 am Horizont, später mehr aber dünn bezogen.

Richtung. Mit dem Winde ziehend.

Niederschl.: Um 4h a. m. eine Regenböe, die 10 Minuten dauerte; um 10h leichter Regen.

Zustand d. See: Temp. Mittel 26,2°; max. 26,8° um 2h p. m., min. 25,8° um 6h a. m.

Spezif. Gewicht. Mittel 1,02728; max. 1,0274, min. 1,0271.

Allg. Bemerk.: Anfangs klar, nur cu ni 4—5 aus E, von 3h an böig; der Wind von der Stärke 3—4 sprang um zwischen N100°E und N190°E, um 4h eine Regenböe, die 10 Minuten dauerte, um 7h starke Böen, auffrischend ungemein bis zu 7—8. Zunehmender Seegang aus SE. Um 12h Mittags Gewitter und Aufhören der Böen.

p. m. gegen 4h abflauend und aufklarend, See und Dünung abnehmend, um 6h wieder bezogen mit cu str. 10; von 8h bis 10h nur cu 2—3 am Horizont, später mehr aber dünn bezogen.

Ozongehalt 7—8; Regen 0,2 mm, Verdunstung 3,5 mm.

1875, den 9. Dezember.

Position: 14° 32,3'—15° 4,1' S-Br., 175° 33,7'—175° 18,1' W-Lg.

Schiffsbew.: Kurs. a. m. um 2h N135°E, dann trieb das Schiff, von 10h bis 2h p. m. gelothet; p. m. um 6h N90°E, dann N54°E.

Fahrt. a. m. 4,5; p. m. um 6h 2,8, dann 6,0.

Wind: Richtung. Mittel N96°E; a. m. N66°E, dann still, N112°E; p. m. N124°E, dann N90°E.

Stärke. Mittel 2,9; beständig 3—4.

Barom.: Mittel 758,69 mm; 2 max. 759,55 mm um 10h a. m. und 759,19 mm um 10h p. m.; 2 min. 758,89 mm um 6h a. m. und 757,53 mm um 6h p. m.

Temp. d. Luft: Mittel 26,2°; max. 26,8° um 6h p. m., min. 23,7° um 6h a. m.

Spannkr. d. Dünste: Mittel 21,0 mm; max. 22,0 mm um 10h p. m., min. 19,7 mm um 6h a. m.

Wolken: Gattung u. Betrag. a. m. bezogen, anfangs cu ni 7, dann cu ni 10; p. m. aufklarend bis zu cu str. 4—5, gegen Abend leicht bezogen cu str. 9.

Richtung. Aus der Windrichtung.

Niederschl.: Um 6h etwas Regen.

Zustand d. See: Temp. Mittel 26,6°; max. 27,1° um 10h a. m., min. 26,3° um 2h a. m. und um 10h p. m.

Spezif. Gewicht. Mittel 1,02728; max. 1.0273, min. 1.0271.

Allg. Bemerk.: a. m. war der Wind 3—4, aber böig zwischen N56°E und N101°E; von 5h bis 7h fast still, dann N101°E; der Himmel bezogen anfangs cu ni 7, dann 10 aus der Windrichtung. Dünung aus E. Wasserfarbe azurblau.

p. m. Der Wind war anfangs N124°E, dann N90°E, der Himmel klarte auf bis zu cu str. 4—5 aus der Windrichtung, aber gegen Abend wieder leicht bewölkt.

Schwaches Meeresleuchten.

Ozongehalt 7—8; Regen 2,4 mm, Verdunstung 3,1 mm.

1875, den 10. Dezember.

Position: 15° 22,2'—17° 0,3' S-Br., 175° 7,2'—174° 16,2' W-Lg.

Schiffsbew.: Kurs. a. m. N144°E, N122°E, N155°E; p. m. beständig N155°E.

Fahrt. 4,0—6,5.

Wind: Richtung. Mittel N74°E; meist N77°E, nur N54°E um 6h p. m.

Stärke. Mittel 2,7; anfangs 3—4, dann flauer 2—3.

Barom.: Mittel 758,38 mm; 2 max. 759,07 mm um 10h a. m. und 759,55 mm um 10h p. m.; 2 min. 757,29 mm um 2h a. m. und 757,42 mm um 2h p. m.

Temp. d. Luft: Mittel 26,3°; max. 26,8° um 2h p. m., min. 25,8° um 2h a. m.

Spannkr. d. Dünste: Mittel 22,0 mm; max. 22,9 mm um 10h p. m., min. 21,2 mm um 2h p. m.

Wolken: Gattung u. Betrag. a. m. bezogen cu ni oder cu str. 7—8; p. m. aufklarend bis zu cu ci oder cu str. 3—4.

Richtung. Mit dem Winde ziehend.

Niederschl.: Regenböen bis 6h a. m.; 10h 25' eine Regenböe.

Zustand d. See: Temp. Mittel 26,1°; max. 26.5° um 6h a. m., min. 25,6° um 10h p. m.

Spezif. Gewicht. Mittel 1,02718; max. 1.0274, min. 1,0270.

Allg. Bemerk.: a. m. der Wind war anfangs N77°E von der Stärke 3—4, sehr böig mit starken Regenschauern mit umspringendem Winde, zwischen 2h und 3h ging der Wind auf N54°E und flaute ab, um 6h klarte es etwas auf. und der Wind ging wieder auf N77°E. Dünung aus SE bis ESE, ziemlich hoch.

p. m. Wind N77°E 2—3, der Himmel klarte mehr und mehr auf, leichte cu aus der Windrichtung. Um 10h 25' eine Regenböe.

Ozongehalt 7—8; Regen 2,4 mm, Verdunstung 3,1 mm.

1875, den 11. Dezember.

Position: 17° 22,6'—18° 27,7' S-Br., 174° 7,5'—174° 6,3' W-Lg. bis gegen 6h p. m. Zu Anker in Neï-Afo auf Vavau von 6h p. m. ab.

Schiffsbew.: Kurs. Zwischen N155°E und N189°E.

Fahrt. 6—9; p. m. 3,6.

Wind: Richtung. Mittel N74°E; meist N77°E, jedoch zuweilen N54°E um 6h a. m.

Stärke. Mittel 1,4; a. m. meist 2—3, aber kurze Zeit um 6h fast still; p. m. anfangs 2—3, dann fast still.

Barom.: Mittel 759,97 mm; 2 max. 760,41 mm um 10h a. m. und 761,23 mm um 10h p. m.; 2 min. 758,53 mm um 2h a. m. und 760,16 mm um 2h p. m.

Temp. d. Luft: Mittel 26,0°; max. 26,6° um 6h p. m., min. 25,3° um 6h a. m.

Spannkr. d. Dünste: Mittel 22,0 mm; max. 22,6 mm um 2h a. m., min. 21,1 mm um 10h a. m.

Wolken: Gattung u. Betrag. a. m. ganz bezogen ni oder cu ni 10, erst um 10h aufklarend bis zu cu ni 5—6; p. m. anfangs klar, nur cu str. 3, dann mehr bezogen, aber mit ganz leichten cu 6—9.

Richtung. Sonst aus der Windrichtung, jedoch von 6h a. m. bis Mittag aus S bei N54°E-Winde.

Niederschl.: 3h bis 3h 45' a. m. starker Regen.

Zustand d. See: Temp. Mittel 25,4°; max. 25,9° um 2^h p. m., min. 24,8° um 2^h a. m.
Spezif. Gewicht. Mittel 1,02688; max. 1,0273, min. 1,0264.
Allg. Bemerk.: a. m. war der Wind anfangs N77°E von der Stärke 3, um 1^h kamen starke Bänke in N54°E herauf, um 2^h ging der Wind durch N54°E auf N32°E und um 3^h bis 3^h 45′ fiel starker Regen, der Wind wurde fast still und ging um 6^h wieder auf N77°E, auffrischend bis zu 3. Der Himmel war bis 10^h bezogen und klarte dann auf bis zu cu ni 5—6, die aus N zogen bei N54°E Winde: p. m. der Wind war beständig N77°E, flaute aber gegen 6^h fast ganz ab, während der Himmel sich mehr und mehr bezog mit leichten cu 8—9.
Ozongehalt 0 (?); Regen 8,0 mm, Verdunstung 1,7 mm.

1875, den 12. Dezember.

Position: Neĭ-Afo auf Vavau.
Schiffsbew.: Kurs. —
Fahrt. —
Wind: Richtung. Mittel N80°E; meist N77°E, Abends N99°E.
Stärke. Mittel 1,4; schwach oder still, selten 3—4 um 6^h a. m.
Barom.: Mittel 761,38 mm; 2 max. 761,73 mm um 10^h a. m. und 762,50 mm um 10^h p. m.; 2 min. 760,82 mm um 2^h a. m. und 761,07 mm um 6^h p. m.
Temp. d. Luft: Mittel 26,2°; max. 27,6° um 10^h a. m., min. 25,5° um 2^h a. m.
Spannkr. d. Dünste: Mittel 21,4 mm; max. 22,6 mm um 2^h p. m., min. 20,7 mm um 10^h p. m.
Wolken: Gattung u. Betrag. a. m. meist cu ni 10, selten 7; p. m. wie am Vormittage cu ni 8—9.
Richtung. Aus ENE.
Niederschl.: a. m. Regenböen.
Zustand d. See: Temp. Mittel 25,2°; max. 25,5° um 2^h p. m., min. 24,9° um 2^h a. m.
Spezif. Gewicht. Mittel 1,02657; max. 1,0270, min. 1,0263.
Allg. Bemerk.: a. m. war der Wind N77°E meist still oder schwach, aber auffrischend auf kurze Zeit um 6^h bis zu 3—4, sehr böig, der Himmel leicht bewölkt aus der Windrichtung, mit Regenschauern.
p. m. war der Wind still oder schwach, nicht böig, sonst bezogen wie a. m.
Ozongehalt 0—1 (?); Verdunstung 2,0 mm, Regen 0,9 mm.

1875, den 13. Dezember.

Position: Neĭ-Afo auf Vavau. 18° 42,4′ S-Br.; 174° 10,3′ W-Lg.
Schiffsbew: Kurs. N201°E um 10^h p. m.
Fahrt. 3,9 um 10^h p. m.
Wind: Richtung. Mittel N99°E; a. m. N100°E—N78°E; p. m. N100°E.
Stärke. Mittel 2,5; a. m. schwach oder still; von 8^h a. m. bis 4^h p. m. 3—4; um 4^h abflauend und Abends wieder auffrischend bis zu 5.
Barom.: Mittel 762,21 mm; 2 max. 762,50 mm um 10^h a. m. und 763,23 mm um 10^h p. m., 2 min. 761,96 mm um 2^h a. m. und 761,23 mm um 6^h p. m.
Temp. d. Luft: Mittel 26,5°; max. 27,8° um 2^h p. m., min. 25,0° um 2^h a. m.
Spannkr. d. Dünste: Mittel 20,3 mm; max. 21,3 mm um 10^h a. m., min. 19,6 mm um 6^h p. m.
Wolken: Gattung u. Betrag. Anfangs bezogen cu 7—8, gegen 4^h a. m. aufklarend bis zu cu 3—4; p. m. klar und schön, meist cu 2—3.
Richtung. Mit dem Winde ziehend.
Niederschl.: —
Zustand d. See: Temp. Mittel 25,3°; max. 25,9° um 2^h p. m., min. 25,0° um 2^h a. m. und um 10^h p. m.
Spezif. Gewicht. Mittel 1,02695; max. 1,0272, min. 1,0268.
Allg. Bemerk.: a. m. der Wind war fast still N100°E, dann N78°E, ging gegen 8^h wieder auf N100°E und frischte dann auf bis zu 3, der Himmel war anfangs bedeckt mit cu 7—8, klarte aber gegen Morgen auf bis zu cu 3—4 aus der Windrichtung.
p. m. war der Wind beständig N100°E, flaute gegen 4^h ab, frischte aber gegen Abend wieder auf bis zu 5, der Himmel war stets klar, es zeigten sich nur wenige cu aus E. Abends war es diesig am Horizont. Leichte östliche See.
Ozongehalt 0—1; Regen 2,6 mm; Verdunstung 2,1 mm.

1875, den 14. Dezember.

Position: 18° 55,1′—19° 44,0′ S-Br.; 174° 17,1′—174° 46,8′ W-Lg.
Schiffsbew.: Kurs. a. m. N179°E; p. m. anfangs N159°E, dann um 6^h zu Anker auf der Levuka-Rhede und Abends N201°E.
Fahrt. a. m. anfangs 3, dann 5,4; p. m. 3,2; Abends 4,8.
Wind: Richtung. Mittel N102°E; meist N100°E, gegen Abend N111°E.
Stärke. Mittel 5,4; meist 5—6.
Barom.: Mittel 762,71 mm; 2 max. 763,23 mm um 10^h a. m. und 763,46 mm um 10^h p. m.; 2 min. 761,71 mm um 2^h a. m. und 762,19 mm um 10^h p. m.
Temp. d. Luft: Mittel 25,3°; max. 25,7° um 10^h a. m., min. 24,9° um 6^h a. m.
Spannkr. d. Dünste: Mittel 19,5 mm; max. 20,5 mm um 6^h a. m., min. 19,0 mm um 2^h a. m.
Wolken: Gattung und Betrag. a. m. klar, nur cu ni 5—6, um 10^h cu 1—2; p. m. schön und klar, meist cu 1—3, selten 5.
Richtung. Aus E.
Niederschl.: —
Zustand d. See: Temp. Mittel 24,8°; max. 25,1° um 2^h p. m., min. 24,5° um 10^h p. m.
Spezif. Gewicht. Mittel 1,02710; max. 1,0272, min. 1,0269.
Allgem. Bemerk.: Der Wind war den Tag über meist N100°E, gegen Abend etwas südlicher N111°E und gleichmässig frisch 5—6; der Himmel war stets klar, von wenigen cu besetzt aus der Windrichtung. Leichter E-licher Seegang. Wasserfarbe tiefblau. Abends schwaches Meeresleuchten in kleinen Punkten.
Ozongehalt 4—5; Verdunstung 2,7 mm.

1875, den 15. Dezember.

Position: 20° 2,0′—20° 52,4′ S-Br; 174° 55,7′—175° 5,5′ W-Lg. bis 10^h a. m. Tongatabu um 2^h p. m. zu Anker.
Schiffsbew.: Kurs. a. m. N184°E, dann um 10^h N201°E; p. m. zu Anker.
Fahrt. a. m. anfangs 4,5—5,5, um 10^h 9,5 (Dampf und Segel).
Wind: Richtung. Mittel N104°E; a. m. N111°E um 10^h N100°E; p. m. N100°E.
Stärke. Mittel 4,8 meist 5—6, gegen Abend abflauend 2—3.
Barom.: Mittel 763,34 mm; anfangs 763,81 mm fiel bis zum min. 762,44 mm um 2^h p. m. und stieg dann bis zum max. 764,07 mm um 10^h p. m.
Temp. d. Luft: Mittel 25,2°; max. 26,3° um 2^h p. m., min. 24,5° um 2^h a. m.
Spannkr. d. Dünste: Mittel 19,0 mm; max. 19,5 mm um 10^h p. m., min. 17,9 mm um 2^h a. m.
Wolken: Gattung u. Betrag. a. m. klar und schön, nur cu 1—2 aus E., p. m. klar, etwas stärker bewölkt bis zu cu ni 6 schnell ziehend mit dem Winde, Abends etwas aufklarend.
Niederschl.: —
Zustand d. See: Temp. Mittel 24,4°; max. 24,7° um 10^h a. m., min. 24,1° um 2^h a. m.
Spezif. Gewicht. Mittel 1,02700; max. 1,0272, min. 1,0266.
Allg. Bemerk.: Den Tag über war der Wind zu Anfang N111°E, dann N100°E 5—6, der Himmel war fast ganz klar am Vormittage, nur cu 1—2 zeigten sich aus der Windrichtung, Nachmittags bezog sich der Himmel etwas stärker mit cu ni 5—6, die schnell aus der Windrichtung vorüberzogen, Abends flaute der N100°E ab, und zugleich klarte es etwas auf.
Ozongehalt 5—7; Verdunstung 3,6 mm.

1875, den 16. Dezember.

Position: Tongatabu.
Schiffsbew.: Kurs. —
Fahrt. —
Wind: Richtung. Mittel N106°E; a. m. N100°E; p. m. N111°E.
Stärke. Mittel 3,7; a. m. 2—3; um 10h auffrischend bis zu 5, gegen Abend wieder abflauend bis zu 2—3.
Barom.: Mittel 762,43 mm; fiel vom max. 763,59 mm um 2h a. m. bis zum min. 761,17 mm um 6h p. m. und stieg dann ein wenig wieder bis zu 762,70 mm um 10h p. m.
Temp. d. Luft: Mittel 25,3°; max. 26,4° um 2h p. m., min. 24,4° um 2h a. m.
Spannkr. d. Dünste: Mittel 18,4 mm; max. 19,2 mm um 10h p. m., min. 18,0 mm um 6h p. m.
Wolken: Gattung u. Betrag. Anfangs klar, cu 1, während des Sonnenaufgangs cu ni 7—8, später aufklarend bis zu cu 4—5; p. m. klar, aber sich mehr bewölkend bis zu cu ni 6, Abends fast ganz klar, nur cu 1 am Horizont.
Richtung. Aus E, Abends am Horizont.
Niederschl.: Von 6h 40′ p. m. bis 8h Regenböen.
Zustand d. See: Temp. Mittel 24,6°; max. 25,1° um 2h p. m., min. 24,2° um 2h a. m.
Spezif. Gewicht. Mittel 1,02713; max. 1,0272, min. 1,0270.
Allg. Bemerk.: a. m. war der Wind N100°E 2—3, frischte um 10h auf, ging p. m. nach N111°E und flaute gegen Abend wieder ab; der Himmel war a. m. klar, nur cu 1, während des Sonnenaufgangs bezog es sich stärker bis zu cu ni 7—8 und klarte dann um 10h wieder auf bis zu cu 3—4, welche schnell aus E vorüberzogen; p. m. bezog es sich wieder etwas stärker bis zu cu ni 6; von 6h 40′—8h Regenböen, um 8h klarte es wieder auf.
Ozongehalt 2—3; Verdunstung 3,8 mm.

1875, den 17. Dezember.

Position: Tongatabu.
Schiffsbew.: Kurs. —
Fahrt. —
Wind: Richtung. Mittel N102°E; a. m. von N123°E über N100°E nach N78°E; p. m. N111°E, Abends N100°E.
Stärke. Mittel 2,4; a. m. anfangs schwach, frischte gegen 10h auf bis zu 4—5 und flaute erst Abends etwas ab.
Barom.: Mittel 761,35 mm; max. 761,93 mm um 2h a. m., min. 760,72 mm um 2h p. m.
Temp. d. Luft: Mittel 25,5°; max. 27,4° um 2h p. m.; min. 23,6° um 6h a. m.
Spannkr. d. Dünste: Mittel 19,3 mm; max. 20,5 mm um 2h p. m., min. 18,1 mm um 10h p. m.
Wolken: Gattung u. Betrag. a. m. schön und klar cu 3—4, jedoch gegen 9h eine Regenböe aus E bei N78°E-Wind. p. m. böig und etwas stärker bewölkt.
Richtung. Anfangs aus der Windrichtung, dann am Horizont, von 9h a. m. ab aus E.
Niederschl.: Um 9h a. m. eine Regenböe.
Zustand d. See: Temp. Mittel 24,6°; max. 25,1° um 2h p. m., min. 24,2° um 2h a. m.
Spezif. Gewicht. Mittel 1,02708; max. 1,0272, min. 1,0270.
Allg. Bemerk.: Der Wind war anfangs schwach oder still N145°E, gegen 9h eine Regenböe, der Wind frischte auf und ging auf N78°E bis zu 4, p. m. ging er auf N111°E und flaute Abends wieder ab bis zu 2; Himmel klar a. m., nur cu 2—4 aus der Windrichtung oder am Horizont; um 10h böig, p. m. etwas stärker bewölkt bis zu 7—8.
Ozongehalt 1—2; Regen 1,4 mm; Verdunstung 3,0 mm.

1875, den 18. Dezember.

Position: { Tongatabu bis 8h p. m.
{ 20° 40,4′ S-Br., 175° 0,8′ W-Lg. um 10h p. m.
Schiffsbew.: Kurs. N21°E um 10h p. m.
Fahrt. 8,0 (Dampf).
Wind: Richtung. Mittel N106°E; N111°E bis N100°E.
Stärke. Mittel 3,7; 2-3 bis 8h a. m., dann auffrischend 4—5.
Barom.: Mittel 762,03 mm; 762,34 mm um 2h a. m., fiel dann bis zum min. 761,33 mm um 6h p. m. und stieg rasch wieder bis zum max. 762,54 mm um 10h p. m.
Temp. d. Luft: Mittel 25,9°; max. 27,4° um 2h p. m., min. 24,8° um 10h p. m.
Spannkr. d. Dünste: Mittel 19,8 mm; max. 21,5 mm um 2h p. m., min. 18,8 mm um 10h p. m.
Wolken: Gattung u. Betrag. a. m. fast ganz, aber leicht bezogen cu ni 9—10; p. m. fast ganz aufklarend bis zu cu 1—3.
Richtung. Mit dem Winde ziehend oder am Horizont.
Niederschl.: —
Zustand d. See: Temp. Mittel 24,5°; max. 25,1° um 2h p. m., min. 24,2° um 10h p. m.
Spezif. Gewicht. Mittel 1,02718; max. 1,0274, min. 1,0271.
Allg. Bemerk.: Der Wind war zwischen N100°E und N111°E, anfangs 2, aber gegen 10h a. m. auffrischend bis zu 4—5. Der Himmel war a. m. fast ganz, aber leicht bezogen, klarte indess p. m. fast ganz auf. Abends sehr schwaches Meeresleuchten.
Ozongehalt 2—1; Verdunstung 3,4 mm.

1875, den 19. Dezember.

Position: 20° 20,4′—19° 43,8′ S-Br., 174° 54,4′—174° 31,2′ W-Lg. bis 10h a. m.
Rhede von Lefuka-Hapai zu Anker von 2h p. m. ab.
Schiffsbew.: Kurs. a. m. N21°E, N5°E, um 10h N89°E; p. m. zu Anker.
Fahrt. a. m. 3,8, dann 6—9 (mit Dampf und Segel).
Wind: Richtung. Mittel N116°E; a. m. N100°E bis N123°E, p. m. N123°E.
Stärke. Mittel 3,6; a. m. 4—5, p. m. abflauend bis zu 2.
Barom.: Mittel 760,67 mm; 2 max. 761,43 mm um 6h a. m. und 760,99 mm um 10h p. m.; 2 min. 760,89 mm um 2h a. m. und 759,83 mm um 2h p. m.
Temp. d. Luft: Mittel 25,9°; max. 27,6° um 2h p. m., min. 25,0° um 2h a. m.
Spannkr. d. Dünste: Mittel 20,4 mm; max. 21,2 mm um 10h p. m., min. 19,5 mm um 6h a. m.
Wolken: Gattung u. Betrag. a. m. klar und schön, nur cu 0—1 am Horizont, jedoch von 10h an mehr bewölkt, cu 6 aus E; p. m. anfangs klar, dann um 6h schwache Regenböen cu ni 4—5, Abends ganz klar.
Richtung. Am Horizont, von 10h a. m. ab ganz klar.
Niederschl.: Schwache Regenböen um 6h p. m., dann um 6h 30′ und um 8h.
Zustand d. See: Temp. Mittel 24,7°; max. 25,6° um 2h p. m., min. 24,3° um 6h a. m.
Spezif. Gewicht. Mittel 1,02738; max. 1,0275, min. 1,0273.
Allg. Bemerk.: Der Wind war bis 10h a. m. meist N100°E, dann N123°E, recht frisch 4—5, flaute aber p. m. allmählich ab bis zu 2; der Himmel war meist klar und das Wetter schön, nur um 10h a. m. und 6h p. m. etwas mehr bewölkt cu 6, und cu ni 4—5, letztere mit einigen schwachen Regenböen um 6h p. m., auch noch um 8h, später völlig klar.
Ozongehalt 6—7; Verdunstung 3,7 mm.

1875, den 20. Dezember.

Position: { Rhede von Lefuka-Hapai bis Mittag zu Anker.
{ 18° 24,2′ S-Br., 173° 55,3′ W-Lg. um 10h p. m.
Schiffsbew.: Kurs. p. m. anfangs fast N10°E, um 10h N44°E.
Fahrt. Anfangs 6, dann 10 (Dampf und Segel).
Wind: Richtung. Mittel N108°E; a. m. anfangs N111°E, dann von 6h ab N100°E; p. m. beständig N111°E.
Stärke. Mittel 3,7; a. m. anfangs sehr leicht, frischte indess bald auf bis zu 4; p. m. 4—6.
Barom.: Mittel 759,93 mm; 2 max. 760,75 mm um 10h a. m. und 759,55 mm um 10h p. m., 2 min. 760,06 mm um 6h a. m. und 759,29 mm um 2h p. m.
Temp. d. Luft: Mittel 26,2°; max. 27,4° um 10h a. m., min. 25,0° um 2h a. m.
Spannkr. d. Dünste: Mittel 21,2 mm; max. 22,1 mm um 10h a. m., min. 19,8 mm um 2h a. m.

Wolken: Gattung u. Betrag. a. m. anfangs fast ganz klar nur cu 1, von 6h ab mehr bezogen ci cu 5—6; p. m. aufklarend anfangs cu 4—5, dann ganz klar.
Richtung. Aus E.
Niederschl.: Um 10h a. m. eine schwache Regenböe, Abends feuchte Luft.
Zustand d. See: Temp. Mittel 25,1°; max. 25,7° um 6h p. m., min. 24,6° um 2h a. m.
Spezif. Gewicht. Mittel 1,02725; max. 1,0275, min. 1,0271.
Allg. Bemerk.: Der Wind, der anfangs N111°E und nur von der Stärke 1 war, frischte bald auf bis zu 4 und ging dabei auf N100°E, wurde p. m. wieder N111°E und noch etwas stärker bis zu 5—6; der Himmel war anfangs fast ganz klar, bewölkte sich a. m. von 6h ab mit ci cu bis zu 5—6 aus N100°E, um 10h fiel auch ein schwacher Regen; p. m. klarte sich der Himmel wieder auf und war Abends ganz klar, die Luft blieb feucht.
Ozongehalt 5—6; Verdunstung 3,3 mm.
Schwaches Meeresleuchten in kleinen Punkten und zeitweises Aufblitzen.

1875, den 21. Dezember.

Position: 18° 1,5'—16° 55,4' S-Br., 173° 37,6'—172° 43,1' W-Lg.
Schiffsbew.: Kurs. a. m. N43°E; p. m. N43°E bis N38°E, jedoch um 6h wurde eine Zeit lang gelothet.
Fahrt. Anfangs 7,2, von 6h a. m. ab nur 5,6—5,2.
Wind: Richtung. Mittel N89°E; a. m. N144°E, p. m. anfangs N9°E, dann N234°E und Abends N324°E.
Stärke. Mittel 0,5; meist sehr leicht.
Barom.: Mittel 758,06 mm; 2 max. 758,66 mm um 6h a. m und 759,09 mm um 10h p. m.; 2 min. 758,12 mm um 2h a. m. und 756,53 mm um 2h p. m.
Temp. d. Luft: Mittel 27,7°; max. 28,8° um 2h p. m., min. 25,8° um 2h a. m.
Spannkr. d. Dünste: Mittel 21,2 mm; max. 21,6 mm um 2h p. m., min. 20,4 mm um 6h p. m.
Wolken: Gattung u. Betrag. Anfangs oben leichte ci bis zu 4, von 6h a. m. ab klar, meist nur cu 2—3 am Horizont, Abends ganz klar.
Richtung. a. m. aus E; p. m. am Horizont.
Niederschl.: —
Zustand d. See: Temp. Mittel 27,5°; max. 29,2° um 20h p. m., min. 25,8° um 2h a. m.
Spezif. Gewicht. Mittel 1,02738; max. 1,0276, min. 1,0272.
Allg. Bemerk.: Der Wind war meist sehr leicht, a. m. N144°E, p. m. veränderlich, erst N9°E, dann N234°E und wieder N324°E; der Himmel war a. m. meist klar, anfangs zeigten sich einige ci, dann nur cu 2—3 aus E, p. m. nur noch cu 2—3 am Horizont.
Ozongehalt 6; Verdunstung 3,4 mm.
Abends schwaches Meeresleuchten.

1875, den 22. Dezember.

Position: 16° 38,4'—15° 10,3' S-Br., 172° 32,0'—171° 59,9' W-Lg.
Schiffsbew.: Kurs. N19°E bis N8°E.
Fahrt. 4,6—6.
Wind: Richtung. Mittel N65°E; a. m. N8°E, N64°E, N8°E; p. m. N19°E bis N76°E.
Stärke. Mittel 1,7; meist leicht, jedoch Abends auffrischend bis zu 5.
Barom.: Mittel 758,82 mm; 2 max. 758,99 mm um 10h a. m. und 760,21 mm um 10h p. m., 2 min. 757,06 mm um 2h a. m. und 758,13 mm um 2h p. m.
Temp. d. Luft: Mittel 27,8°; max. 29,4° um 2h p. m., min. 26,3° um 10h p. m.
Spannkr. d. Dünste: Mittel 21,8 mm; max. 22,5 mm um 6h a. m., min. 21,2 mm um 10h p. m.
Wolken: Gattung u. Betrag. Anfangs klar, dann beziehend bis zu cu ni 6, um 3h aufklarend bis zu cu 2—3, Abends wieder sich beziehend bis zu cu ni 6—7.
Richtung. Aus der Windrichtung, jedoch von 10h a. m. bis Abends nur am Horizont.
Niederschl.: Um 2h 30' eine Regenböe.
Zustand d. See: Temp. Mittel 27,9°; max. 29,0° um 2h p. m., min. 27,2° um 10h p. m.
Spezif. Gewicht. Mittel 1,02720; max. 1,0274, min. 1,0270.
Allg. Bemerk.: Bei leichten N8°E- und N53°E-Winden, die Abends aber bis zu 5 auffrischten und böig wurden, war der Himmel anfangs klar, bezog sich dann bis zu cu ni 6, es zeigte sich Wetterleuchten von SE bis N, klarte um 2h 30' nach einer Regenböe wieder auf bis auf cu 2—3 am Horizont, bezog sich aber Abends wieder bis zu cu ni 6—7 aus NE, Wetterleuchten von E—N. NEliche Dünung. Farbe kornblau.
Ozongehalt 0—1; Regen 0,9 mm, Verdunstung 3,5 mm.

1875, den 23. Dezember.

Position: 14° 49,4'—14° 0,0' S.-Br.; 172° 2,4'—172° 11,6' W.-Lg.
Schiffsbew.: Kurs. N357°E bis N312°E; p. m. anfangs gelothet, dann fast N8°E.
Fahrt. a. m. anfangs 5,8, dann 2—3; Abends 5,5.
Wind: Richtung. N50°E.; a. m. N8°E, N76°E, N8°E, p. m. N31°E bis N76°E.
Stärke. Mittel 1,2; a. m. leicht, p. m. fast still.
Barom.: Mittel 759,10 mm; 2 max. 759,99 mm um 10h a. m. und 760,11 mm um 10h p. m., 2 min. 758,10 mm um 2h a. m. und 758,49 mm um 6h p. m.
Temp. d. Luft: Mittel 28,0°; max. 29,3° um 2h p. m., min. 27,2° um 2h a. m.
Spannkr. d. Dünste: Mittel 21,1 mm; max. 22,6 mm um 2h a. m., min. 20,5 mm um 10h p. m.
Wolken: Gattung u. Betrag. Anfangs cu ni aus NE 4—3, dann aufklarend bis auf cu ci und cu str. 3—4 am Horizont; Abends wieder ganz klar.
Richtung. Wie angegeben.
Niederschl.: Früh vor 2h a. m. wenig Regen; p. m. Regen von 6h 20' bis 7h.
Zustand d. See: Temp. Mittel 28,0°; max. 28,8° um 2h p. m., min. 26,5° um 2h p. m.
Spezif. Gewicht. Mittel 1,02717; max. 1,0273, min. 1,0269.
Allg. Bemerk.: Der Wind war N53°E Vormittags leicht, flaute p. m. ab und ward fast still; am Himmel zogen anfangs cu ni 4—3 aus NE, es fiel auch ein wenig Regen, dann klarte es auf, und fortan sah man nur einige ci str. oder cu str. 3—4 am Horizont, Abends war es indess wieder ganz klar und die See ganz glatt. Abends Meeresleuchten in Scheiben und kleinen Punkten.
Ozongehalt 3—4; Verdunstung 2,5 mm.

1875, den 24. Dezember.

Position: 13° 46,4'—13° 39,6' S.-Br.; 172° 4,1'—171° 52,7' W-Lg.; dann von 10h a. m. ab zu Anker im Hafen von Apia.
Schiffsbew.: Kurs. N53°E, dann N166°E.
Fahrt. 2,5, dann 5,2.
Wind: Richtung. Mittel N72°E; a. m. leichter unbeständiger Wind N8°E bis N143°E, p. m. still.
Stärke. Mittel 0,2.
Barom.: Mittel 758,60 mm; stieg anfangs bis zum max. 759,45 mm um 6h a. m. und fiel dann bis zum min. 757,47 mm um 6h p. m., stieg aber wieder bis zu 759,04 mm um 10h p. m.
Temp. d. Luft: Mittel 27,1°; max. 29,3° um 2h p. m.; min. 24,0° um 10h p. m.
Spannkr. d. Dünste: Mittel 20,9 mm; max. 21,3 mm um 2h a. m., min. 20,4 mm um 10h a. m.
Wolken: Gattung u. Betrag. a. m. meist bezogen mit cu ni 9—10, eine Zeit lang nach 3h klar; p. m. cu ni 6—7 am Horizont, nach 4h aufklarend bis zu cu 1—2.
Richtung. Aus der Windrichtung ziehend.
Niederschl.: Um 2h a. m. leichter vorübergehender Regen.
Zustand d. See: Temp. Mittel 28,2°; max. 29,4° um 2h p. m., min. 27,3° um 2h a. m. und um 10h p. m.
Spezif. Gewicht. Mittel 1,02595; max. 1,0271; min. 1,0245.

Allg. Bemerk.: Der Wind war a. m. still bis leicht und unbeständig N98°E, N8°E und N143°E, p. m. aber ganz still. Der Himmel war a. m. meist ganz bedeckt mit cu ni 9—10 aus der Windrichtung ziehend, es fiel um 2^h ein leichter, nicht anhaltender Regen; klarte gegen Morgen etwas auf, bezog sich aber bald wieder vollständig; man sah auch viele Regenböen im N; p. m. klarte es immer mehr auf bis zu cu 1—2 am Horizont.

Ozongehalt 1,2; Regen 1,4 mm, Verdunstung 2,1 mm.

1875, den 25. Dezember.

Position: Hafen von Apia.

Schiffsbew.: Kurs. —

Fahrt. —

Wind: Richtung. Mittel N92E°; a. m. meist still, um 10^h erhob sich leichter N233°E, p. m. N8°E, dann N98°E, Abends still.

Stärke. Mittel 0,2.

Barom.: Mittel 757,39 mm; fiel vom max. 758,12 mm um 2^h a. m. bis zum min. 756,05 mm um 6^h p. m., stieg dann bis 757,42 mm um 10^h p. m.

Temp. d. Luft: Mittel 26,1°; max. 28,8° um 10^h a. m., min. 23,4° um 2^h a. m.

Spannkr. d. Dünste: Mittel 21,6 mm; max. 24.0 mm am 2^h p. m., min. 18.7 mm um 6^h a. m.

Wolken: Gattung u. Betrag. a. m. schön und klar, nur einige cu oder cu str. 2—3 am Horizont; p. m. bezogen cu ni 7, dann mehr aufklarend bis zu cu ni 3—4.

Richtung. p. m. mit dem Winde ziehend, a. m. nur am Horizont.

Niederschl.: 1^h 45' p. m. bis 2^h 5' und 4^h 5' bis 4^h 42' Regen.

Zustand d. See: Temp. Mittel 27,7°; max. 29,0° um 6^h p. m., min. 26,2° um 2^h a. m.

Spezif. Gewicht. Mittel 1,02532; max. 1,0260, min. 1,0243.

Allg. Bemerk.: Der Wind war meist still, um 10^h a. m. erhob sich ein leichter N233°E, der Nachmittags N8°E, dann N98°E wurde und allmählich ganz abflaute. Der Himmel war a. m. klar, nur einige cu oder cu str. zeigten sich am Horizont; p. m. bezog sich der Himmel mit cu ni aus der Windrichtung aus N, dann aus E. Gegen Abend klarte es auf bis auf cu ni 3—4 am Horizont.

Ozongehalt 1—2; Verdunstung 2,3 mm.

1875, den 26. Dezember.

Position: Hafen vor Apia.

Schiffsbew.: Kurs. —

Fahrt. —

Wind: Richtung. Mittel N24°E; erst um 10^h a. m. N312°E, der dann um 2^h p. m. auf N98°E überging.

Stärke. Mittel 0,0; meist still.

Barom.: Mittel 756,94 mm; max. 757,57 mm um 10^h p. m., min. 756,05 mm um 6^h p. m.

Temp. d. Luft: Mittel 26,2°; max. 28,6° um 2^h p. m., min. 23,4° um 6^h a. m.

Spannkr. d. Dünste: Mittel 21,3 mm; max. 22,7 mm um 6^h p. m., min. 19,7 mm um 6^h a. m.

Wolken: Gattung u. Betrag. a. m. klar und schön, nur cu 3 bis 4 am Horizont, um 10^h cu ni 4—5 aus der Windrichtung; p. m. einige cu ci 3—4 aus der Windrichtung; Abends ganz bezogen.

Richtung. Wie oben angegeben.

Niederschl.: Regenböen von 10^h a. m. ab.

Zustand d. See: Temp. Mittel 28,0°; max. 28,5° um 2^h p. m., min. 27,3° um 2^h a. m.

Spezif. Gewicht. Mittel 1,02623; max. 1,0268, min. 1,0258.

Allg. Bemerk.: Der Wind war meist still, das Barometer fiel im Allgemeinen, ebenfalls die Temperatur, der Himmel war klar, es zeigten sich nur Wolken am Horizont, jedoch gegen 10^h a. m. zogen auch cu ni 4—5 aus NW herauf bei sehr leichtem N312°E, begleitet von Regenböen, die sich dann wiederholten bis zum Abend, Abends war der Himmel ganz bedeckt mit cu ni 9—10.

Ozongehalt 1—2; Regen 10,2 mm, Verdunstung 2,0 mm.

1875, den 27. Dezember.

Position: Hafen von Apia.

Schiffsbew.: Kurs. —

Fahrt. —

Wind: Richtung. Mittel N261°E; a. m. meist still; p. m. anfangs N233°E, dann still, dann N323°E.

Stärke. Mittel 0,4; p. m. anfangs 2, Abends 1.

Barom.: Mittel 757,27 mm; 2 max. 757,62 mm um 10^h a. m. und 758,53 mm um 10^h p. m., 2 min. 756,50 mm um 6^h a. m. und 757,01 mm um 6^h p. m.

Temp. d. Luft: Mittel 26,1°: max. 28.4° um 10^h a. m., min. 24,3° um 6^h a. m.

Spannkr. d. Dünste: Mittel 21,0 mm; max. 22,6 mm um 10^h p. m., min. 19,9 mm um 2^h a. m.

Wolken: Gattung u. Betrag. Bis 10^h a. m. ganz klar, dann ganz bezogen mit cu ni 10; dann blieb es immer bezogen, jedoch um 6^h p. m. kurze Zeit etwas weniger bezogen bis zu cu 7—8.

Richtung. Unbestimmt.

Niederschl.: a. m. von 10^h ab Regenböen: p. m. 8^h 10' bis 11^h 20' anhaltender Regen.

Zustand d. See: Temp. Mittel 28,0°; max. 28,6° um 2^h p. m., min. 27,4° um 10^h p. m.

Spezif. Gewicht. Mittel 1,02607; max. 1,0266; min. 1,0244.

Allg. Bemerk.: a. m. war der Wind meist still, der Himmel ganz klar bis 10^h, dann bezog er sich mit cu ni 10, begleitet von Regenböen, welche sich bis gegen 4^h p. m. wiederholten. p. m. war der Wind umlaufend und unbeständig leicht, oft auch ganz still, der Himmel meist ganz bezogen.

Ozongehalt 0 - 1; Regen 7,1 mm, Verdunstung 1,3 mm.

1875, den 28. Dezember.

Position: { Hafen von Apia. Zu Anker bis gegen 10^h p. m. / 13° 49,4' S-Br.; 171° 30,4' W-Lg. um 10^h p. m.

Schiffsbew.: Kurs. N87°E } um 10^h p. m.

Fahrt. 4,8 }

Wind: Richtung. a. m. still; p. m. beständig N76°E.

Stärke. Mittel 0,5; p. m. anfangs 2—3, dann auffrischend bis zu 4.

Barom.: Mittel 757,47 mm; 2 max. 758,18 mm um 10^h a. m. und 758,59 mm um 10^h p. m., 2 min. 757,36 mm um 2^h a. m. und 756,35 mm um 2^h p. m.

Temp. d. Luft: Mittel 26,8°; max. 29,2° um 2^h p. m., min. 24,0° um 6^h a. m.

Spannkr. d. Dünste: Mittel 20,8 mm; max. 22,0 mm um 10^h p. m., min. 19,5 mm um 6^h a. m.

Wolken: Gattung u. Betrag. a. m. bezogen mit cu ni 10; p. m. etwas aufklarend, jedoch nur auf kurze Zeit bis zu cu str. 7—8.

Richtung. a. m. unbestimmt; p. m. aus ENE.

Niederschl.: Von 8^h - 9^h p. m. eine Stunde Regen.

Zustand d. See: Temp. Mittel 27,7°; max. 28,0° um 10^h p. m., min. 27,2° um 6^h p. m.

Spezif. Gewicht. Mittel 1,02648; max. 1,0274, min. 1,0261.

Allg. Bemerk.: a. m. war der Wind still, gegen Mittag erhob sich ein sehr leichter Hauch aus N53°E, der Himmel war ganz bezogen, klarte indess nur auf kurze Zeit gegen 2^h p. m. etwas auf, während der Wind aus N76°E anfangs schwach auffrischte bis zu 4.

Ozongehalt 5—6; Regen 27,0 mm, Verdunstung 2,1 mm.

1875, den 29. Dezember.

Position: 14° 0,3'—15° 59,2' S-Br.; 171° 10,5'—170° 21,9' W-Lg.

Schiffsbew.: Kurs. a. m. N166°E; p. m. N154°E, dann N143°E.

Fahrt. 4,2—7,4; p. m. 7,0—8,0.

Wind: Richtung. Mittel N48°E; a. m. N8°E, dann N31°E; p. m. anfangs N323°E, dann wieder N31°E und N8°E.

Stärke. Mittel 3,4; meist 4, in Böen bis zu 7—8 besonders um 2^h p. m. als der Wind auf N323°E ging.

Barom.: Mittel 757,29 mm; 2 max. 757,57 mm um 10^h a. m. und 758,79 mm um 10^h p. m., 2 min. 756,40 mm um 2^h a. m. und 756,91 mm um 6^h p. m.
Temp. d. Luft: Mittel 26,7°; max. 27,4° um 6^h a. m., min. 25,3° um 10^h p. m.
Spannkr. d. Dünste: Mittel 20,9 mm; max. 22,6 mm um 6^h p. m., min. 18,3 mm um 10^h p. m.
Wolken: Gattung u. Betrag. Anfangs nur ni 6; dann ganz bezogen cu ni 9—10; nur kurze Zeit etwas weniger bezogen um 10^h a. m. cu ni 7—8.
Richtung. Mit dem Winde ziehend.
Niederschl.: a. m. 6^h 50′ wenig Regen, dann Regenböen; p. m. 2^h 45′ starker Regen, ebenso 6^h 15′ starke Regenböen, von 10^h ab beständiger Regen.
Zustand d. See: Temp. Mittel 26,9°; max. 27,7° um 6^h p. m., min. 25,9° um 10^h p. m.
Spezif. Gewicht. Mittel 1,02742; max. 1,0275, min. 1,0273.
Allg. Bemerk.: Der Wind war meist N31°E, jedoch um 2^h a. m. N323°E, gleichmässig stark 4, jedoch p. m. begleitet von starken Böen bis zu 8. Der Himmel war meist ganz bezogen mit cu ni 9—10.
Ozongehalt 6: Regen 0,4 mm; Verdunstung 2,9 mm.

1875, den 30. Dezember.

Position: 16° 18,0′—17° 57,6′ S-Br., 170° 7,9′—168° 54,8′ W-Lg.
Schiffsbew.: Kurs. N143°E. dann N137°E.
Fahrt. a. m. 6—7; um 10^h bis zu 9; p. m. anfangs noch 7,2, von 6^h ab 3—5.
Wind: Richtung. Mittel N41°E; a. m. N8°E, N76°E, N31°E; p. m. N31°E, N53°E, N76°E.
Stärke. Mittel 4,1; a. m. 4—7, sehr ungleich und böig, p. m. abflauend von 6 bis zur Stille um 6^h p. m., dann wieder auffrischend bis zu 3.
Barom.: Mittel 758,85 mm; stieg bis zu 758,89 mm um 6^h a. m., fiel dann bis zum min. 758,12 mm um 2^h p. m. und stieg wieder bis zum max. 761,17 mm um 10^h p. m.
Temp. d. Luft: Mittel 24,9°; max. 26,0° um 10^h p. m., min. 23,8° um 6° a. m.
Spannkr. d. Dünste: Mittel 20,3 mm; max. 21,7 mm um 2^h a. m., min. 19,1 mm um 6^h p. m.
Wolken: Gattung u. Betrag. Fast immer bezogen mit ni 10, gegen Abend etwas aufklarend bis zu cu ni 7.
Richtung. Mit dem Winde ziehend.
Niederschl.: Anhaltender Regen bis gegen 9^h a. m.
Zustand d. See: Temp. Mittel 25,5°; max. 26,1° um 10^h a. m., min. 25,4° um 10^h p. m.
Spezif. Gewicht. Mittel 1,02713; max. 1,0274, min. 1,0268.
Allg. Bemerk.: Der Wind ging von N8°E nach N76°E und zurück nach N31°E anfangs 4 und sehr böig bis zu 7, frischte dann bis zu 6 auf, begleitet von starkem Regen bis zu 9^h a. m. bei ganz bedecktem Himmel cu 10 aus der Windrichtung ziehend; p. m. flaute der Wind ab und ging auf N53°E bis zur Stille, frischte aber aus N76°E wieder auf bis zu 3; der Himmel war bezogen, nach 10^h etwas durchbrochen. Schwaches Meeresleuchten.
Ozongehalt 10—11; Regen 76,8 mm; Verdunstung 2,1 mm.

1875, den 31. Dezember.

Position: 18° 12,6′—19° 3,0′ S-Br.; 168° 43,5′—168° 5,2′ W-Lg.
Schiffsbew.: Kurs. a. m. N143°E, jedoch um 6^h gelothet; p. m. N121°E, N166°E, dann N76°E.
Fahrt. a. m. 5,4—5,7; p. m. 5—6; Abends 0,9.
Wind: Richtung. Mittel N87°E; a. m. N64°E und N76°E; p. m. N177°E, N143°E, dann N8°E.
Stärke. Mittel 2,3; a. m. anfangs 4, dann abflauend bis zu 2; p. m. anfangs 5, doch rasch abflauend bis zur Stille.
Barom.: Mittel 756,94 mm; max. 758,38 mm um 2^h a. m.; fiel dann bis zum min. 756,04 mm um 2^h p. m., um dann wieder noch ein wenig zu steigen und zu fallen.
Temp. d. Luft: Mittel 24,6°; max. 25,9° um 10^h a. m., min. 22,8° um 6^h p. m.
Spannkraft d. Dünste: Mittel 20,2 mm; max. 21,7 mm um 6^h a. m., min. 18,8 mm um 6^h p. m.
Wolken: Gattung u. Betrag. Anfangs fast ganz bezogen mit cu ni 8—9, von 9^h a. m. ab ganz bewölkt mit ni 10.
Richtung. Aus der Windrichtung.
Niederschl.: Früh um 2^h wenig Regen; p. m. von 2^h—5^h 40′ Regen.
Zustand d. See: Temp. Mittel 25,4°; max. 25,9° um 6^h a. m., min. 24,8° um 10^h p. m.
Spezif. Gewicht. Mittel 1,02720; max. 1,0274, min. 1,0269.
Allg. Bemerk.: a. m. war der Wind N53°E, meist schwach, der Himmel bezogen mit cu ni, die aus der Windrichtung zogen, begleitet von wenig Regen um etwa 2^h a. m.; p. m. um 1^h flaute der Wind ab, ging dann durch N53°E und N98°E nach N188°E und frischte dabei auf bis zur frischen Briese, um 4^h ging er auf N143°E und flaute dabei ab; der Himmel war ganz bezogen mit ni 10, auch fiel von 2^h—4^h Regen, dann sehr starker Regen bis 5^h 30′. — Leichte See. Farbe kornblau.
Ozongehalt 5—7; Regen 0,2 mm; Verdunstung 3,0 mm.

1876, den 1. Januar.

Position: 19° 3,8′—20° 33,3′ S-Br.; 167° 59,0′—167° 24,6′ W-Lg.
Schiffsbew.: Kurs a. m. N87°E, dann N166°E; p. m. N171°E, dann N143°E.
Fahrt. a. m. anfangs 0,6, dann 5,2—5,5; p. m. 4,8—5,5.
Wind: Richtung. Mittel N71°E; a. m. N31°E; p. m. N98°E, dann N53°E.
Stärke. Mittel 1,4: a. m. 0—1; p. m. etwas auffrischend bis zu 3.
Barom.: Mittel 755,66 mm; 2 max. 755,94 mm um 10^h a. m. 756,70 mm um 10^h p. m., 2 min. 755,31 mm um 2^h a. m. und 754,92 mm um 2^h p. m.
Temp. d. Luft: Mittel 25,0°; max. 25,7° um 10^h a. m., min. 24,1° um 6^h a. m.
Spannkr. d. Dünste: Mittel 19,2 mm; max. 19,6 mm um 10^h a. m., min. 18,8 mm um 6^h p. m.
Wolken: Gattung u. Betrag. Beständig bezogen, meist cu ni 9—10, auch wohl ni str. und cu str. 9—10, aber Abends aufklarend bis zu cu ni 3 am Horizont.
Richtung. Mit dem Winde ziehend.
Niederschl.: —
Zustand d. See: Temp. Mittel 25,0°: max. 25,3° um 10^h a. m., min. 24,6° um 2^h a. m.
Spezif. Gewicht. Mittel 1,02728; max. 1,0275, min. 1,0271.
Allg. Bemerk.: a. m. war der Wind meist N31°E, dann N98°E aber fast still, der Himmel dünn bezogen aus der Windrichtung; p. m. frischte der N98°E-Wind etwas auf und ging Abends auf N53°E bis zu 3, auch klarte der Horizont auf bis zu cu ni 3 am Horizont.
Schwache E-liche Dünung. Farbe tiefblau.
Ozongehalt 9—10; Regen 5,1 mm; Verdunstung 1,3 mm.

1876, den 2. Januar.

Position: 19° 44,8′—21° 55,7′ S-Br., 167° 16,5′—166° 16,3′ W-Lg.
Schiffsbew.: Kurs. N138°E bis N133°E.
Fahrt. a. m. 2,5—3,7, p. m. 3,2—6,0.
Wind: Richtung. Mittel N24°E; a. m. N9°E, p. m. N9°E über N32°E nach N54°E.
Stärke. Mittel 2,6; a. m. 2—3, p. m. auffrischend 3—4.
Barom.: Mittel 756,34 mm; 2 max. 756,85 mm um 10^h a. m. und 757,39 mm um 10^h p. m., 2 min. 755,48 mm um 2^h a. m. und 755,99 mm um 6^h p. m.
Temp. d. Luft: Mittel 25,9°; max. 26,6° um 10^h a. m., min. 25,0° um 2^h a. m.
Spannkr. d. Dünste: Mittel 20,6 mm; max. 22,5 mm um 2^h p. m., min. 19,7 mm um 2^h a. m.
Wolken: Gattung u. Betrag. a. m. schön und klar, nur cu str. oder cu ci aus N, um 10^h cu str. 2—3 am Horizont; p. m. anfangs wie am Vormittag, jedoch um 6^h cu 8,

Regenböen am Horizont und cu lebhaft aus der Windrichtung ziehend, nach 7h wieder aufklarend bis zu cu 2 am Horizont.
Richtung. Mit dem Winde ziehend.
Niederschl.: 6h 30' p. m. Regenböen.
Zustand d. See: Temp. Mittel 25,3°; max. 26,5° um 2h p. m., min. 24,6° um 10h p. m.
Spezif. Gewicht. Mittel 1,02713; max. 1,0275, min. 1,0266.
Allg. Bemerk.: Der Wind war a. m. N9°E leicht bis schwach, frischte aber p. m. ein wenig auf und ging Abends auf N54°E; schön und klarer Himmel, nur einige cu str. oder cu ci zeigten sich aus der Windrichtung oder am Horizont, jedoch gegen 6h p. m. kamen wiederholte Regenböen, die bis 7h dauerten.
Abends sehr schwaches Meeresleuchten.
Ozongehalt 6—7; Verdunstung 2,3 mm.

1876, den 3. Januar.

Position: 22° 15,2'—23° 31,5' S-Br., 165° 56,8'—164° 42,6' W-Lg.
Schiffsbew.: Kurs. N134°E.
Fahrt. 5,8—6,8; um 2h p. m. wurde gelothet.
Wind: Richtung. Mittel N51°E; fast beständig N55°E, jedoch gegen Mittag kurze Zeit N33°E.
Stärke. Mittel 3,5; meist 4, gegen 2h p. m. etwas schwächer.
Barom.: Mittel 756,61 mm; 2 max. 756,85 mm um 10h a. m. und 757,75 mm um 10h p. m., 2 min. 756,09 mm um 6h a. m. und 755,99 mm um 2h p. m.
Temp. d. Luft: Mittel 25,6°; max. 26,9° um 2h p. m., min. 25,0° um 2h a. m.
Spannkr. d. Dünste: Mittel 20,9 mm; max. 21,4 mm um 10h p. m., min. 20,6 mm um 6h a. m.
Wolken: Gattung u. Betrag. a. m. anfangs klar, bis auf einige cu ni 1—2 am Horizont, um 6h hohe ci und cu 1—3 aus NE, die sich gegen Mittag vermehrten bis zu cu ci 5. p. m. klarte es wieder mehr auf, bis zu cu str. 3 am Horizont.
Richtung. Aus NE.
Niederschl.: —
Zustand d. See: Temp. Mittel 24,8°; max. 25,5° um 2h p. m., min. 24,3° um 10h p. m.
Spezif. Gewicht. Mittel 1,02721; max. 1,0275; min. 1,0270.
Allg. Bemerk.: Der Wind war meist N55°E mässig, nur kurz vor und nach Mittag etwas schwächer, der Himmel klar, bis auf einige sehr hohe ci und andere cu aus der Windrichtung, um Mittag herum jedoch etwas mehr bewölkt bis zu cu 4—5. Die See war leicht gekräuselt, die Dünung leicht SSE, die Farbe tiefblau.
Abends war die Luft recht feucht.
Ozongehalt 6—8; Verdunstung 2,5 mm.

1876, den 3. Januar.

(Eingeschobener Tag.)

Position: 22° 51,4'—25° 9,0' S-Br., 164° 21,9'—162° 55,4' W.-Lg.
Schiffsbew.: Kurs. N134°E.
Fahrt. 5,0—5,8.
Wind: Richtung. Mittel N40°E; meist N33°E, jedoch früh Morgens und spät Abends N55°E.
Stärke. Mittel 3,4; gleichmässig 3—4.
Barom.: Mittel 758,13 mm; 2 max. 758,28 mm um 10h a. m., und 759,29 mm um 10h p. m., 2 min. 757,36 mm um 2h a. m. und 757,87 um 2h p. m.
Temp. d. Luft: Mittel 25,7°; max. 26,6° um 10h a. m., min. 24,9° um 2h a. m.
Spannkr. d. Dünste: Mittel 21,1mm; max. 21,7 mm um 10h p. m., min. 20,8 mm um 6h p. m.
Wolken: Gattung u. Betrag. Meist klar cu 2—3 am Horizont und einige hohe ci aus der Windrichtung; Abends etwas bewölkter bis zu cu str. 6—7.
Richtung. Aus NNE.
Niederschl.: —
Zustand d. See: Temp. Mittel 24,6°; max. 25,1° um 2h p. m., min. 23,8° um 2h a. m.
Spezif. Gewicht. Mittel 1,02715; max. 1,0273, min. 1,0270.
Allg. Bemerk.: Der Wind war meist N33°E und gleichmässig 3—4, der Himmel meist klar bis auf einige cu und hohe ci aus NNE; Abends bewölkte es sich etwas stärker bis zu cu ni 6—7.
Leichte Dünung aus ESE.
Ozongehalt 9—10; Verdunstung 2,0 mm.

1876, den 4. Januar.

Position: 25° 22,5'—25° 50,7' S-Br., 162° 36,0'—161° 31,5' W.-Lg.
Schiffsbew.: Kurs. a. m. N134°E; p. m. fast N100°E.
Fahrt. a. m. 6—4; p. m. 3—4; um 6h p. m. wurde gelothet.
Wind: Richtung. Mittel N12°E; a. m. N33°E, p. m. N323°E, dann still.
Stärke. Mittel 1,6; a. m. 2—3, p. m. 1—2, dann still.
Barom.: Mittel 759,67 mm; 2 max. 759,80 mm um 10h a. m. und 761,07 mm um 10h p. m., 2 min. 759,14 mm um 2h a. m. und 758,79 mm um 2h p. m.
Temp. d. Luft: Mittel 25,6°; max. 27,3° um 10h a. m., min. 24,8° um 6h a. m.
Spannkr. d. Dünste: Mittel 20,9 mm; max. 21,3 mm um 10h a. m., min. 20,3 mm um 6h p. m.
Wolken: Gattung u. Betrag. a. m. klar, nur cu 2 am Horizont, später sehr hohe cu str. 3; p. m. bewölkter bis zu cu ni 6—7, Abends wieder klar.
Richtung. Aus der Windrichtung.
Niederschl.: Leichter Regen um 2h p. m.
Zustand d. See: Temp. Mittel 24,6°; max. 25,3° um 2h p. m., min. 23,9° um 2h a. m.
Spezif. Gewicht. Mittel 1,02723; max. 1,0274, min. 1,0271.
Allg. Bemerk.: Der Wind war a. m. N33°E schwach, ging p. m. auf N323°E und flaute ab bis zur Windstille, der Himmel war a. m. meist klar und der Horizont besetzt mit wenigen cu, später zogen hohe cu str. aus der Windrichtung, p. m. bezog es sich bis zu cu ni 7, es wurde böig, es kam auch ein leichter Regenschauer und klarte Abends, als es windstill wurde, wieder auf bis zu cu str. 1 am Horizont. a. m. leichte N-Dünung; Abends See glatt.
Ozongehalt 8; Verdunstung 2,1 mm.

1876, den 5. Januar.

Position: 25° 53,8'—27° 6,3' S-Br., 161° 16,7'—159° 48,1' W-Lg.
Schiffsbew.: Kurs. a. m. anfangs N111°E, dann N139°E, p. m. N134°E.
Fahrt. a. m. anfangs 0,7, dann (mit Dampf) 5,4—6,6, p. m. 8,0, Abends aber nur 3,1 (ohne Dampf).
Wind: Richtung. Mittel N211°E; anfangs N325°E von 6h a. m. ab aber N235°E bis N201°E.
Stärke. Mittel 2,2; a. m. 0—2; p. m. auffrischend 3—4.
Barom.: Mittel 759,67 mm; 2 max. 760,64 mm um 10h a. m. und 760,26 mm um 10h p. m., 2 min. 759,04 mm um 2h a. m. und 758,89 mm um 6h p. m.
Temp. d. Luft: Mittel 24,9°; max. 25,6° um 2h p. m., min. 23,6° um 10h p. m.
Spannkr. d. Dünste: Mittel 19,7 mm; max. 21,0 mm um 6h a. m., min. 17,4 mm um 2h p. m.
Wolken: Gattung u. Betrag. Anfangs bezogen mit cu ni 8, um 8h a. m. aufklarend bis zu cu ni 4—5, p. m. klar, nur cu 2—3 am Horizont, Abends bezogen bis zu cu ni 8.
Richtung. Mit dem Winde ziehend, jedoch 8h a. m. hohe ci aus ENE, bei N235°E-Wind.
Niederschl.: Um 10h a. m. ganz leichter vorübergehender Regen.
Zustand d. See: Temp. Mittel 24,2°; max. 24,7° um 2h p. m., min. 23,5° um 10h p. m.
Spezif. Gewicht. Mittel 1,02718; max. 1,0274, min. 1,0269.
Allg. Bemerk.: Der Wind war anfangs sehr leicht N325°E, ging aber bald auf N235°E und frischte gegen Mittag immer mehr auf, ging p. m. auf N201°E bis zur Stärke von 3—4, der Himmel war anfangs bezogen mit cu ni 8

aus der Windrichtung, klarte gegen 8h a. m. auf bis zu cu ci 3, die cu aus der Windrichtung, die hohen ci aus ENE, auch stellten sich gegen Mittag leichte Regenböen ein, als der Wind südlicher ging; p. m. klar bis auf cu 2—3 am Horizont, jedoch Abends wieder bezogen mit cu ni 8 aus S. a. m. schwache Dünung aus ENE, Farbe tiefblau.

Ozongehalt 8—9; Verdunstung 1,9 mm.

1876, den 6. Januar.

Position: 27° 14,0'—28° 42,9' S-Br., 159° 40,1'—158° 50,8' W-Lg.

Schiffsbew.: Kurs. N146°E bis N140°E.

Fahrt. Anfangs 2,2, dann (mit Dampf) 5,2—6,0.

Wind: Richtung. Mittel N70°E; anfangs N214°E, von 6h a. m. ab N79°E; p. m. N56°E und N67°E.

Stärke. Mittel 2,8; anfangs 1—2, von 6h a. m. ab 3—4.

Barom.: Mittel 759,64 mm; 2 max. 759,88 mm um 10h a. m. und 761,12 mm um 10h p. m.; 2 min. 759,09 mm um 2h a. m. und 759,09 mm um 2h p. m.

Temp. d. Luft: Mittel 23,2°; max. 24,0° um 10h a. m., min. 22,2° um 6h a. m.

Spannkr. d. Dünste: Mittel 18,2 mm; max. 18,9 mm um 2h a. m., min. 16,7 mm um 2h p. m.

Wolken: Gattung u. Betrag. Anfangs klar, nur cu ni 3—4 am Horizont, um 5h a. m. bezogen mit ni 10; p. m. klar bis auf cu str. 5—6.

Richtung. Mit dem Winde ziehend.

Niederschl.: a. m. gegen 6h leichter Regen; p. m. 9h 10' bis 9h 20' eine Regenböe.

Zustand d. See: Temp. Mittel 22,7°; max. 23,4° um 6h a. m. min. 22,0° um 10h p. m.

Spezif. Gewicht. Mittel 1,02715; max. 1,0273, min. 1,0270.

Allg. Bemerk.: Anfangs war der Wind leicht, noch aus N214°E, und der Himmel klar bis auf cu ni 3—4 am Horizont, um 5h a. m. ging der Wind auf N79°E, frischte bedeutend auf, und der Himmel bezog sich ganz mit ni, es fiel auch leichter Regen, um 8h klarte der Himmel sich auf bis zu cu ci 5—6; p. m. ging der Wind auf N56°E, der Himmel war klar, es zogen einige hohe cu str. aus NE und Abends gab es eine Regenböe.

Ozongehalt 8—9; Regen 0,6 mm; Verdunstung 2,0 mm.

1876, den 7. Januar.

Position: 29° 0,5'—30° 48,3' S-Br., 158° 37,3'—156° 49,7' W-Lg.

Schiffsbew.: Kurs. N135°E; p. m. N129°E.

Fahrt. 6,2—8,0; p. m. 7,6—5,4.

Wind: Richtung. Mittel N57°E, N67°E bis N56°E.

Stärke. Mittel 5,7; a. m. anfangs 4 auffrischend bis zu 6 und p. m. noch mehr auffrischend bis zu 8.

Barom.: Mittel 759,69 mm; stieg anfangs bis zum max. 760,76 mm um 6h a. m., fiel dann bis zum min. 758,62 mm um 10h p. m.

Temp. d. Luft: Mittel 22,3°; max. 22,8° um 10h p. m., min. 21,4° um 6h p. m.

Spannkr. d. Dünste: Mittel 17,6 mm; max. 18,9 mm um 2h a. m., min. 15,0 mm um 10h p. m.

Wolken: Gattung u. Betrag. a. m. Bezogen mit ni 8—9, p. m. ni 10.

Richtung. Aus NE.

Niederschl.: Beständiger Regen von 11¾h a. m. ab.

Zustand d. See: Temp. Mittel 21,5°; max. 22,4° um 10h a. m., min. 20,3° um 10h p. m.

Spezif. Gewicht. Mittel 1,02702; max. 1,0273, min. 1,0267.

Allg. Bemerk.: Der Wind war N67°E bis N56°E und frischte immer mehr auf, war anfangs mässig, wurde gegen Mittag stark und Abends stürmisch, das Barometer fiel von 6h a. m. ab beständig, doch nicht mehr als ca. 2 mm; der Himmel war bezogen anfangs mit cu ni 8—9, p. m. aber mit ni 10 aus NE ziehend, es fiel der Regen von ½11h a. m. ab den ganzen Nachmittag.

2h a. m. zunehmende Dünung aus NE.

Ozongehalt 9; Regen 0,5 mm; Verdunstung 1,7 mm.

1876, den 8. Januar.

Position: 31° 5,5'—32° 2,8' S-Br., 156° 31,7'—155° 14,4' W-Lg.

Schiffsbew.: Kurs. N129°E.

Fahrt. a. m. 5,5—8,0; p. m. 4,4; um 2h p. m. wurde gelothet.

Wind: Richtung. Mittel N10°E; a. m. N56°E, p. m. N281°E.

Stärke. Mittel 2,6; anfangs 8, um 3h a. m. abflauend bis zu 5—6; p. m. immer mehr abflauend bis zu 2—3.

Barom.: Mittel 758,61 mm; 2 max. 758,68 mm um 10h a. m. und 759,59 mm um 10h p. m.; 2 min. 758,37 mm um 2h a. m. und 757,56 mm um 2h p. m.

Temp. d. Luft: Mittel 21,8°; max. 23,3° um 2h p. m., min. 20,6° um 2h a. m.

Spannkr. d. Dünste: Mittel 17,7 mm; max. 18,5 mm um 2h p. m., min. 16,4 mm um 10h p. m.

Wolken: Gattung u. Betrag. a. m. ganz bezogen mit ni 10, klarte um 8h auf bis zu cu str. 3—4; p. m. meist bezogen, jedoch um 6h auf kurze Zeit aufklarend bis zu cu str. 4—5.

Richtung. Anfangs aus NE, von 10h a. m. ab schon aus W.

Niederschl.: Der Regen des vorigen Tages wurde etwas schwächer, hielt aber an bis 3h a. m.; von da bis 8h 15' a. m. vorübergehender Regen.

Zustand d. See: Temp. Mittel 21,0°; max. 21,3° um 6h p. m., min. 20,6° um 10h p. m.

Spezif. Gewicht. Mittel 1,02687; max. 1,0270, min. 1,0267.

Allg. Bemerk.: Der stürmische N56°E hielt noch an bis 3h a. m. ebenso der Regen, welcher indess allmählich schwächer wurde; von 3h ab flaute der Wind ab, aber der Regen dauerte noch vorübergehend bis 8h 15', dann klarte es auf; p. m. ging der Wind immer weiter nach N281°E und flaute noch mehr ab, der Himmel bewölkte sich dabei wieder meist zu 8—10.

a. m. Dünung gekreuzt, doch meist aus NNE. Abends W-liche Dünung.

Ozongehalt 10—11; Regen 29,3 mm; Verdunstung 1,4 mm.

1876, den 9. Januar.

Position: 32° 17,5'—33° 33,1' S-Br., 154° 52,3'—152° 54,1' W-Lg.

Schiffsbew.: Kurs. N129°E.

Fahrt. a. m. 7—8, dann 3,6; p. m. 6—7.

Wind: Richtung. Mittel N251°E; meist N259°E, nur im Anfange N247°E und Abends N225°E.

Stärke. Mittel 3,5; meist 3—4.

Barom.: Mittel 758,98 mm; 2 max. 759,44 mm um 10h a. m. und 759,74 mm um 10h p. m.; 2 min. 758,02 mm um 2h a. m. und 758,62 mm um 6h p. m.

Temp. d. Luft: Mittel 21,0°; max. 21,8° um 2h a. m., min. 19,4° um 10h p. m.

Spannkr. d. Dünste: Mittel 15,6 mm; max. 16,3 mm um 2h a. m., min. 15,0 mm um 10h p. m.

Wolken: Gattung u. Betrag. a. m. anfangs cu str. 4, gegen 10h a. m. mehr bezogen cu ni 7—8; p. m. fast ganz bezogen mit cu ni 8—9, Abends mit ni 10.

Richtung. Aus WSW.

Niederschl.: 8h 30' p. m. bis 10h leichter Regen.

Zustand d. See: Temp. Mittel 20,2°; max. 20,7° um 2h a. m., min. 19,5° um 10h p. m.

Spezif. Gewicht. Mittel 1,02702; max. 1,0272, min. 1,0268.

Allg. Bemerk.: Der Wind war meist N259°E mit geringen Abweichungen nach N247°E und N225°E und fast gleichmässig 3—4; der Himmel war a. m. ziemlich klar, nur einige cu str. zeigten sich aus WSW, bezog sich gegen 10h dünn bis zu cu ni 7—8; p. m. mehrte sich noch die Bewölkung, und Abends fiel von 8h 30' bis 10h ein leichter Regen.

See und Dünung W-lich, mässig.

Ozongehalt 9—10; Regen 0,1 mm; Verdunstung 2,7 mm.

1876, den 10. Januar.

Position: 33° 44,5′—34° 48,2′ S-Br., 152° 32,9′—152° 43,2′ W-Lg.
Schiffsbew.: Kurs. a. m. N125°E, N91°E, N198°E; p. m. N192°E, N215°E, N192°E.
Fahrt. a. m. 3—5; p. m. 5,2—6,4.
Wind: Richtung. Mittel N151°E; a. m. N192°E bis N136°E, p. m. meist N147°E, Abends spät N136°E.
Stärke. Mittel 3,5; a. m. 3—4, gegen Mittag etwas schwächer; p. m. auffrischend 4—5.
Barom.: Mittel 759,14 mm; 2 max. 759,33 mm um 10^h a. m. und 760,96 mm um 10^h p. m; 2 min. 758,06 mm um 6^h a. m. und 758,32 mm um 2^h p. m.
Temp. d. Luft: Mittel 19,0°; max. 19,2° um 2^h a. m. und um 10^h a. m., min. 18,6° um 10^h p. m.
Spannkr. d. Dünste: Mittel 13,4 mm; max. 14,6 mm um 2^h a. m., min. 12,3 mm um 2^h p. m.
Wolken: Gattung u. Betrag. a. m. meist ganz bezogen; p. m. aufklarend bis zu cu 3, dann mehr bezogen cu ni 8—9, Abends cu ni 5—7.
Richtung. Aus SE.
Niederschl.: —
Zustand d. See: Temp. Mittel 19,4°; max. 19,7° um 2^h p. m., min. 18,7° um 10^h p. m.
Spezif. Gewicht. Mittel 1,02690; max. 1,0270, min. 1,0268.
Allg. Bemerk.: Der Wind ging gleich anfangs durch N215°E auf N171°E und bis N136°E, der Himmel war a. m. meist ganz bezogen, klarte jedoch 9^h 30′ ein wenig auf; p. m. ziemlich klar, ausgeprägte Passatwolken, oft auch ganz klar, oft schnell ziehende cu; der Wind frischte ein wenig auf und war meist N147°E.
Dünung aus SzE.
Ozongehalt 9—10; Verdunstung 1,6 mm.

1876, den 11. Januar.

Position: 35° 15,0′—36° 46,5′ S-Br.; 152° 47,3′—153° 0,5′ W-Lg.
Schiffsbew.: Kurs. a. m. meist N183°E, dann N166°E; p. m. anfangs wurde gelothet, Abends N153°E.
Fahrt. 6—7.
Wind: Richtung. Mittel N103°E; a. m. anfangs N124°E, dann N101°E; p. m. meist N101°E, Abends N79°E.
Stärke. Mittel 4,2; gleichmässig 4—5.
Barom.: Mittel 762,47 mm; 2 max. 762,58 mm um 10^h a. m. und 764,10 mm um 10^h p. m., 2 min. 761,06 mm um 2^h a. m. und 762,48 mm um 2^h p. m.
Temp. d. Luft: Mittel 17,8°; max. 18,8° um 2^h p. m., min. 17,0° um 10^h p. m,
Spannkr. d. Dünste: Mittel 11,3 mm; max. 12,4 mm um 10^h a. m., min. 10,1 mm um 10^h p. m.
Wolken: Gattung u. Betrag. a. m. meist bezogen cu ni 8—10, selten nur cu ni 5—6; p. m. aufklarend bis zu cu 4—5.
Richtung. Aus E.
Niederschl.; Regenböen etwa um 10^h a. m.
Zustand d. See: Temp. Mittel 17,9°; max. 18,2° um 6^h a. m., min. 17,3° um 10^h p. m.
Spezif. Gewicht. Mittel 1,02682; max. 1,0269, min. 1,0267.
Allg. Bemerk.: Der Wind war anfangs N124°E, ging dann allmählich immer weiter nach N100°E und Abends auf N79°E, anfangs mässig, frischte gegen Mittag auf bis zur frischen Briese, der Himmel war a. m. meist bezogen aus E, begleitet um 10^h von einigen Regenböen; p. m. klarte es auf bis zu cu 4—5.
Dünung aus SE.
Ozongehalt 7—8; Verdunstung 2,8 mm.

1876, den 12. Januar.

Position: 37° 10,7′—39° 0,0′ S-Br.; 152° 52,1′—152° 30,7′ W-Lg.
Schiffsbew.: Kurs. a. m. N148°E; p. m. N193°E, dann meist N148°E.
Fahrt. a. m. 5—7; p. m. 4—7.
Wind: Richtung. Mittel N85°E; a. m. meist N81°E, gegen Mittag N92°E; p. m. anfangs N126°E, dann von 4^h an N69°E und Abends N81°E.
Stärke. Mittel 3,8; a. m. anfangs 3, dann auffrischend bis zu 5; p. m. abflauend bis zu 2—3, aber Abends wieder auffrischend bis zu 5.
Barom.: Mittel 764,80 mm; 2 max. 765,12 mm um 10^h a. m. und 765,98 mm um 10^h p. m., 2 min. 763,95 mm um 2^h a. m. und 764,71 mm um 6^h p. m.
Temp. d. Luft: Mittel 17,3°; max. 18,5° um 10^h p. m., min. 16,9° um 2^h a. m. und um 10^h p. m.
Spannkr. d. Dünste: Mittel 10,9 mm; max. 11,7 mm um 6^h a. m., min. 9,7 mm um 10^h a. m.
Wolken: Gattung u. Betrag. Klar und schön bis 3^h a. m., nur cu 4, dann ganz bezogen bis 4^h p. m.; von da ab aufklarend bis zu cu str. 4—5.
Richtung. Aus der Windrichtung.
Niederschl.: —
Zustand d. See: Temp. Mittel 17,1°; max. 17,4° um 10^h a. m., min. 16,7° um 10^h p. m.
Spezif. Gewicht. Mittel 1,02667; max. 1,0267, min. 1,0265.
Allg. Bemerk.: Der Wind war meist N58°E, nur gleich nach Mittag eine Zeit lang N126°E, meist mässig, um Mittag etwas flauer, aber Abends etwas mehr auffrischend, der Himmel war klar bis 3^h, dann mehr bezogen bis zu cu ni 10, klarte um 4^h p. m. bedeutend auf.
Dünung aus S um 2^h a. m.
Ozongehalt 8—9; Verdunstung 2,3 mm.

1876, den 13. Januar.

Position: 39° 23,0′—41° 19,2′ S-Br.; 152° 12,9′—150° 50,2′ W-Lg.
Schiffsbew.: Kurs. Fast beständig N147°E.
Fahrt 5,6—7,2.
Wind: Richtung. Mittel N72°E; a. m. N80°E bis N57°E p. m. meist N80°E, Abends N68°E.
Stärke. Mittel 4,6; meist 5, nur gleich nach Mittag etwas flauer.
Barom.: Mittel 764,67 mm; 2 max. 765,32 mm um 10^h a. m. und 764,53 mm um 10^h p. m., 2 min. 764,97 um 2^h a. m. und 763,54 um 6^h p. m.
Temp. d. Luft: Mittel 16,3°; max. 16,8° um 2^h a. m., min. 15,2° um 2^h p. m.
Spannkr. d. Dünste: Mittel 11,1 mm; max. 11.4 mm um 6^h p. m., min. 10,7 mm um 10^h a. m.
Wolken: Gattung und Betrag. Anfangs klar und schön, nur cu ni 4—5, von 8^h ab aber fast immer ganz bezogen cu ni 10.
Richtung. Aus ENE.
Niederschl.: a. m. 11^h leichter Regen; p. m. 2^h leichter vorübergehender Regen.
Zustand d. See: Temp. Mittel 16,3°; max. 16,8° um 10^h a. m., min. 15,3° um 10^h p. m.
Spezif. Gewicht. Mittel 1,02663; max. 1,0268, min. 1,0265.
Allg. Bemerk.: Der Wind war meist N57°E und gleichmässig frisch, jedoch um 2^h p. m. eine kurze Zeit flauer, während das Thermometer fiel bis zum min. des Tages; a. m. war es klar und schön, aber von 8^h ab fast immer bezogen; zu bemerken ist noch, dass um Mittag der Wind ganz still war und dann $1/2$ Stunde aus N350°E ein leiser Lufthauch gespürt wurde.
Abends Dünung aus SW.
Ozongehalt 7—8; Verdunstung 2,7 mm.

1876, den 14. Januar.

Position: 41° 46,4′—42° 56,7′ S-Br.; 150° 25,1′—149° 20,3′ W-Lg.
Schiffsbew.: Kurs. a. m. N152°E, dann N138°E; p. m. anfangs gelothet, dann N127°E, Abends N143°E.
Fahrt. 7,0—6,2; p. m. 4,5—4,8.
Wind: Richtung. Mittel N65°E; a. m. N82°E bis N59°E; p. m. N37°E bis N82°E.
Stärke. Mittel 3,1; ungleichmässig bald 4, bald 2, Abends gleichmässig 3—4.

Barom.: Mittel 760,08 mm; fiel beständig vom max. 762,50 mm um 2h a. m. bis min. 756,94 mm um 10h p. m.
Temp. d. Luft: Mittel 16,2°; max. 18,0° um 2h p. m., min. 15,4° um 2h a. m.
Spannkr. d. Dünste: Mittel 11,8 mm; max. 12,3 mm um 2h p. m., min. 11,1 mm um 6h a. m.
Wolken: Gattung u. Betrag. a. m. meist ganz bezogen cu ni 9—10, gegen Mittag etwas aufklarend bis zu cu str. 6—7; p. m. wieder beständig bezogen cu ni 10.
Richtung. Mit dem Winde ziehend.
Niederschl.: p. m. 11h—12h leichter Regen.
Zustand d. See: Temp. Mittel 15,1°; max. 15,4° um 2h p. m., min. 14,9° um 2h a. m.
Spezif. Gewicht. Mittel 1,02643; max. 1,0266, min. 1,0263.
Allg. Bemerk.: Der Wind drehte sich im Laufe des Tages von N82°E nach N37°E und wieder zurück nach N82°E. Die Stärke war ungleich und wechselnd zwischen 5 und 2, und der Wind wurde erst gegen Abend gleichmässiger; der Himmel war fast immer bezogen mit cu ni 9—10, nur kurze Zeit gegen Mittag etwas weniger bewölkt.
Hohe Dünung aus SW, Farbe hellblau.
Abends Meeresleuchten (Walzen).
Ozongehalt 7—8; Verdunstung 1,9 mm.

1876, den 15. Januar.

Position: 43° 13,6'—44° 7,0' S-Br.; 149° 18,2'—147° 43,3' W-Lg.
Schiffsbew.: Kurs. Anfangs N171°E, dann N182°E, von 10h a. m. ab meist N126°E, Abends N114°E.
Fahrt. 4,5—3,0, nur um 2h p. m. 7,4.
Wind: Richtung. Mittel N193°E; a. m. anfangs N103°E, dann N137°E, ging um 9h auf N182°E; p. m. beständig N216°E.
Stärke. Mittel 2,8; a. m. meist 3, frischte um 10h auf bis zu 5; p. m. flaute um 5h ab bis zu 2—3, und erhob sich um 7h bis zur Stärke 6.
Barom.: Mittel 753,19 mm; fiel vom max. 754,40 mm um 2h a. m. bis zum min. 752,03 mm um 6h p. m., stieg dann wieder bis zu 753,17 mm um 10h p. m.
Temp. d. Luft: Mittel 14,8°; max. 15,5° um 2h p. m, min. 13,6° um 10h p. m.
Spannkr. d. Dünste: Mittel 11,6 mm; max. 12,1 mm um 2h a. m., min. 10,3 mm um 10h p. m.
Wolken: Gattung und Betrag. a. m. ganz bezogen; p. m. um 5h aufklarend bis zu cu ni 5—6.
Richtung. p. m. aus SW.
Niederschl.: a. m. leichter Regen bis 5h, dann starker Regen bis 7h 10'.
Zustand d. See: Temp. Mittel 14,6°; max. 15,3° um 10h a. m., min. 14,3° um 10h p. m.
Spezif. Gewicht. Mittel 1,02643; max. 1,0266, min. 1,0263.
Allg. Bemerk.: Der Wind war anfangs N103°E, dann N137°E schwach, der Himmel ganz bezogen, leichter Staubregen fiel bis 5h und dann starker Regen bis 7h 10', um 9h ging der Wind auf N204°E und frischte um 10h auf bis zu 4; p. m. war der Wind N216°E, anfangs frisch, flaute ab von 5h—7h, frischte dann wieder auf bis zu 6; um 5h klarte es auf bis zu cu ci 5—6.
a. m. NE Dünung. Seegang zunehmend SW.
Ozongehalt 10—11; Regen 0,6 mm; Verdunstung 1,2 mm.

1876, den 16. Januar.

Position: 44° 19,0'—45° 6,8' S-Br., 146° 59,1'—143° 49,3' W-Lg.
Schiffsbew.: Kurs. N115°E.
Fahrt. 9,0 abnehmend bis 6; Abends 9,1.
Wind: Richtung. Mittel N251°E; a. m. N228°E bis N250°E, p. m. N284°E bis N228°E.
Stärke. Mittel 4,5; a. m. anfangs 5—6, dann etwas flauer 4—5; p. m. meist 4, aber böig bis zu 7.
Barom.: Mittel 753,92 mm; 2 max. 754,25 mm um 10h a. m. und 753,84 mm um 10h p. m., 2 min. 753,78 mm um 2h a. m. und 753,71 mm um 2h p. m.
Temp. d. Luft: Mittel 13,4°; max. 14,5° um 2h p. m., min. 12,0° um 10h p. m.
Spannkr. d. Dünste: Mittel 9,1 mm; max. 10,0 mm um 2h p. m., min. 7,8° um 2h a. m.
Wolken: Gattung u. Betrag. Meist klar und schön cu 1 am Horizont; Abends sich beziehend bis zu cu ni 10 aus SW.
Richtung. Aus SW.
Niederschl.: p. m. von 7h ab leichte vorübergehende Regenböen.
Zustand d. See: Temp. Mittel 12,9°; max. 13,3° um 10h a. m., min. 12,4° um 10h p. m.
Spezif. Gewicht. Mittel 1,02643; max. 1,0265, min. 1,0263.
Allg. Bemerk.: Der Wind war a. m. N239°E, meist 4—5 und gleichmässig, das Wetter schön und der Himmel fast ganz klar; p. m. war der Wind anfangs N284°E, dann N228°E, in Böen bis zu 7, von 7h ab vorübergehende Regenböen. Hohe SW-Dünung und See.
Ozongehalt 9—10; Verdunstung (?).

1876, den 17. Januar.

Position: 45° 18,9'—45° 38,9' S-Br., 142° 55,4'—139° 59,9 W-Lg.
Schiffsbew.: Kurs. N110°E, N104°E und N93°E.
Fahrt. Anfangs 10,6, dann geringer bis zu 6,5; p. m. anfangs wurde gelothet, dann 7 und 10,2.
Wind: Richtung. Mittel N258°E; a. m. N228°E, um 10h N239°E, p. m. anfangs N262°E, Abends N307°E.
Stärke. Mittel 4,1: anfangs 6—7, flaute gegen Mittag ab bis zu 4 und frischte erst spät wieder auf bis zu 6.
Barom.: Mittel 753,88 mm; stieg bis zum max. 754,63 mm um 10h a. m. und fiel dann bis zum min. 752,67 mm um 10h p. m.
Temp. d. Luft: Mittel 11,6°; max. 12,6° um 2h p. m., min. 10,4° um 6h a. m.
Spannkr. d. Dünste: Mittel 7,1 mm; max. 7,9 mm um 6h a. m., min. 6,7 mm um 10h p. m.
Wolken: Gattung u. Betrag. Den Tag über meist klar, nur cu 2—4, jedoch zur Zeit des Sonnenuntergangs mehr bewölkt bis zu ci 7—8.
Richtung. a. m. aus SW, p. m. aus W, Abends spät nur am Horizont.
Niederschl.: —
Zustand d. See: Temp. Mittel 11,9°; max. 12,6° um 2h a. m., min. 11,5° um 6h p. m.
Spezif. Gewicht. Mittel 1,02635.
Allg. Bemerk.: Der Wind war a. m. N239°E und anfangs steif, flaute gegen Mittag ab und ging p. m. gegen Abend bei fallendem Barometer und zunehmender Bewölkung auf N307°E; als dieser Wind dann immer mehr auffrischte, klarte der Himmel wieder auf und blieb, wie a. m. ziemlich klar.
Ozongehalt 9—10; Regen 0,9 mm; Verdunstung (?).

1876, den 18. Januar.

Position: 45° 41,6'—45° 53,4' S-Br., 139° 3,6'—133° 49,1' W-Lg.
Schiffsbew.: Kurs. N93°E, von 6h p. m. ab N82°E.
Fahrt. 10,4—13,5.
Wind: Richtung. Mittel N341°E; N329°E, von 6h p. m. ab N3°E.
Stärke. Mittel 6,8; steif, von 6h p. m. ab zeitweilig stürmisch.
Barom.: Mittel 751,60 mm; 2 max. 752,16 mm um 10h a. m. und 751,63 mm um 10h p. m., 2 min. 751,65 mm um 6h a. m. und 751,14 mm um 2h p. m.
Temp. d. Luft: Mittel 13,1°; max. 14,0° um 10h a. m., min. 11,8° um 2h a. m.
Spannkr. d. Dünste: Mittel 9,2 mm; max. 9,9 mm um 10h p. m., min. 7,7 mm um 2h a. m.
Wolken: Gattung u. Betrag. Anfangs klar, nur cu 2—3 am Horizont, gegen Morgen ganz bezogen cu 10; p. m. aufklarend, aber so, dass es oft ganz klar wurde und oft ganz mit cu ni bezogen war.
Richtung. Mit dem Winde ziehend.
Niederschl.: —

Zustand d. See: Temp. Mittel 12,0°; max. 12,5° um 10h a. m., min. 10,9° um 2h a. m.

Spezif. Gewicht. Mittel 1,02647, max. 1,0266, min. 1,0263.

Allg. Bemerk.: Das Barometer erreichte heute seinen niedrigsten Stand, verglichen mit dem Stande des vorigen und des folgenden Tages, das Thermometer hingegen zeigte ein relatives max., der Wind war beständig steif aus N329°E, von 6h p. m. ab sogar mitunter stürmisch aus N3°E, der Himmel war anfangs klar, bezog sich aber fast ganz gegen Morgen und klarte erst Nachmittags wieder auf, so dass es Abends abwechselnd oft ganz klar und eben so oft wieder ganz bezogen war, aber ohne Regen.

a. m. Dünung sehr gering aus W, leichte See aus NW.

Ozongehalt 9—10; Verdunstung 1,3 mm.

1876, den 19. Januar.

Position: 45° 52,'6—45° 51,8' S-Br., 132° 48,3'—130°.10,3' W-Lg.

Schiffsbew.: Kurs. N87°E.

Fahrt. Anfangs 10, von 6h p. m. ab 4,4—6,8.

Wind: Richtung. Mittel N320°E; a. m. anfangs N4°E, dann N285°E und N319°E, p. m. N296°E, N319°E und zurück nach N308°E.

Stärke. Mittel 3,6; anfangs noch stürmisch, doch sehr bald abflauend bis zu 2, von 10h a. m. ab 3—4.

Barom.: Mittel 755,17 mm; stieg beträchtlich vom min. 751,14 mm um 2h a. m. bis zum max. 758,51 mm um 10h p. m.

Temp. d. Luft: Mittel 12,3°; max. 13,0° um 2h a. m., min. 11,7° um 6h a. m.

Spannkr. d. Dünste: Mittel 9,0 mm; max. 9,7 mm um 2h a. m., min. 8,6 mm um 6h a. m.

Wolken: Gattung und Betrag. a. m. bezogen bis zu cu ni 9—10, klarte um 9h wieder auf bis zu cu str. 3; p. m. meist klar, nur um 6h wieder etwas bezogen.

Richtung. Mit dem Winde ziehend.

Niederschlag: Leichter Regen a. m. von 2h 10'—9h.

Zustand d. See: Temp. Mittel 11,5; max. 12,2° um 2h p. m., min. 11,1° um 10h p. m.

Spezif. Gewicht. Mittel 1,02635; max. 1,0265, min. 1,0262.

Allg. Bemerk.: Das Barometer stieg über 7 mm, während die Temperatur der Luft etwas sank, der Wind war anfangs noch stürmisch aus N4°E, flaute aber bald ab und schwankte hin und her zwischen N285°E und N340°E, der Himmel war a. m. meist bezogen mit leichtem Regen von 2h—9h, war aber p. m. meist klar ohne Regen.

a. m. SW-Dünung, Farbe azurblau; p. m. Seegang abnehmend.

Ozongehalt 9—10; Regen 1,4 mm; Verdunstung 1,9 mm.

1876, den 20. Januar.

Position: 45° 51,2'—45° 50,4' S-Br., 129° 35,0'—127° 21,7' W-Lg.

Schiffsbew.: Kurs. N87°E.

Fahrt. 6,5—6,1; um 10h a. m. wurde gelothet.

Wind: Richtung. Mittel N272°E; anfangs N274°E, von 6h a. m. ab N263°E, Abends spät N308°E.

Stärke. Mittel 3,7; a. m. 3—4, p. m. 4.

Barom.: Mittel 763,5 mm; stieg vom min. 758,02 mm um 2h a. m. bis zum max. 767,27 mm um 10h p. m.

Temp. d. Luft: Mittel 12,6°; max. 13,4° um 2h p. m., min. 11,8° um 6h a. m.

Spannkr. d. Dünste: Mittel 8,0 mm; max. 8,3 mm um 6h p. m., min. 7,7 mm um 2h a. m.

Wolken: Gattung u. Betrag. Anfangs bezogen mit cu ni 6—8; nach 3h aufklarend bis zu cu 1—2; p. m. anfangs wieder bezogen, dann schön und klar bis zu cu 1.

Richtung. Mit dem Winde ziehend.

Niederschl.: a. m. um 3h eine Regenböe.

Zustand d. See: Temp. Mittel 12,1°; max. 12,8° um 2h p. m., min. 11,1° um 2h a. m.

Spezif. Gewicht. Mittel 1,02637; max. 1,0265, min. 1,0263.

Allg. Bemerk.: Das Barometer stieg über 9 mm, der Wind war fast immer N263°E mässig, ging spät Abends auf N308°E, der Himmel war mit schnell ziehenden Wolken aus NW bedeckt, um 3h a. m. kam eine Regenböe aus W, dann klarte der Himmel fast ganz auf; p. m. bezog er sich wieder, wurde aber gegen Abend wieder fast ganz klar.

a. m. SW-Dünung, Seegang schwach, Farbe hellblau; p. m. Wasserfarbe etwas dunkler, See ruhig.

Ozongehalt 8—9; Regen 0,4 mm; Verdunstung 1,7 mm.

1876, den 21. Januar.

Position: 45° 50,4'—45° 50,3' S-Br., 126° 41,2'—123° 22,2' W-Lg.

Schiffsbew.: Kurs. N88°E.

Fahrt. a. m. 7,8—8,4; p. m. abnehmend 7,0—3,7.

Wind: Richtung. Mittel N335°E; a. m. N331°E, p. m. anfangs N354°E, von 4h ab N331°E.

Stärke. Mittel 3,9; a. m. 4—5, p. m. abflauend bis zu 2—3.

Barom.: Mittel 767,26 mm; stieg bis zum max. 767,91 mm um 10h a. m. und fiel dann bis zum min. 766,64 mm um 10h p. m.

Temp. d. Luft: Mittel 13,3°; max. 14,5° um 2h p. m., min. 12,4° um 2h a. m. und um 10h p. m.

Spannkr. d. Dünste: Mittel 8,6 mm; max. 8,9 mm um 6h p. m., min. 8,2 mm um 10h a. m.

Wolken: Gattung u. Betrag. Den Tag über schön und klar, meist cu str. oder ci 2—3, jedoch um 6h p. m. cu ci 8.

Richtung. Aus NW.

Niederschl.: —

Zustand d. See: Temp. Mittel 12,3°; max. 12,7° um 10h a. m., min. 11,8° um 2h a. m.

Spezif. Gewicht. Mittel 1,02643; max. 1,0266, min. 1,0263.

Allg. Bemerk.: Das Barometer erreichte gegen Mittag ein relatives Maximum, indem es Nachmittags beständig fiel; der Himmel war fast den ganzen Tag meist klar, es zeigten sich nur wenige leichte Wolken aus NW, der Wind war fast beständig N331°E mässig bis frisch, flaute aber p. m. wieder ab. Abends diesiger Horizont.

a. m. SW-Dünung, leichte gekräuselte See aus NW, Farbe a. m. hellblau, p. m. dunkler.

Ozongehalt 8; Verdunstung 1,7 mm.

1876, den 22. Januar.

Position: 45° 51,3'—45° 58,8' S-Br., 123° 2,7'—120° 9,2' W-Lg.

Schiffsbew.: Kurs. N93°E.

Fahrt. a. m. 2,8—6,0; p. m. 7,5—11,5.

Wind: Richtung. Mittel N341°E; a. m. N332°E, um 10h N310°E; p. m. anfangs N343°E, dann N355°E.

Stärke. Mittel 3,4; anfangs 2, frischte aber immer mehr auf bis zu 6.

Barom.: Mittel 763,50 mm; fiel fortwährend vom max. 764,60 mm um 2h a. m. bis zum min. 762,06 mm um 10h p. m.

Temp. d. Luft: Mittel 13,2°; max. 14,4° um 2h p. m., min. 11,6° um 2h a. m.

Spannkr. d. Dünste: Mittel 9,7 mm; max. 10,5 mm um 10h p. m., min. 9,2 mm um 10h a. m.

Wolken: Gattung u. Betrag. a. m. fast klar, nur str. 2 am Horizont und leichte cu ci 3 aus NW, gegen Mittag sich beziehend und p. m. fast immer bezogen bis zu ni 10.

Richtung. Mit dem Winde ziehend.

Niederschl.: a. m. früh Thau; p. m. von 8h ab beständiger feiner Regen.

Zustand d. See: Temp. Mittel 12,7°; max. 13,0° um 2h p. m., min. 12,2° um 2h a. m.

Spezif. Gewicht. Mittel 1,02645; max. 1,0265, min. 1,0264.

Allg. Bemerk.: Das Barometer fiel unbedeutend aber beständig, der Wind war a. m. N332°E, ging dann auf N310°E, frischte dabei auf von 2 bis 4, war p. m. meist N355°E und frischte ferner auf bis zu 6, flaute indess nach 11h wieder ab; der Himmel war a. m. meist klar, aber diesig, bezog sich gegen Mittag und war p. m. meist ganz bezogen, von 8h ab fiel ein feiner Regen.

a. m. See leicht gekräuselt, Dünung SW-lich, Farbe blau; p. m. Wasserfarbe dunkelblau.

Ozongehalt 9; Verdunstung 1,2 mm.

1876, den 23. Januar.

Position: 46° 1,0′—46° 10,5′ S-Br., 119° 29,2′—116° 46,3′ W-Lg.
Schiffsbew.: Kurs: N93°E.
Fahrt. a. m. 5,2, um 6h wurde gelothet, dann 13,0; p. m. 6,6—10,7.
Wind: Richtung. Mittel N322°E; a. m. meist N355°E, um 10h N332°E; p. m. N310°E, Abends spät N298°E.
Stärke: Mittel 4,5; anfangs 4, von 3h ab ganz flau, um 9h lebhaft auffrischend bis 8; p. m. abflauend bis zu 4, dann von 2h ab wieder auffrischend bis zu 6.
Barom.: Mittel 757,03 mm; fiel vom max. 758,76 mm um 2h a. m. bis zum min. 754,60 mm um 10h a. m., stieg dann bis 757,62 mm um 10h p. m.
Temp. d. Luft: Mittel 13,4°; max. 14,4° um 10h a. m., min. 12,7° um 2h a. m.
Spannkr. d. Dünste: Mittel 10,8 mm; max. 11,9 mm um 10h a. m., min. 10,2 mm um 2h a. m.
Wolken: Gattung u. Betrag. a. m. ganz bezogen ni 10; p. m. etwas aufklarend, ganz dünn bezogen cu ni 8—9 aus W, Abends wieder ganz bezogen bis zu ni 10.
Richtung. Aus der Windrichtung.
Niederschl.: a. m. beständiger Regen, von 6h ab verbunden mit Nebel bis 12h 30′; p. m. Abends Regen von 10h ab.
Zustand d. See: Temp. Mittel 12,5°; max. 12,9° um 10h a. m., min. 12,2° um 10h p. m.
Spezif. Gewicht. Mittel 1,02630; max. 1,0265, min. 1,0260.
Allg. Bemerk.: Der Wind war N355°E anfangs mässig, flaute aber rasch ab, war um 3h fast ganz still, frischte indess um 9h lebhaft wieder auf, ging dann auf N332°E gegen Mittag und wurde stürmisch; p. m war der Wind wieder flauer aus N310°E, frischte aber gegen Abend wieder auf bis zu 6; der Himmel war a. m. dicht bezogen, der Regen fiel von 12h Nachts bis zum Mittag, dem sich von 6h früh noch der Nebel gesellte; p. m. klarte es ein wenig auf, aber nur auf kurze Zeit, Abends fiel wieder Regen.
W-liche Dünung, NW-See.
Ozongehalt 10; Regen 5,8 mm; Verdunstung 1,0 mm.

1876, den 24. Januar.

Position: 46° 11,9′—46° 17,9′ S-Br., 115° 50,4′—112° 6,4′ W-Lg.
Schiffsbew.: Kurs. N94°E.
Fahrt. a. m. abnehmend von 10,7—6,5; p. m. zunehmend von 7,6—12,8.
Wind: Richtung. Mittel N254°E; a. m. N333°E, p. m. N221°E, Abends N232°E.
Stärke. Mittel 3,8; a. m. anfangs 6, abflauend bis zu 3; p. m. wieder auffrischend bis zu 7.
Barom.: Mittel 753,36 mm; fiel vom max. 756,48 mm um 2h a. m. bis zum min. 750,48 mm um 2h p. m. und stieg dann bis zu 754,45 mm um 10h p. m.
Temp. d. Luft: Mittel 11,5°; max. 12,8° um 2h a. m., min. 9,7° um 10h p. m.
Spannkr. d. Dünste: Mittel 8,9 mm; max. 10,5 mm um 2h a. m., min. 6,5 mm um 10h p. m.
Wolken: Gattung u. Betrag. Ganz bezogen mit ni 10, von 5h p. m. ab aufklarend bis zu cu ni 5.
Richtung. Aus W, von 5h p. m. ab aus SSW.
Niederschl.: Regen bis 5h p. m.
Zustand d. See: Temp. Mittel 11,4°; max. 12,0° um 10h a. m., min. 10,7° um 10h p. m.
Spezif. Gewicht. Mittel 1,02603; max. 1,0264, min. 1,0256.
Allg. Bemerk.: Der Wind war a. m. N333°E, anfangs mässig, flaute aber bald ab und war gegen 11h schwach, ging dann S-lich, frischte um 2h p. m. als N221°E wieder auf, wurde böig, in den Böen bis zur Stärke 7; der Himmel war immer ganz bezogen mit Regenwolken, welcher bis 5h p. m. anhielt, dann klarte es allmählich auf bis zu cu ni 5, im SW bis S zeigten sich starke Wolkenbänke und an beiden Seiten vorübergehende Regenböen.
a. m. Die Wellen leuchteten auf weite Entfernungen; p. m. hohe See aus SW.
Ozongehalt 11—12; Regen 22,4 mm; Verdunstung 0,9 mm.

1876, den 25. Januar.

Position: 46° 19,3′—46° 30,2′ S-Br., 111° 12,1′—106° 45,9′ W-Lg.
Schiffsbew.: Kurs. N95°E.
Fahrt. 9,4—12,6.
Wind: Richtung. Mittel N276°E; a. m. N255°E, gegen Mittag N267°E; p. m. N289°E, spät Abends N300°E.
Stärke. Mittel 7,0; gleichmässig steif bis stürmisch und Abends sehr böig.
Barom.: Mittel 756,77 mm; stieg vom min. 754,84 mm um 2h a. m. bis zum max. 758,20 mm um 2h p. m., fiel dann bis zu 755,56 mm um 10h p. m.
Temp. d. Luft: Mittel 11,2°; max. 12,2° um 6h p. m., min. 9,6° um 6h a. m.
Spannkr. d. Dünste: Mittel 7,9 mm; max. 9,6 mm um 10h p. m., min. 5,8 mm um 2h a. m.
Wolken: Gattung u. Betrag. Anfangs ganz klar, dann cu ni 3—4; p. m. anfangs ziemlich klar, von 4h ab ganz bezogen mit ni 10.
Richtung. Mit dem Winde ziehend.
Niederschl.: a. m. von 3h bis 8h meist vorübergehende Regenböen; p. m. Regen von 4h 30′ bis 6h.
Zustand d. See: Temp. Mittel 11,4°; max. 11,8° um 6h p. m., min. 10,7° um 2h a. m.
Spezif. Gewicht. Mittel 1,02618; max. 1,0262, min. 1,0261.
Allg. Bemerk.: Der Wind wehte anfangs steif aus N255°E, ging bis zum Mittag über N267°E nach N289°E und erst Abends auf N300°E, war sehr böig und wurde dann stürmisch; der Himmel war anfangs ganz klar, es zeigten sich bald einige cu ni, verbunden mit vorübergehenden Regenböen aus SW, die aber gegen 8h a. m. aufhörten; um 4h p. m. war es ganz bezogen, und es fiel der Regen von 4h 30′ bis 6h 30′.
a. m. hohe Dünung und See; p. m. See W-lich.
Ozongehalt 9—10; Regen 12,3 mm; Verdunstung 1,1 mm.

1876, den 26. Januar.

Position: 46° 33,4′—46° 51,5′ S-Br.; 105° 48,3′—101° 12,0′ W-Lg.
Schiffsbew.: Kurs. N97°E.
Fahrt. 10,2—11,3.
Wind: Richtung. Mittel N291°E; a. m. von N302°E über N291°E nach N270°E; p. m. beständig N291°E.
Stärke. Mittel 8,0; stets 8, in den Böen oft bis 9.
Barom.: Mittel 752,11 mm; fiel vom max. 753,80 mm um 2h a. m. fast ohne Unterbrechung bis zum min. 749,36 mm um 10h p. m.
Temp. d. Luft: Mittel 12,8°; max. 13,1° um 2h p. m., min. 12,2° um 2h a. m.
Spannkr. d. Dünste: Mittel 10,0 mm; max. 10,2 mm um 6h a. m.; min. 9,8 mm um 2h p. m.
Wolken: Gattung u. Betrag. Den ganzen Tag fast ganz bezogen mit ni 10.
Richtung. Aus W.
Niederschl.: a. m. feiner Staubregen bis 5h, diesig von 10h—2h p. m., Abends feiner Regen.
Zustand d. See: Temp. Mittel 11,6°; max. 11,9° um 10h a. m., min. 11,0° um 10h p. m.
Spezif. Gewicht. Mittel 1,02608; max. 1,0262, min. 1,0259.
Allg. Bemerk.: Der Wind war gleichmässig stürmisch, in den Böen ward er zum Sturm, ging a. m. von N302°E nach N280°E, stand aber p. m. beständig auf N290°E. Der Himmel war fast immer ganz bezogen, begleitet von feinem Staubregen bis 5h a. m., dann stand es dick am Horizont, p. m. war es ebenfalls bezogen und dick, Abends fiel feiner Regen.
Wasserfarbe hellblau, p. m. zunehmende See.
Ozongehalt 10; Regen 12,3 mm; Verdunstung 1,0 mm.

1876, den 27. Januar.

Position: 46° 56,0′—47° 17,5′ S-Br.; 100° 15,0′—95° 39,0′ W-Lg.
Schiffsbew.: Kurs. N98°E.
Fahrt. 11,0—12,0.

Wind: Richtung. Mittel N264°E; anfangs N292°E, von 4h a. m. ab N258°E.
Stärke. Mittel 7,2; anfangs 8—9; p. m. etwas abflauend bis zu 6—7, fortwährend böig.
Barom.: Mittel 752,18 mm; stieg beständig vom min. 747,59 mm um 2h a. m. bis zum max. 755,41 mm um 10h p. m.
Temp. d. Luft: Mittel 11,3°; max. 11,8° um 2h p. m., min. 10,6° um 6h a. m. und um 10h p. m.
Spannkr. d. Dünste: Mittel 7,6 mm; max. 9,6 mm um 2h a. m., min. 6,3 mm um 10h p. m.
Wolken: Gattung u. Betrag. a. m. ganz bezogen mit ni 10, um 5h aufklarend bis zu cu ni 5, Mittags wieder bezogen, p. m. oft klar bis auf cu 4—7, oft ganz bezogen.
Richtung. Aus der Windrichtung.
Niederschl.: a. m. bis 3h feiner Regen; p. m. Abends vorübergehender Regen.
Zustand d. See: Temp. Mittel 10,8°; max. 11,0° um 2h p. m., min. 10,7° um 10h p. m.
Spezif. Gewicht. Mittel 1,02633; max. 1,0265, min. 1,0261.
Allg. Bemerk.: Der Wind ging bald von N292°E auf N258°E, böig steif bis zum Sturm, flaute aber p. m. etwas ab, das Barometer zeigte anfangs eine starke Depression, stieg aber im Laufe des Tages um 8 mm, der Himmel war a. m. anfangs ganz bezogen, es fiel ein feiner Regen bis 3h, klarte aber um 5h ziemlich auf, war p. m. oft ziemlich klar, aber Abends spät bezogen mit vorübergehendem Regen.
a. m. sehr hohe See aus WSW; p. m. sehr hohe See aus SW.
Ozongehalt 11—12; Regen 0,6 mm; Verdunstung (?).

1876, den 28. Januar.

Position: 47° 21,5'—47° 42,4' S-Br.; 94° 46,5'—92° 2,5' W-Lg.
Schiffsbew.: Kurs. N101°E, Abends gegen 10h N121°E.
Fahrt. a. m. 11,3—8,3 abnehmend; p. m. anfangs wurde gelothet, dann 5,4—8,0.
Wind: Richtung. Mittel N242°E; a. m. N239°E; p. m. N250°E, aber gegen 10h N228°E—N239°E.
Stärke. Mittel 5,7; a. m. 6—7, abflauend bis zu 5; p. m. 5, aber in den Böen noch bis zu 7.
Barom.: Mittel 759,64 mm; stieg vom min. 757,01 mm um 2h a. m. bis zum max. 762,15 mm um 10h p. m.
Temp. d. Luft: Mittel 10,8°; max. 11,4° um 2h p. m., min. 10,2° um 10h p. m.
Spannkr. d. Dünste: Mittel 7,5 mm: max. 7,7 mm um 6h p. m., min. 7,2 mm um 2h a. m.
Wolken: Gattung u. Betrag. Himmel meist klar, nur cu oder cu ni 3—4; p. m. ebenso, aber auch hohe ci.
Richtung. Mit dem Winde ziehend, ausgenommen p. m. die ci aus NE.
Niederschl.: a. m. um 5h 30' eine Regenböe.
Zustand d. See: Temp. Mittel 10,7°; max. 11,0° um 2h p. m., min. 10,1° um 10h p. m.
Spezif. Gewicht. Mittel 1,02635; max. 1,0264, min. 1,0262.
Allg. Bemerk.: Das Barometer fuhr fort zu steigen, die Stärke des Windes liess nach von 6 bis zu 4, ausgenommen in den Böen, der Himmel war meist klar, a. m. zeigten sich wenige cu meist am Horizont, auch sah man vorüberziehende ni; p. m. ebenfalls klar, leichte cu aus der Windrichtung, aber später noch hohe ci aus NE.
a. m. Schwaches Meeresleuchten im Kielwasser; starke See und Dünung aus W-licher Richtung, Farbe hellblau; p. m. Dünung gleichfalls SW-lich.
Ozongehalt 11,0; Regen 0,2 mm; Verdunstung 1,2 mm.

1876, den 29. Januar.

Position: 47° 58,8'—49° 31,0' S-Br.; 91° 22,7'—87° 9,2, W-Lg.
Schiffsbew.: Kurs. N123°E; Abends spät N120°E.
Fahrt. 7,4—10,4.
Wind: Richtung. Mittel N264°E; a. m. N261°E—N250°E; p. m. N273°E, spät Abends N261°E.
Stärke. Mittel 6,2; a. m. meist 5; p. m. auffrischend, steif bis stürmisch.
Barom.: Mittel 760,00 mm; fiel beständig vom max. 761,42 mm um 6h a. m. bis zum min. 757,85 mm um 10h p. m.
Temp. d. Luft: Mittel 10,3°; max. 10,5° um 2h p. m., min. 10,0° um 6h a. m.
Spannkr. d. Dünste: Mittel 7,2 mm; max. 8,0 mm um 6h p. m., min. 6,4 mm um 2h a. m.
Wolken: Gattung u. Betrag. a. m. meist bezogen, gegen Mittag aufklarend bis zu cu 3—4; p. m. anfangs cu str. 5. Abends wieder bezogen bis zu ni 10.
Richtung. Mit dem Winde ziehend.
Niederschl.: a. m. von 4h an vorübergehende Regenböen; p. m. ebenfalls.
Zustand d. See: Temp. Mittel 10,2°; max. 10,7° um 10h a. m., min. 9.5° um 10h p. m.
Spezif. Gewicht. Mittel 1,02623; max. 1,0264, min. 1,0260.
Allg. Bemerk.: Das Barometer fiel um beinahe 3,5 mm, der Wind ging a. m. von 12h—4h allmählich von N250°E 4—5 bis N295°E 5—6, gleich nach 4h auf N261°E zurück, frischte dann bis Mittag bis zur Stärke 6 auf, der Himmel war meist bezogen, aber über den ni sah man zeitweilig eine Schicht hoher ci, um Mittag herum klarte es auf; p. m. ging der Wind auf N273°E und frischte noch mehr auf bis zu 8, Abends zurück auf N261°E, um 2h zog sich der Himmel fast ganz mit langsam aufkommenden weissen mittelhohen cu ni zu, die sich zum Theil in höherstehende str. auflösten. Abends Wetter diesig.
a. m. SW-liche Dünung, Farbe azurblau.
Ozongehalt 10,0; Verdunstung 1,0 mm.

1876, den 30. Januar.

Position: 49° 49,0'—51° 10,6' S-Br.; 86° 17,7'—82° 32,1' W-Lg.
Schiffsbew.: Kurs. N119°E.
Fahrt. a. m. 10,8—9,1; p. m. 8,5—6,8.
Wind: Richtung. Mittel N223°E; anfangs N238°E, ging dann auf N204°E um 6h; p. m. N227°E, Abends spät N272°E.
Stärke. Mittel 6,2; a. m. anfangs 8, um 6h schon 9, dann abflauend bis 7; p. m. immer mehr abflauend bis 3—4.
Barom.: Mittel 761,18 mm; stieg beständig vom min. 758,45 mm um 2h a. m. bis zum max. 763,03 mm um 10h p. m.
Temp. d. Luft: Mittel 9,6°; max. 10,0° um 10h a. m., min. 9,2° um 6h a. m. und um 6h p. m.
Spannkr. d. Dünste: Mittel 6,6 mm; max. 7,1 mm um 6h a. m., min. 6,3 mm um 10h a. m.
Wolken: Gattung u. Betrag. a. m. meist bezogen cu ni 10, gegen 10h aufklarend cu ni 6, über ihnen hohe ci; p. m. cu oder cu ni 6, Abends cu ni 10.
Richtung. Mit dem Winde ziehend, nur die ci gegen Mittag zogen aus NE.
Niederschl.: Um 6h eine vorübergehende Regenböe.
Zustand d. See: Temp. Mittel 9,1°; max. 9,5° um 10h a. m., min. 8,5° um 10h p. m.
Spezif. Gewicht. Mittel 1,02615; max. 1,0263, min. 1,0259.
Allg. Bemerk.: Der Wind war anfangs N260°E, der Himmel ganz bedeckt, zwischen 1h und 2h ziemlich klar, während der Wind auf N238°E ging, bis 6h war der Wind auf N204°E gegangen und zum Sturm angewachsen bei bedecktem Himmel, von da ab flaute er allmählich ab im Laufe des Tages bis zu mässiger Stärke, gegen 10h a. m. klarte es auf bis zu cu ni 6 aus S, über ihnen sah man hohe ci aus NE; p. m. 4h feine hohe str. 0—1; am SW-lichen Horizont eine dunkle ni-Masse, die sehr langsam ziehend bis 6h 2/3 des Himmels bedeckte und am Abend denselben völlig einnahm.
a. m. hohe SW-liche See. p. m. sehr schwaches Meeresleuchten im Kielwasser.
Ozongehalt 8—9; Regen 0,3 mm; Verdunstung (?).

1876, den 31. Januar.

Position: 51° 21,5'—52° 12,3' S-Br.; 81° 32,1'—78° 31,2' W-Lg.
Schiffsbew.: Kurs. a. m. N122°E; p. m. N116°E, dann N114°E.
Fahrt. a. m. 5,0—7,8, dann wurde gelothet; p. m. 8,8—8,0.

Wind: Richtung. Mittel N280°E; a. m. meist N294°E, gegen Mittag N260°E; p. m. N272°E, Abends spät N294°E.
Stärke. Mittel 4,6; a. m. anfangs 3—4, auffrischend bis zu 6; p. m. ebenso beginnend mit 4 und auffrischend bis zu 6.
Barom.: Mittel 761,06 mm; max. 761,66 mm um 2^h a. m., min. 760,39 mm um 10^h p. m.; Gang unregelmässig.
Temp. d. Luft: Mittel 9,8°; max. 10,4° um 10^h a. m., min. 9,6° um 2^h a. m. und 10^h p. m.
Spannkr. d. Dünste: Mittel 8,4 mm; max. 8,7 mm um 2^h p. m., min. 7,9 mm um 2^h a. m.
Wolken: Gattung u. Betrag. Den Tag über meist ganz bezogen ni 10.
Richtung. Mit dem Winde ziehend.
Niederschl.: a. m. feiner Regen, später auch Nebel bis 6^h; p. m. von 6^h—7^h Nebel und Regen; 9^h 15′—9^h 30′ feiner Regen.
Zustand d. See: Temp. Mittel 9,0°; max. 9,5° um 6^h p. m., min, 8,9° um 2^h a. m. und um 10^h p. m.
Spezif. Gewicht. Mittel 1,02612; max. 1,0263, min. 1,0260.
Allg. Bemerk.: Der Wind war anfangs und zu Ende des Tages N294°E, um Mittag etwas S-licher, frischte a. m. auf von 4—6 und ebenso p. m. von 4—6. Der Himmel war den ganzen Tag meist besetzt mit ni 10, aber kurz nach 6^h a. m. zeigte sich der Horizont im SE durchbrochen, und es klarte von dorther im Laufe einer halben Stunde ganz auf, bezog sich jedoch um 7^h a. m. wieder aus W. mit ni; das Wetter war den Tag über diesig.
a. m. abnehmende, doch immerhin starke SW-liche Dünung, Farbe azurblau; p. m. zwischen 4^h und 5^h wechselte die Wasserfarbe in schnellem Uebergang von azurblau in dunkelgrün (schwarzgrün).
Ozongehalt 10; Regen 0,7 mm; Verdunstung 0,9 mm.

1876, den 1. Februar.

Position: 52° 20,0′—52° 36,0′ S-Br.; 77° 42,1′—74° 52,6′ W-Lg. bis 6^h p. m. Tuesday-Bay, Desolation Isl. Magellanns-Strasse um 10^h p. m. zu Anker.
Schiffsbew.: Kurs. a. m. N103°E; p. m. N294°E, dann N148°E.
Fahrt. a. m. 7,5—9,4; p. m. 3,1, dann 9,0.
Wind: Richtung. Mittel N272°E; a. m. meist N294°E, gegen Mittag N317°E; p. m. N283°E, von 4^h ab N227°E.
Stärke. Mittel 4,9; begann mit 5, wurde um Mittag immer stärker bis zu 7, und flaute Abends wieder ab bis zu 4, in Böen noch immer 7.
Barom.: Mittel 759,10 mm; fiel noch bis zum min. 756,68 mm um 10^h a. m., stieg dann bis zum max. 761,96 mm.
Temp. d. Luft: Mittel 8,8°; max. 9,7° um 2^h a. m., min. 7,8° um 10^h p. m.
Spannkr. d. Dünste: Mittel 7,2 mm; max. 8,6 mm um 2^h a. m., min. 5,3 mm um 10^h p. m.
Wolken: Gattung u. Betrag. a. m. ni 10; p. m. anfangs ni 8—10, von 4^h ab aufklarend bis zu cu ni 5—6.
Richtung. Mit dem Winde ziehend.
Niederschl.: a. m. beständig feiner Regen, gegen Mittag auch Nebel; p. m. anfangs anhaltender Regen, von 4^h an zeitweise Regenböen.
Zustand d. See: Temp. Mittel 9,1°; max. 9,6° um 2^h p. m., min. 8,6° um 10^h p. m.
Spezif. Gewicht. Mittel 1,02503; max. 1,0260, min. 1,0235.
Allg. Bemerk.: a. m. der Wind war N294°E, ging $9^1/_2{}^h$ auf N317°E, frischte auf von 5—6, ging aber 11^h wieder auf N272°E, Stärke 5; p. m. ging er auf N282°E bis zur Stärke 7, flaute aber Abends wieder ab, der Himmel war a. m. ganz bezogen; p. m. zeigte er sich zwischen 1^h und 2^h durchbrochen, der Wind ging auf N227°E, nahm zu bis zur Stärke 8 (in den Böen 9), die Luft klarte dabei etwas auf bis cu ni 7—8; Abends wurde der Himmel bis zur Hälfte klar, klare Luft, doch zeitweise Regenböen von diesigem Wetter begleitet, um 10^h war der Wind oft ganz still, dazwischen oft heftige umspringende Regenböen von den einschliessenden Bergen.
Ozongehalt 11—12; Regen 6,7 mm; Verdunstung 0,6 mm.

1876, den 2. Februar.

Position: Tuesday-Bay. Zu Anker.
Schiffsbew.: Kurs. —
Fahrt. —
Wind: Richtung. Mittel N249°E; a. m. N249°E, N204°E, N114°E; p. m. N24°E, N249°E und N227°E.
Stärke. Mittel 0,8; sehr veränderlich a. m. 1—6; p. m. 6—4, in Böen 9.
Barom.: Mittel 758,04 mm; fiel vom max. 762,56 mm um 2^h a. m. bis zum min. 752,46 mm um 10^h p. m.
Temp. d. Luft: Mittel 9,4°; max. 11,8° um 6^h p. m., min. 7,2° um 2^h a. m.
Spannkr. d. Dünste: Mittel 7,3 mm; max. 9,2 mm um 10^h p. m., min. 5,7 mm um 2^h a. m.
Wolken: Gattung u. Betrag. a. m. anfangs cu 1—2, um 6^h cu ni 6—7, darüber ci, bezog dann immer mehr bis p. m. zu ni 10.
Richtung. Mit dem Winde ziehend.
Niederschl.: p. m. zeitweilige Regenböen.
Zustand d. See: Temp. Mittel 9,0°; max. 9,5° um 6^h p. m., min. 8,6° um 2^h a. m.
Spezif. Gewicht. Mittel 1,02287; max. 1,0234, min. 1,0224.
Allg. Bemerk.: Wetter in der Nacht ziemlich klar mit leichten Böen bis zur Stärke 4, ward um 7^h a. m. fast ganz still (0—1), um 9^h N24°E und frischte auf, sprang zwischen 9^h und 10^h wiederholt zwischen N159°E, N24°E und N339°E um, dann bis 12^h N159°E mit Böen bis zur Stärke 7, wechselte von 12^h—2^h abermals auf N24°E—N339°E, setzte sich dann auf N24°E—N35°E fest mit grosser Heftigkeit und in schnell auf einander folgenden schweren Böen bis zur Stärke 9 wehend. Um 6^h Abends sprang der Wind auf N227°E—N204°E und flaute allmählich ab in den Böen noch bis zur Stärke 7—8. Wetter a. m. klar; p. m. dick und diesig, mit unterbrochenem starken Regen.
Leuchten der Wellenkämme weithin sichtbar.
Wasserfarbe dunkelgrün.
Ozongehalt 12; Regen 12,0 mm; Verdunstung 0,8 mm.

1876, den 3. Februar.

Position: Tuesday-Bay bis 10^h a. m. / Angosto-Hafen von 6^h p. m. ab. } zu Anker.
Schiffsbew.: Kurs. —
Fahrt. —
Wind: Richtung. Mittel N256°E; a. m. N248°E—N203°E, dann N259°E; p. m. N248°E—N293°E, dann N248°E—N271°E.
Stärke. Mittel 5,5; a. m. auffrischend von 3—8, und böig; p. m. 5—6, ebenfalls böig.
Barom.: Mittel 752,37 mm; stieg von 751,54 mm um 2^h a. m. bis zum max. 753,57 mm um 2^h p. m., fiel dann bis zum min. 749,92 mm um 10^h p. m.
Temp. d. Luft: Mittel 9,2°: max. 10,0° um 10^h a. m., min. 8,5° um 6^h p. m.
Spannkr. d. Dünste: Mittel 6,7 mm; max. 7,3 mm um 2^h p. m., min. 6,2 mm um 10^h a. m.
Wolken: Gattung u. Betrag. Den Tag über meist ni 10 ausgenommen gegen Mittag etwas klarer bis zu cu ni 7.
Richtung. Stets mit dem Winde ziehend.
Niederschl.: a. m. starke Regenböen, gegen Mittag mehr vereinzelt; p. m. starke Regenböen und anhaltend.
Zustand d. See: Temp. Mittel 8,9°; max. 9,2° um 2^h a. m., min. 8,6° um 6^h p. m.
Spezif. Gewicht. Mittel 1,02237; max. 1,0233, min. 1,0218.
Allg. Bemerk.: Regen und Wind, letzterer sprungweise von N214°E—N271°E ändernd, nahmen seit 3^h etwas ab, Himmel erschien mehrfach durchbrochen, die Regenböen waren bis Mittag etwas schwächer, und der Himmel klarer; p. m. aber bis zum Abend herrschte ununterbrochener Regen, der Wind setzte in starken Böen aus N248°E—N293°E bis zur Stärke 7—8 ein, dazwischen bis zur völligen Stille abflauend. Wetter sehr diesig. Wasserfarbe schwarzgrün.
Ozongehalt 12,3; Regen 16,8 mm; Verdunstung 1,8 mm.

1876, den 4. Februar.

Position: Angosto-Hafen bis 2^h a. m., Magellans-Strasse bis 10^h a. m.
Schiffsbew.: Kurs. N136°E, N107°E, N119°E, N12°E von 6^h a. m. ab.
Fahrt. 7,0—9,0 von 6^h a. m. ab.
Wind: Richtung. Mittel N260°E; a. m. meist N248°E, p. m. N293°E—N248°E.
Stärke. Mittel 5,5; anfangs 6 in Böen bis 9, dann auffrischend 8, in Böen bis 10, gegen Mittag abflauend, p. m. allmählich abnehmend bis zu 2—3.
Barom.: Mittel 744,69 mm; fiel beständig vom max. 748,14 mm. um 2^h a. m. bis zum min. 741,17 mm um 10^h p. m.
Temp. d. Luft: Mittel 9,0°; max. 10,6° um 2^h a. m., min. 6,2° um 10^h p. m.
Spannkr. d. Dünste: Mittel 6,0 mm; max. 6,3 mm um 6^h a. m., min. 5,8 mm um 10^h a. m.
Wolken: Gattung u. Betrag. Meist ganz bezogen mit ni 10, etwas durchbrochen um 2^h a. m. und um 2^h p. m.
Richtung. Mit dem Winde ziehend.
Niederschl.: a. m. fast ununterbrochene Regenböen bis gegen 10^h, p. m. von 7^h—$10^1/_2{}^h$ feiner Regen.
Zustand d. See: Temp. Mittel 8,2°; max. 8,5° um 2^h a. m., min. 8,0° um 10^h p. m.
Spezif. Gewicht. Mittel 1,02298; max. 1,0234, min. 1,0222.
Allg. Bemerk.: Der Wind wehte aus N226°E—N271°E, vorherrschend aus N248°E in ausserordentlich heftigen Böen bis zur Stärke 9—10, begleitet von starkem Regen. Letzterer nahm an Heftigkeit gegen Morgen etwas ab und hörte um $9^1/_2{}^h$ a. m. ganz auf, auch die Böen wurden schwächer, während der Wind um 10^h auf N293°E bis N304°E ging. Das Wetter, bis dahin sehr diesig, oft ganz dick, ward etwas klarer, der Himmel seit 10^h 45' etwas durchbrochen; p. m. gegen 1^h bezog er sich wieder, und seit 7^h war auch die Luft diesig, es fiel feiner Staubregen bis $10^1/_2{}^h$. Der Wind war p. m. schwach und gleichmässig (3—5), seit 11^h etwas böig mit klarem Wetter. Wasser schwarzgrün.
Ozongehalt 12—13; Regen 18,8 mm; Verdunstung 0,8 mm.

1876, den 5. Februar.

Position: Punta Arenas. Zu Anker.
Schiffsbew.: Kurs. —
Fahrt. —
Wind: Richtung. Mittel N252°E; der Wind war meist N247°E, N270°E um 6^h a. m. und N258°E spät Abends.
Stärke. Mittel 3,9; a. m. meist 4, in den Böen bis 7, p. m. 5, dann abflauend bis zur Windstille.
Barom.: Mittel 747,18 mm; stieg beständig vom min. 742,34 mm um 2^h a. m. bis zum max. 750,37 mm um 10^h p. m.
Temp. d. Luft: Mittel 9,9°; max. 11,9° um 2^h p. m., min. 6,5° um 2^h a. m.
Spannkr. d. Dünste: Mittel 5,6 mm; max. 6,2 mm um 6^h a. m., min. 4,8 mm um 6^h p. m.
Wolken: Gattung u. Betrag. a. m. oben cu str. oder ci str. 2—3, unten cu meist 2—3; p. m. mehr bewölkt cu oder cu ni 7—9, nur um 11^h weniger cu 4—5.
Richtung. Die unteren Wolken mit dem Winde ziehend, die oberen früh Morgens aus N225°E bei N247°E-Wind.
Niederschl.: —
Zustand d. See: Temp. Mittel 8,9°; max. 10,0° um 10^h a. m., min. 8,0° um 2^h a. m.
Spezif. Gewicht: Mittel 1,02347; max. 1,0236; min. 1,0233.
Allg. Bemerk.: Wind bis Mittag böig bis zur Stärke 7, Wetter schön und klar, Himmel mit cu 2—7 bedeckt, darüber in der Regel cu str. und ci str. in grosser Höhe und schwacher Bewegung; p. m. ward der Wind schwächer, 6^h Stärke 3, von 9^h ab 0—1, der Himmel aber auch bezogen, gegen 10^h fast ganz. Wasserfarbe grün.
Ozongehalt 6—7; Regen 0,6 mm; Verdunstung 2,7 mm.

1876, den 6. Februar.

Position: Punta Arenas.
Schiffsbew.: Kurs. —
Fahrt. —
Wind: Richtung. Mittel N305°E; a. m. Nord, N33°E, N281°E, p. m. N303°E, Abends spät N258°E.
Stärke. Mittel 3,0; a. m. schwach 1—3; p. m. auffrischend 4—6, in den Böen bis 7.
Barom.: Mittel 738,82 mm; fiel vom max. 747,20 mm um 2^h a. m. bis zum min. 733,66 mm um 6^h p. m. und stieg dann bis 735,87 mm um 10^h p. m.
Temp. d. Luft: Mittel 10,5°; max. 13,4° um 2^h p. m., min. 8,1° um 2^h a. m.
Spannkr. d. Dünste: Mittel 7,1 mm; max. 8,8 mm um 10^h a. m., min. 5,9 mm um 2^h p. m.
Wolken: Gattung u. Betrag. a. m. meist ganz bezogen mit ni 10, jedoch gegen Morgen zeitweise klarer ni 4, darüber cu str. im W; p. m. aufklarend bis zu cu oder cu ni 5 bis 6; Abends oben cu aus W.
Richtung. a. m. abweichend von der Windrichtung anfangs N., WSW bei resp. N-Wind und N33°E-Wind, von 10^h ab und p. m. mit dem Winde ziehend.
Niederschl.: a. m. starker Regen bis 3^h, von 7^h ab feiner Regen bis gegen Mittag; p. m. um 3^h feiner Regen, um 5^h schwere anhaltende Regenböen.
Zustand d. See: Temp. Mittel 9,1°; max. 10,1° um 10^h a. m., min. 8,5° um 2^h a. m. und 10^h p. m.
Spezif. Gewicht. Mittel 1,02338; max. 1,0235, min. 1,0232.
Allg. Bemerk.: Bei schwachem Nord-Wind anhaltend kräftiger Regen, bis um 3^h der Wind N23°E ward und der Himmel aufklarte. Das Wetter blieb schön, der Himmel war mit leichten hohen cu str. 4 besetzt bei schwachem N33°E-Wind, bis um $6^1/_2{}^h$ aus N270°E eine sehr niedrige ni-Schicht heraufzog und von 7^h ab feinen Regen brachte. Doch erst um $9^1/_2{}^h$ ging der Wind von N33°E auf N281°E und frischte um Mittag bis zur Stärke 6 auf, wobei auch der Himmel aufklarte. p. m. um 5^h setzte eine schwere, eine halbe Stunde anhaltende Regenböe (Stärke 8) ein und von da ab blieb das Wetter böig mit Regen, und diesiger Luft, bis es nach 10^h abflaute.
Ozongehalt 4; Regen 0,8 mm; Verdunstung 2,0 mm.

1876, den 7. Februar.

Position: Punta Arenas.
Schiffsbew.: Kurs. —
Fahrt. —
Wind: Richtung. Mittel N290°E; a. m. anfangs N247°E, dann meist N270°E, p. m. im Anfang N303°E, von 4^h N315°E.
Stärke. Mittel 4,3; meist 4—5, zuweilen 6.
Barom.: Mittel 743,17 mm; stieg von 741,84 mm um 2^h a. m. bis zum max. 745,35 mm um 10^h a. m. und fiel dann bis zum min. 739,45 mm um 10^h p. m.
Temp. d. Luft: Mittel 7,7°; max. 10,6° um 10^h a. m., min. 6,0h um 6^h a. m.
Spannkr. d. Dünste: Mittel 5,3 mm; max. 6,0 mm um 10^h a. m., min. 4,2 mm um 6^h a. m.
Wolken: Gattung u. Betrag. Himmel meist mit cu oder cu ni 6 bedeckt, zuweilen auch stärker bis zu 10 am Abend, aber nur auf kurze Zeit.
Richtung. Mit dem Winde ziehend.
Niederschl.: Von $10^1/_2{}^h$ a. m. bis 2^h p. m. häufige und starke Regenböen, von 4^h—9^h zeitweilige Regenböen.
Zustand d. See: Temp. Mittel 8,5°; max. 9,1° um 2^h p. m., min. 7,9° um 6^h a. m.
Spezif. Gewicht. Mittel 1,02342; max. 1,0236, min. 1,0232.
Allg. Bemerk.: Himmel bei mässigem N247°E-Winde mit cu resp. cu ni zur Hälfte bedeckt, Luft klar. Von 6^h ab böig bis zur Stärke 7, von $10^1/_2$ ab begleitet von Regen, während der Himmel mit niedrigen ni bedeckt und die Luft sehr diesig war; p. m. Wind N303°E bis N315°E in den Regenböen die Stärke 6 nicht überschreitend, von 9^h ab Himmel durchbrochen, der Wind abflauend.
Ozongehalt 10—11; Regen 1,3 mm; Verdunstung 2,3 mm.

1876, den 8. Februar.

Position: { Punta Arenas bis Mittag zu Anker. p. m. in Fahrt.
Schiffsbew.: Kurs. p. m. N28°E, N45°E und N106°E.
Fahrt. 10,5—7,5.
Wind: Richtung. Mittel N269°E; a. m. N292°E bis N258°E, p. m. N281°E bis N247°E.
Stärke. Mittel 5,4; a. m. meist 5, selten 4; p. m. 6—7, Abends etwas abflauend, aber böig bis zu 7.
Barom.: Mittel 741,87 mm; stieg vom min. 739,35 mm um 2h a. m. bis zum max. 744,12 mm um 10h p. m.
Temp. d. Luft: Mittel 6,8°; max. 8,4° um 2h p. m., min. 4,8° um 6h a. m.
Spannkr. d. Dünste: Mittel 5,1 mm; max. 5,4 mm um 6h p. m., min. 4,5 mm um 2h p. m.
Wolken: Gattung u. Betrag. Anfangs bezogen bis zu cu ni 7—8, dann Wetter klar und schön von 4h a. m. ab, cu str. oder cu, ci cu 3—4, selten 2.
Richtung. Mit dem Winde ziehend.
Niederschl.: Um 3h a. m. eine halbe Stunde anhaltender Regen, 8h 10′ p. m. eine Hagelböe.
Zustand d. See: Temp. Mittel 8,7°; max. 9,2° um 10h p. m., min. 8,4° um 2h a. m.
Spezif. Gewicht. Mittel 1,02368; max. 1,0248, min. 1,0233.
Allg. Bemerk.: a. m. war der Wind zwischen N292°E und N258°E (4—5) und der Himmel anfangs bezogen mit Regenböen, gegen Morgen klarte es auf, die oberen Wolken waren ohne merkliche Bewegung. p. m. Wind aus N281°E bis N247°E auffrischend und böig, Wetter klar und schön, die Wolken stauten sich in Lee, cu meist nur 2—3, jedoch um 8h 10′ kam eine Hagelböe. a. m. Wasserfarbe hellgrün.
Ozongehalt 4—5; Regen 0,8 mm; Verdunstung 1,8 mm.

1876, den 9. Februar.

Position: 52° 23,0′—49° 35,1′ S-Br., 67° 39,3′—65° 14,6′ W-Lg.
Schiffsbew.: Kurs. a. m. N74°E, von 4h ab N24°E; p. m. N24°E.
Fahrt. 8,4—9,4.
Wind: Richtung. Mittel N236°E; fast beständig N243°E, nur um 2h a. m. N209°E und um 6h a. m. N232°E.
Stärke. Mittel 7,9; zwischen 7 und 9, am stärksten um Mittag.
Barom.: Mittel 748,10 mm; stieg vom min. 744,12 mm um 2h a. m. bis zum max. 752,03 mm um 10h p. m.
Temp. d. Luft: Mittel 7,8°; max. 9,2° um 10h p. m., min. 6,4° um 6h a. m.
Spannkr. d. Dünste: Mittel 5,0 mm; max. 5,5 mm um 10h p. m., min. 4,6 mm um 6h a. m.
Wolken: Gattung u. Betrag. a. m. meist cu ni 5—6, jedoch gegen Morgen eine Zeit lang cu str. 9; p. m. anfangs cu 5—6, dann aufklarend von 4h ab cu oder cu ni 3—4.
Richtung. Mit dem Winde ziehend.
Niederschl.: p. m. zeitweilig Regen- und Hagelböen.
Zustand d. See: Temp. Mittel 9,3°; max. 10,6° um 10h p. m., min. 8,7° um 2h a. m.
Spezif. Gewicht. Mittel 1,02575; max. 1,0259, min. 1,0254.
Allg. Bemerk.: a. m. war der Wind zwischen N209°E bis N243°E, von 8h ab beständig N243°E, Stärke 7—8, später 8—9; der Himmel war bis zur Hälfte bedeckt mit mittelhohen cu aus der Windrichtung und oft mit ni am Horizont, Böen ohne Regen, zuweilen hohe str. ohne Bewegung scheinbar aus NNE; p. m. Wind beständig N243°E, Stärke 8—9, Abends etwas schwächer, Himmel etwas klarer, doch zeitweilig Regen- und Hagelböen, wieder hohe str. ohne Bewegung, ganz dünn, Abends weniger böig, um 7h abflauend, um 10h Böen bis zu 9.
a. m. hohe See und Dünung aus SW, Farbe schwarzgrau.
Ozongehalt 9—10; Regen 0,3 mm; Verdunstung 2,6 mm.

1876, den 10. Februar.

Position: 49° 0,0′—46° 43,7′ S-Br., 64° 50,8′—63° 18,2′ W-Lg.
Schiffsbew.: Kurs. N21°E.
Fahrt. 9,7—8,2; um 6h p. m. wurde gelothet, dann 6,3.
Wind: Richtung. Mittel N236°E; a. m. meist N229°E, von 9h ab N240°E; p. m. N240°E, gegen Abend N218°E und dann N308°E.
Stärke. Mittel 5,5; a. m. meist 7, in Böen bis 9; p. m. anfangs 6—7, dann stark abflauend bis zu 1 und als N308°E ein wenig auffrischend bis zu 3.
Barom.: Mittel 754,72 mm; stieg vom min. 753,12 mm um 2h a. m. bis zu 755,71 mm um 2h p. m., fiel bis zu 753,57 mm um 6h p. m. und stieg dann wieder rasch bis zum max. 756,62 mm um 10h p. m.
Temp. d. Luft: Mittel 9,0°; max. 10,8° um 10h p. m., min. 7,6° um 2h a. m.
Spannkr. d. Dünste: Mittel 5,7 mm; max. 6,0 mm um 6h p. m., min. 5,2 mm um 2h a. m.
Wolken: Gattung u. Betrag. a. m. meist bedeckt mit cu ni 7—9, zuweilen darüber str. 1—2; p. m. aufklarend bis zu cu 2—4, Abends ganz klar.
Richtung. Aus SW.
Niederschl.: a. m. um 2h Hagelböen, um 6h Regen- und Schneeböen.
Zustand d. See: Temp. Mittel 11,4°; max. 12,1° um 2h p. m., min. 10,2° um 2h a. m.
Spezif. Gewicht. Mittel 1,02585; max. 1,0261, min. 1,0257.
Allg. Bemerk.: Der Wind war N229°E bis N240°E von der Stärke 7, in den Böen bis 9, der Himmel durchbrochen cu ni 5—9 mit Hagel-, Regen- und Schneeböen; p. m. war der Wind meist N240°E, ohne Böen und um 6h abflauend bis zu 1 und zugleich aufklarend bis zu cu str. 3—4; der Wind ging um 8h auf N308°E und frischte auf bis zur Stärke 3, der Himmel wurde ganz klar. Um 2h zogen hohe cu aus ENE vorüber.
p. m. See und Dünung aus SW abnehmend.
Ozongehalt 9; Regen 1,6 mm; Verdunstung 2,0 mm.

1876, den 11. Februar.

Position: 46° 26,4′—44° 46,3′ S-Br., 63° 1,3′—61° 13,0′ W-Lg.
Schiffsbew.: Kurs. a. m. N60°E, N71°E und N18°E; p. m. N18°E, um 10h N38°E.
Fahrt. a. m. meist 5, gegen Mittag 9,2; p. m. meist 6—7, um 6h 2,6.
Wind: Richtung. Mittel N250°E; a. m. N330°E, N15°E und N285°E; p. m. N285°E, N308°E und N330°E.
Stärke. Mittel 3,3; a. m. zunehmend von 3—5, p. m. meist 3, Abends um 10h 5.
Barom.: Mittel 751,08 mm; fiel vom max. 754,87 mm um 2h a. m. bis zum min. 749,01 mm um 10h p. m.
Temp. d. Luft: Mittel 14,0°; max. 15,8° um 2h p. m., min. 11,8° um 2h a. m.
Spannkr. d. Dünste: Mittel 9,5 mm; max. 10,8 mm um 10h p. m., min. 6,9 mm um 2h a. m.
Wolken: Gattung u. Betrag. a. m. meist klar, nur ci oder str. 2—4, in der Morgenwache etwas mehr bewölkt; p. m. ci str. oder cu ci und Abends str. ni 4—7 zunehmend.
Richtung. Mit dem Winde ziehend, ausgenommen um 2h p. m. zogen ci str. aus WSW bei N285°E-Wind.
Niederschl.: —
Zustand d. See: Temp. Mittel 13,4°; max. 14,3° um 2h p. m., min. 12,2° um 2h a. m.
Spezif. Gewicht: Mittel 1,02588; max. 1,0261, min. 1,0257.
Allg. Bemerk.: a. m. war der Wind anfangs N330°E schwach, ging dann auf N15°E und auf N285°E auffrischend bis zu 5; der Himmel war anfangs klar, nur mit ci 3—4 bedeckt aus SW, auf der Morgenwache etwas mehr aber dünn bezogen, gegen 10h wieder aufklarend bis zu str. 2—3 am Horizont; p. m. flaute der N285°E-Wind ab bis zu 3, ging auf N308°E und frischte erst wieder auf, als er gegen 9h auf N330°E ging bis zu 5; der Himmel war leicht bewölkt mit ci str. 4—5, um 8h jedoch fast ganz mit ni bezogen, klarte aber um 10h auf; am südlichen Himmel zeigten sich hohe ci str. 3, am nördlichen ni 4.
a. m. leichte Dünung aus S, See leicht gekräuselt aus der Windrichtung, Farbe grün.
Ozongehalt 11—12; Regen 2,2 mm; Verdunstung 2,6 mm.

1876, den 12. Februar.

Position: 44° 24,6′—42° 35,8′ S-Br., 60° 45,1′—59° 53,3′ W-Lg.
Schiffsbew.: Kurs. Anfangs N36°E, von 5h a. m. ab N16°E bis N19°E.
Fahrt. a. m. abnehmend 5,6—1,6; p. m. 4,6—10,2 zunehmend.
Wind: Richtung. Mittel N238°E; a. m. N306°E—N238°E—N148°E p. m. zurück über N193°E bis N238°E.
Stärke. Mittel 2,6; anfangs schwach und abflauend bis zur Stille um 8h a. m., dann allmählich auffrischend bis zum stürmischen N238°E um 11h p. m.
Barom.: Mittel 749,77 mm; fiel noch bis zum min. 746,62 mm um 6h a. m. und stieg dann beständig bis zum max. 755,81 mm um 10h p. m.
Temp. d. Luft: Mittel 13,6°; max. 14,7° um 6h a. m., min. 12,3° um 10h p. m.
Spannkr. d. Dünste: Mittel 9,8 mm; max. 11,2 mm um 6h a. m., min. 7,0 mm um 10h p. m.
Wolken: Gattung u. Betrag. Anfangs klar, cu 3—4, gegen Morgen bezogen bis zu ni 10; um 8h p. m. klarte es wieder auf bis zu cu 2—3.
Richtung. Die Wolken zogen sämmtlich aus SW, so oft auch der Wind wechselte, jedoch um 5h a. m. zogen die Wolken zeitweilig aus WSW.
Niederschl.: Früh in der Nacht Thau, um 5h a. m. 1/4 Stunde feiner Regen, kurz vor Mittag und gleich nach Mittag Regen.
Zustand d. See: Temp. Mittel 13,5°; max. 14,0° um 2h p. m., min. 12,5° um 2h a. m.
Spezif. Gewicht. Mittel 1,02592; max. 1,0261, min. 1,0258.
Allg. Bemerk.: a. m. der Wind war N306°E schwach, ging auf N238°E und flaute gänzlich ab; von 8h ab wehte er aus N148°E von der Stärke 1; der Himmel war anfangs klar cu 3—4 aus SW, gegen Morgen aber bezog er sich mit ni 10 aus WSW bei N306°E-Wind, im Laufe des Vormittags fiel zeitweilig ein feiner Regen.
p. m. der Wind ging auf N193°E, dann auf N238°E um 4h und frischte dabei auf bis zur Stärke 8; der Himmel klarte nach 12h auf bis zu ci str. 5 um 12h 30′, bezog sich aber schon wieder ganz um 1h, begleitet von feinem Regen; spät Abends klarte es wieder auf bis zu cu 2—3 aus SW.
a. m. leichte Dünung aus NNW, Farbe grün.
p. m. Abends zunehmende Dünung aus SW, abnehmende aus N.
Ozongehalt 9—10; Regen 0,1 mm; Verdunstung 2,8 mm.

1876, den 13. Februar.

Position: 41° 54,0′—39° 36,0′ S-Br., 59° 37,3′—57° 53,3 W-Lg.
Schiffsbew.: Kurs. a. m. N19°E, p. m. N52°E bis N64°E.
Fahrt. 10,0—7,0; p. m. 8,8—5,1.
Wind: Richtung. Mittel N159°E; anfangs N227°E, von 4h a. m. an N148°E; p. m. N148°E bis N126°E bis N137°E.
Stärke. Mittel 4,3; a. m. 7—6, p. m. 5—3.
Barom.: Mittel 764,97 mm; stieg vom min. 758,62 mm bis zum max. 768,54 mm um fast 10 mm.
Temp. d. Luft: Mittel 12,9°; max. 13,6° um 2h p. m., min. 12,4° um 6h a. m.
Spannkr. d. Dünste: Mittel 7,8 mm; max. 8,7 mm um 10h a. m., min. 7,2 mm um 10h p. m.
Wolken: Gattung u. Betrag. a. m. meist bezogen bis zu cu oder cu ni 7—8, dann gegen Mittag aufklarend bis zu cu 4—5; p. m. ganz bezogen mit cu ni 9—10, um 5h aufklarend bis zu cu ni 5—6, darüber Abends cu ci aus S.
Richtung. Sonst aus der Windrichtung, aber gegen Mittag zogen die Wolken aus NE bei N148°E-Wind.
Niederschl.: —
Zustand d. See: Temp. Mittel 15,3°; max. 15,7° um 10h p. m., min. 14,3° um 2h a. m.
Spezif. Gewicht. Mittel 1,02602; max. 1,0261, min. 1,0259.
Allg. Bemerk.: a. m. wehte der Wind anfangs steif aus N227°E, ging um 5h durch N193°E nach N148°E mit fast derselben Stärke, der Himmel war bezogen mit cu ni 7—8 aus der Windrichtung, um 9h klarte es auf bis zu cu 4—5 aus NE; p. m. der Wind ging um 5h auf N126°E und Abends auf N137°E und flaute dabei ab bis zu 3; der Himmel war anfangs ganz bezogen, klarte um 5h auf, indem der Horizont von NE bis S ganz klar war; Abends zogen cu ni aus der Windrichtung, darüber cu ci von S her.
a. m. Dünung aus S, Farbe blaugrün, dunkler.
Ozongehalt 11—12; Regen 4,3 mm; Verdunstung 2,7 mm.

1876, den 14. Februar.

Position: 39° 25,8′—37° 52,2′ S-Br., 57° 42,4′—56° 15,3′ W-Lg.
Schiffsbew.: Kurs. a. m. N49°E bis N33°E, p. m. N27°E.
Fahrt. a. m. 6,8—4,7; p. m. 6,0—5,3.
Wind: Richtung. Mittel N172°E; a. m. N134°E, still, N280°E, p. m. still.
Stärke. Mittel 0,1; a. m. 1—2, still, 1, p. m. still.
Barom.: Mittel 768,33 mm; max. 769,13 mm um 10h a. m., min. 766,79 mm um 6h p. m.
Temp. d. Luft: Mittel 14,4°; max. 16,6° um 2h p. m., min. 12,4° um 2h a. m.
Spannkr. d. Dünste: Mittel 7,9 mm; max. 8,3 mm um 10h p. m., min. 6,7 mm um 2h a. m.
Wolken: Gattung u. Betrag. Meist ganz klar, nur im Anfang und gegen Mittag leichte cu 5—6.
Richtung. Am Anfang aus der Windrichtung, um Mittag aus S bei N280°E-Wind.
Niederschl.: —
Zustand d. See: Temp. Mittel 16,9°; max. 18,0° um 2h p. m., min. 15,5° um 2h a. m.
Spezif. Gewicht. Mittel 1,02595; max. 1,0261, min. 1,0258.
Allg Bemerk.: a. m. leichter Wind aus N134°E, leichte cu 5—6 aus der Windrichtung, gegen Morgen ganz klar, 4h—7h still, 8h—9h N145°E, 9h—10h still, dann sehr leicht aus N280°E. p. m. beständig windstill, ci 1 ohne merkliche Bewegung, später klar.
a. m. südliche Dünung, See glatt, Farbe blaugrün, etwas blauer als am vorigen Tage.
p. m. leichte Dünung aus SSE, See glatt.
Abends ganz schwaches Meerleuchten bei der Schraube.
Ozongehalt 8—9; Verdunstung 2,2 mm.

1876, den 15. Februar.

Position: a. m. 37° 32,1′—36° 48,0′ S-Br., 56° 2,6′—55° 35,0′ W-Lg.; p. m. La Plata-Mündung.
Schiffsbew.: Kurs. a. m. N26°E, p. m. N9°E, dann N15°E.
Fahrt. a. m. 5,6—6,0; p. m. 5,8—3,9.
Wind: Richtung. Mittel N20°E; a. m. N324°E bis N234°E, p. m. still, dann N77°E bis N54°E.
Stärke. Mittel 0,2; den Tag über meist still, 0—1.
Barom.: Mittel 765,64 mm; max. 766,74 mm um 10h a. m., min. 764,51 mm um 6h p. m.
Temp. d. Luft: Mittel 17,9°; max. 20,5° um 2h p. m., min. 15,2° um 2h a. m.
Spannkr. d. Dünste: Mittel 9,9 mm; max. 11,5 mm um 10h p. m., min. 8,2 mm um 2h a. m.
Wolken: Gattung u. Betrag. Den ganzen Tag klar, um 2h a. m. diesig am Horizont, gegen Mittag cu 1 am Horizont.
Richtung. —
Niederschl.: —
Zustand d. See: Temp. Mittel 19,7°; max. 21,8° um 2h p. m., min. 16,8° um 2h a. m.
Spezif. Gewicht. Mittel 1,02380; max. 1,0261, min. 1,0190.
Allg. Bemerk.: a. m. Wind N324°E bis N234°E, sehr leicht bis still, Himmel klar, jedoch um 2h etwas diesig am Horizont und gegen Mittag cu 1 am Horizont. p. m. stille, dann sehr leicht aus N77°E bis N54°E. Himmel ganz klar.
a. m. leichte S-Dünung, See glatt, Farbe grün. p. m. leichte S-Dünung, See gekräuselt aus NE, Abends See ruhig. Meerleuchten.
Ozongehalt 10—11; Verdunstung 2,7 mm.

1876, den 16. Februar.

Position: Fahrt in der La Plata-Mündung bis 4h p. m., dann auf der Rhede von Montevideo zu Anker.
Schiffsbew.: Kurs. a. m. N9°E — N32°E — N324°E, p. m. N279°E.
Fahrt. 4,0—7,7.
Wind: Richtung. Mittel N57°E; a. m. N54°E, N20°E. N32°E, p. m. N212°E, N99°E, N32°E.
Stärke. Mittel 2,2; a. m. 2—4, p. m. anfangs still, dann auffrischend bis zu 3 als N212°E und Abends bis zu 6 als N99°E, später etwas abflauend bis zu 3.
Barom.: Mittel 764,24 mm; max. 764,54 mm um 10h a. m., min. 763,86 mm um 10h p. m.
Temp. d. Luft: Mittel 21,1°; max. 23,6° um 2h p. m., min. 19,4° um 2h a. m.
Spannkr. d. Dünste: Mittel 13,3 mm; max. 14,4 mm um 10h p. m., min. 11,7 mm um 6h a. m.
Wolken: Gattung u. Betrag. a. m. ganz klar; nur ci 0—1 am E-Horizont, p. m. ebenfalls schön und klar, nur cu 0—1 am Horizont.
Richtung. —
Niederschl.: Thau am Abend.
Zustand d. See: Temp. Mittel 22,9°; max. 23,7° um 2h p. m., min. 20,8° um 2h a. m.
Spezif. Gewicht. Mittel 1,01263; max. 1,0215, min. 1,0067.
Allg. Bemerk.: a. m. war der Wind schwach bis mässig N54°E, das Wetter schön und der Himmel meist ganz klar; p. m. war der Wind anfangs still, frischte dann auf als N212°E bis zu 3 und später als N99°E bis zu 6, ging Abends auf N32°E und flaute ab bis zu 3, das Wetter wie a. m.
a. m. keine Dünung, See leicht bewegt aus NNE, Farbe grün.
Ozongehalt 8—9; Verdunstung 2,8 mm.

1876, den 17. Februar.

Position: Montevideo. Zu Anker.
Schiffsbew.: Kurs. —
Fahrt. —
Wind: Richtung. Mittel N57°E; a. m. N54°E bis N9°E bis N122°E, p. m. N9°E bis N99°E, dann still.
Stärke. Mittel 2,0; a. m. 3—4; p. m. 5—1, in raschem Wechsel, Abends spät ganz still.
Barom.: Mittel 764,38 mm; max. 766,55 mm um 2h p. m., min. 763,40 mm um 6h p. m.
Temp. d. Luft: Mittel 22,6°; max. 26,1° um 10h a. m., min. 18,6° um 6h a. m.
Spannkr. d. Dünste: Mittel 16,0 mm; max. 17,7 mm um 10h a. m., min. 14,2 mm um 2h a. m.
Wolken: Gattung u. Betrag. Anfangs klar, ci 1, gegen Morgen bezogen, mit cu 6—7, dann gegen Mittag aufklarend bis zu cu str. 3—4; p. m. klar ci str. 1, später durchbrochen bezogen mit ci cu 7—8, Abends wieder aufklarend bis auf str. 1.
Richtung. Mit dem Winde ziehend.
Niederschl.: Früh Morgens und spät Abends Thau.
Zustand d. See: Temp. Mittel 22,7°; max. 24,7° um 10h a. m., min. 21,5° um 2h a. m.
Spezif. Gewicht. Mittel 1,01082; max. 1,0164, min. 1,0052.
Allg. Bemerk.: a. m. der Wind ging von N54°E über N9°E nach N122°E gleichmässig 3—4, der Himmel, anfangs klar, bezog sich leicht gegen Morgen bis zu cu 6—7, klarte später wieder auf; p. m. der Wind wehte anfangs frisch aus N9°E, flaute bald ab und begann wieder mit der Stärke 4 aus N99°E und flaute dann ab bis zur Windstille, der Himmel war anfangs klar, später durchbrochen bezogen bis zu ci cu 7—8, Abends ganz klar.
Ozongehalt 9—10; Verdunstung 3,2 mm.

1876, den 18. Februar.

Position: Montevideo.
Schiffsbew.: Kurs. —
Fahrt. —
Wind: Richtung. Mittel N144°E; a. m. N54°E bis N20°E bis N234°E, p. m. N167°E bis N144°E bis N133°E.
Stärke. Mittel 2,4; a. m. 2—3, zuweilen still, p. m. 5—6.
Barom.: Mittel 763,95 mm; max. 764,17 mm um 6h p. m., min. 763,76 mm um 2h a. m.
Temp. d. Luft: Mittel 22,0°; max. 24,8° um 10h a. m., min. 19,5° um 10h p. m.
Spannkr. d. Dünste: Mittel 16,0 mm; max. 19,5 mm um 2h p. m., min. 9,9 mm um 10h p. m.
Wolken: Gattung u. Betrag. a. m. klar, anfangs cu 1—2 am Horizont, später cu ci 4—5; p. m. leicht bezogen mit cu ni 8—10, Abends spät aufklarend, wolkenlos.
Richtung. Mit dem Winde ziehend,
Niederschl.: Früh Morgens Thau.
Zustand d. See: Temp. Mittel 22,4°; max. 23,3° um 2h p. m., min. 21,4 um 10h p. m.
Spezif. Gewicht. Mittel 1,01335; max. 1,0158, min. 1,0103.
Allg. Bemerk.: a. m. der Wind ging N54°E über N20°E nach N234°E und wehte in der Stärke 2—3 und war eine Zeit lang still; der Himmel war anfangs klar cu 1—2 am Horizont, später zogen leichte cu auf aus der Windrichtung bis zu cu ci 4—5; p. m. war der Wind frisch aus N167°E bis N144°E bis N133°E, der Himmel leicht bewölkt cu ni 8—10, Abends ganz klar.
p. m. starke See aus SE aufkommend.
Ozongehalt 7; Verdunstung 2,8 mm.

1876, den 19. Februar.

Position: { Montivideo. Zu Anker bis 10h a. m. 35° 6,1′—34° 53,6′ S-Br., 55° 2,1′—53° 53,9′ W-Lg. von 2h p. m. ab.
Schiffsbew.: Kurs. p. m. N93°E, N82°E, N93°E.
Fahrt. Abnehmend von 10,4—6,5.
Wind: Richtung. Mittel N160°E; anfangs N133°E, von 4h a. m. ab beständig N167°E.
Stärke. Mittel 3,8; a. m. 3—4, p. m. auffrischend 5, Abends wieder abflauend bis zu 3—4.
Barom.: Mittel 763,80 mm; 2 max. 764,16 mm um 10h a. m. und 763,95 mm um 10h p. m.; 2 min. 764,06 mm um 2h a. m. und 763,09 mm um 6h p. m.
Temp. d. Luft: Mittel 18,4°; max. 19,6° um 6h a. m., min. 16,4° um 10h p. m.
Spannkr. d. Dünste: Mittel 10,3 mm; max. 10,7 mm um 6h a. m., min. 9,4 mm um 10h p. m.
Wolken: Gattung u. Betrag. a. m. anfangs ganz klar, dann cu 2—3, um 11h 10′ bezogen bis zu cu ni 7—8; p. m. bezogen mit cu ni 9 bis gegen 5h, dann aufklarend bis zu cu ni 4—6.
Richtung. Mit dem Winde ziehend.
Niederschl.: a. m. 11h 10′ eine Regenbö; p. m. bis 5h ganz leichte Regenböen.
Zustand d. See: Temp. Mittel 21,0°; max. 21,5° um 6h a. m., min. 20,3° um 10h p. m.
Spezif. Gewicht. Mittel 1,02035; max. 1,0249, min. 1,0150.
Allg. Bemerk.: a. m. anfangs N133°E, von 4h ab N167°E von der Stärke 3—4; Himmel anfangs ganz klar, dann cu 2—3 erst nur am Horizont, später aus SSE, 11h 10′ bezogen mit cu ni 7—8, begleitet von einer Regenböe; p. m. Wind N167°E frischte auf bis zu 5, der Himmel bezog sich mit cu ni 9, begleitet von ganz leichten Regenböen; um 5h flaute der Wind etwas ab bis zu 4 und der Himmel klarte auf bis zu cu 4, Abends wurde der Wind noch schwächer und es bezog sich etwas mehr bis zu cu ni 6.
a. m. 12h. Das gelbe Flusswasser ging in grünes Seewasser über. Abends lebhaftes Meerleuchten.
Ozongehalt 11—12; Verdunstung 3,1 mm.

1876, den 20. Februar.

Position: 34° 49,7′ — 34° 40,6′ S-Br., 53° 29,0′—51° 35,2′ W-Lg.
Schiffsbew.: Kurs. N87°E.
Fahrt. 3,1 mit Segel, 6,8 mit Dampf und Segel.

Wind: Richtung. Mittel N214°E; a. m. N166°E, von 8h ab N211°E, p. m. N233°E bis N256°E bis N301°E.
Stärke. Mittel 1,9; meist 2—3, Abends etwas lebhafter 4.
Barom.: Mittel 763,88 mm; stieg von 763,70 mm bis zum max. 764,36 mm um 10h a. m. und fiel dann bis zum min. 763,55 mm um 10h p. m.
Temp. d. Luft: Mittel 18,1°; max. 19,8° um 10h p. m., min. 16,4° um 2h a. m.
Spannkr. d. Dünste: Mittel 10,6 mm; max. 11,1 mm um 2h p. m., min. 8,8 mm um 2h a. m.
Wolken: Gattung u. Betrag. a. m. klar, cu oder cu str. oder cu 2—3 und oben ci; p. m. ganz klar.
Richtung. a. m. aus SSW, um 6h aus S, um 10h die oberen aus SW, die unteren aus NE.
Niederschl.: —
Zustand d. See: Temp. Mittel 21,1°; max. 22,0° um 10h p. m., min. 19,8° um 2h a. m.
Spezif. Gewicht. Mittel 1,02647; max. 1,0279, min. 1,0235.
Allg. Bemerk.: a. m. der Wind wehte bis 8h aus N166°E leicht bis mässig, ging dann auf N211°E und wurde etwas flauer, leichte Wolken cu 2—3 aus der Windrichtung, während des Sonnenaufgangs von 4h bis 6h etwas mehr bezogen bis zu cu str. 5—6 aus S, gegen Mittag leichte ci 1—2 oben aus SW, unten cu 1—2 aus NE; p. m. N233°E-Wind 2—4, Himmel ganz klar.
a. m. leichte SSE-Dünung, später S-lich; Farbe grün, ging von 2h 40' bis 8h in blau über.
Es wurde gelothet; leichte SW-Dünung, See glatt, Farbe tiefblau.
Ozongehalt 9—10; Verdunstung 3,0 mm.

1876, den 21. Februar.

Position: 34° 39,1'—34° 29,0' S-Br., 51° 1,5'—48° 56,7' W-Lg.
Schiffsbew.: Kurs. N84°E.
Fahrt. a. m. 7,4—7,8; p. m. anfangs wurde gelothet, dann 5,8—6,0.
Wind: Richtung. Mittel N312°E; a. m. N309°E, p. m. N298°E, dann still; Abends N5°E.
Stärke. Mittel 3,0; a. m. 4–5, p. m. abflauend, zeitweilig still.
Barom.: Mittel 763,33 mm; 2 max. 763,91 mm um 10h a. m. und 763,85 mm um 10h p. m.; 2 min. 762,03 mm um 2h a. m. und 763,00 mm um 6h p. m.
Temp. d. Luft: Mittel 21,8°; max. 23,4° um 2h p. m., min. 20,6° um 2h a. m.
Spannkr. d. Dünste: Mittel 15,0 mm; max. 17,7 mm um 2h p. m., min. 13,0 mm um 2h a. m.
Wolken: Gattung u. Betrag. Himmel ganz klar.
Richtung. —
Niederschl.: p. m. um 2h diesig.
Zustand d. See: Temp. Mittel 21,9°; max. 22,7° um 2h p. m., min. 21,2° um 10h p. m.
Spezif. Gewicht. Mittel 1,02767; max. 1,0280, min. 1,0273.
Allg. Bemerk.: a. m. Wind wehte mässig bis frisch aus N309°E und der Himmel war klar; p. m. der Wind ging auf N298°E, flaute ab und wurde um 4h ganz still, erhob sich Abends um 8h aus N5°E bis zur Stärke 2; der Himmel blieb unbewölkt, aber um 2h war es kurze Zeit diesig.
a. m. leichte Dünung aus SSW, leichte See aus WNW, Farbe azurblau.
Abends leichtes Meerleuchten im Kielwasser.
Ozongehalt 9—10; Verdunstung 2,8 mm.

1876, den 22. Februar.

Position: 34° 26,8'—34° 27,7' S-Br., 48° 29,6'—46° 21,3' W-Lg.
Schiffsbew.: Kurs. a. m. N82°E, p. m. N82°E bis N110°E bis N104°E.
Fahrt. a. m. 5—6, p. m. 2,8—3,7—5,0.
Wind: Richtung. Mittel N15°E; a. m. N14°E, von 4h ab N3°E; p. m. N352°E, dann N48°E bis N26°E.
Stärke. Mittel 3,4; meist 3—4, um Mittag etwas flauer.
Barom.: Mittel 763,09 mm; stieg von 762,94 mm um 2h a. m. bis zum max. 764,17 mm um 10h a. m. und fiel dann bis zum min. 762,23 mm um 6h p. m., stieg später bis zu 762,59 mm um 10h p. m.
Temp. d. Luft: Mittel 22,1°; max. 23,8° um 2h p. m., min. 21,2° um 10h p. m.
Spannkr. d. Dünste: Mittel 14,7 mm; max. 15,7 mm um 2h a. m., min. 14,0 mm um 10h p. m.
Wolken: Gattung u. Betrag. a. m. meist ganz klar, nur um 6h cu 1—2; p. m. klar, jedoch cu oder cu ci 1—2.
Richtung. Mit dem Winde ziehend.
Niederschl.: Um 2h a. m. eine Zeit lang diesig.
Zustand d. See: Temp. Mittel 21,9°; max. 22,7° um 10h a. m., min. 21,0° um 10h p. m.
Spezif. Gewicht. Mittel 1,02752; max. 1,0277, min. 1,0273.
Allg. Bemerk.: a. m. Wind fast immer N3°E von der Stärke 4—3, der Himmel meist klar, jedoch in der Nacht die Luft diesig; p. m. der Wind flaute ab und ging von N352°E auf N48°E, wobei er wieder auffrischte bis zu 4, Abends auf N26°E; der Himmel blieb klar, nur leichte cu 1—2 zeigten sich aus der Windrichtung, Abends nur am Horizont.
a. m. Meerleuchten in kleinen Punkten, vereinzeltes Aufblitzen. — Wasser glatt, azurblau.
p. m. ganz schwacher Seegang aus N, Farbe hellblau, gegen 6h blau. — Abends Meerleuchten.
Ozongehalt 9; Verdunstung 2,5 mm.

1876, den 23. Februar.

Position: 34° 32,5'—34° 23,8' S-Br., 45° 57,9'—43° 39,3' W-Lg.
Schiffsbew.: Kurs. N84°E.
Fahrt. Meist 6—7; jedoch 3,4 um 6h a. m.
Wind: Richtung. Mittel N7°E; N3°E, dann N14°E, Abends spät N14°E.
Stärke. Mittel 2,4; anfangs 4, dann 2—3, Abends abflauend bis zu 1.
Barom.: Mittel 760,43 mm; max. 761,01 mm um 6h a. m., fiel dann beständig bis zum min. 759,64 mm um 10h p. m
Temp. d. Luft: Mittel 21,3°; max. 22,6° um 10h a. m., min. 20,4° um 6h a. m.
Spannkr. d. Dünste: Mittel 14,4 mm; max. 14,7 mm um 2h p. m., min. 14,0 mm um 10h p. m.
Wolken: Gattung u. Betrag. Der Himmel war meist klar, mit wenigen cu 2—3 bedeckt, um Mittag ganz klar.
Richtung. Mit dem Winde ziehend, jedoch um 6h a. m. zogen die oberen cu aus ENE, die unteren aus NW.
Niederschl.: —
Zustand d. See: Temp. Mittel 21,1°; max. 21,6° um 2h p. m., min. 20,4° um 2h a. m.
Spezif. Gewicht. Mittel 1,02763; max. 1,0277, min. 1,0275.
Allg. Bemerk.: Wind war anfangs N3°E von der Stärke 4, flaute dann ab bis zu 2—3, ging um 8h auf N14°E und Abends spät auf N352°E; der Himmel mit leichten cu 2—3 bedeckt, einige Zeit oben höhere cu aus ESE, Mittags ganz klar; p. m. klar und schön, anfangs ganz wolkenlos, später zeigten sich cu ci oder cu 1—2 aus N.
a. m. See leicht gekräuselt aus N, leichte Dünung aus SW, Farbe hellblau; p. m. See ruhig, Farbe tiefblau, zunehmende Dünung aus SSE.
Ozongehalt 8—9; Verdunstung 2,1 mm.

1876, den 24. Februar.

Position: 34° 19,9'—34° 3,6' S-Br., 43° 6,1'—41° 14,3' W-Lg.
Schiffsbew.: Kurs. N80°E.
Fahrt. a. m. 6,2—7,5; p. m. wurde anfangs gelothet, 5,6 bis 4,2.
Wind: Richtung. Mittel N306°E; a. m. N336°E, von 8h ab N314°E; p. m. N291°E, von 8h ab N280°E.
Stärke. Mittel 3,0; meist 3—4.
Barom.: Mittel 760,17 mm; 2 max. 760,56 mm um 10h a. m. und 761,98 mm um 10h p. m., 2 min. 758,88 mm um 2h a. m. und 759,54 mm um 2h p. m.
Temp. d. Luft: Mittel 21,4°; max. 22,5° um 2h p. m., min. 20,5° um 2h a. m.

Spannkr. d. Dünste: Mittel 15,6 mm; max. 17,2 mm um 10h p. m., min. 13,8 mm um 2h a. m.
Wolken: Gattung u. Betrag. a. m. meist klar cu 1—2, jedoch zur Zeit des Sonnenaufgangs mehr bezogen mit cu str. 7; p. m. klar und schön, cu str. 1—2, Abends zuweilen cu ni 2—4.
Richtung. a. m. anfangs am Horizont, dann aus NW; p. m. meist am Horizont, Abends spät aus W.
Niederschl.: Abends Thau.
Zustand d. See: Temp. Mittel 21,4°; max. 21,7° um 10h a. m., min. 20,7° um 6h a. m.
Spezif. Gewicht. Mittel 1,02748; max. 1,0277, min. 1,0273.
Allg. Bemerk.: Der Wind ging von N336°E, allmählich über N314°E, N291°E auf N280°E, meist von der Stärke 3—4, anfangs 2 und Mittags 4, der Himmel meist klar, cu oder cu str. 1—2, jedoch beim Sonnenaufgang mehr bezogen bis zu cu str. 7, Abends spät cu ni 2—4.
a. m. SW-liche Dünung, Farbe hellblau.
p. m. leichte Dünung aus SSW. Um 10h 50′ ging der Wind plötzlich auf N156°E, dann zurück auf N179°E.
Ozongehalt 8—9; Verdunstung 2,2 mm.

1876, den 25. Februar.

Position: 34° 0,0′—32° 48,7′ S-Br., 40° 54,4′—39° 26,8′ W-Lg.
Schiffsbew.: Kurs. a. m. N78°E, gegen Mittag N67°E; p. m. N36°E.
Fahrt. a. m. 3,4—5,5, p. m. 5,8—6,5.
Wind: Richtung. Mittel N125°E; a. m. anfangs N191°E, von 4h ab N157°E bis N132°E; p. m. N110°E bis N98°E.
Stärke. Mittel 3,2; a. m. meist 2—3, p. m. 4—5.
Barom.: Mittel 764,34 mm; 2 max. 764,82 mm um 10h a. m. und 766,65 mm um 10h p. m., 2 min. 762,08 mm um 2h a. m. und 764.47 mm um 6h p. m.
Temp. d. Luft: Mittel 20,8°; max. 21,0° um 2h p. m., min. 20,5° um 6h a. m.
Spannkr. d. Dünste: Mittel 15,2 mm; max. 15,5 mm um 10h a. m., min. 14,0 mm um 2h a. m.
Wolken: Gattung u. Betrag. a. m. bezogen bis zu cu ni 7—8 aus S, klarte gegen Mittag auf bis zu cu 1—2 am Horizont; p. m. cu 5—6 untere aus der Windrichtung, darüber hohe cu aus NW, später Abends nur die ersteren aus ESE.
Richtung. Wie oben angegeben.
Niederschl.: —
Zustand d. See: Temp. Mittel 21,5°; max. 22,7° um 10h p. m., min. 21,1° um 2h a. m.
Spezif. Gewicht. Mittel 1,02760; max. 1,0280, min. 1,0274.
Allg. Bemerk.: a. m. um 2h ging der Wind auf N199°E von der Stärke 2, ging später auf N154°E und N132°E 3—4 über, der Himmel bezog sich dünn mit cu 7—8 aus S, klarte gegen Mittag fast ganz auf bis zu cu 1—2 am Horizont; die See war ruhig, SW-Dünung, Farbe tiefblau; p. m. Wind 4—5, Wolken aus E, darüber andere hohe cu aus NW bis zu 5—6, später nur erstere 3—4 aus ESE; leichter Seegang aus ESE. Meeresleuchten.
Ozongehalt 9—10; Verdunstung 2,5 mm.

1876, den 26. Februar.

Position: 32° 47,4′—34° 8,3′ S-Br., 39° 14,7′—37° 38,6′ W-Lg.
Schiffsbew.: Kurs. a. m. N146°E, gegen Mittag N135°E; p. m. N129°E, am Abend N110°E.
Fahrt. a. m. 4,8—6,6; p. m. 5,2—6,5.
Wind: Richtung. Mittel N66°E; a. m. N79°E, p. m. N68°E bis N45°E.
Stärke. Mittel 4,1; anfangs 3—4, von 8h a. m. ab 4—5.
Barom.: Mittel 765,59 mm; 2 max. 766,24 mm um 10h a. m. und 765,74 mm um 10h p. m., 2 min. 765,33 mm um 6h a. m. und 764,90 mm um 6h p. m.
Temp. d. Luft: Mittel 21,2°; max. 22,0° um 2h p. m., min. 20,6° um 6h a. m.
Spannkr. d. Dünste: Mittel 15,4 mm; max. 16,8 mm um 10h p. m., min. 14,7 mm um 6h a. m.
Wolken: Gattung u. Betrag. a. m. anfangs cu 3—4, später mehr bezogen bis zu cu 7—8, später darüber hohe str. von W bis E ziehend; p. m. cu ci oder cu ni 6—8, darüber str. von W bis E ziehend, später leichte ci aus SE.
Richtung. Die unteren Wolken aus der Windrichtung ziehend.
Niederschl.: Abends starker Thau.
Zustand d. See: Temp. Mittel 21,5°; max. 22,1° um 6h a. m.; min. 21.0° um 6h p. m.
Spezif. Gewicht. Mittel 1,02758; max. 1,0278, min. 1,0273.
Allg. Bemerk.: a. m. Wind N79°E anfangs 3—4, gegen Mittag etwas auffrischend bis zu 4—5, anfangs leichte cu 3—4 aus der Windrichtung, gegen Mittag darüber hohe str. aus W ziehend, darüber cu 6—7 aus E; südliche Dünung.
p. m. Wind von N68°E bis N45°E 4—5, untere Wolken cu ci oder cu ni 6—8 schnell aus der Windrichtung, die oberen str. langsam aus W, später leichte ci aus SE. Dünung aus SSE. Starker Thau am Abend.
Ozongehalt 8—9; Verdunstung 2,7 mm.

1876, den 27. Februar.

Position: 34° 17,0′—35° 2,9′ S-Br., 37° 6,6′—34° 51,5′ W-Lg.
Schiffsbew.: Kurs. N99°E, gegen Mittag N118°E; p. m. N107°E bis N96°E bis N107°E.
Fahrt. a. m. 5,5—4,3; p. m. 6,2—5,6.
Wind: Richtung. Mittel N37°E; a. m. N28°E bis N51°E, p. m. N40°E bis N28°E.
Stärke. Mittel 4,1; a. m. anfangs 5, dann 3—4; p. m. 4—6, später 4.
Barom.: Mittel 764,30 mm; 2 max. 766,31 mm um 6h a. m. und 764,34 mm um 10h p. m.; 2 min. 764,50 mm um 2h a. m. und 762,15 mm um 6h p. m.
Temp. d. Luft: Mittel 21,3°; max. 22,2° um 2h p. m., min. 20,6° um 2h a. m.
Spannkr. d. Dünste: Mittel 17,2 mm; max. 17,9 mm um 10h p. m., min. 16,2 mm um 2h a. m.
Wolken: Gattung u. Betrag. a. m. anfangs bezogen mit cu ni 8, Morgens aufklarend bis zu cu ci 4, wovon die hohen ci etwas raumer zogen als die unteren aus der Windrichtung, von 8h bis 10h 55′ stark bezogen mit cu ni 10; p. m. anfangs klarer, unten cu, oben ci, welche raumer, später deutlich aus W zogen; Abends wieder ganz bezogen mit cu ni 9—10.
Richtung. Mit dem Winde ziehend, nur die oberen Wolken aus W.
Niederschl.: Abends starker Thau, Luft sehr feucht.
Zustand d. See: Temp. Mittel 20,9°; max. 21,5° um 10h a. m., min. 20,4° um 2h a. m.
Spezif. Gewicht. Mittel 1,02735; max. 1,0275, min. 1,0272.
Allg. Bemerk.: a. m. Wind anfangs N40°E frisch, dann N28°E bis N51°E 3—4. — Kurze Dünung aus ESE.
p. m. Wind N40°E bis N28°E auffrischend bis zu 6, dann wieder abflauend bis zu 4, anfangs klar, Himmel bedeckt mit wenigen cu str. oder cu ci 4—5, von denen die oberen ci raumer, später deutlich aus W zogen; Abends bedeckt mit cu ni 9—10. Leichter Seegang aus NE.
Ozongehalt 8—9; Regen 0,1 mm; Verdunstung 2,6 mm.

1876, den 28. Februar.

Position: 35° 10,8′—34° 37,9′ S-Br., 34° 23,9′—32° 2,6 W-Lg.
Schiffsbew.: Kurs. a. m. N104°E bis N75°E bis N59°E, p. m. N59°E.
Fahrt. a. m. 6,4—6,6, p. m. 8,0—3,6.
Wind: Richtung. Mittel N338°E; a. m. N36°E, N2°E, N329°E; p. m. N306°E.
Stärke. Mittel 3,6; a. m. auffrischend von 4—6, p. m. abflauend von 5—2.
Barom.: Mittel 761,27 mm; stieg vom min. 759,25 mm um 6h a. m. bis zum max. 763,68 mm um 10h p. m.
Temp. d. Luft: Mittel 21,1°; max. 22,1° um 10h a. m., min. 20,2° um 10h p. m.

Spannkr. d. Dünste: Mittel 17,9 mm; max. 18,7 mm um 2h p. m., min. 17,3 mm um 10h p. m.
Wolken: Gattung u. Betrag. a. m. ganz bezogen mit ni 10, dann cu 10 aus NW; p. m. cu 6—10 aus NE.
Richtung. Aus NE.
Niederschl.: a. m. starker Regen bis 8h 30', dann sehr feucht; p. m. beständig Nebel.
Zustand d. See: Temp. Mittel 20,6°; max. 21,1° um 6h a. m., min. 19,8° um 10h p. m.
Spezif. Gewicht. Mittel 1,02720; max. 1,0273, min. 1,0269.
Allg. Bemerk.: a. m. Wind anfangs N36°E, wurde dann N306°E auffrischend von 4—6; der Himmel war dabei ganz bedeckt mit ni 10, begleitet von starkem Regen; um 7h eine heftige Böe, um 8h 30' aufklarend und durchbrochen bezogen mit cu ni aus der Windrichtung, sehr feucht. — See und Dünung aus NNW.
p. m. Wind beständig N306°E abflauend von 5—2, nebelig bis gegen 4h, Himmel scheinbar klar, um 4h kurze Zeit aufklarend, feine hohe str. sichtbar, dann wieder starker Nebel, zuweilen schimmerten Abends die Sterne durch.
Leuchten in Scheiben und kleinen Punkten.
Ozongehalt 10—11; Regen 13,4 mm; Verdunstung 1,7 mm.

1876, den 29. Februar.

Position: 34° 28,8'—33° 26,6' S-Br., 31° 49,2'—30° 20,1' W-Lg.
Schiffsbew.: Kurs. N45°E.
Fahrt. a. m. meist 2,4, später 6,4, p. m. 7,0—5,7.
Wind: Richtung. Mittel N319°E; a. m. N282°E bis N304°E bis N327°E, p. m. beständig N327°E.
Stärke. Mittel 2,0; a. m. 1—2, p. m. meist 2, spät Abends 3—4.
Barom.: Mittel 764,70 mm; 2 max. 765,10 mm um 10h a. m. und 765,35 mm um 10h p. m., 2 min. 763,58 mm um 2h a. m. und 764,62 um 2h p. m.
Temp. d. Luft: Mittel 20,6°; max. 22,2° um 2h p. m., min. 19,5° um 2h a. m.
Spannkr. d. Dünste: Mittel 17,6 mm; max. 18,8 mm um 2h p. m., min. 16,4 mm um 2h a. m.
Wolken: Gattung u. Betrag. a. m. Nebel; p. m. bezogen bis zu ci oder cu ni 6.
Richtung. Oben aus N, unten aus NNW.
Niederschl.: a. m. starker Nebel und starker Niederschlag, p. m. von 3h ab wieder Nebel und Niederschlag.
Zustand d. See: Temp. Mittel 20,4°; max. 21,4° um 2h p. m., min. 19,5° um 2h a. m.
Spezif. Gewicht. Mittel 1,02723; max. 1,0273, min. 1,0271.
Allg. Bemerk.: a. m. ging der Wind von N282°E über N304°E auf N327°E von der Stärke 1—2; Himmel verdeckt von starkem Nebel, verbunden mit starkem Niederschlag; See ruhig, leichte Dünung aus WNW; gegen Mittag fiel der Nebel und es klarte auf aus S.
p. m. Wind aus N327°E; Abends auffrischend bis zu 3—4; von 3h ab wieder Nebel, Abends oft die Sterne durchschimmernd. Meeresleuchten in Walzen. Leichte See aus NzW.
Ozongehalt 11—12; Regen 0,9 mm; Verdunstung 1,2 mm.

1876, den 1. März.

Position: 33° 8,9'—31° 41,0' S-Br., 29° 56,0'—28° 3,3' W-Lg.
Schiffsbew.: Kurs. N43°E.
Fahrt. 7,5—4,7.
Wind: Richtung. Mittel N323°E; fast immer N325°E, kurze Zeit unterbrochen von N313°E um 6h p. m.
Stärke. Mittel 4,0, anfangs 3, meist 4, um Mittag 4—5.
Barom.: Mittel 765,23 mm; stieg fast ununterbrochen vom min. 763,83 mm um 2h a. m. bis zum max. 766,45 mm um 10h p. m.
Temp. d. Luft: Mittel 22,7°; max. 24,0° um 2h p. m., min. 20,6° um 2h a. m.
Spannkr. d. Dünste: Mittel 18,5 mm; max. 18,8 mm um 2h p. m., min. 17,7 mm um 2h a. m.
Wolken: Gattung u. Betrag. a. m. cu ni 5, dann mehr bezogen mit cu ni unten und mit ci str. oben bis zu 7—8, gegen Mittag klarer, ci str. 4—5; p. m. leichte cu ci 7, Abends fast klar.
Richtung. Aus N, später NW.
Niederschl.: a. m. Nebel und Niederschlag bis gegen 5h.
Zustand d. See: Temp. Mittel 22,0; max. 23,6° um 2h p. m., min. 21,4° um 2h a. m.
Spezif. Gewicht. Mittel 1,02733; max. 1,0276, min. 1,0269.
Allg. Bemerk.: a. m. Wind N325°E, anfangs 3, um 2h auffrischend bis zu 4—5: Himmel bedeckt mit cu ni 7—8, oben ci str., begleitet von Nebel und Niederschlag, um 5h klarte es auf.
p. m. Wind N325°E, nur kurze Zeit 313°E, gegen Abend etwas flauer, leichte Wolken cu ci 7, Abends fast klar cu 1 am Horizont; leichter Seegang aus NW, keine Dünung.
Ozongehalt 9—10; Regen 0,8 mm; Verdunstung 1,4 mm.

1876, den 2. März.

Position: 31° 27,6'—30° 17,3' S-Br., 27° 49,2'—26° 38,3' W-Lg.
Schiffsbew.: Kurs N43°E.
Fahrt. a. m. 4,5—1,1 (Segel), später 5,5 (Dampf); p. m. 5,4—4,2.
Wind: Richtung. Mittel N314°E; a. m. N325°E bis N279°E bis N302°E, p. m. N257°E dann still, später N100°E.
Stärke. Mittel 0,6; anfangs 3, von 9h a. m. ab fast still.
Barom.: Mittel 766,70 mm; stieg beständig vom min. 765,69 mm um 6h a. m. bis zum max. 767,40 mm um 10h p. m.
Temp. d. Luft: Mittel 24,3°; max. 27,1° um 2h p. m.; min. 22,9° um 2h a. m.
Spannkr. d. Dünste: Mittel 18,8 mm; max. 19,5 mm um 10h a. m., min. 17,7 mm um 2h a. m.
Wolken: Gattung u. Betrag. Wetter klar und schön, Himmel besetzt mit cu, ci str., cu ci 2—4.
Richtung. Aus der Windrichtung, früh und Abends nur am Horizont.
Niederschl.: —
Zustand d. See: Temp. Mittel 24,3°; max. 25,9° um 2h p. m., min. 22,6° um 2h a. m.
Spezif. Gewicht. Mittel 1,02743; max. 1,0278, min. 1,0272.
Allg. Bemerk.: a. m. Wind anfangs N325°E von der Stärke 3, dann auf N279°E und abflauend bis zur Windstille um 9h, von da ab N302°E 0—1; Wetter schön, Himmel klar, nur cu oder ci str. 2—3, anfangs am Horizont, später aus der Windrichtung; Wasser glatt.
p. m. Wind N257°E sehr leicht, dann still, 7h 45' leichte Brise aus N100°E aufkommend, Himmel klar, cu am Horizont, hohe ci aus NW bei N257°E-Wind, später cu ni 1—3 am Horizont. Glattes Wasser. Oestliche Dünung. Meerleuchten schwach.
Ozongehalt 8—9; Verdunstung 1,2 mm.

1876, den 3. März.

Position: 29° 58,2'—28° 38,6' S-Br., 26° 24,9'—25° 55,9' W-Lg.
Schiffsbew.: Kurs. N30°E, von 6h p. m. ab N19°E.
Fahrt. a. m. 5,4, um 10h gelothet; p. m. 5,2—4,4.
Wind: Richtung. Mittel N70°E; a. m. N98°E, gegen Mittag N53°E, p. m. anfangs N75°E, von 6h ab N30°E.
Stärke. Mittel 1,3; a. m. anfangs auffrischend bis 3, dann von 4h ab abflauend bis zu 1, p. m. 1—2.
Barom.: Mittel 767,05 mm; 2 max. 767,30 mm um 10h a. m. und 767,30 mm um 10h p. m., 2 min. 766,75 mm um 6h a. m. und 766,66 mm um 2h p. m.
Temp. d. Luft: Mittel 25,5°; max. 26,6° um 10h a. m., min. 24,2° um 2h a. m.
Spannkr. d. Dünste: Mittel 18,6 mm; max. 19,8 mm um 6h a. m., min. 17,2 mm um 6h p. m.
Wolken: Gattung u. Betrag. Anfangs klar, später leicht bewölkt bis zu cu str. 4—5; p. m. cu oder cu str., cu ci 4.
Richtung. a. m. fast ohne Bewegung, p. m. die unteren aus NE, die oberen fast ohne Bewegung.
Niederschl.: —
Zustand d. See: Temp. Mittel 25,9°; max. 26,6° um 2h p. m., min. 24,9° um 2h a. m.
Spezif. Gewicht. Mittel 1,02765; max. 1,0280, min. 1,0274.

Allg. Bemerk.: a. m. Wind N98°E, frischte bald auf von 1 bis zu 3, flaute aber von 4h wieder ab, ging dann gegen Mittag auf N53°E, Stärke 1; der Himmel war anfangs klar, später leicht bewölkt ohne merkliche Bewegung. See glatt, hohe str. aus E cu 4—5 aus der Windrichtung. p. m. Wind, anfangs N75°E, dann N30°E 1—2; am NE-Horizont Regenböen, hohe ci fast unbeweglich, die am Abend um 10h etwas von W nach E zu ziehen schienen, sich aber bald auflösten, leichte niedrige cu aus der Windrichtung, leichte cu am E-Horizont.
Ozongehalt 8—9; Verdunstung 1,6 mm.

1876, den 4. März.

Position: 28° 20,0'—26° 48,4' S-Br., 25° 48,8'—25° 24,5' W-Lg.
Schiffsbew.: Kurs. a. m. N18°E, p. m. N7°E, N29°E, N344°E.
Fahrt. a. m. 4,6, p. m. meist 5,8—5,3; Abends 2,3.
Wind: Richtung. Mittel N59°E; a. m. N29°E, später N40°E, p. m. N85°E, um 10h N52°E.
Stärke. Mittel 2,1; meist 2—3.
Barom.: Mittel 766,27 mm; stieg bis zum max. 766,80 mm um 10h a. m. und fiel bis zum min. 766,13 mm um 6h p. m.
Temp. d. Luft: Mittel 25,7°; max. 26,2° um 10h a. m., min. 25,2° um 2h a. m.
Spannkr. d. Dünste: Mittel 17,8 mm; max. 18,7 mm um 10h p. m., min. 16,9 mm um 6h p. m.
Wolken: Gattung u. Betrag. Himmel den Tag über klar, cu 2, selten 4—5.
Richtung. a. m. aus NE, p. m. aus E.
Niederschl.: —
Zustand d. See: Temp. Mittel 26,1°; max. 26,7° um 10h a. m., min. 25,7° um 2h a. m. und um 10h p. m.
Spezif. Gewicht. Mittel 1,02777; max. 1,0278, min. 1,0277.
Allg. Bemerk.: a. m. der Wind wehte leicht bis schwach aus N29°E, ging um 10h auf N40°E; der Himmel war fast ganz klar, cu 2 aus der Windrichtung, 7h Regenbogen am WSW-Horizont, später die unteren Wolken raumer ziehend. See glatt. p. m. der Wind war N85°E, spät Abends N52°E. Stärke 2—3, Himmel fast klar cu 2, selten 5, leicht aus der Windrichtung. Leichter Seegang aus der Windrichtung.
Ozongehalt 7—8; Verdunstung 2,1 mm.

1876, den 5. März.

Position: 26° 38,0'—25° 47,0' S-Br., 25° 26,9'—25° 36,7' W-Lg.
Schiffsbew.: Kurs. a. m. N8°E, N351°E; p. m. N356°E, N338°E, N19°E.
Fahrt. 2,4—1,8; Abends spät 4,8 (mit Dampf und Segel).
Wind: Richtung. Mittel N72°E; a. m. N86°E, gegen Mittag N64°E, p. m. N84°E bis N53°E bis N75°E.
Stärke. Mittel 2,1; meist 2—3.
Barom.: Mittel 765,30 mm; 2 max. 766,31 mm um 10h a. m. und 765,81 mm um 10h p. m; 2 min. 764,73 mm um 6h a. m. und 764,88 mm um 6h p. m.
Temp. d. Luft: Mittel 25,9°; max. 27,4° um 10h a. m.; min. 25,0° um 2h a. m.
Spannkr. d. Dünste: Mittel 18,7 mm; max. 19,7 mm um 10h a. m., min. 18,0 mm um 2h a. m.
Wolken: Gattung u. Betrag. Himmel den Tag über fast klar, cu 1—2, selten 4—5, leicht.
Richtung. Aus der Windrichtung, früh und Abends spät nur am Horizont.
Niederschl.: —
Zustand d. See: Temp. Mittel 26,3°; max. 26,9° um 2h p. m., min. 25,6° um 2h a. m.
Spezif. Gewicht. Mittel 1,02802; max. 1,0282, min. 1,0278.
Allg. Bemerk.: Der Wind war den Tag über meist fast N75°E in der Stärke 2—3.
a. m. Meeresleuchten in kleinen Punkten. Glatte See.
p. m. Leicht gekräuselte See und Dünung aus SE.
Ozongehalt 8—9; Verdunstung 2,2 mm.

1876, den 6. März.

Position: 25° 27,7'—23° 49,4' S-Br., 25° 33,2'—25° 34,5' W-Lg.
Schiffsbew.: Kurs. Meist N7°E.
Fahrt. 4,0—6,5.
Wind: Richtung. Mittel N76°E, meist N74°E, um 6h p. m. N85°E.
Stärke. Mittel 3,4; anfangs 2—3, gegen Mittag auffrischend bis zu 4; p. m. meist 3—4, Abends 6, böig, in den Böen.
Barom.: Mittel 765,50 mm; 2 max. 765,67 mm um 10h a. m. und 766,66 mm um 10h p. m. 2 min. 765,08 mm um 6h a. m. und 764,88 mm um 2h p. m.
Temp. d. Luft: Mittel 25,9°; max. 26,9° um 10h a. m., min. 25,2° um 2h a. m.
Spannkr. d. Dünste: Mittel 18,2 mm; max. 18,8 mm um 6h a. m., min. 17,9 mm um 6h p. m.
Wolken: Gattung u. Betrag. Himmel fast klar, nur leichte cu 1—2, gegen Abend cu ni 2—3.
Richtung. Aus E.
Niederschl.: p. m. 3h 30' und 7h 45' eine Regenböe.
Zustand d. See: Temp. Mittel 26,2°; max. 26,9° um 10h a. m., min. 25,6° um 2h a. m.
Spezif. Gewicht. Mittel 1,02838; max. 1,0285, min. 1,0282.
Allg. Bemerk.: Der Wind war a. m. N74°E, meist 2—3, gegen Mittag auffrischend bis zu 4; Himmel fast klar, nur leichte cu 1—2 aus der Windrichtung sichtbar.
p. m. Wind meist N74°E, um 3h 30' Regenböe aus ENE, ebenso 7h 15' aus NE, Wolken zogen im Allgemeinen raum und kamen oft schral zurück. Abends 10h—11h böig.
Ozongehalt 5—6; Verdunstung 2,5 mm.

1876, den 7. März.

Position: 23° 25,6'—21° 38,0' S-Br., 25° 34,4'—25° 27,4' W-Lg.
Schiffsbew.: Kurs. Meist N53°E, zuweilen gegen Mittag N19°E.
Fahrt. 5,8—8,4.
Wind: Richtung. Mittel N91°E; anfangs N75°E, von 4h a. m. bis 8h p. m. N98°E, dann N86°E.
Stärke. Mittel 4,7; a. m. 5—6, p. m. abflauend bis zu 2, Abends auffrischend bis zu 4.
Barom.: Mittel 766,29 mm; 2 max. 766,84 mm um 10h a. m. und 767,17 mm um 10h p. m., 2 min. 765,55 mm um 6h a. m. und 765,54 mm um 2h p. m.
Temp. d. Luft: Mittel 26,0°; max. 27,1° um 2h p. m., min. 25,4° um 6h a. m.
Spannkr. d. Dünste: Mittel 18,8 mm; max. 19,8 mm um 10h p. m., min. 17,6 mm um 6h a. m.
Wolken: Gattung u. Betrag. a. m. Anfangs nur cu 2 am Horizont, dann cu 2 aus der Windrichtung, gegen Mittag cu ni 5—6; p. m. cu ni 4—5, dann cu unten, darüber hohe str. aus NW, Abends klar, cu 2.
Richtung. Untere Wolken mit dem Winde ziehend.
Niederschl.: 9h 30' a. m. eine Regenböe; p. m. 4h 30' wenig Regen.
Zustand d. See: Temp. Mittel 26,4°; max. 26,9° um 6h a. m., min. 26,0° um 10h p. m.
Spezif. Gewicht. Mittel 1,02855; max. 1,0287, min. 1,0283.
Allg. Bemerk.: a. m. Wind anfangs N75°E, um 4h N98°E, 4—5, Himmel fast klar, anfangs nur cu 2 am Horizont, dann aus N98°E, 9h 50' Böe mit wenig Regen, gegen Mittag cu ni 5—6; p. m. Wind N98°E, Abends N86°E, auffrischend bis zu 6, hohe str. aus NW, untere cu aus ESE, Wind veränderlich N98°E—N75°E, etwas böig, von 8h 15' an leichte Passatwolken.
Ozongehalt 5—6; Regen 0,2 mm; Verdunstung 2,2 mm.

1876, den 8. März.

Position: 21° 3,1'—18° 7,7' S-Br., 25° 27,1'—25° 21,5' W-Lg.
Schiffsbew.: Kurs. N7°E.
Fahrt. a. m. 8,1—10,2, p. m. 9,6—5,7 abnehmend.

Wind: Richtung. Mittel N87°E; N85°E, spät Abends N97°E.
Stärke. Mittel 4,3; a. m. 5—6; p. m. abflauend bis 2, Abends wieder auffrischend bis zu 3—4.
Barom.: Mittel 765,41 mm; 2 max. 766,20 mm um 10h a. m. und 766,35 mm um 10h p. m.; 2 min. 765,25 mm um 6h a. m. und 764,45 mm um 2h p. m.
Temp. d. Luft: Mittel 25,8°; max. 27,0° um 2h p. m., min. 23,8° um 10h p. m.
Spannkr. d. Dünste: Mittel 18,6 mm; max. 19,5 mm um 2h a. m., min. 17,8 mm um 10h p. m.
Wolken: Gattung u. Betrag. a. m. anfangs cu ni 5—6, dann aufklarend bis zu cu str. 2—3; p. m. sich allmählich beziehend bis zu cu ni 10.
Richtung. Aus der Windrichtung.
Niederschl.: a. m. 1h 30′ eine leichte Regenböe, p. m. einige Regenböen.
Zustand d. See: Temp. Mittel 26,2°; max. 26,7° um 10h a. m., min. 25,7° um 10h p. m.
Spezif. Gewicht. Mittel 1,02865; max. 1,0288, min. 1,0286.
Allg. Bemerk.: a. m. Wind N85°E 5—6, cu ni anfangs 5—6, später nur cu str. 2—3, cu in mittlerer Höhe, darüber hohe str., die langsamer zogen, beide aus EzS. Leichte See aus EzS.
p. m. Wind N85°E abflauend bis zu 2, dann Abends wieder auffrischend bis zu 4 als N97°E, in den Böen stärker; häufige Regenböen vor und hinter dem Schiff; von Mittag bis Mitternacht gingen etwa 6 über das Schiff hin von der Stärke 6—7.
Ozongehalt 7—8; Verdunstung 2,4 mm.

1876, den 9. März.

Position: 17° 41,0′—14° 58,4′ S-Br., 25° 33,4′—25° 41,1′ W-Lg.
Schiffsbew.: Kurs. N6°E.
Fahrt. 6,7—8,8.
Wind: Richtung. Mittel N89°E; N84°E—N96°E.
Stärke. Mittel 4,8; a. m. 5—6, p. m. 4—5.
Barom.: Mittel 762,87 mm; 2 max. 763,61 mm um 10h a. m. und 763,60 mm um 10h p. m., 2 min. 762,70 mm um 6h a. m. und 761,90 mm um 2h p. m.
Temp. d. Luft: Mittel 25,6°; max. 26,6° um 2h p. m., min. 24,2° um 6h a. m.
Spannkr. d. Dünste: Mittel 18,5 mm; max. 19,2 mm um 2h a. m., min. 18,1 mm um 10h a. m.
Wolken: Gattung u. Betrag. a. m. cu 6—7; gegen Mittag klarer cu 3—4, p. m. untere Wolken cu 4—5, obere ci str., später str. 3—4.
Richtung. Untere Wolken aus ESE, obere aus WNW.
Niederschl.: a. m. Regenböen vereinzelt bis 8h.
Zustand d. See: Temp. Mittel 26,1°; max. 26,2° um 10h a. m., min. 26,0° um 2h a. m. und um 10h p. m.
Spezif. Gewicht. Mittel 1,02857; max. 1,0287, min. 1,0285.
Allg. Bemerk.: a. m. Wind N84°E—N96°E, Stärke 5—6, bis 8h Böen mit Regen bis zur Stärke 7, dann beständig gleichmässig, Himmel leicht bewölkt mit cu 6—7, gegen Mittag klarer cu 4 aus ESE; mässiger Seegang aus der Windrichtung.
p. m. Wind N84°E—N96°E 4—5, Himmel ziemlich klar, mittelhohe cu aus ESE, hohe str. aus WNW langsam ziehend, durchsichtig.
Ozongehalt 7—8; Regen 1,0 mm; Verdunstung 2,8 mm.

1876, den 10. März.

Position: 14° 24,3′—12° 43,6′ S-Br.; 25° 39,3′—25° 39,8′ W-Lg.
Schiffsbew.: Kurs. N9°E.
Fahrt. a. m. 7,8, um 10h wurde gelothet; p. m. 5,7—6,7.
Wind: Richtung. Mittel N89°E, N97°E—N85°E.
Stärke. Mittel 4,0; a. m. 4—5; p. m. 3—4.
Barom.: Mittel 761,66 mm; max. 762,24 mm um 10h a. m. und 761,99 mm um 10h p. m.; 2 min. 761,33 mm um 2h a. m. und 761,15 mm um 6h p. m.
Temp. d. Luft: Mittel 26,2°; max. 26,9° um 10h a. m., min. 25,5° um 2h a. m.
Spannkr. d. Dünste: Mittel 18,8 mm; max. 19,7 mm um 10h p. m., min. 18,2 mm um 2h a. m.
Wolken: Gattung u. Betrag. a. m. dünn bezogen unten cu, oben str. oder ci, anfangs zusammen im Betrage 8, von 8h an nur 3—4; p. m. wie am Vormittag cu unten, str. oben, anfangs 1—2, Abends 6—7.
Richtung. Untere Wolken aus ESE oder am Horizont, obere aus WNW—NW.
Niederschl.: —
Zustand d. See: Temp. Mittel 26,2°; max. 26,6° um 2h p. m., min. 26,1° um 2h a. m. und um 10h p. m.
Spezif. Gewicht. Mittel 1,02830; max. 1,0284, min. 1,0281.
Allg. Bemerk.: Wind N85°E—N97°E, meist 4, anfangs dünn bezogen, gegen Morgen aufklarend, hohe ci oder str. aus WNW—NW, darunter cu aus der Windrichtung oder am Horizont; leichte Dünung aus SE, angemessene See aus ESE.
p. m. wie am Vormittag.
Ozongehalt nach 12h 3—4, nach 24h 6—7; Verdunstung 2,4 mm.

1876, den 11. März.

Position: 12° 15,5′—9° 53,1′ S Br.; 25° 39,2′—25° 42,8′ W-Lg.
Schiffsbew.: Kurs. Anfangs Nord, dann von 4h a. m. an N11°E.
Fahrt. 6,5—8,6.
Wind: Richtung. Mittel N90°E; anfangs N73°E—N84°E, 8h a. m. ab N96°E.
Stärke. Mittel 4,5; meist 4—5.
Barom.: Mittel 761,63 mm; max. 762,50 mm um 2h p. m., min. 760,87 mm um 6h p. m., Gang unregelmässig.
Temp. d. Luft: Mittel 26,8°; max. 27,6° um 2h p. m., min. 25,9° um 6h a. m.
Spannkr. d. Dünste: Mittel 21,0 mm; max. 22,0 mm um 6h p. m., min. 19,6 mm um 2h a. m.
Wolken: Gattung u. Betrag. a. m. Himmel klar, cu oder cu ni 4—3; p. m. 3—4, oben str.
Richtung. Untere Wolken aus der Windrichtung, obere aus WNW.
Niederschl.: a. m. 7h 15′ eine Regenböe; p. m. 7h eine Regenböe.
Zustand d. See: Temp. Mittel 27,1°; max. 27,5° um 2h p. m., min. 26,3° um 2h a. m.
Spezif. Gewicht. Mittel 1,02823; max. 1,0284, min. 1,0280.
Allg. Bemerk.: Wind N73°E später N96°E 4—5; Wind ging 1h auf N73°E, mittelhohe cu 3—4 aus der Windrichtung, 7h 15′ Regenböe aus NE, danach bis 9h flauer; lange SSE-Dünung, schwache See aus ESE.
p. m. leichte cu 2—4, schnell ziehend aus der Windrichtung, zuweilen langsam ziehende hohe str. aus WNW.
Ozongehalt nach 12h 5—6, nach 24h 6; Regen 0,2 mm; Verdunstung 2,8 mm.

1876, den 12. März.

Position: 9° 15,9′—6° 32,0′ S-Br.; 25° 38,2′—25° 25,6′ W-Lg.
Schiffsbew.: Kurs. N12°E.
Fahrt. 8,0—9,8; um 6h p. m. wurde gelothet.
Wind: Richtung. Mittel N106°E; anfangs N97°E; von 4h a. m. an N108°E.
Stärke. Mittel 5,2; meist 5—6; von 4h p. m. an 4—5.
Barom.: Mittel 762,71 mm; 2 max. 763,10 mm um 10h a. m. und 764,70 mm um 10h p. m.; 2 min. 760,46 mm um 2h a. m. und 762,93 mm um 2h p. m.
Temp. d. Luft: Mittel 27,7°; max. 28,4° um 2h p. m., min. 27,0° um 2h a. m.
Spannkr. d. Dünste: Mittel 21,9 mm: max. 22,7 mm um 2h p. m., min. 21,4 mm um 10h p. m.
Wolken: Gattung u. Betrag. cu oder cu ni unten, ci str. selten oben, 3—4.
Richtung. Untere Wolken a. m. aus ESE, p. m. aus SEzE, obere aus WNW.
Niederschl.: Um 2h a. m. eine Regenböe.

Zustand d. See: Temp. Mittel 27,5°; max. 28,3° um 2h p. m., min. 27,0° um 2h a. m.
Spezif. Gewicht. Mittel 1,02785; max. 1,0281, min. 1,0276.
Allg. Bemerk.: Wind anfangs N97°E, mit einer Regenböe um 2h a. m., von 4h a. m. an beständig N108°E, Stärke 5—6, aber Abends von 8h p. m. an nur 4—5, Himmel klar, unten cu ni oder cu, oder cu str. 4—5, aus der Windrichtung, zuweilen hohe str. oder ci str. aus WNW, a. m. Seegang aus E aufkommend.
p. m. mässiger Seegang aus SEzE.
Ozongehalt nach 12h 6—7, nach 24h 6; Verdunstung 2,1 mm.

1876, den 13. März.

Position: 5° 59,0'—3° 46,2' S-Br.; 25° 23,9'—25° 23,6' W-Lg.
Schiffsbew.: Kurs N12°E.
Fahrt 5,0—7,6.
Wind: Richtung. Mittel N104°E; meist N108°E, um Mittag N97°E,
Stärke. Mittel 3,5; gleichmässig 3—4, zuweilen 4.
Barom.: Mittel 761,70 mm; 2 max. 763,47 mm um 10h a. m. und 762,65 mm um 10h p. m., 2 min. 759,99 mm um 2h a. m. und 760,60 mm um 2h p. m.
Temp. d. Luft: Mittel 27,8°; max. 28,8° um 10h a. m., min. 27,0° um 6h a. m.
Spannkr. d. Dünste: Mittel 22,7 mm; max. 23,3 mm um 2h p. m., min. 22,5 mm um 2h a. m.
Wolken: Gattung u. Betrag. Himmel klar, leichte cu 2—3, selten cu str.
Richtung. Aus der Windrichtung.
Niederschl.: p. m. um 10h 45' eine Regenböe.
Zustand d. See: Temp. Mittel 27,8°; max. 28,4° um 2h p. m., min. 27,1° um 10h p. m.
Spezif. Gewicht. Mittel 1,02757; max. 1,0277, min. 1,0274.
Allg. Bemerk.: Wind meist N108°E, um Mittag N97°E, 3—4, bisweilen 4, Himmel klar, leichte cu 2—3, selten cu str., am Abend cu str. 2 aus der Windrichtung.
a. m. Leichte See aus ESE.
p. m. Leichte SE-Dünung und leicht gekräuselte See.
Ozongehalt 5—6; Verdunstung 2,2 mm.

1876, den 14. März.

Position: 3° 15,6'—1° 25,7' S-Br.; 25° 23,3'—25° 23,1' W-Lg.
Schiffsbew.: Kurs. N12°E.
Fahrt. 5,4—7,2; um 6h p. m. wurde gelothet.
Wind: Richtung. Mittel N115°E; Morgens N108°E, von 8h a. m. an N119°E.
Stärke. Mittel 2,7; früh 3—4, dann meist 3, Abends 2.
Barom.: Mittel 760,88 mm; 2 max. 761,38 mm um 10h a. m. und 762,14 mm um 10h p. m.; 2 min. 760,21 mm um 6h a. m. und 760,36 mm um 2h p. m.
Temp. d. Luft: Mittel 27,4°; max. 28,4° um 2h p. m., min. 26,6° um 10h p. m.
Spannkr. d. Dünste: Mittel 23,4 mm; max. 23,9 mm um 10h a. m., min. 22,6 mm um 10h p. m.
Wolken: Gattung u. Betrag. a. m. leichte cu oder cu str. 3—4; p. m. anfangs cu 1—2. Abends cu ni 9—10.
Richtung. a. m. anfangs aus EzS, dann aus ESE, und erst von 8h a. m. an aus der Windrichtung.
Niederschl.: a. m. 8h 50'—9h 8' Regen; p. m. 12h 30'—12h 45' eine Regenböe, später Regenböen mit starkem Regen.
Zustand d. See: Temp. Mittel 27,4°; max. 27,9° um 2h p. m., min. 26,9° um 10h p. m.
Spezif. Gewicht. Mittel 1,02752; max. 1,0278, min. 1,0270.
Allg. Bemerk.: a. m. Wind N108°E, von 8h an N119°E 3—4, dann 3. Leichte cu aus der Windrichtung; leichte See und Dünung.
p. m. Wind N119°E, anfangs 3, später 2, Wind bis zur Stärke 5 in den Böen, cu ni 9—10, Wetterleuchten am Abend in NW.
Meeresleuchten in grossen Scheiben.
Ozongehalt 4—5; Regen 0,3 mm; Verdunstung 2—3 mm.

1876, den 15. März.

Position: 1° 4,2' S-Br. bis 0° 58,4' N-Br., 25° 21,8'—25° 16,8' W-Lg.
Schiffsbew.: Kurs. N11°E.
Fahrt. a. m. 4,6—5,7, p. m. 7,3—6,1 (Dampf und Segel).
Wind: Richtung. Mittel N113°E; hin und her von N84°E bis N129°E.
Stärke. Mittel 2,0; a. m. anfangs still, dann 1—2; p. m. anfangs 3, dann 3—2.
Barom.: Mittel 761,19 mm; 2 max. 762,24 mm um 10h a. m. und 761,13 mm um 10h p. m., 2 min. 761,07 mm um 2h a. m. und 760,46 mm um 6h p. m.
Temp. d. Luft: Mittel 26,2°; max. 27,2° um 10h p. m., min. 24,9° um 2h a. m.
Spannkr. d. Dünste: Mittel 22,2 mm; max. 22,4 mm um 2h p. m., min. 22,0 mm um 6h a. m.
Wolken: Gattung u. Betrag. a. m. anfangs ni 10, dann cu ni 9—10, von 10h ab cu ni 9; p. m. leicht bewölkt cu str. 4—5, dann cu ci 1—2 und zuletzt cu ni 3—4.
Richtung. Aus der Windrichtung.
Niederschl.: Bis 4h starker Regen.
Zustand d. See: Temp. Mittel 27,3°; max. 27,8° um 2h p. m., min. 26,6° um 2h a. m.
Spezif. Gewicht. Mittel 1,02745; max. 1,0276, min. 1,0272.
Allg. Bemerk.: p. m. leicht bewölkt, gegen 8h cu ni aus SEzS, gegen 10h aus E bis ENE. Seltenes und schwaches Wetterleuchten in NE. Meeresleuchten in kleinen Punkten.
Ozongehalt 9—10; Regen 45,6 mm; Verdunstung 1,8 mm.

1876, den 16. März.

Position: 1° 19,4'—2° 33,2' N-Br., 25° 18,7'—25° 53,0' W-Lg.
Schiffsbew.: Kurs. a. m. N10°E, p. m. N342°E bis N320°E bis N353°E.
Fahrt. (Dampf) 5,1—3,3.
Wind: Richtung. Mittel N57°E; a. m. N72°E, p. m. N27°E bis N61°E.
Stärke. Mittel 0,9; meist 1, um 6h a. m. ganz still.
Barom.: Mittel 760,36 mm; 2 max. 761,53 mm um 10h a. m. und 761,10 mm um 10h p. m., 2 min. 759,45 mm um 2h a. m. und 759,70 mm um 6h p. m.
Temp. d. Luft: Mittel 26,8°; max. 28,0° um 10h a. m., min. 26,1° um 2h p. m.
Spannkr. d. Dünste: Mittel 22,0 mm; max. 22,7 mm um 10h a. m., min. 21,3 mm um 6h p. m.
Wolken: Gattung u. Betrag. a. m. anfangs nur cu 1—2, von 4h an cu ni 9—7; p. m. anfangs cu ni 10, dann aufklarend unten cu, oben str. 5—6, spät cu ni 3 am Horizont.
Richtung. Untere Wolken meist aus der Windrichtung.
Niederschl.: a. m. gegen Mittag leichter Regen, p. m. von 12h bis 1h Regen.
Zustand d. See: Temp. Mittel 27,7°; max. 27,9° um 10h a. m., min. 27,4° um 6h p. m.
Spezif. Gewicht. Mittel 1,02732; max. 1,0276, min. 1,0272.
Allg. Bemerk.: a. m. Wind N72°E 1 oder still, anfangs klar cu 1—2 aus E, dann bedeckt cu ni 9—7, von 10h 35' bis 11h 37' leichter Regen, Wind eine kurze Zeit auffrischend bis zu 4—5; Dünung S-lich abnehmend, NE-lich aufkommend, Wasser glatt.
p. m. Wind sehr leicht von N61°E bis N27°E; Himmel ganz bezogen mit cu ni 10, dann aufklarend hohe str. aus NW, Abends cu ni am Horizont in NzE und SzE, darin Wetterleuchten. Dünung N-lich. Lebhaftes Meeresleuchten.
Ozongehalt 8—9; Verdunstung 2,1 mm.

1876, den 17. März.

Position: 2° 51,1'—3° 44,5' N-Br., 25° 55,3'—26° 16,4' W-Lg.
Schiffsbew.: Kurs. a. m. N5°E bis N348°E; p. m. anfangs wurde gelothet, dann N356°E und N303°E.
Fahrt. a. m. 4,1—5,5, p. m. 3,5—3,2 (Dampf).
Wind: Richtung. Mittel N32°E; a. m. N72°E, still, N61°E; p. m. N27°E, später N5°E.

Stärke. Mittel 1,1; 1—2, zuweilen still.
Barom.: Mittel 759,89 mm; 2 max. 760,31 mm um 10h a. m. und 761,48 mm um 10h p. m., 2 min. 759,19 mm um 2h a. m. und 759,09 mm um 2h p. m.
Temp. d. Luft: Mittel 26,6°; max. 27,2° um 6h p. m, min. 25,5° um 10h a. m.
Spannkr. d. Dünste: Mittel 22,2 mm; max. 24,0 mm um 2h p. m., min. 21,2 mm um 10h a. m.
Wolken: Gattung u. Betrag. a. m. anfangs klar, cu ni 4, später ganz bezogen cu ni 10; p. m. meist klar cu ni unten und hohe str. oben 3—6, Abends spät nur cu 3 am SE- und NW-Horizont.
Richtung. a. m. aus NE und NNE; p. m. untere Wolken aus NE, obere aus SSE.
Niederschl.: a. m. von 8h bis 9h beständiger Regen, von 9h bis 11h Regen mit Unterbrechung.
Zustand d. See: Temp. Mittel 27,6°; max. 28,2° um 2h p. m., min. 27,5° um 2h a. m. und 10h p. m.
Spezif. Gewicht. Mittel 1,02692; max. 1,0272, min. 1,0266.
Allg. Bemerk.: Wind zwischen N72°E und N27°E 1—2, zuweilen still; a. m. anfangs nur cu ni 4 aus NE, Bank in NE bis NNW langsam aufsteigend, starkes Wetterleuchten, um 5h ganz bezogen; um 11h aufklarend.
p. m. leichte cu ni aus der Windrichtung, hohe str. ganz langsam aus SSW, Wetterleuchten.
Ozongehalt 8—9; Regen 8,6 mm, Verdunstung 1,2 mm.

1876, den 18. März.

Position: 3° 51,8′—4° 3,9′ N-Br., 26° 29,2′—26° 49,0′ W-Lg.
Schiffsbew.: Kurs. a. m. N298°E, um 10h trieb das Schiff; p. m. N73°E, spät Abends N292°E.
Fahrt. a. m. 3—5; p. m. 0,3, später 3,5—5,3.
Wind: Richtung. Mittel N4°E; meist N6°E, um Mittag still.
Stärke. Mittel 2,2; a. m. 2—4, dann still; p. m. still, dann 3—4.
Barom.: Mittel 760,19 mm; max. 761,38 mm um 10h p. m., min. 759,04 mm um 10h a. m.; ganz unregelmässig.
Temp. d. Luft: Mittel 26,5°; max. 27,6° um 2h p. m., min. 24,4° um 10h a. m.
Spannkr. der Dünste: Mittel 22,0 mm; max. 22,3 mm um 2h a. m., min. 21,5 mm um 10h a. m.
Wolken: Gattung u. Betrag. a. m. anfangs klar, dann ganz bezogen cu ni und ni 10; p. m. klar, nur cu str. 4, Abends cu ni 3.
Richtung. Untere Wolken aus NNE, obere str. aus SW.
Niederschl.: a. m. Regen von 6h 20′ bis 11h 15′.
Zustand d. See: Temp. Mittel 27,6°; max. 28,2° um 2h p. m., min. 27,0° um 10h p. m.
Spezif. Gewicht. Mittel 1,02698; max. 1,0271, min. 1,0265.
Allg. Bemerk.: Wind meist N6°E 2—4, von 7h 45′ a. m. bis gegen 2h p. m. still; a. m. anfangs nur cu ni 3 aus der Windrichtung, dunkle Bank im S und SW bis W, worin es donnerte und blitzte, dann bezog es sich ganz: 6h 20′ ging der Wind aus N253°E durch N163°E auf N118°E, um 7h 45′ Stille, NE-liche Dünung.
p. m. wenige cu und cu ni unten aus der Windrichtung, darüber hohe str. langsam aus SW ziehend. Wetterleuchten in S und SE.
Ozongehalt 10—11; Regen 29,7 mm, Verdunstung 1,9 mm.

1876, den 19. März.

Position: 4° 17,3′—5° 15,2′ N-Br., 27° 27,8′—28° 26,0′ W-Lg.
Schiffsbew.: Kurs. a. m. N353°E, N331°E, N320°E; p. m. N291°E bis N303°E bis N333°E.
Fahrt. a. m. 7,5—5,2, p. m. 5,8—4,2.
Wind: Richtung. Mittel N24°E; a. m. N5°E, p. m. N5°E bis N16°E.
Stärke. Mittel 4,0; a. m. 4-5, p. m. etwas flauer.
Barom.: Mittel 759,92 mm; max. 760,50 mm um 6h a. m., min. 758,94 mm um 10h a. m.; ganz unregelmässig.
Temp. d. Luft: Mittel 26,7°; max. 27,0° um 2h p. m., min. 26,4° um 6h a. m.
Spannkr. d. Dünste: Mittel 21,5 mm; max. 21,9 mm um 10h a. m., min. 20,3 mm um 6h a. m.
Wolken: Gattung u. Betrag. a. m. anfangs cu 5, dann cu str. und cu ni 4—8, und darüber str. und andere cu aus SW; p. m. leicht bezogen unten cu ni 9—10 oder cu, oben str. oder ci str. ohne Bewegung.
Richtung. Die unteren Wolken aus der Windrichtung, die oberen aus SW.
Niederschl.: —
Zustand d. See: Temp. Mittel 27,2°; max. 27,4° um 2h p. m., min. 27,0° um 2h a. m. und um 10h p. m.
Spezif. Gewicht. Mittel 1,02738; max. 1,0275, min. 1,0272.
Allg. Bemerk.: a. m. Wind N27°E 4—5; cu 5 aus der Windrichtung niedrig, darüber raumer ziehende cu, hohe str. aus SW, gegen Mittag durchscheinend bezogen. Leichte NE-Dünung und See.
p. m. Wind N16°E bis N5°E, meist 4—3, Abends 4—5; fast bezogen mit leichten cu ni aus der Windrichtung, darüber hohe str. ohne Bewegung.
Ozongehalt 7—8; Regen 5,2 mm, Verdunstung 1,9 mm.

1876, den 20. März.

Position: 5° 33,0′—6° 32,6′ N-Br., 28° 38,6′—29° 24,6′ W-Lg.
Schiffsbew.: Kurs. a. m. N330°E—N319°E, p. m. N313°E.
Fahrt. a. m. 6,4—4,0; p. m. 3,4—4,9.
Wind: Richtung. Mittel N29°E; anfangs N37°E, dann von 4h a. m. an N26°E.
Stärke. Mittel 3,2; anfangs 4—5, von 8h a. m. an 2—3.
Barom.: Mittel 759,54 mm; 2 max. 760,72 mm um 10h a. m. und 760,60 mm um 10h p. m., 2 min. 758,79 mm um 2h a. m. und 758,79 mm um 6h p. m.
Temp. d. Luft: Mittel 26,5°; max. 27,2° um 10h a. m., min. 25,8° um 6h a. m.
Spannkr. d. Dünste: Mittel 20,1 mm; max. 21,0 mm um 2h a. m., min. 19,0 mm um 10h p. m.
Wolken: Gattung und Betrag. a. m. hohe str., unten cu ni anfangs 5—6, später 8—9; p. m. unten leichte cu ni, oben hohe str., anfangs 6—7, später fast ganz klar.
Richtung. Untere Wolken aus NE, obere aus SW, fast ohne Bewegung.
Niederschlag: —
Zustand d. See: Temp. Mittel 27,4°; max. 27,9° um 10h a. m., min. 27,0° um 2h a. m.
Spezif. Gewicht. Mittel 1,02743; max. 1,0276, min. 1,0273.
Allg. Bemerk.: a. m. Wind fast immer N26°E, anfangs 5, abflauend bis zu 2—3, anfangs cu ni 5—6, dann mehr bezogen unten cu, aus der Windrichtung, oben hohe str. ohne merkliche Bewegung. Lange Dünung aus NzE, See leicht gekräuselt.
p. m. Wind N26°E 2—3; leichte cu unten, hohe str. oben, aufklarend und Abends ganz klar.
Lange N-Dünung, leichter Seegang aus SE. Schwaches Meeresleuchten in einzelnen Punkten.
Ozongehalt nach 12h 8—9, nach 24h 6—8; Verdunstung 2,1 mm.

1876, den 21. März.

Position: 6° 45,5′—8° 12,1′ N-Br., 29° 48,5′—31° 12,5′ W-Lg.
Schiffsbew.: Kurs. Fast beständig N315°E.
Fahrt. 4,8—7,0.
Wind: Richtung. Mittel N30°E; N28°E, spät Abends N39°E.
Stärke. Mittel 3,8; meist 4, zuweilen 3.
Barom.: Mittel 760,19 mm; 2 max. 761,68 mm um 10h a. m. und 760,76 mm um 10h p. m., 2 min. 759,47 mm um 6h a. m. und 759,27 mm um 6h p. m.
Temp. d. Luft: Mittel 25,4°; max. 26,2° um 2h p. m., min. 24,6° um 10h p. m.
Spannkr. d. Dünste: Mittel 18,2 mm; max. 19,1 mm um 6h p. m., min. 17,6 mm um 2h p. m.
Wolken: Gattung u. Betrag. a. m. anfangs cu 3—4, dann gegen Morgen mehr bezogen cu 7—8, gegen Mittag aufklarend; p. m. cu unten, str. oben 2, spät Abends nur cu.
Richtung. Untere Wolken aus NE, obere aus SW.

Niederschl.: —
Zustand d. See: Temp. Mittel 26,3°; max. 26,7° um 10h a. m., min. 25,5° um 10h p. m.
Spezif. Gewicht. Mittel 1,02754; max. 1,0277, min. 1,0273.
Allg. Bemerk.: a. m. Wind N28°E, meist 4, anfangs nur cu 3—4 aus NE, dann mehr bezogen bis zu cu 7—8 aus NE. p. m. Wind N28°E, 4, später N39°E, 4—3; anfangs hohe str. langsam ziehend aus SW, darunter cu 2 aus NE, später nur die letzteren. Starke Dünung aus NEzN, See leicht gekräuselt. Schwaches Meeresleuchten.
Ozongehalt nach 12h 7—8, nach 24h 7—8; Verdunstung 2,0 mm.

1876, den 22. März.

Position: 8° 22,1′—9° 27,5′ N-Br., 31° 22,5′—32° 31,6′ W-Lg.
Schiffsbew.: Kurs. a. m. N322°E, gegen Mittag N333°E, p. m. N322°E—N336°E.
Fahrt. 3,0—6,4.
Wind: Richtung. Mittel N33°E; a. m. N29°E, gegen Mittag N40°E, p. m. N40°E—N18°E.
Stärke. Mittel 3,0; a. m. 2—3, p. m. 3—4.
Barom.: Mittel 760,05 mm; 2 max. 761,02 mm um 10h a. m. und 760,51 mm um 10h p. m., 2 min. 759,40 mm um 2h a. m. und 759,30 mm um 6h p. m.
Temp. d. Luft: Mittel 24,5°; max. 25,4° um 2h p. m., min. 24,2° um 2h a. m.
Spannkr. d. Dünste: Mittel 18,8 mm; max. 19,2 mm um 6h a. m., min. 18,4 mm um 10h p. m.
Wolken: Gattung und Betrag. Ganz aber durchscheinend bezogen cu 9—10, ci oben aus SSW, um 3h p. m. etwas aufklarend bis zu cu str. 8 oder cu 8.
Richtung. Untere Wolken aus der Windrichtung.
Niederschl.: —
Zustand d. See: Temp. Mittel 25,1°; max. 25,4° um 2h p. m., min. 24,7° um 10h p. m.
Spezif. Gewicht. Mittel 1.02763; max. 1,0278, min. 1,0275.
Allg. Bemerk.: Wind N40°E—N18°E, a. m. 2—3; p. m. 3—4, Dünung aus NNE, See glatt.
p. m. bewölkt, wie a. m.; um 3h etwas aufklarend.
Ozongehalt nach 12h 8—9, nach 24h 7—9; Verdunstung 2,9 mm.

1876, den 23. März.

Position: 9° 46,5′—11° 19,9′ N-Br., 32° 42,1′—33° 26,8′ W-Lg.
Schiffsbew.: Kurs. a. m. N345°E, N334°E, N356°E, p. m. N356°E, N339°E.
Fahrt. 6,2—4,2.
Wind: Richtung. Mittel N54°E; a. m. N53°E—N41°E, p. m. N75°E—N53°E.
Stärke. Mittel 3,0—3,4.
Barom.: Mittel 759,68 mm; 2 max. 760,66 mm um 10h a. m. und 761,02 mm um 10h p. m., 2 min. 759,15 mm um 6h a. m. und 758,76 mm um 2h p. m.
Temp. d. Luft: Mittel 24,6°; max. 25,4° um 2h p. m., min. 23,7° um 6h a. m.
Spannkr. d. Dünste: Mittel 18,5 mm; max. 19,0 mm um 10h a. m., min. 18,2 mm um 10h p. m.
Wolken: Gattung u. Betrag. a. m. unten cu ni, oben str., Betrag 4—6; p. m. cu, darüber ci str. ohne Bewegung, anfangs 5—6, Abends mehr bezogen 8—9, später aufklarend bis zu cu 1 am Horizont.
Richtung. Untere Wolken aus der Windrichtung, obere aus W.
Niederschl.: —
Zustand d. See: Temp. Mittel 25,1°; max. 25,5° um 2h p. m., min. 24,5° um 2h a. m.
Spezif. Gewicht. Mittel 1,02762; max. 1 0277, min. 1.0274.
Allg. Bemerk.: Wind N41°E—N75°E 3—4; cu ni meist 4—6 unten aus der Windrichtung, oben ci str. aus W oder ohne Bewegung, gegen 9h Abends der obere Himmel klar.
a. m. Leichte Dünung aus NNE, See leicht gekräuselt.
p. m. Meeresleuchten schwach in kleinen Punkten und vereinzeltes Aufblitzen in Scheiben.
Ozongehalt nach 12h 7—8, nach 24h 7—8; Verdunstung 2,5 mm.

1876, den 24. März.

Position: 11° 34,6′—12° 39,8′ N-Br., 33° 35,7′—34° 56,3′ W-Lg.
Schiffsbew.: Kurs. a. m. N344°E, N299°E, N322°E; p. m. N310°E, N333°E, N341°E.
Fahrt. 3,8—6,6.
Wind: Richtung. Mittel N38°E; N52°E—N29°E.
Stärke. Mittel 3,0; meist 3.
Barom.: Mittel 760,67 mm; 2 max. 760,76 mm um 10h a. m. und 762,20 mm um 10h p. m., 2 min. 759,88 mm um 2h a. m. und 760,39 mm um 2h p. m.
Temp. d. Luft: Mittel 24,2°; max. 24,8° um 2h p. m., min. 23,9° um 10h p. m.
Spannkr. d. Dünste: Mittel 17,8 mm; max. 18,4 mm um 6h p. m., min. 17,2 mm um 2h a. m.
Wolken: Gattung u. Betrag. Meist klar, untere cu und obere ci str. 2—4, jedoch von 5h—8h a. m. bezogen cu 9—10.
Richtung. Untere Wolken aus NE, obere aus SW.
Niederschl.: —
Zustand d. See: Temp. Mittel 24,7°; max. 25,1° um 10h a. m., min. 24,5° um 2h a. m.
Spezif. Gewicht. Mittel 1,02773; max. 1,0279, min. 1,0277.
Allg. Bemerk.: Der Wind war N52°E—N29°E von der Stärke 3; a. m. Himmel bis 5h fast ganz klar, nur cu 1 am Horizont, von 5h—8h bezogen, aber ohne Niederschlag, dann untere cu aus der Windrichtung, obere hohe str. aus SW. Lange sehr hohe Dünung aus NNE, See leicht gekräuselt.
p. m. Anfangs 3 Wolkenschichten, ganz hohe str. langsam aus NW, darunter ci aus SW und niedere cu aus der Windrichtung, die oberen nach und nach verschwindend. Hohe Dünung aus NNW. Schwaches Meeresleuchten.
Ozongehalt nach 12h 7—8, nach 24h 8—9; Verdunstung 2,5 mm.

1876, den 25. März.

Position: 12° 56,7′—13° 42,7′ N-Br.; 35° 4,6′—35° 49,4′ W-Lg.
Schiffsbew.: Kurs. a. m. N347°E, N333°E, N310°E—N341°E.
Fahrt. 2,0—4,4.
Wind: Richtung. Mittel N46°E; a. m. N63°E—N40°E; p. m. N29°E—N52°E.
Stärke. Mittel 2,3; meist 2—3.
Barom.: Mittel 760,80 mm; 2 max. 762,29 mm um 10h a. m. und 761,78 mm um 10h p. m., 2 min. 760,35 mm um 6h a. m. und 759,60 mm um 2h p. m.
Temp. d. Luft: Mittel 24,2°; max. 25,2° um 10h a. m., min. 23,4° um 6h a. m.
Spannkr. d. Dünste: Mittel 17,8 mm; max. 18.6 mm um 10h a. m., min. 16,7 mm um 6h p. m.
Wolken: Gattung u. Betrag. Leichte cu und cu str. aus der Windrichtung, später darüber leichte cu str. bewegungslos, meist im Betrage von 1—2, zuweilen 4.
Richtung. Aus der Windrichtung, obere Wolken ohne Bewegung
Niederschl.: —
Zustand d. See: Temp. Mittel 25,0°; max. 25,3° um 10h a. m., min. 24,7° um 2h a. m. und um 10h p. m.
Spezif. Gewicht. Mittel 1,02772; max. 1,0278, min. 1,0276.
Allg. Bemerk.: Wind N63°E—N29°E, 2—3; leichte cu oder cu str. aus der Windrichtung, darüber später leichte cu str. meist bewegungslos, selten langsam aus SWzS ziehend.
Ziemlich hohe Dünung aus N.
Ozongehalt nach 12h 7—8, nach 24h 8; Verdunstung 2,4 mm.

1876, den 26. März.

Position: 13° 55,1′—14° 10,8′ N-Br.; 35° 58,3′—36° 8,8′ W-Lg.
Schiffsbew.: Kurs. a. m. N335°E—N312°E—N346°E; p. m. N346°E — um 6h trieb das Schiff — N87°E.
Fahrt. a. m. 3,4—1,0 abnehmend; p. m. 1,0.
Wind: Richtung. Mittel N54°E; a. m. N54°E, um 8h N76°E; p. m. still, Abends N9°E.
Stärke. Mittel 0,8; a. m. anfangs 3, dann still, dann wieder auffrischend bis zu 3, von 8h an 0—1; p. m. 0—1 oder still.

Barom.: Mittel 760,91 mm; 2 max. 761,68 mm um 10h a. m. und 762,06 mm um 10h p. m., 2 min. 760,25 mm um 2h a. m. und 760,03 mm um 2h p. m.
Temp. d. Luft: Mittel 24,9°; max. 26,6° um 2h p. m., min. 23,6° um 2h a. m.
Spannkr. d. Dünste: Mittel 17,4 mm; max. 18,3 mm um 10h a. m., min. 16,2 mm um 10h p. m.
Wolken: Gattung u. Betrag. Hohe cu str. aus WSW, später ohne Bewegung, darunter leichte cu aus der Windrichtung im Betrage von 2—4.
Richtung. Wie angegeben.
Niederschl.: —
Zustand d. See: Temp. Mittel 25,4°; max. 26,2° um 2h p. m., min. 24,5° um 2h a. m.
Spezif. Gewicht. Mittel 1,02772; max. 1,0278, min. 1,0276.
Allg. Bemerk.: Wind a. m. um 12h und um 6h kurze Zeit bis zur Stärke 3, sonst meist 0—1 aus N54°E oder N76°E; hohe cu str. aus WSW, später ohne Bewegung, darunter leichte cu aus der Windrichtung. Abnehmende N-liche Dünung, See glatt.
p. m. Wind meist still N74°E oder N9°E, um 5h 30' leichter Luftzug aus N346°E; Bewölkung wie a. m.
Ozongehalt nach 12h 8—9, nach 24h 8—9; Verdunstung 2,2 mm.

1876, den 27. März.

Position: 14° 11,0'—14° 21,9' N-Br.; 36° 8,2'—35° 50,1' W-Lg.
Schiffsbew.: Kurs. Anfangs trieb das Schiff von 8h an N10°E; p. m. N21°E, N43°E, dann N55°E.
Fahrt. 0,4—1,5.
Wind: Richtung. Mittel N308°E; a. m. meist still, dann N167°E; p. m. N302°E—N325°E.
Stärke. Mittel 0,3; a. m. meist still, dann 0—1; p. m. meist 0—1.
Barom.: Mittel 760,69 mm; 2 max. 761,07 mm um 10h a. m. und 762,06 mm um 10h p. m., 2 min. 760,40 mm um 6h a. m. und 759,80 mm um 2h a. m.
Temp. d. Luft: Mittel 25,1°; max. 27,0° um 2h p. m., min. 23,5° um 6h a. m.
Spannkr. d. Dünste: Mittel 16,9 mm; max. 17,4 mm um 10h a. m., min. 16,7 mm um 6h p. m.
Wolken: Gattung u. Betrag. Früh Morgens und spät Abends ganz klar, sonst leichte cu aus der Windrichtung, später hohe Wolken aus NW, oder bewegungslos, im Betrage 1—3.
Richtung. Wie angegeben.
Niederschl.: —
Zustand d. See: Temp. Mittel 25,6°; max. 26,3° um 2h p. m.; min. 25,0° um 2h a. m.
Spezif. Gewicht. Mittel 1,02778; max. 1,0279, min. 1,0276.
Allg. Bemerk.: a. m. Wind meist ganz still, anfangs ganz klar, dann leichte cu aus der Windrichtung, später hohe cu str. aus NW. N-liche Dünung, See glatt. Luft diesig.
p. m. Wolken wie a. m., spät ganz klar.
Ozongehalt nach 12h 7—8, nach 24h 8; Verdunstung 2,3 mm.

1876, den 28. März.

Position: 14° 23,2'—14° 38,5' N-Br.; 35° 47,4'—35° 29,6' W-Lg.
Schiffsbew.: Kurs. a. m. N31°E, gegen Mittag N290°E; p. m. N290°E, N357°E, später trieb das Schiff.
Fahrt. 0,6—2,2.
Wind: Richtung. Mittel N35°E anfangs N324°E, N9°E—N54°E; p. m. N9°E, dann still.
Stärke. Mittel 0,5; meist 0-1, Abends 1—2, dann still.
Barom.: Mittel 761,46 mm; 2 max. 762,00 mm um 10h a. m. und 763,15 mm um 10h p. m.; 2 min. 760,39 mm um 2h a. m. und 760,95 mm um 2h p. m.
Temp. d. Luft: Mittel 24,9°; max. 26,0° um 2h p. m., min. 24,0° um 6h a. m.
Spannkr. d. Dünste: Mittel 16,3 mm; max. 16,7 mm um 6h p. m., min. 15,9 mm um 2h p. m.
Wolken: Gattung u. Betrag. a. m. cu 1—2 am NW-Horizont, dann mehr bezogen ci str. und cu str. 6—7; p. m. oben ci, unten ci str. 7—8, später oben ci, unten cu und cu ni 3—4.
Richtung. a. m. anfangs aus WNW, dann aus NE; p. m. untere Wolken aus der Windrichtung, obere aus NNE.
Niederschl.: —
Zustand d. See: Temp. Mittel 25,3°; max. 26,3° um 2h p. m., min. 24,7° um 2h a. m.
Spezif. Gewicht. Mittel: 1,02767; max. 1,0277, min. 1,0275.
Allg. Bemerk.: a. m. nur anfangs N324°E-, dann N31°E-Winde, meist 0—1, cu am NW-Horizont, von wo aus sich langsam nach ESE der Himmel bezog; später darunter cu aus der Windrichtung. Schwache N-Dünung, See glatt.
p. m. Wind N31°E, Abends still; hohe ci aus NNE, darunter cu aus der Windrichtung, aufklarend bis zu 3—4, von 4h ab Bank in NE, von welcher später niedere cu ni zogen. Regenböen zu Luvard am Horizont. Meeresleuchten schwach.
Ozongehalt nach 24h 9—10; Verdunstung 2,8 mm.

1876, den 29. März.

Position: 14° 44,0'—16° 6,7' N-Br.; 35° 39,9'—36° 37,1' W-Lg.
Schiffsbew.: Kurs. a. m. N334°E—N311°E; p. m. N345°E—N334°E.
Fahrt. a. m. 2,0—4,9; p. m. 4,8—8,6.
Wind: Richtung. Mittel N46°E; a. m. N53°E—N30°E; p. m. N53°E—N41°E.
Stärke. Mittel 3,1; a. m. 0—3, von 8h an 3: p. m. auffrischend von 3 bis zu 5.
Barom.: Mittel 763,42 mm; 2 max. 764,07 mm um 10h a. m. und 765,18 mm um 10h p. m., 2 min. 762,42 mm um 2h a. m. und 763,00 mm um 2h p. m.
Temp. d. Luft: Mittel 24,3°; max. 25,3° um 10h a. m., min. 23,7° um 10h p. m.
Spannkr. d. Dünste: Mittel 17,2 mm; max. 17,7 mm um 2h a. m., min. 16,5 mm um 10h p. m.
Wolken: Gattung u. Betrag. a. m. cu und cu ni, meist 2—3, zuweilen 6 aus NE-licher Richtung, später darüber hohe ci aus WzN; p. m. niedere cu aus der Windrichtung meist 1—3, zuweilen 8; obere ci str. oder ci.
Richtung. Untere Wolken aus der Windrichtung, obere a. m. aus WzN, p. m. anfangs aus NW später aus SW.
Niederschl.: 11h 38' p. m. eine Regenböe.
Zustand d. See: Temp. Mittel 24,9°; max. 25,2° um 2h p. m., min. 24,5° um 10h p. m.
Spezif. Gewicht. Mittel 1,02783; max. 1,0279, min. 1,0278.
Allg. Bemerk.: a. m. Wind N53°E—N41°E, anfangs fast still, allmählich auffrischend, mit Unterbrechungen bis zu 3, schwache NNE-Dünung, schwache NE-See.
p. m. Wind N53°E — N41°E, auffrischend bis zu 5, niedere cu, wie a. m., hohe ci anfangs aus NW, später ganz dünn und durchscheinend aus SW, Abends fast klar.
Ozongehalt 9; Verdunstung 2,3 mm.

1876, den 30. März.

Position: 16° 33,2'—18° 56,3' N-Br., 36° 55,2'—37° 58,4' W-Lg.
Schiffsbew.: Kurs. N336°E, von 4h an N344°E; p. m. N350°E, später N339°E.
Fahrt. 7,2—8,3.
Wind: Richtung. Mittel N59°E; anfangs N52°E, von 8h ab N63°E.
Stärke. Mittel 5,4; anhaltend 5—6.
Barom.: Mittel 766,05 mm; 2 max. 766,96 mm um 10h a. m. und 767,21 mm um 10h p. m.; 2 min. 764,45 mm um 2h a. m. und 766,45 mm um 2h p. m.
Temp. d. Luft: Mittel 23,1°; max. 23,5° um 10h a. m., min. 22,7° um 10h p. m.

Spannkr. d. Dünste: Mittel 15,8 mm; max. 17,1 mm um 2^h a. m. min. 14,6 mm um 2^h p. m.
Wolken: Gattung u. Betrag. Anfangs cu ni 9—10, dann oben cu ci, unten cu 10; p. m. Himmel bezogen unten cu ni, oben str. meist 9, zuweilen 6.
Richtung. Untere Wolken mit dem Winde ziehend, obere a. m. aus WSW, p. m. aus SW.
Niederschl.: Vor Sonnenaufgang einige Regenböen.
Zustand d. See: Temp. Mittel 23,9°; max. 24,2° um 2^h p. m., min. 23,2° um 10^h p. m.
Spezif. Gewicht. Mittel 1,02817; max. 1,0285, min. 1,0278.
Allg. Bemerk.: a. m. Wind meist N52°E, später N63°E 5—6, schwaches Meeresleuchten im Kielwasser; vor 4^h einige Regenböen mit wenig Regen, Himmel bezogen; aufkommende See aus der Windrichtung.
p. m. Wind N63°E 5—6; Himmel bezogen, hohe str. oder cu aus SW, untere cu aus WzS.
Ozongehalt nach 12^h 7—8, nach 24^h 6—8; Verdunstung 2,2 mm.

1876, den 31. März.

Position: 19° 22,3'—21° 47,4' N-Br., 38° 12,9'—39° 24,0' W-Lg.
Schiffsbew.: Kurs. Meist N349°E, dann N337°E; p. m. N332°E.
Fahrt. 9,6—7,2.
Wind: Richtung. Mittel N58°E; anfangs N51°E, von 8^h a. m. an N62°E.
Stärke. Mittel 5,6; anfangs 6, von 8^h a. m. an 5—6.
Barom.: Mittel 767,46 mm; 2 max. 767,82 mm um 10^h a. m. und 768,43 mm um 10^h p. m.; 2 min. 766,91 mm um 2^h a. m. und 767,06 mm um 6^h p. m.
Temp. d. Luft: Mittel 22,1°; max. 22,6° um 2^h p. m., min. 21,1° um 2^h a. m.
Spannkr. d. Dünste: Mittel 14,0 mm; max. 16,2 mm um 2^h a. m., min. 12,7 mm um 10^h p. m.
Wolken: Gattung u. Betrag. a. m. anfangs cu 7, dann unten cu und oben ci 4; p. m. cu, oben str. 1—2, spät Abends bezogen cu ni 9.
Richtung. Obere Wolken aus SW, untere aus ENE.
Niederschl.: —
Zustand d. See: Temp. Mittel 22,9°; max. 23,7° um 10^h a. m., min. 22,5° um 10^h p. m.
Spezif. Gewicht. Mittel 1,02858; max. 1,0287, min. 1,0285.
Allg. Bemerk.: a. m. Wind meist N51°E 6, dann N62°E 5—6; Himmel anfangs bezogen mit cu 7 aus E, dann aufklarend bis zu cu 4; See und Dünung aus der Windrichtung.
p. m. Wind N62°E 5—6, Himmel fast klar, cu aus ENE, darüber str. aus SE 1—2, Abends stark bezogen mit cu ni 9 aus ENE.
Ozongehalt nach 12^h 6—7, nach 24^h 7—8; Verdunstung 2,1 mm.

1876, den 1. April.

Position: 22° 14,4'—23° 46,0' N-Br., 39° 40,4'—40° 30,0' W-Lg.
Schiffsbew.: Kurs. N336°E.
Fahrt. a. m. 8,8—2,7—4,9; p. m. 4,2—7,8.
Wind: Richtung. Mittel N57°E; anfangs N66°E, von 4^h a. m. an N55°E.
Stärke. Mittel 3,5; a. m. ungleich, abflauend von 5—1, dann 1—3; p. m. auffrischend allmählich von 2—5.
Barom.: Mittel 767,53 mm; 2 max. 768,35 mm um 10^h a. m. und 767,80 mm um 10^h p. m.; 2 min. 767,67 mm um 6^h a. m. und 766,76 mm um 6^h p. m.
Temp. d. Luft: Mittel 22,0°; max. 23,2° um 2^h p. m., min. 21,2° um 2^h a. m. und um 10^h p. m.
Spannkr. d. Dünste: Mittel 13,5 mm; max. 15,3 mm um 6^h p. m., min. 12,1 mm um 6^h a. m.
Wolken: Gattung u. Betrag. a. m. ganz bezogen cu ni 9—10; p. m. anfangs ganz klar, allmählich sich beziehend bis zu cu 8—9.
Richtung. Mit dem Winde ziehend oder am Horizont.
Niederschl.: —
Zustand d. See: Temp. Mittel 22,7°; max. 23,1° um 2^h p. m., min. 22,1° um 10^h p. m.
Spezif. Gewicht. Mittel 1,02863; max. 1,0288, min. 1,0285.
Allg. Bemerk.: a. m. Wind anfangs unbeständig zwischen N43°E und N77°E, böig, 5^h 15' plötzlich abflauend, um 7^h wieder etwas auffrischend; Himmel bezogen mit cu ni 10 aus der Windrichtung; mässiger Seegang aus NE.
p. m. Wind N55°E, allmählich auffrischend bis zu 4—5; Himmel anfangs klar, später dunkle Bank in NNE, von wo sich der Himmel bezog bis zu cu 8—9.
Ozongehalt nach 12^h 8—9, nach 24^h 7—8; Verdunstung 2,4 mm.

1876, den 2. April.

Position: 24° 7,4'—25° 10,5' N-Br., 40° 43,1'—40° 51,6' W-Lg.
Schiffsbew.: Kurs. N9°E.
Fahrt. a. m. 4,6—2,3—5,0; p. m. 0,3—5,6.
Wind: Richtung. Mittel N108°E; a. m. N121°E bis N76°E, p. m. N211°E, später wieder N121°E.
Stärke. Mittel 2,1; anfangs 3, flaute um 4^h a. m. ab bis zu 1, frischte nach 9^h wieder auf bis zu 3; p. m. anfangs fast still, um 10^h frischte der Wind auf bis zu 4.
Barom.: Mittel 765,50 mm; 2 max. 766,85 mm um 10^h a. m. und 765,13 mm um 10^h p. m.; 2 min. 765,99 mm um 2^h a. m. und 764,11 mm um 6^h p. m.
Temp. d. Luft: Mittel 21,1°; max. 22,2° um 2^h p. m., min. 19,8° um 6^h a. m.
Spannkr. d. Dünste: Mittel 13,3 mm; max. 14,6 mm um 10^h a. m., min. 12,4 mm um 6^h p. m.
Wolken: Gattung u. Betrag. Den Tag fast ganz bezogen mit cu ni 8—10; p. m. auch eine höhere Schicht ci aus NNW.
Richtung. Mit dem Winde ziehend.
Niederschl.: —
Zustand d. See: Temp. Mittel 22,6°; max. 23,2° um 2^h p. m., min. 22,2° um 10^h p. m.
Spezif. Gewicht. Mittel 1,02878; max. 1,0289, min. 1,0287.
Allg. Bemerk.: a. m. Wind ging 1^h 30' auf N99°E, flaute um 4^h ab und ging auf N121°E, um 6^h 20' auf N65°E bis N21°E, um 9^h durch N76°E auf N121°E, sehr flau, frischte gegen Mittag wieder auf bis zu 3; See leicht gekräuselt aus ENE.
p. m. Wind fast still aus N211°E, dann aus N121°E auffrischend bis zu 4; cu aus SE 8—10, später auch noch eine höhere Schicht sichtbar aus NNW; Abends zogen die Wolken alle aus WSW bei N121°E-Wind.
Ozongehalt nach 12^h 8—9, nach 24^h 8—9; Verdunstung 2,2 mm.

1875, den 3. April.

Position: 25° 36,0'—27° 43,0' N-Br., 40° 49,7'—39° 49,5' W-Lg.
Schiffsbew.: Kurs. a. m. N8°E, p. m. N30°E bis N64°E.
Fahrt. a. m. 5,4—8,2; p. m. 9,7—4,5.
Wind: Richtung. Mittel N248°E; a. m. N210°E bis N188°E; p. m. N221°E, N334°E, N345°E.
Stärke. Mittel 2,4; a. m. 3—5 auffrischend, böig; p. m. anfangs 5, von 5^h 25' an auffrischend bis zu 7, in den Böen bis zu 9, von 9^h ab abflauend bis zu 0.
Barom.: Mittel 763,26 mm; 2 max. 763,25 mm um 2^h p. m. und 764,64 mm um 10^h p. m.; 2 min. 762,79 mm um 6^h a. m. und 762,49 mm um 2^h p. m.
Temp. d. Luft: Mittel 20,5°; max. 22,5° um 2^h p. m., min. 17,5° um 10^h p. m.
Spannkr. d. Dünste: Mittel 13,8 mm; max. 14,9 mm um 10^h a. m., min. 12,3 mm um 6^h a. m.
Wolken: Gattung u. Betrag. a. m. bezogen cu ni 9—6; p. m. anfangs cu str. 5, später cu ni 8—10.
Richtung. a. m. anfangs aus WSW, dann aus SW; p. m. aus WzN, dann aus NW, N und höhere Wolken aus ENE.
Niederschl.: a. m. 11^h 28' eine Regenböe, p. m. nach 4^h einige Regenböen.

Zustand d. See: Temp. Mittel 21,6°; max. 22,3° um 10h a. m., min. 20,0° um 10h p. m.

Spezif. Gewicht. Mittel 1,02865; max. 1,0288, min. 1,0284.

Allg. Bemerk.: Wind ging durch N165°E nach N210°E, meist N188°E, böig, gegen Mittag N221°E bis zu 5; Wolken aus SW bis WSW, Böen am Horizont, Mittags fingen die Wolken an aus W bis WzN zu ziehen; leichte See aus der Windrichtung.

p. m. um 4h Regenböe aus N278°E; 5h 25' aus N334°E. Wind auffrischend in den Böen bis zu 9, 9h bis 10h N345°E 6—5. 10h bis 11h 5—3, 11h—12h 3—0.

Ozongehalt nach 12h 8, nach 24h 8—10; Verdunstung 3,1 mm.

1876, den 4. April.

Position: 27° 43,7'—27° 46,5' N-Br., 39° 37,0'—39° 35,9' W-Lg.

Schiffsbew.; Kurs. N86°E, N53°E, N86°E; p. m. N300°E, N311°E, N289°E.

Fahrt. a. m. 2,8—5,9; p. m. 3,7—2,8.

Wind: Richtung. Mittel N355°E; N8°E—N345°E.

Stärke. Mittel 2,4; a. m. anfangs 2 abflauend bis 0, um 4h 4 abflauend bis zu 2; p. m. 3, abflauend bis zu 1.

Barom.: Mittel 767,12 mm; stieg vom min. 764,51 mm um 2h a. m. fast beständig bis zum max. 769,08 um 10h p. m.

Temp. d. Luft: Mittel 18,4°; max. 19,2° um 2h p. m., min. 16,9° um 2h a. m.

Spannkr. d. Dünste: Mittel 10,9 mm; max. 14,0 mm um 2h p. m., min. 8,9 mm um 6h p. m.

Wolken: Gattung u. Betrag. a. m. anfangs bezogen mit cu ni 7; um 2h aufklarend, dann cu 2—3, später höhere ci; p. m. anfangs ganz klar, später cu unten und oben hohe ci ohne Bewegung.

Richtung. Untere Wolken mit dem Winde ziehend, obere a. m. aus ENE, p. m. bewegungslos.

Niederschl.: a. m. 12h—2h leichter Regen.

Zustand d. See: Temp. Mittel 20,7°; max. 21,1° um 10h a. m., min. 20,3° um 10h p. m.

Spezif. Gewicht. Mittel 1,02863; max. 1,0288, min. 1,0285.

Allg. Bemerk.: a. m. Wind 12h—1h N345°E 2; 1h—5h N8°E 2—0, dann N345°E 4; 8h N8°E 2—3; anfangs bezogen mit cu ni und bis 2h leichter Regen, dann aufklarend bis zu cu unten und ci oben 3—4; lange NW Dünung; p. m. anfangs ganz klar, später lebhaft aus der Windrichtung und raumer ziehende Wolken, hohe ci ohne Bewegung; um 4h Wind N345°E 3—1; hohe Dünung, See glatt.

Ozongehalt 9—10; Regen 3,3 mm, Verdunstung 2,8 mm.

1876, den 5. April.

Position: 27° 45,2'—27° 46,9' N-Br., 39° 49,5'—40° 4,3' W-Lg.

Schiffsbew.: Kurs. a. m. N289°E, N306°E, N320°E, p. m. N323°E von 6h ab trieb das Schiff.

Fahrt. a. m. 2,6—0,5; p. m. 0,3.

Wind: Richtung. Mittel N19°E; a. m. N345°E, gegen Mittag N53°E, p. m. N53°E, von 4h ab still.

Stärke. Mittel 0,6; a. m. anfangs 1—2, dann 0—1, gegen Mittag 1—2; p. m. meist ganz still.

Barom.: Mittel 768,66 mm; 2 max. 769,17 mm um 10h a. m. und 768,70 mm um 10h p. m., 2 min. 768,98 mm um 6h a. m. und 768,00 mm um 6h p. m.

Temp. d. Luft: Mittel 19,9°; max. 21,4° um 2h p. m., min. 18,5° um 6h a. m.

Spannkr. d. Dünste: Mittel 9,5 mm; max. 10,6 mm um 10h a. m., min. 8,2 mm um 10h p. m.

Wolken: Gattung u. Betrag. a. m. meist cu str. und cu, oben ci 5; jedoch von 5h—8h ganz klar; p. m. cu 2—3, oben ci, Abends spät cu 6.

Richtung. a. m. untere Wolken aus NNE, obere aus WSW; p. m. untere aus S und E, obere aus SW ziehend.

Niederschl.: —

Zustand d. See: Temp. Mittel 21,2°; max. 22,1° um 2h p. m., min. 20,3° um 2h a. m.

Spezif. Gewicht. Mittel 1,02870; max. 1,0288, min. 1,0286.

Allg. Bemerk.: a. m. Wind meist N345°E leicht oder fast still, gegen Mittag N53°E 1—2; hohe Dünung aus NNW, leichte See aus NNE.

p. m. hohe ci aus NW; hohe Dünung aus NNW, See glatt.

Ozongehalt nach 12h 8—9, nach 24h 9—10; Verdunstung 3,2 mm.

1876, den 6. April.

Position: 27° 46,8'—29° 13,3' N-Br., 40° 4,4'—39° 34,4' W-Lg.

Schiffsbew.: Kurs. a. m. N6°E, p. m. N17°E—N39°E.

Fahrt. a. m. 2,2—3,9; p. m. 3,5—8,8.

Wind: Richtung. Mittel N146°E; a. m. N118°E, gegen Mittag N163°E, p. m. N186°E, von 4h ab N141°E, später N152°E.

Stärke. Mittel 2,7; a. m. 2, von 8h ab 3—1; p. m. anfangs 1—3, von 4h ab 4—5.

Barom.: Mittel 766,26 mm; 2 max. 767,11 mm um 10h a. m. und 766,24 mm um 10h p. m., 2 min. 766,19 mm um 6h a. m. und 765,53 mm um 6h p. m.

Temp. d. Luft: Mittel 20,1°; max. 21,2° um 2h p. m., min. 19,4° um 2h a. m.

Spannkr. d. Dünste: Mittel 10,2 mm; max. 11,9 mm um 10h p. m., min. 8,4 mm um 6h a. m.

Wolken: Gattung u. Betrag. a. m. bezogen mit cu ci und cu ni 8—10; p. m. anfangs bezogen cu 9, dann aufklarend cu ci 3—0 unten, str. oben.

Richtung a. m. aus der Windrichtung; p. m. untere Wolken mit dem Winde, obere aus NNW ziehend.

Niederschl.: —

Zustand d. See: Temp. Mittel 20,7°; max. 21,3° um 2h p. m., min. 20,3° um 10h p. m.

Specif. Gewicht. Mittel 1,02867; max. 1,0289, min. 1,0286.

Allg. Bemerk.: a. m. Wolken aus SE, cu ci 8, still bis 2h, dann leichter N118°E, gegen Mittag Wind und Wolken cu ni 9—10 aus N163°E; starke NNW-Dünung, See glatt.

p. m. anfangs N186°E 3—1, cu 9 aus SSW, um 4h auffrischender Wind aus N141°E 4—5, obere Wolken aus NW, untere aus der Windrichtung, Abends ganz klar; leichte See aufkommend.

Ozongehalt nach 12h 6—8, nach 24h 9; Verdunstung 3,0 mm.

1876, den 7. April.

Position: 29° 42,9'—32° 25,3' N-Br., 39° 8,3'—36° 23,7' W-Lg.

Schiffsbew.: Kurs. N40°E—N46°E.

Fahrt. 9,6—11,5.

Wind: Richtung. Mittel N157°E; N153°E; von 4h p. m. ab N164°E.

Stärke. Mittel 6,7; a. m. 5—7, p. m. 6—8.

Barom.: Mittel 763,58 mm; max. 765,00 mm um 2h a. m., min. 761,80 mm um 6h p. m.; Gang unregelmässig.

Temp. d. Luft: Mittel 19,4°; max. 20,7° um 10h a. m., min. 18,5° um 2h p. m.

Spannkr. d. Dünste: Mittel 12,0 mm; max. 13,9 mm um 6h p. m., min. 7,0 mm um 10h p. m.

Wolken: Gattung u. Betrag. a. m. anfangs cu 2, dann cu ci unten und oben str. 4, später bezogen cu 8; p. m. meist bezogen 10—9; jedoch von 4h—8h klarer cu unten, cu str. oben 5.

Richtung. Untere Wolken aus S und zuletzt aus SSW; obere aus NE und N; p. m. obere aus WSW.

Niederschl.: p. m. 1h—2h 30' Regen; Abends wenig Regen.

Zustand d. See: Temp. Mittel 19,7°; max. 20,0° um 2h a. m., min. 19,2° um 10h p. m.

Spezif. Gewicht. Mittel 1,02827; max. 1,0286, min. 1,0277.

Allg. Bemerk.: a. m. Wind auffrischend aus N153°E von 5 bis 7; untere Wolken aus der Windrichtung, obere aus NW, später aus N ziehend, gegen Mittag bezogen cu 8; p. m. Wind aus N153°E, später aus N164°E bis stürmisch; anfangs freilich 1h—2h aus N187°E, 5—6 mit Regen, dann wieder zurückgehend und zunehmend, Himmel meist bezogen, obere Wolken lebhaft aus SW und WSW, untere sehr schnell aus der Windrichtung ziehend; Wind auf N175°E; Seegang zunehmend aus S.

Ozongehalt nach 12h 8, nach 24h 7—8; Verdunstung (?).

1876, den 8. April.

Position: 32° 55,5′—34° 31,2′ N-Br., 35° 48,5 —33° 47,3′ W-Lg.
Schiffsbew.: Kurs. N43°E.
Fahrt. a. m. 8,2—7,3; p. m. 9,2—6,2 abnehmend.
Wind: Richtung. Mittel N225°E; a. m. N203°E, N226°E, p. m. N226°E, N248°E, N226°E.
Stärke. Mittel 5,2; a. m. anfangs 7—5, dann 5—6, p. m. 6, abflauend bis zu 4—5.
Barom.: Mittel 762,31 mm; 2 max. 762,70 mm um 10ʰ a. m. und 763,24 mm um 10ʰ p. m.; 2 min. 761,55 mm um 6ʰ a. m. und 762,03 mm um 2ʰ p. m.
Temp. d. Luft: Mittel 18,3; max. 18,8° um 2ʰ p. m., min. 17,7° um 6ʰ a. m.
Spannkr. d. Dünste: Mittel 13,6 mm; max. 14,1 mm um 10ʰ a. m., min. 12,9 mm um 2ʰ a. m.
Wolken: Gattung u. Betrag. a. m. klar, cu ni 2—8, oben ci, von 8ʰ an ganz klar, aber Horizont diesig; p. m. anfangs cu 5—6, von 4ʰ—8ʰ fast klar, nur cu 1—2 am W-Horizont, später durchsichtig bezogen mit cu ni 10.
Richtung. Untere Wolken aus der Windrichtung, obere mehr aus W.
Niederschl.: a. m. von 2ʰ—6ʰ feiner Regen, 6ʰ Regenböen aus W; später Horizont diesig; p. m. sehr feucht.
Zustand d. See: Temp. Mittel 18,8°; max. 20,1° um 10ʰ a. m., min. 18,0° um 10ʰ p. m.
Spezif. Gewicht. Mittel 1,02815; max. 1,0284, min. 1,0279.
Allg. Bemerk.: a. m. um 2ʰ ging der Wind auf N203°E, abnehmend, niedere cu ni aus SW mit feinem Regen, dazwischen oft ganz klar, hohe Wolken ziehen mehr aus W. Mit Tagesanbruch Wasserfarbe schwarzblau, um 7ʰ dunkelgrün, um 10ʰ blaugrün; lebhafter Seegang und leichte Dünung aus S; 11ʰ 30′ Farbe des Wassers dunkelblau.
p. m. Wind N226°E—N248°E, 5—6: cu aus der Windrichtung, von 4ʰ ab fast klar, von 8ʰ an durchsichtig bezogen; Wasserfarbe wurde wieder schwarzgrün.
Ozongehalt nach 12ʰ 11—12, nach 24ʰ 10; Regen 3,3 mm; Verdunstung (?)

1876, den 9. April.

Position: 34° 46,3′—36° 47,0′ N-Br.; 33° 26,8′—31° 6,4′ W-Lg.
Schiffsbew.: Kurs. N40°E.
Fahrt. a. m. 6,0—8,3; p. m. 11,2—9,5.
Wind: Richtung. Mittel N296°E; a. m. N237°E—N327°E, p. m. N293°E—N327°E.
Stärke. Mittel 5,2; a. m. 4—6; p. m. auffrischend 4—7; später stürmisch.
Barom.: Mittel 763,58 mm; 2 max. 764,50 mm um 10ʰ a. m. und 764,25 mm um 10ʰ p. m., 2 min. 761,87 mm um 2ʰ a. m. und 763,88 mm um 6ʰ p. m.
Temp. d. Luft: Mittel 17,6°; max. 18,5° um 2ʰ p. m., min. 16,6° um 10ʰ p. m.
Spannkr. d. Dünste: Mittel 12,1 mm; max. 13,6 mm um 2ʰ a. m.; min. 11,3 mm um 10ʰ p. m.
Wolken: Gattung u. Betrag. a. m. meist schön und klar, cu ni, cu und cu str. 3, zuweilen 6; p. m. wie am Vormittag, Abends oft ganz bezogen, cu ni 9—10.
Richtung. Meist aus der Windrichtung, jedoch die niederen Wolken zuweilen mehr aus N, die oberen aus W.
Niederschl.: a. m. 3ʰ 15′—3ʰ 40′ wenig Regen, 7ʰ 15′—7ʰ 25′ Regenböe.
Zustand d. See: Temp. Mittel 17,7°; max. 18,3° um 10ʰ a. m., min. 16,7° um 10ʰ p. m.
Spezif. Gewicht. Mittel 1,02810; max. 1,0283, min. 1,0280.
Allg. Bemerk.: a. m. Wind N237°E—N327°E auffrischend bis 6; zuweilen wenig Regen, meist nur cu und cu str. 3 aus der Windrichtung, oben cu aus W; mässiger Seegang aus der Windrichtung, Farbe dunkelgrün.
p. m. Wind N293°E—N327°E, lebhaft auffrischend von 4 bis 7, Abends stets 7—8, See schnell aufkommend.
Ozongehalt nach 12ʰ 10—11, nach 24ʰ 10—11; Regen 0,3 mm; Verdunstung 3,1 mm.

1876, den 10. April.

Position: 37° 17,7′—38° 27,1′ N-Br.; 30° 36,3′—28° 41,8′ W-Lg.
Rhede von Horta (Fayal) um 10ʰ p. m. zu Anker.
Schiffsbew.: Kurs. a. m. N31°E, später N43°E; p. m. N49°E, N60°E.
Fahrt. 6.0—9,5.
Wind: Richtung. Mittel N330°E; a. m. anfangs N316°E, dann N327°E; p. m. N316°E—N327°E; dann N68°E.
Stärke. Mittel 5,6; a. m. 7—8; p. m. abflauend 7—6, Abends 4—6 sehr böig.
Barom.: Mittel 765,52 mm; stieg beständig vom min. 762,43 mm um 2ʰ a. m. bis zum max. 767,71 mm um 10ʰ p. m.
Temp. d. Luft: Mittel 15,4°; max. 16,4° um 2ʰ a. m., min. 14,6° um 10ʰ p. m.
Spannkr. d. Dünste: Mittel 10,1 mm; max. 11,4 mm um 2ʰ a. m., min. 9,1 mm um 6ʰ p. m.
Wolken: Gattung u. Betrag. a.m. anfangs ganz bezogen cu ni 9—10, um 4ʰ aufklarend bis zu cu ni 6—7; p. m. noch mehr aufklarend bis zu cu 3, Abends wieder mehr bezogen.
Richtung. Mit dem Winde ziehend.
Niederschl.: —
Zustand d. See: Temp. Mittel 16,4°; max. 17,3° um 2ʰ a. m., min. 15,7° um 10ʰ p. m.
Spezif. Gewicht. Mittel 1,02812; max. 1,0283, min. 1,0279.
Allg. Bemerk.: a. m. Wind N316°E—N327°E, noch fast stürmisch, das Barometer stieg lebhaft, die Temperatur nahm ab, und p. m. flaute der Wind auch ab bis zu 6, ging dann auf N68°E und war sehr böig 4—6; a. m. Himmel anfangs ganz bedeckt mit schnell ziehenden cu ni aus der Windrichtung, aber ohne Regen, später aufklarend, zuweilen fast klar; hohe See aus NNW, Farbe dunkelgrün.
p. m. aufklarend bis zu 3, Abends etwas mehr bezogen, sehr böig.
Ozongehalt nach 12ʰ 98, nach 24ʰ; Regen 0,1 mm; Verdunstung 3,0 mm.

1876, den 11. April.

Position: Rhede von Horta (Fayal).
Schiffsbew.: Kurs. —
Fahrt. —
Wind: Richtung. Mittel N44°E; a. m. N23°E—N46°E; p. m. N46°E; von 8ʰ an N91°E.
Stärke. Mittel 4,8; a. m. 5—6 böig; p. m. ungleich 5—3, oft wechselnd.
Barom.: Mittel 771,11 mm; stieg vom min. 768,65 mm beständig bis zum max. 773,90 mm um 10ʰ p. m.
Temp. d. Luft: Mittel 14,7°; max. 16,4° um 2ʰ p. m., min. 13,7° um 10ʰ p. m.
Spannkr. d. Dünste: Mittel 8,7 mm; max. 9,0 mm um 2ʰ p. m., min. 8,2 mm um 10ʰ p. m.
Wolken: Gattung u. Betrag. a. m. anfangs klar, cu ni 3, dann bezogen cu ni 7—8, später wieder aufklarend bis zu cu ni 4—5; p. m. klar und schön, nur cu 4 über Land, dann cu ni am Horizont, Abends fast ganz klar.
Richtung. a. m. aus der Windrichtung.
Niederschl.: —
Zustand d. See: Temp. Mittel 15,5°; max. 16,0° um 2ʰ p. m., min. 14,5° um 10ʰ a. m.
Spezif. Gewicht. Mittel 1,02790; max. 1,0280, min. 1,0277.
Allg. Bemerk.: a. m. Wind N23°E—N46°E 5—6, anfangs kurze heftige Böen, gegen Morgen gleichmässiger, Himmel meist klar und schön, cu ni aus der Windrichtung; p. m. meist N46°E, Abends N91°E, Stärke oft wechselnd, aber flauer 5—3; Wetter schön, Wolken nur über Land oder am Horizont.
Ozongehalt nach 24ʰ 8—9; Verdunstung 4,6 mm.

1876, den 12. April.

Position: Rhede von Horta (Fayal), bis 6ʰ p. m. zu Anker
38° 42,0′ N-Br., 28° 34,3′ W-Lg., unter Segel um 10ʰ p. m.

Schiffsbew.: Kurs. N12°E.
Fahrt. 7,0.
Wind: Richtung. Mittel N99°E; a. m. N68°E, N91°E, N57°E; p. m. N169°E, N158°E, N91°E.
Stärke. Mittel 2,2; a. m. 2—3, dann etwas auffrischend 3—4; p. m. auffrischend 2—4, dann wieder abflauend bis zu 1; Abends 3.
Barom.: Mittel 774,86 mm; stieg fortwährend vom min. 774,16 mm um 2h a. m. bis zum max. 776,10 mm um 10h p. m.
Temp. d. Luft: Mittel 14,9°; max. 16,3° um 2h p. m., min. 13,7° um 2h a. m.
Spannkr. d. Dünste: Mittel 8,0 mm; max. 8,5 mm um 10h a. m., min. 7,4 mm um 10h p. m.
Wolken: Gattung u. Betrag. a. m. bezogen mit cu str. und cu ni 6—8; p. m. wie a. m.
Richtung. Mit dem Winde ziehend.
Niederschl.: —
Zustand d. See: Temp. Mittel 15,5°; max. 15,9° um 2h p. m., min. 15,3° um 2h a. m.
Spezif. Gewicht. Mittel 1,0280; max. 1,0281, min. 1,0279.
Allg. Bemerk.: Wind N68°E bis N91°E, meist 2—4; p. m. meist N158°E, Abends etwas flauer als N99°E; den Tag über bezogen aus der Windrichtung mit cu str. und cu ni 6—9; Abends Meeresleuchten im Kielwasser.
Ozongehalt nach 12h 6—8, nach 24h 8—9; Verdunstung 4,0 mm.

1876, den 13. April.

Position: 39° 7,3′—40° 20,0′ N-Br., 28° 17,2′—26° 49,7′ W-Lg.
Schiffsbew.: Kurs. a. m. N34°E, von 4h an N46°E; p. m. anfangs gestoppt, von 8h an N46°E.
Fahrt. a. m. 4 9—7,3, p. m. um 10h 6,1.
Wind: Richtung. Mittel N114°E; a. m. N91°E, von 4h an N113°E; p. m. N136°E.
Stärke. Mittel 1,8; a. m. anfangs 3, von 4h an 1—3; p. m. 0—2.
Barom.: Mittel 775,42 mm; max. 775,93 mm um 2h a. m., min. 774,82 mm um 6h p. m.
Temp. d. Luft: Mittel 14,5°; max. 15,3° um 2h p. m., min. 13,8° um 6h a. m.
Spannkr. d. Dünste: Mittel 7,5 mm; max. 8,1 mm um 6h p. m., min. 7,2 mm um 10h a. m.
Wolken: Gattung u. Betrag. Den Tag über bedeckt mit cu ni 9—10, fast ohne Bewegung der Wolken.
Richtung. Anfangs aus ESE, dann Bewegung unmerkbar.
Niederschl.: —
Zustand d. See: Temp. Mittel 15,3°; max. 15,5° um 2h p. m., min. 14,9° um 10h p. m.
Spezif. Gewicht. Mittel 1,02790; max. 1,0280, min. 1,0278.
Allg. Bemerk.: a. m. Wind N91°E bis N113°E, Stärke 1—3; Himmel fast ganz bedeckt mit cu ni 9—10, fast ohne Bewegung; Dünung E-lich, See glatt, Farbe bis 11h dunkelgrün, dann blau.
p. m. Wind N136°E, oft ganz still, 0—2; Himmel ganz bezogen, Bewegung der Wolken unmerkbar; Abends Meeresleuchten.
Ozongehalt nach 12h 7—8, nach 24h 8—9; Verdunstung 3,6 mm.

1876, den 14. April.

Position: 40° 37,4′—42° 48,8′ N-Br., 26° 25,2′—24° 4,8′ W-Lg.
Schiffsbew.: Kurs. N46°E.
Fahrt. a. m. 6,5—6,1, p. m. 7,9.
Wind: Richtung. Mittel N162°E; a. m. anfangs N316°E, von 4h an N136E°; p. m. N136°E, von 8h an N214°E.
Stärke. Mittel 1,7; a. m. anfangs 1—2, um 4h fast still, gegen Mittag auffrischend bis zu 3; p. m. meist 3—4, Abends etwas lebhafter 4—5.
Barom.: Mittel 772,77 mm; fiel beständig vom max. 774,45 mm bis zum min. 770,09 mm.
Temp. d. Luft: Mittel 13,8°; max. 14,3° um 10h a. m., min. 13,4° um 6h p. m.
Spannkr. d. Dünste: Mittel 7,9 mm; max. 8,5 mm um 10h a. m., min. 7,5 mm um 6h a. m.
Wolken: Gattung u. Betrag. Den Tag über ganz bezogen mit cu ni 9—10; selten um 4h p. m. mit cu 9 allein aus WNW.
Richtung. Mit dem Winde ziehend, jedoch um 4h p. m. aus WNW.
Niederschl.: —
Zustand d. See: Temp. Mittel 14,8°; max. 15,0° um 6h a. m., min. 14,5° um 10h p. m.
Spezif. Gewicht. Mittel 1,02783; max. 1,0279, min. 1,0278.
Allg. Bemerk.: a. m. Wind war anfangs N316°E 1—2, ward dann still und frischte als N136°E wieder auf bis zu 3; Himmel bedeckt mit cu ni 9—10, aus der Windrichtung, aber sehr langsam ziehend; etwas Meeresleuchten früh im Kielwasser; See leicht gekräuselt, Dünung aus NE, Farbe dunkelblau.
p. m. Wind N136°E 3—4, Abends auf N214°E auffrischend 4—5; Himmel wie a. m., jedoch zuweilen nur mit cu bedeckt, welche aus WNW zogen; Dünung aus NE abnehmend, später aus W aufkommend; leichte See aus SW.
Ozongehalt 10—11; Verdunstung 3,7 mm.

1876, den 15. April.

Position: 42° 40,3′—44° 30,4′ N-Br., 23° 31,6′—20° 5,3 W-Lg.
Schiffsbew.: Kurs. N48°E; von 8h p. m. an N59°E.
Fahrt. 7,7—10,0.
Wind: Richtung. Mittel N194°E; a. m. N205°E—N183°E, p. m. N194°E.
Stärke. Mittel 5,6; a. m. anfangs 4—5, gegen Mittag auffrischend bis 5—6; p. m. immer lebhafter auffrischend bis zu 7—8 am Abend.
Barom.: Mittel 766,62 mm; fiel beständig vom max. 768,82 mm um 2h a. m. bis zum min. 764,15 mm um 10h p. m.
Temp. d. Luft: Mittel 13,8°; max. 14,3° um 10h a. m., min. 13,5° um 6h a. m.
Spannkr. d. Dünste: Mittel 8,9 mm; max. 10,2 mm um 10h p. m.; min. 7,6 mm um 2h a. m.
Wolken: Gattung u. Betrag. a. m. bezogen mit cu und cu ni 6—8, zuweilen bis 10, langsam aus NW und WNW ziehend; p. m. fast ganz bezogen, mit hohen cu ci aus NW, darunter cu aus der Windrichtung.
Richtung. Wie oben angegeben.
Niederschl.: —
Zustand d. See: Temp. Mittel 14,3°; max. 14,4° um 2h p. m., min. 14,1° um 10h p. m.
Spezif. Gewicht. Mittel 1,02768; max. 1,0278, min. 1,0275.
Allg. Bemerk.: Der Wind war anfangs N205°E und N183°E, von 8h a. m. an N194°E, wurde p. m. immer heftiger, Abends sogar stürmisch, das Barometer fiel, der Himmel war meist ganz bezogen mit leichten cu und cu ci, welche sehr langsam aus NW und WNW zogen, darunter cu aus der Windrichtung, Abends sehr feuchte Luft.
a. m. leichte SW-See und westliche Dünung, Farbe dunkelgrün, etwas ins Bläuliche spielend.
p. m. Abends Meeresleuchten der Wellenkämme und in kleinen Punkten und Scheiben.
Ozongehalt nach 12h 8—9, nach 24h 9—10; Verdunstung 3,6 mm.

1876, den 16. April.

Position: 44° 52,8′—46° 50,5′ N-Br., 19° 13,6′—14° 31,0′ W-Lg.
Schiffsbew.: Kurs. N59°E.
Fahrt. a. m. 9,4—12,0, p. m. 11,6.
Wind: Richtung. Mittel N204°E; N194°E, Abends spät N273°E.
Stärke. Mittel 6,7; gleichmässig 7—8.
Barom.: Mittel 757,78 mm; fiel lebhaft vom max. 762,98 mm um 2h a. m. bis zum min. 751,55 mm um 10h p. m.
Temp. d. Luft: Mittel 11,8°; max. 12,8° um 6h a. m., min. 10,0 um 6h p. m.

Spannkr. d. Dünste: Mittel 9,2 mm; max. 10,6 mm um 10h a. m., min. 7,1 mm um 10h p. m.
Wolken: Gattung u. Betrag. a. m. ganz bezogen mit ni 10 aus SW und SSW, p. m. bezogen cu ni 8—9 aus NW. Abends aufklarend bis zu cu ni 3 aus WNW.
Richtung. Wie oben angegeben.
Niederschl.: a. m. leichter Regen, später dichter feiner Regen, p. m. Regen bis 2h; 6h 10′ noch eine starke Regenböe.
Zustand d. See: Temp. Mittel 13,2°; max. 13,8° um 6h a. m., min. 12,1° um 10h p. m.
Spezif. Gewicht. Mittel 1,02757; max. 1,0278, min. 1,0274.
Allg. Bemerk.: Das Barometer fiel um fast 12 mm, der Wind wehte steif bis stürmisch, meist aus N194°E und Abends aus N273°E, der Himmel war a. m. nur mit niederen, aus der Windrichtung ziehenden Wolken ganz bedeckt, begleitet von fast beständigem leichtem Regen, welcher bis 2h p. m. anhielt; a. m. aufkommende See aus SW, Farbe schwarzblau.
p. m. klarte der Himmel nach 2h im NW immer mehr auf, 6h 10′ ging der Wind durch N250°E in einer starken Regenböe auf N273°E, dann meist klar, doch kamen noch zeitweilig Regenböen; westliche See; um 2h und 8h p. m. flaute es auf eine halbe Stunde ab.
Meeresleuchten, wie die Nacht zuvor.
Ozongehalt nach 12h 11—12, nach 24h 10; Regen 0,12 mm; Verdunstung 3,2 mm.

1876, den 17. April.

Position: 47° 10,0′—48° 22,3 N-Br., 13° 38,3′—9° 11,2′ W-Lg.
Schiffsbew.: Kurs. a. m. N64°E, p. m. N70°E—N76°E.
Fahrt. a. m. 7,6—10,2; p. m. 10,8—8,8.
Wind: Richtung. Mittel N252°E; anfangs N261°E, von 4h a. m. ab N250°E.
Stärke. Mittel 8,6; a. m. lebhaft auffrischend von 7—10; p. m. etwas abflauend von 10—7.
Barom.: Mittel 745,78 mm: fiel beständig vom max. 749,59 mm um 2h a. m. bis zum min. 742,96 mm um 10h p. m.
Temp. d. Luft: Mittel 11,1°; max. 11,6° um 2h p. m., min. 10,4° um 2h a. m.
Spannkr. d. Dünste: Mittel 7,4 mm; max. 8,3 mm um 2h p. m., min. 6,1 mm um 2h a. m.
Wolken: Gattung u. Betrag. a. m. anfangs klar, nur cu ni 3, gegen Morgen wieder bezogen mit ni 10; p. m. ganz bezogen ni 10, gegen 6h langsam aufklarend bis zu cu 5, hohe ci ohne merkliche Bewegung.
Richtung. Niedere Wolken aus der Windrichtung ziehend.
Niederschl.: a. m. um 1h eine Regenböe; von 4h an oft Regenböen mit feinem Regen.
Zustand d. See: Temp. Mittel 12,0°; max. 12,5° um 2h p. m., min. 11,2° um 10h p. m.
Spezif. Gewicht. Mittel 1,02767; max. 1,0278, min. 1,0275.
Allg. Bemerk.: Das Barometer fiel den Tag über beständig im Ganzen um fast 7 mm; der Wind war N261°E, ging bald auf N250°E, war anfangs steif bis stürmisch, steigerte sich aber bis gegen Mittag bis zum starken Sturm und nahm erst 4h p. m. allmählich wieder ab bis zum steifen Winde; a. m. öftere Regenböen mit feinem Regen bis Mittag; sehr hohe See aus aus W, Farbe dunkelblau; p. m. anfangs ganz bezogen mit ni 10, welche mit grosser Geschwindigkeit aus W zogen, gegen 6h aber langsamer sich bewegten; um diese Zeit klarte es auf, Abends fast klar, nur leichte cu zogen vorüber; um 11h 30′ nahm die See plötzlich sehr ab.
Ozongehalt 11—12; Regen 7,0 mm; Verdunstung (?)

1876, den 18. April.

Position: 48° 30,6′—49° 30,2′ N-Br., 8° 22,5′—5° 24,9′ W-Lg.
Schiffsbew.: Kurs. a. m. N77°E, p. m. N52°E.
Fahrt. a. m. 2,8—7,4, p. m. 8,8—5,0.
Wind: Richtung. Mittel N211°E; a. m. N206°E, gegen Mittag N251°E; p. m. N206°E, N199°E, N251°E.
Stärke. Mittel 3,3; a. m. anfangs noch 7, um 1h abflauend bis zu 1, um 7h wieder auffrischend bis zu 5; p. m. anfangs 5—6, Abends allmählich abflauend bis zu 2.
Barom.: Mittel 736,01; fiel vom max. 739,85 mm um 2h a. m. bis zum min. 733,79 mm um 10h p. m.
Temp. d. Luft: Mittel 10,0°; max. 11,1 um 2h p. m., min. 8,6° um 10h p. m.
Spannkr. d. Dünste: Mittel 7,8 mm; max. 8,4 mm um 2h a. m., min. 7,2 mm um 10h p. m.
Wolken: Gattung u. Betrag. a. m. anfangs bezogen mit ni und dann mit cu ni 8—10, gegen Mittag aufklarend bis zu cu str. 5—6; p. m. bezog es sich wieder, anfangs ci str. oben, darunter ni, später ganz bezogen mit cu ni 10.
Richtung. Untere Wolken aus der Windrichtung, hohe ci str. aus NNE.
Niederschl.: Vorübergehender Regen bis 8h 15′ p. m.
Zustand d. See: Temp. Mittel 10,8°; max. 11,3° um 10h a. m., min. 10,0° um 10h p. m.
Spezif. Gewicht. Mittel 1,02747; max. 1,0276, min. 1,0272.
Allg. Bemerk.: Das Barometer erreichte heute seinen tiefsten Stand von 733,8 mm um 10h p. m., fiel im Ganzen an diesem Tage um 6 mm; a. m. der Wind ging um 1h auf N208°E und flaute dann ab bis zu 1, frischte um 7h wieder auf bis zu 5 und ging um 8h auf N251°E, flaute ab bis zu 3; Himmel bezog sich schnell um 1h mit cu ni 8—10, klarte um 8h wieder auf bis zu cu str. 5—6; See mässig aus W, Farbe schwärzlich, blaugrün.
p. m. Wind N206°E 5—6, ging Abends auf N109°E, flaute ab und ging um 8h auf N251°E, hohe ci str. aus NNE, darunter ni aus der Windrichtung, Abends ganz bezogen. WSWliche Dünung, Farbe dunkelgrün; schwaches Meeresleuchten.
Ozongehalt 11; Regen 6,6 mm; Verdunstung 2,8 mm.

1876, den 19. April.

Position: 49° 42,2′—49° 55,9′ N-Br., 5° 7,9′—4° 48,5′ W-Lg. bis 6h a. m.
Hafen von Plymouth zu Anker um 10h a. m.
Schiffsbew.: Kurs. N41°E.
Fahrt. 3,7, dann 7,2 (mit Dampf und Segel).
Wind: Richtung. Mittel N259°E; a. m. N230°E, N342°E, N320°E; p. m. N263°E, von 8h an N218°E.
Stärke. Mittel 1,2; a. m. meist 2—3, zuweilen still, p. m. 3—4, Abends still, dann 2—3.
Barom.: Mittel 737,67 mm; stieg beständig vom min. 734,27 mm bis zum max. 741,54 mm.
Temp. d. Luft: Mittel 9,5°; max. 10,4° um 2h p. m., min. 8,0° um 6h a. m.
Spannkr. d. Dünste: Mittel 7,6 mm; max. 8,2 mm um 2h p. m., min. 7,0 mm um 2h a. m.
Wolken: Gattung u. Betrag. Den Tag über meist ganz bezogen mit cu ni 8—10.
Richtung. Aus der Windrichtung.
Niederschl.: Vorübergehender Regen von 8h a. m. bis gegen 4h p. m.
Zustand d. See: Temp. Mittel 10,1°; max. 10,3° um 2h p. m., min. 9,8° um 2h a. m.
Spezif. Gewicht. Mittel 1,02552: max. 1,0273, min. 1,0235.
Allg. Bemerk.: a. m. Sehr feuchte Luft; Wind bis 4h N230°E, 4h—6h N50°E, dann eine Zeit lang still, bis 8h N342°E, 9h—11h N320°E; Himmel meist ganz bezogen; unter Land vorübergehender Regen bis Mittag; westliche Dünung, Farbe grün.
p. m. Wind N263°E, Himmel meist bezogen, vorübergehender Regen bis gegen 4h, gegen 8h Wind eine Zeit lang still, um 10h N218°E 2—3.
Ozongehalt 11—12; Regen 1,2 mm; Verdunstung 2,7 mm.

2. Anemometrische Messungen an Bord S. M. S. „Gazelle".

Anemometrische Messungen wurden an Bord S. M. Korvette „Gazelle" mit erheblicher Sorgfalt ausgeführt, und zwar gelangte dabei ein Krafft'sches Hand-Anemometer zur Verwendung. Da zur Zeit des Abganges der Expedition und auch nach deren Rückkehr ein Apparat zum Prüfen der Anemometer in Deutschland nicht vorhanden war, so musste zunächst die in dem Schiffsjournale gegebene Formel zur Reduktion der Beobachtungen benutzt werden. Aber auch später konnte das Instrument, welches nicht mehr zur Verfügung stand, auf seine Konstanten nicht geprüft werden, so dass nichts übrig bleibt, als die im Nachfolgenden gegebenen Werthe für Reduktion auch an dieser Stelle für richtig anzunehmen. Mit Beziehung auf die Windstärkemessungen verweisen wir auf die Einleitung zu den Auszügen aus dem „Meteorologischen Journale", Seite 4 und 6; es sei nur noch erwähnt, dass die Windgeschwindigkeiten durchweg in Meter pro Sekunde gegeben und dass während der Dauer der Beobachtungen stets die Windgeschwindigkeiten bei verschiedenen Segelstellungen gemessen worden sind. Besondere Sorgfalt wurde auf die Beobachtungen der Windgeschwindigkeit mittelst des Anemometers, wenn „vor Anker" oder „beim Winde" beobachtet wurde, verwendet.

Die folgenden Tabellen enthalten in der ersten Kolumne das Datum, in der zweiten die Stunde der Beobachtung, in der dritten den missweisenden Kurs, in der vierten die Fahrt in Seemeilen in der Stunde. Die fünfte Kolumne enthält die Richtung des Windes, und zwar gleichfalls missweisend, die sechste die Windstärke nach der Beaufort-Skala, die siebente die Stunde, um welche eine ausser der Reihe liegende Windgeschwindigkeits-Messung ausgeführt wurde, und die achte die beobachtete Windgeschwindigkeit in Meter pro Sekunde. In der Kolumne „Bemerkungen" sind die grössten und geringsten beobachteten Windgeschwindigkeiten eingetragen. Bei ungleichmässigen Winden ist stets Maximum und Minimum der Geschwindigkeiten in Meter pro Sekunde gegeben, und haben diese Angaben immer nur Bezug auf die vorne gegebene Schiffsbewegung, falls diese im Laufe der vierstündigen Beobachtungsperiode geändert ist.

Wie einfach es an und für sich gewesen wäre, die angegebenen Geschwindigkeiten und Richtungen für Fahrt und Kurs des Schiffes zur Zeit der Beobachtung zu korrigiren und im Uebrigen die missweisenden Richtungen in rechtweisende umzuwandeln, so erschien es aus mancherlei Rücksichten zweckmässig, hier, wo es sich um Wiedergabe der Beobachtungen *in extenso* handelt, auch die Original-Beobachtungen zusammen mit den Elementen der Reduktion zu geben und die Reduktion selbst für den Fall des wirklichen Gebrauches der Tabellen vorzubehalten.

Es muss hier ferner daran erinnert werden, dass die hier gegebenen Beobachtungen über Windrichtung nicht unmittelbar vergleichbar sind mit jenen in den „Auszügen", da die letzteren für Gesammt-Missweisung korrigirt, in den vorliegenden Tabellen dagegen die Windrichtungen ohne eine solche Korrektion zum Abdrucke gebracht sind. Wenn immer die Korrektion an diesen Windrichtungen anzubringen sein würde, so hätte man dafür die an jener Stelle dieses Werkes, welche von der Deviation und der magnetischen Variation handelt, gegebenen Werthe zu verwenden.

Ueber sonstige Aufschlüsse bezüglich der Weise der Beobachtungen wird auf die betreffenden Stellen der Einleitung zu den „Auszügen" verwiesen. Es sei nur erwähnt, dass das Anemometer jederzeit auf der Kommandobrücke zu Luvard beobachtet worden ist.

Auszug aus den meteorologischen Beobachtungen, ausgeführt an Bord S. M. S. „Gazelle“ in den Jahren 1874—1876.

Datum	Zeit	Schiffsbewegung: Kurs	Schiffsbewegung: Fahrt Sm p. h	Wind: Richt.	Wind: Stk.	Geschwindigkeit: Stunde	Geschwindigkeit: in Meter pr. Sek.	Bemerkungen Extreme i. M. p. S.: Min.	Bemerkungen Extreme i. M. p. S.: Max.
1874	*)					**)			
X. 4	6p	W½S	5.0	SSW	6	—	12.00	—	—
	10p	SW½W	4.0	SzW—S	7	—	11.48	—	—
X. 5	2a	SWzW	3.1	SzE	8	—	—	—	—
	6a	-	4.0	SzE	8	7a	12.09	—	—
	10a	SWzW¾W	6.0	S	6—7	—	13.03	—	—
	2p	WSW	5.5	SzE	5—6	—	9.64	—	—
	6p	SWzS	5.3	SEzS	4	—	—	7.28	8.08
	10p	SEzE¼E	2.9	S½W	2	—	6.50	—	—
X. 6	2a	SEzE¾E	3.7	S	3	—	—	4.51	5.27
	6a	ESE¼E	3.0	SzE	1—2	—	4.46	—	—
	10a	ENE¼E	3.0	SE	2—3	—	4.55	—	—
	2p	SSW¼W	1.3	SEzE	1	—	2.89	—	—
	6p	SSW	4.5	SE¼E	3	—	—	5.82	6.55
	10p	S¼W	5.0	ESE	3—4	—	—	6.63	9.64
X. 7	2a	S¼W	6.8	ESE	3—4	—	7.31	—	—
	6a	S¾E	6.5	EzS	3—4	—	—	5.46	10.02
	10a	-	8.0	-	5	—	—	9.11	11.06
	2p	SzE¾E	9.7	E	6	—	—	10.47	12.52
	6p	SE¾S	9.0	ENE	6	—	12.75	—	—
	10p	SE¾S	9.8	-	5—7	—	10.02	—	—
X. 8	2a	SE¾S	8.8	ENE	5—6	—	8.46	—	—
	6a	-	9.0	NEzE	5—6	—	9.47	—	—
	10a	-	4.5	N	2—3	—	3.82	—	—
	2p	-	4.0	NNW	2	—	—	—	—
	6p	-	3.6	WNW	1—2	—	2.50	—	—
	10p	-	5.3	NWzW	3	—	—	4.37	5 69
X. 9	2a	SE¾S	6.4	NW	4	—	6.38	—	—
	6a	-	9.8	WNW	5	—	6.38	—	—
	10a	-	7.0	NWzW	4	—	—	—	—
	2p	-	9.5	-	5—6	—	—	2.75	6.38
	6p	-	8.7	-	4—5	—	5.46	—	—
	10p	-	9.0	NW	6—7	—	6.38	—	—
X. 10	2a	-	9.4	NW	6—7	—	—	5.46	7.31
	6a	-	8.0	-	6	—	3.64	—	—
	10a	-	5.5	-	3	—	3.64	—	—
	2p	-	6.7	NNW	3 - 4	—	2.64	—	—
	6p	-	7.6	NW	4	—	—	1.64	3.82
	10p	-	7.2	N	3	—	3.64	—	—
X. 11	2a	-	9.0	NzE	4	—	3.55	—	—
	6a	-	7.5	N	2	—	—	1.54	1.91
	10a	-	7.2	N	3—4	—	1.54	—	—
	2p	-	4.9	NNW	2	—	—	—	—
	6p	-	3.5	W	1	—	—	—	—
	10p	SE½E	6.5	SSW	2—3	—	7.31	—	—
1874	*)					**)			
X. 12	2a	E¼N	4.2	SEzS	3	—	5.32	—	—
	6a	ENE¼E	6.9	SE	4	—	12.52	—	—
	10a	S¼E	10.0	ESE	5—6	—	—	13.66	16.41
	2p	S¼W	8.5	ESE	6—7	2h	15.96	—	—
						4h	17.31	—	—
	6p	SzW	4.5	EzS	8—9	4h 30′	19.13	—	—
	10p	S¾E	4.6	-	9	—	20.49	—	—
X. 13	2a	-	2.0	-	10	4h	16.42	—	—
	6a	SSW¼W	1.7	E	8	—	13.66	—	—
	10a	SE¾E	2.1	N	1—2	—	1.36	—	—
	2p	-	4.0	-	1—2	—	1.32	—	—
	6p	-	2.8	NW	1	—	2.27	—	—
	10p	-	2.3	-	1—2	—	—	—	—
X. 14	2a	SE¼E	4.0	SWlich	1—2	—	4.55	—	—
	6a	-	5.0	WzS	1—2	—	5.46	—	—
	10a	-	7.0	-	3—4	—	3.64	—	—
	2p	-	6.6	-	3—4	—	2.75	—	—
	6p	-	4.6	WNW	2	—	2.28	—	—
	10p	-	4.0	NW	1—2	—	2.75	—	—
X. 15	2a	-	2.5	-	1	—	—	—	—
	6a	-	4.5	SW	1	—	3.19	—	—
	10a	-	4.0	SW½S	1—2	—	—	—	—
	2p	SW¼W	2.3	SSE	2	—	4.09	—	—
	6p	S¼W	4.8	ESE	3	—	—	—	—
	10p	S	8.0	-	4	—	—	—	—
X. 16	2a	S¾W	6.5	-	6—7	—	14.48	—	—
	6a	ESE	4.0	S	9	—	15.42	—	—
	10a	EzS	5.0	-	8—9	—	—	11.68	14.12
	2p	SEzE¼E	8.0	SSW	8—9	1p	15.94	—	—
						3p	20.04	—	—
						3h 30′p	28.92	—	—
	6p	SE¼S	7.0	SWzS	10	—	—	23.20	27.78
	10p	-	5.0	-	8-10	—	22.77	—	—
X. 17	2a	-	4.5	SW	10	—	—	—	—
	6a	-	6.0	SWzW	8	—	9.11	—	—
	10a	SE	7.3	-	7—8	—	10.02	—	—
	2p	SE¼S	7.0	-	5	—	—	5.92	7.37
	6p	-	6.6	WSW	4—5	—	4.55	—	—
	10p	SE	6.5	NW	3—4	—	4.55	—	—
X. 18	2a	SE¼S	8.5	N	5—6	—	9.11	—	—
	6a	-	11.0	NNE	6—7	—	10.47	—	—
	10a	S¼W	9.5	NzW	7—8	—	10.20	—	—
	2p	SSE¾E	8.5	W	7—8	—	6.38	—	—
	6p	SE¼S	9.5	NW	7—8	—	6.38	—	—
	10p	Lagen	back	-	7—8	—	15.79	—	—

*) In dieser Rubrik sind die gewöhnlichen Beobachtungszeiten aufgeführt.
**) In dieser Rubrik sind die aussergewöhnlichen Beobachtungszeiten aufgeführt.

Datum	Zeit	Schiffsbewegung Kurs	Fahrt Sm p. h	Wind Richt.	Stk.	Geschwindigkeit Stunde	in Meter pr. Sek.	Bemerkungen Extreme i. M. p. S. Min.	Max.
1874 X. 19	2a	WSW	1.5	NzW	9	—	20.04	—	—
	6a	ENE$^1/_4$E	8.0	NNW	8	—	—	—	—
	10a	E$^1/_4$S	7.4	NW	9	—	12.30	—	—
	2p	SzE$^1/_2$E	8.0	-	7	—	13.66	—	—
	6p	SE$^1/_4$E	8.0	-	7	—	9.11	—	—
	10p	-	7.5	-	7	—	9.39	—	—
X. 20	2a	-	9.0	NWzW	7—8	—	7.31	—	—
	6a	-	10.7	-	-	—	8.66	—	—
	10a	-	10.4	WNW	8	—	8.20	—	—
	2p	SE$^1/_4$S	10.8	-	7—8	—	10.93	—	—
	6p	-	9.5	WzN	7	—	9.11	—	—
	10p	-	10.0	-	7—8	—	—	6.83	8.65
X. 21	2a	-	8.0	W	6	—	5.92	—	—
	6a	-	6.0	WNW	4	—	5.00	—	—
	10a	-	6.2	NNW	4—5	—	5.66	—	—
	2p	-	10.4	NNE	5—7	—	—	9.56	14.57
	6p	-	9.0	NWzN	7—8	—	10.47	—	—
	10p	-	9.5	NNW	6	—	7.96	—	—
X. 22	2a	SE$^1/_4$S	8.2	NNW	6—7	—	7.31	—	—
	6a	-	8.0	-	6	—	-	—	—
	10a	-	-	NNE	6	—	11.93	—	—
	2p	-	11.8	NE	8	—	15.03	—	—
	6p	E$^1/_4$S	1.5	NNE	-	—	22.09	—	—
	10p	ENE	2.0	NzW	8—9	—	14.12	—	—
X. 23	2a	NEzN	-	NW	9	—	19.36	—	—
	6a	NNE$^1/_4$E	3.3	NWzW	8—9	—	—	16.42	20.50
	10a	NE$^3/_4$N	2.5	NNW	9—10	—	21.41	—	—
	2p	-	2.3	-	9—10	—	—	20.50	25.96
	6p	NE$^1/_4$E	1.5	NWzN	9	—	11.91	—	—
	10p	WSW	2.6	NW	8—9	—	16.41	—	—
X. 24	2a	W	3.0	NNW	8—9	—	19.13	—	—
	6a	NNE$^1/_4$E	1.5	NW	9—10	—	19.13	—	—
	10a	SW$^3/_4$S	3.5	NWzW	8—9	—	12.75	—	—
	2p	S$^1/_4$E	9.0	WNW	8	—	11.40	—	—
	6p	SW$^3/_4$S	7.0	-	6—7	—	10.93	—	—
	10p	WzS	1.0	NNW	1—2	—	NW 4.89 NE 3.41	—	—
X. 25	2a	SEzE$^3/_4$E	4.5	ENE	2	—	3.64	—	—
	6a	SE	0.5	NWzN	1—2	—	7.31	—	—
	10a	WNW	2.2	NW	6—7	—	14.12	—	—
Kreuzten	2p	N$^1/_4$E	2.5	WzN	5—6	—	11.86	—	—
	6p	SW$^3/_4$W	4.0	WNW	7	—	13.66	—	—
	10p	WSW	4.0	NWzN	7	—	16.42	—	—
X. 26	2a	NNE	2.6	NW	6—7	—	14.12	—	—
	6a	SWzW	3.6	NWzW	6	—	9.11	—	—
	10a	SWzS	8.0	NW	4—5	—	6.76	—	—
	2p	Betsy Cove		W	2—3	—	4.55	—	—
	6p	-		WzN	2—3	—	2.50	—	—
	10p	-		-	2—3	—	2.54	—	—
X. 27	2a	-		WzS	0—1	—	0	—	—
	6a	-		NW	0—1	—	0	—	—
	10a	-		N$^1/_2$W	2—3	—	2.28	—	—
	2p	-		NzW	2—3	—	2.28	—	—
	6p	-		-	3—4	—	—	3.75	7.31
	10p	-		-	3—4	—	5.01	—	—
1874 X. 28	2a	Betsy Cove		NNW	3—4	—	—	4.55	7.31
	6a	-		NW	4	—	6.38	—	—
	10a	-		NNW	4	—	7.31	—	—
	2p	-		-	3—4	—	—	gleichmässig 4.099	4.555
	6p	-		NW$^1/_2$W	3—4	—	—		
	10p	-		NNW	2—3	—	—	in den Böen 7.31	
X. 29	2a	-		NWzN	2	—	—	in den Böen 7.31	
	6a	-		WzN	2—3	—	—		
	10a	-		NNW	2—3	—	—		
	2p	-		NzW$^1/_2$W	1—2	—	—	5.01	7.31
	6p	-		NWzW	2—3	—	4.55	—	—
	10p	-		NW	2—3	—	4.10	—	—
X. 30	2a	-		-	3	—	5.09	—	—
	6a	-		NWzN	2—3	—	5.24	—	—
	10a	-		NW	2—3	—	6.60	—	—
	2p	-		NNW	1—2	—	2.90	—	—
	6p	-		NzW	0—1	—	keine Bewegung	—	—
	10p	-		SE	1	—	1.82	—	—
X. 31	2a	-		S$^1/_4$E	0—1	—	0.0	—	—
	6a	-		SSE$^1/_2$E	0—1	—	0.0	—	—
	10a	-		SE	1	—	2.75	—	—
	2p	-		SEzS	1—2	—	2.62	—	—
	6p	-		SE$^1/_2$S	1—2	—	2.00	—	—
	10p	-		S$^1/_2$W	0—1	—	0.45	—	—
XI. 1	2a	-		SE	0—1	—	0.56	—	—
	6a	-		SWzW	0—1	—	0.91	—	—
	10a	-		NW	3—4	—	5.24	—	—
	2p	-		W$^1/_2$N	2—3	—	4.09	—	—
	6p	-		NW	1—2	—	4.09	—	—
	10p	-		NWzW	0—1	—	0.0	—	—
XI. 2	2a	-		NW	1—2	—	4.09	—	—
	6a	-		-	3—4	—	4.83	—	—
	10a	-		NNW	1—2	—	3.19	—	—
	2p	-		-	3—4	—	7.31	—	—
	6p	-		N	1—2	—	5.46	—	—
	10p	-		NNW	6—7	—	10.02	—	—
XI. 3	2a	-		NNW$^1/_2$W	6—7	—	—	7.74	10.24
	6a	-		NzW	3—4	—	4.87	—	—
	10a	-		NNW	3	—	5.46	—	—
	2p	-		NW	3—5	—	7.31	—	—
	6p	-		NNW	3—4	—	—	4.55	5.91
	10p	-		NWzN	2—3	—	2.50	—	—
XI. 4	2a	-		NW	2	—	3.87	—	—
	6a	-		-	1—2	—	7.31	—	—
	10a	-		NNW	4—5	—	7.74	—	—
	2p	-		-	4—5	—	7.54	—	—
	6p	-		-	4—5	—	7.54	—	—
	10p	-		-	4—5	—	—	5.24	7.38
XI. 5	2a	-		-	2—3	—	2.75	—	—
	6a	-		NW	4—5	—	8.65	—	—
	10a	-		NWzW	5	—	8.20	—	—
	2p	-		NW	4—5	—	5.46	—	—
	6p	-		-	2	—	3.19	—	—
	10p	-		-	2—3	—	3.87	—	—

Datum	Zeit	Schiffsbewegung Kurs	Fahrt Sm p. h	Wind Richt.	Stk.	Geschwindigkeit Stunde	in Meter pr. Sek.	Bemerkungen Extreme i. M. p. S. Min.	Max.
1874 XI. 6	2a	Betsy Cove		NNE	1—2	—	3.41	—	—
	6a	-		NzE	0—1	—	1.37	—	—
	10a	-		NNW	3	—	3.64	—	—
	2p	-		-	3—4	—	7.74	—	—
	6p	-		NWzN	4	—	gewöhnlich	in den Böen	
	10p	-		WNW	4—3	—	10.93	13.66	18.22
XI. 7	2a	-		NWzW	4	—	6.83	—	—
	6a	-		W	4	—	4.09	—	—
	10a	-		WNW	3—4	—	—	4.55	11.86
	2p	-		-	3—4	—	9.11	—	—
	6p	-		WzN	3—4	—	6.15	—	—
	10p	-		NWzW	1—2	—	3.64	—	—
XI. 8	2a	-		NW	3	—	4.83	—	—
	6a	-		NWzW	2—5	—	—	6.83	9.34
	10a	-		NWzN	3—6	—	10.93	—	—
	2p	-		NNW	7—8	—	11.86	—	—
	6p	-		NWzN	3—6	—	—	gewöhnlich	
	10p	-		NW	3—7	—	—	4.55	6.83
XI. 9	2a	-		-	2—7	—	—	in den Böen bis zu 12.30	
	6a	-		NNW	7	—	10.02	—	—
	10a	-		NW	5—6	—	—	6.83	9.11
	2p	-		-	1—2	—	3.19	—	—
	6p	-		NNW	1—2	—	2.75	—	—
	10p	-		N	0—1	—	0.0	in den Böen 7.74	
XI. 10	2a	-		SWzS	1—6	—	0.0		
	6a	-		SW	1—4	—	3.64	—	—
	10a	-		-	2—3	—	1.82	—	—
	2p	-		SzW	2—5	—	—	gewöhnlich	
	6p	-		S	2—3	—	—	2.28	3.19
	10p	-		SSE	2	—	—	in den Böen 7.33	
XI. 11	2a	-		ESE	2—3	—	1.59	—	—
	6a	-		EzS	4—5	—	7.31	—	—
	10a	-		SEzE	3—4	—	8.20	—	—
	2p	-		SE	7—8	—	13.66	—	—
	6p	-		SEzS	1—2	—	4.08	—	—
	10p	-		SzE	0—1	—	0.0	—	—
XI. 12	2a	-		NWzN	1—2	—	3.10	—	—
	6a	-		N	0—1	—	2.05	—	—
	10a	-		NE	0—1	—	1.82	—	—
	2p	-		WNW	0—1	—	2.78	—	—
	6p	-		WzS	1—2	—	2.46	—	—
	10p	-		S	0—1	—	0.0	—	—
XI. 13	2a	-		WzS	0—1	—	keine	—	—
	6a	-		N-lich	0—1	—	Bewegung	—	—
	10a	-		NEzN	1—2	--	2.28	—	—
	2p	-		ENE	1—2	—	1.91	—	—
	6p	-		E	1—2	—	2.09	—	—
	10p	-		E	1	—	1.18	—	--
XI. 14	2a	-		still	—	—	keine Bewegung	—	—
	6a	-		-	—	—	-	—	—
	10a	-		NEzN	0—1	—	-	—	—
	2a	-		E-lich	0—1	—	-	—	—
	6p	-		NW	0—1	—	-	--	—
	10p	-		W	4—5	von 11h an oft ganz still.			

Datum	Zeit	Schiffsbewegung Kurs	Fahrt Sm p. h	Wind Richt.	Stk.	Geschwindigkeit Stunde	in Meter pr. Sek.	Bemerkungen Extreme i. M. p. S. Min.	Max.
1874 XI. 15	2a	Betsy Cove		SW	4—5	—	—	6.83	11.39
	6a	-		SWzW	3	—	—	durchschnittl.	
	10a	-		WSW	5—6	—	—	4.10	7.74
	2p	-		-	5—6	—	—	in den Böen 10.02	
	6p	-		-	3—5	—	—	6.83	8.20
	10p	-		-	2—3	—	5.92	—	—
XI. 16	2a	-		W	0—1	—	keine Bewegung	—	—
	6a	-		W	1	—	3.64	—	—
	10a	-		NNW	2	—	5.00	—	—
	2p	NWzW	5.6	NW	2	—	—	2.75	4.55
	6p	SWzW¾W	5.0	WSW	4—5	—	5.15	—	—
	10p	—	—	WzN	1	—	2.55	—	—
XI. 17	2a	—	—	W	0—1	—	0	—	—
	6a	—	—	still		—	0	—	—
	10a	—	—	EzS	1	—	3.41	—	—
	2p	—	—	-	3	—	2.98	—	—
	6p	—	--	ESE	1	—	2.27	—	—
	10p	—	—	E	0—1	—	0 od. nur wenig Sek. wenig Bewegung		
XI. 18	2a	—	—	NNE	0—1	—	0	—	—
	6a	—	—	EzS	0—1	—	0	—	—
	10a	NEzE¾E	6.2	ENE	1—2	—	5.46	—	—
	2p	—	—	NEzE	1—2	—	1.36	—	—
	6p	EzS	3.0	NEzN	1—2	—	2.27	—	—
	10p	SE	4.8	N	3—4	—	5.46	—	—
XI. 19	2a	SW½S	5.0	-	3—4	—	5.92	—	—
	6a	SWzW½W	5.2	NNW	4—5	—	8.19	backgebr.	
	10a	NW	6.3	NzE	5—6	—	10.02	—	—
	2p	—	—	NWzN	4—5	—	8.20	—	—
	6p	—	—	WzS	3—4	—	—	5.00	7.31
	10p	—	—	NWzW	3—4	—	—	in den Böen 10.33	
XI. 20	2a	—	—	NW	5—6	—	—	6.37	7.74
	6a	—	—	NWzN	3—4	—	—	in den Böen 11.86	
	10a	NzE	5.0	-	6—8	—	20.97	—	—
	2p	—	—	-	8	—	12.21	in den Böen 18.22	
	6p	—	—	NW	5—7	—	—	6.83	8.20
	10p	—	—	-	5—6	—	—	in den Böen 16.95	
XI. 21	2a	—	—	WNW	5—7	—	13.21	7.31	16.45
	6a	—	—	WzN	5—7	—	10.02	—	—
	10a	—	—	W	6—9	—	—	11.86	18.22
	2p	—	—	WNW	7—9	—	—	9.56	21.86
	6p	—	—	W	8—9	—	—	9.11	23.68
	10p	—	—	WzS	6—8	—	—	14.57	27.55
XI. 22	2a	—	—	W	6—8	—	13.66	—	—
	6a	—	—	-	5—8	—	9.11	—	—
	10a	W½S	5.6	NWzW	5—6	—	10.47	—	—
	2p	—	—	NNW	6—8	—	—	10.93	21.86
	6p	—	—	N	7—8	—	—	12.75	14.56
	10p	—	—	N½E	6	—	—	9.11	13.56
XI. 23	2a	—	—	WNW	6—8	—	—	9.11	13.56
	6a	—	—	NNW	5—7	—	12.36	—	—
	10a	—	—	WzN	6—7	—	—	6.38	13.66
	2p	E¾N	5.9	NWzN	4	—	—	2.75	4.55
	6p	NE¼N	5.0	NNW	3	—	5.92	—	—
	10p	NEzN	5.0	NWzN	6—7	—	—	10.02	13.66

Datum	Zeit	Schiffsbewegung		Wind					
		Kurs	Fahrt Sm p. h	Richt.	Stk.	Geschwindigkeit Stunde	Geschwindigkeit in Meter pr. Sek.	Bemerkungen Extreme i. M. p. S. Min.	Max.
1874 XI. 24	2a	NEzN	4.0	NWzN	6—8	—	—	8.16	16.55
	6a	$W^{1}/_{2}N$	6.5	NzW	4—5	—	—	2.75	5.92
	10a	—	—	NW	5—6	—	9.11	—	—
	2p	—	—	—	—	—	—	—	—
	6p	—	—	N	0—1	—	—	—	—
	10p	—	—	still		—	7.31	—	—
XI. 25	2a	—	—	NNW	3—4	—	6.83	—	—
	6a	—	—	NWzW	3	—	—	3.64	5.01
	10a	—	—	NW	3—5	—	—	6.83	10.24
	2p	—	—	W	3—5	—	—	8.20	10.47
	6p	—	—	WzN	3—5	—	—	5.46	7.74
	10p	—	—	NW	2—3	—	—	7.38	7.74
XI. 26	2a	—	—	WNW	2—4	—	—	4.55	5.46
	6a	—	—	NW	1—2	—	0	—	—
	10a	—	—	NNW	0—1	—	0	—	—
	2p	—	—	-	1—2	—	—	4.55	5.92
	6p	—	—	-	1—2	—	—	5.01	5.69
	10p	—	—	NW	2—4	—	—	4.09	5.46
XI. 27	2a	—	—	NzW	2—3	—	} 5.92	{ 3.64	7.31
	6a	—	—	ENE	2—3	—			
	10a	—	—	NW	6—7	—	—	13.66	15.49
	2p	—	—	N	4—5	—	—	9.56	10.93
	6p	—	—	NNW	3—4	—	—	9.11	12.29
	10p	—	—	{ NE SE }	0—1	—	0	—	—
XI. 28	2a	—	—	still		—	0	—	—
	6a	—	—	S	0—1	—	0	—	—
	10a	$NNW^{1}/_{2}W$	7.0	N	2—3	—	} 5.0	} beim Stoppen und vor Anker	
	2p	—	—	N	2—3	—			
	6p	—	—	WNW	3—5	—	—	4.55	6.83
	10p	—	—	WNW	0—1	—	—	—	—
XI. 29	2a	—	—	ESE	1	—	—	0	2.75
	6a	—	—	-	1—2	—	—	2.27	3.19
	10a	—	—	EzS	0—1	—	—	—	—
	2p	—	—	E	1	—	1.92	—	—
	6p	—	—	E	0—1	—	—	—	—
	10p	—	—	NzE	1—2	—	—	2.27	2.75
XI. 30	2a	—	—	NzW	2—5	—	—	4.55	9.11
	6a	—	—	NzW	5—6	—	—	5.92	9.56
	10a	—	—	NW	3—8	—	—	4.55	11.86
	2p	—	—	WNW	6—8	—	—	13.66	18.67
	6p	—	—	NWzN	6—7	—	—	13.66	18.22
	10p	—	—	NzW	3—8	—	—	6.83	10.93
XII. 1	2a	—	—	WNW	5—8	—	—	5.91	12.75
	6a	—	—	NWzW	6—8	—	—	11.39	14.12
	10a	—	—	WNW	7—8	—	—	10.02	20.04
	2p	—	—	-	7—8	—	—	16.42	19.57
	6p	—	—	-	8—9	—	—	19.13	21.41
	10p	—	—	WzN	7—9	—	—	16.42	22.77
XII. 2	2a	—	—	-	8—9	—	—	18.67	21.41
	6a	—	—	WNW	3—5	—	—	6.83	11.39
	10a	NWzW	4.4	NW	3—4	—	—	7.31	14.57
	2p	—	—	NWzW	6—7	—	—	13.66	14.79
	6p	—	—	NWzN	5	—	—	9.56	12.20
	10p	—	—	-	5—8	—	—	12.75	14.35

Datum	Zeit	Schiffsbewegung		Wind					
		Kurs	Fahrt Sm p. h	Richt.	Stk.	Geschwindigkeit Stunde	Geschwindigkeit in Meter pr. Sek.	Bemerkungen Extreme i. M. p. S. Min.	Max.
1874 XII. 3	2a	—	—	NWzW	6—7	—	—	13.20	15.03
	6a	—	—	NW	7—9	—	—	16.42	23.68
	10a	—	—	WNW	9—7	—	—	17.31	22.77
	2p	—	—	-	7—8	—	—	15.03	18.22
	6p	—	—	NWzW	7—9	—	—	13.66	23.23
	10p	—	—	-	7—8	—	—	17.31	18.22
XII. 4	2a	—	—	-	7—8	—	—	13.66	19.36
	6a	—	—	-	7—9	—	—	18.22	20.04
	10a	—	—	-	9-10	—	—	20.04	22.47
	2p	—	—	NNW	7—8	—	—	12.75	15.48
	6p	—	—	WNW	6—7	—	—	10.93	12.30
	10p	—	—	NWzW	5—6	—	—	9.11	11.39
XII. 5	2a	—	—	WNW	3—5	—	—	8.20	9.11
	6a	—	—	-	6—8	—	—	13.66	17.31
	10a	—	—	NW	5—6	—	—	9.11	18.22
	2p	—	—	-	8—9	—	—	16.42	22.77
	6p	—	—	-	7—9	—	—	16.42	21.86
	10p	—	—	-	7-11	—	—	20.49	27.55
XII. 6	2a	—	—	NWzW	7—9	—	15.49	—	—
	6a	—	—	WNW	3—4	—	—	5.01	8.02
	10a	—	—	NW	1—2	—	—	} 2.75	3.64
	2p	—	—	WSW	0—1	—	—		
	6p	$NzE^{1}/_{4}E$	5.5	NNE	0—1	—	2.75	—	—
	10p	—	—	WNW	1—4	—	—	2.28	3.64
XII. 7	2a	—	—	-	1—5	—	—	4.09	5.68
	6a	—	—	-	2—5	—	—	3.19	5.46
	10a	—	—	NW	2 - 4	—	—	5.92	10.93
	2p	—	—	NNW	3—4	—	—	3.64	11.38
	6p	—	—	NzW	4—5	—	—	4.55	10.02
	10p	$E^{1}/_{2}N$	5.5	NzE	7	—	—	11.83	15.48
XII. 8	2a	$S^{1}/_{4}W$	5.0	N	7	—	—	7.31	8.20
	6a	$S^{1}/_{2}W$	5.0	NzE	6—7	—	—	7.31	8.20
	10a	$SzW^{1}/_{4}W$	4.3	N	4—6	—	—	7.31	8.20
	2p	—	—	NW	2—4	—	—	2.98	5.92
	6p	—	—	N	1—3	—	—	2.75	4.09
	10p	—	—	2h - 2h still	—	—	—	0.91	1.82
XII. 9	2a	—	—	NW	1—2	—	—	1.62	2.75
	6a	—	—	NWzW	1	—	—	2.28	4.55
	10a	—	—	NzW	2—4	—	—	4.10	6.38
	2p	—	—	N	1—2	—	—	1.82	3.64
	6p	—	—	S	3—5	—	—	6.83	9.11
	10p	—	—	SzW	2—3	—	—	3.82	5.46
XII. 10	2a	—	—	SSW	2—4	—	—	4.55	8.19
	6a	—	—	WSW	2—4	—	—	4.55	9.11
	10a	—	—	WzN	1—2	—	—	1.36	4.55
	2p	—	—	NW	3—4	—	—	6.83	9.11
	6p	—	—	-	4—5	—	—	9.11	13.20
	10p	—	—	NWzN	5—9	—	—	12.30	19.58
XII. 11	2a	—	—	NNW	7—8	—	—	9.11	14.12
	6a	—	—	-	5—7	—	—	12.75	14.12
	10a	—	—	-	5—6	—	—	9.11	11.86
	2p	—	—	-	6—8	—	—	12.75	18.45
	6p	—	—	NW	6—7	—	—	12.75	15.48
	10p	—	—	-	7-10	—	—	20.04	23.23

Datum	Zeit	Schiffsbewegung Kurs	Schiffsbewegung Fahrt Sm p. h	Wind Richt.	Wind Stk.	Geschwindigkeit Stunde	Geschwindigkeit in Meter pr. Sek.	Bemerkungen Extreme i. M. p. S. Min.	Bemerkungen Extreme i. M. p. S. Max.
1874 XII. 12	2a	—	—	NW WNW	7-8 2-6	—	—	4.55	17.31
	6a	—	—	NW	3—6	—	—	8.19	11.86
	10a	—	—	NW	5—7	—	—	6.83	12.29
	2p	—	—	-	2—5	—	—	5.46	6.83
	6p	—	—	-	2—3	—	—	3.41	4.55
	10p	—	—	-	0—1	—	—	—	—
XII. 13	2a	—	—	NW	0—1	—	—	—	—
	6a	—	—	NNW	2—3	—	—	3.41	5.46
	10a	—	—	N	2—3	—	—	4.09	5.88
	2p	—	—	NzE	2—4	—	—	3.84	6.83
	6p	—	—	N	0—2	—	—	—	—
	10p	—	—	NzE	1—3	—	—	2.75	4.09
XII. 14	2a	—	—	NzW	5—4	—	—	7.31	13.66
	6a	—	—	NNW	2—3	—	—	5.92	7.31
	10a	—	—	N	1—2	—	—	2.75	4.09
	2p	—	—	NzW	1—2	—	—	2.27	3.64
	6p	—	—	NNW	0—1	—	—	—	—
	10p	—	—	Still		—	—	—	—
XII. 15	2a	—	—	NEzE	2—3	—	6.38	—	—
	6a	—	—	Still		—	—	—	—
	10a	—	—	NNW	2—5	—	—	4.55	9.11
	2p	—	—	NWzW	5—8	—	—	10.93	15.94
	6p	—	—	NW	5—8	—	—	12.75	15.94
	10p	—	—	NWzW	7—8	—	—	15.03	16.85
XII. 16	2a	—	—	NW	6—7	—	—	13.66	16.42
	6a	—	—	-	5—6	—	—	9.41	13.66
	10a	—	—	NNW	5—7	—	—	13.21	15.49
	2p	—	—	NWzN	8-10	—	—	20.04	22.14
	6p	—	—	NW	8-10	—	—	18.22	25.53
	10p	—	—	NNW	8—9	—	—	19.13	20.97
XII. 17	2a	—	—	-	3—6	—	—	8.20	13.66
	6a	—	—	-	5—6	—	—	11.86	16.42
	10a	—	—	-	4—5	—	—	9.11	12.75
	2p	—	—	NW	7—8	—	—	16.42	20.97
	6p	—	—	NNW	4—5	—	—	9.11	12.75
	10p	—	—	NWzN	3—4	—	—	7.41	10.02
XII. 18	2a	—	—	3h Still 1h SE	0—1	—	—	—	—
	6a	—	—	N	1—2	—	—	3.64	4.55
	10a	—	—	N	2—3	—	—	5.46	8.16
	2p	—	—	NW	3—7	—	—	9.11	14.57
	6p	—	—	NWzN	5—8	—	—	13.21	18.22
	10p	—	—	NW	5—6	—	—	10.93	13.66
XII. 19	2a	—	—	NW	6—7	—	—	12.75	15.03
	6a	—	—	NWzN	2—3	—	—	5.01	6.83
	10a	—	—	N	2—3	—	—	4.55	5.90
	2p	—	—	NNE	2—3	—	—	5.01	6.83
	6p	—	—	NNE	5—6	—	—	10.93	13.66
	10p	—	—	N	3—5	—	—	9.11	10.47
XII. 20	2a	—	—	NNW	2—3	—	—	4.50	6.38
	6a	—	—	NzW	2—3	—	—	5.91	10.02
	10a	—	—	NEzN	2—3	—	—	7.31	9.11
	2p	—	—	NNW	1—2	—	—	2.75	4.09
	6p	—	—	NzW	1	—	—	2.75	3.64
	10p	—	—	NWzW	2—3	—	—	4.09	7.74

Datum	Zeit	Schiffsbewegung Kurs	Schiffsbewegung Fahrt Sm p. h	Wind Richt.	Wind Stk.	Geschwindigkeit Stunde	Geschwindigkeit in Meter pr. Sek.	Bemerkungen Extreme i. M. p. S. Min.	Bemerkungen Extreme i. M. p. S. Max.
1874 XII. 21	2a	—	—	NWzN	1—2	—	—	4.55	5.92
	6a	—	—	NNW	2—3	—	—	5.46	8.20
	10a	—	—	N	2—5	—	—	7.31	10.47
	2p	—	—	NNW	3—5	—	—	10.93	14.57
	6p	—	—	NW	4	—	—	9.56	10.96
	10p	—	—	1h WSW 3h NW	0—1	—	7.31 0.91	—	—
XII. 22	2a	—	—	Still		—	—	—	—
	6a	—	—	W	1—2	—	—	3.64	5.46
	10a	—	—	SWzW	1	—	—	3.19	4.55
	2p	—	—	-	1—2	—	—	2.75	7.31
	6p	—	—	NWzW	1	—	—	1.82	2.28
	10p	—	—	NWzN	0—1	—	—	—	—
XII. 23	2a	—	—	NW	0—1	—	—	—	—
	6a	—	—	-	0—1	—	—	—	—
	10a	—	—	N	1	—	—	2.75	4.09
	2p	NE¾E	6.0	NNW	6	—	—	10.47	12.75
	6p	ENE	5.5	NzW	3—4	—	—	8.65	10.02
	10p	E¼N	6.5	NNE	3—6	—	—	5.46	10.47
XII. 24	2a	NzW¾W	5.0	NE	4—5	—	—	8.20	10.02
	6a	N¾E	7.0	ENE	7-11	—	—	16.85	23.23
	10a	WzN	7.0	N	4—5	—	—	—	11.86
	2p	EzN	3.0	-	3—4	—	—	6.37	7.94
	6p	NEzE½E	5.4	-	3	—	—	6.83	8.19
	10p	NE¼N	3.0	NNW	2—4	—	—	6.38	9.11
XII. 25	2a	NE	4.0	-	4—5	—	—	8.19	9.11
	6a	NEzE¼E	4.6	NzW	5	—	—	7.74	9.56
	10a	ENE	6.0	N	5—6	—	—	11.38	12.75
	2p	NE¼N	6.1	NNW	5—6	—	—	10.93	12.29
	6p	NE	5.6	NWzN	5—6	—	—	9.11	11.38
	10p	NE¾E	4.5	N	3—4	—	—	7.31	8.20
XII. 26	2a	NEzE	2.5	N	3	—	—	6.81	7.94
	6a	NWzN	6.0	NE	6—9	—	—	10.02	20.04
	10a	NNW¼W	5.0	NEzN	8-10	—	—	21.41	26.42
	2p	NW¼N	3.0	NNE	10	—	—	22.77	27.55
	6p	NWzW	2.5	NzE	9	—	—	16.42	18.22
	10p	ENE½E	2.5	N	9-10	—	—	18.22	20.05
XII. 27	2a	NE	2.1	NNW	8—9	—	—	15.48	17.31
	6a	NEzN	2.0	NW	8—9	—	—	15.94	18.22
	10a	NzE½E	2.0	NWzW	8—9	—	—	15.44	18.67
	2p	NNE	3.4	NW	8	—	—	11.86	14.57
	6p	NE	3.8	NzW	6—7	—	—	9.56	12.75
	10p	NE¼N	3.8	NWzN	9	—	—	17.32	22.77
XII. 28	2a	N½E	2.0	WNW	9	—	—	18.22	22.77
	6a	N½W	2.0	-	8	—	—	15.48	17.31
	10a	N¾E	4.2	NWzW	7—3	—	—	6.38	12.75
	2p	-	2.9	NW	3	—	—	5.92	7.31
	6p	NE	5.0	NNW	4—6	—	—	8.19	10.47
	10p	NEzE	5.0	NzW	5—6	—	—	9.56	11.86
XII. 29	2a	NE½E	5.3	NNW	4—6	—	—	9.11	12.21
	6a	NEzE	5.0	N	4—6	—	—	7.74	12.21
	10a	ENE	4.3	-	3—4	—	—	8.19	9.11
	2p	NWzW	3.4	NzE	2—3	—	—	4.34	6.83
	6p	NW½W	2.5	-	2—3	—	—	4.09	5.01
	10p	NWzW	3.5	-	5	—	—	7.31	9.11

Datum	Zeit	Schiffsbewegung Kurs	Fahrt Sm p. h	Wind Richt.	Stk.	Geschwindigkeit Stunde	in Meter pr. Sek.	Bemerkungen Extreme i. M. p. S. Min.	Max.
1874 XII. 30	2a	NW	3.0	NNE	3—4	—	—	2.75	7.74
	6a	WNW	2.2	NzE	2	—	—	1.82	3.64
	10a	NW$^3/_4$W	5.8	NNE	5—6	—	—	7.31	12.29
	2p	NW	2.6	-	2	—	—	3.19	4.10
	6p	NNW	6.0	WSW	7	—	—	9.11	11.86
	10p	-	3.0	-	2—3	—	—	3.64	7.31
XII. 31	2a	NNE	0.8	NW-lich	1	—	—	—	—
	6a	NEzE$^1/_2$E	1.2	N	3—4	—	—	6.83	9.11
	10a	NzE	6.5	NWzW	7—8	—	—	11.38	15.94
	2p	NzE$^3/_4$E	7.0	-	6—7	—	—	11.89	15.03
	6p	NzW	3.5	W	3—5	—	—	8.19	11.86
	10p	NzW	4.0	-	3—4	—	—	5.46	6.83
1875 I. 1	2a	NzW	3.0	WzN	2—3	—	—	4.09	5.91
	6a	NzE$^1/_2$E	4.4	NWzW	3—4	—	—	5.91	8.19
	10a	NNE	6.5	NW	7—8	—	—	11.38	16.42
	2p	N	5.9	W	5—7	—	—	9.11	14.12
	6p	NW$^1/_2$W	3.2	SWzW	3	—	—	4.09	6.83
	10p	NWzW	5.5	-	5—6	—	—	8.19	9.56
I. 2	2a	SEzE	1.5	SWzW	3	—	—	5.91	8.19
	6a	NWzW	2.5	-	3—4	—	—	6.37	8.19
	10a	NW$^3/_4$N	4.0	W	3	—	—	4.09	7.31
	2p	NW	4.9	WSW	2—3	—	—	3.19	6.31
	6p	-	5.0	-	2—3	—	—	6.38	7.31
	10p	S$^1/_2$W	4.5	-	3—4	—	—	4.09	5.46
I. 3	2a	-	3.6	W	3—4	—	—	3.19	4.55
	6a	SW	4.8	WNW	4—5	—	—	4.55	7.74
	10a	SW$^1/_2$W	4.5	-	3—4	—	—	5.92	7.31
	2p	Back gebrasst	—	-	3—4	—	—	5.46	5.92
	6p	SW	4.4	-	4	—	—	5.01	5.92
	10p	-	3.0	-	3	—	—	2.75	3.64
I. 4	2a	SWzW	5.5	NWzN	3.5	—	—	3.64	6.83
	6a	-	2.6	NNW	2—3	—	1.36	—	—
	10a	Back gebrasst	—	NNW	2—3	—	2.27	—	—
	2p	SWzW	5.7	-	4—5	—	5.91	—	—
	6p	SWzW$^1/_4$W	7.3	-	4—5	—	3.64	—	—
	10p	WSW	8.0	NzE	6	—	—	4.09	5.46
I. 5	2a	WSW	8.7	NzE	7	—	—	5.46	8.20
	6a	-	6.1	NW	7—8	—	—	8.65	12.30
	10a	SW$^1/_2$S	5.2	WNW	7—8	—	—	12.75	17.31
	2p	SW$^1/_2$S	2.8	WzN	7	—	—	11.86	13.66
	6p	SzW$^1/_2$W	5.8	WzS	6—7	—	—	10.02	11.29
	10p	SSW$^1/_2$W	1.8	WzN	2—3	—	—	5.46	9.11
I. 6	2a	SW$^1/_2$W	3.0	WNW	3—4	—	—	5.01	5.92
	6a	WSW	3.2	NWzN	2	—	—	0	4.55
	10a	-	2.1	NNW	2	—	0	—	—
	2p	W$^1/_4$S	3.8	NzW	2	—	—	0.45	3.19
	6p	-	5.8	N	3—4	—	—	2.75	3.19
	10p	-	8.0	N	3—5	—	—	2.75	5.46
I. 7	2a	-	8.2	NNE	7	—	4.55	—	—
	6a	-	8.5	-	6—7	—	4.55	—	—
	10a	-	8.0	-	6—7	—	—	1.81	4.09
	2p	Back gebrasst	—	N	6—7	—	—	7.31	9.56
	6p	W$^1/_4$N	9.5	-	7—8	—	—	8.20	13.21
	10p	WzN	4.2	NzE	8	—	—	10.93	20.04
1875 I. 8	2a	SW$^1/_2$W	3.0	NWzW	8-10	—	—	9.11	27.55
	6a	N$^3/_4$W	3.0	WNW	10	—	—	20.97	24.59
	10a	N	3.0	-	10	—	—	22.77	24.14
	2p	N$^1/_2$E	2.7	-	9—7	—	—	13.66	22.77
	6p	SE	7.5	-	7	—	—	5.46	7.34
	10p	-	6.4	NNW	7	—	—	5.92	6.37
I. 9	2a	SE	8.5	NE	7—8	—	—	7.41	11.38
	6a	SE$^1/_2$E	9.7	-	7	—	—	8.29	10.47
	10a	SE	11.0	NNE	8—9	—	—	11.93	18.22
								Beigedreht	
	2p	S	8.7	WNW	7—8	—	—	8.29	10.93
	6p	SzW	9.5	NW	8—9	—	—	12.75	14.12
	10p	NzE$^1/_2$E	2.5	NW	8—9	—	—	14.12	18.22
I. 10	2a	WSW	3.2	-	8—9	—	—	17.31	19.13
	6a	-	4.5	-	7—8	—	—	10.47	11.86
	10a	W$^1/_2$S	5.0	NWzN	7—8	—	—	12.29	18.22
	2p	WzS	6.6	NWzN	7—8	—	—	12.29	14.57
	6p	W	5.0	NW	7—6	—	—	7.31	10.47
	10p	Zu Anker im Inselhafen		NEzE	1—2	—	—	1.36	4.55
I. 11	2a	-		NNE	0—1	—	—	0.91	1.82
	6a	-		NE	2—3	—	—	1.82	2.28
	10a	-		-	1—2	—	—	5.92	6.83
	2p	-		NE	1	—	—	—	—
	6p	-		Still		—	—	—	—
	10p	-		WNW	4—6	—	—	4.55	11.86
I. 12	2a	-		WNW	2—3	—	—	4.55	13.66
	6a	-		NNW	2—3	—	—	2.75	3.64
	10a	-		NW	0—1	—	—	10.93	11.86
	2p	-		NW	6—7	—	—	12.30	13.66
	6p	-		NWzW	5	—	—	3.64	8.20
	10p	-		NWzN	1—2	—	—	1.36	3.64
I. 13	2a	-		NW	2—3	—	—	3.19	4.55
	6a	-		-	1—3	—	—	1.36	5.46
	10a	-		WNW	1—2	—	—	0.91	3.64
	2p	-		NWzW	2—4	—	—	3.19	8.20
	6p	-		-	0—1	—	—	2.28	7.31
	10p	-		WzN	0—1	—	—	—	—
I. 14	2a	-		WNW	1	—	—	—	—
	6a	-		NWzW	3—4	—	—	4.09	5.92
	10a	-		WNW	6—8	—	—	8.20	15.48
	2p	-		-	3—4	—	—	5.46	10.93
	6p	-		-	3—4	—	—	7.74	9.11
	10p	-		-	1—2	—	—	0	2.75
I. 15	2a	-		WNW	1—2	—	—	1.36	2.28
	6a	-		-	1—2	—	—	1.36	2.75
	10a	-		-	2—3	—	—	2.75	5.92
	2p	-		WzN	2—3	—	—	3.64	5.46
	6p	-		WzS	1—2	—	—	0.91	2.75
	10p	-		WNW	1	—	—	0	1.82
I. 16	2a	-		WNW	1—2	—	—	0	4.09
	6a	-		-	2	—	—	4.09	4.55
	10a	-		NWzW	1—6	—	—	1.82	10.02
	2p	-		NNW	5—6	—	—	7.31	11.39
	6p	-		NW	3—6	—	—	7.31	11.39
	10p	-		NWzN	6—7	—	—	10.93	13.66

Datum	Zeit	Schiffsbewegung Kurs	Schiffsbewegung Fahrt Sm p. h	Wind Richt.	Wind Stk.	Geschwindigkeit Stunde	Geschwindigkeit in Meter pr. Sek.	Bemerkungen Extreme i. M. p. S. Min.	Bemerkungen Extreme i. M. p. S. Max.
1875 I. 17	2a	Zu Anker im Inselhafen (Kerguelen)		NW	3—5	—	—	5.46	9.11
	6a	-		-	4—6	—	—	9.11	13.66
	10a	-		-	4—5	—	—	7.31	9.11
	2p	-		-	3—4	—	—	0	8.20
	6p	-		-	7—8	—	—	15.48	18.22
	10p	-		-	3—5	—	—	7.31	9.56
I. 18	2a	-		WNW	0—6	—	—	8.20	13.66
	6a	-		NWzW	4—5	—	—	5.46	9.56
	10a	-		NW	2	—	—	3.19	5.46
	2p	-		NWzW	1—2	—	—	2.75	4.55
	6p	-		ESE	2—3	—	—	3.64	7.31
	10p	-		-	1	—	—	1.59	2.28
I. 19	2a	-		E	0—1	—		—	—
	6a	-		ESE	0—1	—		—	—
	10a	-		-	0—1	—	0	—	—
	2p	-		-	0—1	—		—	—
	6p	-		W-lich	0—1	—		—	—
	10p	-		Still		—		—	—
I. 20	2a	-		NW	0—1	—	0	—	—
	6a	-		Still		—	0	—	—
	10a	-		N	1—2	—	—	1.36	2.28
	2p	-		-	1	—	—	1.36	2.28
	6p	-		WNW	0—1	—	—	1.36	1.82
	10p	-		NW	1—2	—	—	2.28	8.20
I. 21	2a	-		NNW	2—3	—	—	6.83	9.11
	6a	-		N	1—2	—	—	6.38	9.56
	10a	-		NEzN	3—4	—	—	7.74	8.65
	2p	-		N	3—5	—	—	6.37	10.02
	6p	-		-	5—2	—	—	6.37	10.02
	10p	-		-	2—3	—	—	4.55	15.48
I. 22	2a	-		NWzN	7—8	—	—	17.31	18.22
	6a	-		NWzW	7—8	—	—	13.66	17.31
	10a	-		NWzN	4—5	—	—	6.83	7.74
	2p	-		NNW	5—6	—	—	9.11	11.86
	6p	-		-	4—6	—	—	8.19	10.02
	10p	-		-	7	—	—	12.75	14.12
I. 23	2a	-		-	3	—	—	6.83	9.11
	6a	-		-	3	—	—	5.46	6.37
	10a	-		NzW	3—4	—	—	5.92	7.31
	2p	-		-	4—6	—	—	8.19	10.02
	6p	-		NNW	6—7	—	—	11.86	14.12
	10p	-		-	2—4	—	—	4.55	6.83
I. 24	2a	-		-	7—8	—	—	14.57	18.22
	6a	-		-	7—8	—	—	17.31	19.13
	10a	-		-	6—7	—	—	12.30	16.42
	2p	-		NWzN	6—7	—	—	11.86	14.57
	6p	-		NWzW	7—8	—	—	10.93	18.22
	10p	-		-	3—4	—	—	8.65	9.56
I. 25	2a	-		WNW	3—5			4.55	12.75
	6a	-		W	3—4	—	—	4.09	6.83
	10a	-		NW	3—4				
	2p	-		-	1—2	—	—	1.82	2.28
	6p	-		NNW	2—3				
	10p	-		NE	6	—	—	2.28	4.55

Datum	Zeit	Schiffsbewegung Kurs	Schiffsbewegung Fahrt Sm p. h	Wind Richt.	Wind Stk.	Geschwindigkeit Stunde	Geschwindigkeit in Meter pr. Sek.	Bemerkungen Extreme i. M. p. S. Min.	Bemerkungen Extreme i. M. p. S. Max.
1875 I. 26	2a	SWzW	7.0	NW	8—9	—	—	12.75	19.13
	6a	-	5.5	-	7—8	—	—	17.31	18.22
	10a	SWzW½W	6.6	NWzN	8—9	—	—	18.22	19.59
	2p	WSW½W	4.9	-	8—9	—	—	16.42	19.13
	6p	WzS	6.2	-	8—9	—	—	18.22	19.58
	10p	W½S	4.3	NNW	8—9	—	—	16.85	18.67
I. 27	2a	W½N	3.0	NNW	8—9	—	—	16.42	18.22
	6a	-	3.0	NWzN	8	—	—	14.57	16.85
	10a	NE½N	3.4	NNW	7—8	—	11.38	—	—
	2p	-	4.8	-	7—8	—	12.75	—	—
	6p	NE½E	4.5	NWzW	7	—	13.66	—	—
	10p	NNE	8.0	-	8—9	—	—	17.31	18.67
I. 28	2a	NNE	4.5	WNW	9-10	—	—	18.22	21.41
	6a	EzN	7.0	-	8—9	—	—	4.55	9.11
	10a	ENE	8.6	NWzW	4—5	—	—	1.82	—
	2p	NE½E	6.0	NzW	5	—	—	11.86	14.57
	6p	WNW	4.0	N	4—5	—	7.31	—	—
	10p	Zu Anker in Betsy Cove		NNE	4	—	5.92	—	10.02
I. 29	2a	-		NEzE	7	—	—	10.93	12.75
	6a	-		NE	8	—	18.22	—	—
	10a	-		NWzN	8—9	10a-11a 10.45 11a-12a 12.75	20.97	—	—
	2p	-		NzW	4—5	—	—	7.31	9.11
	6p	-		N	1—2	—	—	2.28	3.19
	10p	-		Still		—	WNW = 7.7	—	—
I. 30	2a	-		NWzN	2—3	—	4.55	3.64	8.20
	6a	-		W	4—6	—	9.11	7.31	12.75
	10a	-		NWzW	4—5	—	6.37	3.64	9.17
	2p	-		NW	3—4	—	5.73	3.64	6.11
	6p	-		N	4—6	—	6.83	3.64	9.11
	10p	-		NNW	4—5	—	—	6.83	8.20
I. 31	2a	-		NNW	3	—			
	6a	-		N	3	—	durchschnittl. 2.75	1.37	7.31
	10a	-		NzW	1—2	—			
	2p	-		-	3	—			
	6p	-		NEzN	4	—	durchschnittl. 6.37	3.64	9.11
	10p	-		NE	4—5	—			
II. 1	2a	-		Still		—	—	0	—
		-		NEzE	2—3	12—1	5.10	—	—
	6a	-		NzW	4—5	—	9.11	5.46	—
	10a	-		NNW	5—6	—	—	10.93	11.86
	2p	-		NzW	6—7	—	13.21	11.86	14.57
	6p	-		N	7—8	—	—	13.11	17.31
	10p	-		NzW	9-10	—	22.74	21.80	23.68
II. 2	2a	-		NNW	9	—	—	16.85	21.41
	6a	-		NWzN	8—9	—	19.13	12.36	24.53
	10a	-		WNW	9-11	—	20.50	9.11	26.42
	2p	-		W	9	—	—	17.31	20.50
	6p	-		WzS	2—9	—	—	17.13	19.13
	10p	-		W	8—7	—	—	15.94	17.31
II. 3	2a	-		NW	3—5	—	13.66	9.11	16.85
	6a	-		WNW	2—3	—	4.55	—	—
	10a	-		NWzW	4—5	—	—	5.46	9.11
	2p	-		-	6—7	—	—	13.66	16.85
	6p	N½E	5.2	-	7—8	—	11.86	—	—
	10p	NzE	4.7	NW	5—6	—	—	9.11	11.86

Datum	Zeit	Schiffsbewegung Kurs	Fahrt Sm p. h	Wind Richt.	Stk.	Geschwindigkeit Stunde	in Meter pr. Sek.	Bemerkungen Extreme i. M. p. S. Min.	Max.
1875 II. 4	2a	N½E	2.6	WNW	8—9	—	—	16.42	18.22
	6a	SWzS	4.6	-	8—7	—	—	12.75	14.57
	10a	SW½S	7.0	NWzW	6—7	—	—	9.56	12.75
	2p	Zu Anker in Port Palliser		NW	4—5	—	—	7.34	9.11
	6p	-		NW	8—9, 6	—	—	10.47	20.49
	10p	-		N	4—5	—	—	6.37	9.11
II. 5	2a	-		NNW	5—6	—	—	10.02	12.30
	6a	-		-	4—5	—	—	8.20	10.93
	10a	-		-	5	—	9.11	—	—
	2p	-		NWzW	2—3	—	4.55	1.82	6.37
	6p	-		NWzN	2-6	—	—	3.64	11.38
	10p	NE½E	9.7	NW	8	—	—	13.21	15.08
II. 6	2a	NNE	7.0	NWzW	7—8	—	—	14.57	17.31
	6a	-	6.5	-	5	—	—	8.20	10.02
	10a	-	6.0	-	3—4	—	—	4.55	5.46
	2p	NE¼N	5.4	NNW	2—3	—	—	3.69	5.46
	6p	ENE	7.0	N	4—5	—	—	6.38	7.74
	10p	E¼S	6.0	NNE	4	—	—		
II. 7	2a	ENE½E	6.0	NzW	4	—	—		
	6a	-	5.6	NzE	4—5	—	—	6.38	7.74
	10a	E¼N	6.5	NNE	4—5	—	—		
	2p	ENE	7.8	NzW	4—5	—	—	6.38	7.74
	6p	-	6.2	NNE	5	—	9.11	—	—
	10p	ENE¾E	8.0	N	6—7	—	12.75	—	—
II. 8	2a	EzN	7.5	NzE	6—7	—	12.97	10.93	13.66
	6a	ENE¾E	7.6	-	6—7	—			
	10a	ENE½E	8.2	-	7	—	—	13.21	14.57
	2p	NE¾E	8.0	NzW	6—7	—	12.97	—	—
	6p	NE¼E	6.8	NNW	6—5	—	—	9.11	11.38
	10p	NE½N	5.6	-	4	—	—	6.83	8.65
II. 9	2a	NE½N	6.0	-	4—5	—	—	8.20	9.11
	6a	NEzN	6.3	NW	4	—	—	5.00	7.83
	10a	NNE	6.0	-	4—3	—	—	4.55	6.37
	2p	NNE	4.6	NWzW	2—3	—	—	2.75	4.55
	6p	NEzN	5.6	NW	2—3	—	—	1.82	3.64
	10p	NE	5.5	NzW	3	—	—	2.75	4.55
II. 10	2a	NEzN	1.0	NWzN	0—1	—	0	—	—
	6a	NNE½E	1.0	N	1	—	0	—	—
	10a	Beigedreht		NE	1—2	—	2.75	—	—
	2p	N	4.8	NEzN	1—2	—	—	2.75	4.55
	6p	N½W	3.3	NEzE	2—3	—	—	4.55	6.38
	10p	NW½W	3.5	NEzN	4—5	—	—	7.74	10.02
II. 11	2a	NNW½W	4.7	NNE	5	—	—	9.11	10.02
	6a	NNW¼W	5.5	NEzN	5—6	—	—	10.02	12.30
	10a	-	4.3	NNE	7	—	—	12.30	14.57
	2p	NW½N	4.2	-	7	—	—	11.86	14.12
	6p	NE	2.5	NNW	3—4	—	—	6.83	10.93
	10p	NE¾N	2.5	NW	2—3	—	3.64	0	5.46
II. 12	2a	NzE¾E	3.0	NWzW	3	—	—	5.01	6.37
	6a	NEzN	4.0	NW	1—3	—	—	2.75	5.01
	10a	E	5.0	NNW	3	—	—	2.27	4.10
	2p	ENE½E	5.0	NzW	3	—	—	2.27	4.10
	6p	NE¾N	2.5	NNW	1—2	—	—	1.36	2.27
	10p	NE¾N	2.5	NWzN	1—2	—	—	2.28	3.64

Datum	Zeit	Schiffsbewegung Kurs	Fahrt Sm p. h	Wind Richt.	Stk.	Geschwindigkeit Stunde	in Meter pr. Sek.	Bemerkungen Extreme i. M. p. S. Min	Max.
1875 II. 13	2a	NE½N	2.6	NNW	1—2	—	—	1.82	2.28
	6a	Back gebrasst		-	1—2	—	—	1.82	2.28
	10a	-		NzW	2	—	—	2.28	3.64
	2p	NWzW½W	5.0	N	3	—	—	4.55	5.01
	6p	E¼N	5.3	NNE	2—3	—	4.09	—	—
	10p	EzN	3.0	NzE	2—3	—	—	3.19	4.55
II. 14	2a	NE½E	5.4	-	2	—	—	3.19	4.55
	6a	NEzE¼E	6.5	NzW	3—4	—	—	5.01	7.74
	10a	NEzE¾E	6.7	N	3—4	—	6.84	—	—
	2p	-	6.4	-	3—4	—	—	4.51	6.84
	6p	-	6.0	-	3	—	5.92	—	—
	10p	-	6.8	-	3—4	—	—	5.46	7.31
II. 15	2a	ENE	7.6	N	4	—	—	5.92	7.31
	6a	NE½N	6.5	NNW	4	—	6.83	—	—
	10a	NEzN	6.3	NW	3—4	—	—	4.55	6.37
	2p	Back gebrasst		NNW	2	—	2.78	—	—
	6p	N	3.0	W	1—2	—	—	1.37	1.82
	10p	-	1.0	2hW	1—2	—	—	—	—
				2h Still		—	0	—	—
II. 16	2a	-	3.5	2h Still		—	0	—	—
				2hW	1	—	—	—	—
	6a	-	8.0	2hS	3	—	—	1.82	3.19
				2hSE	4	—	—	—	—
	10a	-	7.4	SSE	4—5	—	4.55	—	—
	2p	-	8.5	-	4—5	—	—	2.75	5.01
	6p	-	7.9	SEzS	4—5	—	2.50	—	—
	10p	-	7.3	-	5—6	—	1.34	—	—
II. 17	2a	-	7.5	-	4—5	—	—	1.36	1.82
	6a	-	2.8	SE	2—3	—	—	0	1.36
	10a	-	7.0	-	3—4	—	1.59	—	—
	2p	-	6.0	-	3	—	—	0	0.45
	6p	-	4.5	SEzE	3	—	0	—	—
	10p	-	6.0	E	5—6	—	—	2.75	5.92
II. 18	2a	-	7.5	EzN	6	—	—	3.64	5.01
	6a	-	9.0	-	6—7	—	—	5.92	7.31
	10a	-	9.5	E	6—7	—	—	7.73	9.11
	2p	NW½N	9.0	EzS	7	—	—	3.64	4.55
	6p	-	8.7	-	6—7	—	—	2.27	2.45
	10p	-	8.7	E	6—7	—	—	4.09	4.78
II. 19	2a	-	9.0	-	7	—	—	3.64	5.92
	6a	-	9.0	EzS	7	—	—	2.28	4.55
	10a	-	9.5	E	7	—	4.55	—	—
	2p	NWzW	8.0	EzS	6—7	—	1.36	—	—
	6p	-	7.0	E	5	—	—	0.68	0.91
	10p	-	7.9	EzS	5	—	1.36	—	—
II. 20	2a	-	7.2	EzN	4—5	—	—	0.91	1.37
	6a	-	5.8	ENE	3—4	—	0	—	—
	10a	-	7.4	E	3—4	—	0	—	—
	2p	-	6.9	-	4	—	—	0	0.45
	6p	Back		-	4	—	1.36	—	—
	10p	NWzW	8.0	NEzE	3—4	—	—	1.82	4.10
II. 21	2a	-	6.0	E	4	—	1.82	—	—
	6a	-	8.0	-	4—5	—	—	—	2.27
	10a	-	8.4	-	5	—	—	1.37	—
	2p	-	7.5	-	4—5	—	—	1.82	2.75
	6p	-	7.0	EzN	4	—	—	1.36	1.82
	10p	-	8.5	NE	4—5	—	—	2.75	3.19

Datum	Zeit	Schiffsbewegung Kurs	Fahrt Sm p. h	Wind Richt.	Stk.	Geschwindigkeit Stunde	in Meter pr. Sek.	Bemerkungen Extreme i. M. p. S. Min.	Max.
1875 II. 22	2^a	NWzW	7.5	SEzE	4	—	—	1.82	2.28
	6^a	-	5.7	ESE	3—4	—	—	1.36	1.82
	10^a	-	6.0	-	3—4	—	0	0	—
	2^p	-	6.6	SEzE	3—4	—	0	—	—
	6^p	-	6.8	-	4	—	0	—	—
	10^p	-	6.5	ESE	4	—	1.37	—	—
II. 23	2^a	-	4.0	3^h SE	3—4	—	—	} 2.27	3.19
	6^a	NWzW¼W	6.5	5^h ESE	4	—	—		
	10^a	-	7.3	3^h E	4	—	—		
	2^p	-	7.5	5^h EzS	4—5	—	—	} 2.27	3.19
	6^p	-	6.0	SEzE	4—5	—	—		
	10^p	-	6.6	ESE	5	—	—		
II. 24	2^a	-	7.0	-	5	—	—	} 1.36	2.27
	6^a	-	6.5	SEzE	4	—	—		
	10^a	-	6.0	SE	3—4	—	—		
	2^p	-	5.7	SEzE	4	—	—	} 1.36	1.82
	6^p	-	8.0	SE	5—6	—	—		
	10^p	-	7.7	-	5	—	—	1.82	2.77
II. 25	2^a	NWzW½W	6.5	SEzE	4—5	—	—	2.28	2.75
	6^a	-	4.6	-	3—4	—	1.37	—	—
	10^a	-	4.0	2^h SEzE 2^h ESE	4	—	—	0	0.91
	2^p	-	5.0	-	3—4	—	0.91	—	—
	6^p	Back		1^h SEzE 3^h SSE	4—5	—	1.82	—	—
	10^p	EzN	1.0	SEzS	3—4	—	—	4.55	8.20
II. 26	2^a	NEzE¾E	0.9	-	3—4	—	—	} 3.64	7.74
	6^a	SSW	8.0	SE	3	—	5.46		
	10^a	WzN	8.4	SEzS	2—3	—	0	—	—
	2^p	Zu Anker in Port Louis (Mauritius)		E-lich	0—1	—	1.36	—	—
	6^p	-		-	-	—	0	—	—
	10^p	-		Still		—	0	—	—
II. 27	2^a	-		-		—	0	—	—
	6^a	-		NE	0—1	—	—	0	0.91
	10^a	-		ESE	0—1	—	—	0.91	1.82
	2^p	-		W	1—2	—	—	1.36	1.82
	6^p	-		SE	1—2	—	—	1.82	2.75
	10^p	-		ESE	0—1	—	0	—	—
II. 28	2^a	-		-	1—2	—	—	0	0.95
	6^a	-		E	0—1	—	0	—	—
	10^a	-		ESE	1—2	—	—	2.75	4.09
	2^p	-		-	1—2	—	—	2.75	3.64
	6^p	-		-	2	—	—	2.75	3.64
	10^p	-		SE	2	—	—	1.82	4.55
III. 1	2^a	-		-	0—1	—	0	—	—
	6^a	-		SEzE	0—1	—	—	0	1.37
	10^a	-		ESE	0—4	—	1.82	in den Böen 7.84	
	2^p	-		-	1—2	—	—	0.91	3.64
	6^p	-		-	0—1	—	—	0.91	1.82
	10^p	-		Still		—	0	—	—
III. 2	2^a	-		ESE	0—1	—	0	—	—
	6^a	-		-	0—1	—	0	—	—
	10^a	-		Elich	1—2	—	2.75	—	—
	2^p	-		-	2—3	—	—	4.09	5.46
	6^p	-		E	1	—	—	0	1.82
	10^p	-		ESE	0—1	—	0	—	—

Datum	Zeit	Schiffsbewegung Kurs	Fahrt Sm p. h	Wind Richt.	Stk.	Geschwindigkeit Stunde	in Meter pr. Sek.	Bemerkungen Extreme i. M. p. S. Min.	Max.
1875 III. 3	2^a	Zu Anker in Port Louis (Mauritius)		Still		—	0	—	—
	6^a	-		Elich	0—1	—	0	—	—
	10^a	-		SEzE	0—1	—	—	0.91	1.36
	2^p	-		WSW	1—2	—	—	1.36	2.28
	6^p	-		SW	0—1	—	0	—	—
	10^p	-		ESE	0—1	—	0	—	—
III. 4	2^a	-		-	1—2	—	—	2.28	3.18
	6^a	-		-	0—1	—	—	0	1.36
	10^a	-		-	1	—	1.82	—	—
	2^p	-		-	1—2	—	—	1.82	4.10
	6^p	-		-	1	—	1.82	—	—
	10^p	-		-	1	—	1.82	—	—
III. 5	2^a	-		-	0—1	—	0	—	—
	6^a	-		-	0—1	—	0	—	—
	10^a	-		E	2—3	—	—	4.09	5.74
	2^p	-		EzN	4—5	—	—	6.83	9.11
	6^p	-		E	2—3	—	—	1.82	2.75
	10^p	-		-	0—2	—	—	0	2.75
III. 6	2^a	-		EzS	0—1	—	0	—	—
	6^a	-		E	0—1	—	0	—	—
	10^a	-		-	2	—	—	3.18	3.64
	2^p	-		-	2—3	—	—	4.55	5.46
	6^p	-		2^h SW 2^h ESE	0—1 0—1	—	—	0	1.36
	10^p	-		2^h Still 2^h E	 0—1	—	0	—	—
III. 7	2^a	-		E	1—3	—	—	0	4.78
	6^a	-		-	0—1	—	0	—	—
	10^a	-		-	0—1	—	—	0.91	1.36
	2^p	-		SW	2—3	—	—	4.09	5.46
	6^p	-		W	1	—	1.58	—	—
	10^p	-		E	0—1	—	0	—	—
III. 8	2^a	-		Still		—	0	—	—
	6^a	-		-		—	0	—	—
	10^a	-		E	1	—	—	0	1.55
	2^p	-		W	1	—	—	1.36	2.28
	6^p	-		umspringend		—	0	—	—
	10^p	-		E	0—1	—	0	—	—
III. 9	2^a	-		ESE	0—1	—	0	—	—
	6^a	-		E	0—1	—	0	—	—
	10^a	-		SEzE	1	—	2.28	—	—
	2^p	-		2^h ESE	1—2	—	2.75	—	—
				2^h W	3	—	—	—	—
	6^p	-		W	3	—	—	4.55	6.38
	10^p	-		2^h Still 2^h E	 0—1	—	0	—	—
III. 10	2^a	-		E	0—1	—	0	—	—
	6^a	-		SEzE	0—1	—	0	—	—
	10^a	-		E	0—1	—	—	0	1.82
	2^p	-		WzS	1—2	—	—	1.82	2.75
	6^p	-		-	0—1	—	—	0	0.91
	10^p	-		SE	1—3	—	1.36	0	4.55
III. 11	2^a	-		SEzE	2—3	—	—	} 4.09	5.47
	6^a	-		-	2—3	—	—		
	10^a	-		SE	3—5	—	—	4.55	7.74
	2^p	-		ESE	2—3	—	1.82	—	—
	6^p	-		SE	0—1	—	0	—	—
	10^p	-		-	2—3	—	0	3.19	7.74

Datum	Zeit	Schiffsbewegung Kurs	Schiffsbewegung Fahrt Sm p. h	Wind Richt.	Wind Stk.	Geschwindigkeit Stunde	Geschwindigkeit in Meter pr. Sek.	Bemerkungen Extreme i. M. p. S. Min.	Max.
1875 III.12	2^a	Zu Anker in Port Louis (Mauritius)		ESE	0—1	—	0	—	—
	6^a	-		SE	1	—	2.27	—	—
	10^a	-		ESE	1	—	2.27	—	—
	2^p	-		-	0—1	—	0.91	—	—
	6^p	-		SE	1	—	1.82	—	—
	10^p	-		-	0—1	—	0	—	—
III.13	2^a	-		E	0—1	—	0	—	—
	6^a	-		E	0—1	—	0	—	—
	10^a	-		SE	0—1	—	0	—	—
	2^p	-		E	1	—	2.27	—	—
	6^p	-		-	0—1	—	0.91	—	—
	10^p	-		S	0—1	—	0	—	—
III.14	2^a	-		E	1—3	—	—	3.64	4.55
	6^a	-		SE	2—3	—	—		
	10^a	-		E	3—4	—	—	4.55	6.83
	2^p	-		E	3—4	—	—	5.46	7.31
	6^p	-		ESE	2—3	—	—	4.09	5.01
	10^p	-		-	0—1	—	0	—	—
III.15	2^a	-		-	3—4	—	—	5.46	6.83
	6^a	-		-	1	—	—	1.36	1.82
	10^a	-		-	3	—	—	4.55	5.46
	2^p	-		-	4—5	—	—	7.31	9.11
	6^p	-		-	3—5	—	—	5.46	8.20
	10^p	SWzW	3.5	-	0—1	—	0	—	—
III.16	2^a	SWzS	5.4	SE	2—3	—	—	3.64	4.55
	6^a	S$^1/_2$E	2.4	ESE	3—4	—	—	5.92	6.83
	10^a	NE$^3/_4$N	6.0	E	3	—	—	5.92	8.20
	2^p	S$^1/_2$E	6.0	SEzE	4—5	—	6.83	—	—
	6^p	-	4.0	ESE	3	—	—	4.55	5.01
	10^p	SzE$^1/_2$E	3.0	EzS	3—4	—	—	4.55	7.31
III.17	2^a	SzE$^1/_2$E	4.0	-	3	—	4.89	—	—
	6^a	SSE$^1/_4$E	4.5	-	3—4	—	—	Anemometer in Reparatur	
	10^a	SSE$^1/_2$E	3.9	E	3—4	—	—		
	2^p	Back		-	3	—	—		
	6^p	S$^1/_2$E	5.0	EzS	3—4	—	—	4.09	6.38
	10^p	S$^3/_4$E	5.0	-	4—5	—	—	5.92	7.31
III.18	2^a	SzE	5.5	-	3—4	—	4.55	—	—
	6^a	-	5.0	-	3—4	—	—	4.09	4.55
	10^a	S$^1/_2$E	3.0	-	2—3	—	—	0.91	2.28
	2^p	SW$^1/_2$W	1.8	SSE	1—3	—	—	0	4.55
	6^p	-	5.2	SzE	4	—	—	4.09	4.55
	10^p	SW	5.6	S	5—6	—	—	6.83	8.20
III.19	2^a	SW$^3/_4$W	5.5	SSE	4—5	—	6.83	4.55	10.47
	6^a	SW	4.2	SzE	3	—	5.46	—	—
	10^a	E	6.0	SEzS	3—4	—	—	0	5.46
	2^p	SE	4.3	SSE	2—3	—	—	0	3.19
	6^p	Beigedreht		SzW	2—3	—	4.55	—	—
	10^p	SE	1.4	E	1	—	0	—	—
III.20	2^a	SE	1.5	-	2—3	—	—	3.64	5.47
	6^a	-	4.5	EzN	2—3	—	—	4.55	5.47
	10^a	SzE$^1/_2$E	5.3	-	5	—	—	8.20	9.11
	2^p	NE$^1/_2$N	4.0	ENE	1	—	4.09	—	—
	6^p	ESE$^3/_4$E	4.2	NE	3—4	—	5.47	—	—
	10^p	SzE	5.5	EzN	3	—	4.55	—	—

Datum	Zeit	Schiffsbewegung Kurs	Schiffsbewegung Fahrt Sm p. h	Wind Richt.	Wind Stk.	Geschwindigkeit Stunde	Geschwindigkeit in Meter pr. Sek.	Bemerkungen Extreme i. M. p. S. Min.	Max.
1875 III.21	2^a	SzE	3.5	ENE	3—5	—	2.28	0	6.83
	6^a	-	4.5	NE	4—5	—	2	2.75	5.01
	10^a	-	3.2	-	3	—	4.55	in Böen 10.47	
	2^p	S$^1/_2$W	2.5	ESE	1—2	—			
	6^p	S$^1/_2$E	4.2	-	3—4	—	—	5.46	8.20
	10^p	SzE	6.9	E-lich	4—5	—	—	3.19	6.38
III.22	2^a	SzE	3.0	E	1—2	—	1.36	—	—
	6^a	-	3.0	EzS	3—4	—	—	4.09	5.46
	10^a	S	4.5	ESE	3	—	—	4.09	4.55
	2^p	S$^1/_2$E	3.0	-	2—3	—	—	3.64	4.55
	6^p	-	3.2	-	3	—	—	3.64	4.55
	10^p	S	7.5	SEzE	5—6	—	—	8.20	10.02
III.23	2^a	S$^1/_2$E	4.5	-	5	—	—	8.20	8.65
	6^a	S$^3/_4$W	4.3	-	4—5	—	—	6.84	7.54
	10^a	S$^1/_4$W	6.0	ESE	5	—	—	8.20	8.65
	2^p	S$^1/_4$E	4.5	-	5—6	—	9.11	—	—
	6^p	S$^1/_2$W	3.6	SEzE	4—5	—	—	7.97	8.65
	10^p	S	5.5	-	4—5	—	—	6.84	8.20
III.24	2^a	S$^3/_4$E	3.5	ESE	4—5	—	—	5.46	7.31
	6^a	S$^1/_2$W	3.1	SEzE	3	—	5.46	—	—
	10^a	S$^1/_4$W	4.0	-	3—4	—	-	—	—
	2^p	SzE	4.3	ESE	4	—	—	5.92	6.83
	6^p	S$^3/_4$E	5.4	-	4—5	—	6.83	—	—
	10^p	SzE$^1/_2$E	4.8	EzS	5—6	—	—	8.20	10.02
III.25	2^a	SEzS	5.0	E	5—6	—	—	6.38	10.02
	6^a	SSE$^1/_2$E	3.8	-	3—4	—	—	4.55	5.46
	10^a	-	4.6	ENE	4—5	—	—	8.20	9.11
	2^p	SE$^1/_4$S	4.5	EzN	4—5	—	—	5.46	6.83
	6^p	SSE$^1/_2$E	5.6	-	-	—	—	5.92	6.83
	10^p	SE$^1/_2$S	6.5	-	-	—	—	6.38	6.83
III.26	2^a	ESE	4.9	NE	-	—	—	5.92	6.83
	6^a	-	5.2	-	-	—	—		
	10^a	-	5.7	NEzN	-	—	—	5.01	5.92
	2^p	ESE$^1/_4$E	5.0	-	-	—	—	5.92	6.38
	6^p	-	3.0	NE	3	—	5.46	—	—
	10^p	-	5.6	-	4—5	—	—	6.83	8.20
III.27	2^a	ESE	4.0	-	4—5	—	—	7.74	8.65
	6^a	ESE$^1/_4$E	4.4	-	4—5	—	—		
	10^a	-	5.5	-	4—5	—	7.31	—	—
	2^p	Beigedreht z. Lothen		-	4	—	5.92	—	—
	6^p	ESE$^1/_2$E	4.8	-	4	—	5.92	—	—
	10^p	ESE	4.8	-	4—5	—	6.38	—	—
III.28	2^a	-	5.3	NEzN	4	—	—	4.09	6.38
	6^a	ESE$^3/_4$E	3.0	-	2—3	—	3.19	—	—
	10^a	ESE	3.8	NE	2	—	—	2.75	3.64
	2^p	SEzE$^3/_4$E	2.6	-	2	—	—	2.28	3.64
	6^p	ESE$^3/_4$E	1.4	NEzN	0—1	—	—	0.45	0.91
	10^p	SE	1.5	ENE	0—1	—	0	—	—
III.29	2^a	SEzE$^1/_2$E	2.5	NE	1	—	—	0.45	0.91
	6^a	-	2.3	NEzE	1	—	—	0.91	1.37
	10^a	Beigedreht z. Lothen		NE	1	—	—	0.45	0.91
	2^p	ESE$^3/_4$E	3.4	NEzN	1—2	—	—	1.37	2.75
	6^p	ESE$^1/_2$E	2.2	NEzE	1—2	—	0.91	—	—
	10^p	-	3.5	NE	2—3	—	—	2.28	4.53

Datum	Zeit	Schiffsbewegung Kurs	Fahrt Sm p. h	Wind Richt.	Stk.	Geschwindigkeit Stunde	in Meter pr. Sek.	Bemerkungen Extreme i. M. p. S. Min.	Max.
1875 III.30	2a	EzS	4.0	NEzN	2—3	—	3.19	—	—
	6a	-	3.9	-	2—3	—	—	2.75	3.64
	10a	-	4.4	-	2—3	—	—	2.75	3.64
	2p	ESE½E	4.0	-	2—3	—	—	2.75	3.64
	6p	EzS	3.6	NNE	2—3	—	—	0.91	1.82
	10p	-	4.0	NEzN	3	—	—	4.18	5.46
III.31	2a	-	5.0	-	3	—	3.64	—	—
	6a	-	3.0	-	2—3	—	—	2.28	3.19
	10a	Beigedreht z. Lothen		-	2	—	—	2.28	2.75
	2p	EzS	4.9	-	2—3	—	—	1.82	3.64
	6p	-	4.9	-	3—4	—	—	3.64	4.55
	10p	ESE¾E	5.6	-	4—6	—	—	4.55	8.20
IV. 1	2a	-	7.3	-	5—6	—	—	7.31	9.11
	6a	-	8.0	-	6—7	—	8.20	—	—
	10a	-	7.0	NzE	4—5	—	—	5.46	7.31
	2p	-	8.7	-	4—5	—	5.46	—	—
	6p	-	7.5	NzW	5	—	5.24	—	—
	10p	-	3.5	S	8—9	—	—	15.94	18.22
IV. 2	2a	E½S	4.7	SzE	7—8	—	—	13.66	15.49
	6a	E	4.5	SEzS	7	—	12.75	—	—
	10a	Beigedreht z. Lothen		-	7	—	—	11.39	14.57
	2p	E	3.3	SSE	7—8	—	—	10.47	11.39
	6p	-	3.2	-	7—8	—	12.75	—	—
	10p	E¼N	5.5	SEzS	7—8	—	—	11.39	13.66
IV. 3	2a	NEzE¾E	4.5	SE	7	—	—	11.39	13.66
	6a	ENE	3.5	-	6—7	—	—	10.47	11.86
	10a	-	5.5	-	6—7	—	11.39	—	—
	2p	-	4.0	-	6—7	—	—	10.02	10.55
	6p	-	5.9	-	6	—	—	8.20	10.02
	10p	NE¼E	6.8	ESE	6	—	10.02	—	—
IV. 4	2a	S	3.5	-	5—6	—	7.77	—	—
	6a	-	3.9	-	2—3	—	3.19	—	—
	10a	Beigedreht z. Lothen		SSE	3—4	—	5.46	—	—
	2p	S8W½W	3.5	SEzS	3	—	—	2.75	4.10
	6p	SW¾S	2.9	-	1—2	—	1.82	—	—
	10p	SSW½W	2.5	-	2	—	—	2.28	4.55
IV. 5	2a	SzW½W	1.7	SE	1—2	—	3.19	—	—
	6a	ESE	0.8	SSE	0—1	—	—	0.45	0.91
	10a	ENE¼E	2.5	SE	2	—	—	2.67	3.19
	2p	SzW¾W	3.5	-	1—2	—	—	2.27	2.75
	6p	S	3.2	-	2—3	—	—	3.64	4.55
	10p	-	3.0	SSE	1—2	—	2.75	—	—
IV. 6	2a	SzE	3.8	SSW	1—2	—	2.75	—	—
	6a	-	2.8	SzW	1—2	—	—	2.27	3.19
	10a	-	3.0	SSW	0—1	—	0	—	—
	2p	Beigedreht z. Lothen		-	1	—	—	0.91	1.37
	6p	SE	4.0	-	2	—	—	3.64	4.55
	10p	SE½E	4.6	SzW	1	—	—	1.82	2.28
IV. 7	2a	SEzE½E	3.2	SE	1	—	—	2.75	3.19
	6a	SE	3.6	-	0—1	—	—	1.82	2.28
	10a	SE½S	4.0	E	1	—	3.19	—	—
	2p	SE	3.5	NE	1—2	—	—	1.82	2.75
	6p	-	4.5	ENE	2—3	—	—	} 4.55	5.46
	10p	-	5.6	NEzE	3—4	—	—		

Datum	Zeit	Schiffsbewegung Kurs	Fahrt Sm p. h	Wind Richt.	Stk.	Geschwindigkeit Stunde	in Meter pr. Sek.	Bemerkungen Extreme i. M. p. S. Min.	Max.
1875 IV. 8	2a	SE	6.0	ENE	3—4	—	4.55	—	—
	6a	-	4.6	-	4—5	—	6.83	—	—
	10a	SE½S	5.0	NEzE	3	—	—	4.55	5.46
	2p	SE	4.5	-	2—3	—	2.28	—	—
	6p	SEzE	5.0	NE	3	—	—	2.75	3.64
	10p	ESE	7.0	-	3	—	—	2.75	3.64
IV. 9	2a	ESE½E	5.5	-	3	—	—	2.75	3.64
	6a	-	4.9	NEzN	3	—	—	1.82	3.19
	10a	-	6.5	NNE	3	—	—	2.75	3.64
	2p	Beigedreht z. Lothen		·N	2—3	—	—	3.19	3.64
	6p	ESE½E	6.0	-	3	—	—	2.75	3.18
	10p	-	6.5	NNE	4	—	—	3.19	4.10
IV. 10	2a	-	5.7	-	4	—	3.64	—	—
	6a	-	7.0	NzE	4	—	—	3.64	4.10
	10a	-	7.5	N	4—5	—	—	3.64	5.01
	2p	-	6.8	-	4—5	—	—	3.18	3.64
	6p	-	8.0	NzW	5	—	—	3.64	4.09
	10p	EzS	7.5	-	4	—	—	3.19	3.64
IV. 11	2a	-	5.8	NW	4—5	—	2.75	—	—
	6a	-	4.5	-	2—3	—	—	1.82	2.28
	10a	-	4.0	-	3	—	1.82	—	—
	2p	Beigedreht z. Lothen		-	4—5	—	—	6.38	7.32
	6p	E	7.0	-	4—5	—	1.82	—	—
	10p	-	6.0	W	3—4	—	—	1.37	2.75
IV. 12	2a	-	8.0	SzE	5—6	—	—	6.38	13.66
	6a	-	8.0	-	6—7	—	—	10.02	14.57
	10a	-	8.4	-	6—7	—	8.65	—	—
	2p	-	6.5	SSE	5	—	—	7.33	10.02
	6p	-	7.5	S	6	—	—	8.20	9.11
	10p	-	6.0	SSE	5—6	—	—	4.55	8.20
IV. 13	2a	-	5.8	-	4—5	—	—	4.55	5.94
	6a	-	4.3	SzW	3	—	—	2.28	2.75
	10a	Lotheten		SW	2—3	—	—	3.64	4.55
	2p	E½N	4.7	-	3	—	2.78	—	—
	6p	-	4.9	SzW	3	—	—	1.34	1.82
	10p	EzN	5.0	-	3	—	2.75	—	—
IV. 14	2a	-	3.6	-	2—3	—	—	1.82	2.75
	6a	-	4.4	SSE	3	—	3.19	—	—
	10a	-	4.7	-	2—3	—	2.75	—	—
	2p	NEzE½E	3.6	ESE	3	—	—	5.46	6.38
	6p	ENE	4.0	SE	2—3	—	—	3.64	4.55
	10p	-	3.5	-	3	—	—	2.28	3.64
IV. 15	2a	NE	2.5	ESE	2	—	—	2.28	3.64
	6a	Trieben		E-lich	0—1	—	0	—	—
	10a	E½N	2.7	EzN	1—2	—	—	1.82	2.75
	2p	Lotheten		-	2	—	2.75	—	—
	6p	ESE	2.5	ENE	2	—	1.82	—	—
	10p	SSE	2.0	-	1	—	—	0	0.91
IV. 16	2a	SEzS	1.0	NNE	1	—	0	—	—
	6a	E½N	4.0	N	2—3	—	—	1.37	2.28
	10a	-	4.3	NWzN	3	—	—	1.82	2.75
	2p	-	6.4	-	4	—	—	2.28	3.19
	6p	-	6.8	-	4—5	—	2.78	—	—
	10p	EzN	8.0	-	5	—	—	3.19	4.10

Datum	Zeit	Schiffsbewegung Kurs	Fahrt Sm p. h	Wind Richt.	Stk.	Geschwindigkeit Stunde	in Meter pr. Sek.	Bemerkungen Extreme i. M. p. S. Min.	Max
1875 IV.17	2a	SWzS	7.5	SWzS	6	—	—	6.38	10.47
	6a	-	8.4	SzW	6—7	—	8.20	—	—
	10a	Lotheten		SWzS	6	—	—	9.11	10.02
	2p	EzN	8.0	-	6	—	—	4.55	5.92
	6p	ENE½E	8.5	S	6	—	—	6.83	8.20
	10p	-	8.2	-	5—6	—	7.31	5.01	6.83
VI.18	2a	ENE	7.5	SSE	5—6	—	—	5.92	7.31
	6a	-	8.2	-	5—6	—	—	6.83	7.74
	10a	-	7.4	-	5	—	—	—	—
	2p	-	8.4	-	6	—	—	7.31	8.20
	6p	-	8.0	SEzS	6	—	—	}7.73	8.63
	10p	-	6.5	-	5	—	—		
IV.19	2a	-	8.0	SE	6—7	—	—	10.02	11.86
	6a	NEzE¾E	6.0	SEzE	6—7	—	—	9.11	10.48
	10a	Lotheten		-	6	—	—	8.20	10.02
	2p	ENE	5.5	-	5—6	—	8.20	—	—
	6p	-	5.6	-	6—7	—	—	10.02	11.86
	10p	NEzE¼E	5.0	-	8	—	—	13.66	16.42
IV.20	2a	ENE	4.8	SEzE	7—8	—	—	13.66	15.49
	6a	-	4.8	-	6—7	—	—	9.11	9.38
	10a	NE¾N	4.6	E-lich	6—7	—	10.47	—	—
	2p	NzE½E	7.0	E	6—7	—	—	8.65	9.93
	6p	N	3.4	ENE	7—4	—	} 5.92	} 0	7.33
	10p	ENE	4.5	SEzS	4	—			
IV.21	2a	NzW	1.0	ENE	2—3	—	4.09	2.27	5.92
	6a	ENE	7.0	NNW	5	—	—	7.74	9.11
	10a	Lotheten		W	7	—	—	9.11	10.02
	2p	NzE	10.7	-	6	—	8.20	—	—
	6p	N¾E	9.0	WSW	6—7	—	—	5.92	7.31
	10p	N¼E	6.7	SW	5	—	—	5.46	6.83
IV.22	2a	N	6.6	-	5—6	—	—	5.92	6.83
	6a	-	5.0	SSW	5—6	—	—	6.83	7.73
	10a	NzE½E	8.4	SzE	5—6	—	—	3.64	5.46
	2p	N½E	9.0	SSE	5—6	—	—	4.55	11.86
	6p	Back gebrasst		SzE	7—8	—	—	11.86	12.75
	10p	SW	2.5	SEzS	7	—	12.21	—	—
IV.23	2a	SzW	1.5	SEzE	7—8	—	{ 10.93	—	—
	6a	-	2.0	ESE	6	—			
	10a	S½W	5.5	SEzE	6	—	—	8.20	9.11
	2p	Zu Anker		SE	5—6	—	—	7.41	8.20
	6p	-		S-lich	3—4	—	—	5.92	6.38
	10p	NWzN	8.0	SSE	7—8	—	7.81	—	—
IV.24	2a	N	9.5	-	7—8	—	8.20	—	—
	6a	-	10.0	SEzE	7—8	—	8.65	—	—
	10a	-	9.0	SSE	7	—	—	5.02	5.92
	2p	NzE¾E	8.6	-	7—8	—	5.92	—	—
	6p	NzE¾E	8.7	-	6—7	—	—	5.92	7.31
	10p	NEzN	7.0	S	8—9	—	—	9.11	10.02
IV.25	2a	NE¾N	6.0	SSE	8—9	—	—	12.75	13.66
	6a	-	5.2	-	6—7	—	—	9.11	10.93
	10a	NE	8.8	SEzE	6—7	—	—	}6.38	6.83
	2p	Lotheten		SEzS	4—5	—	—	—	—
	6p	-		SSE	3—4	—	—	0	1.82
	10p	NE	5.0	SzE	3—4	—	—	{1.82 / 5.02	2.72 / 5.92

Datum	Zeit	Schiffsbewegung Kurs	Fahrt Sm p. h	Wind Richt.	Stk.	Geschwindigkeit Stunde	in Meter pr. Sek.	Bemerkungen Extreme i. M. p. S. Min.	Max.
1875 IV. 26	2a	ENE¼E	5.0	SSE	5—6	—	—	10.02	10.93
	6a	NNE¼E	4.0	SE	1—2	—	7.82	—	—
	10a	NE½E	4.6	ESE	6—7	—	—	9.11	13.66
	2p	NzE½E	4.0	E	6—7	—	—	9.56	12.30
	6p	SE¼S	6.0	EzN	5	—	—	8.20	9.11
	10p	EzN	5.5	NE	3—4	—	—	6.83	7.74
IV. 27	2a	-	4.7	ENE	3	—	—	3.64	6.83
	6a	-	3.2	E	6—7	—	—	13.66	15.94
	10a	SEzE	2.5	-	7—8	—	—	11.86	12.75
	2p	SE½E	5.0	-	6—7	—	—	10.02	11.86
	6p	Zu Anker in Mermaid Street		ENE	2—3	—	2.27	—	—
	10p	-		NE	0—1	—	1.69	—	—
IV.28	2a	-		E	2—3	—	—	2.28	3.64
	6a	-		-	2	—	3.19	—	—
	10a	-		-	3—4	—	—	6.38	7.74
	2p	-		NE	2	—	{1.82 / 4.10	—	—
	6p	-		NNE	0—1	—	0	—	—
	10p	-		Still		—	0	—	—
IV.29	2a	-		-		—	0	—	—
	6a	-		E	0—1	—	0	—	—
	10a	-		ESE	5	—	—	6.83	9.11
	2p	-		ENE	2—3	—	1.36	0	3.61
	6p	-		Still		—	0	—	—
	10p	-		-		—	0	—	—
IV.30	2a	-		-		—	0	—	—
	6a	-		E	3—4	—	1.82	{0 / 4.55	2.75 / 5.02
	10a	-		EzN	5	—	—	10.02	10.93
	2p	-		-	2—3	—	—	}6.38	6.83
	6p	-		NE	3—4	—	—		
	10p	-		NEzN	3—4	—	—	5.02	5.92
V. 1	2a	-		Still		—	0	—	—
	6a	-		ENE	2—3	—	—	2.28	3.19
	10a	-		E-lich	5—6	—	—	9.65	10.02
	2p	N½W	5.7	NEzE	5	—	—	7.32	8.20
	6p	NNW	5.6	NE	3—4	—	—	5.02	5.47
	10p	ESE½E	2.8	-	1—2	—	—	1.37	2.28
V. 2	2a	ESE	1.5	NEzE	1	—	—	0	1.37
	6a	NNE½E	2.2	SE	1—2	—	—	0	2.28
	10a	NzE	1.5	E	1	—	1.37	—	—
	2p	N½E	5.0	ENE	2—4	—	—	2.28	4.10
	6p	N¼W	4.5	NE	3	—	—	0.91	1.37
	10p	NNW	1.7	ENE	1	—	0	—	—
V. 3	2a	NWzN	1.0	NE	1	—	0	—	—
	6a	NzW	0.8	ENE	0—1	—	—	0	0.91
	10a	NE¾N	5.6	ESE	3—4	—	—	3.64	4.55
	2p	NzE¼E	7.0	ENE	4	—	—	4.55	5.92
	6p	N¼E	4.9	-	3	—	—	3.64	4.10
	10p	NzE	4.0	EzN	3	—	—	3.64	4.10
V. 4	2a	NzW¼W	4.0	NEzE	2	—	—	2.28	4.10
	6a	NzE	1.5	E-lich	1—2	—	0	—	—
	10a	NNE¼E	3.2	EzS	2—3	—	—	1.82	4.10
	2p	Beigedreht		ESE	2—3	—	—	3.64	4.10
	6p	NNE	4.8	E-lich	3—4	—	—	3.87	5.02
	10p	NE¾N	5.0	ESE	3—4	—	—	4.55	5.02

Datum	Zeit	Schiffsbewegung Kurs	Fahrt Sm p. h	Wind Richt.	Stk.	Geschwindigkeit Stunde	in Meter pr. Sek.	Bemerkungen Extreme i. M. p. S. Min.	Max.
1875									
V. 5	2^a	NE$^1/_2$N	3.5	ESE	3	—	2.75	—	—
	6^a	NE$^3/_4$N	3.0	-	3	—	—	2.28	2.75
	10^a	NNE$^1/_2$E	4.3	EzS	3—4	—	—	2.75	4.55
	2^p	NEzN	4.5	-	4	—	—	5.02	7.31
	6^p	Beigedreht		-	4	—	—	5.47	5.92
	10^p	NEzN	5.5	-	4	—	—	6.38	6.83
V. 6	2^a	NNE$^1/_2$E	5.4	E	4—5	—	—	7.31	8.65
	6^a	-	5.0	EzS	4	—	—	3.92	5.47
	10^a	NzE$^3/_4$E	4.9	E	4	—	—	5.47	6.38
	2^p	NzE$^1/_2$E	4.2	-	3—4	—	—	3.19	3.64
	6^p	NNE$^3/_4$E	4.0	EzS	3	—	—	3.64	4.09
	10^p	-	4.7	-	3—4	—	—	3.64	5.47
V. 7	2^a	N$^3/_4$E	5.0	EzN	3—4	—	—	3.64	5.02
	6^a	-	4.4	-	3	—	—	5.02	5.46
	10^a	NEzN	5.8	ESE	4	—	3.64	—	—
	2^p	Lotheten		-	2—3	—	—	2.28	3.19
	6^p	NE$^3/_4$N	6.0	-	4	—	—	6.83	8.20
	10^p	Lotheten		E	4—5	—	6.83	—	—
V. 8	2^a	SSE$^1/_4$E	4.0	E	4—5	—	7.74	—	—
	6^a	NEzN	3.5	EzS	3—4	—	—	5.92	6.83
	10^a	NNE	4.0	E	4	—	—	5.92	6.83
	2^p	Lotheten		-	4	—	—	4.55	6.88
	6^p	N$^3/_4$E	4.8	ENE	4—5	—	—	4.55	5.92
	10^p	NE	5.0	-	4—5	—	—	5.02	6.38
V. 9	2^a	N$^1/_2$W	2.5	-	2	—	—	1.82	2.28
	6^a	NzE$^1/_4$E	3.0	-	2	—	1.36	—	—
	10^a	N$^1/_4$W	4.2	-	3	—	3.19	—	—
	2^p	ENE$^1/_2$E	5.5	-	2	—	—	4.10	4.55
	6^p	-	5.0	-	2	—	—	4.10	4.55
	10^p	-	4.6	-	1—2	—	—	4.09	5.02
V. 10	2^a	-	5.0	E-lich	0—1	—	—	0.91	1.37
	6^a	Lotheten		-	2	—	—	2.75	3.19
	10^a	-	-	-	2	—	—	0	0.91
	2^p	NEzE$^3/_4$E	4.8	-	2	—	4.10	—	—
	6^p	-	4.5	EzS	2	—	—	5.02	5.46
	10^p	-	4.5	ESE	2	—	—	5.02	5.46
V. 11	2^a	-	4.1	E	2	—	—	5.02	5.46
	6^a	-	4.6	-	2	—	—	5.02	5.46
	10^a	SE	4.3	-	3	—	—	6.38	7.33
	2^p	Zu Anker		-	2—3	—	—	4.55	5.46
	6^p	-		-	3	—	—	4.55	5.46
	10^p	N	6.2	EzS	3—4	—	—	4.55	5.46
V. 12	2^a	NE$^1/_2$E	5.0	ESE	3	—	—	4.10	4.55
	6^a	NEzE	2.2	SE	1—2	—	—	2.28	2.75
	10^a	ENE	3.2	SEzS	2	—	—	3.19	3.64
	2^p	Lotheten		SSE	0—1	—	—	0	0.45
	6^p	E	5.1	SE	2—3	—	—	2.75	4.55
	10^p	EzN	5.8	-	3	—	5.46	—	—
V. 13	2^a	-	5.4	ESE	2—3	—	—	4.09	4.55
	6^a	-	4.3	-	2—3	—	—	5.46	5.92
	10^a	-	4.2	-	3—4	—	—	5.46	7.31
	2^p	Lotheten		-	4—5	—	—	6.83	9.11
	6^p	ENE$^3/_4$E	6.5	SE-lich	5	—	—	9.11	10.47
	10^p	EzN	4	-	4	—	—	6.83	9.11

Datum	Zeit	Schiffsbewegung Kurs	Fahrt Sm p. h	Wind Richt.	Stk.	Geschwindigkeit Stunde	in Meter pr. Sek.	Bemerkungen Extreme i. M. p. S. Min.	Max.
1875									
V. 14	2^a	Back gebrasst		SEzE	2—3	—	—	4.10	4.55
	6^a	NE	3.4	-	3	—	—	2.28	4.09
	10^a	SE$^1/_4$S	5.0	ESE	1—2	—	—	2.28	3.64
	2^p	Zu Anker auf der Rhede von Koepang		EzS	2		2.75	—	—
	6^p	-		Still		—	0	—	—
	10^p	-		-		—	0	—	—
V. 15	2^a	-		-		—	0	—	—
	6^a	-		SE	0—1	—	0	—	—
	10^a	-		W-lich	1	—	1.82	—	—
	2^p	-		ESE	2—3	—	4.55	—	—
	6^p	-		E-lich	0—1	—	0	—	—
	10^p	-		-	1	—	0	—	—
V. 16	2^a	-		EzS	1—2	—	—	1.82	2.75
	6^a	-		EzN	2—3	—	—	3.64	5.92
	10^a	-		E	4—5	—	—	8.20	9.11
	2^p	-		-	4	—	—	7.31	8.20
	6^p	-		-	2—3	—	—	3.64	7.31
	10^p	-		EzN	1—2	—	—	1.82	2.75
V. 17	2^a	-		E	2	—	—	3.64	4.55
	6^a	-		-	1—2	—	2.75	—	—
	10^a	-		-	2—3	—	—	4.55	5.46
	2^p	-		-	3	—	—	4.55	5.46
	6^p	-		EzS	1	—	—	0.91	1.36
	10^p	-		E	0—1	—	—	0	1.14
V. 18	2^a	-		Still		—	0	—	—
	6^a	-		-		—	0	—	—
	10^a	-		E	1—2	—	—	1.82	2.75
	2^p	-		EzS	1—2	—	—	2.28	2.75
	6^p	-		-	1—0	—	—	0	1.82
	10^p	-		Still		—	0	—	—
V. 19	2^a	-		-		—	0	—	—
	6^a	-		-		—	0	—	—
	10^a	-		E-lich	1—2	—	—	1.82	4.09
	2^p	-		ESE	2	—	—	3.64	4.09
	6^p	-		-	0—1	—	0	—	—
	10^p	-		ENE	1—2	—	—	1.36	2.75
V. 20	2^a	-		-	1—2	—	—	2.75	3.64
	6^a	-		ESE	2	—	3.19	—	—
	10^a	-		E	1—2	—	—	1.82	2.75
	2^p	-		-	2—3	—	—	2.78	4.55
	6^p	-		-	1—3	—	—	2.78	4.55
	10^p	-		EzS	2—3	—	—	3.19	4.55
V. 21	2^a	-		E	2—3	—	—	4.55	5.10
	6^a	-		EzS	2—1	—	—	1.37	3.64
	10^a	-		ENE	2	—	—	3.64	5.46
	2^p	-		-	2	—	—	3.64	4.09
	6^p	-		ESE	2—1	—	—	1.67	3.64
	10^p	-		E-lich	0—1	—	0	—	—
V. 22	2^a	-		Still		—	0	—	—
	6^a	-		E	0—1	—	0	—	—
	10^a	-		ESE	2—3	—	—	4.55	7.31
	2^p	-		EzS	3	—	—	4.10	5.46
	6^p	-		EzN	1—2	—	2.50	—	—
	10^p	-		E-lich	0—1	—	0	—	—

Datum	Zeit	Schiffsbewegung: Kurs	Schiffsbewegung: Fahrt Sm p. h	Wind: Richt.	Wind: Stk.	Geschwindigkeit: Stunde	Geschwindigkeit: in Meter pr. Sek.	Bemerkungen Extreme i. M. p. S.: Min.	Bemerkungen Extreme i. M. p. S.: Max.
1875 V. 23	2a	Zu Anker auf der Rhede v. Koepang		E-lich	0—1	—	0	—	—
					0—1				
	6a	-		-	2—3	—	—	0	1.37
	10a	-		ESE	4—5	—	—	3.64	5.46
	2p	-		SE	3—1	—	—	5.10	8.20
	6p	-		E-lich	1	—	3.64	0.91	5.46
	10p	-		EzS		—	2.28	—	—
V. 24	2a	-		E	0—1	—	—	0	1.37
	6a	-		-	0—1	—	0	—	—
	10a	-		ESE	5	—	—	8.64	9.11
	2p	-		-	5	—	8.20	—	—
	6p	-		-	4—3	—	—	4.55	7.74
	10p	-		E	0—1	—	—	0	0.91
V. 25	2a	-		-	0—1	—	0	—	—
	6a	-		-	0—1	—	0	—	—
	10a	-		-	2—3	—	—	4.09	5.10
	2p	-		SE	2—3	—	—	3.64	5.10
	6p	-		ESE	1—2	—	—	2.27	2.75
	10p	-		-	1	—	—	0	2.27
V. 26	2a	-		EzS	1—2	—	—	1.82	4.10
	6a	-		ESE	1	—	—	1.37	2.28
	10a	-		-	1—2	—	—	1.82	2.75
	2p	-		SE	1—2	—	—	0	2.75
	6p	N	8.0	ESE	3—4	—	—	2.28	3.64
	10p	N1/2W	6.0	SE	3	—	—	1.82	3.64
V. 27	2a	NEzE	6.8	SEzS	1	—	—	0	0.91
	6a	EzN	6.5	-	1—2	—	—	1.82	2.28
	10a	E1/2S	6.0	-	2—3	—	—	4.10	6.83
	2p	-	5.0	EzS	0—1	—	—	0	0.91
	6p	Lotheten		NW	1—2	—	—	0	2.28
	10p	E	3.5	SW	4—5	—	—	8.26	8.65
V. 28	2a	EzN	4.5	S	4—5	—	—	7.74	9.11
	6a	ENE	1.4	{ - / SEzS }	{ 1 / 3—4 }	—	—	0	8.65
	10a	EzN	6.1	NNE	1—2	—	S 7.32	N 2.75	3.64
	2p	Zu Anker auf der Rhede v. Atapopo		WNW	0—1	—	0	—	—
	6p	-		SW	2—3	—	4.10	—	—
	10p	-		SSE	5—6	—	—	9.11	10.93
V. 29	2a	-		Still		—	0	—	—
	6a	-		S	0—1	—	0	—	—
	10a	-		Still		—	0	—	—
	2p	-		NNE	0—1	—	—	0.91	1.37
	6p	-		SE	2—3	—	—	3.19	4.55
	10p	NNE1/2E	8.2	NW	4—5	—	{ E 7.31 / NW 1.82 }	—	—
V. 30	2a	NEzE	5.9	-	3—4	—	—	2.28	3.19
	6a	NE1/4N	7.0	WNW	2—3	—	—	1.37	2.28
	10a	NNE3/4E	9.6	ESE	5—6	—	—	7.31	9.11
	2p	NE3/4N	5.3	-	3—4	—	—	4.55	6.38
	6p	Lotheten		SE	3	—	4.55	—	—
	10p	NE1/4E	5.0	E	1	—	—	1.37	1.82
V. 31	2a	-	5.0	ESE	3—4	—	7.23	—	—
	6a	-	6.6	SE	5—6	—	—	6.38	7.23
	10a	ENE	5.6	-	5—6	—	—	8.20	10.93
	2p	SzW1/2W	6.5	-	5—6	—	10.93	—	—
	6p	NE1/2N	7.5	ESE	5—6	—	—	9.11	10.47
	10p	NEzN	5.3	-	6	—	—	9.11	10.47

Datum	Zeit	Schiffsbewegung: Kurs	Schiffsbewegung: Fahrt Sm p. h	Wind: Richt.	Wind: Stk.	Geschwindigkeit: Stunde	Geschwindigkeit: in Meter pr. Sek.	Bemerkungen Extreme i. M. p. S.: Min.	Bemerkungen Extreme i. M. p. S.: Max.
1875 VI. 1	2a	NEzN	5.5	ESE	4—5	—	—	7.32	8.20
	6a	-	5.6	SE	4	—	—	6.83	7.32
	10a	EzN	5.8	SEzS	4—5	—	—	8.20	10.02
	2p	Trieben		SSE	3	—	—	4.55	6.83
	6p	NNE	6.9	-	3—4	—	—	3.19	3.64
	10p	-	6.7	SEzE	3—4	—	—	3.19	4.10
VI. 2	2a	-	6.8	ESE	3—4	—	3.19	—	—
	6a	-	6.5	SSE	3—4	—	1.14	—	—
	10a	N	3.5	S-lich	1—2	—	2.75	—	—
	2p	Zu Anker im Hafen v. Amboina		NEzE	1—2	—	2.75	—	—
	6p	-		Still		—	0	—	—
	10p	-		-		—	0	—	—
VI. 3	2a	-		-		—	0	—	—
	6a	-		-		—	0	—	—
	10a	-		NE	0—1	—	0	—	—
	2p	-		ESE	0—1	—	0	—	—
	6p	-		SE	0—1	—	0	—	—
	10p	-		Still		—	0	—	—
VI. 4	2a	-		-		—	0	—	—
	6a	-		-		—	0	—	—
	10a	-		WSW	1	—	—	0.91	1.37
	2p	-		-	1	—	—	0.91	1.37
	6p	-		Still		—	0	—	—
	10p	-		-		—	0	—	—
VI. 5	2a	-		-		—	0	—	—
	6a	-		-		—	0	—	—
	10a	-		WzN	0—1	—	0	—	—
	2p	-		W	0—1	—	0	—	—
	6p	-		Still		—	0	—	—
	10p	-		-		—	0	—	—
VI. 6	2a	-		-		—	0	—	—
	6a	-		-		—	0	—	—
	10a	-		-		—	0	—	—
	2p	-		N	1	—	0	—	—
	6p	-		Still		—	0	—	—
	10p	-		-		—	0	—	—
VI. 7	2a	-		-		—	0	—	—
	6a	-		-		—	0	—	—
	10a	-		-		—	0	—	—
	2p	-		SW	1—2	—	—	2.75	3.19
	6p	-		SzW	0—1	—	1.37	—	—
	10p	-		Still		—	0	—	—
VI. 8	2a	-		-		—	0	—	—
	6a	-		W	0—1	—	0	—	—
	10a	-		SE	0—1	—	0	—	—
	2p	-		-	0—1	—	0.45	—	—
	6p	-		E-lich	0—1	—	0	—	—
	10p	-		Still		—	0	—	—
VI. 9	2a	-		-		—	0	—	—
	6a	-		-		—	0	—	—
	10a	-		NW	0—1	—	0	—	—
	2p	-		ESE	1—2	—	2.28	—	—
	6p	-		Still		—	0	—	—
	10p	-		-		—	0	—	—

Datum	Zeit	Schiffsbewegung: Kurs	Schiffsbewegung: Fahrt Sm. p. h.	Wind: Richt.	Wind: Stk.	Geschwindigkeit: Stunde	Geschwindigkeit: in Meter pr. Sek.	Bemerkungen Extreme i. M. p. S. Min.	Max.
1875 VI. 10	2^a	Zu Anker i. Hafen von Amboina		Still		—	0	—	—
	6^a	-		E	0—1	—	0	—	—
	10^a	-		Still		—	0	—	—
	2^p	-		SE	1	—	1.82	—	—
	6^p	-		SSE	0—1	—	—	0	1.82
	10^p	-		Still		—	0	—	—
VI. 11	2^a	-		-		—	0	—	—
	6^a	-		-		—	0	—	—
	10^a	-		NE	0—1	—	—	0.45	0.91
	2^p	-		SE	0—1	—	0	—	—
	6^p	-		-	0—1	—	0	—	—
	10^p	W	5.4	SW	0—1	—	—	0	1.14
VI. 12	2^a	NW$^1/_2$W	2.0	S	1—2	—	—	0.91	1.37
	6^a	-	5.2	SW-lich	2—3	—	—	0.91	1.82
	10^a	N$^1/_2$W	5.3	SSE	3—4	—	—	2.28	5.01
	2^p	NE	6.9	-	4—6	—	—	4.55	9.11
	6^p	ENE	5.5	-	1—2	—	—	12.75	13.66
	10^p	ENE$^1/_2$E	10.0	-	3—4	—	—	3.19	4.10
VI. 13	2^a	-	5.1	SSW	0—1	—	—	0.45	0.91
	6^a	-	4.5	SE-lich	1	—	{ SE 1.37 NE 2.75	—	—
	10^a	E$^1/_2$S	6.5	NNE	1	—	—	1.82	2.75
	2^p	E	5.8	EzS	0—1	—	—	0.45	0.68
	6^p	EzS	5.3	NE	1—2	—	{ NE 4.55 SE 1.82	—	—
	10^p	E$^1/_4$S	5.2	Still		—	—	0	0.68
VI. 14	2^a	E	5.0	SSE	1	—	—	0.91	1.82
	6^a	-	3.5	W	3—4	—	3.19	—	—
	10^a	-	2.7	SW	1—2	—	} —	0.45	0.91
	2^p	E$^3/_4$S	4.0	-	2	—			
	6^p	-	5.5	SzE	1	—	1.37	—	—
	10^p	ESE$^3/_4$E	3.8	-	2	—	—	3.19	4.55
VI. 15	2^a	ESE$^3/_4$E	5.0	SSW	3	—	6.38	—	—
	6^a	E	3.8	SE-lich	3—4	—	1.37	—	—
	10^a	ENE$^3/_4$E	6 6	S-lich	1—2	—	—	1.82	2.28
	2^p	NEzE$^1/_2$E	5.4	-	1—2	—	—	0.91	1.36
	6^p	Zu Anker in der Segaar Bai		EzS	1	—	0	—	—
	10^p	-		Still		—	0	—	—
VI. 16	2^a	-		SE	0—1	—		—	—
	6^a	-		Still		—		—	—
	10^a	-		-		—	} 0	—	—
	2^p	-		WNW	0—1	—		—	—
	6^p	-		Still		—		—	—
	10^p	-		SE	0—1	—		—	—
VI. 17	2^a	-		Still		—		—	—
	6^a	-		-		—		—	—
	10^a	-		ESE	0—1	—	} 0	—	—
	2^p	-		Still		—		—	—
	6^p	-		-		—		—	—
	10^p	-		-		—		—	—
VI. 18	2^a	-		-		—		—	—
	6^a	-		-		—		—	—
	10^a	-		NNE	0—1	—	} 0	—	—
	2^p	-		NW	0—1	—		—	—
	6^p	-		Still		—		—	—
	10^p	-		SE	0—1	—		—	—
1875 VI. 19	2^a	Zu Anker in der Segaar Bai		NW	0—1	—		—	—
	6^a	-		Still		—		—	—
	10^a	-		NW	0—1	—	} 0	—	—
	2^p	-		SE	0—1	—		—	—
	6^p	-		Still		—		—	—
	10^p	-		-		—		—	—
VI. 20	2^a	-		-		—		—	—
	6^a	-		-		—		—	—
	10^a	-		NE	0—1	—	} 0	—	—
	2^p	-		NW	0—1	—		—	—
	6^p	-		Still		—		—	—
	10^p	NWzW$^1/_4$W	4.7	W-lich	1	—	—	0	1.34
VI. 21	2^a	-	4.6	NWzW	0—1	—	0	—	—
	6^a	-	4.9	NNW	1	—	—	1.82	2.28
	10^a	-	5.7	N-lich	2	—	—	1.82	2.28
	2^p	NWzN	5.6	SWzW	1—2	—	0	—	—
	6^p	Zu Anker		S	1—3	—	—	2.75	5.02
	10^p	-		SzW	3—1	—	—	3.19	6.83
VI. 22	2^a	-		ENE	3	—	—	3.64	5.02
	6^a	-		E-lich	1—2	—	3.64	—	—
	10^a	NzW$^3/_4$W	4.5	NzE	1	—	3.19	—	—
	2^p	NE	3.0	N	2	—	—	3.19	4.55
	6^p	Zu Anker Insel Pinang		Still		—	0	—	—
	10^p	-		-		—	0	—	—
VI. 23	2^a	-		-		—	0	—	—
	6^a	-		-		—	0	—	—
	10^a	-		S	2—3	—	—	4.55	5.02
	2^p	-		S-lich	2—1	—	—	2.28	4.10
	6^p	-		Still		—	0	—	—
	10^p	-		-		—	0	—	—
VI. 24	2^a	-		-		—	0	—	—
	6^a	-		ESE	0—1	—	0	—	—
	10^a	-		SE	2—4	—	—	4.10	5.69
	2^p	-		SSE	3—1	—	—	4.55	5.02
	6^p	-		SzE	1	—	—	1.82	1.86
	10^p	-		Still		—	0	—	—
VI. 25	2^a	-		-		—	0	—	—
	6^a	-		-		—	0	—	—
	10^a	N$^3/_4$E	5.5	SW	3—4	—	—	2.75	3.64
	2^p	EzN	7.8	SSE	4—5	—	—	5.92	7.31
	6^p	ENE$^1/_2$E	7.7	SE	4	—	—	3.64	5.92
	10^p	NEzE$^1/_2$E	7.0	S-lich	4—5	—	—	3.41	4.55
VI. 26	2^a	ENE	5.1	SSE	2—3	—	—	3.19	4.55
	6^a	EzN	4.3	SzW	2—3	—	—	0	1.82
	10^a	NE$^1/_2$E	2.0	SE	1	—	0	—	—
	2^p	E$^1/_2$N	4.5	SEzE	1	—	—	0.91	1.37
	6^p	EzN	4.8	-	1—2	—	0	—	—
	10^p	E$^1/_2$N	2.0	NW	1	—	0	—	—
VI. 27	2^a	NE$^1/_2$E	3.0	SE-lich	0—1	—	0	—	—
	6^a	-	1.4	-	0—1	—	0	—	—
	10^a	E$^1/_2$N	4.0	E-lich	2—3	—	—	4.09	5.20
	2^p	Trieben		Still		—	—	0	3.64
	6^p	E$^1/_2$N	6.5	W-lich	6	—	—	3.19	5.02
	10^p	E	3.1	S-lich	3—1	—	—	0	3.19

Datum	Zeit	Schiffsbewegung		Wind					
		Kurs	Fahrt Sm p. h	Richt.	Stk.	Geschwindigkeit Stunde	Geschwindigkeit in Meter pr. Sek.	Bemerkungen Extreme i. M. p. S. Min.	Max.
1875 VI. 28	2a	E	2.3	WNW	2	—	0	—	—
	6a	-	2.1	W-lich	1	—	0	—	—
	10a	E$^1/_4$N	5.8	SSE	0—1	—	0	—	—
	2p	-	6.5	-	2	—	Gestoppt =	2.75	2.78
	6p	ENE	7.5	SE	5	—	10.47	—	—
	10p	ENE$^1/_2$E	5.5	-	5—6	—	—	6.83	8.30
VI. 29	2a	NEzE$^1/_4$E	6.1	SEzE	5	—	—	6.38	8.30
	6a	ENE$^1/_2$E	5.9	SE	4—5	—	—	3.64	4.10
	10a	E	7.0	SzE	4	—	4.55	—	—
	2p	-	3.5	-	2	—	—	0	3.19
	6p	-	0.5	Still		—	0	—	—
	10p	-	4.5	ESE	0—1	—	1.37	—	—
VI. 30	2a	-	4.6	Still		—	0	—	—
	6a	-	4.0	-	—	—	0	—	—
	10a	-	5.0	ENE	0—1	—	2.27	—	—
	2p	-	4.5	N-lich	0—1	—	—	0	0.91
	6p	-	1.6	-	1	—	0	—	—
	10p	E$^1/_4$N	3.1	-	2	—	—	1.37	1.82
VII. 1	2a	-	3.6	-	1—2	—	—	0	1.82
	6a	-	1.1	-	1	—	0	—	—
	10a	E$^1/_2$N	0.9	SSE	0—1	—	—	0	3.64
	2p	E$^3/_4$N	3.0	SSW	2—3	—	3.64	—	—
	6p	Trieben		Still		—	0	—	—
	10p	E$^1/_2$S	4.8	ENE	2—3	—	—	3.19	4.55
VII. 2	2a	Trieben		Still		—	0	—	—
	6a	E$^3/_4$N	4.2	-	—	—	0	—	—
	10a	-	3.9	ENE	0—1	—	0	—	—
	2p	ENE$^1/_2$E	3.2	WNW	2	—	—	2.75	3.69
	6p	-	5.2	WSW	3—4	—	—	2.28	4.55
	10p	-	3.5	-	2	—	—	1.37	3.64
VII. 3	2a	-	2.8	-	2—3	—	0	—	—
	6a	-	2.7	-	2	—	0	—	—
	10a	EzN	5.0	NW	2—4	—	2.75	—	—
	2p	ENE$^1/_2$E	2.4	W-lich	1—2	—	0	—	—
	6p	-	2.0	-	1—2	—	0	—	—
	10p	ENE	4.5	Still		—	0	—	—
VII. 4	2a	-	4.2	-	—	—	0	—	—
	6a	-	4.5	N-lich	2	—	1.82	—	—
	10a	-	4.2	Still		—	0	—	—
	2p	-	4.0	NE	1	—	0	—	—
	6p	NE	1.5	EzS	2	—	0	—	—
	10p	NEzE	1.5	N-lich	0—1	—	0	—	—
VII. 5	2a	-	4.2	-	0—1	—	—	2.75	4.09
	6a	-	4.5	NEzN	0—1	—	—	0	1.37
	10a	-	3.8	NEzE	0—1	—	1.37	—	—
	2p	E	3.5	NE-lich	1	—	1.37	—	—
	6p	-	3.9	E-lich	0—1	—	0	—	—
	10p	-	3.0	EzN	2	—	1.37	—	—
VII. 6	2a	-	3.4	-	2	—	—	0.45	0.91
	6a	-	3.5	NE-lich	1—2	—	—	2.78	3.64
	10a	-	4.0	-	1	—	—	1.37	2.28
	2p	ESE$^3/_4$E	3.8	E-lich	1	—	—	1.37	2.28
	6p	ESE$^1/_2$E	3.6	ESE	2—3	—	—	2.75	5.46
	10p	E$^3/_4$S	3.0	SEzE	1—2	—	—	0	1.37

Datum	Zeit	Schiffsbewegung		Wind					
		Kurs	Fahrt Sm p. h	Richt.	Stk.	Geschwindigkeit Stunde	Geschwindigkeit in Meter pr. Sek.	Bemerkungen Extreme i. M. p. S. Min.	Max.
1875 VII. 7	2a	EzS	3.2	E-lich	2	—	In d. Bö bis zu St. 5	2.28	3.19
	6a	ESE	3.8	ENE	4—5	—	—	Bö =	9.11
	10a	SEzS	2.8	EzN	3—4	—	—	4.55	5.92
	2p	NEzE$^1/_2$E	5.5	E-lich	3	—	—	4.55	5.47
	6p	ENE$^1/_4$E	1.9	SE	2	—	—	3.64	4.10
	10p	SzW$^1/_2$W	4.0	-	3	—	—		
VII. 8	2a	NE$^1/_4$E	3.0	EzS	3	—	4.55	—	—
	6a	SzE	2.7	ESE	2—3	—	—	3.64	4.70
	10a	SSE	4.2	E-lich	3	—	—	4.10	4.55
	2p	SEzS	1.0	ESE	4	—	—	5.42	5.92
	6p	Trieben		-	4	—	—		
	10p	NE$^1/_4$E	4.6	-	5—6	—	—	5.92	9.11
VII. 9	2a	S$^3/_4$E	3.5	-	3—4	—	—	5.92	8.20
	6a	S$^1/_2$E	3.0	-	3—4	—	—	4.55	7.74
	10a	NE$^1/_4$E	5.1	-	4	—	—	6.82	8.20
	2p	NE$^1/_2$E	5.6	-	4—5	—	—	6.82	8.20
	6p	NE$^1/_4$N	5.5	-	4—5	—	—	5.46	6.82
	10p	NE$^1/_2$E	6.4	-	5	—	—	6.82	7.84
VII. 10	2a	NE$^1/_2$N	4.5	EzS	3—4	—	—	4.55	5.46
	6a	NzE$^3/_4$E	6.0	E	5	—	—	5.46	6.83
	10a	NE$^3/_4$N	4.8	EzS	4—5	—	—	6.83	7.32
	2p	NNE$^3/_4$E	4.0	E-lich	2—3	—	—	3.19	4.55
	6p	-	3.5	-	2—3	—	—	3.19	5.46
	10p	-	5.5	-	4	—	—	4.55	5.01
VII. 11	2a	NEzN	6.2	EzS	4—5	—	—	5.46	6.58
	6a	NE$^1/_2$N	4.8	ESE	3—4	—	4.55	—	—
	10a	ESE	3.4	ENE	2—3	—	3.69	—	—
	2p	SE$^1/_2$E	2.8	-	2	—	—	1.82	2.75
	6p	SE$^3/_4$E	1.0	-	1—2	—	0	—	—
	10p	NNE	1.0	E	0—1	—	0	—	—
VII. 12	2a	NEzE	0.5	ESE	0—1	—	0	—	—
	6a	EzS	1.6	S-lich	1	—	0	—	—
	10a	Trieben		Still		—	0	—	—
	2p	E	4.0	S-lich	1	—	0	—	—
	6p	NE	4.3	ENE	1	—	0	—	—
	10p	E	2.2	WSW	2	—	SE = 5.46 W = 0.91	—	—
VII. 13	2a	-	3.9	S	2—3	—	W = 0.91 S =	1.82	3.19
	6a	-	3.9	-	1—2	—	0	—	—
	10a	-	4.9	S-lich	3	—	—	2.28	3.64
	2p	ESE$^1/_2$E	2.1	-	1—2	—	—	1.37	1.82
	6p	-	2.6	SSW	1—2	—	—	0.45	0.91
	10p	EzN	4.7	SSE	2	—	—	1.82	2.27
VII. 14	2a	ESE	4.4	S-lich	1—2	—	—	0.45	0.91
	6a	S	3.9	ESE	1—2	—	—	0	0.91
	10a	SzE$^1/_2$E	4.7	E-lich	2	—	—	2.28	2.75
	2p	SzE$^1/_4$E	2.5	-	2	—	0.91	—	—
	6p	SE	1.1	NNE	1	—	0	—	—
	10p	-	2.4	-	2	—	0.91	—	—
VII. 15	2a	-	2.5	NE	1—2	—	—	0	0.91
	6a	-	3.5	NNE	2—3	—	—	1.37	1.82
	10a	-	3.7	-	2—3	—	—	0.91	1.37
	2p	SzE	3.3	NW-lich	3	—	—	0.91	1.82
	6p	-	1.3	N-lich	1	—	0	—	—
	10p	S	2.0	-	1—2	—	—	0	0.91

Datum	Zeit	Schiffsbewegung: Kurs	Schiffsbewegung: Fahrt Sm p. h	Wind: Richt.	Wind: Stk.	Geschwindigkeit: Stunde	Geschwindigkeit: in Meter pr. Sek.	Bemerkungen Extreme i. M. p. S. Min.	Bemerkungen Extreme i. M. p. S. Max.
1875 VII. 16	2a	S	2.5	N-lich	2—3	—	—	0	2.29
	6a	-	1.8	NNE-lich	1—2	—	0	—	—
	10a	-	2.5	E-lich	2	—	—	0.91	1.37
	2p	Trieben		ESE	0—1	—	0	—	—
	6p	SzW	1.2	-	1	—	0	—	—
	10p	SzW½W	2.5	SEzE	2	—	1.37	—	—
VII. 17	2a	-	2.0	-	2	—	1.37	—	—
	6a	SzW	3.0	SE-lich	2	—	—	4.10	5.02
	10a	S½W	6.0	ESE	4	—	—	4.55	6.38
	2p	S¼W	6.0	-	4—5	—	—	5.02	5.46
	6p	S	7.2	-	5	—	5.46	—	—
	10p	SSE	3.0	ENE	5	—	—	7.52	8.20
VII. 18	2a	-	4.9	-	4	—	—	4.55	5.46
	6a	SSW	5.5	-	4—5	—	—	5.02	6.38
	10a	SW	4.8	-	3—4	—	—	} 2.28	3.19
	2p	Zu Anker bei Neu-Hannover		NE	2—3	—	—		
	6p	-		-	2—3	—	—	2.28	3.19
	10p	-		Still		—	0	—	—
VII. 19	2a	-		-		—	0	—	—
	6a	-		-		—	0	—	—
	10a	-		NE	0—1	—	—	—	—
	2p	-		NzW	0—1	—	—	—	—
	6p	-		Still		—	—	—	—
	10p	-		-		—	—	—	—
VII. 20	2a	-		-		—	0	—	—
	6a	-		-		—	0	—	—
	10a	-		SE-lich	1—2	—	—	1.37	1.82
	2p	-		SSE	3	—	—	4.55	5.02
	6p	-		-	0—1	—	—	0.0	2.27
	10p	-		Still		—	0	—	—
VII. 21	2a	-		-		—	0	—	—
	6a	-		E-lich	0—1	—	0	—	—
	10a	-		Still		—	0	—	—
	2p	ESE	3.9	S-lich	2—3	—	0	S = 4.55	
	6p	Gestoppt		E-lich	1	—	0	—	—
	10p	SSE	1.0	NE	0—1	—	0	—	—
VII. 22	2a	ESE	0.8	-	1	—	0	—	—
	6a	E	2.5	N	1	—	0.91	—	—
	10a	Zu Anker bei Neu-Hannover		S-lich	1—2	—	0.91	—	—
	2p	-		E-lich	0—1	—	0	—	—
	6p	-		Still		—	0	—	—
	10p	-		-		—	0	—	—
VII. 23	2a	-		SW	1—2	—	—	0	1.82
	6a	-		-	2—3	—	—	1.82	4.55
	10a	-		W	0—1	—	0	—	—
	2p	-		WNW	1	—	0	—	—
	6p	-		NW	1	—	0	—	—
	10p	-		E-lich	0—1	—	0	—	—
VII. 24	2a	-		NE	0—1	—	0	—	—
	6a	-		NW	0—1	—	0	—	—
	10a	-		Still		—	0	—	—
	2p	-		-		—	0	—	—
	6p	-		NE-lich	0—1	—	0	—	—
	10p	-		Still		—	0	—	—

Datum	Zeit	Schiffsbewegung: Kurs	Schiffsbewegung: Fahrt Sm p. h	Wind: Richt.	Wind: Stk.	Geschwindigkeit: Stunde	Geschwindigkeit: in Meter pr. Sek.	Bemerkungen Extreme i. M. p. S. Min.	Bemerkungen Extreme i. M. p. S. Max.
1875 VII. 25	2a	Zu Anker bei Neu-Hannover		NE	0—1	—	0	—	—
	6a	-		Still		—	0	—	—
	10a	-		NW	0—1	—	0	—	—
	2p	-		Still		—	0	—	—
	6p	-		-		—	0	—	—
	10p	-		NE	0—1	—	0	—	—
VII. 26	2a	-		-	0—1	—	0	—	—
	6a	-		-	0—1	—	0	—	—
	10a	-		NW	0—1	—	0	—	—
	2p	-		S	1—2	—	—	2.75	3.18
	6p	-		Still		—	0	—	—
	10p	-		E	1	—	2.75	—	—
VII. 27	2a	S	0.6	NE	0—1	—	0	—	—
	6a	SE	1.1	-	1	—	0	—	—
	10a	SE½S	2.2	ENE	1—2	—	—	0	1.14
	2p	NE	1.4	ESE	1—2	—	—	0	1.14
	6p	E	3.0	W	2	—	0	—	—
	10p	-	1.6	NE	1—2	—	—	0.45	0.91
VII. 28	2a	SE½E	2.5	ENE	2—3	—	—	0	0.91
	6a	-	1.6	-	2	—	—	0	0.91
	10a	SE	3.0	E	2—3	—	—	0.27	0.45
	2p	Beigedreht		SE	1	—	0	—	—
	6p	NEzE	3.0	SzE	2—3	—	—	0	0.45
	10p	NEzE¼E	3.2	SE	3	—	—	0.91	1.37
VII. 29	2a	S¼E	2.4	ESE	2—3	—	—	2.28	4.55
	6a	NE½E	4.5	-	4	—	—	2.28	4.55
	10a	SSE	4.4	E	4	—	—	4.10	4.55
	2p	NEzE	1.5	SE	1—2	—	—	} 3.19	4.10
	6p	SSE	3.0	E	3	—	—		
	10p	ENE	2.5	SE	2	—	0	—	—
VII. 30	2a	SE	2.8	EzN	2—3	—	3.19	2.28	3.64
	6a	NNE	2.0	E-lich	2—3	—	—	3.19	4.55
	10a	Zu Anker Neu-Mecklenburg		SSE	1	—	0.91	—	—
	2p	-		-	1	—	0	—	—
	6p	-		Still		—	0	—	—
	10p	-		N-lich	0—1	—	0	—	—
VII. 31	2a	-		Still		—	0	—	—
	6a	-		-		—	0	—	—
	10a	-		SE	0—1	—	0	—	—
	2p	-		-	1	—	—	0.47	1.37
	6p	-		NE	0—1	—	0	—	—
	10p	-		N	0—1	—	0	—	—
VIII. 1	2a	-		Still		—	0	—	—
	6a	-		-		—	0	—	—
	10a	-		SE	2	—	—	1.82	3.19
	2p	-		-	0—1	—	1.37	—	—
	6p	-		NE	0—1	—	0	—	—
	10p	-		N	0—1	—	0	—	—
VIII. 2	2a	-		Still		—	0	—	—
	6a	-		N	0—1	—	0	—	—
	10a	-		SE	0—1	—	0	—	—
	2p	-		S	1	—	0	—	—
	6p	SE⅛E	2.5	E-lich	1	—	0.91	—	—
	10p	SE½E	1.5	NE	1	—	0	—	—

Datum	Zeit	Schiffsbewegung Kurs	Fahrt Sm p. h	Wind Richt.	Stk.	Geschwindigkeit Stunde	in Meter pr. Sek.	Bemerkungen Extreme i. M. p. S. Min.	Max.
1875 VIII. 3	2a	Trieben		Still		—	0	—	—
	6a	-		-		—	0	—	—
	10a	ENE	1.5	SE	0—1	—	—	0	0.45
	2p	-	2.0	-	2—0	—	—	0.45	1.82
	6p	SSE	2.0	ESE	2	—	—	0.45	1.82
	10p	SEzE	1.6	ENE	1—2	—	—	0	0.45
VIII. 4	2a	S	1.6	ESE	1—2	—	—	0.45	1.37
	6a	ESE½E	—	SSE-lich	2	—	—	0.45	1.37
	10a	NEzE½E	—	SEzE	2—3	—	—	0.91	2.28
	2p	SzW	—	SE	2	—	1.37	—	—
	6p	Zu Anker Neu-Mecklenburg		E-lich	1	—	—	0.45	0.91
	10p	-		ENE	0—1	—	—	0	0.45
VIII. 5	2a	-		-	1	—	—	0.45	1.37
	6a	-		-	1—2	—	—	1.37	2.28
	10a	-		SzE	1—2	—	—	0.91	1.82
	2p	-		SE	0—3	—	—	0.91	3.64
	6p	-		E	0—1	—	1.37	0	4.55
	10p	-		NE	0—1	—	0	—	—
VIII. 6	2a	-		SE-lich	0—1	—	0	—	—
	6a	-		ENE	0—1	—	0	—	—
	10a	-		E	0—1	—	0	—	—
	2p	-		-	1	—	—	0.45	1.37
	6p	SSE¾E	2.4	-	2	—	—	1.37	2.28
	10p	SEzE½E	0.7	W	0—1	—	0	—	—
VIII. 7	2a	ESE	0.8	NE	0—1	—	0	—	—
	6a	-	1.6	NNW	1	4—6	0	—	—
						6—7	0.45	—	2.28
						7—8	1.82	—	—
	10a	ENE	0.8	SE-lich	0—1	—	—	0.45	1.82
	2p	EzN	3.4	N-lich	2—3	—	0	NE = 3.64	
	6p	E½S	2.7	NNE	1—2	—	0	0	1.37
	10p	SEzE	4.0	NE	3	—	1.82	in Bö. = 3.64	
VIII. 8	2a	-	0.9	N-lich	0—1	—	—	0	0.45
	6a	Trieben		Still		—	0	—	—
	10a	SSE	3.4	E	3	—	—	4.09	4.55
	2p	S	4.2	ESE	3—4	—	—	4.09	5.02
	6p	SE½S	5.2	ENE	3—4	—	—	4.09	6.83
	10p	NEzN	1.6	E-lich	1	—	SE 6.34 / NE 0	—	—
VIII. 9	2a	Trieben		SE-lich	0—1	—	NE 2.27 dann 0	—	—
	6a	SE½E	1.8	NE	1	—	0	—	—
	10a	NE¾E	3.9	SEzE	2—3	—	—	1.82	2.28
	2p	SzW¾W	2.0	SE	2	—	—	1.82	2.75
	6p	S½E	3.2	SEzE	3	—	—	4.55	5.20
	10p	SzE	2.0	E-lich	2—3	—	—	1.37	3.64
VIII. 10	2a	-	1.8	-	2	—	—	1.82	2.28
	6a	SEzE	1.3	NE	1—2	—	0.45	—	—
	10a	NzE¾E	2.0	E-lich	2	—	—	1.37	2.75
	2p	SSW¼W	4.4	SE-lich	3	—	—	1.82	3.19
	6p	SzW	4.8	-	3	—	—	4.09	5.92
	10p	E½N	2.5	-	2—3	—	-	2.75	4.09
VIII. 11	2a	S¼W	3.0	ESE	2—3	—	—	2.27	2.75
	6a	ENE½E	1.2	SE-lich	1—2	—	—	0.45	0.91
	10a	SzE	1.3	-	1	—	—	1.37	1.82
	2p	ENE	2.8	-	2—3	—	—	1.82	2.27
	6p	SEzS	5.2	ENE-lich	4	—	3.19	2.88	5.02
	10p	ESE	1.9	SzE	2—3	—	—	3.19	4.55

Datum	Zeit	Schiffsbewegung Kurs	Fahrt Sm p. h	Wind Richt.	Stk.	Geschwindigkeit Stunde	in Meter pr. Sek.	Bemerkungen Extreme i. M. p. S. Min.	Max.
1875 VIII. 12	2a	SSW	1.5	SEzS	2	—	—	1.37	2.28
	6a	SSE	3.5	SSE	1—2	—	1.59	—	—
	10a	Zu Anker in Great Hafen, Neu-Pommern		E-lich	0—1	—	—	0	0.45
	2p	-		SE-lich	3—1	—	—	1.37	5.02
	6p	-		E	0—1	—	—	0	1.45
	10p	-		-	0—1	—	—	0	1.45
VIII. 13	2a	-		Still		—	0	—	—
	6a	-		ESE	0—1	—	—	0	0.91
	10a	-		-	2—3	—	—	2.75	4.55
	2p	-		E	3	—	—	5.02	5.47
	6p	-		SEzE	2	—	—	1.82	4.55
	10p	-		SE	1	—	—	0	1.37
VIII. 14	2a	-		-	1	—	—	0.91	1.37
	6a	-		Still		—	0	—	—
	10a	-		SE	2	—	—	1.82	3.64
	2p	-		SEzE	2—3	—	—	3.19	4.55
	6p	-		-	1—2	—	—	1.36	2.27
	10p	-		E	0—1	—	0	—	—
VIII. 15	2a	-		-	0—1	—	0	—	—
	6a	-		-	0—1	—	—	0	0.91
	10a	-		SE-lich	0—2	—	—	0	2.75
	2p	-		-	2—3	—	—	3.64	4.55
	6p	-		E-lich	0—1	—	0	—	—
	10p	-		ENE	2—3	—	—	2.28	4.10
VIII. 16	2a	-		ESE	1—3	—	—	2.75	5.02
	6a	-		E-lich	0—1	—	—	0	1.82
	10a	-		SE	2—3	—	—	3.64	5.46
	2p	-		-	3—4	—	6.38	—	—
	6p	-		-	2—3	—	—	0.91	3.64
	10p	-		ESE	1	—	1.37	—	—
VIII. 17	2a	-		E	0—1	—	0	—	—
	6a	-		-	1—2	—	—	0.91	2.28
	10a	-		SE	1—2	—	—	2.28	3.19
	2p	-		-	2	—	—	2.75	3.19
	6p	E¾S	6.0	SSE	4—5	—	—	6.83	9.11
	10p	E	5.0	SE	5—2	—	—	3.64	9.11
VIII. 18	2a	S½E	3.7	ESE	2—3	—	4.09	—	—
	6a	SSW	2.8	SE	3	—	—	3.19	5.02
	10a	-	4.3	-	4—6	—	—	6.83	10.47
	2p	SzW	4.9	-	4—6	—	—	4.55	9.11
	6p	Zu Anker im St. Georgskanal		E-lich	0—1	—	0	—	—
	10p	-		-	0—1	—	—	0	0.56
VIII. 19	2a	-		SEzE	2	—	2.75	in den Bö. bis = 9.11	
	6a	-		SE-lich	1—3	—	—	0.91	3.64
	10a	-		SEzE	3—1	—	—	0.91	4.55
	2p	-		NE	1	—	—	0.91	1.82
	6p	-		E-lich	1	—	—	0	1.37
	10p	-		SEzE	0—1	—	0	—	—
VIII. 20	2a	-		-	0—1	—	0	—	—
	6a	-		SE	1	—	—	0.45	1.37
	10a	-		W-lich	0—1	—	0	—	—
	2p	-		NW	0—1	—	0	—	—
	6p	-		ESE	1—2	—	—	1.82	2.75
	10p	-		SE	0—1	—	0	—	—

Datum	Zeit	Schiffsbewegung Kurs	Schiffsbewegung Fahrt Sm p. h	Wind Richt.	Wind Stk.	Geschwindigkeit Stunde	Geschwindigkeit in Meter pr. Sek.	Bemerkungen Extreme i. M. p. S. Min.	Bemerkungen Extreme i. M. p. S. Max.
1875 VIII. 21	2^a	Zu Anker im St. Georg-Kanal		SE	0—1	—	—	0.45	0.91
	6^a	-		ESE	0—1	—	0	—	—
	10^a	-		E-lich	0—1	—	—	0	0.45
	2^p	-		ESE	2—3	—	—	1.37	3.19
	6^p	SzW	2.1	SE	2	—	—	3.19	3.64
	10^p	SzW$^1/_2$W	2.0	-	2	—	—	0.45	1.37
VIII. 22	2^a	SSW	2.6	-	3	1—2 Wind auffrischend	2.75	0	5.20
	6^a	SEzE	1.2	S-lich	1—2	—	—	0.91	1.37
	10^a	-	2.6	SSW	2	—	—	1.82	2.28
	2^p	EzS	2.5	SSE	2	—	—	0.91	1.82
	6^p	ESE$^1/_2$E	3.4	S-lich	3	—	—	1.37	2.75
	10^p	E$^1/_2$S	1.8	SEzS	2—1	—	—	0	1.82
VIII. 23	2^a	SSE$^1/_2$E	3.1	EzN	3—2	—	2.75	0	3.64
	6^a	SEzE$^1/_2$E	2.1	E-lich	1—2	—	—	1.37	2.75
	10^a	Lotheten		Still		—	0	—	—
	2^p	ESE	3.6	N-lich	0—1	—	0	—	—
	6^p	-	3.4	NNE-lich	0—1	—	0	—	—
	10^p	ESE$^1/_2$E	3.6	-	0—1	—	0	—	—
VIII. 24	2^a	EzS	4.5	N-lich	2—3	—	—	0.91	2.28
	6^a	E$^1/_2$S	3.6	Still		—	0	—	—
	10^a	-	3.0	S-lich	2—3	—	—	2.75	3.64
	2^p	ESE$^3/_4$E	3.3	SSE-lich	3	—	—	2.75	5.20
	6^p	SEzS	4.2	ENE	3—4	—	—	3.64	5.20
	10^p	SzE$^3/_4$E	4.6	EzS	4—5	—	—	4.55	6.38
VIII. 25	2^a	S$^1/_2$E	3.0	-	3	—	—	4.55	7.74
	6^a	NE$^1/_4$E	5.6	-	4—5	—	—	4.55	5.10
	10^a	SW$^1/_2$S	1.5	SSE	1—2	—	—	0.45	1.82
	2^p	S$^1/_2$E	3.0	-	1—2	—	—	1.37	1.82
	6^p	Zu Anker bei Bougainville Insel		Still		—	0	—	—
	10^p	-		-		—	0	—	—
VIII. 26	2^a	-		-		—	0	—	—
	6^a	-		-		—	0	—	—
	10^a	-		NE	0—1	—	0	—	—
	2^p	-		N-lich	0—1	—	—	0.45	0.91
	6^p	-		Still		—	0	—	—
	10^p	-		-		—	0	—	—
VIII. 27	2^a	-		-		—	0	—	—
	6^a	-		-		—	0	—	—
	10^a	-		SE	0—1	—	0	—	—
	2^p	-		S-lich	0—1	—	—	0	0.91
	6^p	-		ESE	1—2	—	—	0.91	2.28
	10^p	-		Still		—	0	—	—
VIII. 28	2^a	-		ESE	0—1	—	0	—	—
	6^a	-		Still		—	0	—	—
	10^a	-		ESE	2	—	—	2.28	3.64
	2^p	-		SE	1—2	—	—	2.27	3.39
	6^p	-		NNW	1—2	—	—	1.82	2.28
	10^p	-		Still		—	0	—	—
VIII. 29	2^a	-		SE	0—1	—	0	—	—
	6^a	-		E	0—1	—	0	—	—
	10^a	SW	3.3	SE	1	—	—	0	0.45
	2^p	SSW	4.4	W	0—1	—	0	—	—
	6^p	SSE	3.0	SW-lich	2—3	—	in Bö = 3.19	1.82	4.10
	10^p	WSW	0.8	S-lich	1	—	0	—	—

Datum	Zeit	Schiffsbewegung Kurs	Schiffsbewegung Fahrt Sm p. h	Wind Richt.	Wind Stk.	Geschwindigkeit Stunde	Geschwindigkeit in Meter pr. Sek.	Bemerkungen Extreme i. M. p. S. Min.	Bemerkungen Extreme i. M. p. S. Max.
1875 VIII. 30	2^a	Trieben		SW	0—1	—	0	—	—
	6^a	SSE$^1/_2$E	1.6	-	1—2	—	—	1.37	2.75
	10^a	ESE	1.6	S-lich	2	—	—	0	3.19
	2^p	SSE	3.6	SE	3—4	—	—	2.28	3.19
	6^p	SW$^3/_4$W	2.4	SSE	2—3	—	—	0.91	1.37
	10^p	E	1.5	SEzS	1—2	—	—	0.91	2.28
VIII. 31	2^a	Trieben		Still		—	0	—	—
	6^a	-		-		—	0	0.45	0.91
	10^a	SEzS	3.0	E	1—2	—	—	1.37	2.75
	2^p	S$^1/_2$E	3.0	ESE	2—3	—	—	1.37	2.75
	6^p	SzW$^3/_4$W	5.8	SEzE	4	—	—	4.09	5.88
	10^p	S$^1/_2$W	6.5	-	5	—	—	6.18	6.83
IX. 1	2^a	S	6.6	ESE	5	—	—	6.38	7.31
	6^a	S$^1/_2$E	5.5	SEzE	5	—	—	7.31	8.65
	10^a	NEzE$^1/_2$E	5.0	SE-lich	5	—	—	7.31	8.20
	2^p	NEzE	4.6	SEzE	5	—	—	5.91	7.74
	6^p	-	5.0	-	4	—	—	3.64	4.55
	10^p	S$^1/_2$E	2.6	ESE	2—3	—	—	3.19	5.20
IX. 2	2^a	ENE$^1/_2$E	3.8	SE	3	—	—	4.10	5.20
	6^a	NEzE$^1/_4$E	4.2	ESE	3—4	—	—	3.64	4.10
	10^a	ESE	5.0	NE	4	—	—	3.64	4.55
	2^p	SE	4.5	ENE	3—4	—	—	5.46	6.38
	6^p	S$^1/_2$E	3.8	ESE	3	—	—	} 2.28	3.64
	10^p	S$^3/_4$W	3.2	SE	2—3	—	—		
IX. 3	2^a	EzN	4.2	SEzE	3	—	—	3.69	4.10
	6^a	S$^3/_4$W	4.4	-	3—4	—	5.47	—	—
	10^a	ESE	5.4	S-lich	4	—	—	4.55	5.02
	2^p	NEzE$^3/_4$E	4.5	SEzE	4	—	—	} 3.19	4.55
	6^p	ENE$^1/_4$E	3.4	SE	3	—	—		
	10^p	ENE	4.6	-	3—4	—	—	3.64	5.47
IX. 4	2^a	ENE$^3/_4$E	2.0	SEzS	2	—	—	2,27	2.75
	6^a	EzN	3.7	SE-lich	3	—	—	1.89	3.19
	10^a	-	5.4	-	4	—	—	3.64	4.55
	2^p	ESE	5.2	S-lich	4	—	—	4.09	6.38
	6^p	ESE$^1/_2$E	5.0	SzE	4	—	—	4.55	7.74
	10^p	-	5.8	S-lich	5—6	—	—	8.65	10.93
IX. 5	2^a	SW$^1/_2$S	5.5	SSE	6	—	—	8.65	12.30
	6^a	SSW$^1/_2$W	5.0	SE	6	—	—	8.65	9.86
	10^a	E$^1/_2$N	5.0	SSE	6	—	—	7.34	8.20
	2^p	S$^1/_2$W	4.5	SEzE	6—7	—	—	9.11	13.66
	6^p	S$^1/_2$E	4.0	ESE	6—7	—	—	11.38	13.66
	10^p	S	4.5	EzS	7	—	—	10.02	12.30
IX. 6	2^a	E$^3/_4$N	5.4	SE-lich	7	—	—	10.93	12.75
	6^a	E$^1/_2$N	4.2	-	7	—	12.75	—	—
	10^a	EzN	5.0	-	7	—	—	12.75	13.66
	2^p	ENE$^3/_4$E	4.2	-	7	—	—	11.86	12.75
	6^p	-	4.6	SEzS	7	—	—	10.93	12.75
	10^p	-	4.5	-	7	—	—	12.75	14.12
IX. 7	2^a	EzN	4.6	SE	7—8	—	—	11.86	12.75
	6^a	-	3.5	SEzS	6—7	—	—	10.47	11.86
	10^a	-	4.0	-	6—7	—	—	12.30	12.74
	2^p	ENE$^3/_4$E	3.0	SEzS	6	—	—	10.47	11.86
	6^p	SSE	3.4	EzS	6—7	—	—	10.93	11.39
	10^p	-	2.6	E-lich	6—7	—	—	10.93	12.00

Datum	Zeit	Schiffsbewegung		Wind					
		Kurs	Fahrt Sm p. h	Richt.	Stk.	Geschwindigkeit Stunde	Geschwindigkeit in Meter pr. Sek.	Bemerkungen Extreme i. M. p. S. Min.	Max.
1875 IX. 8	2a	NE½E	4.5	SE	6	—	—	8.20	10·93
	6a	NEzE¾E	2.7	-	6	—	—	7.31	8·05
	10a	SzW	4.6	SEzE	5—7	—	—	9.11	12·30
	2p	-	4.0	-	5—7	—	—	7.74	10.02
	6p	SzW½W	5.5	-	6	—	—	9.11	11.39
	10p	SzW	5.5	-	6	—	—	9.11	10.48
IX. 9	2a	-	3.8	-	6	—	—	8.20	10.02
	6a	-	4.0	-	5—6	—	—	8.20	9.11
	10a	S½W	4.5	-	5	—	—	7.94	10.02
	2p	S¾W	3.6	-	5	—	8.20	—	—
	6p	S¼W	4.0	-	4—5	—	—	5.47	6.83
	10p	-	4.9	ESE	4	—	—	5.02	6.38
IX.10	2a	SzW¼W	4.6	SE	4	—	7.74	—	—
	6a	SzW	5.5	-	4	—	—	5.92	6.38
	10a	SSW¼W	6.0	SEzS	4—5	—	7.31	—	—
	2p	SzW¾W	5.2	-	4	—	6.83	—	—
	6p	SSW¼W	5.2	-	4	—	—	5.20	5.47
	10p	EzN	3.4	-	3	—	5.47	—	—
IX.11	2a	E¼N	4.8	-	3—4	—	—	4.55	5.94
	6a	E¼S	2.7	-	2—3	—	—	4.09	5.47
	10a	SSW	4.4	SE-lich	3—4	—	—	5.94	7.31
	2p	SSW½W	5.8	SEzS	5	—	—	8.65	10.02
	6p	SzW¼W	5.0	SE	4—5	—	—	7.31	9.56
	10p	SzW	4.5	SEzE	4	—	—	5.46	7.31
IX.12	2a	S½E	4.0	ESE	3	—	—	4.55	5.92
	6a	S¼W	5.0	SEzE	4	—	—	5.92	7.31
	10a	SzE	4.5	ESE	3—4	—	—	3.64	5.47
	2p	S¾E	2.3	-	2	—	—	1.36	1.82
	6p	S	1.4	-	1—2	—	—	0.45	1.82
	10p	SzW	2.6	SE-lich	2	11h p	0	0.91	1.36
IX.13	2a	Trieben		Still		—	0	—	—
	6a	-		SE	0—1	—	0	—	—
	10a	SSE	4.5	Still		—	0	—	—
	2p	-	4.2	WSW	1—2	—	—	2.28	3.19
	6p	-	4.2	SW-lich	3	—	—	4.10	5.47
	10p	SEzS	4.2	-	3	—	—	5.02	6.38
IX.14	2a	SSE	4.8	-	3—4	—	—	2.75	4.10
	6a	-	2 5	-	2	—	—	0	0.91
	10a	Lotheten		-	1—2	—	—	0	0.91
	2p	ESE½E	—	S	4	—	—	4.55	7.74
	6p	SE¾E	4.6	SzW	4—5	—	8.20	—	—
	10p	-	4.8	-	4	—	5.92	—	—
IX.15	2a	SzE¾E	3.6	S	3	—	—	4.55	5.46
	6a	SE½E	5.0	SzW	3—4	—	—	3.64	4.55
	10a	SSE	2.0	SW	2	—	—	2.27	6.83
	2p	SzE¾E	5.6	-	4	—	—	7.31	9.56
	6p	-	6.5	-	4—6	—	—	7.74	10.93
	10p	SzE½E	5.6	-	5—6	—	—	9.11	11.39
IX.16	2a	SSE	4.4	-	4—5	—	—	7.31	8.66
	6a	SzE	5.2	-	3—4	—	—	5.47	6.38
	10a	SSE	4.5	-	4—5	—	—	8.20	9.56
	2p	SW	3.8	SzE	5	—	—	9.11	11.38
	6p	SSW½W	5.0	SEzS	5—6	—	—	10.93	12.75
	10p	SzW¾W	4.5	SE	6	—	—	10.47	13.66

Datum	Zeit	Schiffsbewegung		Wind					
		Kurs	Fahrt Sm p. h	Richt.	Stk.	Geschwindigkeit Stunde	Geschwindigkeit in Meter pr. Sek.	Bemerkungen Extreme i. M. p. S. Min.	Max
1875 IX.17	2a	S¾W	5.0	SEzE	6—7	—	—	10.02	12.75
	6a	-	6.0	-	6—7	—	—	10.02	12.75
	10a	-	5.5	-	6—7	—	—	9.11	12.75
	2p	S½W	7.0	-	6	—	—	9.11	10.02
	6p	-	6.8	-	6	—	—	10.02	11.38
	10p	SSW½W	6.5	-	6—7	—	—	10.02	13.66
IX.18	2a	-	5.5	ESE	5—6	—	—	9.56	10.48
	6a	-	7.0	-	5—6	—	—	8.65	10.47
	10a	SW	10.8	SE	4—5	—	—	5.02	6.38
	2p	SSW	9.5	SEzE	4—5	—	—	3.19	5.47
	6p	SW	4.0	SEzS	3—4	—	—	3.64	6.38
	10p	-	6.0	ESE	3—4	—	—	2.75	3.64
IX.19	2a	SWzS	8.2	SE	5	—	—	5.96	10.02
	6a	-	4.5	-	2—3	—	—	1.37	1.82
	10a	-	4.5	ESE	2—3	—	—	0	1.37
	2p	Trieben		SSE	1—3	—	—	0.91	3.19
	6p	SWzS	5.5	-	4	—	—	4.55	5.02
	10p	SSW	5.0	SEzE	4	—	—	3.64	5.02
IX.20	2a	-	3.2	ENE	1—2	—	—	0	0.91
	6a	-	3.8	-	2	—	—	0	0,45
	10a	-	2.0	-	1—2	—	0	—	—
	2p	-	1.0	NE	1	—	0	—	—
	6p	-	1.2	-	1	—	0	—	—
	10p	-	4.0	NEzE	0	—	0	—	—
IX.21	2a	SWzS	6.0	NNE	3	—	—	2.27	3.19
	6a	W	8.0	N	2	—	—	1.37	2.75
	10a	W¼S	6.8	NNW	2	—	—		
	2p	W¼N	7.5	-	2	—	—	0	2.75
	6p	WNW½W	5.3	Still		—	0	—	—
	10p	Zu Anker Facing-Is.		NNE	0—1	—	0	—	—
IX.22	2a	-		NE	1	—	0	—	—
	6a	-		S-lich	0—1	—	—	0.45	0.91
	10a	-		-	1	—	0	—	—
	2p	-		ENE	1—2	—	—	1.82	3.64
	6p	-		-	3	—	—	3.64	5.96
	10p	-		-	0—1	—	0	—	—
IX.23	2a	-		SE	2	—	—	1.32	3.64
	6a	E¼S	4.8	-	3—4	—	—	5.20	6.38
	10a	-	5.8	-	5—6	—	—	10.93	11.86
	2p	SzW½W	5.6	-	4—5	—	—	7.74	9.11
	6p	S¾W	5.4	-	5	—	—	10.02	10.48
	10p	E½S	4.2	SzE	6—7	—	—	11.39	12.75
IX.24	2a	SWzS	4.0	SSE	6—7	—	12.75	—	—
	6a	ESE½E	5.0	SzE	5—6	—	—	10.02	11.39
	10a	E	5.8	SEzS	6	—	—	9.11	11.38
	2p	NEzE½E	5.8	SE	5—6	—	—	9.11	10.48
	6p	S¼W	4.0	SEzE	5	—	—	7.31	10.02
	10p	SzW½W	6.0	-	6—7	—	—	9.11	14.57
IX.25	2a	NEzE¾E	5.0	-	6—7	—	—	12.30	13.21
	6a	ENE½E	4.4	-	6	—	—	10.02	11.39
	10a	SSE	4.0	E	5	—	—	8.65	11.39
	2p	S¾E	5.4	E-lich	5	—	—	10.93	12.30
	6p	NE½E	6.4	-	5—6	—	—	10.48	12.75
	10p	NE	5.3	ESE	6—7	—	—	9.56	11.39

Datum	Zeit	Schiffsbewegung Kurs	Fahrt Sm p. h	Wind Richt.	Stk.	Geschwindigkeit Stunde	in Meter pr. Sek.	Bemerkungen Extreme i. M. p. S. Min.	Max.
1875	2^a	SSE$^1/_2$E	4.5	EzS	5	—	—	8.20	10.02
IX.26	6^a	-	5.0	EzN	5—6	—	8.65	—	—
	10^a	-	5.2	E	4—5	—	—	5.47	9.11
	2^p	SzE	3.6	NE	2—3	—	—	1.82	2.28
	6^p	-	4.0	EzN	3—4	—	—	0	3.64
	10^p	SzE$^1/_2$E	3.8	E-lich	3	—	—	3.19	5.10
IX.27	2^a	SzE	6.0	ENE	4	—	—	2.28	4.55
	6^a	SSW	2.2	NE	1—2	—	—	0.45	2.28
	10^a	SWzS	3.0	W-lich	1—2	—	—	0.91	2.28
	2^p	S$^1/_4$E	3.8	N-lich	2—3	—	—	1.37	3.64
	6^p	Trieben		-	5	—	—	5.20	9.11
	10^p	E	4.9	NNE	6	—	—	12.30	13.20
IX.28	2^a	NzE	1.3	NW	6—7	—	—	12.30	13.20
	6^a	N	5.8	WNW	6—7	—	—	10.02	12.32
	10^a	NzW$^1/_4$W	5.6	-	4—5	—	—	3.64	10.02
	2^p	NWzW	4.4	-	3	—	—	1.37	2.27
	6^p	S	7.0	NzW	3	—	—	0.45	1.87
	10^p	Zu Anker Rhede von Brisbane		W-lich	0—1	—	0	—	—
IX.29	2^a	-		NE	0—1	—	0	—	—
	6^a	-		ESE	0—1	—	—	0	1.82
	10^a	-		S-lich	2—3	—	—	1.37	4.55
	2^p	-		NEzE	1—2	—	—	1.82	2.28
	6^p	-		N-lich	0—1	—	—	0.45	1.82
	10^p	-		-	0—1	—	0	—	—
IX.30	2^a	-		Still		—	0	—	—
	6^a	-		SW	0—1	—	—	0	0.48
	10^a	-		-	1	—	—	0.91	1.37
	2^p	-		NNE	1	—	—	1.37	1.82
	6^h	-		NE-lich	1—2	—	—	1.82	2.75
	10^p	-		-	1	—	—	0.91	1.82
X. 1	2^a	-		W-lich	0—1	—	0	—	—
	6^a	-		S-lich	0—1	—	0	—	—
	10^a	-		N-lich	1—2	—	—	0	1.82
	2^p	-		NNE	3—4	—	—	3.64	7.31
	6^p	-		N-lich	4—3	—	—	4.55	7.31
	10^p	-		-	0—1	—	—	0	0.91
X. 2	2^a	-		NW	0—1	—	0	—	—
	6^a	-		S-lich	0—1	—	0	—	—
	10^a	-		Still		—	—	0	1.82
	2^p	-		N-lich	3—4	—	—	4.10	6.38
	6^p	-		-	3—2	—	—	3.64	5.47
	10^p	-		-	0—1	—	0	—	—
X. 3	2^a	-		NW	0—1	—	0	—	—
	6^a	-		N-lich	2—3	—	—	2.24	3.64
	10^a	-		-	1—2	—	—	1.82	2.28
	2^p	-		-	2—3	—	—	2.75	4.09
	6^p	-		-	4—5	—	—	7.32	9.11
	10^p	-		-	3	—	5.47	—	—
X. 4	2^a	-		-	4	—	—	5.47	6.38
	6^a	-		-	3—4	—	—	5.01	6.83
	10^a	-		-	1—0	—	—	0	1.82
	2^p	-		NEzN	2	—	—	2.28	2.75
	6^p	-		E-lich	3—1	—	—	0.91	3.64
	10^p	-		ESE	3—1	—	—	2.28	5.02

Datum	Zeit	Schiffsbewegung Kurs	Fahrt Sm p. h	Wind Richt.	Stk.	Geschwindigkeit Stunde	in Meter pr. Sek.	Bemerkungen Extreme i. M. p. S. Min.	Max.
1875 X. 5	2^a	Zu Anker Rhede von Brisbane		E-lich	0—1	—	0	—	—
	6^a	-		S-lich	2—5	—	—	2.28	10.02
	10^a	-		SW	1—2	—	—	1.82	3.19
	2^p	-		S-lich	2—0	—	—	0	2.28
	6^p	-		SE-lich	0—1	—	—	0	1.37
	10^p	-		Still		—	0	—	—
X. 6	2^a	-		SSW	1—2	—	—	1.82	2.28
	6^a	-		SzW	2—3	—	—	3.19	4.55
	10^a	-		SE	2—4	—	—	2.75	7.31
	2^p	-		SEzE	5	—	9.57	—	—
	6^p	-		-	5	—	—	7.74	9.57
	10^p	-		SSE	5—2	—	—	3.19	10.93
X. 7	2^a	-		S	4	—	—	5.46	7.74
	6^a	-		-	4—5	—	—	5.92	8.65
	10^a	-		SE-lich	3—5	—	—	5.47	9.11
	2^p	-		-	4—5	—	—	8.20	10.02
	6^p	-		SSE	1—2	—	—	1.37	6.38
	10^p	-		-	0—1	—	—	0.68	1.37
X. 8	2^a	-		S-lich	0—1	—	0	—	—
	6^a	-		SSW	1—2	—	—	1.37	2.75
	10^a	-		NW	2	—	—	2.28	3.64
	2^p	-		N-lich	2	—	—	1.82	3.64
	6^p	-		NE	1	—	—	1.37	2.28
	10^p	-		Still		—	0	—	—
X. 9	2^a	-		-		—	0	—	—
	6^a	-		S-lich	0—1	—	—	0.91	1.82
	10^a	-		Still		—	—	0	0.91
	2^p	-		NNE	3	—	—	4.10	5.47
	6^p	-		NEzN	4—5	—	—	6.38	8.20
	10^p	-		NzE	5	—	—	8.20	11.38
X. 10	2^a	-		NNW	5	—	—	8.20	10.47
	6^a	-		NzW	4	—	—	7.38	8.20
	10^a	-		N	5	—	—	9.56	10.47
	2^p	-		NzE	5—6	—	—	9.56	14.12
	6^p	-		WSW	5—6	—	—	11.39	12.75
	10^p	-		N	5—6	—	—	9.11	9.56
X. 11	2^a	-		NW	3—6	—	—	6.83	11.86
	6^a	-		NNW	3—4	—	—	4.55	6.83
	10^a	-		-	3	—	—	3.64	5.02
	2^p	-		NNE	3—4	—	—	5 02	5.92
	6^p	-		-	5—4	—	—	3.64	8.20
	10^p	-		SSE	3—0	—	—	0	3.64
X. 12	2^a	-		NW	0—1	—	0	—	—
	6^a	-		SSW	2—3	—	—	0.91	4.55
	10^a	-		NNE	0—2	—	—	0	3.19
	2^p	-		NW	2	—	—	0.91	3.19
	6^p	-		SE	6—7	—	—	11.86	12.74
	10^p	-		SSW	0—3	—	—	0	4.10
X. 13	2^a	-		-	1—2	—	—	2.28	3.19
	6^a	-		ESE	0—1	—	0	—	—
	10^a	-		Still		—	—	0	1.82
	2^p	-		NNW	2—5	—	—	3.19	9.11
	6^p	-		NzE	4—2	—	—	2.75	8.20
	10^p	-		NzW	1—3	—	—	0	3.64

Datum	Zeit	Schiffsbewegung: Kurs	Schiffsbewegung: Fahrt Sm p. h	Wind: Richt.	Wind: Stk.	Wind: Geschwindigkeit Stunde	Wind: Geschwindigkeit in Meter pr. Sek.	Bemerkungen Extreme i. M. p. S. Min.	Bemerkungen Extreme i. M. p. S. Max.
1875 X. 14	2a	Zu Anker Rhede von Brisbane		Still		—	0	—	—
	6a	-		N	2	—	—	2.75	3.64
	10a	-		-	0—2	—	—	0	4.10
	2p	-		-	2—3	—	—	3.64	8.20
	6p	-		-	3—5	—	—	4.10	8.20
	10p	-		-	3—4	—	—	3.64	6.38
X. 15	2a	-		-	4—5	—	—	6.83	10.48
	6a	-		NNW	4—5	—	—	4.10	8.20
	10a	-		NzW	4—5	—	—	6.38	7.31
	2p	-		-	5	—	—	7.74	9.56
	6p	-		NzE	6	—	—	8.20	10.48
	10p	-		NNW	1—0	—	—	0	1.82
X. 16	2a	-		-	4—5	—	—	0 / 8.20	0.91 / 9.11
	6a	-		N	3—4	—	—	4.10	5.47
	10a	-		WzN	2	—	—	2.28	3.19
	2p	-		N	5	—	—	5.47	10.02
	6p	-		NNW	4—5	—	—	5.02	8.20
	10p	-		NWzN	4	—	—	5.92	8.20
X. 17	2a	-		NNW	3	—	—	4.55	5.47
	6a	-		N	4	—	—	6.38	7.31
	10a	-		NNW	4	—	—	4.55	7.31
	2p	-		NNE	4—5	—	—	7.31	9.56
	6p	-		NWzN	4—6	—	—	7.31	11.39
	10p	-		N	3—4	—	—	2.28	7.83
X. 18	2a	-		W	1—2	—	—	0	2.75
	6a	-		SSW	1	—	—	0	2.28
	10a	-		SE	5	—	—	3.64	9.11
	2p	-		-	5	—	—	8.20	9.11
	6p	-		-	3—1	—	—	0.91	4.55
	10p	-		-	1—3	—	—	2.28	5.01
X. 19	2a	-		-	3	—	—	4.10	5.01
	6a	-		-	1—3	—	—	2.75	4.55
	10a	-		E-lich	1—3	—	—	1.37	4.55
	2p	-		NEzN	4—5	—	—	6.38	9.11
	6p	-		NzE	4	—	—	5.42	7.31
	10p	-		NNE	4	—	—	5.47	5.92
X. 20	2a	-		N	3—4	—	—	6.38	7.31
	6a	-		NzW	3	—	—	4.55	6.38
	10a	-		-	4—7	—	—	6.83	12.75
	2p	Dampften etwa 3 Strich am Winde		-	6—7	—	12.75	—	—
	6p	E½S	9.0	N	6—7	—	—	8.20	12.75
	10p	ESE	4.4	-	5	—	—	5.92	8.64
X. 21	2a	-	8.3	SSW	7—8	—	11.39	—	—
	6a	-	8.4	SW-lich	6—7	—	—	10.02	11.86
	10a	-	10.0	-	6	—	—	8.20	10.02
	2p	Beigedreht		SWzS	6—7	—	—	10.02	10.93
	6p	SEzE	10.2	-	9-10	—	—	15.94	19.13
	10p	SE½S	4.5	SW	10-11	—	—	19.13	20.98
X. 22	2a	SSE	3.2	-	8-10	—	—	13.11	16.42
	6a	SE½S	2.5	SSW	8—9	—	—	11.87	14.58
	10a	SE	5.2	SWzS	6—7	—	—	9.56	10.93
	2p	SE½E	7.7	-	8—5	—	—	11.86	15.03
	6p	SE	7.5	-	7—8	—	—	14.11	15.03
	10p	SE½S	6.0	-	5—7	—	—	9.11	13.10

Datum	Zeit	Schiffsbewegung: Kurs	Schiffsbewegung: Fahrt Sm p. h	Wind: Richt.	Wind: Stk.	Wind: Geschwindigkeit Stunde	Wind: Geschwindigkeit in Meter pr. Sek.	Bemerkungen Extreme i. M. p. S. Min.	Bemerkungen Extreme i. M. p. S. Max.
1875 X. 23	2a	SE	7.5	SWzS	7	—	—	12.75	17.31
	6a	ESE	8.8	SW	6—7	—	—	6.65	13.21
	10a	-	10.4	-	6	—	—	9.11	10.02
	2p	-	10.6	SWzS	5—6	—	—	7.31	8.20
	6p	-	9.5	-	3—5	—	—	1.82	7.74
	10p	-	10.6	-	5—6	—	—	6.38	9.56
X. 24	2a	-	9.6	-	5—8	—	—	6.38	10.93
	6a	-	11.3	SSW	6—8	—	—	9.11	13.66
	10a	-	8.5	-	6	—	—	8.20	9.11
	2p	ESE½E	9.0	S	5—6	—	—	8.20	10.93
	6p	-	9.4	-	5	—	—	6.38	7.31
	10p	-	7.2	SSW	4	—	—	3.64	5.47
X. 25	2a	-	5.0	SWzS	3—4	—	—	4.55	7.31
	6a	-	3.0	SSW	2	—	—	1.59	3.19
	10a	-	7.9	-	2—3	—	—	0.91	5.02
	2p	EzS	8.2	SWzS	3	—	—	2.75	5.47
	6p	-	8.3	S-lich	3—4	—	—	2.75	4.55
	10p	E½N	7.6	-	2	—	—	1.37	2.75
X. 26	2a	-	6.6	SWzW	3—4	—	—	2.28	5.47
	6a	-	7.3	SW	3—4	—	—	3.64	5.92
	10a	-	8.0	-	3—4	—	—	2.75	4.55
	2p	-	7.0	-	3—4	—	—	1.82	3.64
	6p	Lotheten		-	4—5	—	—	6.83	9.11
	10p	E¾N	6.0	SSW	3—4	—	—	2.28	2.75
X. 27	2a	ENE¼E	6.0	SWzW	3—4	—	—	2.75	3.64
	6a	Beigedreht		-	3—4	—	—	5.46	6.83
	10a	EzN	7.7	-	2	—	0	—	—
	2p	-	7.3	SWzS	2—3	—	—	0	0.91
	6p	EzS	8.1	SzW	3	—	—	2.28	4.10
	10p	E½S	6.6	Still		—	0	—	—
X. 28	2a	EzS	8.4	NNW	1—2	—	—	0	2.28
	6a	SEzE	9.4	N-lich	2—3	—	—	2.28	2.75
	10a	SE½S	8.5	NW	4—5	—	—	0	1.37
	2p	SE¼E	13.6	NNW	5—6	—	—	4.55	5.02
	6p	SzE½E	10.5	NW	2—3	—	0	—	—
	10p	Zu Anker bei Warg-Pooa-Insel		NNW	4—5	—	—	8.20	9.11
X. 29	2a	-		-	5	—	—	8.56	9.56
	6a	-		-	5	—	—	9.11	10.02
	10a	-		SW-lich	4	—	—	4.09	6.83
	2p	-		WSW	2—3	—	—	4.10	4.55
	6p	-		SzW	2	—	—	2.28	3.19
	10p	-		Still		—	0	—	—
X. 30	2a	-		-		—	0	—	—
	6a	-		SE	2	—	—	2.28	3.19
	10a	-		ESE	2	—	—	2.28	3.19
	2p	-		-	1—2	—	—	0.45	2.28
	6p	-		-	1—2	—	—	0.91	1.82
	10p	-		NNE	3	—	—	4.10	5.02
X. 31	2a	-		N-lich	3—4	—	—	4.55	5.92
	6a	-		NNE	4—5	—	—	6.83	8.20
	10a	-		W	4—5	—	—	5.46	8.20
	2p	-		WSW	5	—	—	8.66	9.56
	6p	-		SW	5	—	—	9.56	10.47
	10p	-		-	4—5	—	—	6.83	9.11

Datum	Zeit	Schiffsbewegung Kurs	Fahrt Sm p. h	Wind Richt.	Stk.	Geschwindigkeit Stunde	in Meter pr. Sek.	Bemerkungen Extreme i. M. p. S. Min.	Max.
1875 XI. 1	2a	Zu Anker bei Warg-Pooa-Insel		SW	4—5	—	—	6.38	8.20
	6a	-		-	3	—	—	4.09	4.55
	10a	-		WSW	5	—	9.11	—	—
	2p	-		-	5—4	—	—	7.31	9.11
	6p	-		-	7—5	—	—	8.20	13.66
	10p	-		SW	3—0	—	—	0	4.55
XI. 2	2a	-		Still		—	0	—	—
	6a	-		N-lich	0—3	—	—	0	4.55
	10a	-		NE	4—6	—	—	5.47	10.93
	2p	-		ENE	6	—	10.93	—	—
	6p	-		EzN	7—5	7h p =	0	9.11	10.93
	10p	-		NWzW	5—6	—	—	8.20	10.48
XI. 3	2a	-		WzN	7	—	—	11.38	12.75
	6a	-		W	7—9	—	—	11.38	18.22
	10a	-		-	7—5	—	—	9.11	13.66
	2p	-		WzN	6—7	—	—	11.38	13.21
	6p	-		-	6—7	—	12.75	—	—
	10p	-		-	5—6	—	—	9.11	10.02
XI. 4	2a	-		W	6—7	—	—	10.93	12.75
	6a	-		-	7	—	—	12.75	13.66
	10a	-		-	8—6	—	—	12.75	13.66
	2p	-		-	7—5	—	—	9.11	12.75
	6p	-		WzN	5—6	—	—	9.11	10.93
	10p	-		W	6—3	—	—	4.55	10.93
XI. 5	2a	-		NzE	1	—	—	0.91	2.28
	6a	-		NW	3—6	—	—	4.55	10.93
	10a	-		W	7—9	—	—	11.86	15.94
	2p	-		WzS	6—7	—	—	10.93	12.75
	6p	-		WSW	4—5	—	—	5.92	6.38
	10p	-		SWzW	5	—	—	8.20	10.93
XI. 6	2a	-		WzS	3—5	—	—	4.55	9.11
	6a	-		SW	3—4	—	—	2.75	7.32
	10a	-		SWzS	7	—	12.75	—	—
	2p	-		SSW	5	—	—	8.20	9.56
	6p	-		SW	4—3	—	—	4.10	7.32
	10p	-		-	1	—	1.82	—	—
XI. 7	2a	-		Still		—	0	—	—
	6a	-		WSW	2	—	—	2.75	3.19
	10a	-		SWzW	0—3	—	—	0	4.10
	2p	-		WSW	3—1	—	—	1.82	4.55
	6p	-		SWzW	2—3	—	—	1.37	4.10
	10p	-		N-lich	1	—	1.37	—	—
XI. 8	2a	-		-	0—1	—	0	—	—
	6a	-		-	0—3	—	—	0	5.20
	10a	-		-	3—5	—	—	4.55	9.11
	2p	-		W	8—9	—	—	16.42	17.30
	6p	-		WSW	6	—	11.38	—	—
	10p	-		-	5	—	9.11	—	—
XI. 9	2a	-		SWzW	4—5	—	8.20	—	—
	6a	-		-	3—4	—	—	4.55	5.92
	10a	-		SW	5—6	—	—	8.20	11.86
	2p	-		-	6—7	—	—	11.86	12.75
	6p	-		-	6—5	—	—	9.64	11.38
	10p	-		NNW	2—3	—	—	2.75	5.20

Datum	Zeit	Schiffsbewegung Kurs	Fahrt Sm p. h	Wind Richt.	Stk.	Geschwindigkeit Stunde	in Meter pr. Sek.	Bemerkungen Extreme i. M. p. S. Min.	Max.
1875 XI.10	2a	Zu Anker bei Warg-Pooa-Insel		W	4—2	—	—	3.64	7.74
	6a	-		SW	2—5	—	—	2.28	9.11
	10a	-		-	4—6	—	—	6.83	11.38
	2p	-		-	6	—	—	9.11	11.38
	6p	-		-	4—5	—	—	6.83	10.02
	10p	-		-	4—2	—	—	2.75	8.20
XI.11	2a	-		-	2—0	—	—	0	3.19
	6a	-		W	0—3	—	—	0	6.83
	10a	-		SW	1—3	—	—	1.82	4.55
	2p	-		SzW	3—4	—	—	5.92	7.31
	6p	-		SW	3—2	—	—	4.10	5.92
	10p	NzE1/2E	7.2	WSW	1—2	—	0	—	—
XI.12	2a	NzE	8.2	E-lich	0—1	—	—	0	1.37
	6a	N1/2E	7.7	-	0—1	—	0	—	—
	10a	Lotheten		Still		—	0	—	—
	2p	N1/2E	7.1	N-lich	0—1	—	0	—	—
	6p	-	7.5	NE	0—1	—	0	—	—
	10p	-	7.0	NNW	1	—	—	0.91	2.28
XI.13	2a	N1/4E	6.4	Still		—	0	—	—
	6a	-	6.8	-		—	0	—	—
	10a	-	6.6	NE-lich	1—2	—	—	0	3.19
	2p	-	6.7	NNE	0—1	—	—	0	0.91
	6p	-	6.6	NEzE	1—2	—	—	0	1.37
	10p	-	6.9	NE-lich	2	—	—	0.91	1.37
XI.14	2a	N1/2E	7.8	ENE	1—2	—	—	0.91	2.28
	6a	-	3.4	-	2—3	—	—	2.75	4.55
	10a	NW	4.6	NNE	3	—	—	3.64	6.38
	2p	NNW1/4W	3.7	NE	2	—	—	2.75	4.55
	6p	NNW	5.0	-	4	—	5.46	—	—
	10p	NNW1/2W	6.0	NEzN	5	—	—	8.65	10.93
XI.15	2a	E	6.1	NNE	5	—	—	8.20	9.11
	6a	-	5.8	-	5	—	—	8.20	9.11
	10a	Lotheten		NEzN	5	—	—	7.74	10.02
	2p	-		NzE	4	—	—	5.92	8.20
	6p	NNW3/4W	6.8	NNE	5	—	—	8.20	9.11
	10p	E	6.8	NEzN	5	—	—	8.20	9.11
XI.16	2a	-	7.8	NNE	5—6	—	—	9.11	10.93
	6a	-	5.6	-	4	—	—	6.38	7.74
	10a	-	6.2	-	4—3	—	—	4.09	5.92
	2p	E1/4S	5.2	-	4	—	—	4.55	6.78
	6p	E	5.0	-	3—4	—	—	4.09	6.38
	10p	NW1/4N	5.3	-	3—4	—	—	4.09	5.06
XI.17	2a	NW1/2N	3.3	-	2—3	—	—	4.09	4.55
	6a	NW	5.8	-	4—3	—	—	3.64	5.92
	10a	NW1/4W	4.8	-	3—4	—	—	3.64	5.92
	2p	NEzE1/2E	4.2	-	2—3	—	—	3.64	4.10
	6p	-	4.6	N-lich	2—4	—	—	2.75	6.83
	10p	-	4.2	-	4—2	—	—	2.28	4.55
XI.18	2a	NE3/4E	5.0	NzW	3	—	—	4.55	5.47
	6a	NEzE	3.0	-	1—2	—	—	1.37	2.75
	10a	N	4.5	NzE	1—2	—	—	0.45	1.82
	2p	NzW	4.8	N	2—3	—	—	5.47	6.83
	6p	-	4.8	-	2—3	—	5.47	—	—
	10p	-	4.8	NNE	2	—	—	4.55	5.47

Datum	Zeit	Schiffsbewegung Kurs	Fahrt Sm. p. h.	Wind Richt.	Stk.	Geschwindigkeit Stunde	in Meter pr. Sek.	Bemerkungen Extreme i. M. p. S. Min.	Max.
1875 XI. 19	2a	NNW	4.7	NNE	2—3	—	—	6.38	7.31
	6a	NzW	4.8	N	2—3	—	—	5.92	6.83
	10a	-	4.8	-	1—2	—	—	2.75	3.64
	2p	Lotheten		NzW	2—1	—	—	1.82	5.02
	6p	-		N	0—1	—	0	—	—
	10p	NNW	3.8	NEzN	1	—	1.82	—	—
XI. 20	2a	NNW¾W	3.8	NNE	1—0	—	—	0	1.37
	6a	NzW	3.5	NE-lich	0—1	—	0	—	—
	10a	-	3.6	-	0—1	—	0	—	—
	2p	-	2.5	WNW	1	—	0	—	—
	6p	-	4.7	SW	3	—	—	1.82	2.75
	10p	-	3.7	S-lich	2—3	—	—	1.82	2.75
XI. 21	2a	-	4.2	-	2—3	—	—	1.82	2.75
	6a	-	5.5	SzW	4—5	—	—	3.19	5.47
	10a	-	8.0	SSE	5—6	—	—	5.47	6.38
	2p	-	7.5	SEzS	5	—	—	4.55	5.20
	6p	-	9.5	-	5—6	—	—	1.82	2.28
	10p	N¾W	8.6	SEzE	5—6	—	—	3.19	4.10
XI. 22	2a	-	8.2	-	5	—	—	3.64	4.10
	6a	Gelothet		-	5	—	—	8.20	9.11
	10a	N½W	7.7	ESE	4—5	—	—	3.64	4.10
	2p	-	9.6	-	5—6	—	—	3.64	4.78
	6p	-	8.4	-	5—6	—	—	4.09	5.92
	10p	-	10.0	-	6	—	5.47	—	—
XI. 23	2a	-	9.0	-	5—6	—	—	4.55	5.47
	6a	-	8.4	-	5—6	—	—	4.55	8.20
	10a	-	9.0	-	5—6	—	—	2.75	4.10
	2p	NE	9.0	SE-lich	6	—	—	5.92	8.20
	6p	Zu Anker bei der Insel Matuka		-	6	—	—	9.11	10.02
	10p	-		-	4—5	—	—	8.20	9.11
XI. 24	2a	-		SEzS	3—4	—	—	3.64	4.10
	6a	-		SE	2	—	—	in den Böen	
	10a	-		-	2—3	—	—	7.31	10.02
	2p	-		SSE	3	—	—	4.55	8.20
	6p	-		SE-lich	3	—	—	4.55	5.47
	10p	-		SE	1—3	—	—	2.28	5.02
XI. 25	2a	-		-	1—4	—	—	1.37	5.92
	6a	-		-	0—2	—	—	0	3.64
	10a	-		SSE	2—5	—	—	2.75	8.20
	2p	Trieben		-	4	—	—	5.92	6.83
	6p	NW½W	5.0	-	3—4	—	2.28	—	—
	10p	NWzW	3.7	-	3—4	—	3.19	—	—
XI. 26	2a	-	3.6	-	3	—	—	1.37	3.64
	6a	NNW½W	6.0	S-lich	2—3	—	—	1.37	2.28
	10a	-	6.8	SSW-lich	1	—	0	—	—
	2p	Zu Anker bei Levuka		SSE	1	—	1.37	—	—
	6p	-		-	1	—	—	0.45	1.37
	10p	-		S-lich	0—1	—	0	—	—
XI. 27	2a	-		Still		—	0	—	—
	6a	-		-		—	—	0	0.91
	10a	-		S-lich	0—1	—	—	0.45	1.82
	2p	-		E-lich	0—1	—	0	—	—
	6p	-		SSE	0—1	—	0	—	—
	10p	-		Still		—	0	—	—

Datum	Zeit	Schiffsbewegung Kurs	Fahrt Sm. p. h.	Wind Richt.	Stk.	Geschwindigkeit Stunde	in Meter pr. Sek.	Bemerkungen Extreme i. M. p. S. Min.	Max.
1875 XI. 28	2a	Zu Anker bei Levuka		S-lich	0—1	—	0	—	—
	6a	-		-	0—1	—	—	0	0.91
	10a	-		SSE	0—1	—	—	0.91	1.37
	2p	-		E-lich	0—1	—	0	—	—
	6p	-		Still		—	0	—	—
	10p	-		-		—	0	—	—
XI. 29	2a	-		-		—	0	—	—
	6a	-		S-lich	0—1	—	0	—	—
	10a	-		Still		—	0	—	—
	2p	-		ENE	0—1	—	0	—	—
	6p	-		-	1	—	—	0	1.37
	10p	-		Still		—	0	—	—
XI. 30	2a	-		-		—	0	—	—
	6a	-		SSW	1—2	—	—	0.91	1.82
	10a	-		S-lich	1—2	—	—	0.45	1.82
	2p	-		-	1	—	—	0.91	1.82
	6p	-		SSE	1	—	—	0	0.91
	10p	-		SW	0—3	—	—	0	2.75
XII. 1	2a	-		-	0—1	—	—	0	0.91
	6a	-		S	1—3	—	—	0.91	3.64
	10a	-		SSE	3—1	—	—	1.37	4.55
	2p	-		SE	2—3	—	—	2.75	3.64
	6p	-		SSE	2—1	—	—	0.91	3.19
	10p	-		SE	3—4	—	—	4.55	5.02
XII. 2	2a	-		SSE	2—3	—	—	2.28	4.55
	6a	-		ESE	2	—	—	1.37	3.19
	10a	-		SE	2	—	—	2.28	2.75
	2p	-		-	0—1	—	—	0	2.28
	6p	-		-	0—1	—	—	0	2.28
	10p	-		-	0—2	—	—	0	2.75
XII. 3	2a	-		-	3	—	—	4.10	5.02
	6a	-		ESE	3	—	—	3.64	5.47
	10a	-		-	3—1	—	—	2.28	5.47
	2p	-		-	3—4	—	—	4.10	5.94
	6p	ENE½E	4.5	EzS	3	—	—	6.84	7.31
	10p	NE½E	4.0	-	3—4	—	—	5.42	7.31
XII. 4	2a	NEzE	5.6	SEzE	4	—	—	6.38	6.83
	6a	-	4.5	-	4—5	—	—	7.31	10.02
	10a	-	6.2	ESE	2—3	—	—	4.55	5.47
	2p	NE¼N	4.2	SEzE	2—3	—	—	4.09	5.48
	6p	NE¾E	5.0	-	3	—	—		
	10p	-	4.5	-	3—4	—	—	4.09	4.55
XII. 5	2a	NEzE	3.4	-	3	—	—	2.28	2.75
	6a	-	4.4	-	3—4	—	—	5.47	8.20
	10a	ENE	6.2	SE	4	—	—	6.83	7.74
	2p	Lotheten		SEzE	3—4	—	—	5.47	6.83
	6p	-		-	3—4	—	—	5.81	7.31
	10p	NEzE¼E	5.2	-	3—4	—	—	6.38	7.31
XII. 6	2a	NE½N	4.8	ESE	3—4	—	—	4.55	6.38
	6a	NE	4.0	-	3	—	—	3.64	5.01
	10a	NE¼E	4.0	-	3	—	—	3.64	4.10
	2p	NEzE¾E	4.8	SEzE	3—4	—	—	4.10	5.01
	6p	NEzN	4.6	ESE	3—4	—	—	1.82	2.28
	10p	NEzE	5.0	-	4	—	—	4.10	4.55

Datum	Zeit	Schiffsbewegung Kurs	Fahrt Sm p. h	Wind Richt.	Stk.	Geschwindigkeit Stunde	in Meter pr. Sek.	Bemerkungen Extreme i. M. p. S. Min.	Max.
1875 XII. 7	2a	S$^{3}/_{4}$W	3.4	ESE	3—4	—	—	3.19	5.01
	6a	NzE	5.8	EzN	3—5	—	—	4.55	7.31
	10a	SSE$^{1}/_{2}$E	4.4	E	3—4	—	—	4.10	5.01
	2p	NE$^{1}/_{2}$N	3.8	ESE	3—4	—	—	3.64	6.38
	6p	NE$^{3}/_{4}$N	4.8	-	4	—	—	6.38	9.11
	10p	NNE$^{1}/_{2}$E	5.6	E-lich	4—5	—	—	7.74	8.20
XII. 8	2a	SSE	4.0	-	3—4	—	—	6.38	7.31
	6a	-	3.0	-	3	—	—	5.47	9.56
	10a	NE$^{1}/_{2}$E	7.6	SEzE	7—8	—	—	13.11	17.31
	2p	SSE$^{1}/_{4}$E	3.7	E	5	—	—	9.11	9.56
	6p	SzE$^{1}/_{2}$E	3.6	EzS	3—4	—	—	4.10	5.47
	10p	SEzS	4.2	ENE	3—4	—	—	4.50	5.01
XII. 9	2a	SEzE$^{3}/_{4}$E	4.5	NEzE	4	—	—	5.01	6.83
	6a	Trieben		Still		—	2.75	0	6.38
	10a	Lotheten		EzS	3—4	—	—	3.19	5.92
	2p	-		ESE	4	—	—	5.47	6.38
	6p	EzN	2.8	EzN	3—4	—	—	5.92	8.65
	10p	SE$^{3}/_{4}$S	6.0	-	3—4	—	6.83	—	—
XII. 10	2a	SE	6.0	ENE	3—4	—	—	5.47	7.31
	6a	ESE	4.6	NE-lich	2	—	—	0.91	3.19
	10a	SEzS	5.2	ENE	2—3	—	—	0.91	4.10
	2p	-	6.5	-	3	—	—	2.75	3.64
	6p	-	6.0	-	3	—	—	4.10	5.47
	10p	-	6.4	-	2—3	—	—	2.28	2.76
XII. 11	2a	-	6.0	-	3—0	—	—	0	2.75
	6a	SSE	6.0	NE-lich	0—2	—	—	0	1.82
	10a	S	8.8	ENE	2—3	—	—	2.28	3.64
	2p	SE$^{3}/_{4}$S	3.6	-	2—3	—	3.19	—	—
	6p	Zu Anker bei Neï-Afo		-	0—1	—	0	—	—
	10p	-		-	0—1	—	—	0	1.37
XII. 12	2a	-		-	0—2	—	—	0	2.75
	6a	-		-	3—4	—	—	4.55	5.92
	10a	-		-	0—1	—	—	0	1.37
	2p	-			1—2	—	—	0.45	3.19
	6p	-		-	0—1	—	—	0.91	1.37
	10p	-		E-lich	1—2	—	—	1.37	3.19
XII. 13	2a	-		-	1—2	—	—	1.82	3.19
	6a	-		ENE	0—1	—	—	1.37	2.28
	10a	-		E	3	—	—	4 10	5.92
	2p	-		-	4	—	—	5.47	5.92
	6p	-		-	1—3	—	—	1.37	4.10
	10p	SzW	3.9	-	3—5	—	—	5.47	8.20
XII. 14	2a	S$^{1}/_{2}$E	2.8	-	5	—	—	9.11	10.02
	6a	SzE	5.4	-	5—6	—	—	10.48	11.39
	10a	SzE$^{1}/_{2}$E	5.4	-	5—6	—	11.38	—	—
	2p	SSE$^{3}/_{4}$E	3.2	-	5—6	—	—	11.38	12.30
	6p	Zu Anker		-	6—4	—	—	8.20	12.30
	10p	SzW	4.8	EzS	6	—	—	8.65	10.02
XII. 15	2a	S$^{1}/_{2}$E	4.5	-	5	—	—	6.83	10.02
	6a	-	5.5	-	4—5	—	—	5.01	8.20
	10a	SzW	9.5	E	6	—	—	8.65	10.93
	2p	Zu Anker Tongatabu		-	6	—	—	9.57	11.38
	6p	-		-	5	—	—	8.20	9.11
	10p	-		-	2—3	—	—	2.28	4.10

Datum	Zeit	Schiffsbewegung Kurs	Fahrt Sm p. h	Wind Richt.	Stk.	Geschwindigkeit Stunde	in Meter pr. Sek.	Bemerkungen Extreme i. M p. S. Min.	Max.
1875 XII. 16	2a	Zu Anker Tongatabu		E	3	—	—	4.55	5.47
	6a	-		-	2—3	—	—	3.19	5.02
	10a	-		-	4—5	—	—	7.31	9.11
	2p	-		EzS	5	—	—	7.74	8.64
	6p	-		-	4—3	—	—	4.10	5.92
	10p	-		-	2—3	—	—	3.19	3.64
XII. 17	2a	-		ESE	1—0	—	—	0	2.28
	6a	-		E	0—2	—	—	0	3.19
	10a	-		ENE	4—3	—	—	4.55	7.31
	2p	-		EzS	4—5	—	—	4.55	8.20
	6p	-		-	3—5	—	—	4.55	8.20
	10p	-		E	2	—	—	2.28	3.19
XII. 18	2a	-		-	2—3	—	—	1.37	3.64
	6a	-		EzS	2	—	—	1.82	2.75
	10a	-		-	4—5	—	—	5.47	9.11
	2p	-		E	4—5	—	—	5.92	7.74
	6p	-		EzS	4—5	—	—	5.47	8.20
	10p	NzE$^{1}/_{2}$E	8.0	E	4—5	—	—	8.20	10.02
XII. 19	2a	NzE$^{3}/_{4}$E	3.8	-	4	—	—	5.02	7.31
	6a	N$^{1}/_{2}$W	8.6	EzS	5	—	—	7.31	9.56
	10a	EzN	6.2	ESE	4—5	—	—	9.11	10.02
	2p	Zu Anker		-	3—4	—	—	4.10	8.20
	6p	-		-	2—4	—	—	3.19	5.02
	10p	-		-	2	—	—	0.91	2.75
XII. 20	2a	-		EzS	1	—	—	0.91	1.37
	6a	-		E	1—4	—	—	1.82	6.38
	10a	-		-	4	—	6.38	—	—
	2p	NzW	6.0	EzS	4	—	—	4.55	6.38
	6p	N$^{3}/_{4}$E	10.6	-	5—6	—	—	5.92	9.11
	10p	NNE$^{3}/_{4}$E	9.8	-	5	—	—	4.55	6.83
XII. 21	2a	-	7.2	E-lich	2	—	—	1.37	2.75
	6a	-	5.6	ESE	1—2	—	0.91	—	—
	10a	-	5.4	-	1	—	—	0	0.91
	2p	NEzN	5.2	N-lich	1	—	0	—	—
	6p	Lotheten		WSW	0—1	—	0	—	—
	10p	NNE$^{1}/_{2}$E	5.2	NW-lich	1	—	0	—	—
XII. 22	2a	NzE$^{1}/_{2}$E	4.6	N-lich	1	—	—	0	1.37
	6a	-	5.2	NEzE	0 - 2	—	1.37	0	1.82
	10a	-	5.2	N	2	—	—	2.75	3.19
	2p	-	5.2	NzE	2	—	2.75	—	—
	6p	N	5.8	E-lich	2	—	2.75	—	—
	10p	-	5.9	ENE	3—5	—	—	7.31	10.93
XII. 23	2a	NzW$^{1}/_{2}$W	5.8	N-lich	3	—	—	4.10	7.74
	6a	-	2.0	ENE-lich	2	—	—	0	1.37
	10a	NWzW	2.9	NzE	2	—	—	0.45	0.91
	2p	Lotheten		NNE	0—1	—	0	—	—
	6p	NzE	5.5	ENE	0—1	—	0	—	—
	10p	NzW$^{1}/_{2}$W	5.4	NNE	0—1	—	—	0	1.82
XII. 24	2a	NE$^{1}/_{2}$E	2.5	E-lich	1	—	—	0.91	1.82
	6a	SSE	5.2	N-lich	2—0	—	—	0	1.37
	10a	Zu Anker im Hafen von Apia		SE-lich	0—1	—	—	0	2.28
	2p	-		Still		—	0	—	—
	6p	-		-		—	0	—	—
	10p	-		-		—	0	—	—

Datum	Zeit	Schiffsbewegung: Kurs	Schiffsbewegung: Fahrt Sm p. h	Wind: Richt.	Wind: Stk.	Wind: Geschwindigkeit Stunde	Wind: Geschwindigkeit in Meter pr. Sek.	Bemerkungen Extreme i. M. p. S. Min.	Bemerkungen Extreme i. M. p. S. Max.
1875 XII. 25	2a	Zu Anker im Hafen von Apia		Still		—	0	—	—
	6a	-		-		—	0	—	—
	10a	-		SW-lich	2	—	—	1.82	3.19
	2p	-		N-lich	1—2	—	—	1.37	3.19
	6p	-		E-lich	0—1	—	0	—	—
	10p	-		Still		—	0	—	—
XII. 26	2a	-		-		—	0	—	—
	6a	-		-		—	0	—	—
	10a	-		NWzW	0—1	—	—	0	0.91
	2p	-		E-lich	0—1	—	0	—	—
	6p	-		Still		—	0	—	—
	10p	-		-		—	0	—	—
XII. 27	2a	-		-		—	0	—	—
	6a	-		E-lich	0—1	—	0	—	—
	10a	-		Still		—	—	0	2.28
	2p	-		SW	2	—	—	0.91	2.28
	6p	-		Still		—	—	0	0.91
	10p	-		NW	1	—	—	0	0.91
XII. 28	2a	-		Still		—	0	—	—
	6a	-		-		—	0	—	—
	10a	-		-		—	—	0	0.91
	2p	-		ENE	2—3	—	—	2.28	5.01
	6p	-		-	2—3	—	—	2.75	5.01
	10p	EzN	4.8	-	4	—	—	7.31	8.20
XII. 29	2a	SSE	5.4	N	4	—	—	4.55	6.83
	6a	-	7.4	NNE	4	—	—	4.09	6.83
	10a	-	4.2	-	3	—	—	2.28	4.55
	2p	SEzS	7.6	NW-lich	3—4	—	—	1.82	5.01
	6p	SE	8.0	NNE	5	—	—	4.09	8.20
	10p	-	7.0	N-lich	4—5	—	—	3.19	5.01
XII. 30	2a	-	6.5	-	4—7	—	—	5.92	14.11
	6a	-	7.0	ENE	5—7	—	—	9.11	12.67
	10a	SE½E	9.7	NNE	6—7	—	—	11.39	14.58
	2p	-	7.2	-	6	—	—	9.11	10.02
	6p	-	3.0	NE	3—0	—	—	0	4.55
	10p	-	5.0	ENE	1—3	—	—	2.28	7.31
XII. 31	2a	-	5.7	NEzE	3—4	—	—	5.01	7.74
	6a	Lotheten		ENE	3	—	—	5.01	5.92
	10a	SE	5.4	-	2—3	—	—	3.19	4.55
	2p	ESE	6.0	SzE	4—5	—	—	7.31	10.02
	6p	SzE½E	5.0	SE-lich	1—2	—	—	0	1.37
	10p	ENE	0.9	N-lich	0—1	—	—	0	0.91
1876 I. 1	2a	E¾N	0.6	NNE	1	—	0	—	—
	6a	SSE	5.2	-	0—1	—	0	—	—
	10a	-	5.5	E-lich	0—1	—	0	—	—
	2p	SzE½E	5.5	-	2	—	—	0	1.82
	6p	SE	5.2	-	2—3	—	—	2.28	3.64
	10p	-	4.8	NE	3	—	—	3.19	3.64
I. 2	2a	SE½E	2.5	N-lich	2	—	—	1.36	2.75
	6a	-	3.7	-	2—3	—	—	0	0.91
	10a	SEzE	3.5	-	3—1	—	—	0	1.37
	2p	-	3.2	-	2—3	—	—	0.91	1.36
	6p	-	4.5	NNE	3—4	—	—	0.91	1.36
	10p	-	6.0	NE	4	—	—	4.55	5.47
1876 I. 3	2a	SEzE	6.4	NE	4	—	—	4.55	5.01
	6a	-	6.0	-	4	—	—	3.64	4.55
	10a	-	5.8	NNE	3—4	—	—	3.19	4.10
	2p	Lotheten		NE	2—3	—	2.28	—	—
	6p	SEzE	5.8	-	3—4	—	—	3.64	4.10
	10p	-	6.8	-	4	—	—	4.55	5.01
I. 3 NB.: Eingeschobener Tag.	2a	-	5.4	.	3—4	—	—	4.10	5.47
	6a	-	5.0	NNE	3—4	—	—	3.19	3.64
	10a	-	5.0	-	3—4	—	2.75	—	—
	2p	-	5.0		3—4	—	—	0.91	1.37
	6p	-	5.8	-	3—4	—	—	2.28	3.19
	10p	SEzE½E	4.9	NE	3	—	—	1.37	2.28
I. 4	2a		6.2	NNE	3	—	—	1.82	3.64
	6a	-	4.2	-	2—3	—	—	0.91	2.75
	10a	-	3.6	-	2	—	—	0	0.91
	2p	E½N	2.8	NW-lich	2	—	—	0	4.55
	6p	Lotheten		-	1—2	—	0	—	—
	10p	EzS	3.4	Still		—	0	—	—
I. 5	2a	-	0.7	NW	0—1	—	0	—	—
	6a	SE	5.4	SW-lich	1—2	—	—	0	1.82
	10a	SE½E	6.6	SSW	2—3	—	—	2.75	4.09
	2p	SEzE	7.8	SzW	3—4	—	—	4.55	5.47
	6p	-	8.0	-	3—4	—	—	5.47	5.92
	10p	-	3.1	SSW	2—3	—	—	2.28	2.75
I. 6	2a	SE	2.2	-	1—2	—	—	0	1.37
	6a	-	6.0	ENE	3—4	—	—	4.55	6.38
	10a	SE½S	5.4	-	3—4	—	—	5.47	6.38
	2p	-	5.2	NE	3—4	—	—	4.10	4.55
	6p	SE	5.2	NEzE	3—4	—	—	1.65	3.19
	10p	SE½E	5.4	NE	4	—	—	4.55	5.92
I. 7	2a	SEzE	6.2	NEzE	4—5	—	—	6.38	7.74
	6a	-	7.1	-	5	—	7.74	—	—
	10a	-	8.0	NE	6	—	—	7.33	8.20
	2p	SEzE½E	7.6	NEzN	5—6	—	—	7.74	9.11
	6p	-	6.0	NE	6	—	—	9.11	10.93
	10p	-	5.4	-	7—8	—	—	13.21	15.49
I. 8	2a	-	6.1	-	8—6	—	—	10.93	15.49
	6a	-	5.5	NNE	5—6	—	—	8.20	8.65
	10a	-	8.0	NzE	5—6	—	—	5.92	9.11
	2p	Lotheten		W-lich	3—4	—	5.47	—	—
	6p	SEzE½E	4.5	-	2—3	—	—	2.75	3.64
	10p	-	4.4	-	2—3	—	—	2.75	3.19
I. 9	2a	-	6.6	SWzW	3—4	—	—	4.55	5.92
	6a	-	8.0	WSW	4—5	—	—	2.75	3.64
	10a	-	3.6	-	2—3	—	—	0.91	1.37
	2p	-	6.7	-	3—4	—	—	1.36	4.55
	6p	-	7.0	-	4	—	—	2.75	3.19
	10p	-	5.8	SWzS	3—4	—	—	4.08	4.55
I. 10	2a	ESE½E	3.5	S-lich	3	—	—	1.82	4.55
	6a	EzN	5.3	SEzS	4	—	—	1.47	6.38
	10a	S½W	2.8	SEzE	2—3	—	—	6.38	7.31
	2p	S¾W	5.2	SE	4	—	—	4.09	5.92
	6p	SSW½W	5.8	-	4	—	—	5.47	9.11
	10p	S¼W	6.4	SEzE	4—5	—	—	5.92	9.11

Datum	Zeit	Schiffsbewegung Kurs	Fahrt Sm p. h	Wind Richt.	Stk.	Geschwindigkeit Stunde	in Meter pr. Sek.	Bemerkungen Extreme i. M. p. S. Min.	Max.
1876	2a	S¾E	7.2	ESE-lich	4—5	—	7.31	—	—
I. 11	6a	-	6.0	EzS	4	—	—	5.92	6.38
	10a	SSE¼E	6.2	E-lich	4—5	—	—	4.55	8.20
	2p	Lotheten		-	4—5	—	—	5.47	5.92
	6p	-		-	4—5	—	—	5.47	8.20
	10p	SE½S	6.9	ENE	4	—	—	8.20	8.65
I. 12	2a	SE¾S	5.2	-	3—4	—	—	3.64	6.83
	6a	SE	6.0	-	4	—	—	5.02	5.92
	10a	SE¾S	7.4	EzN	4—5	—	—	5.47	6.83
	2p	S	4.0	ESE	2—3	—	—	3.19	8.20
	6p	SE¾E	5.2	NEzE	4	—	—	5.92	7.74
	10p	SE	7.2	ENE	5	—	—	7.31	7.76
I. 13	2a	SE½E	5.6	NEzE	4	—	—	5.02	6.38
	6a	SE¼S	6.8	ENE	5	—	—	5.92	6.38
	10a	SEzE	6.9	NE	5	—	—	0	8.20
	2p	SE¼S	5.6	ENE	3—5	—	—	4.55	10.93
	6p	SE½S	7.0	-	5	—	—	6.83	7.73
	10p	SEzE¼E	7.2	NEzE	5	—	—	6.83	9.11
I. 14	2a	SE¼S	7.0	ENE	5—3	—	—	6.38	9.11
	6a	SE½E	6.2	NEzE	3—4	—	—	4.55	8.20
	10a	SEzE½E	6.4	NEzN	4—2	—	—	4.55	5.02
	2p	Lotheten		NNE	2—3	—	—	1.82	2.28
	6p	ESE	4.5	NE	3—4	—	—	3.64	4.55
	10p	SE½E	4.8	ENE	3	—	—	4.09	4.55
I. 15	2a	SSE	4.5	E-lich	3	—	—	1.37	2.28
	6a	S¾W	4.4	SEzE	3	—	—	3.19	4.55
	10a	ESE	3.2	SzW	2—4	—	—	1.82	6.83
	2p	-	7.4	SSW	4—5	—	—	5.44	6.83
	6p	ESE½E	3.0	-	2—3	—	—	1.82	9.56
	10p	EzS	9.5	-	6	—	—	8.65	10.93
I. 16	2a	-	9.0	SWzS	5—6	—	—	6.83	7.74
	6a	-	7.6	SW-lich	4—5	—	—	3.64	4.55
	10a	-	7.4	SWzW	4—5	—	—	2.28	4.10
	2p	-	5.9	W-lich	4—5	—	—	2.28	4.55
	6p	E½S	6.2	-	4—6	—	—	2.75	3.64
	10p	-	9.6	SWzS	4—7	—	—	4.55	5.47
I. 17	2a	-	10.6	-	6—7	—	—	5.47	6.38
	6a	E	8.4	-	6	—	—	5.02	7.31
	10a	-	6.5	SW	4	—	—	2.28	4.35
	2p	Lotheten		WSW	3—4	—	—	4.55	5.92
	6p	EzN	7.0	WNW	4	—	—	2.28	3.64
	10p	-	10.2	-	6	—	—	3.19	3.64
I. 18	2a	-	10.4	NW	6—7	—	—	5.47	6.83
	6a	-	11.4	-	7	—	—	5.47	7.31
	10a	-	13.5	-	7	—	8.20	—	—
	2p	-	11.2	-	7	—	—	8.65	9.11
	6p	ENE¾E	12.8	NzW	7—8	—	—	6.38	9.11
	10p	-	11.0	-	7—8	—	—	10.02	11.39
I. 19	2a	ENE½E	10.0	-	8—5	—	—	6.38	10.93
	6a	-	4.4	W-lich	4—2	—	—	0.91	4.09
	10a	-	5.8	NWzW	3—4	—	—	1.37	2.28
	2p	-	6.5	WzN	4	—	—		
	6p	-	6.8	NWzW	3—4	—	—	2.75	3.64
	10p	-	6.5	WNW	4	—	—		
1876	2a	ENE½E	6.5	WzS	3—4	—	—	1.82	2.28
I. 20	6a	-	6.2	WSW	3—4	—	—	1.82	2.28
	10a	Lotheten			4	—	—	6.38	7.31
	2p	ENE½E	6.2	-	4	—	2.75	—	—
	6p	-	6.1	-	4	—	—	1.39	1.82
	10p	-	6.3	WNW	4	—	—	3.19	4.10
I. 21	2a	-	7.8	NW	4—5	—	—	4.55	5.92
	6a	-	8.4	-	4—5	—	—	3.64	5.92
	10a	-	8.4	-	4—5	—	—	3.64	5.47
	2p	-	7.0	NNW	4—5	—	—	3.19	5.02
	6p	-	5.0	NW	3	—	—	1.82	4.10
	10p	-	3.7	-	2—3	—	—	1.82	2.75
I. 22	2a	ENE¾E	2.8	-	2	—	—	0	1.37
	6a	-	3.8	-	2—3	—	—	1.82	2.28
	10a	-	6.0	WNW	3—4	—	—		
	2p	-	7.5	NWzN	4	—	—	2.28	3.19
	6p	-	8.0	NNW	4—5	—	—	4.19	9.11
	10p	-	11.5	-	6—4	—	—	5.92	9.11
I. 23	2a	-	5.2	-	4—3	—	—	1.37	5.02
	6a	Lotheten		-	1—3	—	—	1.37	3.64
	10a	ENE¾E	13.0	NW	7—8	—	—	8.20	13.66
	2p	-	6.6	WNW	4	—	—	4.10	5.82
	6p	-	10.7	-	5—6	—	—	3.64	5.82
	10p	-	9.8	WzN	6	—	—	5.47	6.38
I. 24	2a	-	10.7	-	6—5	—	—	4.55	5.82
	6a	-	7.1	NW	4—3	—	—	2.28	4.09
	10a	-	6.5	W-lich	3	—	—	0.91	2.28
	2p	-	7.6	SSW	4—7	—	—	4.55	11.86
	6p	-	12.8	-	6—7	—	—	5.47	5.92
	10p	-	11.3	SWzS	6—7	—	—	5.47	5.92
I. 25	2a	-	10.5	SWzW	7	—	—	9.11	10.93
	6a	-	12.6	-	7	—	—	8.65	10.48
	10a	-	9.7	WSW	7—8	—	—	10.48	11.39
	2p	-	10.8	W	6—8	—	—	8.20	10.48
	6p	-	9.4	-	7—8	—	—	8.20	9.11
	10p	-	11.4	WzN	8	—	—	10.48	12.30
I. 26	2a	-	10.2	-	8	—	—	10.48	13.66
	6a	-	10.8	W	8	—	—	9.11	11.39
	10a	-	10.8	WzS	8	—	—	10.48	12.30
	2p	-	11.6	W	8	—	—	10.93	11.39
	6p	-	11.0	-	8	—	—	10.48	11.87
	10p	-	11.3	-	8—9	—	—	10.48	12.00
I. 27	2a	-	11.4	-	7—8	—	—	9.11	11.39
	6a	-	12.0	SWzW	8—9	—	—	9.11	12.30
	10a	-	11.6	-	8	—	—	9.11	10.02
	2p	-	11.0	-	7—8	—	—	7.31	9.57
	6p	-	11.5	-	6—7	—	—	7.31	8.20
	10p	-	11.5	-	6—7	—	—	6.83	9.11
I. 28	2a	-	11.3	SWzS	6—7	—	—	8.20	9.11
	6a	-	10.5	-	6—7	—	—	5.92	8.20
	10a	-	8.3	-	5	—	—	4.55	5.47
	2p	Lotheten		SW	5—7	—	—	6.83	10.93
	6p	ENE¾E	5.4	-	5—7	—	—	6.83	8.20
	10p	E½S	8.0	SSWbis SWzS	4—5	—	—	3.33	4.74

Datum	Zeit	Schiffsbewegung: Kurs	Schiffsbewegung: Fahrt Sm p. h	Wind: Richt.	Wind: Stk.	Geschwindigkeit: Stunde	Geschwindigkeit: in Meter pr. Sek.	Bemerkungen Extreme i. M. p. S.: Min.	Max.
1876	2^a	E$^3/_4$S	8.2	SWzW	5	—	—	3.83	4.92
I. 29	6^a	-	7.4	-	4—5	—	—	4.33	7.54
	10^a	-	9.2	SW	5—6	—	—	4.05	5.56
	2^p	-	9.5	WSW	7	—	—	4.83	6.38
	6^p	-	10.2	-	8	—	—	5.47	7.97
	10^p	E$^1/_2$S	10.4	SWzW	7—8	—	—	8.20	9.11
I. 30	2^a	-	10.8	SWzS	8	—	—	9.88	11.21
	6^a	-	10.0	S	9	—	—	9.25	13.66
	10^a	-	9.1	-	7—8	—	—	7.88	9.16
	2^p	-	8.5	SSW	6	—	—	3.55	6.56
	6^p	E$^3/_4$S	7.6	-	5—6	—	—	2.28	4.65
	10^p	-	6.8	WSW	3—4	—	—	2.19	2.64
I. 31	2^a	-	5.0	W-lich	3—4	—	—	3.17	3.87
	6^a	-	7.8	-	4—5	—	—	3.46	3.78
	10^a	Lotheten		SWzW	5—6	—	—	7.49	8.20
	2^p	E$^1/_4$S	8.4	WSW	4—5	—	—	3.74	6.74
	6^p	-	8.8	-	4—5	—	—	1.64	2.55
	10^p	E	8.0	W	6	—	—	3.12	5.24
II. 1	2^a	E$^1/_2$N	7.5	-	5	—	—	4.87	5.20
	6^a	EzN	7.4	-	5—4	—	—	3.60	4.37
	10^a	-	9.7	WNW	6	—	—	4.97	6.70
	2^p	W	3.1	WzS	7	—	—	6.10	17.63
	6^p	SEzE$^1/_4$E	9.0	SSW	7—6	—	—	12.23	13.48
	10^p	Zu Anker		-	4—6	—	—	5.33	8.56
		in Tuesday-Bai							
II. 2	2^a	-		SW-lich	1—3	—	—	1.28	3.37
	6^a	-		S-lich	1	—	—	0.91	2.32
	10^a	-		E	1—6	—	—	3.64	12.05
	2^p	-		N-lich	6—9	—	—	7.31	19.46
	6^p	-		SW-lich	3—7	—	—	7.30	8.84
	10^p			SSW	4—7	—	—	3.83	9.15
II. 3	2^a	-		SW	3—7	—	—	1.96	5.47
	6^a	-		SW—S	6—7	—	—	4.51	5.51
	10^a	Back gebrasst		SWzW	8	—	—	4.05	15.64
		zum Lothen							
	2^p	ESE	8.5	SW—W	5—6	—	—	3.12	5.92
	6^p	Zu Anker		-	5—7	—	—	3.85	9.79
	10^p	-		SW—WSW	4—6	—	—	2.76	9.11
II. 4	2^a	-		SW	6—9	—	—	8.56	18.36
	6^a	ESE$^3/_4$E	7.2	SW—WSW	8-10	—	—	5.37	21.41
	10^a	E$^1/_2$N	9.0	SW	5—8	—	—	5.56	14.44
	2^p	E$^1/_2$S	7.6	W	4	—	—	3.42	6.02
	6^p	NzW	7.5	WSW	4—6	—	—	3.12	5.42
	10^p	Nach Peilungen		SW	2—3	—	—	2.10	5.10
		Zu Anker							
		in Angosto-Hafen							
II. 5	2^a	-		SW	4—5	—	—	4.92	7.67
	6^a	-		WSW	4—6	—	—	4.24	8.61
	10^a	-		SW	4—7	—	—	6.10	13.16
	2^p	-		-	5	—	—	4.97	8.52
	6^p	-		-	3	—	—	0.82	6.10
	10^p	-		SWzW	0—1	—	—	0	1.55
II. 6	2^a	-		NNW	2—3	—	—	1.87	4.65
	6^a	-		NzE	3	—	—	0	5.24
	10^a	-		WzS	1—2	—	—	0.45	6.47
	2^p	-		WzN	5	—	—	8.38	9.29
	6^p	-		-	6—7	—	—	8.02	15.03
	10^p			SWzW	4—7	—	—	4.74	11.07

Datum	Zeit	Schiffsbewegung: Kurs	Schiffsbewegung: Fahrt Sm p. h	Wind: Richt.	Wind: Stk.	Geschwindigkeit: Stunde	Geschwindigkeit: in Meter pe. Sek.	Bemerkungen Fxtreme i. M p. S.: Min.	Max.
1876	2^a	Zu Anker		SW	4	—	—	4.92	5.47
II. 7		in Angosto-Hafen							
	6^a	-		WSW	4—5	—	—	5.42	10.70
	10^a	-		-	4	—	—	4.65	8.88
	2^p	-		WzN	4—6	—	—	2.64	8.79
	6^p	-		WNW	5—6	—	—	8.25	8.93
	10^p	-		-	5—6	—	—	5.83	8.38
II. 8	2^a	-		W	5	—	—	5.02	6.83
	6^a	-		WSW	4—5	—	5.47	—	—
	10^a	-		SWzW	5	—	—	7.31	7.74
	2^p	N$^1/_2$E	10.5	WzS	6—7	—	—	5.92	6.38
	6^p	NNE$^1/_2$E	7.5	WSW	6—7	—	—	5.92	7.31
	10^p	E$^1/_2$N	8.7	SW	5—7	—	—	8.20	10.02
II. 9	2^a	NEzE$^3/_4$E	9.4	SzW	7—8	—	—	10.02	13.89
	6^a	N$^1/_2$E	8.4	SWzS	8—9	—	—	12.30	13.66
	10^a	N$^1/_4$E	9.6	SW	8—9	—	—	11.39	14.12
	2^p	-	9.3	-	8—9	—	—	12.75	13.89
	6^p	-	9.0	-	9—7	—	—	8.65	11.38
	10^p	N$^1/_2$E	9.2	-	7—8	—	—	9.57	15.49
II. 10	2^a	-	9.1	SWzS	6—8	—	—	9.11	12.30
	6^a	-	7.3	-	7—8	—	—	10.02	15.97
	10^a	-	9.6	SW	7—9	—	—	9.11	15.49
	2^p	-	8.2	-	6—7	—	—	5.47	7.74
	6^p	Lotheten		SSW	6—3	—	—	}1.37	4.55
	10^p	N$^1/_2$E	6.3	WNW	1—3	—	—		
II. 11	2^a	NE	4.9	NW-lich	3—4	—	—	2.75	6.83
	6^a	NEzE	4.5	N-lich	4—5	—	6.83	—	—
	10^a	N$^1/_4$E	9.2	W	5	—	—	5.47	6.38
	2^p	-	6.0	-	3	—	—	3.19	5.02
	6^p	-	2.6	WNW	2—3	—	—	3.19	3.64
	10^p	NNE	6.8	NW	5	—	—	6.83	8.20
II. 12	2^a	NzE$^3/_4$E	5.6	WNW	3—2	—	—	1.37	5.02
	6^a	N$^1/_4$E	2.7	SW-lich	2—0	—	—	0	1.82
	10^a	-	1.6	SE-lich	1	—	—	0	0.91
	2^p	-	4.6	S-lich	2	—	—	0	2.28
	6^p	-	8.5	SW	4—5	—	—	5.02	5.92
	10^p	N$^1/_2$E	10.2	-	7—8	—	—	10.93	11.87
II. 13	2^a	-	10.0	SWzS	7	—	—	10.02	11.39
	6^a	-	7.0	SE	6	—	—	5.02	7.74
	10^a	-	8.1	-	6	—	—	5.47	6.83
	2^p	NE$^1/_2$N	8.8	-	5—6	—	—	4.55	8.20
	6^p	-	6.0	ESE	3—4	—	—	2.28	5.47
	10^p	NE$^1/_2$E	5.1	SEzE	3	—	3.64	—	—
II. 14	2^a	NE$^1/_2$N	6.8	-	1—2	—	—	0	1.82
	6^a	-	5.4	Still		—	0	—	—
	10^a	NNE	4.7	W-lich	1	—	0	—	—
	2^p	NzE$^1/_2$E	6.0	Still		—	0	—	—
	6^p	-	5.3	-		—	0	—	—
	10^p	-	5.5	-		—	0	—	—
II. 15	2^a	-	5.6	NNW	0—1	—	—	0	0.45
	6^a	-	5.9	NW	0—1	—	0	—	—
	10^a	-	6.0	SW	0—1	—	0	—	—
	2^p	N	5.6	Still		—	0	—	—
	6^p	N$^1/_2$E	5.8	ENE	0—1	—	0	—	—
	10^p	-	3.9	NE-lich	1	—	—	2.75	3.64

Datum	Zeit	Schiffsbewegung Kurs	Fahrt Sm p. h	Wind Richt.	Stk.	Geschwindigkeit Stunde	in Meter pr. Sek.	Bemerkungen Extreme i. M. p. S. Min.	Max.
1876									
II. 16	2^a	N	4.0	NE-lich	2—3	—	—	5.92	6.83
	6^a	NNE	4.1	NzE	2	—	—	1.82	4.55
	10^a	NW	7.2	NNE	3—4	—	—	5.02	5.47
	2^p	W	7.7	SSW	0—3	—	—	0	5.92
	6^p	Zu Anker in der La Plata-Mündg.		E	5—6	—	—	9.11	11.38
	10^p	-		NNE	3—4	—	—	5.47	6.38
II. 17	2^a	-		NE	4	—	—	6.83	9.57
	6^a	-		N	3—4	—	4.55	—	—
	10^a	-		ESE	3—4	—	—	4.10	6.38
	2^p	-		N	5—1	—	—	1.37	9.11
	6^p	-		E	4—2	—	—	3.64	6.38
	10^p	-		Still		—	0	—	—
II. 18	2^a	-		NE	2	—	—	1.37	3.19
	6^a	-		NzE	2—0	—	—	0	3.19
	10^a	-		SW-lich	1—3	—	—	1.82	5.92
	2^p	-		SSE	5	—	—	8.64	10.02
	6^p	-		SE	5—6	—	—	11.39	11.87
	10^p	-		SEzE	5	—	—	8.20	10.48
II. 19	2^a	-		-	3—4	—	—	4.10	5.92
	6^a	-		SSE	3—4	—	—	4.78	5.92
	10^a	E$^1/_2$S	10.4	-	3—4	—	—	4.78	6.40
	2^p	E$^1/_2$N	9.2	-	5	—	—	3.65	5.47
	6^p	ENE$^1/_2$E	7.5	-	4—5	—	—	5.47	6.38
	10^p	EzN	6.5	-	3—4	—	—	4.55	6.38
II. 20	2^a	-	3.1	-	2—3	—	—	2.75	5.47
	6^a	-	6.9	-	3—4	—	—	4.10	5.47
	10^a	-	3.8	SSW	2—3	—	—	0.45	1.37
	2^p	-	6.2	SW	2—3	—	—	1.37	2.75
	6^p	Lotheten		WSW	4	—	—	5.02	5.47
	10^p	E$^1/_2$N	6.8	WNW	2—4	—	—	0.91	3.64
II. 21	2^a	EzN	7.8	NWzW	4—5	—	—	4.10	5.02
	6^a	-	7.5	-	4—5	—	—	3.19	3.64
	10^a	-	7.4	-	4—5	—	—	2.75	3.64
	2^p	Lotheten		WNW	3—4	—	—	4.10	7.38
	6^p	EzN	5.8	Still		—	0	—	—
	10^p	-	6.0	N-lich	2	—	—	3.64	6.38
II. 22	2^a	-	6.2	NzE	4	—	—	5.47	6.38
	6^a	-	5.6	N	4—5	—	—	4.55	6.38
	10^a	-	6.7	-	3—4	—	—	3.64	4.55
	2^p	-	2.8	NzW	2	—	—	0	2,75
	6^p	ESE$^1/_2$E	3.7	NE	3—4	—	—	4.55	6.83
	10^p	EzS	5.0	NNE	4	—	—	4.55	5.92
II. 23	2^a	E$^3/_4$N	6.3	N-lich	4	—	—	5.47	7.31
	6^a	-	3.4	-	2—3	—	—	0	1.82
	10^a	-	5.5	NzE	2	—	—	3.19	4.09
	2^p	-	6.0	-	2—3	—	—	3.64	4.10
	6^p	-	6.0	-	2—3	—	3.19	—	—
	10^p	-	7.0	NzW	3—1	—	—	1.37	2.76
II. 24	2^a	-	6.2	NNW	2	—	—	1.37	1.82
	6^a	-	6.5	-	3	—	—	1.37	1.82
	10^a	-	7.5	NW	3—4	—	—	1.82	3.64
	2^p	Lotheten		WNW	4	—	—	6.38	7.31
	6^p	E$^3/_4$N	5.6	-	3—4	—	—	0.91	2.28
	10^p	-	4.2	WzN	3	—	—	0.91	1.82

Datum	Zeit	Schiffsbewegung Kurs	Fahrt Sm p. h	Wind Richt.	Stk.	Geschwindigkeit Stunde	in Meter pr. Sek.	Bemerkungen Extreme i. M. p. S. Min.	Max.
1876									
II. 25	2^a	E$^3/_4$N	3.7	SSW	2	—	—	0	0.91
	6^a	-	5.5	SSE	3—4	—	—	2.75	4.10
	10^a	ENE$^1/_4$E	3.4	SE-lich	3	—	—	3.19	5.47
	2^p	NE$^1/_2$N	5.8	ESE	4—5	—	—	5.47	6.38
	6^p	-	6.5	-	4—5	—	—	5.02	6.38
	10^p	NE$^3/_4$N	6.2	EzS	4—5	—	—	6.38	8.20
II. 26	2^a	SEzS	4.8	EzN	3—4	—	—	5.92	6.38
	6^a	-	5.6	-	4	—	—	5.92	6.38
	10^a	SE	6.6	-	4—5	—	—	5.47	7.31
	2^p	SE$^1/_4$E	5.2	ENE	4	—	—	5.47	6.38
	6^p	-	6.5	NEzE	4—5	—	—	5.47	7.31
	10^p	ESE$^1/_4$E	6.1	NE-lich	5	—	—	6.83	9.56
II. 27	2^a	ESE$^1/_2$E	5.5	-	5—3	—	—	5.47	8.20
	6^a	ESE$^3/_4$E	4.3	NEzN	3—4	—	—	4.55	5.02
	10^a	SEzE	4.7	NEzE	3—4	—	—	3.64	5.92
	2^p	ESE	6.2	NE	4—5	—	—	6.83	7.31
	6^p	EzS	5.6	NEzN	5—6	—	—	8.20	10.93
	10^p	ESE$^1/_4$E	6.0	NE	4	—	—	5.91	6.83
II. 28	2^a	ESE$^1/_2$E	6.5	-	4	—	—	5.47	7.31
	6^a	E$^1/_2$N	6.6	NzE	5—7	—	—	8.20	13.66
	10^a	ENE	6.4	NNW	6	—	—	8.20	9.11
	2^p	-	8.0	NW	5—4	—	—	5.47	8.20
	6^p	-	4.3	-	3—2	—	—	1.37	2.75
	10^p	-	3.6	-	2—3	—	—	1.14	2.75
II. 29	2^a	NEzE	2.4	WNW	1—2	—	0	—	—
	6^a	-	2.4	NW-lich	1—2	—	0	—	—
	10^a	-	6.4	NNW	2	—	—	2.75	3.19
	2^p	-	7.0	-	2	—	—	2.75	3.64
	6^p	-	5.7	-	2	—	—	2.28	3.19
	10^p	-	6.0	-	3—4	—	—	3.64	5.92
III. 1	2^a	-	7.5	-	3—5	—	—	5.47	8.20
	6^a	-	6.8	-	4—5	—	—	5.02	6.38
	10^a	-	6.1	-	4—5	—	—	3.19	5.02
	2^p	-	6.8	-	4—5	—	4.10	—	—
	6^p	-	4.7	NWzN	4—3	—	—	1.82	3.64
	10^p	-	5.0	NNW	4—3	—	—	0.91	2.28
III. 2	2^a	-	4.5	-	3	—	—	1.37	3.19
	6^a	-	1.1	WNW	2—0	—	—	0	0.55
	10^a	-	5.5	NW	0—1	—	—	0	0.45
	2^p	-	5.4	W	0—1	—	0	—	—
	6^p	-	5.2	Still		—	—	0	0.91
	10^p	-	4.9	ESE	1	—	—	0.45	1.82
III. 3	2^a	NE	5.4	-	1—3	—	—	2.28	4.55
	6^a	-	5.3	-	2	—	—	3.64	4.55
	10^a	Lotheten		ENE	1	—	—	0.91	1.37
	2^p	NE	5.2	E-lich	1—2	—	1.82	—	—
	6^p	NEzN	4.4	NE	1	—	—	2.75	5.02
	10^p	-	5.2	-	1—2	—	—	5.02	6.38
III. 4	2^a	-	4.6	-	2—3	—	—	4.55	5.92
	6^a	-	4.5	-	2	—	—	5.20	5.92
	10^a	-	4.6	NEzE	2—3	—	—	4.55	5.47
	2^p	NNE$^1/_2$E	5.8	EzS	2—3	—	—	4.10	5.02
	6^p	NE$^1/_2$N	5.3	-	2—3	—	—	2.28	4.09
	10^p	N$^1/_4$E	2.3	ENE	2	—	—	0	0.91

Datum	Zeit	Schiffsbewegung: Kurs	Schiffsbewegung: Fahrt Sm p. h	Wind: Richt.	Wind: Stk.	Geschwindigkeit: Stunde	Geschwindigkeit: in Meter pr. Sek.	Bemerkungen Extreme i. M. p. S.: Min.	Bemerkungen Extreme i. M. p. S.: Max.
1876	2^{a}	NzE$\frac{3}{4}$E	2.4	EzS	2	—	—	0	1.37
III.	6^{a}	NNE$\frac{1}{2}$E	2.5	-	2—3	—	—	0.91	2.28
5	10^{a}	N$\frac{1}{2}$E	2.0	EzN	2	—	—	1.37	1.82
	2^{p}	NzE	2.8	-	2—3	—	—	2.28	3.64
	6^{p}	N$\frac{1}{2}$W	1.8	ENE	2—1	—	—	0.91	2.28
	10^{p}	NNE$\frac{3}{4}$E	4.8	E	2—3	—	—	3.19	4.10
III.	2^{a}	NNE$\frac{1}{4}$E	4.3	-	2—3	—	—	4.55	5.92
6	6^{a}	NNE$\frac{1}{2}$E	4.7	-	2—3	—	—	4.55	5.92
	10^{a}	NzE$\frac{3}{4}$E	6.5	-	4	—	7.38	—	—
	2^{p}	-	4.0	-	3—4	—	—	5.47	6.38
	6^{p}	NEzN	4.0	EzS	3—4	—	—	2.75	3.64
	10^{p}	NzE$\frac{1}{2}$E	5.6	E-lich	3—6	—	—	4.09	5.02
III.	2^{a}	NNE$\frac{1}{2}$E	6.2	-	5	—	—	5.92	8.20
7	6^{a}	NEzN	7.0	ESE	4—5	—	—	5.02	7.31
	10^{a}	-	5.8	-	4—5	—	—	4.55	6.83
	2^{p}	Lotheten		-	4	—	—	5.47	6.38
	6^{p}	NNE$\frac{1}{2}$E	7.1	-	5	—	—	6.38	6.83
	10^{p}	NNE	8.4	EzS	5—6	—	—	5.02	7.31
III.	2^{a}	-	8.1	-	5	—	—	5.92	7.31
8	6^{a}	-	9.8	-	5—6	—	—	6.83	9.11
	10^{a}	-	10.2	-	5—6	—	—	6.83	9.11
	2^{p}	-	9.6	-	4—5	—	—	5.47	6.38
	6^{p}	-	7.5	-	2—4	—	—	2.28	5.47
	10^{p}	-	5.7	ESE	3—4	—	—	3.19	5.02
III.	2^{a}	-	6.7	EzS	4—5	—	—	4.55	6.38
9	6^{a}	-	7.2	-	5—6	—	—	5.20	6.83
	10^{a}	-	8.0	ESE	5—6	—	—	6.83	7.74
	2^{p}	-	8.2	-	4—5	—	—	4.10	5.92
	6^{p}	-	7.7	EzS	4—5	—	—	3.19	4.10
	10^{p}	-	8.8	ESE	4—5	—	—	3.64	4.78
III.	2^{a}	NNE$\frac{1}{4}$E	7.8	-	4—5	—	—	4.55	5.47
10	6^{a}	-	7.7	EzS	4	—	—	4.10	4.55
	10^{a}	Lotheten		-	4	—	5.92	—	—
	2^{p}	NNE$\frac{1}{4}$E	5.7	-	4	—	—	3.19	3.64
	6^{p}	-	6.3	ESE	3—4	—	—	2.20	3.19
	10^{p}	-	6.7	EzS	4	—	—	3.64	5.02
III.	2^{a}	NzE$\frac{1}{2}$E	7.2	E	4—5	—	—	5.02	5.92
11	6^{a}	NNE$\frac{1}{4}$E	6.5	EzS	4	—	—	3.64	5.02
	10^{a}	-	8.5	ESE	4—5	—	—	4.10	7.31
	2^{p}	-	7.2	-	4—5	—	—	4.10	5.20
	6^{p}	-	6.5	-	4—5	—	—	4.55	6.38
	10^{p}	NNE$\frac{1}{2}$E	8.6	-	5	—	—	4.09	8.20
III.	2^{a}	-	8.8	-	5—6	—	—	5.92	6.83
12	6^{a}	-	8.5	SEzE	5—6	—	—	6.38	7.31
	10^{a}	-	9.8	-	5—6	—	—	6.38	6.83
	2^{p}	-	8.8	-	5—6	—	—	5.92	6.38
	6^{p}	Lotheten		-	4—5	—	?	—	—
	10^{p}	NNE$\frac{1}{2}$E	8.0	-	4—5	—	—	4.55	5.02
III.	2^{a}	-	6.6	-	4	—	—	3.64	4.55
13	6^{a}	-	4.9	-	3	—	—	2.28	4.09
	10^{a}	-	7.0	ESE	3—4	—	—	3.64	4.10
	2^{p}	-	7.1	-	3—4	—	—	3.19	3.64
	6^{p}	-	6.0	SEzE	3	—	..	2.28	3.19
	10^{p}	-	7.6	-	4	—	—	3.19	4.55

Datum	Zeit	Schiffsbewegung: Kurs	Schiffsbewegung: Fahrt Sm p. h	Wind: Richt.	Wind: Stk.	Geschwindigkeit: Stunde	Geschwindigkeit: in Meter pr. Sek.	Bemerkungen Extreme i. M. p. S.: Min.	Bemerkungen Extreme i. M. p. S.: Max.
1876	2^{a}	NNE$\frac{1}{2}$E	7.2	SEzE	3—4	—	—	3.19	4.10
III.	6^{a}	-	6.8	-	3	—	—	2.75	4.10
14	10^{a}	-	5.5	SE	3	—	—	2.75	3.64
	2^{p}	-	5.6	-	3	—	1.82	—	—
	6^{p}	Lotheten		-	2	—	2.28	—	—
	10^{p}	NNE$\frac{1}{2}$E	5.4	-	2	—	—	1.37	2.28
III.	2^{a}	-	4.6	ESE	0—2	—	—	0	2.28
15	6^{a}	-	5.0	EzS	1—2	—	—	0.91	1.37
	10^{a}	-	5.7	SE	2	—	—	0.45	0.91
	2^{p}	-	7.1	SEzS	3	—	—	2.75	3.64
	6^{p}	-	6.1	-	3—2	—	—	0.45	0.91
	10^{p}	-	7.3	ESE	3—2	—	—	1.37	3.19
III.	2^{a}	NNE$\frac{1}{4}$E	5.1	E-lich	1	—	—	0	0.91
16	6^{a}	-	3.9	Still		—	0	—	—
	10^{a}	-	4.0	E-lich	1	—	—	0.91	6.83
	2^{p}	N	3.3	ENE	1	—	—	0.91	2 28
	6^{p}	NNW$\frac{1}{2}$W	3.6	NE	1	—	—	0	1.37
	10^{p}	NzE	4.9	EzN	1—2	—	—	1.82	3.64
III.	2^{a}	NNE	4.8	E-lich	1	—	—	0	1.82
17	6^{a}	-	4.1	Still		—	—	0	3.64
	10^{a}	N$\frac{1}{4}$E	5.5	ENE	2	—	—	1.82	3.19
	2^{p}	Lotheten		NE	0—1	—	0	—	—
	6^{p}	NzE$\frac{1}{2}$E	3.5	-	1	—	—	2.28	5.47
	10^{p}	NW$\frac{1}{2}$N	3.2	NNE	2—3	—	—	4.55	5.47
III.	2^{a}	NW	3.0	-	2—3	—	—	4.10	5.47
18	6^{a}	-	5.0	-	2—4	—	—	0	4.55
	10^{a}	Trieben		Still		—	0	—	—
	2^{p}	E	0.3	N-lich	0—2	—	—	0	2.28
	6^{p}	E$\frac{1}{4}$S	3.5	NNE	3	—	—	2.28	4.55
	10^{p}	NW$\frac{1}{2}$W	5.3	-	3—4	—	—	4.55	6.83
III.	2^{a}	NzW$\frac{3}{4}$W	6.7	NE	4—5	—	—	6.38	8.20
19	6^{a}	NzW$\frac{1}{2}$W	7.5	-	5—4	—	—	5.47	8.20
	10^{a}	NNW	5.2	-	4	—	—	4.09	6.83
	2^{p}	NW$\frac{1}{2}$W	5.8	NNE	4—3	—	—	2.75	5.47
	6^{p}	NW$\frac{1}{2}$N	4.2	NEzN	3—4	—	—	2.28	3.19
	10^{p}	N$\frac{3}{4}$W	4.7	NEzE	4—5	—	—	4.55	7.31
III.	2^{a}	NzW	6.0	-	4—5	—	—	5.47	7.84
20	6^{a}	NNW	6.4	NE-lich	4	—	—	5.02	5.47
	10^{a}	-	4.0	-	2—3	—	—	2.28	3.64
	2^{p}	-	3.4	-	2—3	—	—	1.82	3.19
	6^{p}	NNW$\frac{3}{4}$W	4.5	-	3	—	—	4.09	5.47
	10^{p}	NNW$\frac{1}{2}$W	4.9	-	3	—	—	4.09	5.47
III.	2^{a}	NNW	4.8	-	3—4	—	—	5.47	6.38
21	6^{a}	NNW$\frac{1}{4}$W	6.3	-	4	—	—	5.47	6.38
	10^{a}	NNW$\frac{3}{4}$W	7.0	-	4	—	—	6.38	7.73
	2^{p}	NNW	6.1	-	4	—	—	5.92	7.31
	6^{p}	-	5.6	-	4	—	—	5.02	6.83
	10^{p}	NzW$\frac{1}{4}$W	6.2	NEzE	4—3	—	—	4.09	6.38
III.	2^{a}	NNW	3.0	NE	2—3	—	—	1.82	2.75
22	6^{a}	-	4.1	-	2—3	—	—	1.82	4.09
	10^{a}	NzW	5.1	NEzE	3	—	—	4.55	5.02
	2^{p}	NNW	5.0	-	3	—	—	3.19	5.02
	6^{p}	NWzN	6.4	NEzN	3—4	—	—	4.55	5.02
	10^{p}	N$\frac{3}{4}$W	6.2	NEzE	3—4	—	—	4.09	5.02

Datum	Zeit	Schiffsbewegung		Wind					
		Kurs	Fahrt Sm p. h	Richt.	Stk.	Geschwindigkeit Stunde	Geschwindigkeit in Meter pr. Sek.	Bemerkungen Extreme i. M. p. S. Min.	Max.
1876	2^a	N	6.2	ENE	3—4	—	—	5.02	5.47
III.	6^a	NzW	6.1	NEzE	3—4	—	—	3.19	5.02
23	10^a	N¼E	5.4	ENE	3—4	—	—	3.19	3.64
	2^p	NzE¼E	6.0	E	3—4	—	—	2.75	4.09
	6^p	N½W	4.2	ENE	3	—	—	1.82	3.19
	10^p	N¼W	4.7	-	3	—	—	1.82	4.10
III.	2^a	N	4.3	-	3	—	—	1.36	2.75
24	6^a	NW½N	5.2	NE-lich	3	—	—	3.64	5.02
	10^a	NNW¼W	6.6	-	3—4	—	—	4.09	5.47
	2^p	NWzN	4.3	-	3	—	—	3.64	4.32
	6^p	NzW¼W	3.8	NEzE	2—3	—	—	2.28	3.64
	10^p	N¼W	4.4	ENE	3	—	—	3.18	3.64
III.	2^a	N¼E	4.4	EzN	3	—	2.75	—	—
25	6^a	NzW	2.8	NEzE	2	—	—	1.82	2.28
	10^a	-	3.2	-	2—3	—	—	2.28	2.98
	2^p	NWzN	2.0	NE-lich	2—3	—	—	1.37	3.18
	6^p	N¼W	2.7	ENE-lich	2—1	—	—	0	1.82
	10^p	NzW½W	4.1	-	2—3	—	—	1.82	3.64
III.	2^a	-	3.4	-	3—1	—	—	0	3.64
26	6^a	NWzN	2.0	-	0—3	—	—	0	2.28
	10^a	N	1.0	E-lich	0—1	—	—	0	0.91
	2^p	-	1.0	-	0—1	—	0	—	—
	6^p	Trieben		Still		—	0	—	—
	10^p	EzS	0.8	NNE-lich	0—1	—	0	—	—
III.	2^a	Trieben		Still		—	0	—	—
27	6^a	-		-		—	0	—	—
	10^a	NNE	0.4	S-lich	0—1	—	0	—	—
	2^p	NEzN	1.5	NW	1	—	0	—	—
	6^p	NEzE	0.5	NNW	0—1	—	0	—	—
	10^p	ENE	0.8	NW	0—1	—	0	—	—
III.	2^a	NE	0.6	NNW	0—1	—	0	—	—
28	6^a		—	ENE	0—1	—	0	—	—
	10^a	NWzW½W	1.5	NNE	1	—	0	—	—
	2^p	NWzW	0.6	-	0—1	—	—	0	0.96
	6^p	NzE¼E	2.2	E-lich	1—2	—	—	0	1.82
	10^p	Trieben		Still		—	0	—	—
III.	2^a	NzW	2.0	ENE	0—3	—	2.28	0	3.64
29	6^a	NWzN	2.0	NE-lich	0—3	—	—	0	3.64
	10^a	NzW	4.9	NEzE	3	—	—	2.28	3.70
	2^p	N	4.8	ENE	3	—	—	4.09	5.92
	6^p	N½W	6.5	-	4—5	—	—	5.92	7.31
	10^p	NzW	8.6	NEzE	5	—	—	7.74	8.65
III.	2^a	N¾W	7.4	ENE	5—6	—	—	7.74	9.34
30	6^a	N	8.0	-	5—6	—	—	5.92	9.34
	10^a	-	8.3	EzN	5—6	—	—	5.92	8.65
	2^p	N¼E	8.2	-	5	—	—	7.74	8.65
	6^p	N½E	8.3	-	5—6	—	—	7.31	9.11
	10^p	N½W	7.2	-	5—6	—	—	7.74	8.65
III.	2^a	-	9.6	ENE	6	—	—	9.11	10.48
31	6^a	-	8.8	-	6	—	—	8.20	10.48
	10^a	N½E	8.7	EzN	5—6	—	—	8.20	8.65
	2^p	N½W	8.5	-	5—6	—	—	7.74	9.11
	6^p	-	7.2	-	5	—	—	6.38	8.65
	10^p	N¾W	8.8	-	5—6	—	—	7.31	9.56

Datum	Zeit	Schiffsbewegung		Wind					
		Kurs	Fahrt Sm p. h	Richt.	Stk.	Geschwindigkeit Stunde	Geschwindigkeit in Meter pr. Sek.	Bemerkungen Extreme i. M. p. S. Min.	Max.
1876	2^a	N½W	—	EzN	5—3	—	—	5.47	7.31
IV. 1	6^a	N¼W	2.7	ENE	1—3	—	—	1.37	5.02
	10^a	-	4.0	-	1—3	—	—	2.28	5.02
	2^p	N½W	4.2	-	2—3	—	—	1.82	2.28
	6^p	NzW	7.8	-	4—5	—	—	4.10	8.20
	10^p	N¾W	6.3	-	4—5	—	—	5.47	8.20
IV. 2	2^a	NNE	4.6	ESE	3—4	—	—	3.64	5.47
	6^a	-	2.3	SE	1—2	—	—	0	4.10
	10^a	-	5.0	E-lich	3	—	—	0	4.10
	2^p	-	0.3	SW	0—1	—	0	—	—
	6^p	-	2.8	SE-lich	1—2	—	0	—	—
	10^p	-	5.6	-	4	—	—	0.91	3.19
IV. 3	2^a	-	5.4	SW	3—5	—	—	2.27	4.55
	6^a	-	6.2	SSW	4—5	—	—	2.75	4.55
	10^a	-	8.2	SWzW	5	—	—	3.19	5.02
	2^p	NE	7.4	-	5	—	—	4.55	5.92
	6^p	ENE	9.7	NzW	7—8	—	11.86	In der Böe bis	19.59
	10^p	EzN	4.5	N-lich	7—0	—	{2.28 8.20	0	11.39
IV. 4	2^a	EzS	2.8	NNE	2—0	—	—	0	3.64
	6^a	ENE	5.9	N-lich	4	—	—	4.10	5.92
	10^a	E¼S	3.5	NNE	2—3	—	—	2.28	3.64
	2^p	NW	3.5	-	3	—	—	4.09	5.47
	6^p	NWzN	3.7	N-lich	3—2	—	—	0	4.10
	10^p	NWzW	2.8	-	2—1	—	—	0.91	3.64
IV. 5	2^a	-	2.6	-	1—2	—	—	0.45	2.28
	6^a	NW½N	0.5	-	0—1	—	0	—	—
	10^a	NNW¼W	1.3	ENE	1—2	—	—	0.91	2.28
	2^p	NNW	0.3	-	0—1	—	0	—	—
	6^p	Trieben		Still		—	0	—	—
	10^p	-		-		—	0	—	—
IV. 6	2^a	NNE	3.0	SE	2	—	—	0	1.82
	6^a	-	2.2	-	2	—	—	0.91	1.82
	10^a	-	3.9	S-lich	3—1	—	—	0	1.30
	2^p	NEzN	3.5	SSW	1—3	—	—	0	2.75
	6^p	-	6.3	SSE	4—5	—	—	1.37	2.28
	10^p	NEzE	8.8	SzE	5	—	—	2.28	3.19
IV. 7	2^a	-	9.6	-	5—6	—	—	3.19	4.55
	6^a	-	10.2	-	6—7	—	—	3.19	5.47
	10^a	-	11.2	-	7	—	—	5.47	6.83
	2^p	-	10.5	-	6—7	—	—	3.64	5.92
	6^p	NEzE½E	11.5	S-lich	7—8	—	—	5.47	7.73
	10^p	-	10.4	-	7—8	—	—	5.02	5.92
IV. 8	2^a	NEzE¾E	8.2	SW	7—5	—	—	2.75	5.47
	6^a	-	7.3	WSW	5—6	—	—	3.18	3.64
	10^a	-	7.8	-	5—6	—	—	3.18	4.10
	2^p	-	9.2	-	6	—	—	3.64	5.47
	6^p	-	7.2	W	5—4	—	0.91	—	—
	10^p	-	6.2	WSW	4—5	—	—	0.91	2.28
IV. 9	2^a	-	6.0	WzS	4—3	—	—	0.45	0.91
	6^a	-	7.7	WNW	5	—	—	0.91	2.28
	10^a	-	8.3	NNW	6—4	—	—	2.28	5.92
	2^p	NEzE¼E	10.4	NW	4—7	—	3.64	—	—
	6^p	-	11.2	NNW	7—8	—	—	4.55	9.57
	10^p	-	9.5	NWzN	7—8	—	—	9.11	10.93

Datum	Zeit	Schiffsbewegung: Kurs	Schiffsbewegung: Fahrt Sm p. h	Wind: Richt.	Wind: Stk.	Geschwindigkeit: Stunde	Geschwindigkeit: in Meter pr. Sek.	Bemerkungen Extreme i. M. p. S.: Min.	Bemerkungen Extreme i. M. p. S.: Max.
1876	2a	NE¾E	8.7	NNW	7—8	—	—	13.21	13.68
IV. 10	6a	-	6.0	NzW	7—8	—	—	10.02	12.30
	10a	NEzE¾E	8.3	-	7	—	—	8.20	10.02
	2p	ENE¼E	9.5	NNW	6—7	—	—	8.20	9.57
	6p	E¾N	8.5	NzW	6	—	—	7.31	8.64
	10p	Zu Anker Rhede von Horta		E-lich	4—6	—	—	5.02	9.11
IV. 11	2a	-		NEzE	5—6	—	—	9.11	10.93
	6a	-		NE	6	—	—	6.38	9.11
	10a	-		ENE	5—6	—	—	7.31	8.20
	2p	-		-	5—3	—	—	4.10	7.31
	6p	-		-	3—5	—	—	4.09	6.38
	10p	-		ESE	5—2	—	—	2.28	6.38
IV. 12	2a	-		E-lich	2—3	—	—	2.28	3.19
	6a	-		ESE	3—4	—	—	3.19	6.38
	10a	-		EzN	3—4	—	—	3.19	5.47
	2p	-		SzW	2—4	—	—	3.19	5.02
	6p	-		S	3—1	—	—	0	4.18
	10p	NEzN	7.0	ESE	3	—	—	3.64	5.02
IV. 13	2a	NEzE	6.8	-	3	—	—	3.19	5.02
	6a	ENE	4.9	SE	1—3	—	—	1.37	3.19
	10a	-	7.3	-	2—3	—	—	2.28	2.75
	2p	Gestoppt		SSE	0—2	—	—	0	2.28
	6p	-		-	1—2	—	—	0.91	1.82
	10p	ENE	6.1	-	0—2	—	—	0	0.68
IV. 14	2a	-	6.5	NNW	1—2	—	—	0	0.91
	6a	-	6.1	SSE	0—1	—	—	0	0.45
	10a	-	6.3	-	1—3	—	—	0	0.91
	2p	-	7.9	-	3—4	—	—	0.91	1.82
	6p	-	7.8	-	3—4	—	—	0.45	0.91
	10p	ENE¼E	7.9	SWzW	4—5	—	—	1.82	2.75

Datum	Zeit	Schiffsbewegung: Kurs	Schiffsbewegung: Fahrt Sm p. h	Wind: Richt.	Wind: Stk.	Geschwindigkeit: Stunde	Geschwindigkeit: in Meter pr. Sek.	Bemerkungen Extreme i. M. p. S.: Min.	Bemerkungen Extreme i. M. p. S.: Max.
1876	2a	ENE¼E	7.7	SW	4—5	—	—	1.82	3.64
IV. 15	6a	-	8.1	SSW	4—5	—	—	1.82	2.28
	10a	-	8.4	SWzS	5—6	—	—	2.28	3.19
	2p	-	8.8	-	5—6	—	—	3.64	4.55
	6p	EzN	9.3	-	6—7	—	—	3.19	3.64
	10p	-	10.0	-	7—8	—	—	3.64	5.02
IV. 16	2a	-	9.4	-	7—8	—	—	2.75	4.10
	6a	-	11.0	-	7—8	—	—	3.64	4.55
	10a	-	12.0	-	8	—	—	5.92	7.73
	2p	-	11.6	-	7—8	—	—	5.92	7.31
	6p	-	11.6	-	8—7	—	—	7.31	8.20
	10p	-	11.6	WNW	7—8	—	—	5.47	7.31
IV. 17	2a	E½N	7.6	WzN	7—8	—	—	5.02	7.73
	6a	-	7.9	W	8—9	—	—	8.20	8.65
	10a	-	10.2	-	9-10	—	—	10.93	12.75
	2p	E	10.8	-	9-10	—	—	10.02	12.75
	6p	-	9.4	-	9	—	—	10.93	11.39
	10p	E¼S	8.8	-	9—7	—	—	8.20	10.02
IV. 18	2a	-	7.4	SW	7—4	—	—	3.19	7.31
	6a	-	2.8	-	1—4	—	—	0	1.37
	10a	-	6.5	W	5—3	—	—	0.91	2.75
	2p	ENE¼E	8.8	SW-lich	5—6	—	—	1.82	2.75
	6p	-	8.0	SSE	5—2	—	—	0	1.82
	10p	NEzE¼E	5.0	W-lich	3	—	—	1.37	1.82
IV. 19	2a	-	3.7	WSW	2—0	—	0	—	—
	6a	-	7.2	N-lich	0—2	—	—	0	1.37
	10a	Zu Anker im Hafen v. Plymouth		NNW	2—3	—	—	1.37	3.64
	2p	-		WzN	3—4	—	—	3.64	5.47
	6p	-		-	3—0	—	—	0	4.55
	10p	-		SWzW	2—3	—	—	2.28	4.10

Die Beobachtungen sind im Hafen von Plymouth eingestellt.

III. Beobachtungen über das spezifische Gewicht und die Temperatur des Wassers an der Meeresoberfläche.

Es ist in der Einleitung zu den meteorologischen Beobachtungen an Bord S. M. S. „Gazelle“ schon die Rede gewesen von der Art und Weise, wie die Beobachtungen über das spezifische Gewicht des Meerwassers angestellt worden sind. In gleicher Weise wurde der Sorgfalt gedacht, mit welcher diese Beobachtungen angestellt wurden. Zur Ergänzung dessen, was dort gesagt wurde, sei hier erwähnt, dass das Aräometer von Steeger und das Normal-Aräometer von Greiner in den nachfolgend benannten respektiven Perioden zur Verwendung gelangten.

1. Steeger.	2. Greiner.
1874 6. Juli bis 1874 3. August.	1874 4. August bis 1874 6. August
- 7. August - - 1. Septbr.	- 2. Septbr. - - 7. Septbr.
- 8. Septbr. - 1875 7. Mai	1875 8. Mai - 1875 8. Septbr.
1875 9. Septbr. - - 23. Dezbr.	- 24. Dezbr. - - 27. Dezbr.
- 28. Dezbr. - 1876 1. Febr.	1876 2. Febr. - 1876 7. Febr.
1876 8. Febr. - - 14. Febr.	- 15. Febr. - - 19. Febr.
- 20. Febr. - - 19. April.	

Die hier folgenden Tabellen enthalten die Kolumnen: Die erste enthält das Datum der Beobachtung; die zweite die Zeit; in der dritten, mit Temp. °C überschriebenen, ist in Centigraden die Temperatur des Oberflächenwassers angegeben, welche zu der spezifischen Gewichtsbestimmung gehört. Die mit Sp. G. überschriebene Kolumne enthält das beobachtete spezifische Gewicht. Dasselbe ist nicht auf eine Normaltemperatur (17.5°) reduzirt, wie dies in den Angaben der „Auszüge“ der Fall ist. Die betreffende Reduktion bleibt sonach bei der Verwendung der Zahlenwerthe noch auszuführen.

Es bestand ursprünglich die Absicht, in einer letzten Kolumne, überschrieben Bemerkungen, alles Das zusammenzufassen, was die Umstände, Zeit und Ort, da die Beobachtungen gemacht sind, anlangt. Da jedoch in den „Auszügen“ auch darüber umständlich berichtet worden ist, so wurde aus Rücksichten der Ersparung des Raumes von der Durchführung dieser Absicht Abstand genommen, und wird der betreffenden Einzelheiten wegen auf das an jener Stelle Gesagte verwiesen.

In Fällen, in welchen es sich um eine scharfe Abgrenzung der Gebiete verschiedenen spezifischen Gewichtes des Meerwassers handelt, würde man allerdings, falls Das, was in den „Auszügen“ über Schiffspositionen und, was über Schiffspositions-Veränderung in den Kursangaben der Anemometer-Beobachtungen gegeben ist, nicht genügte, auf die Originalbeobachtungen zurückzugreifen haben. Solcher Fälle werden es jedoch äusserst wenige sein.

Temperatur (T) in Graden Celsius und Specifisches Gewicht der See (Sp. G.) beobachtet an Bord S. M. S. „Gazelle" in den Jahren 1874—1876.

Datum	Zeit	Temp. °C	Sp. G. = 1.02 +	Datum	Zeit	Temp. °C	Sp. G. = 1.02 +	Datum	Zeit	Temp. °C	Sp. G. = 1.02 +	Datum	Zeit	Temp. °C	Sp. G. = 1.02 +
1874 VII. 7	2a 4a	16.6	40	1874 VII. 11	2a 4a	19.1	64	1874 VII. 15	2a 4a	20.6	63	1874 VII. 19	2a 4a	21.2	50
	6a 8a	16.5	40		6a 8a	19.7	71		6a 8a	20.2	70		6a 8a	21.2	58
	10a Mittag	16.5	50		10a Mittag	20.1	70		10a Mittag	22.0	62		10a Mittag	21.3	72
	2p 4p	18.0	60		2p 4p	20.6	70		2p 4p	22.8	60		2p 4p	21.8	62
	6p 8p	18.1	60		6p 8p	18.6	59		6p 8p	22.4	64		6p 8p	22.2	54
	10p Mittern.	17.3	55		10p Mittern.	20.1	62		10p Mittern.	21.6	52		10p Mittern.	21.1	72
VII. 8	2a 4a	17.6	70	VII. 12	2a 4a	20.2	40	VII. 16	2a 4a	21.9	55	VII. 20	2a 4a	21.4	55
	6a 8a	17.6	71		6a 8a	20.6	52		6a 8a	22.1	65		6a 8a	21.6	72
	10a Mittag	18.1	63		10a Mittag	20.6	60		10a Mittag	21.9	59		10a Mittag	21.8	72
	2p 4p	18.8	65		2p 4p	21.1	60		2p 4p	22.1	60		2p 4p	22.1	72
	6p 8p	18.6	65		6p 8p	20.6	52		6p 8p	22.0	54		6p 8p	21.9	73
	10p Mittern.	18.8	65		10p Mittern.	20.6	60		10p Mittern.	21.1	55		10p Mittern.	21.6	74
VII. 9	2a 4a	18.1	65	VII. 13	2a 4a	19.6	60	VII. 17	2a 4a	21.1	60	VII. 21	2a 4a	21.1	74
	6a 8a	18.7	70		6a 8a	20.1	70		6a 8a	21.6	60		6a 8a	21.8	75
	10a Mittag	19.1	72		10a Mittag	20.7	65		10a Mittag	21.4	58		10a Mittag	22.6	69
	2p 4p	19.4	65		2p 4p	21.0	53		2p 4p	22.1	60		2p 4p	22.6	70
	6p 8p	19.6	67		6p 8p	20.9	61		6p 8p	21.6	55		6p 8p	22.2	72
	10p Mittern.	19.1	68		10p Mittern.	19.9	64		10p Mittern.	21.1	52		10p Mittern.	21.6	71
VII. 10	2a 4a	19.2	71	VII. 14	2a 4a	20.8	70	VII. 18	2a 4a	21.1	57	VII. 22	2a 4a	21.1	73
	6a 8a	19.1	67		6a 8a	21.5	63		6a 8a	21.4	55		6a 8a	21.1	69
	10a Mittag	20.1	67		10a Mittag	21.1	65		10a Mittag	21.2	46		10a Mittag	21.7	73
	2p 4p	19.8	67		2p 4p	21.6	62		2p 4p	23.4	48		2p 4p	22.4	72
	6p 8p	20.0	60		6p 8p	21.1	52		6p 8p	20.7	58		6p 8p	22.2	69
	10p Mittern.	19.6	60		10p Mittern.	20.4	65		10p Mittern.	21.5	55		10p Mittern.	21.8	69

Datum	Zeit	Temp. °C	Sp. G. = 1.02 +	Datum	Zeit	Temp. °C	Sp. G. = 1.02 +	Datum	Zeit	Temp. °C	Sp. G. = 1.02 +	Datum	Zeit	Temp. °C	Sp. G. = 1.02 +
1874 VII. 23	2a 4a	21.7	71	1874 VII. 28	2a 4a	23.3	61	1874 VIII. 2	2a 4a	23.8	48	1874 VIII. 7	2a 4a	24.1	48
	6a 8a	22.1	67.5		6a 8a	23.2	60		6a 8a	24.1	48		6a 8a	24.1	48
	10a Mittag	23.1	65		10a Mittag	25.0	59		10a Mittag	24.0	45		10a Mittag	24.2	44
	2p 4p	23.2	62		2p 4p	26.1	56		2p 4p	23.8	47		2p 4p	24.4	65
	6p 8p	22.9	65		6p 8p	24.6	58		6p 8p	23.9	49		6p 8p	23.9	46
	10p Mittern.	22.4	66		10p Mittern.	24.0	60		10p Mittern.	24.6	48		10p Mittern.	23.6	48
VII. 24	2a 4a	21.6	69	VII. 29	2a 4a	24.2	59	VIII. 3	2a 4a	23.4	50	VIII. 8	2a 4a	23.5	50
	6a 8a	21.8	63		6a 8a	25.1	57		6a 8a	24.1	51		6a 8a	23.4	50
	10a Mittag	23.3	63.5		10a Mittag	25.2	58		10a Mittag	24.3	51		10a Mittag	23.1	52
	2p 4p	24.0	61		2p 4p	25.3	57		2p 4p	24.4	50		2p 4p	24.6	50
	6p 8p	23.3	62		6p 8p	26.0	56		6p 8p	24.2	53		6p 8p	24.3	51
	10p Mittern.	22.9	62.5		10p Mittern.	25.6	53		10p Mittern.	23.9	52.7		10p Mittern.	24.0	52
VII. 25	2a 4a	22.8	63	VII. 30	2a 4a	25.6	50	VIII. 4	2a 4a	23.1	52	VIII. 9	2a 4a	23.8	53
	6a 8a	22.4	62		6a 8a	25.6	50		6a 8a	23.7	51.5		6a 8a	24.1	54
	10a Mittag	25.0	62		10a Mittag	26.5	47		10a Mittag	24.1	46		10a Mittag	25.0	51
	2p 4p	24.5	60		2p 4p	25.1	49		2p 4p	24.7	34[1]		2p 4p	25.0	50
	6p 8p	24.0	59.5		6p 8p	25.3	49		6p 8p	24.1	1.0185		6p 8p	25.0	51.8
	10p Mittern.	24.0	57		10p Mittern.	25.3	48		10p Mittern.	23.3	1.0186		10p Mittern.	24.4	52.7
VII. 26	2a 4a	22.4	64	VII. 31	2a 4a	24.3	47	VIII. 5	2a 4a	23.3	1.0185	VIII. 10	2a 4a	23.9	51
	6a 8a	24.1	65		6a 8a	25.8	48		6a 8a	23.7	—		6a 8a	24.7	50.6
	10a Mittag	23.6	61		10a Mittag	26.0	46		10a Mittag	24.1	—		10a Mittag	25.1	47
	2p 4p	24.6	57		2p 4p	25.9	47		2p 4p	24.3	—		2p 4p	25.4	46.5
	6p 8p	24.4	60		6p 8p	25.6	47		6p 8p	23.7	—		6p 8p	25.6 25.0	47 47
	10p Mittern.	23.9	60		10p Mittern.	25.6	46		10p Mittern.	22.8	—		10p Mittern.	24.8 24.4	51 53
VII. 27	2a 4a	23.6	60	VIII. 1	2a 4a	25.6	46	VIII. 6	2a 4a	23.1	—	VIII. 11	2a 4a	24.5 24.4	52 53
	6a 8a	24.8	60		6a 8a	24.6	48		6a 8a	23.8	1.0185		6a 8a	24.2 24.3	54 54
	10a Mittag	24.8	58		10a Mittag	24.6	49		10a Mittag	23.7	1.0155		10a Mittag	24.2 24.9	54.2 50
	2p 4p	25.0	58		2p 4p	25.4	47		2p 4p	24.1	1.0159		2p 4p	24.6 24.5	52.5 53
	6p 8p	24.2	59		6p 8p	25.0	46		6p 8p	23.6	1.0203		6p 8p	24.6 24.2	54 54
	10p Mittern.	23.7	65		10p Mittern.	24.3	46		10p Mittern.	23.7	32		10p Mittern.	23.9 24.7	54 54

[1]) Greiners Aräometer.

Datum	Zeit	Temp. °C	Sp. G. = 1.02 +	Datum	Zeit	Temp. °C	Sp. G. = 1.02 +	Datum	Zeit	Temp. °C	Sp. G. = 1.02 +	Datum	Zeit	Temp. °C	Sp. G. = 1.02 +
1874	2a	23.4	54.5	1874	2a	22.1	62	1874	2a	21.3	64	1874	2a	21.0	60
VIII.	4a	22.8	55	VIII.	4a	22.1	60	VIII.	4a	22.0	62	VIII.	4a	21.0	59
12	6a	23.7	55.5	17	6a	22.8	60	22	6a	22.3	61.5	27	6a	21.1	61
	8a	23.7	56		8a	22.9	59		8a	22.4	61		8a	21.1	61
	10a	23.8	56		10a	22.8	61		10a	22.6	61		10a	21.1	60
	Mittag	23.9	46		Mittag	22.0	61		Mittag	22.9	61		Mittag	21.5	60
	2p	24.1	54		2p	22.8	61		2p	23.6	60		2p	21.8	60
	4p	23.9	56		4p	22.8	61		4p	22.6	60		4p	22.8	59
	6p	23.9	59		6p	22.7	60		6p]	22.1	59		6p	21.6	60
	8p	22.9	57		8p	23.1	60		8p	21.1	63.5		8p	21.1	62
	10p	22.3	55		10p	22.2	61		10p	21.2	60		10p	21.1	61
	Mittern.	22.9	60		Mittern.	21.9	60		Mittern.	21.2	60		Mittern.	20.9	60
VIII.	2a	21.4	60	VIII.	2a	22.1	60	VIII.	2a	21.6	60	VIII.	2a	20.6	64
13	4a	21.2	62	18	4a	22.0	60	23	4a	21.8	60	28	4a	20.1	64
	6a	20.8	64		6a	22.1	59		6a	22.2	59		6a	20.8	63
	8a	21.0	64		8a	22.1	61		8a	21.6	60		8a	21.0	61
	10a	21.5	65		10a	22.2	62		10a	21.7	60		10a	21.0	58
	Mittag	21.3	64		Mittag	22.2	62		Mittag	21.8	59		Mittag	21.2	60
	2p	21.5	64		2p	22.2	62		2p	22.0	60		2p	21.1	60.5
	4p	21.6	63.5		4p	22.2	62		4p	21.9	60		4p	21.1	61.5
	6p	21.3	63.5		6p	22.2	62		6p	21.9	60		6p	21.0	61
	8p	21.1	67		8p	22.2	62		8p	21.9	62		8p	21.1	61
	10p	21.1	65		10p	21.5	64		10p	21.5	63		10p	20.2	64
	Mittern.	21.1	68		Mittern.	21.0	65		Mittern.	21.6	63		Mittern.	20.1	64
VIII.	2a	21.1	68	VIII.	2a	20.1	68	VIII.	2a	21.7	62	VIII.	2a	20.7	61
14	4a	21.1	68	19	4a	20.1	68	24	4a	21.6	61	29	4a	20.7	61.5
	6a	21.2	61		6a	21.8	63		6a	21.3	60.5		6a	20.9	60
	8a	21.8	61		8a	22.2	62		8a	22.4	60		8a	21.0	60
	10a	21.6	63		10a	22.3	62		10a	21.6	61		10a	20.9	58.2
	Mittag	21.6	64		Mittag	22.3	62		Mittag	21.6	61		Mittag	20.1	59
	2p	21.8	65		2p	22.3	62		2p	21.9	61		2p	21.1	60
	4p	21.8	65		4p	22.3	62		4p	22.1	62.5		4p	21.2	59
	6p	21.5	62.1		6p	22.1	61.5		6p	21.7	64		6p	21.2	59
	8p	21.5	63		8p	22.1	63		8p	21.6	63		8p	21.1	59
	10p	21.2	64		10p	22.1	64		10p	21.6	62		10p	20.9	62
	Mittern.	21.1	63		Mittern.	22.1	64		Mittern.	21.8	62		Mittern.	20.8	62
VIII.	2a	21.4	61.5	VIII.	2a	22.1	64	VIII.	2a	21.1	63	VIII.	2a	21.0	62.5
15	4a	21.9	68	20	4a	22.1	63	25	4a	21.5	62	30	4a	21.0	60
	6a	20.8	68		6a	21.7	63		6a	21.4	64		6a	21.1	59
	8a	21.0	67		8a	22.0	62		8a	21.4	62		8a	20.8	58
	10a	21.3	67		10a	21.8	61		10a	21.5	61.8		10a	20.9	58
	Mittag	21.7	65		Mittag	21.6	62		Mittag	22.0	60.8		Mittag	20.1	58
	2p	21.8	65		2p	22.1	60		2p	22.6	60.5		2p	21.6	54.5
	4p	22.0	66		4p	22.1	60		4p	22.0	61		4p	21.6	54.5
	6p	21.8	65		6p	21.6	64		6p	21.6	61		6p	21.2	57
	8p	21.3	66		8p	22.1	63.5		8p	21.6	61		8p	21.1	57.5
	10p	21.4	71		10p	22.1	63		10p	21.4	59.2		10p	20.9	58
	Mittern.	20.9	70		Mittern.	22.2	63		Mittern.	21.0	62.5		Mittern.	20.9	59
VIII.	2a	22.2	63	VIII.	2a	22.1	61	VIII.	2a	21.2	60.5	VIII.	2a	21.2	57.8
16	4a	22.4	63	21	4a	22.1	62	26	4a	21.2	61	31	4a	20.6	60
	6a	21.4	64		6a	22.3	62		6a	21.4	65.9[1])		6a	22.4	52
	8a	21.3	63		8a	21.6	64		8a	21.4	62		8a	22.4	50
	10a	21.8	64		10a	22.2	64		10a	21.8	60		10a	21.9	48
	Mittag	22.3	60		Mittag	22.5	62		Mittag	21.8	60		Mittag	22.2	46
	2p	22.6	60		2p	22.4	61.5		2p	22.1	59		2p	22.1	44
	4p	22.6	59.5		4p	22.4	62		4p	22.2	58		4p	22.1	44
	6p	22.3	63		6p	22.3	62		6p	21.7	60		6p	21.9	52
	8p	22.1	60		8p	22.2	62		8p	21.3	60		8p	21.7	51
	10p	21.9	67		10p	22.1	62		10p	21.1	62		10p	21.6	48
	Mittern.	21.8	61		Mittern.	22.4	61		Mittern.	21.1	62		Mittern.	20.9	49

[1]) ? ob 1.0250

Datum	Zeit	Temp. °C	Sp. G. = 1.02 +	Datum	Zeit	Temp. °C	Sp. G. = 1.02 +	Datum	Zeit	Temp. °C	Sp. G. = 1.02 +	Datum	Zeit	Temp. °C	Sp. G. = 1.02 +
1874	2a	20.8	53	IX. 6	2a	—	—	IX. 11	2a	19.5	68	IX. 16	2a	16.6	76
IX. 1	4a	20.7	56		4a	—	—		4a	19.5	69		4a	16.5	75
	6a	20.4	62		6a	—	—		6a	19.1	73		6a	16.6	76
	8a	20.6	61		8a	—	—		8a	18.9	73.5		8a	16.8	75
	10a	21.7	58		10a	—	—		10a	19.0	73		10a	16.7	77
	Mittag	21.6	56		Mittag	—	—		Mittag	19.0	72		Mittag	16.8	76
	2p	24.3	49		2p	—	—		2p	19.2	70		2p	17.2	75
	4p	24.2	50		4p	—	—		4p	19.1	71		4p	17.2	75
	6p	22.5	52		6p	—	—		6p	18.9	74		6p	17.1	75
	8p	21.9	54.2		8p	—	—		8p	18.6	73.5		8p	17.2	75
	10p	21.6	57		10p	—	—		10p	17.6	76		10p	16.4	78
	Mittern.	21.0	61		Mittern.	—	—		Mittern.	17.6	76		Mittern.	16.4	77
IX. 2	2a	20.4	63	IX. 7	2a	—	—	IX. 12	2a	17.6	77	IX. 17	2a	16.5	76
	4a	20.3	64		4a	—	—		4a	17.4	78		4a	16.5	76
	6a	20.1	68		6a	—	—		6a	17.5	77		6a	16.6	75
	8a	20.1	68		8a	—	—		8a	17.4	75		8a	17.1	74
	10a	21.1	1.0121[1]		10a	—	—		10a	17.3	73		10a	17.1	76
	Mittag	22.0	25		Mittag	20.3	1.0053[3]		Mittag	16.6	76.5		Mittag	—	75
	2p	23.6	05		2p	25.2	0.9990		2p	16.6	76		2p	17.5	72
	4p	22.6	1.0082		4p	24.1	1.0014		4p	16.2	76		4p	17.6	73
	6p	22.9	41		6p	21.5	1.0177		6p	16.1	73		6p	17.1	73
	8p	22.9	49		8p	20.7	1.0177		8p	16.1	75		8p	17.1	74
	10p	22.1	79		10p	21.5	1.0206		10p	16.1	76.5		10p	16.9	72
	Mittern.	21.7	86		Mittern.	20.6	1.0263		Mittern.	16.5	77		Mittern.	16.9	72
IX. 3	2a	21.7	88	IX. 8	2a	21.0	58.2[4]	IX. 13	2a	16.7	78	IX. 18	2a	16.4	77
	4a	21.3	89		4a	20.9	58		4a	17.0	78		4a	16.4	76
	6a	22.0	65.5		6a	21.6	55.5		6a	16.6	78		6a	16.8	77
	8a	22.0	65.5		8a	21.6	55.5		8a	16.6	78		8a	16.9	76
	10a	22.6	65		10a	21.7	55.5		10a	16.6	76		10a	17.0	77
	Mittag	22.8	64		Mittag	21.7	55.5		Mittag	16.6	77		Mittag	17.2	75
	2p	22.8	63		2p	22.0	54		2p	16.6	79		2p	17.6	72.5
	4p	22.6	62		4p	21.6	54		4p	16.5	78		4p	17.5	77
	6p	22.6	52		6p	21.6	55		6p	16.6	77		6p	17.3	73
	8p	22.3	61		8p	21.6	55		8p	16.6	77		8p	17.2	73
	10p	21.0	47		10p	21.1	60		10p	16.6	77		10p	17.1	70
	Mittern.	21.3	71		Mittern.	21.0	61		Mittern.	16.5	78		Mittern.	17.3	72
IX. 4	2a	21.4	45	IX. 9	2a	20.6	66	IX. 14	2a	16.5	78.5	IX. 19	2a	16.2	74.5
	4a	21.6	44		4a	20.6	62		4a	16.3	79		4a	16.4	75
	6a	22.0	43		6a	20.7	66		6a	16.1	80		6a	16.6	73
	8a	22.0	52		8a	20.6	67		8a	16.3	78		8a	16.7	73
	10a	22.2	58.1		10a	20.8	64		10a	16.2	79		10a	17.1	74.5
	Mittag	22.6	50.1		Mittag	20.9	65		Mittag	16.3	77		Mittag	17.2	75.5
	2p	23.1	33		2p	20.7	64		2p	16.6	75		2p	16.8	76
	4p	24.1	29		4p	20.2	64		4p	16.7	74		4p	16.6	76
	6p	22.6	29		6p	20.7	65		6p	16.3	73		6p	16.7	75
	8p	23.0	29		8p	20.6	62		8p	16.4	74		8p	16.2	76
	10p	22.9	29		10p	20.3	68		10p	16.1	77		10p	16.2	77
	Mittern.	22.9	29		Mittern.	20.1	68		Mittern.	16.2	75		Mittern.	16.3	78
IX. 5	2a	22.8	29	IX. 10	2a	20.5	68	IX. 15	2a	16.1	76.5	IX. 20	2a	16.4	75
	4a	22.8	29		4a	20.1	69		4a	16.1	76		4a	16.5	74
	6a	22.2	27		6a	19.6	68		6a	16.1	77		6a	15.4	77
	8a	22.1	27		8a	20.0	64		8a	16.1	76		8a	15.3	76
	10a	—	—[2]		10a	19.9	69		10a	16.8	72		10a	15.4	76
	Mittag	—	—		Mittag	19.6	68		Mittag	17.0	76		Mittag	16.6	76
	2p	—	—		2p	20.2	70		2p	16.9	73		2p	16.0	77
	4p	—	—		4p	19.9	70		4p	17.0	72		4p	16.0	76
	6p	—	—		6p	19.8	70		6p	16.9	75		6p	15.4	76
	8p	—	—		8p	19.6	69		8p	16.7	74		8p	15.4	76
	10p	—	—		10p	19.6	69		10p	16.4	76		10p	15.1	76
	Mittern.	—	—		Mittern.	19.4	70		Mittern.	16.1	75		Mittern.	15.0	75

1) Greiners Aräometer. 2) Im Congo-Fluss. 3) Geankert in der Congomündung. 4) Steegers Aräometer.

Datum	Zeit	Temp. °C	Sp. G. = 1.02 +
1874 IX. 21	2a	15.0	75
	4a	15.0	77
	6a	15.6	75
	8a	15.2	76
	10a	14.7	76
	Mittag	15.0	75
	2p	17.1	73
	4p	16.8	75
	6p	15.3	74
	8p	15.6	74
	10p	15.2	75
	Mittern.	15.0	75
IX. 22	2a	15.1	75
	4a	15.0	75
	6a	15.4	76
	8a	15.3	75
	10a	14.6	77
	Mittag	14.6	77
	2p	14.6	76
	4p	14.6	76
	6p	15.6	76
	8p	14.7	78
	10p	13.6	78
	Mittern.	13.9	77
IX. 23	2a	13.2	76
	4a	13.4	75
	6a	14.5	78
	8a	14.6	79
	10a	14.7	77.5
	Mittag	14.8	77
	2p	14.0	76
	4p	13.8	76.5
	6p	13.6	75
	8p	14.1	76
	10p	14.1	76
	Mittern.	14.0	75
IX. 24	2a	13.2	77
	4a	13.4	78
	6a	13.6	76
	8a	14.1	76
	10a	14.9	76
	Mittag	14.4	76
	2p	14.6	76
	4p	14.6	77
	6p	15.1	77
	8p	15.4	74
	10p	15.6	75
	Mittern.	16.1	75
IX. 25	2a	16.1	74
	4a	15.9	74
	6a	15.6	75
	8a	15.8	71
	10a	16.0	73.5
	Mittag	16.1	75
	2p	15.5	74
	4p	14.6	74
	6p	14.7	73.5
	8p	14.6	75
	10p	14.9	74
	Mittern.	14.6	74

Datum	Zeit	Temp. °C	Sp. G. = 1.02 +
1874 IX. 26	2a	14.6	76
	4a	14.4	75.5
	6a	14.6	76
	8a	14.8	76
	10a	12.2	76
	Mittag	12.0	75
	2p	11.8	75.5
	4p	11.9	76
	6p	12.0	75
	8p	11.9	77
	10p	11.9	77
	Mittern.	12.1	76
IX. 27	2a	12.2	77
	4a	12.4	76
	6a	12.7	76
	8a	12.8	75
	10a	13.0	74
	Mittag	13.0	75
	2p	13.1	74.1
	4p	12.6	75
	6p	12.7	74
	8p	12.6	75
	10p	12.2	73
	Mittern.	12.2	74
IX. 28	2a	12.2	74
	4a	12.2	74
	6a	12.1	74.8
	8a	12.6	74
	10a	12.7	75
	Mittag	12.8	75
	2p	12.2	74
	4p	12.3	75
	6p	12.2	74
	8p	12.3	75
	10p	12.2	74
	Mittern.	12.1	75
IX. 29	2a	12.4	74
	4a	11.9	74
	6a	12.1	74
	8a	12.2	74
	10a	12.4	75
	Mittag	12.8	75
	2p	13.3	75
	4p	13.2	76
	6p	13.1	75
	8p	12.6	74
	10p	12.6	75
	Mittern.	12.6	75
IX. 30	2a	12.6	74.5
	4a	12.1	74
	6a	12.2	75
	8a	12.8	74
	10a	13.6	74
	Mittag	15.3	75
	2p	14.4	72
	4p	14.6	73
	6p	14.4	74
	8p	14.2	75
	10p	13.0	74
	Mittern.	12.6	74

Datum	Zeit	Temp. °C	Sp. G. = 1.02 +
1874 X. 1	2a	12.4	74.5
	4a	12.6	75
	6a	12.1	77
	8a	12.8	74.5
	10a	13.6	74.5
	Mittag	14.1	74
	2p	14.4	72
	4p	13.0	74
	6p	12.6	74.5
	8p	12.6	76
	10p	13.0	75
	Mittern.	12.9	74
X. 2	2a	13.0	75
	4a	13.0	75
	6a	13.6	73
	8a	14.0	74
	10a	14.0	74.5
	Mittag	14.5	75
	2p	13.9	74.5
	4p	13.8	75.5
	6p	13.4	76
	8p	13.1	76
	10p	13.1	76.5
	Mittern.	13.4	76
X. 3	2a	13.1	74
	4a	13.1	74
	6a	13.4	74.5
	8a	13.0	74.5
	10a	13.2	74
	Mittag	13.6	75
	2p	13.5	75.5
	4p	13.2	75
	6p	12.3	77
	8p	12.1	76
	10p	12.2	74
	Mittern.	12.6	75
X. 4	2a	14.2	75
	4a	14.1	75
	6a	14.1	76
	8a	14.4	76
	10a	14.3	75.4
	Mittag	14.5	75
	1p	14.6	75
	2p	14.5	75.5
	5p	14.8	74
	6p	14.7	74.5
	7p	14.7	75
	8p	14.8	74
	9p	14.8	74.5
	10p	14.7	75
	11p	14.6	74.5
	Mittern.	14.6	74.5
X. 5	1a	14.6	75
	2a	14.5	76
	3a	14.2	75.4
	4a	13.4	75
	5a	13.6	74.5
	6a	13.2	75
	7a	14.2	75
	8a	14.2	75
	9a	14.3	75.5
	10a	14.4	75.5
	11a	14.5	75.5
	Mittag	14.5	75.5

Datum	Zeit	Temp. °C	Sp. G. = 1.02 +
1874 X. 5	1p	14.7	75
	2p	14.7	77
	3p	14.6	76.5
	4p	14.6	76
	5p	14.6	76
	6p	14.6	76
	7p	14.5	75.5
	8p	14.4	76
	9p	14.2	75.5
	10p	14.4	75.5
	11p	14.4	75.5
	Mittern.	14.3	75.5
X. 6	1a	14.4	76
	2a	14.3	76
	3a	14.3	76
	4a	14.2	76
	5a	14.2	75
	6a	14.4	75.5
	7a	14.7	76
	8a	14.7	76
	9a	14.4	75
	10a	14.4	75.5
	11a	14.6	75
	Mittag	14.7	74.5
	1p	14.7	75
	2p	15.1	74
	3p	15.1	75.5
	4p	15.1	75
	5p	14.8	76
	6p	14.7	76
	7p	14.7	76
	8p	14.6	76
	9p	14.3	75
	10p	14.6	75
	11p	14.9	74
	Mittern.	14.1	75
X. 7	1a	14.3	76
	2a	14.6	76
	3a	15.0	75.5
	4a	14.9	75
	5a	14.2	75
	6a	14.4	75.5
	7a	14.7	76
	8a	14.7	75.5
	9a	14.6	75
	10a	15.3	74.5
	11a	15.0	75
	Mittag	15.2	75
	1p	15.6	74.5
	2p	15.8	75
	3p	15.7	75
	4p	15.4	75
	5p	16.4	74.5
	6p	16.4	73.5
	7p	18.1	72
	8p	18.6	71
	9p	19.3	68
	10p	18.6	69
	11p	18.7	69
	Mittern.	18.7	70

Datum	Zeit	Temp. °C	Sp. G. = 1.02 +
1874	1^a	17.5	70
X. 8	2^a	17.6	69
	3^a	18.0	68
	4^a	18.5	65
	5^a	18.6	66
	6^a	19.1	66
	7^a	19.1	66
	8^a	18.9	66
	9^a	18.9	65.5
	10^a	18.8	69.5
	11^a	18.7	69
	Mittag	18.6	70
	1^p	18.4	67
	2^p	18.1	70
	3^p	17.2	71.5
	4^p	17.0	72
	5^p	18.1	70
	6^p	18.1	70
	7^p	18.2	70
	8^p	18.3	70.5
	9^p	18.2	70.5
	10^p	17.2	69
	11^p	15.8	68
	Mittern.	15.1	72
X. 9	1^a	15.1	72
	2^a	15.0	72
	3^a	15.0	74
	4^a	14.3	74
	5^a	15.4	74.5
	6^a	15.2	74.5
	7^a	15.1	74
	8^a	15.2	74.6
	9^a	15.2	75
	10^a	14.6	78
	11^a	14.2	77
	Mittag	14.4	77
	1^p	14.1	75
	2^p	14.1	75
	3^p	13.8	76
	4^p	12.6	77
	5^p	13.8	76
	6^p	13.1	75
	7^p	13.3	76.5
	8^p	12.1	76.5
	9^p	12.1	77
	10^p	12.2	76
	11^p	11.6	76
	Mittern.	11.0	76
X. 10	1^a	11.3	80
	2^a	11.6	79
	3^a	11.8	78
	4^a	12.2	78
	5^a	10.6	80
	6^a	10.9	80
	7^a	10.9	80
	8^a	10.8	80
	9^a	10.9	78
	10^a	10.9	78
	11^a	11.0	78
	Mittag	11.1	78

Datum	Zeit	Temp. °C	Sp. G. = 1.02 +
1874	1^p	11.4	77.5
X. 10	2^p	11.2	77
	3^p	10.9	76
	4^p	11.8	76.5
	5^p	11.7	82
	6^p	11.7	81
	7^p	12.4	80
	8^p	11.4	79
	9^p	12.1	75.8
	10^p	11.9	76
	11^p	12.1	76
	Mittern.	11.8	75
X. 11	1^a	11.6	77
	2^a	11.2	78.5
	3^a	11.2	79
	4^a	11.5	79
	5^a	11.2	80
	6^a	10.1	79
	7^a	8.6	80
	8^a	8.1	77
	9^a	8.1	76
	10^a	8.1	75
	11^a	9.2	76
	Mittag	9.7	78
	1^p	9.8	76
	2^p	10.1	76
	3^p	10.4	76
	4^p	10.3	76
	5^p	9.9	78
	6^p	9.9	77
	7^p	9.8	76.5
	8^p	9.8	77
	9^p	9.2	78
	10^p	9.2	78
	11^p	9.1	78
	Mittern.	9.1	77
X. 12	1^a	8.8	77
	2^a	9.4	76
	3^a	10.2	76.5
	4^a	12.0	77
	5^a	12.0	78
	6^a	12.2	77.5
	7^a	12.5	76.5
	8^a	12.6	77
	9^a	12.2	77
	10^a	12.1	77
	11^a	12.1	77
	Mittag	11.9	77
	1^p	9.4	77
	2^p	10.1	78
	3^p	8.8	78
	4^p	9.3	78
	5^p	8.1	78.5
	6^p	7.6	79
	7^p	6.1	80
	8^p	6.0	77
	9^p	6.0	77
	10^p	5.6	77
	11^p	5.6	78
	Mittern.	6.2	77

Datum	Zeit	Temp. °C	Sp. G. = 1.02 +
1874	1^a	6.4	78
X. 13	2^a	6.5	77.5
	3^a	6.2	76.5
	4^a	5.9	76.5
	5^a	5.7	76
	6^a	5.6	76
	7^a	5.6	76
	8^a	5.1	76.5
	9^a	5.1	77
	10^a	5.1	77
	11^a	5.2	77
	Mittag	5.4	78
	1^p	5.6	77
	2^p	5.6	77
	3^p	5.6	77
	4^p	5.6	77
	5^p	5.5	76.5
	6^p	5.5	76
	7^p	5.6	77
	8^p	5.1	76
	9^p	5.1	77
	10^p	5.1	77
	11^p	5.0	76
	Mittern.	5.0	76
X. 14	1^a	4.8	76
	2^a	4.6	76
	3^a	4.6	77
	4^a	4.6	77.5
	5^a	5.1	78
	6^a	5.2	78
	7^a	5.1	78
	8^a	5.1	78
	9^a	5.2	77
	10^a	5.8	75.5
	11^a	6.1	76
	Mittag	6.0	76
	1^p	5.8	76
	2^p	5.7	76
	3^p	5.7	76
	4^p	5.6	76
	5^p	5.7	76
	6^p	5.4	77
	7^p	5.5	76.5
	8^p	5.5	76.5
	9^p	4.9	76.5
	10^p	4.3	77
	11^p	4.5	77
	Mittern.	4.6	77
X. 15	1^a	4.4	77
	2^a	4.4	76.5
	3^a	4.4	77
	4^a	4.6	76
	5^a	4.6	77
	6^a	4.6	76.5
	7^a	5.1	76
	8^b	4.8	76.5
	9^a	4.8	77
	10^a	4.9	77
	11^a	5.2	88
	Mittag	5.4	88

Datum	Zeit	Temp. °C	Sp. G. = 1.02 +
1874	1^p	5.1	76.5
X. 15	2^p	5.1	77
	3^p	5.0	77
	4^p	4.9	77
	5^p	4.8	78
	6^p	4.7	78
	7^p	4.6	78
	8^p	4.6	78
	9^p	4.2	78
	10^p	4.1	78
	11^p	4.1	78
	Mittern.	4.1	78
X. 16	1^a	3.7	78
	2^a	3.8	78
	3^a	4.0	77.5
	4^a	4.1	77
	5^a	4.1	77
	6^a	3.9	77
	7^a	3.9	77
	8^a	4.1	77
	9^a	4.1	77
	10^a	4.1	77
	11^a	4.0	77
	Mittag	3.7	77
	1^p	3.8	77
	2^p	4.0	76.5
	3^p	4.1	76
	4^p	3.6	75
	5^p	3.5	74
	6^p	3.5	74
	7^p	3.7	75
	8^p	3.9	76
	9^p	3.4	77
	10^p	3.6	77
	11^p	3.4	77
	Mittern.	3.4	77
X. 17	1^a	3.4	77
	2^a	3.4	77
	3^a	3.1	78
	4^a	3.1	78
	5^a	2.9	78
	6^a	3.3	78
	7^a	3.4	78
	8^a	3.2	78
	9^a	3.3	77.5
	10^a	3.5	78
	11^a	3.5	78
	Mittag	3.6	78
	1^p	3.6	78
	2^p	3.6	78
	3^p	3.4	79
	4^p	3.4	79
	5^p	3.4	80
	6^p	3.4	80
	7^p	3.1	79
	8^p	3.0	78
	9^p	2.6	79
	10^p	2.6	79
	11^p	2.4	79
	Mittern.	2.4	79

Datum	Zeit	Temp.	Sp. G. = 1.02 +	Datum	Zeit	Temp.	Sp. G. = 1.02 +	Datum	Zeit	Temp.	Sp. G. = 1.02 +	Datum	Zeit	Temp.	Sp. G. = 1.02 +
1874	1a	3.1	79	1874	1p	3.5	79	1874	1a	1.9	78	1874	1p	1.6	76
X. 18	2a	3.1	79	X. 20	2p	3.5	79	X. 23	2a	1.9	78	X. 25	2p	1.6	76
	3a	3.0	79		3p	3.6	79		3a	1.7	78		3p	1.6	76
	4a	3.0	79		4p	3.6	79		4a	1.6	78		4p	1.6	76
	5a	2.4	80		6p	3.6	79		5a	1.7	77		5p	1.6	77
	6a	2.4	80		5p	3.5	79		6a	1.7	77		6p	1.6	77
	7a	2.4	79		7p	3.4	79		7a	2.0	78		7p	1.6	77
	8a	2.5	79		8p	3.4	79		8a	2.1	78		8p	1.6	77
	9a	2.6	80		9p	3.4	79		9a	2.0	78		9p	1.5	77
	10a	2.7	80		10p	3.2	79		10a	1.9	77.5		10p	1.5	76.5
	11a	2.7	80		11p	3.2	79		11a	2.0	77		11p	1.5	76
	Mittag	3.4	85		Mittern.	3.2	79		Mittag	2.0	77.5		Mittern.	1.5	76
	1p	3.4	79	X. 21	1a	4.1	79		1p	2.1	78	X. 26	1a	1.4	76.5
	2p	3.1	79		2a	3.8	79		2p	2.2	78		2a	1.4	77
	3p	3.2	79		3a	4.1	79		3p	2.3	79		3a	1.3	77.5
	4p	3.3	79		4a	3.1	79		4p	2.1	78.5		4a	1.1	77
	5p	3.3	78		5a	3.3	79		5p	2.1	79		5a	1.2	77
	6p	3.2	78		6a	3.4	78.5		6p	1.8	78		6a	1.2	77
	7p	3.1	78		7a	3.6	77		7p	1.8	78		7a	1.4	78
	8p	2.6	78		8a	3.9	77		8p	1.8	78		8a	1.6	78
	9p	2.6	78		9a	3.4	77.5		9p	1.8	78		9a	2.1	77
	10p	3.1	78.5		10a	3 4	77.5		10p	1.8	78		10a	1.7	76.5
	11p	2.6	78		11a	3.3	78		11p	1.9	78		11a	1.9	76
	Mittern.	2.6	78		Mittag	3.2	78		Mittern.	1.9	78		Mittag	2.0	76
X. 19	1a	2.6	78		1p	3.1	76	X. 24	1a	1.9	78		1p	2.0	74
	2a	2.5	77.5		2p	2.8	77		2a	1.9	78		2p	2.2	73
	3a	2.5	78		3p	2.9	77		3a	1.8	78		3p	2.2	73
	4a	2.5	78		4p	3.0	77		4a	1.8	78		4p	2.4	74
	5a	2.5	78		5p	3.4	77		4a	1.8	78		5p	2.2	78
	6a	2.4	78		6p	3.5	76		5a	1.8	77.5		6p	2.2	78
	7a	2.4	78		7p	3.6	77		7a	1.7	77		7p	2.1	77
	8a	2.6	78.5		8p	4.3	77		8a	1.7	77		8p	1.9	76
	9a	2.8	78		9p	3.3	77		9a	1.9	77.5		9p	1.7	75
	10a	2.9	79		10p	2.6	77		10a	1.9	77.5		10p	1.7	75
	11a	3.1	79		11p	2.6	77		11a	1.9	78		11p	1.6	75
	Mittag	3.1	79		Mittern.	2.8	77		Mittag	1.8	78.5		Mittern.	1.6	75
	1p	2.8	79	X. 22	1a	2.5	75		1p	1.8	78	X. 27	1a	1.6	73
	2p	2.8	79		2a	2.5	75.5		2p	1.8	78		2a	1.7	73
	3p	2.7	78.5		3a	2.5	76		3p	1.8	78		3a	1.2	73
	4p	2.6	78.5		4a	2.4	77		4p	1.8	78		4a	1.4	73
	5p	2.4	79		5a	2.4	77		5p	1.5	78		5a	1.4	74
	6p	2.1	79		6a	2.4	77		6p	1.5	78		6a	1.3	74
	7p	2.1	79		7a	2.2	77		7p	1.5	78		7a	1.6	74
	8p	2.6	79		8a	2.5	77		8p	1.5	78		8a	1.8	75
	9p	2.1	79		9a	2.5	78		9p	1.1	80		9a	2.0	75
	10p	2.0	79.5		10a	2.4	78		10p	1.1	80		10a	2.2	75
	11p	2.0	79.5		11a	2.3	77		11p	1.4	80		11a	2.3	75
	Mittern.	2.1	80		Mittag	2.7	77		Mittern.	1.4	80		Mittag	2.6	75
X. 20	1a	2.2	80		1p	2.7	77	X. 25	1a	1.6	78		1p	2.8	76
	2a	2.2	80		2p	2.7	76		2a	1.5	78		2p	2.7	76
	3a	2.1	80		3p	2.7	76		3a	1.6	78		3p	2.6	76
	4a	2.0	80		4p	2.6	76.5		4a	1.6	78		4p	2.6	76
	5a	2.1	79		5p	2.6	77		5a	1.6	78		5p	—	—
	6a	3.0	79		6p	2.6	77		6a	1.5	77.5		6p	2.1	76
	7a	3.1	79		7p	2.6	77		7a	1.4	76		7p	—	—
	8a	3.2	79		8p	2.3	77		8a	1.4	77		8p	1.9	76
	9a	3.2	79		9p	2.1	77		9a	1.6	77		9p	—	—
	10a	3.1	79		10p	2.1	77		10a	1.6	77		10p	2.2	77
	11a	3.3	79		11p	2.1	77.5		11a	1.5	78		11p	—	—
	Mittag	3.6	79		Mittern.	2.0	78		Mittag	1.4	78		Mittern.	2.2	77

Datum	Zeit	Temp. °C	Sp. G. = 1.02 +
1874 X. 28	2a	2.1	77.5
	4a	2.1	
	6a	1.6	75.5
	8a	1.6	76
	10a	2.4	76
	Mittag	2.4	
	2p	2.5	76
	6p	2.1	76
	10p	2.1	77
X. 29	2a	2.1	77
	6a	2.0	78
	10a	2.4	76
	2p	3.1	75
	6p	3.1	75
	10p	1.9	74
X. 30	2a	1.6	74
	6a	1.6	77
	10a	2.1	77
	2p	2.6	78
	6p	2.6	77
	10p	2.6	77
X. 31	2a	2.5	73
	6a	2.2	72
	10a	2.8	73
	2p	3.0	72
	6p	2.6	72
	10p	2.6	74
XI. 1	2a	2.5	73
	6a	2.6	73
	10a	2.8	73
	2p	2.7	70
	6p	2.4	76
	10p	2.1	76
XI. 2	2a	1.8	76.5
	6a	1.8	78
	10a	2.4	78
	2p	2.6	78
	6p	2.5	78
	10p	2.2	78
XI. 3	2a	2.4	78
	6a	2.6	78
	10a	3.1	78
	2p	4.0	78
	6p	5.1	78
	10p	2.5	78
XI. 4	2a	2.6	78
	6a	2.4	78
	10a	2.6	78
	2p	3.1	78
	6p	3.1	78
	10p	2.9	78
XI. 5	2a	2.8	78
	6a	3.1	78
	10a	3.6	78
	2p	4.2	78
	6p	3.4	78
	10p	3.5	78
XI. 6	2a	2.6	77.5
	6a	3.1	77
	10a	3.6	77
	2p	3.4	73
	6p	3.3	75
	10p	2.6	77

Datum	Zeit	Temp. °C	Sp. G. = 1.02 +
1874 XI. 7	2a	2.3	77
	6a	2.5	77
	10a	2.4	78
	2p	2.6	79
	6p	2.7	78
	10p	2.1	78
XI. 8	2a	1.9	80
	6a	2.2	78
	10a	2.1	78
	2p	2.6	78
	6p	2.6	78
	10p	2.2	78
XI. 9	2a	1.6	80
	6a	2.1	79
	10a	2.4	78
	2p	2.7	78.5
	6p	2.6	78
	10p	2.5	78
XI. 10	2a	2.1	77
	6a	2.0	77
	10a	2.8	78
	2p	3.5	77
	6p	3.4	77
	10p	2.7	77
XI. 11	2a	2.5	77
	6a	2.6	77
	10a	2.6	77
	2p	2.5	77
	6p	2.6	74
	10p	2.2	70
XI. 12	2a	2.3	73
	6a	2.8	73
	10a	4.6	74
	2p	4.8	75
	6p	4.6	75
	10p	3.9	69.5
XI. 13	2a	2.5	70
	6a	3.1	72
	10a	3.7	70
	2p	4.6	73
	6p	4.2	73
	10p	3.1	73
XI. 14	2a	3.0	73
	6a	3.1	73
	10a	4.1	70
	2p	4.3	73
	6p	4.4	70
	10p	4.0	72
XI. 15	2a	3.0	74
	6a	2.8	75
	10a	2.8	75
	2p	2.9	77
	6p	2.5	77
	10p	2.2	78.5
XI. 16	2a	2.1	79
	6a	2.3	78.5
	10a	3.3	77.5
	2p	3.7	77
	6p	3.9	77
	10p	3.6	74

Datum	Zeit	Temp. °C	Sp. G. = 1.02 +
1874 XI. 17	2a	3.5	74
	6a	3.4	75
	10a	4.0	71
	2p	4.6	72
	6p	4.4	71
	10p	4.6	71
XI. 18	2a	5.4	65
	6a	4.6	69.5
	10a	4.6	75
	2p	4.7	74
	6p	4.2	74
	10p	2.3	78.5
XI. 19	2a	2.4	78
	6a	2.8	79
	10a	4.4	79
	2p	4.4	79
	6p	4.2	74
	10p	3.6	75
XI. 20	2a	3.4	75
	6a	2.9	76.5
	10a	3.2	76
	2p	3.9	76
	6p	3.6	76
	10p	3.6	76
XI. 21	2a	3.0	77
	6a	2.6	77
	10a	2.7	76
	2p	2.8	76
	6p	3.1	75
	10p	3.0	75
XI. 22	2a	2.7	75
	6a	3.1	75
	10a	3.4	75
	2p	2.7	78
	6p	2.8	78
	10p	2.9	77
XI. 23	2a	2.7	77
	6a	2.6	76.5
	10a	2.9	79
	2p	3.0	75
	6p	2.7	75
	10p	2.1	79
XI. 24	2a	1.9	78.5
	6a	2.2	79
	10a	3.0	78
	2p	3.4	76
	6p	4.1	74
	10p	4.1	76.5
XI. 25	2a	3.7	77
	6a	3.2	77
	10a	3.3	77
	2p	3.5	77
	6p	2.9	78
	10p	2.3	78
XI. 26	2a	2.2	79
	6a	2.1	78
	10a	2.9	78
	2p	4.1	78
	6p	4.3	77.5
	10p	3.6	78

Datum	Zeit	Temp. °C	Sp. G. = 1.02 +
1874 XI. 27	2a	2.4	78
	6a	3.0	78
	10a	3.3	78
	2p	3.6	78
	6p	3.9	78
	10p	3.6	77
XI. 28	2a	3.2	77.5
	6a	3.1	78
	10a	3.0	77.5
	2p	3.9	77.5
	6p	4.1	77
	10p	3.6	77
XI. 29	2a	4.2	77
	6a	3.6	77
	10a	3.6	78
	2p	3.9	78
	6p	3.9	78
	10p	4.1	78
XI. 30	2a	4.3	78
	6a	4.1	77
	10a	5.0	55[1])
	2p	3.7	77
	6p	3.4	77
	10p	3.5	74
XII. 1	2a	3.2	77.5
	6a	2.8	77
	10a	3.3	77.5
	2p	3.4	77
	6p	3.0	77
	10o	2.4	77
XII. 2	2a	3.2	77
	6a	3.1	77
	10a	3.2	77.5
	2p	3.0	77
	6p	3.0	77
	10p	2.7	77
XII. 3	2a	2.6	77
	6a	2.5	77.5
	10a	3.2	76
	2p	3.3	76.5
	6p	2.8	75.5
	10p	2.9	76
XII. 4	2a	2.6	76.5
	6a	2.8	76
	10a	3.1	75.5
	2p	3.6	76
	6p	3.6	76
	10p	3.5	75.5
XII. 5	2a	3.5	76
	6a	3.4	76
	10a	3.8	72
	2p	3.8	72
	6p	3.6	73
	10p	3.6	72
XII. 6	2a	3.4	72
	6a	3.1	72.5
	10a	3.1	68
	2p	3.0	70
	6p	3.5	75
	10p	2.7	77

[1]) Wahrscheinlich durch das viele, schnell von den Bergen herabströmende Regenwasser.

Datum	Zeit	Temp. °C	Sp.G. = 1.02 +
1874 XII. 7	2a	2.1	77
	6a	2.3	78
	10a	2.6	78
	2p	3.0	76.5
	6p	3.0	76.5
	10p	2.8	77
XII. 8	2a	2.6	77
	6a	3.0	77
	10a	3.1	76
	2p	3.8	77
	6p	4.6	76
	10p	4.2	76
XII. 9	2a	3.9	76
	6a	4.0	75
	10a	4.5	76
	2p	5.1	75.5
	6p	4.9	76
	10p	4.2	75
XII. 10	2a	3.5	76
	6a	3.4	76
	10a	4.0	76.5
	2p	4.3	76
	6p	3.5	76
	10p	3.2	77
XII. 11	2a	3.0	77
	6a	2.9	76
	10a	3.5	78.5
	2p	3.6	79
	6p	3.4	78
	10p	3.1	78
XII. 12	2a	3.0	78
	6a	3.1	78
	10a	3.6	78.5
	2p	4.0	78
	6p	3.2	78
	10p	3.6	80
XII. 13	2a	3.1	79
	6a	3.6	79
	10a	3.7	79
	2p	5.3	79
	6p	4.8	79
	10p	4.6	77
XII. 14	2a	4.7	78
	6a	4.3	72
	10a	4.4	75
	2p	4.6	77
	6p	4.7	71
	10p	4.6	71
XII. 15	2a	4.6	70
	6a	4.6	70
	10a	4.8	70
	2p	4.1	74
	6p	3.5	74
	10p	3.5	77
XII. 16	2a	3.1	77
	6a	2.9	76
	10a	3.4	75
	2p	4.4	78
	6p	3.8	77
	10p	4.1	76

Datum	Zeit	Temp. °C	Sp.G. = 1.02 +
1874 XII. 17	2a	3.8	76
	6a	4.9	77
	10a	4.6	74
	2p	4.6	76
	6p	4.5	76
	10p	4.1	76
XII. 18	2a	4.1	70
	6a	4.3	66
	10a	4.6	68
	2p	4.6	70
	6p	4.7	69
	10p	4.1	74
XII. 19	2a	4.1	75
	6a	4.1	75
	10a	4.6	75
	2p	5.0	70
	6p	5.0	70
	10p	5.1	72
XII. 20	2a	4.9	71
	6a	5.0	70
	10a	5.1	70
	2p	4.5	47
	6p	5.6	43
	10p	4.6	68
XII. 21	2a	4.3	70
	6a	4.1	70
	10a	4.6	72
	2p	5.1	69
	6p	5.0	68
	10p	4.8	69.5
XII. 22	2a	4.2	70
	6a	3.8	70
	10a	4.6	73
	2p	4.7	73
	6p	4.5	75
	10p	4.1	77
XII. 23	2a	3.8	77
	6a	3.9	77
	10a	4.6	75
	2p	4.5	76
	6p	4.3	77
	10p	3.6	80
	Mittern.	3.2	79
XII. 24	2a	3.1	78
	4a	4.0	78
	6a	4.0	77.5
	8a	4.1	78
	10a	3.9	78
	Mittag	4.4	78
	2p	4.0	78.5
	4p	4.3	78
	6p	4.5	78
	8p	4.1	78
	10p	4.2	78
	Mittern.	4.1	78

Datum	Zeit	Temp. °C	Sp.G. = 1.02 +
1874 XII. 25	2a	4.1	77
	4a	4.0	79
	6a	4.2	77
	8a	4.5	76
	10a	5.1	75
	Mittag	4.2	76
	2p	5.2	78
	4p	5.8	78
	6p	5.8	77
	8p	5.9	76
	10p	6.6	78
	Mittern.	6.7	77.5
XII. 26	2a	6.8	77
	4a	7.0	78
	6a	7.2	74
	8a	7.3	74
	10a	8.6	74
	Mittag	8.8	75
	2p	9.1	74
	4p	8.8	75
	6p	7.8	74
	8p	7.6	74
	10p	10.1	74
	Mittern.	9.8	74
XII. 27	2a	8.6	74
	4a	7.4	75
	6a	7.0	76
	8a	7.1	76
	10a	7.1	75
	Mittag	7.1	75
	2p	7.3	74
	4p	7.6	73.5
	6p	8.3	75
	8p	7.9	75
	10p	8.2	75.5
	Mittern.	8.7	76
XII. 28	2a	8.9	75
	4a	8.9	75
	6a	8.8	76
	8a	8.6	76
	10a	9.8	75
	Mittag	10.5	75
	2p	11.8	75
	4p	11.9	75
	6p	12.4	77
	8p	11.9	78
	10p	11.1	78
	Mittern.	10.5	78
XII. 29	2a	10.3	78
	4a	10.1	77
	6a	10.3	76
	8a	10.2	76
	10a	10.1	76
	Mittag	10.8	75
	2p	11.4	77
	4p	11.1	76
	6p	11.3	76
	8p	10.6	76
	10p	10.6	76
	Mittern.	10.9	76

Datum	Zeit	Temp. °C	Sp.G. = 1.02 +
1874 XII. 30	2a	10.3	76
	4a	10.6	76
	6a	11.6	75
	8a	10.7	75
	10a	10.6	76
	Mittag	10.6	76
	2p	11.1	76
	4p	11.0	75
	6p	11.1	75
	8p	11.3	74
	10p	10.9	75.5
	Mittern.	10.9	75.5
XII. 31	2a	11.1	75
	4a	11.3	75
	6a	11.3	75
	8a	11.4	75
	10a	11.4	77
	Mittag	11.8	75.5
	2p	12.6	76
	4p	12.6	76
	6p	12.6	76
	8p	12.3	77
	10p	12.4	76
	Mittern.	11.6	76
1875 I. 1	2a	11.6	76
	4a	11.6	76
	6a	12.0	77
	8a	12.1	76
	10a	12.8	77
	Mittag	13.1	77
	2p	13.6	77
	4p	13.3	77
	6p	13.3	77
	8p	13.2	77
	10p	14.1	77
	Mittern.	13.8	77
I. 2	2a	13.6	78
	4a	14.1	77
	6a	14.3	77
	8a	14.1	77
	10a	14.1	77
	Mittag	14.1	76
	2p	14.4	77
	4p	14.6	77
	6p	14.1	76
	8p	13.8	76
	10p	13.8	77
	Mittern.	13.6	77
I. 3	2a	14.0	77.5
	4a	14.1	77.5
	6a	14.2	78
	8a	13.8	78
	10a	13.6	78
	Mittag	14.0	78
	2p	14.1	78
	4p	14.1	76
	6p	13.3	77
	8p	13.2	76
	10p	13.1	75
	Mittern.	13.2	75

Datum	Zeit	Temp. °C	Sp. G. = 1.02 +	Datum	Zeit	Temp. °C	Sp. G. = 1.02 +	Datum	Zeit	Temp. °C	Sp. G. = 1.02 +	Datum	Zeit	Temp. °C	Sp. G. = 1.02 +
1875	2^a	11.6	76	1875	2^a	4.5	78	1875	2^a	3.4	76	1875	2^a	3.6	76
I. 4	4^a	11.6	76	I. 9	4^a	4.4	78	I. 14	4^a	3.4	76	I. 19	4^a	3.7	77
	6^a	11.8	77		6^a	4.2	78		6^a	3.1	77		6^a	3.7	76
	8^a	12.1	76		8^a	4.2	78		8^a	3.1	77		8^a	3.8	76
	10^a	13.2	76		10^a	4.1	79		10^a	3.3	76		10^a	3.8	76
	Mittag	13.0	76		Mittag	4.0	79		Mittag	3.4	76		Mittag	4.5	76
	2^p	13.0	76		2^p	4.2	78.5		2^p	3.4	76		2^p	4.2	75
	4^p	12.6	76		4^p	4.2	78.5		4^p	3.4	77		4^p	5.6	65
	6^p	12.7	76		6^p	4.1	78		6^p	3.4	77		6^p	6.5	36
	8^p	12.6	76		8^p	3.9	78		8^p	3.4	76		8^p	4.6	70
	10^p	12.3	76		10^p	3.6	78		10^p	3.1	78		10^p	5.6	55
	Mittern.	12.1	76		Mittern.	3.2	78		Mittern.	3.1	78.5		Mittern.	5.1	56
I. 5	2^a	12.0	76	I. 10	2^a	3.7	79	I. 15	2^a	3.1	78	I. 20	2^a	6.0	59
	4^a	10.6	75		4^a	3.6	79		4^a	3.0	78		4^a	5.8	60
	6^a	9.8	74		6^a	3.4	79		6^a	3.0	78		6^a	5.1	62
	8^a	9.4	74		8^a	3.4	78.5		8^a	3.1	78		8^a	5.3	67
	10^a	9.8	75		10^a	3.5	78		10^a	3.3	77.5		10^a	5.6	66
	Mittag	10.1	75		Mittag	4.1	79		Mittag	3.3	77		Mittag	5.6	65
	2^p	10.6	75		2^p	4.1	80		2^p	3.4	77		2^p	5 6	67
	4^p	10.4	75		4^p	4.1	80		4^p	3.4	77		4^p	5.6	67
	6^p	10.1	76		6^p	3.9	79.5		6^p	3.6	77		6^p	5.4	68
	8^p	10.0	77		8^p	3.8	79		8^p	3.5	77		8^p	5.1	68
	10^p	8.6	76		10^p	3.6	79.5		10^p	3.4	78		10^p	6.2	13
	Mittern.	8.0	75		Mittern.	3.6	79		Mittern.	3.1	78		Mittern.	6.1	37
I. 6	2^a	6.6	75	I. 11	2^a	3.7	79	I. 16	2^a	3.1	78	I. 21	2^a	6.0	67
	4^a	6.6	76		4^a	3.6	79		4^a	3.2	77		4^a	5.6	68
	6^a	5.8	77		6^a	3.6	79		6^a	3.3	76		6^a	4.3	70
	8^a	5.6	77		8^a	3.6	78		8^a	3.4	76.5		8^a	4.6	70
	10^a	6.1	75		10^a	3.6	78		10^a	4.0	76.5		10^a	5.1	74
	Mittag	6.4	75		Mittag	3.8	78		Mittag	4.1	76		Mittag	5.2	75
	2^p	7.1	74		2^p	4.0	74		2^p	3.8	77		2^p	5.2	76
	4^p	7.6	74		4^p	3.9	71		4^p	3.4	78		4^p	4.9	75
	6^p	6.8	76		6^p	3.8	70		6^p	3.5	78		6^p	4.9	75
	8^p	6.8	76		8^p	3.9	72		8^p	3.5	77.5		8^p	5.0	74
	10^p	6.4	75		10^p	3.5	73		10^p	3.1	76		10^p	5.1	75
	Mittern.	6.1	76		Mittern.	3.2	73		Mittern.	3.0	76		Mittern.	4.9	75.5
I. 7	2^a	5.6	77	I. 12	2^a	3.1	73	I. 17	2^a	2.9	76	I. 22	2^a	4.6	77
	4^a	5.4	76		4^a	3.0	73		4^a	3.0	77		4^a	—	—
	6^a	5.1	76		6^a	3.0	74		6^a	3.1	78.5		6^a	4.3	77
	8^a	5.0	76		8^a	3.1	72		8^a	3.3	78.5		8^a	—	—
	10^a	5.2	78		10^a	3.5	71		10^a	3.4	77		10^a	4.4	76
	Mittag	5.6	77		Mittag	3.6	71		Mittag	3.3	77		Mittag	—	—
	2^p	5.5	77		2^p	3.8	75		2^p	3.3	76		2^p	5.2	76
	4^p	5.2	76		4^p	3.9	76		4^p	3.6	76		4^p	—	—
	6^p	5.3	76		6^p	3.8	75		6^p	3.5	76		6^p	5.0	76
	8^p	5.1	76		8^p	3.9	75		8^p	3.3	76		8^p	—	—
	10^p	5.1	76		10^p	3.6	76		10^p	3.3	76		10^p	5.1	76
	Mittern.	4.7	76		Mittern.	3.5	76.5		Mittern.	3.2	77		Mittern.	—	—
I. 8	2^a	4.3	77	I. 13	2^a	3.5	76	I. 18	2^a	3.6	77	I. 23	2^a	5.0	76
	4^a	4.1	77		4^a	3.4	77		4^a	3.5	77		6^a	5.1	76
	6^a	3.4	77		6^a	3.5	77		6^a	3.5	78		10^a	5.4	77
	8^a	3.3	77		8^a	3.6	77		8^a	4.0	78		2^p	5.4	77
	10^a	4.1	77		10^a	4.1	74.5		10^a	3.6	77		6^p	5.6	75
	Mittag	4.1	77		Mittag	4.3	75		Mittag	3.9	77.5		10^p	5.0	75.5
	2^p	4.1	77		2^p	4.1	76		2^p	4.1	78	I. 24	2^a	4.7	75
	4^p	4.2	78		4^p	4.1	76		4^p	4.1	78		6^a	4.8	76
	6^p	4.6	78		6^p	4.1	76		6^p	4.2	77.5		10^a	4.9	76
	8^p	4.6	78		8^p	4.0	76		8^p	4.1	77		2^p	5.3	75.5
	10^p	4.4	77		10^p	3.7	76		10^p	3.8	76		6^p	5.1	76
	Mittern.	4.2	77		Mittern.	3.4	76		Mittern.	3.6	76		10^p	5.1	76

Datum	Zeit	Temp. °C	Sp. G. = 1.02 +
1875 I. 25	2^a	4.7	76
	6^a	4.8	76
	10^a	3.8	78
	Mittag	4.1	77.5
	2^p	4.0	79
	4^p	4.1	79
	6^p	4.0	79.5
	8^p	3.9	79
	10^p	3.1	79
	Mittern.	3.4	79
I. 26	2^a	3.6	79
	4^a	3.7	79
	6^a	3.9	79
	8^a	3.9	80
	10^a	3.1	80
	Mittag	3.1	80
	2^p	3.1	79
	4^p	3.1	79
	6^p	3.6	79
	8^p	3.1	79
	10^p	3.1	79
	Mittern.	3.0	79
I. 27	2^a	2.7	79
	4^a	2.6	79
	6^a	2.8	79
	8^a	2.7	79
	10^a	2.9	79.5
	Mittag	2.9	79.5
	2^p	2.9	80
	4^p	2.9	80
	6^p	3.0	81.5
	8^p	2.9	80
	10^p	2.8	80
	Mittern.	2.6	79
I. 28	2^a	2.6	80
	4^a	2.7	80
	6^a	2.8	80
	8^a	3.4	79
	10^a	3.9	77
	Mittag	4.1	76
	2^p	4.1	77
	4^p	4.0	76
	6^p	4.0	77.5
	8^p	4.1	78
	10^p	4.6	77
	Mittern.	4.6	77
I. 29	2^a	4.5	77
	4^a	4.5	77
	6^a	4.5	77
	8^a	4.6	77.5
	10^a	5.6	76
	2^p	5.9	76
	6^p	5.7	76
	10^p	5.3	76

Datum	Zeit	Temp. °C	Sp. G. = 1.02 +
1875 I. 30	2^a	5.1	77
	6^a	4.6	77
	10^a	5.4	77
	2^p	5.3	75.5
	6^p	5.0	76
	10^p	4.7	76
I. 31	2^a	4.9	77
	6^a	5.4	76
	10^a	5.6	74
	2^p	5.6	74
	6^p	5.6	74
	10^p	5.6	73
II. 1	2^a	5.6	73.5
	6^a	6.0	71
	10^a	5.9	72
	2^p	5.6	75.5
	6^p	5.7	74
	10^p	5.2	74
II. 2	2^a	5.1	74
	6^a	4.6	74
	10^a	4.8	73
	2^p	5.0	75
	6^p	4.8	74
	10^p	4.6	74
II. 3	2^a	4.5	74
	6^a	4.6	74
	10^a	5.1	74
	2^p	4.8	74.5
	6^p	4.5	74
	10^p	4.1	76
II. 4	2^a	3.6	75
	6^a	3.8	76
	10^a	4.1	77
	2^p	4.1	78
	6^p	4.1	77
	10^p	4.1	78
II. 5	2^a	4.0	78
	6^a	4.1	77
	10^a	4.6	77
	2^p	5.1	76.5
	6^p	4.9	76.5
	10^p	4.1	78
	Mittern.	4.0	79
II. 6	2^a	3.8	76
	4^a	4.0	76
	6^a	4.0	76
	8^a	4.8	77
	10^a	4.8	78
	Mittag	5.1	78
	2^p	5.7	76.5
	4^p	5.8	76.5
	6^p	5.9	75
	8^p	5.6	76
	10^p	5.6	76
	Mittern.	5.7	76

Datum	Zeit	Temp. °C	Sp. G. = 1.02 +
1875 II. 7	2^a	6.4	75
	4^a	6.3	75
	6^a	6.1	75
	8^a	6.3	76
	10^a	7.4	76
	Mittag	7.8	76
	2^p	12.0	77
	4^p	12.0	76
	6^p	12.1	78
	8^p	11.3	78
	10^p	11.6	78
	Mittern.	11.7	78
II. 8	2^a	10.7	77
	4^a	10.6	77
	6^a	10.4	76.5
	8^a	11.6	77
	10^a	13.2	76
	Mittag	13.1	75
	2^p	12.8	75
	4^p	12.9	75
	6^p	11.8	74
	8^p	11.6	74
	10^p	12.1	75.5
	Mittern.	12.2	75
II. 9	2^a	12.4	75
	4^a	12.6	74.5
	6^a	13.1	74
	8^a	13.2	74
	10^a	13.4	74
	Mittag	14.1	75
	2^p	14.6	72.5
	4^p	14.8	72
	6^p	14.8	73
	8^p	14.9	73
	10^p	14.4	73
	Mittern.	14.3	72.5
II. 10	2^a	14.6	72
	4^a	14.6	70
	6^a	14.6	73
	8^a	14.9	73
	10^a	17.0	72
	Mittag	17.1	72
	2^p	16.6	70
	4^p	17.2	71
	6^p	17.0	71
	8^p	16.1	71
	10^p	16.1	72
	Mittern.	16.0	72
II. 11	2^a	16.3	72
	4^a	16.4	72
	6^a	16.0	73
	8^a	16.0	73
	10^a	16.0	72
	Mittag	16.1	72
	2^p	16.3	74
	4^p	16.3	74
	6^p	16.8	74
	8^p	17.1	74
	10^p	16.9	74
	Mittern.	16.8	74

Datum	Zeit	Temp. °C	Sp. G. = 1.02 +
1875 II. 12	2^a	16.9	73
	4^a	16.6	74
	6^a	16.6	74
	8^a	17.1	74
	10^a	16.9	71
	Mittag	17.1	71
	2^p	17.3	71.5
	4^p	17.2	71
	6^p	17.1	70
	8^p	17.1	71
	10^p	17.0	71
	Mittern.	17.1	71
II. 13	2^a	17.0	71
	4^a	17.0	71
	6^a	16.7	71
	8^a	16.8	71
	10^a	17.4	71
	Mittag	18.0	70
	2^p	18.6	68
	4^p	18.4	68
	6^p	18.3	68
	8^p	18.1	68
	10^p	17.9	69
	Mittern.	17.6	69
II. 14	2^a	17.0	68.5
	4^a	17.5	69
	6^a	18.1	69
	8^a	18.6	68
	10^a	19.0	64
	Mittag	19.0	63
	2^p	19.5	64
	4^p	20.0	64
	6^p	19.9	64
	8^p	19.6	64
	10^p	19.3	64
	Mittern.	18.8	64
II. 15	2^a	19.4	67
	4^a	19.6	67
	6^a	19.9	64.5
	8^a	20.0	64
	10^a	20.2	64
	Mittag	20.4	64
	2^p	21.0	64
	4^p	21.1	64
	6^p	21.1	64
	8^p	20.6	64
	10^p	19.8	64
	Mittern.	20.1	64
II. 16	2^a	20.3	64
	4^a	20.3	64
	6^a	21.1	63.5
	8^a	21.3	63
	10^a	21.0	63
	Mittag	21.1	63
	2^p	21.0	62.5
	4^p	21.0	62.5
	6^p	21.0	63
	8^p	21.2	63
	10^p	21.4	63
	Mittern.	21.4	63

Datum	Zeit	Temp. °C	Sp. G. = 1.02 +	Datum	Zeit	Temp. °C	Sp. G. = 1.02 +	Datum	Zeit	Temp. °C	Sp. G. = 1.02 +	Datum	Zeit	Temp. °C	Sp. G. = 1.02 +
1875 II. 17	2^a	21.5	63	1875 II. 22	2^a	25.3	54	1875 II. 27	2^a	26.8	44	1875 III. 9	2^a	26.7	46
	4^a	22.1	63		4^a	25.3	53		6^a	26.7	44		6^a	26.5	46
	6^a	22.1	64		6^a	25.6	51.6		10^a	27.0	44.5		10^a	26.9	46
	8^a	22.5	64		8^a	25.6	52		2^p	27.2	45		2^p	27.6	47
	10^a	22.6	64		10^a	25.7	52		6^p	27.3	46		6^p	27.4	48
	Mittag	22.8	64		Mittag	25.9	52		10^p	26.9	45		10^p	26.8	49
	2^p	23.3	63		2^p	25.8	53	II. 28	2^a	26.6	47	III. 10	2^a	26.4	45
	4^p	23.5	63		4^p	25.6	51		6^a	26.6	47		6^a	26.6	46
	6^p	22.2	63		6^p	25.7	51		10^a	26.6	45		10^a	26.8	46
	8^p	22.1	63		8^p	25.6	51		2^p	27.6	45		2^p	27.4	46
	10^p	22.3	64.5		10^p	25.9	53		6^p	27.5	45		6^p	27.4	46
	Mittern.	22.4	65		Mittern.	25.8	53		10^p	27.0	45		10^p	25.9	42
II. 18	2^a	22.4	64	II. 23	2^a	25.4	52	III. 1	2^a	27.0	45	III. 11	2^a	25.6	44
	4^a	22.6	64		4^a	25.6	52		6^a	26.9	45		6^a	25.6	44
	6^a	22.8	62		6^a	25.6	52		10^a	27.1	45		10^a	26.2	50
	8^a	23.0	62		8^a	25.7	51		2^p	27.7	44.5		2^p	27.0	47
	10^a	23.2	62		10^a	25.9	50		6^p	27.3	45		6^p	26.8	48
	Mittag	23.3	62.5		Mittag	25.3	50		10^p	27.1	45		10^p	26.1	50
	2^p	22.9	63		2^p	26.2	47	III. 2	2^a	26.9	45	III. 12	2^a	26.1	49
	4^p	22.7	63		4^p	26.2	47		6^a	26.4	45		6^a	25.9	50
	6^p	22.9	63		6^p	26.1	50.5		10^a	26.4	47		10^a	26.5	50
	8^p	23.1	63		8^p	26.2	51		2^p	27.1	45		2^p	26.7	48
	10^p	23.1	63		10^p	25.9	52		6^p	27.1	46		6^p	26.6	48
	Mittern.	23.1	63		Mittern.	25.9	52		10^p	26.8	46		10^p	26.3	48
II. 19	2^a	23.1	64	II. 24	2^a	25.9	52	III. 3	2^a	26.8	45	III. 13	2^a	26.1	48
	4^a	23.1	64		4^a	25.9	52		6^a	26.4	46		6^a	25.9	48
	6^a	23.2	61		6^a	26.0	50		10^a	26.6	46		10^a	26.3	48
	8^a	23.3	61		8^a	26.1	50		2^p	27.1	46		2^p	26.9	48
	10^a	23.6	60		10^a	26.3	47		6^p	27.1	46		6^p	27.1	48
	Mittag	24.6	60		Mittag	26.4	46		10^p	26.9	46		10^p	26.4	50
	2^p	24.5	55		2^p	25.8	49	III. 4	2^a	26.1	47	III. 14	2^a	26.0	49
	4^p	24.6	55		4^p	26.1	49		6^a	26.5	46		6^a	25.8	48.5
	6^p	24.3	55		6^p	26.3	48		10^a	26.6	45.5		10^a	26.6	50
	8^p	23.9	55		8^p	26.3	48		2^p	27.1	45.5		2^p	26.9	50
	10^p	24.1	56		10^p	25.9	48		6^p	27.2	46		6^p	26.7	50
	Mittern.	24.1	56		Mittern.	26.1	48		10^p	27.1	46		10^p	26.6	49
II. 20	2^a	24.0	55	II. 25	2^a	26.1	50	III. 5	2^a	26.8	46	III. 15	2^a	26.5	49
	4^a	23.9	55		4^a	26.1	50		6^a	26.2	46		6^a	26.1	50
	6^a	24.1	55		6^a	25.6	50		10^a	26.6	49		10^a	26.4	50
	8^a	24.6	55		8^a	26.1	50		2^p	27.4	47		2^p	26.6	49
	10^a	25.3	53		10^a	26.6	47		6^p	27.2	47		6^p	26.1	51
	Mittag	25.3	52		Mittag	26.9	47		10^p	27.0	47		10^p	26.3	48
	2^p	25.7	52		2^p	27.0	45	III. 6	2^a	26.4	46	III. 16	2^a	26.3	50
	4^p	25.7	52		4^p	27.0	45		6^a	26.1	49		6^a	26.3	48
	6^p	25.0	53		6^p	26.2	45		10^a	26.6	48		10^a	27.1	45
	8^p	25.0	53		8^p	26.1	45		2^p	27.3	45		2^p	26.7	48
	10^p	25.1	53		10^p	26.2	46		6^p	27.4	45.5		6^p	26.6	49
	Mittern.	24.9	53		Mittern.	26.1	46		10^p	27.2	45		10^p	26.6	49
II. 21	2^a	24.8	53	II. 26	2^a	26.1	46	III. 7	2^a	27.2	45		Mittern.	26.7	49
	4^a	24.9	53		4^a	26.1	47		6^a	26.6	46	III. 17	2^a	26.6	49
	6^a	25.1	53		6^a	26.1	48		10^a	26.7	46		4^a	26.4	49.5
	8^a	25.4	52.5		8^a	26.4	47		2^p	27.4	46		6^a	26.1	51
	10^a	25.8	52		10^a	26.7	46		6^p	27.1	46		8^a	26.2	50
	Mittag	26.0	52		Mittag	26.7	46		10^p	26.7	46		10^a	26.3	49
	2^p	25.9	50		2^p	27.3	44	III. 8	2^a	26.6	46		Mittag	26.5	49
	4^p	25.9	50		4^p	27.6	43		6^a	26.5	46		2^p	26.3	50
	6^p	25.8	52.5		6^p	27.5	42		10^a	27.0	47		4^p	26.3	50
	8^p	25.7	53		10^p	26.9	44		2^p	27.4	46		6^p	26.2	49.5
	10^p	25.6	52						6^p	27.3	44		8^p	26.1	50
	Mittern.	25.6	52						10^p	27.1	44		10^p	26.1	50
													Mittern.	26.1	51

Datum	Zeit	Temp. °C	Sp. G. = 1.02 +	Datum	Zeit	Temp. °C	Sp. G. = 1.02 +	Datum	Zeit	Temp. °C	Sp. G. = 1.02 +	Datum	Zeit	Temp. °C	Sp. G. = 1.02 +
1875	2a	26.1	52	1875	2a	24.2	54	1875	2a	19.1	66	1875	2a	19.1	66
III. 18	4a	26.1	52	III. 23	4a	24.0	54	III. 28	4a	19.2	67	IV. 2	4a	19.1	66
	6a	26.0	52		6a	23.9	62		6a	19.6	65		6a	18.4	67
	8a	26.1	52		8a	23.7	62		8a	19.8	65		8a	18.8	66
	10a	26.6	49.5		10a	22.9	63		10a	19.8	65		10a	19.0	66
	Mittag	26.9	49.5		Mittag	23.1	62		Mittag	20.0	65		Mittag	19.0	66
	2p	26.8	49.5		2p	23.2	62		2p	20.6	64		2p	18.8	67
	4p	26.3	50		4p	23.1	62		4p	20.4	65		4p	18.8	67
	6p	26.1	51		6p	22.9	63		6p	20.2	65		6p	18.9	70
	8p	25.9	51		8p	22.7	64		8p	20.1	65		8p	18.1	70
	10p	25.7	51		10p	22.6	63		10p	19.8	66		10p	18.1	67
	Mittern.	25.5	51		Mittern.	22.6	63		Mittern.	19.9	66		Mittern.	18.1	67
III. 19	2a	25.4	51	III. 24	2a	22.4	64	III. 29	2a	20.1	65	IV. 3	2a	18.1	68
	4a	25.1	51		4a	22.1	64		4a	20.1	65		4a	18.2	68
	6a	25.6	49		6a	21.9	64		6a	19.8	66		6a	18.8	67
	8a	26.0	50		8a	21.7	64.5		8a	20.0	65		8a	19.0	68
	10a	25.3	53		10a	21.5	64.5		10a	20.4	65		10a	19.6	67.5
	Mittag	25.1	52		Mittag	21.8	65		Mittag	20.6	65		Mittag	19.3	67
	2p	26.1	50		2p	21.9	64		2p	21.2	61		2p	19.2	69
	4p	26.1	51		4p	21.9	64		4p	20.9	62		4p	19.5	68
	6p	25.3	50		6p	22.2	62.5		6p	20.9	63		6p	19.8	67
	8p	25.4	50		8p	22.0	63		8p	20.6	65		8p	19.8	67
	10p	25.3	50		10p	22.0	65		10p	20.6	65		10p	19.6	67
	Mittern.	25.2	50		Mittern.	22.2	65		Mittern.	20.4	65		Mittern.	19.7	67
III. 20	2a	25.1	52	III. 25	2a	20.6	67	III. 30	2a	20.5	66	IV. 4	2a	19.8	67
	4a	24.9	51		4a	20.6	67		4a	20.4	65		4a	19.8	67
	6a	25.1	52		6a	20.1	69		6a	20.0	67		6a	19.1	68
	8a	25.3	52		8a	20.2	69		8a	20.2	67		8a	19.6	67
	10a	25.3	51		10p	20.5	70		10a	20.6	65		10a	19.7	68
	Mittag	25.5	48		Mittag	20.5	69.5		Mittag	20.6	65		Mittag	20.1	68
	2p	25.4	49		2p	20.3	68		2p	20.6	66		2p	19.7	68.5
	4p	25.1	49		4p	20.4	68		4p	20.3	66		4p	19.9	68
	6p	25.3	49		6p	20.4	68		6p	20.3	66		6p	19.8	69
	8p	25.4	49		8p	19.6	68		8p	20.4	66		8p	19.5	68
	10p	25.6	49		10p	20.4	68		10p	20.1	66		10p	19.2	68
	Mittern.	25.6	52		Mittern.	20.4	68		Mittern.	20.3	66		Mittern.	19.1	68
III. 21	2a	25.7	52	III. 26	2a	20.6	67	III. 31	2a	20.0	66	IV. 5	2a	19.1	69
	4a	25.5	52		4a	20.4	68		4a	19.9	66		4a	19.0	69
	6a	25.3	53		6a	20.8	66		6a	18.9	68		6a	18.7	69
	8a	25.3	52		8a	20.5	66		8a	19.0	68		8a	18.9	70
	10a	25.6	52		10a	20.9	65		10a	19.7	68		10a	19.1	70
	Mittag	25.9	51		Mittag	20.9	65		Mittag	19.6	68		Mittag	19.3	70
	2p	26.2	51		2p	20.9	68		2p	20.0	66		2p	19.2	69
	4p	26.2	49		4p	20.9	69		4p	19.9	66		4p	19.1	69
	6p	25.7	53		6p	20.9	63		6p	19.7	68		6p	19.1	68
	8p	25.3	52		8p	20.9	67		8p	19.6	67		8p	19.1	68
	10p	24.8	54		10p	21.1	68		10p	19.6	68		10p	19.1	69
	Mittern.	24.7	53.5		Mittern.	20.8	70		Mittern.	19.6	68		Mittern.	18.6	69
III. 22	2a	24.8	54	III. 27	2a	20.3	70	IV. 1	2a	19.1	66	IV. 6	2a	18.8	68
	4a	24.8	54		4a	20.4	70		4a	19.1	66		4a	18.7	68
	6a	24.9	54		6a	19.8	70		6a	19.3	67		6a	17.9	68
	8a	25.0	54		8a	19.6	70		8a	19.7	67		8a	18.2	68
	10a	25.1	54		10a	19.4	70		10a	19.7	67		10a	18.8	68
	Mittag	25.2	54		Mittag	20.2	66		Mittag	19.7	67		Mittag	18.6	70
	2p	25.1	53.5		2p	20.4	65		2p	19.8	67		2p	19.1	68
	4p	25.0	53.5		4a	20.8	65		4p	19.8	67		4p	19.1	70
	6p	25.0	54.5		6p	20.3	65		6p	19.7	66		6p	19.3	71
	8p	24.8	54		8p	20.3	65		8p	19.8	66		8p	19.0	70
	10p	24.6	54		10p	19.4	67		10p	19.8	67		10p	19.1	70
	Mittern.	24.4	54		Mittern.	19.3	67		Mittern.	16.6	67		Mittern.	19.1	70

Datum	Zeit	Temp. °C	Sp. G. = 1.02 +	Datum	Zeit	Temp. °C	Sp. G. = 1.02 +	Datum	Zeit	Temp. °C	Sp. G. = 1.02 +	Datum	Zeit	Temp. °C	Sp. G. = 1.02 +
1875	2a	18.6	70	IV. 12	2a	16.3	72	IV. 17	2a	18.1	73	IV. 22	2a	23.2	56
IV. 7	4a	18.6	70		4a	16.1	71		4a	18.1	73		4a	23.1	56
	6a	18.8	72		6a	15.6	71		6a	18.1	74		6a	24.1	53
	8a	18.6	72		8a	15.9	71		8a	18.3	74		8a	23.2	55
	10a	18.0	70		10a	16.1	72.5		10a	18.1	74		10a	23.1	55
	Mittag	17.8	70		Mittag	16.1	73		Mittag	18.1	74		Mittag	23.1	55
	2p	17.6	70		2p	15.7	72		2p	18.0	74		2p	24.0	55
	4p	17.6	70		4p	15.7	72		4p	18.0	74		4p	24.0	55
	6p	17.9	72		6p	16.1	74		6p	18.0	75		6p	24.1	51
	8p	17.7	72		8p	15.9	74		8p	18.2	74		8p	24.1	51
	10p	17.5	70		10p	15.6	73.5		10p	18.0	74		10p	24.0	52
	Mittern.	17.1	70		Mittern.	16.0	73		Mittern.	18.0	74		Mittern.	23.9	52
IV. 8	2a	17.5	70	IV. 13	2a	16.6	73	IV. 18	2a	17.8	74	IV. 23	2a	24.1	50
	4a	17.6	70		4a	16.0	73		4a	17.6	74		4a	24.6	50
	6a	16.3	71		6a	16.8	75		6a	18.0	73		6a	24.6	50
	8a	16.4	71		8a	16.4	74		8a	18.0	73		8a	24.6	50
	10a	16.1	71		10a	16.6	73		10a	17.6	74		10a	23.9	52
	Mittag	16.6	70		Mittag	16.3	73		Mittag	17.6	74		Mittag	23.1	52
	2p	16.3	72		2p	16.3	73		2p	17.8	74		2p	23.8	54
	4p	16.2	72		4p	16.3	73		4p	17.8	74		4p	23.6	53
	6p	16.0	71		6p	16.1	74		6p	18.1	74		6p	23.7	53.5
	8p	16.0	72		8p	16.0	74		8p	18.1	74		8p	23.6	53
	10p	15.1	73.5		10p	16.4	73		10p	18.0	74		10p	23.6	55
	Mittern.	15.1	74		Mittern.	16.2	73		Mittern.	17.8	74		Mittern.	23.6	55
IV. 9	2a	15.1	72	IV. 14	2a	16.6	74	IV. 19	2a	18.5	74	IV. 24	2a	24.3	52
	4a	15.0	72		4a	16.4	74		4a	18.8	74		4a	24.6	51
	6a	15.4	72		6a	16.2	73		6a	19.2	74		6a	24.7	50
	8a	15.4	73		8a	16.4	73		8a	19.2	74		8a	25.0	48
	10a	15.9	74		10a	16.5	74		10a	18.9	72		10a	24.5	53
	Mittag	15.9	71		Mittag	16.6	74		Mittag	18.9	72		Mittag	24.7	52
	2p	16.0	71.5		2p	17.2	73		2p	18.9	73		2p	25.1	48
	4p	16.2	71.5		4p	17.3	72		4p	18.9	73		4p	24.6	49
	6p	16.1	72		6p	16.5	72		6p	19.0	72		6p	24.5	50
	8p	16.1	72		8p	16.4	72		8p	18.8	72.5		8p	25.5	48
	10p	16.6	69		10p	16.8	73		10p	18.8	72		10p	25.6	46
	Mittern.	16.8	70		Mittern.	16.5	73		Mittern.	19.0	72		Mittern.	25.6	46
IV. 10	2a	17.1	71	IV. 15	2a	16.4	73	IV. 20	2a	20.1	72	IV. 25	2a	25.1	47
	4a	17.1	71		4a	16.3	73		4a	19.6	72		4a	24.8	47
	6a	16.3	72		6a	16.6	73		6a	20.6	69		6a	24.6	47
	8a	16.4	72		8a	16.6	73		8a	20.7	65		8a	24.7	47
	10a	16.5	70		10a	17.1	72		10a	20.8	67.5		10a	25.8	43
	Mittag	16.8	70		Mittag	17.1	72		Mittag	—	—		Mittag	25.9	42
	2p	16.5	70		2p	17.0	72		2p	22.1	62		2p	26.2	42
	4p	15.6	71		4p	17.1	72		4p	22.2	60		4p	26.3	42
	6p	16.0	72		6p	17.0	74		6p	22.4	58		6p	26.4	43
	8p	16.2	72		8p	17.3	74		8p	22.4	58.5		8p	26.5	43
	10p	15.7	72		10p	17.1	73		10p	22.1	60		10p	26.6	43
	Mittern.	15.6	72		Mittern.	17.0	72.5		Mittern.	21.7	59		Mittern.	26.7	43
IV. 11	2a	16.1	71	IV. 16	2a	17.1	73	IV. 21	2a	22.3	59	IV. 26	2a	26.1	43
	4a	16.1	71		4a	16.9	73		4a	22.1	59		4a	26.0	43
	6a	16.0	72		6a	17.7	74		6a	22.0	60		6a	26.2	43
	8a	16.3	72		8a	17.5	74		8a	22.1	61		8a	26.4	43
	10a	17.1	71		10a	17.7	73		10a	22.3	61		10a	26.6	44
	Mittag	17.1	72		Mittag	17.9	73		Mittag	22.1	61		Mittag	26.6	44.5
	2p	16.8	72		2p	18.1	74		2p	22.1	61		2p	26.2	44
	4p	16.4	72		4p	18.1	73.5		4p	21.6	62		4p	25.9	44
	6p	16.4	72		6p	18.0	74		6p	22.0	58		6p	25.9	43
	8p	16.6	72		8p	17.8	74		8p	23.2	54		8p	26.0	43
	10p	16.6	72		10p	17.6	75		10p	23.6	54		10p	26.3	43
	Mittern.	16.7	72		Mittern.	17.2	75		Mittern.	23.7	54		Mittern.	26.2	43

Datum	Zeit	Temp. °C	Sp. G. = 1.02 +	Datum	Zeit	Temp. °C	Sp. G. = 1.02 +	Datum	Zeit	Temp. °C	Sp. G. = 1.02 +	Datum	Zeit	Temp. °C	Sp. G. = 1.02 +
1875	2a	26.4	43	1875	2a	26.4	44	1875	2a	26.8	41	1875	2a	27.1	30
IV. 27	4a	26.4	43	V. 3	4a	26.4	44	V. 8	4a	26.9	41	V. 13	4a	27.2	31
	6a	26.1	43		6a	26.8	44		6a	26.9	41		6a	26.6	30
	8a	25.9	43		8a	26.3	44		8a	27.1	41		8a	26.7	29
	10a	26.1	45		10a	26.2	44		10a	27.4	40		10a	27.8	24
	Mittag	26.1	48		Mittag	26.6	44		Mittag	26.8	40		Mittag	27.9	23
	2p	26.0	47		2p	26.4	45		2p	27.1	32		2p	28.1	23
	4p	25.8	47		4p	26.0	44		4p	26.9	32.5		4p	27.9	23
	6p	25.4	51		6p	26.0	44		6p	26.5	32		6p	27.8	24
	8p	25.4	51		8p	25.9	44		8p	26.6	32		8p	27.5	26
	10p	25.3	51		10p	26.4	44		10p	26.6	33		10p	27.1	27
	Mittern.	25.3	52		Mittern.	26.4	44		Mittern.	26.6	33		Mittern.	26.8	27
IV. 28	2a	24.9	52	V. 4	2a	26.4	44	V. 9	2a	26.6	32	V. 14	2a	26.6	29
	4a	—	—		4a	26.3	44		4a	26.6	32		4a	26.4	30
	6a	25.0	52		6a	26.1	45		6a	26.6	33		6a	27.1	27.5
	8a	—	—		8a	26.2	45		8a	26.9	33		8a	27.1	27
	10a	24.6	55		10a	26.7	45		10a	27.1	33		10a	27.1	26
	Mittag	—	—		Mittag	26.7	45		Mittag	27.1	33		Mittag	27.4	26.5
	2p	25.6	54.5		2p	26.5	45		2p	27.4	33		2p	27.6	25
	4p	—	—		4p	26.4	45		4p	27.3	32		4p	27.5	25
	6p	25.4	54.5		6p	26.6	46		6p	27.4	33		6p	27.1	27
	8p	—	—		8p	26.6	46		8p	27.4	33		8p	27.0	25.5
	10p	25.1	45		10p	26.7	44		10p	27.2	32.5		10p	27.1	26
	Mittern.	—	—		Mittern.	26.6	43.5		Mittern.	27.3	33		Mittern.	27.1	26
IV. 29	2a	25.2	45	V. 5	2a	26.4	42.5	V. 10	2a	27.1	33.5	V. 15	2a	26.6	26
	6a	24.3	56		4a	26.3	43		4a	27.3	33		6a	26.8	26
	10a	24.6	55		6a	26.6	43		6a	26.3	29		10a	27.0	26
	2p	25.2	55		8a	26.6	43		8a	26.2	29		2p	27.3	26
	6p	25.3	55		10a	27.0	42		10a	26.8	29		6p	27.2	26.5
	10p	25.0	45		Mittag	27.0	41.5		Mittag	27.2	29		10p	26.8	27
IV. 30	2a	24.6	45.5		2p	27.1	42		2p	27.6	29	V. 16	2a	26.3	27
	6a	24.5	45		4p	27.1	42		4p	27.4	32		6a	26.1	28
	8a	24.9	55		6p	26.7	41		6p	27.1	34		10a	26.6	27
	10a	25.1	54		8p	26.8	41.5		8p	27.1	34		2p	26.6	27
	Mittag	—	—		10p	26.9	43.5		10p	27.1	24.5		6p	26.6	27
	2p	25.1	52		Mittern.	26.6	44		Mittern.	27.1	24.5		10p	26.5	28.5
	6p	25.2	51	V. 6	2a	26.6	43	V. 11	2a	26.8	32.5	V. 17	2a	26.2	26
	10p	25.6	51		4a	26.6	43		4a	26.6	33		6a	26.2	24
	Mittern.	—	—		6a	26.7	43		6a	26.1	34		10a	26.6	28
V. 1	2a	25.7	51.5		8a	26.8	43		8a	26.2	34		2p	26.8	27.5
	6a	25.6	52		10a	26.8	43		10a	27.1	35		6p	26.6	28
	10a	25.6	49		Mittag	26.9	42		Mittag	27.1	33		10p	26.4	27.5
	2p	26.4	45.5		2p	26.7	42		2p	27.2	31	V. 18	2a	26.3	27.5
	4p	26.3	46		4p	26.7	42		4p	27.1	31		6a	26.2	27.5
	6p	26.2	45		6p	26.6	43		6p	27.1	31		10a	26.6	27
	8p	26.3	45		8p	26.6	44		8p	27.1	33		2p	27.1	26
	10p	26.1	46		10p	26.8	42		10p	26.9	32		6p	26.9	27
	Mittern.	26.1	46		Mittern.	26.8	42		Mittern.	26.6	31		10p	26.3	27
V. 2	2a	26.2	46	V. 7	2a	27.1	40	V. 12	2a	26.8	33	V. 19	2a	26.0	27
	4a	26.2	46		4a	27.0	40		4a	26.8	33		6a	26.6	29
	6a	26.3	45.5		6a	27.2	40		6a	27.1	31		10a	27.1	27.5
	8a	26.3	45		8a	26.7	40		8a	27.2	31		2p	27.2	28
	10a	26.2	45		10a	27.1	40		10a	26.8	32.5		6p	27.1	28
	Mittag	26.4	45		Mittag	27.2	40		Mittag	27.2	32		10p	26.6	28
	2p	26.6	45		2p	27.6	40		2p	28.1	30	V. 20	2a	26.6	29
	4p	26.6	45		4p	27.5	40		4p	28.1	30		6a	26.8	30
	6p	26.2	44		6p	27.1	40		6p	27.0	34		10a	27.0	29
	8p	26.3	43		8p	27.1	40		8p	26.6	32		2p	27.2	29
	10p	26.1	44		10p	26.4	42.5		10p	26.9	31.5		6p	27.0	29
	Mittern.	26.1	44		Mittern.	26.4	42		Mittern.	27.1	32		10p	26.6	29.5

Datum	Zeit	Temp. °C	Sp. G. = 1.02 +
1875 V. 21	2a	26.6	29
	6a	26.2	28
	10a	26.9	29
	2p	27.1	28
	6p	27.1	27.5
	10p	26.8	28
V. 22	2a	26.6	29
	6a	26.3	28
	10a	26.6	27.5
	2p	27.0	28
	6p	26.9	27
	10p	27.0	27
V. 23	2a	26.8	27
	6a	26.9	28
	10a	27.3	26.5
	2p	27.3	25.5
	6p	27.4	25
	10p	27.1	26
V. 24	2a	26.6	28
	6a	27.0	28
	10a	27.0	27
	2p	27.1	26.5
	6p	27.1	26.5
	10p	26.8	27
V. 25	2a	26.6	27
	6a	26.6	27
	10a	26.6	27.5
	2p	27.0	26.5
	6p	26.6	28
	10p	26.6	28
V. 26	2a	26.0	30.5
	6a	26.3	30
	10a	26.6	30.5
	2p	26.9	27
	6p	26.4	30
	8p	26.2	31
	10p	26.2	32
	Mittern.	26.2	32
V. 27	2a	26.1	34
	4a	26.0	34
	6a	25.9	34
	8a	26.1	34
	10a	25.6	36.5
	Mittag	26.25	1) 32.5
	2p	26.85	30.5
	4p	26.35	32
	6p	26.15	33
	8p	26.15	33
	10p	26.85	30
	Mittern.	26.65	32
V. 28	2a	26.45	32
	4a	26.15	32
	6a	26.05	31
	8a	26.75	30
	10a	27.15	29
	Mittag	27.15	28.5

Datum	Zeit	Temp. °C	Sp. G. = 1.02 +
1875 V. 28	2p	27.15	28.5
	4p	27.15	28
	6p	26.65	28
	8p	26.65	28
	10p	26.65	30
	Mittern.	26.45	32
V. 29	2a	26.35	30
	6a	26.85	30.5
	10a	26.95	30
	2p	27.15	28
	6p	27.25	30
	10p	27.25	29
	Mittern.	27.15	29
V. 30	2a	27.15	29
	4a	27.15	29
	6a	26.95	30
	8a	27.15	28
	10a	27.15	28.5
	Mittag	27.15	29
	2p	27.15	28.5
	4p	27.35	28
	6p	27.15	28
	8p	27.35	27
	10p	27.25	28
	Mittern.	27.15	27.5
V. 31	2a	27.1	27
	4a	27.0	28
	6a	27.1	28
	8a	27.1	28
	10a	26.3	29
	Mittag	26.6	28
	2p	26.8	28
	4p	26.8	29
	6p	26.3	29
	8p	26.2	29
	10p	26.6	28
	Mittern.	26.7	28
VI. 1	2a	26.1	28
	4a	26.3	29
	6a	26.0	29
	8a	26.4	29
	10a	26.1	29
	Mittag	26.4	28
	2p	26.8	30.5
	4p	27.0	24.5
	6p	26.7	30
	8p	26.6	31.0
	10p	26.6	32
	Mittern.	26.3	32
VI. 2	2a	26.1	32.5
	4a	26.1	32
	6a	26.3	33
	8a	26.0	30
	10a	25.8	30
	Mittag	25.6	30

Datum	Zeit	Temp. °C.	Sp. G. = 1.02 +
1875 VI. 2	2p	25.5	1.0131
	4p	25.1	056
	6p	25.6	148
	8p	25.6	143
	10p	25.6	140
VI. 3	2a	25.8	1.0212.5
	6a	25.1	117.3
	8a	26.1	242
	10a	26.3	40
	2p	26.7	20
	6p	27.1	1.0178.5
	10p	26.4	227
VI. 4	2a	26.1	1.0234
	6a	25.1	170
	10a	26.2	232.5
	2p	26.4	30.5
	6p	27.0	16
	10p	25.1	152
VI. 5	2a	24.6	1.0140
	6a	25.6	1.0202.5
	10a	26.5	10
	2p	27.0	72
	6p	25.7	1.0143
	10p	26.6	1.0210
VI. 6	2a	26.0	05
	6a	25.9	23
	10a	26.5	26.5
	2p	26.6	30
	6p	26.5	11
	10p	26.1	15
VI. 7	2a	25.4	11
	6a	25.6	10
	10a	26.1	40
	2p	26.3	35
	6p	25.9	15
	10p	26.9	62.5
VI. 8	2a	26.6	23
	6a	26.1	15.5
	10a	25.9	06.5
	2p	26.4	07.5
	6p	26.1	05
	10p	26.1	26.5
VI. 9	2a	26.1	26.5
	6a	26.1	16
	10a	25.3	25
	2p	26.8	28
	6p	26.1	18
	10p	26.6	28.5
VI. 10	2a	26.4	25
	6a	26.5	26
	10a	26.8	15
	2p	26.9	00
	6p	26.5	28
	10p	25.8	18

Datum	Zeit	Temp. °C	Sp. G. = 1.02 +
1875 VI. 11	2a	25.9	20
	6a	26.1	17
	10a	27.1	20
	2p	27.4	23
	6p	26.8	18
	10p	26.6	25
	Mittern.	26.6	26
VI. 12	2a	26.9	36
	4a	26.9	37
	6a	27.3	36.5
	8a	27.4	36.5
	10a	27.4	35
	Mittag	27.4	36
	2p	27.4	36
	4p	27.5	36
	6p	27.6	37
	8p	27.1	37
	10p	27.6	37
	Mittern.	27.6	37
VI. 13	2a	27.8	35.5
	4a	27.7	36
	6a	27.3	37
	8a	27.4	37
	10a	27.6	34.5
	Mittag	27.7	34
	2p	27.8	32.5
	4p	28.0	32
	6p	27.8	30
	8p	27.9	30
	10p	27.8	25
	Mittern.	27.3	25
VI. 14	2a	27.1	26
	4a	27.1	25.5
	6a	27.6	31
	8a	27.7	31
	10a	27.8	31.5
	Mittag	27.9	29
	2p	27.2	27
	4p	27.2	31
	6p	27.7	30
	8p	27.7	29.5
	10p	27.1	30
	Mittern.	27.1	31
VI. 15	2a	27.1	34.5
	4a	27.2	33.5
	6a	27.3	33.5
	8a	27.3	33
	10a	27.4	24
	Mittag	27.7	20
	2p	28.7	10
	4p	28.6	10
	6p	27.9	10
	10p	27.6	10

1) Der Index des neuen Thermometers, welches hier in Gebrauch genommen wurde, — 0,45°, ist im Original nicht angewandt, aber hier stets angewandt worden, auch an allen folgenden Tagen; vom 31. Mai an der Abkürzung wegen ist — 0.5° dafür angewandt.

Datum	Zeit	Temp. °C	Sp. G. = 1.02 +
1875 VI. 16	2a	27.1	20
	6a	27.1	22
	10a	28.3	15
	2p	28.2	17
	6p	28.2	17
	10p	27.6	15.5
VI. 17	2a	27.5	15
	6a	27.3	23
	10a	27.6	15
	2p	28.0	15.5
	6p	27.9	19
	10p	27.9	15
VI. 18	2a	27.6	15
	6a	27.3	17.5
	10a	27.7	12
	2p	28.3	14
	6p	28.1	13
	10p	28.1	13
VI. 19	2a	zu leicht	
	6a	27.3	18
	10a	27.5	17.5
	2p	27.6	17
	6p	27.6	16
	10p	27.6	17
VI. 20	2a	27.6	17
	6a	27.6	19.5
	10a	27.7	17.2
	2p	28.7	12.2
	6p	28.1	13
	10p	27.3	14
VI. 21	2a	27.2	18
	6a	27.1	20
	10a	27.7	26
	2p	28.7	26
	6p	28.1	25.5
	10p	27.6	27
VI. 22	2a	27.6	26
	6a	27.3	27
	10a	27.9	24
	2p	28.3	31
	6p	27.7	28
	10p	27.7	11
VI. 23	2a	27.1	30
	6a	27.5	28
	10a	27.5	(1.0117)
	2p	28.1	—
	6p	27.7	31
	10p	27.7	55
VI. 24	2a	27.4	37.5
	6a	27.6	26
	10a	28.1	31
	2p	27.8	24
	6p	28.1	33
	10p	27.6	40
VI. 25	2a	27.6	40
	6a	27.6	21
	10a	27.5	39
	2p	27.9	36.5
	4p	27.6	38
	6p	27.6	36
	8p	27.7	36
	10p	27.6	37
	Mittern.	27.6	36.5

Datum	Zeit	Temp. °C	Sp. G. = 1.02 +
1875 VI. 26	2a	26.6	42.5
	4a	26.6	42
	6a	27.3	38
	8a	27.5	38
	10a	27.9	38.5
	Mittag	28.1	38
	2p	27.4	36
	4p	27.1	35
	6p	28.2	35
	8p	27.9	36
	10p	27.6	35
	Mittern.	27.6	36
VI. 27	2a	27.0	41.5
	4a	27.1	41
	6a	27.1	35
	8a	27.6	36
	10a	27.5	33
	Mittag	27.6	36
	2p	27.9	37
	4p	27.7	39
	6p	27.6	38
	8p	27.6	38
	10p	27.6	38
	Mittern.	27.7	38
VI. 28	2a	27.1	36
	4a	27.2	36
	6a	27.6	40
	8a	27.6	40
	10a	27.5	38
	Mittag	27.4	38.5
	2p	27.6	37.5
	4p	27.8	38
	6p	27.5	40
	8p	27.4	39
	10p	27.8	37.5
	Mittern.	27.7	38
VI. 29	2a	27.5	40
	4a	27.1	40
	6a	27.4	40
	8a	27.7	40
	10a	27.9	39
	Mittag	28.1	39
	2p	28.3	39
	4p	28.3	38
	6p	28.1	40
	8p	28.1	39
	10p	27.8	41
	Mittern.	27.6	41
VI. 30	2a	27.9	41
	4a	27.4	40.5
	6a	27.8	40
	8a	27.6	39
	10a	27.5	37
	Mittag	28.1	38
	2p	27.7	38.5
	4p	27.9	39
	6p	28.1	39
	8p	28.0	38
	10p	26.6	37
	Mittern.	26.7	37

Datum	Zeit	Temp. °C	Sp. G. = 1.02 +
1875 VII. 1	2a	27.1	40
	4a	27.3	40
	6a	28.1	39
	8a	27.9	39
	10a	27.2	39
	Mittag	27.4	39
	2p	28.1	37
	4p	28.0	38
	6p	27.6	38
	8p	27.3	37.5
	10p	27.7	41
	Mittern.	27.6	40
VII. 2	2a	27.8	39
	4a	27.8	40
	6a	27.8	41
	8a	27.9	41
	10a	27.7	40
	Mittag	27.6	38
	2p	27.8	38
	4p	27.7	38
	6p	27.6	40.5
	8p	27.6	40
	10p	27.6	39
	Mittern.	27.6	39.5
VII. 3	2a	27.6	40
	4a	27.3	40.5
	6a	27.6	40
	8a	27.6	39
	10a	27.6	35
	Mittag	27.9	39
	2p	28.0	40
	4p	27.9	40.5
	6p	28.0	39
	8p	27.8	39.5
	10p	27.6	40
	Mittern.	27.6	41
VII. 4	2a	27.6	40
	4a	27.6	40
	6a	27.8	39
	8a	28.0	39
	10a	28.2	38.5
	Mittag	28.5	39
	2p	29.5	33
	4p	29.1	34.5
	6p	27.8	39
	8p	27.9	39
	10p	28.1	37
	Mittern.	27.9	37
VII. 5	2a	28.6	40
	4a	28.1	40
	6a	28.1	38.5
	8a	28.6	39
	10a	28.1	36
	Mittag	28.6	37
	2p	28.3	36
	4p	28.3	36
	6p	28.5	35.5
	8p	28.4	36
	10p	28.3	36
	Mittern.	27.8	37

Datum	Zeit	Temp. °C	Sp. G. = 1.02 +
1875 VII. 6	2a	27.5	40
	4a	27.4	40.5
	6a	27.8	38
	8a	27.7	38
	10a	27.9	38
	Mittag	28.2	38
	2p	28.4	38
	4p	28.3	38
	6p	28.1	38
	8p	28.1	39
	10p	27.8	40
	Mittern.	28.0	40
VII. 7	2a	27.9	39.5
	4a	27.7	39
	6a	28.1	39
	8a	28.3	39.5
	10a	27.6	42
	Mittag	27.7	42
	2p	27.9	41
	4p	27.8	42
	6p	27.8	40.5
	8p	27.7	40
	10p	27.6	40
	Mittern.	27.7	41
VII. 8	2a	27.6	45
	4a	27.6	41
	6a	27.6	40
	8a	27.7	41
	10a	27.8	41
	Mittag	28.0	42
	2p	28.1	41
	4p	28.1	41
	6p	28.0	40.5
	8p	27.9	41
	10p	27.8	41
	Mittern.	27.8	40
VII. 9	2a	27.6	39.5
	4a	27.5	40
	6a	27.6	40
	8a	27.8	40
	10a	27.8	41
	Mittag	28.0	41
	2p	28.1	41
	4p	28.0	41.5
	6p	27.9	41
	8p	27.7	42
	10p	27.5	42.5
	Mittern.	27.7	42.5
VII. 10	2a	27.6	42
	4a	27.6	42
	6a	27.6	40
	8a	27.7	41
	10a	27.9	43
	Mittag	27.9	43.5
	2p	28.2	38
	4p	28.2	39
	6p	28.1	40
	8p	27.6	43
	10p	27.6	40
	Mittern.	27.6	40

Datum	Zeit	Temp. °C	Sp. G. = 1.02 +
1875 VII. 11	2a	27.6	40
	4a	27.8	40
	6a	28.1	42
	8a	28.3	42
	10a	28.1	40
	Mittag	28.6	39
	2p	28.6	37
	4p	28.6	37
	6p	28.6	38
	8p	28.3	38
	10p	27.6	38.5
	Mittern.	27.6	38.5
VII. 12	2a	27.9	42.5
	4a	27.7	43
	6a	28.0	40
	8a	28.0	40
	10a	28.8	35
	Mittag	28.9	38
	2p	29.1	35
	4p	29.5	36
	6p	29.1	36
	8p	28.5	36
	10p	27.6	38
	Mittern.	27.6	38
VII. 13	2a	27.5	38
	4a	27.7	38
	6a	27.8	38
	8a	27.5	38
	10a	27.1	39
	Mittag	27.3	39
	2p	28.1	37
	4p	28.1	37
	6p	28.0	38
	8p	27.8	38
	10p	27.9	38
	Mittern.	27.6	38
VII. 14	2a	27.8	40
	4a	27.5	41
	6a	26.7	43
	8a	26.9	43
	10a	28.2	40
	Mittag	28.3	41
	2p	28.3	37
	4p	28.2	37
	6p	28.2	36
	8p	27.9	36
	10p	27.8	38.5
	Mittern.	27.8	39
VII. 15	2a	27.9	39.5
	4a	27.9	39.5
	6a	27.9	40
	8a	28.1	40
	10a	28.3	39
	Mittag	28.5	37
	2p	28.5	35
	4p	28.6	35
	6p	28.5	36
	8p	28.2	36
	10p	28.0	45
	Mittern.	27.7	46

Datum	Zeit	Temp. °C	Sp. G. = 1.02 +
1875 VII. 16	2a	27.6	45
	4a	27.6	44
	6a	27.8	41.5
	8a	28.0	41
	10a	28.6	39
	Mittag	28.9	38
	2p	28.4	38
	4p	28.6	37.5
	6p	28.8	37.5
	8p	28.5	40
	10p	28.1	41
	Mittern.	27.9	40
VII. 17	2a	27.8	41.5
	4a	27.6	41.5
	6a	27.6	41
	8a	27.8	41.5
	10a	28.1	41.5
	Mittag	28.3	41
	2p	28.6	45
	4p	28.6	44
	6p	27.7	43.5
	8p	27.7	43.5
	10p	27.6	41.5
	Mittern.	27.7	42
VII. 18	2a	27.8	45
	4a	27.7	44
	6a	27.6	43
	8a	28.4	44
	10a	27.8	45
	Mittag	—	—
	2p	28.2	45
	4p	—	—
	6p	28.1	41
	8p	—	—
	10p	27.9	40
	Mittern.	—	—
VII. 19	2a	27.6	40
	6a	27.6	41
	10a	27.8	40.5
	2p	27.4	41
	6p	28.0	40.5
	10p	27.9	40
VII. 20	2a	27.9	40
	6a	28.0	40
	10a	28.1	39
	2p	28.4	40
	6p	28.2	39
	10p	28.1	40
VII. 21	2a	28.2	40
	6a	27.7	40
	10a	27.9	40
	2p	29.6	37
	6p	28.4	39
	10p	28.1	35.5
VII. 22	2a	28.1	36.5
	6a	28.0	38
	10a	28.3	20.5
	2p	27.4	03
	6p	25.1	(1.0101)
	10p	25.6	02

Datum	Zeit	Temp. °C	Sp. G. = 1.02 +
1875 VII. 23	2a	27.1	45
	6a	27.7	50
	10a	27.4	25
	2p	27.6	27.5
	6p	27.7	22.5
	10p	27.7	50
VII. 24	2a	27.6	55
	6a	27.6	50
	10a	27.2	45
	2p	29.3	00
	6p	28.1	05
	10p	26.5	10
VII. 25	2a	26.5	15
	6a	27.6	50
	10a	27.7	15
	2p	26.6	(1.0092.5)
	6p	26.1	90
	10p	27.6	1.0233
VII. 26	2a	26.6	25
	6a	26.4	20
	10a	27.1	1.0170
	2p	28.0	1.0221
	6p	27.9	1.0160
	10p	27.4	1.0210
VII. 27	2a	28.6	25
	4a	—	—
	6a	28.5	37
	8a	—	—
	10a	29.2	34
	Mittag	29.5	36
	2p	29.5	34
	4p	29.6	34
	6p	29.1	34
	8p	29.0	34
	10p	28.9	34.5
	Mittern.	28.9	34
VII. 28	2a	28.8	34.5
	4a	28.6	34
	6a	28.7	35.5
	8a	29.5	36
	10a	29.5	35.5
	Mittag	29.6	34
	2p	29.3	33
	4p	29.5	31
	6p	28.8	32.5
	8p	28.9	33
	10p	29.0	33
	Mittern.	28.9	33
VII. 29	2a	28.0	38.5
	4a	28.0	39
	6a	28.5	38
	8a	29.2	39
	10a	29.1	33
	Mittag	29.0	33

Datum	Zeit	Temp. °C	Sp. G. = 1.02 +
1875 VII. 29	2p	29.1	36
	4p	28.8	36.6
	6p	28.9	35
	8p	29.0	36
	10p	28.7	35.5
	Mittern.	28.5	36
VII. 30	2a	28.5	35.5
	4a	28.6	36
	6a	28.8	37
	8a	29.0	36.5
	10a	28.0	38
	Mittag	28.5	37.5
	2p	29.5	29
	4p	29.2	27
	6p	28.7	26
	8p	28.5	26
	10p	28.9	25
	Mittern.	—	—
VII. 31	2a	29.0	38
	6a	28.5	38
	10a	28.9	26
	2p	29.4	17
	6p	29.1	15
	10p	28.0	18
VIII. 1	2a	28.1	24
	6a	28.1	37
	10a	28.9	(?) 13.8
	2p	29.5	25
	6p	29.3	40
	10p	28.5	50
VIII. 2	2a	28.1	40
	6a	28.1	30
	10a	28.9	38.5
	2p	29.2	38
	6p	29.5	38.5
	10p	28.5	41
	Mittern.	28.4	42
VIII. 3	2a	28.5	42
	4a	28.5	42
	6a	28.5	39
	8a	28.7	41
	10a	29.4	42
	Mittag	29.3	42
	2p	29.3	38
	4p	29.3	37.5
	6p	28.9	38
	8p	28.8	36
	10p	28.5	35
	Mittern.	28.2	38
VIII. 4	2a	28.5	39.5
	4a	28.3	34
	6a	28.3	41
	8a	28.7	41
	10a	28.0	38
	Mittag	28.8	37
	2p	29.5	36
	6p	29.0	36.5
	10p	28.5	40

Datum	Zeit	Temp. °C	Sp. G. = 1.02 +
1875 VIII. 5	2^a	28.3	41.5
	6^a	27.8	41.4
	10^a	28.6	39
	Mittag	28.6	37
	2^p	28.8	35
	4^p	28.5	34
	6^p	28.1	10.8
	8^p	27.6	24.5
	10^p	27.5	10.3
	Mittern.	27.3	10.4
VIII. 6	2^a	27.5	18.6
	4^a	28.1	39.0
	6^a	28.4	39.8
	8^a	28.5	40
	10^a	28.2	39.5
	Mittag	28.5	39
	2^p	28.0	39.2
	4^p	28.2	41.0
	6^p	28.2	40.5
	8^p	28.6	42
	10^p	28.1	40.3
	Mittern.	28.0	40.6
VIII. 7	2^a	29.0	41
	4^a	29.0	40.5
	6^a	28.0	40.5
	8^a	28.3	42
	10^a	28.1	40.2
	Mittag	28.7	36.5
	2^p	29.0	36.5
	4^p	29.0	36
	6^p	28.7	38.5
	8^p	28.3	39.5
	10^p	28.1	39
	Mittern.	27.9	41
VIII. 8	2^a	27.7	37
	4^a	27.8	38.2
	6^a	28.0	40
	8^a	28.1	40
	10^a	28.2	39
	Mittag	28.5	39
	2^p	28.7	30.7
	4^p	28.9	30.7
	6^p	28.2	39.4
	8^p	28.1	40
	10^p	28.1	40
	Mittern.	28.0	42
VIII. 9	2^a	27.7	39.8
	4^a	28.0	39
	6^a	27.8	40
	8^a	28.2	40
	10^a	28.5	40
	Mittag	28.9	41
	2^p	29.3	36.5
	4^p	28.9	38
	6^p	28.4	37
	8^p	28.3	38
	10^p	28.0	40.5
	Mittern.	28.2	41

Datum	Zeit	Temp. °C	Sp. G. = 1.02 +
1875 VIII. 10	2^a	28.0	40
	4^a	28.0	40
	6^a	28.0	41
	8^a	28.3	41
	10^a	28.1	40
	Mittag	28.7	37.5
	2^p	28.7	35
	4^p	28.5	37
	6^p	28.3	41
	8^p	28.0	39
	10^p	28.0	39.5
	Mittern.	28.0	40
VIII. 11	2^a	27.8	41
	4^a	27.9	41
	6^a	27.7	41.5
	8^a	28.0	40
	10^a	28.2	39
	Mittag	28.6	40
	2^p	28.6	41
	4^p	28.5	41
	6^p	28.1	40.5
	8^p	28.0	41
	10^p	27.8	40.5
	Mittern.	27.6	39.5
VIII. 12	2^a	27.5	42
	4^a	27.7	40.5
	6^a	27.9	42
	8^a	—	—
	10^a	28.9	38.5
	Mittag	28.9	38
	2^p	28.7	37.5
	6^p	28.8	37
	10^p	28.7	39
VIII. 13	2^a	28.6	39
	6^a	27.9	41
	10^a	28.5	39.5
	2^p	28.5	39.5
	6^p	28.5	37.5
	10^p	28.5	35
VIII. 14	2^a	28.0	34
	6^a	28.1	40.5
	10^a	28.5	39.5
	2^p	29.0	37.5
	6^p	28.3	39
	10^p	28.4	39
VIII. 15	2^a	28.1	39.5
	6^a	28.2	41
	10^a	28.7	38.5
	2^p	29.1	39
	6^p	28.4	40
	10^p	28.5	39
VIII. 16	2^a	28.0	41
	6^a	28.3	40
	10^a	28.8	39
	2^p	28.6	41
	6^p	28.5	41
	10^p	28.3	42

Datum	Zeit	Temp. °C	Sp. G. = 1.02 +
1875 VIII. 17	2^a	28.1	41
	6^a	28.0	41
	10^a	28.2	40
	2^p	28.7	39
	6^p	27.8	40
	10^p	27.9	41.5
	Mittern.	27.8	41
VIII. 18	2^a	27.9	41
	4^a	28.1	41
	6^a	27.9	38.5
	8^a	28.1	39
	10^a	28.4	39
	Mittag	28.7	40
	2^p	28.0	42.5
	4^p	27.8	42
	6^p	27.8	41
	8^p	27.8	38.5
	10^p	27.7	41
	Mittern.	—	—
VIII. 19	2^a	27.5	42.5
	6^a	27.6	41.5
	10^a	27.8	42
	2^p	26.7	19.5
	6^p	26.7	25.5
	10^p	27.0	39.5
VIII. 20	2^a	26.9	38.5
	6^a	26.3	33.5
	10^a	27.5	39
	2^p	27.7	40
	6^p	27.6	40
	10^p	27.5	41
VIII. 21	2^a	27.3	42
	6^a	27.5	41.5
	10^a	28.0	41
	2^p	27.9	40
	6^p	27.9	40
	8^p	27.7	41
	10^p	27.3	41
	Mittern.	27.4	41.5
VIII. 22	2^a	27.6	42
	4^a	27.6	42
	6^a	27.6	42.5
	8^a	27.7	43
	10^a	27.9	44
	Mittag	28.0	40
	2^p	28.5	38
	4^p	28.6	38
	6^p	28.5	41.5
	8^p	28.7	42
	10^p	27.7	42
	Mittern.	27.6	42
VIII. 23	2^a	27.7	40
	4^a	27.6	41
	6^a	28.0	40.5
	8^a	27.7	40
	10^a	28.3	40
	Mittag	28.5	41

Datum	Zeit	Temp. °C	Sp. G. = 1.02 +
1875 VIII. 23	2^p	28.9	37.5
	4^p	29.0	38
	6^p	28.5	37.5
	8^p	28.2	38
	10^p	28.2	38.5
	Mittern.	28.0	38.7
VIII. 24	2^a	27.8	41
	4^a	28.1	40.5
	6^a	28.0	36.5
	8^a	28.2	37
	10^a	28.1	39.5
	Mittag	28.2	39
	2^p	28.3	38.5
	4^p	28.3	40
	6^p	28.2	39
	8^p	28.0	38.5
	10^p	28.0	41
	Mittern.	28.2	41.5
VIII. 25	2^a	28.0	40.5
	4^a	27.9	40
	6^a	27.7	41
	8^a	27.9	39.5
	10^a	28.7	37.5
	Mittag	28.9	37
	2^p	29.2	35
	4^p	28.5	36
	6^p	28.0	34
	10^p	27.9	37
VIII. 26	2^a	27.9	37
	6^a	27.7	40.5
	10^a	28.1	37
	2^p	28.5	32.5
	6^p	28.2	35
	10^p	28.2	35
VIII. 27	2^a	27.5	35
	6^a	28.0	34.5
	10^a	28.1	32
	2^p	29.0	34
	6^p	28.2	35
	10^p	28.0	38
VIII. 28	2^a	27.8	37
	6^a	27.7	40
	10^a	27.8	39.5
	2^p	29.0	36
	6^p	29.3	34
	10^p	28.1	32
VIII. 29	2^a	28.0	40
	6^a	27.7	38
	10^a	28.4	37
	Mittag	29.2	36.5
	2^p	29.2	35
	4^p	29.1	35
	6^p	28.9	35
	8^p	28.7	36
	10^p	28.0	36
	Mittern.	28.0	37

Datum	Zeit	Temp. °C	Sp.G. = 1.02 +	Datum	Zeit	Temp. °C	Sp.G. = 1.02 +	Datum	Zeit	Temp. °C	Sp.G. = 1.02 +	Datum	Zeit	Temp. °C	Sp.G. = 1.02 +
1875	2a	27.9	38	1875	2a	26.9	43.5	1875	2a	26.9	41.5	1875	2a	24.5	50
VIII. 30	4a	27.7	39	IX. 4	4a	27.1	44	IX. 9	4a	26.8	41	IX. 14	4a	25.0	49.5
	6a	27.9	38		6a	27.3	42		6a	26.9	42		6a	25.2	48
	8a	28.1	37.5		8a	27.7	41.5		8a	27.1	41		8a	25.4	48.5
	10a	28.2	28.5		10a	27.6	40.5		10a	26.5	42.5		10a	26.0	47
	Mittag	27.9	36.5		Mittag	27.5	40		Mittag	26.7	42.5		Mittag	25.8	47
	2p	28.0	37		2p	27.5	36		2p	27.3	41.5		2p	25.6	47
	4p	28.1	37.5		4p	27.7	35		4p	27.3	41		4p	25.5	47.5
	6p	28.0	37		6p	27.0	40.5		6p	27.2	41		6p	25.4	48
	8p	28.1	38		8p	26.9	40		8p	27.1	43		8p	25.7	47.5
	10p	28.0	39		10p	27.2	40		10p	26.2	42		10p	24.9	50
	Mittern.	28.2	38.5		Mittern.	27.0	41		Mittern.	26.3	43		Mittern.	25.0	50
VIII. 31	2a	27.9	38	IX. 5	2a	27.1	41.5	IX. 10	2a	26.0	45	IX. 15	2a	24.8	49
	4a	27.7	39		4a	27.0	42		4a	26.0	45		4a	24.6	49.5
	6a	27.5	40.5		6a	27.0	42.5		6a	26.0	45		6a	24.7	45
	8a	27.9	41		8a	27.1	42		8a	26.1	44.5		8a	24.8	49.5
	10a	27.7	38.5		10a	26.2	42		10a	26.6	44		10a	24.9	49.5
	Mittag	28.1	37.5		Mittag	27.4	42		Mittag	27.1	43.5		Mittag	24.8	50
	2p	28.5	38		2p	27.1	39.5		2p	26.8	43.5		2p	25.0	50
	4p	28.1	37.5		4p	27.2	40		4p	26.6	43.5		4p	24.8	50
	6p	27.7	35.5		6p	27.1	39		6p	26.2	43.5		6p	24.0	51
	8p	27.5	39.5		8p	26.9	40		8p	26.1	44		8p	23.8	50
	10p	27.4	37.5		10p	26.5	41		10p	25.9	45		10p	23.7	50.5
	Mittern.	27.2	37		Mittern.	26.3	40		Mittern.	25.5	45		Mittern.	23.8	50
IX. 1	2a	27.0	37.5	IX. 6	2a	26.4	41	IX. 11	2a	26.0	45	IX. 16	2a	23.8	56
	4a	27.2	38		4a	26.4	41.5		4a	25.9	45		4a	23.5	55
	6a	27.3	39.5		6a	26.9	42		6a	26.0	45		6a	23.4	54
	8a	27.1	41.5		8a	27.1	41		8a	26.2	47.5		8a	23.2	55
	10a	27.5	41		10a	27.0	41		10a	26.4	43.5		10a	23.7	53
	Mittag	27.9	40.5		Mittag	27.4	41.5		Mittag	26.5	44		Mittag	.23.8	55
	2p	27.5	40.5		2p	27.5	39.5		2p	26.0	44.5		2p	23.9	55
	4p	27.5	40.5		4p	27.5	40		4p	26.1	44		4p	23.7	55
	6p	27.5	40		6p	27.0	39.5		6p	25.6	46.5		6p	23.5	54
	8p	27.3	40		8p	26.8	39		8p	25.8	45		8p	23.6	53.5
	10p	27.0	41		10p	27.1	43		10p	25.3	45		10p	23.7	52
	Mittern.	27.1	41		Mittern.	27.2	42		Mittern.	25.2	45		Mittern.	23.7	53
IX. 2	2a	27.3	40.5	IX. 7	2a	27.0	42.5	IX. 12	2a	25.3	47	IX. 17	2a	23.0	54
	4a	27.5	41		4a	27.0	42		4a	25.2	46.5		4a	22.9	54
	6a	27.5	41		6a	27.0	41.5		6a	25.4	50		6a	22.4	54
	8a	27.6	41.5		8a	27.1	41		8a	25.5	50		8a	22.3	54
	10a	27.3	38.5		10a	27.4	41		10a	25.7	48		10a	22.3	62
	Mittag	27.2	39		Mittag	27.7	40.5		Mittag	25.8	48		Mittag	22.5	63
	2p	27.1	41		2p	27.4	42		2p	26.0	47		2p	22.5	62
	4p	27.4	41		4p	27.2	42		4p	26.2	46.5		4p	22.7	62
	6p	27.1	42		6p	27.1	41		6p	26.0	48		6p	22.3	62
	8p	27.0	41		8p	27.0	41		8p	25.8	47.5		8p	22.0	61
	10p	27.1	42.5		10p	27.0	42		10p	25.0	49		10p	21.5	59
	Mittern.	27.0	42		Mittern.	26.8	42		Mittern.	24.9	48.5		Mittern.	21.4	59
IX. 3	2a	27.0	43	IX. 8	2a	26.7	41	IX. 13	2a	24.9	49.5	IX. 18	2a	21.9	61
	4a	26.9	42.5		4a	26.5	39.5		4a	25.0	49		4a	21.8	61
	6a	26.9	44		6a	26.9	41		6a	25.1	49.5		6a	21.9	60
	8a	27.0	43.5		8a	27.1	41.5		8a	24.9	50		8a	21.9	60
	10a	27.1	42		10a	26.9	36.5		10a	25.9	47		10a	22.0	60
	Mittag	27.3	41.5		Mittag	27.0	38.5		Mittag	26.2	47.5		Mittag	22.4	62
	2p	28.2	41.5		2p	27.1	41.5		2p	26.0	46		2p	22.2	60
	4p	28.1	40		4p	27.2	42		4p	25.9	46		4p	22.1	60
	6p	27.7	41		6p	26.9	41.5		6p	25.5	48		6p	22.0	62
	8p	27.5	41		8p	27.1	41.5		8p	25.4	47.5		8p	21.8	61
	10p	27.3	40		10p	27.3	42		10p	25.0	50		10p	22.3	60.5
	Mittern.	27.0	41.5		Mittern.	27.0	41		Mittern.	24.9	50		Mittern.	22.3	61

Datum	Zeit	Temp. °C	Sp.G. = 1.02 +
1875 IX. 19	2a	21.7	61
	4a	21.5	62
	6a	21.3	64
	8a	21.9	62
	10a	22.7	60
	Mittag	22.7	61.5
	2p	22.9	62
	4p	22.3	62
	6p	22.8	61
	8p	22.9	61
	10p	22.5	62
	Mittern.	22.5	62
IX. 20	2a	22.2	61.5
	4a	22.1	62
	6a	22.3	61.5
	8a	22.1	61.5
	10a	22.1	60.5
	Mittag	22.3	60
	2p	22.5	59
	4p	22.3	60
	6p	22.6	59
	8p	22.5	60
	10p	21.5	63
	Mittern.	21.7	62.5
IX. 21	2a	21.5	62
	4a	21.7	60.5
	6a	21.9	60
	8a	21.7	61
	10a	21.1	62
	Mittag	21.4	63
	2p	23.2	58.5
	4p	21.5	62
	6p	21.3	62
	8p	21.6	61
	10p	20.1	63
	Mittern.	20.0	62.5
IX. 22	2a	20.0	66
	6a	20.0	64
	10a	20.4	65
	2p	20.5	68
	6p	20.5	64
	10p	20.3	62
IX. 23	2a	20.2	64
	6a	19.7	65
	8a	19.9	65
	10a	19.9	68
	Mittag	20.4	66
	2p	20.6	65.5
	4p	21.0	64.5
	6p	20.5	65
	8p	20.5	66
	10p	20.9	64.5
	Mittern.	21.5	63

Datum	Zeit	Temp. °C	Sp.G. = 1.02 +
1875 IX. 24	2a	21.3	63.5
	4a	20.4	64.5
	6a	19.3	70
	8a	20.1	68
	10a	20.9	65
	Mittag	21.0	65
	2p	22.2	60
	4p	22.0	58
	6p	22.1	58
	8p	22.3	59
	10p	21.5	60.5
	Mittern.	21.5	60.5
IX. 25	2a	21.5	61
	4a	21.5	60.5
	6a	21.5	60.5
	8a	21.3	62
	10a	21.3	60
	Mittag	21.6	60.5
	2p	22.0	61
	4p	21.9	61
	6p	21.3	62
	8p	21.2	60
	10p	21.2	61
	Mittern.	21.1	61
IX. 26	2a	21.7	60.5
	4a	21.8	60
	6a	21.7	61
	8a	21.8	60.5
	10a	21.8	60
	Mittag	22.1	60
	2p	22.4	60
	4p	22.0	60.5
	6p	22.0	60
	8p	21.8	60
	10p	22.0	60
	Mittern.	21.7	59.5
IX. 27	2a	21.6	60.5
	4a	21.5	60.5
	6a	21.6	63
	8a	21.8	63
	10a	21.9	60.5
	Mittag	22.0	61.5
	2p	22.2	59.5
	4p	22.3	60
	6p	21.5	61
	8p	21.9	60
	10p	21.2	60.5
	Mittern.	21.3	60
IX. 28	2a	21.7	60
	4a	21.5	60
	6a	21.5	61
	8a	21.7	61.5
	10a	21.9	60.5
	Mittag	22.1	60
	2p	22.5	59.5
	4p	22.1	60
	6p	20.8	63
	8p	20.6	63.5
	10p	20.3	64.5
	Mittern.	—	—

Datum	Zeit	Temp. °C	Sp.G. = 1.02 +
1875 IX. 29	2a	20.5	64
	4a	—	—
	6a	20.7	64
	8a	—	—
	10a	19.5	51
	Mittag	—	—
	2p	20.7	45
	4p	—	—
	6p	20.7	44.5
	8p	—	—
	10p	19.8	49.5
	Mittern.	—	—
IX. 30	2a	19.7	48.5
	6a	19.9	48
	10a	20.0	46
	2p	20.5	47
	6p	20.7	47
	10p	20.3	45
X. 1	2a	20.1	44
	6a	19.9	45
	10a	20.0	44.5
	2p	20.4	46
	6p	20.4	45
	10p	20.1	46.5
X. 2	2a	20.0	46
	6a	20.8	44
	10a	20.8	43.5
	2p	21.1	44
	6p	21.5	43
	10p	21.5	44
X. 3	2a	20.5	43
	6a	21.0	42
	10a	21.5	41.5
	2p	21.6	42
	6p	21.8	41.5
	10p	21.5	42.5
X. 4	2a	21.7	43
	6a	21.5	42.5
	10a	20.8	45
	2p	22.0	42.5
	6p	21.9	41.5
	10p	21.7	43
X. 5	2a	21.5	42
	6a	21.5	42
	10a	20.5	47
	2p	21.1	45
	6p	21.0	43
	10p	20.7	44
X. 6	2a	21.3	41.5
	6a	20.0	49
	10a	20.1	48.5
	2p	20.3	48
	6p	19.9	49
	10p	19.7	48.5
X. 7	2a	19.5	51
	6a	19.5	50
	10a	19.8	49
	2p	20.4	51.5
	6p	21.1	51
	10p	20.7	51

Datum	Zeit	Temp. °C	Sp.G. = 1.02 +
1875 X. 8	2a	20.3	51.5
	6a	19.9	51
	10a	21.0	51
	2p	21.5	53
	6p	21.3	51
	10p	20.9	53
X. 9	2a	20.1	51
	6a	20.7	52.5
	10a	21.9	50
	2p	22.1	51
	6p	22.0	52
	10p	21.3	50.5
X. 10	2a	21.1	51
	6a	20.6	50
	10a	21.4	50
	2p	22.0	50.5
	6p	21.5	50.5
	10p	20.9	50
X. 11	2a	20.7	50
	6a	20.5	50
	10a	21.3	50
	2p	21.8	50.5
	6p	21.9	50
	10p	22.0	50
X. 12	2a	20.7	50
	6a	21.0	50
	10a	21.3	50.5
	2p	21.5	51
	6p	21.7	50
	10p	21.0	49.5
X. 13	2a	20.9	50
	6a	21.0	50
	10a	21.2	50
	2p	21.4	50.5
	6p	21.7	50.5
	10p	21.4	50
X. 14	2a	21.1	51
	6a	20.9	50.5
	10a	21.4	51
	2p	21.7	51
	6p	22.0	56
	10p	22.3	49.5
X. 15	2a	22.2	50.5
	6a	22.0	49
	10a	23.0	45
	2p	23.0	44
	6p	22.6	49
	10p	22.5	48
X. 16	2a	22.5	48
	6a	22.6	47
	10a	22.5	47.5
	2p	22.4	48
	6p	22.3	48
	10p	22.2	49
X. 17	2a	22.5	47
	6a	22.4	47.5
	10a	22.7	48
	2p	22.8	47.5
	6p	22.4	47
	10p	22.2	48

Datum	Zeit	Temp. °C	Sp. G. = 2.62 +
1875 X. 18	2^a	22.0	47.5
	6^a	21.7	47
	10^a	22.2	46
	2^p	22.5	47
	6^p	22.5	47
	10^p	22.1	47.5
X. 19	2^a	21.9	47
	6^a	22.2	49.5
	10^a	22.3	49
	2^p	22.6	48.5
	6^p	22.4	48
	10^p	22.4	48
X. 20	2^a	22.1	47.5
	6^a	22.2	48.5
	10^a	22.3	48.5
	2^p	22.1	54
	4^p	22.2	54
	6^p	21.7	54.5
	8^p	21.7	54.5
	10^p	21.8	55
	Mittern.	21.6	54.5
X. 21	2^a	21.4	54.5
	4^a	21.2	55
	6^a	22.3	55
	8^a	22.4	54.5
	10^a	22.2	57
	Mittag	22.2	58
	2^p	22.0	58
	4^p	22.0	57
	6^p	20.8	63
	8^p	20.7	62.5
	10^p	20.8	63
	Mittern.	20.2	64
X. 22	2^a	19.8	64
	4^a	19.9	63
	6^a	20.3	65
	8^a	20.4	65
	10^a	20.5	63
	Mittag	20.7	64
	2^p	21.0	65
	4^p	20.7	64.5
	6^p	19.3	65
	8^p	19.2	64.5
	10^p	18.0	66
	Mittern.	17.8	65
X. 23	2^a	17.6	67
	4^a	17.6	66.5
	6^a	17.9	66
	8^a	18.2	66
	10^a	18.5	69
	Mittag	19.3	69.5
	2^p	18.9	68
	4^p	19.2	67
	6^p	19.1	68
	8^p	18.7	68
	10^p	18.3	68.5
	Mittern.	18.0	69

Datum	Zeit	Temp. °C	Sp. G. = 1.02 +
1875 X. 24	2^a	17.5	69
	4^a	17.5	69.5
	6^a	18.0	70
	8^a	18.3	69.5
	10^a	18.1	70
	Mittag	18.3	70
	2^p	18.5	68
	4^p	18.3	68
	6^p	18.2	70.5
	8^p	18.0	71
	10^p	17.7	70.5
	Mittern.	17.5	70
X. 25	2^a	17.5	72
	4^a	17.6	71
	6^a	18.1	71
	8^a	18.2	71
	10^a	17.0	72
	Mittag	17.4	72
	2^p	17.7	72
	4^p	17.8	72.5
	6^p	17.5	72.5
	8^p	17.5	72.5
	10^p	15.1	74
	Mittern.	14.9	73.5
X. 26	2^a	15.4	73.5
	4^a	15.5	73.5
	6^a	15.0	76
	8^a	15.7	75.5
	10^a	15.2	75
	Mittag	15.6	74
	2^p	15.7	74
	4^p	16.0	75
	6^p	15.7	75
	8^p	15.3	75.5
	10^p	16.0	75.5
	Mittern.	16.0	75.5
X. 27	2^a	15.1	75.5
	4^a	15.3	75.5
	6^a	15.5	76
	8^a	15.8	76
	10^a	15.5	76
	Mittag	15.4	75
	2^p	15.4	74
	4^p	15.5	75
	6^p	16.0	75
	8^p	16.0	75.5
	10^p	14.9	75
	Mittern.	14.8	75
X. 28	2^a	16.1	74
	4^a	16.0	75
	6^a	16.2	75
	8^a	15.5	74
	10^a	15.2	73
	Mittag	15.4	72
	2^p	15.9	73
	4^p	15.6	72
	6^p	15.6	69.5
	8^p	15.5	69
	10^p	15.5	64.5
	Mittern.	—	—

Datum	Zeit	Temp. °C	Sp. G. = 1.02 +
1875 X. 29	2^a	15.0	65
	6^a	14.9	51
	10^a	15.1	53
	2^p	16.2	52
	6^p	16.4	55
	10^p	14.9	60
X. 30	2^a	14.6	60
	6^a	14.9	60
	10^a	15.1	50
	2^p	15.5	47
	6^p	15.3	49
	10^p	15.2	54
X. 31	2^a	14.9	55
	6^a	14.7	54.5
	10^a	15.1	54
	2^p	15.2	50
	6^p	15.1	54.5
	10^p	14.7	57
XI. 1	2^a	14.4	50
	6^a	14.3	55
	10^a	14.9	54.5
	2^p	15.3	53
	6^p	15.1	53
	10^p	14.8	49.5
XI. 2	2^a	14.4	50
	6^a	14.6	50
	10^a	14.6	59
	2^p	14.6	58
	6^p	14.7	50
	10^p	14.4	51
XI. 3	2^a	14.6	52
	6^a	14.5	49
	10^a	14.7	49.5
	2^p	14.9	52
	6^p	14.7	51
	10^p	14.7	57
XI. 4	2^a	14.5	46
	6^a	14.4	49
	10^a	14.9	57
	2^p	14.8	51
	6^p	14.9	47
	10^p	14.5	57
XI. 5	2^a	14.5	53
	6^a	14.4	50
	10^a	15.1	54
	2^p	15.2	44.5
	6^p	14.5	46
	10^p	14.4	44.5
XI. 6	2^a	14.4	51
	6^a	14.6	44
	10^a	15.0	54
	2^p	15.1	45.5
	6^p	14.6	49
	10^p	14.7	59
XI. 7	2^a	14.7	59
	6^a	14.4	49
	10^a	15.0	57
	2^p	15.1	46
	6^p	15.6	50
	10^p	15.0	49

Datum	Zeit	Temp. °C	Sp. G. = 1.02 +
1875 XI. 8	2^a	14.6	58
	6^a	14.8	56
	10^a	15.1	53.5
	2^p	15.2	59.5
	6^p	15.0	58
	10^p	14.8	57.5
XI. 9	2^a	14.0	59
	6^a	14.0	57.5
	10^a	14.5	53
	2^p	14.8	60
	6^p	14.7	57
	10^p	14.5	58
XI. 10	2^a	14.3	60
	6^a	14.2	58
	10^a	15.0	60
	2^p	14.8	58
	6^p	14.6	53
	10^p	14.5	59
XI. 11	2^a	14.2	61
	6^a	14.3	59
	10^a	15.4	58.5
	2^p	15.7	62.5
	6^p	15.3	62
	10^p	14.8	72
	Mittern.	14.6	73
XI. 12	2^a	14.6	73
	4^a	14.5	73
	6^a	16.2	73
	8^a	16.5	72
	10^a	16.5	72
	Mittag	17.1	72.5
	2^p	19.5	69
	4^p	19.2	70.5
	6^p	18.3	70
	8^p	18.0	71
	10^p	17.7	71
	Mittern.	17.5	72
XI. 13	2^a	17.1	73
	4^a	17.2	73
	6^a	17.0	74
	8^a	17.4	73
	10^a	18.0	73
	Mittag	18.3	72
	2^p	19.5	70
	4^p	19.3	70.5
	6^p	17.7	71.5
	8^p	17.6	72
	10^p	16.8	75
	Mittern.	16.7	75
XI. 14	2^a	16.9	72
	4^a	17.8	71
	6^a	18.6	71
	8^a	18.7	71.5
	10^a	19.1	69.5
	Mittag	19.4	70
	2^p	19.5	68.5
	4^p	19.2	70
	6^p	19.0	71
	8^p	19.0	70
	10^p	19.0	69
	Mittern.	18.9	69.5

Datum	Zeit	Temp. °C	Sp. G. = 1.02 +
1875 XI. 15	2a	18.5	68
	4a	18.7	70
	6a	19.0	70
	8a	18.9	70.5
	10a	19.1	70
	Mittag	19.0	70
	2p	19.0	70
	4p	19.0	70
	6p	19.0	70
	8p	19.0	70
	10p	19.0	70
	Mittern.	18.5	70
XI. 16	2a	19.0	70
	4a	18.9	70
	6a	19.1	69.5
	8a	19.3	70
	10a	19.5	69
	Mittag	19.7	70
	2p	20.1	68.5
	4p	19.8	69
	6p	19.5	70.5
	8p	19.4	70
	10p	18.5	70.5
	Mittern.	18.5	70.5
XI. 17	2a	20.1	69
	4a	20.0	69.5
	6a	20.1	70
	8a	20.2	70
	10a	20.0	69.5
	Mittag	20.0	69
	2p	19.9	69
	4p	19.8	69.5
	6p	19.7	69
	8p	19.5	70
	10p	19.0	70
	Mittern.	18.9	70
XI. 18	2a	20.1	69
	4a	20.0	69.5
	6a	20.2	69
	8a	20.5	68
	10a	20.9	63
	Mittag	21.2	63.5
	2p	21.3	66
	4p	21.1	66
	6p	21.1	64
	8p	20.9	64.5
	10p	20.9	63
	Mittern.	20.8	64
XI. 19	2a	21.2	66
	4a	20.8	66
	6a	21.0	67
	8a	21.2	66.5
	10a	22.0	63
	Mittag	22.1	63
	2p	22.1	61
	4p	22.1	61
	6p	21.9	62
	8p	21.7	62
	10p	22.0	60.5
	Mittern.	21.8	61

Datum	Zeit	Temp. °C	Sp. G. = 1.02 +
1875 XI. 20	2a	21.7	66
	4a	21.6	63
	6a	21.6	63
	8a	21.8	64
	10a	22.6	60
	Mittag	22.7	60
	2p	24.3	53
	4p	22.5	53
	6p	24.0	57
	8p	23.5	59
	10p	22.5	63
	Mittern.	22.2	63.5
XI. 21	2a	22.5	60
	4a	22.3	60
	6a	22.3	60
	8a	22.5	60
	10a	22.5	60
	Mittag	23.2	60
	2p	22.8	59
	4p	22.5	58
	6p	23.0	58
	8p	22.6	58.5
	10p	23.1	58
	Mittern.	23.0	59
XI. 22	2a	23.0	59
	4a	22.7	59.5
	6a	23.6	57
	8a	24.2	57.5
	10a	24.0	57
	Mittag	23.9	57
	2p	24.2	55.5
	4p	24.0	55.5
	6p	23.7	50
	8p	23.4	57
	10p	24.0	57
	Mittern.	24.0	57.5
XI. 23	2a	23.5	60
	4a	23.3	59
	6a	24.0	54
	8a	24.1	56
	10a	24.2	55
	Mittag	24.2	55
	2p	24.7	53
	4p	24.6	52
	6p	24.9	52
	10p	24.7	50.5
XI. 24	2a	24.5	52.5
	6a	24.5	52
	10a	24.5	51
	2p	24.8	51.5
	6p	24.6	52
	10p	24.3	54
XI. 25	2a	24.5	54
	6a	24.5	53
	10a	24.4	54
	Mittag	24.6	52
	2p	24.6	53
	4p	25.0	52.5
	6p	24.7	51.5
	8p	24.5	51
	10p	24.5	56
	Mittern.	24.6	55

Datum	Zeit	Temp. °C	Sp. G. = 1.02 +
1875 XI. 26	2a	25.0	53
	4a	24.9	52.5
	6a	25.0	54
	8a	25.1	53
	10a	26.2	49
	Mittag	26.5	47
	2p	26.6	47
	6p	26.3	49
	10p	25.9	50
XI. 27	2a	25.5	51
	6a	25.6	49
	10a	25.9	50
	2p	26.8	51
	6p	26.4	50
	10p	26.1	50
XI. 28	2a	26.0	50
	6a	25.9	50
	10a	26.0	50
	2p	26.7	45
	6p	26.6	49
	10p	26.2	49
XI. 29	2a	26.1	50
	6a	25.6	51
	10a	26.0	50
	2p	26.8	46
	6p	26.5	50
	10p	26.1	49
XI. 30	2a	25.7	50
	6a	26.0	50
	10a	26.2	49.5
	2p	26.9	50
	6p	26.7	50
	10p	26.4	50
XII. 1	2a	26.3	50
	6a	26.1	48
	10a	25.5	46
	2p	25.6	46
	6p	25.4	48
	10p	25.2	49
XII. 2	2a	25.5	48
	6a	25.3	48
	10a	25.7	47
	2p	25.8	47
	6p	25.6	48
	10p	25.2	49.5
XII. 3	2a	25.1	48
	6a	25.6	50.5
	10a	25.8	50
	2p	26.0	51
	4p	26.2	49
	6p	26.0	49
	8p	25.9	49
	10p	25.2	51.5
	Mittern.	25.0	51
XII. 4	2a	25.2	51
	4a	25.6	51
	6a	25.4	51
	8a	25.6	50.5
	10a	25.3	51
	Mittag	25.7	51

Datum	Zeit	Temp. °C	Sp. G. = 1.02 +
1875 XII. 4	2p	26.2	50
	4p	26.2	50
	6p	25.5	52
	8p	25.4	51
	10p	25.4	52
	Mittern.	25.2	52
XII. 5	2a	24.9	53
	4a	24.8	54
	6a	25.0	52
	8a	25.1	52
	10a	26.0	50.5
	Mittag	26.2	50
	2p	26.1	50.5
	4p	26.4	51
	6p	26.1	51.5
	8p	26,2	51
	10p	26.0	52
	Mittern.	26.1	52
XII. 6	2a	26.2	51
	4a	26.0	50
	6a	26.0	52
	8a	26.1	51
	10a	26.5	50
	Mittag	26.8	50
	2p	26.7	49
	4p	26.5	50
	6p	26.3	50
	8p	26.1	50
	10p	26.0	42
	Mittern.	26.3	44
XII. 7	2a	26.0	49
	4a	26.0	49.5
	6a	26.1	50
	8a	26.2	50.5
	10a	26.3	49
	Mittag	26.4	50
	2p	26.9	48.5
	4p	26.8	48.5
	6p	26.7	48.5
	8p	26.4	49
	10p	27.0	50
	Mittern.	27.1	50.5
XII. 8	2a	26.8	49
	4a	26.5	49.5
	6a	25.6	50
	8a	25.8	50.5
	10a	26.0	52
	Mittag	26.1	51
	2p	26.7	51
	4p	26.8	51
	6p	26.9	51
	8p	26.5	51
	10p	26.5	50.5
	Mittern.	26.4	51

Datum	Zeit	Temp. °C	Sp.G. = 1.02 +
1875 XII. 9	2a	26.5	50
	4a	26.3	49.5
	6a	26.6	48
	8a	26.6	48
	10a	26.8	48
	Mittag	27.1	48.5
	2p	26.9	49
	4p	26.7	50
	6p	27.0	49
	8p	26.5	49.5
	10p	26.2	50
	Mittern.	26.3	50
XII. 10	2a	26.5	49
	4a	26.3	49
	6a	26.6	50
	8a	26.5	50
	10a	26.2	50
	Mittag	26.3	50
	2p	26.3	48.5
	4p	26.3	48.5
	6p	25.9	49
	8p	25.8	50
	10p	25.2	56
	Mittern.	25.6	54
XII. 11	2a	25.0	50
	4a	24.8	51
	6a	25.0	52
	8a	25.1	51
	10a	25.0	52.5
	Mittag	25.8	52
	2p	25.9	52
	6p	25.5	45
	10p	25.0	45
XII. 12	2a	24.9	47
	6a	25.0	51.5
	10a	25.4	49
	2p	25.5	44
	6p	25.3	45
	10p	25.0	45
XII. 13	2a	25.0	50
	6a	25.1	52
	10a	25.1	50.5
	2p	25.9	49
	6p	25.6	48
	10p	25.0	54
	Mittern.	25.0	54
XII. 14	2a	24.7	53
	4a	24.6	54
	6a	24.6	55
	8a	24.8	54
	10a	24.5	55
	Mittag	25.0	52
	2p	25.2	51
	4p	25.1	51
	6p	24.3	56
	8p	24.4	55
	10p	24.5	55
	Mittern.	24.5	54.5

Datum	Zeit	Temp. °C	Sp.G. = 1.02 +
1875 XII. 15	2a	24.2	56
	4a	24.1	55
	6a	24.0	55
	8a	24.3	55
	10a	24.7	55
	2p	24.6	50.5
	6p	24.2	50
	10p	24.3	55
XII. 16	2a	24.5	54.5
	6a	24.2	54
	10a	24.6	55
	2p	25.1	53
	6p	25.0	54
	10p	24.4	55
XII. 17	2a	24.2	54.5
	6a	24.3	54
	10a	24.6	53
	2p	25.1	52
	6p	24.7	55
	10p	24.4	55
XII. 18	2a	24.3	54
	6a	24.2	56
	10a	24.7	55
	2p	25.1	53
	6p	24.7	54
	10p	24.4	58
	Mittern.	24.2	58
XII. 19	2a	24.2	58
	4a	24.1	57.5
	6a	24.1	57
	8a	24.3	57
	10a	24.4	58
	Mittag	24.8	57
	2p	25.6	53
	6p	25.0	55
	10p	24.9	55
XII. 20	2a	24.6	54.5
	6a	24.6	55
	10a	24.9	54
	2p	25.4	52
	4p	25.6	51
	6p	25.8	51
	8p	25.7	54
	10p	25.6	54
	Mittern.	25.4	53.5
XII. 21	2a	25.7	54
	4a	25.8	53
	6a	26.2	51
	8a	26.3	52
	10a	26.7	53
	Mittag	27.9	50
	2p	29.5	43
	4p	29.2	44
	6p	28.1	45
	8p	27 8	46
	10p	27.5	47
	Mittern.	27.7	47

Datum	Zeit	Temp. °C	Sp.G. = 1.02 +
1875 XII. 22	2a	28.0	47
	4a	28.0	47
	6a	26.9	44
	8a	27.2	45
	10a	27.9	45
	Mittag	28.0	44
	2p	29.0	43
	4p	29.0	43
	6p	28.3	44.5
	8p	27.8	44
	10p	27.5	47
	Mittern.	27.2	48
XII. 23	2a	27.7	47
	4a	26.5	46
	6a	27.3	48
	8a	27.4	47
	10a	28.3	45
	Mittag	28.8	42
	2p	28.9	43
	4p	28.8	43.5
	6p	28.5	44
	8p	28.4	45
	10p	28.0	47
	Mittern.	27.8	46
XII. 24	2a	27.5	44
	4a	27.3	45
	6a	27.5	45.5
	8a	27.7	45
	10a	28.4	28[1]
	2p	29.4	26.5
	6p	29.0	27
	10p	27.3	20
XII. 25	2a	26.2	21
	6a	26.3	23
	10a	28.1	32
	2p	28.9	29
	6p	29.0	25
	10p	27.5	31.5
XII. 26	2a	27.3	33
	6a	27.5	42
	10a	28.0	38.5
	2p	28.5	36
	6p	28.4	30
	10p	28.2	31
XII. 27	2a	28.0	38
	6a	27.5	40
	10a	28.1	37.5
	2p	28.6	36
	6p	28.3	31
	10p	27.4	19
XII. 28	2a	27.9	34
	6a	28.0	39
	10a	27.6	37.5
	2p	27.7	36
	6p	27.2	37
	10p	27.9	44[2]
	Mittern.	27.8	47

Datum	Zeit	Temp. °C	Sp.G. = 1.02 +
1875 XII. 29	2a	27.8	50
	4a	27.6	49
	6a	27.5	47
	8a	27.7	48.5
	10a	27.3	49
	Mittag	27.4	49
	2p	26.9	50.5
	4p	26.8	50
	6p	27.0	50
	8p	26.4	52
	10p	26.1	50
	Mittern.	25.9	51
XII. 30	2a	25.5	48
	4a	25.7	48.5
	6a	25.8	48
	8a	25.8	48
	10a	25.9	52
	Mittag	26.1	51.5
	2p	25.8	53
	4p	25.5	54
	6p	25.5	53
	8p	25.5	52.5
	10p	25.5	54
	Mittern.	25.4	53
XII. 31	2a	25.6	53
	2a	25.7	53
	6a	25.8	50
	8a	25.9	50.5
	10a	25.7	54
	Mittag	25.5	53
	2p	25.5	53
	4p	25.5	54
	6p	25.4	50
	8p	25.1	51
	10p	24.9	53
	Mittern.	24.8	54
1876 I. 1	2a	24.5	54
	4a	24.6	55
	6a	24.8	57
	8a	25.2	56
	10a	25.1	52.5
	Mittag	25.3	52
	2p	25.3	53
	4p	25.2	54
	6p	25.1	54.5
	8p	24.9	55
	10p	24.9	56.5
	Mittern.	24.7	56
I. 2	2a	25.0	55
	4a	24.8	56
	6a	24.9	56
	8a	25.2	54
	10a	25.2	53.5
	Mittag	25.4	53
	2p	26.7	51
	4p	26.5	52
	6p	25.8	52
	8p	25.2	50
	10p	24.8	49
	Mittern.	24.6	49

[1]) Normal. Greiner. — [2]) Steeger. Aräometer.

Datum	Zeit	Temp. °C	Sp. G. = 1.02 +	Datum	Zeit	Temp. °C	Sp. G. = 1.02 +	Datum	Zeit	Temp. °C	Sp. G. = 1.02 +	Datum	Zeit	Temp. °C	Sp. G. = 1.02 +
1876	2a	24.5	57	1876	2a	21.9	63	1876	2a	17.0	68	1876	2a	12.5	74
I. 3	4a	24.5	57	I. 7	4a	21.6	64	I. 12	4a	17.0	68	I. 17	4a	12.6	74
	6a	24.4	54		6a	21.8	63		6a	17.3	67		6a	12.0	74
	8a	24.6	53		8a	22.0	61		8a	17.4	66.5		8a	12.1	73.5
	10a	25.0	56		10a	22.2	60.5		10a	17.2	68		10a	11.5	75
	Mittag	24.9	55		Mittag	22.4	50.9		Mittag	17.4	67		Mittag	11.8	72.5
	2p	25.8	52		2p	21.7	62		2p	17.5	67		2p	11.8	73
	4p	25.5	54		4p	21.5	61		4p	17.2	66		4p	11.8	73
	6p	25.1	54		6p	21.3	61		6p	17.0	67		6p	11.5	74
	8p	24.7	53		8p	21.1	61		8p	16.8	68		8p	11.5	73
	10p	24.5	57		10p	20.6	60		10p	16.5	69		10p	11.7	73
	Mittern.	24.3	58		Mittern.	20.3	61		Mittern.	16.7	69		Mittern.	11.7	73
I. 3	2a	24.0	58	I. 8	2a	20.9	60	I. 13	2a	17.0	70	I. 18	2a	11.2	74
Eingeschobener Tag	4a	23.8	57		4a	21.0	60		4a	16.7	70		4a	10.9	74
	6a	24.1	57		6a	21.0	60.5		6a	16.5	68		6a	11.3	75
	8a	24.4	56		8a	21.2	61		8a	16.5	68		8a	12.5	75
	10a	24.6	55		10a	20.9	60		10a	16.6	68		10a	12.5	73
	Mittag	25.0	53		Mittag	21.0	62		Mittag	16.8	68		Mittag	12.5	74
	2p	25.2	52		2p	21.0	62		2p	16.0	69		2p	12.2	74
	4p	25.1	51.5		4p	21.0	62		4p	16.3	68		4p	12.3	74.5
	6p	24.9	54		6p	21.1	61		6p	16.4	70		6p	12.1	73
	8p	24.7	55		8p	21.3	62		8p	15.9	69		8p	11.9	74
	10p	24.8	54		10p	20.8	62.5		10p	15.6	68		10p	11.7	75
	Mittern.	24.7	54		Mittern.	20.6	63		Mittern.	15.3	69		Mittern.	11.6	74.5
I. 4	2a	24.2	58	I. 9	2a	20.7	65	I. 14	2a	15.0	68	I. 19	2a	11.3	75
	4a	23.9	58		4a	20.7	65		4a	14.9	68		4a	11.2	75
	6a	24.2	55.5		6a	20.3	65		6a	14.8	68.5		6a	10.8	75
	8a	24.6	55		8a	20.5	66		8a	15.0	68.5		8a	11.1	73
	10a	25.2	53.5		10a	20.1	62		10a	15.5	69		10a	11.6	73
	Mittag	25.0	53		Mittag	20.3	62		Mittag	15.2	70		Mittag	11.7	74
	2p	25.5	54		2p	20.7	63		2p	15.5	68		2p	13.0	74
	4p	25.3	54.5		4p	20.4	64		4p	15.4	68		4p	12.2	75
	6p	25.0	55		6p	19.9	65		6p	15.5	70		6p	11.7	74
	8p	24.7	54		8p	19.7	65.5		8p	15.3	70		8p	11.6	74
	10p	24.5	54		10p	19.7	65		10p	14.8	70		10p	11.3	73.5
	Mittern.	24.4	55		Mittern.	19.5	65		Mittern.	15.0	69		Mittern.	11.1	73
I. 5	2a	24.5	55	I. 10	2a	19.8	65	I. 15	2a	14.7	69.5	I. 20	2a	11.0	76
	4a	24.2	56.5		4a	19.5	66		4a	14.6	69		4a	11.1	75
	6a	24.2	56		6a	19.5	65		6a	14.4	69		6a	11.5	75
	8a	24.4	55		8a	19.5	65		8a	14.5	68		8a	12.1	75
	10a	24.5	57		10a	19.4	66		10a	14.5	70		10a	12.0	75
	Mittag	24.7	56		Mittag	19.6	65		Mittag	14.9	70		Mittag	12.3	73
	2p	24.7	52		2p	19.6	65		2p	14.7	69		2p	13.0	71
	4p	24.7	52		4p	19.7	65		4p	14.6	69		4p	12.8	71
	6p	24.0	56		6p	19.5	65		6p	14.6	69		6p	12.4	74
	8p	23.8	55		8p	19.4	65		8p	14.4	70		8p	12.3	73
	10p	23.5	57		10p	18.9	67		10p	13.9	71		10p	12.0	72.5
	Mittern.	23.5	58		Mittern.	18.7	66		Mittern.	13.5	71		Mittern.	11.7	73
I. 6	2a	23.1	57	I. 11	2a	18.0	67.5	I. 16	2a	12.7	74	I. 21	2a	11.6*	73
	4a	23.0	57.5		4a	18.1	67		4a	12.6	73		4a	11.8	73.5
	6a	23.2	57		6a	18.3	67.5		6a	12.7	73		6a	12.1	75
	8a	23.4	56		8a	18.2	68		8a	13.0	72		8a	12.3	75
	10a	22.5	60		10a	18.1	69		10a	13.0	71		10a	12.7	74.5
	Mittag	22.8	59		Mittag	18.0	68		Mittag	13.3	70		Mittag	12.7	73.5
	2p	23.0	58.5		2p	18.0	66		2p	13.3	72		2p	12.6	73
	4p	22.5	60		4p	18.1	66		4p	13.2	73		4p	12.6	73
	6p	22.5	61		6p	18.1	66.5		6p	13.0	74		6p	12.5	74
	8p	22.4	61.5		8p	17.8	67		8p	12.7	74		8p	12.1	73.5
	10p	22.1	62		10p	17.5	67		10p	12.1	72.5		10p	12.0	73
	Mittern.	22.0	62		Mittern.	17.3	68		Mittern.	12.4	74		Mittern.	12.1	73

Datum	Zeit	Temp. °C	Sp. G. = 1.02 +
1876 I. 22	2a	12.2	74
	4a	12.2	74
	6a	12.5	72.5
	8a	12.8	72.5
	10a	13.1	72
	Mittag	13.4	72.5
	2p	13.7	72
	4p	13.0	73
	6p	12.5	74.5
	8p	12.2	74
	10p	12.1	74
	Mittern.	12.7	73
I. 23	2a	12.1	73.5
	4a	12.3	73
	6a	12.5	68.5
	8a	12.8	68
	10a	13.0	71
	Mittag	12.9	73
	2p	12.5	72
	4p	12.5	72
	6p	12.6	72.5
	8p	12.4	72
	10p	12.2	73.5
	Mittern.	12.2	73.5
I. 24	2a	11.5	70
	4a	11.8	70
	6a	11.9	70
	8a	11.9	70
	10a	12.0	69
	Mittag	12.0	68.5
	2p	11.9	66
	4p	11.4	66.5
	6p	10.7	73
	8p	10.7	73.5
	10p	10.6	75
	Mittern.	10.7	74.5
I. 25	2a	10.7	74
	4a	10.7	73
	6a	11.1	72
	8a	11.5	72
	10a	11.1	72
	Mittag	11.3	72
	2p	11.6	73
	4p	11.5	72
	6p	12.0	71
	8p	11.8	71.5
	10p	11.5	73
	Mittern.	11.5	72
I. 26	2a	11.5	69
	4a	11.6	69
	6a	11.7	70
	8a	11.8	70
	10a	12.1	70
	Mittag	11.9	70.5
	2p	11.9	72
	4p	11.6	72
	6p	11.5	72.5
	8p	11.6	72
	10p	11.2	71
	Mittern.	11.0	72

Datum	Zeit	Temp. °C	Sp. G. = 1.02 +
1876 I. 27	2a	11.1	73
	4a	11.0	72
	6a	11.0	74
	8a	10.7	74
	10a	10.6	74
	Mittag	10.8	74
	2p	11.0	76
	4p	11.0	75.5
	6p	11.0	75
	8p	10.8	75
	10p	10.7	75
	Mittern.	10.7	75
I. 28	2a	11.0	75
	4a	10.8	75
	6a	10.5	75
	8a	10.5	75
	10a	10.5	75
	Mittag	10.8	75
	2p	10.7	74
	4p	11.0	73.5
	6p	11.0	75
	8p	10.7	75
	10p	10.2	75
	Mittern.	10.1	74
I. 29	2a	10.5	75
	4a	10.5	75
	6a	10.5	75
	8a	10.5	74
	10a	10.5	75
	Mittag	10.7	74
	2p	10.5	74
	4p	10.3	74
	6p	10.0	75
	8p	9.6	75
	10p	9.6	73
	Mittern.	9.5	73
I. 30	2a	9.3	74
	4a	9.3	73
	6a	9.2	74
	8a	9.2	74
	10a	9.3	77
	Mittag	9.5	75
	2p	9.5	76
	4p	9.4	75.5
	6p	9.0	76
	8p	8.9	77
	10p	8.7	76
	Mittern.	8.5	76
I. 31	2a	8.8	78
	4a	8.9	77
	6a	9.0	76
	8a	9.0	75
	10a	8.9	75
	Mittag	8.9	75
	2p	9.1	77
	4p	8.9	76
	6p	9.5	72
	8p	9.5	73
	10p	8.5	76
	Mittern.	8.9	74

Datum	Zeit	Temp. °C	Sp. G. = 1.02 +
1876 II. 1	2a	9.1	74
	4a	9.3	73
	6a	9.1	72.5
	8a	9.0	72
	10a	9.0	70
	Mittag	9.0	71
	2p	9.2	70
	4p	9.6	70
	6p	9.0	49
	10p	8.8	48.5
II. 2	2a	8.6	48
	6a	8.7	47
	10a	9.0	41
	2p	8.9	43
	6p	9.5	38[1])
	10p	9.4	37
II. 3	2a	9.2	37.5
	6a	8.9	45
	8a	8.9	47
	10a	9.3	36
	Mittag	9.2	35
	2p	9.0	36
	6p	8.6	37
	10p	8.7	35
II. 4	2a	8.5	36
	6a	8.3	42
	8a	8.2	42
	10a	8.2	46
	2p	8.2	49
	4p	8.2	48.5
	6p	8.4	49
	8p	8.3	48
	10p	8.0	47
II. 5	2a	8.0	47.5
	6a	8.5	48
	10a	10.0	47.8
	2p	9.2	49
	6p	8.9	50
	10p	8.8	48
II. 6	2a	8.5	46
	6a	8.9	47
	10a	10.1	47
	2p	9.4	48
	6p	9.0	48.5
	10p	8.5	47
II. 7	2a	8.4	47
	6a	7.9	49
	10a	8.3	48
	2p	9.1	49
	6p	8.9	50
	10p	8.6	49
II. 8	2a	8.4	48
	6a	8.5	49
	10a	8.7	49
	2p	8.5	49
	6p	9.1	49
	10p	9.4	63[2])
	Mittern.	9.2	62

Datum	Zeit	Temp. °C	Sp. G. = 1.02 +
1876 II. 9	2a	8.7	67
	4a	8.7	68
	6a	8.7	72
	8a	8.9	73
	10a	8.8	71
	Mittag	8.7	71
	2p	8.8	71.5
	4p	9.3	71
	6p	9.7	70
	8p	9.5	71
	10p	10.5	66
	Mittern.	10.6	70
II. 10	2a	10.4	71
	4a	10.2	70
	6a	11.5	69
	8a	11.3	69
	10a	11.3	67
	Mittag	11.2	68
	2p	11.8	69
	4p	12.1	68
	6p	12.0	70
	8p	12.0	71
	10p	12.0	69
	Mittern.	11.8	69
II. 11	2a	12.1	69
	4a	12.2	69
	6a	12.5	69
	8a	12.9	69
	10a	13.2	68
	Mittag	13.4	66
	2p	14.0	65
	4p	14.3	64
	6p	14.2	64
	8p	14.0	64.5
	10p	13.7	64
	Mittern.	13.3	64
II. 12	2a	12.7	68
	4a	12.5	68
	6a	13.6	67
	8a	13.9	67
	10a	13.3	66
	Mittag	13.4	65
	2p	13.8	64.5
	4p	14.0	63.5
	6p	14.1	66
	8p	13.9	66
	10p	14.4	65
	Mittern.	14.3	66
II. 13	2a	14.3	66
	4a	14.3	66
	6a	15.0	65
	8a	15.2	66
	10a	15.5	64
	Mittag	15.7	63
	2p	15.7	63.5
	4p	15.6	64
	6p	15.7	64
	8p	15.6	65
	10p	15.5	63
	Mittern.	15.5	64

1) Normal-Aräometer Greiner. 2) Steeger-Aräometer.

Datum	Zeit	Temp. °C	Sp. G. = 1.02 +
1876 II. 14	2^a	15.5	63
	4^a	15.5	62
	6^a	15.7	63
	8^a	16.0	64
	10^a	16.6	62.5
	Mittag	17.2	59
	2^p	17.9	60
	4^p	18.0	60
	6^p	18.0	60
	8^p	17.7	60
	10^p	17.2	59
	Mittern.	16.9	60
II. 15	2^a	16.9	60
	4^a	16.8	60
	6^a	17.3	60
	8^a	18.1	60
	10^a	18.6	58
	Mittag	19.8	56
	2^p	20.9	47
	4^p	21.8	43
	6^p	21.8	1.0182.5[1])
	8^p	21.2	82.5
	10^p	20.7	97.5
	Mittern.	20.2	1.0200
II. 16	2^a	21.0	07.5
	4^a	20.8	07.5
	6^a	20.6	1.0190
	8^a	20.9	62.5
	10^a	21.7	20
	Mittag	22.7	1.0092.5
	2^p	23.7	77.5
	6^p	23.0	95
	10^p	22.0	57.05
II. 17	2^a	21.5	1.0112.5
	6^a	21.7	25
	10^a	24.7	1.0035
	2^p	22.7	65.2
	6^p	22.9	1.0150.5
	10^p	22.5	1.0092.5
II. 18	2^a	22.1	92.5
	6^a	21.9	1.0135
	10^a	23.2	00
	2^p	23.3	25
	6^p	22.7	32.5
	10^p	21.4	50
II. 19	2^a	21.2	42.5[2])
	6^a	21.5	42.5
	10^a	21.0	85
	Mittag	21.2	1.0207
	2^p	21.0	17.5
	4^p	21.0	20
	6^p	21.2	30
	8^p	20.9	42
	10^p	20.5	20
	Mittern.	20.3	22.5

Datum	Zeit	Temp. °C	Sp. G. = 1.02 +
1876 II. 20	2^a	20.0	25
	4^a	19.8	30
	6^a	20.2	52.5
	8^a	20.4	52.5
	10^a	20.7	50
	Mittag	20.7	50
	2^p	21.2	55
	3^p	20.5	70[3])
	5^p	21.9	60
	6^p	21.9	59
	8^p	22.0	59.5
	10^p	22.1	70
	Mittern.	22.0	69
II. 21	2^a	21.8	69
	4^a	21.7	70
	6^a	21.3	67
	8^a	21.4	67
	10^a	21.9	67
	Mittag	22.1	65.5
	2^p	22.6	66
	4^p	22.7	65
	6^p	22.7	67
	8^p	22.5	68
	10^p	21.5	65
	Mittern.	21.2	65
II. 22	2^a	21.3	66
	4^a	21.4	65
	6^a	21.6	66
	8^a	21.7	66
	10^a	22.3	65
	Mittag	22.7	64.5
	2^p	22.3	64.5
	4^p	22.6	63
	6^p	22.0	66
	8^p	21.8	66.5
	10^p	21.2	68
	Mittern.	21.0	68
II. 23	2^a	20.5	70
	4^a	20.4	69
	6^a	20.8	70
	8^a	20.9	70
	10^a	21.9	69
	Mittag	21.5	68
	2^p	21.8	67.5
	4^p	21.6	68
	6^p	21.7	68
	8^p	21.5	68
	10^p	21.1	67.5
	Mittern.	20.8	68
II. 24	2^a	21.2	67.5
	4^a	21.0	68
	6^a	20.6	67.5
	8^a	20.7	67
	10^a	21.3	66
	Mittag	21.7	65
	2^p	21.8	65
	4^p	21.6	65
	6^p	21.9	65.5
	8^p	21.7	66.5
	10^p	21.8	68
	Mittern.	21.5	68

Datum	Zeit	Temp. °C	Sp. G. = 1.02 +
1876 II. 25	2^a	21.3	67
	4^a	21.1	67
	6^a	21.2	67
	8^a	21.2	66.5
	10^a	21.4	67
	Mittag	21.2	67
	2^p	21.4	66
	4^p	21.2	67
	6^p	21.6	65
	8^p	21.6	68
	10^p	21.8	68
	Mittern.	21.7	67.5
II. 26	2^a	21.7	70
	4^a	21.5	69
	6^a	22.0	68
	8^a	22.1	68
	10^a	21.7	67
	Mittag	21.8	66
	2^p	21.7	66
	4^p	21.5	67
	6^p	21.2	67.5
	8^p	21.0	69
	10^p	21.2	67
	Mittern.	21.1	66
II. 27	2^a	20.6	67
	4^a	20.4	67
	6^a	21.0	67
	8^a	21.2	67
	10^a	21.2	67
	Mittag	21.5	66
	2^p	21.1	64.5
	4^p	21.0	65.5
	6^p	20.7	65.5
	8^p	20.5	66
	10^p	20.7	66
	Mittern.	20.8	65.5
II. 28	2^a	21.0	65
	4^a	21.0	66
	6^a	21.0	54
	8^a	21.1	62
	10^a	21.1	65
	Mittag	20.9	66
	2^p	20.6	66
	4^p	20.5	65.5
	6^p	20.4	66
	8^p	20.3	66
	10^p	19.9	68
	Mittern.	19.8	68
II. 29	2^a	19.6	68
	4^a	19.5	68
	6^a	19.5	68
	8^a	19.6	68
	10^a	20.0	67
	Mittag	21.0	66
	2^p	21.5	64.5
	4^p	21.4	64.5
	6^p	21.0	66.5
	8^p	20.7	67
	10^p	20.6	65
	Mittern.	20.4	65

Datum	Zeit	Temp. °C	Sp. G. = 1.02 +
1876 III. 1	2^a	21.5	64
	4^a	21.4	65
	6^a	22.3	60.5
	8^a	22.5	60
	10^a	23.2	60
	Mittag	23.6	61
	2^p	23.8	59
	4^p	23.6	59.5
	6^p	23.2	60.5
	8^p	22.9	60
	10^p	23.0	60
	Mittern.	23.0	60
III. 2	2^a	22.8	60.5
	4^a	22.6	60.5
	6^a	23.0	60
	8^a	23.5	59.5
	10^a	23.9	57
	Mittag	24.0	57.2
	2^p	25.8	54
	4^p	25.9	54
	6^p	25.3	54
	8^p	25.1	55
	10^p	24.8	58
	Mittern.	24.7	57.5
III. 3	2^a	24.7	57.5
	4^a	24.9	58
	6^a	25.4	57
	8^a	25.3	54.5
	10^a	25.8	55.5
	Mittag	26.0	54.5
	2^p	26.3	55
	4^p	26.6	54
	6^p	26.4	53.5
	8^p	26.3	54
	10^p	25.9	56
	Mittern.	26.0	59
III. 4	2^a	25.9	58.5
	4^a	25.7	58
	6^a	26.1	57.5
	8^a	26.2	56
	10^a	26.2	55
	Mittag	26.7	54
	2^p	26.7	54.5
	4^p	26.5	55
	6^p	26.5	55
	8^p	25.9	54
	10^p	25.8	57
	Mittern.	25.7	57
III. 5	2^a	25.7	58
	4^a	25.6	57.5
	6^a	25.6	55.5
	8^a	26.3	57.5
	10^a	26.6	58
	Mittag	26.9	56
	2^p	26.7	57
	4^p	26.9	58
	6^p	26.6	58.5
	8^p	26.3	58
	10^p	26.1	60
	Mittern.	25.9	60

[1]) = Normal-Aräometer von Greiner. [2]) Normal-Aräometer von Greiner. [3]) Steeger-Aräometer.

Datum	Zeit	Temp. °C	Sp. G. = 1.02 +	Datum	Zeit	Temp. °C	Sp. G. = 1.02 +	Datum	Zeit	Temp. °C	Sp. G. = 1.02 +	Datum	Zeit	Temp. °C	Sp. G. = 1.02 +
1876				1876				1876				1876			
III. 6	2a	25.7	62	III. 11	2a	26.2	61.5	III. 16	2a	27.4	49	III. 21	2a	26.9	50
	4a	25.6	61.5		4a	26.3	62		4a	27.5	50		4a	26.8	50
	6a	26.2	61		6a	26.6	59.5		6a	27.8	45.5		6a	25.9	53.5
	8a	26.3	61		8a	26.8	58		8a	27.8	46		8a	26.2	53.5
	10a	26.5	61		10a	26.9	57		10a	28.5	45		10a	26.6	54
	Mittag	26.9	62		Mittag	27.4	55		Mittag	27.9	45		Mittag	26.8	52
	2p	26.6	61.5		2p	27.5	57		2p	27.9	45		2p	26.5	52
	4p	26.2	61		4p	27.5	57		4p	27.9	45		4p	26.4	52.5
	6p	26.6	62		6p	27.4	57		6p	27.5	47		6p	26.1	55
	8p	26.2	63		8p	27.2	58		8p	27.4	48		8p	26.0	54.5
	10p	26.0	62		10p	27.2	58		10p	27.5	48		10p	25.7	56.5
	Mittern.	26.0	62.5		Mittern.	27.3	58		Mittern.	27.5	48		Mittern.	25.5	57
III. 7	2a	26.2	63	III. 12	2a	27.1	56	III. 17	2a	27.5	45	III. 22	2a	25.4	57
	4a	26.3	64		4a	27.0	56		4a	27.5	46		4a	25.3	57
	6a	26.6	62.5		6a	27.5	54.5		6a	27.7	46		6a	25.1	57
	8a	26.9	62.5		8a	27.4	54		8a	27.5	45		8a	25.0	57.5
	10a	26.6	63		10a	27.9	53		10a	27.5	40.5		10a	25.2	57
	Mittag	26.7	61.5		Mittag	28.1	52		Mittag	27.8	40		Mittag	25.2	58
	2p	26.7	61.5		2p	28.2	52.5		2p	28.1	42.5		2p	25.5	57.5
	4p	26.6	61.5		4p	28.3	53		4p	28.2	42		4p	25.4	57.5
	6p	26.2	61.5		6p	27.3	51.5		6p	28.0	40		6p	25.3	58.5
	8p	26.0	62		8p	27.1	52		8p	27.5	38		8p	25.1	59.5
	10p	26.0	66		10p	27.2	51		10p	27.5	45		10p	24.9	59.5
	Mittern.	26.0	65		Mittern.	27.1	51.5		Mittern.	27.5	46		Mittern.	24.7	59.5
III. 8	2a	25.9	65.5	III. 13	2a	27.5	50	III. 18	2a	27.5	46	III. 23	2a	24.6	60
	4a	26.0	64.5		4a	27.5	51		4a	27.6	46		4a	24.5	60
	6a	26.1	64.5		6a	27.7	50		6a	27.4	46		6a	24.6	59.5
	8a	26.3	64		8a	27.6	50		8a	27.1	41		8a	24.9	58
	10a	26.4	65		10a	27.9	50		10a	27.0	42		10a	25.2	57.5
	Mittag	26.7	64		Mittag	28.2	49		Mittag	28.0	42		Mittag	25.6	56.5
	2p	26.6	64.5		2p	28.5	48		2p	28.1	43.5		2p	25.8	57
	4p	26.5	65		4p	28.4	47		4p	28.2	42.5		4p	25.6	56
	6p	26.3	65		6p	28.0	47.5		6p	27.9	43		6p	25.6	57
	8p	26.0	65		8p	27.9	48		8p	27.6	45		8p	25.1	58
	10p	25.8	66		10p	27.5	50		10p	27.3	46.5		10p	25.0	58
	Mittern.	25.7	65.5		Mittern.	27.3	50		Mittern.	27.0	47		Mittern.	24.7	57
III. 9	2a	26.0	67	III. 14	2a	27.3	51	III. 19	2a	27.1	47	III. 24	2a	24.6	60
	4a	26.0	66		4a	27.1	51.5		4a	27.0	48		4a	24.5	60
	6a	26.0	65.5		6a	27.1	50		6a	27.0	49		6a	24.7	59
	8a	26.1	64.5		8a	27.5	51.5		8a	27.1	49		8a	24.5	60
	10a	26.1	62		10a	27.5	49		10a	27.2	49		10a	25.0	58
	Mittag	26.2	62.5		Mittag	27.7	50		Mittag	27.4	49		Mittag	25.1	59
	2p	26.2	65		2p	28.0	49		2p	27.4	50		2p	25.1	59
	4p	26.1	64		4p	27.9	49		4p	27.4	50		4p	25.0	59
	6p	25.9	64.5		6p	27.4	51		6p	27.3	50		6p	25.0	59
	8p	26.0	65		8p	27.4	50		8p	27.4	50		8p	24.7	60
	10p	26.2	64		10p	27.0	50		10p	27.2	50		10p	24.3	62
	Mittern.	26.0	64		Mittern.	26.9	49		Mittern.	27.0	50		Mittern.	24.5	62
III. 10	2a	26.0	63	III. 15	2a	26.9	49	III. 20	2a	27.0	49	III. 25	2a	24.5	61
	4a	26.1	63		4a	26.6	49		4a	27.0	49		4a	24.5	60.5
	6a	26.2	60		6a	26.7	52.5		6a	27.3	48.5		6a	24.7	60.5
	8a	26.1	62		8a	26.8	51.5		8a	27.3	48		8a	24.8	60
	10a	26.1	59.5		10a	26.9	51		10a	27.5	48		10a	25.2	59
	Mittag	26.4	59		Mittag	27.3	50		Mittag	27.9	48		Mittag	25.3	57
	2p	26.7	59		2p	27.5	49.5		2p	27.7	48.5		2p	25.3	59
	4p	26.6	59.5		4p	27.8	48		4p	27.5	48		4p	25.2	58
	6p	26.2	61.5		6p	27.8	48		6p	27.4	49		6p	25.1	58
	7p	26.1	62.5		8p	27.6	48.5		8p	27.3	50		8p	25.0	58
	10p	26.2	62		10p	27.6	49.5		10p	27.3	51		10p	24.9	58.5
	Mittern.	26.1	62		Mittern.	27.5	50		Mittern.	27.2	51		Mittern.	24.7	60

Datum	Zeit	Temp. °C	Sp. G. = 1.02 +
1876 III. 26	2a	24.6	59
	4a	24.5	59
	6a	24.8	59
	8a	24.9	59
	10a	25.5	57
	Mittag	26.1	57
	2p	26.0	56.5
	4p	26.2	55.5
	6p	26.1	56
	8p	25.7	58
	10p	25.3	59
	Mittern.	25.0	59
III. 27	2a	25.0	59.5
	4a	25.0	60
	6a	24.8	59
	8a	25.1	59.5
	10a	26.0	56
	Mittag	26.1	56.5
	2p	26.5	55
	4p	26.3	56
	6p	26.0	55.5
	8p	25.8	56
	10p	25.4	59
	Mittern.	25.1	61
III. 28	2a	24.8	60
	4a	24.7	60
	6a	25.2	59.5
	8a	25.1	58.5
	10a	25.2	59
	Mittag	25.9	57
	2p	26.3	56
	4p	26.3	58
	6p	25.8	56
	8p	25.1	59
	10p	25.0	59
	Mittern.	24.9	59
III. 29	2a	24.9	60
	4a	24.8	59.5
	6a	25.0	60
	8a	25.1	60
	10a	25.0	58
	Mittag	25.2	59
	2p	25.5	58.5
	4p	25.2	60
	6p	25.0	60
	8p	24.8	60
	10p	24.7	61
	Mittern.	24.5	61.5
III. 30	2a	24.1	61.5
	4a	23.9	61.5
	6a	24.0	66
	8a	24.0	66
	10a	24.1	65
	Mittag	24.2	65
	2p	24.2	65
	4p	24.2	65.5
	6p	23.9	66
	8p	23.6	67
	10p	23.3	70
	Mittern.	23.2	70.5

Datum	Zeit	Temp. °C	Sp. G. = 1.02 +
1876 III. 31	2a	23.1	71
	4a	22.8	72.5
	6a	23.0	74
	8a	22.8	73.5
	10a	23.2	72
	Mittag	23.7	71
	2p	22.7	70
	4p	21.5	75
	6p	23.1	72
	8p	22.9	71.5
	10p	22.7	74
	Mittern.	22.5	74
IV. 1	2a	22.3	74.5
	4a	22.3	75
	6a	22.5	74.5
	8a	22.9	71.5
	10a	23.0	72
	Mittag	23.1	72
	2p	23.1	73.5
	4p	23.1	74.5
	6p	22.5	76
	8p	22.4	76
	10p	22.3	76.5
	Mittern.	22.1	77
IV. 2	2a	22.5	76
	4a	22.4	77
	6a	22.6	76
	8a	22.3	76
	10a	22.2	75
	Mittag	22.7	75
	2p	22.9	75
	4p	23.2	74.5
	6p	23.4	75.5
	8p	22.6	75
	10p	22.2	77
	Mittern.	22.2	77.5
IV. 3	2a	22.0	78
	4a	22.0	78
	6a	22.0	77
	8a	22.3	76.5
	10a	23.1	76
	Mittag	22.3	75.5
	2p	22.6	75.5
	4p	22.2	76
	6p	21.2	76
	8p	21.0	77
	10p	20.0	82
	Mittern.	20.0	80
IV. 4	2a	20.5	80
	4a	20.6	79
	6a	20.7	79
	8a	20.9	79
	10a	21.0	79
	Mittag	21.1	79.5
	2p	20.7	79
	4p	20.8	79
	6p	20.7	81
	8p	20.6	81
	10p	20.8	81
	Mittern.	20.3	82

Datum	Zeit	Temp. °C	Sp. G. = 1.02 +
1876 IV. 5	2a	20.2	83
	4a	20.3	82
	6a	20.8	80
	8a	21.0	80
	10p	21.4	79
	Mittag	21.7	78
	2p	22.0	77.5
	4p	22.1	76
	6p	21.6	79
	8p	21.2	79
	10p	21.1	79.5
	Mittern	20.9	79.5
IV. 6	2a	20.6	79.5
	4a	20.5	80
	6a	20.8	79.5
	8a	20.6	80
	10a	20.8	79.5
	Mittag	20.8	79
	2p	21.0	79
	4p	21.3	80.5
	6p	21.1	79.5
	8p	20.9	79
	10p	20.5	80
	Mittern.	20.3	81
IV. 7	2a	20.1	79
	4a	20.0	79
	6a	20.0	79.5
	8a	20.1	79
	10a	20.0	79
	Mittag	19.9	80.5
	2p	19.7	74.5
	4p	19.5	73
	6p	19.5	79
	8p	19.7	79.5
	10p	19.3	79.5
	Mittern.	19.2	78
IV. 8	2a	18.3	77
	4a	18.3	78
	6a	18.5	79
	8a	18.7	79
	10a	19.0	75.5
	Mittag	20.1	79
	2p	19.4	79
	4p	18.9	79.5
	6p	18.8	79
	8p	18.7	79
	10p	18.3	79.5
	Mittern.	18.0	80.5
IV. 9	2a	18.1	79
	4a	18.1	79
	6a	17.9	80
	8a	18.0	79.5
	10a	18.0	80
	Mittag	18.3	80.5
	2p	18.2	80.5
	4p	18.2	80
	6p	17.9	82
	8p	17.1	82
	10p	16.9	83
	Mittern.	16.7	82

Datum	Zeit	Temp. °C	Sp. G. = 1.02 +
1875 IV. 10	2a	16.9	84
	4a	17.3	83
	6a	16.7	83
	8a	17.1	83
	10a	17.2	83.5
	Mittag	16.5	84
	2p	16.2	84
	4p	16.1	84
	6p	15.9	83
	8p	15.9	83
	10p	15.7	83
	Mittern.	—	—
IV. 11	2a	15.5	82
	6a	15.2	83.5
	10a	15.5	82
	2p	16.0	83
	6p	15.8	82.5
	10p	15.8	83
IV. 12	2a	15.3	82.5
	6a	15.3	83
	10a	15.5	82.5
	2p	15.9	82.5
	6p	15.5	83
	10p	15.5	83.5
	Mittern.	15.5	84
IV. 13	2a	15.5	82
	4a	15.3	82
	6a	15.7	82
	8a	15.5	82
	10a	15.6	82.5
	Mittag	15.3	83
	2p	15.3	82.5
	4p	15.5	82.5
	6p	15.3	82.5
	8p	15.2	83
	10p	14.7	83
	Mittern.	14.9	83.5
IV. 14	2a	14.5	84.5
	4a	14.7	83
	6a	14.9	83
	8a	15.0	83.5
	10a	14.8	83.5
	Mittag	14.9	84
	2p	14.9	83
	4p	14.9	83
	6p	14.8	82
	8p	14.8	83
	10p	14.6	84
	Mittern.	14.5	84
IV. 15	2a	14.4	84
	4a	14.3	83.5
	6a	14.1	83.5
	8a	14.4	82.5
	10a	14.3	83
	Mittag	14.2	82.5
	2p	14.3	83
	4p	14.4	82.5
	6p	14.2	83.5
	8p	14.1	83
	10p	14.2	80
	Mittern.	14.1	81

Datum	Zeit	Temp. °C	Sp.G. = 1.02 +	Datum	Zeit	Temp. °C	Sp.G. = 1.02 +	Datum	Zeit	Temp. °C	Sp.G. = 1.02 +	Datum	Zeit	Temp. °C	Sp.G. = 1.02 +
1876 IV. 16	2^a	13.8	81	1876 IV. 17	2^a	12.1	86	1876 IV. 18	2^a	11.2	87	1876 IV. 19	2^a	9.9	85
	4^a	13.7	82		4^a	12.1	86		4^a	11.0	86		4^a	9.8	85
	6^a	13.7	84		6^a	12.0	87		6^a	10.7	84.5		6^a	9.9	85
	8^a	13.8	83.5		8^a	12.1	87		8^a	10.8	84		8^a	10.0	85
	10^a	13.9	84		10^a	12.4	86		10^a	10.9	84		10^a	10.3	62[1]
	Mittag	13.7	83		Mittag	12.3	87		Mittag	11.3	83		2^p	10.3	60
	2^p	13.2	79		2^p	12.5	86		2^p	10.9	86		6^p	10.0	64
	4^p	13.4	81		4^p	12.5	85.5		4^p	10.9	87		10^p	9.9	47
	6^p	13.0	80		6^p	11.9	87.5		6^p	10.5	86.5				
	8^p	12.6	85		8^p	12.0	87		8^p	10.9	87				
	10^p	12.8	84		10^p	11.4	86		10^p	10.3	87				
	Mittern.	12.1	85		Mittern.	11.2	86		Mittern.	10.0	87.5				

[1]) Zu Anker im Hafen von Plymouth.

Die Beobachtungen sind im Hafen von Plymouth eingestellt.

IV. Die meteorologischen Beobachtungen auf der Kerguelen-Insel; Betsy Cove.

Als es sich darum handelte, eine Beobachtungsstation für die Zwecke der Physik der Erde in Verbindung mit der deutschen Beobachtungsstation für den Vorübergang der Venus vor der Sonnenscheibe zu errichten, ging man in erster Linie von der Ansicht aus, dass der Untersuchung der meteorologischen Phänomene in jenen interessanten, meteorologisch und klimatologisch noch wenig erforschten Gegenden der Erde eine eingehende Beachtung zugewendet werden müsse. Demgemäss wurde die Ausstattung einer meteorologischen Station der I. Ordnung ins Auge gefasst und auch zur Durchführung gebracht. Wie schon in der allgemeinen Einleitung zu diesem Werke dargelegt ist, war die Beschaffung der hierzu erforderlichen Instrumente mit nicht geringen Schwierigkeiten verknüpft. Die Stationen auf Kerguelen und den Auckland-Inseln sind mit ganz gleichen Instrumenten ausgestattet worden; die Prüfung und Vergleichung derselben wurde in eingehendster Weise und mit Sorgfalt ausgeführt.

Da die Expedition nach Kerguelen in Verbindung mit jener S. M. S. „Gazelle“ ausgeführt worden ist, so wurde dafür Sorge getragen, dass die Instrumente beider Expeditionen gleichfalls sorgfältig verglichen und die Beobachtungsweisen in vollem Einklange gehalten werden konnten.

In welcher Weise die Station in Betsy-Cove situirt, welcher Natur die Umgebung war, geht zur Genüge aus den Schilderungen an anderer Stelle hervor.[1]) Die Observations-Halbinsel geht nach Nord und Ost in eine steinige Tiefebene über, die durchschnittlich kaum 9 m über dem Meeresniveau liegt. Im Westen ist sie von dem **Strauch**-Bergzuge, der dort etwa 60 m hohe Ausläufer hat, und von einem 186 m hohen Bergzuge, welcher „Tafelberg“ genannt wurde, begrenzt.

[1]) Theil I, Seite 82 ff.

Die ganze Halbinsel ist bedeckt mit felsigem Steingeröll, das in seinen Vertiefungen ein System von unzählbaren, mitunter grossen Seen und Sümpfen umfasst. Diese wasserreiche Steinwüste ist von trostloser Einförmigkeit und kaum von einigen Enten und den hier nistenden Raubmöven belebt.

Das Wohnhaus auf dem „Observationsberge" in Betsy-Cove, in dessen Nähe die meteorologische Station errichtet war, liegt in 49° 9,2 südlicher Breite und 70° 11,2 östlicher Länge von Greenwich. Das Barometer befand sich 23,1 m über mittlerem Meeresniveau.

Es sind bereits die Resultate der meteorologischen Beobachtungen in mehr oder minder umfassenden Besprechungen zur allgemeineren Kenntniss gelangt; so unter Anderem in den Annalen der Hydrographie und maritimen Meteorologie, Jahrgang III, Seite 115—122 und Jahrgang V, Seite 296 u. ff., sowie im XII. Jahrgange der Zeitschrift der Oesterreichischen Gesellschaft für Meteorologie, Seite 100 u. ff., auf welche interessante Besprechungen wir hiermit verwiesen haben wollen. Wir bemerken jedoch gleich hier, dass in Fällen, wo ein Vergleich der in nachfolgender Darlegung enthaltenen Zahlenwerthe mit jenen der früheren Abhandlung Unterschiede ergeben sollte, dies auf den Umstand zurückzuführen ist, dass es zur Zeit, als die ersten Diskussionen im Jahre 1875—1877 ausgeführt wurden, nicht möglich war, die genauen Werthe der Instrumenten-Korrektionen festzustellen, wie sie nur die später vorgenommene eingehende Untersuchung ergeben konnte.

Die mit der Durchführung der Beobachtungen betrauten Offiziere der Kaiserlichen Marine waren die Herren Unterlieutenants zur See v. Ahlefeld und Wachenhusen. Den von den genannten Herren über die Errichtung und Einrichtung der Stationen, über die Art der Beobachtungen und einzelne Resultate eingelieferten Berichten sind die wesentlichsten der hier folgenden Ausführungen entlehnt, und ist es nur billig, hier hervorzuheben, dass dieselben der Durchführung der Beobachtungen eine höchst anerkennenswerthe Sorgfalt gewidmet haben.

Den Beobachtern wurde eine in alle Einzelheiten eingehende Instruktion als Richtschnur für die auszuführenden Arbeiten mitgegeben. Dieselbe ist in allen Theilen gleichlautend mit jener, welche die Beobachter der Station auf den Auckland-Inseln erhielten, und lehnte sich so viel, als es damals überhaupt noch möglich war, an die hierfür geltenden internationalen Stipulationen des Wiener Meteorologen-Kongresses (1873) an.

Die Instruktion enthielt unter Anderem auch eine vollständige Beschreibung der Instrumente, wobei der Behandlung derselben eine besondere Sorgfalt gewidmet wurde. Ueberdies empfingen die Beobachter vor ihrer Abreise von Europa in einem mehrwöchentlichen Kursus eine gründliche diesbezügliche Unterweisung. Wenn dennoch — wie aus Nachfolgendem hervorgeht — nicht unerhebliche Schwierigkeiten sich den Beobachtern darstellten, so hat das seinen Grund zu einem guten Theile in der Unvollkommenheit der damals zur Verwendung gelangten Instrumente und Apparate, welche Unvollkommenheit nicht nur den besonderen, gewählten Instrumenten anhaftete, sondern überhaupt zu jener Zeit die Anwendung von Registrir-Apparaten auf Reisen erschwerte. In den letzten 14 Jahren sind gerade nach dieser Richtung hin ganz bedeutende Fortschritte zu verzeichnen.

Die meteorologischen Beobachtungen begannen nach Aufstellung der erforderlichen Häuser, Hütten etc. am 6. November 1874; vollständig wurden dieselben von der nach Vollendung des Wohnhauses am 13. November stattgefundenen Ausschiffung des Beobachtungs-Personales an.

Die Beobachtungen sind in das für dieselben bestimmte Tagebuch eingetragen worden.

Zur Erläuterung der in dem Tagebuche gemachten Angaben werden nachstehende Erklärungen hinzugefügt:

Die Windrichtung ist rechtweisend und nach Strichen geschätzt worden. Bei Beurtheilung der Windstärken ist die allgemein gebräuchliche zwölftheilige Skala zu Grunde gelegt.

Die Bedeckung des Himmels ist nach zehn Nummern bezeichnet, von denen die höchste den grössten Grad der Bedeckung anzeigt. Der Zug der Wolken ist in einem der Windrichtung entgegengesetzten Sinne angegeben.

Die Menge des täglichen Niederschlages ist stets am nächsten Morgen um 9 Uhr gemessen und für diese Zeit in das Journal eingetragen. Die Auffangefläche des Regen- und Schneemessers betrug 2025 qcm, das Messgefäss war in Kubikcentimeter eingetheilt. 1 mm Regenhöhe lieferte somit im Regenmesser 202.5 ccm Wasser.

Die Extreme der Temperatur wurden am Beginne der Beobachtungen um 9 Uhr Morgens, seit dem 14. November um 4 Uhr Morgens abgelesen und für den Tag der Ablesung im Tagebuche verzeichnet.

Der Ozongehalt der Luft ist regelmässig für die Periode von 24 Stunden, nebenher oftmals noch für einen kürzeren Zeitraum, seit dem 2. Januar 1875 namentlich für die Zeit von 3 Uhr Nachmittags bis 4 Uhr Morgens gerechnet worden.

Zur Reduktion des Psychrometers stand eine Tafel zu Gebote, deren Angaben für Réaumur-Grade in pariser Linien ausgedrückt waren. Da nun bei der Umwandlung der letzteren in Millimeter Ungenauigkeiten in der zweiten Decimale entstanden, so wurde die Spannkraft der Dämpfe in beiden Maassen angegeben.

Die Ablesungen an dem für die Station bestimmten Normal-Barometer No. 516 begannen am 9. November, nachdem durch Vollendung des zur Aufnahme des selbstregistrirenden Barometers hergestellten Anbaues am Wohnhause auch für ersteres ein vorläufiger Aufstellungsplatz gewonnen war. Am 20. November wurde das Normal-Barometer, jedoch der grösseren Sicherheit wegen, in einem ungeheizten Raume des Wohnhauses aufgestellt.

Bei den Barometer-Ablesungen sind beide am Instrumente befindlichen Thermometer verzeichnet; die obere Angabe im Tagebuche bezeichnet den Stand des an der Metallskala befestigten, die untere denjenigen des in die Holzfassung eingelassenen Thermometers. Letzteres, dessen Angaben die niedrigeren sind, hat bei zahlreichen Vergleichen mit einem daneben aufgehängten Normal-Thermometer seine Richtigkeit bewiesen und ist zu den Reduktionen auf 0° verwendet worden.

Um eine etwa in späterer Zeit gewünschte Reduktion der Barometerstände auf das mittlere Meeresniveau zu ermöglichen, ist die Höhe des Nullpunktes des Barometers über demselben gemessen und zu 23.1 m gefunden.

Unter der Rubrik Bemerkungen ist täglich eine kurze Beschreibung der herrschenden Witterung gegeben worden.

Beobachtungen mit dem Hygrometer konnten nicht angestellt werden, da sich kein solches Instrument für die meteorologische Station am Lande mitgegeben fand.*)

Ein Vergleich der für die meteorologischen Beobachtungen an Bord S. M. S. „Gazelle“ und am Lande gebräuchlichen Instrumente fand am 18. November 1874 an Bord S. M. S. „Gazelle“ statt. Die betreffenden Normal-Thermometer erwiesen sich als übereinstimmend; in den Barometerständen ergab sich eine Differenz von 0.5 mm. Ein genauerer Vergleich beider Barometer ward zweimal, in der Zeit vom 13. bis 15. Dezember 1874 und vom 29. bis 30. Januar 1875, am Lande angestellt. Bei denselben waren die Instrumente nebeneinander in gleicher Höhe aufgehängt. Nach ausgeführter

*) Das betreffende Instrument blieb an Bord S. M. S. „Gazelle“.

Reduktion auf 0° ergab der erste Vergleich aus dem Mittel von 50 Ablesungen eine Korrektion von — 0.339 mm, der zweite aus dem Mittel von 13 Ablesungen eine Korrektion von — 0.348 mm für das Schiffsbarometer.

Ein nach Abschluss der Beobachtungen am 30. Januar 1875 vorgenommener zweiter Vergleich der beiderseitig verwendeten Normal-Thermometer fand diese ohne Korrektion.

Die bei den beiden Vergleichen der Barometer gemachten Ablesungen sind als Anlagen zu Seite 8 und 17 des Tagebuches in letzteres eingetragen.[1])

Eine theilweise Unterbrechung in der Beobachtung trat nur durch augenblickliches Unbrauchbarwerden des Regenmessers ein. Am 8. Januar cr. nämlich wurde bei sehr schwerem Sturme aus WSW in einer heftigen Bö das untere Sammelgefäss des Regenmessers von dem oberen Auffangegefäss abgebrochen. Nach einer Stunde jedoch war die Reparatur bereits durch Herrn Hofmechanikus Krille, welcher die deutsche Venus-Expedition begleitete, beendet.

Die zur Aufnahme eines Theiles der meteorologischen Instrumente mitgegebene Thermometerhütte wurde am 4. November aufgestellt. Der Ort der Aufstellung ist so gewählt worden, dass dieselbe von den Einflüssen des Wohnhauses und der Observatorien, in deren Mitte sie mit einem Abstande von 10.5, resp. 9.5 m belegen war, völlig frei blieb. Die Thür der Hütte zeigte nach Süd, um beim Oeffnen derselben der Sonne keinen Einfluss auf die Instrumente zu gestatten.

In der Hütte hatten das Maximum- und das Minimum-Thermometer, das Psychrometer und Ozonometer Aufnahme gefunden. Ausserhalb derselben war an der, der Sonne ausgesetzten Rückwand das Sonnen-Thermometer angebracht.

Der Regen- und Schneemesser war derartig aufgestellt, dass der Niederschlag durch kein Lokalhinderniss beeinflusst werden konnte, im NW des Wohnhauses, 20.3 m von diesem, 13 m vom astronomischen Observatorium entfernt.

Zur Aufnahme des Casellaschen Anemometers war ursprünglich das eiserne Haus des Fluthmessers bestimmt. Es stellten sich jedoch unüberwindliche Schwierigkeiten hindernd in den Weg, da die zur Anbringung des Fluthmessers weitaus geeignetste Schlucht auf drei Seiten von überhöhendem Ufer eingeschlossen war und somit dem Winde keinen freien Zutritt gestattete. Es blieb sonach nur übrig, das Anemometer auf das Dach des Wohnhauses zu setzen und zwar wurde die westliche Ecke desselben, als die den vorherrschenden Winden zugekehrte, ausgewählt.

Sobald die Bedachung des Hauses weit genug vorgeschritten war, am 5. November, wurde die Aufstellung des Anemometers in Angriff genommen. Der würfelförmige, gusseiserne Untersatz ward zum besseren Schutze des innen befindlichen Räderwerkes ganz ins Dach eingelassen und unterhalb des letzteren auf einer hergestellten Plattform befestigt; 0.5 m tiefer war der Registrir-Apparat aufgestellt. Es zeigte sich jedoch, dass der von der Dachkante aufgefangene Wind eine aus der Windrichtung ablenkende Bewegung des Windzeigers verursachte. Zur Vermeidung dieses Uebelstandes ward auf dem Dache eine 0.4 m hohe Aufklotzung angebracht, auf welcher der würfelförmige Untersatz befestigt wurde, so dass jetzt die ganze Säule nebst Untersatz sich über dem Dache erhob. Seit dieser Veränderung, die am 8. ejd. beendet war, wurde der Apparat in Thätigkeit gesetzt und arbeitete zur Zufriedenheit.

Die Aufstellung des Anemometers war eine derartige, dass der Wind von SSW durch Nord bis Südost völlig unbeeinträchtigt auf dieses einwirkte. Nur im Süden des Hauses erhob sich ein

[1]) Dieselben werden, da sie einen wesentlichen Einfluss auf die angewendeten Korrektionen nicht ausübten, hier nicht abgedruckt.

Felsen, dessen etwa 120 m entfernte Spitze das Dach überhöhte. Zahlreiche Vergleiche haben jedoch bewiesen, dass die obige Entfernung genügte, um auch hier die richtige Registrirung des Windzeigers nicht zu beeinträchtigen.

Die selbstthätig registrirenden Instrumente bestanden aus einem Anemometer und einem Barometer.

Das Anemometer von Casella ward am 8. November 1874 in Thätigkeit gesetzt.

Es sind durch dasselbe 82 Registrirblätter erhalten worden.

Die einzelnen Theile des Apparates hatten sich bald einander akkommodirt und arbeiteten befriedigend. Der Gang der Uhr war in wenigen Tagen regulirt.

Eine Unterbrechung in der Registrirung trat am 8. Januar ein, als bei starkem WSW-Sturm durch eine sehr heftige Böe die Axe, auf der das Schalenkreuz sich dreht, aus der gusseisernen Säule herausgerissen wurde, nachdem die Schraube, welche diese Axe in der Säule festhält, durch die Gewalt des Windes gelöst worden war. Die Axe wurde hierbei halbkreisförmig verbogen und beim Falle eines der vier Blechgefässe abgebrochen.

Nach vier Stunden jedoch war die Reparatur durch Herrn Hof-Mechanikus Krille vollzogen, so dass das Anemometer wieder in Gebrauch genommen werden konnte.

Zur Erläuterung der durch dasselbe erhaltenen Angaben wird Nachstehendes hinzugefügt:

Der Windpfeil, welcher sich stündlich auf dem Registrirstreifen markirt, bezeichnet mit seiner Spitze den Weg, welchen der Wind genommen. Er war seit dem 9. November 1874 derartig orientirt, dass die Nord-Süd-Linie parallel lief mit den Kanten des Papierstreifens. Um für jede Zeit während des Tages eine leichte Orientirung auf den Streifen zu ermöglichen und den Vergleich der durch das Anemometer registrirten mit den unabhängig von diesem geschätzten Windrichtungen und Stärken zu erleichtern, sind die zu den vier Beobachtungszeiten vom Anemometer verzeichneten Windrichtungen mit der Angabe ihres Werthes versehen. Bevor die obengenannte Orientirung des Pfeiles vorgenommen war, wurden die Angaben des Anemometers stündlich auf dem Papierstreifen erläutert.

Während es durch häufiges Einölen des Apparates erzielt werden konnte, dass die durch denselben angegebenen Windgeschwindigkeiten einen hohen Grad von Zuverlässigkeit erlangten, kann dasselbe nicht in eben demselben Maasse von der registrirten Richtung des Windes gesagt werden. Das Spielen der Windfahne betrug bei starkem Winde 2—3 Striche, ja bei böigem Wetter bemerkte man mehrfach, dass sich die Fahne, wenn auch nur auf kurze Augenblicke, in gerade entgegengesetzter Stellung zur Windrichtung befand. Hierdurch werden die auf dem Registrirstreifen bemerkbaren Abweichungen bei sonst konstantem Winde erklärt.

Recht brauchbaren Werth erhalten jedoch die Angaben des Anemometers auch dann, wenn die im meteorologischen Tagebuche unter der Rubrik „Windrichtung" und unter den Bemerkungen angegebenen Daten über die jedesmalige Windrichtung neben den ersteren bei der Beurtheilung in Rechnung gezogen werden.

Fehler in der Registrirung entstanden viermal dadurch, dass die Kette, welche den Stand der Windfahne direkt auf den Apparat überträgt, in Folge heftigen Spielens der Fahne sich auf dem unteren Rade des Anemometers verschoben hatte. Da jedoch die Grösse dieses Fehlers beim Bemerken desselben von der am Apparate angebrachten Windrose abgelesen werden konnte, so war es möglich, die falschen Registrirungen dementsprechend zu verbessern. Auch wurde sofort die Orientirung der Windfahne aufs Neue vorgenommen.

Schliesslich entstanden dadurch im Anfange Unregelmässigkeiten, dass die Schraube, welche bestimmt ist, die Papierrolle auf ihrem Halter festzuhalten und sie gegen eine Verschiebung auf demselben zu schützen, sich in demselben Sinne drehte, wie die sich abwickelnde Rolle. Die Folge war, dass sich diese Schraube beim Abwickeln des Papierstreifens selbstthätig anzog und dadurch schliesslich die Papierrolle festklemmte. Da sich der Zweck, welchem die Schraube dient, auch ohne dieselbe erreichen liess, so wurde sie fortan ganz abgenommen.

Die Registrirstreifen wurden jeden Mittag abgeschnitten und mit dem Datum, der laufenden Nummer, sowie auch den Bemerkungen über etwa eingetretene Unregelmässigkeiten versehen. Das Datum wurde, um es nicht stets auf einem und demselben Streifen wechseln zu müssen, astronomisch gewählt.

Die laufende Nummer ward für den Tag der Abnahme in das meteorologische Tagebuch eingetragen; ebendaselbst ist auch die obengenannte Unterbrechung mit Angabe der Veranlassung vermerkt worden.

Das selbstregistrirende Barometer war am 8. November 1874 aufgestellt worden. Der Ort der Aufstellung wurde in einem seitlichen Anbaue des Wohnhauses auf dessen östlicher Seite gewählt. Wie in der Instruktion vorgeschrieben, wurden zwei 2.5 m lange Pfähle A und A′ (siehe Figur I und II) 0.9 m tief in den Boden eingerammt und oben durch ein eingelassenes Querstück B zusammengehalten. Vor den Pfählen lag horizontal eine auf gut nivellirter Unterlage E befestigte Bohle D, auf der der Barometerschrank stand. Die Rückwand desselben war durch je zwei Schrauben mit den auf die Pfähle genagelten Brettern C und C′ fest verbunden. Zum Schutze gegen Nässe und Sturm war um die Barometer-Aufstellung ein Verschlag hergerichtet worden. Der Bau des Fundaments war am 5. November begonnen worden.

Das Instrument verursachte ganz erhebliche Schwierigkeiten, die während der ganzen Dauer der Beobachtungsepoche nicht beseitigt werden konnten, wie aus Nachfolgendem hervorgeht.

Sowohl das Auspacken, wie die Aufstellung des Barometers waren mit höchster Sorgfalt ausgeführt worden, und es ist gewiss, wie auch die späteren häufigen Untersuchungen stets ergeben haben, dass dem Apparate kein äusserer Schaden zugefügt war. Dennoch blieb die treibende Uhr stets stehen, sobald die Zahnschiene in das Triebrad derselben eingeschaltet war. Da auch bereits in der Instruktion über das selbstregistrirende Barometer darauf aufmerksam gemacht worden, dass einerseits die Uhr stehen bleiben, wenn die Schiene zu fest, andererseits der Rahmen herunterfallen würde, wenn derselbe zu lose eingeschaltet wäre, so wurde von vornherein in diesem Punkte mit grosser Vorsicht verfahren.

Nach den ersten erfolglosen Bemühungen lag nunmehr die Vermuthung nahe, dass in der Aufstellung des Barometers irgend welches Versäumniss vorgekommen sei. Es ward daher der Apparat nochmals genauestens nivellirt, die Aufstellung jedoch fehlerfrei gefunden. Alsdann liess man die Uhr mehrere Tage lang ohne Einschaltung des Rahmens gehen, um den Gang derselben zu kontroliren. Derselbe erwies sich als ganz korrekt; sobald jedoch der Versuch gemacht wurde, die gezahnte Schiene einzuschalten, trat die frühere Wahrnehmung wieder zu Tage. Von dem Momente, in welchem einer der vier Zapfen des Triebrades der Uhr begann, den Hebel zu heben, mit dem durch seidene Fäden der kleine Klopfer und das Fallstüsk verbunden sind, wurde der Schlag der Uhr wesentlich leiser und unregelmässiger, und nur selten und nie mehr als zweimal gelang es ihr, den geringen Widerstand des um seinen Drehpunkt gut eingeölten Hebels zu überwinden.

Es lag nunmehr der Gedanke nahe, dass sich der in Rede stehende Uebelstand vielleicht dadurch beseitigen liesse, wenn das für das Triebrad der Uhr immerhin bedeutende Gewicht des Rahmens durch Vergrösserung des bereits vorhandenen, aber nur kleinen Gegengewichtes vermindert wurde. Das Gegengewicht ward demnach durch hinzugefügte Bleistückchen derartig vermehrt, dass

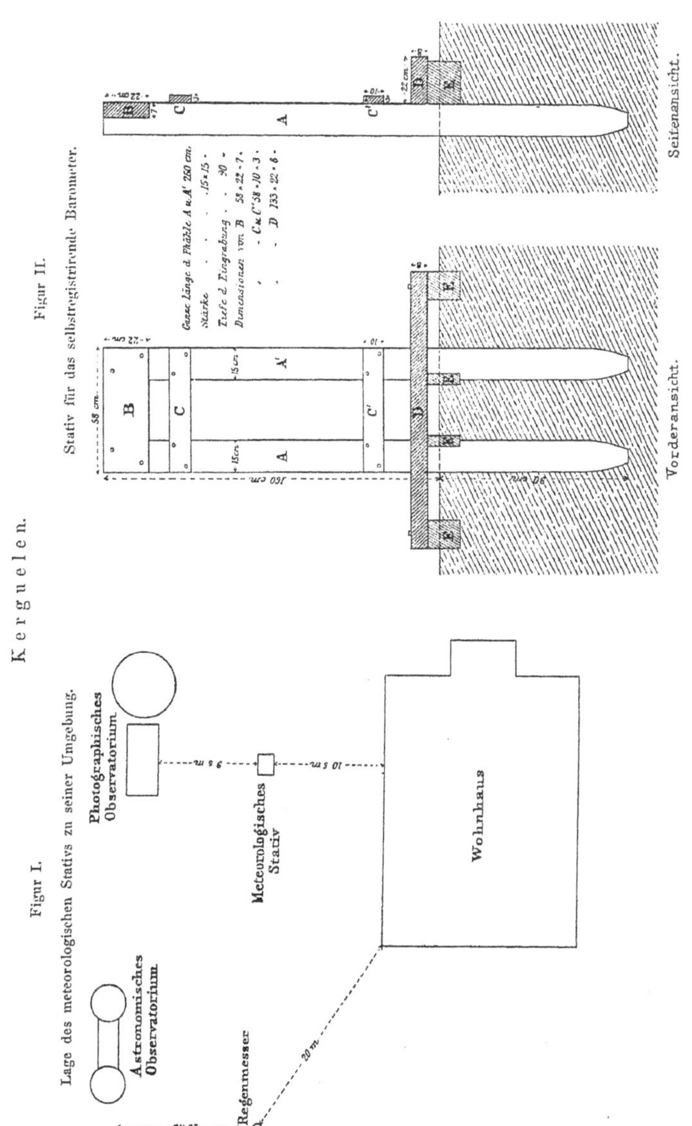

Kerguelen.

Figur I.
Lage des meteorologischen Stativs zu seiner Umgebung.

Figur II.
Stativ für das selbstregistrirende Barometer.

die Uhr nur noch ein Minimum von Kraft aufzuwenden hatte, um den Rahmen nach unten zu bewegen. Zugleich wurde auch zur Erzeugung eines kräftigeren Ganges das an der Uhr befindliche Gewicht durch Bleistückchen vermehrt. Es war unverkennbar, dass diese Maassnahmen einen Fortschritt hatten erzielen lassen, der leider jedoch noch nicht genügte, das gewünschte Resultat zu gewährleisten.

Nachdem auch der Drehpunkt der Zahnschiene durch Herrn Hof-Mechanikus Krille so weit nach rechts verlegt worden war, dass eine senkrechte Einschaltung derselben in das Triebrad vorgenommen werden konnte — was ursprünglich nicht möglich gewesen war —, funktionirte der Apparat bedeutend besser, die Uhr blieb weit seltener stehen, wenn auch noch vier- bis fünfmal am Tage. Allein deutlich sichtbare Registrirpunkte wurden auch jetzt noch nicht hervorgerufen, da die Uhr das Fallstück und den Klopfer nur dann zu heben vermochte, wenn die seidenen Fäden, welche diese beiden Theile des Apparates mit dem Hebel verbinden, nur einem Minimum der Anspannung unterworfen wurden, während doch andererseits der Druck des Fallstückes auf die Aluminiumschiene und somit auf die dicht über dem Papiere befindliche, stets scharf zugespitzte Bleifeder nicht genügte, um deutliche Eindrücke auf dem Papiere hervorzurufen.

Unter diesen Umständen erschienen die zu den vier Beobachtungszeiten gemachten Ablesungen am Normal-Barometer als ungenügend, um daraus die Schwankungen des Barometers während der Beobachtungsperiode deutlich zu erkennen. Die Ablesungen wurden daher verdreifacht; bei besonders starken Schwankungen auch noch häufiger vorgenommen, so dass es gelungen ist, aus ihnen ein anschauliches und getreues Bild der Barometerschwankungen zu erhalten. Dieselben sind in einer Kurve graphisch dargestellt worden; von der Wiedergabe dieser Diogramme wird, da sie nur für den Verfolg einzelner, auf kurze Epochen beschränkter Phänomene, also theilweise nur, von erheblichem Interesse sind, aus naheliegenden Gründen Abstand genommen.

Es ist sehr zu bedauern, dass der Barograph, welcher aus der Werkstätte des Herrn Schadewell in Dresden stammte, nicht zu einem befriedigenden Funktioniren gebracht werden konnte, da der ganz ähnliche Apparat an der meteorologischen Station auf den Auckland-Inseln in Thätigkeit erhalten wurde und interessante Kurven der Barometerschwankungen lieferte.

Die Schwankungen der Temperatur wurden seitens der Beobachter in ganz ähnlicher Weise, wie die Barometerschwankungen, in Diagrammen niedergelegt.

Der Abschluss der Beobachtungen erfolgte am 29. Januar 1875.

Nach dem Abbruche der Beobachtungsstation wurde das meteorologische Stativ mit einem Maximum- und einem Minimum-Thermometer am Lande zurückgelassen. Das Stativ erhielt die Bezeichnung:

S. M. S. „Gazelle“.
Lat. 49° 8.9′*)
Long. 70° 10.0′ v. Grw.
1. 2. 1875.

In einem ebenfalls im Stativ zurückgelassenen Beobachtungsbuche ist eine in englischer Sprache abgefasste Instruktion über die Ablesung und Einstellung der Instrumente, sowie die Bitte an die späteren Beobachter enthalten, die gemachten Ablesungen in das ausgelegte Buch einzutragen und dieselben im nächsten Hafen dem Konsul des Deutschen Reiches oder einer etwa vorhandenen wissenschaftlichen Beobachtungsstation zur weiteren Bekanntmachung zu übermitteln.

---

*) Die späteren genaueren, aus den Beobachtungen gemachten Ableitungen ergaben für die geographische Lage der Station 49° 9′ 9″ S-Br und 70° 11′ 11″ O-Lg.

Die letzte, am 1. Februar 1875 an den Instrumenten gemachte Ablesung war

Maximum-Thermometer . . 9.1°,

Minimum-Thermometer . . 4.6°.

Die Indices beider wurden darauf auf die herrschende Temperatur = 6.4° eingestellt.

Diese Ablesung ist sowohl im meteorologischen Tagebuche, als auch in dem zurückgelassenen Beobachtungsbuche vermerkt worden.

Die Verwerthung der Beobachtungen.

Die beschränkte Anzahl von Beobachtungen im Monat November 1874 und die an und für sich geringe Ausdehnung der Beobachtungs-Epoche (vom 9. November 1874 bis 29. Januar 1875) gestattete nicht, dass eine grössere, nach den verschiedenen Richtungen der Meteorologie hin erschöpfende Diskussion ausgeführt werden konnte; es musste von vornherein darauf verzichtet werden, eine gründliche Studie über das Klima von Kerguelen auf Grundlage der vorliegenden Beobachtungen auszuarbeiten, und zwar schon aus dem Grunde, weil sich dieselben nur über einen Theil der Sommermonate erstreckten und das wichtigste Desiderat für eine solche, Beobachtungen über die meteorologischen Verhältnisse in den Wintermonaten, auch jetzt noch nicht erbracht werden konnte. Zunächst schien es daher wichtig, die einzelnen beobachteten Elemente in Tabellen, die möglichst vollständig die Original-Beobachtungen enthielten, niederzulegen. Dabei wurde begreiflicherweise darauf Bedacht genommen, die Ablesungen thunlichst von den Instrumentalfehlern zu befreien, sowie denn auch alle jene Reduktionen, welche nach festen, gegenwärtig angenommenen Regeln auszuführen sind, bei den ursprünglichen Ablesungen angebracht wurden. Es bezieht sich dies sowohl auf die Reduktion des Barometers auf die Temperatur des Gefrierpunktes, wie auch andererseits auf die Ableitung der Spannkraft der Dämpfe und der relativen Feuchtigkeit, welche nach den Jelinekschen Tafeln in der Anleitung zu meteorologischen Beobachtungen ausgeführt sind.

Die vorliegenden drei Tabellen für die Monate November und Dezember 1874 und Januar 1875 enthalten unter Beachtung der eben gegebenen Erklärungen die folgenden meteorologischen bezw. klimatologischen Angaben. Die erste Hauptkolumne, überschrieben „Barometer“, enthält den Luftdruck in Millimetern für die Stunden 4 a. m., 9 a. m., 3 p. m., 9 p. m. und das rohe Mittel aus diesen vier Stunden für jeden Tag der Beobachtung. Am Fusse der Kolumne sind die Mittelwerthe für die einzelnen Stunden und ebenso der Mittelwerth für den Monat eingetragen. Diese sämmtlichen Angaben sind nicht auf das Meeresniveau und nicht auf die Normalschwere für 45° der Breite reduzirt. Die für diese letztere Reduktion erforderlichen Angaben befinden sich am Kopfe einer jeden Tabelle eingetragen.

Die zweite Hauptkolumne, überschrieben „Psychrometer“, enthält die Temperatur des trockenen und des feuchten Thermometers in Centigraden für die Stunden 4 a. m., 9 a. m., 3 p. m. und 9 p. m. für jeden Tag der Beobachtung. Am Fusse dieser Kolumne sind die Mittelwerthe der Temperatur des trockenen und des feuchten Thermometers für den ganzen Monat eingetragen.

Die dritte Hauptkolumne enthält die aus den Psychrometer-Beobachtungen abgeleiteten Werthe der Dunstspannung in Millimetern für die Stunden 4 a. m., 9 a. m.. 3 p. m., 9 p. m., sowie das rohe Mittel für den Tag und für jeden Tag der Beobachtung. Am Fusse dieser Kolumne sind die Mittelwerthe für jede einzelne Stunde und für den ganzen Monat enthalten.

Die vierte Hauptkolumne, überschrieben „Relative Feuchtigkeit“, giebt die aus den Psychrometer-Beobachtungen abgeleiteten Prozente der relativen Feuchtigkeit für die Stunden 4 a. m., 9 a. m.,

3 p. m., 9 p. m. und das rohe Mittel aus den Werthen dieser vier Stunden für jeden Beobachtungstag. Am Fusse dieser Kolumne ist das Mittel für jede Stunde und das Mittel für den Monat enthalten.

Die fünfte Hauptkolumne enthält die mittlere Tagestemperatur und das Mittel der Temperatur für den Monat.

Die sechste Hauptkolumne enthält die Angaben der Maximum- und Minimum-Thermometer für jeden Tag der Beobachtung. Die Maximum- und Minimum-Thermometer wurden des Morgens um 4h an jedem Tage abgelesen und um diese Zeit am jedesmaligen Tage der Ablesung eingetragen. Am Fusse sind die Mittelwerthe der Beobachtung des Maximums und des Minimums für den Monat verzeichnet.

Die nächste Kolumne, überschrieben „Mittel aus den Extremen“, enthält die Mittelwerthe aus dem Maximum und dem dazu gehörigen Minimum und am Fusse den Mittelwerth dieser Mittel für den Monat.

Die Hauptkolumne, überschrieben „Wind“, enthält die rechtweisende Richtung des Windes für die Stunden 4 a. m., 9 a. m., 3 p. m. und 9 p. m., sowie die Angabe der Stärken des Windes nach der Beaufortschen Skala, wie sie zur Zeit, da die Richtung beobachtet wurde, notirt worden sind. In der daran liegenden Kolumne sind die Mittelwerthe der Windstärken für die vier Beobachtungsstunden für jeden Tag der Beobachtung eingetragen. Am Fusse der Kolumne findet sich das Mittel für jede Stunde und jeden Monat angegeben.

Die Hauptkolumne, überschrieben „Bewölkung“, giebt für die Stunden 4 a. m., 9 a. m., 3 p. m. und 9 p. m. und für jeden Tag der Beobachtung die Form der Wolken nach der gewöhnlichen Nomenklatur, die rechtweisende Richtung des Wolkenzuges (wohin die Wolken zogen) und den Grad der Bewölkung nach der Skala von 0—10. Die letzteren Werthe sind für jeden Tag zu Mittelwerthen vereinigt, sowie auch die Mittel für jede Stunde und für den Monat am Fusse der betreffenden Kolumne eingetragen sind.

Die Kolumne, überschrieben „Niederschläge“, enthält die Angabe über Art der Niederschläge, ob Regen (mit B bezeichnet), Nebel, Hagel oder Schnee, starker Regen (B), sehr starker Regen (B), Regenschauer (B), und über Dauer sowie den Betrag des Niederschlages für jeden Tag der Beobachtung, in Kubikcentimetern ausgedrückt. Am Fusse der Kolumne ist die Summe des Betrages des Niederschlages für den ganzen Monat gegeben. Es schien zweckmässig, in dieser Kolumne die Original-Beobachtungen in Kubikcentimetern wiederzugeben und es Jenen, welche diese Tabellen benutzen wollen, zu überlassen, nach den in der Einleitung enthaltenen Angaben über Grösse der Auffangefläche des Regenmessers die Niederschlagsmenge in der üblichen Weise, nämlich in Millimeter-Höhe, auszudrücken.

Die letzte Kolumne, überschrieben „Bemerkungen“, hätte — wie es üblich ist — einzelne auffallende Erscheinungen aufnehmen sollen. Da aber die von den Beobachtern gemachten diesbezüglichen Notizen sehr ausführlich und grösstentheils von erheblichem Interesse sind, so erschien es zweckmässig, davon Abstand zu nehmen, solche Bemerkungen in eine Kolumne zusammenzudrängen und sie vielmehr *in extenso* in Nachfolgendem wiederzugeben. Es schien dies um so mehr zweckmässig, als von der Anwendung der internationalen Symbole für Niederschläge und sonstige Phänomene Abstand genommen werden musste.

In jene letzte Kolumne sind dagegen die Ablesungen des Solar-Radiations-Thermometers und des Ozonometers aufgenommen. Zum Verständniss der dort gegebenen Werthe sei hier noch bemerkt, dass die Solar-Radiation gleichfalls um 4h des Morgens an einem jeden Tage abgelesen und eingetragen wurde, wie dies bei den Extrem-Thermometern für Lufttemperatur der Fall war, und dass die Angaben des Ozonometers für 24 Stunden Expositionszeit gelten.

Bemerkungen zu den meteorologischen Tabellen.

November 1874.

6. Trübes diesiges Wetter; in der Nacht etwas Schnee, dann Regen, der seit 9h a. m. beständig an Stärke zunahm und bis 6h p. m. anhielt; Nachmittags nebelig. Vor der Bucht starker Seegang, in derselben erhebliche Dünung. 9h p. m. Polarlicht von SzE bis SWzS bis ca. 20° über dem Horizont, durch Berge grossentheils verdeckt.
7. Oberer Himmel mit hochstehenden cu bedeckt. In der Nacht und am ganzen Tage in kurzen Zwischenräumen aufeinanderfolgende starke Schneeschauer, Nachmittags auch Hagel. Mit den Böen dichter und sehr schnell sich ausbreitender Nebel. Wind NW bis SE 3—6, vorherrschend aus W. Leichter Seegang, Dünung schwach.
8. Himmel während des Tages grösstentheils mit cu bedeckt, am Morgen einige Schneeböen. Wind westlich, mitunter — namentlich Nachmittags — in starken Böen. Seegang in der Bucht schwach, Dünung unmerklich.
9. Himmel fast ganz mit cu bezogen; Wind bis 4h p. m. WSW, dann umgehend auf NW, der von Regen und Schneeböen begleitet war. Abends heftiger Regen. Seegang und Dünung in der Bucht unerheblich, ausserhalb derselben schwach.
10. Himmel durchbrochen, leichte Südwinde, gegen 3h p. m. still, dann sehr schwacher SE. Seegang und Dünung gering.
11. Seit 7h a. m. starker und ununterbrochener Schneefall, begleitet von dichtem Nebel. Wind östlich, mit zunehmender Stärke. Seegang und Dünung stark aus ENE. Seit 3h p. m. Schnee mit Regen untermischt, Abends feiner Regen.
12. Himmel grösstentheils mit cu bedeckt, die eine sehr schwache Bewegung zeigten und besonders stark von den Bergen aufgehalten wurden. Sehr schwache und veränderliche Briese aus NW durch N bis SE. Seegang leicht, Dünung aus ENE, nicht unerheblich.
13. In der Nacht und am ganzen Tage sehr leichte Winde aus S, W und N. Himmel völlig mit ni bedeckt. Wetter sehr diesig, zeitweise Nebel. Seit 9h a. m. nur selten und auf kurze Zeit unterbrochener feiner Regen. See ruhig. Leichte östliche Dünung.
14. Die Extreme der Temperatur werden von diesem Tage an um 4h a. m. abgelesen. Wind in der Nacht und während des Tages still, bezw. sehr leicht aus NW, N bis ENE, bis um 9h p. m. der SW entschieden zum Durchbruch kam. Himmel am Tage völlig mit ni bezogen, sehr häufig dichter Nebel und feiner Regen. Seit 7h p. m. unter den ni auch cu, die leise aus SSW zu ziehen begannen. Seegang 0, Dünung sehr schwach.
15. Wind stetig aus SSW bis SW, Vormittags mit Böen, Abends an Stärke abnehmend. Himmel stark bezogen, oben ni, unten cu, bezw. cu allein, die in mittlerer Höhe nach NE zogen, zeitweise im NE durchbrochen. See ruhig.
16. In der Nacht Thau; Himmel während des Tages stark mit hochstehenden cu bezogen, gegen 7h p. m. aufklarend. Wind am Tage aus W bis N, von mässiger Stärke; gegen Abend veränderlich und leicht aus SE, S und SW, dann still. See glatt, Dünung unmerklich.
17. In der Nacht Thau. Himmel beständig stark mit hochstehenden cu bedeckt, die nur sehr schwache Bewegung zeigten; am Nachmittag und Abend war darunter eine leichte niedrige cu-Schicht sichtbar, welche sehr schnell nach SEzS zog, 9h p. m. auf kurze Zeit nach ESE. Wind nordwestlich, in Stärke 1—5, hin und wieder in leichten Böen. Seegang 0, vor der Bucht leicht; Dünung schwach.

November 1874.

18. In der Nacht Thau. Wind leicht aus NW, 11h a. m. umgehend auf NE, gegen 1h bis 4h p. m. still, dann NzW bis NWzW 3–6. Himmel durchbrochen, am Morgen mit cu besetzt, dann aufklarend. Mit der Windstille bezog er sich dicht mit ni, 4h bis 6h p. m. starker Nebel, dann aufklarend. Abends nur an den Bergen niedrige cu ni, oben klar. See ruhig.

19. Himmel grösstentheils bedeckt; bei den cu unterschieden sich zwei Schichten, die untere stand sehr niedrig und zog schnell in der Windrichtung. Um 12h Mittags wurde Wetter diesig, ni 10, und es begann bis 3h zu regnen; 4h p. m. aufklarend. Wind wehte vorherrschend aus NWzW, ging um 4h p. m. auf SW, am Abend wieder auf W. Gleichzeitig wurde es auf mehrere Stunden ziemlich klar. See vor der Bucht unruhig, Dünung nördlich.

20. Himmel in der Nacht und am Tage dicht mit cu, oft in zwei Schichten, bezogen; erst um 7h p. m. aufklarend. Horizont blieb belegt. Wind aus W bis NW, am Nachmittag sehr stark, 9–10, mit Böen. Seegang vor der Bucht sehr hoch, in der Bucht mässig. Dünung draussen erheblich, innen merkbar.

21. Wind WSW, 6—9 (10), sehr bőig; seit 9h a. m. häufige Schneeböen, die zuweilen 30 Minuten anhielten, auch Hagelschauer. Den Böen gingen in der Richtung derselben dichte Nebel vorher; Himmel sonst ziemlich stark mit cu besetzt, selten ganz verhüllt. Seegang und Dünung vor der Bucht sehr hoch, in derselben mässig. Am Abend wurde der Wind ruhiger, Himmel blieb bedeckt.

22. Wind am Morgen W 4—6, ging 2h p. m. auf NW und flaute gleichzeitig ab. Um 3h 30′ p. m. war es fast ganz still, wehte dann kurze Zeit aus NE und frischte um 4h 15′ wieder aus NW auf. Gegen Abend, von 8—12h p. m., sehr starker Sturm aus WNW bis WSW, 8–10 (11). Himmel den ganzen Tag stark bedeckt. See ausserhalb der Bucht sehr hoch, innerhalb derselben mässig.

23. In der Nacht bis 2h a. m. W 9–10, dann abflauend, gegen Morgen leichter SW, frischte um 7h aus WNW auf und wehte am ganzen Tage mit Heftigkeit aus W bis SW 6–8. Himmel zum grössten Theile während des ganzen Tages klar, Wetter schön. See vor der Bucht sehr stark.

24. Am Morgen und Vormittage mässiger NW, gegen Mittag fast ganz still und seit 3h p. m. sehr schwacher NW. Wetter 4h a. m. diesig; es begann um 5h a. m. zu regnen, gleichzeitig braute ein dichter Nebel auf. Erst um 3h p. m. hob sich letzterer gänzlich, das Wetter blieb jedoch diesig. 7h p. m. klarte es im SE etwas auf, bis zu welcher Zeit auch der Regen anhielt. See ruhig, doch starke Dünung aus NE. Um 8h 30′ p. m. im W ganz niedriger Nebel, oben aufklarend.

25. Wind west- und südwestlich, mit Böen, die in der Regel seit 11h a. m. von Schnee, seltener von Hagel begleitet wurden. Himmel von hohen cu stark bedeckt, die in der Windrichtung zogen. Abends abflauend, doch blieb der Himmel stark bezogen. See ausserhalb der Bucht bewegt, starke Dünung aus Nord.

26. Himmel, am Morgen noch stark bedeckt, klarte am Vormittage auf und blieb während des ganzen Tages grösstentheils klar. Wind mässig aus NW, ging am Nachmittage auf West und, immer stiller werdend, von 5h bis 8h p. m. auf SW, S bis NE, schliesslich wieder auf NW zurückdrehend. See ruhig, Dünung merklich.

27. Himmel den ganzen Tag stark bedeckt, einige Male in 2 Schichten über einander; am Abende schwach aufklarend. Wind bis 5h stark aus NWzW, ging dann auf West bis Süd um, an Stärke abnehmend, und blieb leicht und veränderlich. Seegang vor der Bucht stark, Dünung mässig.

November 1874.

28. Wind schwach, aus Ost, Nord und West, vorherrschend N und NW. Seit 9h a. m. starker Nebel und feiner Regen. Um 4h p. m. hob sich der Nebel, der Regen hörte auf, doch blieb der Himmel stark bezogen. Um 7h p. m. zogen die Wolken kurze Zeit bei leichtem Nordwinde in 2 Schichten (oben cu str., unten cu) nach ENE. 9h p. m. ziemlich klar, doch gleich darauf wieder stark mit cu ni bezogen. Seegang und Dünung schwach.

29. In der Nacht und am ganzen Tage Regen, der, bis dahin nur schwach, um 7h p. m. an Stärke zunahm und mit grosser Heftigkeit die ganze darauf folgende Nacht hindurch fiel. Am Morgen zeitweiliger Nebel, seit 1h p. m. sehr stark und ununterbrochen. Wind am Morgen leicht aus Ost Süd und West, seltener und auf wenige Minuten aus Nord und NE; dagegen Nachmittags vorherrschend aus Nord und NW. Gegen 10h p. m. begann der NW mit Heftigkeit, 7—8, aufzukommen. See ruhig. Dünung erheblich.

30. In der Nacht heftiger NW, 7, begleitet von starkem Regen und dicht bezogenem Himmel. 11h 30′ a. m. ging der Wind auf SW, der Regen hörte auf und es begann aufzuklaren. Der stetig zunehmende SW ging 6h 30′ p. m. auf NW, 8—9. Himmel bezog sich gleichzeitig wieder dicht mit cu ni. Gegen 9h p. m. kurze Zeit feiner Staubregen. Vor der Bucht schwerer Seegang und hohe Dünung, in derselben gemässigt.

Dezember 1874.

1. In der Nacht und am ganzen Tage schwerer Sturm aus W bis NW, um 11h 30′ a. m., 3h p. m., 6h p. m. und 8h p. m. starke Schneeböen mit diesigem Wetter aus WSW. Himmel dicht bezogen, oben ni, unten cu, die mit grosser Geschwindigkeit in der Windrichtung zogen. 9h p. m. kurze Zeit feiner Regen. Vor der Bucht sehr hoher, in derselben erheblicher Seegang.

2. Wind bis 4h p. m. mässig, aus WSW bis NW, mit leichten Böen, frischte dann mehr und mehr auf, seit 7h p. m. sehr heftig, 7—10. Himmel stark bedeckt mit cu ni, am Morgen in 2 Schichten, von denen die obere, ni, nach NE zog. Am Vormittage durchbrochen und stellenweise klar. See bis zum Abend ruhig, dann erheblich.

3. In der Nacht starker NW mit Böen und Regen. Himmel dicht bezogen. Gegen 7h a. m. hörte der Regen auf und es klarte etwas auf. Nachmittags wehte es mässig aus West, der Himmel wurde am Abend fast ganz sternklar. Seegang vor der Bucht beträchtlich, Dünung schwach. Von 10h p. m. bis 1h Nachts wurde von SEzS—SzW ein Polarlicht bemerkt, das etwa 15° über dem Horizonte stand und von mässiger Lichtstärke war. Von 11h 20′ bis 11h 30′ p. m. waren in dem Bogen des Lichtes nach dem Centrum gerichtete Strahlen sichtbar.

4. In der Nacht war der Wind leicht aus NW, ging gegen 6h a. m. auf SW, bald darauf auf W, um 11h 30′ a. m. auf NE, sprang bald nach 2h p. m. wieder auf W und NW (mit leichten Böen) und wehte in Stärke 1—2, bis er um 9h 15′ p. m. noch einmal auf kurze Zeit aus NE stand. Himmel, am Morgen leicht mit str. bedeckt, klarte am Vormittage bis auf einige Wolken an den Bergen völlig auf. Wetter schön. See ruhig.

5. Wind, in der Nacht leicht aus W, ging um 4h a. m. auf NW und wehte seit 8h a. m. aus nordwestlicher Richtung in Stärke 7—8. Himmel schon am Morgen mit 2 Wolkenschichten stark bedeckt, von denen die untere, cu, sehr niedrig zog. Gegen 8h a. m. Nebel und feiner Regen. Ersterer hob sich um 2h p. m., wurde aber seit 4h p. m. wieder sehr stark und dicht. Seegang vor der Bucht sehr hoch, in derselben beträchtlich.

6. Wind hatte in der Nacht an Heftigkeit nachgelassen und wehte bis zum Mittage aus NW und W mit mässiger Stärke. Nachdem es kurze Zeit ganz flau geworden, ging der Wind um 2h p. m.

Dezember 1874.

auf ESE; gleichzeitig machte sich ein Sinken der Temperatur um 4° bemerkbar. Gegen 6^h p. m. ging der Wind durch S auf SW und blieb aus dieser Richtung stehen, zeitweilig mit leichten Böen. Himmel stark bedeckt, gegen 9^h a. m. und von 1^h—3^h p. m. etwas durchbrochen; am Morgen 2 Schichten, oben ni, unten cu. See ruhig, Dünung schwach.

7. Wind in der Nacht und am Morgen mässig aus südwestlicher Richtung, ging um 8^h a. m. auf W und NW, indem sich gleichzeitig der vorher schon stark bezogene Himmel völlig bedeckte. Nachmittags frischte der Wind auf und wurde sehr heftig; das Wetter wurde diesig; seit 6^h p. m. ununterbrochener Regen. Seegang vor der Bucht hoch, starke Dünung aus NW.

8. Wind bis $7^h 30'$ p. m. leicht aus NW, war dann einige Minuten still und ging darauf auf SW, S und seit $8^h 30'$ p. m. auf SE, ganz flau. Wetter bis etwas nach 10^h a. m. sehr diesig, Himmel dicht bezogen, ununterbrochener Regen. Gegen 11^h a. m. aufklarend. Nachmittags sehr schön, oben ganz klar, nur am Horizonte leichte cu. Mit dem Herumgehen des Windes bezog sich der Himmel wieder stark mit hochstehenden cu, die erst aus SW, dann aus SE zogen. Sehr starke nördliche Dünung, See ruhig.

9. Wind in der Nacht west- und südwestlich, schwach, ging um 5^h a. m. auf NW und gegen 1^h p. m. auf N, gleichzeitig immer stiller werdend. Um 5^h p. m. war der Wind durch E auf SE umgegangen und blieb aus dieser Richtung bis 10^h p. m. wehen, zu welcher Zeit er auf SW herumging. Himmel am Morgen leicht und schwach mit cu ni, oben mit ci bedeckt, bezog sich am Vormittage zwar dichter, aber nur mit sehr feinen cu ci. Am Nachmittage nahmen die hoch und sehr schwach aus der Windrichtung ziehenden Wolken an Dichtigkeit zu. Wetter schön. See ruhig. Nordwestliche Dünung, nicht unerheblich. Vorübergang der Venus vor der Sonnenscheibe.

10. In der Nacht flauer Wind aus SW, ging bis Mittag auf W und frischte am Nachmittage aus WNW etwas auf. Himmel am Morgen mit hochstehenden cu dicht bezogen — nur im Osten etwas durchbrochen — klarte seit 11^h a. m. — gleichzeitig mit dem Herumgehen des Windes auf W — auf (cu 5—6). Nur der Horizont blieb stark belegt; am Abende oben leichte ci. Wetter schön. Seegang mässig.

11. In der Nacht wehte der Wind sehr stark und mit heftigen Böen (8—10) aus NWzW, flaute zwar gegen Mittag aus W und WSW etwas ab, indem es gleichzeitig regnete, nahm aber bis zum Abende aus WNW die frühere Heftigkeit wieder an. Der Himmel war am Morgen dicht mit ni besetzt, die sehr tief und schnell in der Windrichtung zogen. Als um 4^h a. m. auf Augenblicke die unteren Wolken zerstreut wurden, zeigte sich der Himmel fast klar und mit leichten str. besetzt. Um 3^h p. m. klarte es zuerst im Osten auf; der obere Himmel blieb seitdem ziemlich klar, der Horizont jedoch stark mit cu besetzt. Seegang vor der Bucht sehr hoch, Dünung stark, in derselben mässig.

12. Wind, während des ganzen Tages aus West wehend, hatte in der Nacht abgeflaut, wehte am Tage in der Stärke 4—6 und wurde am Abende ganz flau, 1—2; Himmel mässig mit hohen cu bedeckt, welche rings an den Bergen hingen, oben meist klar. Gegen 3^h p. m. wurde es im West etwas diesig und es fiel ½ Stunde lang feiner Staubregen. Gegen Abend wurde es oben ganz klar. Wetter schön. Seegang, am Morgen noch stark, legte sich am Tage. In der Bucht Seegang und Dünung schwach.

13. In der Nacht flauer Wind aus W und NW, frischte am Vormittage aus NWzN zur Stärke 5—6 auf, nahm aber am Nachmittage wieder ab. Himmel grösstentheils bedeckt, unten mit cu, oben mit ci, die in der Windrichtung zogen. Nachmittags wurde es im W an den Bergen sehr dick,

Dezember 1874.

und es begann seit 4h schwach zu regnen. Um 8h hörte der Regen auf, setzte aber seit 10h mit grösserer Stärke wieder ein. Gleichzeitig hatte sich der Himmel ganz mit ni bedeckt, die in mittlerer Höhe zogen. See ruhig. Dünung gering.

14. Wind nordwestlich, in der Nacht in Stärke 6—8 wehend, seit 8h a. m. flauer, 3—4. Dabei dichter ununterbrochener Nebel nebst Regen. Letzterer, am Morgen feiner Staubregen, nahm bis 2h 30′ p. m. an Heftigkeit zu, hörte zwar auf 1/2 Stunde auf, begann aber wieder um 3h p. m. als Sprühregen, gegen Abend zunehmend. Auch der Nebel war um 3h p m. lichter geworden, braute aber bald wieder in früherer Stärke auf. Der Wind flaute gegen Abend ganz ab, ging bald nach 9h auf N, später auf NE. Gegen Abend See glatt, doch starke nördliche Dünung.

15. In der Nacht leichter NE, 3—4; gegen Morgen fast ganz flau und bald nach 4h auf NW umgehend. Dabei ununterbrochener Regen bis 9h a. m. Himmel dicht mit ni bezogen. Wetter diesig, um 9h a. m. aufklarend; Mittags war nur der Horizont noch mit cu belegt. Bald nach Mittag wurde der Wind westlich, 7—8. Um 2h p. m. kam die erste leichte Schneebö, welcher von 3h bis zum Abende in kurzen Zwischenräumen heftige Regen-, Hagel- und Schneeböen — letztere namentlich zwischen 7h und 10h p. m. — folgten. Mit diesen Böen wurde der Himmel gleichzeitig dicht mit niedrigen und sehr schnell vor dem Winde ziehenden ni bedeckt. Ueber diesen war es jedoch grösstentheils ganz klar. Wetter in den Böen sehr diesig. Am Vormittage hohe nordöstliche Dünung, später wachsender nordwestlicher Seegang.

16. Wind in der Nacht W, 5—7, nahm von 6h a. m. an aus nordwestlicher Richtung an Stärke zu und wehte seit 10h a. m. in Stärke 9—10 mit heftigen Böen. Der Himmel war am Morgen unten mit cu, oben mit leichten ci stark besetzt. Gegen 8h 30′ a. m. bezog sich der Himmel dicht mit ni und es begann zu regnen. Gegen Mittag klarte es etwas auf. Horizont blieb stark mit cu belegt, oben sehr hohe und feine str. Um 6h p. m. wieder dichte und niedrige ni, die sehr schnell in der Windrichtung zogen, gleichzeitig feiner Regen, des Abends an Stärke zunehmend. Wetter sehr diesig. Sehr hoher nordwestlicher Seegang und starke Dünung.

17. Wind wehte den ganzen Tag mit Heftigkeit aus NW—WNW, 7—8, erst am Abende wurde es etwas stiller. Dabei regnete es bis gegen 11h a. m. ununterbrochen, in der Nacht und am Morgen ziemlich stark, seit 8h a. m. jedoch nur ganz fein. Wetter bis dahin sehr diesig. Gegen Mittag klarte es auf, der obere Himmel war mit sehr feinen str. bedeckt, der Horizont blieb dagegen mit schweren cu ni belegt. Starker Seegang; sehr erhebliche nordwestliche Dünung.

18. In der Nacht ganz leichter Westwind, gegen 4h a. m. still, dann, allmählich aus NW auffrischend, ging der Wind am Nachmittage wieder auf W und wehte fortgesetzt aus dieser Richtung in Stärke 6—7. Der Himmel war am Morgen nur sehr wenig und leicht, oben mit ci, darunter sehr niedrig mit einigen cu bedeckt, die sehr langsam aus W zogen. Seit 8h a. m. wurde jedoch das Wetter dick und um 9h nebelig. Kurz vor 12h Mittags hob sich der Nebel, und um 1h begann es mit dem Herumgehen des Windes auf W bis 1h 45′ p. m. zu regnen, dann aufklarend. Bis auf eine kleine Hagelbö um 5h 40′ p. m. blieb das Wetter schön und der Himmel klar. Vor der Bucht erheblicher Seegang aus W, Dünung mässig.

19. Wind in der Nacht südwestlich, am Morgen westlich, dann aus NW, 5—6, am Vormittage 3—4, ging Nachmittags auf N und seit 8h p. m. allmählich wieder auf NW. Der Himmel war am Morgen 4h ziemlich klar, nur der Horizont war stark besetzt. Bald aber bezog er sich ganz, erst mit cu ni, dann mit ni allein. Um 5h p. m. wurde es eine Stunde lang nebelig, um 6h regnete es

Dezember 1874.

kurze Zeit, das Wetter blieb sehr diesig. Am Abende kam dann wieder dicker Nebel auf und seit 11ʰ p. m. regnete es stark. Seegang mässig, doch sehr starke nördliche Dünung.

20. Wind in der Nacht west- bis nordwestlich, in mässiger Stärke 2—6, wurde gegen 9ʰ a. m. nördlicher und blieb es bis 7ʰ p. m., zu welcher Zeit er wieder auf W und bald nach 9ʰ auf SW herumging. Dabei regnete es ununterbrochen bis 4ʰ 30 p. m., bald stärker, bald schwächer, und ein dichter Nebel hob sich nur selten und für kurze Augenblicke. Um 4ʰ 30 p. m. begann es zuerst im Osten aufzuklaren, die Sonne kam durch und der Nebel hob sich. Am Abende war der Himmel zur Hälfte mit cu bedeckt, die theils an den Bergen hingen, theils sehr hoch und langsam dem Winde folgten. See ruhig, doch sehr starke nördliche Dünung.

21. Wind in der Nacht schwach aus W, ging a. m. auf NW, frischte gegen Mittag bis zur Windstärke 7 auf, wehte seit 1ʰ p. m. wieder aus WNW, flaute am Abende ab und war seit 9ʰ p. m. aus WSW. Der Himmel war am ganzen Tage nur leicht mit cu bedeckt, die vorzugsweise an den Bergen hingen, oben in der Regel klar, ausnahmsweise feine und hochstehende cu, die sehr langsam in der Windrichtung zogen. Gegen 10ʰ p. m. wurde es etwas bedeckter. Um 2ʰ p. m. ein leichter Regenschauer. See ruhig, doch ausserordentliche starke Dünung aus NNE, um derentwillen der selbstregistrirende Fluthmesser vom 21. bis 22. Mittags ausser Thätigkeit gesetzt wurde.

22. In der Nacht wehte ganz schwacher WSW, der am Vormittage wenig stärker wurde und zeitweise bis zu W umging. Um 12ʰ Mittags wurde der Wind wieder südlicher und wehte mässig, 1—3, mitunter in sehr leichten Böen aus SSW—SW bis 6ʰ 15 p. m., zu welcher Zeit er westlich wurde. Der Himmel, am Morgen nur am Horizonte leicht mit cu bedeckt, bezog sich gegen 9ʰ a. m. fast ganz, bald darauf fiel etwas Regen mit Schnee untermischt. Die ziemlich hochstehenden cu zogen am Nachmittage aus SWzW, bis es um 6ʰ p. m. — mit dem Umgehen des Windes — im W mehr und mehr aufklarte, sich aber um 10ʰ p. m. wieder stark bezog. See ruhig, Dünung aus NNE, am Abende erheblich abnehmend.

23. In der Nacht ganz leichter WNW, 0—1, ging um 7ʰ 30 a. m. auf NW, 2—3, frischte p. m. aus NWzW bis zu Stärke 6 auf, wurde gegen 9ʰ p. m. nördlicher und um 11ʰ p. m. Nord, 3—4. Himmel nur am Horizonte ganz leicht mit cu bedeckt, oben klar, bis er sich um 6ʰ p. m. ganz mit hohen schweren cu ni bedeckte, welche langsam in der Windrichtung zogen. See ruhig, Dünung sehr gering.

24. Wind, in der Nacht NNE, 4, ging am Morgen auf NEzN und nahm an Heftigkeit zu, seit 7ʰ a. m. in Stärke 7—8. Um 11ʰ 40 a. m. sprang er um auf NW und wehte aus dieser Richtung bis zum Abende in Stärke 5—6. Der Himmel war bis 11ʰ 40 a. m. ganz mit ni bedeckt, Wetter sehr diesig. Schon um 4ʰ a. m. war feiner Staubregen einige Minuten lang gefallen, seit 9ʰ aber regnete es bis 11ʰ 40 a. m. stark. Um diese Zeit hörte der Regen mit dem Umspringen des Windes auf. Im NW begann es aufzuklaren, es regnete zwar noch einmal um 1ʰ 50 p. m. etwa 10ᵐ lang, wurde aber dann schön. Von den Bergen her zogen um 3ʰ p. m. sehr schnell feine und niedrige ni aus NW, darüber ganz klar; 9ʰ p. m. nur an den Bergen im W dicke cu, sonst klar, gegen 11ʰ p. m. aber wieder bedeckter. Seegang und Dünung sehr stark aus NNE, ersterer am Abende abnehmend.

25. Wind, in der Nacht NW—WNW, 6, nahm zwischen 10ʰ a. m. und 1ʰ p. m. bis zu Stärke 9 zu, flaute seit 4ʰ p. m. ab. Bald nach 6ʰ wurde er nördlich, um 8ʰ p. m. NNE, 1, ging um 8ʰ 30 p. m. wieder auf NW, 1—3. Himmel, am Morgen halb mit cu bedeckt, bezog sich gegen 8ʰ a. m. ganz

Dezember 1874.

und von 8^h 30 bis 11^h 15 a. m. regnete es stark. Wetter sehr diesig. Um 12^h 30 kam die Sonne durch, es klarte auf; Himmel mit feinen str, darunter leichten cu bedeckt, die mässig aus WNW zogen. Als der Wind von 6^h — 8^h 30 p. m. aus N und NNE stand, behielten die Wolken ihren Zug aus WNW. Nach 9^h p. m. war der Himmel stark mit cu ni bezogen. Seegang erheblich aus NW, Dünung stark aus NNE.

26. Wind, in der Nacht in mässiger Stärke aus NW, wurde gegen Morgen nördlich. Himmel bezog sich dicht mit ni, Wetter diesig, starker Regen. Wind frischte um 8^h a. m. auf und wehte bis 11^h 45 a. m. aus NNE, 5—7. Sehr starker Seegang und Dünung aus NNE. Um 11^h 45 a. m. begann der Wind auf NW umzugehen, gleichzeitig wurde es neben dem Regen noch nebelig. Bald nach 3^h p. m. flaute der NW ab. Um 6^h 45 p. m. hörte der Regen auf, der Nebel hob sich, der nördliche Himmel blieb dicht mit ni besetzt und sehr diesig, im Süden dagegen war er halb mit hohen, aus NWzW ziehenden cu besetzt. Seit 8^h p. m. wieder starker Nebel, 9^h p. m. ganz flauer NW, setzte um 9^h 58 p. m. in Stärke 8 aus N ein. Seit 10^h 20 p. m. sehr starker Regen Sehr hohe nordöstliche Dünung.

27. Wind in der Nacht und am ganzen Tage aus WNW, 11 und 10. Himmel stark mit cu ni bedeckt, die in mässiger Höhe und mit grosser Geschwindigkeit aus der Windrichtung zogen. Am Morgen Regenböen, von 11^h 20 a. m. bis 12^h 30 p. m. abwechselnd Schnee- und Hagelböen in unmittelbarer Folge. Dann blieb das Wetter schön, bis um 4^h 35 p. m. und 6^h 50 p. m. wieder starke Regenböen eintraten. Mit den Böen wurde das Wetter jedesmal sehr dick, sehr niedrige und dichte ni begleiteten dieselben. Um 7^h p. m. flaute der WNW bis zu Stärke 2—4 ab, der Himmel blieb stark bezogen. Seegang und Dünung sehr hoch, auch in der Bucht aus WNW. Um 11^h 50 a. m. wurde das Standrohr des Fluthmessers eingenommen, um die untere Oeffnung desselben gegen das Eindringen von Kraut durch Anbringung eines Siebes zu schützen. Das Rohr wurde am 28. Vormittags wieder eingesetzt.

28. Wind, in der Nacht WNW, 4—5, frischte um 6^h a. m. auf zu Stärke 8—10. Himmel mit hohen cu zum geringeren Theile bezogen, die mit grosser Schnelligkeit aus der Windrichtung zogen. Gegen 1^h p. m. war der Wind auf WzN gegangen, gegen 3^h 30 p. m. ging er wieder auf NWzW und wehte bis zum Abende in Windstärke 8—10 und mit heftigen Böen. Um 6^h p. m. bezog sich der Himmel völlig mit cu ni, um 7^h 45 p. m. dicht mit sehr niedrigen ni; Wetter diesig. Gegen 9^h war es im SE etwas klarer geworden, im NW aber blieb es sehr dick. Seegang und Dünung sehr stark aus WNW.

29. Wind NWzW, in der Nacht 4—5, seit 5^h a. m. 6—8, böig; er nahm seit 4^h p. m. allmählich ab und wehte seit 8^h p. m. in Stärke 2—3. Der Himmel war um 4^h a. m. dicht mit niedrig aus der Windrichtung ziehenden ni besetzt. Wetter diesig. Starker Regen bis 8^h 30 a. m. Von 10^h 30 bis 11^h 30 a. m., von 12^h 30 bis 1^h p. m., ebenso um 5^h und 9^h p. m. fiel feiner Regen. Der Himmel war nur einmal, gegen 2^h p. m., auf kurze Zeit durchbrochen, sonst dicht bezogen, im W sehr dick und diesig. Seegang und Dünung am Tage vor der Bucht erheblich aus NW, Abends abnehmend. In der Bucht mässig.

30. Wind NWzW, am Morgen Stärke 1, am Vormittage 2—3. Himmel um 4^h a. m. dicht mit ni bezogen, die ziemlich niedrig und sehr langsam dem Winde folgten. Feiner Regen. Um 10^h klarte es im NW auf. Himmel war mit leichten cu ni bedeckt und vielfach durchbrochen. Um 1^h 30 p. m. zeigte sich im SE eine sehr dicke schwarze Bank, während der übrige Himmel mit leichten und hochziehenden cu str, vielfach durchbrochen, bezogen war. Gleich darauf, 1^h 40 p. m.,

zogen niedrige schwere cu aus SE, während die oberen Wolken ihren Zug aus NWzW bis 2ʰ ganz langsam beibehielten. Um 2ʰ 15 ging der Wind auf ENE, 1—2, bald nach 3ʰ zurück auf SE, um 7ʰ p. m. auf E und ENE, 4—2. Um 9ʰ p. m. eine halbe Stunde lang still. See ruhig, Dünung schwach.

31. Wind war in der Nacht auf NW herumgegangen, wehte am Morgen in Stärke 4, wurde 8ʰ a. m. NWzW. 6, und gegen 2ʰ p. m. West, aus welcher Richtung er gegen Abend bis zu 3—4 abflaute. Himmel am Morgen dicht mit mässig hohen cu ni bedeckt. Von 8ʰ bis 11ʰ a. m. regnete es fein, dann klarte es mit Westwind um 2ʰ p. m. auf. Wetter schön. Gegen 7ʰ p. m. wurde es jedoch wieder bezogener. Seegang leicht aus NW, Dünung mässig.

Januar 1875.

1. Wind in der Nacht westlich, 4—5, nahm um Mittag bis zu Stärke 6—7 zu und flaute seit 6ʰ p. m. aus WSW allmählich wieder bis zu Stärke 3—5 ab. Der Himmel war am Morgen stark mit cu ni bedeckt, im Westen an den Bergen hingen die Wolken sehr dick. Von 6ʰ bis 8ʰ a. m. fiel feiner Regen, dann klarte es ein wenig auf; die Wolken zogen in bedeutender Höhe und bedeckten den Himmel zum grösseren Theile. Von 11ʰ a. m. bis 3ʰ p. m. folgten sich Schnee- und Hagelböen, meistens aus WzS; das Wetter wurde dann jedesmal diesig. Die westliche Bergkette blieb den ganzen Tag über in dichte cu gehüllt. Leichter westlicher Seegang, Dünung schwach.

2. Um 4ʰ a. m. war der Himmel stark bezogen, oben hohe cu, darunter — sehr niedrig — ni, im SE durchbrochen, im W sehr diesig. Wind W—WSW, 3—5; dazu fiel bis 8ʰ a. m. feiner Regen. Um diese Zeit ging der Wind auf NW und wehte bis zum Abende in Stärke 3—5. Der Regen hörte auf, das Wetter wurde klarer, doch blieb der Himmel stark bezogen. Um 7ʰ p. m. ging der Wind auf WNW, 3—4, die Sonne kam zum Durchbruch und es klarte zur Hälfte auf. Nur am Horizonte blieb es belegt, oben str, darunter sehr niedrig cu, der obere Himmel war fast ganz klar. Seegang leicht, Dünung sehr schwach.

3. Wind in der Nacht WNW—NW, 3—4, a. m. 6—7, bis er um 5ʰ p. m. langsam abflaute. Der Himmel war um 4ʰ a. m. stark bezogen, die Berge im Westen waren dick verschleiert; Wetter diesig. Um 8ʰ a. m. wurde es klarer, der Himmel war zur Hälfte mit feinen cu str bedeckt, oben ci. Am Nachmittage wurde das Wetter immer klarer und schöner. Um 7ʰ p. m war der Himmel halb mit durchsichtigen ci str besetzt, die in ausserordentlicher Höhe standen. Die ganzen Gebirgsketten lagen wolkenlos da. Um 9ʰ p. m. war der Himmel völlig klar, bis auf einige wenige str am Horizonte; dabei Windstille, dann ganz leichter WSW. Um 11ʰ 30 p. m. kam leichte Briese aus NW, mit ihr bezog sich der Himmel wieder durch cu. Seegang am Tage leicht, Abends 0; Dünung kaum merkbar.

4. Wind NWzW, in der Nacht 2—3, a. m. zu 4—5 auffrischend, p. m. WNW, 5—7, von 6ʰ p. m. ab allmählich zu 3—4 abflauend. Der Himmel war um 4ʰ a. m. mit sehr niedrigen und schnell in der Windrichtung ziehenden ni bedeckt, im SW wurde es momentan etwas durchbrochen und erschienen über den ni starke cu. Die Berge im W und S waren bis in die Thäler hinein durch eine starke und durchsichtige cu-Wand verhüllt. Seit 6ʰ a. m. dichter Nebel, der sich zwar um 10ʰ a. m. vor der Sonne etwas zu zerstreuen schien, aber seit 11ʰ 30 a. m. in früherer Stärke, am Abende immer stärker werdend, über der ganzen Gegend lag. Von 4ʰ — 7ʰ p m. auch Regen. Seegang mässig, Dünung sehr schwach.

5. Wind in der Nacht W—NWzW, 2—3, schwankte um 9ʰ a. m. zwischen WNW und Nord und blieb dann bis zum Mittage aus NWzN stehen. Um 4ʰ a. m. stand noch immer der dichte Nebel, es fiel zugleich ein durchdringender Regen. Um 9ʰ a. m. senkte sich der Nebel, der Regen

Januar 1875.

hörte auf, doch blieb das Wetter diesig. Von $12^h - 12^h$ 45 p. m. fiel sanfter Regen, dann wurde es im NW und SE durchbrochen. Himmel war mit cu ni 9 belegt, im NE jedoch noch sehr diesig. Der Wind ging um 12^h 45 p m. auf NEzN, 1—2, um 1^h p. m. kam die Sonne zum Durchbruch, es klarte vom Westen her immer mehr auf, die Wolken cu 7 zogen langsam aus WNW. Das Wetter wurde sehr schön und warm. Kurz vor 3^h p. m ging der Wind auf SWzS und wehte am Abende leise aus W—SW. Am Abende war nur der Horizont stellenweise leicht belegt, oben ganz klar. See ruhig, Dünung kaum merkbar.

6. Wind leicht aus NWzW, 1—3, um 4^h a. m. etwa eine Viertelstunde lang nördlich. Gegen 6^h a. m. ging er auf SW—WSW, bis er um 9^h 30 a. m. in Stärke 4—5 auf NW—WNW zurückging. Der Himmel war um 4^h a. m. mit hohen, über den Bergen stehenden, langsam aus W ziehenden cu etwa halb bedeckt, seit 6^h a. m. war er fast ganz klar. Der Wind frischte p. m. etwas auf, 5—6, zwischen 6^h und 7^h p. m. Stärke 7, flaute aber dann aus WNW bis Stärke 1—3 ab. Um 1^h p. m. bezog sich der Himmel aus W völlig mit cu str, klarte zwar um 1^h 30 p. m. wieder auf, aber nur auf kurze Zeit. Von 2^h 30 p. m. bis 5^h p. m. regnete es sehr fein und seit 3^h p. m. lag starker Nebel auf der ganzen Umgebung, der gegen Abend noch fortwährend dichter wurde. See ruhig, Dünung sehr schwach.

7. Wind in der Nacht NNW—N, 6—3; dabei dichter Nebel und feiner Regen. 6^h a. m hob sich der Nebel, das Wetter blieb aber sehr diesig, der Himmel war ganz mit niedrigen ni bezogen; im Westen besonders war es sehr dick. Um 8^h a. m. regnete es kurze Zeit. Der Wind war bald nach 4^h auf WNW 6—4 gegangen, wehte aber seit 6^h a. m. wieder aus NNW—NNE, bis er um 10^h abermals bis 11^h 30 a. m. nordwestlich wurde, dann bis 5^h 15 p. m. wieder aus nördlicher Richtung stand, von 5^h 15 p. m. an NWzW, 4—5, um 11^h p. m. wieder heftig aus Nord einsetzte. Um 11^h a. m. fing der Regen wieder an, um Mittag der Nebel; ersterer war um 3^h p. m. sehr heftig, nahm dann ab und hörte um 8^h p. m. auf; letzterer dagegen wurde gegen Abend immer dichter. 11^h 30 p. m. sehr heftiger Regen und sehr böig aus Nord. Sehr starke Dünung und Seegang aus Nord. — Um 6^h p. m. wurde bemerkt, dass ein durch die starke Dünung gegen das Standrohr geschleuderter Stein eine Beule in diesem hervorgerufen, durch welche der Schwimmer in 1.7 m Höhe vom Meeresboden an seiner Bewegung gehindert wurde. Zur Beseitigung dieses Fehlers wurde am 8. Januar von 9^h 30 bis 11^h 30 a. m. der Schwimmer im Querdurchmesser um 12 mm verkürzt.

8. Wind in der Nacht aus NNE, 7—8, sehr böig. Gegen Morgen wurde er NW und seit 6^h WNW mit zunehmender Stärke. Um 4^h a. m. war Nebel und Regen; beide hörten auf, nachdem der Wind um 7^h a. m. auf WSW gegangen. Der Himmel war mit cu ni, mittlere Höhe, bedeckt, die pfeilschnell vor dem Winde zogen. Die Windstärke war jetzt 11, die der Böen 11—12; letztere übertrafen alles bisher Beobachtete. Im Westen war es sehr diesig, die Berge völlig verhüllt. Schnee- und Regenböen folgten sich stetig, mit denen das Wetter stets sehr diesig wurde. Um 11^h 5′ a. m. wurden Achse und Schalenkreuz des Anemometers durch die Gewalt des Windes heruntergerissen und beschädigt, sofort reparirt und um 3^h 45′ p. m. wieder in Gang gesetzt. Auch der Regenmesser wurde um 11^h 45′ a. m. durch den Wind zerbrochen, nach sofort vorgenommener Reparatur aber schon um 1^h p. m. wieder aufgestellt. Um diese Zeit klarte es mehr und mehr auf, der obere Himmel war fast ganz klar, nur der Horizont war dicht belegt. Die Schneeböen wurden seltener, die Sonne schien klar und schön. Der WSW wehte aber in früherer Heftigkeit, erst gegen 8^h p. m. ging er auf W—WNW und nahm langsam ab; heftige

Januar 1875.

Böen, aber ohne Niederschlag, folgten noch zwischen durch. Nach 9h Windstärke 7—5, ohne heftige Böen. Seegang und Dünung aus WSW, beide ausserordentlich hoch, erstere auch in Betsy Cove erheblich.

9. In der Nacht WNW—W, 6–8, wuchs um 6h a. m. zur Stärke 9, um 7h zur Stärke 10 an, flaute um 8h bis 7 ab und wehte am Nachmittage aus dieser Richtung und in derselben Stärke, bis er am Abend wieder WzS—W wurde, von starken Böen begleitet. Himmel 4h a. m. fast ganz bezogen, im Westen sehr dick; um 8h a. m. kam Nebel und Regen auf, die bis 1h 30′ p. m. anhielten, dann klarte es aus NW auf, bis der Himmel kaum noch zur Hälfte mit hochziehenden cu belegt war. Wetter schön. Am Abend war nur der Horizont belegt, oben ganz klar. Seegang und Dünung sehr erheblich aus West, in der Bucht mässig.

10. Wind W—WSW, 5—7, seit 4h a. m. etwas abflauend, ging am Vormittage auf WzN und Nachmittags auf WNW. Der Himmel war um 4h a. m. nur leicht mit cu bedeckt und klarte Vormittags fast ganz auf. Wetter sehr schön. Um 1h 30′ p. m. bezog sich der Himmel von Westen her dicht mit ni, das Wetter wurde sehr diesig und es setzte eine Hagelböe aus W, 10—11, ein, die bis 1h 55′ p. m. anhielt; dann wurde es wieder klar, nur im NW blieb es etwas dick. Wetter schön. Der Wind blieb böig, bis er gegen Abend bis zur Stärke 4–6 abnahm. Der Himmel war am Abend bis auf wenige cu am Horizont ganz klar. Seegang vor der Bucht mässig, in Betsy Cove sehr gering. Dünung schwach.

11. Wind, in der Nacht leicht aus NW, ging am Morgen auf NzW—NzE, wurde um Mittag etwas stärker, 5, bald aber wieder flauer und stand aus N—NNE, bis er zwischen 6h und 8h p. m. durch W auf SWzS, 4, herumging. Der Himmel war am Morgen dicht mit ni bezogen, das Wetter diesig. Um 7h 30′ a. m. begann es zu regnen, hörte um 2h p. m. auf 1/4 Stunde auf, fing aber wieder an. Um 7h p. m. schied der Regen ganz aus, mit dem Umgehen des Windes klärte sich das Wetter, der Himmel erschien im SW durchbrochen und wurde gegen 10h p. m. fast ganz klar. Seegang leicht, Dünung erheblich aus N, am Abend abnehmend.

12. Wind in der Nacht südwestlich, Stärke 2—4; der Himmel war um 4h a. m. zu 3/4 mit hoch über den Gebirgsketten langsam aus WNW ziehenden cu bedeckt. Bald darauf ging denn auch der Wind von WSW auf WNW—NWzW, aus welcher Richtung er bis zur Stärke 6—7, um Mittag bis zu 9 zunahm. Der Himmel bezog sich am Vormittag ganz, seit 8h a. m. regnete es mit 3/4stündiger Unterbrechung um 9h bis 11h 15′ a. m. Es klarte dann im NW etwas auf, blieb aber im W sehr dick. Der Wind war gegen 1h p. m. auf WzS herumgegangen und wurde Nachmittags etwas flauer. Von 5h bis 5h 30′ p. m. regnete es abermals. Um 6h p. m. ward der Wind wieder WNW und nahm bis Stärke 8 zu. Abends dicht bezogen. Seegang und Dünung am Morgen 0, Nachmittags ersterer lebhaft aus West.

13. Wind in der Nacht WNW, 6—7; Himmel am Morgen halb mit cu bedeckt, Wetter schön, doch im Westen an den Bergen diesig. Von Zeit zu Zeit kamen am Vormittag aus Westen einige Regenböen, das Wetter wurde dann stets diesig, klarte aber bald wieder auf. Um 12h Mittags starke, anhaltende Regenböe, Wind war kurze Zeit West. Zwischen 1h und 2h 45′ p. m. regnete es ununterbrochen, dann klarte es im Westen auf, das Wetter wurde schön, der Himmel fast ganz klar, nur der Horizont blieb am Abend leicht belegt. Der Wind, zwischen 2h und 4h p. m. aus WNW bis zu Stärke 7 zunehmend, legte sich am Abend auch und wurde gegen 11h p. m. ganz flau aus WzS. Seegang leicht, nordwestliche Dünung erheblich.

Januar 1875.

14. Wind schwach aus WSW—WzN, nahm Vormittags bis Stärke 6 zu. Himmel am Morgen zur Hälfte mit sehr hoch und langsam mit dem Winde ziehenden cu bedeckt. Um 12h Mittags kurze Hagelböe, der eine länger anhaltende, mit wenig Wind begleitete Schneeböe folgte. Während das Wetter sonst den ganzen Tag über schön blieb, war doch der Himmel mit sehr hoch ziehenden cu ganz bedeckt, selten durchbrochen. Der Wind schwankte am Nachmittage zwischen WSW und WNW, stand aber am Abend aus WSW, 3—4. Seegang sehr leicht aus WSW, Dünung kaum merkbar, in der Bucht fast 0.

15. Wind, in der Nacht WzS—WSW, ganz flau, 1—2, wurde um 12h Mittags südlich und wehte unausgesetzt bis zum Abend aus SzW—SWzS, 1—3. Der Himmel war am ganzen Tage mit langsam und hoch über den Bergen ziehenden cu bedeckt, nur wenig im SW durchbrochen. Um 3h p. m. zogen die Wolken kurze Zeit aus SWzS. Um 12h Mittags kurze Hagelböe, der etwas Schnee folgte. Seegang sehr leicht aus SSW, Dünung in der Bucht kaum merkbar.

16. Wind in der Nacht SW—WSW, 1—2, ging um 6h a. m. auf W und allmählich auf NW, aus welcher Richtung er von 8h a. m. an auffrischte. Seit 12h Mittags stand er aus NWzW und wehte bis zum Abend in Stärke 5—7 mit leichten Böen. Der Himmel war fast ganz bezogen, am Morgen mit cu, am Vor- und Nachmittage oben mit fast bewegungslosen ni, unten mit schnell aus der Windrichtung ziehenden cu. Im NW an den Bergen sehr dick. Um 5h p. m. tröpfelte es wenige Minuten, gegen 7h p. m. auf kurze Momente etwas klarer. Wetter trübe. Seegang am Morgen 0, kam am Vormittage mässig aus NW auf. Dünung sehr schwach.

17. Wind, in der Nacht leicht und veränderlich (zwischen S und NW), wurde gegen Morgen stetig aus NWzW und wehte aus dieser Richtung bis zum Abend; seit 5h a. m. nahm er langsam zu, um 9h Stärke 7 mit Böen, von 11h a. m. bis 2h p. m. 8—9, dann abnehmend, seit 4h p. m. 6—5. Der Himmel war am Morgen und Vormittag stark bezogen, oben cu, unten niedrige ni, nur im Norden war es ziemlich klar. Von 10h bis 10h 15′ a. m. fiel feiner Regen, der Himmel war ganz bedeckt von zwei ni-Schichten, oben regungslos, unten schnell in der Windrichtung ziehend. Wetter diesig, besonders an den westlichen Bergen. Gegen 5h p. m. wurde der Himmel durchbrochen klar, um 11h p. m. war der nördliche Theil desselben fast ganz klar. Seegang erheblich aus NWzW, Dünung in der Bucht schwach.

18. Wind, in der Nacht NWzW, 5—6, wurde gegen Morgen nördlicher und flauer, seit 9h a. m. wieder NW, 3. Himmel am Morgen oben nur mit feinen ci bedeckt, sonst schön und klar; sehr niedrig dagegen zogen von den westlichen Bergen feine ni, die den Himmel zum grössten Theile verdeckten. Im West, Süd und Ost sehr diesig, im Nord klar. Um 6h a. m. schwacher Nebel bis 8h; der Himmel blieb mit einer dichten Decke von ni belegt; von 9h 45′ bis Mittag regnete es schwach, um welche Zeit der Himmel lebhaft durchbrochen war; es schien klar zu werden. Der Wind ging aber durch Nord auf Ost (3h p. m.), es wurde wieder ganz dick, nur im NW noch etwas klar am Horizont. Seit 4h p. m. dicht bezogen. Der Wind stand schwach aus EzN bis EzS, zwischen 7h und 9h p. m. SE, dann wieder östlicher und ganz flau. Seit 10h p. m. feiner Regen. Seegang ruhig, Dünung kaum merkbar.

19. Wind in der Nacht ostsüdöstlich, 0—1, um 4h a. m. still, dann langsam durch Ost auf NNW umgehend, Stärke 0—1, bezw. ganz still. Der Himmel war während des ganzen Tages völlig mit regungslosen ni bedeckt, nur um 4h a. m. waren darunter einige cu sichtbar, die ganz langsam aus ESE zogen. Seit 8h a. m. ununterbrochener feiner Staubregen, von 8h bis 11h 30′ a m. auch leichter Nebel. Wetter trübe. Seegang 0, Dünung am Morgen 0, gegen Abend leicht aus Nord.

Januar 1875.

20. Wind in der Nacht NzW—NWzN, 0—1; um 4^h a. m. war der Himmel leicht mit hohen, in der Windrichtung ziehenden cu ci bedeckt, im Osten jedoch und in den westlichen Thälern lag dichter Nebel, der sich nach 20 Minuten überall hin verbreitet hatte. Um 11^h a. m. wurde der Wind NW, der Nebel senkte sich, nur auf den östlichen Bergen blieb er noch bis zum Mittag liegen. Das Wetter wurde schön, der Himmel war mit cu ci, 7, leicht bezogen. Gegen 2^h p. m. bezog er sich jedoch wieder dicht, oben ni, unten cu, und von 2^h 30′ bis 8^h p. m. fiel sanfter Regen. Der Wind war gegen 7^h p. m. durch Nord auf ENE gegangen, Stärke 1—2, ging aber um 10^h durch Nord wieder auf NW. Himmel auch am Abend dicht bezogen. See glatt, Dünung am Abend stark aus ENE.

21. Wind WNW, in der Nacht schwach, Stärke 2–3, gegen Morgen zunehmend, wehte am Vormittag in Stärke 6—7, Nachmittags bis zum Abend 8—9, mit heftigen Böen. Himmel am Morgen fast ganz bezogen, oben ni, unten niedrige, dem Winde folgende cu. Von 3^h bis 9^h a. m. regnete es fein, ebenso von 10^h 45′ bis Mittags, zugleich hatte sich dichter Nebel gelagert, der sich nur selten auf Augenblicke lichtete und bis 7^h 30′ p. m. anhielt. Auch der Regen begann wieder seit 2^h p. m. und fiel fast ununterbrochen bis zum Abend. See, am Morgen ruhig, wurde im Laufe des Tages sehr hoch; Dünung Morgens stark aus NE, am Tage erheblich aus WNW.

22. Wind während des ganzen Tages sehr heftig, Stärke 8—7, am Morgen aus W—WzN, Nachmittags etwas nördlicher bis NWzW. Der Himmel war am Morgen stark mit cu bezogen, wurde aber am Tage grösstentheils klar, nur im Westen, an den Bergen, blieb es beständig dick und diesig. Zwischen 11^h und 11^h 20′ a. m. fiel etwas Regen. Wetter schön. Seegang und Dünung vor der Bucht sehr stark aus WNW, in derselben nicht unerheblich.

23. Während des ganzen Tages war der Wind WNW—NWzW, 7—8; nur am Abend wurde er etwas schwächer. Himmel war am Morgen zur grösseren Hälfte mit cu bezogen, am Tage meistens nur in der Nähe des Horizonts, sonst klar und schön. Um 5^h p. m. trat eine kurze Regenböe aus NWzW ein und von 8^h bis 8^h 30′ p. m. regnete es schwach. Am Abend fast klar. Seegang und Dünung vor der Bucht sehr erheblich.

24. Wind, in der Nacht NW 5—7, wurde am Vormittage etwas westlicher und zugleich stärker; am Nachmittage flaute er aus WNW—WzN bis zur Stärke 5—6 ab. Der Himmel war stark mit, dem Winde folgenden cu besetzt, doch am Nachmittage häufig durchbrochen. Wetter zeitweise schön. Im Westen war das Wetter sehr diesig, aus dieser Richtung zogen auch die zwischen 3^h und 5^h p. m. fallenden Regenschauer. Seegang vor der Bucht sehr hoch, Dünung stark, in derselben mässig.

25. Wind, in der Nacht und bis 9^h a. m. WSW, 4–5, ging dann auf NW—NWzW und war von 7^h bis 9^h 15′ p. m. Nord, 3—4. Der Himmel war am Morgen und Vormittage fast klar, das Wetter sehr schön. Letzteres wurde jedoch gegen Mittag diesig, der Himmel war seit 2^h p. m. stark bezogen und seit 5^h 30′ p. m. regnete es, am Abende bei nördlichem Winde sehr stark. Seegang und Dünung, am Morgen mässig, nahmen im Laufe des Tages zu, letztere besonders war am Abende stark aus nördlicher Richtung.

26. Wind, in der Nacht WSW, wehte mit grosser Heftigkeit und ausserordentlich starken Böen in Stärke 10—9, wurde Vormittags westlich und Nachmittags WzN, seit 9^h p. m. NWzW, indem er aus dieser Richtung gleichzeitig bis zu Stärke 8 abnahm. Der Himmel war am ganzen Tage nur schwach mit hoch und sehr schnell aus der Windrichtung ziehenden cu bedeckt, erst am Abende

Januar 1875.

wurde er bezogen. Wetter am Tage sehr klar und schön. Seit 10^h p. m. Regen. Seegang und Dünung vor der Bucht sehr hoch, ersterer auch in derselben erheblich.

27. Wind wehte in der Nacht und am Morgen aus WNW—NWzW, 8, von heftigen Regenböen begleitet; er erreichte gegen 10^h a. m. seine grösste Stärke und wurde am Nachmittage westlicher und schwächer. Der Himmel war am Morgen meistens dicht bezogen, selten durchbrochen, erst am Abende wurde er ziemlich klar und nur schwach mit hoch über den Bergen ziehenden cu bedeckt. Seegang und Dünung aus WNW, vor der Bucht sehr stark, in derselben ersterer erheblich, letztere schwach.

28. Wind wehte in der Nacht NW, am Morgen und während des Tages WNW, 3—5. Himmel, am Morgen grösstentheils mit cu bedeckt, wurde am Vormittage klarer; Wetter sehr schön. Seit 2^h p. m. bezog sich der Himmel ganz mit hoch ziehenden cu, doch blieben die Berge ganz frei und das Wetter klar; am Abende wurde es jedoch dick, der Wind ging seit 8^h p. m. von WNW allmählich bis Nord, bald nach 11^h begann es stark zu regnen. Um 6^h p. m. wurde eine sechsfache Wolkenschicht im WSW bemerkt: unten 3 cu-Schichten, darüber 2 ci-Schichten, ganz oben str.; später unten cu, oben str. Seegang und Dünung schwach aus WNW.

29. Wind in der Nacht NzE—NNE, sehr heftig, bis zu Windstärke 9; dabei war der Himmel dicht mit ni bezogen; sehr starker Regen, der erst um 7^h a. m. aufhörte. Der Himmel erschien im NW durchbrochen und der Wind ging durch Nord auf WNW—WzN, in früherer Heftigkeit wehend bei klarem Himmel. Wetter schön. Am Nachmittage flaute der Wind aus NWzW ab, der Himmel wurde bezogen. Um 8^h p. m. ging der Wind auf SW, 0—1, bei ganz klarem Himmel. Um 11^h p. m. wurde er wieder nordwestlich. Seegang und Dünung am Morgen sehr stark aus NE, ersterer im Laufe des Tages WNW.

30. Die an diesem und dem vorhergehenden Tage ausgeführte Vergleichung zwischen Normal- und Schiffs-Barometer ergab nach 13 Ablesungen und ausgeführter Reduktion im Mittel: für Normal-Barometer 737.848 mm, für Schiffs-Barometer 738.196 mm. — Mithin Korrektion für Schiffs-Barometer — 0.348 mm.

Die an diesem Tage ausgeführte Vergleichung der beiderseitig gebrauchten Normal-Thermometer konstatirte deren Uebereinstimmung.

Die letzte, am 1. Februar 1875 gemachte Ablesung an dem im meteorologischen Stativ zurückgelassenen Maximum- und Minimum-Thermometer ergab:

Maximum-Thermometer 9.1°,
Minimum-Thermometer 4.6°.

Die Indices beider Instrumente wurden auf die herrschende Temperatur = 6.4° eingestellt.

Untersuchung einzelner Erscheinungen.

Die Verfolgung der Stürme in höheren südlichen Breiten ist ein Gegenstand, noch so ausserordentlich ungenügend untersucht und von so hohem Interesse an und für sich, dass es in der Absicht lag, auf Grund der Beobachtungen auf der Kerguelen-Insel und solcher meteorologischen Aufzeichnungen, wie sie an Bord der, höhere südliche Breiten des Indischen Ozeans durchschneidenden Schiffe ausgeführt werden, eine Anzahl synoptischer Studien auszuführen und diesen Diskussionen beizugeben. Das Material wurde denn auch gesammelt, und zwar stehen die Beobachtungen der verschiedenen meteorologischen Institute hierfür zur Verfügung, allein es erwies sich dasselbe dennoch nicht ausgiebig genug, um in Aussicht auf entsprechenden Erfolg eine so umfassende Arbeit in Angriff nehmen zu können. Würden überhaupt Studien dieser Art aus jenen Gegenden vorliegen, auf Grund der Resultate derselben eine Inangriffnahme der besagten synoptischen Studie möglich gewesen wäre, so würde der ursprüngliche Plan in Ausführung gebracht worden sein. Unterdessen hat aber die Anwesenheit der deutschen Süd-Expedition auf Süd-Georgien die Veranlassung dazu gegeben, die synoptische Arbeit für höhere südliche Breiten, und über ein ganzes Jahr (1882—1883) ausgedehnt, in grösserem Maassstabe aufzunehmen, und sind die diesbezüglichen Arbeiten in einem ziemlich fortgeschrittenen Stadium, so dass eine Veröffentlichung der Resultate in nicht ferner Zeit in Aussicht steht. Wenn diese Veröffentlichung erfolgt sein wird, wird es auch an der Zeit sein, dem Gedanken einer Diskussion der früheren Arbeiten auf Kerguelen und den Auckland-Inseln wieder näher zu treten.

Es erscheint unter diesen Umständen als eine wichtige Vorstudie, die anemometrischen Messungen auf der Station Betsy Cove *in extenso* zu veröffentlichen und einige der hinsichtlich des in Gebrauch gewesenen Anemographen gemachten Erfahrungen in diesem Werke niederzulegen. Ferner wird im Nachfolgenden noch eine andere Arbeit verwerthet, die zur Beantwortung der Frage der täglichen Periode des Barometers wenigstens einen kleinen Beitrag zu liefern vermag. Da, wie aus der Einleitung hervorgeht, grosse Schwierigkeiten darin gefunden wurden, den Barographen von Schadewell zum regelmässigen Funktioniren zu bringen, so haben sich die Beobachter der Station der Marine der Mühe unterzogen, das Barometer zu bestimmten Stunden des Tages während der ganzen Periode abzulesen und selbst — bei ausserordentlichen Phänomenen — dies in kürzeren Zeitintervallen zu thun. Die nahezu regelmässig durchgeführten Beobachtungsstunden waren 1^a, 6^a, 8^a, 11^a und Mittag, 1^p, 5^p, 7^p, 11^p.

Anemometer-Beobachtungen auf Kerguelen-Insel 1874—1875.

Nachdem am 9. November das Wohnhaus, in welchem die Mitglieder der Expedition und die beiden zum Zwecke wissenschaftlicher Beobachtungen an Land kommandirten Herren, Unterlieutenants zur See v. Ahlefeld und Wachenhusen, während ihres Landaufenthaltes wohnen sollten, im Rohen fertig geworden war, wurde auf dem westlichen Giebel das Anemometer aufgestellt, dessen registrirender Theil auf dem Hausboden auf einem an den Dachbalken befestigten Tische stand, und wurden die ersten Registrirungen am 10. November Nachmittags erhalten. Der Apparat war denen, welche von Seiten der deutschen Seewarte an verschiedenen Küstenpunkten Deutschlands aufgestellt sind, in allen wesentlichen Theilen gleich, nur gab die Registrirung hier englische Meilen (à 1609 m) pro Stunde, während die anderen entweder direkt Meter pro Sekunde oder Kilometer pro Stunde geben. Abgelesen wurden die Streifen mittelst einer Skala, welche direkt Meter pro Sekunde gab. Alle diese Apparate haben einen Mangel, der ihr Funktioniren etwas beeinträchtigt, nämlich ein für die zu leistende Arbeit (das Heben des die Windrichtung registrirenden Hammers) zu kurzes und leichtes Pendel, welches leicht durch ein kleines Hinderniss, wie Reibung der grossen Zähne des Rades, welches alle Stunde den Hammer hebt, an dem an letzterem befindlichen Ansatz zum Stillstand gebracht wird. Dies bewirkte denn auch, trotz der grossen Sorgfalt des Lieutenants Wachenhusen, welcher die seiner Obhut übergebenen Apparate öfter im Laufe des Tages und der Nacht kontrolirte, einige Male eine Lücke in den Registrirungen. Andere kleine Lücken wurden dadurch bewirkt, dass der Papierstreifen schief lief oder sich sonst verwickelte, doch sind diese Einbussen nicht von Belang.

Ehe wir zur Bearbeitung der Beobachtungen übergehen, müssen wir noch eine kurze Beschreibung der Lage des Hauses geben, damit man danach beurtheilen könne, ob das Anemometer hinreichend frei lag, um zuverlässige Resultate zu geben.

Das Haus lag auf dem Nordabhange eines an der Südseite der Betsy Cove sich erhebenden Hügels von 46 m Höhe da, wo in etwa 22 m Höhe ein kleines Plateau gebildet wird, über welchem sich das Anemometer noch etwa 4 m erhob. Der Gipfel des Hügels besteht aus einem nackten Felsplateau von geringer Breite, welches nach Süden und Osten zu sich allmählich abflacht, nach Westen und Norden eine etwa 10 m hohe steile Wand bildet, die dann sich allmählich nach dem Strand bezw. in die Ebene senkt. Die Nordseite der Betsy Cove ist begrenzt durch ein bezw. mehrere ausgedehnte Felsplateaus, nach Osten ist eine grosse niedrige und ebene Halbinsel, in der sich einzelne kleine Hügel, wie Mount Peeper, erheben. Weiter im Süden zieht sich „Strauchs Bergzug" nach Südwesten hin, allmählich an Höhe zunehmend und die eine Begrenzung eines weiten Thales bildend, dessen Ausgang gegen die See zu die Cascade-Bai, und dessen westliche Begrenzung Mount Moseley und die anschliessenden Bergzüge bilden. Endlich befinden sich im Südwesten vom Observationsberge an der Ostseite der Cascade-Bai einige niedrige Berge und Plateaus, von denen der höchste, der „Plattenberg", sich zu einer Höhe von 115 m erhebt. Die höheren Berge, wie Mount Moseley oder der vorliegende Dachberg, liegen in einer Minimal-Entfernung von 6—8 Seemeilen, und auch die niedrigen Berge sind, mit Ausnahme des Kopfes des Observationsberges, hinreichend weit entfernt, um die Winde nicht zu beeinflussen. Wir dürfen daher sagen, dass für alle Winde, vielleicht mit Ausnahme von schwachen rein südlichen Winden, das Anemometer so exponirt lag, um — wenigstens mit Bezug auf die Geschwindigkeiten — zuverlässige Beobachtungen zu geben (starke südliche Winde werden ebenfalls nicht, oder nur wenig von dem Hügel beeinflusst worden sein).

Was die Richtung des Windes betrifft, so dürfte dieselbe etwas weniger sicher sein, da die Windfahne oft erheblich hin und her schwankte, und es daher vorgekommen sein kann, dass sie in dem Augenblicke, wo der registrirende Hammer niederfiel, eine falsche Richtung gehabt hat. Doch, werden im Allgemeinen die Zahlen der nachfolgenden Zusammenstellungen nicht wesentlich falsch sein können, da die Windfahne überwiegend richtig gezeigt hat und nur bei schwachen Winden stark hin- und herschwankte; bei starken Winden, und das war die Mehrzahl, betrug das Gieren nicht mehr als 3—4 Strich, und ist der ungünstige Fall, dass der Hammer gerade in dem Augenblicke niederfiel, als die Fahne die falsche Richtung hatte, jedenfalls der seltenere.

In den Tabellen geben wir zunächst (Seite 245 u. 246) eine Zusammenstellung der täglichen Anzahl der Stunden, in denen der Wind aus einem der 16 Hauptstriche wehte, mit den mittleren täglichen Geschwindigkeiten in Meter pro Sekunde; der Tag ist dabei von Mitternacht zu Mitternacht gerechnet. Die Beobachtungen, welche sich vom 11. November 1874 0^h a. m. bis 29. Januar 1875 2^h p. m. erstrecken, sind in Dekaden abgetheilt und die Dekaden-Summen und das Mittel der Geschwindigkeit unter jeder Dekade angesetzt.

Diese Zusammenstellung spricht für sich selbst, und beschränken wir uns darauf, einige Punkte hervorzuheben.

Mit Ausnahme der ersten Dekade, in welcher die südöstlichen und südlichen Winde den westlichen und nordwestlichen ziemlich die Wage halten, zeigt sich ein entschiedenes Vorwalten der westlichen und nordwestlichen Winde, welches immer bestimmter auftritt, je mehr sich die Jahreszeit dem Hochsommer nähert.

In Prozenten erhalten wir für die einzelnen Windrichtungen in den Dekaden:

	N	NNE	NE	ENE	E	ESE	SE	SSE	S	SSW	SW	WSW	W	WNW	NW	NNW	Still
1874. Nov. 11.—20.	1.4	—	—	0.5	2.4	11.7	12.7	5.9	5.9	10.8	6.4	3.9	2.9	8.8	11.3	4.9	10.3
21.—30.	9.2	2.6	2.2	—	0.4	0.9	1.3	2.6	3.9	8.7	8.3	6.1	9.2	18.8	18.4	7.4	—
Dez. 1.—10.	4.2	2.9	1.7	0.4	0.4	0.8	2.1	1.7	0.8	3.8	7.9	9.2	7.1	17.5	29.2	10.4	—
11.—20.	5.8	2.5	0.4	—	—	—	—	—	0.8	2.1	3.8	5.4	10.8	20.4	35.0	12.9	—
21.—31.	3.8	4.9	1.5	1.5	0.4	0.4	0.8	0.4	0.4	2.3	3.4	8.7	7.2	22.0	36.4	6.1	—
1875. Jan. 1.—10.	3.4	2.1	—	—	—	—	0.4	0.4	1.7	1.7	4.2	11.9	11.0	30.1	24.2	8.9	—
11.—20.	8.8	1.7	0.4	1.7	1.3	2.9	1.7	0.8	2.5	5.4	7.1	8.3	8.3	16.7	17.1	15.4	—
21.—29.	1.9	3.4	1.0	—	—	—	—	0.5	2.9	1.5	5.3	10.7	7.8	28.6	32.1	3.9	—
Ganze Periode	4.9	2.6	0.9	0.5	0.6	1.9	2.2	1.5	2.0	4.4	5.8	8.1	8.1	21.4	25.8	8.9	1.1

In der ganzen Periode haben also beinahe die Hälfte (47.2 %) der Winde aus WNW und NW und nahe ³/₄ (72.3 %) aus den Richtungen WSW bis NNW geweht. In einzelnen Dekaden tritt die Präponderanz der westnordwestlichen und nordwestlichen Winde noch weit stärker hervor. Hierzu ist noch zu bemerken, dass ein Theil, wenn auch nur ein kleiner, der anderen Windrichtungen in dem schon besprochenen Umstande seinen Grund haben kann, dass in Folge des Gierens der Windfahne der Hammer eine falsche Windrichtung registrirt hat, dass dieselben also nur einen lokalen Grund haben, der allgemeinen Luftströmung aber fremd sind; dadurch wird das Vorwiegen der genannten Windrichtungen noch verstärkt.

Die letzte Rubrik der Tabelle auf der nächsten Seite giebt die mittleren täglichen Geschwindigkeiten des Windes in Metern pro Sekunde. Sie zeigen, dass die Winde meistens frisch bis stark wehen und nicht selten zum Sturme sich steigern. Um die Häufigkeit des Vorkommens stürmischer Winde zu zeigen, sind in der Zusammenstellung auf Seite 247 die Anzahl der Stunden mit einer Windgeschwindigkeit von über 15 m pro Sekunde und die entsprechende mittlere Geschwindigkeit der betreffenden Zeit zusammengestellt. Es ergiebt sich daraus, dass diese Geschwindigkeit in 452 Stunden, also nahe in ¹/₄ der ganzen Beobachtungszeit erreicht und überschritten worden ist. Eine zweite Kolumne der genannten Tabelle giebt die Anzahl der Stunden mit einer Geschwindigkeit des Windes über 20 m pro Sekunde. Im Ganzen sind dies 154, also ¹/₃ der Zahl der Stunden mit über 15 m. Die längste ununterbrochene Dauer eines Sturmes war 37 Stunden am 16. bis 17. Dezember mit einer Durchschnitts-Geschwindigkeit von 19.55 m pro Sekunde. Von diesen 37 Stunden hatten 17 eine Geschwindigkeit über 20 m, nämlich 16 mit 22.21 m und 1 mit 21.8 m. Der schwerste und längste, von kurzen Pausen unterbrochene Sturm wehte vom 26. Dezember 10^{h} a. m. bis zum 29. 3^{h} p. m., nachdem schon die vorhergehenden Tage sehr unruhig und stürmisch gewesen waren. In dieser Zeit (77 Stunden) sind 52 Stunden mit über 15 m und davon 27 mit über 20 m notirt. Während 20 Stunden war die stündliche Durchschnitts-Geschwindigkeit 24.02 und hiervon 6 Stunden über 25, während einer Stunde gar 30.2 m pro Sekunde. Wenn man bedenkt, dass diese Zahlen die Durchschnitts-Geschwindigkeiten einer Stunde bedeuten, und sich erinnert, dass der Wind fast immer in Böen weht, die manchmal mehrere Minuten Pausen zwischen sich lassen, so wird man sich einen Begriff von der Gewalt machen können, mit welcher die Böen hereinbrechen. Eine sehr stürmische Zeit war auch die Zeit vom 21. bis 27. Januar, wo in 92 von 130 Stunden die Geschwindigkeit des Windes über 15 m betrug. Endlich waren die letzten Tage des Januar, von denen Beobachtungen vorliegen, ausgezeichnet durch kurze, aber schwere Stürme, denen dann eine Zeit sehr schönen Wetters folgte, welche von der „Gazelle“ zum Besuche des Port Palliser und zur Reise nach Norden benutzt wurde, so dass die Region der stürmischen Westwinde, wie man die Gegend südlich vom 40. Breitengrad passend nennen könnte, ohne weitere atmosphärische Störung am 10. Februar passirt wurde.

1874	N	NNE	NE	ENE	E	ESE	SE	SSE	S	SSW	SW	WSW	W	WNW	NW	NNW	Stil	Zahl der Beobachtungen	Geschwindigkeit in m pro Sek.
Nov. 11	—	—	—	1	1	5	9	5	—	—	—	—	—	—	—	—	—	21	6.90
12	—	—	—	—	2	10	5	—	—	—	—	—	—	—	—	—	—	17	7.16
13	—	—	—	—	1	9	9	4	1	—	—	—	—	—	—	—	—	24	5.41
14	—	—	—	—	1	—	2	1	—	3	1	—	—	—	—	—	—	8	8.07
15	—	—	—	—	—	—	—	1	5	15	3	—	—	—	—	—	—	24	12.29
16	—	—	—	—	—	—	1	—	2	2	5	2	2	3	6	—	—	23	4.27
17	—	—	—	—	—	—	—	—	—	—	—	—	1	3	7	4	—	15	6.74
18	1	—	—	—	—	—	—	—	—	—	—	—	—	2	4	2	15	24	3.12
19	2	—	—	—	—	—	—	1	1	1	2	3	1	3	2	2	6	24	11.00
20	—	—	—	—	—	—	—	—	3	1	2	3	2	7	4	2	—	24	12.25
	3	—	—	1	5	24	26	12	12	22	13	8	6	18	23	10	21	204	7.72
21	3	2	1	—	—	—	—	1	—	3	—	3	2	4	1	4	—	24	15.20
22	1	—	2	—	1	—	—	—	1	—	2	3	3	4	5	2	—	24	12.80
23	—	—	—	—	—	—	2	1	3	6	2	—	3	4	3	—	—	24	11.87
24	2	1	—	—	—	—	—	—	—	—	—	—	2	9	8	2	—	24	6.66
25	—	—	—	—	—	—	—	1	1	2	5	6	4	3	2	—	—	24	11.23
26	—	1	—	—	—	1	—	—	1	2	3	—	2	6	7	1	—	24	7.34
27	6	—	2	—	—	—	—	1	—	—	1	—	1	5	6	2	—	24	11.91
28	5	2	—	—	—	1	1	1	1	2	—	—	—	—	—	—	—	13	5.23
29	3	—	—	—	—	—	—	1	1	4	3	—	1	3	4	4	—	24	4.60
30	1	—	—	—	—	—	—	—	1	1	3	2	3	5	6	2	—	24	14.34
	21	6	5	—	1	2	3	6	9	20	19	14	21	43	42	17	—	229	10.12
Dez. 1	2	1	2	—	—	—	1	—	1	—	2	3	4	3	4	1	—	24	19.20
2	2	1	—	—	—	—	—	—	—	—	—	2	3	8	7	1	—	24	14.39
3	2	1	—	—	—	—	—	—	—	1	1	4	3	4	4	4	—	24	13.84
4	2	3	—	1	—	—	—	—	—	2	—	3	—	3	6	4	—	24	8.59
5	—	—	1	—	—	—	—	—	—	—	—	2	1	6	12	2	—	24	14.53
6	—	—	—	—	1	2	1	—	—	3	5	2	1	4	5	—	—	24	7.62
7	—	—	—	—	—	—	—	—	1	—	1	2	1	4	13	2	—	24	12.34
8	—	—	1	—	—	—	—	1	—	—	1	—	1	6	8	6	—	24	9.13
9	2	1	—	—	—	—	3	3	—	1	2	—	2	1	6	3	—	24	6.36
10	—	—	—	—	—	—	—	—	—	2	7	4	1	3	5	2	—	24	9.25
	10	7	4	1	1	2	5	4	2	9	19	22	17	42	70	25	—	240	11.52
11	—	—	—	—	—	—	—	—	2	—	—	2	1	10	7	2	—	24	18.93
12	2	—	—	—	—	—	—	—	—	1	—	4	8	6	—	3	—	24	10.35
13	1	—	—	—	—	—	—	—	—	—	—	—	1	2	12	8	—	24	7.26
14	3	1	—	—	—	—	—	—	—	—	—	—	—	—	15	5	—	24	8.94
15	—	4	1	—	—	—	—	—	—	—	3	2	2	6	4	2	—	24	9.96
16	—	—	—	—	—	—	—	—	—	1	1	—	2	8	12	—	—	24	19.39
17	—	—	—	—	—	—	—	—	—	—	1	2	2	9	10	—	—	24	15.57
18	—	—	—	—	—	—	—	—	—	1	1	2	6	3	10	1	—	24	10.84
19	5	1	—	—	—	—	—	—	—	1	2	—	1	2	6	6	—	24	11.04
20	3	—	—	—	—	—	—	—	—	1	1	1	3	3	8	4	—	24	8.75
	14	6	1	—	—	—	—	—	2	5	9	13	26	49	84	31	—	240	12.10
21	—	—	—	—	—	—	—	—	—	—	3	3	2	7	9	—	—	24	10,00
22	—	—	—	—	—	—	—	—	—	6	4	5	4	5	—	—	—	24	5.55
23	2	—	—	—	—	—	—	—	—	—	—	—	2	9	8	3	—	24	8.46
24	2	7	2	—	—	—	—	—	—	—	—	—	—	2	9	2	—	24	12.79
25	1	1	—	—	—	—	—	—	—	—	—	—	—	5	13	4	—	24	12.68
26	4	4	—	—	—	—	—	—	—	—	—	—	—	3	12	1	—	24	10.52
27	1	—	—	—	—	—	—	—	—	—	—	—	4	12	6	1	—	24	20.67
28	—	1	—	—	—	—	—	—	—	—	1	2	4	5	11	—	—	24	17.45
29	—	—	—	—	—	—	—	—	—	—	—	10	—	—	14	—	—	24	12.17
30	—	—	1	4	1	1	2	1	—	—	—	1	—	2	6	5	—	24	5.22
31	—	—	1	—	—	—	—	—	1	—	1	2	3	8	8	—	—	24	11.09
	10	13	4	4	1	1	2	1	1	6	9	23	19	58	96	16	—	264	11.51

1875	N	NNE	NE	ENE	E	ESE	SE	SSE	S	SSW	SW	WSW	W	WNW	NW	NNW	Still	Zahl der Beobachtungen	Geschwindigkeit in m pro Sek.
Jan. 1	—	—	—	—	—	—	—	—	2	—	2	6	6	7	1	—	—	24	11.34
2	—	—	—	—	—	—	—	—	—	—	1	2	3	11	5	2	—	24	8.88
3	1	—	—	—	—	—	—	—	—	1	1	2	3	7	6	3	—	24	9.47
4	—	—	—	—	—	—	—	—	—	—	—	—	—	12	10	2	—	24	10.04
5	1	2	—	—	—	—	—	—	—	1	2	2	3	4	6	3	—	24	5.72
6	—	—	—	—	—	—	—	—	—	—	—	2	2	5	13	2	—	24	8.59
7	5	2	—	—	—	—	—	—	—	—	—	—	—	6	5	6	—	24	10.50
8	1	1	—	—	—	—	—	—	—	—	1	7	—	3	5	2	—	20	21.35
9	—	—	—	—	—	—	—	1	1	2	1	4	5	7	3	—	—	24	15.70
10	—	—	—	—	—	—	1	—	1	—	2	3	4	9	3	1	—	24	14.78
	8	5	—	—	—	—	1	1	4	4	10	28	26	71	57	21	—	236	11.64
11	9	2	—	—	—	—	—	—	—	3	2	—	—	1	2	5	—	24	7.57
12	1	—	—	—	—	—	—	1	1	1	3	2	3	8	2	2	—	24	13.56
13	—	—	—	—	—	—	—	—	—	—	2	2	4	10	6	—	—	24	11.04
14	—	—	—	—	—	—	—	1	2	1	3	6	6	3	2	—	—	24	7.95
15	—	—	—	—	—	—	—	—	2	7	5	7	2	1	—	—	—	24	5.79
16	—	—	—	—	—	—	—	—	1	1	2	3	3	5	7	2	—	24	9.80
17	1	—	—	—	—	—	—	—	—	—	—	—	1	8	11	3	—	24	12.82
18	2	1	—	1	3	2	3	—	—	—	—	—	1	2	5	4	—	24	6.76
19	5	—	1	1	—	5	1	—	—	—	—	—	—	—	1	10	—	24	1.83
20	3	1	—	2	—	—	—	—	—	—	—	—	—	2	5	11	—	24	3.88
	21	4	1	4	3	7	4	2	6	13	17	20	20	40	41	37	—	240	8.10
21	—	—	—	—	—	—	—	—	—	—	—	—	2	11	10	1	—	24	13.62
22	—	—	1	—	—	—	—	—	—	—	1	3	1	8	10	—	—	24	17.12
23	—	—	—	—	—	—	—	—	—	—	—	5	2	6	10	1	—	24	15.57
24	—	—	—	—	—	—	—	—	1	2	1	3	2	7	8	—	—	24	14.79
25	2	—	—	—	—	—	—	1	1	—	3	5	—	4	7	1	—	24	10.09
26	—	—	—	—	—	—	—	—	2	1	5	3	3	5	5	—	—	24	17.47
27	—	—	—	—	—	—	—	—	1	—	1	2	1	7	11	1	—	24	15.73
28	2	2	—	—	—	—	—	—	—	—	—	1	3	8	4	4	—	24	10.46
29	—	5	1	—	—	—	—	—	1	—	—	—	2	3	2	—	—	24	17.67
	4	7	2	—	—	—	—	1	6	3	11	22	16	59	67	8	—	206	14.72
Summa	91	48	17	10	11	36	41	27	38	82	107	150	151	380	480	165	21	1859	

Zusammenstellung

derjenigen Windgeschwindigkeiten auf den Kerguelen-Inseln, die 15 resp. 20 m pro Sekunde und darüber betrugen.

(Beobachtet während des Zeitraumes vom 15. November 1874 bis 29. Januar 1875.)

Datum	Stunde mittlere Zeit h	Mittel der Geschwindigkeit pro Sekunde über 15 m	Zahl der Stunden
1874			
Nov. 15	0 — 3^a	17.63	3
15	11^a — 2^p	15.23	3
20	10^a — 4^p	17.70	6
20	10^p — 12^p	20.95	2
21	5^a — 9^p	18.06	16
22—23	6^p — 2^a	21.84	8
23	11^a — 3^p	15.75	4
25	1^p — 3^p	17.80	2
27	7^a — 4^p	16.94	9
30	1^a — 4^a	15.53	3
30	3^p — 4^p	17.40	1
30	6^p — 7^p	16.00	1
30—2. Dez.	8^p — 3^a	19.05	31
Dez. 2—3	6^p — 7^a	19.86	13
3	11^a — 0^p	16.00	1
5	7^a — 10^a	19.87	3
5	2^p — 11^p	21.20	9
7—8	2^p — 1^a	17.21	11
10	10^p — 0^a	20.95	2
11—12	2^a — 0^a	19.44	22
14	1^a — 6^a	17.50	5
15	0^p — 1^p	18.00	1
15	2^p — 3^p	17.60	1
16—17	6^a — 7^p	19.55	37
18	1^p — 5^p	16.48	4
18	6^p — 10^p	15.78	4
21	10^a — 1^p	16.37	3
24	6^a — 0^p	17.55	6
25	7^a — 9^a	17.55	2
25	10^a — 4^p	19.02	6
26	10^a — 3^p	18.40	5
26—27	10^p — 7^p	23.72	21
28—29	4^a — 0^a	18.88	20
29	9^a — 3^p	15.75	6
1875			
Jan. 8	0^a — 10^p	22.32	22
9	0^a — 2^a	16.15	2
9	4^a — 7^a	20.43	3
9	10^a — 11^a	15.10	1
9	0^p — 1^p	16.10	1
9	2^p — 11^p	15.99	9
10	9^a — 6^p	17.32	9
12	10^a — 3^p	18.02	5
12—13	8^p — 1^a	17.04	5
16	11^p — 0^a	18.10	1
17	8^a — 4^p	18.86	8
21—22	2^p — 6^a	18.18	16
22—23	9^a — 1^a	17.12	16
23	10^a — 8^p	18.74	10
23	10^a — 11^a	16.00	1
24	2^a — 1^a	16.00	11
24	3^a — 2^p	17.35	11
24	4^p — 6^p	15.40	2
25—27	11^p — 0^a	17.50	25
27	1^a — 4^a	19.00	3
27	7^a — 2^p	19.19	7
27	6^p — 7^p	17.00	1
28	6^p — 7^p	20.40	1
29	2^a — 1^p	18.25	11
		Summe	452

Datum	Stunde mittlere Zeit h	Mittel der Geschwindigkeit pro Sekunde über 20 m	Zahl der Stunden
1874			
Nov. 20	11^a — 0^p	20.00	1
20	2^p — 3^p	21.80	1
20—21	11^p — 0^a	22.90	1
21	5^a — 7^a	22.55	2
21	0^p — 3^p	21.30	3
22—23	8^p — 2^a	22.87	6
30	8^p — 9^p	20.00	1
30—1. Dez.	11^p — 0^a	22.00	1
Dez. 1	8^a — 9^a	21.00	1
1	11^a — 1^p	20.65	2
1	2^p — 3^p	21.00	1
1—2	4^p — 0^a	21.88	8
2	6^p — 7^p	20.00	1
2—3	8^p — 2^a	22.13	6
5	8^a — 10^a	21.75	2
5	5^p — 10^p	23.66	5
10—11	11^p — 0^a	22.90	1
11	4^a — 8^a	21.82	4
11	5^p — 8^p	20.17	3
11	9^p — 11^p	23.65	2
14	4^a — 5^a	21.70	1
16	7^a — 11^p	22.21	16
17	1^p — 2^p	21.80	1
25	10^a — 11^a	20.20	1
25	1^p — 2^p	20.40	1
26	1^p — 2^p	20.80	1
26—27	11^p — 7^p	24.02	20
28	7^a — 8^a	20.10	1
28	10^a — 2^p	21.40	4
28	10^p — 11^p	20.80	1
1875			
Jan. 8	3^a — 9^p	23.67	18
12	11^a — 0^p	20.60	1
17	10^a — 11^a	20.40	1
17	1^p — 2^p	22.10	1
21	3^p — 6^p	20.30	3
21	7^p — 11^p	20.55	4
22	0^p — 1^p	20.40	1
22	3^p — 4^p	20.00	1
22	10^p — 11^p	20.10	1
23	11^a — 2^p	20.97	3
24	8^a — 9^a	21.20	1
26	0^a — 2^a	20.35	2
26	4^a — 5^a	20.00	1
26	10^a — 8^p	22.33	10
27	10^a — 0^p	23.25	2
28	6^p — 7^p	20.40	1
29	3^a — 6^a	21.43	3
29	8^a — 9^a	22.00	1
		Summe	154

Bemerkungen

Absolutes Maximum der Windgeschwindigkeit: 30.2 m pro Sekunde am 27. Dez. 1874 von 3^h a. bis 4^h a. m.

NB. In Ergänzung dieser Tabelle siehe Annalen der Hydrographie und maritime Meteorologie, III. Jahrg. 1875, S. 120 u. ff.

Stündliche Aufzeichnungen

des registrirenden Anemometers im Monat November 1874.

Stunden	9.		10.		11.		12.		13.		14.		15.		16.	
	Richt.	G.	Richt.	G.	Richt.	G.	Richt.	G.	Richt.	G.	Richt.	G.	Richt.	G.	Richt.	G.
a. m.																
12— 1	—	—	—	—	SEzS	5.7	SEzE	9.8	SEzE	4.7	EzS	7.2	SSW	16.7	SWzS	4.0
1— 2	—	—	—	—	SE	4.2	SE	10.2	-	5.0	SE	6.0	-	19.3	SW	1.4
2— 3	—	—	—	—	SSE	4.0	—	—	SE	4.5	-	5.9	SzW	16.9	SWzW	1.0
3— 4	—	—	—	—	SzE	5.4	Uhr gestanden		SzE	4.5	SEzS	5.7	SW	13.2	SW	2.9
4— 5	—	—	—	—	ESE	5.2	-		SSE	2.8	Uhr gestanden		SzW	13.0	S	0.1
5— 6	—	—	—	—	SE	5.7	-		ESE	3.7	-		SSW	12.8	NWzW	1.7
6— 7	—	—	—	—	SSE	5.2	-		-	3.1	-		SzW	13.5	-	3.2
7— 8	—	—	—	—	ESE	6.0	-		SEzS	3.8	-		-	15.0	NW	5.1
8— 9	—	—	—	—	—	—	-		SE	2.7	-		-	13.8	WNW	5.4
9—10	—	—	SEzE	3.0	SEzE	—	ESE	—	SzE	3.2	-		-	14.5	WzN	10.0
10—11	—	—	SE	5.9	SE	8.0	-	6.8	EzS	4.2	-		SSW	12.9	W	9.0
11—12	—	—	SEzE	5.1	SEzE	7.0	SEzE	8.1	SE	4.9	-		-	15.2	NW	6.8
p. m.																
12— 1	—	—	EzS	4.5	SE	8.2	EzS	8.0	ESE	5.0	-		SWzS	15.0	NWzW	9.0
1— 2	—	—	SEzS	6.0	SSE	7.9	ESE	8.0	SSE	7.2	-		SSW	15.6	NW	8.0
2— 3	—	—	-	6.2	—	—	-	6.9	ESE	7.6	-		SEzS	13.0	NNW	6.8
3— 4	—	—	SE	5.8	—	—	E	6.0	-	7.2	-		S	11.6	NW	5.2
4— 5	—	—	SSE	4.2	EzN	—	SEzE	7.0	SEzE	8.0	-		SzW	12.7	SE	4.8
5— 6	—	—	SzE	5.0	SE	8.3	SE	7.0	SE	9.0	-		SSW	12.3	SzW	5.0
6— 7	—	—	SEzE	4.2	SEzE	8.3	EzS	7.2	-	7.9	-		-	9.5	SW	2.6
7— 8	—	—	SSE	5.0	EzN	9.0	ESE	6.9	SEzE	7.4	-		SWzS	9.1	WSW	1.6
8— 9	—	—	SE	5.0	SE	8.0	SEzE	6.8	-	6.2	SWzS	—	SzW	7.4	SWzS	1.1
9—10	—	—	SEzS	4.1	SSE	8.0	ESE	5.8	ESE	5.6	SSW	6.7	-	9.0	-	0.9
10—11	—	—	E	4.9	SEzE	8.0	SEzE	5.3	SzE	5.7	SWzS	10.1	SSW	4.3	SzW	3.1
11—12	—	—	SEzS	5.0	-	9.0	ESE	4.8	EzS	6.0	-	14.9	SW	3.0	—	—

Stunden	17.		18.		19.		20.		21.		22.		23.	
	Richt.	G.	Richt.	G.	Richt.	G.	Richt.	G.	Richt.	G.	Richt.	G.	Richt.	G.
a. m.	Uhr gestanden													
12— 1	-		NzW	4.1	NWzW	9.0	SzW	9.2	W	10.3	SWzW	10.6	S	22.7
1— 2	-		NW	4.7	-	7.9	NW	8.5	SSW	4.3	-	13.1	W	20.3
2— 3	-		NWzW	7.0	-	6.7	WzS	4.0	SSE	4.3	W	9.1	SW	10.0
3— 4	-		NWzN	7.9	-	5.4	WNW	1.2	SWzW	7.0	WNW	6.1	SzW	6.2
4— 5	-		NW	3.0	WzN	5.0	WzN	4.8	WNW	12.0	NWzW	6.6	SSW	5.0
5— 6	-		-	1.5	NW	7.5	SW	6.0	SSW	22.0	WzN	8.0	-	9.0
6— 7	-		-	6.6	NzW	8.6	WzS	2.9	WSW	23.1	S	9.8	SzW	11.6
7— 8	-		NWzW	9.0	WNW	11.6	S	8.0	WNW	15.4	NW	8.0	SSW	12.9
8— 9	NWzN	—	WNW	9.7	NWzW	13.5	NWzW	13.0	WzN	17.0	W	9.9	SEzS	13.4
9—10	NW	2.5	NW	9.8	NWzN	9.0	-	13.0	NWzW	15.1	NWzW	9.0	SWzW	12.2
10—11	NWzN	1.2	NzE	6.6	NW	15.4	SzW	15.7	WzS	15.1	NzW	10.3	NWzW	10.8
11—12	-	4.8	NE	4.6	N	15.7	NWzN	20.0	NzW	15.2	NE	11.0	SE	16.0
p. m.														
12— 1	NWzW	7.8	NzE	1.5	WzN	14.0	WNW	14.8	NzE	20.7	NW	10.9	SSW	13.5
1— 2	-	9.0	-	3.0	NNW	13.7	SWzW	16.6	NE	23.0	NE	10.9	WNW	15.8
2— 3	WzS	10.8	Still	—	WSW	18.6	WNW	21.8	NNW	20.0	NNW	13.0	SzW	17.7
3— 4	NWzN	8.6	-	—	SW	11.8	NNW	17.3	NNE	17.7	EzS	8.4	W	14.3
4— 5	-	7.9	-	—	SWzW	10.0	WNW	14.3	NzW	18.5	N	11.0	NWzW	9.9
5— 6	NNW	3.9	NNW	1.6	SEzS	8.6	WSW	11.8	NzE	19.4	NWzW	11.4	-	8.8
6— 7	NWzN	6.3	NW	2.0	SzW	10.1	NzW	14.1	NzW	15.7	NW	16.8	SzE	11.0
7— 8	NW	5.4	NWzW	3.6	SSE	10.2	NWzN	12.8	NWzN	14.8	WNW	19.8	SSW	10.4
8— 9	NWzN	2.1	-	8.3	SSW	10.0	WzN	10.2	NNW	16.3	NW	22.1	NW	7.8
9—10	NWzW	4.7	WNW	9.7	WSW	5.0	SzE	11.0	SSW	14.0	WzS	24.0	NWzW	8.2
10—11	WNW	4.7	-	6.1	NzW	10.0	WNW	19.0	WNW	13.2	SW	24.1	WNW	8.3
11—12	NW	5.7	NWzW	4.7	WSW	10.0	WSW	22.9	WSW	10.7	WSW	24.0	W	9.1

Stunden	24.		25.		26.		27.		28.		29.		30.	
	Richt.	G.	Richt.	G.	Richt.	G.	Richt.	G.	Richt.	G.	Richt.	G.	Richt.	G.
a. m.														
12— 1	WzN	7.0	NWzN	11.0	SW	9.9	NWzW	9.1	—	—	NzE	6.0	NW	14.4
1— 2	WNW	8.8	WNW	9.0	S	5.0	-	8.9	—	—	N	5.4	WzS	15.2
2— 3	-	4.1	W	11.0	NW	8.0	N	11.3	—	—	NzE	4.6	N	15.5
3— 4	NWzW	6.2	SW	8.6	SWzS	7.7	NW	13.0	—	—	NW	4.7	NWzW	15.9
4— 5	-	7.9	NW	11.5	NWzW	6.6	-	12.4	—	—	-	4.0	-	14.0
5— 6	WzN	10.1	SWzW	9.1	NW	6.2	NzE	10.1	—	—	WNW	3.2	-	13.6
6— 7	W	9.7	SzW	8.6	NWzW	5.8	WNW	8.0	—	—	WzN	3.3	WzN	14.2
7— 8	NWzW	7.3	SWzW	13.0	-	5.8	NWzN	16.0	—	—	SW	2.4	WzS	12.0
8— 9	WNW	8.9	WSW	15.1	-	3.8	WNW	18.0	—	—	SWzS	3.3	WNW	9.0
9—10	NWzW	13.0	WzS	11.0	SSW	4.0	NNW	18.8	—	—	SzW	3.0	NWzW	9.1
10—11	-	15.0	WSW	15.0	-	3.8	WzN	18.8	—	—	SSW	2.1	-	9.0
11—12	-	11.0	SWzS	14.0	NNE	2.3	NW	17.8	—	—	-	2.1	SWzS	10.3
p. m.														
12— 1	NzW	5.4	SW	13.3	NWzN	4.5	NWzW	14.3	SWzS	—	-	5.2	SW	13.2
1— 2	NzE	1.0	SWzW	19.6	WNW	10.0	WNW	16.0	SE	6.3	SWzS	6.0	-	13.0
2— 3	NW	1.7	WSW	16.0	NWzW	13.3	SSE	16.6	SSE	7.8	SSE	4.2	WSW	13.7
3— 4	NWzW	4.7	SSE	11.5	NW	11.7	NE	16.2	SzE	7.0	N	2.8	S	17.4
4— 5	-	7.3	W	10.1	W	8.0	SWzW	10.0	ESE	7.0	NNW	2.4	WzS	14.0
5— 6	-	6.0	WNW	10.1	WNW	8.0	NEzE	13.0	SSW	5.4	-	2.7	SzE	11.0
6— 7	-	5.0	WzS	10.0	ESE	6.2	NW	10.9	NzE	3.1	NWzN	5.1	NWzN	16.0
7— 8	NW	4.0	SWzS	8.1	SWzW	9.2	NWzN	7.7	-	2.7	-	4.2	SWzW	12.8
8— 9	NNW	3.9	-	11.0	SW	4.0	Papierstreifen		N	3.0	NzW	2.3	NNW	20.0
9—10	NEzN	2.8	WNW	8.8	NWzW	8.8	in Unordnung		NzE	2.0	NW	4.7	NW	19.0
10—11	NW	2.3	SWzW	6.3	-	11.0	-		-	5.8	WNW	13.0	NWzW	19.8
11—12	NWzN	6.8	WzN	7.9	WzN	12.5	-		N	6.7	NWzW	13.6	NNW	22.0

Stündliche Aufzeichnungen

des registrirenden Anemometers im Monat Dezember 1874.

Stunden	1.		2.		3.		4.		5.		6.		7.		8.	
	Richt.	G.	Richt.	G.	Richt.	G.	Richt.	G.	Richt.	G.	Richt.	G.	Richt.	G.	Richt.	G.
a. m.																
12— 1	W	18.3	WzN	19.2	WzN	22.0	NzW	11.0	NWzN	3.1	NWzW	12.2	SzW	11.1	NNW	16.8
1— 2	WNW	18.0	W	16.1	NzW	22.7	NW	8.1	NE	3.4	SW	13.3	WSW	9.2	NW	14.7
2— 3	NEzN	17.9	WzN	15.8	NWzN	17.0	WSW	9.4	NW	1.8	WSW	12.0	SWzW	8.9	WNW	14.0
3— 4	NzE	14.8	-	13.6	NzW	15.2	-	9.4	WzS	2.1	WNW	7.8	WNW	9.0	NWzN	12.7
4— 5	N	14.7	NWzW	7.7	NWzW	19.9	NWzN	9.0	NzW	6.1	WzN	7.3	WSW	7.6	NW	11.0
5— 6	NEzN	16.7	WSW	12.7	NWzN	17.7	SWzW	12.9	NWzN	10.4	-	5.6	WNW	5.8	NNW	10.3
6— 7	NE	17.9	SWzW	9.0	WzN	17.8	NzE	13.8	-	11.1	NWzW	5.4	WzS	4.8	NWzN	11.2
7— 8	NW	16.7	NNE	8.1	W (?)	13.0	WNW	15.0	NW	16.1	SWzW	5.0	NW	5.0	NzW	10.4
8— 9	SE	21.0	WNW	12.1	NWzN	13.3	SSW	8.7	NWzN	21.3	NWzW	5.0	NWzW	5.3	NNW	9.2
9—10	WSW	19.1	N	11.7	NW	14.8	WNW	7.7	NWzW	22.2	NW	5.0	NWzN	9.9	NWzN	10.0
10—11	NW	18.0	-	12.2	WSW	12.1	NW	6.0	NW	13.0	NWzW	5.5	NW	10.0	WNW	10.2
11—12	-	21.2	WNW	10.8	-	16.0	NNE	8.2	NWzW	7.7	NWzN	5.9	-	12.0	-	9.9
p. m.																
12— 1	NWzW	20.1	NWzW	10.4	NNE	11.6	-	6.1	NW	15.5	NW	5.2	-	12.4	NWzW	10.1
1— 2	WSW	13.2	-	12.9	SWzW	11.0	ENE	8.3	-	11.9	EzS	2.2	NWzW	12.7	-	10.6
2— 3	WzN	21.0	-	11.0	WzN	8.7	NWzN	9.5	NNW	17.9	ESE	5.9	-	16.0	NW	7.5
3— 4	SWzS	17.1	WNW	13.4	NWzN	9.8	NNW	11.0	WNW	17.4	SEzE	7.8	-	17.7	NWzW	8.6
4— 5	WzN	20.5	NW	12.8	WzN	12.0	NzW	8.9	WzS	19.1	SE	7.0	NW	16.0	NW	9.0
5— 6	W	20.6	NWzN	10.0	WSW	11.7	NWzN	8.1	WNW	25.2	SWzS	5.4	-	14.1	NWzW	8.9
6— 7	SW	22.7	NWzW	20.0	-	10.4	SSW	9.1	-	23.0	SSW	9.9	-	17.0	-	9.0
7— 8	NW	20.0	-	17.8	SWzS	12.9	NW	6.4	NWzN	24.7	-	7.8	-	18.9	SWzW	6.4
8— 9	S	20.2	-	21.0	NWzW	10.8	NWzW	2.2	NW	23.8	SW	7.3	NWzN	19.7	SEzS	2.0
9--10	WzN	26.3	WNW	20.0	NzW	12.8	NEzN	5.3	WNW	21.6	SWzW	10.5	-	18.1	NE	2.4
10—11	NNW	23.1	-	23.5	NNW	10.0	NWzN	8.5	-	18.1	SW	12.0	NW	17.0	NWzN	1.8
11—12	SWzW	21.6	NWzW	23.6	WNW	9.0	NW	3.6	SWzW	12.3	SWzW	12.0	NWzN	18.0	WzS	4.1

Stunden	9.		10.		11.		12.		13.		14.		15.		16.	
	Richt.	G.	Richt.	G.	Richt.	G.	Richt.	G.	Richt.	G.	Richt.	G.	Richt.	G.	Richt.	G.
a. m.																
12— 1	SW	5.1	SW	7.3	NWzW	13.0	SSW	13.1	W	5.0	NW	8.4	NNE	7.1	W	7.0
1— 2	WzN	5.1	-	10.0	WNW	13.7	W	13.7	NWzW	6.0	-	15.1	NEzN	6.1	NWzW	12.8
2— 3	NWzW	3.2	SWzW	5.7	NNW	15.0	WzN	15.0	NW	6.0	NNW	17.1	-	6.7	SSW	14.6
3— 4	W	5.2	SW	5.4	NWzW	18.8	W	12.2	NWzW	4.8	NW	17.8	-	9.8	SWzW	9.0
4— 5	NWzW	5.7	SWzS	4.4	WNW	22.7	N	10.8	-	2.1	-	21.7	NWzW	4.1	WzN	8.8
5— 6	NNW	4.0	SWzW	5.0	-	21.8	NNW	10.9	NW	7.8	-	15.8	-	1.0	NWzW	12.9
6— 7	NW	6.6	SW	9.0	-	21.8	-	12.5	NNW	7.8	NWzW	12.2	NWzN	2.9	WNW	15.0
7— 8	-	8.3	-	8.1	NWzW	21.0	NzW	13.8	NW	10.0	NW	12.7	-	8.1	NWzW	20.7
8— 9	-	9.2	WSW	6.0	-	19.5	WNW	16.7	-	10.4	NWzN	8.0	NWzW	7.8	-	20.9
9—10	-	9.0	SWzW	5.0	WNW	17.0	NzE	16.9	NWzN	11.2	-	6.7	NWzN	9.0	NW	23.2
10—11	NWzN	10.0	WzN	5.1	-	16.5	WSW	11.4	-	10.0	NNW	6.6	NzW	13.9	NWzW	25.8
11—12	NNW	7.8	WSW	5.0	NzW	16.3	SWzW	12.9	NW	9.8	-	8.6	SWzW	14.9	NW	25.0
p. m.																
12— 1	-	7.3	SWzW	8.0	WSW	17.2	WNW	13.0	NNW	10.8	NW	7.9	NWzW	18.0	-	23.2
1— 2	N	6.7	NzW	10.7	SWzW	19 8	WzN	13.8	-	6.4	-	11.0	NNE	8.0 ?	-	19.1
2— 3	NzE	5.6	NW	9.4	NWzW	19.0	-	10.0	NWzN	8.9	-	9.0	WzN	17.6	WNW	24.2
3— 4	NNE	3.7	WzN	11 0	NW	19.3	WNW	7.9	NNW	9.0	-	8.1	NW		-	21.9
4— 5	SE	2.3	SSW	9.7	-	16.0	NWzW	7.8	-	7.3	-	3.9	WzN		-	24.9
5— 6	SEzS	8.0	NWzW	- 9.8	WNW	20.0	W	8.5	NWzN	5.2	-	4.3	-		NW	25.0
6— 7	SSE	8.7	-	11.4	SzE	20.0	WzN	7.5	NW	2.4	NWzN	3.8	SW		WzN	23.0
7— 8	SEzS	8.3	WNW	9.2	WzN	20.5	WSW	5.2	NzE	6.8	-	4.0	SWzW		NWzW	22.0
8— 9	SSE	7.0	NWzN	12.2	SzE	19.4	W	3.1	NW	8.7	N	3.7	WzN		NW	21.5
9—10	SEzE	6.2	NNW	12.6	NWzN	22.3	-	3.8	NWzN	7.2	-	2.0	WNW	14.8	-	24.0
10—11	SSW	4.0	NW	19.0	W	25.0	WSW	5.0	NNW	4.7	-	2.0	SSW	14.5	-	21.0
11—12	SWzS	5.6	-	22.9	NW	18.7	W	3.0	NW	6.0	NNE	4.1	SWzS	14.9	NWzW	19.8

15., G., 3—4 bis 8—9 p. m.: Geschw. unzuverlässig, da eine Axe rostig geworden und die Räder mit den Streifen sich schwer drehten.

Stunden	17.		18.		19.		20.		21.		22.		23.		24.	
	Richt.	G.	Richt.	G.	Richt.	G.	Richt.	G.	Richt.	G.	Richt.	G.	Richt.	G.	Richt.	G.
a. m.																
12— 1	NWzW	16.2	W	5.2	SSW	13.3	NW	4.6	WNW	9.0	SWzW	4.9	WzN	4.2	NzE	8.7
1— 2	-	15.7	-	2.1	SW	13.1	WzS	6.1	WzN	7.1	WSW	3.0	WNW	4.9	-	10.7
2— 3	-	15.0	-	1.0	-	12.7	WzN	11.1	SWzW	9.2	WzN	3.3	-	3.2	-	10.7
3— 4	-	17.2	-	0.3	W	13.7	NWzW	12.0	WSW	7.0	-	3.2	-	2.6	NNE	8.8
4— 5	NW	17.0	-	2.2	WNW	9.8	-	10.6	W	7.3	SWzW	5.8	WzN	1.2	NEzN	9.1
5— 6	NWzW	18.0	NW	4.7	NW	10.0	NW	12.0	NW	6.5	SW	7.1	-	2.0	NNE	14.9
6— 7	-	17.9	-	6.2	NWzN	7.0	NWzW	9.1	-	10.8	SWzW	8.0	-	0.5	-	16.6
7— 8	NW	18.1	-	10.0	NW	9.0	NNW	6.5	NWzW	14.1	-	6.0	NWzW	3.0	NEzN	16.7
8— 9	NWzN	17.0	-	14.0	NWzN	12.8	NzE	12.1	NW	11.2	WNW	8.0	NWzN	6.0	-	18.0
9—10	WNW	15.6	-	13.8	NNW	11.2	NzW	11.0	-	12.3	WSW	8.0	NNW	8.0	-	19.0
10—11	NWzW	15.8	-	10.0	NzW	10.1	NNW	4.2	NWzW	14.9	SSW	5.8	-	8.7	NNE	19.0
11—12	NW	16.4	-	8.9	NW	10.0	NzW	10.0	NWzN	17.1	-	6.0	NW	12.8	NNW	16.0
p. m.																
12— 1	W	18.9	NNW	9.0	NNW	14.0	NW	5.7	NWzW	17.0	SWzS	6.2	NWzW	13.0	NW	12.8
1— 2	WNW	21.8	NWzW	18.2	-	6.8	NWzN	9.8	WNW	14.5	-	6.0	-	13.5	NWzW	13.8
2— 3	-	19.0	WzN	15.8	N	8.6	NW	8.4	NWzW	14.0	SSW	6.5	-	13.9	NW	11.6
3— 4	-	17.9	WSW	14.9	NzE	12.2	NzW	7.2	WNW	12.0	SWzS	5.5	-	14.5	NWzN	11.0
4— 5	NW	14.9	NW	17.0	N	12.2	NWzN	9.9	WzN	11.0	SSW	5.6	WNW	14.0	-	11.2
5— 6	-	15.3	SSW	14.4	-	12.5	NW	10.7	SW	8.0	WSW	6.0	NWzW	13.0	NWzW	12.6
6— 7	NWzW	15.8	WNW	15.6	NzE	12.5	NWzW	9.8	NWzW	9.1	WNW	4.4	NW	11.1	-	12.6
7— 8	-	13.1	-	16.3	NzW	9.0	WzS	6.1	NW	9.9	WzN	5.0	-	11.2	-	11.5
8— 9	SW	11.0	WzN	16.2	NWzN	13.9	WzN	11.8	WNW	6.9	-	6.8	NNW	10.9	-	11.8
9—10	WSW	9.1	W	15.0	NW	13.0	SW	6.9	SWzW	3.2	WNW	3.0	NW	11.9	NW	10.0
10—11	WzS	9.0	SW	14.0	NWzW	10.5	SSW	8.9	WSW	3.2	WzN	4.2	N	10.5	-	10.0
11—12	-	7.9	WSW	13.2	-	7.0	W	5.6	SWzW	4.8	W	4.7	NzE	8.5	-	9.9

Stunden	25.		26.		27.		28.		29.		30.		31.	
	Richt.	G.	Richt.	G.	Richt.	G.	Richt.	G.	Richt.	G.	Richt.	G.	Richt.	G.
a. m.														
12— 1	NWzW	11.6	NW	7.1	NW	21.7	WSW	9.6	WNW	13.2	NWzW	7.3	NE	1.0
1— 2	NNW	10.2	-	4.9	-	26.2	WNW	7.8	-	8.8	-	4.3	NWzW	8.0
2— 3	NWzW	11.9	-	4.8	WNW	27.4	W	12.8	-	10.2	-	3.2	-	10.6
3— 4	-	13.9	-	1.0	-	30.2	WNW	11.1	NWzW	12.1	-	3.6	NW	10.9
4— 5	NW	12.0	-	4.2	W	27.7	NW	16.5	NWzN	11.9	NNW	4.1	NWzW	12.0
5— 6	NNW	13.1	N	8.9	WNW	26.3	WSW	19.2	NWzW	13.1	NWzN	4.5	-	12.9
6— 7	NWzN	14.1	NNE	11.6	NW	26.7	NW ,	18.7	WNW	15.0	-	6.1	-	12.5
7— 8	NWzW	18.0	-	9.5	WNW	23.0	NNE"	20.1	NWzW	14.2	NNW	6.1	-	11.7
8— 9	-	17.1	-	10.3	-	22.0	NW	19.9	-	14.5	NW	5.6	-	13.5
9—10	-	13.0	-	9.5	NNW	19.8	W	18.1	WNW	15.3	NWzW	6.1	NW	12.0
10—11	NW	20.2	N	16.2	NW	22.4	NW	21.3	-	15.3	NWzN	6.3	-	11.5
11—12	NWzN	19.9	NNW	19.1	WNW	19.1	W	21.7	NWzW	15.2	-	9.0	WNW	11.5
p. m.														
12— 1	NWzW	18.1	NW	18.9	-	23.2	SW	21.8	-	16.0	-	9.6	NWzW	11.5
1— 2	-	20.4	WNW	20.8	W	24.8	WNW	20.8	-	16.7	WSW	9.0	WNW	12.0
2— 3	-	18.2	-	17.2	NW	24.1	W	18.1	-	16.0	ENE	6.0	WSW	12.6
3— 4	NW	17.3	-	11.0	-	25.4	NW	16.4	-	14.8	SEzS	5.9	SzW	10.9
4— 5	-	12.0	NW	6.0	W	24.6	-	15.8	-	13.2	-	6.5	WzN	13.2
5— 6	NWzW	10.0	-	10.1	N	21.2	WNW	17.3	NW	12.2	-	6.1	SW	12.6
6— 7	N	7.1	-	8.9	WNW	23.0	NW	19.3	-	9.2	ESE	4.8	NWzW	11.4
7— 8	NNE	3.6	-	6.5	-	12.8	-	16.8	-	8.8	EzN	3.2	WzS	12.9
8— 9	NW	4.9	-	2.3	-	5.3	-	18.6	-	8.0	-	3.0	WNW	9.0
9—10	-	4.0	N	5.3	W	4.2	-	19.1	NWzW	4.6	ENE	3.9	WzN	10.9
10—11	NWzN	5.5	-	17.4	WNW	6.0	-	20.8	NW	5.5	NEzE	3.1	W	9.2
11—12	—	—	NW	21.4	-	8.4	WNW	17.2	NWzW	8.2	-	0.8	WzN	11.8

Stündliche Aufzeichnungen

des registrirenden Anemometers im Monat Januar 1875.

Stunden	1.		2.		3.		4.		5.		6.		7.		8.	
	Richt.	G.	Richt.	G.	Richt.	G.	Richt.	G.	Richt.	G.	Richt.	G.	Richt.	G.	Richt.	G.
a. m.																
12— 1	WNW	11.0	WzN	10.5	WNW	7.2	WNW	7.1	NW	6.1	NWzW	7.0	NzW	9.6	NzE	16.3
1— 2	NWzW	9.9	-	10.5	-	6.3	NWzW	3.7	NWzW	7.0	-	7.6	-	12.0	'NzW	17.0
2— 3	S	10.8	WNW	10.2	WzN	6.7	-	6.9	-	8.0	-	5.8	NNW	8.4	NW	16.6
3— 4	WNW	9.8	WzN	10.9	WNW	8.8	-	10.0	-	6.9	-	7.9	NzW	12.0	NWzN	20.3
4— 5	WzN	9.7	WzS	11.1	-	9.8	WNW	11.1	-	8.0	-	5.1	NW	12.4	NW	19.7
5— 6	-	9.2	SW	10.4	NWzN	11.2	-	10.3	-	7.8	W	8.6	NWzW	9.1	WNW	25.6
6— 7	-	9.2	NWzW	9.0	-	5.3	NWzW	7.7	-	3.3	WSW	8.0	NzW	6.8	WSW	25.4
7— 8	SWzW	9.9	WSW	8.5	NW	8.1	NW	10.1	-	1.8	WzN	8.0	NzE	10.8	WzN	22.5
8— 9	WzS	9.8	NWzW	6.0	WzN	11.0	NWzW	9.2	NNE	2.1	SWzW	7.0	-	11.7	WSW	24.0
9—10	WSW	10.7	-	6.8	-	14.2	NzW	8.3	NNW	4.1	NW	10.0	NNW	10.1	NWzW	25.2
10—11	WzN	13.0	SWzW	9.0	SSW	15.0	NNW	6.0	-	3.3	-	8.9	NW	13.0	—	24.2
11—12	W	10.0	WNW	6.2	NWzN	15.0	NWzW	10.9	-	4.2	-	8.7	NWzW	14.2	In einer kolossal schweren Bö wehte das Schalenkreuz herunter, wobei ein Schalenarm abbrach; sofort wieder reparirt.	
p. m.																
12— 1	SzW	14.8	NWzW	8.2	NNW	13.0	NWzN	14.0	NEzN	3.5	NWzW	11.0	NW	12.2		
1— 2	WzS	14.7	WNW	7.9	NW	10.5	NWzW	13.0	NzE	3.3	NW	9.7	N	10.0		
2— 3	WNW	14.1	NNW	10.0	NWzN	14.0	WNW	10.0	SWzW	7.0	NWzN	8.2	-	10.5		
3— 4	SWzW	15.0	NWzW	11.5	N	12.9	NWzW	16.2	SW	8.8	NWzW	10.9	NzW	10.0	SWzW	—
4— 5	WzS	14.1	-	12.0	WzS	12.7	-	14.1	WSW	9.0	-	10.7	-	7.4	-	26.8
5— 6	NWzW	13.2	NW	12.5	NWzW	9.9	-	13.7	-	8.4	NW	11.2	NW	11.3	WzS	24.1
6— 7	WSW	12.2	NWzW	12.7	NW	7.2	-	13.3	W	10.6	-	14.3	WNW	10.1	WSW	22.4
7— 8	WzS	9.8	-	7.8	WSW	6.1	WNW	10.4	SSW	8.1	NWzW	12.0	-	10.9	-	24.3
8— 9	WSW	8.1	WNW	6.6	-	3.7	NWzW	9.0	WzS	4.9	-	6.4	-	8.9	WNW	21.9
9—10	SWzS	10.8	NzW	3.8	NWzW	3.5	-	9.1	WzN	3.9	NW	4.9	-	10.1	NWzW	16.0
10—11	WNW	10.0	WNW	5.0	SWzS	6.2	-	9.0	NWzW	3.8	NNW	6.3	NzW	9.8	SWzS	12.7
11—12	WzS	11.3	WzN	6.0	WNW	9.0	NW	7.9	-	3.4	NW	8.0	NzE	10.7	WSW	8.7

Stunden	9.		10.		11.		12.		13.		14.		15.		16.	
	Richt.	G.	Richt.	G.	Richt.	G.	Richt.	G.	Richt.	G.	Richt.	G.	Richt.	G.	Richt.	G.
a. m.																
12— 1	NWzW	17.3	WNW	13.5	NWzW	12.0	SW	7.0	NW	17.2	W	4.2	WSW	7.0	WSW	4.9
1— 2	WzN	15.0	WSW	15.5	NW	8.0	-	10.0	WzN	12.0	WzN	2.6	-	5.4	SW	4.2
2— 3	WSW	11.0	SWzW	17.1	NzW	7.7	SSW	11.2	NW	15.5	-	1.0	WNW	5.0	SWzW	3.4
3— 4	WNW	14.0	SW	14.3	-	8.5	SWzW	6.0	WzN	13.0	NWzN	3.7	WSW	5.4	-	7.9
4— 5	NWzW	18.5	WSW	11.0	-	7.4	WzN	6.3	NW	12.3	W	4.0	SWzW	4.8	WSW	3.4
5— 6	NW	21.0	-	13.4	-	8.0	-	8.0	WzN	14.2	WzN	5.5	S	4.8	W	3.0
6— 7	WzN	21.8	W	11.1	NzE	6.4	WNW	12.4	NWzW	11.4	SWzW	9.0	WSW	4.9	WNW	3.9
7— 8	NWzW	14.8	WNW	11.5	-	7.0	NWzW	15.4	-	11.4	-	10.0	WzN	4.3	NWzW	5.9
8— 9	WNW	13.6	WzN	14.0	NzW	4.4	NWzN	13.0	WNW	12.5	-	9.0	WSW	5.0	NW	7.0
9—10	WzN	13.1	NNW	17.2	NzE	6.1	NzW	12.1	-	12.0	-	9.8	SWzW	3.0	-	8.2
10—11	W	15.1	NWzW	20.2	N	5.6	NWzW	15.5	SW	11.3	WSW	11.8	W	6.2	NNW	11.4
11—12	WNW	13.9	W	18.0	-	8.9	WNW	20.6	WNW	12.2	SWzW	11.0	SzW	5.5	NWzN	13.8
p. m.																
12— 1	WNW	16.1	SEzE	17.8	N	8.0	SSE	16.5	WzS	8.0	SWzS	11.6	SzW	7.0	NWzW	12.0
1— 2	SzW	13.0	WNW	16.1	NzW	4.9	NWzW	19.0	WzN	11.8	W	10.7	SSW	7.2	NW	14.5
2— 3	SSE	15.7	NWzW	17.0	NNE	7.3	SzE	18.5	NWzW	11.2	SWzW	11.7	-	8.7	WNW	13.1
3— 4	SWzW	16.1	NW	18.0	N	10.0	WzN	14.8	WzN	11.0	SzE	10.3	SW	8.3	NWzW	10.8
4— 5	SSW	14.7	WzN	15.7	NzW	6.8	WzS	15.0	NWzW	13.0	SzW	9.9	SSW	7.2	SSW	13.8
5— 6	WzN	15.0	WNW	15.9	NNW	7.0	SWzW	13.0	SW	10.0	NWzW	10.0	-	8.4	WzN	13.9
6— 7	W	16.1	SzW	13.7	NWzW	5.0	NNW	12.2	WNW	11.0	SzE	9.4	-	8.2	W	13.9
7— 8	WzS	15.2	WNW	12.3	SSW	2.2	NzW	11.0	-	11.0	WzN	8.0	SW	6.0	NWzW	14.0
8— 9	SWzS	18.0	WzN	13.9	SWzS	11.1	WzN	16.0	NWzW	8.1	NWzW	6.7	SWzS	5.8	-	13.7
9—10	WSW	16.6	NWzW	11.9	-	8.5	WNW	19.0	-	5.2	WSW	7.2	-	4.0	WzN	13.1
10—11	SWzW	16.5	WzN	12.4	SSW	11.8	-	15.0	WzS	5.9	-	7.1	-	3.0	SzW	7.2
11—12	W	14.6	NWzW	13.1	SWzS	9.0	WzN	18.0	WSW	2.9	WzS	6.7	SWzW	3.8	W	11.5

Stunden	17.		18.		19.		20.		21.		22.		23.		24.	
	Richt.	G.	Richt.	G.	Richt.	G.	Richt.	G.	Richt.	G.	Richt.	G.	Richt.	G.	Richt.	G.
a. m.																
12— 1	NW	7.2	WzN	13.9	SEzE	1.3	NNW	2.1	WzN	4.8	NW	15.1	WzN	17.0	NWzW	16.0
1— 2	WzS	8.3	WNW	13.8	-	1.0	-	3.0	WNW	4.8	WNW	14.0	NWzW	14.0	NW	13.2
2— 3	NzW	4.0	NWzW	12.2	ESE	0.2	-	1.6	NWzW	7.0	NWzW	15.2	NW	14.8	NWzW	12.2
3— 4	-	6.5	-	11.2	-	0.2	NWzN	2.0	WNW	3.3	W	19.8	NzW	13.8	WNW	15.1
4— 5	NW	9.0	NzW	7.0	-	0.3	NNW	1.0	NWzW	7.8	SWzW	16.6	W	11.9	NW	16.4
5— 6	WNW	6.5	-	3.0	-	0.6	-	0.5	WNW	8.0	-	14.5	NWzW	11.0	-	15.1
6— 7	NW	8.5	NWzN	4.7	NEzE	1.0	-	0.5	NWzW	8.6	NWzW	12.0	-	11.0	NWzW	17.9
7— 8	-	12.3	NzW	5.8	-	2.2	NzW	2.0	NW	9.1	WSW	14.9	-	13.0	NW	16.9
8— 9	NWzN	12.0	NW	5.3	NNW	2.1	-	6.9	-	13.9	WNW	12.1	WNW	15.0	-	21.2
9—10	NWzW	17.6	NWzN	7.9	-	1.2	N	3.1	-	16.3	WSW	16.5	NWzW	13.2	WNW	17.0
10—11	-	18.5	-	8.0	NWzN	1.9	NWzN	4.8	NWzW	12.6	NE	13.9	-	16.9	NWzW	18.9
11—12	-	20.7	NW	7.1	NzW	2.0	NNW	7.0	NW	11.2	WNW	17.8	WNW	20.0	WzS	17.3
p. m.																
12— 1	WNW	19.0	NzW	8.2	-	2.2	-	7.2	-	11.8	NWzW	20.4	NWzW	21.9	NWzW	17.9
1— 2	NWzW	22.5	NNW	9.9	N	3.0	NW	7.0	NWzW	12.0	-	19.0	-	21.0	SzE	17.1
2— 3	-	19.0	NNE	5.2	-	2.1	NNW	6.0	WNW	17.8	NW	19.9	-	19.1	WNW	14.3
3— 4	NW	16.5	EzN	4.3	-	2.4	NW	4.4	-	20.0	-	20.0	-	18.0	WzN	13.4
4— 5	NWzN	10.8	-	4.1	NzW	3.0	NWzW	5.2	NW	20.9	-	19.0	NW	18.0	SWzW	15.8
5— 6	NW	10.0	EzS	4.8	NNW	3.8	-	5.9	WNW	20.0	NWzW	18.3	-	17.2	WNW	15.0
6— 7	NWzW	13.2	SEzE	5.3	-	4.2	N	2.8	NNW	17.0	-	18.0	NWzW	17.6	WSW	12.7
7— 8	-	11.9	SE	6.2	-	3.5	ENE	5.0	WzN	20.2	-	16.5	WNW	17.7	SWzW	11.2
8— 9	NW	11.6	SEzE	5.1	-	1.7	-	2.5	-	21.0	NW	19.1	-	10.3	WzS	10.4
9—10	NNW	10.2	EzN	4.0	-	1.0	NNE	1.8	WNW	19.9	WNW	19.2	NWzW	12.1	WzN	9.5
10—11	WNW	10.2	SEzE	2.9	-	2.0	NWzW	5.0	NWzW	21.1	NWzW	20.1	NW	16.0	SSW	10.6
11—12	NWzW	12.3	-	2.3	-	1.0	NW	5.9	-	17.9	-	19.0	WNW	13.1	-	10.0

Stunden	25.		26.		27.		28.		29.		30.		31.	
	Richt.	G.	Richt.	G.	Richt.	G.	Richt.	G.	Richt.	G.	Richt.	G.	Richt.	G.
a. m.														
12— 1	SSE	12.1	WSW	20.2	NWzW	14.6	NWzW	11.9	NzE	14.0	—	—	—	—
1— 2	WSW	10.3	SzW	20.5	-	19.0	NzW	9.3	NNE	14.8	—	—	—	—
2— 3	-	9.1	WSW	16.7	-	19.4	NWzN	10.1	-	16.8	—	—	—	—
3— 4	-	11.0	WzN	17.7	NW	18.6	WzN	11.0	-	18.4	—	—	—	—
4— 5	SWzW	11.1	WzS	20.0	NWzW	13.6	NNE	9.8	-	10.6	—	—	—	—
5— 6	SW	8.0	SW	15.6	-	13.7	NNW	10.4	NEzN	21.6	—	—	—	—
6— 7	SzE	9.2	S	15.2	WzS	13.8	NW	9.3	-	22.8	—	—	—	—
7— 8	SW	9.4	SW	19.0	NWzW	16.4	NWzN	8.0	NWzW	16.2	—	—	—	—
8— 9	WSW	10.0	SWzW	19.2	WNW	17.5	WzN	6.7	SSW	22.0	—	—	—	—
9—10	NWzW	6.3	WzN	18.8	NWzW	19.0	-	9.0	NWzW	17.3	—	—	—	—
10—11	-	9.0	NWzN	20.0	NW	24.2	WzS	10.0	W	15.5	—	—	—	—
11—12	NW	7.8	NW	21.2	-	22.3	WNW	9.2	WNW	16.0	—	—	—	—
p. m.														
12— 1	NWzW	12.1	SW	23.5	NWzW	17.9	WzS	10.7	WzN	15.1	—	—	—	—
1— 2	NzW	11.2	WNW	23.0	NW	17.0	WzN	10.7	WNW	14.0	—	—	—	—
2— 3	NW	11.2	NWzW	19.3	WSW	13.0	WNW	10.0	—	—	—	—	—	—
3— 4	WNW	12.8	SzW	25.8	WNW	13.8	-	12.0	—	—	—	—	—	—
4— 5	NWzW	12.2	SW	24.4	SWzW	12.7	-	13.2	—	—	—	—	—	—
5— 6	-	11.1	WzS	23.2	SzE	14.9	-	11.9	—	—	—	—	—	—
6— 7	NW	6.2	NW	20.1	NW	17.0	-	11.6	—	—	—	—	—	—
7— 8	NzE	5.6	WzN	22.4	NzW	13.8	NWzW	9.0	—	—	—	—	—	—
8— 9	N	7.3	NWzW	19.6	WzN	10.2	NWzN	8.9	—	—	—	—	—	—
9—10	NWzW	9.1	-	19.0	NWzW	10.3	-	9.0	—	—	—	—	—	—
10—11	-	12.0	WNW	16.2	NW	14.0	-	7.4	—	—	—	—	—	—
11—12	SWzW	18.1	NW	16.0	NWzW	10.8	N	9.4	—	—	—	—	—	—

Beobachtungen über den täglichen Gang des Luftdruckes auf Kerguelen-Insel (Betsy Cove).

Von den Seite 224 besprochenen Barometer-Beobachtungen werden hier unten die Resultate angefügt. Es wurde nicht für zweckmässig erachtet, in diesem Falle — wie es bei den Resultaten der Station Auckland-Insel geschehen ist — durch graphische Interpolation den täglichen Gang des Luftdruckes abzuleiten, indem hier nur etwas mehr als die Hälfte der Beobachtungen zur Verfügung steht, wie an der genannten Station, sich also die immerhin umfassende Arbeit kaum verlohnen dürfte. Es ergiebt sich aus den vorliegenden Zahlenwerthen die tägliche Periode des Luftdruckes mit ziemlicher Bestimmtheit.

Datum	1^{a}	6^{a}	8^{a}	11^{a}	Mittag	1^{p}	5^{p}	7^{p}	11^{p}
	mm	mm	mm	mm	mm	mm	—	mm	mm
1874, Novbr. 1.	—	—	—	—	—	—	—	—	—
2.	—	—	—	—	—	—	—	—	—
3.	—	—	—	—	—	—	—	—	—
4.	—	—	—	—	—	—	—	—	—
5.	—	—	—	—	—	—	—	—	—
6.	—	—	—	—	—	—	—	—	—
7.	—	—	—	—	—	—	—	—	—
8.	—	—	—	—	—	—	—	—	—
9.	—	—	—	—	—	—	—	—	—
10.	—	—	—	—	—	—	—	—	—
11.	—	—	—	—	—	—	—	—	—
12.	—	—	—	—	—	—	—	—	—
13.	—	—	—	—	—	—	—	—	—
14.	—	—	—	—	—	—	—	—	—
15.	—	—	—	—	—	—	—	—	—
16.	—	—	—	760.92	—	761.16	762.25	762.49	764.67
17.	—	—	—	67.66	—	67.06	67.64	67.30	67.83
18.	—	—	—	67.07	—	66.92	65.46	65.22	63.18
19.	—	—	—	55.18	—	53.22	53.00	53.52	55.74
20.	—	—	—	—	—	—	—	—	—
21.	751.19	753.18	754.94	54.97	—	54.86	55.91	57.15	58.63
22.	59.27	60.42	60.34	59.32	—	58.98	56.25	53.77	48.62
23.	49.10	51.72	51.95	52.25	—	52.33	52.29	52.34	52.00
24.	50.76	47.60	47.02	41.68	—	38.83	36.02	35.46	34.34
25.	33.50	34.35	36.68	39.04	—	41.34	44.95	47.31	49.13
26.	50.53	52.70	54.03	55.47	—	56.17	57.44	58.28	58.85
27.	58.70	58.44	57.47	56.96	—	56.37	56.88	58.26	60.03
28.	60.12	60.18	59.39	50.45	—	54.13	51.35	51.53	52.37
29.	52.98	55.69	56.26	56.39	—	55.70	53.25	52.35	48.10
30.	46.84	42.51	41.19	40.21	—	—	47.79	48.13	47.57
Mittel	51.30	51,68	51.93	54.11	—	55.16	54.32	54.51	54.36

Datum	1a	6a	8a	11a	Mittag	1p	5p	7p	11p
	mm	mm	mm	mm	mm	mm	mm	mm	mm
1874. Dezbr. 1.	747.17	747.87	747.67	747.51	747.91	748.05	749.23	750.65	752.74
2.	55.57	60.38	60.48	61.18	61.31	61.09	60.25	58.49	56.20
3.	53.38	48.00	48.10	48.63	49.23	50.12	52.60	53.99	55.46
4.	55.75	56.66	57.35	57.54	57.35	57.07	57.39	58.18	59.60
5.	59.37	57.55	56.34	55.84	54.38	54.06	48.47	45.79	45.30
6.	45.52	47.66	47.60	46.79	46.12	46.06	44.60	—	44.27
7.	44.97	48.53	49.50	50.05	50.22	50.20	49.77	48.23	46.39
8.	45.32	43.16	42.24	40.41	39.98	39.43	37.14	36.53	36.29
9.	36.36	36.46	36.84	36.89	36.88	36.70	36.22	36.38	36 97
10.	38.07	40.77	42.25	44.63	44.82	45.31	46.73	47.32	47.24
11.	47.13	—	44.31	43.21	43.06	43.00	42.86	43.46	43.34
12.	44.86	47.56	48.88	49.94	50.24	51.10	52.73	54.01	56.21
13.	56.87	—	56.88	56.58	56.64	56.63	56.00	55.39	54.91
14.	52.83	—	53.14	53.43	53.44	52.90	51.66	51.16	48.30
15.	45.31	37.57	35.49	34.72	35.16	36.00	40.46	42.72	46.39
16.	47.16	49.18	48.76	45.28	45.18	45.18	45.48	46.34	47.21
17.	47.14	45.08	44.97	45.82	45.95	46.00	47.98	48.76	50.76
18.	51.90	51.30	50.43	49.14	48.23	47.35	47.12	48.39	51.05
19.	51.78	53.35	53.38	53.05	52.65	52.19	48.58	46.95	44.76
20.	43.67	41.21	39.65	38.09	37.44	36.90	34.77	35.23	38.16
21.	39.66	41.18	41.35	41.00	40.99	40.87	41.54	42.62	45.89
22.	—	50.36	51.75	53.26	53.95	54.50	56.55	56.85	59.26
23.	59.69	60.64	60.98	61.12	60.95	60.85	59.99	59.57	—
24.	56.82	51.33	49.05	45.62	45.57	46.07	47.04	47.34	—
25.	—	—	48.30	46.15	46.02	46.06	48.50	49.67	49.50
26.	47.16	44.12	41.26	35.11	33.98	32.57	29.66	27.98	23.99
27.	—	26.41	29.97	34.18	34.58	34.87	35.90	37.08	38.90
28.	—	44.36	44.56	45.64	46.17	45.96	47.84	47.57	46.22
29.	44.94	43.29	43.56	43.78	43.96	43.69	43.40	43.45	43.75
30.	43.50	42.55	42.39	41.62	41.08	41.31	41.24	41.58	42.45
31.	—	41.98	41.86	41.61	41.67	41.71	42.56	43.39	44.17
Mittel	48.53	46.61	47.07	46.70	46.62	46.57	46.59	46.84	46.75
	mm	mm	mm	mm	mm	mm	mm	mm	mm
1875, Januar 1.	744.57	745.83	746.71	747.82	747.71	747.93	748.97	749.41	750.25
2.	—	50.12	50.54	51.23	51.19	51.26	51.11	50.96	50.91
3.	—	50.76	50.60	49.47	50.43	50.53	51.03	52.55	53.04
4.	—	52.05	51.79	51.04	50.66	50.52	49.06	48.89	47.76
5.	—	43.98	42.82	42.85	43.26	43.63	46.52	47.98	50.75
6.	—	52.25	53.03	53.61	53.51	53.54	52.70	52.83	52.26
7.	51.50	49.75	48.62	46.17	45.35	44.70	39.51	36.89	32.21
8.	28.63	21.71	25.65	31.08	33.45	34.08	38.52	40.38	43.77
9.	45.26	42.26	40.12	37.54	36.98	36.13	37.54	—	40.69
10.	42.01	44.03	44.72	45.37	45.96	46.31	—	48.19	49.22
11.	48.41	43.38	42.19	38.99	38.01	37.41	36.31	37.11	40.74
12.	—	42.39	41.17	36.68	35.73	35.63	36.76	36.89	36.32
13.	36.19	37.17	37.83	38.40	38.60	38.65	38.05	38.03	38.27
14.	38.38	39.85	40.70	42.44	42.69	43.25	45.80	46.57	48.86
15.	49.15	50.28	50.57	51.01	51.26	51.39	52.49	53.47	54.88
16.	—	55.71	55.45	54.83	54.75	54.22	52.18	51.85	51.84
17.	—	52.34	51.95	50.70	50.41	49.81	49.80	49.99	50.77
18.	—	51.20	51.16	51.10	51.14	51.21	51.99	52.22	53.37
19.	—	52.89	52.98	52.31	52.03	51.87	50.83	50.38	49.69
20.	49.55	48.62	48.37	47.95	47.79	47.80	47.40	47.74	48.19
21.	—	48.49	47.71	46.10	45.45	44.70	40.98	39.25	37.58
22.	—	39.63	40.55	41.14	41.23	41.39	—	42.42	43.23
23.	43.48	45.20	45.75	45.99	45.97	45.87	46.29	46.42	46.82
24.	46.56	45.47	44.96	44.54	44.69	44.82	45.57	46.91	—
25.	—	54.39	54.26	54.24	54.25	53.90	52.60	51.48	44.36
26.	—	43.23	42.90	41.98	41.60	—	40.04	39.99	40.30
27.	—	37.25	36.61	35.07	34.89	34.69	35.78	37.57	42.57
28.	45.09	49.92	51.43	53.68	53.66	53.88	54.57	54.02	51.34
29.	48.38	36.72	34.93	37.56	—	37.36	35.07	35.03	37.23
30.	—	—	—	—	—	—	—	—	—
31.	—	—	—	—	—	—	—	—	—
Mittel	44.08	45.75	45.73	45.55	45.81	45.59	45.46	45.91	45.97

Meteorologische Beobachtungen,

Kerguelen (Betsy Cove)

Datum	Barometer reduzirt auf 0° Cels.				Barometer Tagesmittel	Psychrometer 4h a. m.		Psychrometer 9h a. m.		Psychrometer 3h p. m.		Psychrometer 9h p. m.	
	4h a. m.	9h a. m.	3h p. m.	9h p. m.		trocken	feucht	trocken	feucht	trocken	feucht	trocken	feucht
	mm	mm	mm	mm	mm	°	°	°	°	°	°	°	°
9	—	755.90	754.88	—	—	—	—	4.1	2.1	5.8	3.4	—	—
10	—	756.09	758.33	—	—	—	—	4.0	1.0	5.7	2.6	—	—
11	—	753.45	745.31	—	—	—	—	0.5	0.4	1.2	1.0	—	—
12	—	739.82	739.57	—	—	—	—	6.2	5.4	7.8	5.4	—	—
13	—	744.87	745.76	742.3	—	—	—	7.7	3.8	4.6	3.9	2.6	2.4
14	737.67	738.58	738.36	740.38	738.75	3.6	3.4	5.5	5.3	7.0	6.8	5.6	4.6
15	745.07	749.54	754.38	757.25	751.56	2.4	1.6	3.5	2.3	4.6	2.5	1.6	ohne Eis — 0.4
16	759.48	760.71	761.27	764.31	761.44	0.5	ohne Eis — 0.4	7.2	5.8	9.2	6.9	3.4	1.8
17	766.21	767.66	767.64	767.95	767.37	— 0.2	ohne Eis — 0.4	6.2	4.6	6.8	5.6	4.2	3.8
18	767.35	767.14	766.40	763.97	766.22	4.0	3.8	7.9	6.8	9.3	7.7	4.0	3.6
19	760.11	756.99	752.02	755.29	756.10	4.8	4.6	6.3	5.9	6.0	5.7	3.5	1.4
20	756.75	755.04	752.15	751.60	753.89	2.2	1.6	4.3	3.2	7.0	5.6	4.6	3.4
21	752.49	754.97	755.63	757.98	755.27	1.7	0.4	5.4	2.0	3.4	1.5	2.4	0.1
22	760.28	759.92	757.99	752.08	757.57	1.5	0.5	6.6	4.0	7.3	4.4	3.1	2.0
23	751.28	752.03	751.49	752.05	751.71	3.0	1.5	7.8	4.0	8.8	4.6	2.3	0.4
24	748.49	743.79	737.71	734.64	741.16	2.4	2.0	5.2	5.1	5.7	5.5	4.6	4.5
25	733.84	737.59	743.42	748.51	740.84	2.5	0.8	5.6	2.8	5.9	2.4	2.1	ohne Eis — 0.4
26	752.29	754.38	756.75	758.69	755.53	1.6	1.1	6.9	5.0	8.6	5.4	5.0	3.7
27	758.36	756.88	756.69	759.73	757.92	3.0	2.5	6.0	4.6	8.6	7.3	6.2	4.9
28	760.18	758.88	751.95	752.07	755.77	2.8	2.5	5.5	4.5	7.2	6.8	6.0	5.5
29	754.84	756.48	754.42	749.68	753.85	2.8	2.6	5.1	4.7	4.8	4.6	5.0	5.0
30	743.08	740.16	746.63	747.89	744.44	5.1	4.8	5.8	5.7	7.0	4.8	3.6	3.1
	—	—	—	—	—	—	—	—	—	—	—	—	—
Mittel	753.40	753.57	753.23	753.77	753.49	2.57	1.94	5.93	4.49	6.89	5.18	3.95	2.76

angestellt im Monat November 1874.

Geographische Lage: Breite 49° 9.2′ Süd; Länge 70° 11.2′ Ost von Gr.
Höhe über dem Meere 23,1 m. Schwere Korrektion für 760: + 0,28 mm.

Dunstspannung					Relative Feuchtigkeit					Mittlere Tages-temperatur	Thermograph		Mittel aus den Extremen
4h a.m.	9h a.m.	3h p.m.	9h p.m.	Tages-mittel	4h a.m.	9h a.m.	3h p.m.	9h p.m.	Tages-mittel		Max.	Min.	
mm	mm	mm	mm	mm	%	%	%	%	%	°	°	°	°
—	4.1	4.4	—	—	—	68	64	—	—	—	6.9	1.3	4.1
—	3.2	3.7	—	—	—	52	54	—	—	—	8.2	1.6	4.9
—	4.7	4.8	—	—	—	98	96	—	—	—	6.6	0.0	3.3
—	6.2	5.3	—	—	—	88	67	—	—	—	5.4	0.0	2.7
—	5.5	5.6	5.3	—	—	86	89	96	—	—	9.7	0.0	4.9
5.7	6.5	7.3	5.8	6.33	97	97	98	85	94.3	5.43	6.1	2.1	4.1
4.7	4.7	4.2	3.4	4.25	85	80	67	66	74.5	3.03	8.0	2.0	5.0
4.0	6.1	6.0	4.3	5.10	83	80	70	73	76.5	5.08	7.0	0.2	3.6
4.4	5.4	6.1	5.8	5.43	96	76	82	93	86.8	4.25	9.4	— 0.3	4.6
5.9	6.7	6.9	5.7	6.30	97	85	79	93	88.5	6.30	8.6	3.6	6.1
6.2	6.7	6.7	3.8	5.85	97	94	96	65	88.0	5.15	10.2	3.4	6.8
4.8	5.1	6.0	5.1	5.25	89	82	79	81	82.8	4.53	7.6	1.5	4.6
4.0	3.3	4.0	3.3	3.65	77	49	68	59	63.3	3.23	7.2	1.7	4.5
4.2	4.5	4.5	4.6	4.45	82	62	59	81	71.0	4.63	6.8	0.9	3.9
4.2	3.8	3.8	3.6	3.85	74	48	46	66·	58.5	5.48	10.5	2.1	6.3
5.1	6.5	6.6	6.2	6.10	93	98	98	98	96.8	4.48	10.1	1.6	5.9
3.9	3.9	3.4	3.1	3.58	70	58	49	59	59.0	4.03	6.3	2.3	4.3
4.7	5.4	4.8	5.2	5.03	91	73	58	80	75.5	5 53	7.2	0.9	4.1
5.2	5.5	6.8	5.7	5.80	91	79	83	81	83.5	5.95	10.9	2.9	6.9
5.3	5.7	7.1	6.5	6.15	94	85	94	93	91.5	5.38	12.8	2.4	7.6
5.4	6.2	6.2	6.5	6.08	96	94	97	100	96.8	4.43	8.7	2.4	5.6
6.3	6.8	5.1	5.4	5.90	95	99	69	92	88.8	5.38	6.1	4.3	5.2
—	—	—	—	—	—	—	—	—	—	—	—	—	—
4.94	5 46	5.62	4.94	5.24	88.6	78.8	76.0	80.3	80.95	4.84	8.44	2.00	5.24

Meteorologische Beobachtungen,

Kerguelen (Betsy Cove)

Datum	Wind									4h a. m.		
	Richtung				Stärke				Mittlere Stärke			
	4h a. m.	9h a. m.	3h p. m.	9h p. m.	4h a. m.	9h a. m.	3h p. m.	9h p. m.		Form	Richtung	Grad
9	—	WzS	WSW	—	—	7	6—5	—	6	—	—	—
10	—	S	0 SE	—	—	2—3	1—2	—	2	—	—	—
11	—	ENE	E	—	—	6	6—8	—	6.5	—	—	—
12	—	von NW umgehend auf NEzE	SE	—	—	0—1	1—2	—	1	—	—	—
13	—	NWzW	N-lich	N-lich	—	1—0	0—1	0—1	0.5	—	—	—
14	still	NW	still	SWzW	0	0—1	0	1	0.4	nimb	—	10
15	SWzW	SWzS	SWzW	SWzS	5 böig	6 böig	4	3	4.5	cum nimb	NEzN	10
16	SW	NWzW	W	still	0—1	4	3—4	0	2.0	cum	NE	8
17	still	NNW	NWzN	NWzN	0	1—0	5	2	1.9	cum cir	—	6
18	NW	NW	still	NWzW	0—1	4	0	4	2.1	cum	die unteren nach ENE	7
19	NW	NWzW	NWzW	WzS	3—4	5	6	4	4.6	cum	untere Schicht sehr niedrig nach SE	6
20	W	NWzW	W	W	4—5	6	9	7	6.6	cum	E	8
21	WzS	WSW	WSW	SWzW	5—6	6—8	9	6	6.9	cum	EzN	5
22	WzS	W	NW	WNW	4	4	2	8	4.5	cum	obere Schicht nach NE	7
23	SW-lich	WNW	SWzW	W	0—1	6—7	7	6	5.0	str	untere nach E NE-lich	2
24	NW	NWzW	NNW	NW	3	4	0—1	2	2.4	cum nimb	—	diesig 10
25	WzS	W böig	SW böig	SWzW	3—4	5	5	5—6	5.0	cum	EzN	6
26	von SW auf WNW	W	NWzW	NW	3—4	2	3	1	2.4	cum	E-lich	9
27	NWzN	NWzW	NWzW	SWzS	4—5	7	6	0—1	4.5	cum nimb	SEzS	7
28	EzS	NW	NW	N	1—2	3—4	2	2	2.3	cum	W-lich	9
29	ESE	NE	N	NzW	1—2	1	1	0—1	1.0	nimb	diesig	10
30	NWzW	WNW	SW	NWzW	7	5	7—8	8	6.9	nimb	diesig	10
	—	—	—	—	—	—	—	—	—	—	—	—
Mittel	—	—	—	—	2.85	4.18	4.15	3.56	3.71	—	—	7.6

angestellt im Monat November 1874.

Geographische Lage: Breite 49° 9,2′ Süd; Länge 70° 11,2 Ost von Gr.
Höhe über dem Meere 23,1 m. Schwere Korrektion für 760: + 0,28 mm.

Bewölkung									Mittlerer Grad der Bewölkung	Niederschläge		Bemerkungen	
9h a. m.			3h p. m.			9h p. m.				A. Nebel B. Regen C. Schnee D. Hagel	Menge	Solar-Radiation	Ozon
Form	Richtung	Grad	Form	Richtung	Grad	Form	Richtung	Grad					
											cbcm		
cum nimb	EzN	7	cum nimb	ENE	9—10	—	—	—	8	Seit 4h p. m. B C	—	32.1	10
cum nimb	N-lich feiner nimb E-lich	9—10	cum str	leichter Zug der str nach E	7—8	—	—	—	8.5	—	251	30.7	12—13
nimb	N-lich feiner nimb E-lich	10	nimb	—	10	—	—	—	10	C A	207	35.7	12
cum	SW-lich	6	cum nimb	NW	9	—	—	—	7.5	—	1986	28.5	11
nimb	—	diesig 10	nimb	—	10	nimb	—	10	10	B	—	42.0	10
nimb	—	10	-	—	10	cum	nach NE	9	9.8	B A	419	32.5	11
cum nimb	—	10	cum	NEzN	9	cum	NEzN	8	9.3	—	272	25.7	10
cum	SE-lich	6—7	cum	E-lich	7	cum	—	3	6.1	4h a. m. Thau	—	35.8	8
cum cir	SSE	7—8	cum nimb	darunter feiner cum nach SEzS	7	cum	ESE	9	7.4	4h a. m. Thau	—	37.7	9—10
cum s	SE	4	nimb	—	10	cum nimb	SEzE	3	6.0	4h a. m. Thau 4h bis 6h p.m. A	—	35.5	10
nimb	—	diesig 10	nimb	—	diesig 10	cum	EzN	7	8.3	Thau B	—	36.5	11—12
cum	2 Schichten übereinander SEzE	9	cum nimb	2 Schicht. E	9—10	cum	Ringe um den Berg, oben klar	5	7.9	—	324	25.0	10
cum	ENE	7	cum nimb	ENE	7	cum	NEzE	8	6.8	C	—	28.3	9
cum s	E	5	cum s	SE	diesig 7	cum nimb	ESE	9	7.0	—	143	31.8	8
cum	ESE	2	cum	Ringe um den Horiz.	2	cum s	Sehr hoch, leise nach E	4	2.5	—	—	36.9	9
—	—	—	nimb	—	diesig 10	cum nimb	SE-lich	9	9.7	A B	100	35.2	11
cum	E	6	hohe cum	NE	7	cum	NEzE	8	6.8	C	778	26.8	12
cum nimb	E	8	cum	SEzE	2	cum	SE	1	5.0	—	76	35.5	9
cum nimb	SEzE	9	nimb	diesig	10	cum	NE-lich	7	8.3	—	—	39.2	10
cum	SE	10	Nebel	Nebel	10	cum	S	4	8.3	A B	—	40.5	11
nimb	diesig	10	Nebel	Nebel	10	—	—	10	10.0	B	612	30.7	11
nimb	diesig	10	cum	NE	6	cum nimb	SEzE	diesig 10	9.0	B	4650	14.3	12—13
—	—	—	—	—	—	—	—	—	—	Summe	7374	—	—
—	—	7.3	—	—	7.9	—	—	7.3	7.5	—	—	—	—

Meteorologische Beobachtungen,

Kerguelen (Betsy Cove)

Datum	Barometer reduzirt auf 0° Cels. 4h a. m.	9h a. m.	3h p. m.	9h p. m.	Tages-mittel	Psychrometer 4h a. m. trocken	4h a. m. feucht	9h a. m. trocken	9h a. m. feucht	3h p. m. trocken	3h p. m. feucht	9h p. m. trocken	9h p. m. feucht
	mm	mm	mm	mm	mm	°	°	°	°	°	°	°	°
1	747.70	747.48	748.76	751.34	748.82	4.0	3.4	5.2	3.0	5.9	3.1	1.9	0.4
2	758.15	760.98	761.12	757.23	759.37	1.7	0.3	6.6	4.2	6.6	4.0	3.6	2.7
3	749.15	748.08	751.64	754.88	750.94	4.3	4.0	3.4	1.6	8.2	5.3	2.9	2.3
4	756.30	757.22	757.01	759,27	757.45	3.4	2.8	8.1	6.5	9.6	6.7	6.1	4.6
5	758.69	755.80	750.81	745.42	752.68	6.2	5.8	6.8	6.1	7.2	6.8	6.2	6.0
6	746.42	747.35	745.54	743.45	745.69	3.5	1.7	3.8	2.8	3.7	2.0	2.2	0.3
7	747.42	750.01	750.03	747.40	748.72	1.7	0.0	3.6	2.4	5.0	3.2	3.4	3.2
8	743.88	741.52	738.34	736.39	740.03	4.1	4.0	5.2	5.1	7.1	6.4	3.8	2.8
9	736.41	736.93	736.35	736.62	736.58	2.3	1.5	6.6	4.7	7.2	5.0	3.0	1.6
10	739.49	743.38	746.37	747.78	744.26	2.1	0.5	3.0	2.0	9.5	5.8	3.5	1.8
11	744.66	743.66	742.89	743.60	743.70	4.9	4.4	5.4	5.1	7.7	5.0	4.4	2.6
12	747.08	748.87	751.84	755.41	750.80	3.0	1.5	6.4	5.0	9.4	6.6	3.3	1.8
13	757.58	756.59	756.37	755.32	756.47	3.6	1.7	7.0	5.2	8.2	6.5	5.0	4.7
14	751.86	753.46	752.47	750.26	752.01	5.9	5.7	5.8	5.7	6.4	6.3	5.3	5.1
15	740.69	735.18	738.59	744.69	739.79	5.4	5.3	7.2	7.0	4.2	2.9	1 4	0.4
16	748.24	747.81	745.19	747.01	747.06	2.1	1.6	3.7	3.6	3.9	2.4	5.9	5.6
17	745.13	745.16	747.16	750.11	746.89	6.6	6.4	7.8	6.7	8.4	6.4	4.6	3.4
18	751.36	749.86	746.67	749.89	749.45	2.8	2.2	4.8	4.6	8.5	6.8	3.8	2.1
19	752.73	753.34	750.49	745.97	750.63	3.4	2.3	5.1	4.8	6.9	5.7	6.0	5.8
20	741.82	739.09	735.66	736.99	738.39	7.2	7.0	6.9	6.8	6.6	6.6	4.5	3.2
21	741.09	741.21	741.05	744.52	741.97	2.0	1.1	5.1	4.7	8.4	6.5	2.8	1.3
22	748.81	751.93	755.64	758.70	753.77	2.4	1.2	2.7	1.9	4.7	2.0	2.8	1.3
23	760.02	761.04	760.45	759.07	760.15	4.5	2.7	6.2	5.2	6.9	5.0	4.3	2.9
24	754.23	748.00	746.60	748.90	749.43	4.6	3.9	5.2	5.0	7.0	6.3	4.2	3.7
25	748.99	747.23	745.10	748.63	747.49	4.3	3.6	4.4	4.3	8.6	6.9	5.2	5.0
26	745.29	739.46	731.39	727.14	735.82	4.5	4.4	7.1	7.0	7.4	7.3	6.0	5.8
27	724.04	731,36	735.66	737.48	732.14	4.8	4.4	6.8	4.5	6.9	4.7	4.0	3.5
28	742.09	745.10	747.75	746.97	745.48	3.4	3.2	7.1	5.7	9.4	6.6	5.2	4.7
29	743.65	743.27	743.70	743.60	743.56	6.3	6.2	7.6	7.4	7.0	6.5	5.0	4.8
30	742.88	741.91	741.35	742.46	742.15	4.7	4.5	5.8	5.6	8.1	6.8	4.3	3.6
31	742.32	741.77	741.79	744.02	742.48	4.5	4.0	5.8	4.8	9.3	7.1	3.8	2.7
	—	—	—	—	—	—	—	—	—	—	—	—	—
Mittel	747.04	746.90	746.57	747.11	746.91	4.01	3.27	5.68	4.81	7.22	5.46	4.14	3.22

angestellt im Monat Dezember 1874.

Geographische Lage: Breite 49° 9,2′ Süd; Länge 70° 11,2′ Ost von Gr.
Höhe über dem Meere 23,1 m. Schwere Korrektion für 760: + 0,28 mm.

Dunstspannung					Relative Feuchtigkeit					Mittlere Tages-tempe-ratur	Thermograph		Mittel aus den Extremen
4h a. m.	9h a. m.	3h p. m.	9h p. m.	Tages-mittel	4h a. m.	9h a. m.	3h p. m.	9h p. m.	Tages-mittel		Max.	Min.	
mm	mm	mm	mm	mm	%	%	%	%	%	°	°	°	°
5.41	4.31	3.99	3.76	4.37	90	66	59	73	72.0	4.25	8.5	3.2	5.85
3.79	4.72	4.53	4.94	4.50	75	64	62	85	71.5	4.63	7.1	1.4	4 25
5.87	4.01	4.89	4.96	4.93	96	70	61	90	79.3	4.70	8.1	3.1	5.60
5.17	6.21	5.64	5.41	5.61	90	78	62	78	77.0	6.80	10.4	2.8	6.60
6.59	6.56	7.08	6.79	6.76	94	90	94	97	93.8	6.60	11.8	4.7	8.25
4.06	4.92	4.22	3.49	4.17	70	83	72	66	72.8	3.30	7.7	2.9	5.30
3.52	4.67	4.65	5.57	4.60	69	80	72	97	79.5	3.43	6.3	1.0	3.65
5.98	6.43	6.70	4.92	6.01	98	98	90	83	92.3	5.05	7.5	1.3	4.40
4.58	5.43	5.14	4.27	4.86	85	73	69	76	75.8	4.78	7.4	0.8	4.10
3.74	4.62	4.65	4.15	4.29	71	83	53	72	69.8	4.53	8.0	1.9	4.95
5.89	6.32	4.85	4.40	5.37	92	95	62	71	80.0	5.60	10.0	1.8	5.90
4.17	5.62	5.57	4.29	4.91	74	79	63	75	72.8	5.53	8.9	2.7	5.80
4.01	5.50	6.16	6.16	5.46	69	74	77	95	78.8	5.95	10.3	0.5	5.40
6.66	6.72	7.01	6.36	6.69	95	99	99	97	97.5	5.85	8.3	4.5	6.40
6.54	7.29	4.81	4.06	5.68	99	98	79	82	89.5	4.55	6.6	4.3	5.45
4.78	5.80	4.51	6.56	5.41	91	98	75	96	90.0	3.90	8.4	0.2	4.30
6.99	6.61	5.94	5.07	6.15	98	85	73	81	84.3	6.85	9.2	2.0	5.60
4.92	6.16	6.32	4.27	5.42	89	97	77	72	83.8	4.98	8.6	2.0	5.30
4.69	6.18	6.07	6.70	5.91	82	95	83	97	89.3	5.35	9.2	2.3	5.75
7.29	7.26	7.20	4.94	6.67	98	99	100	79	94.0	6.30	7.4	3.0	5.20
4.36	6 09	6.05	4.11	5.15	84	94	74	74	81.5	4.58	7.5	1.9	4.70
4.22	4.72	3.65	4.11	4.18	79	85	57	74	73.8	3.15	8.4	1.2	4.80
4.42	5.96	5.32	4.74	5.11	71	85	73	77	76.5	5.48	7.0	2.0	4.50
5.57	6.32	6.65	5.59	6.03	89	97	89	92	91.8	5.25	7.5	3.9	5.70
5.43	6.09	6.36	6,32	6.05	89	98	77	97	90.3	5.63	7.0	3.8	5.40
6.14	7.35	7.51	6.70	6.93	98	99	99	97	98.3	6.25	9.1	3.9	6.50
5.96	4.89	5.05	5.50	5.35	94	67	69	92	80.5	5.63	7.4	4.4	5.90
5.57	5.96	5.57	6.02	5.78	97	80	63	92	83.0	6.28	7.2	2.5	4.85
6.95	7.51	6.86	6.25	6.89	99	98	92	97	96.5	6.48	9.7	3.4	6.55
6.14	6.61	6.56	5.43	6.19	97	97	82	89	91.3	5.73	7,9	3.8	3.85
5.73	5.78	6.16	4.83	5.63	92	85	71	82	82.5	5.85	9.1	2.8	3.95
—	—	—	—	—	—	—	—	—	—	—	—	—	—
5.33	5.89	5.67	5.18	5.52	87.5	86.7	75.1	84.7	83.5	5.27	8.31	2.58	5.44

Meteorologische Beobachtungen,

Kerguelen (Betsy Cove)

Datum	Wind											
	Richtung				Stärke				Mittlere Stärke	4h a. m.		
	4h a. m.	9h a. m.	3h p. m.	9h p. m.	4h a. m.	9h a. m.	3h p. m.	9h p. m.		Form	Richtung	Grad
1	WNW	NWzWböig	WzNböig	WzNböig	7	9	9	9	8.5	cum nimb	ESE	7
2	WSW	WNW	NWzW böig	NWzW böig	2—3	3—4	3	7	4.0	cum nimb	in 2 Schichten ENE	9
3	NWböig	WNW	W	WzN	7	7	4	5—6	5.9	nimb	SE	10
4	NWzW	NW	NWzW	NW	4	2	4	1	2.8	oben str cum str c	am Horizont SElich	8
5	von W umgehend auf NW	NWböig	WNW	NWzW böig	1	7—8	7	8	5.9	cum nimb	in 2 Schichten, untere sehr niedr. ESE	in SE diesig 7
6	NWzW	NW	ESE	SWzS	3	3	3—4	3	3.1	cum nimb	NEzE	10
7	SWzW	NW	NWzW	NW	1—2	3	7	7	4.6	cum	NElich	7
8	NWzN	NWzN	NWzW	SEzS	5	3	3—4	1—0	3.0	nimb	—	s. diesig 10
9	WzS	NW	N	SEzS	3—4	3	1	3	2.6	oben cir unten cum nimb	cir fest Elich	4
10	SW	WSW	WzN	WNW	1—2	3	5	6	3.9	cum	NE	9
11	NWzW	NWzW	WNW	WNW	7—8	7—8	7	8—9	7,6	nimb	SEzE	s. diesig 10
12	WzN	W	WzN	W	5—6	6	4—5	1—2	4.4	cum	EzS	6
13	NW	NWzN	NW	NW	2	5—6	4	3—4	3.8	cum cir	SE	7—8
14	NWzW	NWzW	NWzN	NWlich	7—8	3	3—4	1—0	3.9	—	—	10
15	NEzN	NW	WzS	WzN	3	4	7 böig	7 böig	5.3	nimb	—	10
16	W	NWzW	WNW böig	NWzW böig	5	8	9	9	7.8	oben cir unten cum	E	7
17	NWzWböig	NWzW	WNW	WzN	8	7	7	5	6.8	nimb	SEzE	s. diesig 10
18	Still	NW	WzN	WzN	0	4	6	7	4.3	cum ni	Elich	3
19	WNW	NW	NzW	NNW	6	5	5	5—6	5.4	cum	ESE	6
20	NWzW	N	NNW	WzN	4—5	4	3	5	4.1	nimb	sehr diesig	10
21	WzN	NWzW	WNW	WzS	3	5	6	2	4.0	cum	EzS	5
22	WzN	W	SWzS	W	1—2	5	1	1—2	2.3	am Horizont cum	EzS	3
23	WNW	NW	NWzW	NWzN	1—0	2	5	5	3.1	cum	ESE	1
24	NNE	NEzN	NW	NWzW	3	7—8	5	4	4.9	nimb	SSW	10
25	NWzW	NWzW	WNW	NW	6	6	8 böig	1	5.3	cum	SEzE	5
26	NW	NNE	NWzW	NW	2	5	6—7	0—1	3.5	nimb	—	diesig 10
27	sehr böig WNW	sehr böig WNW	sehr böig WNW	WNW	11	9—10	10	3	8.4	im W sehr diesig cum nimb	ESE	8
28	WNW	böig WNW	böig WzN	böig NWzW	5	8	8	8	7.3	cum	ESE	4
29	böig NWzW	böig NWzW	NWzW	NWzW	5	6—7	7	3	5.4	nimb	SEzE	diesig 10
30	NWzW	NWzW	ENE	ENE	1	2	1	0—1	1.1	nimb	SEzE	10
31	NW	NWzW	W	W	4	6	6	3—4	4.9	cum ni	SE	10
	—	—	—	—	—	—	—	—	—	—	—	—
Mittel	—	—	—	—	4.13	5.18	5.37	4.34	4.77	—	—	7.63

angestellt im Monat Dezember 1874.

Geographische Lage: Breite 49° 9,2′ Süd; Länge 70° 11,2′ Ost von Gr.
Höhe über dem Meere 23,1 m. Schwere Korrektion für 760: + 0,28 mm.

Bewölkung									Mittlerer Grad der Bewölkung	Niederschläge		Bemerkungen	
9^h a. m.			3^h p. m.			9^h p. m.				A. Nebel B. Regen C. Schnee D. Hagel	Menge	Solar-Radiation	Ozon
Form	Richtung	Grad	Form	Richtung	Grad	Form	Richtung	Grad					
nimb	SEzE	10	cum nimb	EzS	7	cum nimb	EzS	diesig 9—10	8.4	C B	chem 312	34.2	13
cum	ESE	7	cum nimb	SEzE	9	cum nimb	SEzE	10	8.8	—	—	32.3	10
cum	ESE	7	cum nimb	E	7—8	cum	EzS	3	6.9	B	304	32.8	12
cum s	SE	8	cum	SEzE	2	cum	SE	4	5.5	—	—	34.2	9
cum nimb	SE	im SE s. diesig 8	nimb	ESE	sehr diesig 10	—	—	10	8.8	B A A B	3	36.2	12
cum nimb	SE	9—10	cum nimb	WNW	10	cum	NEzN	9—10	9.8	—	68	23.4	13
cum	SE	10	cum nimb	SEzE	10	nimb	—	s. diesig 10	9.3	B	—	25.3	10
nimb	—	s. diesig 10	cum	SEzE	5	cum	NWlich	7	8.0	B B	1182	33.3	12—13
cum cir	SE	8	cum nimb	Slich	9	cum	NWzN	9	7.5	—	82	33.2	9
cum	ENE	9	cum	EzS	5	cum cir	ESE	9	8.0	—	—	34.1	8—9
nimb	SEzE	s. diesig 10	cum	ESE	5	cum	ESE	6	7.8	2^h B	4	36.7	11
cum	E	6	cum	EzS	im W diesig 6	cum	E	2	5.0	Staub B	215	33.5	9
cum cir	SEzS	7	cum cir	SE	9—10	nimb	SE	10	8.5	4^h—8^h B seit 10^h B	7	37.1	8
—	—	10	—	—	10	—	—	10	10.0	A B	1052	35.7	11
cum nimb	SE	10	cum nimb	EzN	10	cum	EzS	am Horiz. 3	8.3	B bald nach 3^h B C D Böen	2870	9.9	11
nimb	SEzE	10	str cum	ESE	7	sehr niedrig nimb	SEzE	s. diesig 10	8.5	B	38	31.3	11
nimb	SEzE	s. diesig 10	hoch str cum ni	ESE	8	cum nimb	EzS	7	8.8	B	849	32.6	11
—	—	10	amHorizont cum	EzS	3	cum	EzS	3	4.8	1^h—1^h 45′ B A	19	26.2	10
oben nimb unten cum	SE	10	nimb	—	10	—	—	10	9.0	5^h A 6^h B B	40	32.8	9
—	—	10	—	—	10	cum	Elich	5	8.8	A B	4000	31.6	11—12
cum	SEzE	4	cum	ESE	3	cum	EzN	3	3.8	2^h B	1271	25.6	10
cum	E	9	cum	NEzE	9	cum	E	6—7	6.9	—	24	31.9	8
cum	SE	1	cum	SEzE	1—2	cum ni	SEzE	10	3.4	—	42	30.4	8
nimb	—	s. diesig 10	nimb	SE	7	amHorizont cum	—	3	7,5	B	5	31.1	11
nimb	—	sehr diesig 10	cum s	ESE	8	im E sehr dicke cum ni	SE	8	7.8	B	932	30.4	12
nimb	—	diesig 10	—	—	10	—	—	10	10.0	B B seit 10^h 20′ B	1542	30.3	13
cum ni	ESE	9	cum ni	ESE	7	cum ni	ESE	9	8.3	11^h 20′ C D Böen 4^h 35′ u. 6^h 50′ B Böen	3160	11.5	12
cum	ESE	5	cum	EzS	3	cum ni	SEzE	9	5.3	—	189	32.3	10
nimb	SEzE	10	cum	SEzE	10	nimb	SEzE	10	10.0	B	1070	33.1	10
cum ni	SEzE	10	2 Schicht. cum	oben fest unt. WSW	7	cum ni	WSW	9	9.0	seit 10^h 30′ fein B feinrer B 4^h D Böe	414	31.8	12
cum ni	SEzE	10	cum	E	5	cum ni	E	8	8.3	B	124	34.5	11—12
—	—	—	—	—	—	—	—	—	240.8	Summe	19818	—	—
—	—	8.63	—	—	7.21	—	—	75.0	7.77	—	—	—	—

Meteorologische Beobachtungen,

Kerguelen (Betsy Cove)

Datum	Barometer					Psychrometer							
	reduzirt auf 0° Cels.				Tages-mittel	4h a. m.		9h a. m.		3h p. m.		9h p. m.	
	4h a. m.	9h a. m.	3h p. m.	9h p. m.		trocken	feucht	trocken	feucht	trocken	feucht	trocken	feucht
	mm	mm	mm	mm	mm	°	°	°	°	°	°	°	°
1	745.14	746.83	748.62	749.93	747.63	4.2	3.1	6.6	3.6	6.9	4.0	3.1	1.3
2	749.72	751.15	751.48	750.84	750.80	3.6	2.3	6.0	4.6	6.5	4.9	5.6	4.6
3	751.24	749.94	750.44	752.97	751.15	6.3	5.3	8.2	7.0	10.1	8.1	5.6	3.4
4	752.28	751.84	749.65	748.39	750.54	5.1	4.9	6.0	5.8	8.6	8.0	6.3	6.1
5	744.70	742.60	744.82	749.47	745.40	6.8	6.6	8.8	8.8	11.9	8.6	4.3	2.6
6	751.39	753.20	753.12	753.88	752.90	5.0	4.0	8.4	6.0	8.5	8.2	6.1	5.8
7	749.73	747.94	742.30	734.56	743.63	6.3	6.2	6.8	6.6	7.4	7.2	6.5	6.4
8	723.97	728.02	736.90	742.30	732.80	5.8	5.6	4.0	3.6	6.9	3.9	3.3	1.0
9	743.28	739.70	736.60	739.58	739.79	4.2	3.4	5.8	5.6	7.7	5.7	4.3	2.4
10	743.08	744.83	747.53	749.28	746.18	2.7	1.4	7.4	5.0	7.5	4.5	4.1	3.2
11	745.68	740.94	736.67	738.58	740.47	4.6	4.2	5.4	4.8	5.4	5.0	3.6	2.4
12	742.60	739.91	736.29	736.42	738.81	2.1	1.0	3.0	2.4	6.8	5.1	4.6	3.8
13	736.47	738.09	738.49	738.26	737.83	3.7	2.6	6.8	5.6	6.9	6.1	3,0	2.1
14	738.78	741.22	744.35	747.92	743.07	1.8	0.6	5.8	3.8	8.1	4.7	3.1	1.6
15	749.91	750.56	752.20	754.30	751.74	2.5	1.1	4.8	2.8	5.4	2.5	2.9	1.5
16	755.63	755.54	753.25	751.83	754.06	2.8	0.8	6.6	5.4	6.6	5.4	5.3	3.9
17	752.34	751.42	749.94	750.43	751.03	4.8	3.8	6.8	5.0	7.0	6.1	6.4	5.8
18	750.91	751.09	751.43	753.29	751.68	5.7	5.3	6.8	6.2	7.7	6.5	4.6	3.5
19	752.82	752.73	751.23	750.19	751.74	3.4	2.5	4.8	4.4	7.1	6.5	5.3	5.0
20	748.60	748.26	747.37	747.90	748.03	4.7	4.5	7.2	7.0	7.9	7.3	6.1	5.6
21	748.52	746.91	741.86	737.67	743.74	4.0	3.2	5.6	5.4	6.5	6.3	6.6	6.4
22	737.87	740.66	741.70	742.72	740.74	6.5	5.4	7.4	6.0	8.4	7.0	5.0	4.4
23	743.71	745.63	746.13	746.67	745.54	4.5	2.8	7.4	5.2	8.3	6.3	4.0	2.8
24	746.01	744.81	745.23	748.30	746.09	4.6	4.1	4.8	3.8	7.0	5.5	4.4	3.1
25	752.73	754.44	753.56	748.24	752.24	4.6	2.2	5.2	4.2	7.3	5.2	5.1	4.9
26	742.06	742.59	740.54	740.38	741.39	6.0	4.4	8.5	6.6	9.4	7.1	5.2	3.6
27	737.72	736.36	735.23	740.11	737.36	4.8	3.9	6.5	4.3	6.9	6.4	4.0	2.4
28	747.77	752.43	754.80	753.43	752.11	3.2	2.1	6.3	4.1	6.6	4.4	4.7	3.6
29	742.46	735.98	736.32	735.90	737.67	4.6	4.4	5.7	4.1	6.6	5.3	3.4	2.0
	—	—	—	—	—	—	—	—	—	—	—	—	—
Mittel	745.76	745.71	745.45	745.99	745.73	4.44	3.51	6.32	5.09	7.51	5.92	4.71	3.63

angestellt im Monat Januar 1875.

Geographische Lage: Breite 49° 9,2′ Süd; Länge 70° 11,2 Ost von Gr.
Höhe über dem Meere 23,1 m. Schwere Korrektion für 760: + 0,28 mm.

Dunstspannung					Relative Feuchtigkeit					Mittlere Tages-tempe-ratur	Thermometrograph		Mittel aus den Extremen
4h a.m.	9h a.m.	3h p.m.	9h p.m.	Tages-mittel	4h a.m.	9h a.m.	3h p.m.	9h p.m.	Tages-mittel		Max.	Min.	
mm	mm	mm	mm	mm	%	%	%	%	%	°	°	°	
5.01	4.10	4.36	3.92	4.35	82	57	59	69	66.8	5.20	9.4	2.0	5.70
4.58	5.46	5.48	5.68	5.30	78	79	77	85	79.8	5.43	8.9	2.6	5.75
6.00	6.70	6.84	4.49	6.01	86	83	75	67	77.5	7.55	8.1	3.0	5.55
6.30	6.70	7.60	6.84	6.86	97	97	92	98	96.0	6.50	10.8	4.6	7.70
7.08	8.37	6.34	4.47	6.57	98	100	62	73	83.3	8.00	8.7	4.8	6.75
5.43	5.48	7.88	6.63	6.36	84	67	96	96	85.8	7.00	13.5	3.0	8.25
6.05	7.08	7.40	7.06	6.90	99	98	98	99	98.5	6.75	9.3	4.6	6.95
6.61	5.62	4.24	3.52	5.00	97	93	57	61	77.0	5.00	7.9	5.8	6.85
5.30	6.61	5.62	4.27	5.45	87	97	72	70	81.5	5.50	7.9	2.4	5.15
4.24	5.01	4.49	5.17	4.73	77	66	59	85	71.8	5.43	9.0	1.9	5.45
5.87	6.00	6.20	4.67	5.69	94	91	94	80	89.8	4.75	9.0	2.3	5.65
4.22	5.03	5.50	5.46	5.05	80	90	76	87	83.3	4.12	7.4	1.8	4.60
4.81	6.02	6.50	4.72	5.51	82	82	88	85	84.2	5.10	9.1	1.6	5.35
4.01	4.78	4.33	4.20	4.33	78	70	55	74	69.3	4.70	8.4	1.2	4.80
4.08	4.36	3.74	4.22	4.10	74	68	56	76	68.5	3.90	8.9	1.4	5.15
3.63	5.94	5.94	5.17	5.17	66	83	83	78	77.5	5.30	6.4	2.1	4.25
5.34	5.39	6.45	6.47	5.91	84	74	87	91	84.0	6.25	9.0	2.4	5.70
6.36	6.66	6.45	5.17	6.16	94	91	83	82	87.5	6.20	8.3	4.2	6.25
4.89	5.96	6.81	6.27	5.98	85	94	91	96	91.5	5.15	8.9	3.0	5.95
6.11	7.29	7.22	6.43	6.76	97	98	92	93	95.0	6.48	7.2	3.0	5.10
5.23	6.47	6.95	6.99	6.41	87	97	98	98	95.0	5.67	9.5	3.8	6.65
6.00	6.09	6.59	5.85	6.13	84	80	81	90	83.8	6.83	6.9	3.8	5.35
4.51	5.26	5.91	4.81	5.12	73	69	73	80	73.7	6.05	9.7	3.9	6.80
5.78	5.34	5.82	4.89	5.46	92	84	78	79	83.3	5.20	8.5	2.8	5.65
3.90	5.50	5.32	6.30	5.26	62	84	70	97	78.2	5.55	9.4	3.1	6.25
5.52	6.11	6.09	4.92	5.66	76	74	70	75	73.8	7.28	10.2	3.9	7.05
5.46	4.85	6.81	4.44	5.39	86	68	93	73	80.0	5.55	9.7	4.8	7.25
4.56	4.78	4.89	5.21	4.86	81	68	68	82	74.8	5.20	8.6	2.5	5.55
6.07	5.14	5.85	4.40	5.37	97	76	81	76	82.5	5.08	9.6	3.1	6.35
—	—	—	—	—	—	—	—	—	—	—	—	—	—
5.27	5.80	5.99	5.26	5.58	84.7	82.0	78.0	82.6	81.85	5.75	8.90	3.08	5.99

Meteorologische Beobachtungen,

Kerguelen (Betsy Cove)

Datum	Wind											
	Richtung				Stärke				Mittlere Stärke	4h a. m.		
	4h a. m.	9h a. m.	3h p. m.	9h p. m.	4h a. m.	9h a. m.	3h p. m.	9h p. m.		Form	Richtung	Grad
1	WzN	W	W	WSW	4—5	4	7	3	4.6	cum ni	EzS	8
2	WzSböig	NW	NW	WNW	4	3	4	2—3	3.4	cum ni	im West diesig EzN	9
3	WNW	WNW	WNW	Still	3—4	5—6	6	0	3.8	cum ni	im West diesig ESE	9
4	NWzW	NWzW	WNW	NWzW	5	4—5	5	3—4	4.5	nimb	SEzE	diesig 10
5	WzN	WNW	SWzS	W	2—3	2—3	1	1	1.8	—	Nebel	10
6	von WNW auf Nlich	WSW	NW	WNW	0—1	3	3	2	2.1	cum	E	6
7	NNW	NNE	N	NWzW	3	5—6	5	4—5	4.5	—	Nebel	10
8	sehr böig NW	sehr böig WSW	sehr böig WSW	sehr böig W	8—9	10—11	10—11	9	9.6	—	Nebel	10
9	WNW	WNW	sehr böig NWzW	sehr böig W	7	7	7—8	8	7.4	cum ni	ESE	9—10
10	WzS	WzN	böig WNW	WNW	6	6	7—8	6-5	6.3	cum	EzN	4
11	NzW	NzW	NNE	SWzS	2—3	1—2	4	4	3.0	nimb	—	sehrdies. 10
12	WSW	NWzW	WzS	WNW	4	6—7	8	8	6.6	cum	ESE	7
13	WNW	WNW	WNW	NWzW	7	6	4—5	4	5.4	im West diesig cum	ESE	5
14	WzS	WSW	WzS	WzS	2—3	4	6	3	3.9	cum	EzN	6
15	WzS	WSW	SWzS	SWzS	1—2	2	3	2	2.1	cum	EzN	9
16	WSW	NW	NWzW	NWzW	1	2	5—6	7	3.9	cum	ENE	9—10
17	NWzW	böig NWzW	WNW	NWzW	3	7	8	5	5.8	cum nimb	SEzE	8
18	NWzW	NWzN	EzS	SEzE	3	2	2	1—2	2.1	nimb cum	SEzE	7
19	Still	NNW	N	Still	0	0—1	0—1	0	0.3	nimb cum	cum aus ESE	10
20	NWzN	NzW	NWzN	ENE	0—1	1	2	0—1	1.0	ci str c	SEzS	3
21	WNW	NWzW	böig WNW	böig WNW	2—3	6—7	8	8—9	6.4	nimb cum	ESE	9
22	WzN	WzN	WNW	NWzW	8	7	7—8	8	7.6	cum	im West dick EzS	7
23	WNW	WNW	NWzW	WNW	7	7	8	5—6	6.9	cum	ESE	6
24	WNW	NWzW	WNW	WzN	7	8—9	6	5	6.6	cum	ESE	10
25	WSW	WSW	NW	N	4—5	3—4	5	3	4.0	cum	ENE	1
26	WSWböig	Wböig	sehr böig W	sehr böig WzN	9—10	9	9	8—9	9.0	cum	ENE	am Horz. 1
27	WNWböig	WNWböig	WzNböig	Wböig	8	8	6—7	6	7.1	cum ni	ESE	10
28	WNWböig	WNW	WNW	NWzN	4—5	3	4	4	3.9	cum	ESE	7
29	NNE	sehr böig WzN	NWzW	SW	8	9	5	0—1	5.6	nimb	—	10
	—	—	—	—	—	—	—	—	—	—	—	—
Mittel	—	—	—	—	4.43	5.02	5.48	4.24	4.80	—	—	7.59

angestellt im Monat Januar 1875.

Geographische Lage: Breite 49° 9,2′ Süd; Länge 70° 11,2 Ost von Gr.
Höhe über dem Meere 23,1 m. Schwere Korrektion für 760: + 0,28 mm.

Bewölkung										Niederschläge		Bemerkungen	
9^h a. m.			3^h p. m.			9^h p. m.			Mittlerer Grad der Bewölkung	A. Nebel B. Regen C. Schnee D. Hagel	Menge	Solar-Radiation	Ozon
Form	Richtung	Grad	Form	Richtung	Grad	Form	Richtung	Grad					
cum ni	E	6	cum	E	7	2 Schicht. cum	obere sehr hoch ENE	7	7.0	6^h feine B seit 11^h C-u.D-Böen	cbcm 90	35.2°	11
cum	SE	8—9	cum	ESE	9	cum s	ESE	5	7.9	Staub-B	58	32.3	9
cir cum s	ESE	5—6	am Horiz. cum s	ESE	4	am Horiz. str	—	0—1	4.8	—	42 6	25.2	10
—	Nebel	10	—	Nebel	10	—	Nebel	10	10.0	6^h A, A, A, 4^h B	—	32.8	11
—	Nebel	10	cir s, cum	feststehend NEzN	6	am Horiz. cum	—	1	6.8	A, B, A, 12^h—12^h 45′ B	1476	22.0	11—12
cum	ENE	1—2	—	Nebel feiner B	10	—	Nebel	10	6.9	A u. feiner B, A	8	40.0	12
nimb	SSW	sehrdies. 10	—	Nebel	10	—	Nebel	10	10.0	A, feiner B, A, B, A	—	35.1	12
cum ni	ENE	8	cum	hauptsächl. ENE	im Horiz. 6	cum	E	3	6.8	A u. B, C, B Böen	1454	12.8	13
—	Nebel	10	cum	SEzE	7—8	cum	E	am Horz. 4	7.8	A, B	in 20^h 60	31.3	12
cum	EzS	2	cum	ESE	4	cum	ESE	1	2.8	2^h D-Böen	386	33.4	9—10
nimb	—	sehrdies. 10	cum ni	SSW	diesig 10	cum	NEzN	8	·9.5	feiner B, B	90	33.5	12
cum ni	SEzE	10	im West sehr dick cum	EzN	7	im West sehr dick cum	ESE	9	8.3	B	1056	17.4	12—13
cum	ESE	6	cum	ESE	9	cum	SEzE	im Horz. 3	5.7	B B-Böen	390	35.6	11—12
cum	ENE	5	cum	EzN	8	cum	EzN	9	7.0	12^h D- u. C-Böen	300	33.2	9—10
cum	ENE	9	cum	NEzE	9	cum	NEzN	9—10	9.1	6^h C-Böen 12^h C- u. D-Böen	24	36.2	9
cum ni	SE	9	cum	SEzE	8—9	nimb cum	SEzE	10	9.3	5^h einige Tropfen B	8	24.9	9—10
cum ni	SEzE	9—10	2 Schicht. nimb	ESE	diesig 10	cum	SEzE	8	8.9	10^h bis 10^h 15′ B	2	31.0	9—10
nimb	—	10	nimb	WzN	9	nimb	—	10	9.0	6^h A 9^h 45′—12^h B seit 10^h fein. B	4	32.7	11
nimb	—	10	nimb	—	10	nimb	—	10	10.0	seit 8^h B u. A	224	26.7	9
—	Nebel	10	nimb cum	SEzS	10⎫ 3⎭ 6.5	cum ni	WSW	10	7.4	am E-S-W-Horizont A A B	274	15.2	12
nimb	SEzE	10	—	Nebel	10	nimb	sehr diesig	10	9.8	8^h—9^h B A A B	82	36.0	12
cum	EzS	5	cum	im West diesig ESE	4	cum	SEzE	4	5.0	11^h bis 11^h 20′ B	350	16.5	13
cum	ESE	3	cum	SEzE	3	cum	ESE	3	3.8	5^h B-Böe 8^h bis 8^h 30′ B	48	34.8	12
cum	SEzE	9	cum	im West sehr diesig ESE	9--10	cum	EzS	7	8.9	8^h45′ B-Böe, B	24	34.6	9—10
cum	ENE	5	cum	SE	7	nimb	—	10	5.8	seit 5^h 30′ B	52	36.0	10—11
cum	E	4	cum	E	4	cum	EzS	4	3.3	10^h B	687	34.8	12—13
cum	ESE	8	im West diesig cum	EzS	9—10	cum	E	3—4	7.8	B 10^h B-Böe 2^h 15′ B-Böe	889	35.1	11—12
cum	ESE	5	cum	ESE	9—10	cum s	SEzS	10	7.9	Seit 11^h B	78	37.5	9
cum	EzS	2	cum s	SEzE	8	cum	NE	1—2	5.4	B	1010	36.0	12
—	—	—	—	—	—	—	—	—	—	Summe	9172	—	—
—	—	7.28	—	—	7.76	—	—	6.59	7.33	—	—	—	—

V. Die meteorologischen Beobachtungen auf den Auckland-Inseln (Terror Cove).

Es kann wohl mit Beziehung auf die Erklärungen über Instrumente und Art der Beobachtung an der Station in Terror Cove auf Das verwiesen werden, was in den einleitenden Bemerkungen zur Station auf der Kerguelen-Insel ausgeführt worden ist. Dem dort Gesagten ist das Nachfolgende, sich im Besonderen auf die Station Terror Cove Beziehende hinzuzufügen.

Da die Expeditions-Mitglieder auf der Reise nach der Station auf den Auckland-Inseln Melbourne berührten, so konnten die Instrumente an dem dortigen Observatorium verglichen werden, so dass ein Anschluss der Beobachtungen auf Terror Cove mit jenen in Melbourne erzielt werden konnte. Es ist wohl hier der Ort, dem Direktor des Observatoriums in Melbourne, Herrn R. Ellery, und seinem Assistenten, Herrn C. Moerlin, für das freundliche Entgegenkommen in dieser Angelegenheit den verbindlichsten Dank auszusprechen.

Da während nahezu der ganzen Epoche, über welche sich die meteorologischen Beobachtungen der Station der Kaiserlichen Marine ausdehnten, auch Beobachtungen in dem Observatorium der Kommission für den Durchgang der Venus 1874 angestellt worden sind, so befinden wir uns in der günstigen Lage, eine Reihe von Kontrol-Beobachtungen vor uns liegen zu haben, während gleichzeitig hin und wieder wichtige Ergänzungen durch diese zweifache Arbeit in den einzelnen Beobachtungsreihen und Diskussionen geliefert worden sind. Besonders verdanken wir der freundlichen Unterstützung des Herrn Dr. W. Schur (jetzt Professor in Göttingen) eine Reihe wichtiger und eingehender Untersuchungen über die Werthe und das Verhalten der meteorologischen Elemente. Ein Theil dieser Arbeiten ist schon in den Annalen der Hydrographie und Maritimen Meteorologie, VII. Jahrgang 1879, Seite 471 u. ff. und ferner in der Zeitschrift der Oesterreichischen Gesellschaft für Meteorologie 1878, Seite 198 – 200, veröffentlicht worden, weshalb auch nur an dieser Stelle die eingehenderen Untersuchungen über das Klima der Auckland-Inseln zum Abdrucke kommen.

An anderer Stelle wurde schon erwähnt, dass die meteorologische Station der Kaiserlichen Admiralität unter der Leitung des Herrn Kapitänlieutenants Becks stand, dem der Herr Unterlieutenant zur See Siegl als Assistent beigegeben war.

Lage der Beobachtungs-Station auf den Auckland-Inseln.

Die geographische Position der Beobachtungs-Station war: 50° 32′ südlicher Breite und 166° 5′ östlicher Länge von Greenwich. Das Barometer befand sich 3.0 m über dem mittleren Meeresspiegel; die Höhe der Thermometer über dem Boden betrug 1.1 m.

Die Station zur Beobachtung des Venus-Durchganges auf den Auckland-Inseln lag am Ende eines von Osten her tief in die Hauptinsel einschneidenden Hafens, Port Ross genannt, am Ausflusse eines von den Bergen im Westen herabströmenden Baches und etwa 2 m über dem Wasserspiegel des Hafens. Von der Station aus hatte man nach Osten den Blick auf den Hafen und — durch eine Wasserstrasse zwischen den vorgelegenen niedrigen Inseln hindurch — auf das freie Meer, nach Westen auf die bis zu einer Höhe von 450 m sanft ansteigenden und nach der anderen Seite schroff in das

Meer herabfallenden Hooker hills; nach Norden hin erhob sich unmittelbar hinter dem Wohnhause eine Bergmasse von etwa 120 m Höhe, die den Hafen von der Nordküste der Insel schied, und nach Süden — jenseits des Baches — schob sich eine niedrigere Erhöhung in den Hafen hinein, wodurch das Ende desselben in zwei Buchten zerlegt wurde, die den Namen Erebus- und Terror Cove führten. Die Station lag an Terror Cove und von der südlicheren Erebus Cove erstreckte sich ein Arm, der Laurie harbour, viel tiefer in das Land bis nahe zum Grate der langgestreckten Insel hinein.

Ueber die Aufstellung der meteorologischen Instrumente der astronomischen und der nautischen Abtheilung der Expedition ist Folgendes zu bemerken: Die beiden Quecksilber-Barometer und das Registrir-Barometer hingen im benachbarten Zimmer des durch einen Ofen geheizten Wohnhauses, etwa 2 m über dem Spiegel des Hafens; das Thermometer-Häuschen der astronomischen Abtheilung stand südlich und das der nautischen östlich vom Wohnhause, und der Windmesser war auf dem First des einstöckigen Gebäudes angebracht.

Die Verwerthung der Beobachtungen.

Auch in diesem Falle, ähnlich wie in jenem von Kerguelen, wurde von einer Verwerthung der Resultate der Registrir-Apparate Abstand genommen, obgleich ziemlich vollständige Reihen der Barographen-Aufzeichnungen vorlagen. Auch die Anemometer-Aufzeichnungen, welche für Kerguelen nahezu vollständig zum Abdrucke gelangen konnten, bleiben bei der vorliegenden Besprechung zunächst unberücksichtigt. Es kann hier nicht die Stelle sein, des Näheren auf die hierfür bestimmenden Gründe einzugehen, und wird nur bemerkt, dass bei einer eventuellen Untersuchung über einzelne Phänomene diese Registrirungen sich als sehr nützlich erweisen werden. Eine solche Untersuchung muss, wie schon erwähnt, einer späteren Gelegenheit vorbehalten bleiben.

Die vorliegenden vier Tabellen für die Monate November, Dezember 1874, Januar und Februar 1875 enthalten unter Beachtung der eben gegebenen Erklärungen die folgenden meteorologischen, bezw. klimatologischen Angaben.

Die erste Hauptkolumne, überschrieben Barometer, enthält den Luftdruck in Millimetern für die Stunden 4a, 9a, 3p und 9p und das rohe Mittel aus diesen vier Stunden für jeden Tag der Beobachtung. Am Fusse der Kolumne sind die Mittelwerthe für die einzelnen Stunden und ebenso der Mittelwerth für den Monat eingetragen. Diese sämmtlichen Angaben sind nicht auf das Meeresniveau und nicht auf die Normalschwere für 45° der Breite reduzirt. Die für diese letztere Reduktion erforderlichen Angaben befinden sich am Kopfe einer jeden Tabelle eingetragen.

Die zweite Hauptkolumne enthält die Temperatur der Luft für die Stunden 4a, 9a, 3p u. 9p, sowie das rohe Mittel für den Tag. Die Monatsmittel für jede Stunde und für das rohe Mittel sind am Fusse jeder Unterkolumne zu finden.

Die dritte Hauptkolumne zeigt für dieselben Stunden die Dunstspannung, berechnet aus den Psychrometer-Angaben nach den Tafeln von Jelinek. Es wurde auch eine Reihe von direkten Thaupunkts-Bestimmungen ausgeführt mittelst des Kondensations-Hygrometers nach Regnault; die Lücken darin sind aber zu erheblich, als dass es sich verlohnen würde, die einzelnen Beobachtungen hier zum Abdruck zu bringen oder eine Diskussion derselben vorzunehmen.

Die vierte Hauptkolumne enthält die wahre Windrichtung und die Stärke des Windes nach der Beaufort'schen Skala für die Stunden 4a, 9a, 3p und 9p, sowie das Mittel der Windstärke aus den vier Beobachtungen; die Mittelwerthe der Windstärken sind am Fusse der Kolumne angegeben.

Die fünfte Hauptkolumne. Für die vier Beobachtungsstunden sind Form und Zug der oberen Wolken, nebst dem Grade der Bewölkung (0--10), eingetragen. Das rohe Mittel des Grades für die Bewölkung befindet sich in einer weiteren Kolumne.

Die sechste Hauptkolumne enthält die Niederschläge; dabei ist der Charakter des Niederschlages durch die am Kopfe angegebenen Buchstaben gekennzeichnet, die Dauer durch Unterstreichen ganz in derselben Weise wie bei den Beobachtungen auf Kerguelen angegeben. Der Betrag des Niederschlages ist in Kubikcentimeter gegeben und, da das Auffanggefäss ganz von gleicher Grösse und Qualität, wie jenes auf der Kerguelen-Station verwendete war, so kann mit Beziehung auf die Reduktion des Kubikmaasses auf Höhe in Millimeter auf das verwiesen werden, was bei Gelegenheit der Besprechung der Station Kerguelen und deren Beobachtungs-Ergebnisse gesagt worden ist.

Eine weitere Hauptkolumne giebt die Temperatur des Meeres zu den Beobachtungsstunden 4^a, 9^a, 3^p und 9^p, sowie das rohe Mittel für den Tag. Auch die Mittel für die einzelnen Stunden und den Monat sind am Fusse der Kolumne eingetragen.

In der letzten Kolumne befinden sich die Angaben des Ozonometers eingetragen und zwar sind in den meisten Fällen zwei Werthe gegeben, die sich auf verschiedene Aufstellungsorte des Kästchens, worin die Papierstreifen exponirt wurden, beziehen. Die Gattung des Papiers war ganz dieselbe, wie jene auf Kerguelen benutzte. Der Werth dieser Beobachtungen ist, wie ja allgemein angenommen wird, ein sehr fraglicher, da die Ergebnisse viel zu sehr von dem benutzten Papiere, dem Aufstellungsort und dem Grad des Luftwechsels, sowie von der Feuchtigkeit abhängig sind.

Die Kolumne „Bemerkungen" ist hier nicht ausgefüllt worden, da es, wie im Falle der Besprechung der Verwerthung der Beobachtungen von Kerguelen, zweckmässig erschien, die Bemerkungen in besonderem Abschnitte folgen zu lassen, obgleich dieselben in dem vorliegenden Falle sehr dürftig sind.

Die Solar-Maximum-Radiations-Thermometer-Angaben wurden nicht verwerthet, weil dieselben nicht in gleicher Weise, wie es die Instruktion verlangte, abgelesen und wieder eingestellt worden zu sein scheinen. Eine Erklärung der in den Journalen eingetragenen Werthe, ihre Bedeutung findet sich unter den Bemerkungen nicht.

Bemerkungen zu den meteorologischen Tabellen.

November 1874.

8. Der Regenmesser war am Vormittage durch einen Zufall geöffnet worden, und konnte die Regenmenge deshalb nicht genau gemessen werden; da es viel geregnet hatte, wurden 2000 ccm angenommen.

9. Morgens Reif und einige Eisbildungen. Luft sehr ruhig und der Himmel bis auf eine grosse Wolkenbank im Osten vollständig klar.

10. Um 10^h a. m. fand sich der Regenmesser wieder geöffnet vor. Regenmenge bis dahin ungefähr 1200 ccm.

11. Die Uhr des Anemometers blieb von 8^h 15 bis 9^h 55 a. m. stehen, der Grund des Stehenbleibens war nicht aufzufinden. — Die Uhr des Registrir-Barometers blieb um 8^h p. m. stehen und wurde um 9^h wieder in Gang gebracht. Die Ursache dieser Unregelmässigkeit gleichfalls unbestimmbar. — Die Uhr des Anemometers blieb von 2^h 15 bis 4^h 30 p. m. stehen. Grund unauffindbar. Der Hagelfall war so bedeutend, dass eine grössere Quantität Eis gesammelt und die Korrektion der Thermometer für den Nullpunkt bestimmt werden konnte. Die Resultate waren:

Normal-Thermometer I . . . . — 0.25°

Normal-Thermometer II . . . . — 0.30

November 1874.

Schwing. Thermometer I	— 0.5° (zerbr.)
Schwing. Thermometer II . . .	— 0.3
Hygr.-Thermometer I	— 0.2
Hygr.-Thermometer II	— 0.2
Psychrom.-Thermometer (neu) I .	— 0.28
Psychrom.-Thermometer (neu) II .	— 0.28
Maxim. Thermometer	+ 0.05
Quellen-Thermometer	— 0.2

Die Uhr des Fluthmessers blieb von 11^h 45 a. m. bis 4^h 45 p. m. stehen.

12. Die Uhr des Anemometers blieb von 2^h 15 a m. bis 9^h 20 a. m. stehen.

Vom 13. bis 14. verlor die Fluthmesser-Uhr 45 Minuten. Die Anemometer-Uhr blieb um 4^h 45 a. m. bis 12^h Mittags stehen, wurde dann abgenommen und gründlich nachgesehen und um 5^h p. m. wieder aufgestellt. Die Fluthmesser-Uhr wurde ebenfalls regulirt.

Täglich Mühe und Arbeit mit den Uhren des Anemometers und Fluthmessers. Erstere blieb am 19. und 20. ohne sichtliche, bezw. auffindbare Ursache stehen. Auch war der Papierstreifen am 17., 19. und 20. abgerissen, theils weil die Rolle schief stand, theils weil Feuchtigkeit an das Papier gekommen und das Dach trotz aller Mühe nicht dicht zu bekommen war. Die Uhr des Fluthmessers verliert täglich 45 Minuten, am 21. nur 30 Minuten. Ein Stellen des Registrirzeigers hatte auf den Gang der Uhr gar keinen Einfluss. Am 20. wurde versucht, das Gehwerk durch Anhängen eines Steines von etwa $1\frac{1}{2}$ bis 2 Pfund Gewicht zu vergrössern.

21. Ein zweiter Stein wurde angehängt. Für das Hygrometer wurde durch Gefälligkeit des Herrn Photographen eine kleine Quantität Aether verwendbar, um einmal den Apparat bis zur oberen Fläche des dünnen Platingefässes zu füllen.

22. Klarer Sonnenschein. See fing an, unruhig zu werden.

25. Um 11^h p. m. blieb die Anemometer-Uhr stehen.

26. Um Mittag wurde die Anemometer-Uhr in Ordnung gebracht, blieb aber von 1^h 15 bis 3^h 45 p. m. wieder stehen. Das Sonnen-Max.-Thermometer wurde durch Unvorsichtigkeit herabgeworfen und konnte erst am 27. wieder aufgestellt werden.

28. Die Anemometer-Uhr blieb von 9^h a. m. bis 12^h a. m. stehen.

Dezember 1874.

4. Die Uhr des Anemometers stand von 5^h 30 bis 9^h 15 und am

5. ebenfalls von 5^h 30 bis 9^h 15, ausserdem aber noch von 10^h 15 bis 12^h. Ursache in allen Fällen völlig unerklärlich.

10. Durch den Ostwind Brandung am Ufer.

26.—28. Sehr böiges Wetter.

30. Der Hahn des Regenmessers fand sich aufgedreht, so dass die an diesem Tage sicher bedeutende Regenmenge nicht bestimmt werden konnte.

Januar 1875.

15. Sehr starker Nebel

31. Um 9^h p. m. zeigte sich am südlichen Himmel ein heller Schein, der für ein schwaches Polarlicht gehalten wurde, besonders da im Beginne des Phänomens einige schwache Strahlen bemerkt wurden. Da aber dasselbe um 9^h 45 durch eine schwarze dicke Wolkenbank verdeckt wurde und später nichts mehr bemerkt werden konnte, da ferner die magnetischen Instrumente keine Störung zeigten, muss angenommen werden, dass es nur der sehr schwache Anfang eines Polarlichtes gewesen sei.

Auckland-Inseln

November 1874.

Datum	Barometer reduzirt auf 0°					Temperatur der Luft					Dunstspannung					Richtung und Stärke des Windes			
	4h a. m.	9h a. m.	3h p. m.	9h p. m.	Mittel	4h a. m.	9h a. m.	3h p. m.	9h p. m.	Mittel	4h a. m.	9h a. m.	3h p. m.	9h p. m.	Mittel	4h a. m.	9h a. m.	3h p. m.	9h p. m.
	mm	mm	mm	mm	mm	°C	°C	°C	°C	°C	mm	mm	mm	mm	mm				
6.	729.79	732.32	737.26	742.83	735.55	7.6	9.4	8.1	4.6	7.42	6.69	7.99	6.18	5.34	6.55	W 6	WNW 10	W 9	W 3
7.	41.55	39.80	39.71	42.02	40.77	7.0	12.2	8.2	6.2	8.40	6.62	8.33	6.33	5.51	6.70	W 2	WSW 2	WSW 5	W 3
8.	42.12	42.46	44.77	49.25	44.65	5.6	7.2	10.0	5.5	7.07	5.56	6.72	7.45	5.41	6.29	WNW 2	W 1	SE 1	WNW 1
9.	52.38	55.19	54.91	54.33	54.20	0.4	7.4	10.4	6.5	8.17	4.55	6.32	6.12	6.17	5.79	WNW 1	SE 1	WNW 3	N 1
10.	50.25	47.58	46.40	46.69	47.73	8.0	9.1	7.7	4.2	7.25	7.12	7.59	5.24	4.58	5.63	NW 3	W 2	WSW 6	W 6
11.	47.27	47.84	47.61	48.22	47.74	2.8	5.4	6.2	5.6	5.00	4.83	4.86	5.40	5.56	5.16	W 6	WNW 8	W 7	W 9
12.	47.25	49.85	52.38	54.35	50.94	8.0	9.1	11.7	9.1	9.48	7.34	7.94	8.88	7.93	8.02	WNW 10	W 8	W 7	W 6
13.	54.98	54.66	52.86	54.80	54.43	9.0	10.2	10.6	10.2	10.00	8.34	8.92	9.05	8.92	8.81	W 2	W 1	NW 5	W 4
14.	56.66	58.44	58.60	59.31	58.34	10.0	11.8	10.7	9.6	10.50	8.92	9.95	9.23	8.68	9.19	W 2	W 1	W 3	NW 2
15.	58.54	58.32	58.73	61.69	59.34	8.9	11.5	10.2	9.2	9.95	7.83	8.63	8.80	7.53	8.20	NW 2	N 2	N 2	W 4
16.	62.79	63.15	60.66	59.84	61.61	4.8	12.3	11.6	8.8	9.38	6.20	9.01	8.32	7.43	7.74	NW 1	NNW 3	N 4	W 4
17.	60.54	61.92	62.71	64.97	62.54	7.1	9.7	10.3	4.9	8.00	7.43	6.48	8.86	4.85	6.91	WSW 4	W 4	W 3	W 3
18.	65.12	64.61	62.65	59.97	63.09	0.6	10.8	12.7	8.4	8.12	4.63	7.03	6.58	7.33	6.39	WNW 3	E 3	E 3	E 4
19.	53.32	50.05	46.70	46.80	49.22	8.9	9.8	10.4	9.4	9.62	8.06	8.57	9.05	8.33	8.50	E 5	E 6	E 4	NNW 1
20.	44.74	45.36	45.74	48.91	46.19	8.8	12.8	12.3	9.2	10.78	8.23	9.47	7.90	7.65	8.31	NNW 2	NW 4	WSW 3	W 3
21.	48.69	51.59	54.26	55.92	52.62	7.5	10.4	11.0	4.0	8.23	7.42	7.85	5.43	5.49	6.55	Still	ESE 2	WSW 5	W 3
22.	52.30	48.63	43.21	32.11	44.06	5.4	11.6	9.5	9.1	8.90	6.20	8.45	7.93	8.17	7.69	ENE 4	E 4	NNE 4	ENE 4
23.	29.62	28.65	25.90	31.05	28.81	8.1	11.4	8.0	4.6	8.02	7.06	6.52	6.24	5.26	6.27	NW 2	N 3	NW 7	W 8
24.	37.19	39.58	44.34	50.33	42.86	3.6	4.4	5.2	4.2	4.35	5.33	7.03	4.67	4.58	5.40	WNW 7	W 8	W 5	SW 2
25.	51.59	52.98	53.38	57.48	53.86	6.6	8.0	8.7	5.4	7.18	6.43	7.34	7.60	5.78	6.79	W 6	W 6	W 6	NW 2
26.	60.96	—	64.39	65.70	63.68	5.2	9.6	9.6	8.4	8.20	5.28	7.28	7.05	7.50	6.78	WNW 4	W 4	W 4	NW 2
27.	64.97	65.00	63.75	58.83	43.14	8.4	11.4	11.7	9.6	10.38	7.78	7.96	7.90	7.87	7.88	NNW 3	NW 2	W 3	NW 3
28.	38.35	59.61	65.78	68.36	58.05	9.8	10.4	10.7	10.1	10.25	8.21	8.68	8.86	8.62	8.59	NW 3	WNW 4	WNW 4	WNW 3
29.	68.37	68.45	68.47	69.69	68.75	9.2	13.6	13.4	10.4	11.65	8.22	9.62	9.61	8.92	9.09	WNW 3	NNW 3	NW 5	NW 2
30.	68.45	70.10	69.16	69.14	69.21	10.3	14.4	17.5	11.0	13.40	8.74	9.79	14.12	8.81	10.37	NW 3	NNW 3	NW 3	NW 1
—	—	—	—	—	—	—	—	—	—	—	—	—	—	—	—	—	—	—	—
Mittel	751.51	752.34	752.97	754.10	752.05	6.9	10.2	10.3	7.5	8.79	6.92	7.93	7.71	6.89	7.34	3.4	3.8	4.4	3.4

Dezember 1874.

Datum	Bar. 4h a. m.	Bar. 9h a. m.	Bar. 3h p. m.	Bar. 9h p. m.	Bar. Mittel	Temp. 4h a. m.	Temp. 9h a. m.	Temp. 3h p. m.	Temp. 9h p. m.	Temp. Mittel	Dunst. 4h a. m.	Dunst. 9h a. m.	Dunst. 3h p. m.	Dunst. 9h p. m.	Dunst. Mittel	Wind 4h a. m.	Wind 9h a. m.	Wind 3h p. m.	Wind 9h p. m.
1.	768.68	765.94	764.40	761.11	764.53	9.4	15.2	12.4	10.8	11.95	8.22	9.96	8.95	9.17	9.08	NW 1	NNE 2	N 2	NW 2
2.	57.68	56.61	55.17	56.17	56.41	10.2	11.8	11.0	8.1	10.28	9.04	9.56	9.18	7.40	8.79	WNW 3	WSW 4	W 4	WSW 1
3.	56.09	56.04	56.34	56.91	56.35	7.7	10.9	7.2	4.1	7.48	7.64	8.38	5.96	4.54	6.63	WSW 1	SW 3	SSE 2	W 3
4.	54.44	55.82	54.85	55.89	55.25	5.0	10.2	9.2	5.5	7.48	6.12	6.02	6.62	5.41	6.42	W 6	WSW 5	W 4	W 3
5.	56.54	57.22	55.39	54.29	55.86	5.3	8.0	12.0	7.9	8.30	5.48	7.46	7.06	6.57	6.64	Still	WNW 2	W 6	W 5
6.	53.11	53.68	54.53	55.84	54.29	8.6	11.1	9.3	5.5	8.63	7.43	7.91	8.16	6.45	7.49	WSW 8	W 7	W 4	W 3
7.	55.96	56.42	57.12	59.35	57.21	4.6	9.2	8.6	3.6	6.50	5.95	5.64	5.55	4.94	5.52	WNW 1	E 3	E 6	SW 2
8.	60.02	61.00	59.56	57.39	57.99	3.7	8.9	11.4	7.5	7.88	5.13	5.91	6.43	6.10	5.89	W 3	E 4	ENE 4	N 2
9.	53.68	53.58	54.36	58.22	54.96	8.6	10.8	13.9	8.8	10.53	7.78	8.68	8.92	7.12	8.12	N 2	NNW 3	NW 5	SSE 1
10.	59.10	59.37	57.39	55.80	57.92	8.1	12.3	12.1	10.0	10.63	7.28	8.15	8.51	8.33	8.07	E 3	NE 3	NNE 4	NE 4
11.	52.69	51.90	52.10	54.04	52.68	10.2	11.0	13.0	9.2	10.85	8.80	9.54	10.37	8.22	9.23	NE 3	NE 3	NNW 5	NNW 3
12.	54.50	55.11	54.80	54.20	54.65	5.2	11.2	8.2	8.0	8.15	6.41	9.84	7.45	7.52	7.81	NW 2	E 5	S 6	E 7
13.	54.50	54.82	54.97	55.05	54.84	7.2	9.2	8.9	8.5	8.45	7.37	7.76	8.17	7.95	7.81	E 7	SE 8	S—E 8	SE 9
14.	54.06	54.10	54.16	55.36	54.42	8.9	9.3	9.6	9.0	9.20	8.40	8.63	8.69	8.34	8.52	ESE 7	SE 6	S 3	E 4
15.	56.69	58.24	59.36	60.50	58.70	8.4	8.6	9.0	8.4	8.60	8.10	8.01	8.00	7.78	7.97	S 7	E 6	E 6	ESE 7
16.	60.95	62.13	62.19	62.85	62.30	8.0	9.6	10.2	8.8	9.15	7.91	8.21	8.33	8.23	8.17	ESE 6	ESE 7	ESE 6	ESE 6
17.	62.93	63.32	62.88	63.72	63.21	8.3	9.5	13.9	9.4	10.28	7.50	8.39	9.44	8.05	8.34	ESE 5	SE 4	E 4	ESE 3
18.	63.02	62.75	60.94	59.58	61.57	9.0	11.2	13.3	9.3	10.70	8.11	8.93	9.54	8.16	8.68	NE 2	ENE 4	E 3	NE 3
19.	56.09	55.01	53.63	54.67	54.85	10.4	11.7	13.6	9.4	11.28	9.17	9.75	10.15	8.10	9.29	N 2	N 2	WNW 1	W 3
20.	56.26	56.48	55.27	52.72	55.18	10.8	14.3	13.4	10.2	12.18	8.68	9.33	8.77	8.56	8.84	WNW 3	NW 2	NE 3	E 5
21.	45.99	44.58	45.26	50.66	46.62	10.3	12.1	12.0	8.6	10.75	8.98	10.01	9.69	9.66	9.58	ENE 6	NNE 2	N 1	NW 2
22.	54.28	55.96	56.35	57.26	55.96	8.9	14.4	14.5	11.2	12.25	8.06	10.18	10.12	9.18	9.38	NNW 2	N 3	N 4	N 1
23.	57.86	58.63	57.86	—	58.12	10.9	11.9	14.2	—	12.33	9.36	10.01	9.65	—	9.67	N 1	N 2	N 3	—
24.	54.03	52.94	51.10	49.65	51.93	14.0	14.7	13.0	10.6	13.08	10.03	10.13	9.22	9.17	9.64	NE 4	E 4	NE 6	NW 4
25.	47.61	48.64	47.83	46.80	47.93	10.4	11.4	13.0	9.2	11.00	9.04	9.34	8.96	7.99	8.83	NW 1	NNW 3	NNW 3	NE 3
26.	44.91	46.26	49.47	50.72	47.84	8.2	11.4	10.6	7.4	9.40	7.00	7.33	6.80	6.38	6.88	W 6	W 8	W 9	W 9
27.	52.44	53.10	55.15	56.02	54.18	7.4	8.7	10.4	7.0	8.38	5.31	6.58	6.23	5.98	6.25	W 7	WNW 9	W 9	W 7
28.	57.89	59.66	59.64	59.81	59.25	8.5	11.0	12.5	10.6	10.65	6.93	8.68	8.89	8.80	8.32	W 10	W 6	WNW 6	W 6
29.	53.97	52.35	48.86	48.96	51.03	10.9	10.9	11.2	11.0	11.00	9.24	9.48	8.44	9.54	9.18	WSW 8	WSW 6	WNW 6	SW 6
30.	48.73	47.50	50.30	53.10	49.91	10.2	11.7	14.2	9.5	11.40	9.04	9.88	9.65	7.81	9.10	WSW 2	NW 3	WSW 5	SE 1
31.	54.95	54.87	52.81	51.25	53.47	7.6	11.4	13.9	10.4	10.83	7.13	8.51	8.17	8.92	8.18	Still	NNE 3	NNE 4	NW 4
—	—	—	—	—	—	—	—	—	—	—	—	—	—	—	—	—	—	—	—
Mittel	755.44	755.61	755.29	755.60	755.46	8.5	11.1	11.6	8.6	9.99	7.76	8.59	8.39	7.68	8.14	3.8	4.3	4.6	4.0

(Terror Cove). Breite: 50° 32' S. Länge: 166° 5' Ost v. Gr. Schwere Korrektion für 760 mm: + 0.40 mm. Höhe über d. Meere: 3.0 m.

Stärkemittel	Bewölkung												Gradmittel	Niederschlag		Temperatur des Meeres					Ozon
	4^{h} a. m.			9^{h} a. m.			3^{h} p. m.			9^{h} p. m.				A Nebel B Regen C Schnee D Hagel	Cub. Centm.	4^{h} a. m.	9^{h} a. m.	3^{h} p. m.	9^{h} p. m.	Mittel	
	Form	Zug	Gr.	Form	Zug	Gr.	Form	Zug	Gr.	Form	Zug	Gr.				°C	°C	°C	°C	°C	
7.0	cu ni	W	7	ni	W	10	cu ni	W	6	cu str	W	2	6.3	B	879	8.2	9.2	9.2	8.0	8.65	10 u. 11
3.0	ni	WNW	10	cu ni	WNW	6	cu str ni	W	6	cu str	W	2	6.0	B u. D	2984	8.2	9.6	8.7	7.7	8.55	10-11 u. 11
1.3	cu ni	WNW	6	ni	N	9	cu str.	SSW	3	cu str	W	4	5.5	B u. D	2000	7.9	7.2	8.8	8.2	8.02	10 u. 11
1.8	cu	W	3	ni	W	9	cir cu	WNW	4	cu str	NNW	5	5.3	—	116	7.4	7.8	9.6	7.4	8.05	10 u. 11
4.3	cir cu	SSE	9	cu ni	NNW	10	cu	W	4	cu ni	W	7	7.5	D	1200	8.1	8.4	9.2	7.4	8.03	11 u. 11
7.5	cu	SW	5	cu ni	WSW	6	cu ni	WSW	6	cu ni	W	8	6.3	D u. B	1716	8.0	8.6	8.8	8.2	8.40	10 u. 11
7.8	cu ni	W	10	ni	W	10	ni	W	10	ni	W	10	10.0	≡ B	3294	7.7	8.3	9.2	8.2	8.35	6 u. 7
3.0	ni	WNW	10	ni	WNW	10	ni	W	10	ni	W	10	10.0	B	962	8.2	8.6	8.9	—	8.43	10 u. 10
2.0	ni	—	10	ni	—	10	ni	—	10	ni	—	10	10.0	A	608	8.4	8.7	9.2	8.6	8.73	10 u. 9
2.5	ni	NNW	8	ni	—	10	ni	—	10	ni	W	10	9.5	A	26	8.3	9.0	8.8	8.4	8.63	8 u. 9
3.0	cu	W	8	cir	—	4	cu	SE	8	cu	W	10	7.5	—	24	7.5	9.1	10.4	9.1	9.03	5 u. 6
3.5	cu ni	—	5	cu cir	—	3	cu	—	5	cu	—	3	4.0	B	512	7.9	10.8	9.9	7.8	9.10	7 u. 7
3.3	cu ni	—	3	cu	—	2	cu	—	3	ni	N	9	4.3	B	62	6.5	9.9	11.2	8.8	9.10	8 u. 8
4.0	ni	NE	9	ni	ENE	9	ni	—	10	ni	—	10	9.5	B	2210	8.8	8.9	8.9	8.8	8.85	9 u. 10
3.0	cu str	NNW	8	cu ni	NW	6	cu	NW	4	ni	WNW	8	6.5	—	664	8.7	11.2	11.0	—	10.30	9 u. 8
2.5	ni	—	10	cu ni	—	8	cu str	S-lich	1	str.	W	1	5.0	B	980	8.5	9.7	10.4	8.8	9.35	8 u. 8
4.0	cu ni	NNE	5	cu ni	NNE	9	ni	—	10	ni	—	10	8.5	B	39	7.9	10.1	9.2	8.8	9.00	10 u. 10
5.0	cu	NW	9	cu ni	N	8	ni	NW	10	cu ni	W	7	8.5	B	3978	8.6	9.4	8.8	8.6	8.85	12 u. 10
5.5	cu ni	W	10	ni	W	10	ni	NW	10	cu str	W	6	9.0	B u. C	3961	8.2	8.6	8.7	8.5	8.50	—
5.0	ni	W	9	ni	W	9	ni	W	10	cu	W	6	8.5	B	2164	8.3	8.7	9.2	8.0	8.55	10 u. 12
3.5	cu	SW	4	cir cu	SSW	7	cir ni	W	10	ni	—	10	7.8	B	625	8.3	9.8	9.6	8.3	9.00	11 u. 11
2.8	cu ni	NW	9	ni	NNW	9	cu ni	W	10	ni	W	10	9.5	—	122	8.6	9.9	10.6	8.4	9.47	—
3.5	ni	NW	9	ni	NW	10	ni	NW	10	ni	W	10	9.8	B	2	8.7	8.9	8.9	8.8	8.82	10 u. 10
3.3	cu cir	NW	8	cu ni	NW	8	ni	—	10	ni	—	10	9.0	B	16	8.6	10.7	10.4	8.9	9.65	10 u. 11
2.5	cu str	NW	4	cir str	NW	7	cu str	NW	3	cu str	NW	6	5.0	—	0	—	—	—	—	—	10 u. 10
—	—	—	—	—	—	—	—	—	—	—	—	—	—	Summe	29 144	—	—	—	—	—	—
3.78	—	—	7.5	—	—	8.0	—	—	7.3	—	—	7.4	7.55	—	1165.8	8.1	9.2	9.5	8.4	8.80	—
1.8	ni	—	10	cu str	N	8	ni	N	10	ni	N	10	9.5	B	0	9.5	11.8	10.7	9.0	10.25	9 u. 10
3.0	ni	—	10	cu ni	NW	8	ni	—	10	ni	W	9	9.2	B	520	9.2	10.2	10.5	9.8	9.92	10 u. 10
2.2	ni	—	10	ni	WSW	9	ni	S	10	cu	W	8	9.2	B	482	9.2	11.2	9.8	9.7	9.97	11 u. 11
4.5	ni	SW	4	cu	SW	5	cu	WSW	6	cu	SW	2	4.2	B	825	8.0	11.5	10.3	8.5	9.58	10 u. 10
3.2	cu ni	S	8	cu ni	SW	10	cu	NW	8	cir cu	W	6	8.0	B	230	7.9	9.5	11.2	9.3	9.48	9 u. 9
5.5	ni	SW	10	ni	W	10	ni	W	10	ni	W	10	10.0	B	222	9.0	11.0	10.2	9.0	9.80	10 u. 10
4.0	ni	W	10	cir	W	1	cu ni	NW	8	cir	NW	2	5.2	—	560	8.9	10.2	10.6	9.6	9.82	10 u. 9
3.2	cir cu	W	7	cu ni	—	10	cu	S	9	cu	N	10	9.0	—	0	9.2	9.8	12.4	9.8	10.30	8 u. 10
2.8	ni	N	10	cu ni	NNW	8	cu	SW	4	cir cu	W	7	7.2	B	464	9.4	10.2	12.4	9.4	10.35	9 u. 10
3.5	cir cu	E	6	cu ni	N	10	cu ni	N	10	ni	N	10	9.0	B	62	9.2	11.1	11.1	9.6	10.50	8 u. 9
3.5	ni	NE	10	ni	—	10	ni	NW	10	cu	NW	4	8.5	B	1 370	9.4	9.5	10.0	9.4	9.57	9 u. 10
5.0	cir cu	NW	6	ni	NW	10	ni	S	10	cu ni	SSE	10	9.0	B	0	9.4	10.6	10.4	9.4	9.95	8 u. 9
8.0	ni	SW	10	ni	SSE	10	ni	S	10	ni	—	10	10.0	B A	1 382	9.0	9.8	10.1	9.5	9.60	10 u. 11
5.0	ni	—	10	ni	—	10	ni	—	10	ni	—	10	10.0	B	1 554	9.2	9.6	9.5	9.3	9.40	10 u. 11
6.5	ni	—	10	ni	—	10	ni	—	10	ni	SE	10	10.0	B A	3 092	8.9	9.0	9.1	8.8	8.95	10 u. 11
6.2	ni	—	10	ni	SE	10	cu ni	SE	9	ni	SE	10	9.8	B A	44	8.9	9.6	10.4	9.4	9.57	11 u. 12
4.0	cu ni	ESE	10	ni	—	10	cu	SE	6	cu ni	—	10	9.0	A	48	9.3	9.6	11.6	10.6	10.28	10 u. 12
3.0	ni	—	10	ni	SSE	10	ni	—	10	cir cu	ENE	4	8.5	B	64	9.8	10.6	10.8	10.0	10.30	8 u. 9
2.0	ni	—	10	ni	—	10	cu ni	NW	10	cir	W	5	8.8	B A	142	10.0	10.9	10.6	10.1	10.40	9 u. 10
3.2	cu	W	7	cir cu	NW	5	cu ni	NW	10	ni	E	10	8.0	B	260	10.0	11.7	11.2	10.6	10.87	8 u. 9
2.8	ni	—	10	cu ni	NNW	10	cir cu	W	10	cu	W	4	8.5	B	176	10.2	10.6	10.7	10.0	10.40	9 u. 10
2.5	cir cu	NW	2	cir cu	NNW	5	cir cu	NNW	6	ni	—	10	5.8	—	342	9.8	11.4	11.0	10.4	10.65	8 u. 9
1.5	ni	N	10	ni	—	10	cir	N	7	—	—	—	9.0	A	246	10.3	10.4	—	—	10.35	8 u. 9
4.5	cir cu	NW	7	cir cu	N	3	cir cu	N	10	ni	NW	10	7.5	—	0	11.0	11.3	11.1	10.6	11.00	9 u. 10
2.5	cir cu	N	10	ni	NNW	10	ni	N	10	ni	—	10	10.0	—	3 136	10.1	10.5	11.7	10.0	10.57	9 u. 10
8.0	cu ni	NW	9	cu	—	4	cu	—	5	ni	—	10	7.0	B	1 046	9.9	11.3	11.2	10.4	10.70	9 u. 9
8.0	cu	W	4	cu ni	—	10	cu	—	4	cu ni	W	5	5.8	B D	1 806	9.2	9.9	11.3	9.4	9.95	8 u. 9
7.0	ni	—	10	ni	—	10	ni	WNW	8	ni	W	10	9.5	B	1 368	9.5	10.5	12.1	10.4	10.62	10 u. 10
6.5	ni	—	10	ni	—	10	ni	—	10	ni	—	10	10.0	B D	2 795	10.0	10.2	10.1	9.9	10.05	10 u. 10
2.8	ni	—	10	ni	—	10	cu	WSW	4	ni	—	10	8.5	B D	0	10.0	10.4	11.7	9.9	10.50	10 u. 10
2.8	ni	—	10	ni	NW	9	cu ni	N	8	ni	—	10	9.2	B	0	10.1	11.2	11.3	10.9	10.87	7 u. 8
—	—	—	—	—	—	—	—	—	—	—	—	—	—	Summe	22 236	—	—	—	—	—	—
4.2	—	—	8.7	—	—	8.5	—	—	8.5	—	—	7.9	8.5	—	717.3	9.5	10.5	10.8	9.8	10.15	—

Januar 1875.

Datum	Barometer reduzirt auf 0°					Temperatur der Luft					Dunstspannung					Richtung und Stärke des Windes			
	4h a. m.	9h a. m.	3h p. m.	9h p. m.	Mittel	4h a. m.	9h a. m.	3h p. m.	9h p. m.	Mittel	4h a. m.	9h a. m.	3h p. m.	9h p. m.	Mittel	4h a. m.	9h a. m.	3h p. m.	9h p. m.
	mm	mm	mm	mm	mm	°C	°C	°C	°C	°C	mm	mm	mm	mm	mm				
1.	—	751.05	750.93	750.95	754.31	—	14.5	15.8	12.4	14.23	—	10.52	10.54	9.83	10.30	Still	NNE 3	NNE 3	NW 3
2.	748.51	46.61	42.18	40.81	43.20	10.0	12.7	12.3	11.0	11.50	8.80	10.29	10.14	9.30	9.63	—	NNE 4	NE 4	NE 1
3.	38.79	38.77	37.41	37.55	44.53	9.8	14.4	13.1	7.6	11.23	8.55	10.06	10.05	7.13	8.95	S 3	SE 4	SSE 3	SE 2
4.	37.68	38.90	43.93	48.55	42.26	6.4	7.2	9.1	5.5	7.05	6.23	6.72	6.23	5.71	6.27	W 4	WSW 6	NW 4	WSW 5
5.	50.79	51.47	51.06	50.48	50.95	6.7	9.4	11.3	10.5	9.47	6.26	8.33	9.36	9.11	8.26	NW 7	W 5	W 5	W 4
6.	44.79	47.69	53.19	56.06	50.43	11.6	13.5	13.3	8.2	11.65	9.94	9.04	7.29	6.44	8.18	W 6	NW 4	NW 7	NW 5
7.	55.09	53.37	48.11	45.61	50.54	7.7	11.5	13.7	10.9	10.95	6.53	7.43	10.22	8.99	8.29	NW 5	NW 5	W 4	WNW 3
8.	44.18	44.25	44.43	47.82	45.17	9.6	14.0	11.7	6.4	10.52	7.75	8.23	8.02	6 02	7.51	WNW 3	N 3	NNE 3	NW 2
9.	52.37	52.01	53.05	57.13	53.64	6.7	9.5	12.6	10.0	9.70	5.31	7.81	8.70	7.27	7.27	NW 4	W 6	W 4	W 4
10.	58.69	60.40	60.67	—	59.92	9.6	12.6	14.5	9.5	11.55	7.87	9.59	9.60	8.50	8.89	W 7	W 8	NW 7	NW 6
11.	—	—	46.69	43.59	45.14	—	—	12.4	11.0	11.70	—	—	9.45	8.93	9.19	WNW 6	NW 4	W 5	— —
12.	47.75	48.86	50.36	52.00	49.74	9.4	14.4	15.0	10.8	12.40	7.93	9.66	9.43	8.68	8.92	— 6	— 5	ENE —	NW —
13.	52.34	52.79	53.56	54.30	53.25	10.6	13.2	15.1	10.8	12.42	9.05	9.99	9.76	8.80	9.15	NW 4	ENE 3	NW 6	NW 3
14.	53.33	51.94	50.50	50.03	51.45	10.0	11.4	12.1	10.9	11.10	8.68	9.55	9.89	9.42	9.39	NW 4	NW 4	E 3	NW 2
15.	49.31	49.83	49 14	48.01	49.07	9.5	13.4	14.8	11.6	12.32	8.63	10.40	10.34	9.68	9.76	ENE 2	ENE 3	NE 2	NE 1
16.	48.06	47.74	45.34	45.67	46.70	11.2	11.0	12.0	10.4	11.15	9.55	9.42	10.14	9.17	9.57	NW 2	N 4	NNE 3	N 5
17.	45.92	47.65	48.66	50.32	48.14	8.9	14.0	—	—	11.45	8.17	9.77	8.72	8.09	8.69	NNW 2	WSW 5	NE 3	WNW 4
18.	51.41	51.66	51.41	48.82	50.82	9.5	14.2	14.0	10.5	12.05	7.81	9.65	9.12	8.86	8.86	NW 3	WNW 4	NW 3	WNW 6
19.	49.65	52.73	55.95	60.35	54.67	10.6	12.6	12.8	9.8	11.45	8.68	7.84	7.23	7.86	7.95	WNW 8	WNW 10	W 9	Still
20.	59.37	56.93	49.15	51.06	54.13	10.0	11.2	12.2	10.8	11.05	8.68	9.55	10.21	9.05	9.37	WNW 2	NW 2	NW 4	SSW 2
21.	57.71	60.07	60.31	59.89	59.49	8.9	12.4	13.0	8.2	10.62	7.71	6.76	7.35	6.88	7.17	W 3	W 5	SW 5	W 1
22.	57.04	55.65	51.00	48.94	54.16	8.6	11.0	11.5	10.2	10.32	5.77	7.61	9.24	8.68	7.82	W 3	W 4	E 3	ESE 4
23.	47.11	43.77	38.67	37.10	41.66	9.4	10.0	13.6	10.0	10.75	8.33	8.92	11.07	8.45	9.19	SE 3	ESE 3	NW 7	W 7
24.	31.40	27.09	32.53	40.25	42.82	8.4	10.2	10.7	6.2	8.87	6.99	8.56	8.15	6.34	7.51	NW 9	W 10	SSW 4	W 3
25.	42.40	44.08	44.18	45.32	43.99	4.6	8.9	10.9	4.5	7.20	5.84	6.80	6.16	5.70	6.12	W 4	W 5	WNW 5	WSW 5
26.	46.09	47.57	48.31	50.79	48.19	3.1	9.1	8.8	4.4	6.35	5.53	6.68	6.41	5.56	6.04	W 1	WNW 4	SSE 4	Still
27.	52.73	54.59	55.03	56.27	54.65	1.1	9.5	11.2	5.6	6.85	4.32	6.21	6.32	5.76	5.65	W 2	E 4	E 5	S 3
28.	54.71	52.32	50.36	51 08	52.12	1.0	7.4	10.4	8.0	6.70	4.38	7.03	7.03	6.02	6 11	Still	NW 2	WSW 4	W 5
29.	51.67	52.37	51.20	48.98	51.05	7.5	10.3	12.3	10.8	10.22	6.10	6.98	8.63	9.17	7 72	SW 4	WSW 2	WNW 3	NW 2
30.	53.14	55.54	56.24	56.67	55.40	7.7	13.2	15.8	11.0	11.92	6.53	7.72	8.57	8.69	7.88	WSW 6	NW 5	W 6	W 4
31.	57.96	59.10	59.74	59.14	58.98	11.0	12.5	13.8	10.2	11.87	9.18	9.65	10.15	8.68	9.42	NW 1	NW 2	NW 2	NNW 2
	—	—	—	—	—	—	—	—	—	—	—	—	—	—	—	—	—	—	—
Mittel	749.65	749.89	749.46	749.78	750.34	8.2	11.6	12.7	9.3	10.54	7.42	8.56	8.82	7.96	8.23	3.8	4.5	4.3	3.2

Februar 1875.

Datum	Barometer 4h a. m.	9h a. m.	3h p. m.	9h p. m.	Mittel	Temperatur 4h a. m.	9h a. m.	3h p. m.	9h p. m.	Mittel	Dunstspannung 4h a. m.	9h a. m.	3h p. m.	9h p. m.	Mittel	Wind 4h a. m.	9h a. m.	3h p. m.	9h p. m.
1.	752.36	747.86	747.56	753.08	750.22	11.0	12.6	12.6	9.8	11.50	9.18	10.62	10.35	7.05	9.30	NE 4	N—E 3	NW 3	W 5
2.	61.02	64.62	65.55	67.36	64.64	7.8	12.8	14.9	11.2	11.68	6.57	8.45	7.56	8.56	7.78	W 2	NW 4	NNW 4	W 2
3.	67.61	67.84	66.20	64 80	66.61	10.6	13.6	14.4	10.7	12.32	8.56	9.36	9.40	8.15	8.87	W 2	NW 2	NNW 4	NNW 3
4.	58.98	57.61	53.73	52.25	55.64	10.4	14.2	14.3	12.4	12.82	8.68	10.17	9.95	10.21	9.75	N 2	NW 5	WNW 5	W 3
5.	54 67	56.09	54.40	52.14	54.32	9.0	12.0	13.1	9.8	10.98	8.00	7.96	7.17	8.45	7.89	W 4	W 3	W 6	NW 6
6.	50.45	51.70	53.51	56.19	52.91	7.9	12.0	8.0	7.3	8.80	6.33	7.01	6.49	5.16	6.25	NW 8	W 8	W 9	W 7
7.	58.74	57.19	54.84	53.12	55.97	7.0	10.2	11.2	10.0	9.60	5.55	6.92	8.69	7.04	7.05	W 6	W 6	W 9	WSW 10
8.	55.31	56.97	59.83	63.06	58.79	8.0	11.3	11.8	8.6	9.92	6.67	6.84	6.54	6.75	6.70	W 10	W 9	W 5	WSW 3
9.	63.33	62.22	56.71	52.36	58.66	8.5	11.8	13.7	12.3	11.57	7.16	8.76	9.56	9.89	8.82	Still	NW 1	WNW 4	W 7
10.	46.02	41.37	41.87	46.79	44.01	12.2	12.7	12.6	8.8	11.57	10.34	10.69	10.35	7.77	9.79	WNW 4	W 4	W 7	SW 5
11.	52.11	56.91	60.66	64.21	58.47	5.8	14.2	11.6	8.2	9.95	6.05	8.11	7.25	6.55	6.99	WSW 8	WNW 6	SW 4	W 4
12.	65.29	66.72	64.84	63.55	65.10	11.4	14.4	12.9	8.8	11.87	8.20	8.24	7.90	7.31	7.91	W 3	WSW 4	NW 4	NW 1
13.	56.73	52.49	49.18	52.40	52.70	10.6	11.2	13.1	8.2	10.77	8.56	9.30	10.58	7.34	8.95	NNW 6	NNW 3	WNW 3	WSW 3
14.	55.10	56.84	56.63	56.05	56.15	7.0	12.6	14.2	10.8	11.15	6.95	9.08	9.65	8.68	8.59	WSW 2	NW 2	NW 5	NW 4
15.	52.42	53.46	54.79	55.99	54.16	11.4	13.5	13.4	9.1	11.85	9.06	9 68	9.30	7.36	8.85	NW 6	W 5	WSW 5	W 3
16.	53.42	50.82	45.71	41.89	47.96	9.0	11.5	12.2	10.0	10.67	8.23	9.00	9.83	8.21	8.82	WNW 1	NNW 2	N 2	W 3
17.	45.56	45.34	40.24	39.14	42.57	5.8	9.6	10.2	8.0	8.40	6.26	7.05	8.80	6.89	7.25	W 2	W 4	W 4	W 7
18.	40.31	43.02	45.18	50.59	44.77	5.9	8.4	9.8	6.2	7.57	5.76	6.11	6.03	5.40	5.82	W 8	W 9	W 9	W 10
19.	57.56	60.18	59.26	58.55	58.89	5.7	9.7	11.8	10.6	9.45	5.39	6.32	7.60	7.85	6.79	W 5	WNW 4	WNW 5	WNW 7
20.	54.80	56.04	58.35	61.38	57.64	11.2	12.8	11.9	7.1	10.75	9.30	9.57	8.14	6.34	8.34	W 7	WNW 6	W 4	W 3
21.	62.47	64.09	65.23	66.39	64.54	6.5	12.6	10.7	7.0	9.20	5.67	7.47	7.09	6.40	6.66	W 4	W 4	WNW 4	WNW 2
22.	64.83	61.92	52.35	49.46	57.14	8.2	11.4	11.9	11.9	8.85	6.77	7.37	9.88	10.01	8.51	N 2	N 3	NE 7	SW 3
23.	47.85	49.20	50.19	51.50	49.68	10.2	12.7	11.0	7.2	10.27	8.80	9.27	7.13	5.64	7.71	W 2	W 4	WSW 3	W 2
	—	—	—	—	—	—	—	—	—	—	—	—	—	—	—	—	—	—	—
Mittel	755.52	755.67	754.64	755.32	755.28	8.7	12.1	12.2	9.3	10.50	7.48	8.41	8.49	7.52	7.97	4.3	4.4	5.0	4.5

Breite: 50° 32′ S. Länge: 166° 5′ Ost v. Greenw. Schwere Korrektion für 760 mm: + 0.40 mm. Höhe über dem Meere: 3.0 m.

Stärkemittel	Bewölkung												Gradmittel	Niederschlag		Temperatur des Meeres					Ozon
	4h a. m.			9h a. m.			3h p. m.			9h p. m.				A Nebel, B Regen, C Schnee, D Hagel	Cub. Centm.	4h a. m.	9h a. m.	3h p. m.	9h p. m.	Mittel	
	Form	Zug	Gr.	Form	Zug	Gr.	Form	Zug	Gr.	Form	Zug	Gr.				°C	°C	°C	°C	°C	
2.3	—	—	—	cir cu	N	7	cir cu	N	4	ni	—	10	7.0	—	748	—	11.8	13.1	11.2	12.03	8 u. 8
3.0	ni	—	10	ni	—	10	ni	—	10	ni	—	10	10.0	DBD	490	11.3	11.9	12.3	11.9	11.85	10 u. 10
3.0	cu ni	WSW	5	ni	WSW	8	ni	—	10	ni	—	10	8.3	≡ BD	56	11.3	12.1	11.9	10.6	11.45	9 u. 9
4.8	ni	NNW	9	ni	W	9	cu ni	W	6	cu	W	4	7.0	BD	2 338	9.5	10.2	10.9	9.4	10.02	8 u. 9
5.3	cu ni	W	7	ni	—	10	ni	—	10	ni	W	10	9.3	BD	1 090	9.2	9.9	11.1	10.2	10.10	10 u. 11
5.5	ni	NW	10	cu	W	4	cu	W	4	cu	W	6	6.0	BD	2 012	10.1	11.8	12.0	10.4	11.07	10 u. 11
4.3	ni	WNW	10	cu ni	NW	10	ni	NNW	10	ni	NNW	10	10.0	B	6	10.0	10.8	11.4	10.6	10.70	8 u. 9
3.5	cu ni	NW	7	cu	NW	4	cu str	W	7	cu ni	W	5	5.8	B	57	9.9	12.2	11.8	9.4	10.82	9 u. 10
4.5	cu	NW	7	ni	NW	10	cu ni	NW	9	ni	WNW	10	9.0	B	2 946	9.3	—	11.7	10.1	10.33	9 u. 10
7.0	cu	W	4	ni	WNW	10	cu	NW	5	cu	N	5	6.0	B	330	9.9	10.8	—	—	10.35	8 u. 9
5.0	—	—	—	—	—	—	ni	N	10	ni	—	10	10.0	DB	0	—	—	11.0	10.4	10.70	7 u. 8
5.2	cu ni	N	6	cu	NNW	4	cu ni	NW	5	cu ni	N	4	4.8	—	500	10.2	11.5	12.6	10.7	11.25	9 u. 10
4.0	ni	—	10	ni	—	10	cu	N	3	cir cu	N	1	6.0	D	0	10.2	11.5	12.6	10.7	11.25	8 u. 8
3.3	ni	—	10	ni	NNW	10	ni	—	10	ni	—	10	10.0	BD	287	10.8	11.2	12.5	11.0	11.37	8 u. 8
2.0	cu	N	9	cu	N	6	cir cu	NW	8	ni	N	10	8.3	DB	764	10.5	12.8	12.5	10.8	11.65	9 u. 10
3.5	ni	N	10	ni	N	10	ni	N	10	ni	N	10	10.0	B ≡	2 824	11.0	11.2	11.0	10.6	10.95	10 u. 10
3.5	cu ni	N	6	cu	NW	3	cu ni	WNW	7	cu	WNW	6	5.5	≡	790	10.2	12.8	12.4	10.8	11.55	10 u. 10
4.0	cu str.	NW	6	cu	NW	5	cu ni	NW	10	ni	WNW	10	7.8	B	360	10.8	12.0	12.0	10.8	11.40	9 u. 10
6.8	ni	WNW	10	cir cu	W	9	cu	W	4	cu ni	W	10	8.3	B	2 526	10.3	11.3	11.8	10.6	11.00	11 u. 11
2.5	cu ni	—	10	ni	—	10	ni	—	10	cu ni	SW	9	9.8	BA ≡	2 454	10.3	10.6	10.8	10.5	10.55	9 u. 9
3.5	cu	SW	10	cu	SW	3	cu	SSW	5	cu	W	8	6.5	≡	678	10.1	12.4	12.3	11.5	11.57	10 u. 11
3.5	cu	NW	7	cu ni	WNW	10	ni	NE	10	ni	E	10	9.3	B	0	10.4	11.4	11.0	—	10.93	7 u. 8
5.0	cu str.	E	10	ni	—	10	ni	W	10	ni	W	10	10.0	BA ≡	6 600	10.5	10.8	11.0	10.2	10.62	10 u. 11
6.5	ni	NW	10	ni	W	10	ni	S	10	ni	W	10	10.0	≡ BA	1 784	10.0	11.1	10.9	9.9	10.47	11 u. 11
4.8	ni	S	4	ni	SW	6	cu	SW	5	ni	SW	8	5.8	B	884	9.3	11.0	12.0	9.6	10.47	10 u. 10
2.3	cu ni	S	7	cu	S	5	cir cu	S	5	cu	S	2	4.8	B	724	9.0	11.4	11.2	9.4	10.25	8 u. 9
3.5	cu	—	3	cu	SE	5	cu ni	NE	5	cu	S	2	3.8	Reif B	0	8.2	10.6	11.6	10.0	10.10	8 u. 9
2.8	cu	W	4	ni	—	10	cu ni	SW	8	ni	S	10	8.0	Reif B	1 094	9.0	10.2	11.2	9.8	10.05	7 u. 8
2.8	cu ni	WSW	9	cu ni	W	9	ni	NW	10	ni	W	10	9.5	B	0	9.6	10.8	12.7	9.6	10.67	9 u. 9
5.2	cu ni	W	6	cu ni	NW	6	cir cu	NW	7	ni	NW	10	7.3	B	404	9.7	12.6	13.7	11.1	11.77	10 u. 10
1.8	ni	W	10	ni	—	10	ni	—	10	cir cu	—	3	8.3	—	30	10.8	11.4	12.4	10.3	11.02	9 u. 9
—	—	—	—	—	—	—	—	—	—	—	—	—	—	Summe	32 776	—	—	—	—	—	—
4.02	—	—	7.8	—	—	7.8	—	—	7.6	—	—	7.8	7.8	—	1 057.3	10.1	11.4	11.8	10.4	10.91	—

Stärkemittel	4h a. m. Form	Zug	Gr.	9h a. m. Form	Zug	Gr.	3h p. m. Form	Zug	Gr.	9h p. m. Form	Zug	Gr.	Gradmittel	Niederschlag	Cub. Centm.	4h a. m.	9h a. m.	3h p. m.	9h p. m.	Mittel	Ozon
3.8	ni	NE	10	ni	N	10	ni	NNW	10	cu	NNW	6	9.0	BA	2 562	10.6	11.2	10.8	10.1	10.67	10 u. 11
3.0	cu	W	8	cu	W	6	cu	NW	6	cu ni	NW	10	8.5	—	190	10.0	10.2	12.6	11.2	11.00	9 u. 10
2.8	cu ni	NW	9	cu	WNW	8	cu	N	6	cu	NW	10	8.3	—	0	10.7	12.0	12.7	—	11.80	8 u. 8
3.8	cu str	N	10	ni	—	10	ni	NW	10	ni	—	10	10.0	B	0	10.6	11.2	11.4	10.9	11.02	8 u. 9
4.8	ni	W	10	cu	W	3	cu	W	6	ni	—	10	7.3	B	1 001	10.4	11.6	12.2	11.0	11.30	10 u. 10
8.0	cu	W	8	cu	W	7	cu ni	W	10	cu ni	W	6	7.8	B	1 504	10.7	11.6	10.8	10.1	10.80	10 u. 11
7.8	cu	W	5	ni	W	10	cu	WNW	8	ni	WSW	10	8.3	B	1 386	9.5	10.2	11.2	10.2	10.27	8 u. 9
6.8	cu ni	WSW	10	cu ni	WSW	6	cu ni	W	6	ni	WSW	8	7.5	—	1 405	9.8	11.3	12.5	10.0	10.90	9 u. 9
3.0	cu ni	WNW	6	ni	—	10	ni	—	10	ni	—	10	9.0	B	28	10.0	11.6	11.8	10.2	10.90	8 u. 8
5.0	ni	—	10	ni	—	10	ni	—	10	cu	W	4	8.3	B ≡	4 162	10.8	10.8	11.7	10.2	10.87	10 u. 10
5.5	cu ni	WSW	6	cu ni	WSW	6	cu ni	SW	4	cu	W	5	5.3	≡	254	9.9	11.7	11.8	10.2	10.90	8 u. 8
3.0	cu	WSW	7	cu	WSW	5	cu	W	7	—	—	10	7.3	—	64	10,7	12.8	12.4	10.5	10.60	7 u. 7
3.8	ni	—	10	ni	—	10	ni	—	10	cu	S	3	8.3	B ≡	3 980	10.6	10.7	11.1	10.0	10.60	—
3.3	cu cir	W	3	cu str	W	6	cu ni	W	6	cu ni	NNW	8	5.8	≡	910	9.8	12.2	12.8	10.8	11.40	9 u. 9
4.8	cu	NW	10	cu	W	7	cu	W	5	cu	W	3	6.3	—	38	10.8	11.9	12.8	10.3	11.45	8 u. 9
2.0	cu	W	10	ni	—	10	ni	NW	10	cu ni	W	8	9.5	AB	608	10.2	11.0	11.1	—	10.76	7 u. 8
4.3	ni	W	7	cu ni	NW	10	ni	WNW	10	cu ni	WNW	9	9.0	B	1 182	9.6	10.8	10.8	—	10.40	9 u. 9
9.0	cu ni	W	10	cu	W	8	cu ni	W	8	cu	W	7	8.3	BD	2 860	9.5	10.8	11.0	9.0	10.07	10 u. 10
5.3	cu	W	4	cu	W	8	cu	WNW	7	cu ni	WNW	10	7.3	B	990	10.0	10.3	11.4	10.1	10.50	6 u. 7
5.0	ni	WNW	10	ni	W	10	cu	W	3	cu	W	7	7.5	B	1 580	10.2	11.5	11.8	9.6	10.77	9 u. 10
3.5	cu ni	W	6	cu	WSW	9	cu	W	8	cu	W	7	7.5	B	364	9.6	11.6	—	10.2	10.46	8 u. 8
3.8	cu	N	10	ni	N	10	ni	NNW	10	ni	—	10	10.0	B	32	9.5	10.6	10.8	10.8	10.42	9 u. 9
2.8	cu ni	W	10	cu ni	W	9	ni	—	10	cu	W	7	9.0	—	0	—	—	—	—	—	—
—	—	—	—	—	—	—	—	—	—	—	—	—	—	Summe	25 100	—	—	—	—	—	—
4.56	—	—	8.2	—	—	8.2	—	—	7.8	—	—	7.7	8.05	—	1 091.3	10.2	11.3	11.7	10.3	10.81	—

Februar 1875.

10. Um 3^h p. m. und am

13. um 4^h und 9^h a. m. und um 3^h p. m. konnte die Temperatur des Thaupunktes nicht bestimmt werden, weil die Luft so mit Regendämpfen geschwängert war, dass sich der Niederschlag auf dem Goldblech nicht wieder entfernte.

18. Um 3^h p. m. ergab das Hypsothermometer 99.500° Bar. = 746.95^{mm} 14.8°/14.6° red. = 745.19^{mm}
- 3^h 25^m - - - 99.522° - = 747.11^{mm} 14.9°/14.5° red. = 745.33^{mm}

19. Die Anemometer-Uhr blieb um 2^h 40 a. m. stehen, wurde um 9^h 20 wieder in Gang gesetzt, blieb um 9^h 30 wieder stehen und wurde um 10^h 45 a. m. regulirt.

22. Der Regenmesser, das Anemometer, Hygrometer und die meisten Thermometer wurden eingepackt.

23. Der Fluthmesser wurde eingepackt, nachdem bis 12^h Mittags die letzte Kurve abgenommen war.

24. Das selbstregistrirende Barometer wurde um 12^h Mittags, nachdem die letzte Kurve No. 108 erhalten, eingepackt.

Resultate einer Arbeit über das Klima der Auckland-Inseln.

Von Herrn Dr. W. Schur.

Die nachfolgenden Tabellen über den Gang und die monatlichen Mittelwerthe der meteorologischen Elemente, abgeleitet aus den Beobachtungen zu den Stunden: Mitternacht, 3^a, 6^a, 9^a Mittag, 3^p, 6^p, 9^p, nämlich Druck der Luft, Temperatur der Luft, Dunstdruck, Feuchtigkeit sind einer im Manuskripte der Direktion der Seewarte übergebenen Abhandlung entlehnt. Sofern die Mittelwerthe für einzelne Tage und die Monate dabei in Betracht kommen, ist zu beachten, dass dieselben, da sie nicht von zu den gleichen Terminen beobachteten Werthen abgeleitet sind, auch nicht vollkommen mit jenen der vorhergegebenen Tabellen übereinstimmen können. Der wesentlichste Werth dieser Tabellen liegt in dem Versuch, die täglichen Gänge der Elemente für die Beobachtungs-Periode abzuleiten (Tab. X). Wir geben dieselben hier ohne weiteren Kommentar, dessen sie zum Verständnisse nicht bedürfen. Bemerkt mag nur werden, dass bei deren Ableitung die Methode der graphischen Interpolation zur Anwendung gebracht worden ist. Das Interesse, welches sich an diese Tabellen knüpft, ist in erster Linie darin zu erblicken, dass der Versuch in einem Klima, welches solcher stürmischen Witterung unterliegt, wie jenes der Auckland-Inseln, die täglichen Gänge abzuleiten, in mancher Hinsicht als erfolgreich zu bezeichnen ist. Es wird durch diese Arbeit in gewissem Sinne der Mangel stündlicher Aufzeichnungen der Elemente minder fühlbar gemacht.[1])

Tabelle I enthält die täglichen und monatlichen Mittelwerthe des Druckes der Luft, der Temperatur der Luft, des Dunstdruckes und der relativen Feuchtigkeit für die Monate November (vom 15. bis 30.) Dezember, Januar und Februar (1874—1875).

Tabelle II und III zeigen die Reduktionswerthe auf das Tagesmittel für den Luftdruck und die Stunden: Mitt. 3^a, 6^a, 9^a, Mittag 3^p, 6^p, 9^p, zu welchen Zeiten die Beobachtungen ausgeführt worden sind.

Tabelle IV und V geben die Reduktionswerthe auf das Tagesmittel für die Temperatur der Luft und die Beobachtungsstunden.

Tabelle VI und VII geben die Reduktionswerthe auf das Tagesmittel für den Dunstdruck und die Beobachtungsstunden.

Tabelle VIII und IX zeigen die Reduktionswerthe auf das Tagesmittel für die Feuchtigkeit der Luft und die Beobachtungsstunden.

Tabelle X enthält 4 einzelne Tabellen, welche die durch graphische Interpolation abgeleiteten täglichen Gänge für die einzelnen Monate und die folgenden Elemente: Luftdruck, Dunstdruck, Temperatur der Luft und relative Feuchtigkeit wiedergeben.

---

[1]) Siehe: Die Venusdurchgänge 1874 und 1882. Bericht über die Deutschen Beobachtungen etc., herausgegeben von A. Auwers, Bd. II. Seite 275—307.

Südliche Breite: 50° 32′
Oestliche Länge Gr.: 166° 5′

Auckland-Inseln (Terror Cove).

Barometerhöhe über mittl. Wassersp.: 3.0 m
Thermometerhöhe vom Boden: 1.1 m

I. Tägliche Mittel der meteorologischen Elemente.

Datum	Druck der Luft	Temperatur der Luft	Dunstdruck	Feuchtigkeit
1874	mm	°	mm	%
November 15	759.3	9.7	8.1	90
16	61.6	9.7	7.8	87
17	61.8 [1]	8.4 [1]	5.8	71 [1]
18	63.6	7.3	5.9	79
19	50.2	9.1	8.3	96
20	45.7 [2]	11.1 [2]	8.3 [1]	85 [1]
21	52.6	8.4	6.1	76
22	45.8	7.9	7.0	87
23	28.8	7.5	6.7	86
24	40.4 [2]	4.2 [2]	4.8 [1]	83 [1]
25	53.3	7.1	6.7	88
26	63.1	8.3	6.2	77
27	65.3 [2]	9.9 [2]	7.6 [1]	83 [1]
28	65.2	9.9	8.3	91
29	68.5	11.3	8.7	87
30	69.8	13.3	8.8	79
Mittel	755.94	8.94	7.19	84.06
Dezember 1	766.4 [2]	11.0 [2]	8.6	85 [1]
2	57.3	10.3	8.7	93
3	57.2 [2]	7.2 [2]	6.3 [1]	82 [1]
4	56.0	7.6	5.4	69
5	56.6	7.8	5.8	73
6	55.0 [2]	8.4 [2]	7.0 [1]	85 [1]
7	57.7	6.8	5.2	72
8	59.8	7.1	5.2	70
9	55.7 [2]	9.7 [2]	8.0 [1]	87 [1]
10	58.5 [1]	9.6 [1]	9.6	82
11	53.3 [1]	10.2 [1]	10.2	93
12	55.1 [2]	7.9 [2]	7.1 [1]	90 [1]
13	55.2	8.3	7.4	91
14	55.2	8.8	8.4	99
15	58.4	8.3	7.9	96
16	62.3	8.8	7.9	93
17	63.7	9.8	8.0	89
18	62.4	10.4	8.3	89
19	55.7	11.0	9.2	93
20	55.6 [2]	11.6 [2]	8.2 [1]	81
21	46.8	10.2	8.9	95
22	55.6	11.5	8.7	87
23	58.3 [2]	11.4 [2]	9.3	91 [1]
24	53.3	11.8	8.7	84
25	48.2	10.9	8.5	88
26	47.6 [2]	9.6 [2]	6.9 [1]	73 [1]
27	54.4	8.6	6.1	73
28	59.5	10.3	8.1	87
29	52.5 [2]	10.6 [2]	9.3 [1]	97 [1]
30	49.9	11.2	8.8	89
31	54.1	10.0	7.5	82
Mittel	756.04	9.57	7.85	85.74

Datum	Druck der Luft	Temperatur der Luft	Dunstdruck	Feuchtigkeit
1875	mm	°	mm	%
Januar 1	751.6 [1]	12.3 [1]	9.1 [1]	74
2	45.7	11.1	9.5	97
3	39.1	10.9	8.6	90
4	41.7	7.1	5.8	78
5	51.4	8.0	7.5	87
6	50.3 [1]	11.7 [1]	7.9	77
7	51.9	10.3	7.5	80
8	45.2	10.0	7.1	78
9	52.9 [1]	9.0 [1]	7.2	84
10	60.4 [1]	11.4 [1]	8.4	84
11	52.2 [2]	10.9 [2]	8.7 [1]	91 [1]
12	49.8	12.0	8.4	80
13	53.7	12.0 [1]	9.1 [1]	88
14	52.6	10.6	9.3	97
15	49.8	11.4	9.3	92
16	46.9	10.9	9.4	96
17	48.1 [1]	11.8 [1]	7.9	81
18	51.1	11.0	8.2	84
19	53.5	11.4 [1]	7.9	78
20	54.7	10.5	9.1	95
21	58.9	10.8	6.6	70
22	54.3	9.3	7.6	86
23	41.9 [1]	10.2 [1]	9.1	97
24	33.2	8.9	7.0	83
25	43.7	6.9	5.6	77
26	47.6	6.4 [1]	5.6	78
27	54.0 [2]	5.8 [1]	4.9	74
28	52.3	6.5	5.9	85
29	51.3	9.9	7.2	78
30	54.5	11.4	7.6	76
31	58.9 [1]	11.8 [1]	8.9	87
Mittel	750.07	10.07	7.80	83.93
Februar 1	750.9	11.2	9.1	91
2	63.6	10.9	6.9	72
3	66.9	11.7	8.4	82
4	56.8 [2]	12.2 [2]	9.0 [1]	87 [1]
5	54.1	11.4	7.2	74
6	52.1	9.0	6.5	75
7	56.2	8.9	6.8	79
8	58.3 [2]	11.1 [2]	5.9 [1]	66 [1]
9	59.4	10.5	8.3	86
10	44.7 [2]	11.2 [2]	9.7 [1]	97 [1]
11	57.0	9.2	6.0	70
12	65.0	10.4	7.1	76
13	53.7	10.2	8.9	95
14	55.7	11.2	7.9	80
15	53.9	11.7	7.8	77
16	49.0	10.2	8.4	90
17	42.0 [2]	7.9 [2]	7.1 [1]	89 [1]
18	43.0	7.5	5.3	69
19	57.7	9.2	5.8	66
20	57.3	9.9 [1]	7.8	84 [1]
21	63.7	8.4	6.1	76
22	57.8	9.0	7.7	88
23	49.7	10.1	7.4	80
24	48.6 [2]	7.9 [2]	6.8 [1]	84 [1]
25	48.1 [2]	8.7 [2]	7.0 [1]	83 [1]
26	51.6	7.4	5.4	71
27	59.1	6.5 [1]	5.0 [1]	80 [1]
28	65.4 [2]	9.4 [2]	—	—
Mittel	755.05	9.75	7.23	80.26

1) bedeutet, dass an dem betreffenden Tage eine Beobachtung nicht genau zur dritten Stunde angestellt worden ist.
2) bedeutet, dass das Tages-Mittel eine mit Hülfe der Kurve interpolirte Ablesung enthält.

II. und III. Reduktion der Barometerstände auf das Tagesmittel.

(Beobachtung zur Zeit weniger Mittel.)

Tage	November 1874								Dezember 1874							
	Mittn.	3^a	6^a	9^a	Mittag	3^p	6^p	9^p	Mittn.	3^a	6^a	9^a	Mittag	3^p	6^p	9^p
	mm	mm	mm	mm	mm	mm	mm	mm	mm	mm	mm	mm	mm	mm	mm	mm
1	—	—	—	—	—	—	—	—	—	—	—	—	—	—	—	—
2	—	—	—	—	—	—	—	—	3.0	1.2	0.7	−0.5	−0.9	−1.7	−1.4	−0.3
3	—	—	—	—	—	—	—	—	—	—	—	—	—	—	—	—
4	—	—	—	—	—	—	—	—	0.6	−1.0	−0.5	0.5	0.2	−0.1	−0.3	0.7
5	—	—	—	—	—	—	—	—	0.2	0.4	0.8	1.1	0.8	−0.7	−1.5	−1.4
6	—	—	—	—	—	—	—	—	—	—	—	—	—	—	—	—
7	—	—	—	—	—	—	—	—	−0.7	−0.6	−0.8	−0.7	0.1	0.1	1.1	1.6
8	—	—	—	—	—	—	—	—	−0.6	0.4	0.5	1.6	0.9	0.3	−1.3	−1.7
9	—	—	—	—	—	—	—	—	—	—	—	—	—	—	—	—
10	—	—	—	—	—	—	—	—	0.6	1.2	1.1	1.0	0.6	−0.5	−1.8	−1.9
11	—	—	—	—	—	—	—	—	1.8	0.1	−0.9	−0.9	−0.8	−0.5	−0.3	1.5
12	—	—	—	—	—	—	—	—	—	—	—	—	—	—	—	—
13	—	—	—	—	—	—	—	—	0.1	−0.1	0.0	0.1	−0.6	−0.7	0.7	0.6
14	—	—	—	—	—	—	—	—	0.8	−0.1	−0.5	−0.7	−0.4	−0.1	−0.2	1.0
15	0.0	−0.2	−0.3	−0.5	−0.7	−0.5	0.2	1.9	−2.0	−1.4	−1.0	0.0	0.4	0.5	1.3	2.1
16	0.1	0.6	0.7	0.7	0.9	−0.6	−0.9	−1.6	−1.0	−1.2	−0.1	−0.4	0.4	0.6	0.6	1.1
17	−1.9	−1.6	−1.7	−1.7	0.1	1.6	2.2	2.9	−0.2	−0.6	−0.1	0.4	0.2	0.0	−0.2	0.4
18	1.3	1.4	1.4	1.1	0.4	−0.1	−2.2	−3.1	1.2	1.7	1.2	0.7	0.3	−0.9	−1.1	−3.1
19	7.4	5.0	1.9	0.3	−1.8	−4.4	−4.5	−4.0	3.5	1.9	1.2	−0.6	−0.8	−1.4	−2.2	−1.3
20	—	—	—	—	—	—	—	—	—	—	—	—	—	—	—	—
21	−2.9	−3.4	−3.3	−0.9	0.7	1.5	3.7	4.5	3.1	0.0	−0.8	−1.9	−2.2	−1.7	0.1	3.1
22	11.0	8.1	6.1	3.2	−1.8	−4.8	−9.0	−12.9	−3.4	−2.0	−0.5	0.5	1.1	1.3	1.4	1.8
23	2.3	1.7	1.1	0.5	−1.0	−2.4	−1.9	−0.1	—	—	—	—	—	—	—	—
24	—	—	—	—	—	—	—	—	3.2	2.3	1.1	1.1	−0.2	−1.4	−2.7	−3.8
25	−0.8	−1.6	−2.1	−2.0	0.2	0.4	2.2	3.7	0.9	−0.1	−0.3	0.2	0.7	−0.3	−0.4	−1.0
26	−4.3	−3.1	−0.6	0.5	1.0	1.8	2.1	2.6	—	—	—	—	—	—	—	—
27	—	—	—	—	—	—	—	—	−2.2	−1.5	−0.4	−0.4	0.4	0.4	1.8	2.1
28	−0.6	−1.3	−1.2	−1.4	0.6	0.8	1.3	1.6	−2.7	−1.1	−0.4	0.7	0.7	0.7	1.1	0.9
29	−0.7	−0.6	−0.5	−0.7	0.5	0.6	0.8	1.0	—	—	—	—	—	—	—	—
30	−1.3	−0.1	0.5	0.7	0.4	0.1	−0.3	−0.1	−0.9	−2.4	−1.5	−1.9	−0.8	1.1	2.5	4.2
31	—	—	—	—	—	—	—	—	1.2	1.4	1.2	0.6	0.2	−0.5	−2.3	−2.1
Mittel	0.74	0.38	0.15	−0.02	−0.04	−0.46	−0.48	−0.282	0.30	−0.07	0.00	0.03	0.01	−0.25	−0.23	0.21
	Januar 1875								Februar 1875							
1	−0.6	−1.0	−0.2	0.2	0.5	0.5	0.4	−0.4	6.7	3.1	−0.6	−2.8	−4.2	−3.8	−0.9	2.2
2	5.9	3.8	2.9	1.4	−0.9	−3.3	−4.8	−4.7	−6.3	−3.9	−1.4	0.5	1.9	2.0	3.1	3.8
3	1.2	1.0	0.7	0.3	−0.5	−0.6	−1.5	−0.4	0.6	0.4	0.6	0.7	0.7	−0.2	−1.3	−1.7
4	−3.6	−3.8	−3.9	−3.4	−0.5	3.3	4.2	8.1	—	—	—	—	—	—	—	—
5	−0.9	0.4	0.1	0.0	−0.3	0.1	0.2	0.2	−1.2	−0.5	1.3	0.9	1.3	0.5	−0.9	−1.7
6	−1.6	−4.4	−4.8	−1.9	0.7	2.0	3.7	6.2	−2.1	−1.8	−1.5	−1.2	−0.2	1.1	1.8	4.0
7	4.7	3.7	3.2	1.7	−0.4	−2.9	−4.2	−5.5	1.8	1.9	2.8	2.1	0.4	−2.7	−3.1	−3.3
8	−0.2	−0.5	−0.6	−0.7	−1.0	−0.4	0.5	2.8	—	—	—	—	—	—	—	—
9	−4.3	−2.8	−0.1	−0.5	−0.4	1.3	2.5	4.2	4.2	4.0	3.9	2.8	−0.1	−3.2	−4.6	−6.9
10	−2.1	−1.7	−0.3	0.7	1.0	1.0	0.8	0.3	—	—	—	—	—	—	—	—
11	—	—	—	—	—	—	—	—	−8.1	−5.1	−3.7	−1.7	2.3	4.2	5.2	7.2
12	−4.1	−2.4	−0.3	0.2	1.3	1.1	1.8	2.7	−0.5	0.0	0.2	0.9	0.9	0.3	−0.7	−1.2
13	−0.6	−0.4	−0.3	−0.3	−0.1	0.4	0.6	0.8	8.3	5.2	1.1	−1.6	−3.5	−4.4	−3.9	−1.2
14	2.7	1.8	1.3	0.2	−0.3	−1.0	−2.1	−2.8	−2.0	−1.6	−0.1	1.3	1.2	0.9	0.2	0.4
15	0.1	−0.1	2.2	0.6	0.3	−0.3	−1.0	−1.7	0.8	−1.0	−1.2	−1.0	−0.4	0.3	0.8	1.4
16	1.5	1.3	1.5	0.1	−0.7	−1.3	−1.6	−0.8	6.2	5.6	3.6	2.2	−1.1	−3.5	−6.1	−6.9
17	−2.0	−1.8	−1.0	−0.8	0.1	1.2	2.2	2.5	—	—	—	—	—	—	—	—
18	0.5	1.0	0.6	0.3	0.5	0.5	−1.3	−2.2	−3.9	−4.2	−2.8	−1.2	0.8	1.7	2.4	7.4
19	−5.0	−4.6	−2.8	−0.7	1.0	2.1	3.6	6.3	−4.5	−2.3	0.3	1.4	1.8	1.7	0.9	0.8
20	5.4	4.7	4.4	2.7	−0.9	−4.7	−6.8	−4.8	—	—	—	—	—	—	—	—
21	−3.1	−1.8	0.5	1.1	0.9	1.1	1.0	0.7	−2.5	−1.8	−1.5	−1.2	1.4	1.5	1.9	2.5
22	5.3	3.5	2.9	1.6	−0.7	−2.9	−4.9	−5.0	8.2	7.2	4.7	3.1	−0.7	−5.5	−8.3	−8.7
23	—	—	—	—	—	—	—	—	−0.9	−1.5	−1.2	−1.2	−0.1	0.7	1.8	2.0
24	2.5	−0.3	−4.0	−6.1	−3.1	−0.3	4.2	6.8	—	—	—	—	—	—	—	—
25	−2.1	−1.4	−0.8	0.3	0.7	0.7	1.1	1.8	—	—	—	—	—	—	—	—
26	−2.3	−2.0	−1.6	−1.4	0.7	1.6	1.9	3.2	−2.4	−2.1	−1.2	−0.1	0.4	0.8	1.3	3.1
27	—	—	—	—	—	—	—	—	−4.0	−3.1	−2.5	0.0	1.0	2.0	2.6	4.0
28	3.1	2.2	2.0	0.4	−1.6	−2.5	−2.3	−1.3	—	—	—	—	—	—	—	—
29	0.2	−0.3	0.5	1.2	1.1	0.3	−1.2	−1.8	—	—	—	—	—	—	—	—
30	−4.2	−3.1	0.0	1.0	1.2	1.6	1.6	2.1	—	—	—	—	—	—	—	—
31	−1.8	−1.3	−1.0	0.9	1.0	0.5	0.7	0.8	—	—	—	—	—	—	—	—
Mittel	−0.19	−0.37	0.04	−0.03	−0.01	−0.03	−0.03	0.66	−0.08	−0.08	0.04	0.20	0.19	−0.28	−0.39	0.36

Zur Reduktion auf das Tagesmittel ist das Zeichen in obiger Tabelle entgegengesetzt zu nehmen.

IV. und V. Reduktion der Thermometerstände auf das Tagesmittel.

Tage	November 1874								Dezember 1874							
	Mittn.	3a	6a	9a	Mittag	3p	6p	9p	Mittn.	3a	6a	9a	Mittag	3p	6p	9p
	°	°	°	°	°	°	°	°	°	°	°	°	°	°	°	°
1	—	—	—	—	—	—	—	—	—	—	—	—	—	—	—	—
2	—	—	—	—	—	—	—	—	0.1	— 0.6	— 0.2	0.8	1.2	1.1	0.4	— 2.6
3	—	—	—	—	—	—	—	—	—	—	—	—	—	—	—	—
4	—	—	—	—	—	—	—	—	— 2.8	— 2.7	— 0.7	3.5	3.8	1.4	— 0.5	— 1.7
5	—	—	—	—	—	—	—	—	— 2.7	— 3.2	— 0.2	0.3	3.4	2.5	0.3	— 0.1
6	—	—	—	—	—	—	—	—	—	—	—	—	—	—	—	—
7	—	—	—	—	—	—	—	—	— 2.2	— 2.7	— 1.6	3.5	3.1	1.7	1.8	— 5.0
8	—	—	—	—	—	—	—	—	— 5.9	— 5.9	0.5	1.4	3.9	4.2	1.3	0.2
9	—	—	—	—	—	—	—	—	—	—	—	—	—	—	—	—
10	—	—	—	—	—	—	—	—	—	—	—	—	—	—	—	—
11	—	—	—	—	—	—	—	—	—	—	—	—	—	—	—	—
12	—	—	—	—	—	—	—	—	—	—	—	—	—	—	—	—
13	—	—	—	—	—	—	—	—	— 0.7	— 0.7	— 0.1	0.7	0.9	— 0.1	— 0.3	— 0.1
14	—	—	—	—	—	—	—	—	— 0.5	— 0.3	— 0.3	— 0.1	0.5	0.6	0.1	— 0.2
15	— 0.7	— 0.7	— 0.7	1.4	0.9	0.1	0.3	— 0.7	0.3	— 0.1	— 0.3	— 0.1	0.2	0.2	0.1	— 0.1
16	— 2.2	— 4.2	— 0.3	2.1	4.1	2.9	— 1.0	— 1.1	— 1.0	— 1.0	— 0.8	0.9	1.1	1.3	0.1	— 0.4
17	—	—	—	—	—	—	—	—	— 1.6	— 1.8	— 1.6	— 0.9	1.9	5.2	0.2	— 0.8
18	— 6.0	— 7.7	— 1.5	4.0	4.9	3.8	1.6	0.7	— 1.7	— 2.0	— 1.2	0.8	2.3	1.8	1.1	— 1.4
19	— 0.9	— 0.8	— 0.5	0.3	0.5	0.7	0.4	— 0.1	— 1.6	— 1.1	— 0.6	0.2	2.7	2.6	— 0.5	— 1.8
20	—	—	—	—	—	—	—	—	—	—	—	—	—	—	—	—
21	— 0.4	— 0.9	— 1.0	1.9	3.6	3.7	— 0.8	— 6.1	— 0.8	— 0.2	— 0.2	1.2	0.6	1.2	0.5	— 2.0
22	— 3.8	— 5.0	2.0	2.7	1.4	1.4	0.5	0.7	— 3.8	— 5.5	0.2	2.4	3.9	3.0	0.5	— 0.9
23	1.0	0.6	1.4	3.1	— 0.1	— 1.1	— 1.4	— 3.3	—	—	—	—	—	—	—	—
24	—	—	—	—	—	—	—	—	— 2.2	— 2.0	1.1	1.4	2.6	0.8	— 0.5	— 1.6
25	— 2.0	— 1.1	— 0.4	1.9	2.1	1.7	0.0	— 2.0	— 0.9	— 1.0	— 0.6	0.5	1.5	1.7	0.1	— 1.6
26	— 4.2	— 3.0	— 1.3	2.7	3.6	1.3	1.0	— 0.5	—	—	—	—	—	—	—	—
27	—	—	—	—	—	—	—	—	— 2.8	— 2.8	0.5	0.5	3.1	3.3	0.6	— 2.1
28	— 0.5	— 0.5	0.2	0.0	0.1	0.4	0.4	0.0	— 3.9	— 2.3	— 0.6	0.8	2.7	2.2	0.5	0.2
29	— 2.2	— 2.6	0.1	2.0	3.0	2.1	— 0.6	— 1.5	—	—	—	—	—	—	—	—
30	— 3.1	— 3.1	— 1.4	1.5	4.0	3.8	0.8	— 2.9	— 0.4	— 1.8	— 0.5	0.1	1.3	3.6	— 0.1	— 2.0
31	—	—	—	—	—	—	—	—	— 2.0	— 2.5	— 1.0	2.1	1.0	2.4	0.0	0.0
Mittel	— 2.08	— 2.42	— 0.28	2.17	2.34	1.73	0.08	— 1.40	— 1.88	— 2.01	— 0.41	1.00	2.09	1.99	0.28	— 1.20

Tage	Januar 1875								Februar 1875							
	Mittn.	3a	6a	9a	Mittag	3p	6p	9p	Mittn.	3a	6a	9a	Mittag	3p	6p	9p
1	—	—	—	—	—	—	—	—	— 0.8	— 0.1	— 0.6	1.4	1.9	0.6	— 0.5	— 1.8
2	0.2	— 1.9	— 0.3	0.5	0.6	0.6	0.9	— 0.7	— 2.2	— 3.7	— 1.4	1.0	1.4	4.4	0.6	— 0.5
3	— 1.7	— 1.2	0.9	3.4	3.2	0.4	— 1.5	— 3.9	— 1.5	— 1.9	— 1.2	1.5	2.5	2.3	0.3	— 1.7
4	— 0.5	— 1.1	— 0.4	— 0.4	2.9	1.9	— 0.1	— 2.3	—	—	—	—	—	—	—	—
5	— 3.8	— 2.6	— 1.4	— 0.4	2.6	2.2	2.0	1.1	— 0.8	— 2.3	— 2.8	0.9	3.3	2.5	1.8	— 2.2
6	—	—	—	—	—	—	—	—	1.2	— 1.2	0.3	3.1	0.8	0.2	— 2.5	— 1.9
7	— 2.4	— 2.7	— 2.1	1.3	3.2	1.9	0.5	0.1	— 2.7	— 2.3	— 0.9	1.2	0.5	2.0	1.4	1.0
8	0.2	— 1.2	1.5	3.7	3.6	0.8	— 4.0	— 4.2	—	—	—	—	—	—	—	—
9	—	—	—	—	—	—	—	—	2.5	— 3.5	— 0.6	0.6	1.6	1.5	1.4	1.3
10	—	—	—	—	—	—	—	—	—	—	—	—	—	—	—	—
11	—	—	—	—	—	—	—	—	— 2.6	— 3.6	— 0.6	1.8	1.9	2.7	1.4	— 1.2
12	— 2.7	— 2.8	0.4	3.1	3.6	2.5	— 1.6	— 2.1	— 2.5	— 3.6	— 0.3	2.7	2.0	2.3	1.1	— 1.4
13	—	—	—	—	—	—	—	—	— 0.6	— 0.4	0.9	0.4	1.3	2.2	— 0.1	— 3.5
14	— 0.2	— 1.2	— 0.2	0.5	0.5	0.5	0.1	— 0.2	— 3.4	— 2.8	— 1.2	1.7	2.8	3.9	— 0.1	— 0.7
15	—	—	—	—	—	—	—	—	— 1.0	— 0.8	0.3	1.8	1.9	1.7	— 1.7	— 2.5
16	0.0	0.0	— 0.4	— 0.5	0.8	0.8	— 0.4	— 0.6	— 1.3	— 1.1	0.2	0.8	0.9	1.2	1.0	— 1.4
17	—	—	—	—	—	—	—	—	—	—	—	—	—	—	—	—
18	— 2.0	— 1.6	— 0.5	2.0	2.2	2.0	— 1.2	— 0.9	— 1.7	— 0.4	— 0.5	0.3	2.4	1.3	0.4	— 1.7
19	—	—	—	—	—	—	—	—	— 3.3	— 3.7	— 0.9	1.2	2.2	2.0	1.2	1.2
20	— 1.8	— 1.3	— 0.4	0.3	0.4	1.2	1.4	0.0	—	—	—	—	—	—	—	—
21	— 2.6	— 3.4	— 0.8	1.9	3.6	3.7	0.8	— 3.2	— 2.0	— 2.5	— 1.2	2.5	4.5	1.9	— 1.4	— 2.2
22	— 2.3	— 1.7	— 0.3	1.2	1.2	1.2	0.5	0.1	— 7.5	— 3.4	— 0.3	2.1	2.0	2.6	2.2	2.5
23	—	—	—	—	—	—	—	—	1.0	0.1	— 1.6	2.1	1.6	1.1	— 1.5	— 3.1
24	0.0	— 0.4	— 1.0	1.2	2.6	1.4	— 1.3	— 2.9	—	—	—	—	—	—	—	—
25	— 3.3	— 3.2	— 2.1	2.5	3.6	5.5	0.3	— 3.4	—	—	—	—	—	—	—	—
26	—	—	—	—	—	—	—	—	0.7	0.0	0.0	0.8	3.1	— 1.0	— 2.1	— 1.9
27	—	—	—	—	—	—	—	—	—	—	—	—	—	—	—	—
28	— 4.6	— 6.3	— 0.6	1.1	3.2	3.9	1.8	1.5	—	—	—	—	—	—	—	—
29	— 2.3	— 2.4	— 0.3	0.4	2.0	1.3	0.6	0.5	—	—	—	—	—	—	—	—
30	— 2.8	— 3.4	— 2.8	2.1	3.7	4.1	— 0.1	— 0.7	—	—	—	—	—	—	—	—
31	—	—	—	—	—	—	—	—	—	—	—	—	—	—	—	—
Mittel	— 1.81	— 2.13	— 0.60	1.33	2.42	2.00	— 0.07	— 1.22	— 1.76	— 1.96	— 0.65	1.47	2.03	1.86	0.15	— 1.14

Zur Reduktion auf das Tagesmittel ist das Zeichen in obiger Tabelle entgegengesetzt zu nehmen.

VI. und VII. Reduktion des Dunstdruckes auf das Tagesmittel.

(Beobachtung zur Zeit weniger Mittel.)

Tage	November 1874								Dezember 1874							
	Mittn.	3a	6a	9a	Mittag	3p	6p	9p	Mittn.	3a	6a	9a	Mittag	3p	6p	9p
	mm	mm	mm	mm	mm	mm	mm	mm	mm	mm	mm	mm	mm	mm	mm	mm
1	—	—	—	—	—	—	—	—	—	—	—	—	—	—	—	—
2	—	—	—	—	—	—	—	—	0.5	0.1	0.3	0.5	0.0	0.7	— 0.4	— 1.4
3	—	—	—	—	—	—	—	—	—	—	—	—	—	—	—	—
4	—	—	—	—	—	—	—	—	— 0.3	0.3	0.3	— 0.5	— 0.2	0.7	— 0.1	— 0.6
5	—	—	—	—	—	—	—	—	— 0.5	— 0.5	0.0	0.0	0.4	— 0.1	0.6	0.2
6	—	—	—	—	—	—	—	—	—	—	—	—	—	—	—	—
7	—	—	—	—	—	—	—	—	1.1	0.7	0.7	0.1	— 0.6	— 0.4	— 0.9	— 0.7
8	—	—	—	—	—	—	—	—	— 1.0	— 0.4	— 0.1	— 0.2	0.1	0.6	0.6	0.4
9	—	—	—	—	—	—	—	—	—	—	—	—	—	—	—	—
10	—	—	—	—	—	—	—	—	—	—	—	—	—	—	—	—
11	—	—	—	—	—	—	—	—	—	—	—	—	—	—	—	—
12	—	—	—	—	—	—	—	—	—	—	—	—	—	—	—	—
13	—	—	—	—	—	—	—	—	— 0.3	— 0.6	— 0.4	— 0.1	0.0	0.5	0.4	0.5
14	—	—	—	—	—	—	—	—	— 0.4	— 0.2	— 0.1	0.0	0.2	0.3	0.1	0.0
15	0.2	— 0.3	— 0.4	0.3	0.2	0.6	0.1	— 0.7	0.5	0.1	0.0	0.1	— 0.1	— 0.2	— 0.3	— 0.4
16	— 0.7	— 1.2	0.2	1.5	0.8	0.6	— 0.7	— 0.5	— 0.2	— 0.1	— 0.1	0.2	0.1	0.1	— 0.3	0.1
17	—	—	—	—	—	—	—	—	0.0	— 0.4	— 0.7	0.2	1.1	0.1	0.2	— 0.6
18	— 1.2	— 1.7	0.6	0.7	— 0.2	— 0.1	0.5	1.3	— 0.1	— 0.3	— 0.3	0.0	0.3	0.0	0.4	— 0.2
19	— 0.6	— 0.3	— 0.2	0.0	0.2	0.4	0.2	0.0	— 1.1	— 0.5	0.1	0.5	1.3	0.3	0.2	— 1.1
20	—	—	—	—	—	—	—	—	—	—	—	—	—	—	—	—
21	0.5	0.8	1.2	1.0	0.4	— 2.1	— 0.8	— 1.0	— 0.3	0.0	0.0	0.8	0.5	0.5	0.0	— 1.5
22	— 1.3	— 2.0	0.1	1.0	— 0.1	0.5	0.6	1.2	— 1.2	— 1.8	0.3	0.5	0.9	0.9	0.3	0.2
23	1.3	0.6	0.3	— 0.4	0.1	0.0	— 0.2	— 1.6	—	—	—	—	—	—	—	—
24	—	—	—	—	—	—	—	—	— 1.5	0.0	0.5	0.3	0.0	— 0.1	0.2	0.3
25	— 1.2	— 0.5	0.0	1.2	0.8	0.8	0.0	— 1.0	0.0	0.3	0.2	0.4	0.3	— 0.3	— 0.1	— 0.5
26	— 0.7	— 0.8	— 0.7	— 0.3	— 0.3	0.4	0.6	1.0	—	—	—	—	—	—	—	—
27	—	—	—	—	—	—	—	—	0.3	— 0.2	— 0.1	0.4	0.5	— 0.6	— 0.4	0.1
28	— 0.5	— 0.5	— 0.3	0.2	0.4	0.3	0.4	0.0	— 1.7	— 1.4	0.5	0.4	0.7	0.5	0.3	0.8
29	— 0.6	— 0.9	0.0	0.0	0.0	0.7	0.4	0.1	—	—	—	—	—	—	—	—
30	— 0.1	0.0	0.2	— 0.3	0.0	0.1	0.0	— 0.2	0.9	0.0	0.8	0.9	0.5	— 0.8	— 1.1	— 1.5
31	—	—	—	—	—	—	—	—	— 0.3	— 0.7	— 0.9	— 0.2	0.0	0.2	0.6	1.4
Mittel	— 0.41	— 0.57	0.14	0.41	0.19	0.18	0.09	— 0.12	— 0.28	— 0.28	0.05	0.22	0.30	0.15	0.02	— 0.23
	Januar 1875								Februar 1875							
1	—	—	—	—	—	—	—	—	— 0.5	— 0.1	0.2	1.4	1.7	0.7	— 1.1	— 2.4
2	— 0.1	— 1.0	— 0.8	0.4	0.5	0.5	0.5	— 0.2	— 1.0	— 0.8	— 0.8	— 0.5	1.1	0.3	0.9	1.0
3	0.0	— 0.3	0.7	0.5	0.1	0.7	0.2	— 1.7	0.2	— 0.3	0.2	— 0.1	— 0.1	0.6	0.2	— 0.7
4	— 0.3	0.0	0.5	0.7	— 0.3	0.1	— 0.1	— 0.5	—	—	—	—	—	—	—	—
5	— 1.5	— 2.6	— 1.1	0.2	0.5	1.7	1.4	1.4	2.1	0.8	0.0	0.1	— 0.7	— 0.9	— 2.1	1.0
6	—	—	—	—	—	—	—	—	2.5	0.1	— 0.5	0.0	— 0.2	— 0.5	— 0.4	— 1.4
7	— 1.2	— 1.0	— 1.7	— 0.7	0.7	1.6	1.3	1.3	— 1.1	— 1.5	— 2.1	— 0.5	1.3	1.8	1.8	0.0
8	0.8	— 0.1	0.1	— 0.2	0.6	0.4	— 0.8	— 0.9	—	—	—	—	—	—	—	—
9	—	—	—	—	—	—	—	—	— 2.7	— 2.1	— 1.1	— 0.3	1.1	1.7	1.0	1.5
10	—	—	—	—	—	—	—	—	—	—	—	—	—	—	—	—
11	—	—	—	—	—	—	—	—	0.9	0.2	— 0.4	0.2	0.0	— 0.2	— 0.7	0.2
12	— 0.6	— 1.0	0.2	0.5	0.5	0.2	0.2	0.3	— 1.1	— 0.2	0.0	0.0	0.1	0.6	0.7	0.0
13	—	—	—	—	—	—	—	—	— 0.8	— 0.8	0.1	0.6	1.2	1.7	— 0.5	— 1.6
14	— 0.5	1.0	— 0.1	0.2	0.4	0.4	0.2	0.0	— 0.9	— 0.5	— 0.4	— 0.2	0.5	0.6	0.4	0.6
15	—	—	—	—	—	—	—	—	0.8	0.8	0.6	0.6*	0.3	— 0.8	— 1.1	— 1.0
16	— 0.1	0.1	0.1	— 0.4	0.6	0.2	— 0.4	— 0.5	— 1.5	— 1.4	— 1.0	— 0.1	1.5	1.6	1.4	— 0.3
17	—	—	—	—	—	—	—	—	—	—	—	—	—	—	—	—
18	— 0.7	— 0.4	— 0.1	0.4	— 0.2	— 0.1	0.5	0.4	1.3	0.5	0.3	— 0.7	— 0.5	— 0.3	— 0.7	— 0.1
19	—	—	—	—	—	—	—	—	— 0.9	— 1.4	— 0.8	— 0.5	0.3	0.7	1.3	1.5
20	— 1.5	— 1.1	— 0.2	0.4	0.4	1.0	0.8	— 0.2	—	—	—	—	—	—	—	—
21	0.7	0.7	0.7	— 0.4	0.0	— 0.4	— 1.1	— 0.4	0.1	0.4	— 0.8	0.2	— 0.6	0.5	— 0.1	0.1
22	— 1.5	— 1.7	— 1.5	0.1	0.9	1.4	1.1	1.0	— 2.9	— 1.4	— 1.7	— 0.9	0.4	2.0	2.1	2.2
23	—	—	—	—	—	—	—	—	2.3	1.6	0.3	1.2	0.4	— 1.5	— 2.1	— 2.2
24	0.3	0.0	— 0.2	1.3	0.3	0.4	— 0.7	— 1.1	—	—	—	—	—	—	—	—
25	0.0	0.2	0.4	0.5	— 0.1	— 0.6	— 0.4	— 0.3	—	—	—	—	—	—	—	—
26	—	—	—	—	—	—	—	—	— 0.3	— 0.1	— 0.4	0.0	— 0.2	0.6	0.6	0.0
27	—	—	—	—	—	—	—	—	—	—	—	—	—	—	—	—
28	— 0.6	— 1.3	— 0.9	— 0.5	2.6	0.6	0.7	— 0.5	—	—	—	—	—	—	—	—
29	— 1.5	— 1.3	— 1.2	— 1.0	— 0.1	1.0	1.9	1.8	—	—	—	—	—	—	—	—
30	0.7	— 0.7	— 0.3	— 0.8	0.0	— 0.3	0.7	0.7	—	—	—	—	—	—	—	—
31	—	—	—	—	—	—	—	—	—	—	—	—	—	—	—	—
Mittel	— 0.41	— 0.69	— 0.30	0.07	0.41	0.49	0.33	0.03	— 0.15	— 0.33	— 0.44	0.03	0.40	0.48	0.08	— 0.08

Zur Reduktion auf das Tagesmittel ist das Zeichen in obiger Tabelle entgegengesetzt zu nehmen.

VIII. und IX. Reduktion der Feuchtigkeit auf das Tagesmittel.

(Beobachtung zur Zeit weniger Mittel.)

Tage	November 1874								Dezember 1874							
	Mittn.	3a	6a	9a	Mittag	3p	6p	9p	Mittn.	3a	6a	9a	Mittag	3p	6p	9p
	%	%	%	%	%	%	%	%	%	%	%	%	%	%	%	%
1	—	—	—	—	—	—	—	—	—	—	—	—	—	—	—	—
2	—	—	—	—	—	—	—	—	4	5	5	1	-7	1	-8	0
3	—	—	—	—	—	—	—	—	—	—	—	—	—	—	—	—
4	—	—	—	—	—	—	—	—	10	18	8	-19	-18	2	1	1
5	—	—	—	—	—	—	—	—	8	7	10	-1	-11	-12	6	3
6	—	—	—	—	—	—	—	—	—	—	—	—	—	—	—	—
7	—	—	—	—	—	—	—	—	26	25	12	-15	-22	-15	-21	13
8	—	—	—	—	—	—	—	—	15	26	-5	-10	-16	-12	0	3
9	—	—	—	—	—	—	—	—	—	—	—	—	—	—	—	—
10	—	—	—	—	—	—	—	—	—	—	—	—	—	—	—	—
11	—	—	—	—	—	—	—	—	—	—	—	—	—	—	—	—
12	—	—	—	—	—	—	—	—	—	—	—	—	—	—	—	—
13	—	—	—	—	—	—	—	—	0	-4	-5	-6	-6	6	6	6
14	—	—	—	—	—	—	—	—	-2	-1	1	1	-1	-1	-1	1
15	7	1	-1	-5	-3	6	-1	-4	4	4	2	4	-2	-3	-4	-3
16	4	10	4	3	-14	-9	-2	1	4	5	4	-3	-5	-7	-4	4
17	—	—	—	—	—	—	—	—	9	5	1	7	0	-17	0	-3
18	15	17	17	-12	-24	-19	-3	12	8	8	3	-5	-10	-5	-3	6
19	-2	1	1	-1	-1	0	0	1	-1	3	5	4	-3	-11	5	0
20	—	—	—	—	—	—	—	—	—	—	—	—	—	—	—	—
21	6	13	18	-1	-13	-37	-6	16	2	2	2	1	1	-2	-2	-3
22	6	1	-9	-4	-8	-2	5	11	9	11	1	-9	-13	-9	-1	7
23	10	4	-4	-20	3	7	7	-4	—	—	—	—	—	—	—	—
24	—	—	—	—	—	—	—	—	-4	12	-2	-5	-12	-5	5	13
25	-4	0	3	4	-2	0	0	-1	4	8	6	1	-6	-12	-2	2
26	13	10	6	-17	-20	-3	0	14	—	—	—	—	—	—	—	—
27	—	—	—	—	—	—	—	—	20	14	-3	-8	-8	-20	-7	12
28	-3	-3	-5	3	4	2	3	0	1	-4	9	-1	-8	-7	0	7
29	6	6	-1	-11	-15	-5	8	10	—	—	—	—	—	—	—	—
30	15	16	8	-11	-19	-17	-5	12	11	11	11	8	-3	-21	-12	-5
31	—	—	—	—	—	—	—	—	8	5	-5	-12	-6	-10	6	15
Mittel	6.1	6.3	3.1	-6.0	-9.3	-6.4	0.5	5.7	6.8	8.0	2.5	-3.3	-7.8	-8.0	-1.8	4.0
	Januar 1875								Februar 1875							
1	—	—	—	—	—	—	—	—	0	1	6	6	6	4	-8	-15
2	-3	0	3	0	1	1	-2	1	-1	8	-3	-10	3	-16	5	11
3	9	2	0	-15	-17	4	10	3	11	7	9	-8	-14	-6	-1	2
4	-2	6	7	10	-18	-10	-2	5	—	—	—	—	—	—	—	—
5	4	-18	-4	6	-8	7	5	10	23	19	12	-5	-22	-20	-29	21
6	—	—	—	—	—	—	—	—	22	8	-6	-13	-6	-6	9	-7
7	-1	3	-9	-16	-9	6	12	14	1	-7	-20	-10	13	10	14	-5
8	6	4	-7	-19	-11	-1	12	12	—	—	—	—	—	—	—	—
9	—	—	—	—	—	—	—	—	-7	-3	-7	-5	3	9	3	9
10	—	—	—	—	—	—	—	—	—	—	—	—	—	—	—	—
11	—	—	—	—	—	—	—	—	24	15	-4	-7	-9	-14	-14	7
12	7	3	-1	-12	-14	-11	10	14	-1	17	0	-13	-8	-6	1	6
13	—	—	—	—	—	—	—	—	-4	-6	-4	5	5	4	-4	3
14	-3	-2	0	-1	1	1	1	1	9	11	2	-11	-10	-14	4	10
15	—	—	—	—	—	—	—	—	13	12	3	-4	-7	-16	-4	2
16	0	1	4	0	2	-2	-1	-1	-9	-9	-12	-5	10	9	9	6
17	—	—	—	—	—	—	—	—	—	—	—	—	—	—	—	—
18	4	4	1	-7	-13	-11	12	10	27	8	5	-11	-17	-10	-11	6
19	—	—	—	—	—	—	—	—	4	-1	-6	-9	-6	-2	8	11
20	-4	-3	1	3	2	4	0	-1	—	—	—	—	—	—	—	—
21	23	24	9	-13	-16	-19	-15	9	11	18	-6	-12	-26	-5	4	12
22	-5	-10	-15	-5	4	9	10	11	7	5	-16	-19	-5	7	11	9
23	—	—	—	—	—	—	—	—	19	17	13	1	-4	-21	-16	-10
24	2	2	3	6	-11	-3	-3	2	—	—	—	—	—	—	—	—
25	18	20	16	-8	-19	-30	-8	13	—	—	—	—	—	—	—	—
26	—	—	—	—	—	—	—	—	-8	-2	-6	-5	-16	13	18	9
27	—	—	—	—	—	—	—	—	—	—	—	—	—	—	—	—
28	15	13	-13	9	10	-16	-4	-18	—	—	—	—	—	—	—	—
29	-5	-2	-10	-12	-10	5	18	18	—	—	—	—	—	—	—	—
30	24	10	2	-17	-17	-20	7	10	—	—	—	—	—	—	—	—
31	—	—	—	—	—	—	—	—	—	—	—	—	—	—	—	—
Mittel	4.9	3.2	-0.7	-5.1	-7.9	-4.8	3.4	6.3	7.4	6.2	-2.1	-7.1	-5.8	-4.2	-0.1	4.6

Zur Reduktion auf das Tagesmittel ist das Zeichen in obiger Tabelle entgegengesetzt zu nehmen.

X. Täglicher Gang (graphisch interpolirt), bezogen auf das Mittel aus 8 Beobachtungen des Tages.

(Mittel für die Stunde weniger Mittel für den Tag.)

Stunden	Monate				Mittel	Monate				Mittel
	November 1874	Dezember 1874	Januar 1875	Februar 1875		November 1874	Dezember 1874	Januar 1875	Februar 1875	
	Luftdruck.					Dunstdruck.				
	mm	mm	mm	mm	mm	mm	mm	mm	mm	mm
Mittern.	+ 0.7	+ 0.3	− 0.2	− 0.1	+ 0.15	− 0.4	− 0.3	− 0.4	− 0.2	− 0.33
1	+ 0.6	+ 0.2	− 0.3	− 0.2	+ 0.08	− 0.5	− 0.3	− 0.5	− 0.3	− 0.40
2	+ 0.5	0.0	− 0.4	− 0.1	0.00	− 0.5	− 0.3	− 0.6	− 0.3	− 0.43
3	+ 0.4	− 0.1	− 0.4	− 0.1	− 0.05	− 0.6	− 0.3	− 0.7	− 0.4	− 0.50
4	+ 0.3	− 0.1	− 0.2	− 0.1	− 0.03	− 0.5	− 0.2	− 0.6	− 0.4	− 0.43
5	+ 0.2	− 0.1	− 0.1	0.0	0.00	− 0.2	− 0.1	− 0.5	− 0.5	− 0.33
6	+ 0.1	− 0.1	0.0	0.0	0.00	+ 0.1	0.0	− 0.4	− 0.5	− 0.20
7	0.0	0.0	+ 0.1	+ 0.1	+ 0.05	+ 0.2	+ 0.2	− 0.3	− 0.4	− 0.08
8	0.0	+ 0.1	+ 0.1	+ 0.2	+ 0.10	+ 0.3	+ 0.2	− 0.1	− 0.1	+ 0.08
9	0.0	+ 0.1	+ 0.1	+ 0.2	+ 0.10	+ 0.3	+ 0.2	+ 0.1	+ 0.1	+ 0.18
10	0.0	+ 0.1	+ 0.1	+ 0.2	+ 0.10	+ 0.4	+ 0.2	+ 0.2	+ 0.2	+ 0.25
11	0.0	+ 0.1	0.0	+ 0.2	+ 0.08	+ 0.4	+ 0.2	+ 0.3	+ 0.3	+ 0.30
Mittag	− 0.1	0.0	0.0	+ 0.2	+ 0.03	+ 0.3	+ 0.2	+ 0.4	+ 0.4	+ 0.33
1	− 0.2	− 0.1	− 0.1	+ 0.1	− 0.08	+ 0.3	+ 0.2	+ 0.4	+ 0.4	+ 0.33
2	− 0.3	− 0.2	− 0.1	− 0.1	− 0.18	+ 0.2	+ 0.2	+ 0.4	+ 0.5	+ 0.33
3	− 0.4	− 0.3	− 0.1	− 0.3	− 0.28	+ 0.2	+ 0.2	+ 0.5	+ 0.4	+ 0.33
4	− 0.5	− 0.3	− 0.1	− 0.4	− 0.33	+ 0.2	+ 0.1	+ 0.4	+ 0.4	+ 0.28
5	− 0.5	− 0.3	− 0.1	− 0.4	− 0.33	+ 0.1	+ 0.1	+ 0.4	+ 0.3	+ 0.23
6	− 0.5	− 0.2	0.0	− 0.4	− 0.28	0.0	0.0	+ 0.3	+ 0.2	+ 0.13
7	− 0.5	− 0.1	+ 0.1	− 0.2	− 0.18	0.0	− 0.1	+ 0.3	+ 0.1	+ 0.08
8	− 0.4	+ 0.1	+ 0.4	+ 0.2	+ 0.08	− 0.1	− 0.1	+ 0.2	+ 0.1	+ 0.03
9	− 0.3	+ 0.2	+ 0.7	+ 0.3	+ 0.23	− 0.2	− 0.2	+ 0.1	0.0	− 0.08
10	− 0.0	+ 0.3	+ 0.6	+ 0.3	+ 0.30	− 0.2	− 0.2	− 0.1	− 0.1	− 0.15
11	+ 0.6	+ 0.3	+ 0.3	0.0	+ 0.30	− 0.3	− 0.3	− 0.3	− 0.2	− 0.28
Mittern.	+ 0.7	+ 0.3	− 0.2	− 0.1	+ 0.15	− 0.4	− 0.3	− 0.4	− 0.2	− 0.33
	Temperatur der Luft.					Relative Feuchtigkeit.				
	°	°	°	°	°	%	%	%	%	%
Mittern.	− 2.1	− 1.8	− 1.8	− 1.8	− 1.9	+ 7	+ 7	+ 5	+ 7	+ 6.50
1	− 2.3	− 2.1	− 2.0	− 1.9	− 2.1	+ 7	+ 7	+ 5	+ 7	+ 6.50
2	− 2.4	− 2.1	− 2.2	− 2.0	− 2.2	+ 6	+ 8	+ 4	+ 7	+ 6.75
3	− 2.4	− 1.9	− 2.2	− 2.0	− 2.1	+ 6	+ 8	+ 3	+ 6	+ 5.75
4	− 2.2	− 1.7	− 1.9	− 1.7	− 1.9	+ 5	+ 7	+ 2	+ 5	+ 4.75
5	− 1.3	− 1.1	− 1.4	− 1.3	− 1.3	+ 4	+ 5	+ 1	+ 2	+ 3.00
6	− 0.3	− 0.5	− 0.7	− 0.7	− 0.6	+ 3	+ 3	− 1	− 2	+ 0.75
7	+ 0.8	+ 0.1	+ 0.1	+ 0.2	+ 0.3	+ 1	+ 1	− 2	− 4	− 1.00
8	+ 1.7	+ 0.5	+ 0.7	+ 0.8	+ 0.9	− 2	− 1	− 3	− 5	− 2.75
9	+ 2.2	+ 1.0	+ 1.3	+ 1.4	+ 1.5	− 6	− 3	− 5	− 6	− 5.00
10	+ 2.3	+ 1.5	+ 1.8	+ 1.8	+ 1.9	− 8	− 5	− 7	− 6	− 6.50
11	+ 2.4	+ 1.8	+ 2.2	+ 1.9	+ 2.1	− 9	− 7	− 8	− 6	− 7.50
Mittag	+ 2.4	+ 2.1	+ 2.4	+ 2.0	+ 2.2	− 9	− 8	− 8	− 6	− 7.75
1	+ 2.3	+ 2.2	+ 2.4	+ 2.1	+ 2.3	− 9	− 8	− 8	− 6	− 7.75
2	+ 2.1	+ 2.2	+ 2.3	+ 2.0	+ 2.2	− 8	− 8	− 7	− 5	− 7.00
3	+ 1.8	+ 2.0	+ 2.0	+ 1.8	+ 1.9	− 6	− 8	− 7	− 4	− 6.25
4	+ 1.3	+ 1.5	+ 1.4	+ 1.4	+ 1.4	− 4	− 7	− 2	− 3	− 4.00
5	+ 0.7	+ 0.9	+ 0.6	+ 0.8	+ 0.8	− 2	− 5	+ 1	− 2	− 2.00
6	+ 0.2	+ 0.3	0.0	+ 0.2	+ 0.2	+ 1	− 2	+ 3	0	+ 0.50
7	− 0.5	− 0.3	− 0.6	− 0.4	− 0.5	+ 2	0	+ 4	+ 2	+ 2.00
8	− 0.9	− 0.7	− 1.0	− 0.8	− 0.9	+ 4	+ 2	+ 5	+ 3	+ 3.50
9	− 1.3	− 1.2	− 1.2	− 1.2	− 1.2	+ 5	+ 4	+ 6	+ 5	+ 5.00
10	− 1.7	− 1.5	− 1.5	− 1.4	− 1.5	+ 6	+ 5	+ 6	+ 6	+ 5.75
11	− 1.9	− 1.7	− 1.7	− 1.7	− 1.7	+ 6	+ 6	+ 6	+ 7	+ 6.25
Mittern.	− 2.1	− 1.8	− 1.8	− 1.8	− 1.9	+ 7	+ 7	+ 5	+ 7	+ 6.50

Gedruckt in der Königlichen Hofbuchdruckerei von E. S. Mittler & Sohn, Berlin SW, Kochstr. 68–70.

Zeitfracht Medien GmbH
Ferdinand-Jühlke-Straße 7
99095 Erfurt, Deutschland
produktsicherheit@kolibri360.de